JUS PUBLICUM

Beiträge zum Öffentlichen Recht

Band 138

Christian von Coelln

Zur Medienöffentlichkeit der Dritten Gewalt

Rechtliche Aspekte des Zugangs der Medien zur Rechtsprechung im Verfassungsstaat des Grundgesetzes

Mohr Siebeck

Christian von Coelln, geboren 1967; Studium der Rechtswissenschaften in Passau; 2000 Promotion, 2004 Habilitation; derzeit Privatdozent und Oberassistent an der Juristischen Fakultät der Universität Passau.

ISBN 3-16-148661-7
ISBN 0941-0503 (Jus Publicum)

Die Deutsche Bibliothek verzeichnet diese Publikation in der Deutschen Nationalbibliographie; detaillierte bibliographische Daten sind im Internet über *http://dnb.ddb.de* abrufbar.

Das Buch wurde von Martin Fischer in Tübingen aus der Times New Roman gesetzt, von Gulde-Druck in Tübingen auf alterungsbeständiges Werkdruckpapier gedruckt und von der Buchbinderei Spinner in Ottersweier gebunden.

Vorwort

Die vorliegende Arbeit wurde im Sommersemester 2004 von der Juristischen Fakultät der Universität Passau als Habilitationsschrift angenommen. Sie ist seit dem Herbst 2001 unter der Betreuung von Herrn Professor Dr. Herbert Bethge entstanden und wurde im Februar 2004 abgeschlossen. Spätere Gesetzesänderungen konnten ebenso wie die seither veröffentlichte einschlägige Rechtsprechung und Literatur im Rahmen der Drucklegung noch zum Teil berücksichtigt werden.

Mein besonderer Dank gilt meinem akademischen Lehrer, Herrn Professor Dr. Herbert Bethge, der meinen gesamten bisherigen wissenschaftlichen Werdegang in vielfältiger Weise begleitet und gefördert hat. Dazu zählen namentlich die Ermunterung zu dieser Untersuchung und die Unterstützung bei ihrer Anfertigung. An seinem Lehrstuhl durfte ich während einer „klassischen" Laufbahn vom studentischen Mitarbeiter über den wissenschaftlichen Mitarbeiter und den Wissenschaftlichen Assistenten bis zum Oberassistenten erfahren, wie sich stete Anleitung und Förderung mit einem Höchstmaß an akademischer Freiheit auch – oder eher gerade – im Rahmen des tradierten wie bewährten akademischen Qualifikationswegs verbinden lassen.

Herrn Professor Dr. Hartmut Söhn danke ich für die schnelle Erstellung des Zweitgutachtens. Dank gebührt darüber hinaus der gesamten Juristischen Fakultät der Universität Passau für ein Habilitationsverfahren, das von der Einreichung der Arbeit bis zum abschließenden Vortrag weniger als vier Monate in Anspruch genommen hat.

Sehr dankbar bin ich meiner Frau, meinem Vater, weiter Frau Edith Kaufmann sowie den studentischen Mitarbeitern des Lehrstuhls, die die Mühen des Korrekturlesens auf sich genommen haben.

Meinen Eltern danke ich für ihre mannigfaltige Förderung und Unterstützung über viele Jahre. Widmen möchte ich die Arbeit meiner Frau Sibylle, der ich nicht nur bezüglich der Erstellung dieser Arbeit mehr verdanke, als sich in einem Vorwort ausdrücken läßt.

Passau, im Juli 2005 *Christian von Coelln*

Inhaltsübersicht

Inhaltsverzeichnis

Einleitung
1

Teil 1
Begriffliche und strukturelle Klärungen
7

Teil 6
Die Medienöffentlichkeit der Rechtsprechung jenseits der mündlichen Verhandlung
483

Einleitung

A. Einführung und Problemstellung

I. Gerichtsöffentlichkeit und Massenmedien

Daß Gerichtsverhandlungen prinzipiell öffentlich sind, ist im demokratischen Rechtsstaat nicht nur des Grundgesetzes eine Selbstverständlichkeit. Die Öffentlichkeit der Gerichtsverhandlung gilt zu Recht als eine der großen Errungenschaften der Aufklärung. Seit sich im Laufe des 19. Jahrhunderts öffentliche Verhandlungen endgültig gegen das geheime Verfahren durchsetzen konnten, wird ihre Legitimität nicht mehr ernsthaft in Frage gestellt.[1] Die mit der Allegorie der offenen Gerichtstür[2] erfaßte Öffentlichkeit des gerichtlichen Verfahrens zählt vielmehr zu den grundlegenden Institutionen des Rechtsstaats.[3] Einschränkende Tendenzen, die namentlich Belange des Persönlichkeitsschutzes betreffen, bezogen sich lediglich auf Details des ohnehin zu keinem Zeitpunkt ausnahmslos oder unbeschränkt geltenden Grundsatzes. Das Institut der Gerichtsöffentlichkeit an sich stand dabei freilich nie zur Disposition.

Allerdings besitzt der verbale Sympathieträger „Gerichtsöffentlichkeit" von jeher eine ambivalente Natur.[4] Um ihre Rechtfertigung sowie um ihr zulässiges und wünschenswertes Maß rankt sich seit ihrer Einführung eine von Gegensätzen geprägte Diskussion.[5] Auf der einen Seite wird die Gerichtsöffentlichkeit mit hehren Zielsetzungen verbunden wie mit der Kontrolle richterlicher Macht, mit dem Schutz des einzelnen vor Willkür, mit der Schaffung und Erhaltung von Vertrauen in die Justiz und mit der Bewahrung der richterlichen Unab-

---

[1] *G. Wolf*, ZRP 1994, 187.

[2] *A. Arndt*, NJW 1960, 424.

[3] BGHSt 9, 280 (281); 21, 72 (72 f.); 22, 297 (301); 23, 176 (178); *Kissel/Mayer*, GVG, 4. Aufl. 2005, § 169 Rdnr. 4; *Pfeiffer*, StPO und GVG, 4. Aufl. 2002, § 169 GVG Rdnr. 1; *Meyer-Goßner*, StPO, 47. Aufl. 2004, § 169 GVG Rdnr. 1; *Diemer*, in: Karlsruher Kommentar zur StPO, 5. Aufl. 2003, § 169 GVG Rdnr. 1.

[4] *Kuß*, Öffentlichkeitsmaxime der Judikative und das Verbot von Fernsehaufnahmen im Gerichtssaal, 1999, S. 16; *Dahs*, Referat 54. DJT, 1982, K 8.

[5] *Kloepfer*, in: HStR II, 2. Aufl. 1998, § 35 Rdnr. 61.

hängigkeit vor obrigkeitlicher Einflußnahme. Auf der anderen Seite wird der Gerichtsöffentlichkeit ein hohes Gefahrenpotential zugeschrieben. Es reicht von der prangerartigen Bloßstellung des Angeklagten im Strafverfahren über die Beeinträchtigung der Wahrheitsfindung bis hin zu der Befürchtung, Öffentlichkeit könne die richterliche Unabhängigkeit auf Grund des Drucks der öffentlichen Meinung gerade gefährden.

Die Betroffenen geraten daher in die schwierige Situation, daß sie einerseits *durch* die Öffentlichkeit geschützt werden sollen, zugleich jedoch des Schutzes *vor* der Öffentlichkeit bedürfen.[6] *Roxin* bringt es auf den Punkt: „Ein Zuviel an Öffentlichkeit beschwört … gerade das herauf, was ihre Gewährung im Rahmen der gesetzlich gezogenen Grenzen verhindern soll …“[7] Entsprechend gegenläufig gerät die Argumentation. Die Unabhängigkeit der Richter etwa wird ebenso zur Begründung der Publikumsöffentlichkeit der Verhandlung wie zur Rechtfertigung des Beratungsgeheimnisses bemüht.[8] Veranschaulicht wird das Dilemma durch das Bild der janusköpfigen Gerichtsöffentlichkeit, die „freundlich lächelt, wenn sie Kabinettsjustiz verhindert, jedoch frech grinst, wenn sie Massenjustiz zuläßt.“[9] Der Gesetzgeber ist aufgerufen, Gerichtsöffentlichkeit so auszutarieren, daß weder das erforderliche Mindestmaß unter- noch das Höchstmaß überschritten wird. Er hat die Gefahren durch zu wenig oder durch zu viel Gerichtsöffentlichkeit gleichermaßen zu vermeiden.

Die Problematik verschärft sich durch die Akzentverschiebung, die der Begriff der Öffentlichkeit durch die Massenmedien erfahren hat. Während sich Gerichtsöffentlichkeit zunächst auf die Zutrittsmöglichkeit des einzelnen zur mündlichen Verhandlung konzentrierte, steht heute die (massen-)mediale Aufbereitung des gerichtlichen Geschehens im Mittelpunkt des Interesses. Vor diesem Hintergrund stellt sich die Frage, ob es einen weitergehenden, durch die Massenmedien zu verwirklichenden Grundsatz der Gerichtsöffentlichkeit gibt – oder geben sollte. Massenmedien machen das gerichtliche Geschehen einem unvergleichlich größeren Publikum zugänglich, als es in einem Gerichtssaal je der Fall wäre. Das ist angesichts der allgemeinen medialen Durchdringung sämtlicher Bereiche von Staat und Gesellschaft an sich ein bekanntes Phänomen. Die vielzitierte „Informationsgesellschaft“ basiert gerade auf der immer stärkeren Verfügbarkeit von Information in den Massenmedien auch und gerade über staatliches Handeln. Für die beschriebene Ambivalenz der Gerichtsöffentlichkeit entsteht freilich eine Art Katalysatoreffekt. Die positiven und gewünschten Effekte

---

[6] *Kuß*, Öffentlichkeitsmaxime der Judikative und das Verbot von Fernsehaufnahmen im Gerichtssaal, 1999, S. 16f.; *Schultz*, SJZ 1973, 132.
[7] *Roxin*, in: FS für Karl Peters, 1974, S. 403.
[8] *Martens*, Öffentlich als Rechtsbegriff, 1969, S. 74f.
[9] *Alwart*, JZ 1990, 884.
[10] *Köbl*, in: FS für Ludwig Schnorr von Carolsfeld, 1972, S. 240f.

der Gerichtsöffentlichkeit werden ebenso wie die negativen und unerwünschten befördert und verstärkt – oder durch die Medien sogar erst bewirkt.[10]

In rechtlicher Hinsicht liegt die Problematik bereits auf der Ebene der Verfassung in einem Geflecht konfligierender Positionen. Gegen mediale Öffentlichkeit streiten tendenziell Persönlichkeitsrechte der Betroffenen. Ihnen stehen die Freiheitsrechte der Medien gegenüber. Diese bipolare Beziehung wird durch andere Rechtsgrundsätze angereichert, die ambivalente, wenn nicht konträre Assoziationen und Argumentationstopoi beisteuern und so die Komplexität der Materie noch steigern. Das gilt etwa für das Rechtsstaatsprinzip. Ganz abgesehen davon, daß das Rechtsstaatsprinzip als multivalenter Schleusenbegriff[11] nicht in einer Richtung verläuft, sondern unterschiedliche, zum Teil gegenläufige Tendenzen birgt,[12] sind auch einzelne unbestreitbare Emanationen des Rechtsstaats unter verschiedenartigen Aspekten von der Medienöffentlichkeit der dritten Gewalt betroffen. Beispielsweise zählt zu den zentralen Bestandteilen dieser verfassungsgestaltenden Grundentscheidung die richterliche Unabhängigkeit,[13] der sowohl durch ein Übermaß wie durch ein Untermaß an Öffentlichkeit Gefahren drohen. Daher verlangt das Verfassungsprinzip der Rechtsstaatlichkeit gleichermaßen die Wahrung eines Mindestmaßes an (auch und gerade: medialer) Öffentlichkeit, wie es umgekehrt deren höchstzulässiges Maß nach oben begrenzt.

Eine deutliche Zuspitzung erfährt die Problematik durch das seit einigen Jahren verstärkte Drängen des Fernsehens in die ihm lange Zeit verschlossenen Gerichtssäle. Angesichts der Intensität und der Breitenwirkung von Fernsehübertragungen treten sämtliche Aspekte der Gesamtthematik an diesem zentralen Punkt mit besonderer Schärfe hervor.[14] Die Spannweite der Diskussion läßt sich schlaglichtartig durch zwei Positionen umreißen. Einerseits wird vor jeder Zulassung von Fernsehkameras im Gericht gewarnt, wobei als abschreckendes Beispiel mit Vorliebe der – tatsächlich oder vermeintlich – zum weltweiten Fernsehspektakel degenerierte Mordprozeß gegen den ehemaligen Football-Spieler *O. J. Simpson* in den Vereinigten Staaten von Amerika herangezogen wird.[15] Auf

---

[11] *Böckenförde*, Staat, Gesellschaft, Freiheit, 1976, S. 76ff.; *Isensee*, in: HStR IX, 1997, § 202 Rdnrn. 10ff.; *Schmidt-Aßmann*, in: HStR I, 2. Aufl. 1995, § 24 Rdnr. 29.

[12] *Kunig*, Das Rechtsstaatsprinzip, 1986, passim.

[13] *Schulze-Fielitz*, in: Dreier, GG, Bd. III, 2000, Art. 97 Rdnr. 14.

[14] *Lorz*, in: Haratsch/Kugelmann/Repkewitz (Hrsg.), Herausforderungen an das Recht der Informationsgesellschaft, 1996, S. 60.

[15] *Kirchberg*, BRAK-Mitt. 2002, 256; *Edinger*, DRiZ 2001, A 25; *Enders*, NJW 1996, 2714; *Hofmann*, ZRP 1996, 400; *I. M. Pernice*, Öffentlichkeit und Medienöffentlichkeit, 2000, S. 22; *Töpper*, DRiZ 1995, 242; *Beck*, in: FG für Karin Graßhof, 1998, S. 136 mit Fn. 42; *Hamm*, NJW 1995, 761; *Lohrmann*, DRiZ 1995, 247; *Linke*, VR 2002, 384; *Weiler*, ZRP 1995, 133; *Ewald*, NJ 1996, 72f.; *Prütting*, in: FS für Rolf A. Schütze, 1999, S. 685; *Lorz*, in: Haratsch/Kugelmann/Repkewitz (Hrsg.), Herausforderungen an das Recht der Informationsgesellschaft, 1996, S. 60f., 71.

der anderen Seite findet sich die These, Gerichtsöffentlichkeit sei auch und vor allem Medienöffentlichkeit,[16] da gerade diese die Gewähr für die Erfüllung der von der Gerichtsöffentlichkeit verfolgten Anliegen biete.[17] Insofern sei – so die Schlußfolgerung – jedenfalls das generelle Aufnahmeverbot des § 169 S. 2 GVG nicht mehr zu rechtfertigen.

II. Die Medienöffentlichkeit der Dritten Gewalt als Rechtsproblem

Bereits die Zuordnung der bislang angesprochenen Aspekte zu einzelnen Rechtssätzen weist auf einen Gesichtspunkt hin, der für den Zuschnitt dieser Arbeit von zentraler Bedeutung ist: Fragen des Zugangs der Medien zur Dritten Gewalt sind solche des Rechts.

Weder die Medien noch die Rechtsprechung sind der Rechtsordnung vorgelagert oder ihr entzogen; sie stellen keine apriorischen oder rechtsexogenen Phänomene dar. Zumal im Verfassungsstaat grundgesetzlichen Zuschnitts sind beide schon jeweils für sich entscheidend vom Recht determiniert. Gleiches gilt für ihre gegenseitige Zuordnung, d. h. für die Korrelation der beiden Phänomene: Das Verhältnis zwischen den Medien und der Dritten Gewalt ist gesetzesdeterminiert und normgeprägt.

Diese normative Prägung erfolgt auf verschiedenen Ebenen der hochdifferenzierten Rechtsordnung. Sie ergibt sich nicht allein aus dem Verfassungsrecht. Der Gesetzgeber hat bereits auf der Ebene des einfachen Rechts einschlägige Regelungen getroffen. Daß sie zunächst berücksichtigt werden, fordert schon der Anwendungsvorrang des einfachen Rechts.[18] Der Geltungsvorrang des Verfassungsrechts,[19] namentlich der Grundrechte, kommt vor allem dann zum Tragen, wenn und soweit sich das einfache Recht als defizitär erweist.

---

[16] *Scherer*, Gerichtsöffentlichkeit als Medienöffentlichkeit, 1979, S. 4; *Scherer*, ZaöRV Bd. 39 (1979), S. 40.

[17] *Eberle*, in: ZDF-Jahrbuch 1992, S. 158; *Eberle*, NJW 1994, 1638.

[18] *Dreier*, in: Dreier, GG, Bd. I, 2. Aufl. 2004, Vorb. Rdnr. 68 Fn. 261; *Dreier*, Die Verwaltung Bd. 36 (2003), S. 106; *Hermes*, VVDStRL Heft 61 (2002), S. 141.

[19] *H. Maurer*, Allgemeines Verwaltungsrecht, 15. Aufl. 2004, § 4 Rdnr. 50.

B. Der Gang der Untersuchung

Die Untersuchung gliedert sich in sechs Teile.

Sie beginnt mit begrifflichen Klärungen, die sich in erster Linie mit dem vielschichtigen Terminus der Öffentlichkeit und mit seinen Bedeutungen in unterschiedlichen sprachlichen Kombinationen beschäftigen. Namentlich die Reichweite des Begriffs „Medienöffentlichkeit" bedarf im Zusammenhang mit der Rechtsprechung näherer Betrachtung. Zugleich dient dieser erste Teil der Eingrenzung des Themas und seiner Konzentration auf bestimmte aktuelle Fragestellungen.

Eine hervorgehobene Rolle innerhalb des Gesamtkomplexes der Rechtsprechungsöffentlichkeit nimmt die Möglichkeit des Zutritts zur mündlichen Verhandlung ein. Diese sog. Saalöffentlichkeit ist in mehrfacher Hinsicht Anknüpfungspunkt und Grundlage der Informationsbeschaffung durch die Medien. Der zweite Teil der Arbeit befaßt sich daher mit der Entstehung, mit den normativen Grundlagen und mit dem exakten Inhalt der Saalöffentlichkeit. Zusätzlich wird die Rechtsstellung des Zuschauers unter besonderer Berücksichtigung ihrer grundrechtlichen Absicherung näher untersucht. Damit wird zugleich der Boden bereitet, um später spezielle Fragen der Teilnahme von Journalisten an mündlichen Verhandlungen erörtern zu können.

Zuvor geht die Untersuchung in ihrem dritten Teil den Funktionen und den verfassungsrechtlichen Grundlagen gerichtlicher Öffentlichkeit nach. Dabei unternimmt sie den Versuch, einen Verfassungsgrundsatz der Medienöffentlichkeit der Rechtsprechung herauszuarbeiten, der seine Grundlage im Demokratie- sowie im Rechtsstaatsprinzip des Grundgesetzes findet und der unter mehreren Gesichtspunkten über die Saalöffentlichkeit hinausreicht.

Eine konkrete Ausprägung dieses Grundsatzes ist die im vierten Teil näher behandelte Möglichkeit von Journalisten, an mündlichen Verhandlungen teilzunehmen. In rechtlicher Hinsicht ist die Teilnahmegelegenheit der Medien mehr als ein bloßer Reflex der allgemeinen Saalöffentlichkeit. Schon der Grundrechtsschutz des Journalisten reicht über den des „normalen" Zuschauers hinaus. Das hat unmittelbare praktische Konsequenzen, wenn Journalisten bevorzugt behandelt werden sollen bzw. wollen. In diesen Kontext fällt auch die Frage nach der exzeptionellen Zulassung von Journalisten zu nichtöffentlichen Verhandlungen.

Der fünfte Teil der Arbeit befaßt sich mit Bild- und Tonaufnahmen in mündlichen Verhandlungen sowie in deren Umfeld. Das schließt insbesondere die aktuelle und kontrovers diskutierte Frage nach der Zulässigkeit von Fernsehaufnahmen während der Verhandlung ein. Nach einer Bestandsaufnahme der grundlegenden Normsituation wird die recht großzügige Zulassung von Fernsehaufnahmen in Verhandlungen des *Bundesverfassungsgerichts* kritisch gewürdigt. Daran schließen sich eine Zusammenfassung der *bundesverfassungsgerichtlichen* Beurteilung von Aufnahmen vor den Fachgerichten sowie eine eigene verfassungsrechtliche Beurteilung von Aufnahmeverboten an. Dieser Teil schließt mit Überlegungen zur aktuellen normativen Sondersituation in Verhandlungen des *Bundesverfassungsgerichts* sowie zu Besonderheiten in Verfahren der Landesverfassungsgerichte.

Mit einem Überblick über mediale Zugangsmöglichkeiten zur Rechtsprechung jenseits von mündlichen Verhandlungen schließt der sechste Teil die Arbeit ab. Behandelt werden die Veröffentlichung gerichtlicher Entscheidungen, Auskunftsrechte und Akteneinsichtsmöglichkeiten der Medien sowie die aktive Öffentlichkeitsarbeit der Gerichte.

Teil 1

Begriffliche und strukturelle Klärungen

Eine Arbeit zur Medienöffentlichkeit der Dritten Gewalt sieht sich zunächst der Frage nach ihrem exakten Untersuchungsgegenstand ausgesetzt. Vor allem „Medienöffentlichkeit“ kommt weder in der Gesetzessprache vor, noch gibt es eine umfassende und verbindliche Definition des Begriffs. Zwar liegen einzelne Bestandteile des Themas deutlich auf der Hand. Sein Gesamtumfang freilich ist klärungsbedürftig.

A. Die Ausgangslage

Offensichtlich zum Thema gehört die vielfach diskutierte[1] Frage nach der Zulassung von Fernsehkameras in den Gerichtssälen. Die „Audiovisualisierung" des gerichtlichen Verfahrens ist nicht nur die mit Abstand prominenteste Erscheinungsform des Bestrebens, die durch die Medien hergestellte Öffentlichkeit auf derzeit nicht erschlossene Bereiche der Rechtsprechung auszudehnen. In der öffentlichen Wahrnehmung reduziert sich das Verhältnis zwischen Medien und Rechtsprechung häufig gerade auf diesen einen Aspekt. Bei genauerem Hinsehen sind „Medienöffentlichkeit der Rechtsprechung" und „Fernsehöffentlichkeit der Gerichtsverhandlung" jedoch schon sprachlich in doppelter Hinsicht nicht deckungsgleich: Ungeachtet einer ihm attestierten Qualität als „Leitmedium"[2] lassen sich die Medien nicht auf das Fernsehen unter Aussparung von Presse und Hörfunk reduzieren. Des weiteren beschränkt sich die Tätigkeit der Rechtsprechung nicht auf mündliche Verhandlungen. Zwar nimmt die Diskussion über die Zulässigkeit der Fernsehübertragung mündlicher Verhandlungen – namentlich in Strafprozessen –[3] und damit über die Berechtigung ihres prinzipiellen Verbots durch § 169 S. 2 GVG eine zentrale Rolle ein. Ungeachtet dessen stehen die Rechtsprechung und ihre Öffentlichkeit durch die Medien, für die Medien und in den Medien in einem Beziehungsgeflecht, das facettenreicher ist, als es die Fokussierung auf diesen einen markanten, zugegebenermaßen exemplarischen

---

[1] Vgl. nur *Dieckmann*, NJW 2001, 2451 f.; *Gehring*, ZRP 2000, 197 ff.; *Gündisch/Dany*, NJW 1999, 256 ff.; *Gündisch*, NVwZ 2001, 1004; *Hamm*, NJW 1995, 760 f.; *Hain*, DÖV 2001, 589 ff.; *Knothe/Wanckel*, ZRP 1996, 106 ff.; *Kohlhaas*, DRiZ 1956, 2 ff.; *Kortz*, AfP 1997, 443 ff.; *Kuhlo*, in: Kuhlo/Gersdorf, Gerichts-TV, 2001, S. 9 ff.; *Lehr*, NStZ 2001, 63 ff.; *Lohrmann*, DRiZ 1995, 247; *Maul*, MDR 1970, 286 ff.; *Ranft*, Jura 1995, 573 ff.; *H.J. Schneider*, JuS 1963, 346 ff.; *Schorn*, LZ 1932, Sp. 1408 ff.; *Schwarz*, AfP 1995, 353 ff.; *Töpper*, DRiZ 1995, 242; *G. Wolf*, NJW 1994, 681 ff.; *G. Wolf*, ZRP 1994, 187 ff.; *Wyss*, EuGRZ 1996, 1 ff. Zu monographischen Darstellungen s. u. a. *Y. Braun*, Medienberichterstattung über Strafverfahren im deutschen und englischen Recht, 1998; *Britz*, Fernsehaufnahmen im Gerichtssaal, 1999; *R. Gerhardt*, Zur Frage der Verfassungsmäßigkeit des Verbots von Rundfunk- und Fernsehaufnahmen im Gerichtssaal (§ 169 Satz 2 GVG), Diss. Frankfurt a. M. 1968; *F. Burbulla*, Die Fernsehöffentlichkeit als Bestandteil des Öffentlichkeitsgrundsatzes, 1998; *I. Jung*, Presse, Rundfunk und Film im Gerichtssaal, 1951; *Scherer*, Gerichtsöffentlichkeit als Medienöffentlichkeit, 1979; *Sorth*, Rundfunkberichterstattung aus Gerichtsverfahren, 1999; *Hübner-Raddatz*, Fernsehöffentlichkeit im Gerichtssaal, 2002.

[2] BVerfGE 97, 228 (257); *van Eimeren/Ridder*, MP 2001, 540; *Schmitz*, in: Göhler (Hrsg.), Macht der Öffentlichkeit – Öffentlichkeit der Macht, 1995, S. 133 f.

[3] *Petersen*, Medienrecht, 2. Aufl. 2005, § 20 Rdnr. 1.

Punkt nahelegt. Daher bedarf es näherer Überlegungen, durch welche konstitutiven Kriterien sich die „Medienöffentlichkeit der Dritten Gewalt“ auszeichnet.

Weiter ist der Hinweis veranlaßt, daß mit den folgenden Ausführungen lediglich das Feld der Untersuchung abgesteckt und strukturiert werden soll. Dagegen ist nicht beabsichtigt, eine allgemeingültige Definition des Begriffs „Medienöffentlichkeit der Rechtsprechung“ herauszuarbeiten. Zwei Gründe sind dafür maßgebend.

Zum einen ist eine derartige Definition in rechtlicher Hinsicht nicht erforderlich. Die Zuordnung eines tatsächlichen Phänomens zum Thema dieser Arbeit hat keine normativen Konsequenzen. Medienöffentlichkeit ist ein Querschnittbegriff. Es handelt sich nicht um ein Tatbestandsmerkmal, dessen Vorliegen näher umrissene Rechtsfolgen auslöst. Ein bestimmtes Verhalten ist insbesondere nicht allein deshalb erlaubt oder gar gesetzlich gefordert, weil es zur Medienöffentlichkeit der Rechtsprechung gehört oder beiträgt. Das belegt schon § 169 S. 2 GVG hinreichend deutlich.

Zum anderen ist eine allgemeingültige Definition auch gar nicht möglich. In das Verständnis des Untersuchungsgegenstands spielen mangels unmittelbarer gesetzlicher Anknüpfungspunkte oder anderer verbindlicher Vorgaben zwangsläufig subjektive Elemente hinein. Definitionsversuchen mit Hilfe griffiger Kurzformeln steht zudem entgegen, daß das Thema der Arbeit durchaus heterogene Aspekte in sich vereint. Das hat es mit seinem unmittelbaren begrifflichen Kontext gemeinsam. Medienöffentlichkeit ist eine spezielle Form von Öffentlichkeit, „Medienöffentlichkeit der Rechtsprechung“ also ein Unterfall von „Öffentlichkeit der Rechtsprechung“. Für diese wurde bereits frühzeitig von kundiger Seite in einem „Klassikertext“[4] konstatiert, „Gerichtsöffentlichkeit“ bilde einen derart unbestimmten Begriff, daß er die unterschiedlichsten Dinge in sich aufnehmen könne. Seine Verwendung ohne nähere Beschränkungen eigne sich daher eher zum Spiegelfechten denn für ernste Unterhaltungen.[5]

Die Aussage bekräftigt die Notwendigkeit, die zur Medienöffentlichkeit der Rechtsprechung gehörenden Aspekte näher zu strukturieren, um so das Thema juristisch handhabbar zu machen. Trotz der absehbaren Bedeutungsvielfalt – oder gerade ihretwegen – stellt dabei die sprachliche Ebene schon mangels anderer Fixpunkte den einzig tragfähigen Ansatz und Ausgangspunkt dar.

---

[4] Zu Klassikertexten als juristischen Erkenntnismitteln *Häberle*, Klassikertexte im Verfassungsleben, 1981.

[5] *A. v. Feuerbach*, Betrachtungen über die Öffentlichkeit und Mündlichkeit der Gerechtigkeitspflege, Bd. 1, 1821, Neudruck 1969, S. 21.

B. Zum Begriff „Medienöffentlichkeit“

I. Öffentlichkeit

Bereits für den Begriff „Öffentlichkeit“ existiert weder in der Umgangssprache noch im juristischen Sinn eine einheitliche oder gar verbindliche Definition.[6] Vielmehr besitzt das Wort mehrere Bedeutungen. Das liegt schon in seiner Etymologie begründet. Sprachgeschichtlich ist der Ausdruck „Öffentlichkeit“ noch nicht sehr alt. Er hat sich aus dem Adjektiv „öffentlich“ gebildet, das eine Weiterentwicklung von „offen“ darstellt.

1. „offen“

„Öffentlich“ geht ausweislich seiner althochdeutschen Form „offanlich“[7] sowie der mittelhochdeutschen Formen „offenlich“ bzw. „offelich“ auf das Adjektiv „offen“ zurück,[8] dessen Grundbedeutung „auf gezogen“ oder „auf gemacht“ ist, also den Zustand des „auf Seins“ bezeichnet, der durch eine Tätigkeit bewirkt wird oder schon eingetreten ist.[9] Die vielfältigen Gebrauchszusammenhänge[10] lassen sich unter die Begriffe „nicht verschlossen“ bzw. „unbedeckt“ gliedern.[11]

---

[6] *I. M. Pernice*, Öffentlichkeit und Medienöffentlichkeit, 2000, S. 23.

[7] Nach *Hohendahl*, in: Hohendahl (Hrsg.), Öffentlichkeit. Geschichte eines kritischen Begriffs, 2000, S. 5: „offanlih“. *Rinken*, in: Winter (Hrsg.), Das Öffentliche heute, 2002, S. 10 f., bezeichnet „offanlih“ sowie „offenlich“ als mittelhochdeutsche Formen.

[8] Zu diesen früheren Formen und zum Einschub des „t“ im 15. Jahrhundert sowie dem Umlaut ab dem 16. Jahrhundert *Grimm/Grimm*, Deutsches Wörterbuch, 7. Bd., 1889, Sp. 1180. Anders in der zeitlichen Einordnung *Martens*, Öffentlich als Rechtsbegriff, 1969, S. 50 Fn. 51: Einfügung des „t“ mitteldeutsch ab 1300, oberdeutsch erst nach 1475, Auftreten des Umlauts seit dem 15. Jahrhundert. Auch nach *Kluge*, Etymologisches Wörterbuch der deutschen Sprache, 24. Aufl. 2002, S. 663, Stichwort „öffentlich“, erscheint das „t“ seit 1300.

[9] *Grimm/Grimm*, Deutsches Wörterbuch, 7. Bd., 1889, Sp. 1163.

[10] Detailliert *Grimm/Grimm*, Deutsches Wörterbuch, 7. Bd., 1889, Sp. 1163 ff.: Eine Bedeutung ist u. a. „nicht verhüllt“. In ihrem eigentlichen Gebrauch steht sie beispielsweise für „offene Augen“, „offene Brust“ oder „offenes Feuer“, im uneigentlichen Gebrauch für „offenliegende Gedanken“, „offener Feind“ oder „offenes Gesicht“. Daneben findet sich die Bedeutung „nicht zugemacht“ bzw. „unausgefüllt“ sowie „nicht mit etwas Versperrendem verschlossen“, letzteres sowohl im Sinne von „offener Ein- und Ausgang“ und „offener Brief“, als auch im Sinne von „offen stehend und dadurch nicht erledigt“.

[11] *Kluge*, Etymologisches Wörterbuch der deutschen Sprache, 21. Aufl. 1975, S. 520, Stichwort „offen“.

2. „öffentlich“

Auf Grund dieser sprachlichen Wurzel wurde „öffentlich“ zunächst im Sinne von „vor Augen liegend“ verwendet,[12] also für den Zustand des Offenseins von Zuständen und Vorgängen als einer Wahrnehmbarkeit oder Zugänglichkeit für eine Mehrzahl von Personen[13] im Gegensatz zum Geheimen oder Verborgenen.[14] Der Personenmehrheit kam allein durch die Bezeichnung „öffentlich“ noch kein positiver oder negativer Wert zu: Das Adjektiv kennzeichnete gleichermaßen die Modalitäten eines Diebstahls wie einen Grundsatz des altdeutschen Gerichtsverfahrens.[15]

Eine Erweiterung seiner Bedeutung erfuhr der Ausdruck „öffentlich“, als er ab dem 17. Jahrhundert in zunehmendem Maße das Wort „gemein“ aus dem Sprachgebrauch verdrängte und aus dessen weitem Bedeutungsgehalt auch die normative, das Gemeinwesen von seiner Gemeinwohlorientierung her definierende Komponente in sich aufnahm.[16] Daß „gemein“ üblicherweise zur Übersetzung des seinerseits mehrdeutigen Ausdrucks „publicus“ samt seiner Bedeutungskomponente „staatlich“ diente,[17] verstärkte den Bedeutungszuwachs von „öffentlich“ noch. Im 18. Jahrhundert vereinten sich im Begriff „öffentlich“ neben seiner Ausgangsbedeutung die sachlichen Gehalte von „gemein“ und „publicus“,[18] mit denen der staatliche Bereich gegenüber dem privaten abgegrenzt wurde.[19] Angesichts der seinerseits betriebenen Arkanpolitik nahm „öffentlich“

---

[12] *Kluge*, Etymologisches Wörterbuch der deutschen Sprache, 24. Aufl. 2002, S. 663, Stichwort „öffentlich“; *Kuß*, Öffentlichkeitsmaxime der Judikative und das Verbot von Fernsehaufnahmen im Gerichtssaal, 1999, S. 33.

[13] *I. M. Pernice*, Öffentlichkeit und Medienöffentlichkeit, 2000, S. 23; *Witzler*, Die personale Öffentlichkeit im Strafverfahren, 1993, S. 5.

[14] *Rinken*, in: Görres-Gesellschaft (Hrsg.), Staatslexikon, Bd. 4, 7. Aufl. 1988, Stichwort „Öffentlichkeit“, Sp. 139. Zur Verdeutlichung der im Lauf der Zeit wechselnden Bedeutungen des Begriffs eignen sich die jeweiligen Gegenbegriffe in besonderer Weise. Dazu *Winter*, in: Winter (Hrsg.), Das Öffentliche heute, 2002, S. 2.

[15] *Martens*, Öffentlich als Rechtsbegriff, 1969, S. 24. Zur Öffentlichkeit des altdeutschen Gerichtsverfahrens im Sinne einer Anwesenheitspflicht der freien Männer näher unten Teil 2 A.I., S. 49 f.

[16] *Rinken*, in: Görres-Gesellschaft (Hrsg.), Staatslexikon, Bd. 4, 7. Aufl. 1988, Stichwort „Öffentlichkeit“, Sp. 139; *Rinken*, in: Winter (Hrsg.), Das Öffentliche heute, 2002, S. 11; *Rohde*, Die Öffentlichkeit im Strafprozeß, Diss. Bochum 1972, S. 5.

[17] *Rinken*, in: Görres-Gesellschaft (Hrsg.), Staatslexikon, Bd. 4, 7. Aufl. 1988, Stichwort „Öffentlichkeit“, Sp. 139. Zu den einzelnen Bedeutungen von „publicus“ einschließlich diverser Änderungen sowie zu gebotenen Restriktionen bei der Übersetzung als „staatlich“ *Martens*, Öffentlich als Rechtsbegriff, 1969, S. 26 ff.

[18] Detailliert *Martens*, Öffentlich als Rechtsbegriff, 1969, S. 25 ff. Zur Verwendung auch von „offen“ im Sinne von „zu freiem Zutritte und Verkehre geöffnet, allen offenstehend und vor allen stattfindend, frei und öffentlich, publicus“ s. *Grimm/Grimm*, Deutsches Wörterbuch, 7. Bd., 1889, Sp. 1169 ff. Unter diese Rubrik fällt auch der Gebrauch „offenes Gericht“ (Sp. 1170).

[19] *Hohendahl*, in: Hohendahl (Hrsg.), Öffentlichkeit. Geschichte eines kritischen Begriffs, 2000, S. 5, allerdings unter Datierung auf das 17. Jahrhundert.

dann durchaus Elemente seines ursprünglichen Gegenbegriffs, des Geheimen nämlich, in sich auf.[20]

Schon auf Grund dieser sprachlichen Entwicklung[21] ist „öffentlich" bis heute ein vieldeutiger Begriff.[22] Ohne Anspruch auf Vollständigkeit oder auch nur eine trennscharfe Abgrenzbarkeit untereinander lassen sich jedenfalls[23] folgende Bedeutungsgehalte ausmachen:

- Als Gegenteil von „geheim"[24] erfaßt „öffentlich" dasjenige, was vor aller Augen ist bzw. geschieht, so daß es jeder sehen, hören und wissen kann.[25]
- Gerade auf Verhandlungen, Sitzungen etc. zielt die Deutung als „zu freiem Verkehr geöffnet, allen offenstehend oder vor allen stattfindend".[26]
- Als Gegenbegriff zu „privat" ist „öffentlich" dasjenige, was nicht für einzelne, sondern für viele bestimmt ist.
- Schließlich bezeichnet der Ausdruck das, was „eine große bürgerliche Gesellschaft (Gemeinde) oder ein Land, den Staat" betrifft, „darauf bezüglich oder davon ausgehend, ihm eigen" ist.[27] In diesem Zusammenhang steht „öffentlich" – insofern nicht wertneutral – auch für „gemeinwohlbezogen".[28]
- Eine positive Wertung liegt auch in der Benutzung des Begriffs im symbolischen Sinne von „wahr" bzw. „gerecht": Wo nichts zu verbergen ist, geht alles mit rechten Dingen zu.[29]

---

[20] *Rinken*, in: Winter (Hrsg.), Das Öffentliche heute, 2002, S. 11.

[21] Kritisch zum Versuch, die Begriffsgeschichte aus der Wortgeschichte abzuleiten *Hohendahl*, in: Hohendahl (Hrsg.), Öffentlichkeit. Geschichte eines kritischen Begriffs, 2000, S. 5, weil die Begriffsgeschichte nicht auf eine Sprache beschränkbar sei.

[22] *Martens*, Öffentlich als Rechtsbegriff, 1969, S. 23; *Noelle-Neumann*, Öffentlichkeit als Bedrohung, 1977, S. 206.

[23] Als weitere Bedeutung nennen *Grimm/Grimm*, Deutsches Wörterbuch, 7. Bd., 1889, a. a. O. u. a. „allgemein bekannt, offenbar". Sie ist heute wohl veraltet. So zu Recht *Martens*, Öffentlich als Rechtsbegriff, 1969, S. 22 Fn. 46.

[24] *Kuß*, Öffentlichkeitsmaxime der Judikative und das Verbot von Fernsehaufnahmen im Gerichtssaal, 1999, S. 33.

[25] *Grimm/Grimm*, Deutsches Wörterbuch, 7. Bd., 1889, Sp. 1180; *I. M. Pernice*, Öffentlichkeit und Medienöffentlichkeit, 2000, S. 23.

[26] *Grimm/Grimm*, Deutsches Wörterbuch, 7. Bd., 1889, Sp. 1181, mit Verweis auf Sp. 1169. Hier offenbart sich zugleich die Schwierigkeit, einzelne Bedeutungskomponenten bestimmten Ursprüngen zuzuordnen: In Sp. 1163 wird zusammen mit den oben im Text angeführten Bedeutungsgehalten auch „publicus" als Bedeutung von „offen" genannt.

[27] *Grimm/Grimm*, Deutsches Wörterbuch, 7. Bd., 1889, Sp. 1181.

[28] *Jestaedt*, AöR Bd. 126 (2001), S. 207 f.; *I. M. Pernice*, Öffentlichkeit und Medienöffentlichkeit, 2000, S. 24; *Noelle-Neumann*, Öffentlichkeit als Bedrohung, 1977, S. 206.

[29] *Rinken*, in: Görres-Gesellschaft (Hrsg.), Staatslexikon, Bd. 4, 7. Aufl. 1988, Stichwort „Öffentlichkeit", Sp. 139; *Rinken*, in: Winter (Hrsg.), Das Öffentliche heute, 2002, S. 11, auch mit dem Hinweis, daß die Kennzeichnung des deutschen mittelalterlichen Gerichtsverfahrens als „öffentlich" insofern eine doppelte Bedeutung besaß: Öffentliche Form des Gerichts als Garantie einer gerechten Urteilsfindung.

Festzuhalten bleibt allerdings als unverrückbares Datum, daß es „Öffentlich als Rechtsbegriff"[30] im Sinne eines festumrissenen Merkmals, das seinerseits Ausgangspunkt normativer Konsequenzen ist, nicht gibt und auch nicht geben kann. Entsprechendes gilt für „Öffentliches Interesse als juristisches Problem".[31]

3. „Öffentlichkeit"

Aus dem Adjektiv „öffentlich" hat sich in der zweiten Hälfte des 18. Jahrhunderts das Substantiv „Öffentlichkeit" gebildet.[32] Inhaltlich war es zunächst primär ein Ersatzwort für den Begriff der Publizität,[33] bei dem es sich um ein Schlagwort der Revolutionszeit handelte. Zu einem solchen wurde „Öffentlichkeit" insbesondere im Kampf um die Geschworenengerichte.[34]

„Öffentlichkeit" im Sinne von „Publizität" meint die tatsächliche Offenheit von Zuständen oder Vorgängen im Sinne einer Zugänglichkeit und Wahrnehmbarkeit für eine unbestimmte Mehrheit von Personen.[35] In Rede steht der Zustand formeller Publizität.[36] Daneben ist seit der Mitte des 19. Jahrhunderts als weitere Bedeutung von „Öffentlichkeit" die Personenmehrheit selbst getreten, die Adressat der Zugänglichkeit ist.[37] Im allgemeinen Sprachgebrauch steht Öffentlichkeit seither gleichermaßen für „Publizität" wie für „Publikum".[38] Bei diesem Ver-

---

[30] So die gleichnamige Schrift von *Martens*, 1969.

[31] So die gleichnamige Schrift von *Häberle*, 1970.

[32] *Grimm/Grimm*, Deutsches Wörterbuch, 7. Bd., 1889, Sp. 1183; *I. M. Pernice*, Öffentlichkeit und Medienöffentlichkeit, 2000, S. 24; *Rinken*, in: Görres-Gesellschaft (Hrsg.), Staatslexikon, Bd. 4, 7. Aufl. 1988, Stichwort „Öffentlichkeit", Sp. 138; vgl. auch *Witzler*, Die personale Öffentlichkeit im Strafverfahren, 1993, S. 8f.

[33] *Kluge*, Etymologisches Wörterbuch der deutschen Sprache, 24. Aufl. 2002, S. 598, Stichwort „öffentlich"; *Kuß*, Öffentlichkeitsmaxime der Judikative und das Verbot von Fernsehaufnahmen im Gerichtssaal, 1999, S. 33; *Rinken*, in: Winter (Hrsg.), Das Öffentliche heute, 2002, S. 11; *Alber*, Die Geschichte der Öffentlichkeit im deutschen Strafverfahren, 1974, S. 20; *Smend*, Staatsrechtliche Abhandlungen und andere Aufsätze, 3. Aufl. 1994, S. 463f.

[34] *Kluge*, Etymologisches Wörterbuch der deutschen Sprache, 21. Aufl. 1975, S. 520, Stichwort „Öffentlichkeit". Zum Kampf um Gerichtsöffentlichkeit näher unten Teil 2 A.IV., S. 60ff.

[35] *I. M. Pernice*, Öffentlichkeit und Medienöffentlichkeit, 2000, S. 24, die gerade *sinnliche* Wahrnehmbarkeit verlangt; ohne dieses Attribut *Kuß*, Öffentlichkeitsmaxime der Judikative und das Verbot von Fernsehaufnahmen im Gerichtssaal, 1999, S. 34.

[36] *Rinken*, in: Winter (Hrsg.), Das Öffentliche heute, 2002, S. 11; *Smend*, Staatsrechtliche Abhandlungen und andere Aufsätze, 3. Aufl. 1994, S. 466.

[37] *Kuß*, Öffentlichkeitsmaxime der Judikative und das Verbot von Fernsehaufnahmen im Gerichtssaal, 1999, S. 33f.; *Witzler*, Die personale Öffentlichkeit im Strafverfahren, 1993, S. 10; *Rinken*, in: Görres-Gesellschaft (Hrsg.), Staatslexikon, Bd. 4, 7. Aufl. 1988, Stichwort „Öffentlichkeit", Sp. 139. *Schmidthals*, Wert und Grenzen der Verfahrensöffentlichkeit im Strafprozeß, 1977, S. 22 Fn. 37, verwendet „Öffentlichkeit" nur im Sinne von „Publikum".

[38] *Martens*, Öffentlich als Rechtsbegriff, 1969, S. 45f., der auf diese Bedeutungen auch in den Sozialwissenschaften hinweist; s. auch *I. M. Pernice*, Öffentlichkeit und Medienöffentlichkeit, 2000, S. 24; *Kißler*, Die Öffentlichkeitsfunktion des Deutschen Bundestages, 1976, S. 36ff.; alle drei mit Belegen für die allmähliche Verdrängung von „Publikum" durch „Öffentlichkeit" aus der Gesetzessprache.

ständnis ist mit der Attestierung von Öffentlichkeit einmal mehr keine Wertung verbunden. Das Vorhandensein von Zugänglichkeit bzw. von Zuschauern wird durch den Begriff der Öffentlichkeit an sich nicht wertend beurteilt, sondern beschrieben. Es handelt sich um eine faktisch-deskriptive Sichtweise. Gleiches gilt für das begriffliche Gegenteil, also die Nichtöffentlichkeit in Ermangelung von Publizität bzw. Publikum.

Neben diesen wertneutralen Bedeutungen wird „Öffentlichkeit“ in wertbezogenen Zusammenhängen gebraucht. So findet sich das positiv belegte Verständnis, Öffentlichkeit verweise auf das Gemeinwohl, stehe also für die erstrebte, gute und gerechte Ordnung des Gemeinwesens.[39] Die Bedeutungskomponente, die der Aufklärung den Ansatz bot, die Öffentlichkeit staatlicher Tätigkeit als Garant für eine rationale politische Ordnung zu fordern, erklärt sich aus dem symbolischen Gehalt des Adjektivs „öffentlich“ im Sinne von „wahr“, „gerecht“.[40] Auch heute noch ist der Gemeinwohlbezug eher in adjektivischen Wendungen gebräuchlich. Er kommt etwa in der im rechtswissenschaftlichen bis rechtspolitischen Raum angesiedelten Redeweise von der „öffentlichen Aufgabe der Presse“ zum Ausdruck,[41] die sogar Eingang in die Normtexte der Landespressegesetze gefunden hat. Dagegen ist der Begriff in der sozialpsychologischen Sichtweise von der „Öffentlichkeit als Bedrohung“[42] bzw. als Pranger[43] negativ belegt.

Vor allem aber ist die Öffentlichkeit im Sinne des Publikums aus ihrer Rolle als Adressat der Staatsgewalt herausgetreten. Sie ist zum Subjekt und Akteur des politischen Prozesses geworden.[44] Als Träger der öffentlichen Meinung[45] ist sie die – zum Teil diffuse – Instanz, durch die die öffentliche Gewalt legitimiert und kontrolliert wird[46] und die somit als Bindeglied zwischen Staat und Gesellschaft fungiert.

---

[39] *Rinken*, in: Görres-Gesellschaft (Hrsg.), Staatslexikon, Bd. 4, 7. Aufl. 1988, Sp. 141. Allerdings weist *I. M. Pernice*, Öffentlichkeit und Medienöffentlichkeit, 2000, S. 24, zutreffend darauf hin, daß diese Bedeutung jedenfalls für Öffentlichkeit als Substantiv in der Allgemeinsprache wohl unbekannt ist.

[40] *Rinken*, in: Winter (Hrsg.), Das Öffentliche heute, 2002, S. 11. S. auch *Marcic*, in: FS für Adolf Arndt, 1969, S. 275.

[41] *Noelle-Neumann*, in: FS für Martin Kriele, 1997, S. 516.

[42] *Noelle-Neumann*, Öffentlichkeit als Bedrohung, 1977.

[43] *Noelle-Neumann*, in: FS für Martin Kriele, 1997, S. 516 f.; dazu *I. M. Pernice*, Öffentlichkeit und Medienöffentlichkeit, 2000, S. 24 f.

[44] *Rinken*, in: Winter (Hrsg.), Das Öffentliche heute, 2002, S. 11 f.

[45] Dazu *Habermas*, Strukturwandel der Öffentlichkeit, 1962, Nachdruck 1990, S. 55. – Zur „Geburtsstunde“ der öffentlichen Meinung durch die schnelle und weite Publikation des Protestschreibens der „Göttinger Sieben“ *Zimmerli*, Neue Zürcher Zeitung v. 11. Dezember 1987, Nr. 288, S. 28.

[46] *Rinken*, in: Görres-Gesellschaft (Hrsg.), Staatslexikon, Bd. 4, 7. Aufl. 1988, Stichwort „Öffentlichkeit“, Sp. 139.

II. Medien

Der Begriff „Medium“ leitet sich vom Adjektiv „medius“ („in der Mitte befindlich, mittlerer“) ab. Das Substantiv ist seit dem 17. Jahrhundert im Sinne von „Vermittlung, vermittelndes Element“ gebräuchlich.[47] Im modernen allgemeinen juristischen Sprachgebrauch werden mit „den Medien“ meist die staatsfreien[48] oder zumindest staatsfernen Massenmedien bezeichnet. Als die drei klassischen Medien fungieren die Massenkommunikationsmittel Presse, Rundfunk und Film. Sie haben ihre grundrechtliche Absicherung in Art. 5 Abs. 1 S. 2 GG gefunden. Die Bestimmung sichert jedes der Medien grundrechtlich ab. Pressefreiheit, Rundfunkfreiheit und Filmfreiheit sind die Medienfreiheiten. Der Plural hat seinen juristischen Sinn. Die drei Kommunikationsmittel – eben die drei Medien – lassen sich inhaltlich trotz aller Konvergenztendenzen im Medienbereich nicht über einen Leisten schlagen. Das Grundgesetz gewährleistet das jeweilige Freiheitsrecht im eigenen strukturellen Stellenwert. Von daher kann es ein einheitliches übergreifendes Mediengrundrecht ebensowenig geben wie eine uniforme Medienfreiheit.[49]

Die Schwierigkeit, die „Neuen Medien“ in die klassische, untereinander alles andere als homogene Medientrias einzupassen oder sie davon abzuheben, ist nur konsequent. Das schließt gleichwohl gemeinsame Strukturmerkmale nicht aus. Übergreifendes Strukturprinzip der grundrechtsgeschützten (Massen-)Medien ist die Staatsfreiheit der Medien und ihre Relevanz für die Demokratie als verfassungsgestaltende Grundentscheidung. Staatsrechtslehre und Judikatur tragen dem Stellenwert der Medien Rechnung. Ihre Bedeutung für den Prozeß der Massenkommunikation, der seinerseits schlechthin konstituierend für die demokratische Grundordnung ist,[50] steht außer Frage. Auch sie ist verfassungsrechtlich durch Art. 5 Abs. 1 S. 2 GG abgesichert und verfassungsgerichtlich ein ums andere Mal bestätigt worden.[51]

Ein konstitutives Merkmal des Medienbegriffs sind Staatsfreiheit bzw. Staatsferne jedoch nicht. Die staatliche Prägung und Kontrolle von Medien ist im Grunde kein Problem ihrer begrifflichen Qualität als Medien, sondern ihrer prinzipiellen Funktion sowie ihrer rechtlichen Zulässigkeit. Rein begrifflich lassen sich „den Medien“ neben den staatsunabhängigen Massenmedien daher auch

---

[47] *Fechner*, Medienrecht, 5. Aufl. 2004, Rdnr. 6.

[48] Zur Staatsfreiheit der Presse vgl. BVerfGE 20, 162 (174 f.); 80, 124 (134); zur Staatsfreiheit des Rundfunks BVerfGE 31, 314 (327 ff.); 90, 60 (88 ff.).

[49] Für eine Zusammenfassung der Presse- und der Rundfunkfreiheit zu einer Medienfreiheit aber *Hoffmann-Riem*, in: AK-GG, Art. 5 Rdnr. 138; dagegen *Bethge*, in: Sachs, GG, 3. Aufl. 2003, Art. 5 Rdnr. 118; im Ergebnis auch *Degenhart*, in: Bonner Kommentar, Art. 5 Abs. 1 u. 2 Rdnr. 20.

[50] Seit BVerfGE 10, 118 (121) st. Rspr.; zuletzt etwa BVerfGE 107, 299 (329).

[51] BVerfGE 35, 202 (221 f.); 101, 361 (389).

entsprechende Publikationsmittel des Staates zuordnen. Das betrifft insbesondere staatliche Druckwerke, aber auch andere Formen der staatlichen Teilhabe an öffentlicher Kommunikation.[52] Über die begriffliche Ebene hinaus reichen die Gemeinsamkeiten zwischen beiden Phänomenen freilich nicht. Insbesondere gibt es keine wie auch immer geartete rechtliche Parallelität oder gar Identität. Staatsunabhängige Medien wurzeln im Bereich der Gesellschaft. Sie werden in Ausübung staatsgerichteter Bürgerfreiheit tätig; ihre verfassungsrechtliche Verankerung finden sie in den Medienfreiheiten des Art. 5 Abs. 1 S. 2 GG. Staatliche Medientätigkeit dagegen erfolgt nicht in Wahrnehmung grundrechtlicher Freiheit, sondern in Erfüllung staatlicher Aufgaben und auf der Grundlage von Kompetenzen.[53]

III. Medienöffentlichkeit

Die sprachliche Verbindung der vorstehend beschriebenen Begriffe „Medien“ und „Öffentlichkeit“, Medienöffentlichkeit also, ist als eigenständiger Begriff Gegenstand einer vielschichtigen Publizistik-, Medien- und Kommunikationswissenschaft.[54] Im rechtswissenschaftlichen Kontext wird der Terminus vorwiegend als Abgrenzungs- und Komplementärbegriff zur sogenannten Publikums- oder Saalöffentlichkeit verwendet.[55]

Daß Objekt beider Formen von Öffentlichkeit auch privates Handeln sein kann, soll hier und im folgenden außer Betracht bleiben. Gegenstand der vorliegenden Erwägungen ist die Öffentlichkeit gerade *staatlichen* Handelns, wobei der Begriff Staat nicht nur Bund und Länder auf der vertikalen Verbandsschiene bezeichnet, sondern jeden staatlich verfaßten Träger öffentlicher Gewalt.[56] In diesem Zusammenhang sind Bezugsobjekte der Dichotomie Saalöffentlichkeit – Medienöffentlichkeit sämtliche drei Staatsgewalten[57] einschließlich der Rechtsprechung.

---

[52] Dazu BVerfGE 105, 252 (268 ff.); 105, 279 (294 ff.).

[53] *Bethge*, in: Sachs, GG, 3. Aufl. 2003, Art. 5 Rdnr. 40; *Bethge*, in: FS für Walter Schmitt Glaeser, 2003, S. 474 f.; *P. M. Huber*, ZG Bd. 17 (2002), S. 250 f. Vgl. weiter BVerfGE 105, 252 (270 ff.); 105, 279 (306 f.).

[54] *Rinken*, in: Winter (Hrsg.), Das Öffentliche heute, 2002, S. 14, mit diversen Nachweisen in Fn. 25.

[55] *Köbl*, in: FS für Ludwig Schnorr von Carolsfeld, 1972, S. 235, spricht von Volks- oder Allgemeinöffentlichkeit.

[56] Zu diesem Begriffsverständnis *Plenge*, Die Zulässigkeit staatlicher Zeitungen und Zeitschriften, Diss. Kiel 1975, S. 21.

[57] Vgl. *Kloepfer*, in: HStR II, 2. Aufl. 1998, § 35 Rdnrn. 53 ff., 62.

1. Publikums- bzw. Saalöffentlichkeit als Abgrenzungsbegriff

Spezifikum der Publikumsöffentlichkeit ist die prinzipiell jedermann offenstehende rechtliche Möglichkeit eigener körperlicher Anwesenheit, um auf diese Weise ein Geschehen mit eigenen Sinnesorganen wahrnehmen zu können. Synonym werden Begriffe wie Sitzungs- oder Saalöffentlichkeit verwendet.

a) Publikums- bzw. Saalöffentlichkeit durch Zutrittsberechtigung

Voraussetzung für Publikums- bzw. Saalöffentlichkeit ist grundsätzlich staatliches Handeln in zuschauergeeigneter Form. Den Prototyp bilden Sitzungen und Verhandlungen, die sich aus mündlichen Beiträgen der Akteure zusammensetzen. Anwesende können hier durch Zuschauen und Zuhören das Geschehen wahrnehmen. Von Publikumsöffentlichkeit bzw. von ihren Synonymen wird daher primär im Zusammenhang mit Legislative und Judikative gesprochen,[58] den beiden Staatsgewalten also, deren Tätigkeit maßgeblich durch Sitzungen und mündliche Verhandlungen geprägt ist. Ihre (prinzipielle) Publikumsöffentlichkeit ist für die Legislative verfassungsrechtlich (Art. 42 Abs. 1 S. 1 GG bzw. die entsprechenden Vorschriften der Landesverfassungen[59]), für die Judikative jedenfalls[60] einfachrechtlich durch § 169 S. 1 GVG ausdrücklich festgelegt. Danach sind die Verhandlungen vor dem erkennenden Gericht öffentlich; prinzipiell hat jedermann Zutritt.

Überwiegend und zu Recht ist mit Publikums- bzw. Saalöffentlichkeit gerade diese bloße *Möglichkeit* des Zugangs gemeint.[61] In zumindest sprachliche Schwierigkeiten gerät hingegen, wer mit dem Begriff auf die körperlich (tatsächlich) anwesenden Zuschauer abzielt.[62] Zwar ist dagegen terminologisch an sich[63]

[58] Von Sitzungsöffentlichkeit sprechen mit Blick auf die von Art. 42 Abs. 1 S. 1 GG angeordneten öffentlichen Verhandlungen des Bundestages *Morlok*, in: Dreier, GG, Bd. II, 1998, Art. 42 Rdnr. 27; *Achterberg/Schulte*, in: v. Mangoldt/Klein/Starck, Das Bonner Grundgesetz, Bd. 2, 4. Aufl. 2000, Art. 42 Abs. 1 Rdnr. 3.

[59] Art. 33 Abs. 1 S. 1 BaWüVerf., 22 Abs. 1 S. 1 BayVerf., 42 Abs. 3 BerlVerf., 64 Abs. 2 S. 1 BbgVerf., 91 Abs. 1 BremVerf., 21 S. 1 HambVerf., 89 S. 1 HessVerf., 31 Abs. 1 S. 1 Meckl-Verf., 22 Abs. 1 S. 1 NdsVerf., 42 S. 1 NRWVerf., 86 S. 1 RhPfVerf., 72 Abs. 1 SaarlVerf., 48 Abs. 1 S. 1 SächsVerf., 50 Abs. 1 SachsAnhVerf., 15 Abs. 1 S. 1 SHVerf., 60 Abs. 1 ThürVerf.

[60] Art. 90 S. 1 BayVerf. sieht ebenfalls die Öffentlichkeit von Gerichtsverhandlungen vor. Nach Art. 52 Abs. 4 S. 2 BbgVerf. sowie Art. 78 Abs. 3 S. 2 SächsVerf. ist der Ausschluß der Öffentlichkeit nur nach Maßgabe des Gesetzes möglich.

[61] *Kopp/Schenke*, VwGO, 13. Aufl. 2003, § 55 Rdnr. 2; *Diemer*, in: Karlsruher Kommentar zur StPO, 5. Aufl. 2003, § 169 GVG Rdnr. 1; *Eb. Schmidt*, Lehrkommentar zur StPO und zum GVG, Teil III, 1960, Vorb. §§ 169 bis 175 GVG, Rdnr. 1. Näher zum Begriff der Öffentlichkeit nach § 169 S. 1 GVG unten Teil 2 B.I., S. 83 ff., Teil 2 C., S. 101 ff.

[62] Das tun *Kissel/Mayer*, GVG, 4. Aufl. 2005, § 169 Rdnr. 3; *M. Wolf*, in: Münchener Kommentar zur ZPO, Bd. 3, 2. Aufl. 2001, § 169 GVG Rdnr. 41; *I. M. Pernice*, Öffentlichkeit und Medienöffentlichkeit, 2000, S. 71.

[63] Allerdings sollte mit Blick auf die tatsächlich anwesenden Zuschauer aus sprachlichen Gründen eher von Saal- als von Publikumsöffentlichkeit gesprochen werden. Dazu sogleich.

nichts einzuwenden. Immerhin steht „Öffentlichkeit“ sowohl für Publizität als auch für das Publikum.[64] Es ergibt sich jedoch ein Konflikt mit § 169 S. 1 GVG. Die Vorschrift garantiert – selbstverständlich – nicht, daß tatsächlich Zuschauer anwesend sind. Vielmehr *ist* eine Verhandlung, bei der die Öffentlichkeit nicht nach §§ 170 ff. GVG ausgeschlossen wurde, gem. § 169 S. 1 GVG öffentlich, unabhängig von der tatsächlichen Anwesenheit von Zuschauern.[65] Dennoch müßte man der Verhandlung bei konsequenter Gleichsetzung von Öffentlichkeit und Publikum fehlende Öffentlichkeit attestieren, sofern das Publikum mangels Interesses ausbleibt. Die unterschiedliche Verwendung des Substantivs einerseits und des Adjektivs andererseits hätte also die seltsame Konsequenz, daß § 169 S. 1 GVG die Öffentlichkeit einer öffentlichen Verhandlung lediglich ermöglicht, nicht jedoch garantiert. Das erweist sich zumindest sprachlich als kaum akzeptabel.

Diese Bedenken schließen nicht aus, auch tatsächlich anwesende Zuschauer in den Begriff der Saalöffentlichkeit einzubeziehen, sofern dies nicht im Sinn einer abschließenden Definition verstanden wird, sondern allenfalls zusätzlich zur schlichten Möglichkeit des persönlichen Zutritts. Immerhin sollte aber zumindest bei dieser Verwendung „Saalöffentlichkeit“ der Vorzug gegenüber „Publikumsöffentlichkeit“ gegeben werden: Wenn schon der Wortbestandteil „Öffentlichkeit“ im Sinne von „Publikum“ gebraucht wird, wäre die Kombination „Publikumsöffentlichkeit“ sprachlich keine glücklich Lösung, sondern bewegte sich eher an der Grenze zur Tautologie. Ohnehin ist „Publikumsöffentlichkeit“ die weniger prägnante Bezeichnung, da sich die Medienberichterstattung ebenfalls an ein Publikum richtet, das lediglich nicht körperlich präsent ist.

b) Publikumsöffentlichkeit durch Einsichts- und Auskunftsrechte?

Einsichts- und Auskunftsrechte für jedermann werden im üblichen Sprachgebrauch nur selten als Publikumsöffentlichkeit (Saalöffentlichkeit paßt hier nicht) bezeichnet, obwohl dies begrifflich an sich möglich wäre.[66] Rechte dieser Art lassen sich für die einzelnen Staatsfunktionen nicht über einen Kamm scheren. Große Bedeutung kommt ihnen namentlich mit Blick auf die Rechtsprechung nicht zu.

aa) Exekutive

Im Bereich der Exekutive spielt Publikumsöffentlichkeit in Form von Zutrittsberechtigungen nur eine untergeordnete Rolle. Sie läßt sich etwa bei der (publi-

[64] Dazu oben Teil 1 B.I.3., S. 14 f.

[65] *Kissel/Mayer*, GVG, 4. Aufl. 2005, § 169 Rdnr. 21; *Schreiber*, in: Wieczorek/Schütze, ZPO und Nebengesetze, 5. Bd., 3. Aufl. 1995, § 169 GVG Rdnr. 13.

[66] Vgl. *E. Klein*, in: Benda/Klein, Verfassungsprozeßrecht, 2. Aufl. 2001, Rdnr. 251: Akteneinsicht für Unbeteiligte berührt in weiterem Sinne das Öffentlichkeitsprinzip.

kums-)öffentlichen Sitzung eines Gemeinderats[67] ausmachen. Doch ist die Tätigkeit der unmittelbar demokratisch legitimierten kommunalen Mandatare auf der Ebene der mittelbaren Staatsverwaltung[68] – wiewohl nicht Parlament – keinesfalls die typische Verwaltungstätigkeit. Für große Bereiche des Verwaltungshandelns kommt Publikumsöffentlichkeit in Form von Zutrittsrechten schon angesichts der spezifischen Arbeitsweise der Exekutive nicht in Betracht.[69] Allenfalls stehen hier Rechte auf Auskunft bzw. auf Einsicht in Akten oder Register in Rede. Öffentlichkeit besteht in diesen Fällen aus der Zugänglichkeit von bei der Verwaltung vorhandenen Informationen.[70]

Sofern man auch in diesem Zusammenhang von Publikumsöffentlichkeit sprechen will,[71] handelt es sich jedenfalls um eine andere Art von Publikumsöffentlichkeit, als sie in Gestalt der (Möglichkeit von) Zuschauerpräsenz beispielsweise bei Sitzungen vorliegt. Das zeigt sich nicht nur an der Unanwendbarkeit der sonst synonymen Begriffe wie Saal- oder Sitzungsöffentlichkeit.

bb) Unterschiede gegenüber Legislative und Judikative

Der anders geartete Charakter kommt auch darin zum Ausdruck, daß Auskunfts- und Akteneinsichtsrechte im Zusammenhang mit der *Publikums*öffentlichkeit von Legislative und Judikative nicht[72] diskutiert werden, obwohl sie dort ebenfalls vorstellbar sind. Sitzungen und Verhandlungen besetzen den Begriff der Publikumsöffentlichkeit bei diesen beiden Staatsgewalten exklusiv.

Über derartige terminologische Indizien hinaus läßt sich auch in der Sache ein deutlicher Unterschied ausmachen. Sitzungs- oder Verhandlungsöffentlichkeit einerseits sowie Einsichts- oder Auskunftsrechte andererseits beziehen sich auf unterschiedliche Objekte: Der Zuschauer im Saal beobachtet staatliche Organe während und bei ihrer Aufgabenerfüllung. Sein Anschauungsobjekt ist ein dynamischer Vorgang. Dagegen nimmt der Leser einer Akte bzw. der Empfänger

[67] Beispielsweise gem. Art. 52 Abs. 2 S. 1 BayGO, § 48 Abs. 2 S. 1 GO NRW.

[68] Zur Einbindung der kommunalen Selbstverwaltung in die mittelbare Staatsverwaltung vgl. BVerfGE 73, 118 (191); 83, 37 (54); 83, 238 (330); s. weiter *Dreier*, in: Dreier, GG, Bd. II, 1998, Art. 28 Rdnr. 79; a.M. *Tettinger*, in: v. Mangoldt/Klein/Starck, Das Bonner Grundgesetz, Bd. 2, 4. Aufl. 2000, Art. 28 Rdnr. 159.

[69] *Groß*, DÖV 1997, 134.

[70] *Rinken*, in: Winter (Hrsg.), Das Öffentliche heute, 2002, S. 48. Zu Akteneinsichtsrechten als Form von Verwaltungsöffentlichkeit *Rossen-Stadtfeld*, in: Schmidt-Aßmann/Hoffmann-Riem (Hrsg.), Verwaltungskontrolle, 2001, S. 118f.

[71] So etwa *Kloepfer*, in: HStR II, 2. Aufl. 1998, § 35 Rdnr. 58. Dagegen verwendet *Rinken*, in: Winter (Hrsg.), Das Öffentliche heute, 2002, S. 48, für die Zugänglichkeit von Informationen in bewußter Gegenüberstellung zur „Publikumsöffentlichkeit" den Begriff der „Informationsöffentlichkeit".

[72] Freilich operiert *M. Wolf*, in: Münchener Kommentar zur ZPO, Bd. 3, 2. Aufl. 2001, § 169 GVG Rdnr. 11, im Zusammenhang mit Akteneinsichtsrechten im Bereich der Rechtsprechung mit dem Begriff der unmittelbaren Öffentlichkeit, der üblicherweise synonym mit „Publikumsöffentlichkeit" gebraucht wird.

einer Auskunft staatliches Handeln jedenfalls nicht unmittelbar wahr. Sein direktes Anschauungsobjekt sind vielmehr statische Informationen, die entweder staatliches Handeln betreffen oder zumindest als Ergebnis staatlicher Tätigkeit beim Staat vorhanden sind.

Will man trotz dieser Vorbehalte ein gegenüber der Exekutive bestehendes Auskunfts- oder Einsichtsrecht als Form der Publikumsöffentlichkeit auffassen, so ist dies allenfalls möglich, sofern das Recht jedermann ohne weitere Voraussetzungen zusteht. Derartige Rechte existieren – bisher – nur vereinzelt, so daß die Frage nach ihrem Öffentlichkeitscharakter de lege lata allenfalls eine untergeordnete Rolle spielt. Selbst die Einsicht in Register, die im übrigen nicht so sehr staatliches Handeln betreffen, sondern vielmehr private Verhältnisse öffentlich machen, ist nur ausnahmsweise jedermann ohne weiteres erlaubt. Ein Beispiel bildet die gem. § 9 Abs. 1 HGB jedem zu Informationszwecken gestattete Einsicht in das Handelsregister. Dagegen bedarf es zur Einsicht in das Grundbuch gem. § 12 Abs. 1 GBO bereits der Darlegung eines berechtigten Interesses; § 61 Abs. 1 S. 3 PStG verlangt von Dritten die Glaubhaftmachung eines rechtlichen Interesses für die Einsicht in die Personenstandsbücher.[73]

Im übrigen ist das Verwaltungsrecht nach wie vor in starkem Maße durch den in §§ 29, 30 VwVfG beispielhaft statuierten Grundsatz der Geheimhaltung von Verwaltungsinformationen geprägt.[74] Ein Recht auf Akteneinsicht haben danach lediglich Beteiligte im Rahmen eines laufenden Verwaltungsverfahrens.[75] Dritten wird ein bloßer Anspruch auf ermessensfehlerfreie behördliche Entscheidung zugestanden, dies zudem nur unter der Voraussetzung eines „berechtigten Interesses“.[76]

Unter vergleichbaren Voraussetzungen (rechtliches bzw. berechtigtes Interesse) ermöglichen diverse Prozeßordnungen die Auskunft aus bzw. die Einsicht in Gerichtsakten (vgl. etwa §§ 299 Abs. 2 ZPO, 35 a ff. BVerfGG, 475 ff. StPO),[77] ohne daß sich diese limitierten Zugangsmöglichkeiten als Publikumsöffentlichkeit auffassen ließen.

cc) Aktuelle Tendenzen

Ein allgemeiner und voraussetzungsloser Informationszugangsanspruch besteht im Bundesrecht lediglich bereichsspezifisch durch das Umweltinformationsge-

---

[73] Die Führung dieser Register ist zwar Aufgabe der Gerichte, mangels (streit-)entscheidenden Charakters jedoch keine Rechtsprechung im materiellen Sinne. Vielmehr handelt es sich um einen Teil der Rechtspflege i. S. v. Rechtsfürsorge. Dazu *Schulze-Fielitz*, in: Dreier, GG, Bd. III, 2000, Art. 92 Rdnr. 42.

[74] *Schoch*, Die Verwaltung Bd. 35 (2002), S. 149.

[75] Näher *Kopp/Ramsauer*, VwVfG, 8. Aufl. 2003, § 29 Rdnr. 4.

[76] BVerwGE 69, 278 (279); BayVGH NVwZ 1999, 889 (890); *Kopp/Ramsauer*, VwVfG, 8. Aufl. 2003, § 29 Rdnr. 8.

[77] Dazu näher unten Teil 6 B.II., S. 506 ff.

setz.[78] Er beschränkt sich auf den Zugang zu Informationen über die Umwelt, die bei Behörden – Gerichte sind explizit ausgenommen –[79] vorhanden sind.[80] Zwei Anläufe zur Schaffung eines (allgemeinen) Informationsfreiheitsgesetzes auf Bundesebene sind in der jüngeren Vergangenheit erfolglos geblieben.[81] Die derzeit bestehende Situation wird in der Literatur jedoch gerade im Hinblick auf die Recherchemöglichkeiten der Medien[82] zunehmend als unbefriedigend und als den Anforderungen an die Transparenz staatlichen Handelns nicht mehr angemessen empfunden.[83] Änderungen sind nicht zuletzt vor dem Hintergrund allgemeiner Informationszugangsansprüche zu erwarten, die neben der Ebene der EG[84] mittlerweile auch in Brandenburg,[85] Berlin,[86] Schleswig-Holstein[87]

---

[78] Erstmalig: Umweltinformationsgesetz (UIG) v. 8. Juli 1994, BGBl. I S. 1490, derzeit in der Fassung der Bekanntmachung vom 23. August 2001, BGBl. I S. 2218. Vgl. dazu auch Art. 39 Abs. 7 S. 3, 4 BbgVerf., wonach – im Rahmen näherer gesetzlicher Regelung – jeder das Recht auf die vom Land, den Gemeinden und Gemeindeverbänden erhobenen und dokumentierten Informationen über gegenwärtige und zu erwartende Belastungen der natürlichen Umwelt hat, soweit nicht überwiegende öffentliche oder private Interessen entgegenstehen. Auf den Umweltsektor beschränkt sich auch die sog. Aarhus-Konvention (UN/ECE-Übereinkommen über den Zugang zu Informationen, die Öffentlichkeitsbeteiligung an Entscheidungsverfahren und den Zugang zu Gerichten in Umweltangelegenheiten, abgedruckt bei *Schoch/Kloepfer*, Informationsfreiheitsgesetz [IFG-ProfE], 2002, S. 307 ff.). Zu ihrem Verhältnis zum UIG *Schoch*, Die Verwaltung Bd. 35 (2002), S. 150 f., sowie die Antwort der Bundesregierung auf eine Kleine Anfrage, BT-Drucks. 14/3254.

[79] § 3 Abs. 1 Nr. 3 UIG.

[80] S. näher § 2 UIG. – Die Rechtsprechung zum Umweltinformationsgesetz fassen *Fluck/Wintterle*, VerwArch. Bd. 94 (2003), S. 437 ff., zusammen.

[81] In der 13. Legislaturperiode wurde ein entsprechender Gesetzentwurf (BT-Drucks. 13/8432) vom Bundestag abgelehnt. – Der in der 14. Legislaturperiode von der Bundesregierung geplante Entwurf für ein Informationsfreiheitsgesetz ist über das Stadium eines Referentenentwurfs nicht hinausgelangt. Vgl. dazu die Antwort der Bundesregierung auf eine Kleine Anfrage, BT-Drucks. 14/9147. Der Entwurf ist abgedruckt bei *Schoch/Kloepfer*, Informationsfreiheitsgesetz (IFG-ProfE), 2002, S. 201 ff.

[82] *Partsch*, AfP 2002, 198 ff.

[83] Beispielhaft *Angelov*, Grundlagen und Grenzen eines staatsbürgerlichen Informationszugangsanspruchs, 2000, S. 275, der den Gesetzgeber aus Art. 5 Abs. 1 S. 1 HS 2 GG i. V. m. dem demokratischen Publizitätsgebot sowie aus Art. 38 GG für verpflichtet hält, ein Informationsfreiheitsgesetz zu erlassen. – Umfassend zum Ganzen jüngst *Kugelmann*, Die informatorische Rechtsstellung des Bürgers, 2001.

[84] Art. 255 EG sowie Verordnung (EG) 1049/2001 des Europäischen Parlaments und des Rates v. 30. Mai 2001 über den Zugang der Öffentlichkeit zu Dokumenten des Europäischen Parlaments, des Rates und der Kommission, ABlEG (v. 31. Mai 2001) Nr. L 145/43, abgedruckt in NJW 2001, 3172 ff. Dazu näher *Bock*, DÖV 2002, 556 ff.; *Partsch*, NJW 2001, 3154 ff.

[85] Akteneinsichts- und Informationszugangsgesetz Brandenburg (AIG Bbg.) v. 10. März 1998, GVBl. I, S. 46. Damit wurden zugleich die Verfassungsaufträge aus Art. 21 Abs. 4, 3 S. 2 BbgVerf. erfüllt. Näher zum AIG Bbg. *Kloepfer*, Informationsrecht, 2002, § 10 Rdnrn. 66 ff.

[86] Berliner Informationsfreiheitsgesetz (IFG Berlin) v. 15. Oktober 1999 (GVBl. 1999, S. 561), zuletzt geändert durch Gesetz vom 30. Juli 2001 (GVBl. 2001, S. 305).

[87] Gesetz über die Freiheit des Zugangs zu Informationen für das Land Schleswig-Holstein (IFG – SH) v. 9. Februar 2000, GVOBl. S. 166.

und Nordrhein-Westfalen[88] verbürgt sind[89] und die den Bürgern gegenüber Behörden ein Recht auf Auskunft bzw. Akteneinsicht geben.[90] Gegen Gerichte ist der Anspruch nur insoweit gerichtet, als diese verwaltend – also gerade nicht in ihrer genuinen Rechtsprechungsfunktion – tätig werden.[91]

In weiteren Ländern der Bundesrepublik Deutschland liegen entsprechende Gesetzentwürfe vor.[92]

2. Der Bedeutungsgehalt von Medienöffentlichkeit

a) Publizität für die Medien als Bedeutungsschwerpunkt

Den Komplementärbegriff zur Publikumsöffentlichkeit bildet die Medienöffentlichkeit. Ausgehend von den beiden zentralen Bedeutungen der Öffentlichkeit läßt sich *Medien*öffentlichkeit theoretisch sowohl mit „Medienpublikum“ als auch mit „Medienpublizität“ erklären, mit den „Medienzuschauern“ wie mit der „Medienzugänglichkeit“ also.

Dabei handelt es sich jedoch zumindest teilweise um bloße Begriffsarithmetik, die weder sprachlich noch in der Sache weiterführt. Das „Medienpublikum“ sind die Medienvertreter, die z. B. an einer Verhandlung teilnehmen, sowie die Medienkonsumenten, die die mediale Berichterstattung nutzen, um sich (z. B. über das Handeln der Dritten Gewalt) zu informieren. Ob es zu einer derartigen Medienöffentlichkeit tatsächlich kommt, ist aus juristischer Sicht nur mittelbar von Interesse. Die Journalisten und die Bürger entscheiden selbst, ob sie von entsprechenden Informationsmöglichkeiten Gebrauch machen oder – was ebenso Ausdruck grundrechtlicher Freiheit ist – ob sie dies unterlassen. Von unmittelbarer rechtlicher Relevanz ist hingegen die Frage, in welchem Umfang der Staat die Informationsaufnahme ermöglichen, wenn nicht sogar erleichtern oder fördern muß.

Im Vordergrund der juristischen Betrachtung steht damit die „Medienpublizität“ oder „Medienzugänglichkeit“. Der als solcher nicht nur ungebräuchliche, sondern schon in sprachlicher Hinsicht zu unbestimmte Begriff gewinnt durch eine präpositionale Anreicherung deutlichere Konturen. Er umfaßt die

---

[88] Gesetz über die Freiheit des Zugangs zu Informationen für das Land Nordrhein-Westfalen (IFG NRW) v. 27. November 2001, GVBl. 2001, 806. Zu Einzelheiten des Gesetzes *Stollmann*, NWVBl. 2002, 216 ff.; *Bischopink*, NWVBl. 2003, 245 ff.; *Partsch/Schurig*, DÖV 2003, 483 ff.; kritisch *Wolf-Hegerbekermeier/Pelizäus*, DVBl. 2002, 955 ff.

[89] Näher *Schoch*, Die Verwaltung Bd. 35 (2002), S. 154 f., auch zur unterschiedlichen Reichweite der zugestandenen Ansprüche.

[90] Überblicksartig *Stollmann*, VR 2002, 309 ff.; *Partsch/Schurig*, DÖV 2003, 483 f. S. weiter *Raabe/Helle-Meyer*, NVwZ 2004, 641 ff.

[91] § 2 Abs. 1 S. 2 IFG Berlin; § 2 Abs. 2 AIG Bbg. i. V. m. § 1 Abs. 2 LOG Bbg.; § 2 Abs. 2 IFG NRW; § 3 Abs. 3 Nr. 2 IFG – SH.

[92] *Partsch/Schurig*, DÖV 2003, 484. Einen Überblick über bereits vorliegende Gesetzentwürfe geben *Schoch/Kloepfer*, Informationsfreiheitsgesetz (IFG-ProfE), 2002, Einl. Rdnr. 38.

Zugänglichkeit eines Geschehens sowohl *für* die Medien als auch (für Dritte) *durch* die Medien. Diese Formen von Zugänglichkeit stehen nicht beziehungslos nebeneinander, sondern bauen aufeinander auf: Unmittelbare Nutznießer der Zugänglichkeit *für* die Medien sind die Medienvertreter. Machen diese von ihrer Zugangsmöglichkeit Gebrauch und nutzen sie die so beschafften Informationen zur Berichterstattung, wird das Geschehen *durch* die Medien für die Mediennutzer zugänglich.

b) Zwischenresumé

Als Zwischenergebnis ist zu konstatieren, daß Medienöffentlichkeit eher einen Signalbegriff, wenn nicht gar nur ein Schlagwort darstellt. Ein festumrissener Rechtsbegriff mit trennscharfen Konturen ist nicht vorhanden. Das macht ihn nicht unbrauchbar. Herausforderungen des Rechts werden nicht selten durch plakative und plastische Formeln veranschaulicht, die für den Juristen zeichenhafte Bedeutung haben. Heuristische Begriffe[93] bzw. Signal-Worte[94] dieses oder ähnlichen Genres taugen zwar für konkrete juristische Lösungen unmittelbar nichts. Doch umreißen sie häufig aktuelle juristische Fragestellungen. So liegt es auch hier. Medienöffentlichkeit der Dritten Gewalt beschreibt in erster Linie die Befindlichkeit der grundrechtlich geschützten Massenmedien gegenüber der nach Art. 1 Abs. 3 GG grundrechtsgebundenen Rechtsprechung als Staatsfunktion. Über einen einheitlichen Leisten etwa in Gestalt eines Anspruchs auf Herstellung von Öffentlichkeit läßt sich die Problematik nicht schlagen. Die Komplexität dieser Beziehung schließt einspurige Antworten aus. Es kommt daher in erster Linie darauf an, die einfachrechtlichen, vor allem aber die grundrechtlichen Dimensionen der vielschichtigen Thematik herauszuarbeiten.

3. Saalöffentlichkeit und Medienöffentlichkeit im Kontext der Gerichtsöffentlichkeit

Zuvor jedoch sind einige weitere begriffliche Eingrenzungen veranlaßt. Sie betreffen namentlich den Terminus der „Gerichtsöffentlichkeit".[95]

a) Gerichtsöffentlichkeit als Oberbegriff

Beziehen sich Saal- sowie Medienöffentlichkeit wie hier gerade auf die Rechtsprechung, so ist ihr gemeinsamer Oberbegriff die Rechtsprechungs- oder

[93] Dazu *W. Schmitt Glaeser*, VVDStRL Heft 31 (1973), S. 180.

[94] *Oppermann*, JZ 1973, 42; zu Schlüsselbegriffen *Voßkuhle*, in: Die Verwaltung 2001, Beiheft 4, S. 197 ff. m. w. N.

[95] Zur Präzisierungsbedürftigkeit des Begriffs „Gerichtsöffentlichkeit" *Scherer*, Gerichtsöffentlichkeit als Medienöffentlichkeit, 1979, S. 1.

Gerichtsöffentlichkeit. Das verdient insofern besondere Betonung, als dieser Begriff regelmäßig als Synonym für die von § 169 S. 1 GVG vorgesehene Saalöffentlichkeit (Publikumsöffentlichkeit) der mündlichen Verhandlung gebraucht wird: „§ 169 GVG normiert den Grundsatz der Gerichtsöffentlichkeit.“[96] In dieser Gleichsetzung liegt jedoch eine doppelte Begriffsverkürzung:[97] Zum einen handelt es sich bei der mündlichen Verhandlung lediglich um einen Verfahrensabschnitt unter mehreren.[98] Dementsprechend beschränkt sich die Frage nach Öffentlichkeit nicht auf die Verhandlung, sondern reicht über diese hinaus. Zum anderen ist eben nicht nur die Publikums- oder Saalöffentlichkeit, sondern auch die Medienöffentlichkeit der Rechtsprechung eine Form von Gerichtsöffentlichkeit, die sich wiederum gerade auf die mündliche Verhandlung oder aber auf die übrige Tätigkeit der Rechtsprechung beziehen kann.

aa) Gerichtsöffentlichkeit und Mündlichkeit

In der häufigen sprachlichen Gleichsetzung von Gerichtsöffentlichkeit und Verhandlungsöffentlichkeit kommt zum Ausdruck, daß die Tätigkeit der Rechtsprechung im wesentlichen in Form von mündlichen Verhandlungen wahrgenommen wird. Die Öffentlichkeit der mündlichen Verhandlung ist so sehr Leitbild und Prototyp „der“ Gerichtsöffentlichkeit, daß sie den Begriff regelmäßig okkupiert.

Diese begriffliche Unschärfe läßt sich nicht pauschal mit der herausgehobenen Bedeutung der mündlichen Verhandlung für das gesamte Verfahren begründen. Zwar gibt es unbestreitbar Verfahren bzw. Verfahrensarten, in denen der Verhandlung im Vergleich mit den übrigen Verfahrensbestandteilen eine derart herausragende Bedeutung zukommt, daß die Öffentlichkeit des Verfahrens praktisch ausschließlich von der Verhandlungsöffentlichkeit abhängt. Das trifft namentlich für die Hauptverhandlung im Strafverfahren zu, in der auf Grund des strikten Mündlichkeitsgrundsatzes der gesamte relevante Prozeßstoff zur Sprache kommen muß.[99] Verallgemeinern läßt sich dieser Befund jedoch nicht. Schon im Zivilprozeß tritt die Bedeutung der mündlichen Verhandlung regelmäßig hinter die Relevanz der ausgetauschten Schriftsätze zurück. In etlichen Zivilverfahren beschränkt sich die Verhandlung im wesentlichen auf die Stellung

---

[96] So statt vieler BVerfG (1. Kammer des Ersten Senats) NJW 2003, 500.

[97] *Scherer*, Gerichtsöffentlichkeit als Medienöffentlichkeit, 1979, S. 1 ff.

[98] Vgl. auch *I. M. Pernice*, Öffentlichkeit und Medienöffentlichkeit, 2000, S. 68: Das Gerichtsverfassungsgesetz schreibt die grundsätzliche Öffentlichkeit nicht für das gesamte Gerichtsverfahren vor. In Anlehnung an *A. v. Feuerbach*, Betrachtungen über die Öffentlichkeit und Mündlichkeit der Gerechtigkeitspflege, Bd. 1, 1821, Neudruck 1969, S. 51 ff., spricht *Rohde*, Die Öffentlichkeit im Strafprozeß, Diss. Bochum 1972, S. 12 f., mit Blick auf § 169 S. 1 GVG von einer nur relativen statt einer absoluten Öffentlichkeit. So auch bereits *Schuckert*, Der Grundsatz der Volksöffentlichkeit im deutschen Zivil- und Strafprozeßrecht, 1936, S. 3.

[99] Näher *Meyer-Goßner*, StPO, 47. Aufl. 2004, § 261 Rdnr. 7.

von Anträgen, die zudem durch die Bezugnahme auf Schriftsätze erfolgt. Dem unbeteiligten Zuschauer ist es dann kaum möglich, auch nur den Gegenstand des Verfahrens zu erkennen. Von einer inhaltlichen Kontrolle der richterlichen Tätigkeit jedenfalls kann in diesen Fällen keine Rede mehr sein. Endgültig kein Platz für Verhandlungsöffentlichkeit ist schließlich in Verfahren, die ohne mündliche Verhandlung auskommen (müssen).

Dennoch muß man diese Verfahren nicht resignierend als untaugliche Objekte gerichtlicher Öffentlichkeit ansehen. Zwar ist unbestreitbar, daß die spezifische Tätigkeit der Dritten Gewalt gerade in mündlichen Verhandlungen mit den Sinnesorganen erlebbar wird. Anders als etwa beim Aktenstudium des Richters agiert die Rechtsprechung in der von Formalien geprägten Verhandlung in zuschauergeeigneter Form. Dennoch ist Mündlichkeit keine Voraussetzung für Öffentlichkeit.[100] Daß der Gesetzgeber Gerichtsöffentlichkeit nur für die mündliche Verhandlung ausdrücklich anordnet, mag zu einer Limitierung des normativ festgelegten „Grundsatzes der Gerichts(!)öffentlichkeit“ führen. Begrifflich hingegen ist Rechtsprechungsöffentlichkeit auch in Verfahren ohne mündliche Verhandlung möglich, sofern die schriftlichen Äußerungen der Verfahrensbeteiligten bzw. die gerichtliche Entscheidung allgemein zugänglich sind.

Dabei handelt es sich keineswegs um reine Begriffsbildung ohne praktischen Wert. Zwar wird zu Recht darauf hingewiesen, daß der Öffentlichkeit schriftlicher Verfahren, die etwa durch den Aushang oder die Auslage der Akten im Gericht zu bewirken wäre, neben fehlender Praktikabilität auch Mißbrauchsgefahren entgegenstehen.[101] Mit Blick auf das körperlich anwesende Publikum erweist sich Mündlichkeit also nicht nur de lege lata, sondern auch de lege ferenda als Funktionsvoraussetzung effektiver und handhabbarer Öffentlichkeit.[102]

---

[100] So aber *Kuß*, Öffentlichkeitsmaxime der Judikative und das Verbot von Fernsehaufnahmen im Gerichtssaal, 1999, S. 39; *Fezer*, Die Funktion der mündlichen Verhandlung im Zivilprozeß und im Strafprozeß, 1970, S. 37; *Franke*, ZRP 1977, 143 f.; *Strauch*, in: FS für Walter Mallmann, 1978, S. 345. S. auch *M. Wolf*, in: Münchener Kommentar zur ZPO, Bd. 3, 2. Aufl. 2001, § 169 GVG Rdnr. 2 (Mündlichkeit als Voraussetzung für öffentliche Kontrolle). Auf gleicher Linie liegt die Darstellung von *Fögen*, Der Kampf um Gerichtsöffentlichkeit, 1974, S. 20 f., auf Grund erster Elemente von Öffentlichkeit schon im 18. Jahrhundert (Pflicht zur Begründung der Urteile und zur Bekanntgabe der Begründung an die Parteien) wäre es nicht weit gewesen bis zur Parteiöffentlichkeit. Dem habe aber die Schriftlichkeit entgegengestanden.

[101] *M. Wolf*, in: Münchener Kommentar zur ZPO, Bd. 3, 2. Aufl. 2001, § 169 GVG Rdnr. 11; ähnlich *Schilken*, Gerichtsverfassungsrecht, 3. Aufl. 2003, Rdnr. 161. Zur fehlenden Praktikabilität s. auch *Stadler*, in: Musielak, ZPO, 4. Aufl. 2005, § 128 Rdnr. 3. – Ob sich insofern Änderungen durch die abzusehende Umstellung auf elektronische Aktenführung bei den Gerichten (vgl. dazu den Entwurf der Bundesregierung zu einem Gesetz über die Verwendung elektronischer Kommunikationsformen in der Justiz [Justizkommunikationsgesetz], BT-Drucks. 15/4067; *Viefhues*, K&R 2002, 591) ergeben, bleibt abzuwarten. Die elektronische Aktenführung könnte einen Zugriff für die Allgemeinheit zumindest praktikabel machen. Fragen des Datenschutzes bzw. der Vorsorge gegen Mißbrauch stehen auf einem anderen Blatt.

[102] Vgl. dazu *M. Wolf*, in: Münchener Kommentar zur ZPO, Bd. 3, 2. Aufl. 2001, § 169 GVG Rdnr. 2.

Gegenüber Auskunfts- und Einsichtsrechten gerade für Medienvertreter freilich vermag schon das Argument mangelnder Praktikabilität nicht mehr in gleicher Weise zu überzeugen.[103] Derartige Rechte sind Realität. Das Medienrecht der Länder enthält einen weitreichenden Informationsanspruch, der sich (u. a.) gegen die Rechtsprechung richtet und der auch jenseits mündlicher Verhandlungen zur Medienöffentlichkeit der Dritten Gewalt beiträgt.[104] Entsprechendes gilt für die Befürchtung, die erlangten Informationen könnten mißbräuchlich verwendet werden. Sie läßt sich auch gegen die Zulassung speziell von Medienvertretern zu nichtöffentlichen Verhandlungen anführen.[105] Hier wie dort nötigt sie zu Überlegungen, ob und ggf. wie diesen Gefahren begegnet werden kann, nicht jedoch dazu, derartige Optionen von vornherein aus der Betrachtung auszublenden.

bb) Gerichtsöffentlichkeit durch Saalöffentlichkeit und durch Medienöffentlichkeit

Auch mit Blick auf die möglichen Erscheinungsformen von Gerichtsöffentlichkeit besteht kein Anlaß, das Begriffsverständnis an den normativ festgelegten „Grundsatz der Gerichtsöffentlichkeit" zu koppeln bzw. durch dessen Reichweite zu limitieren. Begrifflich *ist* Medienöffentlichkeit eine Form von Gerichtsöffentlichkeit, ohne daß es insofern auf die Frage ankommt, ob bzw. inwiefern Medienöffentlichkeit von § 169 S. 1 GVG ebenso garantiert wird wie Saalöffentlichkeit.[106] Der Gesetzeswortlaut („... sind öffentlich") läßt beide Interpretationen zu.

Unbestritten ist jedenfalls, daß Informationen über Geschehnisse in Staat und Gesellschaft einschließlich der Rechtsprechung weniger Produkt eigenen Erlebens und unmittelbarer Anschauung sind, sondern immer stärker durch die (Massen-)Medien vermittelt werden.[107] Auch und gerade mit Blick auf die Dritte Gewalt wird seit langem[108] eine Bedeutungsverlagerung weg von der Saal- hin zur Medienöffentlichkeit konstatiert.[109] Abgesehen von Stimmen, die schon vor der Einführung der Saalöffentlichkeit auf die besondere Bedeutung der mit ihr ermöglichten Presseberichte hinwiesen, wurde die Presse bereits

---

[103] Ebenso *Löffler*, NJW 1964, 2278, für Auskunftsansprüche der Medien.

[104] Zu Auskunfts- und Akteneinsichtsrechten der Medien unten Teil 6 B., S. 500 ff.

[105] Dazu unten Teil 4 B., S. 276 ff.

[106] Einen Überblick über die unterschiedlichen Auffassungen zu § 169 S. 1 GVG gibt *Schmidthals*, Wert und Grenzen der Verfahrensöffentlichkeit im Strafprozeß, 1977, S. 24 ff.

[107] BVerfGE 103, 44 (66); *Zipf*, Gutachten 54. DJT, 1982, C 21.

[108] S. bereits *Heidelberg*, Justizreportage, 1932, S. 94; *Schuckert*, Der Grundsatz der Volksöffentlichkeit im deutschen Zivil- und Strafprozeßrecht, 1936, S. 24.

[109] *Kloepfer*, Informationsrecht, 2002, § 3 Rdnr. 108; *Kissel/Mayer*, GVG, 4. Aufl. 2005, § 169 Rdnr. 1; *Schwichow*, Publizistik 1962, 206; speziell für das Strafverfahren *Zipf*, Gutachten 54. DJT, 1982, C 21 ff.; für das Zivilverfahren *Rosenberg/Schwab/Gottwald*, Zivilprozessrecht, 16. Aufl. 2004, § 21 IV 1, S. 131; *Dannecker*, ZVglRWiss Bd. 97 (1998), S. 408 f.

als „Auge und Ohr der Öffentlichkeit" gesehen,[110] bevor von der vielzitierten Informationsgesellschaft auch nur die Rede sein konnte. Unverkennbar ist aber, daß sich diese Tendenz in den vergangenen Jahren noch erheblich verstärkt hat. Mit Ausnahme von Sensationsprozessen, in denen besonders spektakuläre Fälle behandelt werden oder an denen Prominente beteiligt sind, haben Zuschauer im Gerichtssaal heute Seltenheitswert. Der in ihrem historischen Kontext verständlichen Sichtweise *Anselm von Feuerbachs*, nur Saalöffentlichkeit könne im strengen Wortsinn Gerichtsöffentlichkeit genannt werden,[111] steht heute die Einschätzung gegenüber, praktisch relevant sei Gerichtsöffentlichkeit lediglich noch in Form von Medienöffentlichkeit, nicht mehr hingegen in Form von Saalöffentlichkeit.[112] Deren Funktionen würden heute im wesentlichen durch die Medien wahrgenommen;[113] die Medienöffentlichkeit habe der Saalöffentlichkeit faktisch den Rang abgelaufen.[114]

Mit Blick auf die tatsächliche Informationsweitergabe ist dem zuzustimmen. Vorschnell erscheint allerdings die Schlußfolgerung, Saalöffentlichkeit komme angesichts der Rolle der Medien keine Bedeutung mehr zu, sie könne vollständig durch Medienöffentlichkeit ersetzt werden – sei es de lege ferenda durch eine entsprechende Gesetzesänderung, sei es womöglich schon de lege lata durch eine entsprechende Interpretation des § 169 S. 1 GVG. Auch wenn diese These so weitgehend bisher nicht vertreten wird,[115] sind doch jedenfalls Ansätze erkennbar, die Existenz prinzipieller Unterschiede zwischen Saal- und Medienöffentlichkeit zu verneinen: Das gilt etwa für die Einschätzung, die Unterscheidung zwischen Saalöffentlichkeit und Medienöffentlichkeit, auf Grund derer die Zulassung von Fernsehkameras in der Verhandlung zuletzt abgelehnt wurde, sei ein „Trick des *Bundesverfassungsgerichts* auf dem Weg zur gewünschten Entscheidung",[116]

[110] *Heidelberg*, Justizreportage, 1932, S. 30. Ähnlich aus der jüngeren Vergangenheit *Wyss*, EuGRZ 1996, 7 (Die Presse als Vertreter des Volkes übernimmt dessen Aufgaben.); *Huff*, DRiZ 2002, 7.

[111] *A. v. Feuerbach*, Betrachtungen über die Öffentlichkeit und Mündlichkeit der Gerechtigkeitspflege, Bd. 1, 1821, Neudruck 1969, S. 29f.

[112] So für den Zivilprozeß *Albers*, in: Baumbach/Lauterbach/Albers/Hartmann, ZPO, 63. Aufl. 2005, Übers § 169 GVG Rdnr. 2; *Prütting*, in: FS für Rolf A. Schütze, 1999, S. 688; für den Strafprozeß *H. Jung*, in: GS für Hilde Kaufmann, 1986, S. 892; *Scherer*, Gerichtsöffentlichkeit als Medienöffentlichkeit, 1979, S. 4; allgemein *Prinz*, in: FS für Manfred Engelschall, 1996, S. 250; für einen Bedeutungsüberschuß der Medienöffentlichkeit auch *Schwarz*, AfP 1995, 356; *Eberle*, in: ZDF-Jahrbuch 1992, S. 158; *Eberle*, NJW 1995, 1638; *Dörr*, VerwArch. Bd. 92 (2001), S. 174f. Ebenso für die parlamentarische Öffentlichkeit *Versteyl*, in: v. Münch/Kunig, GG, Bd. 2, 5. Aufl. 2001, Art. 42 Rdnr. 8; *Binder*, DVBl. 1985, 1115 (Massenmedien stellen die eigentliche Öffentlichkeit her.).

[113] *Eberle*, in: ZDF-Jahrbuch 1992, S. 158; *Eberle*, NJW 1994, 1638; *Meissner*, in: Schoch/Schmidt-Aßmann/Pietzner, VwGO, § 55 Rdnr. 18; *Kissel/Mayer*, GVG, 4. Aufl. 2005, § 169 Rdnr. 1. Zu den Funktionen (u.a.) der Saalöffentlichkeit unten Teil 3, S. 161 ff.

[114] *H. Jung*, in: GS für Hilde Kaufmann, 1986, S. 892.

[115] So bereits *H. Jung*, in: GS für Hilde Kaufmann, 1986, S. 902.

[116] *Kuhlo*, in: Kuhlo/Gersdorf, Gerichts-TV, 2001, S. 11, zu BVerfGE 103, 44ff. Dazu näher unten Teil 5 D.IV., S. 383ff.

oder für die Aussage, der Wechsel von der Saal- zur Medienöffentlichkeit sei heute nur noch quantitativer Art.[117]

Letztlich bedarf das Verhältnis zwischen Saal- und Medienöffentlichkeit *inhaltlicher* Klärung. Maßgeblich sind die Funktionen, die die jeweilige Form von Öffentlichkeit erfüllt. Darauf wird zurückzukommen sein. Von der hier zunächst angesprochenen begrifflichen Warte aus gilt es jedoch festzuhalten, daß man sich mit der vorschnellen Festlegung auf Medienöffentlichkeit als einzig relevante Form „der" Gerichtsöffentlichkeit den Blick auf mögliche bzw. notwendige Differenzierungen ebenso verstellt wie mit der umgekehrten Gleichsetzung von Saalöffentlichkeit und Gerichtsöffentlichkeit.

b) Abgrenzung von der Parteiöffentlichkeit

In der Konsequenz des Verständnisses von Medienöffentlichkeit als spezieller Form von Gerichtsöffentlichkeit liegt es, daß solche Phänomene, die nicht zur Öffentlichkeit der Rechtsprechung zählen, auch aus ihrer Medienöffentlichkeit herausfallen.

Damit ist die sogenannte Parteiöffentlichkeit angesprochen. Der Begriff bezeichnet das Recht der am gerichtlichen Verfahren beteiligten Parteien, Kenntnis von allen Handlungen des Gerichts und des Gegners zu erhalten.[118] Sog. „in camera"-Verfahren, bei denen den Beteiligten relevante Akten vorenthalten werden, sind mit dem Gebot effektiven Rechtsschutzes nur unter engen Voraussetzungen vereinbar.[119] Im juristischen Sprachgebrauch bezieht sich Gerichtsöffentlichkeit (mittlerweile)[120] jedoch lediglich auf das Verhältnis von *nichtverfahrensbeteiligten* Dritten zum Verfahren.[121] Im Gegensatz zur originären Wortbedeutung, nach der auch Parteiöffentlichkeit als Unterfall von Gerichtsöffentlichkeit angesehen werden könnte, handelt es sich im spezifisch juristischen Sinne daher um zwei unterschiedliche Phänomene. Aus diesem Grund gehören sämtliche Fragen des verfahrensinternen Zugangs zu Informationen auch dann nicht zum Begriff der

---

[117] *Zuck*, NJW 2001, 1624.

[118] *Schilken*, Gerichtsverfassungsrecht, 3. Aufl. 2003, Rdnr. 154.

[119] BVerfGE 101, 106 (121 ff.); dazu jüngst *Margedant*, NVwZ 2001, 759 ff.; *Mayen*, NVwZ 2003, 537 ff.; *Bickenbach*, BayVBl. 2003, 295 ff.; *Grimm*, Frankfurter Allgemeine Zeitung v. 22. Februar 2003, Nr. 45, S. 8.

[120] Insofern hat ein Begriffswandel stattgefunden: Beim Kampf um die Einführung der Gerichtsöffentlichkeit ging es auch um die Parteiöffentlichkeit; dazu *A. v. Feuerbach*, Betrachtungen über die Öffentlichkeit und Mündlichkeit der Gerechtigkeitspflege, Bd. 1, 1821, Neudruck 1969, S. 96 ff. Stärker *Köbl*, in: FS für Ludwig Schnorr von Carolsfeld, 1972, S. 235 Fn. 3: Es ging primär um Parteiöffentlichkeit.

[121] *Kissel/Mayer*, GVG, 4. Aufl. 2005, § 169 Rdnr. 3; *Schilken*, Gerichtsverfassungsrecht, 3. Aufl. 2003, Rdnr. 154; *Rosenberg/Schwab/Gottwald*, Zivilprozessrecht, 16. Aufl. 2004, § 21 IV 1, S. 131; *M. Wolf*, Gerichtsverfassungsrecht aller Verfahrenszweige, 6. Aufl. 1987, § 25 VI, S. 255; *Schreiber*, in: Wieczorek/Schütze, ZPO und Nebengesetze, 5. Bd., 3. Aufl. 1995, § 169 GVG Rdnr. 2; *Rohde*, Die Öffentlichkeit im Strafprozeß, Diss. Bochum 1972, S. 9.

Medienöffentlichkeit, wenn sie den Einsatz von (Übertragungs-)Medien betreffen wie die jüngst durch § 128 a ZPO eingeführte Möglichkeit der Verhandlung mittels Bild- und Tonübertragung.[122]

c) Medienöffentlichkeit durch sämtliche Medien

Näherer Betrachtung bedarf noch die Frage, ob Medienöffentlichkeit durch sämtliche Medien oder nur durch den Rundfunk bewirkt wird. Legt man die oben dargestellten allgemeinen Begriffskriterien an, so zählt zur Medienöffentlichkeit der Rechtsprechung ihre Zugänglichkeit für „die" – also alle – Medien sowie ihre Zugänglichkeit für Verfahrensfremde durch eben diese Medien. Speziell im Hinblick auf die mündliche Verhandlung findet sich demgegenüber auch die Auffassung, um Öffentlichkeit handele es sich ausschließlich bei der Rundfunkübertragung von Originalbildern und -tönen, nicht hingegen bei anderen Formen der Berichterstattung wie dem Rundfunkbericht eines Reporters oder einem Zeitungsartikel.

aa) Medienöffentlichkeit und mittelbare Öffentlichkeit der mündlichen Verhandlung

Diskutiert wird dieser Aspekt unter dem Stichwort der „mittelbaren Öffentlichkeit", dem Kontrastbegriff zur „unmittelbaren Öffentlichkeit", mit der die Saal- oder Publikumsöffentlichkeit gemeint ist. Die Terminologie geht auf *Anselm von Feuerbach* zurück.[123] Unmittelbare Öffentlichkeit liegt nach seinem Verständnis vor, wenn gerichtliche Handlungen selbst Gegenstand der eigenen sinnlichen Wahrnehmung anderer werden, mittelbare Öffentlichkeit, wenn andere nur durch Zeugnisse von dem Geschehen in Kenntnis gesetzt werden.[124]

Konstitutiv für die mittelbare Öffentlichkeit ist danach die Möglichkeit der Kenntnisnahme von gerichtlichen Vorgängen auch ohne eigene körperliche Anwesenheit. Mittelbare Öffentlichkeit ist notwendig auf ein Informationsmedium angewiesen. Nur sehr vereinzelt wird dafür bereits der Zuhörer als ausreichend angesehen, der anderen Einzelpersonen über seine in der mündlichen Verhandlung gemachten Beobachtungen berichtet.[125] Im allgemeinen findet der Begriff

---

[122] Allerdings knüpfen an die von § 128 a ZPO gebotenen Möglichkeiten Sonderprobleme der Publikumsöffentlichkeit an. Relevant ist namentlich, ob sich weitere Personen in dem Raum aufhalten dürfen, in dem sich ein mittels Bild-Ton-Übertragung Zugeschalteter befindet. Dazu näher *Schultzky*, NJW 2003, 317.

[123] *H.J. Schneider*, JuS 1963, 346.

[124] *A. v. Feuerbach*, Betrachtungen über die Öffentlichkeit und Mündlichkeit der Gerechtigkeitspflege, Bd. 1, 1821, Neudruck 1969, S. 25 f.

[125] So aber *Eb. Schmidt*, Lehrkommentar zur StPO und zum GVG, Teil I, 2. Aufl. 1964, Rdnr. 407; *Eb. Schmidt*, Lehrkommentar zur StPO und zum GVG, Teil III, 1960, Vorb. §§ 169 bis 175 GVG Rdnr. 3; *Meyer-Goßner*, StPO, 47. Aufl. 2004, § 169 GVG Rdnr. 3.

der mittelbaren Öffentlichkeit heute im Zusammenhang mit Massenmedien Verwendung.

Dennoch sind mittelbare Öffentlichkeit und Medienöffentlichkeit nicht völlig identisch. Indem mittelbare Öffentlichkeit gerade auf die Kenntnisnahmemöglichkeit des *Mediennutzers* abstellt, setzt sie tatsächlich stattfindende Berichterstattung voraus. Die bloße Zugänglichkeit des Verhandlungsgeschehens für Medienvertreter findet hingegen im Zusammenhang mit mittelbarer Öffentlichkeit keine Beachtung. Insofern geht Medienöffentlichkeit im hier verstandenen Sinne über mittelbare Öffentlichkeit hinaus. Dieser Aspekt ist bei den folgenden Ausführungen zur mittelbaren Öffentlichkeit zu bedenken, auch wenn er aus sprachlichen Gründen nicht ständig wiederholt wird.

Welche Medien mittelbare Öffentlichkeit bewirken, wird unterschiedlich beurteilt. Im wesentlichen geht es um die bereits angesprochene Frage, ob neben Rundfunk- und Fernsehaufnahmen aus der Verhandlung auch andere Formen medialer Beschäftigung mit der Verhandlung zur Gerichtsöffentlichkeit zu zählen sind.

aaa) Mittelbare Öffentlichkeit im engeren Sinne

Nach einem engen Verständnis von mittelbarer Öffentlichkeit ist der Begriff von der bloßen Berichterstattung zu unterscheiden.

Danach zeichnet sich mittelbare Öffentlichkeit durch die technische Möglichkeit aus, auch ohne eigene körperliche Anwesenheit unmittelbar zuzuhören bzw. zuzusehen. Es geht mit anderen Worten um die Gelegenheit, am Geschehen in der Verhandlung akustisch oder auch visuell teilzunehmen, unabhängig davon, ob dies zeitgleich durch Übertragung oder zeitversetzt nach vorheriger Aufzeichnung auf Ton- bzw. Bildträger, komplett oder nur in Ausschnitten der Fall ist,[126] oder einfacher: um Fernseh- und Hörfunkübertragungen.[127] Von dieser mittelbaren Öffentlichkeit sei die (bloße) Berichterstattung zu unterscheiden, die zwar (unmittelbare) Öffentlichkeit voraussetze, selbst aber nicht Öffentlichkeit, sondern eben lediglich Berichterstattung sei, weil sie das Geschehen nicht im Original, sondern nur durch das Medium des Berichterstatters vermittele.[128] Zu ihr sollen alle Informationen über das Geschehen vor Gericht gegenüber der Öffentlichkeit gehören, die nicht von der mittelbaren Öffentlichkeit erfaßt werden, z. B. die Prozeßberichterstattung der Medien sowie die Wiedergabe von

---

[126] *Kissel/Mayer*, GVG, 4. Aufl. 2005, § 169 Rdnr. 3; *M. Wolf*, in: Münchener Kommentar zur ZPO, Bd. 3, 2. Aufl. 2001, § 169 GVG Rdnr. 41.

[127] Noch enger *Krausnick*, ZUM 2001, 231, der unter mittelbarer Öffentlichkeit nur die *zeitgleiche* Rundfunkübertragung verstehen will, also die Liveberichterstattung, nicht hingegen zeitversetzte Aufnahmen.

[128] *Kissel/Mayer*, GVG, 4. Aufl. 2005, § 169 Rdnr. 3; *Schreiber*, in: Wieczorek/Schütze, ZPO und Nebengesetze, 5. Bd., 3. Aufl. 1995, § 169 GVG Rdnr. 1.

Entscheidungen in der Fachpresse.[129] Die schreibende Presse ist nach diesem Verständnis von der mittelbaren Gerichtsöffentlichkeit ebenso ausgenommen wie der Bericht eines Reporters im Hörfunk oder Fernsehen, der seine Eindrücke aus der Verhandlung schildert.

bbb) Mittelbare Öffentlichkeit im weiteren Sinne

Dem steht ein weites Begriffsverständnis gegenüber, das auf die Differenzierung zwischen mittelbarer Öffentlichkeit (im engeren Sinne) und bloßer Berichterstattung verzichtet. Danach umfaßt die mittelbare Öffentlichkeit jede Form der Wissensvermittlung über die Justiz durch die Medien, insbesondere durch Presse, Fernsehen und Rundfunk sowie neuerdings durch Computernetzwerke (Internet).[130] Nach diesem Verständnis gehört auch die zuvor geschilderte „bloße" Berichterstattung zur mittelbaren Öffentlichkeit.

ccc) Die Relevanz der terminologischen Kontroverse

Diese unterschiedlichen Begriffsbildungen wirken sich auch auf den Inhalt von „Medienöffentlichkeit" aus. Zwar geht es nicht um eine Festlegung im Sinne einer juristischen Streitentscheidung oder einer Zuordnung mit rechtlichen Konsequenzen. Insbesondere taugt die Unterscheidung zwischen mittelbarer Öffentlichkeit einerseits und unmittelbarer Öffentlichkeit sowie Berichterstattung andererseits jedenfalls seit der Einführung des § 169 S. 2 GVG nicht mehr dazu, bestimmte Formen der Berichterstattung aus Gründen der begrifflichen Qualifikation als mittelbare Öffentlichkeit für unzulässig zu erklären.[131]

---

[129] *M. Wolf*, in: Münchener Kommentar zur ZPO, Bd. 3, 2. Aufl. 2001, § 169 GVG Rdnr. 41.

[130] *Schilken*, Gerichtsverfassungsrecht, 3. Aufl. 2003, Rdnr. 178; *Schroeder*, in: Eser/Kaiser (Hrsg.), Viertes deutsch-sowjetisches Kolloquium über Strafrecht und Kriminologie, 1989, S. 143; *Wickern*, in: Löwe-Rosenberg, StPO und GVG, 7. Bd., 25. Aufl. 2003, Vor § 169 GVG Rdnr. 2; *Windsheimer*, Die „Information" als Interpretationsgrundlage für die subjektiven öffentlichen Rechte des Art. 5 Abs. 1 GG, 1968, S. 61; *Roxin*, Strafverfahrensrecht, 25. Aufl. 1998, § 45 Rdnr. 1; *Y. Braun*, Medienberichterstattung über Strafverfahren im deutschen und englischen Recht, 1998, S. 164; *Dörr*, VerwArch. Bd. 92 (2001), S. 174f.; *Köbl*, in: FS für Ludwig Schnorr von Carolsfeld, 1972, S. 240; *Burkhardt*, in: Wenzel, Das Recht der Wort- und Bildberichterstattung, 5. Aufl. 2003, 10. Kapitel Rdnr. 179; *Prütting*, in: FS für Rolf A. Schütze, 1999, S. 688; *Eb. Schmidt*, Lehrkommentar zur StPO und zum GVG, Teil I, 2. Aufl. 1964, Rdnr. 407; *Ranft*, Jura 1995, 576. In diesem Sinne wohl auch *Czybulka*, in: Sodan/Ziekow, VwGO, § 55 Rdnr. 16 („Berichterstattung durch die verschiedenen Medien"), der den Begriff in Rdnr. 10 jedoch im engeren Sinn versteht. Wenn der *Bundesgerichtshof* ausführt, § 169 S. 2 GVG ändere an der durch S. 1 geschaffenen Rechtslage nichts, sondern untersage auf der Grundlage einer Regelung, die den Öffentlichkeitsbegriff als feststehend voraussetze, ohne Eingriff in diese Regelung *bestimmte Formen* der Berichterstattung für die „mittelbare" Öffentlichkeit (BGHSt 36, 119 [120f.], Hervorhebung nur hier), so läßt sich das ebenfalls als Indiz für das weite Begriffsverständnis verstehen, da es offenbar noch weitere Formen als die von § 169 S. 2 GVG ausgeschlossenen Rundfunkübertragungen gibt.

[131] *Rohde*, Die Öffentlichkeit im Strafprozeß, Diss. Bochum 1972, S. 17, mit Nachweisen zu dieser früheren Argumentation.

Überhaupt steht die Verwendung eines Begriffs, den das Gesetz nicht kennt, letztlich im Belieben des einzelnen. Insofern erschiene es sogar möglich, die „bloße Berichterstattung“ zwar nicht der mittelbaren Öffentlichkeit, gleichwohl aber der Medienöffentlichkeit der Rechtsprechung zuzuordnen. Dem stehen jedoch nicht nur sprachliche Aspekte entgegen. Auch inhaltlich kann bei der Beantwortung der Frage, wann die Behandlung der Rechtsprechung in den Medien als Medienöffentlichkeit aufzufassen ist, nicht außer Betracht bleiben, daß bestimmten Formen medialer Beschäftigung mit mündlichen Verhandlungen der Öffentlichkeitscharakter abgesprochen wird.

Damit hängt ein weiterer Gesichtspunkt zusammen. Die enge Sichtweise, nach der lediglich die vom Rundfunk gebotene Möglichkeit eigenen Zuhörens bzw. Zusehens das Attribut der Öffentlichkeit verdient, schließt nicht nur andere Medien als den Rundfunk von der Öffentlichkeit der mündlichen Verhandlung aus. In der Konsequenz dieser Auffassung läge es zudem, daß sich die Medienöffentlichkeit der Rechtsprechung überhaupt nur auf die mündliche Verhandlung beziehen könnte, während andere Aspekte der Rechtsprechungstätigkeit wie ein nicht verkündetes Urteil in aller Regel[132] „öffentlichkeitsuntauglich“ wären.

ddd) Die Vorzugswürdigkeit des weiten Begriffsverständnisses

Rundfunkübertragungen des Verhandlungsgeschehens gehören unbestritten zur mittelbaren Öffentlichkeit. Daher hängt die Reichweite des Begriffs maßgeblich davon ab, ob zwischen der Übertragung von Originalbildern und -tönen einerseits sowie „bloßen“ Berichten andererseits Unterschiede bestehen, die es rechtfertigen, letztere aus der mittelbaren Öffentlichkeit und damit der Medienöffentlichkeit herauszunehmen.[133] Die Frage ist im Ergebnis zu verneinen.

(1) (Medien-)Öffentlichkeit auch durch bloße Berichte

Widerspruch ruft zunächst die Annahme hervor, „bloße“ Berichte bewirkten keine Öffentlichkeit.

Zwar sind kontrastierende Vergleiche möglich, in denen mittelbare Öffentlichkeit (im engeren Sinne) und Berichterstattung gut voneinander abgrenzbar scheinen. So wirkt es im Rahmen der Begriffsbildung plausibel, einen das Verhandlungsgeschehen zusammenfassenden Zeitungsartikel aus der mittelbaren Öffentlichkeit herauszunehmen, wenn man ihm die (womöglich ungekürzte)

---

[132] Eine Ausnahme läge beispielsweise in einer vom Rundfunk übertragenen Pressekonferenz eines Gerichtspressesprechers.

[133] Derartige Unterschiede bejaht *G. Wolf*, ZRP 1994, 188. Als Konsequenz fordert er freilich nicht die Herausnahme der reinen Berichte aus dem Begriff der Medienöffentlichkeit. Vielmehr sollte nach seiner Auffassung der Begriff „Medienöffentlichkeit“ nicht verwendet werden, also auch nicht für Rundfunkübertragungen. Der Begriff umfasse sprachlich auch reine Berichte und verdecke so die (vermeintlichen) Unterschiede.

Fernsehübertragung einer mündlichen Verhandlung gegenüberstellt. Das basiert freilich auf der Annahme, die Wahrnehmbarkeit im Originalbild bzw. -ton sei konstitutiv für das Vorliegen von Öffentlichkeit. Dabei handelt es sich um eine schlichte Behauptung, die man in Ermangelung verbindlicher Vorgaben für richtig oder für falsch halten kann.[134] Bedenkt man jedoch, daß die Diskussion um das zulässige und wünschenswerte Maß an medialer Beschäftigung mit der Rechtsprechung in weitem Umfang gerade an die Funktion und Wirkung entsprechender Beiträge anknüpft, so liegt eine eher funktionale Betrachtungsweise bereits auf der Ebene der Begriffsbildung nahe. Unter dieser Prämisse schafft schon der reine Bericht eine – wenn auch im Vergleich zu Originalaufnahmen weniger direkte – Form von Öffentlichkeit,[135] indem er das Geschehen über die Medien inhaltlich zugänglich macht. Insofern besteht zwischen den unterschiedlichen Arten medialer Beschäftigung mit der Rechtsprechung hinsichtlich der durch sie bewirkten Öffentlichkeit nicht so sehr eine qualitative, sondern eher eine quantitative Abstufung. Sie unterscheiden sich nicht danach, *ob*, sondern *wieviel* Öffentlichkeit sie schaffen. Qualitative Unterschiede bestehen eher zwischen anwesenden Medienvertretern, deren potentielle Berichterstattung eine beliebig große Anzahl an Konsumenten erreichen kann, und einem Saalpublikum, das „durch die viel belächelten drei Rentner" gebildet wird,[136] ohne daß letzterem die Öffentlichkeitsqualität abgesprochen würde.

(2) Das von Originalaufnahmen unabhängige Maß an Öffentlichkeit

Hat man den Begriff der (mittelbaren) Öffentlichkeit erst einmal von Originalbildern und -tönen gelöst, so läßt sich sogar die Annahme in Frage stellen, beim „bloßen" Bericht handele es sich stets um eine weniger intensive Form von Öffentlichkeit als bei Originalaufnahmen.

Das zeigt beispielhaft der Vergleich zwischen einer Rundfunkübertragung aus der Verhandlung einerseits und dem bloßen Wortbericht eines Rundfunkreporters andererseits. Bei abstrakter Betrachtung liegt es nahe, den Originalaufnahmen ein Mehr an Öffentlichkeit zu attestieren. Auf Schwierigkeiten stößt diese Annahme freilich, wenn man einem nur wenige Sekunden dauernden Blick einer Kamera in den Gerichtsaal einen mehrminütigen Reporterbericht gegenüberstellt, der detailliert den Verhandlungsverlauf schildert. Hier sollte dem Bericht zumindest die gleiche Intensität an Öffentlichkeit zuerkannt werden. Die gegenteilige Auffassung beruht auf einer sehr formalen Betrachtungsweise, nach der wenige unmittelbar wahrgenommene Details in Bezug auf die erreichte Öffentlichkeit viele mittelbar zur Kenntnis genommene Details zu überwiegen vermögen.

---

[134] Vgl. dazu bereits oben Fn. 35: Ob *sinnliche* Wahrnehmbarkeit ein konstitutives Merkmal von „Öffentlichkeit" ist, wird unterschiedlich beurteilt.

[135] *Schilken*, Gerichtsverfassungsrecht, 3. Aufl. 2003, Rdnr. 178.

[136] *Meyer-Goßner*, ZRP 1982, 239.

Gleiches läßt sich auch medienübergreifend zeigen. Abstrakt gesehen bewirkt ein Zeitungsbericht ein Weniger an Öffentlichkeit als Originalaufnahmen. Wie aber verhält es sich mit dem Zeitungsartikel, der die Befragung eines Zeugen im vollständigen Wortlaut wiedergibt?[137] Der Artikel kann sogar durch Zeichnungen oder Fotos unterlegt sein, unter Umständen durch eine ganze Abfolge von Bildern, die die Veränderungen im Gesichtsausdruck einzelner Personen wiedergeben. Das alles erreicht sicherlich nicht die intensive Öffentlichkeit einer vollständigen Fernsehübertragung. Vergleicht man einen derartigen Presseartikel jedoch mit einer Hörfunkübertragung oder einer auf Ausschnitte beschränkten Fernsehübertragung, fällt die Wertung schon schwerer. Immerhin fehlt beim Hörfunk jede optische Wahrnehmbarkeit; der Fernsehausschnitt bietet zwar öffentlichkeitsintensive, dafür in aller Regel jedoch nur punktuelle Einblicke.

Nach alledem ist der „reine“ Bericht hinsichtlich des von ihm bewirkten Maßes an Öffentlichkeit der Verwendung von Originalaufnahmen nicht generell unterlegen. Ausschlaggebend für die erreichte Intensität an Öffentlichkeit ist weniger das verwendete Medium als vielmehr die Art und Weise, in der sich ein Medium der mündlichen Verhandlung im konkreten Fall annimmt.

(3) Gefilterte Weitergabe auch im Rundfunk

Ein weiterer Aspekt kommt hinzu. Das Kriterium der ungefilterten Weitergabe des Geschehens, das zur Abgrenzung der mittelbaren Öffentlichkeit (im engeren Sinne) von der aufbereiteten Berichterstattung dienen soll,[138] ist auch bei Originalaufnahmen im Rundfunk nicht immer uneingeschränkt zu bejahen. In der Regel berichtet der Rundfunk – soweit er überhaupt berichten darf – lediglich in bloßen Ausschnitten. Bereits deren Auswahl aus dem Gesamtgeschehen der Verhandlung beinhaltet eine Wertung. Wenn Bestandteile der Verhandlung, die der verantwortliche Redakteur für weniger wichtig hält, nicht gesendet werden, liegt auch darin ein Filtereffekt.

In verminderter Form kann ein derartiger Effekt sogar bei der vollständigen Übertragung einer Verhandlung im Fernsehen auftreten. Zwar suggeriert diese Form der Öffentlichkeit eigenes, authentisches Miterleben. Oft wird aber schon der nur eingeschränkte Kamerablickwinkel zur Folge haben, daß das Medium den Gegenstand der Wahrnehmung begrenzt und beeinflußt. Zudem ist der Entscheidung gerade für bestimmte Bilder durch die Kameraleute und die Bildregie ein Auswahlelement immanent.[139] Mehr noch: Die Kommunikationswissenschaft

---

[137] S. beispielhaft die wörtliche Wiedergabe der Zeugenvernehmung des Sängers *Udo Jürgens* unter http://www.spiegel.de/panorama/0,1518,200273,00.html, Stand 12. Juni 2002.

[138] *M. Wolf*, in: Münchener Kommentar zur ZPO, Bd. 3, 2. Aufl. 2001, § 169 GVG Rdnr. 50; *Schreiber*, in: Wieczorek/Schütze, ZPO und Nebengesetze, 5. Bd., 3. Aufl. 1995, § 169 GVG Rdnr. 1.

[139] Vgl. dazu *Starck*, in: v. Mangoldt/Klein/Starck, Das Bonner Grundgesetz, Bd. 1, 4. Aufl. 1999, Art. 5 Rdnr. 43; *Fuhr*, in: FS für Hubert Armbruster, 1976, S. 129.

geht davon aus, daß das Bild einer Person in der Öffentlichkeit bereits durch die Wahl der Kameraperspektive beeinflußt werden kann, da beispielsweise eine Aufnahme in Augenhöhe den Aufgenommenen positiver erscheinen läßt als eine Aufnahme von oben oder unten („Vogel- bzw. Froschperspektive“).[140]

Auch insofern erweist sich das maßgebliche Abgrenzungskriterium zwischen mittelbarer Öffentlichkeit durch Rundfunkübertragungen und „bloßer“ Berichterstattung daher als nicht tragfähig.

(4) Mischformen von Originalaufnahmen und Berichten

Für das weite Begriffsverständnis spricht schließlich, daß die Beschränkung auf das engere Verständnis von mittelbarer Öffentlichkeit erhebliche Zuordnungsschwierigkeiten bei Formen der Berichterstattung zur Konsequenz hätte, die Elemente der mittelbaren Öffentlichkeit im engeren Sinne mit solchen der „bloßen“ Berichterstattung kombinieren. So werden Originalbilder im Fernsehen häufig unter Verzicht auf den dazugehörigen Ton mit den das Geschehen analysierenden und kommentierenden Worten eines Journalisten unterlegt. Eine begriffliche Differenzierung zwischen den öffentlichkeitsvermittelnden Bildern und der „lediglich“ berichtenden Tonspur erschiene in diesem Fall willkürlich. Dieselbe Schwierigkeit würde sich im Fall der bereits angesprochenen Kombination eines schriftlichen Zeitungsberichts mit Fotos ergeben, sofern man Fotos – was freilich unüblich ist – zur mittelbaren Öffentlichkeit im engeren Sinne zählte.

(5) Zusammenfassung

Unter Medienöffentlichkeit ist jede Form medialer Beschäftigung mit der Rechtsprechung zu verstehen. Die Beschränkung von mittelbarer Öffentlichkeit bzw. von Medienöffentlichkeit auf Rundfunkübertragungen wird der Realität der Medienberichterstattung nicht gerecht. Auch „bloße“ Berichte schaffen Öffentlichkeit. Allenfalls ergeben sich Unterschiede in der Öffentlichkeitsintensität. Selbst diese Unterschiede jedoch werden durch die zu formalistische Unterscheidung zwischen Öffentlichkeit (nur) durch Wahrnehmbarkeit des Originalgeschehens einerseits und bloßer Berichterstattung andererseits nicht allgemeingültig beschrieben.

Klarstellend erscheint hier der Hinweis veranlaßt, daß die Verwendung des gemeinsamen Oberbegriffs „Medienöffentlichkeit“ keine generelle rechtliche Gleichwertigkeit der unterschiedlichen Berichterstattungsformen suggerieren soll. Zwischen den einzelnen Medien – namentlich zwischen Presse und Rundfunk – bestehen Unterschiede, die lediglich nicht zur Herausnahme der „bloßen“ Berichterstattung aus dem Begriff der Medienöffentlichkeit führen. Über die

---

[140] *Noelle-Neumann*, Die Schweigespirale, 1980, S. 234 ff.; s. auch *Kloepfer*, in: HStR II, 2. Aufl. 1998, § 35 Rdnr. 39.

Berechtigung und Notwendigkeit der Differenzierung beispielsweise zwischen elektronischer und anderer Medienöffentlichkeit[141] ist damit noch keine Aussage getroffen.

bb) Die Medienöffentlichkeit der übrigen Verfahrensabschnitte

Der Vollständigkeit halber ist schließlich noch darauf hinzuweisen, daß die Unterscheidung zwischen unmittelbarer Öffentlichkeit und mittelbarer Öffentlichkeit (ob im engeren oder im weiteren Sinne) gerade auf mündliche Verhandlungen zugeschnitten ist. Sie wird auch nur in diesem Zusammenhang diskutiert; auf andere Aspekte der Rechtsprechungstätigkeit läßt sie sich nicht übertragen. Beispielsweise stellt die Veröffentlichung einer Entscheidung durch den Abdruck des Originalwortlauts in der Presse unbestreitbar mittelbare Öffentlichkeit her – wenn nicht sogar unmittelbare Öffentlichkeit. Das bedarf angesichts der oben zur mündlichen Verhandlung vertretenen Lösung keiner Vertiefung. Es bleibt insgesamt dabei, daß jede Form, in der die Rechtsprechung für die und durch die Medien zugänglich ist, Medienöffentlichkeit bewirkt.

[141] Vgl. dazu *Bethge*, in: Maunz/Schmidt-Bleibtreu/Klein/Bethge, BVerfGG, § 17a Rdnr. 1.

C. Der Begriff Rechtsprechung

Klärungsbedürftig ist schließlich der bisher nicht näher erläuterte Begriff der Rechtsprechung. Die Öffentlichkeit, zumal die Medienöffentlichkeit der Rechtsprechung, ist nicht gleichbedeutend mit der Öffentlichkeit allen Staatshandelns. Zwar teilt die Dritte Gewalt nicht die definitorischen Schwierigkeiten namentlich der Exekutive. Dennoch bestehen gerade im Verhältnis zu dieser gewisse Überschneidungen.[142]

Das Grundgesetz weist die Rechtsprechung in Art. 20 Abs. 2 S. 2 GG verbindlich als dritte Staatsgewalt neben der Gesetzgebung und der vollziehenden Gewalt aus.[143] Art. 1 Abs. 3, 20 Abs. 3 GG bedienen sich derselben Terminologie, während Art. 92 GG die Qualifikation des Art. 20 Abs. 2 S. 2 GG mit dem prägnanteren Begriff der den Richtern anvertrauten „rechtsprechenden Gewalt" aufgreift.[144] Seine Verwendung soll die Eigenständigkeit der Rechtsprechung sowie ihren Gleichrang mit den anderen Staatsgewalten betonen.[145] Eine Definition enthält das Grundgesetz freilich nicht. Was unter Rechtsprechung bzw. rechtsprechender Gewalt – richtiger Auffassung nach handelt es sich um Synonyme –[146] zu verstehen ist, wird als vorkonstitutionelles Axiom vorausgesetzt.[147]

---

[142] Dazu jüngst BVerfG (1. Kammer des Zweiten Senats) NVwZ 2003, 469 (470).

[143] Zum nicht selbstverständlichen Charakter dieser Einstufung der Rechtsprechung *Classen*, in: v. Mangoldt/Klein/Starck, Das Bonner Grundgesetz, Bd. 3, 4. Aufl. 2001, Art. 92 Rdnr. 2 mit Fn. 8.

[144] Vgl. *Bettermann*, in: HStR III, 2. Aufl. 1996, § 73 Rdnr. 1.

[145] *Weber-Grellet*, ZRP 2003, 146; zur Gleichordnung ebenso *Wassermann*, in: AK-GG, Art. 92 Rdnr. 6.

[146] *Classen*, in: v. Mangoldt/Klein/Starck, Das Bonner Grundgesetz, Bd. 3, 4. Aufl. 2001, Art. 92 Rdnr. 5; *Herzog*, in: Maunz/Dürig, GG, Art. 92 Rdnr. 20.

Der Gegenauffassung (*Schulze-Fielitz*, in: Dreier, GG, Bd. III, 2000, Art. 92 Rdnr. 24) liegt ein organbezogenes Verständnis des Art. 1 Abs. 3 GG zugrunde: Rechtsprechung soll danach jede richterliche Tätigkeit einschließlich der nicht zur rechtsprechenden Gewalt zählenden Justizverwaltung (dazu sogleich Teil 1 C.II.2.a), S. 42 ff.) sein. Diese Sichtweise überzeugt letztlich nicht. Sie wird primär auf das entstehungsgeschichtliche Argument gestützt, mit Art. 1 Abs. 3 GG habe namentlich die (erstmalige) Grundrechtsbindung des Parlaments unabhängig von der ausgeübten Tätigkeit zum Ausdruck gebracht werden sollen. Daher habe Art. 21 Abs. 2 HChE „den Gesetzgeber, den Richter und die Verwaltung" gebunden (*Dreier*, in: Dreier, GG, Bd. I, 2. Aufl. 2004, Art. 1 III Rdnr. 53). Gerade im Vergleich mit dieser Terminologie aber läßt die Grundrechtsbindung von „Gesetzgebung, vollziehende(r) Gewalt und Rechtsprechung" eher auf ein funktionales Begriffsverständnis schließen.

[147] *Schulze-Fielitz*, in: Dreier, GG, Bd. III, 2000, Art. 92 Rdnr. 24; *Detterbeck*, in: Sachs, GG, 3. Aufl. 2003, Art. 92 Rdnr. 4.

I. Rechtsprechung nur durch Richter

Art. 92 HS 1 GG monopolisiert die Staatsfunktion Rechtsprechung bei den Gerichten und innerhalb der Gerichte bei den Richtern, die durch ihre von Art. 97 GG garantierte Unabhängigkeit mit einem besonderen Status ausgestattet sind. Rechtsprechung durch andere Organe ist verfassungswidrig. Während die Gewaltenteilung grundgesetzlichen Zuschnitts ansonsten eher durch Gewaltenverschränkung geprägt wird, ist sie insofern keinerlei Ingerenzen zugänglich. Rechtsprechung durch Verwaltungsbehörden und durch nichtrichterliche Angehörige der Gerichte ist mit Art. 92 HS 1 GG ausnahmslos unvereinbar.[148]

Behördliches Handeln fällt daher aus dem Begriff der Rechtsprechung und damit aus dem Gegenstand dieser Untersuchung heraus. Das betrifft namentlich die Tätigkeit der Staatsanwaltschaft. Sie ist zwar Organ der Rechtspflege (Nr. 1 S. 2 RiStBV), gehört jedoch nicht zu deren Kernbereich, der Rechtsprechung, auf den sich das Gerichts- und Richtermonopol des Art. 92 HS 1 GG beschränkt.[149] Bei Zugrundelegung des für die Definition der Exekutive typischen negativen Substraktionsprinzips ist die Staatsanwaltschaft Teil der Exekutive.

II. Nicht nur Rechtsprechung durch Richter

Umgekehrt ist nicht jede den Richtern anvertraute Aufgabe rechtsprechende Gewalt im grundgesetzlichen Sinne.[150] Richtern dürfen – unter Beachtung spezieller Funktionsvorbehalte[151] und des Gewaltenteilungsprinzips –[152] auch Aufgaben der Verwaltung und (funktionsspezifischer) Rechtssetzung[153] übertragen

[148] BVerfGE 103, 111 (136); *Bettermann*, in: HStR III, 2. Aufl. 1996, § 73 Rdnrn. 4f.; *Stern*, Staatsrecht II, 1980, § 43 I 4, S. 893; *Pieroth*, in: Jarass/Pieroth, GG, 7. Aufl. 2004, Art. 92 Rdnr. 11; *Schulze-Fielitz*, in: Dreier, GG, Bd. III, 2000, Art. 92 Rdnr. 16.

[149] *Bettermann*, in: HStR III, 2. Aufl. 1996, § 73 Rdnr. 5. S. auch allgemein *Wassermann*, in: AK-GG, Art. 92 Rdnr. 31: Begriff der Rechtspflege ist weiter als der der Rechtsprechung.

[150] *Stern*, Staatsrecht II, 1980, § 43 I 5, S. 900.

[151] BVerfGE 64, 175 (179); 76, 100 (106).

[152] *Schulze-Fielitz*, in: Dreier, GG, Bd. III, 2000, Art. 92 Rdnr. 41; *Detterbeck*, in: Sachs, GG, 3. Aufl. 2003, Art. 92 Rdnr. 15.

[153] Rechtssetzung durch Richter wird namentlich im Zusammenhang mit der Geschäftsverteilung gem. §§ 21 e ff. GVG diskutiert. Allerdings ist die Rechtsnormqualität des Geschäftsverteilungsplans äußerst umstritten. Im Gesetzgebungsverfahren wurde die Frage ausdrücklich offengelassen (s. die Begründung zu § 21 e Abs. 9 GVG [seinerzeit Abs. 7], BT-Drucks. 6/557, S. 23: Im Zusammenhang mit der Frage nach der Rechtsnormqualität war die Frage aufgekommen, ob eine Veröffentlichung erforderlich sei.), ebenso von obersten Gerichten (BVerfGE 17, 252 [256f.]; BVerfG [Vorprüfungsausschuß] NJW 1976, 325f.; BVerwGE 50, 11 [14]). Ausführlich mit Nachweisen zu den unterschiedlichen Auffassungen *Kissel/Mayer*, GVG, 4. Aufl. 2005, § 21 e Rdnrn. 102ff., die selbst von einem „Selbstverwaltungsakt sui generis" ausgehen.

werden,[154] soweit die eigentliche Rechtsprechungsaufgabe nicht beeinträchtigt wird.[155] Entgegen der Auffassung, die auf einen eigenen verfassungsrechtlichen Rechtsprechungsbegriff verzichten will und Art. 92 HS 1 GG lediglich die Funktion zumißt, die unterschiedlichen Rechtsweggarantien und Richtervorbehalte[156] des einfachen Rechts wie des Verfassungsrechts zu bündeln,[157] kommt es (primär) auf den Inhalt der jeweiligen Tätigkeit an. Was Rechtsprechung ist, ist in erster Linie materiell zu bestimmen.[158]

Eine allgemein anerkannte Definition ist bisher nicht gelungen. Ansätze wie der, Rechtsprechung sei „die in besonders geregelten Verfahren zu letztverbindlicher Entscheidung führende rechtliche Beurteilung von Sachverhalten in Anwendung des geltenden Rechts durch ein unbeteiligtes (Staats-)Organ, den Richter",[159] weisen aber zumindest auf die relevanten Gesichtspunkte hin, die sich mit Blick auf die Abgrenzung zu den anderen Staatsgewalten stellen.[160] Stark verkürzt liegt das zentrale Unterscheidungskriterium zur Gesetzgebung darin, daß diese generell-abstrakte Regelungen schafft, während die Rechtsprechung konkrete Einzelfälle entscheidet – wozu auch richterliche Rechtsfortbildung sowie Normenkontrollen mit gesetzeskräftigen bzw. allgemeinverbindlichen Entscheidungen zählen.[161] Von der Exekutive unterscheidet sich die Rechtsprechung durch die fehlende Beteiligung des Richters an den zu beurteilenden Fragen[162] sowie durch den besonderen Verbindlichkeitsanspruch seiner rechtskraftfähigen Entscheidungen.[163]

1. Rechtsprechende richterliche Tätigkeit

Zur Rechtsprechung im materiellen Sinne gehören zunächst jedenfalls die Aufgaben, die das Grundgesetz den Richtern in Form von Richter- bzw. Rechtsweg-

---

[154] *Bettermann*, in: HStR III, 2. Aufl. 1996, § 73 Rdnr. 7.

[155] *Herzog*, in: Maunz/Dürig, GG, Art. 54 Rdnr. 54; *Stern*, Staatsrecht II, 1980, § 43 I 5, S. 900; *Bettermann*, in: HStR III, 2. Aufl. 1996, § 73 Rdnr. 8.

[156] Eine Rechtsweggarantie (Bsp.: Art. 13 Abs. 4 S. 2, 19 Abs. 4 S. 1 GG) verlangt die letztverbindliche Entscheidung eines Gerichts in der betreffenden Angelegenheit; ein Richtervorbehalt (Bsp.: Art. 18 S. 2, 21 Abs. 2 S. 2 GG) verlangt von vornherein eine gerichtliche Entscheidung. Schlagwortartig muß einem Richter also das „letzte Wort" bzw. schon das „erste Wort" zukommen. Näher *Detterbeck*, in: Sachs, GG, 3. Aufl. 2003, Art. 92 Rdnrn. 6f.; *Schulze-Fielitz*, in: Dreier, GG, Bd. III, 2000, Art. 92 Rdnrn. 28f.

[157] *Herzog*, in: Maunz/Dürig, GG, Art. 92 Rdnrn. 42ff.

[158] BVerfGE 22, 49 (73ff.); 103, 111 (137); *Stern*, Staatsrecht II, 1980, § 43 I 4, S. 893; *Wassermann*, in: AK-GG, Art. 92 Rdnr. 28; *Kissel/Mayer*, GVG, 4. Aufl. 2005, Einleitung Rdnr. 145.

[159] *Stern*, Staatsrecht II, 1980, § 43 I 4 e, S. 898.

[160] Vgl. *Detterbeck*, in: Sachs, GG, 3. Aufl. 2003, Art. 92 Rdnr. 21.

[161] *Classen*, in: v. Mangoldt/Klein/Starck, Das Bonner Grundgesetz, Bd. 3, 4. Aufl. 2001, Art. 92 Rdnr. 14; *Bettermann*, in: HStR III, 2. Aufl. 1996, § 73 Rdnrn. 28f.

[162] *Bettermann*, in: HStR III, 2. Aufl. 1996, § 73 Rdnrn. 31ff.

[163] *Wassermann*, in: AK-GG, Art. 92 Rdnr. 30.

vorbehalten zuweist.[164] Art. 92 HS 1 GG kommt insoweit nur deklaratorische Bedeutung zu.[165]

Über die explizit von der Verfassung zugewiesenen Inhalte hinaus erfaßt Art. 92 HS 1 GG konstitutiv einen traditionellen Kernbereich der Rechtsprechung,[166] zu dem die bürgerliche Rechtspflege[167] sowie die Anordnung von Kriminalstrafen[168] gehören.[169] Auch dieser Bereich ihrer Tätigkeit darf den Richtern durch den einfachen Gesetzgeber nicht entzogen werden.[170]

Jenseits des traditionellen Kernbereichs allerdings nimmt der Gesetzgeber Einfluß auf den Umfang der Rechtsprechung. Zwar ist es ihm aus normenhierarchischen Gründen versagt, das verfassungsrechtliche Merkmal der rechtsprechenden Gewalt verbindlich zu definieren. Da das Grundgesetz insofern jedoch eine ausfüllungsbedürftige Blankettformel[171] statt eines inhaltlich abschließend festgelegten Begriffs verwendet, knüpft es selbst an Qualifikationen des einfachen Gesetzgebers an. Ihnen kommt neben den grundgesetzlichen Vorgaben und neben dem traditionellen Vorverständnis für die Determinierung des Rechtsprechungsbegriffs zumindest Indizwirkung[172] zu.[173] Der einfache Gesetzgeber darf einzelne Phänomene bestimmten Rechtsmaterien zuordnen oder aus diesen herausnehmen und so den Kreis der Rechtsprechungsaufgaben vergrößern oder verkleinern. Art. 92 GG erweist sich insoweit als teilweise normgeprägt.[174] Besonders deutlich wird dies am Beispiel des Strafrechts.[175] Es ist nichts dagegen einzuwenden, wenn der Gesetzgeber einzelne bisher als Straftaten behandelte Tatbestände als Ordnungswidrigkeiten wertet, was ihre

---

[164] BVerfGE 22, 49 (76f.); 103, 111 (137). S. dazu *Schulze-Fielitz*, in: Dreier, GG, Bd. III, 2000, Art. 92 Rdnr. 30: Die betreffenden Aufgaben werden vom Grundgesetz ausdrücklich als Rechtsprechung im materiellen Sinne betrachtet. Einschränkend *Kissel/Mayer*, GVG, 4. Aufl. 2005, Einleitung Rdnr. 146.

[165] *Schulze-Fielitz*, in: Dreier, GG, Bd. III, 2000, Art. 92 Rdnr. 30; *Detterbeck*, in: Sachs, GG, 3. Aufl. 2003, Art. 92 Rdnr. 9.

[166] BVerfGE 22, 49 (77f.); 103, 111 (137).

[167] BVerfGE 22, 49 (77); enger BVerfGE 14, 56 (66): bürgerliche Rechtsstreitigkeiten vermögensrechtlicher Art.

[168] BVerfGE 22, 49 (80).

[169] *Detterbeck*, in: Sachs, GG, 3. Aufl. 2003, Art. 92 Rdnr. 9; *Kissel/Mayer*, GVG, 4. Aufl. 2005, Einleitung Rdnr. 147. *Schulze-Fielitz*, in: Dreier, GG, Bd. III, 2000, Art. 92 Rdnr. 34, benennt als Kernbereich der Verwaltungsgerichtsbarkeit zusätzlich die dem Bürger von Art. 19 Abs. 4 GG gewährleisteten Rechtsschutzmöglichkeiten gegen ihn belastende Verwaltungshandlungen. Systematisch sind diese Aufgaben freilich schon von den grundgesetzlichen Rechtsweggarantien erfaßt.

[170] *Schulze-Fielitz*, in: Dreier, GG, Bd. III, 2000, Art. 92 Rdnr. 31.

[171] *Detterbeck*, in: Sachs, GG, 3. Aufl. 2003, Art. 92 Rdnr. 2.

[172] *Schulze-Fielitz*, in: Dreier, GG, Bd. III, 2000, Art. 92 Rdnr. 36; *Detterbeck*, in: Sachs, GG, 3. Aufl. 2003, Art. 92 Rdnr. 12.

[173] BVerfGE 64, 175 (179); 76, 100 (106); 103, 111 (136f.).

[174] *Detterbeck*, in: Sachs, GG, 3. Aufl. 2003, Art. 92 Rdnr. 12.

[175] *Schulze-Fielitz*, in: Dreier, GG, Bd. III, 2000, Art. 92 Rdnr. 37.

Ahndung durch Behörden statt durch Gerichte ermöglicht.[176] Dies soll freilich nicht für „bedeutsame Unrechtstatbestände" gelten, die als Kernbestandteile des Strafrechts vermeintlich unentziehbar der Rechtsprechung zugeordnet sind.[177]

Weiter handelt es sich nach einem neueren Ansatz unabhängig vom Verfahrensgegenstand schon aus funktionellen Gründen um Rechtsprechung, wenn der Gesetzgeber in einem gerichtsförmigen Verfahren die letztverbindliche rechtskraftfähige Feststellung dessen vorsieht, was im Einzelfall rechtens ist, da die Herbeiführung derartiger Wirkungen unabhängigen Gerichten vorbehalten ist.[178]

2. Richterliche Tätigkeit ohne Rechtsprechungsqualität

Von der Rechtsprechungstätigkeit der Richter sind die Fälle zu unterscheiden, in denen Richtern Aufgaben zugewiesen sind, die nicht zur Rechtsprechung im Sinne des Grundgesetzes gehören.

a) Verwaltungstätigkeit durch Richter

Das betrifft zunächst rechtsfürsorgerische Aufgaben der Rechtspflege. Zu ihnen zählen namentlich solche Verfahren in der Freiwilligen Gerichtsbarkeit, die keine echten Rechtsstreitigkeiten sind, also beispielsweise Registereintragungen, Genehmigungserteilungen durch das Vormundschaftsgericht oder die Erbscheins-

---

176 BVerfGE 22, 49 (78, 81); 22, 125 (133); 23, 113 (126); 27, 18 (28). Mit der Herausnahme aus dem Strafrecht muß freilich eine echte „Entkriminalisierung" verbunden sein. Die behördlichen Sanktionen dürfen bei wertender Betrachtung nicht einer Kriminalstrafe entsprechen (BVerfGE 22, 125 [131]; *Schulze-Fielitz*, in: Dreier, GG, Bd. III, 2000, Art. 92 Rdnr. 37), da die Verhängung von Kriminalstrafen unentziehbar zur Rechtsprechung zählt.

177 BVerfGE 22, 49 (81); 22, 125 (132f.); 23, 113 (126); 27, 18 (28); 64, 261 (294); *Schulze-Fielitz*, in: Dreier, GG, Bd. III, 2000, Art. 92 Rdnr. 37. Kritisch *Bettermann*, in: HStR III, 2. Aufl. 1996, § 73 Rdnr. 21, der das Merkmal „bedeutsam" für zu unbestimmt und daher für unbrauchbar hält, da es den Begriff der Rechtsprechung im Bereich des Strafrechts (zu) weitgehend unter Gesetzesvorbehalt stelle.

Beachtlich erscheint vor allem der Einwand von *Classen*, in: v. Mangoldt/Klein/Starck, Das Bonner Grundgesetz, Bd. 3, 4. Aufl. 2001, Art. 92 Rdnr. 18 Fn. 65, daß sich Art. 92 GG nicht mit der Frage befaßt, wann ein Verhalten gesetzlich unter Strafe zu stellen ist, sondern den nachgelagerten Aspekt behandelt, durch welches Organ über die Verhängung einer gesetzlich angeordneten Kriminalstrafe ggf. zu entscheiden ist. Zwar mag es Delikte geben, die der Gesetzgeber auf Grund des „Untermaßverbots" unter Strafe stellen muß. Das ist jedoch weniger eine Frage des Art. 92 GG als vielmehr eine Frage grundrechtlicher Schutzpflichten (vgl. BVerfGE 88, 203 [257f.]).

178 BVerfGE 103, 111 (137f.); *Pieroth*, in: Jarass/Pieroth, GG, 7. Aufl. 2004, Art. 92 Rdnr. 4. Funktionelle Rechtsprechung in diesem Sinne kann zugleich materielle Rechtsprechung sein. Zwingend ist das freilich nicht. So *Detterbeck*, in: Sachs, GG, 3. Aufl. 2003, Art. 92 Rdnr. 21 a. Kritisch zur Rechtsprechung aus funktionellen Gründen *Hermes*, JZ 2001, 875f.

erteilung.[179] Mangels Zugehörigkeit zur Rechtsprechung handelt es sich um Verwaltung durch Richter.[180]

Hinzu kommen weitere Aufgaben, die auf Grund ihres sachlichen Gehalts und auf Grund des regelmäßigen anfänglichen Tätigwerdens einer Verwaltungsbehörde materiell als Verwaltungstätigkeit anzusehen sind wie etwa die Verhängung von Disziplinarstrafen[181] oder Fahrverboten nach § 25 StVG.[182]

Ebenfalls nicht zur Rechtsprechung gehören Tätigkeiten, die die richterliche Entscheidung nur organisatorisch flankieren. Sie sind von der inhaltlichen Entscheidungsvorbereitung sowie von sonstigen Aufgaben zu unterscheiden, die unmittelbaren Zusammenhang mit der Rechtsfindung aufweisen wie etwa Entscheidungen während der Sitzung:[183] Diese sind der Staatsfunktion Rechtsprechung zuzuordnen, jene hingegen nicht. Nicht zur Rechtsprechung zählt daher die Entscheidungsvorbereitung z. B. durch Aktenanforderungen oder durch die Anforderung von Strafregisterauszügen,[184] die Zwangsvollstreckung[185] und das Kostenwesen.[186]

Keine Rechtsprechungsqualität besitzen schließlich die den Richtern übertragenen Aufgaben der Gerichts- bzw. Justizverwaltung. Gerichtsverwaltung (vgl. § 4 Abs. 2 Nr. 1 DRiG) ist die (meist gerichtsinterne)[187] gerichtliche Verwaltungstätigkeit, die die Erfüllung der Rechtsprechungsaufgabe erst ermöglicht.[188] Sie umfaßt die personelle und sachliche Ausstattung der Gerichte („gerichtliche Hilfsverwaltung")[189] sowie sämtliche den Gerichten herkömmlich übertragenen Verwaltungsaufgaben, soweit diese zumindest einen mittelbaren sachlichen Bezug zur Rechtsprechung haben.[190] Zur Gerichtsverwaltung gehören u. a. sämt-

---

179 *Schulze-Fielitz*, in: Dreier, GG, Bd. III, 2000, Art. 92 Rdnr. 42; *Stern*, Staatsrecht II, 1980, § 43 I 5 a, S. 900f.

180 *Bettermann*, in: HStR III, 2. Aufl. 1996, § 73 Rdnr. 7; *Herzog*, in: Maunz/Dürig, GG, Art. 92 Rdnr. 53; *Stern*, Staatsrecht II, 1980, § 43 I 5 a, S. 900f.

181 BVerfGE 22, 311 (317); *Detterbeck*, in: Sachs, GG, 3. Aufl. 2003, Art. 92 Rdnr. 10; *Pieroth*, in: Jarass/Pieroth, GG, 7. Aufl. 2004, Art. 92 Rdnr. 5.

182 BVerfGE 27, 36 (40 ff.); *Kissel/Mayer*, GVG, 4. Aufl. 2005, Einleitung Rdnr. 152. Zu weiteren Einzelfällen aus der Judikatur des Bundesverfassungsgerichts *Schulze-Fielitz*, in: Dreier, GG, Bd. III, 2000, Art. 92 Rdnr. 42.

183 *Schulze-Fielitz*, in: Dreier, GG, Bd. III, 2000, Art. 92 Rdnr. 35.

184 BVerfGE 29, 148 (153).

185 *Stern*, Staatsrecht II, 1980, § 43 I 5 a β, S. 901.

186 *Bettermann*, in: HStR III, 2. Aufl. 1996, § 73 Rdnr. 7.

187 Nach *M. Wolf*, Gerichtsverfassungsrecht aller Verfahrenszweige, 6. Aufl. 1987, § 6 I 1, S. 53, berührt die Gerichtsverwaltung den Bürger nicht unmittelbar. Zur Gerichtsverwaltung zählt jedoch auch das gerade gegenüber Dritten wirkende Hausrecht einschließlich eventueller Hausverbote (*Kissel/Mayer*, GVG, 4. Aufl. 2005, § 12 Rdnr. 93), was auch *M. Wolf*, a. a. O., § 6 I 1 a, S. 54, einräumt.

188 *Kissel/Mayer*, GVG, 4. Aufl. 2005, § 12 Rdnr. 85.

189 *Schulze-Fielitz*, in: Dreier, GG, Bd. III, 2000, Art. 92 Rdnr. 45; *Meyer*, in: v. Münch/Kunig, GG, Bd. 3, 5. Aufl. 2003, Art. 92 Rdnr. 8.

190 *Schmidt-Räntsch*, Deutsches Richtergesetz, 5. Aufl. 1995, § 4 Rdnr. 16.

liche Fragen im Zusammenhang mit der Herausgabe von Entscheidungen an Dritte bzw. mit ihrer Veröffentlichung.[191] Von der Gerichtsverwaltung ist die Justizverwaltung zu unterscheiden.[192] Bei ihr handelt es sich um außenwirksame allgemeine Verwaltungstätigkeit,[193] die außerhalb eines anhängigen gerichtlichen Verfahrens vorgenommen wird und Aufgaben betrifft, die in keinem inhaltlichen Zusammenhang mit der Rechtsprechung stehen.[194]

b) Richterliche Unabhängigkeit trotz Verwaltungstätigkeit

Obwohl es sich bei sämtlichen vorgenannten richterlichen Aufgaben nicht um rechtsprechende, sondern um exekutivische Tätigkeiten handelt, gelten für die Richter grundsätzlich Art. 97, 98 GG. Insbesondere werden die Richter also in voller richterlicher Unabhängigkeit tätig. Das wird besonders betont für die Angelegenheiten, die in einem engen Zusammenhang mit Aufgaben stehen, die seit jeher zur Rechtsprechung im materiellen Sinne zählen,[195] gilt aber auch über diese Angelegenheiten hinaus.[196] Eine Ausnahme bilden lediglich

[191] BVerwGE 104, 105 (108ff.); *Schulze-Fielitz*, in: Dreier, GG, Bd. III, 2000, Art. 92 Rdnr. 45. *Kissel/Mayer*, GVG, 4. Aufl. 2005, § 12 Rdnrn. 124ff. behandeln die Veröffentlichung von Entscheidungen systematisch zwar unter dem Aspekt der – sogleich erörterten – inhaltlich rechtsprechungsfremden Justizverwaltung, sprechen jedoch dabei mehrfach von Entscheidungen der Gerichtsverwaltung (Rdnrn. 126f.). In Anbetracht des engen sachlichen Bezugs zur Rechtsprechungstätigkeit erscheint es vorzugswürdig, diesen Komplex der Gerichtsverwaltung zuzuordnen. Eine Einstufung als Justizverwaltung wäre nur indiziert, wenn man den Begriff der Gerichtsverwaltung entgegen üblicher Auffassung *ausschließlich* gerichtsintern verstehen würde. S. dazu soeben Fn. 187.

[192] Die Terminologie ist uneinheitlich. Zur hier verwendeten Differenzierung zwischen Gerichtsverwaltung einerseits und Justizverwaltung andererseits s. etwa *M. Wolf*, Gerichtsverfassungsrecht aller Verfahrenszweige, 6. Aufl. 1987, § 6 I 1, 2, S. 54f.; *Kissel/Mayer*, GVG, 4. Aufl. 2005, § 12 Rdnr. 90; *Schmidt-Räntsch*, Deutsches Richtergesetz, 5. Aufl. 1995, § 4 Rdnr. 16. *Schulze-Fielitz*, in: Dreier, GG, Bd. III, 2000, Art. 92 Rdnr. 45, verwendet den Begriff der „Justizverwaltung i.e.S." als Synonym für Gerichtsverwaltung; die hier der Justizverwaltung zugeordneten Aufgaben bezeichnet er als Justizverwaltung i.w.S. *Stern*, Staatsrecht II, 1980, § 43 I 5 b, S. 901f., unterscheidet zwischen „Rechtsprechungsverwaltung" und Justizverwaltung.

[193] *M. Wolf*, Gerichtsverfassungsrecht aller Verfahrenszweige, 6. Aufl. 1987, § 6 I 2, S. 55.

[194] *Kissel/Mayer*, GVG, 4. Aufl. 2005, § 12 Rdnr. 106. Neben diesem materiellen Verständnis gibt es noch den Begriff der Justizverwaltung im formellen Sinne, der die Behörden unterhalb der Ebene des Gesetzgebers bzw. der Tarifvertragsparteien bezeichnet, die Aufgaben der Gerichtsverwaltung wahrnehmen. S. dazu *Kissel/Mayer*, GVG, 4. Aufl. 2005, § 12 Rdnr. 105 i.V.m. Rdnr. 86. – Zur Zulässigkeit der Übertragung rechtsprechungsfremder Aufgaben an Richter s. § 4 Abs. 2 Nrn. 2–4 DRiG.

[195] BVerfGE 25, 336 (346). Die dort in Bezug genommene Entscheidung BVerfGE 22, 49 (78) betrifft den Fall, daß der Richter kraft gesetzgeberischer Entscheidung, zu der keine Verpflichtung bestanden hätte, Rechtsprechung im grundgesetzlichen Sinne ausübt. So zutreffend *Detterbeck*, in: Sachs, GG, 3. Aufl. 2003, Art. 92 Rdnr. 13 Fn. 28.

[196] *Schulze-Fielitz*, in: Dreier, GG, Bd. III, 2000, Art. 92 Rdnr. 46 („insbesondere"); *Detterbeck*, in: Sachs, GG, 3. Aufl. 2003, Art. 92 Rdnr. 13.

die Gerichts- bzw. Justizverwaltungsangelegenheiten, bei denen die Richter als weisungsabhängige Amtswalter der vollziehenden Gewalt tätig werden.[197]

III. Fazit

Unmittelbarer Gegenstand der vorliegenden Arbeit ist die Medienöffentlichkeit allein der rechtsprechenden richterlichen Tätigkeit i. S. v. Art. 92 GG. Der exekutivische Aufgabenbereich der Richter ist nur insoweit von Interesse, als er zur medialen Publizität der Kernaufgabe Rechtsprechung beiträgt bzw. für diese erst sorgt, wie es namentlich bei der Veröffentlichung von Entscheidungen der Fall ist.

---

[197] BVerfGE 38, 139 (152 f.); *Meyer*, in: v. Münch/Kunig, GG, Bd. 3, 5. Aufl. 2003, Art. 92 Rdnr. 8; *Detterbeck*, in: Sachs, GG, 3. Aufl. 2003, Art. 92 Rdnr. 14; *Schulze-Fielitz*, in: Dreier, GG, Bd. III, 2000, Art. 92 Rdnr. 46; *Kissel/Mayer*, GVG, 4. Aufl. 2005, § 1 Rdnrn. 26, 41, § 12 Rdnr. 88; *M. Wolf*, Gerichtsverfassungsrecht aller Verfahrenszweige, 6. Aufl. 1987, § 6 I 4, S. 56. – Anders verhält es sich bei der richterlichen Geschäftsverteilung (vgl. §§ 21 e ff. GVG). Obwohl sie sich systematisch zur Gerichtsverwaltung zählen läßt (*Schulze-Fielitz*, a. a. O., Art. 92 Rdnr. 45), handelt es sich doch unbestritten um richterliche Selbstverwaltung, die gerade dazu dient, die richterliche Unabhängigkeit zu wahren und den gesetzlichen Richter zu garantieren. So *Kissel/Mayer*, GVG, 4. Aufl. 2005, § 12 Rdnr. 92; zur Wahrnehmung der Geschäftsverteilung in richterlicher Unabhängigkeit bereits BVerwGE 50, 11 (13 f.). *M. Wolf*, Gerichtsverfassungsrecht aller Verfahrenszweige, 6. Aufl. 1987, § 6 I 1 a, S. 54, zählt die Geschäftsverteilung daher nicht zur Gerichtsverwaltung. S. auch BVerfGE 17, 252 (256): Jedenfalls keine Maßnahme der Justizverwaltung.

Teil 2

Die Saalöffentlichkeit der mündlichen Verhandlung

A. Die Entstehung der Saalöffentlichkeit

Gerichtsöffentlichkeit hat es im Laufe der Geschichte in unterschiedlichen Formen und mit unterschiedlichen Funktionen gegeben. Die moderne Gerichtsöffentlichkeit ist ein Ergebnis der Aufklärung. Mit ihren frühgeschichtlichen Vorläufern ist sie nur bedingt vergleichbar.[1]

I. Volksgerichtsbarkeit zur Zeit der Germanen

Bis etwa zum fünften Jahrhundert nach Christus fand bei den Germanen das Gericht – ohne Unterscheidung zwischen Zivil- und Strafverfahren – als Volksversammlung statt.[2] Diese war notwendigerweise öffentlich, auch wenn von einer Publikumsöffentlichkeit im heutigen Sinne nicht gesprochen werden kann. Eine Trennung zwischen Publikum und Gericht existierte nicht;[3] das Publikum selbst bildete das Gericht.[4] Öffentlichkeit und Gericht waren „nachgerade identische Größen".[5] Aufgabe des Gerichts war nicht die Ermittlung einer durch Rechtssatz festgelegten Rechtsfolge: Recht war in damaliger Zeit etwas Vorgegebenes, Ungesetztes und Ungeschriebenes,[6] das lediglich im Gesamtwissen des Volkes, in seinem Rechtsgefühl bzw. in seinen Überlieferungen gefunden werden konnte.[7] Daher waren sämtliche freien Männer der Landesgemeinde bzw. der Hundertschaft[8] nicht

[1] So auch *Rohde*, Die Öffentlichkeit im Strafprozeß, Diss. Bochum 1972, S. 12.

[2] *Kern*, Geschichte des Gerichtsverfassungsrechts, 1954, S. 1; *Siegel*, Geschichte des deutschen Gerichtsverfahrens, 1. Bd., 1857, Nachdruck 1970, S. 58; *F. Burbulla*, Die Fernsehöffentlichkeit als Bestandteil des Öffentlichkeitsgrundsatzes, 1998, S. 25; *Schuckert*, Der Grundsatz der Volksöffentlichkeit im deutschen Zivil- und Strafprozeßrecht, 1936, S. 5 f.

[3] *Witzler*, Die personale Öffentlichkeit im Strafverfahren, 1993, S. 18.

[4] *I. M. Pernice*, Öffentlichkeit und Medienöffentlichkeit, 2000, S. 72.

[5] *H. Jung*, in: GS für Hilde Kaufmann, 1986, S. 893 f.

[6] *Witzler*, Die personale Öffentlichkeit im Strafverfahren, 1993, S. 17. Gegen den Begriff des „Findens" des Rechts aus einer vorgegebenen Rechtsordnung *Schild*, in: Hinckeldey (Hrsg.), Justiz in alter Zeit, 2. Aufl. 1984, S. 132, mit dem Hinweis, den Germanen sei in dieser Zeit die Vorstellung, über den Parteien gebe es eine inhaltliche Ordnung, die Regeln für die Lösung von Konflikten bereithalte, völlig fremd gewesen.

[7] *Alber*, Die Geschichte der Öffentlichkeit im deutschen Strafverfahren, 1974, S. 12.

[8] Dazu *Kern*, Geschichte des Gerichtsverfassungsrechts, 1954, S. 1.

nur berechtigt, an der Urteilsfindung teilzunehmen,[9] sondern auf Grund der sog. Thing- oder Dingpflicht sogar dazu verpflichtet.[10]

Soweit der Verhandlungsleiter dabei als Richter bezeichnet wird, ist das nach heutigen Begriffskategorien irreführend. Neben der Leitung bestand seine Aufgabe darin, Ruhe und Ordnung aufrechtzuerhalten. Die Entscheidung wurde vom Gericht, also von allen, nach freier Überzeugung je nach Lage des Falles gefällt.[11] Insofern handelte es sich um eine aktive und notwendige Öffentlichkeit im Gegensatz zur heutigen passiven und fakultativen.[12]

Gerichtsgebäude, die auch bei freier Zugangsmöglichkeit für eine gewisse Abschottung sorgen, waren unbekannt:

„An herkömmlicher Stätte, immer unter freiem Himmel, im übrigen aber bald im Walde, bald auf Wiesen und Auen, auf Bergen und Hügeln, in Gräben und Tiefen, hier an einem großen Stein, dort in der Nähe des Wassers, an der Straße oder unter einem breitschattenden Baum, der Linde oder Eiche … wird das Gericht gehalten.“[13]

Das Verfahren zeichnete sich darüber hinaus durch eine vollständige Mündlichkeit aus. Das Gesprochene wurde nicht einmal aufgezeichnet. Allerdings stand auch keine Schrift zur Verfügung. Die Runen dienten nicht dem Schreiben und Lesen, sondern stellten geheimnisvolle, auslegungsbedürftige Zeichen dar.[14]

Später übernahmen spezielle Urteilsfinder, die sog. „rachimburgi sedentes“, die Aufgabe, einen Entscheidungsvorschlag zu formulieren.[15] Ihr Vorschlag bedurfte zunächst der Zustimmung (der „vollbort“) der anderen („rachimburgi adstantes“), um wirksam zu werden. Nach und nach schwand die Notwendigkeit der vollbort; die rachimburgi sedentes wurden die eigentlichen Urteiler.[16]

---

[9] Ausführliche Schilderung bei *Siegel*, Geschichte des deutschen Gerichtsverfahrens, 1. Bd., 1857, Nachdruck 1970, S. 96 ff. Gegen die Auffassung, daß alle waffenfähigen Männer ihre Stimme abgegeben hätten, *Schild*, in: Hinckeldey (Hrsg.), Justiz in alter Zeit, 2. Aufl. 1984, S. 132, mit dem Argument, in einem derart ritualisierten Verfahren sei die Herausbildung von Spezialisten notwendig gewesen, die ein Urteil abgaben, während die übrigen versammelten Männer lediglich Zustimmung oder Ablehnung zu diesem Urteil hätten äußern können.

[10] *Alber*, Die Geschichte der Öffentlichkeit im deutschen Strafverfahren, 1974, S. 12.

[11] *Kern*, Geschichte des Gerichtsverfassungsrechts, 1954, S. 1; *Siegel*, Geschichte des deutschen Gerichtsverfahrens, 1. Bd., 1857, Nachdruck 1970, S. 105 f. Nur Handlungen, deren Natur eine Beteiligung aller ausschloß, wurden von einzelnen vorgenommen. Sofort danach nahmen wieder alle teil. So *Siegel*, a. a. O., S. 106 ff.

[12] *Schuckert*, Der Grundsatz der Volksöffentlichkeit im deutschen Zivil- und Strafprozeßrecht, 1936, S. 3.

[13] *Siegel*, Geschichte des deutschen Gerichtsverfahrens, 1. Bd., 1857, Nachdruck 1970, S. 96 f. Ausreichend große Gebäude, die der gesamten Gerichtsversammlung Platz geboten hätten, existierten ohnehin nicht. Dazu *G. L. Maurer*, Geschichte des altgermanischen und namentlich altbairischen oeffentlich-muendlichen Gerichtsverfahrens, 1824, Neudruck 1965, S. 32.

[14] *Siegel*, Geschichte des deutschen Gerichtsverfahrens, 1. Bd., 1857, Nachdruck 1970, S. 57.

[15] Näher zu den Urteilsfindern *G. L. Maurer*, Geschichte des altgermanischen und namentlich altbairischen oeffentlich-muendlichen Gerichtsverfahrens, 1824, Neudruck 1965, S. 14 ff.

[16] *Kern*, Geschichte des Gerichtsverfassungsrechts, 1954, S. 1 f.

II. Die allmähliche Verdrängung der Volksgerichtsbarkeit im Frankenreich und im Hochmittelalter

Die Unterscheidung zwischen Gericht und Publikum ist seit dem Frankenreich deutlich zu erkennen. In seiner Zeit begann die Entwicklung weg von der Volksgerichtsbarkeit hin zur Amtsgerichtsbarkeit.

Bis zu *Karl dem Großen* (747–814) bildete weiter die Gemeinschaft der freien Männer die Gerichtsversammlung. Die lex Salica von 508 behielt noch die Grundzüge der bisherigen germanischen Gerichtsverfassung bei. Der Urteilsvorschlag der rachimburgi sedentes wurde durch die vollbort zum Urteil. Zu dieser Form der Gerichtsbarkeit traten in zunehmendem Maße Gerichte, die auf der Macht des Königs beruhten. Sie entstanden maßgeblich auf Grund der beginnenden Erkenntnis, daß Strafverfolgung nicht ausschließlich Privaten überlassen bleiben durfte. Diese Anfänge der Offizialmaxime traten zunächst neben den fest etablierten volksrechtlichen Parteiprozeß, ohne diesen zu verdrängen,[17] so daß sich eine Mischung aus Volksgerichtsbarkeit und staatlicher Gerichtsbarkeit bildete.[18]

Karl der Große führte eine Schöffenverfassung ein.[19] Die früheren rachimburgi wurden als scabini (Schöffen) bezeichnet und nicht mehr für jede einzelne Gerichtstagung, sondern auf Lebenszeit gewählt. Die gesamte Gerichtsgemeinde mußte nur zu den ordentlichen (echten) Thingen kommen, die lediglich noch dreimal im Jahr stattfanden.[20] Den Urteilsvorschlag machten sieben scabini. In den häufigeren „gebotenen" Thingen mußten nur die scabini erscheinen; sie fällten dort auch das Urteil.[21]

Die karolingische Schöffengerichtsverfassung hatte auch im Hochmittelalter noch Bestand, wobei sich freilich die Aufgabe der Urteilsfindung immer mehr weg von der Volksversammlung hin zu den Schöffen verschob. Auch im echten Thing wurde die Zustimmung der übrigen Versammlungsteilnehmer allmählich entbehrlich. Zwar durfte jeder das Urteil „schelten". Geschah dies nicht, galt es als gebilligt.[22] Trotz dieser verbleibenden Einwirkungsmöglichkeiten ist die Tendenz unverkennbar, daß sich die Funktion des Volkes von der ursprünglichen aktiven Teilnahme immer weiter hin zu einer bloßen Zuschauerfunktion wandelte.[23]

---

[17] *Eb. Schmidt*, Einführung in die Geschichte der deutschen Strafrechtspflege, 3. Aufl. 1965, S. 43 ff.

[18] *Kern*, Geschichte des Gerichtsverfassungsrechts, 1954, S. 3 ff.

[19] *Schild*, in: Hinckeldey (Hrsg.), Justiz in alter Zeit, 2. Aufl. 1984, S. 146.

[20] *Schuckert*, Der Grundsatz der Volksöffentlichkeit im deutschen Zivil- und Strafprozeßrecht, 1936, S. 6.

[21] *Kern*, Geschichte des Gerichtsverfassungsrechts, 1954, S. 5 f.

[22] *Kern*, Geschichte des Gerichtsverfassungsrechts, 1954, S. 7. *Alber*, Die Geschichte der Öffentlichkeit im deutschen Strafverfahren, 1974, S. 13, beschreibt dieses Verfahren schon für die Zeit *Karls des Großen*. Zur Urteilsschelte s. auch *Eb. Schmidt*, Einführung in die Geschichte der deutschen Strafrechtspflege, 3. Aufl. 1965, S. 42.

[23] *Witzler*, Die personale Öffentlichkeit im Strafverfahren, 1993, S. 20 f.; *Rohde*, Die Öffentlichkeit im Strafprozeß, Diss. Bochum 1972, S. 53.

III. Der Niedergang der Gerichtsöffentlichkeit im späten Mittelalter

1. Die zunächst selbstverständliche Gerichtsöffentlichkeit im Mittelalter

Der Zugang für Zuschauer war zu Beginn des Mittelalters in vollem Umfang gewährleistet. Sieht man von den westfälischen Femegerichten ab,[24] war die gesamte Rechtspflege öffentlich. Nach der mittelalterlichen Vorstellung von Recht mußte dieses öffentlich vollzogen werden, da es nur so erfahrbar wurde.[25] Der Zweck der Gerichtsöffentlichkeit lag nicht in der Kontrolle der Staatsgewalt, sondern in der Vermittlung von Rechtskenntnissen für eine Bevölkerung, die des Schreibens und Lesens großenteils nicht mächtig war.[26] Diese Vermittlungsfunktion kommt beispielhaft in den unterschiedlichen Arten von Strafen zum Ausdruck, zu denen Straftäter je nach Art des begangenen Delikts verurteilt wurden.[27]

2. Die Entstehung des geheimen Verfahrens

Etwa ab dem 13. Jahrhundert setzte der Untergang des öffentlichen Rechtsgangs ein. Dabei handelte es sich freilich weder um eine lineare Bewegung, die frei von gegenläufigen Entwicklungen geblieben wäre, noch um ein in allen Territorien gleich schnell und gleich intensiv auftretendes Phänomen. Überblicksartig läßt sich jedoch sagen, daß mit der weiteren Entwicklung einer von Amts wegen betriebenen und professionalisierten Gerichtsbarkeit auch die Öffentlichkeit schwand.[28]

a) Zur Unterscheidung zwischen Zivil- und Strafverfahren

Diese Feststellung läßt sich für das Zivilverfahren ebenso treffen wie für das Strafverfahren.

Zwar verlief die Entwicklung der beiden Rechtsgebiete nicht vollständig parallel. Beispielsweise setzte sich die Nichtöffentlichkeit im Strafverfahren in

---

[24] *Witzler*, Die personale Öffentlichkeit im Strafverfahren, 1993, S. 22f. Näher zu den Femegerichten *Eb. Schmidt*, Einführung in die Geschichte der deutschen Strafrechtspflege, 3. Aufl. 1965, S. 84ff.

[25] *H. Jung*, in: GS für Hilde Kaufmann, 1986, S. 893.

[26] *Schild*, Alte Gerichtsbarkeit, 2. Aufl. 1985, S. 41.

[27] *Witzler*, Die personale Öffentlichkeit im Strafverfahren, 1993, S. 22. Zu den einzelnen Strafen *Eb. Schmidt*, Einführung in die Geschichte der deutschen Strafrechtspflege, 3. Aufl. 1965, S. 44ff.

[28] *Walther*, JZ 1998, 1145.

den Einzelstaaten nicht so schnell durch wie im Zivilverfahren.[29] Auf die teils vorgenommene Differenzierung zwischen beiden Verfahren[30] wird im folgenden gleichwohl bewußt verzichtet. Ein derartiges Nachzeichnen auch der Details muß die Domäne rechtshistorischer Arbeiten bleiben. Die Entwicklung in beiden Rechtsgebieten verlief – nicht nur in Ländern mit nur einer, für beide Verfahren geltenden Prozeßordnung –[31] jedenfalls *soweit* parallel, daß im Rahmen einer überblicksartigen Darstellung der Wurzeln der Gerichtsöffentlichkeit die Unterschiede zwischen Zivil- und Strafprozeß nicht exakt herausgearbeitet werden müssen. Dafür spricht im übrigen auch die aktuelle Normsituation. Öffentlichkeit im Strafverfahren und im Zivilverfahren wird insofern als einheitliches Phänomen aufgefaßt, als sie von denselben Vorschriften geregelt wird. §§ 169 ff. GVG gelten gem. § 2 EGGVG für die gesamte, Zivil- und Strafverfahren umfassende (streitige) ordentliche Gerichtsbarkeit.

Gleichwohl liegt der Schwerpunkt der folgenden Darstellung auf dem Strafverfahren. An dessen Öffentlichkeit bestand schon immer ein deutlich größeres literarisches Interesse als an der des Zivilverfahrens.[32]

b) Ursachen und erste Ausformungen des geheimen Verfahrens

Mehrere Faktoren zeichnen für das allmähliche Schwinden der Öffentlichkeit verantwortlich. Die Aufsplitterung der Gesellschaft in ständische Gliederungen führte zu unterschiedlichen personalen Rechtskreisen, wobei jeweils nur den eigenen Gruppenangehörigen Zutritt gewährt wurde.[33] Vor allem aber führten instabile politische und soziale Verhältnisse zu steigender Kriminalität. Diese war mit Hilfe des alten, teils durch schikanösen Formalismus geprägten[34] Verfahrensrechts nicht mehr zu bewältigen. Vielmehr erschienen amtliche Initiative bei der Strafverfolgung und die gerichtliche Erforschung der materiellen Wahrheit

---

[29] *Seifarth*, Der Untergang der Öffentlichkeit im deutschen Rechtsgang, 1932, S. 15.

[30] Eine zwischen beiden Rechtsgebieten differenzierende Darstellung findet sich bei *Seifarth*, Der Untergang der Öffentlichkeit im deutschen Rechtsgang, 1932, S. 10 ff. bzw. S. 14 ff., sowie bei *G. L. Maurer*, Geschichte des altgermanischen und namentlich altbairischen oeffentlich-muendlichen Gerichtsverfahrens, 1824, Neudruck 1965, S. 345 ff., 357 ff. Zum Auseinandertreten von Strafrecht und Zivilrecht im Mittelalter *Wesel*, Geschichte des Rechts, 2. Aufl. 2001, Rdnr. 221.

[31] Dazu *Seifarth*, Der Untergang der Öffentlichkeit im deutschen Rechtsgang, 1932, S. 13.

[32] Vgl. exemplarisch einige Monographien: *Alber*, Die Geschichte der Öffentlichkeit im deutschen Strafverfahren, 1974; *Y. Braun*, Medienberichterstattung über Strafverfahren im deutschen und englischen Recht, 1998; *Rohde*, Die Öffentlichkeit im Strafprozeß, Diss. Bochum 1972; *Witzler*, Die personale Öffentlichkeit im Strafverfahren, 1993. Vgl. auch *R. Gerhardt*, ZRP 1993, 378; *Gündisch/Dany*, NJW 1999, 260.

[33] *Alber*, Die Geschichte der Öffentlichkeit im deutschen Strafverfahren, 1974, S. 13 f. *Kern*, Geschichte des Gerichtsverfassungsrechts, 1954, S. 7, sowie *Schuckert*, Der Grundsatz der Volksöffentlichkeit im deutschen Zivil- und Strafprozeßrecht, 1936, S. 7, konstatieren bereits für die Zeit vom 9. bis 13. Jahrhundert eine immer stärkere Zersplitterung der Gerichtsbarkeit.

[34] *Kaufmann*, JuS 1961, 250.

geboten.[35] So entwickelte sich ein inquisitorisches Verfahren,[36] dessen wesentliche Merkmale die Offizialmaxime sowie die Instruktionsmaxime waren.[37]

An sich ist die Nichtöffentlichkeit *kein* konstitutives Kriterium des Begriffs „Inquisitionsprozeß“. Daher war es nicht widersprüchlich, wenn im Gefolge der Aufklärung Gerichtsöffentlichkeit bei gleichzeitigem Festhalten am inquisitorischen Verfahren gefordert wurde.[38] Tatsächlich aber fanden von Anfang an entscheidende Bestandteile des Verfahrens – namentlich die Vernehmung, ggf. auch die gleichzeitig in Gebrauch kommende Folterung des Beschuldigten – in einem nichtöffentlichen Vorverfahren statt.[39] Die Nichtöffentlichkeit mag der Obrigkeit auch wegen massiver Fälle von Justizbeeinflussung, in denen in der Vergangenheit Prozeßbeteiligte mit einer großen Zahl Bewaffneter vor Gericht erschienen waren, vorzugswürdig erschienen sein.[40]

Begünstigt wurde der allmähliche Ausschluß der Öffentlichkeit auch durch Änderungen in der Wahl des Gerichtsortes.[41] Der Versammlung unter freiem Himmel war die Gerichtslaube gefolgt.[42] Schon 818/819 hatte *Ludwig der Fromme* im Königsgesetz die Errichtung von Gerichtsgebäuden angeordnet, damit Gerichtsverhandlungen vor Wettereinflüssen geschützt waren. Allerdings blieb es noch längere Zeit üblich, Verhandlungen nach Möglichkeit im Freien stattfinden zu lassen.[43] Später wurde sogar im Haus des Richters oder Schreibers oder in engen und unbequemen Gerichtsgebäuden verhandelt.[44]

Als Element des alten germanischen Rechts übernahm der weltliche Inquisitionsprozeß lediglich den sog. „endlichen Rechtstag“. Sofern im geheimen Vorverfahren ein Geständnis erlangt worden war, wurden dieses sowie das feststehende Urteil auf dem – öffentlichen – endlichen Rechtstag verlesen.[45]

---

35 *Alber*, Die Geschichte der Öffentlichkeit im deutschen Strafverfahren, 1974, S. 14; *Schild*, Alte Gerichtsbarkeit, 2. Aufl. 1985, S. 158.

36 Eingehend *Ignor*, Geschichte des Strafprozesses in Deutschland 1532–1846, 2002, S. 44 ff.

37 *Eb. Schmidt*, Einführung in die Geschichte der deutschen Strafrechtspflege, 3. Aufl. 1965, S. 86 f.

38 So etwa *A. v. Feuerbach* in seinem Entwurf von 1810 für ein neues bayerisches Strafprozeßrecht. S. dazu *Alber*, Die Geschichte der Öffentlichkeit im deutschen Strafverfahren, 1974, S. 62 ff., 68.

39 *Kaufmann*, JuS 1961, 250; *Alber*, Die Geschichte der Öffentlichkeit im deutschen Strafverfahren, 1974, S. 14.

40 Vgl. die Schilderung bei *Kaufmann*, JuS 1961, 250.

41 *Alber*, Die Geschichte der Öffentlichkeit im deutschen Strafverfahren, 1974, S. 13 f.

42 *H. Jung*, in: GS für Hilde Kaufmann, 1986, S. 894.

43 *Schild*, in: Hinckeldey (Hrsg.), Justiz in alter Zeit, 2. Aufl. 1984, S. 147 f. *G. L. Maurer*, Geschichte des altgermanischen und namentlich altbairischen oeffentlich-muendlichen Gerichtsverfahrens, 1824, Neudruck 1965, S. 346, schreibt bereits *Karl dem Großen* die Errichtung von Dinghäusern zu.

44 *Seifarth*, Der Untergang der Öffentlichkeit im deutschen Rechtsgang, 1932, S. 5, 11 f.

45 *Alber*, Die Geschichte der Öffentlichkeit im deutschen Strafverfahren, 1974, S. 14.

Es handelte sich also primär um ein der Öffentlichkeit gebotenes formales Schauspiel.[46]

3. Die Rezeption des römischen und des kanonischen Rechts

Das Inquisitionsverfahren war zunächst eher formlos und durch Rechtsgewohnheit geprägt.[47] Einen rechtlichen Rahmen und damit mehr Gleichförmigkeit, Rechtlichkeit und Genauigkeit[48] bekam es durch die Rezeption des Rechts der oberitalienischen Städte,[49] das auf dem spätrömischen und dem kanonischen Recht beruhte.[50] Darin eingeschlossen waren die Regelungen über das Verfahren und über die Gerichtsverfassung.[51]

a) Gegenstand der Rezeption

aa) Das spätrömische Recht

Strafprozesse – im Gegensatz zum deutschen Recht gab es im römischen Recht eine strikte Trennung zwischen Zivil- und Strafrechtspflege –[52] hatten im Rom der Königszeit auf frei zugänglichen Plätzen stattgefunden. Öffentlichkeit und Mündlichkeit waren durchgehende Prinzipien des damaligen römischen Kriminalprozesses.[53] In der Republik besaßen zunächst die Konsuln die Strafgewalt. Zum Ende der Republik entstanden Strafverfahren mit Laienrichtern – nach heutigen Begriffen Geschworene –, deren Verhandlungen ebenfalls mündlich und öffentlich auf dem Forum stattfanden.[54] Einschränkungen erfuhr die Öffentlichkeit erst in der Kaiserzeit durch die Verlegung in Gerichtsgebäude[55] sowie durch den Übergang der Gerichtsbarkeit auf den Kaiser bzw. kaiserliche Beamte.[56]

---

[46] *Schild*, in: Hinckeldey (Hrsg.), Justiz in alter Zeit, 2. Aufl. 1984, S. 194; *Eb. Schmidt*, Einführung in die Geschichte der deutschen Strafrechtspflege, 3. Aufl. 1965, S. 101 f.

[47] *Eb. Schmidt*, Einführung in die Geschichte der deutschen Strafrechtspflege, 3. Aufl. 1965, S. 87, 105.

[48] *Kaufmann*, JuS 1961, 250.

[49] *Schildt*, Jura 2003, 451.

[50] *Kern*, Geschichte des Gerichtsverfassungsrechts, 1954, S. 18. Insbesondere die Universitäten in Bologna und Padua wurden von Deutschen vielfach besucht (*Seifarth*, Der Untergang der Öffentlichkeit im deutschen Rechtsgang, 1932, S. 2).

[51] *Alber*, Die Geschichte der Öffentlichkeit im deutschen Strafverfahren, 1974, S. 14.

[52] *Kern*, Geschichte des Gerichtsverfassungsrechts, 1954, S. 18.

[53] *Geib*, Geschichte des römischen Kriminalprozesses bis zum Tode Justinians, 1842, Neudruck 1969, S. 97.

[54] *Kern*, Geschichte des Gerichtsverfassungsrechts, 1954, S. 19.

[55] Einzelheiten bei *Geib*, Geschichte des römischen Kriminalprozesses bis zum Tode Justinians, 1842, Neudruck 1969, S. 508 ff.

[56] *Kern*, Geschichte des Gerichtsverfassungsrechts, 1954, S. 19.

Eine ähnliche Entwicklung läßt sich auch für das Zivilverfahren beobachten. Es fand während der Königszeit, in der Republik und bis in die Anfänge der Kaiserzeit öffentlich statt.[57] Später war die Öffentlichkeit insbesondere durch die Verhandlung in geschlossenen Räumen[58] deutlich eingeschränkt. Echte Publikumsöffentlichkeit existierte nicht mehr.[59] Ab ca. dem 4. Jahrhundert n. Chr. wurde das Verfahren zunehmend schriftlich und geheim.[60]

bb) Das kanonische Recht

Der zweite Gegenstand der Rezeption, das kanonische Gerichtsverfassungs- und Verfahrensrecht,[61] unterschied sich nicht wesentlich vom spätrömischen Recht. Sowohl der kirchliche Straf- als auch der kirchliche Zivilprozeß fanden schriftlich und geheim statt.[62]

b) Folgen der Rezeption

aa) Weiterer Rückgang der Öffentlichkeit

Die immer stärkere Übernahme des fremden Rechts[63] verdrängte das Volk allmählich vollständig aus der Rolle des Richters. Zwar waren den beamteten Richtern, die des fremden Rechts kundig waren, anfangs noch Laien – nach

---

[57] *Kaser/Hackl*, Das römische Zivilprozeßrecht, 2. Aufl. 1996, S. 10f., 448; *v. Bethmann-Hollweg*, Der römische Civilprozeß, 2. Bd., 1865, Neudruck 1959, S. 161.

[58] Allerdings wurden teils explizit die Öffnung der Türen des „secretariums" sowie freier Zutritt angeordnet. Zudem mußte ein geschlossener Raum nach römischen Maßstäben nicht zwingend eine Abtrennung durch Mauern und geschlossene Türen aufweisen. Z.T. bestand die Abtrennung auch nur aus einem Vorhang. Vgl. dazu *Kaser/Hackl*, Das römische Zivilprozeßrecht, 2. Aufl. 1996, S. 555 Fn. 4, 8. Zu den umstrittenen Einzelheiten hinsichtlich der Zeit ab dem 4. Jahrhundert n. Chr. vgl. *de Marini Avonzo*, in: Arangio-Ruiz (Hrsg.), Synteleia, Bd. 2, 1964, S. 1042.

[59] *Kaser/Hackl*, Das römische Zivilprozeßrecht, 2. Aufl. 1996, S. 11, 555; *v. Bethmann-Hollweg*, Der römische Civilprozeß, 3. Bd., 1866, Neudruck 1959, S. 188ff.

[60] *Kern*, Geschichte des Gerichtsverfassungsrechts, 1954, S. 19f.; vgl. auch *Kaser/Hackl*, Das römische Zivilprozeßrecht, 2. Aufl. 1996, S. 555 mit Fn. 4ff.

[61] *Brunner*, Deutsche Rechtsgeschichte, I. Bd., 3. Aufl. 1961, S. 3, benennt als weiteren Rezeptionsgegenstand das langobardische Lehnrecht wegen seines Einflusses auf die Entwicklung des ursprünglichen römischen sowie des kanonischen Rechts.

[62] *Kern*, Geschichte des Gerichtsverfassungsrechts, 1954, S. 21; detailliert *G. L. Maurer*, Geschichte des altgermanischen und namentlich altbairischen oeffentlich-muendlichen Gerichtsverfahrens, 1824, Neudruck 1965, S. 314ff. Zu den unterschiedlichen Nuancen der Entwicklung des Zivilprozesses einerseits sowie des Strafprozesses andererseits vgl. *Seifarth*, Der Untergang der Öffentlichkeit im deutschen Rechtsgang, 1932, S. 1ff., 10ff., 22ff.

[63] Die Rezeption beschränkte sich allerdings nicht auf eine schablonenhafte Übernahme des fremden Rechts, sondern war mit erheblichen Anpassungen verbunden. Ausführlich *Wieacker*, Privatrechtsgeschichte der Neuzeit, 2. Aufl. 1967, S. 97ff. Zum unterschiedlichen Ablauf der Rezeption je nach Territorium *Schildt*, Jura 2003, 451f.

heutiger Terminologie Schöffen – zur Seite gestellt.[64] Selbst diese Form der Beteiligung schwand jedoch, da sie wegen der weitgehend schriftlichen Form des Prozesses[65] die Fähigkeit des Lesens voraussetzte, die bei einem großen Teil der Bevölkerung nicht vorhanden war. Zusammen mit der Mündlichkeit verlor sich auch die Öffentlichkeit.[66] Die Rechtspflege fand im wesentlichen hinter geschlossenen Türen statt.[67]

bb) Normierung des nichtöffentlichen Verfahrens

Beispielhaft für die schwindende bzw. geschwundene Öffentlichkeit (sowohl im Zivil- als auch im Strafverfahren) lassen sich einige bekannte Verfahrensordnungen aus dem 15. bzw. 16. Jahrhundert anführen. So sollte das Verfahren des 1495 auf dem Reichstag zu Worms ins Leben gerufenen *Reichskammergerichts* ursprünglich öffentlich und mündlich stattfinden. Im Gegensatz dazu wurden die Verfahren in zunehmendem Maße schriftlich durchgeführt; die Berichterstattung erfolgte heimlich. Inhalt der öffentlichen Sitzungen war lediglich noch die Übergabe von Schriften und die Verkündung des Urteils.[68] Die Bamberger Halsgerichtsordnung (Constitutio Criminalis Bambergensis) von 1507, der grundlegende Bedeutung für die weitere deutsche Rechtsentwicklung zukam, gestaltete die entscheidenden Verfahrenssituationen heimlich aus. Am öffentlichen endlichen Rechtstag fanden nur noch eine Scheinverhandlung sowie die Verkündung des zuvor beschlossenen Urteils statt.[69] Die 1532 geschaffene Peinliche Gerichtsordnung *Karls V.*, die Constitutio Criminalis Carolina, das erste Reichsstrafgesetzbuch, war im wesentlichen eine Strafverfahrensordnung.[70] Sie übernahm die Regeln der Bambergensis über die Heimlichkeit des Verfahrens.[71] Öffentlich blieb nur der endliche Rechtstag.[72] Gefällt wurde das Urteil zuvor, wobei erstmals neben den Schöffen auch der Richter stimmberechtigt

---

[64] *Kern*, Geschichte des Gerichtsverfassungsrechts, 1954, S. 21 f.

[65] Vgl. dazu auch *Flade*, Das römische Inquisitionsverfahren in Deutschland, 1902, Neudruck 1972, S. 61. Für die Zeit des Absolutismus *Kern*, Geschichte des Gerichtsverfassungsrechts, 1954, S. 41 f.: Vollständige Verdrängung der Laien erst aus der Zivilrechtspflege, dann aus der Strafrechtspflege.

[66] *Alber*, Die Geschichte der Öffentlichkeit im deutschen Strafverfahren, 1974, S. 14 f.

[67] *Witzler*, Die personale Öffentlichkeit im Strafverfahren, 1993, S. 24.

[68] *Seifarth*, Der Untergang der Öffentlichkeit im deutschen Rechtsgang, 1932, S. 10; *Kern*, Geschichte des Gerichtsverfassungsrechts, 1954, S. 30. Anders *Dick*, Die Entwicklung des Kameralprozesses nach den Ordnungen von 1495 bis 1555, 1981, S. 123.

[69] *Alber*, Die Geschichte der Öffentlichkeit im deutschen Strafverfahren, 1974, S. 16; *Seifarth*, Der Untergang der Öffentlichkeit im deutschen Rechtsgang, 1932, S. 14.

[70] *Schild*, Alte Gerichtsbarkeit, 2. Aufl. 1985, S. 166.

[71] *Alber*, Die Geschichte der Öffentlichkeit im deutschen Strafverfahren, 1974, S. 16.

[72] *Fincke*, in: Eser/Kaiser (Hrsg.), Viertes deutsch-sowjetisches Kolloquium über Strafrecht und Kriminologie, 1989, S. 111. S. auch *Britz*, Fernsehaufnahmen im Gerichtssaal, 1999, S. 190: Residuum einer früher vorhandenen Öffentlichkeit.

war.[73] Zum Schwinden der Öffentlichkeit des vorangehenden Verfahrens trug die Carolina durch die Ausweitung der – bereits seit dem 13. Jahrhundert praktizierten – Aktenversendung bei, die zwangsläufig zur stärkeren Schriftlichkeit führen mußte. In allen zweifelhaften Fällen mußten sich die Gerichte Rat bei Rechtsverständigen holen, u. a. bei Juristenfakultäten.[74] Auf diese Weise sollte der vielfach beklagte Mangel an juristischem Fachwissen bei den Richtern kompensiert werden.[75] Die seit der Mitte des 14. Jahrhunderts begonnene Errichtung von Lehrstühlen für das römisch-kanonische Recht im deutschen Sprachgebiet beförderte die Verbreitung dieses Rechts.[76]

cc) Beharrungsvermögen der Öffentlichkeit

In der folgenden Zeit wurde der Inquisitionsprozeß in den einzelnen Territorien stetig weiter ausgeformt.[77] Allerdings trifft die Feststellung, daß Mündlichkeit und Öffentlichkeit als Ergebnis der Rezeption aus dem deutschen Prozeß im wesentlichen verschwunden waren,[78] nicht für alle Einzelstaaten zu. In einigen von ihnen – die Carolina galt auf Grund einer salvatorischen Klausel nur subsidiär –[79] kann bis ins 18. Jahrhundert hinein von einem öffentlichen Rechtsgang gesprochen werden.[80] Beispielsweise sah Hessen die öffentliche Hauptverhandlung noch in den peinlichen Gerichtsordnungen von 1726 bzw. 1748 vor. Erst gegen 1800, als sich das geheime Inquisitionsverfahren bereits von den Ideen der Aufklärung in Frage gestellt sah, endete hier die öffentliche Rechtspflege vollständig.[81]

---

[73] *Kern*, Geschichte des Gerichtsverfassungsrechts, 1954, S. 35.

[74] *Kern*, Geschichte des Gerichtsverfassungsrechts, 1954, S. 36 f. Zur Handhabung in der Zeit des Absolutismus s. auch *Kern*, a. a. O., S. 41. Zur Aktenversendung *Döhring*, Geschichte der deutschen Rechtspflege seit 1500, 1953, S. 16 f.

[75] *Eb. Schmidt*, Einführung in die Geschichte der deutschen Strafrechtspflege, 3. Aufl. 1965, S. 134 f. S. auch *Seifarth*, Der Untergang der Öffentlichkeit im deutschen Rechtsgang, 1932, S. 17 f.: Stärkere Nutzung der Aktenversendung zur Vermeidung von aus Unwissenheit überzogener Folter.

[76] *Seifarth*, Der Untergang der Öffentlichkeit im deutschen Rechtsgang, 1932, S. 2.

[77] *Alber*, Die Geschichte der Öffentlichkeit im deutschen Strafverfahren, 1974, S. 16.

[78] Vgl. *Schuckert*, Der Grundsatz der Volksöffentlichkeit im deutschen Zivil- und Strafprozeßrecht, 1936, S. 10.

[79] *Schild*, in: Hinckeldey (Hrsg.), Justiz in alter Zeit, 2. Aufl. 1984, S. 129; *Ignor*, Geschichte des Strafprozesses in Deutschland 1532–1846, 2002, S. 42. Bestehendes Recht der Territorien blieb nach dieser Klausel in Geltung, sofern es bestimmten Kriterien gerecht wurde. Näher dazu *Eb. Schmidt*, Einführung in die Geschichte der deutschen Strafrechtspflege, 3. Aufl. 1965, S. 132.

[80] *Seifarth*, Der Untergang der Öffentlichkeit im deutschen Rechtsgang, 1932, S. 19 ff. Das nichtöffentliche Strafverfahren verbreitete sich generell langsamer als das nichtöffentliche Zivilverfahren. S. dazu oben Teil 2 A.III.2.a), S. 52 f., mit Fn. 29. – Zur fortdauernden Mündlichkeit des Verfahrens im Gebiet des Gemeinen Sachsenrechts *Schildt*, Jura 2003, 252.

[81] *Alber*, Die Geschichte der Öffentlichkeit im deutschen Strafverfahren, 1974, S. 16 f. S. aber auch *Kern*, Geschichte des Gerichtsverfassungsrechts, 1954, S. 38: Relativ einheitliche Entwicklung trotz der salvatorischen Klausel.

Eine denkbare Ursache für dieses Beharrungsvermögen der Öffentlichkeit ist ihre starke Verwurzelung im Volk.[82] Sie hatte sich bereits darin gezeigt, daß die Verdrängung des bekannten Rechts und der Volksrichter in Deutschland nicht widerspruchslos hingenommen worden war.[83] Bereits um 1500 hatte es starken, wenn auch erfolglosen Widerspruch gegen die vordringende Nichtöffentlichkeit des Prozesses durch das Inquisitionsverfahren gegeben.[84] *Ulrich von Hutten* war der wohl prominenteste Vertreter der literarischen Stimmen, die auf die Gefahren des geheimen Verfahrens hinwiesen, mit dessen Hilfe die Obrigkeit mißliebige Stimmen ohne weiteres zum Schweigen bringen konnte.[85] Selbst der Inquisitionsprozeß besaß noch einzelne öffentliche Elemente; er trug so der Verwurzelung der Öffentlichkeit Rechnung.[86] Die von der Bambergensis vorgesehene Scheinverhandlung geschah „umb des gemeynen volks und alter gewohnheyt willen" (Art. 123).[87]

Daneben hielten selbst Befürworter des Inquisitionsprozesses einzelne Elemente der Öffentlichkeit aus anderen Gründen für wichtig. So sollte nach Auffassung des Gemeinrechtlers *Benedict Carpzov*, der Öffentlichkeit generell für überflüssig, zeitraubend und allzu beschwerlich für Richter und Schöffen hielt, das „Hochnothpeinliche Halsgericht" aus Gründen der Abschreckung öffentlich stattfinden.[88]

---

[82] Vgl. *Fincke*, in: Eser/Kaiser (Hrsg.), Viertes deutsch-sowjetisches Kolloquium über Strafrecht und Kriminologie, 1989, S. 115 f., der das lange Überleben des endlichen Rechtstages als Beleg für das nie gänzlich verlorengegangene Empfinden anführt, daß der Rechtsgang prinzipiell öffentlich sein müsse.

[83] *Kern*, Geschichte des Gerichtsverfassungsrechts, 1954, S. 23. *Seifarth*, Der Untergang der Öffentlichkeit im deutschen Rechtsgang, 1932, S. 2, spricht von „zähem Widerstand". S. auch *G. L. Maurer*, Geschichte des altgermanischen und namentlich altbairischen oeffentlich-muendlichen Gerichtsverfahrens, 1824, Neudruck 1965, S. 307.

[84] *Alber*, Die Geschichte der Öffentlichkeit im deutschen Strafverfahren, 1974, S. 15. Unter anderem hatten sich die Ritterschaft, die Städte sowie die Bauern wiederholt gegen die vordringende Nichtöffentlichkeit ausgesprochen. Vgl. dazu *Seifarth*, Der Untergang der Öffentlichkeit im deutschen Rechtsgang, 1932, S. 7 f. – Zu den eigentlich bestehenden fundamentalen Gegensätzen zwischen Inquisition und deutschem Recht *Flade*, Das römische Inquisitionsverfahren in Deutschland, 1902, Neudruck 1972, S. 5 f.; *Eb. Schmidt*, Einführung in die Geschichte der deutschen Strafrechtspflege, 3. Aufl. 1965, S. 99.

[85] *Seifarth*, Der Untergang der Öffentlichkeit im deutschen Rechtsgang, 1932, S. 8. Zur Kritik *Ulrich v. Huttens* am fremden Recht s. auch *G. L. Maurer*, Geschichte des altgermanischen und namentlich altbairischen oeffentlich-muendlichen Gerichtsverfahrens, 1824, Neudruck 1965, S. 310.

[86] Vgl. dazu *H. Jung*, in: GS für Hilde Kaufmann, 1986, S. 894: Gerichtsöffentlichkeit sei ein tief verwurzeltes sozialpsychologisches Phänomen gewesen.

[87] *Alber*, Die Geschichte der Öffentlichkeit im deutschen Strafverfahren, 1974, S. 16. Selbst dieser Rest an Öffentlichkeit erschien damals bereits rechtfertigungsbedürftig. S. dazu *Seifarth*, Der Untergang der Öffentlichkeit im deutschen Rechtsgang, 1932, S. 15.

[88] *B. Carpzov*, Peinlicher sächsischer Inquisitions- und Achtsprozess, 1673, S. 165 f., 180 f. Näheres zur Person *B. Carpzovs* bei *Seifarth*, Der Untergang der Öffentlichkeit im deutschen Rechtsgang, 1932, S. 17, sowie bei *Eb. Schmidt*, Einführung in die Geschichte der deutschen Strafrechtspflege, 3. Aufl. 1965, S. 153 ff.

IV. Gerichtsöffentlichkeit als Errungenschaft der Aufklärung

Trotz dieses Fortbestands singulärer öffentlicher Elemente spielte sich die Rechtsprechung seit dem Ende des Mittelalters großenteils im Verborgenen ab. Erst die im 18. Jahrhundert einsetzende Aufklärung kann als wesentliche Errungenschaft für sich in Anspruch nehmen, zur Ablösung des primär schriftlichen und geheimen gerichtlichen Verfahrens durch eine mündliche und öffentliche Hauptverhandlung geführt zu haben.[89]

1. Die Entstehung der Forderung nach Gerichtsöffentlichkeit

Grundannahme der Aufklärung war die Autonomie der menschlichen Vernunft. Die Vernunft sollte Leitlinie und Maßstab des Handelns sein. Instrument der Vernunft war die Kritik, die sich der öffentlichen Diskussion und Gegenkritik zu stellen hatte. „Öffentlichkeit“ avancierte zur politischen Grundkategorie.[90] Schon darum wurde die Öffentlichkeit auch der Rechtsprechung gefordert. Dazu bedurfte es nicht einmal einer größeren Zahl für ungerecht gehaltener Urteile. Allein schon die Heimlichkeit und Schriftlichkeit des Inquisitionsprozesses widersprachen als solche dem Rechtsempfinden der Zeitgenossen, das eine grundsätzliche Änderung der Gerichtsverfassung forderte.[91]

Der Weg hin zur Öffentlichkeit der gerichtlichen Verhandlung wurde zunächst theoretisch vorbereitet. In Frankreich stellte *Montesquieu* den bereits früher als in Deutschland etablierten geheimen Inquisitionsprozeß in Frage.[92] Er entwikkelte 1748 im „Geist der Gesetze“ („De l’Esprit des lois“) die Idee der Gewaltenteilung, die zum Schlagwort der Aufklärung wurde. Richterliche Gewalt, die mit der gesetzgebenden verbunden sei, führe zu Willkür, die Verbindung mit der Exekutive zu Unterdrückung.[93]

---

[89] *H. Jung*, in: GS für Hilde Kaufmann, 1986, S. 892; *Walther*, JZ 1998, 1145; BVerfGE 103, 44 (63).

[90] *H. Jung*, in: GS für Hilde Kaufmann, 1986, S. 894; *Witzler*, Die personale Öffentlichkeit im Strafverfahren, 1993, S. 27.

[91] *Kaufmann*, JuS 1961, 251. Daß die Forderung nach Gerichtsöffentlichkeit nicht aus vermeintlich ungerechten Urteilen im geheimen Verfahren herrührte, folgert er aus der Tatsache, daß sie erhoben wurde, obwohl es etliche Fälle gab, in denen (abhängige) Richter sogar gegen den ausdrücklichen Wunsch des Landesherrn das geltende Recht nicht exakt anwandten, um den Ausspruch von Strafen zu vermeiden, die als zu streng empfunden wurden. S. auch *Kloepfer*, in: HStR II, 2. Aufl. 1998, § 35 Rdnr. 61: Öffentlichkeit als Reaktion auf die geheime Kabinettsjustiz und schriftliche Verfahren früherer Zeiten.

[92] *Witzler*, Die personale Öffentlichkeit im Strafverfahren, 1993, S. 30. – Die Kritik bezog sich primär auf den Strafprozeß. In Zivilverfahren waren in Frankreich schon früher einzelne öffentliche Elemente eingeführt worden. Seit 1667 war das sog. Audienzverfahren angeordnet, bei dem Parteiöffentlichkeit herrschte. Dazu näher *Fögen*, Der Kampf um Gerichtsöffentlichkeit, 1974, S. 19.

[93] Zur anfänglich fehlenden inhaltlichen Klärung des Gewaltenteilungsprinzips *Seif*, Der Staat Bd. 42 (2003), S. 117 ff.

Eine Lösung erblickte *Montesquieu* im englischen Rechtssystem, auf das er die Aufmerksamkeit seiner Zeitgenossen richtete.[94] Dort war auf deutschrechtlicher Grundlage der Parteiprozeß mit öffentlicher und mündlicher Verhandlung erhalten geblieben.[95] Insbesondere aber hatte sich seit dem 12. Jahrhundert in England ein Schwurgerichtssystem für Straf- und sogar für Zivilsachen entwickelt, das nach *Montesquieus* Auffassung die anzustrebende Balance der Gewalten herzustellen vermochte, da es die Rechtsprechung nicht allein in den Händen abhängiger Beamter beließ.[96] Damit konnte das Schwurgericht der aufklärerischen Forderung nach Unabhängigkeit derjenigen Rechnung tragen, die den Schuldspruch zu fällen hatten.[97] Die Diskussion um die Einführung von Schwurgerichten blieb in der Folgezeit eng mit der Forderung nach Gerichtsöffentlichkeit verknüpft.

Zum „Vater der kontinentaleuropäischen Bewegung zur Wiedereinführung der Öffentlichkeit" wurde *Cesare Beccaria* durch sein 1764 – zunächst anonym – erschienenes Werk „Dei delitti e delle pene" („Über Verbrechen und Strafen"). Dieses faßte die verstreute literarische Kritik am Inquisitionsprozeß zusammen[98] und forderte dezidiert eine öffentliche Gerichtsverhandlung, die machtbegrenzend wirken sollte:[99]

> „Öffentlich soll die Gerichtsverhandlung und öffentlich die Beweiserhebung sein, damit die öffentliche Meinung, die vielleicht das einzige Bindemittel der Gesellschaft ist, der Gewalt und den Leidenschaften einen Zügel anlege und damit das Volk sagen könne: wir sind keine Sklaven, wir haben eine Verteidigung – ein ermutigendes Gefühl, das dem Tribut an einen Fürsten gleichkommt, der sein wahres Interesse erkannt hat."[100]

Das Buch fand enorme Beachtung.[101] Aus der Feder *Voltaires*, der wegen eines 1762 an *Jean Calas* verübten Justizmords ohnehin ein Kritiker der Verhältnisse

---

[94] *Schwinge*, Der Kampf um die Schwurgerichte bis zur Frankfurter Nationalversammlung, 1926, S. 1; *Dannecker*, ZVglRWiss Bd. 97 (1998), S. 411.

[95] *Alber*, Die Geschichte der Öffentlichkeit im deutschen Strafverfahren, 1974, S. 26.

[96] *Kern*, Geschichte des Gerichtsverfassungsrechts, 1954, S. 49 f.; *Rohde*, Die Öffentlichkeit im Strafprozeß, Diss. Bochum 1972, S. 55.

[97] *Kaufmann*, JuS 1961, 251.

[98] *Ranft*, Jura 1995, 573.

[99] *Alber*, Die Geschichte der Öffentlichkeit im deutschen Strafverfahren, 1974, S. 18 f. S. auch *Witzler*, Die personale Öffentlichkeit im Strafverfahren, 1993, S. 30. Zu *Beccarias* Forderungen hinsichtlich der Strafrechtspflege insgesamt *Eb. Schmidt*, Einführung in die Geschichte der deutschen Strafrechtspflege, 3. Aufl. 1965, S. 218.

[100] *Beccaria*, Über Verbrechen und Strafe, XIV. Kapitel, Nach der Ausgabe von 1766 übersetzt und herausgegeben von Alff, 1988, S. 89. S. dazu auch *Zipf*, Gutachten 54. DJT, 1982, C 13; *Kohlmann*, JA 1981, 581.

[101] In Frankreich erschienen ab 1765 binnen sechs Monaten sieben Auflagen der Übersetzung, in Deutschland von 1765 bis 1778 vier (*Alber*, Die Geschichte der Öffentlichkeit im deutschen Strafverfahren, 1974, S. 26, 19). In den USA wurde das Buch von 1773 bis 1809 dreimal aufgelegt. Zustimmung kam aus Dänemark, Schweden und Rußland. Das Werk wurde ins Polnische und ins Spanische übersetzt (*Alff*, Zur Einführung in Beccarias Leben und Denken, in: *Beccaria*, Über Verbrechen und Strafe, Nach der Ausgabe von 1766 übersetzt und heraus-

in der französischen Rechtspflege war,[102] stammt der 1766 veröffentlichte, zustimmende „Commentaire sur le livre des délits et des peines par un avocat de province".[103] 1777 wandte er sich im „Prix de la justice et de l'humanité" erneut gegen das geheime Verfahren.[104]

Auch in Deutschland wurde auf Grund von *Beccarias* Werk über die Publizität des gerichtlichen Verfahrens diskutiert.[105] Weitere Werke anderer Autoren folgten, beispielsweise 1778 eine Übersetzung des „Prix de la justice et de l'humanité".[106] In der Folgezeit erhob sich mehrfach die Forderung nach Schwurgerichten und nach öffentlichen Verhandlungen in Strafverfahren, ja sogar in Zivilverfahren.[107] Die Entscheidung ungelehrter Personen sei ein alter deutscher Brauch, von dem nicht hätte abgewichen werden sollen. Schwurgerichte sollten sicherstellen, daß der einzelne nur auf Grund von jedermann, also auch dem Verbrecher, verständlichen Gesetzen verurteilt wurde.[108]

Ernst Ferdinand Klein, der spätere Mitverfasser des Preußischen Allgemeinen Landrechts,[109] erkannte schon damals, daß die Öffentlichkeit nicht nur dem Despotismus der Richter Grenzen setzen und die Richter zur strikten Gesetzesbeachtung anhalten, sondern auch den Bürgern das Recht bekanntmachen kann.[110] Die Öffentlichkeit der konkreten Rechtsanwendung sei dazu unter Umständen besser geeignet als die Veröffentlichung der abstrakten Norm:

„Nicht blos die fremden Geseze sind dem großen Haufen unbekannt. Auch die neuesten Landesherrlichen Verordnungen – sie mögen noch so sorgfältig an die Thüren der Rathhäu-

---

gegeben von Alff, 1988, S. 26 ff.). S. auch *Ignor*, Geschichte des Strafprozesses in Deutschland 1532–1846, 2002, S. 176.

[102] *Eb. Schmidt*, Einführung in die Geschichte der deutschen Strafrechtspflege, 3. Aufl. 1965, S. 217.

[103] *Alff*, Zur Einführung in Beccarias Leben und Denken, in: *Beccaria*, Über Verbrechen und Strafe, Nach der Ausgabe von 1766 übersetzt und herausgegeben von Alff, 1988, S. 28.

[104] *Alber*, Die Geschichte der Öffentlichkeit im deutschen Strafverfahren, 1974, S. 26 f.

[105] Die folgende Darstellung einzelner Literaturstimmen ist lediglich exemplarischer Natur. Zu Details vgl. die ausführliche Schilderung bei *Alber*, Die Geschichte der Öffentlichkeit im deutschen Strafverfahren, 1974, S. 18 ff.

[106] *Alber*, Die Geschichte der Öffentlichkeit im deutschen Strafverfahren, 1974, S. 19. Zu weiteren, in den 80er Jahren des 18. Jahrhunderts in Deutschland erschienenen ausländischen Werken *Alber*, a. a. O., S. 21.

[107] *Preuschen*, Abhandlung über die Oeffentlichkeit des gerichtlichen Verfahrens, 1774, Neudruck 1818, zitiert nach *Alber*, Die Geschichte der Öffentlichkeit im deutschen Strafverfahren, 1974, S. 19.

[108] *Möser*, in: Schierbaum (Hrsg.), Justus Mösers Patriotische Phantasien, 1915, S. 274. Vgl. dazu auch *Kern*, Geschichte des Gerichtsverfassungsrechts, 1954, S. 50.

[109] *Alber*, Die Geschichte der Öffentlichkeit im deutschen Strafverfahren, 1974, S. 19.

[110] *E. F. Klein*, in: Vermischte Abhandlungen über Gegenstände der Gesetzgebung und Rechtsgelehrsamkeit, 1. Bd., 1780, 1. Stück, S. 67 ff., der u. a. auch die Öffentlichkeit sogar von Ehesachen forderte (S. 70). – Generell läßt sich beobachten, daß die wenigen Stimmen, die das Anklageprinzip, die Mündlichkeit und die Öffentlichkeit schon im 18. Jahrhundert forderten, die Kernideen der sehr viel umfangreicheren Literatur des 19. Jahrhunderts bereits enthielten. Dazu *Ignor*, Geschichte des Strafprozesses in Deutschland 1532–1846, 2002, S. 180.

ser angenagelt, in den Wirthshäusern herumgeworfen, und von den Kanzeln herabgelesen werden – sind und bleiben einem gewissen Theile der Bürger – die nicht ohne Schaden in der Unwißenheit bleiben können – dennoch ihrem ganzen Umfange nach unbekannt. –

…

Würden aber die Rechtshändel öffentlich vor jedermanns Augen geführt: So würden sie mehr ein Gegenstand der gemeinen Gespräche werden. Nun würde man sich aber über die Rechtshändel nicht unterhalten können, ohne zugleich die Geseze, welche dahin einschlagen, zu Gegenständen des Gespräches zu machen. Haben nicht auf diesem Wege die deutschen Schuhflicker die Rechte des englischen Parlaments und der Colonien, die Bulle: *Unigeniti* und das *habeas corpus* kennen gelernet?"[111]

Gerade der Verbreitung durch Medien mißt *E. F. Klein* – im 18. Jahrhundert (!) – dabei eine wichtige Rolle zu, wenn er fortfährt:

„Der deutsche Fuhrmann weiß zwar nicht, wie er sich bey dem Kauf oder Tausch der Pferde, die er braucht, zu verhalten habe, allein er weiß aus dem Erlanger Blatte, was in Ansehung des Pferdes Rechtens sey, welches der König beyder Sicilien dem Pabste geben muß.

Geschähen nun, wo nicht alle, doch die wichtigsten Vorträge der Sachwalter auf eine feyerliche Art in Gegenwart des sich dahin drängenden Volkes, und dürften die Partheyen ihre Rechtsgründe durch den Druck bekannt machen: So würde bald jedermann davon reden und sich über die für und wieder die Sache angeführten Gründe herumstreiten, und die Kenntniß der Rechte würde bald allgemeiner werden."[112]

Andere Autoren führten zur Begründung der Forderung nach Gerichtsöffentlichkeit an, nicht die Öffentlichkeit bloßer Scheinverhandlungen nach beschlossenem Urteil, sondern echte öffentliche Verhandlungen seien „der bürgerlichen Freiheit gemäß".[113] Letztlich wird die Grundlage der Forderung nach Gerichtsöffentlichkeit damit in der Lehre vom Gesellschaftsvertrag gesehen.[114] Je öffentlicher eine Handlung sei, desto weniger gebe sie Anlaß, Betrug zu vermuten. Die Bürger müßten beständig der Rechtmäßigkeit der Rechtsanwendung versichert werden.[115] Die besondere Feierlichkeit der öffentlichen Rechtspflege, namentlich

---

[111] *E. F. Klein*, in: Vermischte Abhandlungen über Gegenstände der Gesetzgebung und Rechtsgelehrsamkeit, 1. Bd., 1780, 1. Stück, S. 70, 72.

[112] *E. F. Klein*, in: Vermischte Abhandlungen über Gegenstände der Gesetzgebung und Rechtsgelehrsamkeit, 1. Bd., 1780, 1. Stück, S. 72 f. Zur Bekanntmachung der Argumentation der Parteien in gedruckter Form s. auch *E. F. Klein*, a. a. O., S. 77: Ggf. müßte eine unterliegende Partei, die vor dem Urteil ihren Standpunkt in gedruckter Form publiziert hat, das Urteil samt Gründen auf eigene Kosten ebenso veröffentlichen.

[113] *v. Globig/Huster*, Abhandlung von der Criminal-Gesetzgebung, 1783, Neudruck 1969, S. 388.

[114] *Ignor*, Geschichte des Strafprozesses in Deutschland 1532–1846, 2002, S. 184. Zur Entstehung der Schrift von *v. Globig/Huster* als Beitrag zu einem Preisausschreiben *Ignor*, Geschichte des Strafprozesses in Deutschland 1532–1846, 2002, S. 177 ff.; *Ranft*, Jura 1995, 574.

[115] *v. Globig/Huster*, Abhandlung von der Criminal-Gesetzgebung, 1783, Neudruck 1969, S. 388.

im Hinblick auf die Kleidung der Richter, sollte Zuschauern, Angeklagten und Zeugen Ehrfurcht einflößen.[116]

Diese spezifisch rechtsprechungsbezogenen Aussagen sind Bestandteil eines gesamtgesellschaftlichen Kontextes, in dem die Publizität allen staatlichen Handelns zur zentralen Forderung des Bürgertums geriet und – teils polemisch –[117] der bisherigen Arkanpolitik entgegengesetzt wurde. Öffentlichkeit wurde zu einem umfassenden Ordnungsprinzip erhoben.[118] Nach *Kant*, dessen Ansatz *Hegel* später weiterführte,[119] ist Gerechtigkeit überhaupt nur als öffentlich kundbare Gerechtigkeit denkbar.[120] Für *Fichte* hängt Gerechtigkeit maßgeblich von der Widerspruchsfreiheit ab, die durch Öffentlichkeit garantiert werde.[121] Auf dieser Grundlage fand der Gedanke von Publizität als Garantin für Wahrheit und Gerechtigkeit Eingang in die liberale Staatstheorie,[122] wo er bis heute zur hohen Wertschätzung der öffentlichen Meinung beiträgt.[123] Das freie Spiel der (Meinungs-)Kräfte soll zu gerechten Lösungen führen. Letztlich ist das die Übertragung ökonomischer Gedanken auf (rechtliche und) politische Fragen.[124] Allerdings darf nicht übersehen werden, daß Zugang zur Bildung der öffentlichen Meinung ursprünglich nicht etwa jedermann besaß, sondern nur die bürgerliche Öffentlichkeit in Gestalt des gebildeten und besitzenden Bürgertums,[125] der räsonierenden, „zum Publikum versammelten Privatleute".[126] Daraus entwickelte sich später als gesellschaftliche Größe[127] die politische Öffentlichkeit.[128]

---

[116] *v. Globig/Huster*, Vier Zugaben zu der im Jahre 1782 von der ökonomischen Gesellschaft zu Bern gekrönten Schrift: von der Criminalgesetzgebung, 1785, S. 492 f., mit Kritik an der übertriebenen Gleichgültigkeit gegen das Äußerliche.

[117] *Martens*, Öffentlich als Rechtsbegriff, 1969, S. 51; *Britz*, Fernsehaufnahmen im Gerichtssaal, 1999, S. 191.

[118] *Britz*, Fernsehaufnahmen im Gerichtssaal, 1999, S. 190; *Rohde*, Die Öffentlichkeit im Strafprozeß, Diss. Bochum 1972, S. 91; s. auch *Rohde*, a. a. O., S. 98 ff., zum Zusammenhang zwischen bürgerlicher Öffentlichkeit und Gerichtsöffentlichkeit.

[119] *Hegel*, Grundlinien der Philosophie des Rechts, 4. Aufl. 1955, § 317.

[120] *Kant*, Zum ewigen Frieden, 1795, Anhang II, S. 92 ff. S. dazu auch *Britz*, Fernsehaufnahmen im Gerichtssaal, 1999, S. 190 mit Fn. 46; *Rohde*, Die Öffentlichkeit im Strafprozeß, Diss. Bochum 1972, S. 96.

[121] *Fichte*, Grundlage des Naturrechts, 1796, S. 168 ff.

[122] *Krüger*, Allgemeine Staatslehre, 2. Aufl. 1966, S. 442 f.; *Rohde*, Die Öffentlichkeit im Strafprozeß, Diss. Bochum 1972, S. 97; *Britz*, Fernsehaufnahmen im Gerichtssaal, 1999, S. 190 f.

[123] Näher dazu unten Teil 3 B.I.2., S. 170 ff., Teil 3 B.II., S. 174 ff.

[124] *Martens*, Öffentlich als Rechtsbegriff, 1969, S. 52; *Rohde*, Die Öffentlichkeit im Strafprozeß, Diss. Bochum 1972, S. 98; *Kloepfer*, in: HStR II, 2. Aufl. 1998, § 35 Rdnr. 14.

[125] *Martens*, Öffentlich als Rechtsbegriff, 1969, S. 52; *Britz*, Fernsehaufnahmen im Gerichtssaal, 1999, S. 192.

[126] Ausführlich *Habermas*, Strukturwandel der Öffentlichkeit, 1962, Nachdruck 1990, S. 86 ff.

[127] *Britz*, Fernsehaufnahmen im Gerichtssaal, 1999, S. 192.

[128] *Habermas*, Strukturwandel der Öffentlichkeit, 1962, Nachdruck 1990, S. 116 ff., 122 ff.

2. Die Realisierung der Gerichtsöffentlichkeit in Frankreich

In Deutschland blieb es zunächst jedoch bei der bloßen Forderung nach Gerichtsöffentlichkeit. Unter der durch Heimlichkeit geprägten Staatspraxis des Absolutismus, in der sich der Herrscher um eine gute Rechtspflege nur für das Volk, nicht jedoch durch das Volk bemühte,[129] fand sie allenfalls Eingang in unverwirklichte Gesetzentwürfe.[130] Im Unterschied dazu konnte sich die Forderung in Frankreich als unmittelbare Folge der französischen Revolution durchsetzen. An die Stelle des schriftlichen und geheimen Inquisitionsprozesses trat dort ein mündlicher und öffentlicher Anklageprozeß.[131]

Beim Zusammentritt der Generalstände 1789 herrschte große Einigkeit über die Reformbedürftigkeit der Strafrechtspflege. Die öffentliche Ausgestaltung des Verfahrens sollte der Kontrolle der Richter durch das Publikum dienen. Bei Richtern bestehe eine besonders große Notwendigkeit, sie mit der öffentlichen Meinung zu umgeben, sie also der Kritik redlicher Leute unterzuordnen, um so der Gefahr richterlicher Pflichtverletzungen wirksam entgegenzutreten.[132] Infolge der Öffentlichkeit sollte das Volk durch die Kraft der öffentlichen Meinung an den Urteilen mitwirken.[133]

Im Herbst 1789 schuf ein provisorisches Gesetz – trotz Beibehaltung des inquisitorischen Verfahrens – erstmals Öffentlichkeit durch Öffnung der Gerichtstüren.[134] Die weiterhin geheime Voruntersuchung überwachten von nun an (bis 1791) zwei gewählte, die Öffentlichkeit repräsentierende Notabeln. Ab 1790 fand die Öffentlichkeit der Hauptverhandlung Eingang in alle für das Strafverfahren relevanten Gesetze. Auch die Verfassung vom 24. Juni 1793 sah die Gerichtsöffentlichkeit vor. Ihr Art. 94 erstreckte die Öffentlichkeit in Zivilsachen sogar auf die Beratung und die Abstimmung der Richter. Gut zwei Jahre später

---

[129] *Kern*, Geschichte des Gerichtsverfassungsrechts, 1954, S. 40.

[130] *Carl Gottlieb Svarez* entwarf 1796 eine – unvollendete – neue Verfahrensordnung, die zwar am Inquisitionsprozeß festhielt, jedoch eine öffentliche Hauptverhandlung vorsah. Insofern vertrat er bereits Ideen, denen erst *A. v. Feuerbach* (dazu unten Teil 2 A.IV.3.c), S. 70ff.) zur Durchsetzung verhalf. So *E. Wolf*, Große Rechtsdenker der deutschen Geistesgeschichte, 4. Aufl. 1963, S. 457. Hierzu sowie zur sehr umfassenden Öffentlichkeit, die *Carl Th. v. Dalberg* 1792 in seinem „Entwurf eines Gesetzbuches in Criminalsachen" vorsah, *Alber*, Die Geschichte der Öffentlichkeit im deutschen Strafverfahren, 1974, S. 23.

[131] *Kern*, Geschichte des Gerichtsverfassungsrechts, 1954, S. 53. Hierzu und zum folgenden auch *Ignor*, Geschichte des Strafprozesses in Deutschland 1532–1846, 2002, S. 211 f.

[132] *Nicolas Bergasse* am 17. August 1789 in seinem „Bericht über die künftige Organisation der rechtsprechenden Gewalt" an die verfassunggebende Nationalversammlung, zitiert nach *Alber*, Die Geschichte der Öffentlichkeit im deutschen Strafverfahren, 1974, S. 28 f.

[133] So *Tronchet* in den Debatten über den Bericht von *Bergasse* (Fn. 132), zitiert nach *Alber*, Die Geschichte der Öffentlichkeit im deutschen Strafverfahren, 1974, S. 29.

[134] Gesetz vom 8./9. Oktober 1789. Dazu *Rohde*, Die Öffentlichkeit im Strafprozeß, Diss. Bochum 1972, S. 55.

hob die Direktorialverfassung von 1795 diese Regelung – unter Beibehaltung der Öffentlichkeit im übrigen – jedoch wieder auf.[135]

1791 führte Frankreich Geschworenengerichte für Strafsachen ein. Sie galten als Garanten der Freiheit und als Sicherungsinstrumente gegen den Mißbrauch richterlicher Gewalt. Das muß aus heutiger Sicht angesichts ihrer Spruchpraxis, insbesondere wegen der Zahl der von ihnen verhängten Todesurteile, zumindest mit einem Fragezeichen versehen werden. Als Entscheidung des souveränen Volks bedurften ihre Judikate über Tat- und Schuldfragen keiner Begründung und waren unanfechtbar.

Die Zuständigkeit der Schwurgerichte änderte sich im Laufe der Zeit mehrfach, ebenso das Auswahlverfahren für die Geschworenen.[136] Die Institution Schwurgericht an sich aber hatte auch während und nach der napoleonischen Zeit Bestand.[137]

3. Die Entwicklung der Gerichtsöffentlichkeit in Deutschland

In Deutschland erstritt die Reformbewegung des 19. Jahrhunderts die Gerichtsöffentlichkeit und setzte sie schließlich allgemein durch.[138] Die Erfahrungen mit öffentlichen Prozessen in den unter französische Herrschaft geratenen Gebieten hatten auf diese Entwicklung maßgeblichen Einfluß.[139]

a) Schwurgerichte und Gerichtsöffentlichkeit als Forderungen des Liberalismus

Der aus der Aufklärung entstandene Liberalismus stand schon auf Grund der Erfahrungen mit absolutistischen Herrschaftsformen der staatlichen Macht generell skeptisch gegenüber.[140] Er forderte den Verfassungsstaat und den Rechtsstaat; die Justiz sah er als probates Mittel der Machtkontrolle und der Verteidigung bürgerlicher Freiheit gegen den Staat an.[141] Die Bürger sollten an den Angelegenheiten des öffentlichen Lebens teilnehmen.[142] Dieser Anspruch auf Teilnahme

---

[135] *Rohde*, Die Öffentlichkeit im Strafprozeß, Diss. Bochum 1972, S. 55; *Alber*, Die Geschichte der Öffentlichkeit im deutschen Strafverfahren, 1974, S. 29f.

[136] Näher *Schwinge*, Der Kampf um die Schwurgerichte bis zur Frankfurter Nationalversammlung, 1926, S. 2f.

[137] *Kern*, Geschichte des Gerichtsverfassungsrechts, 1954, S. 51ff.

[138] *Bockelmann*, NJW 1960, 217; *Döhring*, Geschichte der deutschen Rechtspflege seit 1500, 1953, S. 143.

[139] Vgl. *H. Jung*, in: GS für Hilde Kaufmann, 1986, S. 895, mit Nachweisen in Fn. 18 zur Kontroverse um die Beibehaltung des „fremden" Rechts.

[140] Zur Begründung der Forderung nach Publizität gerade mit dem Mißtrauen gegen die Geheimhaltungspraxis des Absolutismus *Martens*, Öffentlich als Rechtsbegriff, 1969, S. 51.

[141] *Kern*, Geschichte des Gerichtsverfassungsrechts, 1954, S. 56; *Döhring*, Geschichte der deutschen Rechtspflege seit 1500, 1953, S. 40.

[142] *Eb. Schmidt*, Lehrkommentar zur StPO und zum GVG, Teil I, 2. Aufl. 1964, Rdnr. 401.

an der Ausübung von Staatsgewalt manifestierte sich im Ruf nach Schwurgerichten,[143] die zudem als Garanten richterlicher Unabhängigkeit gegenüber der Einflußnahme des Monarchen gesehen wurden. Aus der Abneigung gegen das schriftliche und geheime Inquisitionsverfahren resultierte – neben dem Wunsch nach Einführung der Staatsanwaltschaft und der Mündlichkeit – der Ruf nach Öffentlichkeit des Verfahrens.[144]

Das Verhältnis der beiden Forderungen (nach Geschworenengerichten bzw. nach Öffentlichkeit) zueinander wird – wohl auch abhängig von der thematisch bedingten Perspektive des jeweiligen Autors – unterschiedlich beurteilt. Zum Teil wird die Reformdiskussion unmittelbar als Ringen um die Öffentlichkeit des Strafprozesses dargestellt.[145] Daneben findet sich die Auffassung, die Einführung von Öffentlichkeit sei für den Strafprozeß – anders als für den Zivilprozeß – nicht oder allenfalls mit Gemeinplätzen diskutiert worden. Sie sei lediglich als „Anhängsel und selbstverständliche Konsequenz des Geschworenengerichts" betrachtet und von der Diskussion um dieses überlagert worden.[146] Eine andere Beurteilung schätzt die Wirkung eines Geschworenengerichts ähnlich ein, nicht jedoch das Primärziel, wenn sie konstatiert, der Wunsch nach Schwurgerichten sei (auch) darin begründet gewesen, daß nur mit diesen die Vorteile der Mündlichkeit, des Anklageprozesses, der freien Beweiswürdigung und eben der Öffentlichkeit erreichbar schienen.[147] Den letztgenannten Auffassungen ist freilich entgegenzuhalten, daß die Frage nach einer Beteiligung von Laien am Prozeß und die nach der Öffentlichkeit durchaus getrennt werden können.[148] Geschworene sind weder Voraussetzung noch Garant für Öffentlichkeit, soweit darunter die Zutrittsmöglichkeit Unbeteiligter verstanden wird. Jedenfalls wurde sowohl um das Schwurgericht als auch um die Öffentlichkeit gerungen, wobei die Schwerpunktsetzung unter den Teilnehmern der Diskussion variierte.[149]

---

[143] *Schwinge*, Der Kampf um die Schwurgerichte bis zur Frankfurter Nationalversammlung, 1926, S. 45.

[144] *Kern*, Geschichte des Gerichtsverfassungsrechts, 1954, S. 58 ff. Zusammenfassend *Eb. Schmidt*, Einführung in die Geschichte der deutschen Strafrechtspflege, 3. Aufl. 1965, S. 327.

[145] *Alber*, Die Geschichte der Öffentlichkeit im deutschen Strafverfahren, 1974.

[146] *Fögen*, Der Kampf um Gerichtsöffentlichkeit, 1974, S. 13, die so die thematische Eingrenzung ihrer Arbeit auf das Zivilverfahren begründet. Auf den Streit gerade um das Schwurgericht konzentriert sich *Schwinge*, Der Kampf um die Schwurgerichte bis zur Frankfurter Nationalversammlung, 1926.

[147] *Kern*, Geschichte des Gerichtsverfassungsrechts, 1954, S. 59. Noch etwas anders *Kaufmann*, JuS 1961, 251: Mit der Öffentlichkeit sollte zugleich die Unabhängigkeit derer erreicht werden, die über den Schuldspruch zu entscheiden hatten.

[148] Schon während der Reformdiskussion hat das zeitgenössische Schrifttum zu Recht auf den fehlenden zwingenden Zusammenhang zwischen Geschworenengerichten einerseits und Öffentlichkeit, Mündlichkeit und Staatsanwaltschaft andererseits hingewiesen. S. dazu *Eb. Schmidt*, Einführung in die Geschichte der deutschen Strafrechtspflege, 3. Aufl. 1965, S. 327.

[149] Vgl. *Eb. Schmidt*, Einführung in die Geschichte der deutschen Strafrechtspflege, 3. Aufl. 1965, S. 327: Forderungen des Schrifttums zielten vor allem auf das öffentliche, mündliche Anklageverfahren, während die Kammern und Ständeversammlungen gerade das Geschwo-

b) Die rheinische Gerichtsöffentlichkeit

Ihren Anfang nahmen die Diskussion über Gerichtsverfassung und Verfahren sowie die anschließenden Umwälzungen im 19. Jahrhundert im Rheinland.[150]

aa) Die Sonderstellung des Rheinlands

Öffentliche Verhandlungen hatte es in größerem Umfang[151] in Deutschland erstmals – sofern man nicht den germanischen Prozeß vor Einführung des geheimen Verfahrens dazurechnet –[152] als Teil des französischen (Schwurgerichts-)Strafverfahrens in den von *Napoleon* eroberten Gebieten gegeben. Nach den Befreiungskriegen wurden sie im Zuge der allgemeinen Stimmung gegen alles „Welsche" in vielen Gebieten wieder abgeschafft. Gerichtsöffentlichkeit galt weithin als Teil des oktroyierten französischen Rechts und als negatives Ergebnis der französischen Revolution.[153] Sie wurde nahezu vollständig aus Deutschland verdrängt.[154]

---

renengericht forderten. S. aber auch unten Teil 2 A.IV.3.e)aa), S. 77 ff., mit Fn. 217: Auch in Ständeversammlungen wurde Gerichtsöffentlichkeit gefordert.

[150] Vgl. dazu *Eb. Schmidt*, Einführung in die Geschichte der deutschen Strafrechtspflege, 3. Aufl. 1965, S. 324 f.

[151] In Bayern bestanden auf der Grundlage einer von *A. v. Feuerbach* entworfenen Verordnung 1809 kurzzeitig Spezialgerichte mit öffentlicher Schlußverhandlung, vgl. *Alber*, Die Geschichte der Öffentlichkeit im deutschen Strafverfahren, 1974, S. 60. Ebenfalls von *A. v. Feuerbach* stammt ein – nicht realisierter – Entwurf von 1810 für den Bayerischen Strafprozeß, der, ohne den Inquisitionsprozeß abschaffen zu wollen, Gerichtszeugen im Ermittlungsverfahren sowie ein öffentliches Schlußverfahren bei Kapitalverbrechen vorsah. Dazu ausführlich *Alber*, Die Geschichte der Öffentlichkeit im deutschen Strafverfahren, 1974, S. 62 ff.

[152] In der Literatur wird unter Hinweis auf den öffentlichen Prozeß in germanischer Zeit und im frühen Mittelalter vertreten, bei der Etablierung des öffentlichen Rechtsgangs im 19. Jahrhundert in Deutschland handele es sich eher um eine „Wiedereinführung" als um eine (erstmalige) „Einführung", vgl. *Walther*, JZ 1998, 1145. Den Begriff der Wiedereinführung verwendet auch *I. M. Pernice*, Öffentlichkeit und Medienöffentlichkeit, 2000, S. 73. In der nationalsozialistischen Zeit wurde sogar der Versuch unternommen, den öffentlichen Prozeß der Germanen als Begründung moderner Gerichtsöffentlichkeit heranzuziehen, da nur auf diese Weise „nach deutscher Sitte Recht gesprochen" werden könne, vgl. *Schuckert*, Der Grundsatz der Volksöffentlichkeit im deutschen Zivil- und Strafprozeßrecht, 1936, S. 75 f. – Im Gegensatz zur germanischen Zeit meint der heutige Begriff der Öffentlichkeit jedoch vom Gericht verschiedene Zuschauer, nicht Urteilsfällung durch die Öffentlichkeit. Dieser unterschiedliche Charakter der beiden Arten von Öffentlichkeit macht den germanischen Prozeß zu einem untauglichen Bezugspunkt für Rückschlüsse auf die Öffentlichkeit im modernen Rechtsgang. So zutreffend *Rohde*, Die Öffentlichkeit im Strafprozeß, Diss. Bochum 1972, S. 51 f. Zu den völlig unterschiedlichen Inhalten des Begriffs „Gerichtsöffentlichkeit" bereits *A. v. Feuerbach*, Betrachtungen über die Öffentlichkeit und Mündlichkeit der Gerechtigkeitspflege, Bd. 1, 1821, Neudruck 1969, S. 21 f.

[153] Dagegen *Fögen*, Der Kampf um Gerichtsöffentlichkeit, 1974, S. 19, mit dem Hinweis darauf, daß die Öffentlichkeit im französischen Zivilverfahren nicht durch die französische Revolution hervorgebracht, sondern – jedenfalls als Parteiöffentlichkeit – auch zuvor bereits nachweisbar gewesen sei.

[154] *Alber*, Die Geschichte der Öffentlichkeit im deutschen Strafverfahren, 1974, S. 60.

In den rheinischen Territorien blieb – zunächst bis zur endgültigen Klärung ihrer staatlichen Zuordnung – das öffentliche Verfahren erhalten. Nachdem sie auf dem Wiener Kongreß an Preußen, Bayern und Hessen gefallen waren, wollte Preußen das französische Recht in seinen neuen Gebieten durch sein eigenes Recht ersetzen. Anders als in Bayern und Hessen, die die Fortgeltung u.a. der Verfahrensöffentlichkeit in ihren linksrheinischen Gebieten garantierten,[155] sollte daher in der preußischen Rheinprovinz das öffentliche Verfahren abgeschafft werden. Das stieß in den an Frankreich angrenzenden Gebieten, in denen das französische Recht bereits längere Zeit gegolten hatte, auf Widerstand, da das französisch geprägte Verfahren sowohl bei Juristen als auch bei der übrigen Bevölkerung beliebt war.[156] Das allein hätte den Fortbestand der Verfahrensöffentlichkeit freilich kaum retten können. In der preußischen Regierung bestand jedoch Uneinigkeit über den Umfang der Ersetzung des französischen Rechts durch das preußische Recht. 1816 ließ Staatskanzler *Hardenberg* daher die „Königlich-Rheinische Immediat-Justiz-Kommission" einsetzen, deren Aufgabe in der Überprüfung von Vor- und Nachteilen des französischen Rechts bestand.[157] Als denkbarer Beweggrund für diesen Schritt wird *Hardenbergs* seinerzeitiger Wunsch nach Fortsetzung der *Steinschen* Reformen gesehen. Gerade das öffentliche Verfahren habe zur erwünschten Bildung von Gemeingeist durch Teilnahme am Öffentlichen beigetragen.[158]

bb) Die Entscheidung zugunsten der Öffentlichkeit

Die Kommission, die sich in erster Linie mit der Gerichtsverfassung und dem Verfahren beschäftigte,[159] sprach sich 1818 für die vorläufige Beibehaltung der

---

[155] Durch die jeweiligen Besitznahmepatente von 1816. Hessen übernahm Elemente des öffentlichen Verfahrens für das gesamte Herzogtum. In Bayern wurde auf der Ständeversammlung 1819 beantragt, Gerichtsöffentlichkeit im ganzen Königreich einzuführen. Vgl. dazu *Alber*, Die Geschichte der Öffentlichkeit im deutschen Strafverfahren, 1974, S. 60f.; *Fögen*, Der Kampf um Gerichtsöffentlichkeit, 1974, S. 18.

Möglichkeiten zur Beschränkung der öffentlichen Hauptverhandlung wurden in den linksrheinischen Teilen Hessens erst 1836, in denen Bayerns erst 1846 eingeführt. Näher *Alber*, Die Geschichte der Öffentlichkeit im deutschen Strafverfahren, 1974, S. 139.

[156] Vgl. dazu *Landsberg*, Die Gutachten der Rheinischen Immediat-Kommission und der Kampf um die Rheinische Rechts- und Gerichtsverfassung 1814–1819, 1914, Nachdruck 2000, S. XLf.; *Ignor*, Geschichte des Strafprozesses in Deutschland 1532–1846, 2002, S. 214.

[157] Der Schlußsatz der königlichen Kabinettsorder zur Einsetzung der Kommission lautete: „Ich will, daß das Gute überall, wo es sich findet, benutzt und das Rechte anerkannt werde …"; zitiert nach *Schwinge*, Der Kampf um die Schwurgerichte bis zur Frankfurter Nationalversammlung, 1926, S. 20. S. dazu auch *Landsberg*, Die Gutachten der Rheinischen Immediat-Kommission und der Kampf um die Rheinische Rechts- und Gerichtsverfassung 1814–1819, 1914, Nachdruck 2000, S. XLIV; *Ignor*, Geschichte des Strafprozesses in Deutschland 1532–1846, 2002, S. 215f.

[158] *Alber*, Die Geschichte der Öffentlichkeit im deutschen Strafverfahren, 1974, S. 31f.; *Fögen*, Der Kampf um Gerichtsöffentlichkeit, 1974, S. 16f.

[159] *Fögen*, Der Kampf um Gerichtsöffentlichkeit, 1974, S. 17.

Gerichtsöffentlichkeit in Rheinpreußen bis zu einer Revision der preußischen Gesetzgebung aus.[160] Darauf legte eine Kabinetts-Order die Beibehaltung des öffentlichen Verfahrens fest.[161] Bereits 1817 hatte *Hardenberg* vorausschauend dem preußischen Justizminister *von Kircheisen*, einem Vertreter der Gegenauffassung, durch ein neues „Ministerium für die Revision der Gesetzgebung" die Zuständigkeit entzogen.[162] Die Institution der Verfahrensöffentlichkeit war damit im preußischen Rheinland vorerst gesichert.[163]

c) Die literarische Debatte

Die Einsetzung der Kommission führte zu einer heftigen literarischen Debatte um die Gerichtsöffentlichkeit,[164] die mit dem Abschluß der Kommissionsarbeiten nicht beendet war. Allerdings versachlichte sie sich; die Beiträge gewannen an Gründlichkeit und Tiefgang. Paradigmatisch sind insofern, auch und gerade wegen ihrer inhaltlichen Ausgewogenheit, *Anselm von Feuerbachs* „Betrachtungen über die Öffentlichkeit und Mündlichkeit der Gerechtigkeitspflege",[165] die sich ausdrücklich auch mit der Öffentlichkeit des Zivilprozesses beschäftigen.[166] Seine Ideen haben die Reichsjustizgesetze von 1877 spürbar beeinflußt; sie sind insofern für das Verständnis des gerichtsverfassungsrechtlichen Öffentlichkeitsbegriffs bis heute relevant.[167]

---

[160] Vgl. zum Strafverfahren *Alber*, Die Geschichte der Öffentlichkeit im deutschen Strafverfahren, 1974, S. 33; zum Zivilverfahren *Fögen*, Der Kampf um Gerichtsöffentlichkeit, 1974, S. 17. Vollständig wiedergegeben sind die Ergebnisse der Kommission bei *Landsberg*, Die Gutachten der Rheinischen Immediat-Kommission und der Kampf um die Rheinische Rechts- und Gerichtsverfassung 1814–1819, 1914, Nachdruck 2000. Dazu *Ignor*, Geschichte des Strafprozesses in Deutschland 1532–1846, 2002, S. 216: Das Gutachten ist auf Grund seiner nahezu vollständigen Aufzählung der Vorteile der öffentlichen Verhandlung nach wie vor lesenswert.

[161] Vom 19. November 1818, abgedruckt bei *Landsberg*, Die Gutachten der Rheinischen Immediat-Kommission und der Kampf um die Rheinische Rechts- und Gerichtsverfassung 1814–1819, 1914, Nachdruck 2000, S. 367.

[162] *Fögen*, Der Kampf um Gerichtsöffentlichkeit, 1974, S. 17.

[163] Allerdings ergingen in der Folgezeit einige Vorschriften, die die Öffentlichkeit für bestimmte Prozesse einschränkten bzw. ausschlossen. S. dazu *Alber*, Die Geschichte der Öffentlichkeit im deutschen Strafverfahren, 1974, S. 139f.

[164] Neben einer großen Zahl einzelner Traktate veröffentlichte insbesondere das mit der Kommission eng verbundene „Niederrheinische Archiv für Gesetzgebung, Rechtswissenschaft und Rechtspflege" primär Stellungnahmen zugunsten der Gerichtsöffentlichkeit, während die „Jahrbücher für die Preußische Gesetzgebung, Rechtswissenschaft und Rechtsverwaltung" für die Gegenauffassung stritten. Dazu *Alber*, Die Geschichte der Öffentlichkeit im deutschen Strafverfahren, 1974, S. 34f.

[165] *A. v. Feuerbach*, Betrachtungen über die Öffentlichkeit und Mündlichkeit der Gerechtigkeitspflege, Bd. 1, 1821, Bd. 2, 1825, Neudruck 1969.

[166] *Ignor*, Geschichte des Strafprozesses in Deutschland 1532–1846, 2002, S. 222.

[167] *Bockelmann*, NJW 1960, 218. Zur aktuellen Bedeutung *v. Feuerbachs* vgl. *Ule*, DVBl. 1979, 797ff. Zur Bedeutung der Entstehungsgeschichte s. auch *Britz*, Fernsehaufnahmen im Gerichtssaal, 1999, S. 189.

Darüber hinaus liegt die aktuelle Bedeutung der historischen Diskussion auch darin, daß ein großer Teil[168] der seinerzeit ausgetauschten Argumente pro et contra Öffentlichkeit bis heute verwendet wird. Funktionen und Wirkungen positiver wie negativer Art, die damals der Saalöffentlichkeit zugeschrieben wurden, werden heute der Rundfunköffentlichkeit attestiert. In der Debatte um die Zulassung von Rundfunkaufnahmen in Gerichtsverhandlungen – in den 1960er-Jahren vor Erlaß des § 169 S. 2 GVG ebenso wie heute – lassen sich daher deutliche Parallelen zu der in der ersten Hälfte des 19. Jahrhunderts geführten Kontroverse ausmachen.[169]

In der Sache sahen ihre Befürworter die Öffentlichkeit als ein Mittel zur Kontrolle der Justiz.[170] In einer nur mündlichen Verhandlung sei es nicht mehr möglich, das schriftlich fixierte Verfahren nachträglich zu kontrollieren. Daher sei die Kontrolle durch die Öffentlichkeit erforderlich.[171] Öffentlichkeit wurde als Garant gegen richterliche Willkür angesehen.[172] Dem fälschlich Beschuldigten sollte sie die Restitution seiner Ehre ermöglichen.[173] Zudem sei das

[168] Anders verhält es sich mit einzelnen zeitgeschichtlich begründeten, heute nicht mehr relevanten Gesichtspunkten. So wiesen mit Blick gerade auf das Rheinland die Gegner der Gerichtsöffentlichkeit auf die Problematik hin, französisches Recht und französische Einrichtungen in an Frankreich grenzenden Gegenden bestehen zu lassen (*v. Kamptz*, in: Jahrbücher für die Preußische Gesetzgebung, Rechtswissenschaft und Rechtsverwaltung, Bd. 12 [1818, Nachdruck 1991], S. 195). Umgekehrt war die skeptische Stimmung gegenüber Altpreußen in der selbstbewußten rheinischen Bevölkerung von nicht zu unterschätzender Bedeutung. Sie ließ jedes Spezifikum der Rheinprovinz als bewahrenswert erscheinen. Das galt in besonderem Maße für die Gerichtsöffentlichkeit, für die sich auch rheinische Gerichtshöfe und Städte aussprachen. S. dazu *Alber*, Die Geschichte der Öffentlichkeit im deutschen Strafverfahren, 1974, S. 33.

Eher skurril muten heute Bedenken an, die Gesundheit der Richter könne durch die Anwesenheit von Publikum gefährdet werden. Dazu *H. Jung*, in: GS für Hilde Kaufmann, 1986, S. 896.

[169] Eine umfassende und detaillierte, zeitlich und sachlich nach mehreren „Topoikatalogen" geordnete Darstellung der Diskussion findet sich bei *Alber*, Die Geschichte der Öffentlichkeit im deutschen Strafverfahren, 1974, S. 36 ff. (1798–1818), 65 ff. (zum bayerischen Strafrecht von 1813), 77 ff. (1819–1848).

[170] *Mittermaier*, Handbuch des peinlichen Processes, 1. Bd., 1810, S. 171, der sogar fordert, jeder einzelne Zuschauer solle daher Verfahrensfehler rügen dürfen. Weitere Nachweise bei *Alber*, Die Geschichte der Öffentlichkeit im deutschen Strafverfahren, 1974, S. 77 f.

[171] *Landsberg*, Die Gutachten der Rheinischen Immediat-Kommission und der Kampf um die Rheinische Rechts- und Gerichtsverfassung 1814–1819, 1914, Nachdruck 2000, S. 23 f. – *A. v. Feuerbach*, Betrachtungen über die Öffentlichkeit und Mündlichkeit der Gerechtigkeitspflege, Bd. 1, 1821, Neudruck 1969, S. 159 ff., hält sogar die Anwesenheit von Gerichtszeugen für erforderlich bzw. denkt über die Wiedereinführung der Dingpflicht nach (S. 179 ff.), da die gebildeten und besitzenden Bürger, die er (ausschließlich) für berechtigt hält, Verhandlungen beizuwohnen, dies freiwillig in der Regel nicht tun würden.

[172] *Landsberg*, Die Gutachten der Rheinischen Immediat-Kommission und der Kampf um die Rheinische Rechts- und Gerichtsverfassung 1814–1819, 1914, Nachdruck 2000, S. 27 ff.

[173] *Mittermaier*, Die Mündlichkeit, das Anklageprinzip, die Oeffentlichkeit und das Geschwornengericht in ihrer Durchführung in den verschiedenen Gesetzgebungen dargestellt nach den Forderungen des Rechts und der Zweckmäßigkeit mit Rücksicht auf die Erfahrungen der verschiedenen Länder, 1845, S. 342 f.

Volk bei Straftaten als Betroffener aus eigenem Recht anwesend.[174] Für die Beteiligten und Anwälte stelle die Öffentlichkeit einen Anreiz zu Engagement und sorgfältiger Pflichterfüllung dar.[175] Die Wahrheitsfindung werde erleichtert, da Zeugen zur wahrheitsgemäßen Aussage angehalten würden.[176] Hingewiesen wurde auch auf den Abschreckungseffekt öffentlicher Strafverfahren sowie auf den übergeordneten Aspekt der Verbreitung von Rechtskenntnissen.[177]

Dem hielt man entgegen, daß das Publikum mangels fachlicher Qualifikation zu einer Kontrolle schlechterdings nicht in der Lage sei. Im übrigen könne selbst ein kompetentes Publikum ohne Kenntnis von der richterlichen Beratung und Abstimmung keine Kontrolle ausüben.[178] Die Öffentlichkeit stelle eine besondere Härte für den Angeklagten dar;[179] auch werde die Intimsphäre u. a. von Zeugen verletzt.[180] Weiter sah man bereits die Gefahr, Verteidiger könnten ihre Aufgaben vernachlässigen, wenn sie versuchten, dem Publikum zu gefallen.[181] Die Wahrheitsfindung werde gefährdet, wenn Zeugen gerade wegen der Anwesenheit von Publikum unvollständig oder nicht wahrheitsgemäß aussagten.[182] Prozesse würden zum Schauspiel geraten;[183] es würden die Zuschauer zum Müßiggang

[174] *A. v. Feuerbach*, Betrachtungen über die Öffentlichkeit und Mündlichkeit der Gerechtigkeitspflege, Bd. 1, 1821, Neudruck 1969, S. 167 ff.

[175] *Mittermaie*r, Die Mündlichkeit, das Anklageprinzip, die Oeffentlichkeit und das Geschwornengericht in ihrer Durchführung in den verschiedenen Gesetzgebungen dargestellt nach den Forderungen des Rechts und der Zweckmäßigkeit mit Rücksicht auf die Erfahrungen der verschiedenen Länder, 1845, S. 338 f. Zum neuartigen Gepräge der Richterrede durch den mündlichen und öffentlichen Prozeß *Döhring*, Geschichte der deutschen Rechtspflege seit 1500, 1953, S. 251.

[176] *Leue*, Der mündliche öffentliche Anklage-Prozeß und der geheime schriftliche Untersuchungsprozeß in Deutschland, 1840, S. 245 ff.

[177] *Mittermaie*r, Die Mündlichkeit, das Anklageprinzip, die Oeffentlichkeit und das Geschwornengericht in ihrer Durchführung in den verschiedenen Gesetzgebungen dargestellt nach den Forderungen des Rechts und der Zweckmäßigkeit mit Rücksicht auf die Erfahrungen der verschiedenen Länder, 1845, S. 340 ff.

[178] *v. Kamptz*, in: Jahrbücher für die Preußische Gesetzgebung, Rechtswissenschaft und Rechtsverwaltung, Bd. 12 (1818, Nachdruck 1991), S. 163 ff.; *A. v. Feuerbach*, Betrachtungen über die Öffentlichkeit und Mündlichkeit der Gerechtigkeitspflege, Bd. 1, 1821, Neudruck 1969, S. 147 ff. S. auch *Leue*, Der mündliche öffentliche Anklage-Prozeß und der geheime schriftliche Untersuchungsprozeß in Deutschland, 1840, S. 242 f.

[179] S. nur das Votum des Justizministers *v. Kircheisen*, in: *Landsberg*, Die Gutachten der Rheinischen Immediat-Kommission und der Kampf um die Rheinische Rechts- und Gerichtsverfassung 1814–1819, 1914, Nachdruck 2000, S. 290.

[180] Dazu *H. Jung*, in: GS für Hilde Kaufmann, 1986, S. 896.

[181] Vgl. *Biener*, Abhandlungen aus dem Gebiete der Rechtsgeschichte, 2. Heft, 1848, S. 180, der diese Gefahr allerdings für weniger gewichtig hält als die Vorteile durch den von der Öffentlichkeit gebildeten Ansporn zu eifriger Arbeit.

[182] Dazu das Votum des Justizministers *v. Kircheisen*, in: *Landsberg*, Die Gutachten der Rheinischen Immediat-Kommission und der Kampf um die Rheinische Rechts- und Gerichtsverfassung 1814–1819, 1914, Nachdruck 2000, S. 289.

[183] *v. Kamptz*, in: Jahrbücher für die Preußische Gesetzgebung, Rechtswissenschaft und Rechtsverwaltung, Bd. 12 (1818, Nachdruck 1991), S. 158. S. auch *H. Jung*, in: GS für Hilde Kaufmann, 1986, S. 896.

verleitet;[184] und schließlich würde die Unabhängigkeit und Unparteilichkeit der Richter gefährdet.[185] Überdies sei ein Teil der Zuschauer nur daran interessiert, von begangenen Straftaten und den Methoden zur Vermeidung einer Verurteilung Kenntnis zu erlangen; es handele sich um „Schüler des Verbrechens".[186]

Gegenstand dieser Diskussion war zunächst die Frage, ob Gerichtsöffentlichkeit überhaupt eingeführt (bzw. im Rheinland beibehalten) werden sollte. Nach der Entscheidung zugunsten der rheinischen Gerichtsöffentlichkeit verringerte sich die Zahl der Gegner der Öffentlichkeit allmählich. Gleichzeitig wurde mehr und mehr über die konkrete Ausgestaltung der Öffentlichkeit statt über das Institut an sich diskutiert. Die Möglichkeit differenzierender Lösungen, etwa einer prinzipiell bestehenden, im Einzelfall jedoch in sachlicher oder persönlicher Hinsicht beschränkbaren Öffentlichkeit, fand stärkere Beachtung als zuvor.[187]

Eine weitere Veränderung des Diskussionsgegenstandes lag darin, daß später[188] – im wesentlichen mit denselben Argumenten –[189] auch über die Öffentlichkeit der richterlichen Abstimmung, vor allem aber der Voruntersuchung debattiert wurde,[190] deren Nichtöffentlichkeit zunächst selbstverständlich schien.[191] Einigkeit bestand allerdings über die Nichtöffentlichkeit der richterlichen Beratung.[192]

---

184 *Fölix*, Ueber Mündlichkeit und Oeffentlichkeit des Gerichtsverfahrens, dann über das Geschwornengericht, 1843, S. 48.

185 *A. v. Feuerbach*, Betrachtungen über die Öffentlichkeit und Mündlichkeit der Gerechtigkeitspflege, Bd. 1, 1821, Neudruck 1969, S. 156 f., der dies als Argument gegen den Gedanken der Kontrolle durch die Öffentlichkeit verwendet.

186 *Fölix*, Ueber Mündlichkeit und Oeffentlichkeit des Gerichtsverfahrens, dann über das Geschwornengericht, 1843, S. 49. – Zusammenfassend zu den Gegenargumenten *H. Jung*, in: GS für Hilde Kaufmann, 1986, S. 896; *Schuckert*, Der Grundsatz der Volksöffentlichkeit im deutschen Zivil- und Strafprozeßrecht, 1936, S. 12 f.; *Ignor*, Geschichte des Strafprozesses in Deutschland 1532–1846, 2002, S. 242.

187 *Alber*, Die Geschichte der Öffentlichkeit im deutschen Strafverfahren, 1974, S. 73 f., 130. An der ambivalenten Beurteilung der Gerichtsöffentlichkeit änderte das nichts. Sie tritt in der Diskussion, ob Frauen und/oder Jugendliche Zutritt haben sollten, sogar besonders deutlich hervor. S. dazu die bei *Alber*, a. a. O., S. 133 ff., wiedergegebenen Stellungnahmen.

188 Primär in der zweiten Hälfte des 19. Jahrhunderts, also erst, als die Diskussion um die Verhandlungsöffentlichkeit praktisch beendet war.

189 *Alber*, Die Geschichte der Öffentlichkeit im deutschen Strafverfahren, 1974, S. 150. Zu einzelnen (Gegen-)Argumenten s. auch *H. Jung*, in: GS für Hilde Kaufmann, 1986, S. 909 f.

190 *Eb. Schmidt*, Lehrkommentar zur StPO und zum GVG, Teil I, 2. Aufl. 1964, Rdnr. 406 mit Fn. 170; *Alber*, Die Geschichte der Öffentlichkeit im deutschen Strafverfahren, 1974, S. 124 ff.; *Britz*, Fernsehaufnahmen im Gerichtssaal, 1999, S. 189 mit Fn. 42. Für die Öffentlichkeit der Voruntersuchung sprach sich etwa 1873 der *11. Deutsche Juristentag* in Hannover aus (*H. Jung*, in: GS für Hilde Kaufmann, 1986, S. 909, unter Hinweis auf historische Vorbilder im Ausland; *Zipf*, Gutachten 54. DJT, 1982, C 14).

191 *Alber*, Die Geschichte der Öffentlichkeit im deutschen Strafverfahren, 1974, S. 58.

192 Ausführlich *Alber*, Die Geschichte der Öffentlichkeit im deutschen Strafverfahren, 1974, S. 126 f. Im Gegensatz zur Schweiz, wo u. a. die Beratung im Zivilprozeß zum Teil öffentlich war, hat es eine Öffentlichkeit der richterlichen Beratung in Deutschland nie gegeben (*Döhring*,

Daß die Öffentlichkeit an sich immer weniger in Frage gestellt wurde, beruhte nicht zuletzt auf den Ausführungen *Anselm von Feuerbachs*.[193] Eine seiner zentralen Aussagen ist die Begründung der Öffentlichkeit mit dem Wesen der Rechtsprechung bzw. der Gerechtigkeit:[194]

„Ist im Allgemeinen Heimlichkeit die verbergende Hülle des Schlechten und Verworfenen; so ist dieselbe in jeder Beziehung der Natur der Gerechtigkeit an und für sich selbst innerlich zuwider. Diese Gerechtigkeit, – das Herrlichste was der Staat den Menschen verbürgt, rein wie die Wahrheit und heilig wie die Tugend – sie die partheilos jedem auf gleicher Wage Gebührendes zumißt und nur Gewalt übt im Namen des Gesetzes für das ewige Recht: was hätte sie mit der Verborgenheit gemein, da sie so gar nichts gemein hat mit dem Schlechten?“[195]

In den Vordergrund rückte auch der Gedanke der Vertrauensschaffung durch Öffentlichkeit:[196]

„Sollte es keine besonderen Gründe geben, die Gerichtsthüren zu öffnen; so gibt es wenigstens auch keine, diese Thüren zu schließen: ist hinter diesen Thüren nichts zu sehen, was der Mühe des Zusehens lohnte, so lasse man sie wenigstens offen stehen, damit man eben sehe, daß – nichts zu sehen sey.“[197]

Zudem wurde Öffentlichkeit immer stärker als ein Grundprinzip liberaler Verfassungen verstanden. So schrieb *Siebenpfeiffer*:

„Öffentlichkeit überhaupt ist … eine Grundlage und zugleich eine Gewähr jeder constitutionellen freyen Verfassung; in ihr besteht die Stärke und die Würde der Regierung, die Einsicht, Kraft und Mäßigung des Parlaments, die Unabhängigkeit der Gerichte, das ergiebigste Mittel für die verfassungsmäßige und Rechtsbildung des Volkes; denn sie ist die Quelle der öffentlichen Moral …“[198]

Gerade die Schaffung von Vertrauen erweist sich bei rückblickender Betrachtung als ausschlaggebender – und bis heute aktueller – Gesichtspunkt.[199] Weder

---

Geschichte der deutschen Rechtspflege seit 1500, 1953, S. 254 ff. mit Fn. 181). Zur kurzzeitigen Öffentlichkeit der Beratung in Frankreich oben Teil 2 A.IV.2., S. 65 f.

[193] *Schuckert*, Der Grundsatz der Volksöffentlichkeit im deutschen Zivil- und Strafprozeßrecht, 1936, S. 11.

[194] In diese Richtung auch *Mittermaier*, Die Mündlichkeit, das Anklageprinzip, die Oeffentlichkeit und das Geschwornengericht in ihrer Durchführung in den verschiedenen Gesetzgebungen dargestellt nach den Forderungen des Rechts und der Zweckmäßigkeit mit Rücksicht auf die Erfahrungen der verschiedenen Länder, 1845, S. 336.

[195] *A. v. Feuerbach*, Betrachtungen über die Öffentlichkeit und Mündlichkeit der Gerechtigkeitspflege, Bd. 1, 1821, Neudruck 1969, S. 89.

[196] Zu Kontrolle, Vertrauen und Abschreckung als Hauptargumente für die Öffentlichkeit s. auch *Ignor*, Geschichte des Strafprozesses in Deutschland 1532–1846, 2002, S. 242 f.

[197] *A. v. Feuerbach*, Betrachtungen über die Öffentlichkeit und Mündlichkeit der Gerechtigkeitspflege, Bd. 1, 1821, Neudruck 1969, S. 94 f.

[198] *Siebenpfeiffer*, Über die Frage unserer Zeit in Beziehung auf Gerechtigkeitspflege, 1823, S. 179 ff.

[199] S. bereits RGSt 70, 109 (112).

Mündlichkeit noch das „Wesen" der Gerechtigkeit erfordern zwingend Öffentlichkeit. Der Wunsch nach Gerichtsöffentlichkeit war eine im wesentlichen politisch begründete Forderung,[200] die die Modalitäten des Gerichtsverfahrens zum Maßstab für den Zustand des Staates insgesamt machte.[201]

Mittermaier[202] betonte 1845, die Rechtsprechung als Anwendung des Gesetzes sei gleichsam „die Rechnungsprobe über den Werth des Gesetzes und des Geistes desselben." Erst durch seine Anwendung erhalte das Gesetz Leben und Fortbildung. Daher müsse die Rechtsprechung öffentlich stattfinden.[203] Grundsätzliche Einwände gegen die Gerichtsöffentlichkeit an sich wurden zu dieser Zeit schon nicht mehr vertreten.[204]

d) Insbesondere: Öffentlichkeit als Voraussetzung für Presseberichte

Auch die Rolle der Medien fand bereits Eingang in die Diskussion um die Gerichtsöffentlichkeit. Angesichts der im Vergleich zu heute deutlich geringeren gesellschaftlichen Bedeutung der Medien standen diese zwar nicht im Zentrum der Aufmerksamkeit. Ungeachtet dessen lohnt sich der Blick auf diesen – damaligen – Randbereich der Debatte schon deshalb, weil er Argumente von erstaunlicher Aktualität zutage fördert.

Nachdem *E. F. Klein* bereits 1780 auf die Bedeutung von Prozeßberichten in Zeitungen für die Verbreitung von Rechtskenntnissen hingewiesen hatte,[205] betonte *Benzenberg* 1818/19, daß Gerichtsöffentlichkeit die Voraussetzung für informierende und belehrende Zeitungsberichte über die Urteile seien.[206] Andere Akzente setzte *A. von Feuerbach*, nach dessen Begriffsverständnis mittelbare Öffentlichkeit nicht durch unabhängige Zeitungen, sondern durch gerichtliche Zeugnisse gebildet wurde, die die Kenntnisnahme vom Verhandlungsgeschehen

---

[200] *Eb. Schmidt*, Lehrkommentar zur StPO und zum GVG, Teil I, 2. Aufl. 1964, Rdnr. 401; *Fögen*, Der Kampf um Gerichtsöffentlichkeit, 1974, S. 13; s. auch *Alber*, Die Geschichte der Öffentlichkeit im deutschen Strafverfahren, 1974, S. 69.

[201] S. auch *H. Jung*, in: GS für Hilde Kaufmann, 1986, S. 894: „Indikator politischer Kultur und demokratischer Durchdringung der Justiz".

[202] Zur Bedeutung von *Mittermaiers* Arbeiten zur Strafjustizreform *Döhring*, Geschichte der deutschen Rechtspflege seit 1500, 1953, S. 342. Neben *A. v. Feuerbach* und *Mittermaier* gilt u. a. die Arbeit von *Zachariä*, Die Gebrechen und die Reform des deutschen Strafverfahrens, 1846, als wegweisend. S. dazu *Eb. Schmidt*, Lehrkommentar zur StPO und zum GVG, Teil I, 2. Aufl. 1964, Rdnr. 401 mit Fn. 159.

[203] *Mittermaier*, Die Mündlichkeit, das Anklageprinzip, die Oeffentlichkeit und das Geschwornengericht in ihrer Durchführung in den verschiedenen Gesetzgebungen dargestellt nach den Forderungen des Rechts und der Zweckmäßigkeit mit Rücksicht auf die Erfahrungen der verschiedenen Länder, 1845, S. 334.

[204] *G. Wolf*, ZRP 1994, 187.

[205] Oben Teil 2 A.IV.1., S. 60 ff.

[206] *Benzenberg*, in: Niederrheinisches Archiv für Gesetzgebung, Rechtswissenschaft und Rechtspflege, Bd. 4 (1818/19), S. 188.

und von den Urteilen nicht auf Grund, sondern statt eines persönlichen Zutritts ermöglichen sollten.[207] Mittelbare und unmittelbare Öffentlichkeit standen nach seiner Auffassung in einem Ausschlußverhältnis.[208] Aus heutiger Sicht verdient demgegenüber die später geäußerte Auffassung Zustimmung, die positiven Effekte mittelbarer Öffentlichkeit setzten öffentliche Verhandlungen voraus, da offizielle Verlautbarungen, so begrüßenswert sie an sich seien, nicht das notwendige Vertrauen der Adressaten zu wecken vermöchten.[209]

In den 20er-Jahren des 19. Jahrhunderts etablierten sich in Frankreich erfolgreich spezielle Gerichtszeitungen, auf die sich die weitere Diskussion über die Einführung der Gerichtsöffentlichkeit regelmäßig bezog.[210] Die Presse als wichtigstes Publizitätsmittel ermögliche, daß viele informiert würden, auch wenn nur wenige teilnähmen.[211] Die positiven Wirkungen der Öffentlichkeit würden so verstärkt. Gerade Berufstätige hätten nicht die Zeit, sich in der Verhandlung ein Bild zu machen. Sogar auf die Möglichkeit, die Inhalte einer nichtöffentlichen Verhandlung durch Presseberichte publik zu machen, wurde bereits hingewiesen. Juristen könnten sich leicht auf dem Laufenden halten und Urteile wissenschaftlich auswerten. Zwar belaste die namentliche Nennung einen Angeklagten zusätzlich. Sie solle daher nur bei verurteilten Schwerverbrechern erfolgen, die dies hinzunehmen hätten, nicht aber im Falle eines Freispruchs oder bei Bagatelldelikten.[212] Von den heute für identifizierende Presseberichte geltenden Regeln[213] ist das nicht weit entfernt.

Auch die Argumente derer, die sich unter Hinweis auf die negativen Aspekte der Gerichtsberichterstattung letztlich gegen die Öffentlichkeit an sich richteten, klingen vertraut. Beispielsweise findet sich der Hinweis, daß die Presse angesichts der geringen Zuschauerzahl im Saal die eigentliche Öffentlichkeit darstelle. Wer seine Namensnennung vermeiden – oder gerade bewirken – wolle, zahle dafür Geld. Die Auswahl der Fälle in der Presse orientiere sich an ihrem möglichst sensationellen Charakter. Zudem seien die Berichterstatter häufig nicht hinreichend qualifiziert.[214]

---

207 *A. v. Feuerbach*, Betrachtungen über die Öffentlichkeit und Mündlichkeit der Gerechtigkeitspflege, Bd. 1, 1821, Neudruck 1969, S. 25 f. Dazu *Wettstein*, Der Öffentlichkeitsgrundsatz im Strafprozess, Diss. Zürich 1966, S. 32.

208 *Alber*, Die Geschichte der Öffentlichkeit im deutschen Strafverfahren, 1974, S. 137.

209 *Biener*, Abhandlungen aus dem Gebiete der Rechtsgeschichte, 2. Heft, 1848, S. 181.

210 *Alber*, Die Geschichte der Öffentlichkeit im deutschen Strafverfahren, 1974, S. 137: 1825 die „Gazette des tribunaux", später „Droit", „Bulletin des tribunaux" und „Audience".

211 *Beseler*, Volksrecht und Juristenrecht, 1843, S. 287.

212 So die Zusammenstellung bei *Alber*, Die Geschichte der Öffentlichkeit im deutschen Strafverfahren, 1974, S. 98 f., 137 f.

213 Dazu näher *Burkhardt*, in: Wenzel, Das Recht der Wort- und Bildberichterstattung, 5. Aufl. 2003, 10. Kapitel Rdnrn. 197 ff.

214 *Fölix*, Ueber Mündlichkeit und Oeffentlichkeit des Gerichtsverfahrens, dann über das Geschwornengericht, 1843, S. 50 ff. S. weiter *Alber*, Die Geschichte der Öffentlichkeit im deutschen Strafverfahren, 1974, S. 152, zu dem auf dem *11. Deutschen Juristentag* 1873

Festzuhalten ist jedenfalls, daß die Möglichkeit von Presseberichten von vornherein als automatische Folge öffentlicher Verhandlungen gesehen wurde.

e) Die allmähliche Durchsetzung der Gerichtsöffentlichkeit im übrigen Deutschland

Die theoretische Diskussion fand schließlich auch gesetzlichen Niederschlag. Im Verlauf des 19. Jahrhunderts setzte sich die Gerichtsöffentlichkeit letztlich erfolgreich gegen alle restaurativen Tendenzen durch.

aa) Ansätze zur Etablierung der Öffentlichkeit und Restauration

Erfolge erzielte der Gedanke der Öffentlichkeit beim Erlaß der Verfassungen in Bayern, Baden und Württemberg 1818/19,[215] dem „Höhepunkt des deutschen Frühkonstitutionalismus".[216] Öffentlichkeit sahen diese Verfassungen zwar nicht für das gerichtliche Verfahren vor, immerhin aber für Teile der Gesetzgebung. Jedoch erhoben mehrere Ständeversammlungen die Forderung, öffentliche und mündliche Gerichtsverhandlungen einzuführen.[217]

Zunächst schlug das Pendel indes in die entgegengesetzte Richtung zurück. Vertreter liberalen Gedankenguts wurden zum Ziel der nach den Karlsbader Beschlüssen im Herbst 1819 einsetzenden Demagogenverfolgung, in der sich die restaurativen Kräfte letztmalig den neuen Entwicklungen entgegenstellten.[218] Geschworenengerichte und die mit ihnen zusammenhängende Gerichtsöffentlichkeit mußten nach Auffassung des *Fürsten von Metternich* zwangsläufig zum Umsturz des bestehenden Systems führen.[219] Folglich ging die Obrigkeit entschieden gegen „revolutionäre Umtriebe" vor, was freilich die Unzulänglichkeiten der bestehenden Verhältnisse einmal mehr deutlich machte. Fälle wie der

vorgebrachten Hinweis, durch überzeichnete Pressedarstellungen der Voruntersuchung könnten die Parteien und das Gericht beeinflußt werden. Zur Auswahl nach Sensationsgesichtspunkten s. auch *Biener*, Abhandlungen aus dem Gebiete der Rechtsgeschichte, 2. Heft, 1848, S. 181, der so einen Teil der möglichen positiven Aspekte wieder gefährdet sieht.

[215] Verfassung für das Königreich Bayern vom 26. Mai 1818; Verfassung für das Großherzogtum Baden vom 22. August 1818; Verfassung für das Königreich Württemberg vom 25. September 1819; abgedruckt bei *E. R. Huber*, Dokumente zur deutschen Verfassungsgeschichte, Bd. 1, 3. Aufl. 1978, S. 155 ff., 171 ff., 187 ff.

[216] Zur konstitutionellen Bewegung in Deutschland *Ignor*, Geschichte des Strafprozesses in Deutschland 1532–1846, 2002, S. 220 ff.

[217] *Alber*, Die Geschichte der Öffentlichkeit im deutschen Strafverfahren, 1974, S. 69. Er sieht die Öffentlichkeit auch der Rechtsanwendung als „logische" Folge der teilweise öffentlichen Gesetzgebung. S. auch *Alber*, a. a. O., S. 72, zur Publizität als integralem Bestandteil der bürgerlichen Verfassungsbewegung.

[218] *Britz*, Fernsehaufnahmen im Gerichtssaal, 1999, S. 190. Umfassend *Ignor*, Geschichte des Strafprozesses in Deutschland 1532–1846, 2002, S. 223 ff.

[219] Vgl. das Protokoll der zwölften Karlsbader Konferenz, abgedruckt bei *Klüber*, Wichtige Urkunden für den Rechtszustand der deutschen Nation, 2. Aufl. 1845, Neudruck 1977, S. 148.

des „Turnvaters“ *Jahn*, der ohne richterliche Mitwirkung jahrelang inhaftiert war,[220] demonstrierten augenfällig die Notwendigkeit unabhängiger, die Verwaltung kontrollierender Gerichte. Die Geheimhaltung von Untersuchungsakten und Urteilsgründen in den Verfahren führte zu noch weniger Vertrauen in die Strafrechtspflege. Die Forderungen nach Veränderung verstummten auch in dieser Phase nicht.[221] Im Gegenteil: Der als typische Ausprägung des Absolutismus geltende geheime Inquisitionsprozeß erschien seit der Demagogenverfolgung endgültig als untragbar und stieß auf stetig stärkeren Widerspruch.[222] Ebenso nährte die politische Repression die Vorstellung, der vom Staat abhängige Richter sei eher ein Machtexponent der herrschenden Gewalt denn ein Hüter bürgerlicher Freiheit.[223]

Das Hambacher Fest 1832 und der Sturm auf die Frankfurter Hauptwache 1833 riefen die restaurativen Kräfte verstärkt auf den Plan. In der ersten Jahreshälfte 1834 trafen sich in Wien die Bevollmächtigten der Regierungen, die dem Engeren Rat des Bundestags angehörten. In ihrem Schlußprotokoll beschlossen sie sechzig Artikel, die die Bewahrung der „rechtmäßigen Staatsordnung“ insbesondere durch Unterdrückung öffentlicher Elemente zu erreichen suchten.[224] U.a. versprachen die Regierungen in Art. 28, für eine lückenlose Pressezensur Sorge zu tragen. Auf diese Weise sollten sie die um der Erhaltung der Ruhe in Deutschland willen übernommene Verpflichtung zur Presseaufsicht erfüllen. Für die Beratung ständischer Kammern über die Mittel zur Ausführung von Bundesbeschlüssen sah Art. 27 vor, daß die Regierungen auf die Umwandlung öffentlicher Sitzungen in geheime Sessionen hinwirken sollten, wenn die öffentliche Beratung „von nachtheiligem Einflusse auf die Bundesverhältnisse oder auf die auswärtige Politik des deutschen Bundes sein könnte“. Generell wurden Angriffe auf den Bund oder einzelne Bundesregierungen ebenso wie die „Verbreitung die rechtmäßige Staatsordnung untergrabender oder ruhestörender Grundsätze und Lehren“ in ständischen Versammlungen als „Mißbrauch des Wortes“ gewertet. Die Regierungen verpflichteten sich, dafür Sorge zu tragen, daß dagegen eingeschritten würde, nötigenfalls bis hin zur Auflösung der Kammern (Art. 26), und daß beim Druck der ständischen Protokolle die entsprechenden Äußerungen weggelassen würden (Art. 33).

Daß auch Presseberichten über Strafverfahren Gefahrenpotential beigemessen wurde, belegt Art. 35:

---

[220] *Kern*, Geschichte des Gerichtsverfassungsrechts, 1954, S. 56f.

[221] *Alber*, Die Geschichte der Öffentlichkeit im deutschen Strafverfahren, 1974, S. 71.

[222] *Eb. Schmidt*, Einführung in die Geschichte der deutschen Strafrechtspflege, 3. Aufl. 1965, S. 324; s. auch *Eb. Schmidt*, Lehrkommentar zur StPO und zum GVG, Teil I, 2. Aufl. 1964, Rdnr. 401.

[223] *Eb. Schmidt*, Einführung in die Geschichte der deutschen Strafrechtspflege, 3. Aufl. 1965, S. 324.

[224] Abgedruckt bei *E. R. Huber*, Dokumente zur deutschen Verfassungsgeschichte, Bd. 1, 3. Aufl. 1978, S. 137ff.

„Da, wo Oeffentlichkeit gerichtlicher Verhandlungen in Strafsachen besteht, wollen die Regierungen der Bekanntmachung dieser letztern durch den Druck nur unter Beobachtung solcher mit den Gesetzen vereinbaren Vorsichtsmaßregeln Statt geben, durch welche eine nachtheilige Einwirkung auf öffentliche Ruhe und Ordnung verhindert werden kann."

Zwar scheiterte der Entwurf eines Art. 59, wonach in den Ländern mit Geschworenengerichten, deren „Wirksamkeit auf politische Verhältnisse ausgedehnt" war, die Regierung auf die „Zurückführung" des Instituts „in unschädliche Grenzen" oder sogar auf dessen Beseitigung hinwirken sollten, am Widerstand Bayerns.[225] Die öffentlichkeitsfeindliche Geisteshaltung der Konferenzteilnehmer ist dennoch unübersehbar. Daß diese Haltung in deutlichem Widerspruch zur allgemeinen Stimmung in der Bevölkerung stand, war offenbar auch den Regierungsvertretern bewußt. Von den sechzig Artikeln wurden nur wenige veröffentlicht; sämtliche hier angesprochenen Artikel blieben geheim.[226] Ihr späteres Bekanntwerden stieß auf Unmut.[227]

Seit den 40er-Jahren des 19. Jahrhunderts kam es dann wieder zu gesetzgeberischen Schritten zur Einführung bzw. Ausweitung der Gerichtsöffentlichkeit. Für die Entscheidung in Preußen[228] sorgte *Friedrich Carl von Savigny*.[229] Ihm war 1842 das Ministerium für Gesetzesrevision mit der Weisung übertragen worden,[230] die Frage der öffentlichen Rechtspflege zu einer definitiven Entscheidung zu bringen. 1846 wurde schließlich eine öffentliche Schlußverhandlung für Berliner Gerichte vorgeschrieben.[231]

---

[225] *E.R. Huber*, Dokumente zur deutschen Verfassungsgeschichte, Bd. 1, 3. Aufl. 1978, S. 143 Fn. 7; *Schwinge*, Der Kampf um die Schwurgerichte bis zur Frankfurter Nationalversammlung, 1926, S. 50.

[226] Veröffentlicht wurden nur Art. 3 bis 14, s. Art. 60. Dazu *Alber*, Die Geschichte der Öffentlichkeit im deutschen Strafverfahren, 1974, S. 72.

[227] *E.R. Huber*, Dokumente zur deutschen Verfassungsgeschichte, Bd. 1, 3. Aufl. 1978, S. 137.

[228] Dazu sowie zu den Maßnahmen in Württemberg und Baden *Alber*, Die Geschichte der Öffentlichkeit im deutschen Strafverfahren, 1974, S. 140 ff. S. aber auch *Alber*, a. a. O., S. 72, zum sächsischen Entwurf von 1842 als letztem ernsthaften Versuch, die alten Grundsätze zu retten.

Bereits 1831 war das badische Pressegesetz erlassen worden, das für Verstöße gegen seine Vorschriften öffentliche und mündliche Verhandlungen vor Geschworenengerichten vorsah. Es wurde jedoch nach kurzer Zeit für ungültig erklärt. Näher dazu *Alber*, Die Geschichte der Öffentlichkeit im deutschen Strafverfahren, 1974, S. 71 mit Fn. 13. 1843 sah eine neue Strafverfahrensordnung in Württemberg eine öffentliche Schlußverhandlung in Strafsachen vor (*Ignor*, Geschichte des Strafprozesses in Deutschland 1532–1846, 2002, S. 259).

[229] *H. Jung*, in: GS für Hilde Kaufmann, 1986, S. 895.

[230] Zu den damit verbundenen Erwartungen in Juristenkreisen *Ignor*, Geschichte des Strafprozesses in Deutschland 1532–1846, 2002, S. 267 f.

[231] *Alber*, Die Geschichte der Öffentlichkeit im deutschen Strafverfahren, 1974, S. 73; *Ignor*, Geschichte des Strafprozesses in Deutschland 1532–1846, 2002, S. 216, 280 f. S. auch *Ignor*, a. a. O., zur – nicht in Kraft getretenen – badischen Strafprozeßordnung von 1845, die ebenfalls Öffentlichkeit vorsah.

Der erste außerhalb des Einflußbereichs des französischen Rechts nach den neuen Prinzipien durchgeführte Strafprozeß war der sog. „Polenprozeß". Dazu näher *Ignor*, Geschichte des Strafprozesses in Deutschland 1532–1846, 2002, S. 285 f.

bb) Die Frankfurter Nationalversammlung in der Paulskirche

Seit der Nationalversammlung in der Paulskirche ab 1848 erscheint der Weg hin zur generellen Gerichtsöffentlichkeit – jedenfalls im Rückblick – als ein gewisser Automatismus.

Sämtliche Entwürfe vor und während der Nationalversammlung sahen die Öffentlichkeit und Mündlichkeit des Gerichtsverfahrens als Grundrecht vor, ohne daß dies auch nur ein einziges Mal begründet worden wäre.[232] Die Abgeordneten hielten die Öffentlichkeit der Gerichte offenbar bereits für etwas derart Selbstverständliches,[233] daß insofern kein Argumentations- bzw. Diskussionsbedarf mehr gesehen wurde.[234] Im Gegenteil: Der letztlich doch verwirklichte Vorschlag, zumindest Ausnahmen von der Gerichtsöffentlichkeit zu ermöglichen, war zunächst auf Widerstand, ja sogar auf Heiterkeit[235] gestoßen.[236]

Schließlich wurde die Öffentlichkeit der Gerichtsverhandlung als § 178 Bestandteil der Paulskirchen-Verfassung vom 28. März 1849,[237] nachdem sie zuvor bereits in § 45 des Gesetzes über die Grundrechte des Deutschen Volkes vom 28. Dezember 1848 vorgesehen worden war.

---

[232] *Alber*, Die Geschichte der Öffentlichkeit im deutschen Strafverfahren, 1974, S. 147. Bezeichnend auch, daß die Öffentlichkeit in den Motiven nicht einmal erwähnt wird. Dazu *Alber*, a.a.O., S. 146.

[233] Vgl. *Alber*, Die Geschichte der Öffentlichkeit im deutschen Strafverfahren, 1974, S. 144 f.: „Öffentlichkeit wird von Grundrechtskatalog zu Grundrechtskatalog mitgeschleppt als gänzlich unbestrittene Selbstverständlichkeit." S. auch *Alber*, a.a.O., zu den Arbeiten der Siebenerkomission sowie des Vorparlaments.

[234] *H. Jung*, in: GS für Hilde Kaufmann, 1986, S. 895. S. dazu *Droysen*, Die Verhandlungen des Verfassungs-Ausschusses der deutschen Nationalversammlung, 1. Teil, 1849, Neudruck 1987, S. 46 ff.: Kein Hinweis auf eine im Verfassungsausschuß geführte Debatte über die Öffentlichkeit, die in § 16 des Vorschlags für einen Grundrechtskatalog enthalten war. S. weiter *Wigard* (Hrsg.), Sten. Bericht über die Verhandlungen der deutschen constituirenden Nationalversammlung zu Frankfurt am Main, Bd. IV, 1848, S. 2576: Nur wenige Abgeordnete stimmten für eine Diskussion über die in § 37 vorgesehene Öffentlichkeit.

[235] *Wigard* (Hrsg.), Sten. Bericht über die Verhandlungen der deutschen constituirenden Nationalversammlung zu Frankfurt am Main, Bd. IV, 1848, S. 2577.

[236] Zur zunächst erfolgten Ablehnung s. *Wigard* (Hrsg.), Sten. Bericht über die Verhandlungen der deutschen constituirenden Nationalversammlung zu Frankfurt am Main, Bd. IV, 1848, S. 2577. Zu den unterschiedlich weit gehenden Vorschlägen *Alber*, Die Geschichte der Öffentlichkeit im deutschen Strafverfahren, 1974, S. 146 f.; *Strauch*, in: FS für Walter Mallmann, 1978, S. 350.

[237] § 178: Das Gerichtsverfahren soll öffentlich und mündlich sein. Ausnahmen von der Öffentlichkeit bestimmt im Interesse der Sittlichkeit das Gesetz.

Angesichts der zu diesem Zeitpunkt praktisch beendeten Diskussion um die Gerichtsöffentlichkeit mißt *Alber*, Die Geschichte der Öffentlichkeit im deutschen Strafverfahren, 1974, S. 148, § 178 „deutlich deklaratorischen Charakter" zu. Zu den anfangs sehr beschränkten Ausschlußgründen *H. Jung*, in: GS für Hilde Kaufmann, 1986, S. 896.

cc) Gesetzgebung der Einzelstaaten

Ungeachtet der Tatsache, daß die Paulskirchen-Verfassung nie in Kraft trat, nahmen in der Folgezeit etliche Einzelstaaten die Gerichtsöffentlichkeit mit gleichlautendem oder ähnlichem Wortlaut in ihre Verfassungen auf.[238] Trotz einzelner gegenläufiger Tendenzen ab 1851 setzte sich die Institution der öffentlichen Verhandlung weitgehend durch.[239]

dd) Die Reichsjustizgesetze

Bei der Schaffung des Gerichtsverfassungsgesetzes war das Öffentlichkeitsprinzip völlig unumstritten;[240] die Frage war ausdiskutiert.[241] Mit den am 1. Oktober 1879 in Kraft getretenen §§ 170 ff. GVG wurde insofern die Ernte eines langen Reifungsprozesses[242] eingefahren; die Vorschriften trugen zur Abrundung des Gerichtsverfassungsgesetzes als einer liberalen und rechtsstaatlichen Gerichtsverfassung[243] bei.

f) Spätere Einschränkungen

Der Sache nach gilt der Öffentlichkeitsgrundsatz seither unangefochten. Allerdings ist gerade in der jüngeren Vergangenheit ein Trend zu häufigeren Ausnahmen unverkennbar.

---

[238] *Schuckert*, Der Grundsatz der Volksöffentlichkeit im deutschen Zivil- und Strafprozeßrecht, 1936, S. 15 mit Fn. 29: Art. 93 Preußische Verfassung v. 31. Januar 1850; Art. 103 Österreichische Verfassung v. 4. März 1849; § 8 Verfassung von Hannover v. 5. September 1848. Zur Regelung in Preußen und Österreich *Weidemann*, DRiZ 1970, 114; zu etlichen weiteren Einzelstaaten *Alber*, Die Geschichte der Öffentlichkeit im deutschen Strafverfahren, 1974, S. 152 Fn. 28.

Art. 93 Preußische Verfassung vom 31. Januar 1850 lautete:

„Die Verhandlungen vor dem erkennenden Gerichte in Civil- und Strafsachen sollen öffentlich sein. Die Oeffentlichkeit kann jedoch durch einen öffentlich zu verkündenden Beschluß des Gerichts ausgeschlossen werden, wenn sie der Ordnung oder den guten Sitten Gefahr droht.

In anderen Fällen kann die Oeffentlichkeit nur durch Gesetze beschränkt werden".

[239] Zu Einzelheiten *Alber*, Die Geschichte der Öffentlichkeit im deutschen Strafverfahren, 1974, S. 152 ff.

[240] *Zipf*, Gutachten 54. DJT, 1982, C 14, unter Hinweis auf einzelne noch diskutierte zivilprozessuale Teilfragen; *H. Jung*, in: GS für Hilde Kaufmann, 1986, S. 892; *Alber*, Die Geschichte der Öffentlichkeit im deutschen Strafverfahren, 1974, S. 159.

[241] *H. Jung*, in: GS für Hilde Kaufmann, 1986, S. 896. Im Reichstag wurde in der zweiten Lesung nicht über die Öffentlichkeit selbst diskutiert, sondern über Detailfragen wie die, ob nur die Urteilsformel oder das gesamte Urteil öffentlich verlesen werden sollte (*Hahn*, Materialien zu den Reichs-Justizgesetzen, 1. Bd.: Materialien zum GVG, 2. Abtheilung, 1879, S. 1353 ff.). In der dritten Lesung gab es keine Wortmeldungen mehr (*Hahn*, Materialien zu den Reichs-Justizgesetzen, 1. Bd.: Materialien zum GVG, 2. Abtheilung, 1879, S. 1601).

[242] *Zipf*, Gutachten 54. DJT, 1982, C 14.

[243] *Kissel*, NJW 1979, 1954 f.

Zunächst war der Ausschluß der Öffentlichkeit allein bei einer Gefährdung der Ordnung und Sittlichkeit sowie bei Ehe- und Entmündigungssachen möglich. Diese Ausnahmemöglichkeiten wurden jedoch schon bald als unzureichend empfunden. Durch die teilweise zu großzügige Zulassung von Journalisten zu nichtöffentlichen Verhandlungen (vgl. heute § 175 Abs. 2 GVG) sowie durch die zwingend öffentliche Verkündung der Urteilsgründe sah man staatliche Geheimhaltungsinteressen nicht in ausreichendem Maße als gewahrt an.[244] Daher wurde bereits 1888[245] – wenn auch gegen massiven Widerstand – die (heute in § 173 Abs. 2 GVG geregelte) Möglichkeit geschaffen, die Öffentlichkeit während der Verkündung der Urteilsgründe auszuschließen. Hinzu kam eine erstmalige (negative) Regelung der mittelbaren Öffentlichkeit durch das Verbot von Veröffentlichungen aus nichtöffentlichen Sitzungen (aktuell: § 174 Abs. 2 GVG).[246]

Etwa ab 1908 wurde auch der Persönlichkeitsschutz der Beteiligten mehr und mehr als Aspekt wahrgenommen, der der Öffentlichkeit potentiell entgegensteht. Gerade mit Blick auf das Strafverfahren löste die Frage nach dem Schutz des Angeklagten vor der Öffentlichkeit die Frage nach seinem Schutz durch die Öffentlichkeit ab. Sichtbarer Ausdruck dieser geänderten Perspektive ist die Einführung der nichtöffentlichen Verhandlung in Jugendstrafverfahren im Jahre 1923.[247] Bemerkenswert ist dieser Schritt vor allem deshalb, weil der Ausschluß der Öffentlichkeit erstmalig für eine ganze Verfahrensart und ohne Rücksicht auf die Umstände des Einzelfalls erfolgte.[248]

Diese Entwicklung hat sich unter der Geltung des Grundgesetzes erheblich beschleunigt. Insgesamt besteht derzeit eine Tendenz, den Öffentlichkeitsgrundsatz zugunsten des Persönlichkeitsschutzes der Verfahrensbeteiligten zurücktreten zu lassen.[249] Augenfälliger Beleg ist der 1986 eingeführte § 171 b GVG, der beide Aspekte neu austariert.[250] An dem im richterlichen Bewußtsein fest verwurzelten Empfinden, sich (prinzipiell) der Öffentlichkeit stellen zu müssen,[251] ändert dies freilich nichts.

---

244 *Schuckert*, Der Grundsatz der Volksöffentlichkeit im deutschen Zivil- und Strafprozeßrecht, 1936, S. 16f.

245 Gesetz betreffend die unter Ausschluß der Oeffentlichkeit stattfindenden Gerichtsverhandlungen v. 5. April 1888, RGBl. I S. 133. Dazu und zum folgenden *Stutz*, Zurückdrängung des Öffentlichkeitsprinzips zugunsten der Privatsphäre im Strafverfahren, 1992, S. 20ff.

246 Näher *Rohde*, Die Öffentlichkeit im Strafprozeß, Diss. Bochum 1972, S. 65f.

247 Reichsjugendgerichtsgesetz v. 16. Februar 1923, RGBl. I S. 135. Zur Entstehungsgeschichte *Ostendorf*, JGG, 6. Aufl. 2003, Grdl. zu §§ 1–2 Rdnr. 2.

248 So zu Recht *Rohde*, Die Öffentlichkeit im Strafprozeß, Diss. Bochum 1972, S. 69.

249 BGHSt 40, 191 (194); *Franzki*, DRiZ 1979, 82; *Beck*, in: FG für Karin Graßhof, 1998, S. 133; *Katholnigg*, Strafgerichtsverfassungsrecht, 3. Aufl. 1999, § 169 GVG Rdnr. 1; *Pieroth*, in: Erichsen/Kollhosser/Welp (Hrsg.), Recht der Persönlichkeit, 1996, S. 249. S. auch *Zipf*, Gutachten 54. DJT, 1982, C 16f.

250 Dazu eingehend *Odersky*, in: FS für Gerd Pfeiffer, 1988, S. 328ff.

251 Vgl. *H. Jung*, in: GS für Hilde Kaufmann, 1986, S. 901, die darin neben der Furcht vor Revisionsgründen (dazu *Meyer-Goßner*, ZRP 1982, 240) einen weiteren Grund für die

B. Die ausdrücklichen normativen Grundlagen und der Geltungsbereich der Saalöffentlichkeit

I. Saalöffentlichkeit im Gerichtsverfassungsrecht

1. § 169 S. 1 GVG als Generalnorm

Gem. § 169 S. 1 GVG ist die Verhandlung vor dem erkennenden Gericht einschließlich der Verkündung der Urteile und Beschlüsse öffentlich. Die Vorschrift ist die zentrale Regelung der Saalöffentlichkeit. Obwohl sie unmittelbar nur für die ordentliche streitige Gerichtsbarkeit gilt (§ 2 EGGVG),[252] kommt sie entsprechend bzw. sinngemäß[253] oder auf Grund inhaltlich korrespondierender Regelungen[254] in praktisch allen Gerichtszweigen zur Anwendung. Auch die Saalöffentlichkeit in den Verhandlungen des *Bundesverfassungsgerichts* beruht auf der Inbezugnahme von § 169 S. 1 GVG durch § 17 BVerfGG. Insofern wird

---

zurückhaltende Handhabung des Ausschlusses der Öffentlichkeit durch die Gerichte sieht. Kritisch zur häufigen Entscheidung „pro publicitate" statt „pro dignitate homini" *Dahs*, Referat 54. DJT, 1982, K 9.

[252] Also für das Verfahren vor den ordentlichen Gerichten in Zivil- und Strafsachen, *Kissel/Mayer*, GVG, 4. Aufl. 2005, § 169 Rdnr. 5. – S. allerdings § 48 JGG: Keine Anwendung in Strafverfahren gegen Jugendliche. Dagegen ist das Verfahren gegen Heranwachsende grundsätzlich öffentlich, da § 109 JGG, der die anwendbaren Vorschriften des Jugendstrafverfahrens aufzählt, § 48 JGG nicht nennt. Nach § 109 Abs. 1 S. 4 JGG ist der Ausschluß dennoch möglich, wenn dies im Interesse des Heranwachsenden geboten ist. Bei gemeinsamen Verfahren gegen Jugendliche und Heranwachsende sieht § 48 Abs. 3 JGG die Öffentlichkeit vor, ermöglicht freilich auch ihren Ausschluß. Zu pauschal daher *Walther*, JZ 1998, 1147: Verfahren gegen Jugendliche und Heranwachsende seien nichtöffentlich.

[253] Insbesondere § 55 VwGO (unzutreffend *Schwarz*, AfP 1995, 353, der auf § 173 VwGO abstellt; dagegen zutreffend *Sorth*, Rundfunkberichterstattung aus Gerichtsverfahren, 1999, S. 169 f.); § 61 Abs. 1 SGG; § 52 Abs. 1 FGO. Zu weiteren Verweisungsvorschriften *Schreiber*, in: Wieczorek/Schütze, ZPO und Nebengesetze, 5. Bd., 3. Aufl. 1995, § 169 GVG Rdnr. 9.

[254] § 52 S. 1 ArbGG (sprachliche Abweichungen von § 169 S. 1 GVG: Die Beweisaufnahme wird ausdrücklich erwähnt; statt von Urteilen und Beschlüssen ist nur von Entscheidungen die Rede). Zur Geltung des § 52 S. 1 ArbGG, der systematisch zum Urteilsverfahren gehört, auch im Beschlußverfahren *Hauck*, in: Hauck/Helml, ArbGG, 2. Aufl. 2003, § 83 Rdnr. 24. – Für die gerichtsähnliche (*Wickern*, in: Löwe-Rosenberg, StPO und GVG, 7. Bd., 25. Aufl. 2003, Vor § 169 GVG Rdnr. 6) Beweisaufnahme in Untersuchungsausschüssen des Bundestages s. Art. 44 Abs. 1 S. 1 GG, § 13 Abs. 1 S. 1 PUAG. Dazu *Mager*, Der Staat Bd. 41 (2002), S. 611: Möglichkeit der Abweichung von Gerichtsverfahren gerechtfertigt.

zu Recht von einer Generalnorm gesprochen.[255] Allerdings darf diese Bezeichnung nicht darüber hinwegtäuschen, daß Geltung und Umfang der Regelungen über die Publikumsöffentlichkeit von ihrer expliziten Anordnung durch das jeweilige Verfahrensrecht abhängen.[256]

2. Die Öffentlichkeit nur der mündlichen Verhandlung

Gegenstand der von § 169 S. 1 GVG grundsätzlich vorgesehenen Öffentlichkeit ist nur die von der Verfahrensordnung vorgeschriebene oder zugelassene[257] *mündliche* Verhandlung. Andernfalls müßte der Gesetzestext statt von „Verhandlung" von „Verfahren" sprechen, das im Gegensatz zur Verhandlung auch schriftlich durchgeführt werden kann.[258]

---

[255] *Bamberger*, ZUM 2001, 376. Ebenso (wenn auch speziell zu § 169 S. 2 GVG) *Hofmann*, ZRP 1996, 401.

[256] *Kissel/Mayer*, GVG, 4. Aufl. 2005, § 169 Rdnr. 5; anders *Bäumler*, JR 1978, 320: Öffentlichkeit folgt unmittelbar aus der Verfassung. Zur Ableitbarkeit aus dem Grundgesetz näher unten Teil 3 D.I., S. 220 f.

[257] *Schilken*, Gerichtsverfassungsrecht, 3. Aufl. 2003, Rdnr. 161; *Kissel/Mayer*, GVG, 4. Aufl. 2005, § 169 Rdnr. 8; *Schreiber*, in: Wieczorek/Schütze, ZPO und Nebengesetze, 5. Bd., 3. Aufl. 1995, § 169 GVG Rdnr. 10. – Zum Ineinandergreifen von Gerichtsverfassungsrecht und der jeweiligen Verfahrensordnung gerade bei den Regelungen über die Öffentlichkeit *Schilken*, Gerichtsverfassungsrecht, 3. Aufl. 2003, Rdnr. 157.

[258] So zutreffend *Schilken*, Gerichtsverfassungsrecht, 3. Aufl. 2003, Rdnr. 161 (Beschränkung auf Verhandlungen betont den Gegensatz zu schriftlichen Verfahren aller Art). S. auch *Kissel/Mayer*, GVG, 4. Aufl. 2005, § 169 Rdnr. 8.

Die Gegenauffassung (*M. Wolf*, in: Münchener Kommentar zur ZPO, Bd. 3, 2. Aufl. 2001, § 169 GVG Rdnr. 11; *M. Wolf*, Gerichtsverfassungsrecht aller Verfahrenszweige, 6. Aufl. 1987, § 25 II 1, S. 245) kommt zwar zum gleichen Ergebnis, begründet die Beschränkung der Publikumsöffentlichkeit auf mündliche Verhandlungen jedoch mit dem Fehlen eines allgemeinen Akteneinsichtsrechts nach dem geltenden Prozeßrecht, seiner Unpraktikabilität und der Gefährdung von Belangen der Prozeßbeteiligten.

Für die Gegenansicht auch *Schreiber*, in: Wieczorek/Schütze, ZPO und Nebengesetze, 5. Bd., 3. Aufl. 1995, § 169 GVG Rdnr. 10 mit Fn. 29, der ausdrücklich betont, eine „Verhandlung" könne auch schriftlich erfolgen. Zur Begründung verweist er auf § 128 Abs. 3 S. 1 ZPO, nach dessen bis zum 31. Dezember 2001 geltender Fassung (aufgehoben durch das ZPO-Reformgesetz vom 27. Juli 2001, BGBl. I S. 1887) das Gericht anordnen konnte, daß „schriftlich zu verhandeln ist". Dabei handelte es sich jedoch um eine vereinzelte Formulierung, für die sich seit Aufhebung des § 128 Abs. 3 ZPO kein Beleg in der Gesetzessprache mehr findet. § 128 Abs. 3 ZPO n.F. orientiert sich am üblichen Sprachgebrauch, indem er von einer „Entscheidung ohne mündliche Verhandlung" spricht. Auch wenn die Begründung des der Neuregelung zugrundeliegenden Gesetzentwurfs (BR-Drucks. 536/00) auf diesen Aspekt nicht eingeht, spricht zumindest nach der Gesetzesänderung – und mangels weiterer Gesetzesbelege wohl auch vorher – nichts gegen das Verständnis, daß eine „Verhandlung" Mündlichkeit voraussetzt.

Aus den (gescheiterten) Gesetzentwürfen zur Einführung eines § 495 b ZPO (BT-Drucks. 13/11042, 14/163) folgt nichts anderes. Zwar haben sie die Terminologie des § 128 Abs. 3 ZPO a.F. verwendet, jedoch noch vor Aufhebung der Vorschrift.

a) Die Unanwendbarkeit von § 169 S. 1 GVG in schriftlichen Verfahren

Kein Raum für die Anwendung von § 169 S. 1 GVG verbleibt, soweit Verfahren wie das Strafbefehlsverfahren[259] oder das schriftliche Verfahren nach § 128 Abs. 2 ZPO bzw. einzelne Verfahrensabschnitte vollständig ohne mündliche Verhandlung stattfinden. Ob § 169 S. 1 GVG zur Anwendung kommt, hängt daher von der Entscheidung der jeweiligen Verfahrensordnung bzw. des Gerichts über die Durchführung einer mündlichen Verhandlung ab. Die von § 169 S. 1 GVG gewährte Öffentlichkeit ist akzessorisch zum Verfahrensrecht.

b) Der Umfang der Sitzung

Von der *Verhandlung* ist die *Sitzung* zu unterscheiden. Die Sitzung umfaßt die gesamte Verhandlung, geht jedoch noch über diese hinaus.[260] Neben den Zeiten unmittelbar vor Verhandlungsbeginn und nach Verhandlungsende gehören zur Sitzung auch kurze Verhandlungspausen,[261] sofern mit einer unmittelbar anschließenden Fortsetzung zu rechnen ist.[262] Die Sitzung wird daher auch durch die Beratung des Gerichts gem. §§ 192 ff. GVG nicht unterbrochen.[263] Gleiches gilt für eine kurze Pause zwischen der Verkündung einer Entscheidung und dem Aufruf der nächsten Sache.[264] Nicht zur Sitzung zählen längere Unterbrechungen wie eine mehrstündige Mittagspause.[265]

---

[259] *H. Jung*, in: GS für Hilde Kaufmann, 1986, S. 900 f., mit dem weiteren Beispiel des Strafvollzugsrechts (vgl. § 115 Abs. 1 StVollzG). Ungenau dagegen der pauschale Hinweis auf die Verfahren der Freiwilligen Gerichtsbarkeit. S. dazu unten Teil 2 B.III.2.b)aa), S. 98.

[260] *Pfeiffer*, StPO und GVG, 4. Aufl. 2002, § 176 GVG Rdnr. 2; *Katholnigg*, Strafgerichtsverfassungsrecht, 3. Aufl. 1999, § 176 GVG Rdnr. 2; *Schreiber*, in: Wieczorek/Schütze, ZPO und Nebengesetze, 5. Bd., 3. Aufl. 1995, § 176 GVG Rdnr. 4.

[261] BGHSt 44, 23 (25); *Meyer-Goßner*, StPO, 47. Aufl. 2004, § 176 GVG Rdnr. 2; *Maul*, MDR 1970, 286. Terminologisch verwirrend ist es, wenn Teile der Literatur (nur beispielhaft *Meyer-Goßner*, a. a. O.; *Kissel/Mayer*, GVG, 4. Aufl. 2005, § 176 Rdnr. 9; *Diemer*, in: Karlsruher Kommentar zur StPO, 5. Aufl. 2003, § 176 GVG Rdnr. 2) insofern von Sitzungspausen sprechen, die gleichwohl zur Sitzung gehören.

[262] *Gummer*, in: Zöller, ZPO, 25. Aufl. 2005, § 176 GVG Rdnr. 4. *Schreiber*, in: Wieczorek/Schütze, ZPO und Nebengesetze, 5. Bd., 3. Aufl. 1995, § 176 GVG Rdnr. 4, fordert darüber hinaus, daß das Gericht – sei es auch im Beratungszimmer – anwesend bleibt. Dem kann nicht gefolgt werden. Angesichts des Normzwecks des § 176 GVG wird die Sitzung auch dann nicht unterbrochen, wenn die Richter eine kurze Verhandlungspause nutzen, um beispielsweise ihre Dienstzimmer aufzusuchen.

[263] *Eb. Schmidt*, Lehrkommentar zur StPO und zum GVG, Teil III, 1960, § 176 GVG Rdnr. 2; *Wickern*, in: Löwe-Rosenberg, StPO und GVG, 7. Bd., 25. Aufl. 2003, § 176 GVG Rdnr. 8.

[264] *Kissel/Mayer*, GVG, 4. Aufl. 2005, § 176 Rdnr. 9.

[265] *Kissel/Mayer*, GVG, 4. Aufl. 2005, § 176 Rdnr. 9; *Meyer-Goßner*, StPO, 47. Aufl. 2004, § 176 GVG Rdnr. 2; *Wickern*, in: Löwe-Rosenberg, StPO und GVG, 7. Bd., 25. Aufl. 2003, § 176 GVG Rdnr. 8.

c) Der Umfang der Verhandlung

Im Gegensatz zur Sitzung beginnt die *Verhandlung* i.S.v. § 169 S. 1 GVG mit dem Aufruf der Sache; sie endet mit der Verkündung der Entscheidungen bzw. mit den erforderlichen Belehrungen.[266] Vor Verhandlungsbeginn und

---

[266] „Verhandlung" gem. § 169 S. 1 GVG ist im Strafprozeß die gesamte Hauptverhandlung i.S.d. §§ 226 ff. StPO (BGHSt 4, 279 [280 ff.]) einschließlich der Verhandlung nach § 441 Abs. 3 S. 1 StPO (*Kissel/Mayer*, GVG, 4. Aufl. 2005, § 169 Rdnr. 8). Sie beginnt mit dem Aufruf der Sache (§ 243 Abs. 1 S. 1 StPO). Obwohl nach der Formulierung des § 260 Abs. 1 StPO die Hauptverhandlung mit der Verkündung des Urteils schließt, sind die zeitlich nachfolgenden Nebenentscheidungen und Belehrungen noch Teil der Hauptverhandlung und damit Teil der Verhandlung gem. § 169 S. 1 GVG (*Wickern*, in: Löwe-Rosenberg, StPO und GVG, 7. Bd., 25. Aufl. 2003, § 169 GVG Rdnr. 7, unter zusätzlicher Einbeziehung des Zeitraums, den das Gericht bis zur Erledigung der ihm weiterhin obliegenden Aufgaben benötigt, die von *Wickern* jedoch nicht näher spezifiziert werden; zur Verkündung des Bewährungsbeschlusses in der Hauptverhandlung s. *Pfeiffer*, StPO und GVG, 4. Aufl. 2002, § 268 a StPO Rdnr. 1; *Meyer-Goßner*, StPO, 47. Aufl. 2004, § 268 a Rdnr. 6). Da das Gericht die Rechtsmittelbelehrung üblicherweise als letztes erteilt (vgl. *Meyer-Goßner*, StPO, 47. Aufl. 2004, § 268 c Rdnr. 4), wird die Dauer der Verhandlung mit der Formel „Vom Aufruf der Sache bis zur Rechtsmittelbelehrung" (*Schwarz*, AfP 1995, 354; *I. M. Pernice*, Öffentlichkeit und Medienöffentlichkeit, 2000, S. 68; *Maul*, MDR 1970, 286) für die meisten Fälle zutreffend umrissen.

Im Zivilprozeß darf die „Verhandlung" i.S.v. § 169 S. 1 GVG nicht ohne weiteres mit der „mündlichen Verhandlung" i.S.d. Prozeßrechts gleichgesetzt werden, da die Zivilprozeßordnung den Begriff in zwei unterschiedlichen Reichweiten gebraucht. Im engeren Sinne bezeichnet der Terminus die Verhandlung durch die Parteien vor dem erkennenden Gericht, also reine Parteitätigkeit ohne Beweisaufnahme, Entscheidungsverkündung etc.; die Dauer der Verhandlung in diesem Sinne bleibt hinter der des Termins zurück (vgl. *Hüßtege*, in: Thomas/Putzo, ZPO, 26. Aufl. 2004, § 220 Rdnr. 1). Im weiteren Sinne, und das ist der Anknüpfungspunkt für § 169 S. 1 GVG, ist hingegen die gemeinsame Behandlung des Rechtsstreits zwischen Parteien und Gericht in einem Termin einschließlich der Beweisaufnahme und der Verkündung der Entscheidung gemeint. Zu diesen beiden Bedeutungen *Rosenberg/Schwab/Gottwald*, Zivilprozessrecht, 16. Aufl. 2004, § 79 III, S. 505.

Konkret bedeutet das, daß auch im Zivilprozeß die Verhandlung i.S.v. § 169 S. 1 GVG mit dem Aufruf der Sache gem. § 220 Abs. 1 ZPO beginnt. Aus § 137 Abs. 1 ZPO, wonach die Verhandlung durch die Antragstellung eingeleitet wird, folgt nichts anderes (zutreffend *Katholnigg*, Strafgerichtsverfassungsrecht, 3. Aufl. 1999, § 169 GVG Rdnr. 4; *F. Burbulla*, Die Fernsehöffentlichkeit als Bestandteil des Öffentlichkeitsgrundsatzes, 1998, S. 60). Der Vorschrift ist nur zu entnehmen, daß die Antragstellung für die Wirksamkeit auch des sonstigen Parteivortrags unverzichtbar ist. Die Antragstellung muß nicht als erstes erfolgen. Abgesehen davon, daß zuvor (*Greger*, in: Zöller, ZPO, 25. Aufl. 2005, § 137 Rdnr. 1) der Aufruf der Sache (Beginn des Termins gem. § 220 Abs. 1 ZPO) und die Eröffnung der Verhandlung durch den Vorsitzenden erfolgen (§ 136 Abs. 1 ZPO), kann das Gericht weitere Punkte vor die Antragstellung ziehen (*Leipold*, in: Stein/Jonas, ZPO, Bd. 3, 22. Aufl. 2005, § 137 Rdnr. 4).

Weiter ist auch ein gem. § 370 ZPO zur Fortsetzung der Verhandlung bestimmter Beweisaufnahmetermin vor dem Prozeßgericht öffentlich (*Katholnigg*, Strafgerichtsverfassungsrecht, 3. Aufl. 1999, § 169 GVG Rdnr. 4; *Schreiber*, in: Wieczorek/Schütze, ZPO und Nebengesetze, 5. Bd., 3. Aufl. 1995, § 169 GVG Rdnr. 11; ebenso *M. Wolf*, in: Münchener Kommentar zur ZPO, Bd. 3, 2. Aufl. 2001, § 169 GVG Rdnr. 15, für *reine* Beweisaufnahmetermine; a.A. *Leipold*, in: Stein/Jonas, ZPO, Bd. 2, 21. Aufl. 1994, vor § 128 Rdnr. 116 [nur parteiöffentlich]). Ebenso gehört die Verkündung der Entscheidung nach der ausdrücklichen Anordnung in § 169 S. 1 GVG zur Verhandlung im Sinne dieser Vorschrift, obwohl § 136 Abs. 4 ZPO die Schließung

nach Verhandlungsende sowie in den Verhandlungspausen gilt § 169 S. 1 GVG nicht. Es wäre ohne Verstoß gegen den Öffentlichkeitsgrundsatz möglich, das Publikum z. B. in Pausen aus dem Saal zu weisen. In der Praxis spielen derartige Erwägungen regelmäßig keine Rolle. Die Zuschauer dürfen den Saal üblicherweise deutlich vor dem Gericht betreten. Ihnen ist gestattet, während kürzerer Verhandlungspausen im Saal zu bleiben, den sie nach Verhandlungsende erst nach dem Gericht wieder verlassen müssen.[267] Die Öffentlichkeit des Gerichtssaals besteht daher regelmäßig während der gesamten Sitzung.[268] Aus diesem Grund kommt es auf die exakten zeitlichen Grenzen der Verhandlung im Zusammenhang mit § 169 S. 1 GVG zumeist nicht an. Relevant werden die Grenzen erst für die Reichweite des Aufnahmeverbots des § 169 S. 2 GVG, das ebenfalls auf die Verhandlung beschränkt ist.[269]

d) Beratung und Abstimmung

Ebenfalls nicht zur Verhandlung gem. § 169 S. 1 GVG zählen die durch §§ 192 ff. GVG speziell geregelten Verfahrensabschnitte der gerichtlichen Beratung und Abstimmung. § 193 GVG schließt für sie nicht nur die Publikums-, sondern sogar die Parteiöffentlichkeit aus. Wenn Saalöffentlichkeit auch *während* der Beratung gewährt wird, ist das rein zeitlich zu verstehen und nur unter der Voraussetzung möglich, daß die Beratung – geheim – in einem anderen Raum stattfindet.

3. Die unverzichtbare Öffentlichkeit mündlicher Verhandlungen

a) Die fehlende Dispositionsbefugnis über die Öffentlichkeit

Sofern nach den Vorschriften der jeweiligen Verfahrensordnung eine mündliche Verhandlung stattfindet, steht deren Öffentlichkeit nicht zur Disposition der Verfahrensbeteiligten. Insbesondere können diese auf die Öffentlichkeit nicht wirksam verzichten,[270] da die Öffentlichkeit über den individuellen Schutz

---

der mündlichen Verhandlung nach vollständiger Erörterung der Sache vorsieht, worauf die Entscheidungsverkündung erst folgt.

[267] Nach *I. M. Pernice*, Öffentlichkeit und Medienöffentlichkeit, 2000, S. 69, folgt die Öffentlichkeit des Sitzungssaals außerhalb der Verhandlung aus dem Status des Gerichtsgebäudes als öffentlicher Sache. Diese Sichtweise ist nicht zwingend. Bereits aus § 169 S. 1 GVG läßt sich die Pflicht entnehmen, den Zuschauern den Zutritt so rechtzeitig zu ermöglichen, daß sie den Verhandlungsbeginn bereits im Saal mitverfolgen können.

[268] Dazu *Wickern*, in: Löwe-Rosenberg, StPO und GVG, 7. Bd., 25. Aufl. 2003, § 169 GVG Rdnr. 7.

[269] Unten Teil 5 A.IV.2., S. 321 f.

[270] *Katholnigg*, Strafgerichtsverfassungsrecht, 3. Aufl. 1999, § 169 GVG Rdnr. 9; *Albers*, in: Baumbach/Lauterbach/Albers/Hartmann, ZPO, 63. Aufl. 2005, Übers § 169 GVG Rdnr. 2; *Pfeiffer*, StPO und GVG, 4. Aufl. 2002, § 169 GVG Rdnr. 7; *Ranft*, Jura 1995, 575; a.A. BFHE

der Beteiligten hinaus Allgemeininteressen wie der Kontrolle des Verfahrens durch die Allgemeinheit[271] dient.[272] Das gilt auch dann, wenn eine mündliche Verhandlung durchgeführt wird, die von der betreffenden Verfahrensordnung nicht obligatorisch vorgeschrieben, sondern lediglich zugelassen ist.

Aus § 52 Abs. 2 FGO, wonach die Öffentlichkeit auf Antrag eines anderen Beteiligten als der Finanzbehörde ausgeschlossen werden muß, folgt nichts anderes. Die Norm ist eine Besonderheit des finanzgerichtlichen Verfahrens. Auf Grund ihres Charakters als (regelbestätigender) Ausnahme eignet sie sich nicht als Basis für Analogieschlüsse. Gleiches gilt für § 171 b Abs. 2 GVG, der den Ausschluß der Öffentlichkeit auf Antrag des in seinem persönlichen Lebensbereich Betroffenen vorsieht und insofern ebenfalls Ausnahmecharakter besitzt.[273]

b) Die Möglichkeiten der Einflußnahme auf die Mündlichkeit

Allerdings können die Prozeßbeteiligten die Realisierung von Publikumsöffentlichkeit mittelbar beeinflussen, wenn und soweit ihnen die jeweilige Verfahrens-

---

161, 427 (428 f.); *Koch*, in: Gräber, FGO, 5. Aufl. 2002, § 52 Rdnr. 6. Im Zivilprozeß kommt im Fall einer Verletzung der Öffentlichkeit wegen deren Unverzichtbarkeit § 295 Abs. 2 ZPO zur Anwendung (*Gummer*, in: Zöller, ZPO, 25. Aufl. 2005, § 169 GVG Rdnr. 13; *M. Wolf*, in: Münchener Kommentar zur ZPO, Bd. 3, 2. Aufl. 2001, § 169 GVG Rdnr. 28). – Zur Verzichtbarkeit der Öffentlichkeit nach Art. 6 Abs. 1 EMRK unten Teil 2 B.III.2.b)bb), S. 99 f.

[271] Weitere Hauptziele sind die Stärkung der richterlichen Unabhängigkeit durch Schutz vor Einflußnahme sowie die Schaffung allgemeinen Vertrauens in die Rechtspflege, die nicht durch eine Tätigkeit hinter verschlossenen Türen Argwohn und Mißdeutungen ausgesetzt sein soll. Zu den einzelnen Zielen RGSt 70, 109 (112); BGHSt 9, 280 (281); 21, 72 (73); 22, 297 (301); 27, 13 (15); *Kissel/Mayer*, GVG, 4. Aufl. 2005, § 169 Rdnr. 3; *Kopp/Schenke*, VwGO, 13. Aufl. 2003, § 55 Rdnr. 2; *Wickern*, in: Löwe-Rosenberg, StPO und GVG, 7. Bd., 25. Aufl. 2003, Vor § 169 GVG Rdnrn. 2 ff.; *Schreiber*, in: Wieczorek/Schütze, ZPO und Nebengesetze, 5. Bd., 3. Aufl. 1995, § 169 GVG Rdnr. 4. Ungeachtet eines gewissen Bedeutungswandels der Gerichtsöffentlichkeit und einer Gewichtsverlagerung hin zur Medienöffentlichkeit als maßgeblich relevanter Öffentlichkeitsform haben diese Ziele der Publikumsöffentlichkeit ihre prinzipielle Berechtigung behalten (*M. Wolf*, in: Münchener Kommentar zur ZPO, Bd. 3, 2. Aufl. 2001, § 169 GVG Rdnr. 1); sie wirken zumindest latent-präventiv fort (*Schilken*, Gerichtsverfassungsrecht, 3. Aufl. 2003, Rdnr. 155).

Näher zu den Zwecken und Funktionen der Öffentlichkeit unten Teil 3, S. 161 ff.

[272] *Wickern*, in: Löwe-Rosenberg, StPO und GVG, 7. Bd., 25. Aufl. 2003, § 169 GVG Rdnr. 56; *Kissel/Mayer*, GVG, 4. Aufl. 2005, § 169 Rdnrn. 19, 58.

[273] Zum Ausnahmecharakter von § 171 b Abs. 2 GVG *M. Wolf*, in: Münchener Kommentar zur ZPO, Bd. 3, 2. Aufl. 2001, § 169 GVG Rdnr. 24. – Gegen die Möglichkeit eines Verzichts auch *Schreiber*, in: Wieczorek/Schütze, ZPO und Nebengesetze, 5. Bd., 3. Aufl. 1995, § 169 GVG Rdnr. 29, unter Hinweis darauf, daß § 171 b Abs. 2 GVG im Falle einer voraussetzungslosen Verzichtsmöglichkeit funktionslos wäre. Das überzeugt letztlich nicht: Selbst wenn auf die Öffentlichkeit ohne weitere Voraussetzungen verzichtet werden könnte, wäre das Gericht im Falle eines Verzichts nicht zum Ausschluß der Öffentlichkeit verpflichtet. Insofern bliebe für die von § 171 b Abs. 2 GVG angeordnete Pflicht zur nichtöffentlichen Verhandlung noch ein eigener Anwendungsbereich.

ordnung Einfluß auf die Entscheidung zwischen einer mündlichen – und damit öffentlichen – Verhandlung und einem rein schriftlichen Verfahren einräumt. Beispielsweise hängt die Durchführung eines schriftlichen Verfahrens im Zivilprozeß nach § 128 Abs. 2 ZPO von der Zustimmung der Parteien ab. Umgekehrt läßt sich durch den Einspruch gegen einen Strafbefehl[274] oder durch den Antrag auf mündliche Verhandlung nach einem Gerichtsbescheid im Verwaltungsprozeß[275] eine mündliche Verhandlung erzwingen.[276]

Ungeachtet dieser Einflußmöglichkeiten bleibt es dabei, daß eine Prozeßpartei auf die Öffentlichkeit einer mündlichen Verhandlung nicht wirksam verzichten kann. Das gilt sogar in den Fällen, in denen die Partei auf die mündliche Verhandlung hätte verzichten können bzw. in denen die Partei die mündliche Verhandlung erst herbeigeführt hat.

Im Zivilprozeß begründet § 128 Abs. 2 ZPO kein Recht, auf die Öffentlichkeit zu verzichten. Zum einen liegt der Verzicht auf die mündliche Verhandlung selbst bei einer Zustimmung der Parteien noch im Ermessen des Gerichts.[277] Insofern steht die Mündlichkeit nicht einmal mittelbar zur vollständigen Disposition der Parteien. Zum anderen ist der Wegfall der von § 169 S. 1 GVG garantierten Öffentlichkeit ein bloßer Reflex, nicht aber der Zweck des schriftlichen Verfahrens nach § 128 Abs. 2 ZPO. Daher beinhaltet das (ohnehin eingeschränkte) Recht, auf die *Mündlichkeit* zu verzichten, von vornherein kein Recht, auf die *Öffentlichkeit* zu verzichten.[278]

Im Strafbefehlsverfahren hingegen dient die Schriftlichkeit zwar anerkanntermaßen (auch) dem Interesse des Bürgers, das Verfahren „ohne Aufsehen" erledigen zu können.[279] Der Wegfall der öffentlichen Verhandlung ist daher mehr als ein bloßer Reflex. Jedoch hat der Beschuldigte keine Möglichkeit, in rechtlich verbindlicher Weise auf einen Strafbefehl hinzuwirken, um eine mündliche Hauptverhandlung zu vermeiden. Sein Einfluß beschränkt sich vielmehr darauf,

---

274 §§ 410 Abs. 1, 411 Abs. 1 S. 2 StPO.

275 § 84 Abs. 2 Nrn. 2, 4, 5, Abs. 3 VwGO.

276 Gleiches galt für § 128 Abs. 3 S. 1, 4 ZPO in der Fassung des Gesetzes vom 17. Dezember 1990 (BGBl. I S. 2847), aufgehoben durch das ZPO-Reformgesetz vom 27. Juli 2001, BGBl. I S. 1887. Danach konnte das Gericht bei Streitigkeiten über bestimmte vermögensrechtliche Ansprüche geringer Höhe schriftliche Verhandlung anordnen, hatte diese Anordnung auf Antrag einer Partei jedoch wieder aufzuheben.

277 *M. Wolf*, in: Münchener Kommentar zur ZPO, Bd. 3, 2. Aufl. 2001, § 169 GVG Rdnr. 25. Ebenso zu § 101 Abs. 2 VwGO *Meissner*, in: Schoch/Schmidt-Aßmann/Pietzner, VwGO, § 55 Rdnr. 23. Anders BFHE 161, 427 (428 f.), wonach aus der entsprechenden Vorschrift des § 90 Abs. 2 FGO (sowie § 52 Abs. 2 FGO) folgt, daß das Prinzip der Öffentlichkeit im finanzgerichtlichen Verfahren gelockert ist.

278 So jetzt auch *Schreiber*, in: Wieczorek/Schütze, ZPO und Nebengesetze, 5. Bd., 3. Aufl. 1995, § 169 GVG Rdnr. 29, unter Hinweis in Fn. 112, 116 auf die in der Vorauflage vertretene Gegenauffassung, gegen die sich der Widerspruch von *Kissel/Mayer*, GVG, 4. Aufl. 2005, § 169 Rdnr. 58, richtet.

279 BVerfGE 25, 158 (165).

nach Erlaß eines Strafbefehls als Angeklagter Einspruch einzulegen und damit eine mündliche Verhandlung erst herbeizuführen.[280] Dann aber kann er auf deren Öffentlichkeit nicht verzichten. Zudem stehen auch hier die objektiven Zwecke der Öffentlichkeit einem wirksamen Verzicht entgegen.

Wenn also eine mündliche Verhandlung stattfindet, hat dies nach den für sie geltenden zwingenden Vorschriften zu erfolgen,[281] zu denen auch und gerade § 169 S. 1 GVG zählt.

4. Die Öffentlichkeit nur der Verhandlung vor dem erkennenden Gericht

Öffentlich sind lediglich Verhandlungen vor dem *erkennenden* Gericht. Das ist der Spruchkörper, der die Endentscheidung *in der Sache* zu treffen hat.[282] Im e-contrario-Schluß folgt daraus zugleich die Nichtöffentlichkeit sämtlicher anderer mündlicher Verhandlungen[283] wie etwa der Verhandlung über den Ausschluß des Verteidigers gem. § 138 d Abs. 1 StPO sowie einer gem. § 118 Abs. 1 StPO möglichen mündlichen Verhandlung bei der Haftprüfung.[284] Entsprechendes gilt bei der Beweisaufnahme durch den beauftragten oder ersuchten Richter[285] und – sofern hier überhaupt mündlich verhandelt wird –[286] bei Verhandlungen im Mahn- und Zwangsvollstreckungsverfahren.[287]

---

[280] Vergleichbar ist die Situation, daß eine Partei trotz ausdrücklicher Anfrage des Gerichts, das ein schriftliches Verfahren anstrebt, die Zustimmung nach § 128 Abs. 2 ZPO verweigert und so eine mündliche Verhandlung erzwingt.

[281] So für den Zivilprozeß *Kissel/Mayer*, GVG, 4. Aufl. 2005, § 169 Rdnr. 58; *Schreiber*, in: Wieczorek/Schütze, ZPO und Nebengesetze, 5. Bd., 3. Aufl. 1995, § 169 GVG Rdnr. 29.

[282] *Kissel/Mayer*, GVG, 4. Aufl. 2005, § 169 Rdnr. 10; *M. Wolf*, Gerichtsverfassungsrecht aller Verfahrenszweige, 6. Aufl. 1987, § 25 II 3, S. 247; *I. M. Pernice*, Öffentlichkeit und Medienöffentlichkeit, 2000, S. 69. Zur Geltung des Öffentlichkeitsgrundsatzes auch in der Güteverhandlung nach § 278 Abs. 2 ZPO *Greger*, in: Zöller, ZPO, 25. Aufl. 2005, § 278 Rdnr. 12.

[283] *Kissel/Mayer*, GVG, 4. Aufl. 2005, § 169 Rdnr. 11; *Wickern*, in: Löwe-Rosenberg, StPO und GVG, 7. Bd., 25. Aufl. 2003, § 169 GVG Rdnr. 6.

[284] *Kissel/Mayer*, GVG, 4. Aufl. 2005, § 169 Rdnr. 10; *Diemer*, in: Karlsruher Kommentar zur StPO, 5. Aufl. 2003, § 169 GVG Rdnr. 3.

[285] BVerwG NVwZ-RR 1989, 167 f.; *Kopp/Schenke*, VwGO, 13. Aufl. 2003, § 55 Rdnr. 4; *Redeker/v. Oertzen*, VwGO, 14. Aufl. 2004, § 55 Rdnr. 1; *Meissner*, in: Schoch/Schmidt-Aßmann/Pietzner, VwGO, § 55 Rdnr. 15. *M. Wolf*, in: Münchener Kommentar zur ZPO, Bd. 3, 2. Aufl. 2001, § 169 GVG Rdnr. 19, sowie *Schreiber*, in: Wieczorek/Schütze, ZPO und Nebengesetze, 5. Bd., 3. Aufl. 1995, § 169 GVG Rdnr. 12, weisen auf die Möglichkeit hin, daß sich das Begehren nach Hinzuziehung eines unbeteiligten Dritten auf Art. 6 Abs. 1 EMRK stützen läßt.

[286] Dazu *M. Wolf*, Gerichtsverfassungsrecht aller Verfahrenszweige, 6. Aufl. 1987, S. 247; *M. Wolf*, in: Münchener Kommentar zur ZPO, Bd. 3, 2. Aufl. 2001, § 169 GVG Rdnr. 16. S. auch *Schreiber*, in: Wieczorek/Schütze, ZPO und Nebengesetze, 5. Bd., 3. Aufl. 1995, § 169 GVG Rdnr. 10.

[287] *Kissel/Mayer*, GVG, 4. Aufl. 2005, § 169 Rdnr. 11; *I. M. Pernice*, Öffentlichkeit und Medienöffentlichkeit, 2000, S. 69.

II. Saalöffentlichkeit im Landes(verfassungs)recht

Auch das Landesrecht enthält Vorschriften zur Saalöffentlichkeit. Zum einen verweisen die Prozeßordnungen nahezu sämtlicher Landesverfassungsgerichte zumindest mittelbar auf § 169 S. 1 GVG.[288] Zum anderen sehen die Landesverfassungen von Bayern, Brandenburg und Sachsen Saalöffentlichkeit ausdrücklich vor,[289] so daß deren (Landes-)Verfassungsrang in diesen Ländern außer Frage steht.

1. Die prinzipielle Zulässigkeit landesverfassungsrechtlicher Regelungen

Soweit diese Bestimmungen in inhaltlicher Übereinstimmung mit dem Bundesrecht Öffentlichkeit vorsehen oder Gründe für deren Ausschluß anordnen, werfen sie keine besonderen Schwierigkeiten auf. Insbesondere steht ihrer Gültigkeit die Kompetenzordnung des Grundgesetzes nicht entgegen. Zwar hat der Bund die Öffentlichkeit der Verhandlung unter Inanspruchnahme seiner Kompetenz aus Art. 74 Abs. 1 Nr. 1 GG (Gerichtsverfassung, gerichtliches Verfahren)[290] i. V. m. 72 Abs. 2 GG abschließend geregelt. Die daraus resultierende Sperrwirkung des Art. 72 Abs. 1 GG betrifft jedoch die hier in Rede stehenden Regelungen der Länder nicht. Nach richtiger, wenn auch umstrittener Auffassung gelten die Kompetenzverteilungsregeln der Art. 30, 70 ff. GG nur für den einfachen Landesgesetzgeber, nicht aber für den Landesverfassungsgeber.[291]

---

[288] § 10 BaWüStGHG; Art. 24 Abs. 5 BayVerfGHG; § 15 BerlVerfGHG; § 12 Abs. 1 BremStGHG (i. V. m. § 17 BVerfGG); § 16 Abs. 2 HambVerfGG; § 16 Abs. 1 S. 1 HessStGHG; § 13 MecklLVerfGG; § 12 Abs. 1 NdsStGHG (i. V. m. § 17 BVerfGG); § 13 Abs. 1 NRWVerfGHG (i. V. m. § 55 VwGO); § 12 RhPfVerfGHG; § 11 SaarlVerfGHG; § 10 Abs. 1 SächsVerfGHG (i. V. m. § 17 BVerfGG); § 33 Abs. 1 SachsAnhVerfGHG; § 12 S. 2 ThürVerfGHG. – Eine Ausnahme stellt neuerdings die Rechtslage in Brandenburg dar. Dort hatte zunächst über den Verweis in § 13 Abs. 1 BbgVerfGG (i. V. m. § 55 VwGO) ebenfalls § 169 S. 1 GVG gegolten. Mittlerweile ordnet § 22 a Abs. 1 BbgVerfGG selbst die Öffentlichkeit der mündlichen Verhandlung sowie der Entscheidungsverkündung an.

[289] Art. 90 BayVerf.: Die Verhandlungen vor allen Gerichten sind öffentlich. Bei Gefährdung der Staatssicherheit oder der öffentlichen Sittlichkeit kann die Öffentlichkeit durch Gerichtsbeschluß ausgeschlossen werden.

Art. 52 Abs. 4 BbgVerf.: Jeder hat Anspruch auf ein faires und zügiges Verfahren vor einem unabhängigen und unparteiischen Gericht. Die Öffentlichkeit darf nur nach Maßgabe des Gesetzes ausgeschlossen werden.

Art. 78 Abs. 3 SächsVerf.: Jede Person hat Anspruch auf ein gerechtes, zügiges und öffentliches Verfahren und das Recht auf Verteidigung. Die Öffentlichkeit darf nur nach Maßgabe des Gesetzes ausgeschlossen werden.

[290] Zu den Überschneidungen von Gerichtsverfassungs- und Verfahrensrecht gerade bei den Regelungen über die Öffentlichkeit *Schilken*, Gerichtsverfassungsrecht, 3. Aufl. 2003, Rdnr. 157.

[291] *Wermeckes*, DÖV 2002, 113; *Jutzi*, Landesverfassungsrecht und Bundesrecht, 1982, S. 21; *Jutzi*, ThürVBl. 1993, Sonderheft, B 16; *Jutzi*, JA 1999, 902 f.; *Pietzcker*, in: HStR IV,

2. Abweichungen des Landesverfassungsrechts vom Bundesrecht

Allerdings weicht der Wortlaut der landesverfassungsrechtlichen Vorschriften von den Bestimmungen des einfachen Bundesrechts ab. Das führt zu der Frage, ob zwischen den beiden Regelungsebenen inhaltliche Divergenzen vorliegen und wie diese ggf. zu behandeln sind. Konkret geht es darum, ob das Landesverfassungsrecht Öffentlichkeit dort zwingend vorsieht, wo Nichtöffentlichkeit vom Bundesrecht vorgeschrieben ist oder zumindest ermöglicht wird.[292] Ein Gericht des jeweiligen Landes, das als Landesorgan prinzipiell an seine Landesverfassung gebunden ist, müßte im Rahmen dieses Normenkonflikts die Frage nach der Gültigkeit und der Relevanz der landesverfassungsrechtlichen Regelung aufwerfen – und sie mit Art. 31 GG beantworten, so daß sich das Bundesrecht in jedem Fall durchzusetzen vermag. Voraussetzung dafür ist jedoch, daß überhaupt eine Normenkollision im Sinne unvereinbarer Rechtsfolgen vorliegt.[293] Andernfalls kommt Art. 31 GG als Kollisionsnorm nicht zur Anwendung.

Überschießende landesverfassungsrechtliche Öffentlichkeit ist in zwei Konstellationen vorstellbar. Zum einen kann eine Landesverfassung den Anwendungsbereich der Öffentlichkeit weiter fassen als § 169 S. 1 GVG. Zum anderen können die landesverfassungsrechtlichen Gründe für den Ausschluß der Öffentlichkeit hinter denen des (einfachen) Bundesrechts zurückbleiben.

a) Der weiter gefaßte Anwendungsbereich der Öffentlichkeit

aa) Bayern

Die erstgenannte Situation kommt in Bayern in Betracht. Während § 169 S. 1 GVG die Öffentlichkeit der Verhandlung nur vor dem *erkennenden* Gericht vorsieht, sind nach Art. 90 S. 1 BayVerf. die Verhandlungen vor *allen* Gerichten öffentlich. Bei einem unbefangenen Textverständnis liegt darin eine Abweichung,[294] die beispielsweise Verhandlungen vor dem beauftragten oder ersuchten

---

2. Aufl. 1999, § 99 Rdnr. 35; *Dreier*, in: Dreier, GG, Bd. II, 1998, Art. 31 Rdnr. 29; *Heckmann*, Geltungskraft und Geltungsverlust von Rechtsnormen, 1997, S. 319; *v. Coelln*, Anwendung von Bundesrecht nach Maßgabe der Landesgrundrechte?, 2001, S. 173 ff., m. w. N. pro et contra; a.A. *Maunz*, in: Maunz/Dürig, GG, Art. 31 Rdnr. 21; *Graf Vitzthum*, VVDStRL Heft 46 (1988), S. 12 Fn. 21; *März*, Bundesrecht bricht Landesrecht, 1989, S. 183 ff.; *Lemhöfer*, NJW 1996, 1717 f.

[292] Die gleiche Problemlage würde sich in der umgekehrten Konstellation ergeben, daß die Landesverfassung die Nichtöffentlichkeit einer Verhandlung vorschreibt oder ermöglicht, die nach Bundesrecht öffentlich stattfinden muß. Dabei handelt es sich jedoch (derzeit) um ein theoretisches Problem, das sich mangels entsprechender landesverfassungsrechtlicher Vorschriften de lege lata nicht stellt.

[293] Dazu *v. Coelln*, Anwendung von Bundesrecht nach Maßgabe der Landesgrundrechte?, 2001, S. 182 ff.

[294] S. auch *Wickern*, in: Löwe-Rosenberg, StPO und GVG, 7. Bd., 25. Aufl. 2003, Vor § 169 GVG Rdnr. 6 Fn. 19.

Richter betrifft.[295] Zur Normenkollision käme es bei dieser Interpretation durch den angesprochenen Umkehrschluß, nach dem aus § 169 S. 1 GVG die Nichtöffentlichkeit aller anderen Verhandlungen als der vor dem erkennenden Gericht folgt.[296] Vermeiden ließe sich die Kollision durch einen Verzicht auf den vom Wortlaut des § 169 S. 1 GVG nicht zwingend gebotenen Umkehrschluß. Die Vorschrift wäre nach dieser Lösung landesfreundlich[297] dahingehend auszulegen, daß sie die Öffentlichkeit der Verhandlungen vor dem erkennenden Gericht verbindlich anordnet, ohne damit eine negative Aussage über die Öffentlichkeit weiterer Verhandlungen zu treffen.

Diese Überlegung, die Kollision vom Bundesrecht her zu vermeiden, würde sicherlich auf erheblichen Widerstand stoßen. Sie muß jedoch nicht vertieft werden. Folgt man der maßgeblich auf die Entstehungsgeschichte des Art. 90 BayVerf. abstellenden Rechtsprechung des *Bayerischen Verfassungsgerichtshofs*, so löst sich das Problem von der Landesseite her: Art. 90 BayVerf. will danach keinen neuen Rechtssatz begründen, sondern an einen bestehenden Grundsatz des Gerichtsverfassungs- sowie des Prozeßrechts anknüpfen und diesen in der Verfassung verankern. Die Grenzen der Öffentlichkeit im einfachen Bundesrecht determinieren danach auch den Geltungsbereich des Öffentlichkeitsgrundsatzes im bayerischen Verfassungsrecht.[298]

bb) Sachsen

Ein ähnliches Problem ergibt sich in Sachsen. Nach Art. 78 Abs. 3 S. 1 SächsVerf. hat jede Person Anspruch auf ein gerechtes, zügiges und öffentliches *Verfahren*.[299] Das führt zu der Frage, ob die Sächsische Verfassung die Öffentlichkeit des gerichtlichen Verfahrens über die mündliche Verhandlung hinaus garantiert. Immerhin bezieht sich § 169 S. 1 GVG nach der hier vertretenen

---

[295] Zu weiteren Verhandlungen, die nicht vor dem erkennenden Gericht stattfinden, oben Teil 2 B.I.4., S. 90.

[296] So *Kissel/Mayer*, GVG, 4. Aufl. 2005, § 169 Rdnr. 11; *Wickern*, in: Löwe-Rosenberg, StPO und GVG, 7. Bd., 25. Aufl. 2003, § 169 GVG Rdnr. 6. S. dazu bereits oben Teil 2 B.I.4., S. 90.

[297] Für die kollisionsvermeidende landesfreundliche Auslegung von Bundesrecht als ein Mittel zur Bestandssicherung landesverfassungsrechtlicher Normen *Wermeckes*, DÖV 2002, 112, m. w. N.

[298] BayVerfGHE 5, 30 (39); 43, 107 (132). Zwar beziehen sich die dortigen Ausführungen konkret auf die hinter dem einfachen Bundesrecht zurückbleibenden Ausschlußgründe des Art. 90 S. 2 BayVerf. (näher dazu sogleich Teil 2 B.II.2.b), S. 94 f.) bzw. auf Verfahren der Freiwilligen Gerichtsbarkeit, für die § 169 S. 1 GVG mangels Bezugnahme in § 8 FGG nicht gilt (dazu näher unten Teil 2 B.III.2.b)aa), S. 98). Die allgemein gehaltenen Aussagen sind jedoch auf die hier in Rede stehende Konstellation übertragbar.

[299] Entgegen *Schilken*, Gerichtsverfassungsrecht, 3. Aufl. 2003, Rdnr. 161, gilt der Grundsatz der Öffentlichkeit daher nicht „nach allen einschlägigen Regelungen (nur) für ‚Verhandlungen' …".

Auffassung[300] gerade deshalb nur auf die *mündliche* Verhandlung, weil er den Begriff der *Verhandlung* (im Gegensatz zum *Verfahren*) verwendet.

Diskutiert wird eine derartig weite Bedeutung des Art. 78 Abs. 3 S. 1 SächsVerf., soweit ersichtlich, nicht. Die Öffentlichkeit des *Verfahrens* wird vielmehr im selben Sinne wie die Öffentlichkeit der *Verhandlung* gem. § 169 S. 1 GVG aufgefaßt,[301] ohne daß die sprachliche Abweichung erörtert wird.

Diese pragmatische Lösung vermeidet zwar die Kollision mit dem Bundesrecht, die ein über die Verhandlung hinausreichendes Öffentlichkeitsgebot etwa im Hinblick auf Akteneinsichtsrechte zur Folge hätte. Dafür nimmt sie jedoch eine andere Schwierigkeit in Kauf. Art. 78 Abs. 3 S. 1 SächsVerf. enthält neben dem Anspruch auf ein *öffentliches* Verfahren zugleich den Anspruch auf ein *zügiges* Verfahren. Diese Gewährleistung läßt sich keinesfalls auf die mündliche Verhandlung reduzieren, sondern schließt sämtliche anderen Verfahrensabschnitte sowie schriftliche Verfahren mit ein. Die Vermeidung von Kollisionen mit dem Bundesrecht ist insofern nur um den Preis zu haben, daß der Begriff des „Verfahrens“ innerhalb von Art. 78 Abs. 3 S. 1 SächsVerf. unterschiedlich weit interpretiert wird.

cc) Brandenburg

In Brandenburg stellt sich das Problem nicht in gleicher Schärfe. Zwar garantiert auch Art. 52 Abs. 4 S. 1 BbgVerf. ein faires und zügiges *Verfahren*, nicht jedoch dessen Öffentlichkeit. Erst Art. 52 Abs. 4 S. 2 BbgVerf. bestimmt, daß „die Öffentlichkeit“ nur nach Maßgabe des Gesetzes ausgeschlossen werden darf. Daher ist es möglich, Satz 2 allein auf mündliche Verhandlungen zu beziehen, ohne daß ein Konflikt mit dem Erfordernis des fairen und zügigen Verfahrens zu besorgen ist.

b) Die enger gefaßten Gründe für den Ausschluß der Öffentlichkeit

Schließlich kommen Normenkollisionen dort in Betracht, wo die landesverfassungsrechtlichen Gründe für den Ausschluß der Öffentlichkeit hinter denen des Bundesrechts zurückbleiben.

Art. 90 S. 2 BayVerf. nennt als Ausschlußgrund lediglich die – bundesrechtlich in § 172 Nr. 1 Var. 1, 3 GVG geregelte – Gefährdung der Staatssicherheit oder der öffentlichen Sittlichkeit. Für ein bayerisches Gericht, das die Öffentlichkeit aus einem der weiteren Ausschlußgründe etwa des Gerichtsverfassungsgesetzes ausschließen will, ergibt sich dennoch keine Kollision der Landesverfassung

---

[300] Oben Teil 2 B.I.2., S. 84.

[301] *Baumann-Hasske*, in: Kunzmann/Haas/Baumann-Hasske, Die Verfassung des Freistaates Sachsen, 2. Aufl. 1997, Art. 78 Rdnr. 14; s. auch *Degenhart*, in: Degenhart/Meissner (Hrsg.), Handbuch der Verfassung des Freistaates Sachsen, 1997, § 7 Rdnr. 74.

mit dem Bundesrecht. Art. 90 S. 2 BayVerf. bestimmt nicht, zumindest nicht ausdrücklich, daß die Öffentlichkeit *nur* aus einem der beiden genannten Gründe ausgeschlossen werden darf. Insofern lassen sich die Ausschlußmöglichkeiten als nicht abschließend verstehen.[302] Diese Interpretation steht im Einklang mit der angesprochenen,[303] gerade im Hinblick auf die weiteren Ausschlußgründe des Bundesrechts entwickelten Rechtsprechung des *Bayerischen Verfassungsgerichtshofs*, der zufolge Art. 90 BayVerf. keinen neuen Rechtssatz begründen, sondern an das Gerichtsverfassungs- und Prozeßrecht (des Bundes) anknüpfen will.[304]

III. Saalöffentlichkeit auf der Grundlage internationaler Übereinkommen

Als Vorschriften internationalen Ursprungs sehen neben Art. 10 der Allgemeinen Erklärung über Menschenrechte der Vereinten Nationen[305] auch Art. 14 Abs. 1

---

[302] A.A. *Schweiger*, in: Nawiasky/Schweiger/Knöpfle, Die Verfassung des Freistaates Bayern, Art. 90 Rdnr. 2: Weitere Einschränkungen des Bundesrechts greifen gegenüber Art. 90 BayVerf. gem. Art. 31 GG durch.

[303] Oben Teil 2 B.II.2.a)aa), S. 92 f., mit Fn. 298.

[304] BayVerfGHE 5, 30 (39). In sich nicht vollständig stimmig ist es daher, wenn *Meder*, Die Verfassung des Freistaates Bayern, 4. Aufl. 1992, Art. 90 Rdnr. 2, zunächst die Rechtsprechung bestätigt, in Rdnr. 3 jedoch ausführt, die Vorschriften des Bundesprozeßrechts hätten in ihrem Anwendungsbereich den Vorrang, soweit sie bestimmen, daß die Öffentlichkeit auch aus anderen Gründen auszuschließen ist. Eines Vorrangs bedarf es vor dem Hintergrund der Judikatur des *Bayerischen Verfassungsgerichtshofs* gerade nicht.

Anders fällt die Beurteilung aus, wenn man entgegen der hier vertretenen Auffassung Art. 90 S. 2 BayVerf. als abschließende Regelung der Ausschlußgründe ansieht. In diesem Fall liegt eine die Rechtsfolge des Art. 31 GG auslösende Normenkollision jedenfalls dann vor, wenn das Bundesrecht einen über Art. 90 S. 2 BayVerf. hinausreichenden *zwingenden* Ausschlußgrund vorsieht.

Differenzierter Betrachtung bedürfen hingegen die Situationen, in denen das Bundesrecht den Ausschluß der Öffentlichkeit zwar nicht zwingend vorschreibt, jedoch aus Gründen, die das Landesverfassungsrecht nicht nennt, in das *Ermessen* des Gerichts stellt. Sofern die öffentliche Durchführung der Verhandlung aus Sicht des Bundesrechts ohne Ermessensfehler möglich ist, läßt sich das Vorliegen einer Normenkollision in derartigen Fällen verneinen. Das Landesverfassungsrecht engt den Ermessensspielraum in diesem Fall ein. Zu dieser Möglichkeit in anderem Zusammenhang *v. Coelln*, Anwendung von Bundesrecht nach Maßgabe der Landesgrundrechte?, 2001, S. 256 ff.; a.A. *Zacher*, in: Nawiasky/Schweiger/Knöpfle, Die Verfassung des Freistaates Bayern, IV Rdnr. 51.

[305] Vom 10. Dezember 1948. Dazu sowie zu parallelen Verbürgungen in der Erklärung der Grundrechte und Grundfreiheiten des Europäischen Parlaments vom 12. April 1989, im Kopenhagener Abschlußdokument über die menschlichen Dimensionen der KSZE vom 29. Juni 1990 sowie in Art. 40 des Übereinkommens über die Rechte des Kindes vom 20. November 1989 *Gollwitzer*, in: Löwe-Rosenberg, StPO und GVG, 6. Bd. 2. Teilbd., 24. Aufl. 1996, Art. 6 MRK/Art. 14 IPBPR Rdnr. 3.

des Internationalen Pakts über bürgerliche und politische Rechte[306] sowie vor allem Art. 6 Abs. 1 EMRK öffentliche Gerichtsverhandlungen vor.[307]

1. Die innerstaatliche Geltung und das generelle Verhältnis zum nationalen Recht

Die beiden letztgenannten Vorschriften entsprechen sich inhaltlich weitgehend.[308] Sie gelten in Deutschland kraft Transformation des Völkervertragsrechts in innerstaatliches Recht[309] unmittelbar und im Rang eines einfachen Gesetzes.[310] Trotz ihres fehlenden Verfassungsrangs sind sie bei der Auslegung des Grundgesetzes einschließlich seiner Grundrechte zu berücksichtigen. Später erlassene einfache Gesetze derogieren die transformierten Vorschriften der Konvention bzw. des Paktes vorbehaltlich einer ausdrücklichen Abweichung nicht, sondern sind im Einklang mit ihnen zu interpretieren.[311] Insgesamt kommt der Men-

---

[306] Vom 19. Dezember 1946.

[307] S. außerdem Art. 47 Abs. 2 S. 1 EU-Grundrechtecharta.

[308] *Wyss*, EuGRZ 1996, 6 Fn. 40; *Meyer-Goßner*, StPO, 47. Aufl. 2004, Vor Art. 1 MRK Rdnr. 7; *M. Wolf*, in: Münchener Kommentar zur ZPO, Bd. 3, 2. Aufl. 2001, § 169 GVG Rdnr. 5; *Gollwitzer*, in: Löwe-Rosenberg, StPO und GVG, 6. Bd. 2. Teilbd., 24. Aufl. 1996, Art. 6 MRK/ Art. 14 IPBPR Rdnr. 6. – Sofern eine der beiden Vorschriften über die andere hinausreicht, gilt nach Art. 60 EMRK bzw. Art. 5 Abs. 2 IPBPR die weitergehende Gewährleistung. Dazu näher *Gollwitzer*, in: Löwe-Rosenberg, StPO und GVG, 6. Bd. 2. Teilbd., 24. Aufl. 1996, Einl. MRK/IPBPR Rdnr. 27.

[309] EMRK: Gesetz v. 7. August 1952, BGBl. II S. 685; IPBPR: Gesetz v. 15. November 1973, BGBl. II S. 1533.

[310] *M. Wolf*, in: Münchener Kommentar zur ZPO, Bd. 3, 2. Aufl. 2001, § 169 GVG Rdnr. 5; *Schreiber*, in: Wieczorek/Schütze, ZPO und Nebengesetze, 5. Bd., 3. Aufl. 1995, § 169 GVG Rdnr. 6; *Gollwitzer*, in: Löwe-Rosenberg, StPO und GVG, 6. Bd. 2. Teilbd., 24. Aufl. 1996, Einl. MRK/IPBPR Rdnr. 19; *Langenfeld*, in: Kolloquium Georg Ress, 2002, S. 95; *Hoffmeister*, Der Staat Bd. 40 (2001), S. 364.

Speziell zur EMRK BVerfGE 10, 271 (274) (Art. 6 Abs. 1 EMRK als untaugliche Grundlage für eine Verfassungsbeschwerde); BVerfG NJW 2004, 3407 (3408); *Kissel/Mayer*, GVG, 4. Aufl. 2005, § 169 Rdnr. 82; *Meyer-Goßner*, StPO, 47. Aufl. 2004, Vor Art. 1 MRK Rdnr. 3; *M. Wolf*, Gerichtsverfassungsrecht aller Verfahrenszweige, 6. Aufl. 1987, § 25 I 2, S. 244; *Schilken*, Gerichtsverfassungsrecht, 3. Aufl. 2003, Rdnrn. 109, 158. Eher für eine Geltung nur für den Gesetzgeber und damit gegen eine unmittelbare Geltung noch BGHSt 23, 82 (84). Kritisch dazu *Zipf*, JuS 1973, 352.

Zur unterschiedlichen Stellung der Menschenrechtskonventionen in den Rechtsordnungen einzelner Mitgliedstaaten *Frowein*, in: Frowein/Peukert, EMRK, 2. Aufl. 1996, Einführung Rdnr. 6.

[311] *Gollwitzer*, in: Löwe-Rosenberg, StPO und GVG, 6. Bd. 2. Teilbd., 24. Aufl. 1996, Einl. MRK/IPBPR Rdnr. 22. Insofern wird die Regel „lex posterior derogat legi priori" eingeschränkt. Zwar könnte sich der Gesetzgeber innerstaatlich über die älteren Normen hinwegsetzen, jedoch würde er damit seine internationalen Verpflichtungen verletzen. Das ist nur bei ausdrücklichen bzw. eindeutigen Abweichungen anzunehmen. S. dazu auch *Langenfeld*, in: Kolloquium Georg Ress, 2002, S. 95.

Speziell zur EMRK BVerfGE 74, 358 (370); dazu *Grabenwarter*, VVDStRL Heft 60 (2001), S. 305 ff., mit Nachweisen zu früheren Ansätzen, der Menschenrechtskonvention Verfassungs-

schenrechtskonvention wegen ihres verbindlichen Rechtsschutzsystems und der umfangreichen Rechtsprechung der Konventionsorgane die größere praktische Bedeutung zu.[312]

Maßgebliche Rechtsgrundlage für die Öffentlichkeit vor deutschen Gerichten bleibt dennoch § 169 S. 1 GVG. Auch am Umfang der Öffentlichkeit ändert sich durch die Konvention bzw. durch den Pakt kaum etwas. §§ 169 ff. GVG entsprechen – vorbehaltlich der im Anschluß zu erörternden Einzelfragen – den Anforderungen der internationalen Übereinkommen.[313] Insofern sind sie durch diese (bzw. durch deren nationale Umsetzungsakte) nicht abgelöst oder umgestaltet, sondern lediglich gefestigt und mit übernationalem Rechtsschutz versehen worden.[314]

2. Die inhaltlichen Anforderungen der internationalen Übereinkommen

Auch nach Art. 6 Abs. 1 EMRK sowie nach Art. 14 Abs. 1 IPBPR muß allein die mündliche Verhandlung öffentlich durchgeführt werden; für weitere Verfahrensbestandteile gilt das Öffentlichkeitserfordernis nicht.[315] Unterschiede zu § 169 S. 1 GVG ergeben sich unter zwei Gesichtspunkten.

a) Der hinter § 169 S. 1 GVG zurückbleibende Anwendungsbereich

Die Übereinkommen betreffen nur zivilrechtliche Ansprüche und Verpflichtungen sowie strafrechtliche Anklagen. Öffentlich-rechtliche Streitigkeiten fallen daher in weitem Umfang, wenn auch nicht vollständig,[316] aus dem Anwendungsbereich der Vorschriften heraus.[317]

---

rang zuzusprechen, sowie mit dem Versuch, die Grundrechte der Menschenrechtskonvention über Art. 2 Abs. 1 GG verfassungsbeschwerdefähig zu machen.

[312] *Gollwitzer*, in: Löwe-Rosenberg, StPO und GVG, 6. Bd. 2. Teilbd., 24. Aufl. 1996, Vorbemerkung MRK/IPBPR S. II.

[313] So zu Art. 6 Abs. 1 EMRK *Kissel/Mayer*, GVG, 4. Aufl. 2005, § 169 Rdnr. 82, auch mit dem Hinweis, daß die Vorschrift dennoch zur Auslegung der §§ 169 ff. GVG heranzuziehen ist.

[314] *Gollwitzer*, in: Löwe-Rosenberg, StPO und GVG, 6. Bd. 2. Teilbd., 24. Aufl. 1996, Einl. MRK/IPBPR Rdnr. 22. Speziell zur EMRK *Meyer-Goßner*, StPO, 47. Aufl. 2004, Vor Art. 1 MRK Rdnr. 4; *Jescheck*, NJW 1954, 784. Anders noch *Herbst*, NJW 1969, 546 ff.; *Kühne*, NJW 1971, 224 ff., jeweils im Hinblick auf die seinerzeit nach der EMRK weitergehenden Möglichkeiten zum Ausschluß der Öffentlichkeit.

[315] *Gollwitzer*, in: Löwe-Rosenberg, StPO und GVG, 6. Bd. 2. Teilbd., 24. Aufl. 1996, Art. 6 MRK/Art. 14 IPBPR Rdnr. 92.

[316] Der Begriff des Zivilrechts i. S. v. Art. 6 Abs. 1 EMRK bemißt sich nicht nach nationalen, sondern nach europäischen Kategorien (*Meyer-Ladewig*, in: Schoch/Schmidt-Aßmann/Pietzner, VwGO, Vorb § 124 Rdnr. 27). Daher können auch solche Verfahren von Art. 6 Abs. 1 EMRK erfaßt werden, die nach nationalem Recht als verwaltungsrechtliche Streitigkeiten zu qualifizieren sind (*Schmidt-Aßmann*, in: Maunz/Dürig, GG, Art. 103 Abs. I Rdnr. 25). Zu Beispielen *B. Huber*, NVwZ 1992, 856 f.

[317] Zu Art. 6 Abs. 1 EMRK *Kissel/Mayer*, GVG, 4. Aufl. 2005, § 169 Rdnr. 83.

b) Die obligatorische mündliche Verhandlung

In anderer Hinsicht gehen die internationalen Übereinkommen über das deutsche Recht hinaus. § 169 S. 1 GVG gilt nur, *wenn* mündlich verhandelt wird. Im Unterschied dazu verlangen Art. 6 Abs. 1 EMRK sowie Art. 14 Abs. 1 IPBPR ausdrücklich, *daß* dies geschieht.[318] Konkret setzen sie voraus, daß in jedenfalls einer Tatsacheninstanz[319] eine mündliche Verhandlung stattfindet,[320] in der zwar nicht alle Einzelheiten, zumindest aber die zentralen Aspekte des Verfahrens in einer für Unbeteiligte verständlichen Weise zur Sprache kommen müssen.[321] Ob mündliche Verhandlungen in Zivilsachen diesem Kriterium (Verständlichkeit für Unbeteiligte) stets in vollem Umfang genügen, soll hier dahingestellt bleiben. Ein ausschließlich schriftliches Verfahren jedenfalls reicht nicht aus.[322] Lediglich reine Rechtsfragen dürfen in weiteren Instanzen schriftlich entschieden werden. Sofern dort jedoch mündlich verhandelt wird, hat dies wiederum öffentlich zu erfolgen.[323]

aa) Echte Streitsachen in der Freiwilligen Gerichtsbarkeit

Diese Abweichung von § 169 S. 1 GVG hat Konsequenzen. Mündliche Verhandlungen in der Freiwilligen Gerichtsbarkeit finden an sich nichtöffentlich statt: § 8 FGG, der die Anwendbarkeit gerichtsverfassungsrechtlicher Vorschriften regelt, verweist nicht auf § 169 GVG. Anders als bei Verfahren über rechtsfürsorgende Regelungen des Richters handelt es sich jedoch bei echten Streitsachen wie z.B. bei Wohnungseigentumssachen nach §§ 43 ff. WEG um „zivilrechtliche Ansprüche" im Sinne des Art. 6 Abs. 1 EMRK. Die Verhandlung muß daher grundsätzlich öffentlich stattfinden.[324]

---

[318] Dazu *Leipold*, in: Stein/Jonas, ZPO, Bd. 2, 21. Aufl. 1994, vor § 128 Rdnr. 115.

[319] Zur Entbehrlichkeit der öffentlichen Verhandlung in einer zweiten Tatsacheninstanz *Peukert*, in: Frowein/Peukert, EMRK, 2. Aufl. 1996, Art. 6 Rdnr. 118.

[320] EGMR NJW 1982, 2714 (2716 f.); BVerwGE 72, 59 (61).

[321] *Gollwitzer*, in: Löwe-Rosenberg, StPO und GVG, 6. Bd. 2. Teilbd., 24. Aufl. 1996, Art. 6 MRK/Art. 14 IPBPR Rdnr. 89. Im Widerspruch dazu steht die Aussage, die gebotene Anhörung müsse nicht in einer mündlichen Verhandlung erfolgen. So aber *Röhl*, NJW 1964, 275 Fn. 67; *Meyer-Goßner*, StPO, 47. Aufl. 2004, Art. 6 MRK Rdnr. 3, die jedoch nicht erklären, wie die ausdrücklich verlangte Öffentlichkeit der Anhörung ohne mündliche Verhandlung garantiert werden soll.

[322] Zu Stimmen, die bei Art. 6 EMRK Ausnahmen von der geforderten Mündlichkeit zulassen wollen, s. *Peukert*, in: Frowein/Peukert, EMRK, 2. Aufl. 1996, Art. 6 Rdnr. 117.

[323] *Peukert*, EuGRZ 1980, 268; *Gollwitzer*, in: Löwe-Rosenberg, StPO und GVG, 6. Bd. 2. Teilbd., 24. Aufl. 1996, Art. 6 MRK/Art. 14 IPBPR Rdnrn. 90 ff.

[324] BGHZ 124, 204 (208); *Kissel/Mayer*, GVG, 4. Aufl. 2005, § 169 Rdnr. 5; *M. Wolf*, in: Münchener Kommentar zur ZPO, Bd. 3, 2. Aufl. 2001, § 169 GVG Rdnr. 22; *Katholnigg*, Strafgerichtsverfassungsrecht, 3. Aufl. 1999, § 169 GVG Rdnr. 10. Darin liegt kein Widerspruch zu der vorangehenden Feststellung, daß die Menschenrechtskonvention nationales Recht nur festigt: Diese Aussage bezieht sich explizit auf nationale Vorschriften, die mit der Konvention übereinstimmen. Nicht übereinstimmende Vorschriften werden hingegen durch die Menschen-

bb) Die Dispositionsbefugnis der Verfahrensbeteiligten

Dagegen stehen die internationalen Übereinkommen den de lege lata möglichen schriftlichen Verfahren nicht entgegen. Aus dem Charakter der Konvention bzw. des Paktes läßt sich ableiten, daß ihre Öffentlichkeitsgarantie – anders als die des § 169 S. 1 GVG – gerade dem Individualrechtsschutz der Verfahrensbeteiligten dient. Daher sind Einschränkungen der Öffentlichkeit möglich, die die Interessen des Betroffenen nicht beeinträchtigen; der Betroffene kann wirksam auf die Öffentlichkeit verzichten.[325] Schriftliche Verfahren sind zulässig, sofern der Betroffene eine mündliche (und damit eine öffentliche) Verhandlung herbeiführen kann wie etwa durch den Verzicht auf die Zustimmung gem. § 128 Abs. 2 S. 1 ZPO,[326] weiter durch den Antrag auf mündliche Verhandlung nach einem Gerichtsbescheid im Verwaltungsprozeß[327] oder schließlich durch den Einspruch

rechte und Grundfreiheiten der Konvention abgeändert (*Kissel/Mayer*, GVG, 4. Aufl. 2005, § 169 Rdnr. 83).

M. Wolf, in: Münchener Kommentar zur ZPO, Bd. 3, 2. Aufl. 2001, § 169 GVG Rdnr. 9, weist darauf hin, daß § 169 S. 1 GVG den Öffentlichkeitsgrundsatz auf das *erkennende* Gericht beschränkt, während die englische Fassung der EMRK keine entsprechende Einschränkung enthält, so daß sich für Verhandlungen vor dem beauftragten oder ersuchten Richter (dazu oben Teil 2 B.I.4., S. 90) die Frage nach der Geltung des Öffentlichkeitsgrundsatzes auf Grund der Menschenrechtskonvention stellen könnte. Allerdings sieht neben der französischen Fassung („... qui décidera ..."), auf die *M. Wolf*, a. a. O., Fn. 9, selber hinweist, auch die deutsche Fassung des Art. 6 Abs. 1 EMRK Öffentlichkeit (nur) vor dem Gericht vor, das über die zivilrechtlichen Ansprüche und Verpflichtungen bzw. über die Stichhaltigkeit der strafrechtlichen Anklage „zu entscheiden hat". Unabhängig davon, ob man neben den jedenfalls maßgeblichen englischen und französischen Fassungen noch den deutschen Wortlaut für relevant hält (so BGHZ 45, 58 [68 f.]; a.A. *Meyer-Goßner*, StPO, 47. Aufl. 2004, Vor Art. 1 MRK Rdnr. 5, m. w. N. pro et contra), ist schon auf Grund der jedenfalls (auch) relevanten französischen Fassung die Erstreckung der Öffentlichkeit über die Verhandlung vor dem erkennenden Gericht hinaus nicht zwingend geboten.

[325] *M. Wolf*, in: Münchener Kommentar zur ZPO, Bd. 3, 2. Aufl. 2001, § 169 GVG Rdnr. 6; *Schreiber*, in: Wieczorek/Schütze, ZPO und Nebengesetze, 5. Bd., 3. Aufl. 1995, § 169 GVG Rdnr. 6.

[326] *Peukert*, EuGRZ 1980, 268. Gleiches galt für § 128 Abs. 3 S. 4 ZPO in der Fassung vor dem ZPO-Reformgesetz vom 27. Juli 2001, BGBl. I S. 1887. Leichte Zweifel scheinen insofern anzuklingen bei *Schmidt-Aßmann*, in: Maunz/Dürig, GG, Art. 103 Abs. I Rdnr. 26, der ausführt, man werde das schriftliche Verfahren gem. § 128 Abs. 3 ZPO noch als mit Art. 6 EMRK vereinbar ansehen können.

[327] Zur Anwendbarkeit des Art. 6 EMRK auf den Verwaltungsprozeß oben Fn. 316. – Zu Konsequenzen der obligatorischen öffentlichen Verhandlung s. weiter die Begründung des Entwurfs eines Sechsten Gesetzes zur Änderung der Verwaltungsgerichtsordnung und anderer Gesetze, BT-Drucks. 13/3993 S. 12: Die Einführung der allgemeinen Zulassungsberufung hätte für den Fall eines Gerichtsbescheids, der die Berufung nicht zuläßt, zu einem rein schriftlichen Verfahren geführt. Um Art. 6 Abs. 1 EMRK gerecht zu werden, sollte daher die Möglichkeit eines Antrags auf mündliche Verhandlung eingeführt werden. Realisiert wurde dies durch Gesetz v. 1. November 1996 (BGBl. I S. 1626) in § 84 Abs. 2 Nr. 1 VwGO, mittlerweile (durch Gesetz v. 20. Dezember 2001 [BGBl. I S. 3987]) in § 84 Abs. 2 Nr. 2 VwGO. S. dazu *Kopp/Schenke*, VwGO, 13. Aufl. 2003, § 84 Rdnr. 33, auch mit dem Hinweis auf die (str.) Möglichkeit, einen Antrag auf mündliche Verhandlung sogar im Fall einer Zulassung der Berufung gem. § 84

im Strafbefehlsverfahren. Auch diejenigen Gehalte der internationalen Öffentlichkeitsgarantie, die über den individuellen Rechtsschutz hinausreichen – wie etwa die Sicherung der Transparenz der Rechtspflege –, stehen der Wirksamkeit des Verzichts in einzelnen Verfahren nicht entgegen. Sie verlangen lediglich, daß die innerstaatliche Rechtsordnung ein grundsätzlich öffentliches Verfahren – und als dessen Grundlage eine mündliche Verhandlung – vorsieht, das dem einzelnen Beteiligten nicht gegen seinen Willen vorenthalten werden darf.[328]

Abs. 2 Nr. 1 VwGO zu stellen. Art. 6 Abs. 1 EMRK gebiete die analoge Anwendung von § 84 Abs. 2 Nr. 2 VwGO auch in dieser Konstellation. Zum „nicht unproblematischen" Verhältnis zwischen § 84 VwGO und Art. 6 EMRK näher *Clausing*, in: Schoch/Schmidt-Aßmann/Pietzner, VwGO, § 84 Rdnr. 6.

[328] *Gollwitzer*, in: Löwe-Rosenberg, StPO und GVG, 6. Bd. 2. Teilbd., 24. Aufl. 1996, Art. 6 MRK/Art. 14 IPBPR Rdnr. 91.

C. Der Inhalt der Saalöffentlichkeit

I. Die allgemeine Zugänglichkeit der mündlichen Verhandlung

Zentraler Inhalt des Öffentlichkeitsgrundsatzes ist das Zutrittsrecht eines unbestimmten Personenkreises.[329] Im Rahmen der tatsächlichen Gegebenheiten muß jedermann ohne Ansehung seiner Zugehörigkeit zu bestimmten Gruppen der Bevölkerung und ohne Ansehung bestimmter persönlicher Eigenschaften die Möglichkeit haben, an den mündlichen Verhandlungen der Gerichte als Zuhörer (bzw. Zuschauer) teilzunehmen.[330]

II. Die Einzelausprägungen

Daraus werden diverse Kriterien abgeleitet, denen die Durchführung einer mündlichen Verhandlung zur Wahrung des Öffentlichkeitsgrundsatzes genügen muß.

1. Die Größe des Verhandlungsortes

a) Die grundsätzlichen Anforderungen

Der Ort der Verhandlung, typischerweise also der Gerichtssaal, muß groß genug sein, um Zuschauern Platz zu bieten.

Die erforderliche Mindestgröße läßt sich nicht in präzisen Quadratmeter- oder Platzzahlen ausdrücken. Sicher ist jedenfalls, daß ein einzelner Sitzplatz für Zuschauer (z.B. im Amtszimmer eines Richters)[331] grundsätzlich[332] nicht aus-

---

[329] BVerwG JR 1972, 521; *Redeker/v. Oertzen*, VwGO, 14. Aufl. 2004, § 55 Rdnr. 1.

[330] BGHSt 5, 75 (83); 27, 13 (14); 28, 341 (343); 36, 119 (120); BayObLG NJW 1982, 395; *Kissel/Mayer*, GVG, 4. Aufl. 2005, § 169 Rdnr. 21; *Diemer*, in: Karlsruher Kommentar zur StPO, 5. Aufl. 2003, § 169 GVG Rdnr. 6.

[331] Den Vorschlag, die Güteverhandlung nach § 278 Abs. 2 ZPO ggf. im Dienstzimmer durchzuführen, macht *Greger*, in: Zöller, ZPO, 25. Aufl. 2005, § 278 Rdnr. 12.

[332] Besonderheiten können sich bei Verhandlungen außerhalb des Gerichtsgebäudes ergeben. Zwar gilt der Öffentlichkeitsgrundsatz und damit das Erfordernis eines ausreichenden Platzes für Zuschauer auch hier (*Kissel/Mayer*, GVG, 4. Aufl. 2005, § 169 Rdnr. 22; *Eb. Schmidt*, Lehrkommentar zur StPO und zum GVG, Teil III, 1960, § 169 GVG Rdnr. 4). Müssen jedoch Teile der Verhandlung, etwa bei einer Augenscheinseinnahme, an einem Ort stattfinden, an dem aus tatsächlichen (kleiner Raum) oder rechtlichen (fremdes Hausrecht, gesundheits- oder

reicht.[333] Vielmehr müssen so viele Plätze vorhanden sein, daß die möglichen Zuhörer als Repräsentanten einer Öffentlichkeit angesehen werden können, die keiner besonderen Auswahl unterliegt.[334]

Oberhalb dieses Minimalkriteriums, dem deutsche Gerichtssäle mit ihren Zuschauerbereichen in aller Regel unproblematisch gerecht werden, ist die Zahl der Plätze für die Einhaltung des Öffentlichkeitsgrundsatzes (prinzipiell) bedeutungslos.[335] Ob eine Verhandlung öffentlich ist, hängt nur davon ab, daß beliebige Personen Zutritt haben, mag ihre Zahl auch (stark) beschränkt sein.[336] Öffentlichkeit im Sinne von § 169 S. 1 GVG wird ggf. also bereits durch Zahlen gewährleistet, die im allgemeinen Sprachgebrauch nicht als „Öffentlichkeit" bezeichnet würden.[337] Verlangt wird lediglich die Möglichkeit der Anwesenheit „von" Publikum, nicht „des" Publikums.[338] Mehr fordert der Öffentlichkeitsgrundsatz (des § 169 S. 1 GVG) auch unter Berücksichtigung seiner Kontroll- und Kommunikationsfunktion nicht.[339]

b) Die Grenzen der Öffentlichkeit

Gerade wegen seines Charakters als Grundsatz gilt § 169 S. 1 GVG nicht absolut. Begrenzt wird er vielmehr durch andere für die Rechtspflege bedeutsame Grundsätze. Sie finden teilweise Ausdruck in den Vorschriften über den Ausschluß der Öffentlichkeit in bestimmten Verfahrensarten oder in bestimmten Situationen sowie über den Ausschluß einzelner Personen (§§ 170 ff. GVG). Darüber hinaus

---

gewerbepolizeiliche Vorschriften) Gründen kein Zuschauer teilnehmen kann, so stellt dies keine Verletzung des Öffentlichkeitsgrundsatzes dar. Allerdings dürfen dort nur die an den betreffenden Ort gebundenen Verhandlungsteile durchgeführt werden, während im übrigen an einem für Zuschauer zugänglichen Ort verhandelt werden muß (BGHSt 5, 75 [83]; 21, 72 [73]; *Kissel/Mayer*, GVG, 4. Aufl. 2005, § 169 Rdnr. 25; *Eb. Schmidt*, Lehrkommentar zur StPO und zum GVG, Teil III, 1960, § 169 GVG Rdnr. 6; *Pfeiffer*, StPO und GVG, 4. Aufl. 2002, § 169 GVG Rdnr. 3; *Katholnigg*, Strafgerichtsverfassungsrecht, 3. Aufl. 1999, § 169 GVG Rdnr. 2). Näher zum Verhältnis zwischen gerichtlicher Öffentlichkeit und fremdem Hausrecht *Th. Schmidt*, JuS 1995, 110 ff.

333 BayObLG NJW 1982, 395 f. Daß weitere Zuschauer stehend, jedoch in drangvoller Enge Platz finden können, führt zu keiner anderen Beurteilung. Das Gericht zweifelt (zu Recht) bereits an der Relevanz von Stehplätzen, da mit stehenden Zuschauern Störungen des Verhandlungsbetriebs verbunden sind. Jedenfalls die Enge hätte ein Zuhören im Stehen unzumutbar gemacht. Zu einem noch engeren Raum OLG Köln NStZ 1984, 282 f. Zur Bedeutung gerade der Zahl der Sitzplätze unten Teil 2 C.II.4.a), S. 116.

334 *Meyer-Goßner*, StPO, 47. Aufl. 2004, § 169 GVG Rdnr. 4; *Wickern*, in: Löwe-Rosenberg, StPO und GVG, 7. Bd., 25. Aufl. 2003, § 169 GVG Rdnr. 10; OLG Köln NStZ 1984, 282.

335 *Ule*, DVBl. 1979, 805; *Kissel/Mayer*, GVG, 4. Aufl. 2005, § 169 Rdnr. 25.

336 BGHSt 5, 75 (83); *Ule*, DVBl. 1979, 805.

337 *Bockelmann*, NJW 1960, 218.

338 So zu Recht *Bockelmann*, NJW 1960, 218; zustimmend *Weidemann*, DRiZ 1970, 115; ebenso *Eb. Schmidt*, Lehrkommentar zur StPO und zum GVG, Teil III, 1960, § 169 GVG Rdnr. 5.

339 *Weidemann*, DRiZ 1970, 115.

besitzt etwa die sichere und ungestörte Durchführung der Verhandlung den gleichen Stellenwert wie ihre Öffentlichkeit.[340]

Schließlich, und das ist hier der entscheidende Punkt, wird die Öffentlichkeit durch die naturgemäß begrenzte Zahl der zur Verfügung stehenden Plätze beschränkt.[341] Das Gericht muß nicht dafür Sorge tragen, daß alle Interessierten unbedingt und jederzeit Platz finden können.[342]

c) Zur Berücksichtigung des Publikumsinteresses bei der Auswahl des Sitzungssaals

Skepsis ist daher gegenüber der Aussage angebracht, die Größe des Verhandlungsraumes müsse dem Interesse der Öffentlichkeit entsprechen.[343] Sie hätte zur Folge, daß ein im allgemeinen ausreichend dimensionierter Gerichtssaal im Falle eines besonders aufsehenerregenden Prozesses auf Grund seiner zu geringen Größe den Öffentlichkeitsgrundsatz verletzen könnte. Das dürfte jedoch allenfalls in extremen Ausnahmesituationen anzunehmen sein.[344]

aa) Die Entscheidung über die Verteilung der Sitzungssäle

Die Raumzuweisung ist nicht Sache der autonomen Entscheidung des erkennenden Gerichts. Prinzipiell teilt die Gerichtsverwaltung den einzelnen Spruchkörpern im voraus und allgemein[345] bestimmte Sitzungssäle zu.[346] Im Rahmen des ihr dabei zukommenden Ermessens[347] berücksichtigt sie u.a. das nach langfristigen Erfahrungen[348] zu erwartende Zuschauerinteresse.[349] Der jeweilige Spruchkörper ist grundsätzlich verpflichtet, den ihm zur Verfügung gestellten

---

[340] BGHSt 27, 13 (15); 29, 258 (259f.); *Meyer-Goßner*, StPO, 47. Aufl. 2004, § 169 GVG Rdnr. 5; kritisch *Bäumler*, JR 1978, 317 Fn. 4.

[341] BGHSt 27, 13 (14).

[342] BGHSt 21, 72 (73).

[343] *Schreiber*, in: Wieczorek/Schütze, ZPO und Nebengesetze, 5. Bd., 3. Aufl. 1995, § 169 GVG Rdnr. 15. Ebenso *M. Wolf*, Gerichtsverfassungsrecht aller Verfahrenszweige, 6. Aufl. 1987, § 25 IV 1, S. 252.

[344] Nach *M. Wolf*, Gerichtsverfassungsrecht aller Verfahrenszweige, 6. Aufl. 1987, § 25 IV 1, S. 252, ist der Öffentlichkeitsgrundsatz verletzt, wenn ein Sensationsprozeß in einem Saal mit nur 20 Zuschauerplätzen stattfindet. Dabei bezieht er sich freilich auf die (soeben in Fn. 333 zitierte) Entscheidung BayObLG NJW 1982, 395f., die eine Verhandlung in einem Raum mit nur *einem* Sitzplatz betraf. Ein derartiger Raum aber verletzt unabhängig vom konkreten Ausmaß des Publikumsinteresses den Öffentlichkeitsgrundsatz.

[345] *Kissel/Mayer*, GVG, 4. Aufl. 2005, § 1 Rdnr. 70.

[346] *Kissel/Mayer*, GVG, 4. Aufl. 2005, § 12 Rdnr. 102.

[347] *Roxin*, in: FS für Karl Peters, 1974, S. 399.

[348] Zur Zulässigkeit dieses Maßstabs für die Zuteilung der Sitzungssäle auf die Spruchkörper zu deren ständiger Benutzung *Wickern*, in: Löwe-Rosenberg, StPO und GVG, 7. Bd., 25. Aufl. 2003, § 169 GVG Rdnr. 10.

[349] Dazu *Kissel/Mayer*, GVG, 4. Aufl. 2005, § 169 Rdnr. 26, § 12 Rdnr. 102.

Saal zu benutzen.[350] Zur Verhandlung in einem anderen Saal ist er nur befugt, wenn ihm dieser von der Gerichtsverwaltung zugewiesen wird.[351] Allerdings ist er nicht verpflichtet, einen ausnahmsweise zur Verfügung gestellten anderen Sitzungssaal zu benutzen, sondern darf auch dann in seinem üblichen Sitzungssaal verhandeln.[352] Insgesamt handelt es sich um eine „Nahtstelle“ zwischen richterlicher Unabhängigkeit und allgemeiner Geschäftsverteilung.[353] Die Anforderungen aus § 169 S. 1 GVG richten sich daher sowohl an die Gerichtsverwaltung als auch an den jeweiligen Spruchkörper.

bb) Das Verbot irregulärer Verkleinerungen des Sitzungssaals

Inhaltlich verbietet der Öffentlichkeitsgrundsatz, ein „brisantes“ Verfahren in Abweichung von der allgemeinen Verteilung der Räume gezielt in einen kleineren Raum zu verlegen oder die Zahl der Zuschauerstühle[354] zu verringern, um so größere Zuschauermengen fernzuhalten,[355] auch wenn dies der Verhinderung befürchteter Störungen dient.[356] Gleiches muß gelten, wenn die Gerichtsverwaltung einem Spruchkörper gerade im Hinblick auf ein Verfahren mit absehbar großem Publikumsinteresse generell einen möglichst kleinen Saal zuweist, obwohl größere Sitzungssäle verfügbar sind. Zusammengefaßt darf die Zahl der Zuschauerplätze also nicht durch irreguläre Beschränkungen verringert werden.

cc) Keine Pflicht zu irregulären Vergrößerungen des Sitzungssaals

Ebensowenig muß die Zahl der Zuschauerplätze freilich irregulär vergrößert werden. Nach überwiegender Auffassung ist ein Gericht allenfalls berechtigt, keinesfalls aber aus dem Öffentlichkeitsgrundsatz heraus verpflichtet, in einen größeren Saal auszuweichen, wenn ein Prozeß plötzlich oder einmalig auf unerwartet großes Interesse stößt.[357] Die Entscheidung über die Erweiterung liegt

---

[350] *Kissel/Mayer*, GVG, 4. Aufl. 2005, § 1 Rdnr. 70.

[351] *Kissel/Mayer*, GVG, 4. Aufl. 2005, § 22 Rdnr. 25.

[352] *Kissel/Mayer*, GVG, 4. Aufl. 2005, § 1 Rdnr. 70.

[353] Vgl. *Kissel/Mayer*, GVG, 4. Aufl. 2005, § 22 Rdnr. 25. – *Meyer-Goßner*, StPO, 47. Aufl. 2004, § 176 GVG Rdnr. 5, rechnet die Auswahl des Sitzungssaals insgesamt der Sitzungspolizei zu. Diese Sichtweise vernachlässigt jedoch die Rolle der Gerichtsverwaltung.

[354] Zur Relevanz gerade der Zahl der vorhandenen Sitzplätze s. Teil 2 C.II.4.a), S. 116.

[355] *Diemer*, in: Karlsruher Kommentar zur StPO, 5. Aufl. 2003, § 169 GVG Rdnr. 8; *Kissel/Mayer*, GVG, 4. Aufl. 2005, § 169 Rdnr. 28; *Roxin*, Strafverfahrensrecht, 25. Aufl. 1998, § 45 Rdnr. 5; *Weidemann*, DRiZ 1970, 115; *Wickern*, in: Löwe-Rosenberg, StPO und GVG, 7. Bd., 25. Aufl. 2003, § 169 GVG Rdnr. 10; *Leipold*, in: Stein/Jonas, ZPO, Bd. 2, 21. Aufl. 1994, vor § 128 Rdnr. 126; *Schroeder*, in: Eser/Kaiser (Hrsg.), Viertes deutsch-sowjetisches Kolloquium über Strafrecht und Kriminologie, 1989, S. 147 f.

[356] *Roxin*, in: FS für Karl Peters, 1974, S. 394 ff., der die entgegenstehende ältere Auffassung einschließlich der Rechtsprechung des *Reichsgerichts* überzeugend widerlegt.

[357] *Kissel/Mayer*, GVG, 4. Aufl. 2005, § 169 Rdnr. 26; *Leipold*, in: Stein/Jonas, ZPO, Bd. 2, 21. Aufl. 1994, vor § 128 Rdnr. 126; *Sarstedt*, JR 1956, 122; *Weidemann*, DRiZ 1970, 115;

– unter der Voraussetzung, daß die Gerichtsverwaltung einen größeren Saal zur Verfügung stellt –[358] im pflichtgemäßen Ermessen des Gerichts.[359] Dabei hat das Gericht zu berücksichtigen, daß die Saalöffentlichkeit (nur) der Kontrolle und Information in repräsentativer Weise dient und daß die exzeptionelle Wahl eines größeren Saals negative Wirkungen auf die Verfahrensbeteiligten haben kann; Negativeffekte, die von einer Beeinträchtigung ihrer verfahrensmäßigen Rechte bis hin zu einer Gefährdung ihrer Menschenwürde durch Bloßstellungen und Prangereffekte reichen.[360] Zudem darf der Saal nicht so groß sein, daß der Vorsitzende die Ordnung der Sitzung nicht mehr gewährleisten kann.[361] Daher erscheint eine Pflicht des Gerichts, in einen größeren Saal zu wechseln, sogar dann ausgesprochen fraglich, wenn ein solcher Wechsel mit zumutbarem Aufwand möglich sein sollte.[362] Jedenfalls aber gibt es keine generelle Pflicht, die Saalgröße dem Publikumsinteresse anzupassen.[363]

dd) Keine Massenöffentlichkeit im Gerichtssaal

Das gilt erst recht in Fällen, in denen das Publikumsinteresse das Fassungsvermögen des größten vorhandenen Gerichtssaals sprengt. Selbst wenn in einem als Sensation empfundenen Verfahren von vornherein klar ist, daß Tausende der Verhandlung beiwohnen möchten, muß das Gericht die Verhandlung keinesfalls in einen Raum außerhalb des Gerichtsgebäudes wie etwa in eine Stadthalle oder gar in ein Stadion verlegen. Im Gegenteil: Die möglichen nachteiligen Folgen, die schon in einem größeren Gerichtssaal auftreten können, potenzieren sich

---

Franzki, DRiZ 1979, 83. Das konstatiert auch *Schreiber*, in: Wieczorek/Schütze, ZPO und Nebengesetze, 5. Bd., 3. Aufl. 1995, § 169 GVG Rdnr. 15, trotz seiner Aussage, daß sich die Raumgröße nach dem Publikumsinteresse zu bemessen habe.

358 Vgl. dazu *Kissel/Mayer*, GVG, 4. Aufl. 2005, § 12 Rdnr. 102: Allenfalls kann die Justizverwaltung auf Anregung des Spruchkörpers versuchen, im Rahmen des Möglichen einen anderen Saal zur Verfügung zu stellen.

359 *Schreiber*, in: Wieczorek/Schütze, ZPO und Nebengesetze, 5. Bd., 3. Aufl. 1995, § 169 GVG Rdnr. 15.

360 *Kissel/Mayer*, GVG, 4. Aufl. 2005, § 169 Rdnr. 26; s. auch *Schreiber*, in: Wieczorek/Schütze, ZPO und Nebengesetze, 5. Bd., 3. Aufl. 1995, § 169 GVG Rdnr. 15. Skeptisch wegen dieser möglichen nachteiligen Folgen („unter Umständen sogar rechtlich bedenklich") *Diemer*, in: Karlsruher Kommentar zur StPO, 5. Aufl. 2003, § 169 GVG Rdnr. 8, wobei nicht vollständig klar wird, ob sich die Bedenken schon auf die Wahl eines größeren Saals im Gericht beziehen oder erst auf die Wahl einer Stadthalle o.ä.

361 *M. Wolf*, Gerichtsverfassungsrecht aller Verfahrenszweige, 6. Aufl. 1987, § 25 IV 1, S. 252; *Schreiber*, in: Wieczorek/Schütze, ZPO und Nebengesetze, 5. Bd., 3. Aufl. 1995, § 169 GVG Rdnr. 15.

362 So aber *Soehring*, Presserecht, 3. Aufl. 2000, Rdnr. 6.14: Der Hinweis auf die Kapazitätserschöpfung reiche unter diesen Umständen zur Rechtfertigung der Zutrittsversagung nicht aus.

363 Eine Pflicht zur Wahl eines größeren Saals wird man ausnahmsweise annehmen müssen, wenn die Zahl der Verfahrensbeteiligten so groß ist, daß keine oder nur so wenige Zuschauerplätze verbleiben, daß die Öffentlichkeit der Verhandlung nicht mehr gewährleistet ist.

angesichts einer zuschauenden Menschenmenge. Daher ist die Ausweitung der Publikumsöffentlichkeit auf große Säle außerhalb des Gerichtsgebäudes zumindest rechtlich bedenklich,[364] wenn nicht gar schlechthin unzulässig.[365]

d) Fazit

Festzuhalten bleibt zunächst, daß der von § 169 S. 1 GVG statuierte Grundsatz der Saalöffentlichkeit keine Forderung nach möglichst vielen Zuschauern beinhaltet. Den Anforderungen des § 169 S. 1 GVG wird bereits durch eine Zahl von Plätzen genügt, die womöglich weit hinter der der tatsächlichen Interessenten zurückbleibt. Sofern man der Vorschrift überhaupt einen gesetzgeberischen Wunsch nach „Öffentlichkeit in weitem Umfang" entnehmen möchte, bezieht sich dieser allenfalls auf die Zahl der mündlichen Verhandlungen, zu denen Zuschauer Zutritt haben, nicht aber auf die Zahl der Zuschauer in der jeweiligen Verhandlung. Öffentlichkeit in diesem Sinne besteht oder besteht nicht; irgendwie gearteten Abstufungen im Sinne einer größeren oder kleineren Öffentlichkeit ist der Begriff nicht zugänglich.[366]

2. Die Information über Ort und Zeit der Verhandlung

a) Die Informationsmöglichkeit als Teil der Öffentlichkeit

Die Öffentlichkeit der Verhandlung setzt weiter voraus, daß sich jedermann ohne besondere Schwierigkeiten über den Ort und die Zeit einer Verhandlung informieren kann.[367] Die bloße Möglichkeit einer zufälligen Öffentlichkeit durch

---

[364] *Kissel/Mayer*, GVG, 4. Aufl. 2005, § 169 Rdnr. 26. Anders wohl *M. Wolf*, in: Münchener Kommentar zur ZPO, Bd. 3, 2. Aufl. 2001, § 169 GVG Rdnr. 31. Nach *Seibert*, NJW 1970, 1536, bestehen gegen die Verlegung in eine Stadt- oder Kongreßhalle keine Bedenken: „Das Gesetz verbietet das nirgends." Das übersieht, daß sich gesetzliche Grenzen zwar nicht aus dem Öffentlichkeitsgrundsatz selbst ergeben, jedoch aus anderen Rechtssätzen, namentlich aus der Menschenwürde. Die Grenze zum unzulässigen Schauprozeß sieht *Seibert* erst bei der „undenkbaren" Verhandlung in einem Sportstadion. In einem Saal sei es – anders als in den USA – jedoch nicht möglich, daß das „Tribunal zur Szene" werde. Zu Recht kritisch *Roxin*, in: FS für Karl Peters, 1974, S. 400f. mit Fn. 16. Skeptisch auch *H. Jung*, in: GS für Hilde Kaufmann, 1986, S. 903, mit der Feststellung, das Gericht habe sich durch das Ausweichen in eine Kongreßhalle im Lebach-Fall „sicher schon der Grenze des Zulässigen genähert".

[365] *Roxin*, in: FS für Karl Peters, 1974, S. 400; *Roxin*, Strafverfahrensrecht, 25. Aufl. 1998, § 45 Rdnr. 2 (Analogie zu bzw. Rechtsgedanke des § 169 S. 2 GVG); *Meyer-Goßner*, StPO, 47. Aufl. 2004, § 169 GVG Rdnr. 5 (Erweiterung verstößt gegen die Menschenwürde und läuft dem Sinn des § 169 S. 2 GVG zuwider).

[366] *Sarstedt*, JR 1956, 121 f. Zur terminologischen Abgrenzung benutzt er für die Öffentlichkeit im Sinne des tatsächlichen Bekanntwerdens den Begriff der Publizität, die im Gegensatz zur Öffentlichkeit i.S.v. § 169 S. 1 GVG größer oder kleiner werden kann. Dazu näher unten Teil 5 A.II.1.b), S. 304ff.

[367] BVerwG DVBl. 1999, 95; BGH DRiZ 1981, 193; *J. Schmidt*, in: Eyermann, VwGO, 11. Aufl. 2000, § 55 Rdnr. 2; *Schreiber*, in: Wieczorek/Schütze, ZPO und Nebengesetze, 5.

Unbeteiligte, die gar nicht den Willen haben, einer Gerichtsverhandlung beizuwohnen, reicht nicht aus.[368] Das Gericht muß die erforderlichen Informationen vielmehr in geeigneter Form bekanntmachen, so daß sie denjenigen zugänglich sind, die Interesse an der Teilnahme haben.[369] Die konkrete Ausgestaltung der Informationsmöglichkeit ist gesetzlich nicht näher vorgeschrieben,[370] sondern Gegenstand einer umfangreichen, kasuistisch angelegten und im einzelnen kontroversen Beurteilung.[371] Insgesamt werden an die Form der Verlautbarung nur relativ geringe Anforderungen gestellt.

b) Die Anforderungen an die Form der Informationsmöglichkeit

Ausgangspunkt ist die Überlegung, daß der Öffentlichkeitsgrundsatz dem einzelnen Bürger keinen individuellen Anspruch auf Teilnahme an jeder ihn interessierenden Gerichtsverhandlung gibt, sondern lediglich fordert, daß die abstrakt verstandene Allgemeinheit durch beliebige Zuschauer repräsentiert werden kann.[372] Daher wird es nicht für erforderlich gehalten, alle potentiellen Besucher in Form einer an jedermann gerichteten Bekanntgabe über die Verhandlung zu informieren.[373] Umgekehrt reicht es freilich nicht aus, wenn sich das Publikum (nur) bei einem Pförtner oder auf der Geschäftsstelle informieren kann.[374] Zum einen setzt dies Mindestkenntnisse der gerichtlichen Abläufe

---

Bd., 3. Aufl. 1995, § 169 GVG Rdnr. 17; *Meyer-Goßner*, StPO, 47. Aufl. 2004, § 169 GVG Rdnr. 3; *Diemer*, in: Karlsruher Kommentar zur StPO, 5. Aufl. 2003, § 169 GVG Rdnr. 7; *Wickern*, in: Löwe-Rosenberg, StPO und GVG, 7. Bd., 25. Aufl. 2003, Vor § 169 GVG Rdnr. 8; *Kissel/Mayer*, GVG, 4. Aufl. 2005, § 169 Rdnr. 47; *Kopp/Schenke*, VwGO, 13. Aufl. 2003, § 55 Rdnr. 3.

[368] *Franke*, ZRP 1977, 143; *M. Wolf*, in: Münchener Kommentar zur ZPO, Bd. 3, 2. Aufl. 2001, § 169 GVG Rdnr. 54.

[369] *Wickern*, in: Löwe-Rosenberg, StPO und GVG, 7. Bd., 25. Aufl. 2003, § 169 GVG Rdnr. 20.

[370] *M. Wolf*, in: Münchener Kommentar zur ZPO, Bd. 3, 2. Aufl. 2001, § 169 GVG Rdnr. 55.

[371] *Wickern*, in: Löwe-Rosenberg, StPO und GVG, 7. Bd., 25. Aufl. 2003, § 169 GVG Rdnr. 19.

[372] *Wickern*, in: Löwe-Rosenberg, StPO und GVG, 7. Bd., 25. Aufl. 2003, § 169 GVG Rdnr. 19.

[373] BVerwG DVBl. 1999, 95; *J. Schmidt*, in: Eyermann, VwGO, 11. Aufl. 2000, § 55 Rdnr. 2; *Schreiber*, in: Wieczorek/Schütze, ZPO und Nebengesetze, 5. Bd., 3. Aufl. 1995, § 169 GVG Rdnr. 17 Fn. 62; *Albers*, in: Baumbach/Lauterbach/Albers/Hartmann, ZPO, 63. Aufl. 2005, § 169 GVG Rdnr. 1; *Meissner*, in: Schoch/Schmidt-Aßmann/Pietzner, VwGO, § 55 Rdnr. 16.

[374] BayObLG NJW 1980, 2321; *Kissel/Mayer*, GVG, 4. Aufl. 2005, § 169 Rdnr. 47; BGH, Entscheidung v. 2. April 1970, 4 StR 549/69, wiedergegeben von *Dallinger*, MDR 1970, 560; *Meyer-Goßner*, StPO, 47. Aufl. 2004, § 169 GVG Rdnr. 4; *Katholnigg*, Strafgerichtsverfassungsrecht, 3. Aufl. 1999, § 169 GVG Rdnr. 3; *Kopp/Schenke*, VwGO, 13. Aufl. 2003, § 55 Rdnr. 3; *Schreiber*, in: Wieczorek/Schütze, ZPO und Nebengesetze, 5. Bd., 3. Aufl. 1995, § 169 GVG Rdnr. 17. *M. Wolf*, in: Münchener Kommentar zur ZPO, Bd. 3, 2. Aufl. 2001, § 169 GVG Rdnr. 55, hält das Postieren eines auskunftsbereiten Gerichtswachtmeisters für ausreichend. Zu Sondersituationen, in denen bloße Auskunftsmöglichkeiten jedenfalls ausreichen können,

voraus, die nicht jedermann besitzt; zum anderen ist die Verfügbarkeit dieser Informationsmöglichkeit nicht permanent sichergestellt.[375]

Als regelmäßig erforderlich, jedenfalls aber als ausreichend gilt überwiegend der schriftliche Aushang im Gerichtsgebäude,[376] also eine Bekanntmachung vor dem Gerichtssaal bzw. an einer allgemeinen Hinweistafel.[377] Jedoch kommen auch andere geeignete Formen der Bekanntmachung in Betracht.[378] Eine Verletzung der Öffentlichkeit wird in aller Regel solange nicht angenommen, wie niemand, der an der Verhandlung teilnehmen möchte, daran gehindert wird.[379] Letztlich entscheidend ist, daß – abgesehen von den Fällen des gesetzlich vorgesehenen Ausschlusses der Öffentlichkeit – nicht der Eindruck einer Verhandlung hinter verschlossenen Türen entstehen kann.[380]

---

vgl. BGH NStZ 1982, 476 (bloße Auskunftsmöglichkeit im Hauptgebäude des Gerichts über Sitzungen, die regulär in einem Nebengebäude stattfinden und die dort angeschlagen sind); BGH NStZ 1984, 470 (Verlegung der Verhandlung von einem Hotel, das im Gerichtsgebäude angeschrieben war, in ein benachbartes Hotel, wobei das Personal des ursprünglichen Hotels Auskunft geben konnte). Zu den generell gelockerten Informationspflichten bei Orts- und Zeitveränderungen näher im folgenden.

[375] *Wickern*, in: Löwe-Rosenberg, StPO und GVG, 7. Bd., 25. Aufl. 2003, § 169 GVG Rdnr. 19.

[376] *M. Wolf*, in: Münchener Kommentar zur ZPO, Bd. 3, 2. Aufl. 2001, § 169 GVG Rdnr. 55; *Schreiber*, in: Wieczorek/Schütze, ZPO und Nebengesetze, 5. Bd., 3. Aufl. 1995, § 169 GVG Rdnr. 17; jeweils unter Bezugnahme auf die von *Dallinger*, MDR 1970, 560 f., wiedergegebene Entscheidung des *Bundesgerichtshofs* v. 2. April 1970, 4 StR 549/69; BGH DRiZ 1981, 193; *Katholnigg*, Strafgerichtsverfassungsrecht, 3. Aufl. 1999, § 169 GVG Rdnr. 3; *Pfeiffer*, StPO und GVG, 4. Aufl. 2002, § 169 GVG Rdnr. 4.

Nicht erforderlich ist, daß der Aushang die Öffentlichkeit der Verhandlung erwähnt. S. dazu BVerwG DVBl. 1999, 95; *Kopp/Schenke*, VwGO, 13. Aufl. 2003, § 55 Rdnr. 3; *Wickern*, in: Löwe-Rosenberg, StPO und GVG, 7. Bd., 25. Aufl. 2003, § 169 GVG Rdnr. 23.

[377] Überwiegend wird der Anschlag vor dem Sitzungssaal als genügend angesehen (*Wickern*, in: Löwe-Rosenberg, StPO und GVG, 7. Bd., 25. Aufl. 2003, § 169 GVG Rdnr. 23; *Meissner*, in: Schoch/Schmidt-Aßmann/Pietzner, VwGO, § 55 Rdnr. 16; wohl auch *Diemer*, in: Karlsruher Kommentar zur StPO, 5. Aufl. 2003, § 169 GVG Rdnr. 7), zumindest in Verbindung mit einem auskunftsbereiten Pförtner am Etageneingang (BVerwG DVBl. 1999, 95; *Redeker/v. Oertzen*, VwGO, 14. Aufl. 2004, § 55 Rdnr. 1). *Kissel/Mayer*, GVG, 4. Aufl. 2005, § 169 Rdnr. 47, verlangen einen Aushang sowohl im Eingangsbereich des Gerichts als auch vor dem Sitzungssaal.

[378] *M. Wolf*, in: Münchener Kommentar zur ZPO, Bd. 3, 2. Aufl. 2001, § 169 GVG Rdnr. 55; *Schreiber*, in: Wieczorek/Schütze, ZPO und Nebengesetze, 5. Bd., 3. Aufl. 1995, § 169 GVG Rdnr. 17.

[379] So namentlich BVerwG NVwZ 1985, 566; BVerwG NVwZ-RR 1989, 168. S. auch *Kopp/Schenke*, VwGO, 13. Aufl. 2003, § 55 Rdnr. 3: Kein Aushang im Gerichtsgebäude erforderlich. Ob in diesen Entscheidungen des *Bundesverwaltungsgerichts* eine sachliche Abweichung von einem vermeintlichen prinzipiellen Aushangerfordernis nach der Rechtsprechung der ordentlichen Gerichte liegt, wie *Albers*, in: Baumbach/Lauterbach/Albers/Hartmann, ZPO, 63. Aufl. 2005, § 169 GVG Rdnr. 1, meint, erscheint eher zweifelhaft.

[380] *Diemer*, in: Karlsruher Kommentar zur StPO, 5. Aufl. 2003, § 169 GVG Rdnr. 9.

c) *Einzelfragen und Sonderfälle*

Welche Konsequenzen diese Beschränkung auf einen Minimalstandard hat, läßt sich am Beispiel einzelner in Rechtsprechung und Literatur diskutierter Detailfragen veranschaulichen.

aa) *Die Zeit der Verhandlung*

In zeitlicher Hinsicht werden äußerst geringe Anforderungen an die Möglichkeit der Kenntnisnahme gestellt. Zwar soll der Öffentlichkeitsgrundsatz verlangen, daß sich jeder Interessent *rechtzeitig* über anstehende Verhandlungen informieren kann.[381] Danach läge es nahe, daß der geforderte Aushang eine gewisse Mindestzeit vor der Verhandlung erfolgen muß. Diese Auffassung wird jedoch nur vereinzelt[382] vertreten. Sofern sich überhaupt konkrete Stellungnahmen zum zeitlichen Aspekt der Bekanntgabe finden, beschränken sie sich regelmäßig auf die Forderung, die Kenntnisnahmemöglichkeit für Interessierte müsse während der gesamten Verhandlungsdauer bestehen.[383] Daß der einmalige Aufruf zu Verhandlungsbeginn aus zeitlichen Gründen unzureichend ist,[384] folgt danach nicht etwa aus der Bekanntmachung *erst* zu Verhandlungsbeginn, sondern ausschließlich daraus, daß die Bekanntmachung *während* der Verhandlung fehlt. Die fehlende Informationsmöglichkeit *vor* Verhandlungsbeginn wird hingegen nicht problematisiert. Selbst wenn man unterstellen darf, daß üblicherweise die Verhandlungen eines gesamten Sitzungstages bereits morgens ausgehängt werden, so ist damit allenfalls ein zeitlicher Vorlauf von wenigen Stunden gewährleistet.

Der *Bundesgerichtshof* geht sogar so weit, daß er den Schutz des Vertrauens in Terminsankündigungen als nicht vom Öffentlichkeitsgrundsatz erfaßt ansieht. Die andernfalls eintretende Bindung an angekündigte Termine könnte das Gericht an einer flexiblen und raschen Durchführung der Verhandlung hindern. Der ungestörte und zügige Ablauf des Verfahrens besitze jedoch denselben Stellenwert wie die Verfahrenskontrolle durch die Öffentlichkeit.[385] Danach ist es möglich, eine Verhandlung früher als angekündigt durchzuführen oder

---

[381] *Kissel/Mayer*, GVG, 4. Aufl. 2005, § 169 Rdnr. 47; *Kopp/Schenke*, VwGO, 13. Aufl. 2003, § 55 Rdnr. 3.

[382] *Endemann*, in: FS für Wolfgang Zeidler, Bd. 1, 1987, S. 421.

[383] *Katholnigg*, Strafgerichtsverfassungsrecht, 3. Aufl. 1999, § 169 GVG Rdnr. 3; *Kissel/Mayer*, GVG, 4. Aufl. 2005, § 169 Rdnr. 47; *Schreiber*, in: Wieczorek/Schütze, ZPO und Nebengesetze, 5. Bd., 3. Aufl. 1995, § 169 GVG Rdnr. 17; *Pfeiffer*, StPO und GVG, 4. Aufl. 2002, § 169 GVG Rdnr. 4.

[384] *M. Wolf*, in: Münchener Kommentar zur ZPO, Bd. 3, 2. Aufl. 2001, § 169 GVG Rdnr. 55.

[385] BGH NStZ 1984, 134 (135); BGH NStZ 2002, 46; zustimmend *Pfeiffer*, StPO und GVG, 4. Aufl. 2002, § 169 GVG Rdnr. 2; *Katholnigg*, Strafgerichtsverfassungsrecht, 3. Aufl. 1999, § 169 GVG Rdnr. 3. Nach BVerfG (3. Kammer des Zweiten Senats) NJW 2002, 814 f., ist diese Auffassung verfassungsrechtlich nicht zu beanstanden.

fortzusetzen, solange nur während dieser vorgezogenen Verhandlung die von § 169 S. 1 GVG geforderte Informationsmöglichkeit besteht, etwa durch einen ausgehängten Hinweis vor dem Sitzungssaal.[386]

Diese Konzeption zeitigt äußerst fragwürdige Konsequenzen. Folgt man ihr, darf ein Gericht die morgens stattfindende Verhandlung zunächst unterbrechen, die Fortsetzung für eine bestimmte Uhrzeit am Nachmittag desselben Tages ankündigen und den Saal verlassen. Sobald sich darauf die anwesenden Zuschauer (Pressevertreter!) entfernt haben, darf das Gericht wieder erscheinen und die Verhandlung fortsetzen, ohne die Vorschriften über die Öffentlichkeit zu verletzen.[387] Manipulationen, mit denen unliebsame Prozeßbeobachter ferngehalten werden sollen, werden damit zumindest erheblich erleichtert.[388]

Zudem hat der einzelne Zuschauer nur dann die Möglichkeit, das Verhandlungsgeschehen zu kontrollieren, wenn er prinzipiell – also vorbehaltlich der verfügbaren Plätze – in der Lage ist, an sämtlichen Bestandteilen der Verhandlung teilzunehmen. Die zügige Verfahrensdurchführung beeinträchtigt das Gericht selbst, indem es längere Pausen einplant. Schließlich gerät die Ansicht des *Bundesgerichtshofs* in Konflikt mit seiner eigenen Rechtsprechung. Wenn ein Gericht zur Vermeidung widersprüchlichen Verhaltens mit dem Beginn einer Verhandlung zu warten hat, sofern die von ihm angeordneten Sicherheitskontrollen die Anwesenheit pünktlich eingetroffener Zuschauer verhindern,[389] muß es auch seine eigenen Terminsankündigungen berücksichtigen.[390]

bb) Der Ort der Verhandlung

Ähnliche Fragestellungen ergeben sich mit Blick auf den Verhandlungsort, wenn eine Verhandlung an einen anderen als den zunächst angekündigten Ort verlegt oder wenn eine begonnene Verhandlung an einem anderen Ort fortgesetzt wird.

---

[386] *Schreiber*, in: Wieczorek/Schütze, ZPO und Nebengesetze, 5. Bd., 3. Aufl. 1995, § 169 GVG Rdnr. 20; *M. Wolf*, in: Münchener Kommentar zur ZPO, Bd. 3, 2. Aufl. 2001, § 169 GVG Rdnr. 59.

[387] So die Konstellation in BGH NStZ 1984, 134 (135).

[388] *Roxin*, Strafverfahrensrecht, 25. Aufl. 1998, § 45 Rdnr. 5; *Wickern*, in: Löwe-Rosenberg, StPO und GVG, 7. Bd., 25. Aufl. 2003, § 169 GVG Rdnr. 22.

[389] BGHSt 28, 341 (343 ff.). Dazu näher unten Teil 2 C.II.3., S. 114 f.

[390] *Wickern*, in: Löwe-Rosenberg, StPO und GVG, 7. Bd., 25. Aufl. 2003, § 169 GVG Rdnrn. 21 f.; gegen früher begonnene Verhandlungen auch *Kissel/Mayer*, GVG, 4. Aufl. 2005, § 169 Rdnr. 48. – Die Position des *Bundesgerichtshofs* wäre zudem kaum mit der Aussage in Einklang zu bringen, eine falsche Auskunft über die Verhandlung verletze die Öffentlichkeit, sofern man diese Aussage auch auf Ort und Zeit einer Verhandlung bezieht. *Pfeiffer*, StPO und GVG, 4. Aufl. 2002, § 169 GVG Rdnr. 4, und *Katholnigg*, Strafgerichtsverfassungsrecht, 3. Aufl. 1999, § 169 GVG Rdnr. 3, verweisen als Beleg für diese Aussage auf BGHSt 22, 297 ff. In der Entscheidung hatte ein Gerichtswachtmeister (allerdings ohne Kenntnismöglichkeit des Gerichts, so daß kein Verstoß vorlag) eine öffentliche Verhandlung fälschlich als nichtöffentlich bezeichnet, nicht hingegen falsche Angaben zum Ort oder Zeitpunkt der Verhandlung gemacht. Insofern gibt die Rechtsprechung für das hier interessierende Problem wenig her.

In jedem Fall muß das Gericht die Möglichkeit schaffen, daß sich Zuschauer über den neuen Verhandlungsort informieren können. Was es dafür im einzelnen zu tun hat, ist Gegenstand einer kontroversen Debatte.

Sofern die Verhandlung lediglich in einen anderen Gerichtssaal innerhalb desselben Gebäudes verlegt wird, sind die Anforderungen moderat. Teils wird ein Aushang am ursprünglichen und am neuen Saal gefordert.[391] Andere halten einen Aushang am zunächst vorgesehenen Raum für zwingend, während ein zusätzlicher Aushang am neuen Raum empfehlenswert, jedoch entbehrlich sein soll.[392] Eine dritte Auffassung schließlich geht prinzipiell von einem Wahlrecht des Gerichts aus, an welchem der beiden Orte es auf die verlegte Verhandlung hinweisen will. Danach soll bei gebäudeinternen Verlegungen ein fehlender Hinweis unschädlich sein, sofern das Publikum den neuen Raum problemlos erfragen kann. Jedenfalls reiche ein Aushang am Gerichtseingang aus.[393]

Bei Verlegungen an Orte außerhalb des Gerichtsgebäudes gelten strengere Kriterien der Kenntlichmachung,[394] wobei sich mit zunehmender Gerichtsunüblichkeit des Verhandlungsortes die Anforderungen noch erhöhen.[395] Hinsichtlich der konkreten Anforderungen besteht allerdings einmal mehr ein kasuistisch geprägtes, in sich nicht immer konsistentes Meinungsspektrum. Es reicht für den Fall von Verhandlungen in gerichtsfremden Gebäuden (bzw. an sonstigen Plätzen) von einer dreifachen Hinweispflicht (im Gericht, am Verhandlungsraum und

---

[391] *Kissel/Mayer*, GVG, 4. Aufl. 2005, § 169 Rdnr. 49.

[392] *Wickern*, in: Löwe-Rosenberg, StPO und GVG, 7. Bd., 25. Aufl. 2003, § 169 GVG Rdnr. 23.

[393] *Schreiber*, in: Wieczorek/Schütze, ZPO und Nebengesetze, 5. Bd., 3. Aufl. 1995, § 169 GVG Rdnr. 18; *M. Wolf*, in: Münchener Kommentar zur ZPO, Bd. 3, 2. Aufl. 2001, § 169 GVG Rdnrn. 56f.; jeweils unter Berufung auf BGH DRiZ 1981, 193, wo es allerdings um die Veränderung des Verhandlungsortes während eines Ortstermins ging; zweifelnd *Gummer*, in: Zöller, ZPO, 25. Aufl. 2005, § 169 GVG Rdnr. 3. S. auch *J. Schmidt*, in: Eyermann, VwGO, 11. Aufl. 2000, § 55 Rdnr. 2: Die Öffentlichkeit ist nicht verletzt, wenn die Verhandlung nicht in dem in der Ladung angegebenen, sondern ohne schriftlichen Hinweis in einem anderen Saal stattfindet.

[394] *Schreiber*, in: Wieczorek/Schütze, ZPO und Nebengesetze, 5. Bd., 3. Aufl. 1995, § 169 GVG Rdnr. 19; *Kissel/Mayer*, GVG, 4. Aufl. 2005, § 169 Rdnr. 49; a.A. BayVGH BayVBl. 2003, 151 f. – Allerdings läßt sich eine Tendenz beobachten, bei Hinweisen auf Augenscheinseinnahmen weniger strenge Voraussetzungen anzunehmen als bei ganzen Verhandlungen außerhalb des Gerichtsgebäudes. Dazu *Katholnigg*, Strafgerichtsverfassungsrecht, 3. Aufl. 1999, § 169 GVG Rdnr. 3, mit Nachweisen aus der Rechtsprechung. S. z. B. *Meyer-Goßner*, StPO, 47. Aufl. 2004, § 169 GVG Rdnr. 6: Daß es ausreichen kann, anstelle eines schriftlichen Hinweises den Ort und die Zeit der Fortsetzung nur in der mündlichen Verhandlung bekanntzugeben und dort nicht anwesenden Interessenten Auskunft zu geben, gilt insbesondere für Augenscheinseinnahmen. S. auch *M. Wolf*, in: Münchener Kommentar zur ZPO, Bd. 3, 2. Aufl. 2001, § 169 GVG Rdnr. 58: Bei Verhandlung in innerörtlichem Verkehrsraum kommt auch ein „Hinweis kraft Erscheinungsbildes“ in Betracht.

[395] *M. Wolf*, in: Münchener Kommentar zur ZPO, Bd. 3, 2. Aufl. 2001, § 169 GVG Rdnr. 56.

am Eingang des Verhandlungsgebäudes)[396] über eine doppelte Hinweispflicht (im Gericht und am Verhandlungsort)[397] und eine nur einfache Hinweispflicht im Gerichtsgebäude[398] bis hin zu einer Wahlmöglichkeit zwischen einem Hinweis am ursprünglichen oder am neuen Ort.[399] Die Annahme einer Wahlmöglichkeit hat freilich zur Folge, daß die am angekündigten Ort erscheinenden Zuschauer nicht teilnehmen können, sofern sich das Gericht für einen Aushang nur am neuen Verhandlungsort entschieden hat. Gerechtfertigt wird das mit dem Argument, diese Zuschauer seien durch den Öffentlichkeitsgrundsatz nicht geschützt, weil dieser nur allgemein eine Teilnahmemöglichkeit für unbeteiligte Dritte verlange.[400] Diese Begründung trägt jedoch nicht. Gegen sie sprechen dieselben Gründe wie gegen die vermeintliche Zulässigkeit zeitlich vorgezogener Verhandlungen.[401]

Aber auch ein Aushang nur am ursprünglich vorgesehenen Verhandlungsort führt zu Problemen. Selbst wenn für diesen Fall ergänzend verlangt wird, der Hinweis müsse so rechtzeitig erfolgen, daß eine Teilnahme am neuen Ort noch möglich ist,[402] hilft das kurz vor Verhandlungsbeginn eintreffenden Zuschauern jedenfalls dann nicht, wenn die Anfangszeit unverändert bleibt und zwischen den Orten eine größere räumliche Distanz zu überwinden ist.

Der *Bundesgerichtshof* teilt derartige Bedenken nicht. Der maßgeblichen Entscheidung lag ein Fall zugrunde, in der ein Gericht in der mündlichen Verhandlung (im Gerichtssaal) den Ort für die Einnahme eines Augenscheins festgelegt hatte. Diesen Ort hatte es nachträglich – unter Beibehaltung der Uhrzeit – geändert. Ein Hinweis auf die Änderung war nur am neuen Ort sowie am Gerichtssaal erfolgt, nicht aber am zunächst anberaumten Ort. Darin sieht der *Bundesgerichtshof* keine Verletzung der Vorschriften über die Öffentlichkeit. Wegen des fehlenden Schutzes des Vertrauens in Terminsankündigungen sei das Gericht nicht verpflichtet, den Termin des Augenscheins zu verschieben, um

---

396 *Wickern*, in: Löwe-Rosenberg, StPO und GVG, 7. Bd., 25. Aufl. 2003, § 169 GVG Rdnr. 25.

397 *Kissel/Mayer*, GVG, 4. Aufl. 2005, § 169 Rdnr. 49; *Leipold*, in: Stein/Jonas, ZPO, Bd. 2, 21. Aufl. 1994, vor § 128 Rdnr. 125. Differenzierend *Katholnigg*, Strafgerichtsverfassungsrecht, 3. Aufl. 1999, § 169 GVG Rdnr. 3: Keine Pflicht zu einem Hinweis bei Verhandlung in einem Privathaus, anders bei Behördengebäude.

398 *Gummer*, in: Zöller, ZPO, 25. Aufl. 2005, § 169 GVG Rdnr. 4.

399 *Schreiber*, in: Wieczorek/Schütze, ZPO und Nebengesetze, 5. Bd., 3. Aufl. 1995, § 169 GVG Rdnr. 18, der allerdings in Rdnr. 19 einen Hinweis am Verhandlungsraum zumindest für solche Fälle fordert, in denen ohne einen solchen Hinweis keinesfalls Publikum zu erwarten ist (Hotelzimmer, Privatwohnung eines Schöffen, Gaststätte mit Schild „Geschlossene Gesellschaft"). Ähnlich *M. Wolf*, in: Münchener Kommentar zur ZPO, Bd. 3, 2. Aufl. 2001, § 169 GVG Rdnrn. 56, 58.

400 So *Schreiber*, in: Wieczorek/Schütze, ZPO und Nebengesetze, 5. Bd., 3. Aufl. 1995, § 169 GVG Rdnr. 18.

401 Dazu soeben aa), S. 109 f.

402 So *Schreiber*, in: Wieczorek/Schütze, ZPO und Nebengesetze, 5. Bd., 3. Aufl. 1995, § 169 GVG Rdnr. 18.

Zuschauern, die auf die ursprüngliche Ankündigung vertrauen, den Ortswechsel zu ermöglichen.[403]

Allerdings entsteht so ein gewisses Spannungsverhältnis zu der ebenfalls vom *Bundesgerichtshof* vertretenen Auffassung, im Falle der Fortsetzung einer Verhandlung an einem anderen Ort genüge die Verkündung in der öffentlichen Sitzung regelmäßig nicht. Vielmehr sei ein Hinweis im Gericht erforderlich, damit auch solche Zuschauer noch an der Verhandlung teilnehmen könnten, die erst nach der Verkündung im Gerichtsgebäude einträfen.[404] Verspätet im Gericht erscheinende Zuschauer werden so besser gestellt als pünktlich am angekündigten auswärtigen Verhandlungsort eintreffende Interessenten.

d) *Fazit und Bewertung*

Jenseits aller Detailfragen läßt sich festhalten, daß die Informationspflichten des Gerichts derzeit äußerst restriktiv interpretiert werden. Ob sie jedermann ermöglichen, sich über mündliche Verhandlungen zu informieren – was immerhin prinzipiell postuliert wird –, erscheint ausgesprochen fraglich. Sofern ein Gericht lediglich die gesetzlichen Minimalanforderungen erfüllt, erfährt allein derjenige von einer Verhandlung, der sich ohnehin gerade am Verhandlungsort aufhält. Hingegen ermöglichen es die geforderten Vorkehrungen faktisch nicht, sich vorab über Ort und Zeitpunkt *bestimmter* Verfahren zu informieren.

Auf einem anderen Blatt steht, daß die Termine wichtiger Verfahren in aller Regel über die Medien rechtzeitig bekannt werden. Zu einer derartigen Veröffentlichung verpflichtet der Öffentlichkeitsgrundsatz nach allgemeiner Auffassung jedoch nicht.

Dieses Gesetzesverständnis steht in deutlichem Kontrast zu den Anforderungen, die im übrigen an die Kundbarmachung staatlichen Handelns gestellt werden. Vor allem aber trägt es selbst dem Minimalzweck der Saalöffentlichkeit nicht in ausreichendem Maße Rechnung. Auch durch die Abweichung von an-

---

[403] BGH NStZ 2002, 46. Ähnlich BGH NStZ 1984, 470, wo sich erst am zunächst angesetzten Ort der Weiterverhandlung die Notwendigkeit einer weiteren Verlegung ergab. Aushänge waren im Gericht und am neuen Verhandlungsort vorhanden, während am zunächst angesetzten Ort der neue Ort unproblematisch hätte erfragt werden können. Gegen die Notwendigkeit, bei einem Ortswechsel während einer auswärtigen Verhandlung einen Hinweis für später eintreffende Zuschauer zu hinterlassen, BVerwG NVwZ-RR 1989, 168. Ähnlich BVerfG (3. Kammer des Zweiten Senats) NJW 2002, 814. Für das Erfordernis einer Kundgabe durch Aushang im Gericht auch bei erneuter Änderung des Ortes *Kissel/Mayer*, GVG, 4. Aufl. 2005, § 169 Rdnr. 49.

[404] BGH DRiZ 1981, 193. Entbehrlich soll ein schriftlicher Hinweis allerdings sein, wenn es auf ihn schlechterdings nicht ankommen kann (Fortsetzung der Verhandlung für ca. fünf Minuten im Schlafzimmer des Angeklagten, dann nach insgesamt einer Stunde wieder im Gerichtssaal). Zustimmend sowohl hinsichtlich der prinzipiellen Hinweispflicht als auch hinsichtlich der Ausnahme *Wickern*, in: Löwe-Rosenberg, StPO und GVG, 7. Bd., 25. Aufl. 2003, § 169 GVG Rdnrn. 26f.

gekündigten Terminen kann das Gericht den Eindruck erwecken, faktisch hinter verschlossenen Türen zu verhandeln.

Insofern sollte dem Öffentlichkeitsgrundsatz des § 169 S. 1 GVG jedenfalls eine Pflicht des Gerichts entnommen werden, auf individuelle Anfragen hin Auskünfte über anstehende Verhandlungen zu erteilen. Keinesfalls dürfen derartige Anfragen nur deshalb ausweichend beantwortet werden, um nicht vor zu vielen Zuschauern verhandeln zu müssen.[405] Erwägenswert erscheint sogar eine Publikations*pflicht* des Gerichts, beispielsweise in Form von regelmäßigen Pressemitteilungen über anstehende Termine.

Mehr noch: Inzwischen ist abzusehen, daß früher oder später sämtliche Gerichte mit eigenen Seiten im World Wide Web vertreten sein werden. Angesichts der enormen Bedeutung gerade dieses Mediums für die allgemeine Verfügbarkeit von Informationen[406] erscheint es angebracht, Gerichte zumindest grundsätzlich zu verpflichten, anstehende Verhandlungen dort anzukündigen. Einzelne Beispiele dafür lassen sich bereits heute finden. So veröffentlicht etwa das *VG Minden* zweimal monatlich Pressemitteilungen, die über die Seiten des Gerichts im World Wide Web für jedermann abrufbar sind und die jedenfalls einen Teil der für den folgenden halben Monat vorgesehenen öffentlichen Verhandlungen aufführen.[407] Neben Datum und Uhrzeit nennt das Gericht die beteiligte Behörde sowie – stichwortartig – den Verfahrensgegenstand; Namen privater Beteiligter sind anonymisiert.[408]

3. Die Zugänglichkeit des Verhandlungsortes

Weiter verlangt der Öffentlichkeitsgrundsatz, daß sich jedermann ohne Überwindung größerer Schwierigkeiten Zutritt zur Verhandlung verschaffen kann.[409] In der Regel wird diesem Erfordernis genügt, wenn mindestens eine Tür zum Sitzungssaal unverschlossen ist.[410] Allerdings soll je nach Lage des Einzelfalls

---

[405] S. dazu die berechtigte Kritik von *Fromme*, Frankfurter Allgemeine Zeitung v. 7. September 1979, Nr. 208, S. 10, am *VG Schleswig*, das eine Anfrage nach dem Verhandlungstermin in einem Verfahren zum Kernkraftwerk Brokdorf als Zumutung betrachtet und mit Ausflüchten bedacht haben soll.

[406] Zur Forderung nach einer Pflicht zur Veröffentlichung von Gesetzentwürfen im World Wide Web als eines von mehreren „Verfahrensgeboten der Informationsgerechtigkeit" *Hoeren*, NJW 2002, 3304. S. auch *Martens*, Öffentlich als Rechtsbegriff, 1969, S. 76f., zu den Anforderungen an Publikationsinstrumente bei der Normverkündung.

[407] http://www.vg-minden.nrw.de (weitere Verknüpfungen: 1. Presse, 2. Pressemitteilungen), Stand: 11. Februar 2005.

[408] S. dazu beispielhaft aus der Pressemitteilung Nr. 129 v. 11. Februar 2005: „17.02.2005– 10.00 Uhr – Az.: 5 K 684/04 – I und zwei weitere, A. GmbH & Co. ./. Oberbürgermeister der Stadt Bielefeld, Straßenbaubeiträge Münzstraße Bielefeld".

[409] *Schreiber*, in: Wieczorek/Schütze, ZPO und Nebengesetze, 5. Bd., 3. Aufl. 1995, § 169 GVG Rdnr. 15.

[410] *Kissel/Mayer*, GVG, 4. Aufl. 2005, § 169 Rdnr. 22.

die Anordnung zulässig sein, die Tür während kurzer Verhandlungsabschnitte wie der Urteilsverkündung möglichst geschlossen zu halten, um so Störungen in einem engen Saal zu vermeiden.[411] Offenstehen muß die Tür in keinem Fall. Offenstehende Türen sind im Gegenteil sogar bedenklich, da sie die Öffentlichkeit auf die angrenzenden Räume und Flure erweitern und dadurch der Kontrolle des Vorsitzenden entziehen.[412]

Auch Sicherungsmaßnahmen sind zulässig, soweit sie sich als ohne weiteres überwindbare Zugangshindernisse darstellen. So darf die Gerichtstür verschlossen sein, wenn ein Schild darauf hinweist, daß läutenden Besuchern geöffnet wird.[413] Kontrollmaßnahmen sind grundsätzlich möglich. Sie verletzen den Öffentlichkeitsgrundsatz erst dann, wenn eine tatsächliche Zutrittsmöglichkeit zwar besteht, staatliche Organe den Besuchern einer Hauptverhandlung jedoch Nachteile androhen oder psychischen Druck ausüben. Das ist der Fall, wenn im Zugangsbereich Maßnahmen durchgeführt werden, die beim Besucher den Eindruck einer realen Gefahr entstehen lassen, der Besuch könne für ihn konkrete Nachteile haben.[414] Im übrigen dürfen beispielsweise Ausweis- und Taschenkontrollen durchgeführt werden.[415] Ggf. muß mit dem Beginn der Verhandlung so lange gewartet werden, bis rechtzeitig erschienene Besucher trotz der Kontrollen den Sitzungssaal betreten können.[416]

---

[411] BGHSt 24, 72 (73 f.). Angesichts der Wichtigkeit der Urteilsverkündung und angesichts der Gleichrangigkeit der ungestörten Verfahrensdurchführung mit der Kontrolle durch die Allgemeinheit sei eine derartige kurze Beschränkung zulässig. Zustimmend *Wickern*, in: Löwe-Rosenberg, StPO und GVG, 7. Bd., 25. Aufl. 2003, § 169 GVG Rdnr. 32; a.A. *Roxin*, Strafverfahrensrecht, 25. Aufl. 1998, § 45 Rdnr. 5, mit dem beachtlichen Argument, derartige Störungen habe der Gesetzgeber bewußt in Kauf genommen.

[412] Für die Unzulässigkeit offenstehender Saaltüren daher *Roxin*, in: FS für Karl Peters, 1974, S. 404; *Kissel/Mayer*, GVG, 4. Aufl. 2005, § 169 Rdnr. 27.

[413] *Kissel/Mayer*, GVG, 4. Aufl. 2005, § 169 Rdnr. 22; *Diemer*, in: Karlsruher Kommentar zur StPO, 5. Aufl. 2003, § 169 GVG Rdnr. 8.

[414] BGH NJW 1980, 249.

[415] Für die Zulässigkeit von Ausweiskontrollen mit ausführlicher Begründung OLG Karlsruhe JR 1976, 383 ff.; ablehnend *Roxin*, JR 1976, 385 ff.

[416] BGHSt 28, 341 (343 ff.); *Meyer-Goßner*, StPO, 47. Aufl. 2004, § 169 GVG Rdnr. 7. Dagegen muß nicht gewartet werden, bis Besucher kontrolliert worden sind, die erst unmittelbar zum anberaumten Termin oder noch später erscheinen. Zu den Unterschieden zwischen Kontrollen vor Beginn der Hauptverhandlung und Kontrollen nach einer Verhandlungspause BGHSt 29, 258 (259 ff.). – *Roxin*, in: FS für Karl Peters, 1974, S. 398, hält es für unzulässig, Zuschauern ohne Ausweis den Zutritt zu verwehren: Der Öffentlichkeitsgrundsatz solle eine Rechtsprechungskontrolle durch den unüberwachten quivis ex populo ermöglichen.

4. Einlaß nach dem Prioritätsprinzip

a) Das Fassungsvermögen des Sitzungssaals

Über das konkrete Fassungsvermögen des Sitzungssaals entscheidet der Vorsitzende[417] nach pflichtgemäßem Ermessen.[418] Schon um der Übersichtlichkeit der Verhandlung willen hat er sich maßgeblich an der Zahl der vorhandenen *Sitz*plätze zu orientieren.[419] Um eine feststehende Größe handelt es sich dabei freilich nicht. Die Entscheidung über das konkrete Fassungsvermögen ist eine Maßnahme der Sitzungspolizei gem. § 176 GVG, deren letztlich entscheidendes Kriterium die Ordnung der Sitzung ist. Je nach Art des Verfahrens und je nach „Beherrschbarkeit" des zu erwartenden Publikums darf der Vorsitzende das Fassungsvermögen ein- und desselben Saals unterschiedlich festsetzen: Die Zulassung stehender Zuschauer ist nicht per se unzulässig.[420] Umgekehrt muß eine im Saal vorhandene Galerie mit weiteren Sitzplätzen nicht für Zuschauer geöffnet werden.[421] Selbst wenn man die Zutrittsverweigerung für unzulässig hält, solange Sitzplätze im Zuschauerbereich frei sind,[422] besteht dennoch ein gewisser Spielraum des Richters: Sofern für die Zuschauer beispielsweise Bänke statt einzelner Stühle vorgesehen sind, hängt das Fassungsvermögen des Saales in nicht unerheblichem Maße davon ab, wie eng nebeneinander die Zuschauer nach Dafürhalten des Vorsitzenden sitzen müssen.

Sobald die Zahl der teilnahmewilligen Zuschauer die vom Vorsitzenden festgelegte Zahl der verfügbaren Plätze übersteigt, stellt sich die Frage, nach welchen Kriterien die Verteilung der Plätze zu erfolgen hat.[423]

b) Keine Auswahl im eigentlichen Sinne

Sie ist dahingehend zu beantworten, daß es keine Auswahl im eigentlichen Sinne geben darf. Abgesehen von Personen, denen gem. § 175 Abs. 1 GVG der Zutritt wegen Unerwachsenheit oder wegen Erscheinens in einer der Würde

---

[417] *Eb. Schmidt*, Lehrkommentar zur StPO und zum GVG, Teil III, 1960, § 169 GVG Rdnr. 8; BGHSt 40, 191 (192).

[418] *Kissel/Mayer*, GVG, 4. Aufl. 2005, § 169 Rdnr. 25.

[419] *Kissel/Mayer*, GVG, 4. Aufl. 2005, § 169 Rdnr. 25, die zudem auf baustatische Gründe und auf Sicherheitsaspekte wie die Erreichbarkeit der Notausgänge bei Panik verweisen; BayObLG NJW 1982, 395 (396) (dazu oben Fn. 333). *Schreiber*, in: Wieczorek/Schütze, ZPO und Nebengesetze, 5. Bd., 3. Aufl. 1995, § 169 GVG Rdnr. 15, spricht im Hinblick auf die erforderliche Raumgröße von Steh- oder Sitzplätzen für Zuschauer, sieht in Rdnr. 24 jedoch ebenfalls die Zahl der Sitzplätze als ausschlaggebend für das Fassungsvermögen des Raumes an.

[420] Anders *Kissel/Mayer*, GVG, 4. Aufl. 2005, § 169 Rdnr. 25.

[421] BGH DRiZ 1971, 206 (207); *Wickern*, in: Löwe-Rosenberg, StPO und GVG, 7. Bd., 25. Aufl. 2003, § 169 GVG Rdnr. 12.

[422] So *Roxin*, in: FS für Karl Peters, 1974, S. 398.

[423] *M. Wolf*, in: Münchener Kommentar zur ZPO, Bd. 3, 2. Aufl. 2001, § 169 GVG Rdnr. 34.

des Gerichts nicht angemessenen Weise versagt werden kann,[424] sind die Plätze allein nach dem Prioritätsprinzip zu vergeben, d.h. nach der Reihenfolge des Eintreffens der Besucher.[425] Das schließt die Verwendung von Platz- oder Eintrittskarten nicht aus. Ihr Einsatz muß freilich rechtzeitig angekündigt werden.[426] Zudem muß Ihre Vergabe ebenfalls nach dem Prioritätsgrundsatz erfolgen,[427] so daß die Karten für jedermann gleichermaßen zugänglich sind.[428]

c) Die Behandlung von Besuchergruppen

Jede steuernde Einflußnahme auf die Zusammensetzung des Publikums ist dem Gericht untersagt. Das wirkt sich auch auf den Umgang mit Besuchergruppen aus. Zwei Konstellationen stehen außer Streit. Weder darf das Gericht eine Sperröffentlichkeit herstellen, noch muß es für eine möglichst repräsentative Öffentlichkeit sorgen. Umstritten ist hingegen, ob Besuchergruppen bevorzugt werden dürfen.

aa) Das Verbot einer Sperröffentlichkeit

Unvereinbar mit dem Öffentlichkeitsgrundsatz ist jedenfalls die bewußte Herstellung einer „Sperröffentlichkeit" bzw. „Abwehröffentlichkeit" durch das Gericht. Es wäre daher unzulässig, die Zuschauerplätze bereits vor der Öffnung des Gerichtssaals für das allgemeine Publikum[429] vollständig oder teilweise[430]

---

[424] Zu den Voraussetzungen unten Fn. 451.

[425] *Meyer-Goßner*, StPO, 47. Aufl. 2004, § 169 GVG Rdnr. 4; *Kissel/Mayer*, GVG, 4. Aufl. 2005, § 169 Rdnr. 29; *Wickern*, in: Löwe-Rosenberg, StPO und GVG, 7. Bd., 25. Aufl. 2003, § 169 GVG Rdnr. 14; *M. Wolf*, in: Münchener Kommentar zur ZPO, Bd. 3, 2. Aufl. 2001, § 169 GVG Rdnr. 34.

[426] *Wickern*, in: Löwe-Rosenberg, StPO und GVG, 7. Bd., 25. Aufl. 2003, § 169 GVG Rdnr. 14; *Kissel/Mayer*, GVG, 4. Aufl. 2005, § 169 Rdnr. 35. Präzise *Roxin*, in: FS für Karl Peters, 1974, S. 400: Öffentliche Bekanntgabe von Ort und Zeit der Ausgabe an der Gerichtstafel.

[427] *Kissel/Mayer*, GVG, 4. Aufl. 2005, § 169 Rdnr. 35; *Meyer-Goßner*, StPO, 47. Aufl. 2004, § 169 GVG Rdnr. 5. *M. Wolf*, in: Münchener Kommentar zur ZPO, Bd. 3, 2. Aufl. 2001, § 169 GVG Rdnr. 35, weist zusätzlich darauf hin, daß die Gültigkeit von Einlaßkarten daher auf einen Sitzungstag zu begrenzen ist. Dem ist zuzustimmen. Das Prioritätsprinzip läßt eine Privilegierung von „Altzuhörern" nicht zu.

[428] *Wickern*, in: Löwe-Rosenberg, StPO und GVG, 7. Bd., 25. Aufl. 2003, § 169 GVG Rdnr. 14; *M. Wolf*, Gerichtsverfassungsrecht aller Verfahrenszweige, 6. Aufl. 1987, § 25 IV 1, S. 252; *Gummer*, in: Zöller, ZPO, 25. Aufl. 2005, § 169 GVG Rdnr. 6; *Kopp/Schenke*, VwGO, 13. Aufl. 2003, § 55 Rdnr. 3.

[429] Vom Gericht bestellte Zuschauer sind zwar auch dann nicht unbedenklich, wenn sie wie die übrigen Zuschauer vor dem Gerichts- oder Saaleingang auf Einlaß warten und unter Beachtung des Prioritätsprinzips eingelassen werden. Eine Verletzung der Öffentlichkeit wird man in diesem Fall freilich schon aus Gründen der Rechtssicherheit kaum annehmen können. Daß z.B. ein Polizist gerade auf Wunsch des Gerichts im Zuschauerraum Platz nimmt, ist in aller Regel nicht zu beweisen. Jedoch würde ein unterlegener Beteiligter in jedem Prozeß mit vollen Zuschauerreihen regelmäßig vortragen, im Publikum hätten etliche Scheinzuschauer gesessen.

mit bestellten Scheinbesuchern zu füllen, beispielsweise mit einer Rugby-Mannschaft[431] oder mit (uniformierten oder als Zivilisten getarnten) Polizisten.[432]

bb) Keine Pflicht zur Herstellung einer repräsentativen Öffentlichkeit

Umgekehrt ist das Gericht nicht verpflichtet, auf die Herstellung einer möglichst repräsentativen Öffentlichkeit hinzuwirken.[433] Daher stellt es keinen Verstoß gegen den Öffentlichkeitsgrundsatz dar, wenn eine zuerst im Gerichtssaal erscheinende Gruppe wie etwa eine Schulklasse sämtliche bzw. die letzten noch freien Plätze besetzt, so daß später ankommende Zuschauer zurückgewiesen werden müssen.[434] Das Gericht ist in derartigen Fällen nicht verpflichtet, Plätze für nicht gruppenzugehörige Zuschauer freizuhalten. Mehr noch: Es wäre dazu nicht einmal berechtigt. Inhalt des Prioritätsprinzips ist ja gerade, daß über den Einlaß *ungeachtet* einer Gruppenzugehörigkeit die Reihenfolge des Erscheinens entscheidet.[435] Gerade in der Zurückweisung einzelner wegen ihrer Gruppenzugehörigkeit läge daher eine Verletzung des Prioritätsprinzips und damit des Öffentlichkeitsgrundsatzes.[436]

cc) Keine Vorzugsmöglichkeiten für Besuchergruppen

aaa) Die vermeintlich zulässige Bevorzugung von Besuchergruppen

Vor diesem Hintergrund ist es problematisch, wenn eine verbreitete Meinung den bevorzugten Einlaß bestimmter Gruppen – typischerweise werden Schulklassen

---

Explizit wie hier BGH, Urteil v. 20. März 1975, 4 StR 7/75 (= BGHSt 26, 99 ff. = BGH NJW 1975, 1231 f., jedoch jeweils unter Auslassung der Passage zur Öffentlichkeit. Vollständiger Wortlaut bei juris, Nr.: KORE042538036): Besetzung der Zuschauerplätze mit Schülern einer Polizeischule ist unproblematisch, wenn diese als erste Einlaß begehrt haben und daher auch zuerst eingelassen worden sind.

[430] Wird ein Teil der Plätze mit dem Ziel besetzt, weitere Zuschauer abzuhalten, so ist das ebenso zu behandeln wie die Nichtberücksichtigung dieser Plätze. Vgl. dazu *Roxin*, in: FS für Karl Peters, 1974, S. 399, allerdings ohne Beschränkung auf gerichtlich bestellte Scheinbesucher. Seine Aussagen gelten auch für die vorab erfolgende Platzvergabe an Zuschauer, die aus eigenem Antrieb kommen. Näher dazu sogleich cc), S. 118 ff.

[431] *Seibert*, NJW 1970, 1535, berichtet von einem solchen Vorkommnis in England. Ausweislich der Schilderung war die Besetzung der Plätze zwar nicht durch das Gericht, sondern ohne dessen Wissen durch die Polizei veranlaßt. Offenbar hatte der Polizei jedoch die Einlaßkontrolle obgelegen. In einem solchen Fall kommt das gezielte Herbeischaffen bestimmter Personen, die noch dazu vorzeitig eingelassen werden, einer Manipulation durch das Gericht gleich.

[432] *Kissel/Mayer*, GVG, 4. Aufl. 2005, § 169 Rdnr. 32.

[433] *M. Wolf*, in: Münchener Kommentar zur ZPO, Bd. 3, 2. Aufl. 2001, § 169 GVG Rdnr. 34.

[434] S. dazu BGH, Urteil v. 20. März 1975, 4 StR 7/75 (oben Fn. 429); *Katholnigg*, Strafgerichtsverfassungsrecht, 3. Aufl. 1999, § 169 GVG Rdnr. 2; *H. Jung*, in: GS für Hilde Kaufmann, 1986, S. 904.

[435] *Schreiber*, in: Wieczorek/Schütze, ZPO und Nebengesetze, 5. Bd., 3. Aufl. 1995, § 169 GVG Rdnr. 24.

[436] So zu Recht *Schreiber*, in: Wieczorek/Schütze, ZPO und Nebengesetze, 5. Bd., 3. Aufl.

als Beispiel angeführt, z.T. auch ausländische Gäste oder Studenten – für zulässig hält.[437] „Bevorzugt" meint in diesem Zusammenhang die Reservierung von Plätzen auf Grund vorheriger Anmeldung[438] oder den Einlaß entgegen der Reihenfolge des Erscheinens. Allerdings soll es nicht gestattet sein, bereits im Saal befindliche Zuschauer wegen des Erscheinens einer Gruppe wieder hinauszuweisen. Eine Grenze soll die Privilegierungs*möglichkeit* – eine entsprechende Verpflichtung wird nicht diskutiert – erst darin finden, daß der Zweck des Öffentlichkeitsgrundsatzes nicht beeinträchtigt werden darf, indem das Gericht durch den vorrangigen Einlaß der Gruppe ein möglichst „bequemes", also unkritisches Publikum bezweckt.[439] Weiter müsse eine ausreichende Zahl von Plätzen, nämlich mindestens die Hälfte, allgemein zugänglich bleiben.[440]

bbb) Rechtliche und praktische Schwierigkeiten einer bevorzugten Behandlung von Besuchergruppen

Diese Auffassung vermag aus mehreren Gründen nicht zu überzeugen.

Zunächst ist sie in sich widersprüchlich. Ob ein anderer Zuschauer auf Grund des Erscheinens einer Schulklasse den Saal wieder verlassen muß, in dem er bereits Platz genommen hat, oder ob ihm aus diesem Grund „nur" der Einlaß verwehrt wird, obwohl er in der Warteschlange vor der noch verschlossenen Saaltür weiter vorn stand als die später kommende Schulklasse, ist aus rechtlicher Sicht unerheblich. Nicht ohne Grund wird eine Verletzung des Öffentlichkeitsgrundsatzes ohne Unterschied sowohl bei einer unberechtigten Zutrittsverweigerung als auch im Falle des unberechtigten Hinausweisens bereits anwesender Zuschauer bejaht.[441]

Des weiteren führt eine Vorzugsmöglichkeit für Gruppen zu erheblichen Abgrenzungsschwierigkeiten. Unklar ist zunächst, durch welche Merkmale sich privilegierungsfähige Gruppen auszeichnen. Zählt außer der Schulklasse auch

---

1995, § 169 GVG Rdnr. 24; speziell für den Fall der Schulklasse *Meyer-Goßner*, StPO, 47. Aufl. 2004, § 169 GVG Rdnr. 4.

[437] *Kissel/Mayer*, GVG, 4. Aufl. 2005, § 169 Rdnr. 32; *Schreiber*, in: Wieczorek/Schütze, ZPO und Nebengesetze, 5. Bd., 3. Aufl. 1995, § 169 GVG Rdnr. 26; *Leipold*, in: Stein/Jonas, ZPO, Bd. 2, 21. Aufl. 1994, vor § 128 Rdnr. 126; *Schilken*, Gerichtsverfassungsrecht, 3. Aufl. 2003, Rdnr. 172; *M. Wolf*, in: Münchener Kommentar zur ZPO, Bd. 3, 2. Aufl. 2001, § 169 GVG Rdnr. 34.

[438] So explizit *Wickern*, in: Löwe-Rosenberg, StPO und GVG, 7. Bd., 25. Aufl. 2003, § 169 GVG Rdnr. 14.

[439] *M. Wolf*, in: Münchener Kommentar zur ZPO, Bd. 3, 2. Aufl. 2001, § 169 GVG Rdnr. 34; *Schreiber*, in: Wieczorek/Schütze, ZPO und Nebengesetze, 5. Bd., 3. Aufl. 1995, § 169 GVG Rdnr. 26.

[440] *Kissel/Mayer*, GVG, 4. Aufl. 2005, § 169 Rdnr. 32; *Schreiber*, in: Wieczorek/Schütze, ZPO und Nebengesetze, 5. Bd., 3. Aufl. 1995, § 169 GVG Rdnr. 26. Strenger wohl *Wickern*, in: Löwe-Rosenberg, StPO und GVG, 7. Bd., 25. Aufl. 2003, § 169 GVG Rdnr. 14, der das Vorhalten nur eines „geringen Teils" der Plätze für Gruppen für zulässig hält.

[441] *Kissel/Mayer*, GVG, 4. Aufl. 2005, § 169 Rdnr. 30.

die Großfamilie mit acht Kindern dazu? Wie steht es dann mit einer Familie mit zwei Kindern? Was ist mit den Teilnehmern eines juristischen Seminars oder einer (inländischen) Besuchergruppe, deren innere Verbindung sich auf die gemeinsame Anmietung eines Busses für die Fahrt an den Gerichtsort beschränkt?

Als kaum praktikabel erweist sich auch das begrenzende Kriterium, daß das Gericht mittels vorrangig eingelassener Gruppen nicht auf ein möglichst unkritisches Publikum abzielen darf. Anders als die Reihenfolge, in der die Besucher ankommen, ist die Motivation, aus der heraus das Gericht eine zuletzt angekommene Schulklasse vorrangig einläßt, nicht objektiv überprüfbar. Die Verletzung des Öffentlichkeitsgrundsatzes und damit unter Umständen der Erfolg einer späteren Revision hingen von der mit erheblichen Rechtsunsicherheiten behafteten Frage ab, ob das Gericht gerade die Schulklasse bevorzugen wollte oder ob es durch ihren vorrangigen Einlaß Störungen zu vermeiden suchte, die es auf Grund der äußeren Erscheinung anderer vor dem Saal wartender Zuschauer befürchtete.

ccc) Das strikte Prioritätsprinzip als einzig zulässiges Vergabekriterium

Vorzugswürdig erscheint daher die gegenteilige Ansicht, nach der die Verteilung der Plätze sowohl bei der Platzvergabe unmittelbar im Gerichtssaal als auch bei der Verwendung von Eintrittskarten strikt nach dem Prioritätsprinzip zu erfolgen hat.[442] Ausgeschlossen ist damit in erster Linie die gerichtliche Platzreservierung in Gestalt einer Platzvergabe an Angehörige bestimmter Gruppen, die in den Saal gelassen werden bzw. an die Karten vergeben werden, bevor die Verteilung an die Allgemeinheit auch nur beginnt. Eine derartige Praxis nähme dem teilnahmewilligen quivis ex populo[443] in gleicher Weise die Zutrittsmöglichkeit wie das völlige Freihalten (oder Entfernen) der betreffenden Sitze.[444] Darüber hinaus ist jedoch auch eine Reservierung durch Private nicht zulässig: Im Rahmen der für alle gleichzeitig beginnenden Vergabe darf jeder Erschienene nur für sich selbst einen Platz bzw. eine Karte erhalten.[445] Zwar scheinen gerade bei der Kartenvergabe Praktikabilitätserwägungen dafür zu sprechen, dem regulär anstehenden Lehrer Karten für seine gesamte Klasse mitzugeben, anstatt ein Erscheinen sämtlicher Schüler zu verlangen. Dagegen spricht jedoch erstens die Schwierigkeit von Grenzziehungen: Darf bei einer Privatperson eine zweite Karte für den

---

[442] Dezidiert *Roxin*, in: FS für Karl Peters, 1974, S. 399 f., gegen RG GA Bd. 53 (1906), S. 443 f. Ebenso *Meyer-Goßner*, StPO, 47. Aufl. 2004, § 169 GVG Rdnrn. 4 f.

[443] *Eb. Schmidt*, Lehrkommentar zur StPO und zum GVG, Teil III, 1960, § 169 GVG Rdnr. 7; *Weidemann*, DRiZ 1970, 115; *Roxin*, in: FS für Karl Peters, 1974, S. 398.

[444] Mit dieser Begründung wendet sich *Roxin* (soeben Fn. 442) gerade gegen die gerichtliche Reservierung.

[445] So ausdrücklich *Kissel/Mayer*, GVG, 4. Aufl. 2005, § 169 Rdnr. 29, die freilich die Bevorzugung gerade von Gruppen für zulässig halten (s. o. Fn. 437).

Ehepartner abgegeben werden? Womöglich fünf weitere für Kinder und Eltern des Wartenden? Zweitens steht die Vergabe weiterer Karten der Reservierung von Plätzen im Gerichtssaal gleich. Dort leuchtet es indes unmittelbar ein, daß der sehr früh erschienene Lehrer nicht berechtigt ist, dreißig Plätze für seine kurz vor Verhandlungsbeginn nachkommenden Schüler freizuhalten. Als gleichermaßen handhabbare wie rechtlich einwandfreie Lösung erweist sich allein die strikte Einhaltung des Prioritätsprinzips. Plätze bzw. Karten dürfen ausschließlich an persönlich erscheinende Besucher in der Reihenfolge ihres Eintreffens vergeben werden.

Über die Behandlung von Journalisten ist damit noch kein abschließendes Urteil gesprochen. Das betrifft namentlich die Frage, ob für sie im Gerichtssaal Plätze reserviert werden dürfen. Auf diesen Aspekt wird zurückzukommen sein.[446]

5. Das bloße Anwesenheitsrecht

Inhaltlich ist dem Öffentlichkeitsgrundsatz i. S. v. § 169 S. 1 GVG bereits genügt, wenn beliebige Nichtverfahrensbeteiligte die Verhandlung durch Zuschauen und Zuhören miterleben können. Der Umfang des Miterlebens darf – und muß – hinter dem der Verfahrensbeteiligten zurückbleiben. Erst recht verleiht der Öffentlichkeitsgrundsatz Nichtverfahrensbeteiligten kein Recht auf aktive Teilnahme an der Verhandlung.

a) Kein Recht auf umfassendes Miterleben

Gegenstand des Öffentlichkeitsgrundsatzes ist die Möglichkeit, die Vorgänge in der Verhandlung mitzuerleben, wenn auch aus der Distanz eines Unbeteiligten. Dem Publikum muß nicht die Möglichkeit gegeben werden, alle relevanten Vorgänge und Informationen so wahrzunehmen wie die Verfahrensbeteiligten. Das gilt gleichermaßen für das Zusehen wie das Zuhören: So fordert die Öffentlichkeit beispielsweise weder, daß Zuschauer mit den Parteien und ihren Anwälten nach vorne treten dürfen, wenn am Richtertisch Dokumente betrachtet werden, noch daß die Akten anschließend im Zuschauerbereich herumgezeigt werden müssen. Ebensowenig muß durch lautes Sprechen oder gar durch Lautsprecheranlagen sichergestellt werden, daß die Äußerungen der Beteiligten von den Zuschauern verstanden werden können.[447]

---

446 Unten Teil 4 A.III.2, S. 262 ff.

447 *Kissel/Mayer*, GVG, 4. Aufl. 2005, § 169 Rdnr. 52; *Schreiber*, in: Wieczorek/Schütze, ZPO und Nebengesetze, 5. Bd., 3. Aufl. 1995, § 169 GVG Rdnr. 14.

b) Kein Recht auf aktive Beteiligung

Erst recht beinhaltet die Öffentlichkeit der Verhandlung kein Recht der Zuschauer auf aktive Teilnahme am Verhandlungsgeschehen. Daß Nichtverfahrensbeteiligte keine Anträge stellen dürfen, bedarf als Selbstverständlichkeit kaum der Erwähnung. Aber auch Meinungsäußerungen wie Beifalls- oder Mißfallenskundgebungen gehören nicht zur Öffentlichkeit im Sinne von § 169 S. 1 GVG.[448] Die Öffentlichkeit der Verhandlung soll schließlich – jedenfalls aus einer traditionellen Perspektive – gerade die Unabhängigkeit des Gerichts sicherstellen. Diesem Zweck liefe jede Form der Einflußnahme durch das Saalpublikum im Ergebnis ebenso zuwider wie das Fehlen von Öffentlichkeit.[449]

III. Die Grenzen des Anwesenheitsrechts

Die Teilnahmemöglichkeit besteht nicht unbeschränkt. Sie findet ihre Grenzen in Verhandlungen, die kraft Gesetzes nichtöffentlich stattfinden bzw. deren Öffentlichkeit das Gericht auf gesetzlicher Grundlage ganz oder teilweise ausgeschlossen hat. Darüber hinaus kann der Vorsitzende einzelnen Zuschauern wegen fehlender Saalkapazität sowie aus Gründen, die in der Person bzw. im Verhalten des jeweiligen Zuschauers liegen, die Teilnahme an einer öffentlichen Verhandlung versagen. Die entsprechenden Rechtsgrundlagen finden sich in § 175 Abs. 1 GVG sowie in den sitzungspolizeilichen Vorschriften der §§ 176 f. GVG.

1. Die Zutrittsversagung, § 175 Abs. 1 GVG

Als Ausnahme vom Verbot einer Auswahl unter den Zuschauern[450] erlaubt § 175 Abs. 1 GVG, unerwachsenen und solchen Personen, die in einer der Würde des Gerichts nicht entsprechenden Weise erscheinen, den Zutritt zu versagen.[451]

---

[448] *Kissel/Mayer*, GVG, 4. Aufl. 2005, § 169 Rdnr. 53; *Weidemann*, DRiZ 1970, 115; s. auch *Köbl*, in: FS für Ludwig Schnorr von Carolsfeld, 1972, S. 244.

[449] *Roxin*, in: FS für Karl Peters, 1974, S. 393. Dabei spielt es keine Rolle, daß das Saalpublikum nicht repräsentativ für die Gesamtbevölkerung ist. Die Einflußnahme eines vollständig repräsentativen Publikums wöge ebenso schwer wie die eines zufällig zusammengesetzten Publikums. Anders aber *Schreiber*, in: Wieczorek/Schütze, ZPO und Nebengesetze, 5. Bd., 3. Aufl. 1995, § 169 GVG Rdnr. 14: Einflußnahme liefe Unabhängigkeit zuwider, *zumal* das Publikum nicht repräsentativ ist (Hervorhebung nur hier).

[450] *Schreiber*, in: Wieczorek/Schütze, ZPO und Nebengesetze, 5. Bd., 3. Aufl. 1995, § 169 GVG Rdnr. 1.

[451] Unerwachsen sind Personen, denen die zur ernsthaften Teilnahme erforderliche Reife fehlt. Maßgeblicher Anknüpfungspunkt sind das äußere Erscheinungsbild und das Verhalten. Die erforderliche Reife ist bei Volljährigen (§ 2 BGB) stets anzunehmen (*Wickern*, in: Löwe-Rosenberg, StPO und GVG, 7. Bd., 25. Aufl. 2003, § 175 GVG Rdnr. 2; *Meyer-Goßner*, StPO, 47. Aufl. 2004, § 175 GVG Rdnr. 1; schwächer *Schreiber*, in: Wieczorek/Schütze, ZPO und

Zuständig ist der Vorsitzende,[452] wie sich aus § 176 GVG ergibt.[453] Zwar gehört § 175 Abs. 1 GVG systematisch zu den Regelungen über die Öffentlichkeit.[454] Inhaltlich enthält die Vorschrift jedoch sitzungspolizeiliche Elemente.[455] Daher ist es möglich, die Zuständigkeitsregel des § 176 GVG heranzuziehen.[456]

2. Der Ausschluß durch sitzungspolizeiliche Anordnung, § 176 GVG

Größere praktische Bedeutung kommt dem Ausschluß einzelner Personen im Rahmen der Sitzungspolizei nach § 176 GVG zu.

a) Die Abgrenzung zwischen § 176 GVG und § 177 S. 1 GVG

Nach § 176 GVG obliegt dem Vorsitzenden die Aufrechterhaltung der Ordnung in der Sitzung. Diese zumeist als Sitzungspolizei bezeichnete Ordnungsgewalt umfaßt – in Abgrenzung zur Verhandlungsleitung, die den inneren Fortgang des Verfahrens betrifft –[457] sämtliche *Anordnungen*, die der *äußeren* Ordnung der

---

Nebengesetze, 5. Bd., 3. Aufl. 1995, § 175 GVG Rdnr. 1: bei Volljährigen regelmäßig, über 21 Jahren stets).

Die Versagung des Zutritts wegen Erscheinens in einer Weise, die der Würde des Gerichts nicht entspricht, betrifft Personen, deren äußeres Erscheinungsbild das für eine seriöse Verhandlung erforderliche Mindestmaß an Seriosität vermissen läßt (*M. Wolf*, in: Münchener Kommentar zur ZPO, Bd. 3, 2. Aufl. 2001, § 175 GVG Rdnr. 4). Im einzelnen erweist sich die Präzisierung des Begriffs als schwierig: Zum einen wahrt ein Gericht seine Würde, also sein Ansehen als Institution in der sozialen Gemeinschaft (*M. Wolf*, Gerichtsverfassungsrecht aller Verfahrenszweige, 6. Aufl. 1987, § 25 III 3, S. 250, i.V.m. § 26 III 1, S. 261; *Schreiber*, in: Wieczorek/Schütze, ZPO und Nebengesetze, 5. Bd., 3. Aufl. 1995, § 175 GVG Rdnr. 2), in der Regel gerade dadurch, daß es nicht auf jede Provokation reagiert (vgl. dazu *Sarstedt*, JZ 1969, 153 [Richter hätte „die Harlekinade belächeln können"]; *Schwind*, JR 1973, 139). Zum anderen sind gerade in Kleidungsfragen Änderungen der gesellschaftlichen Konventionen zu berücksichtigen. Angesichts heute äußerst liberaler Anschauungen auf diesem Gebiet ist daher bei einer Zutrittsversagung auf Grund unpassender Kleidung Zurückhaltung geboten. Zu Einzelheiten *Kissel/Mayer*, GVG, 4. Aufl. 2005, § 175 Rdnrn. 6 ff.

[452] *Wickern*, in: Löwe-Rosenberg, StPO und GVG, 7. Bd., 25. Aufl. 2003, § 175 GVG Rdnr. 4; *Diemer*, in: Karlsruher Kommentar zur StPO, 5. Aufl. 2003, § 175 GVG Rdnr. 1; *Kissel/Mayer*, GVG, 4. Aufl. 2005, § 175 Rdnr. 10; *Katholnigg*, Strafgerichtsverfassungsrecht, 3. Aufl. 1999, § 175 GVG Rdnr. 1.

[453] *Meyer-Goßner*, StPO, 47. Aufl. 2004, § 175 GVG Rdnr. 1.

[454] *Schreiber*, in: Wieczorek/Schütze, ZPO und Nebengesetze, 5. Bd., 3. Aufl. 1995, § 175 GVG Rdnr. 1.

[455] Vgl. *Woesner*, NJW 1959, 867; *Diemer*, in: Karlsruher Kommentar zur StPO, 5. Aufl. 2003, § 175 GVG Rdnr. 1.

[456] *M. Wolf*, in: Münchener Kommentar zur ZPO, Bd. 3, 2. Aufl. 2001, § 175 GVG Rdnr. 5.

[457] *Schilken*, Gerichtsverfassungsrecht, 3. Aufl. 2003, Rdnr. 204; *J. Schmidt*, in: Eyermann, VwGO, 11. Aufl. 2000, § 55 Rdnr. 6; *Wickern*, in: Löwe-Rosenberg, StPO und GVG, 7. Bd., 25. Aufl. 2003, § 176 GVG Rdnr. 2; *Jahn*, NStZ 1998, 392. Nur terminologisch anders *Reichold*, in: Thomas/Putzo, ZPO, 26. Aufl. 2004, § 136 Rdnr. 1, der zwischen der formellen Prozeßleitung, zu der er auch die Sitzungspolizei zählt, und der sachlichen Prozeßleitung unterscheidet.

Verhandlung dienen, mit denen also ein störungsfreier und geordneter Ablauf der Verhandlung sichergestellt werden soll.[458] § 176 GVG ist keine bloße Aufgabenzuweisung, sondern eine Eingriffsermächtigung.[459] Der Vorsitzende darf von den Adressaten der jeweiligen Anordnung, zu denen auch die Zuschauer zählen,[460] ein bestimmtes Verhalten verlangen. Welche Anordnungen getroffen werden dürfen, bestimmt der Gesetzgeber nur durch die Vorgabe des anzustrebenden Zwecks,[461] die Ordnung in der Sitzung aufrechtzuerhalten. Im übrigen steht die Auswahl im Ermessen des Gerichts, das sich an der jeweiligen Verfahrenssituation zu orientieren hat.[462]

Leistet der Adressat der Anordnung keine Folge, so können *Maßregeln*[463] nach § 177 S. 1 GVG ergriffen werden: Der Zuschauer kann aus dem Sitzungszimmer entfernt sowie zur Ordnungshaft abgeführt und für maximal 24 Stunden festgehalten werden.

Angesichts der expliziten Erwähnung der Entfernung aus dem Sitzungssaal in § 177 S. 1 GVG ist umstritten, ob eine Anordnung, sich zu entfernen, bereits auf § 176 GVG gestützt werden kann oder ob dafür stets auf § 177 S. 1 GVG zurückzugreifen ist.[464] Richtiger Auffassung nach ermöglicht schon § 176 GVG die Anordnung (u. a.) an einen Zuschauer, sich zu entfernen. Dafür spricht namentlich die Gesetzessystematik. Während § 176 GVG zum Erlaß beliebiger Anordnungen – im Rahmen des Normzwecks und des Grundsatzes der Verhält-

---

Gegen diese Unterscheidung *Meyer-Goßner*, StPO, 47. Aufl. 2004, § 238 Rdnrn. 11 f., § 176 GVG Rdnr. 4, der die Sitzungspolizei zur Verhandlungsleitung zählt.

[458] *Diemer*, in: Karlsruher Kommentar zur StPO, 5. Aufl. 2003, § 176 GVG Rdnr. 1; *Kissel/Mayer*, GVG, 4. Aufl. 2005, § 176 Rdnr. 1; *J. Schmidt*, in: Eyermann, VwGO, 11. Aufl. 2000, § 55 Rdnr. 6; *Leipold*, in: Stein/Jonas, ZPO, Bd. 2, 21. Aufl. 1994, vor § 128 Rdnr. 132; *Pfeiffer*, StPO und GVG, 4. Aufl. 2002, § 176 GVG Rdnr. 1.

[459] *Wickern*, in: Löwe-Rosenberg, StPO und GVG, 7. Bd., 25. Aufl. 2003, § 176 GVG Rdnr. 1; *M. Wolf*, in: Münchener Kommentar zur ZPO, Bd. 3, 2. Aufl. 2001, § 176 GVG Rdnr. 1.

[460] Der Sitzungspolizei gem. § 176 GVG unterliegen sowohl Verfahrensbeteiligte als auch Nichtbeteiligte (näher *J. Schmidt*, in: Eyermann, VwGO, 11. Aufl. 2000, § 55 Rdnr. 6; *Schreiber*, in: Wieczorek/Schütze, ZPO und Nebengesetze, 5. Bd., 3. Aufl. 1995, § 176 GVG Rdnr. 6). Im Gegensatz dazu läßt § 175 Abs. 1 GVG auf Grund seiner Zugehörigkeit zu den Vorschriften über die Öffentlichkeit (soeben 1., S. 122 f.) nicht zu, Verfahrensbeteiligten den Zutritt zu versagen. Das belegt der Gegenschluß aus § 177 S. 1 GVG, der explizit auch für Verfahrensbeteiligte gilt. Dazu *M. Wolf*, in: Münchener Kommentar zur ZPO, Bd. 3, 2. Aufl. 2001, § 175 GVG Rdnr. 2.

[461] *Czybulka*, in: Sodan/Ziekow, VwGO, § 55 Rdnr. 42.

[462] *Wickern*, in: Löwe-Rosenberg, StPO und GVG, 7. Bd., 25. Aufl. 2003, § 176 GVG Rdnr. 11.

[463] Die Terminologie in der Literatur schwankt. Wie hier für die Unterscheidung zwischen Anordnungen nach § 176 GVG und Maßregeln nach §§ 177 S. 1, 178 Abs. 1 GVG *M. Wolf*, in: Münchener Kommentar zur ZPO, Bd. 3, 2. Aufl. 2001, § 176 GVG Rdnr. 10.

[464] Für § 176 GVG BGHSt 17, 201 (204); 18, 179 (180); *Schreiber*, in: Wieczorek/Schütze, ZPO und Nebengesetze, 5. Bd., 3. Aufl. 1995, § 176 GVG Rdnr. 10; *Gummer*, in: Zöller, ZPO, 25. Aufl. 2005, § 176 GVG Rdnr. 5. Für § 177 S. 1 GVG *Wickern*, in: Löwe-Rosenberg, StPO und GVG, 7. Bd., 25. Aufl. 2003, § 176 GVG Rdnr. 31 (§ 176 GVG ermächtigt [nur] zur Androhung), § 177 GVG Rdnrn. 19, 22; *Kissel/Mayer*, GVG, 4. Aufl. 2005, § 177 Rdnr. 2; *Pfeiffer*, StPO und GVG, 4. Aufl. 2002, § 177 GVG Rdnr. 3.

nismäßigkeit –[465] ermächtigt, enthält § 177 GVG[466] abschließend[467] benannte Zwangsmittel für den Fall, daß eine derartige Anordnung nicht befolgt wird. Auch die Entfernung aus dem Sitzungssaal ist ein solches Zwangsmittel. Das bringt schon der Wortlaut zum Ausdruck: „Entfernt werden" nach § 177 S. 1 GVG ist mehr als sich auf Anordnung (selbst) zu entfernen.

Die zwangsweise erfolgende Entfernung nach § 177 S. 1 GVG setzt folglich voraus, daß eine Anordnung – gleich welchen Inhalts – nach § 176 GVG nicht befolgt wird.[468] Der abschließende Charakter der Maßregeln hat zur Folge, daß eine Anordnung nach § 176 GVG grundsätzlich nicht im Zwangswege durchgesetzt werden kann – es sei denn, sie besteht gerade in der Aufforderung, den Saal zu verlassen.[469] In diesem Fall läßt sich mit einer Maßnahme nach § 177 S. 1 GVG durchsetzen, was zuvor vergeblich mit einer Anordnung nach § 176 GVG verlangt wurde.

b) Die eingeschränkte Bedeutung der Festlegung der Rechtsgrundlage

Für den hier interessierenden Fall des Ausschlusses von Zuschauern hat sich die Bedeutung der Entscheidung zwischen den beiden Rechtsgrundlagen freilich mittlerweile durch § 177 S. 2 GVG stark relativiert. Die Vorschrift stellt klar, daß der Vorsitzende für den Ausschluß von nicht am Verfahren Beteiligten, also auch von Zuschauern, selbst dann allein zuständig ist, wenn § 177 S. 1 GVG die richtige Rechtsgrundlage sein sollte. Vor Erlaß des § 177 S. 2 GVG[470] war im Anwendungsbereich des § 177 GVG stets ein Gerichtsbeschluß erforderlich.[471]

Aus demselben Grund ist auch die Frage der Abgrenzung zwischen § 175 Abs. 1 GVG einerseits und § 176 GVG (bzw. § 177 S. 1 GVG) andererseits nur noch von begrenzter Bedeutung. Die jeweiligen Anwendungsbereiche dieser Normen können sich überschneiden.[472] Allerdings beschränkt sich diese Mög-

---

[465] Zur Geltung des Verhältnismäßigkeitsprinzips *M. Wolf*, in: Münchener Kommentar zur ZPO, Bd. 3, 2. Aufl. 2001, § 176 GVG Rdnr. 12. – Die Anwendung des Verhältnismäßigkeitsgrundsatzes wird regelmäßig dazu führen, daß ein Zuschauer vor dem Ausschluß wegen störenden Verhaltens zunächst aufzufordern ist, das störende Verhalten zu unterlassen.

[466] Hinzu kommen die hier nicht relevanten Maßregeln wegen Ungebühr nach § 178 GVG.

[467] *M. Wolf*, in: Münchener Kommentar zur ZPO, Bd. 3, 2. Aufl. 2001, § 176 GVG Rdnr. 10 (für §§ 177, 178 GVG); a.A. *Diemer*, in: Karlsruher Kommentar zur StPO, 5. Aufl. 2003, § 177 GVG Rdnr. 4.

[468] Zum möglichen Inhalt sitzungspolizeilicher Anordnungen *Wickern*, in: Löwe-Rosenberg, StPO und GVG, 7. Bd., 25. Aufl. 2003, § 176 GVG Rdnrn. 10ff.

[469] So zutreffend *M. Wolf*, in: Münchener Kommentar zur ZPO, Bd. 3, 2. Aufl. 2001, § 177 GVG Rdnr. 1; *Meissner*, in: Schoch/Schmidt-Aßmann/Pietzner, VwGO, § 55 Rdnr. 42.

[470] Durch Art. 5 Nr. 4 des Gesetzes zur Ergänzung des Ersten Gesetzes zur Reform des Strafverfahrensrechts v. 20. Dezember 1974, BGBl. I S. 3686.

[471] Vgl. dazu (mit Abdruck der alten Gesetzesfassung) *Schäfer*, in: Löwe-Rosenberg, StPO und GVG, 5. Bd., *23. Aufl.* 1979, § 177 GVG vor Rdnr. 1. Zur Abgrenzung nach der alten Rechtslage s. auch BGHSt 17, 201 (204).

[472] Vgl. *Schilken*, Gerichtsverfassungsrecht, 3. Aufl. 2003, Rdnrn. 194, 221.

lichkeit auf den Zeitraum, bevor der betreffende Zuschauer den Sitzungssaal betreten hat. § 175 Abs. 1 GVG ermächtigt ausweislich seines Wortlauts lediglich dazu, den (noch bevorstehenden) Zutritt zu versagen. Nach Betreten des Gerichtssaals ist ein Ausschluß daher nur auf der Grundlage des § 176 GVG möglich.[473] Vor Eintritt in den Gerichtssaal kommen hingegen beide Rechtsgrundlagen in Betracht, soweit die Versagungskriterien des § 175 Abs. 1 GVG zugleich eine Störung der Ordnung nach § 176 GVG darstellen. In diesem Fall ist § 175 Abs. 1 GVG die speziellere Vorschrift.[474]

Die gesicherte alleinige Zuständigkeit des Vorsitzenden hat noch eine weitere Konsequenz. Nach inzwischen allgemeiner Auffassung ist eine präventive Zutrittsversagung allein wegen befürchteter oder erwarteter Störungen nicht möglich.[475] Vielmehr muß der Vorsitzende in diesen Fällen abwarten, ob die Störung eintritt; ggf. hat er ihr dann mit sitzungspolizeilichen Mitteln nach §§ 176ff. GVG zu begegnen, unter Umständen also auch mit einem Ausschluß bzw. einer Entfernung der Störer.[476] Allerdings läßt sich dies heute auf Grund der einheitlichen alleinigen Zuständigkeit des Vorsitzenden nicht mehr mit dem Argument begründen, andernfalls werde das Erfordernis eines Gerichtsbeschlusses unterlaufen.[477]

c) Die Möglichkeit eines sitzungspolizeilichen Ausschlusses trotz eines scheinbar nichtstörenden Verhaltens

Die Sitzungspolizei dient nicht nur der Abwehr von Störungen durch ungebührliches Verhalten. Zur äußeren Ordnung, die durch die Sitzungspolizei zu schützen ist, zählt auch die ungehinderte Wahrheitsfindung. Zu einer Störung der Ordnung, die ggf. zum Ausschluß berechtigt,[478] kann es daher auch durch einen Zuschauer kommen, der später zu vernehmenden Zeugen vom Prozeßverlauf

---

473 *Schilken*, Gerichtsverfassungsrecht, 3. Aufl. 2003, Rdnr. 194; a.A. wohl *Kissel/Mayer*, GVG, 4. Aufl. 2005, § 175 Rdnr. 2: Zutrittsversagung auch nachträglich möglich. Allerdings verweisen *Kissel/Mayer* auf § 177 GVG. Insofern ist unklar, ob sie nicht doch die sitzungspolizeilichen Vorschriften als Rechtsgrundlage eines nachträglichen Ausschlusses ansehen.

474 *Schilken*, Gerichtsverfassungsrecht, 3. Aufl. 2003, Rdnr. 205.

475 *Kissel/Mayer*, GVG, 4. Aufl. 2005, § 169 Rdnr. 30. Anders verhält es sich nur, wenn ein Zuschauer bereits beim Eintreten stört, etwa indem er – so plastisch *Roxin*, in: FS für Karl Peters, 1974, S. 398 – den Saal trompeteblasend betritt. Zustimmend *Katholnigg*, Strafgerichtsverfassungsrecht, § 169 GVG Rdnr. 5.

476 Unter Umständen kommt auch ein Ausschluß der Öffentlichkeit nach § 172 GVG in Betracht.

477 So noch *Roxin*, in: FS für Karl Peters, 1974, S. 397, zur alten Rechtslage (s. aber auch *Roxin*, a.a.O., S. 406f.: Nur die tatsächliche Entfernung sei einem Gerichtsbeschluß vorzubehalten, nicht der Hinausweisungsbefehl).

478 Bei Gefahren für die Wahrheitsfindung wird sogar eine Pflicht zum Tätigwerden angenommen: BGH NJW 1962, 260 (262); *Schreiber*, in: Wieczorek/Schütze, ZPO und Nebengesetze, 5. Bd., 3. Aufl. 1995, § 176 GVG Rdnr. 7.

berichten soll.[479] Dafür bedarf es jedoch konkreter Anhaltspunkte. Daß sich ein Zuschauer Notizen macht, stellt an sich noch keine Ordnungsstörung dar. Grundsätzlich dürfen Zuhörern Aufzeichnungen selbst dann nicht untersagt werden,[480] wenn das Schreiben den Vorsitzenden nervös macht.[481] Erst recht darf kein Zuhörer hinausgewiesen werden, um Aufzeichnungen durch ihn zu verhindern.[482] Ist ein Zuschauer dagegen zur Zeugeninformation anwesend, kann er nicht nur dann ausgeschlossen werden, wenn er mitschreibt,[483] sondern sogar dann, wenn er stumm und ohne sich Notizen zu machen auf seinem Platz verharrt. Gleiches gilt, wenn erkennbar wird, daß sich ein Beteiligter später auf den Zuschauer als Zeugen berufen will,[484] so daß er bis zu seiner Vernehmung nicht anwesend sein darf (s. beispielhaft §§ 58 Abs. 1, 243 Abs. 2 S. 1 StPO, 394 Abs. 1 ZPO).

Rechtsgrundlage eines derartigen Ausschlusses ist nach der hier vertretenen Konzeption ebenfalls § 176 GVG. Schwieriger wird es, wenn man einen Ausschluß nach dieser Vorschrift nicht für möglich hält. § 177 S. 1 GVG kommt von vornherein nicht in Betracht, da der Ausschluß nicht erfolgt, um die mangelnde Befolgung einer vorausgegangenen sitzungspolizeilichen Anordnung zu sanktionieren. Als Rechtsgrundlage verbleibt dann allein der Rückgriff auf „allgemeine übergeordnete Verfahrensgesichtspunkte".[485] Die ausdrücklichen gesetzlichen Ausschlußgründe sind nach dieser Sichtweise nicht abschließend.[486] So pragmatisch diese Lösung sein mag, nimmt sie durch den Verzicht auf eine explizite Eingriffsgrundlage freilich erhebliche Unsicherheiten in Kauf, die schon in rechtsstaatlicher Hinsicht Bedenken hervorrufen. Der Weg über § 176 GVG erweist sich daher auch aus dieser Perspektive als vorzugswürdig.[487]

---

[479] *Meyer-Goßner*, StPO, 47. Aufl. 2004, § 176 GVG Rdnr. 8; *Kissel/Mayer*, GVG, 4. Aufl. 2005, § 169 Rdnr. 23, § 176 Rdnr. 25; *Kern*, JZ 1962, 564. Vgl. dazu auch Nr. 128 Abs. 2 RiStBV.

[480] *Wickern*, in: Löwe-Rosenberg, StPO und GVG, 7. Bd., 25. Aufl. 2003, § 176 GVG Rdnr. 30.

[481] *Gummer*, in: Zöller, ZPO, 25. Aufl. 2005, § 176 GVG Rdnr. 5; BGH NStZ 1982, 389.

[482] BGH NStZ 1982, 389; ebenso zu Aufzeichnungen durch eine Angestellte des Verteidigers BGHSt 18, 179 (181).

[483] Nach *Kissel/Mayer*, GVG, 4. Aufl. 2005, § 176 Rdnr. 25, können in diesem Fall die Aufzeichnungen bis zum Abschluß des Verfahrens einbehalten werden.

[484] BGHSt 3, 386 (388); *Wickern*, in: Löwe-Rosenberg, StPO und GVG, 7. Bd., 25. Aufl. 2003, § 169 GVG Rdnr. 36.

[485] So *Meyer-Goßner*, StPO, 47. Aufl. 2004, § 175 GVG Rdnr. 1.

[486] So explizit BGHSt 3, 386 (388); 17, 201 (203), über die in §§ 170–174, 175 und (! – § 176 GVG bleibt außer Betracht) 177 GVG geregelten Gründe für den Ausschluß aller oder einzelner Zuschauer. A.A. noch RGSt 64, 385 ff.

[487] Zum sitzungspolizeilichen Charakter eines derartigen Ausschlusses s. auch *Wickern*, in: Löwe-Rosenberg, StPO und GVG, 7. Bd., 25. Aufl. 2003, § 176 GVG Rdnr. 20; *Meyer-Goßner*, StPO, 47. Aufl. 2004, § 176 GVG Rdnr. 8. – Zuzugeben ist freilich, daß bei einer konsequenten Heranziehung von § 176 GVG einzelne Zweifelsfälle bleiben: Läßt sich etwa in einer strafgerichtlichen Hauptverhandlung der Ausschluß eines Zuschauers, gegen den wegen der verhandelten Vorgänge ebenfalls ein Ermittlungsverfahren schwebt (vgl. BGHSt 17, 201 [203]),

d) Die Zutrittsversagung auf Grund fehlender Saalkapazität als sitzungspolizeiliche Anordnung

Zur Sitzungspolizei gehört schließlich die konkrete Festlegung der immanenten Beschränkungen der Öffentlichkeit durch die Saalkapazität, namentlich also die Entscheidung des Vorsitzenden, von einer bestimmten Zuschauerzahl an keine weiteren Personen mehr einzulassen.[488] Daß der Grund für die Zurückweisung später erscheinender Zuschauer nicht in ihrer Person liegt, steht der Einordnung als sitzungspolizeiliche Maßnahme nicht entgegen.

als Maßnahme der Sitzungspolizei verstehen? Ggf. wäre es konsequenter, einen Ausschluß aus diesem Grund für unzulässig zu halten.

[488] *Wickern*, in: Löwe-Rosenberg, StPO und GVG, 7. Bd., 25. Aufl. 2003, § 176 GVG Rdnr. 13.

D. Verletzungen der Öffentlichkeit

I. Die Verletzungstatbestände

Verletzt werden können die Vorschriften über die Öffentlichkeit sowohl durch unzulässige Beschränkungen als auch durch unzulässige Erweiterungen der Öffentlichkeit.

Um eine unzulässige Beschränkung handelt es sich, wenn das Gericht die Öffentlichkeit insgesamt ausschließt, ohne daß die gesetzlichen Voraussetzungen für einen Ausschluß vorliegen. Darüber hinaus stellt bereits der gesetzwidrige Ausschluß auch nur eines einzelnen Zuschauers eine Verletzung des Öffentlichkeitsgrundsatzes dar. Die fortbestehende Zutrittsmöglichkeit für beliebige andere Personen ändert daran nichts.[489] Schließlich ist der Öffentlichkeitsgrundsatz verletzt, wenn die äußeren Umstände der Verhandlung den einzelnen Anforderungen des § 169 S. 1 GVG (Zutrittsmöglichkeit, Aushang etc.) nicht gerecht werden.

Eine unzulässige Erweiterung der Öffentlichkeit liegt vor, wenn eine Verhandlung öffentlich durchgeführt wird, deren Nichtöffentlichkeit gesetzlich zwingend vorgeschrieben ist, oder wenn der Kreis der Zuhörer unzulässig groß ist (Stichwort: Verhandlung im Fußballstadion). Darüber hinaus verletzt auch die gegen § 169 S. 2 GVG verstoßende Zulassung von Fernsehaufnahmen die Vorschriften über die Öffentlichkeit.

II. Die Reaktionsmöglichkeiten der Verfahrensbeteiligten

1. Beschränkungen der Öffentlichkeit

Die Rechtsfolgen eines Verstoßes gegen die Öffentlichkeit der Verhandlung richten sich nach der jeweiligen fachgerichtlichen Prozeßordnung. Danach stellt jedenfalls die unzulässige *Beschränkung* der Öffentlichkeit – vorbehaltlich einer

---

[489] BGHSt 3, 386 (388); 17, 201 (205); 18, 179 (180); 24, 329 (330); *M. Wolf*, in: Münchener Kommentar zur ZPO, Bd. 3, 2. Aufl. 2001, § 169 GVG Rdnr. 61; *Schreiber*, in: Wieczorek/Schütze, ZPO und Nebengesetze, 5. Bd., 3. Aufl. 1995, § 169 GVG Rdnr. 16; *Weidemann*, DRiZ 1970, 116; *Wickern*, in: Löwe-Rosenberg, StPO und GVG, 7. Bd., 25. Aufl. 2003, § 169 GVG Rdnr. 36; *Roxin*, in: FS für Karl Peters, 1974, S. 405.

nachträglichen Heilung[490] bzw. einer prozessualen Überholung[491] – einen Berufungs- bzw. einen (absoluten) Revisionsgrund dar, der den Verfahrensbeteiligten die Anfechtung der Endentscheidung ermöglicht.[492]

Allerdings vertritt die Rechtsprechung zu derartigen Anfechtungsmöglichkeiten wegen einer unzulässigen Beschränkung der Öffentlichkeit eine restriktive Auffassung. Solche Beschränkungen, die das Gericht nicht kannte (die zugefallene Eingangstür, das versehentlich aufgehängte „nichtöffentlich"-Schild) sollen nur dann zu einem absoluten Revisionsgrund führen, wenn das Gericht bzw. der Vorsitzende sie bei Anwendung der gebotenen Sorgfalt hätte bemerken müssen, wenn die Beschränkungen ihm also zuzurechnen sind.[493]

Die Anfechtbarkeit mit innerprozessualen Rechtsmitteln versagt, wenn die Öffentlichkeit in der Revisionsinstanz verletzt wird. Auch als Wiederaufnahmegrund ist ein derartiger Verstoß nicht anerkannt. Mangels eines Grundrechts der Beteiligten auf Öffentlichkeit scheidet eine auf die Öffentlichkeitsverletzung gestützte Verfassungsbeschwerde ebenfalls aus.[494] Es verbleiben allenfalls die Beschwerdemöglichkeiten der Europäischen Menschenrechtskonvention unter Berufung auf das subjektive Recht auf Öffentlichkeit in Art. 6 Abs. 1 EMRK.[495] Da Art. 6 Abs. 1 EMRK jedoch nur verlangt, daß in der Tatsacheninstanz einmal öffentlich verhandelt wurde,[496] wird eine letztinstanzliche Öffentlichkeitsverletzung häufig folgenlos bleiben.

2. Erweiterungen der Öffentlichkeit

Ob auch die gesetzwidrige *Erweiterung* der Öffentlichkeit die Revision begründet, wird unterschiedlich beurteilt. Insbesondere die strafgerichtliche Rechtsprechung hält nur die gesetzwidrige Beschränkung, nicht jedoch die gesetzwidrige

---

[490] Eine Heilung kann durch die Wiederholung der betreffenden Verhandlungsabschnitte unter Beachtung der Vorschriften über die Öffentlichkeit erfolgen. S. im einzelnen *Kissel/Mayer*, GVG, 4. Aufl. 2005, § 169 Rdnr. 61.

[491] Vgl. BGHSt 33, 99 f.

[492] So explizit §§ 547 Nr. 5 ZPO, 338 Nr. 6 StPO, 138 Nr. 5 VwGO, 119 Nr. 5 FGO. Näher *Schreiber*, in: Wieczorek/Schütze, ZPO und Nebengesetze, 5. Bd., 3. Aufl. 1995, § 169 GVG Rdnrn. 33 ff.; *M. Wolf*, in: Münchener Kommentar zur ZPO, Bd. 3, 2. Aufl. 2001, § 169 GVG Rdnrn. 64 ff.; *Meissner*, in: Schoch/Schmidt-Aßmann/Pietzner, VwGO, § 55 Rdnr. 37; *Czybulka*, in: Sodan/Ziekow, VwGO, § 55 Rdnrn. 28 ff.

S. auch BGH NJW 2000, 2508 (2509): Die Kausalität einer Verletzung der Öffentlichkeit in erster Instanz für die Entscheidung wird in der Berufung unwiderlegbar vermutet.

[493] BGHSt 21, 72 ff.; 22, 297 (300 ff.); BVerwG NVwZ 1982, 43; ebenso *Koch*, in: Gräber, FGO, 5. Aufl. 2002, § 52 Rdnr. 6; *Katholnigg*, Strafgerichtsverfassungsrecht, 3. Aufl. 1999, § 169 GVG Rdnr. 9.

[494] *Meissner*, in: Schoch/Schmidt-Aßmann/Pietzner, VwGO, § 55 Rdnr. 37.

[495] *M. Wolf*, in: Münchener Kommentar zur ZPO, Bd. 3, 2. Aufl. 2001, § 169 GVG Rdnr. 69; *Schreiber*, in: Wieczorek/Schütze, ZPO und Nebengesetze, 5. Bd., 3. Aufl. 1995, § 169 GVG Rdnr. 36.

[496] Dazu oben Teil 2 B.III.2.b), S. 98.

Erweiterung der Öffentlichkeit für einen absoluten Revisionsgrund gem. § 338 Nr. 6 StPO.[497]

Überzeugender erscheint die überwiegende Auffassung in der strafrechtlichen Literatur[498] sowie in der Rechtsprechung der übrigen Gerichtsbarkeiten, die auch die gesetzwidrige Öffentlichkeitserweiterung als absoluten Revisionsgrund ansieht.[499] Für diese Sichtweise spricht insbesondere, daß nicht nur das Gebot, sondern auch die Beschränkung der Öffentlichkeit das Ergebnis einer gesetzgeberischen Abwägung ihrer spezifischen Vor- und Nachteile ist. Dieses Ergebnis wird durch eine gesetzwidrige Beschränkung der Öffentlichkeit ebenso verfälscht wie durch eine gesetzwidrige Erweiterung.[500]

III. Die Behelfsmöglichkeiten des Zuschauers

Der Zuschauer, dem der Zutritt zur Verhandlung verwehrt wird, verfügt (grundsätzlich) über keine fachgerichtlichen Rekursmöglichkeiten. Dafür ist maßgeblich, daß die herrschende Meinung die einfachrechtlichen Vorschriften über die Öffentlichkeit lediglich als Vorschriften des objektiven Rechts begreift; dies mit der Konsequenz, daß der einzelne Zuschauer von der Norm allenfalls per Rechtsreflex berührt wird. Inhaber eines klagbaren subjektiv-öffentlichen Rechts soll er jedenfalls nicht sein.

1. Kein subjektives Zutrittsrecht

a) Der fehlende Schutznormcharakter des § 169 S. 1 GVG

Ob sich aus § 169 S. 1 GVG subjektive Rechte ableiten lassen, hängt nach den Kriterien der „Schutznormtheorie"[501] davon ab, ob die Vorschrift auch

---

[497] BGHSt 10, 202 (206 f.); 23, 82 (85); 23, 176 (178); ebenso für den Verwaltungsprozeß *Kopp/Schenke*, VwGO, 13. Aufl. 2003, § 138 Rdnr. 24.

[498] *Beck*, in: FG für Karin Graßhof, 1998, S. 132, bezeichnet die gegenteilige Auffassung als herrschend.

[499] *Roxin*, JZ 1968, 803 ff.; *Eb. Schmidt*, Justiz und Publizistik, 1968, S. 42 ff.; *Neumann*, in: Sodan/Ziekow, VwGO, § 138 Rdnr. 273; *Reichold*, in: Thomas/Putzo, ZPO, 26. Aufl. 2004, § 547 Rdnr. 10; *Brüggemann*, AfP 1971, 156; *Roxin*, in: FS für Karl Peters, 1974, S. 402 ff.; *G. Wolf*, JR 1997, 448; *P. Schmidt*, in: Eyermann, VwGO, 11. Aufl. 2000, § 138 Rdnr. 26. Ebenso *Katholnigg*, Strafgerichtsverfassungsrecht, 3. Aufl. 1999, § 169 GVG Rdnr. 9, jedoch nur für Verstöße gegen zwingende Ausschlußgründe, anders hingegen für Ermessensentscheidungen des Gerichts. Innerhalb der Ermessensentscheidungen differenzierend *Schilken*, Gerichtsverfassungsrecht, 3. Aufl. 2003, Rdnr. 196.

[500] *Kissel/Mayer*, GVG, 4. Aufl. 2005, § 169 Rdnr. 60.

[501] *Schenke*, Verwaltungsprozessrecht, 9. Aufl. 2004, Rdnrn. 495 ff.; s. auch *H. Maurer*, Allgemeines Verwaltungsrecht, 15. Aufl. 2004, § 8 Rdnrn. 6 ff.; grundlegend BVerwGE 7, 354 (355 ff.).

dem individuellen Teilnahmeinteresse des (potentiellen) Zuschauers zu dienen bestimmt ist.

Dem Wortlaut des § 169 S. 1 GVG läßt sich kein Hinweis auf den Schutz von Individualinteressen entnehmen. Auch der Zweck und die Entstehungsgeschichte der Publikumsöffentlichkeit[502] berücksichtigen das Publikum lediglich als abstrakte Allgemeinheit, der auf Grund objektiver Interessen eine Anwesenheitsmöglichkeit eingeräumt wird. Individualinteressen spielen allenfalls auf Seiten der Verfahrensbeteiligten eine Rolle.

Daher wird allgemein angenommen, die Teilnahmemöglichkeit bestehe lediglich im öffentlichen Interesse[503] (bzw. im Interesse der Verfahrensbeteiligten); sie diene nicht dem Schutz des einzelnen Zuschauers. Danach gibt die Vorschrift dem einzelnen Zuschauer keinen individuellen Teilnahmeanspruch, kein subjektives Recht auf Zutritt;[504] vielmehr begünstigt sie ihn lediglich reflexartig.[505] Für die übrigen Grundlagen der Saalöffentlichkeit – Landesverfassungen und internationale Übereinkommen – gilt Entsprechendes.

b) Keine Subjektivierung der Norm über das Demokratieprinzip

Gegen diese objektiv-rechtliche Sichtweise hat sich namentlich *Bäumler* gewandt. Nur unter dem überholten liberalen Öffentlichkeitsbegriff sei das Publikum Garant für ein gerechtes Urteil gewesen; durch diese Instrumentalisierung für rechtsprechungseigene Zwecke habe die Öffentlichkeit (allein) im Dienste der Allgemeinheit, nicht jedoch im Interesse des einzelnen gestanden. Mittlerweile sei aber die Öffentlichkeit unmittelbar vom Rechtsstaats-, vor allem aber vom Demokratieprinzip des Grundgesetzes geboten, das als Voraussetzung für die Kontrolle jeder staatlichen Machtausübung Publizität der Rechtsprechung verlange.[506]

Sofern man daraus nicht ableitet, daß auch ohne spezielle einfach-gesetzliche Anordnung grundsätzlich öffentlich zu verhandeln sei, ist gegen diese Argumentation nichts Substantielles einzuwenden. Keine Zustimmung verdient jedoch die Schlußfolgerung, der dem Demokratieprinzip entnommenen Pflicht zur

---

502 Dazu oben Teil 2 A., S. 49 ff.

503 *Kissel/Mayer*, GVG, 4. Aufl. 2005, § 169 Rdnr. 53.

504 *Katholnigg*, Strafgerichtsverfassungsrecht, 3. Aufl. 1999, § 169 GVG Rdnr. 2; *Kissel/Mayer*, GVG, 4. Aufl. 2005, § 169 Rdnr. 53; *Weidemann*, DRiZ 1970, 115; *M. Wolf*, in: Münchener Kommentar zur ZPO, Bd. 3, 2. Aufl. 2001, § 169 GVG Rdnr. 31; *Wickern*, in: Löwe-Rosenberg, StPO und GVG, 7. Bd., 25. Aufl. 2003, Vor § 169 GVG Rdnr. 8, § 169 GVG Rdnr. 19; *Schreiber*, in: Wieczorek/Schütze, ZPO und Nebengesetze, 5. Bd., 3. Aufl. 1995, § 169 GVG Rdnr. 3. – Die gelegentlich als Beleg zitierte Entscheidung BayVerfGHE 5, 30 (38 ff.), verneint die Frage, ob einem *Beteiligten* ein subjektives Recht auf Öffentlichkeit aus Art. 90 BayVerf. zukommt.

505 *Enders*, NJW 1996, 2713.

506 *Bäumler*, JR 1978, 319 f. Zur Bedeutung des Rechtsstaats- und des Demokratieprinzips für die Gerichtsöffentlichkeit näher unten Teil 3, S. 161 ff.

Schaffung einer Kontrollmöglichkeit für das Publikum müsse ein subjektiver Anspruch des einzelnen potentiellen Kontrolleurs entsprechen, also ein Recht des einzelnen Bürgers als Teil des Publikums korrespondieren.[507] Dem liegt letztlich das Verständnis zugrunde, jedes eigene faktische Betroffensein begründe schon subjektive Rechte. Diese Auffassung hat sich zu Recht nicht gegen die Schutznormtheorie durchsetzen können. Neben einer massiven Ausweitung subjektiver Rechte hätte sie den weitgehenden Verlust der Abgrenzbarkeit zulässiger Klagen zum Schutz eigener Rechte von unzulässigen Popularklagen zur Folge.[508] Einer verfassungsorientierten Gesetzesauslegung des § 169 S. 1 GVG qua Demokratieprinzip mit dem Ziel einer Subjektivierung der Norm steht auch die Struktur des Demokratieprinzips entgegen. Als objektivrechtlich strukturierte verfassungsgestaltende Grundentscheidung eignet sich das Demokratieprinzip als solches gerade nicht zur Herleitung subjektiver Rechte. Zwar mögen einzelne Elemente und Emanationen der Demokratie zugleich den Charakter subjektiver Rechte besitzen. Auch Grundrechte sind einbezogen. Die Wahlrechtsgrundsätze des Art. 38 Abs. 1 S. 2 GG zeigen als Grundrechte des status activus sehr wohl demokratische Affinität. Die Kommunikationsgrundrechte des Art. 5 Abs. 1 GG[509] sowie die Versammlungsfreiheit des Art. 8 Abs. 1 GG[510] sind eng mit dem Demokratieprinzip verbunden. Auf *derartige* grundrechtlich strukturierte Teilaussagen der Demokratie läßt sich auch eine Verfassungsbeschwerde stützen.[511] Daraus folgt jedoch keinesfalls, daß sämtlichen Einzelausprägungen der Demokratie sowie allen Anforderungen an staatliches Handeln, die letztlich im Demokratieprinzip wurzeln, zugleich subjektive Rechte korrespondieren. Wie skeptisch die Lehre Subjektivierungen der in Rede stehenden Art aufnimmt, zeigt die Reaktion auf die Konzeption des *Bundesverfassungsgerichts* im Maastricht-Urteil vom 12. Oktober 1993, in dem das Gericht die Wahlrechtsgrundsätze des Art. 38 Abs. 1 S. 2 GG zu einem schemenhaften allgemeinen politischen Teilhaberecht auf Erhaltung der Demokratie und der deutschen Souveränität umfunktioniert hat.[512] Ähnliche Gesichtspunkte sprechen gegen ein demokratietheoretisch subjektiviertes Zugangsrecht zu Gerichtsverhandlungen, auch wenn die Materie nicht so hochkarätig ist wie die im Maastricht-Urteil behandelte Problematik.

---

507 So aber *Bäumler*, JR 1978, 320 f.

508 *Schenke*, Verwaltungsprozessrecht, 9. Aufl. 2004, Rdnr. 497 mit Fn. 10, gegen *Zuleeg*, DVBl. 1976, 516. Auf *Zuleeg*, DVBl. 1976, 520, beruft sich *Bäumler*, JR 1978, 321 Fn. 60, ausdrücklich.

509 BVerfGE 10, 118 (121).

510 BVerfGE 69, 315 (343 ff.).

511 BVerfGE 89, 155 (171 f., 182 ff.); 97, 350 (368 f.).

512 *Pauly*, AöR Bd. 123 (1998), S. 281 Fn. 254; *Bethge*, in: Maunz/Schmidt-Bleibtreu/Klein/Bethge, BVerfGG, § 13 Rdnr. 23. Gegen ein subjektives Recht auf Beibehaltung von Demokratie und Souveränität auch *Fromont*, JZ 1995, 801; *Tomuschat*, EuGRZ 1993, 489 ff.

2. Die grundsätzliche Unanfechtbarkeit der Zutrittsversagung

Korrespondierend der fehlenden subjektiven Berechtigung sieht auch das Verfahrensrecht die isolierte Anfechtung der Zutrittsversagung nicht vor. Das gilt zum einen für den Ausschluß der Öffentlichkeit insgesamt durch das Gericht.[513] Aber auch gegen die Zutrittsversagung gegenüber einzelnen Zuschauern durch den Vorsitzenden kann weder das Gericht angerufen werden (§ 177 S. 2 GVG),[514] noch ist die Beschwerde gegeben (arg. e contrario § 181 Abs. 1 GVG, der eine Beschwerdemöglichkeit nur für hier nicht relevante Ordnungsmittel vorsieht).[515] Da der Vorsitzende im Rahmen der Sitzungspolizei in richterlicher Unabhängigkeit und damit in Ausübung rechtsprechender Gewalt tätig wird,[516] nicht jedoch

---

[513] § 171 b Abs. 3 GVG erklärt Entscheidungen nach § 171 b Abs. 1, 2 GVG ausdrücklich für unanfechtbar. Aber auch im übrigen ist der Beschluß über den Ausschluß der Öffentlichkeit nicht selbständig anfechtbar, vgl. *Kissel/Mayer*, GVG, 4. Aufl. 2005, § 174 Rdnr. 18.

[514] Zur Zutrittsverweigerung nach § 175 Abs. 1 GVG *Kissel/Mayer*, GVG, 4. Aufl. 2005, § 175 Rdnr. 10; *Wickern*, in: Löwe-Rosenberg, StPO und GVG, 7. Bd., 25. Aufl. 2003, § 175 GVG Rdnr. 4; *Diemer*, in: Karlsruher Kommentar zur StPO, 5. Aufl. 2003, § 175 GVG Rdnr. 1; *M. Wolf*, in: Münchener Kommentar zur ZPO, Bd. 3, 2. Aufl. 2001, § 175 GVG Rdnr. 5. Zu den sitzungspolizeilichen Maßnahmen nach §§ 176, 177 S. 1 GVG *Wickern*, in: Löwe-Rosenberg, StPO und GVG, 7. Bd., 25. Aufl. 2003, § 176 GVG Rdnr. 45; *Pfeiffer*, StPO und GVG, 4. Aufl. 2002, § 176 GVG Rdnr. 5.

Die im Zivilprozeß diskutierte Möglichkeit der Anrufung des Gerichts analog § 140 ZPO (dafür *Schreiber*, in: Wieczorek/Schütze, ZPO und Nebengesetze, 5. Bd., 3. Aufl. 1995, § 176 GVG Rdnr. 14, § 177 GVG Rdnr. 12; *M. Wolf*, in: Münchener Kommentar zur ZPO, Bd. 3, 2. Aufl. 2001, § 177 GVG Rdnr. 12) kommt auf Grund des Wortlauts der Vorschrift („von einer bei der Verhandlung beteiligten Person") allenfalls für Verfahrensbeteiligte in Betracht, nicht für Zuschauer (*M. Wolf*, in: Münchener Kommentar zur ZPO, Bd. 3, 2. Aufl. 2001, § 176 GVG Rdnr. 14).

[515] Zur Zutrittsverweigerung nach § 175 Abs. 1 GVG *Meissner*, in: Schoch/Schmidt-Aßmann/Pietzner, VwGO, § 55 Rdnr. 35 mit Fn. 105; *M. Wolf*, in: Münchener Kommentar zur ZPO, Bd. 3, 2. Aufl. 2001, § 175 GVG Rdnr. 5; ohne Hinweis auf § 181 Abs. 1 GVG *Katholnigg*, Strafgerichtsverfassungsrecht, 3. Aufl. 1999, § 175 GVG Rdnr. 1; *Kissel/Mayer*, GVG, 4. Aufl. 2005, § 175 Rdnr. 10; *Schreiber*, in: Wieczorek/Schütze, ZPO und Nebengesetze, 5. Bd., 3. Aufl. 1995, § 175 GVG Rdnr. 3 i. V. m. § 176 GVG Rdnr. 14.

Zu Maßnahmen nach § 176 GVG *Kissel/Mayer*, GVG, 4. Aufl. 2005, § 176 Rdnr. 48, § 177 Rdnr. 29; *Pfeiffer*, StPO und GVG, 4. Aufl. 2002, § 176 GVG Rdnr. 5, § 177 GVG Rdnr. 7; *Koch*, in: Gräber, FGO, 5. Aufl. 2002, § 52 Rdnr. 25; *M. Wolf*, in: Münchener Kommentar zur ZPO, Bd. 3, 2. Aufl. 2001, § 176 GVG Rdnr. 14, § 177 GVG Rdnr. 12 (unter Hinweis auf hier nicht einschlägige Ausnahmen bei Ordnungshaft). A.A. *Windsheimer*, Die „Information" als Interpretationsgrundlage für die subjektiven öffentlichen Rechte des Art. 5 Abs. 1 GG, 1968, S. 140 mit Fn. 93, der in beiden Fällen der Teilnahmeversagung (§§ 175 Abs. 1, 176 GVG) die Beschwerde nach § 304 StPO prinzipiell für möglich hält.

Verfahrensbeteiligten werden z. T. die Rechtsbehelfe nach § 238 Abs. 2 StPO bzw. analog § 140 ZPO zugestanden (*Meyer-Goßner*, StPO, 47. Aufl. 2004, § 238 Rdnr. 11; *Schreiber*, in: Wieczorek/Schütze, ZPO und Nebengesetze, 5. Bd., 3. Aufl. 1995, § 176 GVG Rdnr. 14). Für Zuschauer spielen diese Möglichkeiten jedoch keine Rolle, da sie keine Verfahrensbeteiligten sind (vgl. *Meyer-Goßner*, a. a. O., § 238 Rdnr. 14).

[516] BGHSt 17, 201 (204); 24, 329 (330); *Pfeiffer*, StPO und GVG, 4. Aufl. 2002, § 176 GVG Rdnr. 5; *Gummer*, in: Zöller, ZPO, 25. Aufl. 2005, § 176 GVG Rdnr. 1; *Czybulka*, in: Sodan/Ziekow, VwGO, § 55 Rdnr. 35; *Kissel/Mayer*, GVG, 4. Aufl. 2005, § 176 Rdnr. 7; *M. Wolf*,

administrativ als Justizbehörde, greift auch der auf Justizverwaltungsakte bezogene § 23 EGGVG nicht ein.[517] Aus der Rechtsprechungsqualität folgt zugleich, daß die fehlende Anfechtbarkeit mit Art. 19 Abs. 4 GG vereinbar ist, sofern das Grundrecht – wie meist angenommen wird – Schutz nur durch den Richter, nicht vor dem Richter gewährt.[518]

Besonderheiten ergeben sich allein vor den (erstinstanzlichen)[519] Verwaltungsgerichten. Dort wird die Beschwerde nach § 146 VwGO zumindest gegen Maßnahmen gem. § 177 S. 1 GVG (i.V.m. § 55 VwGO) überwiegend für statthaft gehalten,[520] z.T. sogar gegen Anordnungen nach § 176 GVG.[521] Nach Auffassung der Befürworter einer solchen Möglichkeit handelt es sich bei den sitzungspolizeilichen Anordnungen und Maßnahmen auch nicht um „prozeßleitende Verfügungen", die § 146 Abs. 2 VwGO von der Beschwerde ausnimmt.[522]

Soweit man danach eine Beschwerde gegen sitzungspolizeiliche Maßnahmen für möglich erachtet, steht sie nicht nur Verfahrensbeteiligten offen, sondern gem. § 146 Abs. 1 VwGO auch den „sonst von der Entscheidung Betroffenen". Neben den häufig als Beispiele genannten Zeugen und Sachverständigen[523] lassen sich unter diesen Begriff auch Zuschauer subsumieren, die von der Verhandlung ausgeschlossen werden. Nach dieser Auffassung wäre es also konsequent, auch Zuschauern eine Beschwerdemöglichkeit zuzugestehen.

---

in: Münchener Kommentar zur ZPO, Bd. 3, 2. Aufl. 2001, § 176 GVG Rdnr. 13; *Schreiber*, in: Wieczorek/Schütze, ZPO und Nebengesetze, 5. Bd., 3. Aufl. 1995, § 176 GVG Rdnr. 14; *Meissner*, in: Schoch/Schmidt-Aßmann/Pietzner, VwGO, § 55 Rdnr. 40; *Wickern*, in: Löwe-Rosenberg, StPO und GVG, 7. Bd., 25. Aufl. 2003, § 176 GVG Rdnr. 1. Vgl. auch BGHZ 67, 184 (188f.); *Rüping*, ZZP Bd. 88 (1975), S. 217. Für die Zutrittsversagung nach § 175 Abs. 1 GVG kann auf Grund der in ihr enthaltenen sitzungspolizeilichen Elemente (oben Teil 2 C.III.1., S. 122f., mit Fn. 455) nichts anderes gelten. – Deutliche Zweifel an der Rechtsprechungsqualität jedoch bei *Bäumler*, JR 1978, 318; explizit gegen die Annahme richterlicher Tätigkeit *Kniestedt*, MDR 1960, 197f.

517 OLG Hamburg MDR 1992, 799; *Schreiber*, in: Wieczorek/Schütze, ZPO und Nebengesetze, 5. Bd., 3. Aufl. 1995, § 176 GVG Rdnr. 14; *Kissel/Mayer*, GVG, 4. Aufl. 2005, § 23 EGGVG Rdnr. 149.

518 Dazu näher unten Teil 2 E.VI., S. 157ff.

519 Entscheidungen der Oberverwaltungsgerichte können grundsätzlich nicht mit der Beschwerde angefochten werden, § 152 VwGO.

520 *Meissner*, in: Schoch/Schmidt-Aßmann/Pietzner, VwGO, § 55 Rdnr. 48; *Kopp/Schenke*, VwGO, 13. Aufl. 2003, § 55 Rdnr. 8; *Redeker/v. Oertzen*, VwGO, 14. Aufl. 2004, § 55 Rdnr. 14.

521 Für eine Beschwerdemöglichkeit *Kopp/Schenke*, VwGO, 13. Aufl. 2003, § 55 Rdnr. 8; zögerlich bejahend *Meissner*, in: Schoch/Schmidt-Aßmann/Pietzner, VwGO, § 55 Rdnr. 48; dagegen *Redeker/v. Oertzen*, VwGO, 14. Aufl. 2004, § 55 Rdnr. 11.

522 So aber *Happ*, in: Eyermann, VwGO, 11. Aufl. 2000, § 146 Rdnr. 7; *J. Schmidt*, in: Eyermann, VwGO, 11. Aufl. 2000, § 55 Rdnr. 6; dagegen jedenfalls für die hier interessierenden Konstellationen *Kopp/Schenke*, VwGO, 13. Aufl. 2003, § 146 Rdnr. 9: Nicht unter den Ausschluß nach § 146 Abs. 2 VwGO fallen Verfügungen, Entscheidungen etc. gegenüber Dritten.

523 *Ule*, Verwaltungsprozeßrecht, 9. Aufl. 1987, § 61 III 2, S. 324; *Guckelberger*, in: Sodan/Ziekow, VwGO, § 146 Rdnr. 41; *Kopp/Schenke*, VwGO, 13. Aufl. 2003, § 146 Rdnr. 6.

Zulässig erheben läßt sich eine derartige Beschwerde jedoch nur, wenn der ausgeschlossene Zuschauer geltend machen kann, in eigenen Rechten verletzt zu sein. Andernfalls fehlt es an der Beschwerdebefugnis.[524] Damit kommt man zum Ausgangspunkt zurück: Es stellt sich einmal mehr die Frage nach einem subjektiven Recht auf Zutritt, das der Zuschauer aus § 169 S. 1 GVG – folgt man der traditionellen Sicht – ja gerade nicht haben soll.

3. Erste Einwände

a) Der materiell-rechtliche Aspekt

Nach den Kriterien der Schutznormtheorie ist diese konservative Interpretation des § 169 S. 1 GVG sicherlich haltbar. Die Versagung eines materiellen subjektiv-öffentlichen Rechts hat wiederum – insoweit folgerichtig – den Effekt, daß fachgerichtliche Rechtsschutzmöglichkeiten in der Regel nicht zur Verfügung stehen. Der zu Unrecht abgewiesene Zuschauer kann sich allenfalls über Grundrechtskonstruktionen des außerordentlichen Rechtsbehelfs der Verfassungsbeschwerde bedienen. Hierauf wird zurückzukommen sein.[525] Schon an dieser Stelle muß aber sehr wohl die Plausibilität der Konstruktion in Frage gestellt werden, die dem Zuschauer einfachrechtliche Rechtspositionen und fachgerichtliche Rechtsbehelfe abspricht. Was die einfachrechtliche Rechtsposition angeht, muß – bei prinzipieller Anerkennung der Kriterien der Schutznormtheorie – die Frage erlaubt sein, ob es nicht einem allgemeinen Trend der Subjektivierung der Rechtsordnung entspricht, Vorschriften objektiven Rechts subjektiven Verrechtlichungen zugänglich zu machen. Hinzu kommt, daß es der „Konstitutionalisierung der Rechtsordnung“[526] gerecht wird, daß sich die Vorschriften des einfachen Rechts verfassungsrechtlichen Implikationen öffnen. Das gilt nicht nur für das Zivilrecht, das materielle Strafrecht und das Verwaltungsrecht. Das gilt auch für das sonstige öffentliche Recht. Schließlich handelt es sich bei der Beziehung zwischen dem der Justizhoheit des Staates unterworfenen Bürger und dem Staat sehr wohl um klassisches öffentliches Recht schon im Sinne der ihrerseits traditionellen Subjektionstheorie.

---

[524] So generell *Hufen*, Verwaltungsprozeßrecht, 5. Aufl. 2003, § 42 Rdnr. 5.

[525] Unten Teil 2 E.V., S. 155 ff.

[526] *Schuppert/Bumke*, Die Konstitutionalisierung der Rechtsordnung, 2000; *Hermes*, VVDStRL Heft 61 (2002), S. 121 ff.; *Alexy*, VVDStRL Heft 61 (2002), S. 10 ff.; *Hoppe*, in: FS 50 Jahre NRWVerfGH, 2002, S. 396; *Bethge*, in: FS für Walter Schmitt Glaeser, 2003, S. 479; eher zurückhaltend *Wahl*, in: FS für Winfried Brohm, 2002, S. 191 ff. Vgl. auch *Jestaedt*, DVBl. 2001, 1318, der zwischen Konstitutionalisierung im unechten bzw. im echten Sinne unterscheidet. – Zu den Grundrechten als „konsensualen Fundamentalnormen“ *Brohm*, in: FS für Manfred Rehbinder, 2002, S. 650.

b) Die verfahrensrechtlichen Konsequenzen

Liegt aber eine – unter Umständen grundrechtlich veranlaßte –[527] Subjektivierung der Rechtsposition des Zuschauers durchaus im Trend, drängt sich die Anschlußüberlegung auf, ob es nicht auch unterhalb der Ebene der Verfassungsgerichtsbarkeit schon fachgerichtliche Rechtsbehelfe zur Aktivierung des vom Öffentlichkeitsgrundsatz getragenen Anwesenheitsrechts des Zuschauers geben muß. Immerhin ist auch bei einer nicht aktionenrechtlich dominierten Sicht die fachgerichtliche Bewehrung subjektiver Rechte die Konsequenz des Justizgewährungsanspruchs; gleichgültig ob man diesen nun Art. 19 Abs. 4 GG entnimmt[528] oder sich auf den allgemeinen Justizgewährungsanspruch des Rechtsstaatsprinzips zurückzieht.[529] Die Aktivierung der Fachgerichte, dies jedenfalls durch eine entsprechende Regelung in den Prozeßordnungen der Fachgerichtsbarkeiten, würde nicht nur das *Bundesverfassungsgericht* entlasten. Sie würde dem betroffenen Bürger einen sach- und fachnahen Rechtsbehelf[530] verschaffen. Sie würde schließlich dem Eigenwert der Fachgerichtsbarkeit gerecht, die verfassungsrangigen Funktionsschutz genießt;[531] ein Funktionsschutz, der wiederum – insofern schließt sich der Kreis – durch die Institute der Rechtswegerschöpfung (§ 90 Abs. 2 S. 1 BVerfGG i. V. m. Art. 94 Abs. 2 S. 2 GG) bzw. des Grundsatzes der Subsidiarität der Verfassungsbeschwerde von der Verfassungsgerichtsbarkeit zu respektieren ist.[532] Rechtsschutz muß auch dort in erster Linie durch die Fachgerichtsbarkeit gewährleistet werden, wo die Bürger ihre Rechte im Wege der Verfassungsbeschwerde verfolgen können.[533]

---

527 Dazu im Anschluß sub E., S. 138 ff.

528 *Schulze-Fielitz*, in: Dreier, GG, Bd. I, 2. Aufl. 2004, Art. 19 IV Rdnr. 26.

529 BVerfGE 107, 395 (401 ff.); *Schmidt-Aßmann*, in: Maunz/Dürig, GG, Art. 19 Abs. 4 Rdnr. 98.

530 Vgl. BVerfGE 107, 395 (410): Sach- und zeitnah.

531 *Robbers*, NJW 1998, 938; *Jestaedt*, Grundrechtsentfaltung im Gesetz, 1999, S. 377 Fn. 61; *Bethge*, Jura 1998, 530; *Roth*, AöR Bd. 121 (1996), S. 544 ff.; *Degenhart*, in: HStR III, 2. Aufl. 1996, § 75 Rdnr. 10; *Bettermann*, in: Merten/Papier/Schmidt/Zeuner (Hrsg.), Staatsrecht – Verfahrensrecht – Zivilrecht, 1988, S. 403; *Kunig*, VVDStRL Heft 61 (2002), S. 38 ff.; *Hermes*, VVDStRL Heft 61 (2002), S. 138 ff. Vgl. auch BVerfGE 40, 88 (94); 94, 1 (9 f.); 94, 166 (216); 95, 28 (37); 96, 375 (394); 99, 185 (196); 101, 361 (368).

532 *Sturm*, in: Sachs, GG, 3. Aufl. 2003, Art. 94 Rdnr. 20.

533 BVerfGE 107, 395 (411, 413 ff.).

E. Der Schutz des Zuschauers durch das Grundrecht der allgemeinen Informationsfreiheit (Art. 5 Abs. 1 S. 1 HS 2 GG)

Die Frage nach verfassungsrechtlichen Implikationen, die zur Begründung subjektiver Rechte herangezogen werden können, lenkt den Blick auf mögliche Grundrechtspositionen der Zuschauer. Angesprochen ist in erster Linie das Grundrecht der Informationsfreiheit aus Art. 5 Abs. 1 S. 1 HS 2 GG.[534]

Dieser Ansatz ist im Rahmen der vorliegenden Arbeit schon deshalb von gesteigerter Bedeutung, weil das *Bundesverfassungsgericht* den Schutzumfang der Informationsfreiheit bei der Teilnahme an Gerichtsverhandlungen zugleich als Obergrenze des Schutzes ansieht, der Medienvertretern durch die Mediengrundrechte aus Art. 5 Abs. 1 S. 2 GG zukommt. Ob diese Konstruktion grundrechtsdogmatisch überzeugt, wird noch zu klären sein.[535] Zunächst gilt es der Frage nachzugehen, ob und ggf. in welchem Umfang sich der „normale" Zuschauer zur rechtlichen Untermauerung seines Zutrittsbegehrens auf die grundrechtlich verbürgte Informationsfreiheit berufen kann.

Die Antwort auf diese Frage hat maßgeblichen Einfluß auf die Möglichkeiten des Zuschauers, sich gegen die Versagung der Teilnahme – ggf. auf dem Rechtsweg – zur Wehr zu setzen.[536] Darüber hinaus ist sie auch für die Teilnahme von Journalisten von Bedeutung. Wenn die vorhandenen Plätze nicht für alle Zuschauer einschließlich der Journalisten ausreichen, kommt es zu Konkurrenzsituationen. Eine Vorrangentscheidung zugunsten der Journalisten hat in diesen Fällen zur Folge, daß andere Zuschauer abgewiesen werden müssen. Rechtlich würdigen lassen sich derartige Konstellationen nur, wenn zuvor die Rechtsstellung dieser Zuschauer geklärt ist.

---

[534] Auch *Bäumler*, JR 1978, 321, zieht die Informationsfreiheit zur Unterstützung seiner Argumentation heran, wenn auch mittels eines nicht erforderlichen Umweges über das Rechtsstaatsprinzip.

[535] Unten Teil 5 E.I.2., S. 393 ff.

[536] Vgl. dazu *Bäumler*, JR 1978, 318.

I. Die allgemeine Informationsfreiheit im Gefüge der Freiheitsgrundrechte

1. Allgemeine Grundlagen des Gewährleistungsbereichs

a) Die allgemeine Informationsfreiheit als Kommunikationsgrundrecht

Die Informationsfreiheit schützt das jedermann zukommende Recht, sich aus allgemein zugänglichen Quellen ungehindert zu unterrichten. Trotz eines engen Zusammenhangs namentlich mit der in Art. 5 Abs. 1 S. 1 HS 1 GG gewährleisteten Meinungsfreiheit[537] und ungeachtet einer Einschätzung als Meinungsbildungsfreiheit ist die Informationsfreiheit nicht Bestandteil einer der anderen Freiheitsverbürgungen des Art. 5 Abs. 1 GG. Sie steht selbständig und gleichwertig neben diesen Verbürgungen.[538] Art. 5 Abs. 1 GG, der neben der Meinungs- und der Informationsfreiheit die Freiheit der Medienberichterstattung umfaßt, schützt den gesamten Kommunikationsprozeß um der freien individuellen und öffentlichen Meinungsbildung und -äußerung willen.[539]

Der Informationsfreiheit obliegt dabei der originäre Rezipientenschutz. Während die Meinungsfreiheit in erster Linie die Informations*abgabe* im Blick hat und die Informationsaufnahme nur reflexartig und im Interesse des Äußernden schützt,[540] verbürgt die Informationsfreiheit die Informations*aufnahme* um des Empfängers willen, dessen eigene Meinungsbildung den Erhalt von Informationen voraussetzt.[541] Ihren Bedeutungsschwerpunkt findet die Informationsfreiheit in der Unterrichtung aus Massenmedien,[542] ohne daß jedoch die Individualkommunikation vom Grundrechtsschutz ausgenommen wäre.

b) Demokratische Implikationen

Neben die individualrechtliche, eher auf Staatsabwehr zielende Komponente der Informationsfreiheit tritt ihr Bezug zur Demokratie, der auch dann unverkennbar ist, wenn man im übrigen einer demokratisch-funktionalen Grundrechtstheorie[543] skeptisch gegenübersteht. Der demokratische Staat ist auf informierte Bürger existentiell angewiesen.[544] Allerdings darf dieser Aspekt nicht im Sinne einer

---

[537] BVerfGE 30, 336 (352).

[538] BVerfGE 27, 71 (81); 27, 104 (108 f.); 33, 52 (65); 57, 250 (270); *Schmidt-Jortzig*, in: HStR VI, 2. Aufl. 2001, § 141 Rdnr. 28; *Degenhart*, in: Bonner Kommentar, Art. 5 Abs. 1 u. 2 Rdnr. 318; *Tettinger*, ZUM 1986, 501.

[539] BVerfGE 57, 295 (319); 90, 27 (32).

[540] *Kloepfer*, in: HStR II, 2. Aufl. 1998, § 35 Rdnr. 53.

[541] Grundlegend BVerfGE 27, 71 (81 f.); 90, 27 (31 f.); s. auch *Bethge*, in: Sachs, GG, 3. Aufl. 2003, Art. 5 Rdnr. 52; *Schmidt-Jortzig*, in: HStR VI, 2. Aufl. 2001, § 141 Rdnr. 1.

[542] *Kloepfer*, in: HStR II, 2. Aufl. 1998, § 35 Rdnr. 51.

[543] S. dazu unten Teil 3 B.I.3.b), S. 173 f.

[544] BVerfGE 27, 71 (81 f.); *Degenhart*, in: Bonner Kommentar, Art. 5 Abs. 1 u. 2 Rdnr. 318.

Indienstnahme der Freiheit für übergeordnete staatliche Belange interpretiert werden. Auch der Bürger ist nicht Agent und/oder Kommissar der objektiven Kommunikationsordnung.[545] Die Informationsfreiheit ist in erster Linie ein individuelles Freiheitsrecht, das dem einzelnen die Abwehr staatlicher Ingerenzen auf den Prozeß der Informationsaufnahme ermöglicht.[546]

c) Die Dominanz des status negativus

Die Informationsfreiheit ist also ein staatsgerichtetes[547] Abwehrrecht des status negativus; es gibt dem Staat auf, den Bürger nicht daran zu hindern, sich aus allgemein zugänglichen Quellen zu informieren. Sind die allgemein zugänglichen Quellen indessen staatlich verantwortete Ressourcen, so mutiert der Abwehranspruch ggf. zu einem staatsgerichteten positiven Teilhabeanspruch auf Informationszugang. Hierauf wird zurückzukommen sein.[548]

d) Besondere Informationsansprüche

Von der „Jedermanns"-Informationsfreiheit des Art. 5 Abs. 1 S. 1 HS 2 GG zu unterscheiden sind verfassungsunmittelbare Informationsansprüche, die sich aus Spezialgrundrechten ergeben können.[549]

2. Die Schranken des Grundrechts

Die Informationsfreiheit ist nicht schrankenlos gewährleistet. Sie steht wie die anderen Kommunikationsgrundrechte des Art. 5 Abs. 1 GG unter dem Vorbehalt der Schrankentrias des Art. 5 Abs. 2 GG. Dabei handelt es sich um die allgemeinen Gesetze sowie um Bestimmungen des Jugendschutzes und des Rechts der persönlichen Ehre.

Auf Grund des Schrankenvorbehalts sind Eingriffe[550] des Staates in die Rechte des Art. 5 Abs. 1 GG zulässig. Sie müssen allerdings gerechtfertigt sein.[551]

---

[545] *Bethge*, DÖV 2002, 677; vgl. auch *Schoch*, VVDStRL Heft 57 (1998), S. 196 Fn. 180.

[546] Zum Vorrang der individualrechtlichen Komponente *Starck*, in: v. Mangoldt/Klein/Starck, Das Bonner Grundgesetz, Bd. 1, 4. Aufl. 1999, Art. 5 Rdnr. 41; *Schmidt-Jortzig*, in: HStR VI, 2. Aufl. 2001, § 141 Rdnrn. 2, 8, 29.

[547] BVerwGE 70, 310 (316).

[548] Sogleich Teil 2 E.IV., S. 143 ff.

[549] BVerwGE 118, 270 (271 ff.) (Informationsanspruch aus Art. 12 Abs. 1, 19 Abs. 4 GG). Zu Ansprüchen auf staatliches Tätigwerden unmittelbar aus Grundrechten s. auch BVerfGE 35, 79 (116); BVerwGE 1, 159 (161 f.); 9, 78 (80 f.); 27, 360 (362 ff.); 61, 15 (19 f.); 61, 40 (42); 84, 375 (377 f.).

[550] Zum Begriff des Grundrechtseingriffs *Sachs*, JuS 1995, 303 ff.; *Stern*, Staatsrecht III/2, 1994, § 78, S. 75 ff.; *Bethge*, VVDStRL Heft 57 (1998), S. 7 ff.

[551] Prinzipiell zur Struktur und Funktion des Abwehrrechts *Isensee*, in: HStR V, 2. Aufl. 2000, § 111 Rdnrn. 37 ff.; *Dreier*, in: Dreier, GG, Bd. I, 2. Aufl. 2004, Vorb. Rdnrn. 119 ff.;

Außer der gesetzlichen Ermächtigungsgrundlage sind Schranken-Schranken (Eingriffskautelen)[552] zu beachten, deren prominentester Vertreter das Übermaßverbot (Verhältnismäßigkeitsgrundsatz im weiteren Sinne) ist. Bei Grundrechtsbeschränkungen bzw. Grundrechtseingriffen nach Maßgabe des Art. 5 Abs. 2 GG kommt als besondere Variante des Verhältnismäßigkeitsprinzips[553] die Wechselwirkungstheorie[554] zum Tragen. Der damit ausgedrückte Grundsatz, daß das einschränkende Gesetz seinerseits im Lichte der eingeschränkten Grundrechte des Art. 5 Abs. 1 GG auszulegen sei, ist mittlerweile konsequenterweise auch für andere Grundrechte nutzbar gemacht worden.[555]

II. Die öffentliche mündliche Verhandlung als allgemein zugängliche Informationsquelle

Der Schutz des einzelnen Zuschauers einer Gerichtsverhandlung durch das Grundrecht setzt voraus, daß die Teilnahme an einer öffentlichen Verhandlung die Unterrichtung aus einer allgemein zugänglichen Informationsquelle darstellt.

1. Die mündliche Verhandlung als Informationsquelle

Informationsquelle im Sinne des Grundrechts sind zunächst alle denkbaren Informationsträger[556] vom Schriftstück bis zum gesprochenen Wort einschließlich neuer und neuester Kommunikationstechniken.[557] Informationsquelle ist anerkanntermaßen aber auch der Gegenstand der Information selbst,[558] sofern es sich um unmittelbar wahrnehmbare[559] Ereignisse und Vorgänge wie z. B. Verkehrsunfälle oder Naturkatastrophen[560] handelt. Nach einer geläufigen Formulierung von *Herzog* gewährleistet die Informationsfreiheit „nicht nur die Unterrichtung

---

Bethge, VVDStRL Heft 57 (1998), S. 121 mit Fn. 22; vgl. auch *Stern*, in: FS 50 Jahre BVerfG, Bd. 2, 2001, S. 1 ff.

552 Zum Begriff vgl. *Isensee*, in: HStR V, 2. Aufl. 2000, § 111 Rdnr. 69.

553 Dazu BVerfGE 67, 157 (172 f.).

554 BVerfGE 7, 198 (208 f.).

555 Vgl. nur BVerfGE 69, 315 (349); 77, 240 (253); 79, 292 (303); 83, 130 (143).

556 *Herzog*, in: Maunz/Dürig, GG, Art. 5 Abs. I, II Rdnr. 87; *Starck*, in: v. Mangoldt/Klein/Starck, Das Bonner Grundgesetz, Bd. 1, 4. Aufl. 1999, Art. 5 Rdnr. 42; *Wendt*, in: v. Münch/Kunig, GG, Bd. 1, 5. Aufl. 2000, Art. 5 Rdnr. 22.

557 *Bethge*, in: Sachs, GG, 3. Aufl. 2003, Art. 5 Rdnr. 54.

558 *Wendt*, in: v. Münch/Kunig, GG, Bd. 1, 5. Aufl. 2000, Art. 5 Rdnr. 22; *Jarass*, in: Jarass/Pieroth, GG, 7. Aufl. 2004, Art. 5 Rdnr. 15; *Pieroth/Schlink*, Grundrechte – Staatsrecht II, 20. Aufl. 2004, Rdnr. 562; *Degenhart*, in: Bonner Kommentar, Art. 5 Abs. 1 u. 2 Rdnr. 323.

559 *Starck*, in: v. Mangoldt/Klein/Starck, Das Bonner Grundgesetz, Bd. 1, 4. Aufl. 1999, Art. 5 Rdnr. 42.

560 *Pieroth/Schlink*, Grundrechte – Staatsrecht II, 20. Aufl. 2004, Rdnr. 563.

aus Quellen, sondern erst recht die Unterrichtung *an der Quelle*".[561] Dem liegt die zutreffende Erwägung zugrunde, daß selbst die scheinbar vollständige Wiedergabe eines Geschehens durch andere, heute meist durch die Medien, notwendig durch Elemente der Auswahl und des subjektiven Eindrucks geprägt ist. Daher ist die Möglichkeit eines eigenen unmittelbaren Eindrucks unverzichtbares Korrektiv zur medialen Aufbereitung,[562] zur „Welt aus zweiter Hand".[563] Die unmittelbare Beobachtung verspricht – zumindest potentiell – einen Ertrag für die Bildung einer eigenen Meinung, der über die Vermittlung fremder Wahrnehmung hinausreicht.

Auch eine mündliche Gerichtsverhandlung ist ein unmittelbar wahrnehmbarer Vorgang und somit eine Informationsquelle i. S. v. Art. 5 Abs. 1 S. 1 HS 2 GG.[564] Der Grundgedanke, daß die Möglichkeit der unmittelbaren und eigenen Wahrnehmung durch Berichterstattung nicht gleichwertig zu ersetzen ist, gilt auch für Gerichtsverhandlungen. Ihrer Einordnung als Informationsquelle läßt sich daher zugleich eine prinzipielle Absage der Verfassung an die Idee entnehmen, ein Wegfall der Publikumsöffentlichkeit lasse sich durch ein Mehr an medialer Öffentlichkeit kompensieren.

2. Die allgemeine Zugänglichkeit der öffentlichen mündlichen Verhandlung

Allgemein zugänglich ist eine Informationsquelle, wenn sie „geeignet und bestimmt ist, der Allgemeinheit, also einem individuell nicht bestimmbaren Personenkreis, Informationen zu beschaffen".[565]

Beide Kriterien sind ohne weiteres erfüllt, sofern die mündliche Verhandlung öffentlich stattfindet. Die (tatsächliche bzw. technische)[566] *Eignung* einer mündlichen Verhandlung zur Informationsbeschaffung für beliebige Zuschauer liegt auf

---

[561] *Herzog*, in: Maunz/Dürig, GG, Art. 5 Abs. I, II Rdnr. 87; ebenso BVerfGE 103, 44 (60); *Fuhr*, in: FS für Hubert Armbruster, 1976, S. 122.

[562] *Degenhart*, in: Bonner Kommentar, Art. 5 Abs. 1 u. 2 Rdnr. 323. S. auch *Herzog*, in: Maunz/Dürig, GG, Art. 5 Abs. I, II Rdnr. 87: Kein Anlaß, aus der gesellschaftlich-faktischen Not der Unterrichtung durch Massenmedien eine verfassungsrechtliche Tugend zu machen.

[563] *Starck*, in: v. Mangoldt/Klein/Starck, Das Bonner Grundgesetz, Bd. 1, 4. Aufl. 1999, Art. 5 Rdnr. 43.

[564] BVerfGE 103, 44 (61); BVerfG (1. Kammer des Ersten Senats) NJW 2003, 500; *Degenhart*, in: Bonner Kommentar, Art. 5 Abs. 1 u. 2 Rdnr. 323; *Gostomzyk*, JuS 2002, 229.

[565] BVerfGE 27, 71 (83); 33, 52 (65); 90, 27 (32); 103, 44 (60); BVerfG (1. Kammer des Ersten Senats) NJW 2001, 503 (504); zustimmend *Bethge*, in: Sachs, GG, 3. Aufl. 2003, Art. 5 Rdnr. 55; *Wendt*, in: v. Münch/Kunig, GG, Bd. 1, 5. Aufl. 2000, Art. 5 Rdnr. 22; *Jarass*, in: Jarass/Pieroth, GG, 7. Aufl. 2004, Art. 5 Rdnr. 16.

[566] Sprachlich hat das *Bundesverfassungsgericht* zunächst (BVerfGE 27, 71 [83]; 33, 52 [65]) gerade auf die *technische* Geeignetheit abgestellt, mittlerweile – wohl ohne sachlichen Unterschied – auf die *tatsächlichen* Gegebenheiten (BVerfGE 90, 27 [32]). Wie hier *Pieroth/Schlink*, Grundrechte – Staatsrecht II, 20. Aufl. 2004, Rdnr. 564.

der Hand. Die durch den Gesetzgeber getroffene Entscheidung für die öffentliche Durchführung einer Verhandlung birgt ausweislich des Inhalts der Publikumsöffentlichkeit gerade die *Bestimmung* in sich, daß die Verhandlung der Informationsbeschaffung für eine nicht individualisierte Allgemeinheit dienen soll.

III. Die Teilnahme als Unterrichtung

Unterrichtung i. S. v. Art. 5 Abs. 1 S. 1 HS 2 GG besteht im Hören, Lesen und Sehen, aber auch in jeder anderen Form der Wahrnehmung.[567] Maßgeblich ist jeweils, wie die betreffende Informationsquelle geistig rezipiert werden kann.[568] Bei einer Gerichtsverhandlung erfolgt die Unterrichtung folglich durch Hören und Sehen, die beide die körperliche Anwesenheit, also die Teilnahme voraussetzen.

Nach alledem fällt die Teilnahme an einer mündlichen Verhandlung in den Schutzbereich der Informationsfreiheit.[569]

IV. Die Versagung der Teilnahme als rechtfertigungsbedürftiger Grundrechtseingriff

Damit stellt sich die Frage nach dem Ausmaß an Schutz, den die Informationsfreiheit gewährleistet. Konkret geht es darum, ob sich die Teilnahmeversagung gegenüber einem Zuschauer oder gegenüber mehreren Zuschauern an der Informationsfreiheit messen lassen muß.

Diese Frage ist prinzipiell zu bejahen. Wenn die Teilnahme an einer öffentlichen mündlichen Verhandlung vom Schutzbereich der Informationsfreiheit erfaßt wird, so ist die Versagung der Teilnahme ein rechtfertigungsbedürftiger Eingriff (des Staates) in den Schutzbereich des Grundrechts; dies mit der Folge, daß die rechtswidrige, weil nicht gerechtfertigte Versagung eine Grundrechtsverletzung darstellt.

So einfach liegen die Dinge freilich nicht immer. Zu berücksichtigen ist auch, daß die Eröffnung des Schutzbereichs die allgemeine Zugänglichkeit der Verhandlung voraussetzt. Sollte die Versagung der Teilnahme schon die allgemeine

---

[567] *Starck*, in: v. Mangoldt/Klein/Starck, Das Bonner Grundgesetz, Bd. 1, 4. Aufl. 1999, Art. 5 Rdnr. 50; *Schmidt-Jortzig*, in: HStR VI, 2. Aufl. 2001, § 141 Rdnr. 30.

[568] *Schmidt-Jortzig*, in: HStR VI, 2. Aufl. 2001, § 141 Rdnr. 34.

[569] So auch *Britz*, Fernsehaufnahmen im Gerichtssaal, 1999, S. 205 Fn. 154; *R. Gerhardt*, Zur Frage der Verfassungsmäßigkeit des Verbots von Rundfunk- und Fernsehaufnahmen im Gerichtssaal (§ 169 Satz 2 GVG), Diss. Frankfurt a. M. 1968, S. 33; *Pieroth/Schlink*, Grundrechte – Staatsrecht II, 20. Aufl. 2004, Rdnr. 565; *Degenhart*, in: Bonner Kommentar, Art. 5 Abs. 1 u. 2 Rdnr. 323.

Zugänglichkeit der Verhandlung obsolet machen, ist bereits der Gewährleistungsbereich verschlossen, so daß die Versagung mangels Grundrechtstatbestand keinen Eingriff darstellt und nicht besonders rechtfertigungsbedürftig ist.

Zwei Konstellationen sind zu unterscheiden. Die Versagung der Teilnahme kann zum einen darin bestehen, daß einzelne Zuschauer, ggf. auch nur ein einziger, nicht an einer im übrigen öffentlichen Verhandlung teilnehmen dürfen (im Anschluß sub 1.). Zum anderen wird den jeweiligen Zuschauern die Teilnahme aber auch dann (mittelbar) versagt, wenn das Gericht völlig unter Ausschluß der Öffentlichkeit verhandelt (im Anschluß sub 2.).

1. Die Versagung der Teilnahme an öffentlichen Verhandlungen als Grundrechtseingriff

a) Die individuell begründete Teilnahmeversagung

Sofern einem Zuschauer die Teilnahme aus individuellen Gründen, also etwa wegen grob ungebührlichen Benehmens oder wegen unangemessenen Erscheinens, von vornherein oder nachträglich versagt wird, berührt dies die allgemeine Zugänglichkcit der Verhandlung nicht. Sie ist nach wie vor zur Informationsbeschaffung für einen unbestimmten Personenkreis geeignet und bestimmt. Der Schutzbereich des Grundrechts ist daher eröffnet; die Teilnahmeversagung stellt einen Grundrechtseingriff dar.

Dieser läßt sich allerdings in der Regel rechtfertigen. Bei den zum Ausschluß ermächtigenden Vorschriften (§§ 175 Abs. 1, 176, 177 GVG) handelt es sich um „allgemeine Gesetze" im Sinne der Schranke des Art. 5 Abs. 2 GG. Denn die Regelungen stellen kein Sonderrecht gegen die Rechte aus Art. 5 Abs. 1 GG, hier die Informationsfreiheit, dar. Sie bezwecken zudem die störungsfreie Durchführung von Gerichtsverhandlungen sowie die Wahrung besonders schutzwürdiger Belange einzelner und der Allgemeinheit. Damit dienen die Vorschriften dem Schutz von im konkreten Abwägungsfall höherwertigen Rechtsgütern, die ohne Rücksicht auf die Informationsaufnahme schützenswert sind.[570] Auch im übrigen begegnen die Vorschriften als solche keinen verfassungsrechtlichen Bedenken. Im jeweiligen Einzelfall ist der Grundrechtseingriff durch einen Ausschluß aus der Verhandlung also gerechtfertigt, wenn und weil er von einer der Rechtsgrundlagen legitimiert ist. Dafür müssen die Tatbestandsvoraussetzungen eines Ausschlußgrundes vorliegen; weiter muß der Vorsitzende das ihm eingeräumte Ermessen (vgl. §§ 175 Abs. 1, 176, 177 S. 1 GVG) fehlerfrei gebrauchen.

Der nach den Maßstäben des einfachen Rechts objektiv *rechtswidrige* Ausschluß verletzt den Ausgeschlossenen somit in seinem Grundrecht der Informationsfreiheit aus Art. 5 Abs. 1 S. 1 HS 2 GG.

---

570 *Stober*, DRiZ 1980, 5.

b) Die kapazitätsbedingte Teilnahmeversagung

Schwieriger ist die Frage zu beantworten, ob auch die auf die erschöpfte Saalkapazität gestützte Zutrittsversagung einen Grundrechtseingriff darstellt.

aa) Staatliche Dispositionen über die Allgemeinzugänglichkeit im Spannungsfeld zwischen Schutzbereichsfestlegung und Grundrechtseingriff

aaa) Die Ausgangslage

Prinzipiell gilt, daß sich die Allgemeinzugänglichkeit einer Informationsquelle allein nach den tatsächlichen und technischen Gegebenheiten richtet. Zugangsbeschränkende Hoheitsakte haben keinen Einfluß auf die allgemeine Zugänglichkeit;[571] sie konturieren oder modifizieren nicht den Schutzbereich, sondern schränken diesen ein.[572] Die Notwendigkeit dieser Betrachtungsweise ergibt sich bereits aus der Entstehungsgeschichte des Grundrechts der Informationsfreiheit, dessen grundrechtliche Gewährleistung eine Reaktion auf nationalsozialistische Verbote und Beschränkungen der Nutzung namentlich ausländischer Medien darstellt. Andernfalls stünde nicht nur der Anwendungsbereich des Grundrechts zur Disposition des Staates; es liefe auch Art. 5 Abs. 2 GG leer,[573] der für staatlich verantwortete Beeinträchtigungen der Informationsfreiheit eine Rechtfertigung fordert. Staatliche Beschränkungen, die den Informationszugang einschränken wie die Einziehung einer Zeitung, sind daher als Eingriffe in den Schutzbereich zu qualifizieren und somit an Art. 5 Abs. 2 GG zu messen.[574]

Allerdings stellt diese Grundkonzeption primär auf Informationsquellen ab, deren Inhaber bzw. Urheber nicht der Staat ist, über deren Bestimmung zur Informationsbeschaffung für die Allgemeinheit vielmehr Dritte entscheiden. Insofern knüpft die Informationsfreiheit an die Existenz vorhandener Quellen an und wehrt staatliche Infomationsbeschränkungen ab.[575] Die Normallage des Art. 5 Abs. 1 S. 1 HS 2 GG stellt sich mithin wie folgt dar: Das Grundgesetz gewährleistet mit der Informationsfreiheit keinen Anspruch auf Schaffung von

---

[571] So aber noch *Dürig*, AöR Bd. 81 (1956), S. 139; *Hamann*, Das Grundgesetz, 2. Aufl. 1961, Art. 5 Anm. B 5.

[572] *Schulze-Fielitz*, in: Dreier, GG, Bd. I, 2. Aufl. 2004, Art. 5 I, II Rdnr. 78; *Wendt*, in: v. Münch/Kunig, GG, Bd. 1, 5. Aufl. 2000, Art. 5 Rdnr. 23; *Starck*, in: v. Mangoldt/Klein/Starck, Das Bonner Grundgesetz, Bd. 1, 4. Aufl. 1999, Art. 5 Rdnr. 44; *Schmidt-Jortzig*, in: HStR VI, 2. Aufl. 2001, § 141 Rdnrn. 32 f.

[573] BVerfGE 27, 71 (84 f.), auch unter Hinweis darauf, daß die Informationsfreiheit auf Grund ihres demokratischen Bezugs namentlich die Urteilsbildung über die eigenen Staatsorgane ermöglichen solle, so daß diese die Auswahl des Informationsmaterials nicht beeinflussen dürften.

[574] BVerfGE 27, 71 (83 f.); 90, 27 (32); *Wendt*, in: v. Münch/Kunig, GG, Bd. 1, 5. Aufl. 2000, Art. 5 Rdnr. 23; *Bethge*, in: Sachs, GG, 3. Aufl. 2003, Art. 5 Rdnr. 57; *Schulze-Fielitz*, in: Dreier, GG, Bd. I, 2. Aufl. 2004, Art. 5 Rdnr. 78.

[575] *Isensee/Axer*, Jugendschutz im Fernsehen, 1998, S. 55.

allgemein zugänglichen Informationsquellen. Art. 5 Abs. 1 S. 1 HS 2 GG gibt auch keinen Anspruch *gegen Dritte* auf Zugang zu Informationsquellen; das Grundrecht ist nicht drittgerichtet.[576] Ebensowenig ist der Staat zur Bereitstellung von Informationen durch Dritte verpflichtet.[577] Ihn trifft die Pflicht zur Zurückhaltung, die der status negativus auferlegt.

bbb) Der Staat als Disponent über seine eigenen Quellen

Das mit der Anknüpfung an die tatsächliche Informationsabgabe verfolgte Anliegen, staatliche Einschränkungen des Informationszugangs den grundrechtlichen Rechtfertigungskriterien zu unterwerfen, läßt sich freilich in den Fällen nicht erreichen, in denen sich Informationsquellen von vornherein in staatlicher Hand befinden.[578] Derartige Quellen unterliegen a priori der Verfügungsmacht des Staates, der somit zwangsläufig über das Maß der Informationsabgabe bestimmt. In dieser staatlichen Bestimmung der Zugänglichkeit soll daher kein Eingriff liegen, der an der Informationsfreiheit zu messen und nach Art. 5 Abs. 2 GG zu rechtfertigen wäre.[579] Vielmehr entscheidet der Staat über die allgemeine Zugänglichkeit; damit legt er den Umfang des Schutzbereichs von Art. 5 Abs. 1 S. 1 HS 2 GG erst fest. Entscheidet sich der Staat gegen die Öffnung der Quellen, so sind sie nicht allgemein zugänglich.[580] Die Folgen sind beträchtlich. Die Informationsfreiheit ist in diesem Fall tatbestandlich nicht einschlägig, unabhängig davon, ob die Entscheidung gegen die Öffnung der Quellen zu Recht oder zu Unrecht erfolgte[581] – was am Maßstab anderer Vorschriften wie beispielsweise des Demokratieprinzips, nicht jedoch am Maßstab der Informationsfreiheit zu entscheiden ist.[582] Die Informationsfreiheit als Abwehrrecht[583] gibt keinen staatsgerichteten Anspruch auf Information oder auf Öffnung von Informationsquellen.[584] Sie hindert den Staat nur daran, sprudelnde Quellen – oder genauer:

---

[576] Zur Pressefreiheit BVerwGE 70, 310 (316). – Privatrechtsgestaltende Wirkung hat die Informationsfreiheit insofern, als sie den Vermieter verpflichtet, dem Mieter die Anbringung der für den anderweitig nicht möglichen Empfang von Rundfunksendungen erforderlichen Parabolantenne zu gestatten (BVerfGE 90, 27 [34 ff.]). Dazu *Badura*, Staatsrecht, 3. Aufl. 2003, C Rdnr. 63.

[577] Die Schutzpflicht des Staates, Informationsmonopolen entgegenzuwirken, betrifft ein anderes Problem; vgl. dazu BVerfGE 97, 228 (258); *Bethge*, in: FS für Walter Schmitt Glaeser, 2003, S. 469.

[578] *Kloepfer*, in: HStR II, 2. Aufl. 1998, § 35 Rdnr. 54.

[579] BVerfGE 103, 44 (60).

[580] *Jarass*, AfP 1979, 228.

[581] *Degenhart*, in: Bonner Kommentar, Art. 5 Abs. 1 u. 2 Rdnr. 341 mit Fn. 87.

[582] *Starck*, in: v. Mangoldt/Klein/Starck, Das Bonner Grundgesetz, Bd. 1, 4. Aufl. 1999, Art. 5 Rdnr. 49 mit Fn. 146.

[583] *Kloepfer*, in: HStR II, 2. Aufl. 1998, § 35 Rdnr. 54, unter Hinweis auf die Entstehungsgeschichte.

[584] BVerfGE 103, 44 (60); *Bethge*, in: Sachs, GG, 3. Aufl. 2003, Art. 5 Rdnrn. 59 f.; *Wendt*, in: v. Münch/Kunig, GG, Bd. 1, 5. Aufl. 2000, Art. 5 Rdnr. 28.

ohne staatliches Zutun sprudelnde Quellen – zu verstopfen.[585] Der Staat als solcher – auch der informale Staat – ist keine allgemein zugängliche Quelle.[586]

Eine weitere Konsequenz ist: Beruht die allgemeine Zugänglichkeit einer Quelle auf einer staatlichen Entscheidung, darf sie nach dieser Konzeption zurückgenommen oder von vornherein tatbestandlich beschränkt werden,[587] ohne daß dies einen Eingriff in den Schutzbereich darstellt; denn ein Schutzbereich ist schon gar nicht eröffnet. Diese Kategorisierung gilt zum Beispiel für die Einsichtnahmemöglichkeit in öffentliche Bücher oder Register. So stellt es keinen Eingriff in die Informationsfreiheit dar, wenn die Einsicht in das Grundbuch nach § 12 Abs. 1 GBO bei Fehlen eines berechtigten Interesses[588] verweigert wird.[589]

bb) Die Eingriffsqualität einer kapazitätsbedingten Teilnahmeversagung

Bei Zugrundelegung dieser Kriterien erscheint es konsequent, die allgemeine Zugänglichkeit der öffentlichen Gerichtsverhandlung ausweislich der in § 169 S. 1 GVG getroffenen Entscheidung als von vornherein durch die Saalkapazität beschränkt anzusehen. Die Versagung des Zutritts wegen eines bereits gefüllten Saals wäre dann mangels Eröffnung des Schutzbereichs des Grundrechts kein Grundrechtseingriff; einer weiteren Rechtfertigung für die Versagung bedürfte es nicht.

aaa) Die Konzeption des Bundesverfassungsgerichts

Dafür scheint auch die speziell auf die Teilnahme an mündlichen Gerichtsverhandlungen bezogene Aussage des *Bundesverfassungsgerichts* zu sprechen, der Schutzbereich der Informationsfreiheit könne „erst nach Herstellung der allgemeinen Zugänglichkeit und nur in ihrem Umfang“ betroffen sein.[590] In die gleiche Richtung zielt die Feststellung des Gerichts: „Legt der Gesetzgeber die Art der Zugänglichkeit von staatlichen Vorgängen und damit zugleich das Ausmaß der Öffnung dieser Informationsquelle fest, so wird in diesem Zusammenhang zugleich der Schutzbereich der Informationsfreiheit eröffnet.“[591] Nach dieser Sichtweise wäre die Teilnahmeversagung wegen fehlender Saalkapazität

---

[585] So plastisch *Jarass*, AfP 1979, 228.

[586] *Clemens*, in: Umbach/Clemens, GG, Bd. I, Art. 5 Rdnr. 53; *Bethge*, in: Sachs, GG, 3. Aufl. 2003, Art. 5 Rdnr. 60.

[587] *Schulze-Fielitz*, in: Dreier, GG, Bd. I, 2. Aufl. 2004, Art. 5 Rdnr. 79; *Wendt*, in: v. Münch/Kunig, GG, Bd. 1, 5. Aufl. 2000, Art. 5 Rdnr. 23.

[588] Zu den Voraussetzungen des berechtigten Interesses KG AfP 2002, 39 (40).

[589] BVerfG (1. Kammer des Ersten Senats) NJW 2001, 503 (504); *Starck*, in: v. Mangoldt/Klein/Starck, Das Bonner Grundgesetz, Bd. 1, 4. Aufl. 1999, Art. 5 Rdnr. 45.

[590] BVerfGE 103, 44 (60).

[591] BVerfGE 103, 44 (61).

kein Eingriff in die Informationsfreiheit; auf die Rechtfertigungspflicht nach Art. 5 Abs. 2 GG käme es nicht an.

bbb) Erste Gegenposition

Nun ist letztlich nichts dagegen zu erinnern, in der Zutrittsversagung für weitere Zuschauer im Falle eines bereits gefüllten Saals keine Grundrechts*verletzung* zu sehen. Die Frage ist aber, ob man die Versagung grundrechtsdogmatisch nicht eher als Eingriff ansehen sollte, der jedoch durch die fehlende Kapazität gerechtfertigt ist. Die Lösung schon auf der Tatbestandsebene über das Merkmal der Allgemeinzugänglichkeit sieht sich nämlich erheblichen Bedenken ausgesetzt.

Ausgangspunkt dieser Bedenken ist die Überlegung, daß die Saalkapazität eben nicht auf Grund *gesetzgeberischer* Vorgaben auf den Platz genau objektiv nachprüfbar feststeht, sondern daß ihre konkrete Bestimmung im Ermessen des Vorsitzenden steht. Diesem wiederum kommt trotz der Indikatorwirkung der Sitzplatzzahl ein Spielraum zu,[592] der weit zu bemessen ist. Das Gefährdungspotential der Zuschauer für die Ordnung in der Sitzung kann je nach Prozeß höchst unterschiedlich sein; es läßt sich nur in der konkreten Situation beurteilen. Hinzu kommt, daß die „Verwaltung der Öffentlichkeit" nicht die primäre Aufgabe des Vorsitzenden ist. Pointiert formuliert: In erster Linie ist er Richter, nicht Platzanweiser.[593] Verneint man die Eingriffsqualität einer von diesem Ermessensspielraum gedeckten Zutrittsversagung, so hat das zur Folge, daß dem Richter die Konkretisierung der allgemeinen Zugänglichkeit und damit die Bestimmung der Reichweite des Schutzbereichs im Einzelfall obliegt.

ccc) Insbesondere: Die Gefahr der Tatbestandsverkürzung

Die Festlegung eines grundrechtlichen Schutzumfangs durch die konkret-individuelle Entscheidung eines Richters ist jedoch (noch) größeren Bedenken ausgesetzt als die abstrakt-generelle Festlegung des Gewährleistungsbereichs durch den Gesetzgeber. Besonders deutlich wird die Fragwürdigkeit der gesamten Konzeption, sofern der Richter die Grenzen seines Ermessens überschreitet. Das ist beispielsweise anzunehmen, wenn der Vorsitzende in einem völlig unspektakulären Prozeß wie dem in einer Standardmietsache in einem Saal mit 50 Zuschauerplätzen nur zwei Zuschauer zuläßt. Dem steht der Fall gleich, daß die Saalkapazität prioritätswidrig erschöpft wird, indem später eintreffende Zuschauer gegenüber früher erschienenen Zuschauern bevorzugt eingelassen werden.

---

[592] Dazu oben Teil 2 C.II.4.a), S. 116.

[593] Vgl. BVerwG DÖV 1984, 889: Der Wahrung der Öffentlichkeit muß gebührende Aufmerksamkeit gewidmet werden. Jedoch dürfen die Anforderungen nicht derart überspannt werden, daß die Erörterung der Sach- und Rechtslage beeinträchtigt wird.

In diesen Fällen führt kein Weg an der Feststellung vorbei, daß der Schutzbereich des Grundrechts eröffnet ist und daß die Versagung des Zugangs einen rechtfertigungsbedürftigen Eingriff darstellt: Die ausgeschlossenen Zuschauer hätten im Rahmen vorhandener Saalkapazitäten teilnehmen wollen. Nach der gesetzgeberischen Entscheidung hätte es sich folglich um eine allgemein zugängliche Informationsquelle gehandelt. Die richterliche Versagung dieser Teilnahme stellt mithin einen Grundrechtseingriff dar, der mangels Übereinstimmung mit seiner einfach-gesetzlichen Rechtsgrundlage nicht zu rechtfertigen ist und somit das Grundrecht verletzt. *Dieser* Teil der Argumentation läßt sich auch mit der Konzeption des *Bundesverfassungsgerichts* vereinbaren. Das Gericht führt aus, die Informationsfreiheit umfasse „ein gegen den Staat gerichtetes Recht auf Zugang in Fällen, in denen eine im staatlichen Verantwortungsbereich liegende Informationsquelle auf Grund rechtlicher Vorgaben zur öffentlichen Zugänglichkeit bestimmt ist, der Staat den Zugang aber verweigert." Und weiter: Über die Zugänglichkeit entscheide der, der nach der Rechtsordnung bestimmungsbefugt sei. Im Falle von Gerichtsverhandlungen sei das der Gesetzgeber. Indem er das Ausmaß der Öffnung von staatlichen Vorgängen festlege, werde in diesem Umfang auch der Schutzbereich der Informationsfreiheit eröffnet.[594]

Die Annahme einer schon durch die Saalkapazität bedingten *tatbestandlichen* Reduktion des Grundrechts hätte daher zur Folge, daß eine kapazitätsbedingte Zutrittsversagung im Falle ihrer Rechtmäßigkeit kein Grundrechtseingriff wäre, daß sie im Falle ihrer Rechtswidrigkeit jedoch sofort in eine Grundrechtsverletzung, also in einen nicht gerechtfertigten Grundrechtseingriff umschlagen würde. Das jedoch widerspricht der allgemeinen Grundrechtsdogmatik, nach der ein Eingriff ja gerade nicht automatisch zu einer Grundrechtsverletzung führt, sondern gerechtfertigt werden kann.

Nach alledem sprechen grundrechtsdogmatisch die besseren Gründe dafür, die Zutrittsversagung aus Gründen fehlender Saalkapazität als Eingriff in den Schutzbereich aufzufassen, der freilich im Rahmen des dem Vorsitzenden zukommenden Ermessens gerechtfertigt ist.

Der Vorteil dieser Konzeption besteht in der Wahrung des Verbots schrankenorientierter Reduzierung des Gewährleistungsbereichs: Der Gewährleistungsbereich darf nicht nach den vermeintlichen Beschränkungs- und Eingriffsnotwendigkeiten zurechtgeschnitten werden.[595]

---

594 BVerfGE 103, 44 (60 f.).

595 BVerfGE 85, 386 (397); vgl. auch BVerfGE 32, 54 (72); *Isensee*, in: HStR V, 2. Aufl. 2000, § 111 Rdnr. 45; *Lerche*, in: HStR V, 2. Aufl. 2000, § 121 Rdnr. 52; *Bethge*, in: Sachs, GG, 3. Aufl. 2003, Art. 5 Rdnr. 188.

2. Der Ausschluß der Öffentlichkeit bzw. die Nichtöffentlichkeit der Verhandlung als Grundrechtseingriff?

Ähnliche Probleme ergeben sich hinsichtlich der Frage, ob sich auch der Ausschluß der Öffentlichkeit durch das Gericht bzw. die Anordnung der Nichtöffentlichkeit einer Verhandlung durch den Gesetzgeber an der Informationsfreiheit des einzelnen Zuschauers messen lassen müssen. Prinzipiell sind drei unterschiedliche Lösungen vorstellbar.

a) Die vorstellbaren Lösungen im Überblick

Zunächst kommt in Betracht, daß die Verhandlung durch den Wegfall der Zutrittsmöglichkeit ihre Qualität als allgemein zugängliche Informationsquelle verliert. In diesem Fall wäre bereits der Schutzbereich von Art. 5 Abs. 1 S. 1 HS 2 GG nicht eröffnet; der Ausschluß der Öffentlichkeit bzw. die Anordnung der Nichtöffentlichkeit würden demzufolge von vornherein keinen rechtfertigungsbedürftigen Eingriff in das Grundrecht darstellen.

Anders fällt das Ergebnis aus, wenn man die Frage nach der allgemeinen Zugänglichkeit von Gerichtsverhandlungen allein an Hand des Grundsatzes in § 169 S. 1 GVG beantwortet. Die Zutrittsmöglichkeit wäre danach stets Gegenstand der Informationsfreiheit; der exzeptionelle Ausschluß der Öffentlichkeit geriete zum rechtfertigungsbedürftigen Eingriff.

Angesichts der Tatsache, daß die fehlende Zutrittsmöglichkeit nur bei einem Ausschluß der Öffentlichkeit durch das Gericht, nicht jedoch bei den kraft Gesetzes nichtöffentlichen Verfahren Ausnahmecharakter besitzt, erscheint schließlich eine Zwischenlösung denkbar: Gerichtsverhandlungen sind von vornherein keine allgemein zugänglichen Informationsquellen, wenn sie kraft Gesetzes nichtöffentlich stattfinden. Gerichtsverhandlungen sind hingegen auch dann eine allgemein zugängliche Informationsquelle, wenn die Öffentlichkeit vom Gericht ausgeschlossen werden kann. Erfolgt im letzten Fall der Ausschluß, liegt ein Eingriff vor. Rechtfertigungsbedürftig am Maßstab der Informationsfreiheit wäre nach dieser Sichtweise allein der *gerichtliche* Ausschluß der Öffentlichkeit.

b) Die Lösung auf der Schutzbereichsebene

Auf der Schutzbereichsebene löst man das Problem, indem man die allgemeine Zugänglichkeit einer Informationsquelle allein nach den faktischen Gegebenheiten beurteilt. Danach hat der Staat das Recht, die allgemeine Zugänglichkeit von Informationsquellen in seinem eigenen Einflußbereich mit tatbestandsbeschränkender Wirkung auszuschließen. Bei dieser Sichtweise entfällt durch die gesetzliche Anordnung der Nichtöffentlichkeit bzw. durch den gerichtlichen Ausschluß der Öffentlichkeit die allgemeine Zugänglichkeit der Verhandlung.

Ob eine Verhandlung öffentlich stattfindet, wäre danach nicht an Art. 5 Abs. 1 S. 1 GG zu messen.[596]

c) Der Eingriffscharakter jedenfalls des gerichtlich verantworteten Ausschlusses der Öffentlichkeit

Zwingend erscheint diese Sichtweise freilich nicht. Jedenfalls der gerichtlich angeordnete Ausschluß der Öffentlichkeit läßt sich mit guten Gründen auch als Grundrechtseingriff auffassen.[597]

Sofern das Gericht die gesetzlichen Voraussetzungen für einen Ausschluß der Öffentlichkeit zu Unrecht annimmt, wird den (potentiellen) Zuschauern der Zutritt zu einer Verhandlung verwehrt, die kraft Gesetzes zwingend öffentlich sein müßte. Das ist gerade die Konstellation, zu der das *Bundesverfassungsgericht* ausführt, zwar gewährleiste das Grundrecht der Informationsfreiheit

> „nur das Recht, sich ungehindert aus einer schon für die allgemeine Zugänglichkeit bestimmten Quelle zu unterrichten. Fehlt es an dieser Bestimmung, ist die Informationsbeschaffung nicht vom Grundrecht der Informationsfreiheit geschützt (vgl. BVerfGE 66, 116 [137]). Das Grundrecht umfasst allerdings ein gegen den Staat gerichtetes Recht auf Zugang in Fällen, in denen eine im staatlichen Verantwortungsbereich liegende Informationsquelle auf Grund rechtlicher Vorgaben zur öffentlichen Zugänglichkeit bestimmt ist, der Staat den Zugang aber verweigert."[598]

Nach diesem Kriterium handelt es sich beim rechtswidrigen Ausschluß der Öffentlichkeit systematisch um einen Grundrechtseingriff, mangels Rechtsgrundlage konsequenterweise sogar um eine Grundrechtsverletzung. Dabei spielt es keine Rolle, ob man primär auf die Abwehr der Zutrittsversagung oder auf die Geltendmachung eines Zutrittsanspruchs abstellt. Daß sich die abwehrrechtliche und die leistungsgrundrechtliche Dimension des Grundrechts der Informationsfreiheit hier nicht trennscharf unterscheiden lassen, schwebt anscheinend auch dem *Bundesverfassungsgericht* vor, wenn es von dem sprachlich eher abwehrrechtlich orientierten „Recht, sich ungehindert zu unterrichten" übergangslos zu dem terminologisch eher als Leistungsrecht zu wertenden „Recht auf Zugang" wechselt.[599]

Wenn aber der rechtswidrige Ausschluß der Öffentlichkeit ein nicht gerechtfertigter Grundrechtseingriff ist, liegt es nahe, auch den rechtmäßigen Ausschluß als – freilich gerechtfertigten – Grundrechtseingriff aufzufassen. Dafür spricht auch hier, daß man andernfalls die grundrechtsdogmatisch mißliche Konsequenz in Kauf nehmen müßte, daß es keinen gerechtfertigten Grundrechtseingriff ge-

---

596 *Degenhart*, in: Bonner Kommentar, Art. 5 Abs. 1 u. 2 Rdnr. 323.

597 So *Pieroth/Schlink*, Grundrechte – Staatsrecht II, 20. Aufl. 2004, Rdnr. 584.

598 BVerfGE 103, 44 (60).

599 Dazu noch ausführlich unten Teil 5 E.I.2.d), S. 395 ff.

ben könnte. Der Ausschluß der Öffentlichkeit durch das Gericht würde entweder den Schutzbereich der Informationsfreiheit begrenzen oder – im Fall seiner Rechtswidrigkeit – das Grundrecht verletzen. Eingriff und Verletzung wären insofern deckungsgleich.

d) Die Konsequenzen für die dogmatische Einordnung des gesetzlichen Ausschlusses der Öffentlichkeit

Das führt zu einer Anschlußüberlegung. Wertet man den *gerichtlichen* Ausschluß der Öffentlichkeit als Grundrechtseingriff, die *gesetzlich* angeordnete Nichtöffentlichkeit einer Verhandlung jedoch als dem Eingriff vorgelagerte Schutzbereichsbegrenzung, so führt das im Ergebnis zu einer Geltung der Informationsfreiheit nach Maßgabe des Gesetzes, wie sie Art. 1 Abs. 3 GG an sich ausschließt – und wie sie das *Bundesverfassungsgericht* mit den vorgenannten Zitaten gerade bejaht.[600] Das mag für den Sonderfall der Informationsquellen im Verantwortungsbereich des Staates – andere Informationsquellen sind ohnehin nicht betroffen – als unvermeidbare Konsequenz des einschränkenden Tatbestandsmerkmals der „allgemeinen Zugänglichkeit" hinzunehmen sein. Dennoch ist fraglich, ob die grundrechtssystematische Einordnung einer staatlichen Maßnahme, die der Öffentlichkeit insgesamt den Zutritt verwehrt, vom handelnden Organ (Gericht oder Gesetzgeber) abhängen kann. Das läßt sich an Hand mehrerer Beispiele bezweifeln.

aa) Keine eindeutige Abgrenzung zwischen gesetzlicher und gerichtlicher Anordnung der Nichtöffentlichkeit

Während der Ausschluß der Öffentlichkeit regelmäßig im Ermessen des Gerichts liegt, ordnet § 171 b Abs. 2 GVG den Ausschluß (durch das Gericht) zwingend an. Voraussetzung dafür ist erstens, daß Umstände aus dem persönlichen Lebensbereich eines Prozeßbeteiligten, Zeugen oder Verletzten zur Sprache kommen, deren öffentliche Erörterung schutzwürdige Interessen verletzen würde, zweitens, daß das Interesse an einer öffentlichen Erörterung dieser Gründe nicht überwiegt, und drittens, daß der Betroffene den Ausschluß beantragt (§ 171 b Abs. 2 i. V. m. § 171 b Abs. 1 S. 1 GVG). Die Frage ist: Ist die nichtöffentliche Verhandlung in diesem Fall dem Gericht zuzurechnen, das die gegenläufigen Interessen abzuwägen hat, oder dem Gesetzgeber, der den Ausschluß zwingend vorsieht? Sofern die Eingriffsqualität wirklich von der Urheberschaft der Nichtöffentlichkeit abhängen sollte, führt an der Entscheidung dieser Frage kein Weg vorbei.

---

600 *Gurlit*, DVBl. 2003, 1121.

Noch deutlicher wird das grundrechtliche Dilemma, wenn das Gericht die Voraussetzungen der gesetzlich angeordneten Nichtöffentlichkeit zu Unrecht annimmt, indem es beispielsweise einen in Wahrheit volljährigen Angeklagten für minderjährig hält und daher nach § 48 Abs. 1 JGG nichtöffentlich verhandelt.[601] Auch in diesem Fall verweigert der Staat den Zugang zu einer Informationsquelle, die auf Grund rechtlicher Vorgaben allgemein zugänglich ist.

bb) Die Parallelproblematik im Verhältnis zwischen dem Grundgesetz und dem einfachen Gesetzgeber

Ein weiterer Gesichtspunkt kommt hinzu. Mit derselben Formulierung des *Bundesverfassungsgerichts* lassen sich auch Situationen beschreiben, in denen das Demokratie- und/oder das Rechtsstaatsprinzip der Verfassung die Öffentlichkeit einer Verhandlung zwingend vorschreiben, der Gesetzgeber jedoch die Nichtöffentlichkeit anordnet. In dieser Konstellation ist die Problematik gewissermaßen nur eine Stufe nach oben verlagert: Die rechtliche Vorgabe ist statt im einfachen Gesetzesrecht nun in der Verfassung angesiedelt, die Zugangsversagung hat anstelle des Gerichts der Gesetzgeber zu verantworten. Insofern wäre es an sich konsequent, auch die Zugangsbeschränkung durch den Gesetzgeber als Grundrechtseingriff anzusehen.

cc) Die Kritik an der Lösung des Bundesverfassungsgerichts

Das *Bundesverfassungsgericht* geht einen anderen, in sich freilich widersprüchlichen Weg. Es nimmt an, die Ausübung des dem einfachen Gesetzgeber zustehenden „Bestimmungsrechts" über die Zugänglichkeit stelle keine Beschränkung i. S. v. Art. 5 Abs. 2 GG dar, sondern lege erst den Umfang der Informationsfreiheit fest.[602] Allerdings soll die Verfassungsmäßigkeit einer die Zugänglichkeit einschränkenden Vorschrift von der Beachtung namentlich des Demokratie- und des Rechtsstaatsprinzips abhängen.[603] Wenn das Verfassungsrecht eine weitere Öffnung des Zugangs gebiete, als das einfache Gesetzesrecht sie einräumt, soll der Träger der Informationsfreiheit dies geltend machen können.[604]

Diese dogmatisch höchst fragwürdige Möglichkeit, kraft Grundrechtsträgerschaft die Verletzung objektiven Verfassungsrechts zu rügen, wird in der Literatur zu Recht kritisiert.[605] Der Sache nach ignoriert das *Bundesverfassungsgericht* die „Scharnierfunktion" des Grundrechtseingriffs.[606] Den einzig denkbaren

[601] Zwar kann auch gegen einen Heranwachsenden nach § 109 Abs. 1 S. 4 JGG unter Ausschluß der Öffentlichkeit verhandelt werden. Im Gegensatz zu § 48 Abs. 1 JGG handelt es sich dabei aber wieder um eine Ermessensentscheidung des Gerichts.

[602] BVerfGE 103, 44 (60 f.).

[603] BVerfGE 103, 44 (61 ff.).

[604] BVerfGE 103, 44 (61).

[605] *Gersdorf*, AfP 2001, 30 f. S. auch *Gostomzyk*, JuS 2002, 230.

[606] Vgl. *Bethge*, VVDStRL Heft 57 (1998), S. 52.

Ausweg, zumindest die (objektiv) verfassungswidrige Zulassungsbeschränkung als Grundrechtseingriff – und damit als Grundrechtsverletzung – einzuordnen, verbaut sich das Gericht insofern, als seine Ausgangsthese, die Ausübung des Zugangsbestimmungsrechts sei kein Grundrechtseingriff, offenbar nicht auf die verfassungskonforme Ausübung des Rechts beschränkt ist.

Vermeiden lassen sich diese Schwierigkeiten, wenn man auch die gesetzliche Beschränkung des Zutrittsrechts als Grundrechtseingriff qualifiziert, der bei Beachtung der verfassungsrechtlichen Vorgaben aber gerechtfertigt ist. Ein neuralgischer Nachteil dieser Konzeption wäre jedoch, daß die *tatbestandliche* Begrenzbarkeit der Informationsfreiheit im Hinblick auf Informationsquellen im Verantwortungsbereich des Staates gegenstandslos würde.

e) Anschlußfragen für die Dogmatik der Informationsfreiheit

Möglicherweise liegt aber gerade darin der Weg zur Lösung des vorstehend geschilderten grundrechtlichen Dilemmas. Derzeit ist ohnehin ein Paradigmenwechsel hin zu einem grundsätzlichen Recht auf Zugang zu Informationen in der Hand des Staates zu beobachten. Er äußert sich bisher namentlich im Erlaß von Informationszugangsgesetzen, durch die sich die Legitimität der Tradition, nach der Behördenakten keine allgemein zugänglichen Quellen sind, zunehmend in Frage gestellt sieht.[607] Immer deutlicher wird gefordert, Zugang zu staatlichen Informationsquellen nicht nur ausnahmsweise, sondern grundsätzlich zu gewähren, so daß die Verweigerung des Informationszugangs die gesondert begründungsbedürftige Ausnahme würde.[608]

Sollte diese Sichtweise auf die verfassungsrechtliche, genauer: auf die grundrechtliche Ebene durchschlagen, wären Informationsquellen schon deshalb – tatbestandlich (!) – allgemein zugänglich, wenn und soweit sie im Verantwortungsbereich des Staates liegen.[609] Ob es dazu kommen wird, bleibt abzuwarten.

---

[607] *Pieroth/Schlink*, Grundrechte – Staatsrecht II, 20. Aufl. 2004, Rdnr. 565. In die entgegengesetzte Richtung freilich VGH Mannheim NVwZ 1998, 987 (990): Die allgemeine Zugänglichkeit der von den Informationszugangsgesetzen betroffenen Daten wird mit dem Argument verneint, es fehle trotz der rechtlich konstituierten Zugangsberechtigung an der objektiv-faktischen Zugänglichkeit; eine rechtliche Qualifizierung als allgemein zugänglich sei nicht möglich. Diese Sichtweise geht jedoch fehl: Daß sich die allgemeine Zugänglichkeit privater Quellen nicht durch Rechtssatz beseitigen läßt, erlaubt nicht den Schluß, daß sich die allgemeine Zugänglichkeit staatlicher Quellen nicht durch Rechtssatz konstituieren läßt. Daher spricht einiges für den Schluß von *Gurlit*, DVBl. 2003, 1121, die Entscheidung zeige den verständlichen Unwillen, aus einfachrechtlichen Regelungen verfassungsrechtliche Konsequenzen zu ziehen.

[608] *Schoch*, Die Verwaltung Bd. 35 (2002), S. 156 ff. – Zum grundrechtsähnlichen Öffentlichkeitsprinzip in Schweden, das allen Bürgern das Recht auf Einsicht in öffentliche Unterlagen einräumt, *Tönsfeldt*, Anwalt 2001, 21 f.

[609] In diese Richtung auch *Gurlit*, DVBl. 2003, 1121, sowie *Berkemann*, JR 2002, 144, mit dem Hinweis, es sei zu überdenken, ob der Gesetzgeber den Schutzbereich der Informations-

Wie dem auch sei: Wer die gesetzlich angeordnete Nichtöffentlichkeit einer Gerichtsverhandlung bzw. den gerichtlichen Ausschluß der Öffentlichkeit unter dem Gesichtspunkt der Informationsfreiheit einer in sich widerspruchsfreien Lösung zuführen will, kommt an Modifikationen der Dogmatik zu Art. 5 Abs. 1 S. 1 HS 2 GG nicht vorbei. Die Lösung des *Bundesverfassungsgerichts* jedenfalls wirft deutlich mehr Fragen auf, als sie beantwortet.

V. Die Möglichkeit der Verfassungsbeschwerde

Die Qualifikation der Zutrittsversagung als Grundrechtseingriff hat die prozessuale Konsequenz, daß sich ein betroffener Zuschauer im Wege der Verfassungsbeschwerde zum *Bundesverfassungsgericht* nach Art. 93 Abs. 1 Nr. 4 a GG gegen die Versagung zur Wehr setzen kann. Sitzungspolizeiliche Maßnahmen des Vorsitzenden sind Akte der öffentlichen Gewalt, die – mangels einer fachgerichtlichen Abhilfemöglichkeit – mit einer „isolierten" Verfassungsbeschwerde angegriffen werden können.[610] Gleiches gilt für den generellen Ausschluß der Öffentlichkeit, sofern man diesen als individualisierbaren Grundrechtseingriff einstuft.

1. Keine Beschränkung auf willkürliche Teilnahmeversagungen

Die Möglichkeit der Verfassungsbeschwerde ist nicht auf Fälle beschränkt, in denen die Teilnahme *willkürlich* versagt wird.[611] Zwar hat das *Bundesverfassungsgericht* erklärt, die unberechtigte Teilnahmeversagung verstoße jedenfalls dann gegen Grundrechte,[612] wenn sie von den maßgeblichen Rechtsgrundlagen

---

freiheit konstituiert. Besonders deutlich *Ibler*, in: FS für Winfried Brohm, 2002, S. 406: Ob die Ansicht, daß die von Behörden verwalteten Informationen keine allgemein zugänglichen Quellen sind, auch nach den Informationszugangsgesetzen noch tragfähig bleibt, ist zweifelhaft. – Zur Diskussion, ob für ein staatsgerichtetes „Grundrecht auf Information" eine Neuinterpretation des derzeitigen Verfassungstextes ausreicht oder ob es einer Verfassungsänderung bedarf, *Baller*, in: Haratsch/Kugelmann/Repkewitz (Hrsg.), Herausforderungen an das Recht der Informationsgesellschaft, 1996, S. 54 f., der selber für eine Lösung de constitutione ferenda plädiert. Gegen eine Lösung de constitutione lata auch *Schoch*, in: Liber Amicorum Hans-Uwe Erichsen, 2004, S. 251.

[610] *Czybulka*, in: Sodan/Ziekow, VwGO, § 55 Rdnr. 48; BVerfGE 87, 334 (338); BVerfG (1. Kammer des Ersten Senats) NJW 2000, 2890; s. auch BVerfGE 50, 234 (238 f.); 91, 125 (133).

[611] So aber *Kissel/Mayer*, GVG, 4. Aufl. 2005, § 176 Rdnr. 48; *Wickern*, in: Löwe-Rosenberg, StPO und GVG, 7. Bd., 25. Aufl. 2003, § 176 GVG Rdnr. 49; dagegen zu Recht *Kaehne*, Die Anfechtung sitzungspolizeilicher Maßnahmen, 2000, S. 130 f.; *Czybulka*, in: Sodan/Ziekow, VwGO, § 55 Rdnr. 48 mit Fn. 1.

[612] Im konkreten Fall ging es um den Ausschluß eines Journalisten; Prüfungsmaßstab war daher die Pressefreiheit.

offensichtlich nicht gedeckt sei.[613] Schon aus dem Begriff „jedenfalls" läßt sich jedoch ersehen, daß diese Formulierung nicht abschließend zu verstehen ist. Zudem spricht einiges dafür, daß mit „offensichtlich" auf die Abgrenzung der Verfassungsgerichtsbarkeit gegenüber der Fachgerichtsbarkeit hingewiesen werden soll, nach der das *Bundesverfassungsgericht* darauf beschränkt ist, die Verletzung spezifischen Verfassungsrechts zu überprüfen.[614]

2. Das Rechtsschutzbedürfnis

Auch der Gesichtspunkt des Rechtsschutzbedürfnisses braucht der Zulässigkeit einer Verfassungsbeschwerde nicht entgegenzustehen. Zwar wird sich die Beschwer des betroffenen Zuschauers regelmäßig bereits vor der Einlegung der Verfassungsbeschwerde, jedenfalls aber vor der Entscheidung des *Bundesverfassungsgerichts* erledigt haben.[615] Jedoch besteht das Rechtsschutzbedürfnis nach allgemeinen Regeln trotz erledigter Beschwer fort, wenn andernfalls die Klärung einer verfassungsrechtlichen Frage von grundsätzlicher Bedeutung unterbleiben würde und der Eingriff ein besonders bedeutsames Grundrecht betraf.[616] Gleiches gilt bei besonders schwerwiegenden Eingriffen[617] sowie bei solchen Eingriffen, bei denen Wiederholungsgefahr besteht.[618] Ob einer dieser Gesichtspunkte vorliegt, läßt sich nur im Einzelfall entscheiden. In den hier interessierenden Fällen kommt in erster Linie die Wiederholungsgefahr in Betracht, ggf. auch die grundsätzliche Bedeutung.[619] Für ein fortbestehendes Rechtsschutzbedürfnis spricht jedenfalls der Gedanke, daß sich die in der Teilnahmeversagung liegende Beschwer nicht nur zufällig, sondern stets vor Ergehen einer *bundesverfassungsgerichtlichen* Hauptsacheentscheidung erledigt haben wird, so daß die Verneinung des Rechtsschutzbedürfnisses den Rechtsschutz erheblich verkürzen würde.[620]

Auf derselben Linie liegt die neuere Rechtsprechung des *Bundesverfassungsgerichts*, nach der (fachgerichtliche) Rechtsmittel gegen Maßnahmen, die zu

---

[613] BVerfGE 50, 234 (241 f.) (Hervorhebung im Original).

[614] Dazu bereits BVerfGE 18, 85 (92 f.).

[615] Allenfalls über Anträge auf Erlaß einer einstweiligen Anordnung kann ggf. noch während des laufenden fachgerichtlichen Prozesses entschieden werden. S. dazu BVerfGE 87, 331 ff., wo wegen der Teilnahmeversagung gegenüber einem Journalisten allerdings statt der Informationsfreiheit die Medienfreiheiten in Rede stehen.

[616] BVerfGE 69, 315 (341).

[617] BVerfGE 96, 288 (300); 97, 298 (308).

[618] BVerfGE 52, 42 (51 f.); 69, 257 (266).

[619] Vgl. BVerfGE 91, 125 (133) (zu der prozessual parallel gelagerten Frage nach der Zulässigkeit von Fernsehaufnahmen im Umfeld einer mündlichen Verhandlung): Eine vom *Bundesverfassungsgericht* noch nicht entschiedene Frage von erheblicher Bedeutung, zudem Wiederholungsgefahr. BVerfGE 50, 234 (238 f.), bejaht die Zulässigkeit trotz Erledigung ohne nähere Begründung.

[620] Zu diesem Gedanken BVerfGE 69, 257 (266 f.). – Wie hier *Linke*, VR 2002, 380.

intensiven Grundrechtseingriffen führen, sich aber typischerweise vor ihrer gerichtlichen Überprüfbarkeit erledigen, auf Grund des in Art. 19 Abs. 4 GG enthaltenen Gebots effektiven Rechtsschutzes nicht wegen prozessualer Überholung unzulässig sind.[621] Die Verfassungsbeschwerde gerät damit zu einer Art verfassungsprozessualer Fortsetzungsfeststellungsklage, die es auch in anderen Fallkonstellationen gibt.[622] Allerdings wird der Eingriff in die Informationsfreiheit eines ausgeschlossenen Zuschauers regelmäßig nicht den Intensitätsgrad derjenigen Eingriffe erreichen, auf die diese Rechtsprechung zugeschnitten ist.

VI. Zur Notwendigkeit fachgerichtlicher Abhilfemöglichkeiten

Art. 19 Abs. 4 GG betrifft die hier in Rede stehende Konstellation jedoch zumindest unter einem anderen Aspekt. Es erscheint fraglich, ob die fehlende fachgerichtliche Abhilfemöglichkeit mit der Garantie effektiven Rechtsschutzes vereinbar ist,[623] die das Grundrecht gewährt.

1. Die Frage nach einem Grundrecht auf Rechtsschutz gegen den Richter

Die Antwort auf diese Frage hängt maßgeblich davon ab, ob man den Begriff der öffentlichen Gewalt in Art. 19 Abs. 4 GG mit der überwiegenden Auffassung auf die Exekutive beschränkt, so daß die Judikative aus dem Anwendungsbereich des Grundrechts herausfällt. Das Schlagwort zu dieser Sichtweise lautet: Art. 19 Abs. 4 GG gewährt Rechtsschutz nur durch den Richter, nicht jedoch gegen den Richter.[624] Das Fehlen fachgerichtlicher Rechtsbehelfe wäre folglich wegen der Rechtsprechungsqualität der Sitzungspolizei nicht zu beanstanden.[625] Demge-

---

[621] Wohnungsdurchsuchung: BVerfGE 96, 27 (38 ff.); polizeilicher Unterbindungsgewahrsam: BVerfG (2. Kammer des Zweiten Senats) EuGRZ 1997, 374 (375 f.); BVerfG (1. Kammer des Zweiten Senats) NJW 1999, 3773; vorläufige Unterbringung: BVerfG (3. Kammer des Zweiten Senats) NJW 1998, 2432 f.; Abschiebungshaft: BVerfGE 104, 220 (231 ff.); Auskunft über Telefonverbindungsdaten: BVerfGE 107, 299 (311). – Nach *Frowein*, NVwZ 2002, 30, war das nunmehr aufgegebene Dogma der prozessualen Überholung unvereinbar mit Art. 13 EMRK.

[622] Vgl. *Bethge*, Jura 2003, 328.

[623] Verneinend *Krekeler*, NJW 1979, 189 f., der Art. 19 Abs. 4 GG das Gebot entnimmt, die Beschwerde nach § 181 GVG zuzulassen. Auch *Kaehne*, Die Anfechtung sitzungspolizeilicher Maßnahmen, 2000, S. 164 ff., entnimmt Art. 19 Abs. 4 GG das Gebot, die Anfechtung sitzungspolizeilicher Maßnahmen zumindest in bestimmten, hier freilich nicht relevanten Konstellationen zuzulassen.

[624] BVerfGE 15, 275 (280 f.); 49, 329 (340); 65, 76 (90); *Jarass*, in: Jarass/Pieroth, GG, 7. Aufl. 2004, Art. 19 Rdnr. 31; *Krüger/Sachs*, in: Sachs, GG, 3. Aufl. 2003, Art. 19 Rdnr. 31.

[625] So die überwiegende Sichtweise. S. beispielsweise *Gummer*, in: Zöller, ZPO, 25. Aufl. 2005, § 176 GVG Rdnr. 9.

genüber spricht sich die Gegenauffassung dafür aus, auch die Rechtsprechung in den Begriff der öffentlichen Gewalt i. S. v. Art. 19 Abs. 4 GG einzubeziehen.[626]

Obwohl das *Bundesverfassungsgericht* der ersten Sichtweise folgt und die rechtsprechende Gewalt nicht als öffentliche Gewalt i. S. v. Art. 19 Abs. 4 GG versteht, hat es zunächst Zweifel geäußert, ob die fehlende fachgerichtliche Abhilfemöglichkeit gegen sitzungspolizeiliche Maßnahmen mit Art. 19 Abs. 4 GG vereinbar ist.[627] Diese Zweifel hat es später allerdings nicht wieder aufgegriffen.[628]

2. Die Plenarentscheidung des Bundesverfassungsgerichts vom 30. April 2003

a) Zum Inhalt der Entscheidung

Allerdings gibt ein kürzlich ergangener Plenarbeschluß des Gerichts Anlaß, die Verfassungsmäßigkeit des Fehlens fachgerichtlicher Rechtsbehelfe noch unter einem anderen Gesichtspunkt in Frage zu stellen. Zwar zählt das Gericht die Rechtsprechung nach wie vor nicht zur öffentlichen Gewalt i. S. v. Art. 19 Abs. 4 GG. Jedoch soll es gegen den allgemeinen Justizgewährungsanspruch aus dem Rechtsstaatsprinzip i. V. m. den Grundrechten verstoßen, wenn eine Verfahrensordnung keine fachgerichtliche Abhilfemöglichkeit für Fälle vorsieht, in denen ein Fachgericht in entscheidungserheblicher Weise den Anspruch auf rechtliches Gehör verletzt hat.[629]

b) Die Bedeutung der Entscheidung für die Anfechtbarkeit sitzungspolizeilicher Maßnahmen

Damit stellt sich die Frage, in welchem Umfang die Gründe, auf denen die *bundesverfassungsgerichtliche* Entscheidung beruht, auf Verletzungen der Informationsfreiheit der Zuschauer durch die Versagung der Teilnahme anwendbar sind.

---

[626] *Voßkuhle*, Rechtsschutz gegen den Richter, 1993, S. 158 ff.; *P. M. Huber*, in: v. Mangoldt/Klein/Starck, Das Bonner Grundgesetz, Bd. 1, 4. Aufl. 1999, Art. 19 Rdnrn. 444 ff.; *Krebs*, in: v. Münch/Kunig, GG, Bd. 1, 5. Aufl. 2000, Art. 19 Rdnr. 57; *Schulze-Fielitz*, in: Dreier, GG, Bd. I, 2. Aufl. 2004, Art. 19 IV Rdnr. 49.

[627] BVerfGE 87, 334 (338 f.). Dazu *Eberle*, in: ZDF-Jahrbuch 1992, S. 161. Zweifelnd auch *Linke*, VR 2002, 380.

[628] BVerfGE 91, 125 (133), beschränkt sich auf die Aussage, das Beschreiten des Rechtswegs vor den Fachgerichten sei nicht zumutbar, da nach allgemeiner Auffassung kein Rechtsweg gegeben sei. Auf die Verfassungsmäßigkeit dieser Situation geht das Gericht – anders als in der vorausgegangenen Entscheidung über den Erlaß einer einstweiligen Anordnung (BVerfGE 87, 334 ff.) – nicht mehr ein. Vgl. dazu *Lehr*, NStZ 2001, 66.

[629] BVerfGE 107, 395 (401 ff.). Gegen die Verankerung im allgemeinen Justizgewährungsanspruch statt in Art. 19 Abs. 4 GG *Voßkuhle*, NJW 2003, 2196.

Erfordert der allgemeine Justizgewährungsanspruch auch insofern ausdrücklich geregelte fachgerichtliche Rechtsbehelfe?

Dafür läßt sich anführen, daß die Informationsfreiheit nicht zunächst durch eine Verwaltungsbehörde verletzt wird, so daß die folgende gerichtliche Entscheidung bereits eine richterliche Überprüfung der angegriffenen hoheitlichen Maßnahme darstellen würde. Vielmehr begeht die rechtsprechende Gewalt einen erstmaligen Rechtsverstoß, wenn das Gericht bzw. der Vorsitzende unzulässigerweise einem Zuschauer die Teilnahme versagt. Insofern ähnelt die Situation derjenigen bei einer Verletzung des allein an die Gerichte adressierten Rechts auf rechtliches Gehör, auf die das *Bundesverfassungsgericht* seine Entscheidung maßgeblich stützt.[630]

Andererseits ist die Informationsfreiheit kein Verfahrensgrundrecht;[631] sie steht mit der Verfahrensgestaltung nicht in einem derartig engen Zusammenhang wie das Recht auf rechtliches Gehör. Dieser Gesichtspunkt der Plenarentscheidung[632] steht einer Übertragbarkeit auf die hier interessierenden Fälle also eher entgegen.

Jedenfalls läßt sich gegen die Schaffung eines speziellen, auch Zuschauern offenstehenden Rechtsbehelfs gegen sitzungspolizeiliche Maßnahmen nicht einwenden, der Prozeß dürfe nicht durch Verfahren mit Dritten unnötig verzögert werden. Der neue Rechtsbehelf wäre sinnvollerweise auf eine Feststellungsentscheidung nach dem Muster der verwaltungsgerichtlichen Fortsetzungsfeststellungsklage zu beschränken. Der Ausgangsrechtsstreit könnte ungehindert fortgesetzt werden; sein Ergebnis würde durch die Entscheidung über die Rechtmäßigkeit des Ausschlusses nicht berührt.

---

[630] BVerfGE 107, 395 (407).

[631] Zur Übertragbarkeit der *bundesverfassungsgerichtlichen* Argumentation jedenfalls auf andere Verfahrensgrundrechte *Voßkuhle*, NJW 2003, 2197. Zurückhaltender *Redeker*, NJW 2003, 2956: Offen, auf welche Fälle die Entscheidung noch anwendbar ist.

[632] BVerfGE 107, 395 (407).

Teil 3

Der verfassungsrechtliche Paradigmenwechsel: Von der Saalöffentlichkeit der mündlichen Verhandlung zur Medienöffentlichkeit der Rechtsprechung

A. Die Ausgangslage

Die prinzipielle Saalöffentlichkeit mündlicher Verhandlungen ist nicht nur de lege lata, sondern auch de lege ferenda zumindest dem Grunde nach unangefochten.[1] Das Phänomen ist sozusagen als Grundsatz überwiegend positiv besetzt. Überlegungen zu einer darüber hinausreichenden Medienöffentlichkeit der Rechtsprechung gestalten sich mangels eines expliziten normativen Anknüpfungspunktes schon im Ansatz schwieriger. Die allgemein konstatierte Bedeutungsverlagerung weg von der Saalöffentlichkeit hin zur Medienöffentlichkeit[2] hat bisher kaum gesetzlichen Niederschlag gefunden. Abgesehen von zwei eher negativen Erwähnungen (§§ 169 S. 2, 174 Abs. 2 GVG) sowie Ausnahmeregelungen für einzelne Verfassungsgerichte[3] spricht das Gerichtsverfassungsrecht die Medien nicht an.[4] Zwar ist unbestritten, daß Zeitungs- oder Rundfunkreporter über öffentliche mündliche Verhandlungen berichten dürfen. Jedoch ist die Medienöffentlichkeit der Rechtsprechung auch und gerade insofern von Interesse, als sie über Emanationen bzw. Reflexe der Saalöffentlichkeit hinausreicht.

I. Die Frage nach den Rechtsgrundlagen der Medienöffentlichkeit

Das führt zu der Frage nach möglichen Rechtsgrundlagen einer spezifischen Medienöffentlichkeit. Die Frage stellt sich schon deshalb, weil der „liberale Öffentlichkeits-Optimismus“[5] nicht mehr existiert. Zwar werden der Öffentlichkeit auch und gerade der Dritten Gewalt nach wie vor erhebliche positive Wirkungen attestiert. Die Öffentlichkeit ist jedoch nicht die zwangsläufige Garantin von Wahrheit und Gerechtigkeit, für die sie einmal gehalten wurde. Die Idee der Öffentlichkeit als Wert an sich ist längst widerlegt.[6] Parlaments- und

---

[1] S. aber *Dahs*, Referat 54. DJT, 1982, K 7 ff., insbes. K 14 ff., zum sog. Alternativ-Entwurf einer Novelle zur Strafprozeßordnung, mit dem ein nichtöffentliches Strafverfahren eingeführt werden sollte.

[2] Oben Teil 1 B.III.3.a)bb), S. 27 ff.

[3] Näher unten Teil 5 F., S. 460 ff., bzw. Teil 5 G., S. 475 ff.

[4] *H. Jung*, in: GS für Hilde Kaufmann, 1986, S. 908.

[5] *Martens*, Öffentlich als Rechtsbegriff, 1969, S. 52; s. auch *Rohde*, Die Öffentlichkeit im Strafprozeß, Diss. Bochum 1972, S. 155.

[6] *Schmidthals*, Wert und Grenzen der Verfahrensöffentlichkeit im Strafprozeß, 1977, S. 32 f.

Gerichtsöffentlichkeit haben nicht zu einem „goldenen", weil fehlentscheidungsfreien Zeitalter geführt. Vor allem aber hat jede Form von Gerichtsöffentlichkeit zugleich negative Wirkungen. Daher ist schon die Saalöffentlichkeit nicht mehr aus sich heraus selbstverständlich; sie bedarf vielmehr der Begründung.[7] Das gilt erst recht für quantitativ bzw. qualitativ veränderte Formen von Öffentlichkeit.

II. Die Unergiebigkeit des einfachen Rechts

§ 169 S. 1 GVG scheidet als normativer Anknüpfungspunkt einer spezifischen Medienöffentlichkeit aus zwei Gründen aus.

Zum einen bezeichnet sein insofern neutraler Wortlaut die Art der geforderten Öffentlichkeit nicht näher. Jedenfalls im Hinblick auf Rundfunkaufnahmen aus der Verhandlung kommt es darauf wegen des normenhierarchisch gleichrangigen Aufnahmeverbots in § 169 S. 2 GVG ohnehin nicht mehr an. Ob § 169 S. 2 GVG eine konstitutive Ausnahme von § 169 S. 1 GVG darstellt oder ob es sich um eine bloße Klarstellung handelt, ist derzeit allenfalls von systematisch-theoretischem Interesse. Dabei bleibt es auch im Fall eventueller Lockerungen des § 169 S. 2 GVG. Daß Rundfunkaufnahmen zulässig würden, sobald und soweit das Verbot des § 169 S. 2 GVG wegfiele, steht außer Frage.

Zum anderen ist § 169 S. 1 GVG ausweislich seines Wortlauts auf die Verhandlung beschränkt. Als Grundlage eines über die Verhandlung hinausreichenden Öffentlichkeitsgrundsatzes kommt die Vorschrift nicht in Betracht. Aus denselben Gründen führen auch Überlegungen zu einer ggf. notwendigen verfassungskonformen erweiterten Auslegung von § 169 S. 1 GVG von vornherein nicht weiter.

III. Der Ansatz im Verfassungsrecht

Nicht nur darum kommt es entscheidend auf den verfassungsrechtlichen Stellenwert der „Medienöffentlichkeit der Rechtsprechung" an. Nachdem mit den Persönlichkeitsrechten der Prozeßbeteiligten zumindest eine potentielle Gegenposition Verfassungsrang besitzt, wäre die Unzulässigkeit erweiterter Öffentlichkeitsformen anderenfalls leicht zu begründen.[8]

Zwar ordnet das Grundgesetz im Gegensatz zu den Verfassungen mehrerer Bundesländer[9] und anderer europäischer Staaten[10] nicht einmal die Öffent-

---

[7] *Hamm*, NJW 1995, 761; *Zipf*, Gutachten 54. DJT, 1982, C 27.

[8] Vgl. *Hamm*, NJW 1995, 761.

[9] Dazu oben Teil 2 B.II., S. 91 ff.

[10] *Meissner*, in: Schoch/Schmidt-Aßmann/Pietzner, VwGO, § 55 Rdnr. 12 Fn. 21: Belgien, Dänemark, Luxemburg, Niederlande.

lichkeit mündlicher Gerichtsverhandlungen ausdrücklich an.[11] Dennoch ist Gerichtsöffentlichkeit – der Ausdruck wird vorzugsweise verwendet, obwohl in aller Regel gerade die Verhandlungsöffentlichkeit gemeint ist – nach allgemeiner Überzeugung eine grundlegende Einrichtung des Rechtsstaats[12] bzw. der Demokratie.[13] Allerdings soll es sich nach überwiegender Auffassung nicht um einen Verfassungsgrundsatz oder Verfassungsrechtssatz handeln,[14] sondern lediglich um eine Maxime des Prozeßrechts,[15] die freilich aus den genannten Staatsstrukturprinzipien abgeleitet werden kann und die in diesen ihre Grundlage findet.[16]

---

[11] *M. Wolf*, Gerichtsverfassungsrecht aller Verfahrenszweige, 6. Aufl. 1987, § 25 I 2, S. 244. Anders noch § 178 der Paulskirchen-Verfassung. Dazu oben Teil 2 A.IV.3.e)bb), S. 80.

[12] BGHSt 9, 280 (281); 21, 72 (72 f.); 22, 297 (301); 23, 176 (178); *Kissel/Mayer*, GVG, 4. Aufl. 2005, § 169 Rdnr. 4; *Pfeiffer*, StPO und GVG, 4. Aufl. 2002, § 169 GVG Rdnr. 1; *Meyer-Goßner*, StPO, 47. Aufl. 2004, § 169 GVG Rdnr. 1; *Diemer*, in: Karlsruher Kommentar zur StPO, 5. Aufl. 2003, § 169 GVG Rdnr. 1; *Schulze-Fielitz*, in: Dreier, GG, Bd. II, 1998, Art. 20 (Rechtsstaat) Rdnr. 205; *Schiwy/Schütz*, Medienrecht, 3. Aufl. 1994, S. 161.

[13] *Gummer*, in: Zöller, ZPO, 25. Aufl. 2005, § 169 GVG Rdnr. 1. Häufig werden Rechtsstaat und Demokratie zusammen angeführt. So bei *M. Wolf*, in: Münchener Kommentar zur ZPO, Bd. 3, 2. Aufl. 2001, § 169 GVG Rdnr. 3; *Schreiber*, in: Wieczorek/Schütze, ZPO und Nebengesetze, 5. Bd., 3. Aufl. 1995, § 169 GVG Rdnr. 6; *M. Wolf*, Gerichtsverfassungsrecht aller Verfahrenszweige, 6. Aufl. 1987, § 25 I 2, S. 244; *Stober*, DRiZ 1980, 5; *Schweling*, DRiZ 1970, 354.

Jerschke, Öffentlichkeitspflicht der Exekutive und Informationsrecht der Presse, 1971, S. 83 ff., zieht zusätzlich das Sozialstaatsprinzip heran. Ebenso *Schmidthals*, Wert und Grenzen der Verfahrensöffentlichkeit im Strafprozeß, 1977, S. 259 ff., speziell mit Blick auf das Strafverfahren. Das öffentliche Verfahren mache die Tätigkeit des staatlichen Straf- und Vollstreckungsapparats samt seiner friedensstiftenden Wirkung sichtbar und verdeutliche damit staatliche Leistungsangebote. Zudem sei die öffentliche Verhandlung Voraussetzung für die Wiedereingliederung des Straftäters und trage so zur Durchsetzung einer gerechten Sozialordnung bei. Gegen diesen eher fernliegenden Ansatz *Britz*, Fernsehaufnahmen im Gerichtssaal, 1999, S. 210 f.

[14] So mit unterschiedlicher Terminologie *Hund*, in: Umbach/Clemens, BVerfGG, 1992, § 17 Rdnr. 17 („kein Verfassungssatz"); *Kissel/Mayer*, GVG, 4. Aufl. 2005, § 169 Rdnr. 4, sowie *Wickern*, in: Löwe-Rosenberg, StPO und GVG, 7. Bd., 25. Aufl. 2003, Vor § 169 GVG Rdnr. 6 („kein Verfassungsrechtssatz"); *M. Wolf*, in: Münchener Kommentar zur ZPO, Bd. 3, 2. Aufl. 2001, § 169 GVG Rdnr. 3 („ohne … Verfassungsrechtsgrundsatz zu sein"); *Schreiber*, in: Wieczorek/Schütze, ZPO und Nebengesetze, 5. Bd., 3. Aufl. 1995, § 169 GVG Rdnr. 6 („kein Verfassungsrechtsgrundsatz"); *J. Schmidt*, in: Eyermann, VwGO, 11. Aufl. 2000, § 55 Rdnr. 2 („nicht … Verfassungsgrundsatz"); *Albers*, in: Baumbach/Lauterbach/Albers/Hartmann, ZPO, 63. Aufl. 2005, Übers § 169 GVG Rdnr. 2 („kein Verfassungsgrundsatz"). S. auch *Schilken*, Gerichtsverfassungsrecht, 3. Aufl. 2003, Rdnr. 159: Das Prinzip der Öffentlichkeit, dessen Zweck auch einfach-gesetzlich realisierbar ist, würde überhöht, wollte man es als Verfassungsrechtssatz aus dem Demokratieprinzip herleiten. S. aber *Strauch*, in: FS für Walter Mallmann, 1978, S. 352: Als Selbstverständlichkeit nicht eigenständig verbürgt.

[15] *Meyer-Goßner*, StPO, 47. Aufl. 2004, § 169 GVG Rdnr. 1; *Diemer*, in: Karlsruher Kommentar zur StPO, 5. Aufl. 2003, § 169 GVG Rdnr. 1; *Katholnigg*, Strafgerichtsverfassungsrecht, 3. Aufl. 1999, § 169 GVG Rdnr. 1.

[16] *M. Wolf*, in: Münchener Kommentar zur ZPO, Bd. 3, 2. Aufl. 2001, § 169 GVG Rdnr. 3; *F. Burbulla*, Die Fernsehöffentlichkeit als Bestandteil des Öffentlichkeitsgrundsatzes, 1998, S. 36 f.

Ob diese Differenzierung berechtigt bzw. normenhierarchisch hinreichend klar ist, wird sich zeigen. Sie geht maßgeblich auf das *Bundesverfassungsgericht*[17] zurück, das allerdings mittlerweile von einem „Verfassungsgrundsatz der Öffentlichkeit" spricht.[18] Jedenfalls veranlaßt die Unterscheidung dazu, auch im folgenden zunächst nach den Anknüpfungs- und Bezugspunkten der Gerichtsöffentlichkeit im Demokratie- bzw. im Rechtsstaatsprinzip des Grundgesetzes zu fragen und erst im Anschluß daran ihren normenhierarchischen Rang zu untersuchen.[19] Der demokratische und rechtsstaatliche Stellenwert der Gerichtsöffentlichkeit wiederum hängt entscheidend von den Wirkungen ab, die „der" Gerichtsöffentlichkeit zugeschrieben werden.[20] Neben ihrer Werthaltigkeit[21] sind die Wirkungen vor allem darauf zu untersuchen, in welchem Maße sie gerade auf der Zutrittsmöglichkeit zur Verhandlung oder auf der Medienberichterstattung über die Rechtsprechung beruhen.

---

[17] BVerfGE 15, 303 (307). Skeptisch zur Ableitung grundsätzlicher Aussagen aus dieser Entscheidung *Britz*, Fernsehaufnahmen im Gerichtssaal, 1999, S. 209.

[18] BVerfGE 103, 44 (63); zustimmend *Stürner*, JZ 2001, 700.

[19] Vgl. zu dieser Unterscheidung auch *Degenhart*, in: HStR III, 2. Aufl. 1996, § 76 Rdnr. 50; *Schmidthals*, Wert und Grenzen der Verfahrensöffentlichkeit im Strafprozeß, 1977, S. 226 ff. bzw. 239 ff.

[20] Vgl. *Schmidthals*, Wert und Grenzen der Verfahrensöffentlichkeit im Strafprozeß, 1977, S. 40.

[21] Dazu *Schmidthals*, Wert und Grenzen der Verfahrensöffentlichkeit im Strafprozeß, 1977, S. 37 ff.

B. Gerichtsöffentlichkeit und Demokratieprinzip

I. Die Öffentlichkeit des Staatshandelns als Funktionsvoraussetzung der Demokratie

Die Öffentlichkeit staatlichen Handelns gilt zu Recht als Grundprinzip des demokratischen Staates.[22] Angesichts der Heterogenität und Reichweite der Inhalte,[23] die dem Typusbegriff der Demokratie[24] zugeordnet werden, läßt sich eine derartige Aussage freilich nicht mit dem Wesen „der" Demokratie begründen,[25] sondern nur aus der konkreten Ausgestaltung, die das Staatsstrukturprinzip im Grundgesetz erfährt.[26] Selbst bei dieser Einschränkung bleibt der Begriff noch äußerst komplex. Um den Vorwurf zu vermeiden, bloße apodiktische Behauptungen[27] ohne echte Herleitung aus dem Demokratieprinzip[28] aufzustellen bzw. als Konsequenz der Demokratie das herauszubekommen, was man selber in

---

[22] BVerfGE 70, 324 (358); *Pieroth*, in: Jarass/Pieroth, GG, 7. Aufl. 2004, Art. 20 Rdnr. 11; *Britz*, Fernsehaufnahmen im Gerichtssaal, 1999, S. 212; *Depenheuer*, in: FS für Hartmut Schiedermaier, 2001, S. 287 f.; *Morlok*, in: FS 50 Jahre BVerfG, Bd. 2, 2001, S. 573 f.; *Gurlit*, DVBl. 2003, 1125; *Jarass*, NJW 1981, 195. Umfassend zum geistesgeschichtlichen Zusammenhang zwischen Demokratie und Öffentlichkeit *Marcic*, in: FS für Adolf Arndt, 1969, S. 267 ff. S. auch *P. Kirchhof*, in: Abele/Fünfgeld/Riva (Hrsg.), Werte und Wert des öffentlich-rechtlichen Rundfunks in der digitalen Zukunft, 2001, S. 12: Entwicklung der modernen Demokratien als Geschichte von Öffnung und Öffentlichkeit; *Schulze-Fielitz*, in: Schuppert/Bumke (Hrsg.), Bundesverfassungsgericht und gesellschaftlicher Grundkonsens, 2000, S. 115 f.

[23] *Hesse*, Grundzüge des Verfassungsrechts der Bundesrepublik Deutschland, 20. Aufl. 1995, Rdnr. 127.

[24] *Schnapp*, in: v. Münch/Kunig, GG, Bd. 2, 5. Aufl. 2001, Art. 20 Rdnr. 3.

[25] *Schmidthals*, Wert und Grenzen der Verfahrensöffentlichkeit im Strafprozeß, 1977, S. 243.

[26] *Schnapp*, in: v. Münch/Kunig, GG, Bd. 2, 5. Aufl. 2001, Art. 20 Rdnr. 14; s. auch *Dreier*, Jura 1997, 249. – Mit dem Demokratieprinzip speziell des Grundgesetzes wurde die Gerichtsöffentlichkeit erstmalig wohl von *A. Arndt*, NJW 1960, 424, in Verbindung gebracht (*Franke*, Die Bildberichterstattung über den Angeklagten und der Öffentlichkeitsgrundsatz im Strafverfahren, 1978, S. 39). – Mißverständlich ist die häufig geäußerte Einschätzung, die Forderung nach Öffentlichkeit sei eine alte demokratische Forderung (BGHSt 2, 56 [57]; 4, 279 [283]). Demokratie war zunächst kein Ziel der Verfechter der Gerichtsöffentlichkeit, wurde jedoch von den Öffentlichkeitsgegnern als deren Zielsetzung vermutet. Dazu *Franke*, a.a.O., S. 38 f., sowie eingehend *Fögen*, Der Kampf um Gerichtsöffentlichkeit, 1974, S. 49 ff.

[27] *Franke*, Die Bildberichterstattung über den Angeklagten und der Öffentlichkeitsgrundsatz im Strafverfahren, 1978, S. 39.

[28] *Rohde*, Die Öffentlichkeit im Strafprozeß, Diss. Bochum 1972, S. 169.

den Begriff hineinliest,[29] dürfen Rechtsfolgen wie die Forderung nach grundsätzlicher Öffentlichkeit staatlichen Handelns nicht einmal aus der Demokratie grundgesetzlichen Zuschnitts insgesamt abgeleitet werden, sondern nur aus einzelnen ihrer näher zu bezeichnenden Ausprägungen.[30]

Insofern sind als Grundlage einer prinzipiellen staatlichen Publizitätspflicht in erster Linie das Handeln des Volkes als Staatsorgan bei Wahlen (und Abstimmungen) sowie die Bildung der öffentlichen Meinung angesprochen.[31] Beide Elemente grundgesetzlicher Demokratie sind funktionsnotwendig auf die Öffentlichkeit staatlichen Handelns angewiesen.

1. Die Öffentlichkeit staatlichen Handelns als Voraussetzung für Wahlen und Abstimmungen

Die in Art. 20 Abs. 2 S. 1 GG als Fundamentalsatz demokratischer Ordnung[32] normierte Volkssouveränität wird u.a. durch die Festlegung auf eine primär repräsentative Demokratie (Art. 20 Abs. 2 S. 2 GG) näher ausgestaltet.[33] Für diese ist die grundlegende Unterscheidung zwischen Volkswillensbildung einerseits und Staatswillensbildung andererseits charakteristisch, die durch die getrennte Behandlung der beiden Phänomene in Art. 20 Abs. 2 GG bzw. Art. 21 Abs. 1 GG zum Ausdruck kommt.[34] Staatliche Willensbildung vollzieht sich durch besondere Organe, deren Tätigkeit freilich in jedem Fall über eine ununterbrochene Legitimationskette auf das Volk als den Souverän zurückführbar sein muß.[35] Zentraler legitimationsstiftender Akt sind die periodisch wiederkehrenden Parlamentswahlen,[36] bei denen – ebenso wie bei den praktisch weniger bedeutsamen Abstimmungen – Staatswillensbildung und Volkswillensbildung ausnahmsweise zusammenfallen, indem das Volk als unmittelbar handelndes Staatsorgan auftritt.[37]

---

[29] *Martens*, Öffentlich als Rechtsbegriff, 1969, S. 59 f., zum Demokratie- und zum Rechtsstaatsprinzip.

[30] So auch *Schmidthals*, Wert und Grenzen der Verfahrensöffentlichkeit im Strafprozeß, 1977, S. 241; *Martens*, Öffentlich als Rechtsbegriff, 1969, S. 59 f.

[31] Vgl. *Jestaedt*, AöR Bd. 126 (2001), S. 217 f.; *Britz*, Fernsehaufnahmen im Gerichtssaal, 1999, S. 212, 214; *Franke*, Die Bildberichterstattung über den Angeklagten und der Öffentlichkeitsgrundsatz im Strafverfahren, 1978, S. 41, 43.

[32] *Dreier*, Jura 1997, 250.

[33] BVerfGE 83, 60 (71).

[34] BVerfGE 8, 104 (113); 20, 56 (98).

[35] *Böckenförde*, in: HStR I, 2. Aufl. 1995, § 22 Rdnr. 11; BVerfGE 47, 253 (275); 83, 60 (71 f.).

[36] BVerfGE 44, 125 (140); *Britz*, Fernsehaufnahmen im Gerichtssaal, 1999, S. 212.

[37] BVerfGE 8, 104 (113); 8, 122 (133); 20, 56 (98); 83, 60 (71); *Kloepfer*, in: HStR II, 2. Aufl. 1998, § 35 Rdnr. 20; *Maunz/Zippelius*, Deutsches Staatsrecht, 30. Aufl. 1998, § 11 III 1, S. 67.

Die demokratische Legitimation der Staatsgewalt durch den Wahlakt ist an mehrere Voraussetzungen geknüpft.

So ist nicht nur eine Auswahlmöglichkeit in personeller wie in sachlicher Hinsicht essentiell.[38] Damit sich die Willensbildung gerade vom Volk zu den Staatsorganen hin vollzieht,[39] muß die Entscheidung zwischen den zur Wahl stehenden Personen und Programmen das Ergebnis staatlich unbeeinflußter Volkswillensbildung sein, die auf freier Information und Kommunikation im gesellschaftlichen Bereich beruht.[40] Voraussetzung dieser Willensbildung ist eine ausreichende Informationsgrundlage für den Bürger, damit er sich – entsprechende Beurteilungskompetenz und -bereitschaft unterstellt –[41] ein rationales Urteil über die mit der Wahl zu beantwortenden Fragen bilden kann. Entsprechendes gilt für Abstimmungen.

In zeitlicher Hinsicht erschöpft sich die Bedeutung der Wahl nicht in der zukunftsgerichteten Legitimation künftig auszuübender Staatsgewalt. Zusätzlich dienen Wahlen der rückblickenden Kontrolle des bisherigen Handelns der staatlichen Organe.[42] Zur ausreichenden Information des Bürgers zählt daher auch, daß er in die Lage versetzt wird, sich ein Bild vom aktuellen Handeln der staatlichen Organe zu machen, um darüber in der nächsten Wahl sachgerecht urteilen zu können.

Die prinzipielle Öffentlichkeit staatlichen Handelns ist daher demokratiestaatlich zumindest in dem Umfang gefordert, wie sie die inhaltlichen Voraussetzungen für die Ausübung des Wahl- bzw. Abstimmungsrechts schafft.[43]

---

[38] *Maunz/Zippelius*, Deutsches Staatsrecht, 30. Aufl. 1998, § 11 III 1, S. 67.

[39] BVerfGE 20, 56 (99); 44, 125 (140); 69, 315 (346).

[40] BVerfGE 44, 125 (139); 73, 40 (85); *Dreier*, in: Dreier, GG, Bd. II, 1998, Art. 20 (Demokratie) Rdnr. 72; *Stern*, Staatsrecht I, 2. Aufl. 1984, § 18 II 5 e, S. 615. Kritisch *Scheuner*, in: FS für Gebhard Müller, 1970, S. 381 f.: „Staatsfreie" Meinungsbildung werde der Struktur des demokratischen Prozesses nicht gerecht.

[41] *Hesse*, Grundzüge des Verfassungsrechts der Bundesrepublik Deutschland, 20. Aufl. 1995, Rdnr. 152. – Ein anderer Aspekt ist es, daß ein zunehmender Teil politischer Sachfragen heute allenfalls noch von Experten beurteilt werden kann, nicht mehr hingegen von der Masse der Bürger. Zwar zählt die Fähigkeit zur eigenen Beurteilung zu den vorverfassungsmäßigen Funktionsvoraussetzungen der Demokratie (*Böckenförde*, in: HStR I, 2. Aufl. 1995, § 22 Rdnrn. 1, 58, 70 f.). Ungeachtet dessen entscheidet sich das Grundgesetz mit dem allgemeinen und gleichen Wahlrecht (Art. 38 Abs. 1 GG) bewußt dafür, die Fähigkeit und den Willen zur rationalen Beurteilung politischer Fragen unwiderlegbar anzunehmen (s. *Martens*, Öffentlich als Rechtsbegriff, 1969, S. 60: Politische Mündigkeit der Bürger steht unter Frageverbot).

[42] *Schmidthals*, Wert und Grenzen der Verfahrensöffentlichkeit im Strafprozeß, 1977, S. 245. S. auch *Badura*, in: HStR I, 2. Aufl. 1995, § 23 Rdnr. 31: Zwischen dem Volk und der Volksvertretung handelt es sich um eine „stets wieder erneuerte Beziehung legitimierender Anerkennung und Kontrolle".

[43] *Martens*, Öffentlich als Rechtsbegriff, 1969, S. 60; *Schmidthals*, Wert und Grenzen der Verfahrensöffentlichkeit im Strafprozeß, 1977, S. 228.

2. Die Öffentlichkeit staatlichen Handelns als Voraussetzung der Bildung einer öffentlichen Meinung

Die ungehinderte Bildung des Volkswillens mitsamt der von ihr vorausgesetzten Möglichkeit, sich über die Tätigkeit des Staates zu informieren, ist für die Staatsform der Demokratie jedoch nicht nur im unmittelbaren Zusammenhang mit Wahlen und Abstimmungen relevant. Die Teilhabe der Bürger am demokratischen Prozeß beschränkt sich nicht auf ihre punktuelle, von Art. 20 Abs. 2 GG abschließend geregelte unmittelbare Beteiligung an der Staatswillensbildung. Auch jenseits ihres Zusammenfallens in Wahlen und Abstimmungen stehen Staatswillensbildung einerseits und Volkswillensbildung andererseits nicht beziehungslos nebeneinander, sondern sind vielfältig miteinander verschränkt. Zum einen beeinflussen Staatsorgane etwa durch Öffentlichkeitsarbeit die an sich staatsfreie Willensbildung des Volkes.[44] Vor allem aber nimmt das Volk, u. a. über die politischen Parteien,[45] kontinuierlichen Einfluß auf die Entscheidungen der Organe des Staates. Die ununterbrochene Beteiligung der Bürger am permanenten Gestaltungsprozeß der Demokratie ist nicht nur gesellschaftliche Realität, sondern zugleich verfassungsrechtliche Normallage.[46] Freie Kommunikation und Meinungsbildung sowie die Kenntnis des staatlichen Handelns sind nach der Wahlentscheidung ebenso gefordert wie vorher, um durch eine kontinuierliche Rückkoppelung zwischen den Staatsorganen und dem Volk die notwendige öffentliche Kontrolle und Kritik zu ermöglichen.[47] Bei dieser Kontrolle handelt es sich um ein Essential grundgesetzlicher Demokratie, das auf die Öffentlichkeit des Staatshandelns angewiesen ist.[48]

Im Mittelpunkt der Einflußnahme des Volkes auf das politische Geschehen jenseits von Wahlen steht der schillernde Begriff[49] der „öffentlichen Meinung". Ungeachtet aller definitorischen Schwierigkeiten[50] ist ihre Existenz ebenso unbestritten wie ihre demokratische Relevanz.[51] Sie bildet das verfassungsrechtlich

---

[44] *W. Schmitt Glaeser*, JöR n.F. Bd. 50 (2002), S. 177f.

[45] Zur besonderen Rolle der Parteien BVerfGE 20, 56 (114); 44, 125 (139); 73, 40 (85); 85, 264 (284f.).

[46] Vgl. *Dreier*, Jura 1997, 255f. S. auch *Leisner*, Öffentlichkeitsarbeit der Regierung im Rechtsstaat, 1966, S. 83.

[47] BVerfGE 20, 56 (98ff.); 69, 315 (346); 85, 264 (284f.); *Dreier*, in: Dreier, GG, Bd. II, 1998, Art. 20 (Demokratie) Rdnr. 73; s. auch *Dreier*, Jura 1997, 256; *Morlok*, in: FS 50 Jahre BVerfG, Bd. 2, 2001, S. 566 mit Fn. 21.

[48] *Weidemann*, DRiZ 1970, 114.

[49] *R. Gerhardt*, Zur Frage der Verfassungsmäßigkeit des Verbots von Rundfunk- und Fernsehaufnahmen im Gerichtssaal (§ 169 Satz 2 GVG), Diss. Frankfurt a.M. 1968, S. 50.

[50] *Kloepfer*, in: HStR II, 2. Aufl. 1998, § 35 Rdnrn. 1ff.; *Roegele*, in: Görres-Gesellschaft (Hrsg.), Staatslexikon, Bd. 4, 7. Aufl. 1988, Stichwort „Öffentliche Meinung", Sp. 98.

[51] *Britz*, Fernsehaufnahmen im Gerichtssaal, 1999, S. 214; *R. Gerhardt*, Zur Frage der Verfassungsmäßigkeit des Verbots von Rundfunk- und Fernsehaufnahmen im Gerichtssaal (§ 169 Satz 2 GVG), Diss. Frankfurt a.M. 1968, S. 51.

anerkannte Korrektiv, mit dem sich der Wille des Volkes gegen den organschaftlich gebildeten Staatswillen positionieren kann.[52] Die öffentliche Meinung stellt – zusammen mit der parlamentarischen Verantwortung der Regierung und den periodisch wiederkehrenden Wahlen – den demokratischen Verantwortlichkeitszusammenhang zwischen den Staatsorganen und dem Volk her.[53] Kurzgefaßt ist sie der Volkswille, der sich in Wahlen und Abstimmungen als Staatswille manifestiert, im übrigen aber andere Ausdrucksformen findet.[54]

Abschließend erfassen läßt sich das Phänomen der öffentlichen Meinung nicht. Häufig wird heute auf den (wiederentdeckten)[55] Ansatz von *Hermann Oncken* zurückgegriffen,[56] der die Vielgestaltigkeit der öffentlichen Meinung durch die Gegenüberstellung ihrer höchst unterschiedlichen Ausdrucks- und Erscheinungsformen zu beschreiben sucht.[57] Die Vereinnahmung des Begriffs durch unterschiedliche Wissenschaftsdisziplinen vergrößert seine Spannbreite und macht es erforderlich, vor seiner argumentativen Verwendung darzulegen, welche Sozialbeziehung gemeint ist.[58]

---

[52] *Hesse*, Grundzüge des Verfassungsrechts der Bundesrepublik Deutschland, 20. Aufl. 1995, Rdnr. 150.

[53] *Böckenförde*, in: HStR II, 2. Aufl. 1998, § 30 Rdnr. 15.

[54] So die Zusammenfassung der *bundesverfassungsgerichtlichen* Konzeption bei *Kloepfer*, in: HStR II, 2. Aufl. 1998, § 35 Rdnr. 20, unter Hinweis in Rdnr. 21 auf die gegenläufige Konzeption von *Carl Schmitt*, Verfassungslehre, (jetzt:) 9. Aufl. 2003, S. 244ff., nach der das Wahlgeheimnis dazu führt, daß das Wahlergebnis als Addition von Einzelstimmen gerade nicht die öffentliche Meinung darstellt, weil der Einzelne im Moment der Stimmabgabe nicht in die Gesellschaft eingebunden ist. Skeptisch zum Zusammenhang zwischen dem Volkswillen und der öffentlichen Meinung auch *Rupp*, JZ 2001, 273.

[55] Dazu *Stern*, Staatsrecht I, 2. Aufl. 1984, § 18 II 5 e β, S. 617.

[56] *Kloepfer*, in: HStR II, 2. Aufl. 1998, § 35 Rdnr. 2; *Britz*, Fernsehaufnahmen im Gerichtssaal, 1999, S. 214 mit Fn. 222; *Stern*, Staatsrecht I, 2. Aufl. 1984, § 18 II 5 e β, S. 617. S. aber auch die Formel von *Roellecke*, NJW 2001, 2928.

[57] *Oncken*, in: Oncken, Historisch-politische Aufsätze und Reden, Bd. 1, 1914, S. 236: Öffentliche Meinung „ist ein Komplex von gleichartigen Äußerungen größerer oder geringerer Schichten eines Volkes über Gegenstände des öffentlichen Lebens, bald spontan hervorbrechend, bald künstlich gemacht; in den verschiedenartigsten Organen sich ausdrückend, in Vereinen, Versammlungen, vor allem in der Presse und Publizistik, oder auch nur in dem unausgesprochenen Empfinden eines jeden, des gemeinen Mannes auf der Straße oder eines kleinen Kreises von Gebildeten; hier eine wirkliche Macht, auf die auch die Staatsmänner blicken, dort ein Faktor ohne politische Bedeutung; und immer anders zu werten in jedem Volke; bald einheitlich, wie eine gewaltige Flutwelle gegen die Regierenden und Sachverständigen sich erhebend, bald in sich zerteilt und die widerstrebendsten Tendenzen bergend; einmal das einfache und natürliche Gefühl des Menschen zum Ausdruck bringend, das andere Mal ein lärmender und unsinniger Ausbruch wilder Instinkte; immer geleitet und doch immer führend; von den Kennenden und Wissenden über die Achsel angesehen und doch wieder den Willen der Menschen bezwingend, ansteckend wie eine Epidemie, launisch und treulos und herrschsüchtig wie die Menschen selber, und dann doch wieder nichts als ein Wort, mit dem sich die Machthaber betrügen." Die Vergeblichkeit der Suche nach einer präzisen Definition bringt *Oncken*, a. a. O., mit der vorangeschickten Stellungnahme zum Ausdruck, Schwankendes und Fließendes werde nicht dadurch begriffen, daß es in eine Formel eingesperrt werde.

[58] *Martens*, Öffentlich als Rechtsbegriff, 1969, S. 63.

Im Verhältnis zwischen dem Staat und den Bürgern befördert die öffentliche Meinung die staatliche Integration, indem sie den für die Demokratie essentiellen Grundkonsens der Bürger über die dynamisch angelegte Staatsordnung des Grundgesetzes[59] stets aufs Neue ermöglicht. Durch die Rückbindung der Staatsorgane an das Volk trägt sie zur Legitimation staatlicher Hoheitsgewalt bei.[60] Schließlich bewirkt die öffentliche Meinung die permanente Kontrolle des staatlichen Handelns.[61] Insofern erweist sie sich in mehrfacher Hinsicht als tragender Bestandteil der Demokratie, bei der es sich um ein „Verfahren der Legitimation, der Kontrolle und der Kritik politischer Herrschaft"[62] handelt.

Derartigen demokratiestützenden und -ermöglichenden Funktionen kann freilich nur eine öffentliche Meinung nachkommen, die das Ergebnis eines freien Meinungsbildungsprozesses ist.[63] Dieser setzt ebenso wie die Willensbildung im Vorfeld einer Wahl ausreichende Informations- und Beurteilungsgrundlagen voraus.[64] Eine öffentliche Meinung existiert auch in Diktaturen und anderen Regierungsformen, die sich mit dem verbalen Prädikat „demokratisch" schmükken mögen, ohne jedoch materielle Gemeinsamkeiten mit der freiheitlichen Demokratie grundgesetzlichen Zuschnitts aufzuweisen. Das Erfordernis der grundsätzlichen Öffentlichkeit staatlichen Handelns gilt daher nicht als Voraussetzung nur von Wahlen, sondern generell. Auch im Hinblick auf die Bildung einer öffentlichen Meinung geht die Demokratie des Grundgesetzes von der prinzipiellen Öffentlichkeit des Staatshandelns aus.

3. Die demokratische Relevanz der Medien

Die Affinität zwischen Medien und Demokratie[65] ist unverkennbar, auch wenn es im übrigen zutrifft, daß zwischen Grundrechten und Demokratie keine naturrechtliche Einheit besteht.

---

[59] BVerfGE 5, 85 (197).

[60] *W. Schmitt Glaeser*, JöR n.F. Bd. 50 (2002), S. 169.

[61] Zu Integration, Legitimation und Kontrolle als Funktionen der öffentlichen Meinung ausführlich *Kloepfer*, in: HStR II, 2. Aufl. 1998, § 35 Rdnrn. 15 ff.; s. auch *Schulze-Fielitz*, in: Schuppert/Bumke (Hrsg.), Bundesverfassungsgericht und gesellschaftlicher Grundkonsens, 2000, S. 115.

[62] *Badura*, in: VVDStRL Heft 29 (1971), Diskussionsbeitrag, S. 97.

[63] *Kloepfer*, in: HStR II, 2. Aufl. 1998, § 35 Rdnr. 12.

[64] *Martens*, Öffentlich als Rechtsbegriff, 1969, S. 64; *Rohde*, Die Öffentlichkeit im Strafprozeß, Diss. Bochum 1972, S. 170; *P. Kirchhof*, in: HStR III, 2. Aufl. 1996, § 59 Rdnr. 174.

[65] Zur Interdependenz von Freiheit und Demokratie auf dem Feld der Kommunikationsgrundrechte vgl. auch BVerfGE 66, 116 (133); *Bethge*, in: FS für Walter Schmitt Glaeser, 2003, S. 469; *Depenheuer*, in: FS für Hartmut Schiedermaier, 2001, S. 288.

a) Die Rolle der Medien im demokratischen Meinungsbildungsprozeß

Für diese Funktion stehen eindrucksvoll die Einschätzungen durch das *Bundesverfassungsgericht.*

In der repräsentativen Demokratie sind die Medien ständiges Verbindungs- und Kontrollorgan zwischen dem Volk und seinen gewählten Vertretern in Parlament und Regierung.[66] Die Kommunikationsgrundrechte,[67] zu denen die Medienfreiheiten gehören, sind schlechthin konstituierend für die freiheitlich-demokratische Grundordnung.[68] Presse und Rundfunk sind Medium und Faktor der öffentlichen und individuellen Meinungsbildung.[69] Nicht nur der Presse wird eine öffentliche Aufgabe attestiert, weil eine freie, nicht von der öffentlichen Gewalt gelenkte, keiner Zensur unterworfene Presse ein Wesensmerkmal des freiheitlichen Staates ist und weil eine freie, regelmäßig erscheinende politische Presse für die moderne Demokratie unentbehrlich ist.[70] Auch der Rundfunk nimmt seine verfassungsrechtlich vorausgesetzte Aufgabe im Dienst der Meinungsbildung wahr.[71] Entsprechend ist der Gesetzgeber in die Pflicht genommen, wenn die für die Demokratie essentielle Meinungsvielfalt Schaden zu nehmen droht; sei es durch die Entstehung vorherrschender,[72] auch multimedialer Meinungsmacht,[73] sei es durch die Entstehung von Informationsmonopolen.[74]

b) Zur demokratisch-funktionalen Sicht der Grundrechte

Die Relevanz der Medienfreiheiten für die Demokratie ist unabhängig davon, ob man der Rundfunkfreiheit bzw. dem Rundfunk – für die Presse ist das noch nicht unternommen worden – eine dienende Funktion zuerkennen will.[75] Entsprechend unmaßgeblich ist es, ob man im Gefolge dieser Konzeption einer demokratisch-funktionalen Grundrechtssicht das Wort reden sollte.[76] Sicherlich stellt eine Freiheit, die dient, bis zu einem gewissen Grade einen Widerspruch in sich

---

[66] BVerfGE 20, 162 (175).

[67] Zum Begriff vgl. BVerfGE 90, 60 (88).

[68] BVerfGE 7, 198 (208); 12, 205 (259 ff.); 35, 202 (221 f.).

[69] BVerfGE 12, 205 (260); 97, 228 (267).

[70] BVerfGE 20, 162 (174 f.).

[71] BVerfGE 97, 228 (267).

[72] BVerwGE 108, 108 (121).

[73] BVerfGE 57, 295 (323); 73, 118 (160); 95, 163 (172).

[74] BVerfGE 97, 228 (258).

[75] So BVerfGE 57, 295 (319 f.); 95, 220 (236); 97, 228 (256 f.). Zur Indienstnahme auch der Meinungsäußerungsfreiheit nach Art. 5 Abs. 1 S. 1 HS 1 GG für die Bildung der öffentlichen Meinung *Kloepfer*, in: HStR II, 2. Aufl. 1998, § 35 Rdnr. 48.

[76] Kritisch *H. H. Klein*, DVBl. 1994, 494 mit Fn. 70; *H. H. Klein*, in: HGR I, 2004, § 6 Rdnrn. 43, 62 mit Fn. 241; *Starck*, in: v. Mangoldt/Klein/Starck, Das Bonner Grundgesetz, Bd. 1, 4. Aufl. 1999, Art. 5 Rdnr. 3.

dar.[77] Einem Freiheitsrecht sind Beliebigkeit, Spontaneität und Privatnützigkeit immanent.[78] Auch die Idee eines Funktionsgrundrechts verfehlt das Anliegen voraussetzungsloser Freiheit.[79] Vorsicht ist daher gegenüber dem Unterfangen geboten, private Freiheiten mit öffentlichen Aufgaben, Gemeinwohlbelangen und Verantwortlichkeiten zu überziehen.[80] Die Redeweise von den funktional-demokratischen Elementen der Medienfreiheiten als „öffentliche Aufgabe“ ist zumindest mißverständlich.[81] Wenn das *Bundesverfassungsgericht* zur dienenden Funktion der Rundfunkfreiheit konstatiert, sie sei ihrem Träger nicht vorrangig zum Zwecke der Persönlichkeitsentfaltung oder Interessenverfolgung eingeräumt,[82] so mag das dadurch gerechtfertigt sein, daß die Rundfunkfreiheit nicht naturwüchsig, sondern normgeprägt ist. Verallgemeinern läßt sich diese Aussage noch nicht einmal im Bereich der Medienfreiheiten.[83] Im übrigen handelt es sich beim Anliegen der demokratisch-funktionalen Grundrechtssicht mehr um Verfassungserwartungen bzw. Verfassungsvoraussetzungen.[84] Auch vor diesem Hintergrund bleibt es dabei, daß weder der Rundfunkveranstalter im besonderen noch die Akteure im Kommunikationsprozeß im allgemeinen Erfüllungsgehilfen der demokratischen Kommunikationsordnung sind.[85]

II. Die Öffentlichkeit speziell der Rechtsprechung

Mit der Annahme einer grundsätzlichen staatlichen Publizitätspflicht aus dem Demokratieprinzip ist freilich noch nicht gesagt, in welchem Umfang diese Pflicht auch die Rechtsprechung erfaßt. Vielmehr ist zwischen den einzelnen Staatsgewalten zu unterscheiden.[86]

---

[77] Kritisch daher *Schoch*, JZ 2002, 803; *Bullinger*, in: FS 50 Jahre BVerfG, Bd. 2, 2001, S. 217.

[78] *C. Schmitt*, Verfassungslehre, 9. Aufl. 2003, S. 163 ff.; *W. Schmitt Glaeser*, VVDStRL Heft 31 (1973), S. 222; *Bartlsperger*, DVBl. 2003, 1482 f. mit Fn. 72. S. auch *Kahl*, Jura 2002, 723.

[79] *Rupp*, in: HStR I, 2. Aufl. 1995, § 28 Rdnr. 36 Fn. 94.

[80] Vgl. schon *A. Arndt*, in: Löffler (Hrsg.), Die Rolle der Massenmedien in der Demokratie, 1966, S. 4 f.

[81] *Janisch*, AfP 2000, 32 mit Fn. 2; *Bullinger*, in: FS 50 Jahre BVerfG, Bd. 2, 2001, S. 195; s. auch *Bullinger*, in: HStR VI, 2. Aufl. 2001, § 142 Rdnrn. 67 ff., 127; *W. Schmitt Glaeser*, JöR n.F. Bd. 50 (2002), S. 171; *Hoffmann-Riem*, JZ 1975, 470. Vgl. auch *Mallmann*, JZ 1966, 629.

[82] BVerfGE 87, 181 (197).

[83] Kritisch etwa *Degenhart*, K&R 2000, 50, 52 ff.

[84] Dazu allgemein *Isensee*, in: HStR V, 2. Aufl. 2000, § 115.

[85] *Bethge*, NVwZ 1997, 6; *Bethge*, DÖV 2002, 677; *Schoch*, VVDStRL Heft 57 (1998), S. 196 mit Fn. 180.

[86] *Martens*, Öffentlich als Rechtsbegriff, 1969, S. 68.

1. Die Legislative

Außer Frage steht die Publizitätspflicht der Legislative. Die von den Verfassungen des Bundes[87] und aller Länder[88] jedenfalls für das Parlamentsplenum[89] ausdrücklich angeordnete Öffentlichkeit ist auf Grund ihrer zentralen Funktionen der Repräsentation, der Kontrolle und der Integration[90] nicht nur wesentlicher Bestandteil des demokratischen Parlamentarismus,[91] sondern für das Staatsstrukturprinzip der Demokratie von derart essentieller Bedeutung, daß sie durch Art. 79 Abs. 3 GG der Disposition sogar des verfassungsändernden Gesetzgebers entzogen ist.[92]

Die zentrale Bedeutung speziell der *parlamentarischen* Öffentlichkeit liegt auf der Hand, soweit staatliche Öffentlichkeit Voraussetzung für die legitimierende Wirkung von Parlamentswahlen ist. Aber auch im Hinblick auf die Bildung der öffentlichen Meinung jenseits von Wahlen kommt der Öffentlichkeit gerade von Parlamentssitzungen aus mehreren Gründen besondere Bedeutung zu. Die Trans-

---

[87] Art. 42 Abs. 1 GG.

[88] Art. 33 Abs. 1 BaWüVerf.; Art. 22 Abs. 1 BayVerf.; Art. 42 Abs. 3, 4 BerlVerf.; Art. 64 Abs. 2 BbgVerf.; Art. 91 BremVerf.; Art. 21 HambVerf.; Art. 89 HessVerf.; Art. 31 Abs. 1 MecklVerf.; Art. 22 Abs. 1 NdsVerf.; Art. 42 NRWVerf.; Art. 86 RhPfVerf.; Art. 72 SaarlVerf.; Art. 48 Abs. 1 SächsVerf.; Art. 50 Abs. 1, 2 SachsAnhVerf.; Art. 15 Abs. 1 SHVerf.; Art. 60 Abs. 1, 2 ThürVerf.

[89] Da Art. 42 Abs. 1 S. 1 GG im Gegensatz zu Art. 42 Abs. 3, 43 GG die Bundestagsausschüsse nicht erwähnt, soll deren Öffentlichkeit der Geschäftsordnungsautonomie des Bundestages unterliegen. Die grundsätzliche Nichtöffentlichkeit der Ausschußberatungen (§ 69 Abs. 1 S. 1 GeschOBT) stößt auf Kritik. Die grundsätzlich öffentlichen Ausschußsitzungen in einzelnen Ländern (Bayern, Berlin) zeigten, daß effiziente Beratungen auch öffentlich möglich seien. So *Achterberg/Schulte*, in: v. Mangoldt/Klein/Starck, Das Bonner Grundgesetz, Bd. 2, 4. Aufl. 2000, Art. 42 Rdnr. 10; *H.-P. Schneider*, in: AK-GG, Art. 42 Rdnr. 5. Weitergehend *Morlok*, in: Dreier, GG, Bd. II, 1998, Art. 42 Rdnr. 24: Die grundsätzliche Nichtöffentlichkeit auf Bundesebene sei verfassungsrechtlich nicht haltbar. – Einen ersten Schritt hin zu mehr Ausschußöffentlichkeit auf Bundesebene stellt seit 1995 § 69a Abs. 1 S. 1 GeschOBT dar, wonach eine öffentliche Schlußberatung durchgeführt werden soll.

[90] Eingehend zu diesen Funktionen der Verhandlungsöffentlichkeit *Kißler*, Die Öffentlichkeitsfunktion des Deutschen Bundestages, 1976, S. 304 ff.

In der Rechtsprechung des *Bundesverfassungsgerichts* (BVerfGE 40, 237 [249]; 70, 324 [355]) finden sich gelegentlich sogar noch Ansätze der aufklärerischen Idee, Öffentlichkeit trage zur Qualität des Entscheidungsergebnisses bei, wenn das Gericht ausführt, das öffentliche Verfahren biete größere Möglichkeiten eines Ausgleiches widerstreitender Interessen. Anders *Martens*, Öffentlich als Rechtsbegriff, 1969, S. 68 f.: Parlamentspublizität wirke nicht (mehr) gerechtigkeitserzeugend, sei jedoch untrennbar mit moderner demokratischer Repräsentation verbunden.

[91] BVerfGE 70, 324 (355); 77, 1 (48); 84, 304 (329); BremStGH LVerfGE 7, 167 (187); *Achterberg/Schulte*, in: v. Mangoldt/Klein/Starck, Das Bonner Grundgesetz, Bd. 2, 4. Aufl. 2000, Art. 42 Rdnr. 1; *Magiera*, in: Sachs, GG, 3. Aufl. 2003, Art. 42 Rdnr. 1; *Pieroth*, in: Jarass/Pieroth, GG, 7. Aufl. 2004, Art. 42 Rdnr. 1. S. auch *H. H. Klein*, in: HStR II, 2. Aufl. 1998, § 40 Rdnr. 3.

[92] *H.-P. Schneider*, in: AK-GG, Art. 42 Rdnr. 2; *Magiera*, in: Sachs, GG, 3. Aufl. 2003, Art. 42 Rdnr. 1.

parenz des parlamentarischen Verfahrens ermöglicht den Bürgern die Kontrolle der Tätigkeit der Abgeordneten.[93] Die Parlamentarier können – und sollen – die zu treffenden Entscheidungen vor den Bürgern begründen.[94] Vor allem aber ist es Aufgabe des Parlaments, über das tagespolitische Detailgeschäft hinaus grundlegende Fragen zu erörtern.[95] Die Repräsentationsfunktion des Parlaments kommt gerade darin zum Ausdruck, daß es gesamtgesellschaftliche Debatten brennglasartig bündelt und die unterschiedlichen Standpunkte in konzentrierter Form wahrnehmbar macht. Daß diese Funktion als „Forum der Nation" bzw. als „Marktplatz der Ideen" in der Parlamentsrealität regelmäßig zu kurz zu kommen droht,[96] steht auf einem anderen Blatt. Jedenfalls sind Redebeiträge im Parlament zwar auch an das Plenum, vor allem jedoch an das Publikum gerichtet. Insofern entbehrt der Vorwurf, Reden würden „zum Fenster hinaus" gehalten,[97] jeder Grundlage: Eben darin liegt ihr Sinn.[98] Parlamentarische Debatten finden nicht nur *in der Öffentlichkeit*, sondern – insofern anders als Gerichtsverhandlungen –[99] auch und gerade *für die Öffentlichkeit* statt. Diese Unterscheidung hat freilich Konsequenzen: Selbst wenn eine öffentliche parlamentarische Verhandlung zwingend fernsehöffentlich sein sollte, so läßt sich diese Einbeziehung der Fernsehöffentlichkeit nicht ohne weiteres auf gerichtliche Verhandlungen übertragen.[100]

2. Die Exekutive

Für die Exekutive gilt das demokratische Öffentlichkeitsprinzip nur in abgeschwächter Form.[101] Immerhin wird die Regierung über ihre parlamentarische Verantwortlichkeit zum Teil von der Parlamentsöffentlichkeit mit erfaßt.[102] Im übrigen setzt der Integrationsprozeß der Demokratie zwar voraus, daß die Regierung ihre prinzipielle politische Konzeption offenlegt.[103] In der Wahl ihrer

---

[93] Zur Bedeutung parlamentarischer Öffentlichkeit gerade im Hinblick auf die Kontrollfunktion BVerfGE 40, 296 (327); *Kretschmer*, in: Schmidt-Bleibtreu/Klein, GG, 10. Aufl. 2004, Art. 42 Rdnr. 4; *Achterberg/Schulte*, in: v. Mangoldt/Klein/Starck, Das Bonner Grundgesetz, Bd. 2, 4. Aufl. 2000, Art. 42 Rdnr. 4.

[94] *H.H. Klein*, in: HStR II, 2. Aufl. 1998, § 40 Rdnr. 39.

[95] Vgl. *Dreier*, Jura 1997, 253: Austragung der großen politischen Debatten.

[96] *H.H. Klein*, in: HStR II, 2. Aufl. 1998, § 40 Rdnr. 9.

[97] Vgl. die Glosse „Problematische Öffentlichkeit", NJW 1956, 93: Redner sprechen nicht zu ihren Kollegen, sondern zu dem unsichtbaren Hörerkreis.

[98] *H.H. Klein*, in: HStR II, 2. Aufl. 1998, § 40 Rdnr. 6 mit Fn. 21.

[99] BVerfGE 103, 44 (64).

[100] *Martens*, Öffentlich als Rechtsbegriff, 1969, S. 70.

[101] *Pieroth*, in: Jarass/Pieroth, GG, 7. Aufl. 2004, Art. 20 Rdnr. 13.

[102] Neben dem Zitierrecht des Art. 43 Abs. 1 GG zu den grundsätzlich öffentlichen Sitzungen lassen sich die öffentlichen Beweiserhebungen der Untersuchungsausschüsse (Art. 44 Abs. 1 S. 2 GG) sowie die Haushaltsberatungen nennen. S. dazu *Kloepfer*, in: HStR II, 2. Aufl. 1998, § 35 Rdnr. 60.

[103] BVerfGE 44, 125 (147); 63, 230 (242 f.); *Martens*, Öffentlich als Rechtsbegriff, 1969, S. 71.

Mittel ist sie freilich nicht durch die Verfassung festgelegt.[104] Zudem ist derartige Öffentlichkeitsarbeit nicht nur nicht unbegrenzt geboten, sondern namentlich im Vorfeld von Wahlen lediglich in eingeschränktem Umfang zulässig.[105]

Bei der Frage nach weitergehenden Publizitätspflichten der Regierung und der sonstigen Exekutive gilt es – unabhängig davon, ob eine solche Pflicht auf das Demokratieprinzip oder auf andere Grundlagen gestützt werden soll – zu bedenken, daß sich die spezifische Exekutivtätigkeit für eine Öffentlichkeit in Form von Zutrittsrechten kaum eignet. In erster Linie kommen vielmehr Auskunfts- und Einsichtsrechte in Betracht, auf deren einfach-gesetzliche Etablierung in letzter Zeit verstärkt hingearbeitet wird.[106] Als öffentlichkeitsbegrenzende Faktoren sind weiter sowohl legitime staatliche Geheimhaltungsinteressen als auch private Rechtspositionen zu berücksichtigen.[107] Ihnen kommt im Bereich der typischerweise einzelfallbezogen arbeitenden Exekutive sehr viel stärkeres Gewicht zu als bei der funktionsbedingt in erster Linie generell-abstrakt tätigen Legislative, die sich als Ausdruck der Staatsform der Distanz darstellt.[108]

3. Die Rechtsprechung

Mit Blick auf eine demokratiestaatliche Begründung der Rechtsprechungsöffentlichkeit ist die Vorbereitung von Wahlen allenfalls mittelbar relevant. Die Rechtsprechung ist gegenüber der unmittelbaren Wirkung von Wahlen immunisiert.[109] Primär ausschlaggebend ist vielmehr, welche Bedeutung der öffentlichen Meinung, genauer: ihrer Legitimations-, Kontroll- und Integrationsfunktion, mit Blick auf die Dritte Gewalt zukommt.

a) Legitimation durch Rechtsprechungsöffentlichkeit

Wie jede Ausübung von Staatsgewalt bedarf auch die Rechtsprechung demokratischer Legitimation.[110] Darauf weist nicht zuletzt das in allen Gerichtszweigen

---

[104] *Kloepfer*, in: HStR II, 2. Aufl. 1998, § 35 Rdnr. 59. Umfassend zum Thema *Leisner*, Öffentlichkeitsarbeit der Regierung im Rechtsstaat, 1966.

[105] BVerfGE 44, 125 (138 ff.); 63, 230 (242 ff.).

[106] Oben Teil 1 B.III.1.b)cc), S. 21 ff.

[107] Vgl. *Kloepfer*, in: HStR II, 2. Aufl. 1998, § 35 Rdnr. 59.

[108] Dazu *Kloepfer*, VVDStRL Heft 40 (1982), S. 65 ff.; *Bethge*, VVDStRL Heft 57 (1998), S. 35 m. w. N. in Fn. 177.

[109] *Martens*, Öffentlich als Rechtsbegriff, 1969, S. 74; *Stober*, DRiZ 1980, 5; *Jerschke*, Öffentlichkeitspflicht der Exekutive und Informationsrecht der Presse, 1971, S. 76; *I. M. Pernice*, Öffentlichkeit und Medienöffentlichkeit, 2000, S. 81. Einschränkend *Bäumler*, JR 1978, 320, unter Hinweis auf Art. 94 Abs. 1 S. 2 GG sowie auf die Schöffenwahl. Näher zu den Argumenten gegen eine befristete Berufung von Richtern sowie gegen ihre Wahl durch das Volk *M. Wolf*, Gerichtsverfassungsrecht aller Verfahrenszweige, 6. Aufl. 1987, § 15 IV 2, S. 159 f.

[110] *H. Maurer*, in: FS 50 Jahre BVerfG, Bd. 2, 2001, S. 470; *Dreier*, Jura 1997, 256; *Weber-Grellet*, ZRP 2003, 146; *Schilken*, Gerichtsverfassungsrecht, 3. Aufl. 2003, Rdnr. 448; *M. Wolf*,

„im Namen des Volkes" ergehende Urteil[111] hin.[112] Mit dem Hinweis auf diese Formulierung wird der demokratische Hintergrund der Gerichtsöffentlichkeit regelmäßig begründet.[113] Dem ist insofern zuzustimmen, als mit der demokratischen Bindung der Rechtsprechung auch die Geltung des *prinzipiellen* demokratischen Öffentlichkeitsgebots einhergeht. Konkretere Aussagen jedoch erlaubt die das Urteil einleitende Passage aus zwei Gründen nicht. Zum einen ließe sich mit ihr allenfalls die Öffentlichkeit der Entscheidung selbst begründen (s. dazu § 169 S. 1 i.V.m. § 173 GVG), nicht hingegen die Öffentlichkeit der gesamten Verhandlung – von weiteren Verfahrensabschnitten ganz zu schweigen. Zum anderen liefe es auf einen Zirkelschluß hinaus, wenn man die Frage, in welchem Umfang die Öffentlichkeit der Rechtsprechung demokratiestaatlich fundiert ist, mit dem Hinweis auf die demokratische Bindung der Rechtsprechung zu beantworten suchte. Es ist ja erst zu klären, wieviel Öffentlichkeit die Staatsstrukturbestimmung der Demokratie für die Dritte Gewalt verlangt.[114]

Die Suche nach einem Zusammenhang zwischen dem Demokratieprinzip einerseits und der Rechtsprechungsöffentlichkeit bzw. der Saalöffentlichkeit als einer ihrer Ausprägungen andererseits, der sich gerade unter dem Gesichtspunkt der Legitimation ergibt, muß daher bei den verschiedenen Formen der Legitimation staatlichen Handelns ansetzen. Diese kommen bei den einzelnen Ausprägungen öffentlicher Gewalt in unterschiedlicher Weise zum Tragen.[115]

Gerichtsverfassungsrecht aller Verfahrenszweige, 6. Aufl. 1987, § 15 IV, S. 158; *Voßkuhle/Sydow*, JZ 2002, 674. Defizite im Hinblick auf die demokratische Legitimation der europäischen Justiz beklagt *Stürner*, in: FS für Winfried Brohm, 2002, S. 156ff.

[111] S. nur §§ 311 Abs. 1 ZPO, 268 Abs. 1 StPO, 117 Abs. 1 S. 1 VwGO, 132 Abs. 1 S. 1 SGG, 105 Abs. 1 S. 1 FGO.

[112] *Britz*, Fernsehaufnahmen im Gerichtssaal, 1999, S. 218; *Jerschke*, Öffentlichkeitspflicht der Exekutive und Informationsrecht der Presse, 1971, S. 77; *I. M. Pernice*, Öffentlichkeit und Medienöffentlichkeit, 2000, S. 80; s. auch *Meyer-Goßner*, StPO, 47. Aufl. 2004, § 268 Rdnr. 1: § 268 Abs. 1 StPO entspricht Art. 20 Abs. 2 S. 2 GG.

[113] *Jerschke*, Öffentlichkeitspflicht der Exekutive und Informationsrecht der Presse, 1971, S. 77; *Witzler*, Die personale Öffentlichkeit im Strafverfahren, 1993, S. 127; *Rohde*, Die Öffentlichkeit im Strafprozeß, Diss. Bochum 1972, S. 171; *Eberle*, in: ZDF-Jahrbuch 1992, S. 158; *Eberle*, NJW 1994, 1638. Vgl. auch *Schmidthals*, Wert und Grenzen der Verfahrensöffentlichkeit im Strafprozeß, 1977, S. 250.

[114] *Britz*, Fernsehaufnahmen im Gerichtssaal, 1999, S. 218f.; *Franke*, Die Bildberichterstattung über den Angeklagten und der Öffentlichkeitsgrundsatz im Strafverfahren, 1978, S. 40f. Soweit sich *Britz*, a.a.O., und *Franke*, a.a.O., damit gegen *Jerschke*, Öffentlichkeitspflicht der Exekutive und Informationsrecht der Presse, 1971, S. 77, wenden, ist allerdings der Hinweis veranlaßt, daß der Vorwurf des Zirkelschlusses insofern fehlgeht: *Jerschke* vertritt lediglich die Geltung eines prinzipiellen Publizitätsgebots, das er zuvor im Demokratieprinzip festgemacht hat. Den konkreten Umfang der insofern geforderten Justizpublizität läßt *Jerschke* explizit dahinstehen.

[115] Dazu und zum folgenden umfassend *Böckenförde*, in: HStR I, 2. Aufl. 1995, § 22 Rdnrn. 12ff.

aa) Funktionelle und institutionelle Legitimation

Keine Rolle spielt hier die *funktionelle und institutionelle* Legitimation, die bereits das Grundgesetz durch die Konstituierung der Rechtsprechung als eigenständige Staatsgewalt vornimmt.[116] Ebenfalls außer Betracht bleiben kann die Legitimation in *organisatorisch-personeller* Hinsicht. Sie betrifft die Berufung der Richter und verlangt, daß jeder Richter zumindest mittelbar durch das Volk bestimmt wird, sei es auch über mehrere Zwischenglieder einer „Legitimationskette". Ungeachtet der Aktualität, die die Frage nach dem Mindestmaß an Öffentlichkeit und Transparenz bei der Richterberufung gerade in letzter Zeit erfahren hat,[117] geht es in der vorliegenden Untersuchung um die Öffentlichkeit der Rechtsprechungstätigkeit, nicht um die Öffentlichkeit ihrer personellen Konstituierung.

bb) Sachlich-inhaltliche Legitimation

Als potentieller Anknüpfungspunkt für eine Forderung nach Öffentlichkeit verbleibt die *sachlich-inhaltliche* Legitimation, also die Rückführbarkeit der inhaltlichen Ausübung der Rechtsprechung auf den Volkswillen. Generell wird sie durch die Bindung der jeweiligen Organe an die parlamentarisch beschlossenen Gesetze sowie durch eine sanktionierte demokratische Verantwortlichkeit samt Kontrolle vermittelt, wobei ein Weniger des einen durch ein Mehr des anderen Aspekts ersetzt werden kann. Von dieser Ausgleichsmöglichkeit wird bei der Rechtsprechung Gebrauch gemacht: Inhaltliche Legitimation vermittelt primär die strikte Bindung an das – hinreichend bestimmte – Gesetz (Art. 97 GG);[118] sanktionierte Verantwortlichkeit und Kontrolle spielen auf Grund der persönlichen und sachlichen Unabhängigkeit des Richters hingegen keine Rolle.[119]

---

[116] So auch *Voßkuhle/Sydow*, JZ 2002, 676.

[117] S. nur OVG Schleswig NJW 2001, 3495 ff.; NJW 2003, 158 ff.; *Lovens*, ZRP 2001, 465 ff.; *Voßkuhle/Sydow*, JZ 2002, 677; *Häberle*, Verfassung als öffentlicher Prozeß, 2. Aufl. 1996, S. 814 ff. Zur Bedeutung der spezifischen Funktion der Rechtsprechung für das Verfahren der Richterauswahl *Weber-Grellet*, ZRP 2003, 148. *Stürner*, in: FS für Winfried Brohm, 2002, S. 154 f., bejaht für Deutschland die ausreichend transparente Ableitung der bundesrichterlichen Gewalt vom Staatsvolk, beklagt jedoch Legitimationsdefizite im Hinblick auf länderübergreifende Akte der Rechtsprechung.

[118] *Schilken*, Gerichtsverfassungsrecht, 3. Aufl. 2003, Rdnr. 448; *M. Wolf*, Gerichtsverfassungsrecht aller Verfahrenszweige, 6. Aufl. 1987, § 15 IV 1, S. 158 f.

[119] *Böckenförde*, in: HStR I, 2. Aufl. 1995, § 22 Rdnrn. 21 f., mit dem zusätzlichen Hinweis auf die (auch) demokratisch geforderte Bestimmtheit in Rdnr. 24; *Classen*, JZ 2003, 695. – Zu Besonderheiten der demokratischen Legitimation der Rechtsprechung in anderem Zusammenhang *U. Berlit*, DRiZ 2003, 293 ff.

aaa) Die begrenzte Reichweite der sachlichen Legitimation des Richters durch seine Gesetzesbindung

Soweit die Gesetzesbindung reicht, bleibt für eine zusätzliche sachlich-inhaltliche Legitimation daher kein Raum mehr. Daraus darf freilich nicht geschlossen werden, die Rechtsprechung bedürfe keiner Legitimation durch die qua Öffentlichkeit einbezogene öffentliche Meinung.[120]

Die Annahme einer umfassenden strikten Gesetzesbindung würde der Rechtsprechungsrealität nicht gerecht. Entgegen der *Montesquieu'schen* Vorstellung[121] ist der Richter nach dem heutigen Verständnis von der rechtsprechenden Gewalt eben nicht mehr „la bouche qui prononce les paroles de la loi".[122] Er ist längst nicht (mehr) der pure Subsumtionsautomat,[123] zu dem ihn der Positivismus in seiner letzten Zuspitzung degradiert hatte. Die dritte Gewalt nimmt an der Rechtsgewinnung teil. Schon die erforderliche interpretative Gesetzesanwendung geht zwangsläufig über reine Subsumtion hinaus.[124] Der Rechtsprechung eignet auch ein gestaltendes Element,[125] sie wird rechtsfortbildend,[126] ja sogar rechtsbildend tätig, z. B. wenn im Wege der Rechtsfortbildung über bloßes Richterrecht hinaus Gewohnheitsrecht entsteht.[127] Rechtsprechung ist die „„Politik des Einzelfalls nach Maßgabe des Gesetzes".[128] Insofern ist eine zusätzliche Legitimation richterlichen Handelns nicht nur möglich, sondern sogar geboten.[129]

Als wenig überzeugender Ansatz erweist sich eine „Legitimation durch Verfahren".[130] Zwar bleibt der Richter auch dort, wo ihm inhaltlicher Spielraum

---

[120] So aber *Kloepfer*, in: HStR II, 2. Aufl. 1998, § 35 Rdnr. 61. – Zur Transparenz als legitimationsstiftendem Faktor für die Verwaltung s. *Hoffmann-Riem*, in: Schmidt-Aßmann/Hoffmann-Riem (Hrsg.), Strukturen des Europäischen Verwaltungsrechts, 1999, S. 377; *Ruffert*, Die Verwaltung Bd. 36 (2003), S. 313.

[121] *de Montesquieu*, De l'Esprit des lois, XI. Buch, 6. Kapitel.

[122] *Stern*, Staatsrecht I, 2. Auflage 1984, § 20 IV 5 c, S. 843; *Berg*, in: Starck/Stern, Landesverfassungsgerichtsbarkeit II, 1983, S. 546; *Hirsch*, ZRP 2004, 30; *Sarstedt*, AfP 1971, 146. Vgl. auch *Kelsen*, Reine Rechtslehre, 2. Aufl. 1960, S. 250, nach dem eine generelle Rechtsnorm stets nur ein Rahmen ist, innerhalb dessen dem Gericht noch ein gewisser Ermessensspielraum belassen bleibt. Dazu *Isensee*, in: FS für Günther Winkler, 1997, S. 368, 378.

[123] *H. H. Klein*, in: FS für Helmut Steinberger, 2002, S. 515.

[124] *Böckenförde*, in: HStR I, 2. Aufl. 1995, § 22 Rdnr. 24.

[125] *Hesse*, Grundzüge des Verfassungsrechts der Bundesrepublik Deutschland, 20. Aufl. 1995, Rdnr. 550.

[126] Vgl. BVerfGE 34, 269 (286 ff.); 96, 375 (394).

[127] *Bettermann*, in: HStR III, 2. Aufl. 1996, § 73 Rdnr. 28. Vgl. auch *Rozek*, AöR Bd. 119 (1994), S. 470; *Rheinstein*, JuS 1974, 417. Zur zunehmenden Bedeutung des Richterrechts *Hirsch*, ZRP 2004, 29 f.

[128] *Weber-Grellet*, ZRP 2003, 146.

[129] *M. Wolf*, Gerichtsverfassungsrecht aller Verfahrenszweige, 6. Aufl. 1987, § 15 IV 2, S. 159; *Schilken*, Gerichtsverfassungsrecht, 3. Aufl. 2003, Rdnr. 448; jeweils mit dem zusätzlichen Hinweis, daß auch falsche Rechtsanwendung nicht im Wege der Gesetzesbindung legitimiert ist. – Zur Frage der Geltung eines Gesetzesvorbehalts auch für die Rechtsprechung *Classen*, JZ 2003, 693 ff.

[130] So aber *Luhmann*, Legitimation durch Verfahren, 2. Aufl. 1975, S. 57 ff.

zukommt, jedenfalls an das Verfahrensrecht gebunden. Jedoch ließen sich nach dieser sehr formalen Sichtweise letztlich Entscheidungen beliebigen Inhalts legitimieren.[131]

bbb) Legitimation durch Einbeziehung in den öffentlichen Kommunikationsprozeß

Sachliche Legitimation erhält der Richter vielmehr, indem er wissenschaftliche Erkenntnisse, und zwar nicht nur solche der Rechtswissenschaften, in seine Entscheidung einfließen läßt und diese so dem denkbaren Vorwurf der Beliebigkeit entzieht.[132] Weiter muß sich die Rechtsprechung prinzipiell um einen möglichst breiten Konsens für ihre Entscheidungen bemühen, was stetige Kommunikation namentlich mit der öffentlichen Meinung erfordert. *Manfred Wolf* faßt beide Kriterien prägnant in den Erfordernissen des „wissenschaftlich offenen Richters" sowie des „kommunikativen Richters" zusammen.[133] Eine derartige „Legitimation durch Systemkonformität"[134] – dem Begriff haftet nichts Negatives an! – setzt voraus, daß die Rechtsprechung öffentlich ist, da sie nur so Objekt wissenschaftlicher Kritik und Subjekt gesellschaftlicher Kommunikation sein kann.

Ganz allgemein hängt die Bedeutung, die der demokratischen Legitimation der Dritten Gewalt zugemessen wird, entscheidend vom Verständnis dieser Staatsfunktion ab.[135] Die stärkere Betonung der Legitimation durch Konsensbildung ist daher die Konsequenz eines veränderten bzw. sich verändernden Bildes von der Dritten Gewalt. Sie wird unter den Bedingungen des demokratischen Staates weniger als Instrument staatlicher Herrschaftsausübung, sondern eher als gesellschaftliche Funktion verstanden, die nicht zuletzt auf Akzeptanz gegründet ist.[136] Klarstellend sei gesagt, daß damit nicht etwa darüber hinausreichenden,

---

[131] *M. Wolf*, Gerichtsverfassungsrecht aller Verfahrenszweige, 6. Aufl. 1987, § 15 IV 4, S. 160; kritisch zur Legitimation durch Verfahren *Esser*, Vorverständnis und Methodenwahl in der Rechtsfindung, 1972, S. 205 ff. S. zum Ganzen auch *Schilken*, Gerichtsverfassungsrecht, 3. Aufl. 2003, Rdnr. 450.

[132] Zur insofern möglichen Nutzbarmachung der Demoskopie *Benda*, JZ 1972, 498 f.

[133] *M. Wolf*, Gerichtsverfassungsrecht aller Verfahrenszweige, 6. Aufl. 1987, § 15 II 4, S. 155. Zur Notwendigkeit der Kommunikation gerade mit der öffentlichen Meinung, aber auch mit Prozeßparteien, dem Richterkollegium und der Wissenschaft *M. Wolf*, a. a. O., § 17 III 2 c, S. 183 f.

[134] Zum Begriff *Stürner*, in: FS für Winfried Brohm, 2002, S. 161; *M. Wolf*, Gerichtsverfassungsrecht aller Verfahrenszweige, 6. Aufl. 1987, § 15 IV 5 a, S. 161.

[135] *Stürner*, in: FS für Winfried Brohm, 2002, S. 158.

[136] *Schubert*, DRiZ 2001, 240; *Weber-Grellet*, ZRP 2003, 146; *Prinz*, in: FS für Manfred Engelschall, 1996, S. 247 ff., 253; speziell zum *Bundesverfassungsgericht Schulze-Fielitz*, in: Schuppert/Bumke (Hrsg.), Bundesverfassungsgericht und gesellschaftlicher Grundkonsens, 2000, S. 113. Diese moderne Wahrnehmung läßt sich zugleich als Tendenz weg von der klassischen kontinentaleuropäischen Sichtweise, nach der die Rechtsprechung abstrakte Regelwerke mit einem prinzipiellen Anspruch auf Vollständigkeit anwendet, hin zu einem eher angloamerikanischen Verständnis auffassen, nach dem die Gerichte den permanent neugebildeten

die Gesetzesbindung vernachlässigenden Forderungen nach einem sozialgestaltenden und politisch handelnden Richter („Richter als Sozialarzt", „politischer Richter") das Wort geredet werden soll.[137] Daß dem Richter auch eine soziale Gestaltungsfunktion zukommt, stellt ihn nicht von seiner Gesetzesbindung frei. Die Rechtsprechung dient nicht der Änderung der politischen Verhältnisse. Andernfalls bedürfte der Richter zu seiner Legitimation einer plebiszitären Wahl auf Zeit.[138] Ein Minimum an politischem Handeln im Sinne einer Kenntnisnahme von geänderten Verhältnissen[139] und ggf. einer erforderlichen Anpassung der Rechtsprechung jedoch ist nicht nur unvermeidlich, sondern zur Erfüllung der richterlichen Aufgabe sogar zwingend gefordert.[140]

Überhaupt stellt die Legitimation durch Anbindung an die Gesellschaft kein Surrogat für die Legitimation durch Gesetzesbindung dar. Zwar schließen sich Gesetzesbindung im Sinne demokratischer Legitimation und Handlungsspielräume des Richters schon deshalb nicht aus, weil das Grundgesetz mit der Etablierung der Rechtsprechung als Staatsgewalt deren eigenständige Rolle gerade bezweckt.[141] Dennoch bleibt es Aufgabe des Gesetzgebers, durch hinreichend bestimmte Normen der Entscheidungsprärogative des Parlaments Geltung zu verschaffen. Zwar darf der Gesetzgeber die Lösung einzelner Fragen gezielt den Gerichten überantworten.[142] Das Demokratieprinzip setzt Richterrecht und richterlicher Rechtsfortbildung jedoch Grenzen;[143] es verlangt ein Mindestmaß an inhaltlicher Determinierung der einzelnen Entscheidung durch den Gesetzgeber. Legitimationsdefizite der Rechtsprechung, die aus der Verfehlung dieser Kriterien resultieren, dürfen nicht den Gerichten, sondern müssen dem Gesetzgeber zum Vorwurf gemacht werden.[144] Durch die Anbindung der Rechtsprechung allein an die öffentliche Meinung lassen sie sich nicht beheben.

Dort aber, wo der Rechtsprechung in demokratiestaatlich unbedenklicher Weise Entscheidungsspielräume zukommen, ist die Orientierung am allgemeinen

---

gesellschaftlichen Konsens vollziehen. S. dazu *Stürner*, in: FS für Winfried Brohm, 2002, S. 159ff.

[137] Zu Recht kritisch *Schilken*, Gerichtsverfassungsrecht, 3. Aufl. 2003, Rdnrn. 445ff.; *Pfeiffer*, DRiZ 1979, 230; *Schubert*, DRiZ 2001, 240. S. auch *M. Wolf*, Gerichtsverfassungsrecht aller Verfahrenszweige, 6. Aufl. 1987, § 15 III, S. 155ff., m.w.N.

[138] *Kissel*, NJW 1979, 1957.

[139] *Pfeiffer*, DRiZ 1979, 230; s. auch *P. Schneider*, in: FS 150 Jahre OLG Zweibrücken, 1969, S. 260.

[140] *W. Geiger*, DRiZ 1979, 66f.

[141] Nach *Fikentscher*, Methoden des Rechts in vergleichender Darstellung, Bd. IV, 1977, S. 313ff., beinhaltet Art. 20 Abs. 3 GG durch die Bindung der Rechtsprechung auch an das „Recht" den Auftrag zu richterlicher Rechtsfortbildung. Zustimmend *Wassermann*, in: AK-GG, Art. 92 Rdnr. 17, der zudem auf die demokratische Legitimation der Rechtsprechung durch das Verfahren nach Art. 95 Abs. 2 GG verweist.

[142] *Voßkuhle/Sydow*, JZ 2002, 678.

[143] Dazu *Dreier*, Jura 1997, 256; *Ipsen*, Richterrecht und Verfassung, 1975, S. 196ff.

[144] *Böckenförde*, in: HStR I, 2. Aufl. 1995, § 22 Rdnr. 24 mit Fn. 35.

Rechtsbewußtsein gerade geboten.[145] Der Rechtsprechung wird so (zusätzliche) sachlich-inhaltliche Legitimation[146] durch ihre Öffentlichkeit zuteil, die damit einen ersten Anknüpfungspunkt im Demokratieprinzip findet.

ccc) Die Rolle der Medien

Es liegt auf der Hand, daß die Einbeziehung der Rechtsprechung in den öffentlichen Kommunikationsprozeß weniger durch die Zutrittsmöglichkeit zur mündlichen Verhandlung bewirkt wird als vielmehr in erster Linie durch die Begleitung der Rechtsprechung durch die Medien. Die grundrechtlich abgesicherte Rolle der Medien, zwischen den Bürgern und den staatlichen Funktionsträgern zu vermitteln und so der Staatsgewalt die unverzichtbare Legitimation durch Kommunikation zu verschaffen,[147] erstreckt sich nach alledem auch auf die Rechtsprechung.

b) Kontrolle durch Rechtsprechungsöffentlichkeit

Ein zentrales Argument für eine demokratiestaatlich fundierte Forderung nach Gerichtsöffentlichkeit ist die öffentliche Kontrolle der Rechtsprechung.[148] Sie bildet den erforderlichen Ausgleich für die im übrigen wegen der richterlichen Unabhängigkeit fehlenden Kontrollinstanzen.[149]

aa) Kontrolle durch Zuschauer im Gerichtssaal

aaa) Die Kontrolle als traditionelle Begründung der Gerichtsöffentlichkeit

Der Gedanke der Kontrolle der Rechtsprechung durch die Öffentlichkeit steht im Zentrum der traditionellen Begründung für die – als Saalöffentlichkeit verstandene – Gerichtsöffentlichkeit.[150] Schon beim Kampf um die Einführung der Öffentlichkeit war Kontrolle nicht (nur) Selbstzweck, sondern zugleich das Mittel, mit dessen Hilfe Vertrauen in die Rechtsprechung geschaffen und

---

[145] *Köbl*, in: FS für Ludwig Schnorr von Carolsfeld, 1972, S. 242.

[146] So auch der Ansatz von *Britz*, Fernsehaufnahmen im Gerichtssaal, 1999, S. 219ff.

[147] *Bamberger*, ZUM 2001, 374.

[148] *Weidemann*, DRiZ 1970, 114; *Schmidthals*, Wert und Grenzen der Verfahrensöffentlichkeit im Strafprozeß, 1977, S. 229; *Bamberger*, ZUM 2001, 375; *Eberle*, NJW 1994, 1638; *Stober*, DRiZ 1980, 5; *Hillermeier*, DRiZ 1982, 282; *Prütting*, in: FS für Rolf A. Schütze, 1999, S. 688. Kritisch zur Kontrollfunktion *Martens*, Öffentlich als Rechtsbegriff, 1969, S. 74.

[149] *Berg*, in: FS für Christian-Friedrich Menger, 1985, S. 556; *Degenhart*, in: HStR III, 2. Aufl. 1996, § 76 Rdnr. 50; *Eberle*, NJW 1994, 1638; s. auch *Berkemann*, VerwArch. Bd. 87 (1996), S. 374.

[150] BGHSt 3, 386 (390); 8, 194 (199); 24, 72 (74); 27, 13 (15); *Schilken*, Gerichtsverfassungsrecht, 3. Aufl. 2003, Rdnr. 155; *Kissel/Mayer*, GVG, 4. Aufl. 2005, § 169 Rdnr. 3; *Wickern*, in: Löwe-Rosenberg, StPO und GVG, 7. Bd., 25. Aufl. 2003, Vor § 169 GVG Rdnr. 3; *Schultz*, SJZ 1973, 129.

die richterliche Unabhängigkeit vor politischer Einflußnahme bzw. die Verfahrensbeteiligten vor richterlicher Willkür geschützt werden sollten.[151] An dieser „mehrfach notwendigen“[152] Kontrolle wird bis heute festgehalten. Nach wie vor wird die Kontrolle des Verfahrensgangs durch die Allgemeinheit zumindest als ein Zweck, wenn nicht als Hauptzweck der Öffentlichkeit genannt.[153]

Unbestritten war die Kontrollfunktion gleichwohl nie. Gegen sie werden das „Ignoranz-Argument“,[154] also die vermeintlich fehlende Kontrollkompetenz der juristisch nicht vorgebildeten Zuschauer,[155] die fehlenden Sanktions- und Interventionsmöglichkeiten des Publikums[156] sowie seine fehlende Verantwortlichkeit[157] vorgebracht.

bbb) Die Kontrollkompetenz des Publikums

Letztlich greifen diese Argumente jedoch nicht durch. Dem Gesichtspunkt der Kontrolle läßt sich in einer nicht auf elitäre Privilegien, sondern auf staatsbürgerliche Egalität aufgebauten Massendemokratie die vermeintlich fehlende Kompetenz des Publikums nicht entgegenhalten.[158] Wenn schon die unmittelbare Teilnahme an der Staatswillensbildung im Wahlakt von persönlichen Qualifikationen unabhängig ist, muß das erst recht für die begleitende Kontrolle staatlichen Handelns gelten.[159]

---

[151] Oben Teil 2 A.IV., S. 60 ff. S. auch *Kleinknecht*, in: FS für Erich Schmidt-Leichner, 1977, S. 113. Zur zentralen Stellung der Kontrollfunktion bei der Schaffung der Reichsjustizgesetze Abg. *Lasker*, zitiert bei *Hahn*, Materialien zu den Reichs-Justizgesetzen, 1. Bd.: Materialien zum GVG, 1. Abtheilung, 1879, S. 208 f.

[152] *Kissel/Mayer*, GVG, 4. Aufl. 2005, § 169 Rdnr. 1.

[153] BVerfGE 103, 44 (63 f.); BVerfG (3. Kammer des Zweiten Senats) NJW 2002, 814; *Czybulka*, in: Sodan/Ziekow, VwGO, § 55 Rdnr. 8; *Löffler/Ricker*, Handbuch des Presserechts, 4. Aufl. 2000, 16. Kapitel Rdnr. 1; *Diemer*, in: Karlsruher Kommentar zur StPO, 5. Aufl. 2003, § 169 GVG Rdnr. 2; *M. Wolf*, Gerichtsverfassungsrecht aller Verfahrenszweige, 6. Aufl. 1987, § 25 I 1, S. 243; *J. Schmidt*, in: Eyermann, VwGO, 11. Aufl. 2000, § 55 Rdnr. 2; *Kissel/Mayer*, GVG, 4. Aufl. 2005, § 169 Rdnr. 3; *Meissner*, in: Schoch/Schmidt-Aßmann/Pietzner, VwGO, § 55 Rdnr. 10; *Berg*, in: FS für Christian-Friedrich Menger, 1985, S. 553; *H. J. Schneider*, JuS 1963, 350; *Y. Braun*, Medienberichterstattung über Strafverfahren im deutschen und englischen Recht, 1998, S. 164; *Schroeder*, in: Eser/Kaiser (Hrsg.), Viertes deutsch-sowjetisches Kolloquium über Strafrecht und Kriminologie, 1989, S. 141.

[154] *Scherer*, Gerichtsöffentlichkeit als Medienöffentlichkeit, 1979, S. 13; *Scherer*, ZaöRV Bd. 39 (1979), S. 66.

[155] *Martens*, Öffentlich als Rechtsbegriff, 1969, S. 74; *A. v. Feuerbach*, Betrachtungen über die Öffentlichkeit und Mündlichkeit der Gerechtigkeitspflege, Bd. 1, 1821, Neudruck 1969, S. 147 ff. (anders allerdings auf S. 149 bezüglich der Verfahrensförmlichkeiten); *Bockelmann*, NJW 1960, 217 f.; *Kloepfer*, in: HStR II, 2. Aufl. 1998, § 35 Rdnr. 61; *Lang*, Ton- und Bildträger, 1960, S. 59.

[156] *Martens*, Öffentlich als Rechtsbegriff, 1969, S. 74.

[157] *Wettstein*, Der Öffentlichkeitsgrundsatz im Strafprozess, Diss. Zürich 1966, S. 41.

[158] So aber *Kloepfer*, in: HStR II, 2. Aufl. 1998, § 35 Rdnr. 61; *Martens*, Öffentlich als Rechtsbegriff, 1969, S. 74.

[159] *Bäumler*, JR 1978, 320; *Franke*, Die Bildberichterstattung über den Angeklagten und der Öffentlichkeitsgrundsatz im Strafverfahren, 1978, S. 43; *Britz*, Fernsehaufnahmen im Ge-

ccc) Rechtsprechungskontrolle als mittelbare Gesetzgebungskontrolle

Ein weiterer Gesichtspunkt tritt hinzu. Selbst wenn viele Bürger die Korrektheit der gerichtlichen Verfahrensdurchführung und Rechts*anwendung* nicht zu beurteilen vermögen, so ermöglicht ihnen die Gerichtsöffentlichkeit doch, sich ein Urteil über die Qualität der Rechts*setzung* zu bilden. Zumindest der rechtsunkundige Bürger kann dem verkündeten Gesetzestext regelmäßig noch nicht entnehmen, welche Konsequenzen die Vorschrift für die praktische Rechtsanwendung hat. Demgegenüber zeigt ihm die gerichtliche Entscheidung, ob die getroffene Regelung den zugrundeliegenden Konflikt aus seiner Sicht angemessen löst oder ob gesetzgeberischer Handlungsbedarf besteht. Daß das Besprühen einer fremden Wand mit Farbe u.U. mangels Substanzverletzung nicht als Sachbeschädigung strafbar ist, erschließt sich jedenfalls nicht ohne weiteres aus dem Text des § 303 StGB. In einem entsprechenden Urteil jedoch erwacht der Buchstabe des Gesetzes für den Laien zum Leben.[160] Wird eine Regelungssituation verbreitet als unzureichend empfunden, so kann dies den Gesetzgeber zum Handeln veranlassen.[161] Insofern ist Rechtsprechungskontrolle zugleich mittelbare Gesetzgebungskontrolle,[162] so daß ihr trotz der Immunisierung der Dritten Gewalt gegenüber der unmittelbaren Wirkung von Wahlen[163] Bedeutung für deren Vorbereitung zukommt.

ddd) Kontrolle auch ohne unmittelbare Sanktion

Auch die Sanktionslosigkeit der Kontrolle ist letztlich unproblematisch.[164] Zum einen erweist sich jedenfalls die sogleich zu erörternde Kontrolle durch die Medien als durchaus effektiv. Im übrigen muß die Kontrollfunktion der öffentlichen Meinung nicht zwingend eine Sanktionsmöglichkeit im Sinne einer normativ faßbaren Einwirkungsmöglichkeit beinhalten. Spezifikum der Kontrolle durch die öffentliche Meinung ist gerade, daß sie sich weitgehend im nicht normierbaren gesellschaftlich-politischen Bereich vollzieht,[165] was sich auch auf mögliche Konsequenzen der Kontrolle auswirken muß. Die demokratisch geforderte Kontrolle der Rechtsprechung durch die Öffentlichkeit ist nicht die juristisch-

---

richtssaal, 1999, S. 217; *Rohde*, Die Öffentlichkeit im Strafprozeß, Diss. Bochum 1972, S. 176; *Vietmeyer*, Vor- und Nachteile von Fernsehöffentlichkeit, Diss. Göttingen 2002, S. 26f.

[160] *R. Gerhardt*, Zur Frage der Verfassungsmäßigkeit des Verbots von Rundfunk- und Fernsehaufnahmen im Gerichtssaal (§ 169 Satz 2 GVG), Diss. Frankfurt a. M. 1968, S. 52.

[161] BVerwGE 104, 105 (109); *Rohde*, Die Öffentlichkeit im Strafprozeß, Diss. Bochum 1972, S. 174; *Britz*, Fernsehaufnahmen im Gerichtssaal, 1999, S. 223 f. Vgl. auch *Schmidthals*, Wert und Grenzen der Verfahrensöffentlichkeit im Strafprozeß, 1977, S. 249.

[162] Dazu auch *Bäumler*, JR 1978, 320.

[163] Oben Teil 3 B.II.3., S. 177, mit Fn. 109.

[164] Anders *Martens*, Öffentlich als Rechtsbegriff, 1969, S. 74, der aus diesem Grund eine demokratiestaatlich begründete Forderung nach Rechtsprechungsöffentlichkeit verneint.

[165] *Kloepfer*, in: HStR II, 2. Aufl. 1998, § 35 Rdnr. 19.

fachliche Kontrolle, die – wie beispielsweise die Rechtsbehelfe – im einzelnen Fall die „korrekte" Entscheidung gewährleisten soll. Demokratische Kontrolle ist eine allgemeine Kontrolle im Sinne eines kritischen Miterlebens staatlicher Machtausübung.[166] Daher erscheint auch die unmittelbare Sanktionsmöglichkeit nicht als zwingendes Kriterium. Vielmehr ist die Ermöglichung einer fundierten öffentlichen Meinung gleichbedeutend mit demokratischer Kontrolle.[167]

eee) Die Kontrollierbarkeit der Rechtsprechung

Stark abgeschwächt wird die Kontrolle durch die Saalöffentlichkeit jedoch insofern, als Gerichtsverhandlungen trotz ihrer allgemeinen Zugänglichkeit regelmäßig vor leeren Zuschauerbänken stattfinden.[168] Wenn in spektakulären Strafverfahren eine größere Anzahl von Zuschauern anwesend ist, dürfte das eher auf Sensationslust denn auf einer Kontrollabsicht beruhen.[169] Insofern ist die tatsächliche Kontrolle durch anwesende Zuschauer eine insgesamt zu vernachlässigende Größe.

Nach wie vor von Bedeutung ist hingegen die *Kontrollierbarkeit* der Rechtsprechung.[170] Selbst wenn man daran zweifeln mag, ob der leere Zuschauerraum für den Richter „stete und unüberhörbare Mahnung zu getreuer Pflichterfüllung"[171] ist, weil Zuschauer hereinkommen könnten, so trägt doch zumindest das Wissen der Bürger um die jederzeit bestehende Möglichkeit, an Gerichtsverhandlungen teilzunehmen, zur Bildung von Vertrauen in die Tätigkeit der Rechtsprechung bei.[172] Dafür kommt es nicht auf die konkret-aktuelle, sondern allein auf die potentielle Anwesenheit beliebiger Vertreter der Öffentlichkeit an.[173] Danach

---

[166] *Jerschke*, Öffentlichkeitspflicht der Exekutive und Informationsrecht der Presse, 1971, S. 76 f.; *Bäumler*, JR 1978, 320. S. auch *Weidemann*, DRiZ 1970, 114; *Zipf*, Gutachten 54. DJT, 1982, C 42.

[167] So das Sondervotum *Kühling/Hohmann-Dennhardt/Hoffmann-Riem* BVerfGE 103, 44 (73), allerdings unter Betonung der rechtsstaatlichen Kontrollkomponente.

[168] *Franzki*, DRiZ 1979, 82; *Höbermann*, Der Gerichtsbericht in der Lokalzeitung: Theorie und Alltag, 1989, S. 45. S. auch *Alber*, Die Geschichte der Öffentlichkeit im deutschen Strafverfahren, 1974, S. 80, zur Erörterung dieses Aspekts bereits in der Diskussion um die Einführung der Öffentlichkeit.

[169] *Wickern*, in: Löwe-Rosenberg, StPO und GVG, 7. Bd., 25. Aufl. 2003, Vor § 169 GVG Rdnr. 3; *F. Burbulla*, Die Fernsehöffentlichkeit als Bestandteil des Öffentlichkeitsgrundsatzes, 1998, S. 30 f.

[170] *F. Klein*, in: Maunz/Schmidt-Bleibtreu/Klein/Bethge, BVerfGG, § 17 Rdnr. 3; *F. Burbulla*, Die Fernsehöffentlichkeit als Bestandteil des Öffentlichkeitsgrundsatzes, 1998, S. 30; *M. Wolf*, Gerichtsverfassungsrecht aller Verfahrenszweige, 6. Aufl. 1987, § 25 I 1, S. 243; vgl. auch *Zipf*, Gutachten 54. DJT, 1982, C 40.

[171] *Schultz*, SJZ 1973, 131. Ähnlich *Prütting*, in: FS für Rolf A. Schütze, 1999, S. 688: Möglichkeit der Anwesenheit hat sich als wirksames Kontrollinstrument erwiesen.

[172] *Burkhardt*, in: Wenzel, Das Recht der Wort- und Bildberichterstattung, 5. Aufl. 2003, 10. Kapitel Rdnr. 178; *Voßkuhle/Sydow*, JZ 2002, 680.

[173] *Fincke*, in: Eser/Kaiser (Hrsg.), Viertes deutsch-sowjetisches Kolloquium über Strafrecht und Kriminologie, 1989, S. 114.

ist die Kontrollfunktion der Saalöffentlichkeit eher abstrakter Natur; sie bezieht sich nicht auf das einzelne Verfahren, sondern auf die Rechtsprechung als Ganzes.[174]

bb) Kontrolle durch die Medien

Anders fällt die Beurteilung der Kontrollfunktion aus, wenn man auf die Gerichtsberichterstattung in den Medien abstellt. Zwar hat auch diese insofern eine abstrakte Komponente, als schon die bloße Möglichkeit der Berichterstattung Vertrauen in die ordnungsgemäße Arbeit der Rechtsprechung schafft.[175] Darüber hinaus findet durch die Medien jedoch eine *konkrete* Kontrolle statt, die zum einen die Tätigkeit der Rechtsprechung insgesamt, also etwa Fragen der generellen Verfahrensdauer, zum anderen aber auch einzelne Verfahren betrifft.[176] Dazu zählt die Auseinandersetzung mit gerichtlichen Entscheidungen in der juristischen Fachpresse, vor allem aber die kritische Berichterstattung in den Massenmedien. Gerichtsberichterstattung und Justizkritik sind in der Presse und im Rundfunk alltägliche Phänomene. Die demokratisch geforderte Kontrolle der Rechtsprechung ist mittlerweile nahezu vollständig auf die Medien übergegangen[177] – sofern sie dort nicht schon immer angesiedelt war. Besonders deutlich tritt die Kontrolle durch die Medien an einigen Beispielen aus der jüngeren Vergangenheit hervor.

So wurde die strafrechtliche Behandlung der tödlichen Schüsse auf Flüchtlinge an der ehemaligen innerdeutschen Grenze im Anschluß an die „Mauerschützenurteile" engagiert diskutiert.[178] Vor allem aber haben die „Soldaten sind Mörder"-Entscheidung[179] sowie die „Kruzifix"-Entscheidung[180] des *Bundesverfassungsgerichts* erhebliches Aufsehen erregt; die Reaktionen der Öffentlichkeit waren kontrovers, überwiegend allerdings skeptisch bis brüsk ablehnend, was im „Kruzifix"-Fall sogar zu nachträglichen Erläuterungen des Gerichts führte.[181] Regelrechten Wirbel hat schließlich ein strafgerichtliches

---

[174] *Schilken*, Gerichtsverfassungsrecht, 3. Aufl. 2003, Rdnr. 155; *F. Burbulla*, Die Fernsehöffentlichkeit als Bestandteil des Öffentlichkeitsgrundsatzes, 1998, S. 30. Ähnlich *Ranft*, Jura 1995, 574: indirekte Kontrolle „auf lange Sicht", die sich auf die Tätigkeit eines Gerichts oder der Gerichte über einen längeren Zeitraum bezieht.

[175] *F. Burbulla*, Die Fernsehöffentlichkeit als Bestandteil des Öffentlichkeitsgrundsatzes, 1998, S. 31; *Schilken*, Gerichtsverfassungsrecht, 3. Aufl. 2003, Rdnr. 155.

[176] *Wickern*, in: Löwe-Rosenberg, StPO und GVG, 7. Bd., 25. Aufl. 2003, Vor § 169 GVG Rdnr. 3; *Zipf*, Gutachten 54. DJT, 1982, C 41.

[177] *Degenhart*, in: HStR III, 2. Aufl. 1996, § 76 Rdnr. 50; *Voßkuhle/Sydow*, JZ 2002, 680; *Roxin*, in: FS 30 Jahre Münchener Juristische Gesellschaft, 1996, S. 97.

[178] Dazu *Britz*, Fernsehaufnahmen im Gerichtssaal, 1999, S. 199.

[179] BVerfG (3. Kammer des Ersten Senats) NJW 1994, 2943 f.

[180] BVerfGE 93, 1 ff.

[181] *Wickern*, in: Löwe-Rosenberg, StPO und GVG, 7. Bd., 25. Aufl. 2003, Vor § 169 GVG Rdnr. 3; detailliert *Prinz*, in: FS für Manfred Engelschall, 1996, S. 243 f. Kritisch zu den

Urteil wegen der Leugnung des Holocaust gegen den NPD-Vorsitzenden *Günter Deckert* verursacht. In den Entscheidungsgründen ließ das Gericht unter anderem Verständnis für die Motive des Angeklagten erkennen und bezeichnete diesen als „charakterstarke, verantwortungsbewußte Persönlichkeit mit klaren Grundsätzen".[182] Das darauf einsetzende „Trommelfeuer öffentlicher Kritik"[183] führte nicht nur zur – letztlich negativ verlaufenen –[184] staatsanwaltlichen Prüfung des Urteils auf strafrechtlich relevante Aussagen.[185] Es führte sogar dazu, daß zwei der beteiligten Richter, offiziell wegen dauernder krankheitsbedingter Verhinderung, zeitweise durch Vertreter ersetzt wurden,[186] was freilich zugleich das Spannungsverhältnis zwischen effektiver öffentlicher Kontrolle einerseits und richterlicher Unabhängigkeit andererseits belegt.[187]

Ungeachtet dieses gegenläufigen Aspekts illustrieren die beliebig vermehrbaren Beispiele[188] nicht nur, daß durch die Medien eine echte öffentliche Kontrolle der Rechtsprechung stattfindet. Sie lassen zugleich erkennen, daß sich diese Kontrolle auch und gerade auf den Inhalt gerichtlicher Entscheidungen bezieht, und zwar unabhängig von einer vorausgegangen öffentlichen mündlichen Verhandlung. Gegenstand effektiver medialer Kontrolle sind auch Entscheidungen, die – wie im „Kruzifix"- bzw. im „Soldaten sind Mörder"-Fall – nicht auf einer mündlichen Verhandlung beruhen. Darüber hinaus ist es selbst in Verfahren, in denen mündlich verhandelt und damit auch das Urteil öffentlich verkündet wird, ein zumindest mögliches, wenn nicht sogar ein typisches Phänomen, daß kritische Berichterstattung erst an die schriftliche Fassung des Urteils anknüpft. So wurde etwa über die Urteilsverkündung im *Deckert*-Verfahren in den Me-

---

vermeintlich überzogenen Reaktionen auf die „Kruzifix"-Entscheidung *Sendler*, NJW 1996, 825 ff.

182 LG Mannheim NJW 1994, 2494 ff.

183 *G. Bertram*, NJW 1994, 2397; s. auch *Weiler*, ZRP 1995, 131; *Glauben*, DRiZ 1996, 220. Zur Vielzahl der Stellungnahmen durch Politiker, Staatsorgane und Verbände s. Süddeutsche Zeitung v. 10. August 1994, Nr. 183, S. 1; Süddeutsche Zeitung v. 11. August 1994, Nr. 184, S. 1. Die Süddeutsche Zeitung v. 12. August 1994, Nr. 185, S. 4, gibt einen Überblick über die Berichterstattung in anderen Zeitungen. *St. Geiger*, DRiZ 1996, 32, sieht die tatsächliche Ursache für die heftige Kritik in einer grundlegenden Vertrauenskrise der Justiz.

184 Süddeutsche Zeitung v. 17. September 1994, Nr. 215, S. 5.

185 Süddeutsche Zeitung v. 12. August 1994, Nr. 185, S. 2.

186 Die zunächst veröffentlichte Meldung, die Richter seien von ihren Ämtern entbunden worden (Süddeutsche Zeitung v. 16. August 1994, Nr. 187, S. 6), wurde später korrigiert. S. dazu Süddeutsche Zeitung v. 17. August 1994, Nr. 188, S. 2.

187 S. dazu die Kritik des *Deutschen Richterbundes* an der vermeintlichen Ablösung der Richter, Süddeutsche Zeitung v. 17. August 1994, Nr. 188, S. 1. Deutliche Kritik sowohl an der Entscheidung der Richter als auch an den ihre Unabhängigkeit berührenden Reaktionen übt auch *Sendler*, ZRP 1994, 377 f.

188 Von einem weiter zurückliegenden Fall, in dem eine als skandalös aufgefaßte Entscheidung zu einer parlamentarischen Debatte im Abgeordnetenhaus von Berlin geführt hat, berichtet *Sendler*, NJW 1983, 1454 mit Fn. 47.

dien zunächst neutral berichtet.[189] Erst an den mit einigem zeitlichem Abstand bekanntgewordenen schriftlichen Urteilsgründen entzündete sich die allgemeine Kritik[190] – die sich dann freilich auch auf den zuvor nicht beanstandeten Ablauf der mündlichen Verhandlung erstreckte.[191]

c) Integration durch Rechtsprechungsöffentlichkeit

Schließlich trägt die Öffentlichkeit der Rechtsprechung auch zur staatlichen Integration mittels öffentlicher Meinung bei. Indem sich die Bürger ein Bild davon machen können, ob die Rechtsordnung Konflikte sachlich, unabhängig und in einer als gerecht empfundenen Weise regelt, wird mit dem Grundkonsens über die Angemessenheit rechtlicher Regelungen die für die Demokratie erforderliche Akzeptanz der Rechtsordnung befördert.[192] Nicht nur im Hinblick auf politisch brisante Verfahren kommt diesem Aspekt eine erhebliche Bedeutung zu.[193] Zudem setzt Integration eine gewisse Orientierung des Richters an der öffentlichen Meinung voraus.[194]

aa) Die Rechtsprechung als Gegenstand staatlicher Integration

Dieser Sichtweise wird entgegengehalten, die Dritte Gewalt zähle gerade nicht zu den auf Integration angelegten staatlichen Tätigkeiten. Vielmehr müsse sie von der politischen Einflußnahme und den plebiszitären Elementen, die mit der Einbeziehung in den Prozeß öffentlicher Meinungsbildung einhergehen, freigehalten werden. Vor diesem Hintergrund soll zwischen unterschiedlichen Formen staatlicher Öffentlichkeit zu unterscheiden sein. Öffentlichkeit im Sinne von (möglichst breit angelegter, mediengestützter) Publizität sei nur in den auf Integration angelegten Bereichen staatlicher Tätigkeit gefordert, in denen die Bürger aktiv einbezogen werden sollten. Gerichtsöffentlichkeit hingegen sei etwas völlig anderes.[195] Zur maßgeblichen Zäsur gerät dabei die gerichtliche

---

189 S. beispielhaft Süddeutsche Zeitung v. 23. Juni 1994, Nr. 142, S. 2. Die Entscheidungsverkündung datiert vom 22. Juni 1994.

190 *G. Bertram*, NJW 1994, 2397.

191 Die Süddeutsche Zeitung v. 11. August 1994, Nr. 184, S. 6, berichtet, der Vorsitzende sei nach Einschätzung von Prozeßbeobachtern vom Berichterstatter soufflierend unterstützt worden.

192 Sondervotum *Kühling/Hohmann-Dennhardt/Hoffmann-Riem* BVerfGE 103, 44 (73). – Skeptisch zur Integration durch Gerichtsöffentlichkeit *Rohde*, Die Öffentlichkeit im Strafprozeß, Diss. Bochum 1972, S. 166: „bestenfalls nur sehr unvollkommen".

193 *Kloepfer*, in: HStR II, 2. Aufl. 1998, § 35 Rdnr. 61. Zur Integration durch Rechtsprechungsöffentlichkeit bei der Aufarbeitung des SED-Unrechts *Enders*, NJW 1996, 2712.

194 *Schmidthals*, Wert und Grenzen der Verfahrensöffentlichkeit im Strafprozeß, 1977, S. 250.

195 *Bockelmann*, NJW 1960, 218 f.; *Erdsiek*, NJW 1960, 1049. Prägnant der Titel des Beitrags von *Eb. Schmidt*, in: FS für Walter Schmidt, 1959, S. 338 ff.: „Öffentlichkeit oder

Entscheidung: Mitverantwortung der Bürger vor dem Urteil sei nicht denkbar. Anders soll erst die Urteilskritik nach der gerichtlichen Entscheidung zu beurteilen sein.[196]

Zwar ist nicht zu verkennen, daß sich die Rechtsprechung (auch) mit Blick auf ihre demokratische Rückkoppelung von der Legislative und der Exekutive, auf die sich die staatsbezogene öffentliche Meinung nach dieser Auffassung beschränken würde,[197] unterscheidet. Die ausgeprägte Abkoppelung der Rechtsprechung von direkten Ingerenzen kommt in der richterlichen Unabhängigkeit als einer Funktionsvoraussetzung der Dritten Gewalt[198] deutlich zum Ausdruck; sie steht echten Plebisziten mit Bindungswirkung für die Justiz entgegen.[199] Dennoch ist die Rechtsprechung eben kein von der Gesellschaft abgeschotteter und unbeeinflußter Bereich staatlicher Machtausübung.[200] Auch die Justiz lebt nicht in einem Elfenbeinturm, sondern bedarf als Emanation staatlichen Handelns der öffentlichen Kontrolle.[201] Entscheidend ist nicht die *Tatsache*, sondern das *Maß* der damit verbundenen Einflußnahme.[202] Es geht um die Frage, ob sich die öffentliche Meinung auf die ihr zukommende Rolle beschränkt oder ob sie in verfassungswidriger Weise in den Bereich der Staatswillensbildung übergreift.

Letzteres war – worauf die Gegenauffassung hinweist – etwa in der Zeit des Nationalsozialismus der Fall, als § 112 StPO Untersuchungshaft ohne Vorliegen weiterer Haftgründe auch zuließ, „wenn es mit Rücksicht auf die Schwere der Tat und die durch sie hervorgerufene Erregung der Öffentlichkeit nicht erträglich" gewesen wäre, den Angeschuldigten in Freiheit zu lassen.[203] Weiter läßt sich kaum bestreiten, daß auch heute noch – namentlich im Rahmen spektakulärer

---

Publicity?". Gegen die vermeintliche Grundverschiedenheit von Gerichtsöffentlichkeit und sonstiger staatlicher Öffentlichkeit *Strauch*, in: FS für Walter Mallmann, 1978, S. 253.

[196] *Erdsiek*, NJW 1960, 1049. In diese Richtung zielt auch der Vorschlag von *Dahs*, Referat 54. DJT, 1982, K 23 f., der die strafgerichtliche Hauptverhandlung weitgehend nichtöffentlich stattfinden lassen will. Jedoch sollen Medienvertreter Zutritt haben; die Berichterstattung soll freilich erst nach dem Abschluß der Instanz zulässig sein. Kritisch zu diesem Vorschlag *Wallraff*, AfP 1982, 162 f. Zu älteren Ansätzen, einen „contempt of court"-ähnlichen Straftatbestand einzuführen, durch den u. a. die öffentliche, dem Urteil vorgreifende Erörterung des Verfahrensausgangs oder des Werts von Beweismitteln in Strafverfahren pönalisiert werden sollte, s. unten Teil 3 C.III.3.c), S. 210 f., mit Fn. 309.

[197] *Franke*, Die Bildberichterstattung über den Angeklagten und der Öffentlichkeitsgrundsatz im Strafverfahren, 1978, S. 45.

[198] *Weber-Grellet*, ZRP 2003, 146.

[199] *Rohde*, Die Öffentlichkeit im Strafprozeß, Diss. Bochum 1972, S. 172.

[200] *Rohde*, Die Öffentlichkeit im Strafprozeß, Diss. Bochum 1972, S. 174: Unabhängigkeit bedeutet keine Isolation. Das konzediert trotz seiner Ablehnung von Publizität der Justiz auch *Eb. Schmidt*, Die Sache der Justiz, 1961, S. 23: „kein isoliertes Dasein auf glücklich abgeschirmter ‚Rechts'-Insel".

[201] *Kissel*, NJW 1979, 1958; *Rheinstein*, JuS 1974, 412.

[202] *Schulze-Fielitz*, in: Schuppert/Bumke (Hrsg.), Bundesverfassungsgericht und gesellschaftlicher Grundkonsens, 2000, S. 131.

[203] *Bockelmann*, NJW 1960, 220; *Hamm*, NJW 1995, 760.

Strafverfahren – die öffentliche Meinung Einfluß auf Entscheidungen über die Verhängung von Untersuchungshaft oder die Zulassung der Anklage nehmen kann.[204]

Die Gefahr einer unzulässigen Einflußnahme ist nicht auf die Rechtsprechung beschränkt, sondern droht der Sache nach auch bei der Einflußnahme auf Parlamentarier oder Verwaltungsbehörden.[205] Dort wie hier entzieht sie das staatliche Handeln nicht von vornherein der öffentlichen Meinungsbildung. Dies zu leugnen, ginge an der Realität vorbei. Nicht nur bei der Anwendung ausfüllungsbedürftiger Gesetzesbegriffe fließen gesellschaftliche Wertvorstellungen über die Person selbst eines um größtmögliche Objektivität bemühten Richters[206] in seine Entscheidung mit ein.[207] Die insgesamt eigenständige Funktion[208] der Rechtsprechung, die eben nicht nur eine vom Gesetzgeber vorgeschriebene Rechtsfolge ausspricht, ist heute auch in politischer und gesellschaftlicher Hinsicht unbestritten. Folglich muß die Justiz auch Gegenstand öffentlicher Meinungsbildung sein;[209] daraus resultierende systemkonforme Einflußnahmen hat sie auszuhalten.

Gerade in der vermeintlichen Zäsur durch das Urteil tritt die entscheidende Schwäche der gegenteiligen Auffassung hervor. Um die „Gefahr“ einer Einflußnahme der öffentlichen Meinung auf die Rechtsprechung zu beschränken, müßten gerichtliche Entscheidungen bis zum Eintritt der Rechtskraft von der öffentlichen Meinung abgeschottet werden. Andernfalls droht die Einflußnahme auf die Folgeinstanz. Entsprechendes gilt sogar für rechtskräftige Entscheidungen, deren maßgebliche Rechtsfragen in späteren Verfahren relevant werden können.

---

[204] *Bockelmann*, NJW 1960, 220f. Vgl. jedoch auch *Güde*, NJW 1960, 519, der sich zu Unrecht als Beleg für die Gefahr in Anspruch genommen sieht, daß trotz eines ungenügenden Anlasses auf Grund eines außerprozessualen Interesses an einer öffentlichen Erörterung Anklage erhoben wird.

[205] *Franke*, Die Bildberichterstattung über den Angeklagten und der Öffentlichkeitsgrundsatz im Strafverfahren, 1978, S. 46.

[206] *Kloepfer*, in: HStR II, 2. Aufl. 1998, § 35 Rdnr. 34.

[207] *Rohde*, Die Öffentlichkeit im Strafprozeß, Diss. Bochum 1972, S. 174f. S. auch *Fromme*, in: FS Hans Joachim Faller, 1984, S. 424ff., speziell zum *Bundesverfassungsgericht*.

[208] Zur Betonung der Gleichrangigkeit und Eigenständigkeit der Dritten Gewalt durch die Verwendung von „rechtsprechender Gewalt“ anstelle von „Gerichtsbarkeit“ in Art. 92 GG s. bereits oben Teil 1 C., S. 38, mit Fn. 145. Zur Eigenständigkeit der Entscheidungen speziell der Strafgerichte *Schmidthals*, Wert und Grenzen der Verfahrensöffentlichkeit im Strafprozeß, 1977, S. 251.

[209] *Britz*, Fernsehaufnahmen im Gerichtssaal, 1999, S. 218; *Franke*, Die Bildberichterstattung über den Angeklagten und der Öffentlichkeitsgrundsatz im Strafverfahren, 1978, S. 45.

bb) Die vertrauensbildende Funktion der Gerichtsöffentlichkeit

Auch die vertrauensschaffende Funktion gerichtlicher Öffentlichkeit läßt sich als Beitrag zur Integration des Staates auffassen.[210]

aaa) Vertrauensschaffung bzw. Mißtrauensvermeidung durch Saalöffentlichkeit

Der unmittelbar mit der Kontrollfunktion verbundene Gedanke,[211] mittels gerichtlicher Öffentlichkeit Vertrauen in die Tätigkeit der Rechtsprechung zu schaffen, gilt als weiterer wichtiger, wenn nicht sogar als primärer traditioneller Zweck der Öffentlichkeit.[212] Mit ihm wurde bereits die Forderung nach Abschaffung des geheimen Verfahrens begründet.[213] Später hat schon das *Reichsgericht* hervorgehoben, die Öffentlichkeit – im Sinne der Zutrittsmöglichkeit – solle „eine wesentliche Bedingung des öffentlichen Vertrauens zur Rechtsprechung der Gerichte" gewährleisten; sie solle verhindern, daß „die gesamte Tätigkeit des Gerichts hinter verschlossenen Türen in ein Dunkel gehüllt und dadurch Mißdeutungen und Argwohn ausgesetzt" würde.[214]

Dem Grunde nach besteht diese Funktion der Öffentlichkeit bis heute. Allerdings haben sich die Rahmenbedingungen seither fundamental verändert. Schon wegen des Wegfalls der Vorstellung, eine öffentliche Verhandlung garantiere eine gerechte Entscheidung, ist der Öffentlichkeit zwangsläufig ein Teil ihres vertrauensbildenden Potentials abhanden gekommen. Darüber hinaus werden die ordnungsgemäße Durchführung des Verfahrens sowie die Richtigkeit der Entscheidung heute prozessual wie materiell-rechtlich mit Hilfe von Instituten gesichert, die seinerzeit unbekannt waren. Zu nennen sind die Inhaltskontrolle im Instanzenzug, die Freiheits- und Justizgrundrechte der Prozeßbeteiligten sowie die weiteren Ausprägungen einer rechtsstaatlichen Gerichtsbarkeit einschließlich des verfassungsgerichtlichen Rechtsschutzes. Eine verfahrensfremde Einflußnahme durch andere Staatsgewalten steht auf Grund der verfassungsrechtlich

---

[210] Vgl. *Degenhart*, in: HStR III, 2. Aufl. 1996, § 76 Rdnr. 52: Vertrauensbildende Funktion der Öffentlichkeit als wesentlicher Aspekt demokratischer Akzeptanz der Rechtsprechung. Zur Zuordnung der vertrauensschaffenden Funktion von Gerichtsöffentlichkeit zur staatlichen Integration s. auch *Schmidthals*, Wert und Grenzen der Verfahrensöffentlichkeit im Strafprozeß, 1977, S. 230.

[211] Vgl. *Köbl*, in: FS für Ludwig Schnorr von Carolsfeld, 1972, S. 246: Öffentlichkeit schafft nur Vertrauen, wenn durch sie zumindest rudimentäre Kontrolle ausgeübt wird.

[212] *Ranft*, Jura 1995, 574; *H.J. Schneider*, JuS 1963, 350; *Hillermeier*, DRiZ 1982, 282; *Franzki*, DRiZ 1979, 82; *Köbl*, in: FS für Ludwig Schnorr von Carolsfeld, 1972, S. 245f.; *Schilken*, Gerichtsverfassungsrecht, 3. Aufl. 2003, Rdnr. 155; *Martens*, Öffentlich als Rechtsbegriff, 1969, S. 75.

[213] S. nur *A. v. Feuerbach*, Betrachtungen über die Öffentlichkeit und Mündlichkeit der Gerechtigkeitspflege, Bd. 1, 1821, Neudruck 1969, S. 90f.

[214] So bereits RGSt 70, 109 (112).

verbürgten Unabhängigkeit der Richter nicht mehr im gleichen Ausmaß zu befürchten wie früher.

bbb) Die fortbestehende Bedeutung der Mißtrauensvermeidung

Gleichwohl ist der Aspekt der Vertrauensschaffung durch Öffentlichkeit nicht funktionslos geworden. Vertrauen ist das Ergebnis eines permanenten Vorgangs, der durch eigenes Erleben wesentlich befördert wird.[215] Dazu trägt die Zutrittsmöglichkeit zu Gerichtsverhandlungen bei, indem – namentlich im Strafprozeß, aber auch im übrigen – speziell durch die Beweisaufnahme die Grundlagen der Entscheidung transparent und damit nachvollziehbar werden.[216]

Freilich gehen die Sozialwissenschaften trotz der seit langem etablierten Zugänglichkeit der mündlichen Verhandlung nach wie vor von einer gewissen Skepsis gegenüber der Rechtsprechung aus.[217] Auch hat sich gezeigt, daß einzelne als unbefriedigend empfundene Entscheidungen bis heute zu regelrechten Vertrauenskrisen führen können, ohne daß die Zugänglichkeit der vorausgegangenen Verhandlung daran etwas zu ändern vermag.

Dennoch läßt sich die vertrauensschaffende Wirkung der Öffentlichkeit nicht in Abrede stellen.[218] Zwar mag es schwierig, wenn nicht sogar unmöglich sein, die vertrauensbildende Wirkung der Zutrittsmöglichkeit positiv nachzuweisen. Jedoch zeigt umgekehrt nicht nur die historische Erfahrung, daß die generelle Heimlichkeit der gerichtlichen Tätigkeit – also bildlich gesprochen das permanente Verschließen der Saaltüren – Mißtrauen hervorrufen würde.[219] Selbst wenn es sich dabei wegen der rechtsstaatlichen Sicherungen des Verfahrens nicht mehr um das umfassende und pauschale Mißtrauen handeln würde, das das Bürgertum des Liberalismus gegenüber der Rechtsprechung als Teil des absolutistischen Staates empfunden hat,[220] so darf man doch annehmen, daß eine vollständig nichtöffentlich ablaufende Rechtsprechung auch heute noch zu weniger Vertrauen bzw. zu größerem Mißtrauen führen würde als die derzeitigen prinzipiell öffentlichen Verhandlungen. Daß momentan der *ausnahmsweise* verfügte Aus-

---

[215] *Odersky*, in: FS für Gerd Pfeiffer, 1988, S. 334.

[216] *Ranft*, Jura 1995, 574.

[217] *H. Jung*, in: GS für Hilde Kaufmann, 1986, S. 898 f. S. dazu auch die von *Schmidthals*, Wert und Grenzen der Verfahrensöffentlichkeit im Strafprozeß, 1977, S. 157 Fn. 495, zitierte Umfrage des Instituts für Demoskopie Allensbach, nach der 32 % der Befragten volles Vertrauen zur Rechtsprechung besaßen, 30 % mit „teils, teils" antworteten und 32 % solches Vertrauen verneinten. Eine Umfrage mit ähnlichen Ergebnissen beschreibt *Bührke*, in: Reynold (Hrsg.), Justiz und Öffentlichkeit, 1966, S. 23 f. S. weiter *Wettstein*, Der Öffentlichkeitsgrundsatz im Strafprozess, Diss. Zürich 1966, S. 41 Fn. 117, der auf vergleichbare Resultate einer Umfrage in Belgien hinweist.

[218] So aber *Rohde*, Die Öffentlichkeit im Strafprozeß, Diss. Bochum 1972, S. 159 ff.

[219] *Zipf*, Gutachten 54. DJT, 1982, C 42 f.

[220] *Rohde*, Die Öffentlichkeit im Strafprozeß, Diss. Bochum 1972, S. 161 f.

schluß der Öffentlichkeit kein gesteigertes Mißtrauen hervorzurufen scheint,[221] spricht nicht gegen diese Annahme, sondern belegt lediglich, daß namentlich die Unabhängigkeit der Gerichte für ein gewisses Basisvertrauen sorgt, das dem Staat einen Spielraum bei der Handhabung des Öffentlichkeitsgrundsatzes verschafft.[222] Die vollständige Abschottung der Rechtsprechung, aber auch ein auf Journalisten beschränktes Zutrittsrecht, wären etwas völlig anderes. Sie würden zumindest deutlich leichter den Verdacht erregen, es gebe etwas zu verbergen, als wenn die Allgemeinheit nur in solchen Ausnahmefällen ausgeschlossen wird, deren Begründung regelmäßig für jedermann einsichtig ist. Insofern kommt der Öffentlichkeit bis heute die Funktion zu, Heimlichkeit und daraus resultierendes Mißtrauen zu vermeiden.[223]

ccc) Mißtrauensvermeidung als eine von mehreren Funktionen gerichtlicher Öffentlichkeit

Damit ist jedoch nicht gesagt, daß der Ausschluß von Argwohn die einzige oder auch nur die wichtigste Funktion gerichtlicher Öffentlichkeit wäre. Davon aber gehen insbesondere die Gegner von Rundfunkaufnahmen in mündlichen Verhandlungen häufig aus.[224] Der potentielle Vorwurf der Heimlichkeit nämlich scheint sich schon durch die bloße Zutrittsmöglichkeit zur mündlichen Verhandlung entkräften zu lassen.[225] Die Saalöffentlichkeit wäre damit ein ausreichendes Mittel zur Erreichung des angestrebten Zwecks. Eine über die „Allegorie der offenen Tür" hinausgehende Öffentlichkeit würde entbehrlich; das Ziel der Öffentlichkeit wäre trotz leerer Zuschauerbänke vollständig erreicht. Erforderlich wäre nicht die Anwesenheit „des" Publikums, sondern allein die Möglichkeit der Anwesenheit „von" Publikum.[226] Es genügte – nach *Luhmann* – „ein allgemeines und unbestimmtes Wissen, daß solche Verfahren laufend stattfinden und daß sich jedermann bei Bedarf darüber genauer unterrichten kann".[227]

Diese Sichtweise hätte freilich zugleich die erstaunliche Folge, daß sogar ein Pressebericht über eine mündliche Verhandlung nichts zum Zweck der Gerichtsöffentlichkeit beisteuern könnte. Jeder Verdacht von Heimlichkeit wäre ja ohnehin schon durch die offene Saaltür zerstreut; die Medien wären insofern ihrer Mittlerfunktion zwischen dem tatsächlichen Geschehen und dem Publikum enthoben.

---

[221] Dazu *Franzki*, DRiZ 1979, 82.

[222] *H. Jung*, in: GS für Hilde Kaufmann, 1986, S. 911 f.

[223] *Wettstein*, Der Öffentlichkeitsgrundsatz im Strafprozess, Diss. Zürich 1966, S. 59.

[224] S. etwa *Hamm*, NJW 1995, 761.

[225] Deutlich *Bockelmann*, NJW 1960, 218: Gerichtsöffentlichkeit verlangt nicht mehr, als daß Vorkehrungen gegen Heimlichkeit getroffen sind.

[226] *Bockelmann*, NJW 1960, 219.

[227] *Luhmann*, Legitimation durch Verfahren, 2. Aufl. 1975, S. 123 f.

Letztlich ist diese zweifelhafte Konsequenz das Ergebnis der begrifflichen Unschärfe, daß Gerichtsöffentlichkeit von vornherein mit Saalöffentlichkeit gleichgesetzt wird.[228] Das zeigt sich exemplarisch, wenn der *Deutsche Richterbund* zur Verfassungsmäßigkeit des Aufnahmeverbots in § 169 S. 2 GVG ausführt, bisher sei nicht erkennbar geworden,

> „daß der mit dem Öffentlichkeitsgrundsatz angestrebte Zweck durch das Verbot der Fernseh/Rundfunk-Aufnahmen von Gerichtsverhandlungen in irgendeiner Form beeinträchtigt worden ist. Ein Mangel an Öffentlichkeit und der damit verbundene Vorwurf, daß die gesamte Tätigkeit des Gerichts hinter verschlossenen Türen stattfindet und sich der Kontrolle durch die Allgemeinheit entziehen will, wird nicht erhoben."[229]

Wenn aber Saalöffentlichkeit und Gerichtsöffentlichkeit für deckungsgleich gehalten werden, ist es nicht erstaunlich, daß bereits die Saalöffentlichkeit den Zweck „der" Gerichtsöffentlichkeit vollständig zu erfüllen vermag. Diese Sichtweise gerät jedoch zumindest in die Nähe einer petitio principii. An der entscheidenden Frage, ob einer über die Saalöffentlichkeit hinausgehenden Medienöffentlichkeit Funktionen zukommen (können), die die Zutrittsmöglichkeit allein nicht oder nur unzureichend zu erfüllen vermag, geht sie vorbei.

Dazu zählt namentlich die Befriedigung des Informationsinteresses der Allgemeinheit. So richtig die auf die Vermeidung von Heimlichkeit beschränkte und damit im wesentlichen negativ ausgerichtete[230] Zwecksetzung gerichtlicher Öffentlichkeit im historischen Kontext gewesen sein mag, so verfehlt erscheint sie vor dem Hintergrund tatsächlich und gesellschaftlich vollständig veränderter Verhältnisse.

ddd) Mißtrauensvermeidung jenseits der mündlichen Verhandlung

Ein weiterer Gesichtspunkt kommt hinzu. Selbst soweit die Gerichtsöffentlichkeit Mißtrauen vermeiden soll, ist es mit der Zugänglichkeit der mündlichen Verhandlung nicht zwingend getan. Argwohn und Skepsis können sich auch und gerade auf solche Aspekte beziehen, die in der mündlichen Verhandlung nicht deutlich werden – sofern eine solche überhaupt stattfindet. So wird sich die „Richtigkeit" einer zivilgerichtlichen Entscheidung häufig nicht auf der Grundlage der mündlich erörterten Fakten ermessen lassen. Im Strafverfahren besteht heute weniger die Sorge einer übertriebenen Härte. Skepsis rufen mittlerweile eher vermeintlich privilegierende Verfahrenseinstellungen und Absprachen („deals") hervor.[231] Daraus resultierendes Mißtrauen läßt sich nicht

---

[228] Zur Kritik an dieser Gleichsetzung s. bereits oben Teil 1 B.III.3.a), S. 24 ff.

[229] *DRB*, DRiZ 1996, 246. Es handelt sich um die Stellungnahme in dem BVerfGE 103, 44 ff. zugrundeliegenden Verfahren. Näher dazu unten Teil 5 D.IV., S. 383 ff.

[230] Vgl. *Bockelmann*, NJW 1960, 218: Die Öffentlichkeit richte sich nur gegen Heimlichkeit und habe auch im übrigen im wesentlichen negative Funktionen.

[231] Dazu *Odersky*, in: FS für Gerd Pfeiffer, 1988, S. 334; *Weiler*, ZRP 1995, 132. Zur Zulässigkeit derartiger Absprachen BGHSt 43, 195 ff.

durch Saalöffentlichkeit ausschalten, sondern nur durch die mediale Begleitung des Geschehens, die durch Pressemitteilungen, durch die Veröffentlichung von Entscheidungen sowie durch die Erteilung von Auskünften auf Grund von journalistischen Anfragen maßgeblich befördert wird.

eee) Fazit zur vertrauensbildenden Funktion

Soweit die Öffentlichkeit der mündlichen Verhandlung bezweckt, Mißtrauen zu vermeiden, ist die jedermann offenstehende Zutrittsmöglichkeit nach wie vor von entscheidender Bedeutung. Als Mittel zur Erreichung dieses Zwecks hat die Medienöffentlichkeit der Saalöffentlichkeit noch nicht in gleicher Weise den Rang abgelaufen wie im Hinblick auf die Kontrolle des Verhandlungsgeschehens. Vielmehr ergänzen sich beide Öffentlichkeitsformen. Daran wird sich auch in Zukunft nichts ändern.

Soweit freilich die Tätigkeit der Rechtsprechung jenseits mündlicher Verhandlungen der Gefahr von „Mißdeutungen und Argwohn“ ausgesetzt ist, erweist sich auch insofern die Öffnung gegenüber den Medien als entscheidendes Instrument der Vertrauensschaffung.

d) Resultat: Die demokratisch geforderte Medienöffentlichkeit der Rechtsprechung als Mittel zur Befriedigung des Informationsinteresses der Allgemeinheit

Die vorstehenden Überlegungen zur Legitimations-, Kontroll- und Integrationsfunktion der öffentlichen Meinung lassen sich in zwei Kernaussagen zusammenfassen.

Zum einen werden die klassischen Funktionen der Gerichtsöffentlichkeit, die Bezüge zur demokratischen Staatsform aufweisen, heute weitgehend durch die Berichterstattung in den Medien wahrgenommen. Trotz eines nach wie vor vorhandenen eigenen Stellenwerts der Saalöffentlichkeit ist demokratisch fundierte Gerichtsöffentlichkeit heute schon mit Blick auf ihre traditionellen Funktionen im wesentlichen Medienöffentlichkeit.

Zum anderen haben die traditionellen Funktionen der Gerichtsöffentlichkeit an Bedeutung verloren; sie sind mittlerweile eher von „latent-präventiver“ Relevanz.[232] Gleichzeitig ist jedoch eine neue Funktion hinzugekommen, die immer stärker in den Vordergrund tritt.[233] Im demokratisch verfaßten Staat grundgesetzlichen Zuschnitts ist die Rechtsprechung in die öffentliche Meinungsbildung eingeschlossen. Ihre Öffentlichkeit dient in erster Linie der Befriedigung des

---

[232] *Schilken*, Gerichtsverfassungsrecht, 3. Aufl. 2003, Rdnr. 155.

[233] *Y. Braun*, Medienberichterstattung über Strafverfahren im deutschen und englischen Recht, 1998, S. 164.

Informationsinteresses der Allgemeinheit,[234] um so die Voraussetzung für die kritisch-kontrollierende Begleitung der Rechtsprechung durch die Gesellschaft zu schaffen.[235] Dieser Funktionswandel verstärkt den schon mit Blick auf die traditionellen Funktionen konstatierten Bedeutungszuwachs der Medien, denen die Befriedigung des Informationsinteresses der Allgemeinheit grundrechtlich zugeordnet ist.

234 *Dannecker*, ZVglRWiss Bd. 97 (1998), S. 438; *Kleinknecht*, in: FS für Erich Schmidt-Leichner, 1977, S. 112 f.; *Meyer-Goßner*, StPO, 47. Aufl. 2004, § 169 GVG Rdnr. 1; *Hübner-Raddatz*, Fernsehöffentlichkeit im Gerichtssaal, 2002, S. 15 f.

235 *Kissel*, NJW 1979, 1958. Ähnlich *Diemer*, in: Karlsruher Kommentar zur StPO, 5. Aufl. 2003, § 169 GVG Rdnr. 2; *Meyer-Goßner*, ZRP 1982, 238: Kontrolle und Befriedigung des Informationsinteresses als Funktionen der Gerichtsöffentlichkeit.

C. Gerichtsöffentlichkeit und Rechtsstaatsprinzip

I. Die Ausgangslage

Neben ihren Anknüpfungspunkten im Demokratieprinzip besitzt die Öffentlichkeit der Dritten Gewalt deutliche Bezüge zum Rechtsstaatsprinzip des Grundgesetzes. Die Rechtsprechung selbst bezeichnet die (Saal-)Öffentlichkeit als grundlegende Einrichtung des Rechtsstaats,[236] ohne freilich diese Qualifikation dogmatisch näher zu begründen.[237]

Die präzise Zuordnung der Gerichtsöffentlichkeit zu einzelnen Elementen des Rechtsstaats aber ist schon angesichts der Multivalenz[238] dieses Zentralbegriffs des Staatsrechts[239] noch weniger verzichtbar als beim Demokratieprinzip.[240] Das Rechtsstaatsprinzip umfaßt Elemente, die schon in sich konträr strukturiert sind, jedenfalls aber gegenläufig ausfallen (können). Als Anknüpfungspunkt gerichtlicher Öffentlichkeit ist der Rechtsstaat zumindest ambivalent. Er ist sowohl Grund als auch Grenze gerichtlicher Öffentlichkeit.

Schon wegen dieser Ausgangssituation treten die Bezüge der Gerichtsöffentlichkeit zum Rechtsstaatsprinzip weniger deutlich hervor als diejenigen zum Demokratieprinzip. Die demokratische Bedeutung der Öffentlichkeit staatlichen Handelns im allgemeinen steht außer Frage; klärungsbedürftig war allein, in welchem Umfang davon die Rechtsprechung im besonderen betroffen ist. Als Wesensmerkmal von Rechtsstaatlichkeit hingegen ist die Publizität des Staatshandelns zumindest nicht in gleichem Maße anerkannt.[241] Das Demokratieprinzip betrifft von seiner Grundtendenz her primär das Verhältnis zwischen der Allgemeinheit und dem Staat, es ist auf Breitenwirkung ausgelegt. Im Unterschied dazu geht das Rechtsstaatsprinzip eher in die Tiefe, indem es die Rechtsstellung des einzelnen Bürgers im Verhältnis zum Staat näher ausgestaltet.[242]

---

[236] Oben Teil 3 A.III., S. 164 ff., mit Fn 12.

[237] *Prinz*, in: FS für Manfred Engelschall, 1996, S. 246.

[238] *Isensee*, in: HStR IX, 1997, § 202 Rdnr. 1.

[239] *Degenhart*, Staatsrecht I – Staatsorganisationsrecht, 20. Aufl. 2004, Rdnr. 233.

[240] Ähnlich *Zipf*, Gutachten 54. DJT, 1982, C 38. Gegen eine Ableitung der Gerichtsöffentlichkeit aus dem Rechtsstaatsprinzip wegen dessen Weite und Unbestimmtheit *Britz*, Fernsehaufnahmen im Gerichtssaal, 1999, S. 210 f.

[241] Für ein rechtsstaatliches Gebot der Öffentlichkeit staatlichen Handelns aber *Gurlit*, DVBl. 2003, 1126.

[242] *Kugelmann*, Die informatorische Rechtsstellung des Bürgers, 2001, S. 38.

Freilich kann und soll die hier vorgenommene Zuordnung einzelner Funktionen der Gerichtsöffentlichkeit zum Demokratie- bzw. zum Rechtsstaatsprinzip keinen Ausschließlichkeitsanspruch erheben. Schon der zentrale Gedanke der Kontrolle bzw. der Kontrollierbarkeit der Rechtsprechung, an den die meisten anderen Funktionen anknüpfen, läßt sich als Anliegen sowohl der Demokratie als auch des Rechtsstaats verstehen.[243] Auch besitzen etliche weitere Aspekte, die vorstehend unter dem Gesichtspunkt der Demokratie behandelt wurden, zugleich rechtsstaatliche Relevanz. Schon die übliche Begriffskombination „demokratischer Rechtsstaat" indiziert die enge Verzahnung beider verfassungsgestaltender Strukturprinzipien, deren trennscharfe Unterscheidung in sämtlichen Einzelheiten weder möglich noch erforderlich ist. Demokratie und Rechtsstaat gehören im Verfassungsstaat des Grundgesetzes zusammen wie zwei Seiten einer Medaille.[244] Demokratie als Emanation der Volkssouveränität legitimiert Staatsgewalt; Rechtsstaatlichkeit moderiert sie.

II. Gerichtsöffentlichkeit als Bestandteil der Publizität der Rechtsordnung

1. Die Publizität der Rechtsordnung als Anliegen des Rechtsstaats

Zentraler Inhalt des Rechtsstaatsprinzips ist die umfassende rechtliche Bindung der Ausübung staatlicher Gewalt. Realisiert wird sie im Grundgesetz in erster Linie[245] durch den Vorrang des Gesetzes (Art. 20 Abs. 3 GG), durch den Gewaltenteilungsgrundsatz (Art. 20 Abs. 2 GG) sowie durch die Bindung der drei Staatsgewalten an die Grundrechte (Art. 1 Abs. 3 GG), mit der zugleich ein individueller, vor staatlicher Einwirkung geschützter Freiheitsbereich der Bürger anerkannt wird.[246] Rechtsstaatlichkeit bedingt die Vorhersehbarkeit staatlichen Handelns, dessen Meßbarkeit und Berechenbarkeit.[247] Der einzelne muß in der

[243] Ebenso zur Parlamentsöffentlichkeit *Dieterich*, Die Funktion der Öffentlichkeit der Parlamentsverhandlungen im Strukturwandel des Parlamentarismus, Diss. Tübingen 1970, S. 47. Zum Teil wird der Gesichtspunkt sogar als eigenständiger Gesichtspunkt neben Demokratie und Rechtsstaat behandelt. So bei *Zipf*, Gutachten 54. DJT, 1982, C 40.

[244] *Isensee*, in: HStR IX, 1997, § 202 Rdnr. 3.

[245] Umfassend zur Ableitung des Rechtsstaatsprinzips aus unterschiedlichen Vorschriften des Grundgesetzes *Stern*, Staatsrecht I, 2. Aufl., 1984, § 20, S. 759ff. Nach dem Resumé von *Kunig*, Das Rechtsstaatsprinzip, 1986, S. 463, bezeichnet der Begriff kein allgemeines ungeschriebenes Prinzip, sondern faßt diejenigen Vorschriften des Grundgesetzes zusammen, in denen rechtsstaatliche Anliegen realisiert werden. Das *Bundesverfassungsgericht* leitet das Rechtsstaatsprinzip aus einzelnen Sätzen der Verfassung sowie aus der „Gesamtkonzeption des Grundgesetzes" ab (BVerfGE 2, 380 [403]). Dazu näher *Isensee*, in: HStR IX, 1997, § 202 Rdnr. 9.

[246] *Degenhart*, Staatsrecht I – Staatsorganisationsrecht, 20. Aufl. 2004, Rdnrn. 233ff.

[247] *Scherzberg*, Die Öffentlichkeit der Verwaltung, 2000, S. 321.

Lage sein, sein Verhalten und seine Dispositionen an den Anforderungen der Rechtsordnung auszurichten. Dafür ist er auf inhaltliche Klarheit und Bestimmtheit sowie auf ein Mindestmaß an gesetzgeberischer Kontinuität angewiesen, kurz: auf Rechtssicherheit.[248]

Rechtssicherheit setzt voraus, daß sich jedermann über die Rechtslage informieren kann.[249] Daher müssen Rechtsnormen der Öffentlichkeit so zugänglich gemacht werden, daß sich die Betroffenen verläßlich und ohne unzumutbare Erschwerungen von ihrem Inhalt Kenntnis verschaffen können. Die Verkündung von Gesetzen, wie sie etwa Art. 82 Abs. 1 GG für die Bundesgesetze vorschreibt, ist eine rechtsstaatlich geforderte Geltungsbedingung.[250] Sofern die Veröffentlichung für Rechtssätze des Außenrechts nicht ausdrücklich angeordnet wird, ergibt sich das Publizitätserfordernis unmittelbar aus dem Rechtsstaatsprinzip.[251]

2. Die Defizite der formellen Normpublizität

Ob die amtlichen Verkündungsorgane diesen Kriterien stets in vollem Umfang gerecht werden, erscheint in mehrfacher Hinsicht zweifelhaft.

Zwar wird die für einen Großteil der Bevölkerung bisher bestehende faktische Schwierigkeit, Einblick in die Verkündungsblätter zu nehmen, zumindest mittelfristig entfallen. Schon heute sind die Publikationsorgane in weitem Umfang über das Internet zugänglich;[252] derzeit noch bestehende Lücken werden in absehbarer Zeit geschlossen sein.

Gleichwohl ist es jedenfalls bei Gesetzesänderungen häufig kaum möglich, durch die Lektüre des Verkündungsblatts in zumutbarer Weise auch nur den Wortlaut der geltenden Gesetzesfassung zu erfahren. Änderungsgesetze werden regelmäßig in fragmentarischer Form beschlossen und verkündet.[253] Abgesehen von konsolidierten Gesetzesfassungen im Rahmen von Neuverkündungen (bzw. Neubekanntmachungen) kommt die Verkündung ihrer rechtsstaatlich geforderten Funktion oftmals nur noch mangelhaft nach. Abhilfe ließe sich allein durch die staatlich verantwortete Bereitstellung einer bereinigten und vollständigen, über das Internet zugänglichen Gesetzessammlung schaffen.[254] Privat verantwortete Publikationen stellen hingegen keinen gleichwertigen Ersatz dar. Abgesehen

[248] *Degenhart*, Staatsrecht I – Staatsorganisationsrecht, 20. Aufl. 2004, Rdnr. 347; *Kunig*, in: FS 50 Jahre BVerfG, Bd. 2, 2001, S. 440 f.

[249] *Sommermann*, in: v. Mangoldt/Klein/Starck, Das Bonner Grundgesetz, Bd. 2, 4. Aufl. 2000, Art. 20 Rdnr. 292. S. auch *Gurlit*, DVBl. 2003, 1126; *Ricker*, in: FS für Martin Löffler, 1980, S. 292.

[250] BVerfGE 65, 283 (291).

[251] BVerfGE 40, 237 (252 f.); 44, 322 (350); *Scherzberg*, Die Öffentlichkeit der Verwaltung, 2000, S. 321.

[252] S. etwa die über http://www.bgbl.de erreichbare kostenlose Version des Bundesgesetzblattes.

[253] Deutlich die Kritik von *Zuck*, NJW 2002, 3066 f.

[254] Vgl. dazu die Situation in der Schweiz. Dort bietet der Staat die über das Internet ko-

davon, daß sie den Gesetzesbestand meist nicht vollständig erschließen, kann nur der Staat das berechtigte Bedürfnis nach *verbindlichen* Informationen befriedigen.[255]

Ein weiteres Problem kommt hinzu. Selbst der vollständige und bereinigte Text einer Rechtsvorschrift verdeutlicht den von der Rechtsordnung gesetzten Handlungsrahmen oft nur unzureichend. Die Publizität des Gesetzestextes ist lediglich eine notwendige, aus Sicht des normunterworfenen Bürgers jedoch keine hinreichende Bedingung, um sein Verhalten am Maßstab der ihn treffenden Obliegenheiten und der ihm eröffneten Gestaltungsmöglichkeiten ausrichten zu können. Die Normverkündung macht (allenfalls) den Wortlaut eines Gesetzes zugänglich. Dem rechtsstaatlichen Erfordernis, Kenntnis vom Inhalt einer Vorschrift nehmen zu können, wird sie damit nur zum Teil gerecht.

3. Der Beitrag der Gerichtsöffentlichkeit zur Publizität der Rechtsordnung

Die ausdrücklich geforderte formelle Gesetzespublizität[256] betrifft die Rechtsprechung nur, soweit ausnahmsweise die Publikation gerichtlicher Entscheidungen gesetzlich angeordnet wird.[257] Das ist der Fall bei gerichtlichen Normenkassationen (oder -konfirmationen), deren Wirkung sich im Gegensatz zu den meisten Gerichtsentscheidungen nicht auf die Verfahrensbeteiligten beschränkt, sondern sich auf alle Normunterworfenen erstreckt. Meist handelt es sich um (bundes- oder landes-)verfassungsgerichtliche Judikate; prinzipale Normenkontrollen kennt auch die Verwaltungsgerichtsbarkeit (§ 47 VwGO). In der Sache handelt es sich bei der Publizierung der Normenkontrollentscheidung um einen Annex zur rechtsstaatlich geforderten Normpublizität.

Einen eigenständigen und rechtsprechungsspezifischen Beitrag zur Publizität der Rechtsordnung leistet die gerichtliche Öffentlichkeit unter einem anderen Gesichtspunkt. Indem sie die Kenntnis der Bürger von der Gesetzeslage befördert, kompensiert die Öffentlichkeit der Dritten Gewalt einen Teil derjenigen Defizite, die der Normverkündung im Hinblick auf den inhaltlichen Zugang zur Rechtsordnung zwangsläufig eignen.

---

stenlos abrufbare elektronische Systematische Sammlung des Schweizerischen Bundesrechts (http://www.admin.ch/ch/d/sr/sr.html) an. Dazu *Konzelmann*, ZRP 2001, 573 f.

[255] Auf einem ähnlichen Grundgedanken beruht der Hinweis von *Gröschner*, JZ 2002, 621 f., auf die besondere Bedeutung, die für die juristische Bewertung bestimmter Vorgänge in einer Sitzung des Bundesrates (Abstimmung zum Zuwanderungsgesetz) dem Plenarprotokoll gegenüber der Berichterstattung der Medien zukommt.

[256] Zur begrifflichen Unterscheidung zwischen formeller Gesetzespublikation durch formale Akte und materieller Gesetzespublikation durch die tatsächliche Verbreitung des Norminhalts *Lukas*, Über die Gesetzes-Publikation in Österreich und dem Deutschen Reiche, 1903, S. 7 ff.

[257] S. etwa § 31 Abs. 2 S. 3, 4 BVerfGG, Art. 25 Abs. 7 BayVerfGHG, § 47 Abs. 5 S. 2 VwGO.

Schon mit der Forderung nach Einführung öffentlicher Verhandlungen war die Erwartung verknüpft, diese würden der Verbreitung von Rechtskenntnissen dienen.[258] Darin wird bis heute zumindest eine Nebenfunktion der Verhandlungsöffentlichkeit gesehen,[259] mit der im Gegensatz zu anderen Funktionen nicht einmal negative Begleiterscheinungen einhergehen.

Die Vermittlung des Inhalts der Rechtsordnung verschafft dem Bürger Orientierung über seine Rechte sowie über die ihn treffenden meist staatlichen Anforderungen. Sie ist nicht nur dort von Interesse, wo die Gerichte Unklarheiten der Gesetzeslage beseitigen, Lücken des Gesetzesrechts schließen oder Rechtsfortbildung betreiben und damit den Inhalt der Rechtsordnung erst festlegen. Selbst soweit sich die Tätigkeit des Gerichts auf Grund einer eindeutigen Regelung des Gesetzgebers im einzelnen Fall auf die *montesquieu'sche* Funktion des reinen, durch strikte Subsumtion ermittelten Rechtsfolgenausspruchs beschränken sollte, gewinnt der Inhalt der einschlägigen Normen für die Allgemeinheit regelmäßig erst durch ihre Anwendung Kontur. Insofern kann auf die Überlegungen zur mittelbaren Kontrolle des Gesetzgebers durch die öffentliche Kontrolle der Rechtsprechung[260] verwiesen werden.

4. Die Rolle der Medien

Erfüllt wird die Funktion der Verbreitung von Rechtskenntnissen im wesentlichen durch die Medien.

Schon auf Grund der typischerweise geringen Zuschauerzahl trägt die Saalöffentlichkeit nur eingeschränkt zur Publizität der Rechtsordnung bei.[261] Mißtrauen mag sich durch die bloße Möglichkeit der Kenntnisnahme vermeiden lassen. Rechtskenntnisse jedoch entstehen erst durch die tatsächlich stattfindende Information.

Hinzu kommt, daß jedenfalls der juristisch nicht vorgebildete Zuschauer aus der Teilnahme an einer mündlichen Verhandlung meist nur einen eingeschränkten rechtlichen Ertrag ziehen kann. Abgesehen vom Strafprozeß kommen bereits die tatsächlichen Grundlagen des verhandelten Rechtsstreits regelmäßig nur bruchstückhaft zur Sprache. Rechtliche Erörterungen zwischen dem Gericht und den Parteien sind, sofern sie überhaupt stattfinden, meist nicht darauf aus-

---

[258] Oben Teil 2 A.IV.1., S. 60 ff.; Teil 2 A.IV.3.c), d), S. 70 ff.

[259] *Wettstein*, Der Öffentlichkeitsgrundsatz im Strafprozess, Diss. Zürich 1966, S. 52, 93 f.; *Schmidthals*, Wert und Grenzen der Verfahrensöffentlichkeit im Strafprozeß, 1977, S. 216; *Franzki*, DRiZ 1979, 82; *M. Wolf*, Gerichtsverfassungsrecht aller Verfahrenszweige, 6. Aufl. 1987, § 25 I 2, S. 243; *Ricker*, in: FS für Martin Löffler, 1980, S. 292; *Sorth*, Rundfunkberichterstattung aus Gerichtsverfahren, 1999, S. 35.

[260] Oben Teil 3 B.II.3.b)aa)ccc), S. 185.

[261] *Schilken*, Gerichtsverfassungsrecht, 3. Aufl. 2003, Rdnr. 156; *F. Burbulla*, Die Fernsehöffentlichkeit als Bestandteil des Öffentlichkeitsgrundsatzes, 1998, S. 33; *Britz*, Fernsehaufnahmen im Gerichtssaal, 1999, S. 207.

gerichtet, außenstehenden Laien die relevanten Erwägungen zu verdeutlichen. Allenfalls gewinnen die anwesenden Zuschauer einen Eindruck vom Ablauf einer mündlichen Verhandlung.

Es wäre jedoch verfehlt, aus diesen Gründen die rechtsstaatliche Gebotenheit gerichtlicher Öffentlichkeit insgesamt in Abrede zu stellen.[262] Zum einen läßt sich aus rechtsstaatlich-institutioneller Sicht nicht allein mit der Information des einzelnen argumentieren. Vielmehr verlangt der generelle Gedanke der Berechenbarkeit staatlicher Machtausübung, daß sich an die öffentliche Kreation eines Rechtssatzes im Parlament ihre grundsätzlich öffentliche Konkretisierung im Gericht anschließt.[263] Zum anderen lassen sich – auch mit Blick auf die Information des einzelnen Bürgers – die Defizite der Saalöffentlichkeit bei der Vermittlung und Verbreitung von Rechtskenntnissen durch die Gerichtsberichterstattung der Medien ausgleichen. Sie können das Prozeßgeschehen einer breiten Öffentlichkeit zugänglich und durch didaktische Aufbereitung[264] verständlich machen, ohne dabei in Konflikt mit prozessualen Belangen geraten zu müssen.

Auf einem anderen Blatt steht die Frage, ob die Medien diesen Kriterien stets gerecht werden. Nicht ohne Grund wird neben der Konzentration der Medien auf sensationelle Gesichtspunkte, die die juristische Substanz in den Hintergrund treten lassen,[265] die fehlende fachliche Qualifikation der Prozeßbeobachter bzw. -berichterstatter regelmäßig kritisiert.[266] Es ist nicht nur aus der Sicht des Juristen unerfreulich, wenn er aus der Zeitung erfahren muß, daß der vor dem Amtsgericht unterlegene „Angeklagte" eines Zivilprozesses „Revision" beim Landgericht einlegt.[267] Dem Zweck, die Allgemeinheit mit dem Rechtssystem vertraut zu machen, laufen derartige Berichte zuwider.[268]

Als Argument gegen einen Zusammenhang zwischen medialer Öffentlichkeit und dem Rechtsstaatsprinzip taugt dieser Einwand gleichwohl nicht. Den vielfach kritisierten Journalisten stehen etliche juristisch gut ausgebildete Gerichtsreporter

---

262 So jedoch *Franke*, Die Bildberichterstattung über den Angeklagten und der Öffentlichkeitsgrundsatz im Strafverfahren, 1978, S. 52 f.

263 *Zipf*, Gutachten 54. DJT, 1982, C 39.

264 Dazu *F. Burbulla*, Die Fernsehöffentlichkeit als Bestandteil des Öffentlichkeitsgrundsatzes, 1998, S. 33.

265 *Zuck*, DRiZ 1997, 24; sehr deutlich *Bommarius*, DRiZ 1996, 244 ff. Empirisch zu Art und Umfang der Justizberichterstattung in der Presse *Friske/Herr*, DRiZ 1990, 331 ff.

266 *Köbl*, in: FS für Ludwig Schnorr von Carolsfeld, 1972, S. 245; *Guttmann*, DRiZ 2000, 9; *Guttmann*, DRiZ 2001, 54; *Besser*, in: Reynold (Hrsg.), Justiz und Öffentlichkeit, 1966, S. 14 f.; *Glaser*, Das Verhältnis der Presse zur Justiz, 1914, S. 30 ff.; besonders deutlich *Heidelberg*, Justizreportage, 1932, S. 31; jüngst *Arenhövel*, ZRP 2004, 61 f.

267 Ähnlich *Zuck*, DRiZ 1997, 24: Unermüdlich erheben Angeklagte im Zivilprozeß Berufung nach Karlsruhe. S. auch *Zuck*, NJW 2001, 40 ff.; *Huff*, DRiZ 1993, 207; *Huff*, Justiz und Öffentlichkeit, 1996, S. 15.

268 Zur Bedeutung eines präzisen Sprachgebrauchs bei der Berichterstattung über Strafverfahren *Marxen*, GA 1980, 380.

gegenüber,[269] von denen einige durch ihre Berichterstattung regelrecht berühmt wurden.[270] Zudem sind Defizite der Medienberichterstattung allenfalls Grund für Kritik an den Medien. Den Wert gerichtlicher Öffentlichkeit – im Sinne der Zugänglichkeit der Justiz für die Medien – mindern sie nicht. Die angesprochenen Defizite veranlassen eher zu der Frage, welchen Beitrag die Gerichte leisten können, um den Medien eine angemessene Berichterstattung zu ermöglichen bzw. zu erleichtern. Neben einer möglichst nachvollziehbaren Verhandlungsführung und verständlichen Entscheidungen ist insofern in erster Linie an unterstützende Tätigkeiten wie erläuternde Pressemitteilungen, Erklärungen eines Pressesprechers oder die Erteilung von erbetenen Auskünften zu denken.[271]

5. Mündliche Verhandlungen und gerichtliche Entscheidungen als Gegenstand der Berichterstattung

Rechtskenntnisse werden nicht allein durch die Berichterstattung über mündliche Verhandlungen vermittelt. Mindestens ebenso bedeutsam ist die Publizität gerichtlicher Entscheidungen. Erst das Urteil läßt erkennen, welche Lösungen die Rechtsordnung für einzelne Konflikte bereithält. Insofern kommt der Veröffentlichung von Gerichtsentscheidungen eine der Verkündung von Rechtsnormen vergleichbare Bedeutung zu.[272] Ob die Entscheidung auf einer mündlichen Verhandlung beruht oder ob sie im schriftlichen Verfahren ergangen ist, ist dafür von untergeordneter Bedeutung. Insofern reicht die verfassungsrechtlich fundierte Öffentlichkeit der Rechtsprechung auch unter rechtsstaatlichen Aspekten über die mündliche Verhandlung hinaus.

Aber auch die Öffentlichkeit der Verhandlung selbst ist im Hinblick auf die Publizität der Rechtsordnung von Bedeutung. Abgesehen davon, daß die Verkündung der Entscheidung nach § 169 S. 1 GVG als Teil der Verhandlung aufgefaßt wird („einschließlich"), bezieht sich die rechtsstaatliche Forderung nach Voraussehbarkeit und Berechenbarkeit staatlichen Handelns nicht allein auf die Entscheidung in der Sache. Die Rechtsordnung muß vielmehr auch im Hinblick auf staatliche Organisations- und Verfahrensregelungen publik sein. Auch das gerichtliche Prozedere stellt aus Sicht des Bürgers einen Teil der ihn

---

[269] *R. Gerhardt*, ZRP 1993, 378. S. auch die Berichte von *Huff*, NJW Heft 48/2001, XIVf., sowie *Fehmel*, NJW Heft 22/2004, XVIIIf., über die Verleihung der Regino-Preise 2001 bzw. 2003 für besondere journalistische Leistungen auf dem Gebiet der Berichterstattung über Rechts- und Justizthemen.

[270] Zu *Paul Schlesinger* („Sling") vgl. *Höbermann*, Der Gerichtsbericht in der Lokalzeitung: Theorie und Alltag, 1989, S. 18ff.; *Heidelberg*, Justizreportage, 1932, S. 20f.; *Rüping*, in: FS für Hanns Dünnebier, 1982, S. 392. Zum Tod von *Gerhard Mauz* s. Frankfurter Allgemeine Zeitung v. 18. August 2003, Nr. 190, S. 34. S. weiter die von *Zuck*, NJW 2001, 40, positiv hervorgehobenen Journalisten.

[271] So bereits *Bührke*, DRiZ 1966, 7.

[272] BVerwGE 104, 105 (109); zustimmend *Huff*, NJW 1997, 2652.

potentiell erwartenden staatlichen Reaktion dar, an deren Abschätzbarkeit er ein berechtigtes Interesse hat.[273]

III. Gerichtsöffentlichkeit und richterliche Unabhängigkeit

Die richterliche Unabhängigkeit ist als essentieller Bestandteil der Gewaltenteilung und als Voraussetzung für effektiven Rechtsschutz (Art. 19 Abs. 4 GG) eine zentrale Bedingung rechtsstaatlicher Rechtsprechung.[274] Damit gerät auch die Kontrolle der Gerichte durch die Verhandlungsöffentlichkeit zum Anliegen des Rechtsstaats, soweit die Öffentlichkeit nach traditioneller Sichtweise einen Beitrag zum Schutz der richterlichen Unabhängigkeit leistet.[275]

Relativiert wird dieser Befund jedoch durch die erheblichen Gefahren, denen gerade die richterliche Unabhängigkeit durch Einwirkungen der Öffentlichkeit ausgesetzt ist. Der ambivalente Charakter der Öffentlichkeit tritt hier besonders deutlich hervor.[276] Im übrigen trägt jedenfalls die Möglichkeit des Zugangs zur mündlichen Verhandlung allenfalls noch sehr eingeschränkt zur Sicherung der richterlichen Unabhängigkeit bei.

1. Der Inhalt der richterlichen Unabhängigkeit

Die in Art. 97 GG, §§ 25 DRiG, 1 GVG verbürgte Unabhängigkeit der Richter beruht auf dem Gedanken, daß die Rechtsprechung von sachfremden Einflüssen jeder Art freigehalten werden muß.[277] Die Garantie des Art. 97 GG ist zwar kein Grundrecht.[278] Sie zählt jedoch unbeschadet der Sonderstellung des Richters zu den hergebrachten Grundsätzen des Berufsbeamtentums[279] (verstanden als institutionelle Garantie des öffentlichen Dienstes) und kann über Art. 33 Abs. 5 GG im Wege der Verfassungsbeschwerde geltend gemacht werden.[280] Zu unterscheiden sind die sachliche und die persönliche Unabhängigkeit.

---

[273] Zutreffend *Scherzberg*, Die Öffentlichkeit der Verwaltung, 2000, S. 322 f., der mit dieser Begründung für eine Pflicht zur Publikation von Verwaltungsvorschriften plädiert.

[274] *Detterbeck*, in: Sachs, GG, 3. Aufl. 2003, Art. 97 Rdnr. 1; *Classen*, in: v. Mangoldt/Klein/Starck, Das Bonner Grundgesetz, Bd. 3, 4. Aufl. 2001, Art. 97 Rdnr. 1; *Schulze-Fielitz*, in: Dreier, GG, Bd. III, 2000, Art. 97 Rdnr. 14.

[275] *Wettstein*, Der Öffentlichkeitsgrundsatz im Strafprozess, Diss. Zürich 1966, S. 46 f.; *M. Wolf*, Gerichtsverfassungsrecht aller Verfahrenszweige, 6. Aufl. 1987, § 25 I 1, S. 243; *Roxin*, Strafverfahrensrecht, 25. Aufl. 1998, § 45 Rdnr. 2; *F. Burbulla*, Die Fernsehöffentlichkeit als Bestandteil des Öffentlichkeitsgrundsatzes, 1998, S. 28; *Leipold*, in: Stein/Jonas, ZPO, Bd. 2, 21. Aufl. 1994, vor § 128 Rdnr. 114 a; *Prütting*, in: FS für Rolf A. Schütze, 1999, S. 688.

[276] *Zipf*, Gutachten 54. DJT, 1982, C 39 mit Fn. 44.

[277] *Schilken*, Gerichtsverfassungsrecht, 3. Aufl. 2003, Rdnr. 464.

[278] BVerfGE 27, 211 (217); 48, 246 (263).

[279] BVerfGE 12, 81 (88); 55, 372 (392).

[280] *Detterbeck*, in: Sachs, GG, 3. Aufl. 2003, Art. 97 Rdnr. 7.

Sachliche Unabhängigkeit bedeutet Weisungsfreiheit im Rahmen der Gesetzesbindung (Art. 97 Abs. 1 GG). Sie richtet sich gegen Einwirkungen durch die Legislative und durch die Exekutive, aber auch durch die Judikative.[281] Den in Pflicht genommenen Staatsfunktionen und ihren Organen sind nicht nur konkrete und bindende Anordnungen, sondern auch jede sonstige Form der Einflußnahme wie Ratschläge, Anregungen etc. untersagt.[282] Zusätzlich schützt die sachliche Unabhängigkeit auch vor gesellschaftlicher Einflußnahme.[283] Ergänzt und institutionell abgesichert[284] wird die sachliche Unabhängigkeit durch die persönliche Unabhängigkeit nach Art. 97 Abs. 2 GG, die die dienstrechtliche Stellung des Richters vor staatlichen Ingerenzen schützt.

2. Gerichtsöffentlichkeit als Mittel zur Sicherung der richterlichen Unabhängigkeit vor staatlicher Einflußnahme

a) Kein spezifischer Schutz der richterlichen Unabhängigkeit durch die Öffentlichkeit der mündlichen Verhandlung

Als Mittel zum Schutz der richterlichen Unabhängigkeit hat die Öffentlichkeit der Rechtsprechung im Vergleich zum absolutistisch-monarchischen Staat erheblich an Bedeutung verloren. Im gewaltengeteilten Rechtsstaat grundgesetzlichen Zuschnitts gewährleistet Art. 97 GG die Unabhängigkeit der Richter explizit und effektiv. Gleichwohl ist die Gefahr einer Beeinflussung der Richter durch andere Staatsorgane nach wie vor zumindest latent vorhanden.

In Rede steht weniger der gegen die Unabhängigkeit verstoßende unmittelbare Zugriff auf das einzelne Verfahren. Bedrohungen für die richterliche Unabhängigkeit liegen heute primär in weniger augenfälligen, subtileren und vor allem justizinternen[285] Mechanismen wie der Einstellung, Beurteilung[286] und Beförderung von Richtern,[287] in der Inaussichtstellung von Vor- oder Nachteilen bei der Zuweisung von Personal- und Sachmitteln[288] oder in dienstaufsichtlichen

---

[281] *Pieroth*, in: Jarass/Pieroth, GG, 7. Aufl. 2004, Art. 97 Rdnrn. 3, 5; *Detterbeck*, in: Sachs, GG, 3. Aufl. 2003, Art. 97 Rdnr. 14. – Speziell zu denkbaren Beeinträchtigungen der richterlichen Unabhängigkeit durch die rechtsprechende Gewalt *Haberland*, DRiZ 2002, 301 ff.

[282] *Schilken*, Gerichtsverfassungsrecht, 3. Aufl. 2003, Rdnr. 466.

[283] *Pieroth*, in: Jarass/Pieroth, GG, 7. Aufl. 2004, Art. 97 Rdnr. 5; *Detterbeck*, in: Sachs, GG, 3. Aufl. 2003, Art. 97 Rdnrn. 17 f.; *Herzog*, in: Maunz/Dürig, GG, Art. 97 Rdnrn. 39 ff.; *Schubert*, DRiZ 2001, 239; a.A. *Wassermann*, in: AK-GG, Art. 97 Rdnr. 85.

[284] BVerfGE 87, 68 (85).

[285] *Haberland*, DRiZ 2002, 310.

[286] Zum Verhältnis zwischen der richterlichen Unabhängigkeit und dienstlichen Beurteilungen *Haberland*, DRiZ 2002, 306 ff.; *Pfeiffer*, DRiZ 1979, 229 f.

[287] *Britz*, Fernsehaufnahmen im Gerichtssaal, 1999, S. 200; *Scherer*, Gerichtsöffentlichkeit als Medienöffentlichkeit, 1979, S. 167 f.

[288] *Meyer*, in: v. Münch/Kunig, GG, Bd. 3, 5. Aufl. 2003, Art. 97 Rdnr. 5.

Maßnahmen,[289] deren Auswirkungen in der mündlichen Verhandlung regelmäßig nicht sichtbar werden. Daher ist zweifelhaft, ob die Öffentlichkeit der mündlichen Verhandlung überhaupt einen Beitrag zur Abwehr dieser Gefahr zu leisten vermag.[290]

Allenfalls ließe sich damit argumentieren, daß die Öffentlichkeit der Verhandlung das Gericht von offensichtlich fehlerhaften Entscheidungen abhält, die beispielsweise in tatsächlicher Hinsicht dem Ergebnis der Beweisaufnahme komplett zuwiderlaufen. Dieser Schutz fällt jedoch zwangsläufig recht grobmaschig aus. Im wesentlichen profitiert die richterliche Unabhängigkeit insofern vom Schutz vor richterlicher Willkür, den die Öffentlichkeit ohnehin bezweckt, ohne daß es darauf ankäme, ob ein evident unhaltbares Urteil auf einer eigenen Entscheidung des Richters oder auf äußerem Druck beruht. Einen spezifischen Schutz der richterlichen Unabhängigkeit vor staatlicher Einflußnahme bewirkt die Möglichkeit des Zutritts zur Verhandlung oder die Berichterstattung der Medien über die Verhandlung daher nicht.

b) Der begrenzte Schutz der richterlichen Unabhängigkeit durch Medienberichterstattung im übrigen

Anders fällt die Beurteilung aus, wenn man sich von der mündlichen Verhandlung löst und die gesamte Tätigkeit der Rechtsprechung in den Blick nimmt.

Das Vertrauen in die Unabhängigkeit der Rechtsprechung wird nicht erst durch tatsächliche Eingriffe, sondern schon durch den bösen Schein des Eingriffs gefährdet. Die richterliche Weisungsfreiheit ist daher auch gegen bloße Ersuchen, Ratschläge etc. staatlicher Stellen gerichtet.[291] Daß derartige Einflußnahmen selten zu verzeichnen sind, darf durchaus als Verdienst auch der Medien angesehen werden. Sie reagieren erfahrungsgemäß ausgesprochen sensibel, sobald ein staatliches Organ auch nur den Anschein erweckt, Einfluß auf den Ausgang eines gerichtlichen Verfahrens nehmen zu wollen.

Als Folge – und damit als mögliche Begründung – der Öffentlichkeit gerade der Rechtsprechung läßt sich dieser Effekt freilich nur in begrenztem Maße auffassen. Soweit es um die Abwehr von Einwirkungen der Exekutive oder der Legislative geht, sind die Medien primär in ihrer Funktion als Kontrolleure dieser Staatsgewalten angesprochen, auf deren Öffentlichkeit es folglich in erster Linie ankommt. Immerhin kann die vermeintlich oder tatsächlich in ihrer

---

[289] Zum Spannungsverhältnis zwischen richterlicher Unabhängigkeit und der Dienstaufsicht *Papier*, NJW 2001, 1091 ff.; *Haberland*, DRiZ 2002, 303 ff.

[290] Dagegen *Wettstein*, Der Öffentlichkeitsgrundsatz im Strafprozess, Diss. Zürich 1966, S. 47; *Köbl*, in: FS für Ludwig Schnorr von Carolsfeld, 1972, S. 245; *Britz*, Fernsehaufnahmen im Gerichtssaal, 1999, S. 200.

[291] *Haberland*, DRiZ 2002, 301; *Schilken*, Gerichtsverfassungsrecht, 3. Aufl. 2003, Rdnr. 466; s. auch BGHZ 46, 147 (149).

Unabhängigkeit betroffene Dritte Gewalt jedoch durch Informationen für die Journalisten an der öffentlichen Diskussion teilnehmen und so den medialen Schutz ihrer eigenen Unabhängigkeit initiieren bzw. befördern. Entsprechendes gilt, wenn die Verletzung der richterlichen Unabhängigkeit durch andere Richter in Rede steht.

c) Fazit

Im Ergebnis läßt sich festhalten, daß die gerichtliche Öffentlichkeit allenfalls einen bescheidenen Beitrag zur Sicherung der richterlichen Unabhängigkeit vor staatlicher Einflußnahme zu leisten vermag. Lediglich den Medien wird man insofern eine nennenswerte Rolle zusprechen können.

3. Gerichtsöffentlichkeit als Bedrohung der richterlichen Unabhängigkeit durch gesellschaftliche Einflußnahme

a) Beeinflussung durch Zuschauer im Saal und durch die Medien

Auf der anderen Seite sind die Gefahren unübersehbar, die der richterlichen Unabhängigkeit durch die Öffentlichkeit der Rechtsprechung drohen.

Bereits die Anwesenheit von Zuschauern birgt das Risiko, daß sich das Gericht durch wahrnehmbare Reaktionen wie Unmutsbekundungen oder Beifall beeinflussen läßt.[292] Um so mehr kann die Berichterstattung der Medien die richterliche Unabhängigkeit beeinträchtigen,[293] indem Tatsachen- oder Rechtsfragen öffentlich „vorentschieden" werden.[294] Insbesondere bei Laienrichtern besteht die Gefahr, daß sie dem Druck der öffentlichen Meinung nicht standhalten[295] und ihre Entscheidung an der – tatsächlichen oder vermeintlichen – Stimmungslage in der Bevölkerung ausrichten.[296] Prozeßbeteiligte versuchen sich dies zum Teil durch eine „Prozeßführung über die Medien" gezielt zunutze zu machen.[297]

---

[292] *Schilken*, Gerichtsverfassungsrecht, 3. Aufl. 2003, Rdnr. 166.

[293] *Roxin*, in: FS 30 Jahre Münchener Juristische Gesellschaft, 1996, S. 97; *W. Geiger*, DRiZ 1979, 67.

[294] Anders *Köbl*, in: FS für Ludwig Schnorr von Carolsfeld, 1972, S. 243, die diese Gefahr nur für den Strafprozeß sieht, da regelmäßig nur dort Tatsachenfragen strittig seien. Im Zivilprozeß seien meist Rechtsfragen umstritten; insofern sei die Beschäftigung der öffentlichen Meinung mit dem Verhandlungsgeschehen im wesentlichen positiv zu bewerten. Zur Wirkung medialer „Vorfreisprüche" auf die Strafjustiz *Hamm*, Große Strafprozesse und die Macht der Medien, 1997, S. 64ff.

[295] *Rinsche*, ZRP 1987, 385; *Zipf*, Gutachten 54. DJT, 1982, C 39; *Hillermeier*, DRiZ 1982, 283; *M. Wolf*, Gerichtsverfassungsrecht aller Verfahrenszweige, 6. Aufl. 1987, § 21 I 1, S. 211 f. S. auch *Rüping*, in: FS für Hanns Dünnebier, 1982, S. 396.

[296] *Dahs*, AnwBl. 1959, 182f.; *Bockelmann*, NJW 1960, 221. Zu konkreten Beispielen aus dem Strafverfahren (verfrühte Haftbefehle, Anklagen trotz fragwürdigen Tatverdachts, Eröffnung des Hauptverfahrens allein aus Rücksicht auf eine öffentliche Erwartungshaltung) s. *Hamm*, NJW 1995, 760; zur Situation in den USA *U. Widmaier*, NJW 2004, 407ff.

b) Das Spannungsverhältnis zwischen richterlicher Unabhängigkeit und Medienfreiheit

Weder die – auch kritische – Berichterstattung der Medien noch die Mobilisierung der Öffentlichkeit durch Prozeßbeteiligte sind freilich a priori unzulässig. Wie problematisch die Grenzziehung zwischen erforderlicher Justizkritik auf der einen Seite und unzulässiger Druckausübung auf der anderen Seite ist, hat sich bereits bei der Schwierigkeit gezeigt, einen Verfahrens*zeitpunkt* festzulegen, von dem an Justizkritik vermeintlich unbeschränkt zulässig sein soll.[298] Im Hinblick auf den *Inhalt* von Medienberichten gilt entsprechendes: Wie skeptisch muß die Darstellung einer Zeugenaussage in den Medien sein, damit die kritisch-begleitende Berichterstattung in eine – vermeintlich – unzulässige vorweggenommene Beweiswürdigung umschlägt? Ab welchem Grad der Ablehnung einer richterlichen Entscheidung wird unzulässiger Druck auf die Folgeinstanz oder die Richter in Parallelfällen ausgeübt?

Beantworten lassen sich diese Fragen letztlich nur im Einzelfall. In Rede steht die Kollision von zwei Verfassungsgütern. Der richterlichen Unabhängigkeit stehen die Grundrechte des Art. 5 Abs. 1 GG gegenüber, vor allem also die Mediengrundrechte des Art. 5 Abs. 1 S. 2 GG. Keine der beiden Positionen kann einen strikten Vorrang beanspruchen; vielmehr müssen sie zu einem beide Seiten angemessen berücksichtigenden Ausgleich gebracht werden.[299] Die praktische Konkordanz (*Konrad Hesse*) als Palliativ und beschwichtigende Konfliktlösungsmaxime[300] kommt zum Zuge. Insofern unterscheidet sich der Schutz, den die richterliche Unabhängigkeit vor gesellschaftlichen Einflüssen gewährt, von ihrem Schutz vor staatlicher Einflußnahme. Staatsorganen ist jeder Versuch einer Einflußnahme auf die konkrete Entscheidung untersagt. Gegen gesellschaftliche Einflüsse immunisiert die richterliche Unabhängigkeit hingegen nicht in gleicher Weise. Begleitende Kritik an der Rechtsprechung ist zulässig, ja sogar notwendig. Der Richter muß gesellschaftliche Einflüsse zur Kenntnis nehmen.[301] Seine Unabhängigkeit verlangt nur, daß er – wenn auch vor dem beschriebenen Hintergrund – allein auf der Grundlage von Gesetz und Recht entscheidet,[302] also unter Umständen auch gegen die öffentliche Meinung.[303] Anders formuliert: Unzulässig ist nicht die Ausübung gesellschaftlichen Drucks auf die Rechtsprechung. Unzulässig ist erst die *nicht grundrechtlich geschützte*

---

[297] *Stürner*, Gutachten 58. DJT, A 27; *Prinz*, in: FS für Manfred Engelschall, 1996, S. 245. Speziell zum Strafprozeß *Wagner*, Strafprozeßführung über Medien, 1987.

[298] Oben Teil 3 B.II.3.c)aa), S. 189 ff.

[299] *Detterbeck*, in: Sachs, GG, 3. Aufl. 2003, Art. 97 Rdnr. 19.

[300] Kritisch *Bethge*, in: HGR III, 2005, § 72 Rdnr. 85.

[301] *M. Wolf*, Gerichtsverfassungsrecht aller Verfahrenszweige, 6. Aufl. 1987, § 21 I 2 a, S. 212 f.

[302] *Barbey*, in: HStR III, 2. Aufl. 1996, § 74 Rdnr. 40; *Haberland*, DRiZ 2002, 302.

[303] *Roellecke*, NJW 2001, 2929; s. auch *Mackenroth*, ZRP 2002, 180.

Druckausübung.[304] Sozialadäquates Verhalten Dritter berührt die richterliche Unabhängigkeit nicht.[305]

c) Die Frage nach gesetzlichen Regeln zur Sicherung der richterlichen Unabhängigkeit

Ob ein Richter die erforderliche Unabhängigkeit in seinem Entscheidungsverhalten besitzt, ist in erster Linie eine Frage seiner persönlichen Einstellung.[306] Diesbezügliche Defizite lassen sich durch rechtliche Regelungen nicht kompensieren.[307] Normativ sichern ließe sich die richterliche Unabhängigkeit noch am ehesten[308] durch gesetzliche Einschränkungen der Berichterstattung. Spezielle Instrumente zur Abwehr der von den Medien für die Unabhängigkeit ausgehenden Gefahren stellt das geltende Recht jedoch kaum zur Verfügung. Ansätze, eine Regelung nach dem Muster des angelsächsischen „contempt of court" einzuführen,[309] sind bisher – sieht man von § 353 d StGB ab – erfolglos geblieben. Insofern hat es mit allgemeinen Vorschriften wie etwa § 240 StGB[310] sein Bewenden, bei deren Anwendung die zuvor skizzierte Abwägung relevant wird.[311]

Die gesetzgeberische Zurückhaltung auf diesem Terrain wird zum Teil kritisiert.[312] Jedoch ist zu bedenken, daß jede vom Gesetzgeber vorgesehene substan-

---

304 *Pieroth*, in: Jarass/Pieroth, GG, 7. Aufl. 2004, Art. 97 Rdnr. 5.

305 *W. Geiger*, DRiZ 1979, 65.

306 *Sarstedt*, AfP 1971, 147 f.

307 *W. Geiger*, DRiZ 1959, 338; *W. Geiger*, DRiZ 1979, 66; *Zipf*, Gutachten 54. DJT, 1982, C 34 f. Vgl. jedoch den Hinweis von *Roxin*, in: FS 30 Jahre Münchener Juristische Gesellschaft, 1996, S. 104 f., auf die Möglichkeit, einen Richter wegen Besorgnis der Befangenheit – für die es freilich erkennbare Anhaltspunkte geben muß – abzulehnen.

308 Z. T. wird für den Strafprozeß auch vorgeschlagen, bei zu starkem öffentlichem Druck ein Verfahrenshindernis anzunehmen. Dazu – im Ergebnis allerdings ablehnend – *Weiler*, ZRP 1995, 136; ebenfalls ablehnend *Roxin*, in: FS 30 Jahre Münchener Juristische Gesellschaft, 1996, S. 100 f., m. w. N. S. auch *Kohl*, AfP 1985, 104.

309 Dieses Vorhaben wurde insbesondere im Rahmen der Großen Strafrechtsreform 1962 (dort als Entwurf eines § 452 StGB) verfolgt. Um das Strafverfahren vor externer Einflußnahme zu schützen, sollte die öffentliche, dem Urteil vorgreifende Erörterung des Verfahrensausgangs oder des Werts von Beweismitteln ebenso unter Strafe gestellt werden wie öffentliche, die richterliche Unbefangenheit oder die Wahrheitsfindung beeinträchtigende Mitteilungen über nichtamtliche Ermittlungsergebnisse. Näher *Brüggemann*, AfP 1971, 158; *Rinsche*, ZRP 1987, 385; *Y. Braun*, Medienberichterstattung über Strafverfahren im deutschen und englischen Recht, 1998, S. 176 ff.; *Sarstedt*, AfP 1971, 146; *Flehinghaus*, DRiZ 1959, 166; *Kohlhaas*, NJW 1963, 477 ff. Für eine „contempt-of-court"-Regelung *Stürner*, JZ 1978, 161 ff.

310 Zur Nötigung von Verfassungsgerichten bzw. Verfassungsrichtern s. §§ 105 Abs. 1 Nr. 3, 106 Abs. 1 Nr. 2 c StGB. – *Schilken*, Gerichtsverfassungsrecht, 3. Aufl. 2003, Rdnr. 465, weist zudem auf die Vorschriften über den Ausschluß der Öffentlichkeit, auf die Sitzungspolizei sowie auf die Möglichkeit der Selbstablehnung des Richters hin.

311 *Detterbeck*, in: Sachs, GG, 3. Aufl. 2003, Art. 97 Rdnr. 19.

312 *M. Wolf*, Gerichtsverfassungsrecht aller Verfahrenszweige, 6. Aufl. 1987, § 21 II 2 f.,

tielle Beschränkung der Justizberichterstattung, die über einen generalklauselartigen Hinweis auf die gebotene verfassungsrechtliche Abwägung hinausreichen würde, in die Gefahr geriete, gegen die Kautelen der Mediengrundrechte zu verstoßen.[313]

d) Der Zusammenhang zwischen der Zugänglichkeit der Rechtsprechung für die Medien und der richterlichen Unabhängigkeit

Immerhin aber weisen die vorstehenden Überlegungen auf einen weiteren Gesichtspunkt hin. Eventuelle Gefährdungen der richterlichen Unabhängigkeit gehen nicht unmittelbar von der Zugänglichkeit der Rechtsprechung für die Medien aus, sondern erst von der Berichterstattung in den Medien. Daß die Unabhängigkeit der Richter dennoch als Argument schon gegen die Öffentlichkeit der Rechtsprechung herangezogen wird, beruht auf der Vorstellung, daß sich der Umfang der Berichterstattung durch geringere Möglichkeiten der Informationsbeschaffung für Journalisten reduziert.

Im Prinzip ist gegen diese Überlegung nichts einzuwenden. Freilich darf ein tendenziell gegenläufiger Aspekt nicht übersehen werden. Selbst bei einer strikten Abschottung der Rechtsprechung gegenüber den Medien würden diese – wenn auch auf der Grundlage anderweitig beschaffter Informationen bzw. auf der Basis von Spekulationen – über Prozesse berichten. Fehlende Öffentlichkeit führt weder zum vollständigen Wegfall der Berichterstattung, noch läßt sie die Gefahr einer Beeinflussung von Richtern entfallen. Teilweise ist sogar das Gegenteil richtig. Je transparenter das Handeln der Justiz ist, desto eher kann der einzelne Richter seine Prozeßführung sowie seine Entscheidungen erklären und verständlich machen. Unter diesem Aspekt ist es zumindest nicht undenkbar, daß es erst die möglichst breite Öffentlichkeit eines Verfahrens ist, die dem Richter die nötige Unabhängigkeit gegenüber gezielten Pressionsversuchen verschafft.[314] Dieser Gesichtspunkt wiegt die Gefahren, die der richterlichen Unabhängigkeit durch gesellschaftliche Kräfte drohen, sicherlich nicht auf. Immerhin mindert er jedoch das Gewicht, das dem Hinweis auf die richterliche Unabhängigkeit als Einwand gegen gerichtliche Öffentlichkeit zukommt.

S. 217 f.; s. auch *Seibert*, NJW 1959, 514. Speziell mit Blick auf die Anprangerung des Angeklagten im Strafverfahren *Rinsche*, ZRP 1987, 384 ff.; *Kohlhaas*, NJW 1963, 477 ff.

[313] *Scherer*, JuS 1979, 475; gegen „contempt-of-court"-Regelungen auch *Hassemer*, NJW 1985, 1921 ff.; *Roxin*, in: FS 30 Jahre Münchener Juristische Gesellschaft, 1996, S. 101 ff.

[314] S. dazu *Hassemer*, NJW 1985, 1928: Zum Schutz der richterlichen Unabhängigkeit vor medialer Einflußnahme trägt es bei, die Öffentlichkeit gezielt durch gerichtliche Pressesprecher zu informieren und Interventionsversuche der Medien ausdrücklich zum Gegenstand der Hauptverhandlung zu machen.

IV. Gerichtsöffentlichkeit und weitere rechtsstaatlich fundierte Belange des Verfahrens

Die ambivalente Beziehung der Gerichtsöffentlichkeit zur richterlichen Unabhängigkeit ist paradigmatisch für das Verhältnis der Öffentlichkeit zu einer Reihe weiterer im Rechtsstaatsprinzip gründender Verfahrensbelange:

1. Wahrheitsfindung, Waffengleichheit und faires Verfahren

Anliegen des Rechtsstaats ist die Schaffung materieller Gerechtigkeit durch eine richtige Entscheidung, die prinzipiell – ungeachtet aller Besonderheiten der jeweiligen Prozeßordnung, namentlich der Geltung der Dispositions- oder der Offizialmaxime bzw. der Inquisitions- oder der Verhandlungsmaxime – auf der Ermittlung des (prozessual gesehen) wahren Sachverhalts aufbaut und die richtige Anwendung der entscheidungserheblichen Rechtsnormen zum Ziel hat.

Weiter ergibt sich aus dem Rechtsstaatsprinzip i. V. m. Art. 3 Abs. 1 GG der Grundsatz der Waffengleichheit, der zusätzlich eine einfachrechtliche Grundlage in Art. 6 Abs. 1 S. 1 EMRK besitzt.[315] Sein Anliegen ist die Verwirklichung der Chancengleichheit vor Gericht.[316] Alle Parteien müssen die gleichen Möglichkeiten des Zugangs zum Gericht und der Aktion vor dem angerufenen Gericht haben;[317] gefordert sind Zugangsgleichheit und Handlungsgleichheit.[318] Auch die Waffengleichheit bezweckt letztlich die Herstellung materieller Gerechtigkeit durch eine richtige Entscheidung.[319] Ob dem objektiv-rechtlichen Grundsatz ein subjektiver Anspruch korrespondiert, ist umstritten.[320]

Schließlich verbürgen das Rechtsstaatsprinzip sowie Art. 6 Abs. 1 EMRK auch den – terminologisch an den unbestimmten Rechtsbegriff des „fair trial" im anglo-amerikanischen Recht angelehnten –[321] Grundsatz des fairen Verfahrens.[322] Das *Bundesverfassungsgericht* zieht als Rechtsgrundlage zusätzlich Art. 2 Abs. 1 GG heran und geht von einem – verfassungsbeschwerdefähigen – allgemeinen Prozeßgrundrecht auf ein faires Verfahren aus.[323] Ob neben dem

---

[315] *Pache*, NVwZ 2001, 1345; *Peukert*, EuGRZ 1980, 254 f.

[316] *Schilken*, Gerichtsverfassungsrecht, 3. Aufl. 2003, Rdnr. 116.

[317] *M. Wolf*, Gerichtsverfassungsrecht aller Verfahrenszweige, 6. Aufl. 1987, § 29 I, S. 277.

[318] *Schilken*, Gerichtsverfassungsrecht, 3. Aufl. 2003, Rdnr. 118.

[319] *Schilken*, Gerichtsverfassungsrecht, 3. Aufl. 2003, Rdnr. 120.

[320] Dafür *Schilken*, Gerichtsverfassungsrecht, 3. Aufl. 2003, Rdnr. 123; skeptisch *M. Wolf*, Gerichtsverfassungsrecht aller Verfahrenszweige, 6. Aufl. 1987, § 29 I 1, S. 277.

[321] *H. Maurer*, in: FS 50 Jahre BVerfG, Bd. 2, 2001, S. 500; *M. Wolf*, Gerichtsverfassungsrecht aller Verfahrenszweige, 6. Aufl. 1987, § 29 II 1, S. 279.

[322] *Schulze-Fielitz*, in: Dreier, GG, Bd. II, 1998, Art. 20 (Rechtsstaat) Rdnr. 202; *Kissel/Mayer*, GVG, 4. Aufl. 2005, Einleitung Rdnr. 221. Ebenso mittlerweile Art. 47 Abs. 2 S. 1 EU-Grundrechtecharta.

[323] BVerfGE 57, 250 (275); 63, 380 (390 f.); 78, 123 (126); 103, 44 (64); 110, 339 (342);

objektiv-rechtlichen Grundsatz ein derartiger subjektiver Anspruch existiert, ist freilich umstritten.[324] Gleiches gilt für das Verhältnis des fairen Verfahrens zu anderen Instituten des Prozeßrechts.[325] Insofern geht es im wesentlichen um die Frage, ob man den Grundsatz des fairen Verfahrens als Oberbegriff und zentrales Prinzip des Verfahrensrechts versteht, das diverse andere, ohnehin anerkannte prozessuale Prinzipien umfaßt,[326] oder ob man im Grundsatz des fairen Verfahrens eine subsidiäre Generalklausel sieht, die nur für nicht selbständig anerkannte Prinzipien zum Tragen kommt.[327] Von der Antwort auf diese Frage hängt es ab, ob das Prinzip der Waffengleichheit Teil des fairen Verfahrens ist[328] oder ob es zusätzlich zu diesem verbürgt wird.[329]

Inhaltlich verlangt der Grundsatz, das Verfahren so zu gestalten, daß die Rechte und Interessen sämtlicher Beteiligter unter größtmöglicher Berücksichtigung verfassungsrechtlicher Positionen zur Geltung kommen.[330] Im übrigen ist das faire Verfahren in weitem Umfang auf gesetzgeberische Konkretisierung angewiesen.[331] Als rechtsstaatliches Minimum ist jedenfalls zu fordern, daß das Gericht den Beteiligten ausreichende Möglichkeiten zur Wahrnehmung ihrer Rechtsposition einräumt; sie dürfen nicht zum Objekt des staatlichen Verfahrens gemacht werden.[332] Damit werden inhaltlich bereits Aspekte berührt, die auch Art. 1 Abs. 1 GG angehen.

Eine trennscharfe Abgrenzung zwischen diesen unterschiedlichen Anliegen eines rechtsstaatlichen Verfahrens ist weder möglich noch im hier interessierenden Zusammenhang erforderlich.[333] Die Relevanz des Grundsatzes ist unteilbar.

---

s. weiter BVerfG (3. Kammer des Zweiten Senats) NJW 2001, 2245 (2246). Teilweise zieht das *Bundesverfassungsgericht* auch spezielle Grundrechte zur Begründung heran. Vgl. dazu BVerfGE 46, 325 (333); 52, 380 (389).

[324] Näher *Schilken*, Gerichtsverfassungsrecht, 3. Aufl. 2003, Rdnrn. 109 ff.

[325] *Schilken*, Gerichtsverfassungsrecht, 3. Aufl. 2003, Rdnr. 108.

[326] *Kissel/Mayer*, GVG, 4. Aufl. 2005, Einleitung Rdnr. 221.

[327] *H. Maurer*, in: FS 50 Jahre BVerfG, Bd. 2, 2001, S. 500; *Schilken*, Gerichtsverfassungsrecht, 3. Aufl. 2003, Rdnr. 110, mit Nachweisen zur Gegenauffassung.

[328] So BVerfGE 38, 105 (111); *Roxin*, Strafverfahrensrecht, 25. Aufl. 1998, § 11 Rdnr. 13; *Fischer*, NStZ 1997, 217; *Peukert*, EuGRZ 1980, 254 f. (zur Garantie des „fair trial" in Art. 6 EMRK).

[329] So *Schilken*, Gerichtsverfassungsrecht, 3. Aufl. 2003, Rdnr. 117.

[330] *Schilken*, Gerichtsverfassungsrecht, 3. Aufl. 2003, Rdnr. 109.

[331] BVerfGE 63, 45 (61); 70, 297 (308 f.); 86, 288 (317 f.).

[332] BVerfGE 63, 45 (61); BVerfG (3. Kammer des Zweiten Senats) NJW 2001, 2245 (2246); *Schilken*, Gerichtsverfassungsrecht, 3. Aufl. 2003, Rdnr. 112; *Kissel/Mayer*, GVG, 4. Aufl. 2005, Einleitung Rdnr. 222.

[333] S. exemplarisch die Zusammenfassung der Aspekte des fairen Verfahrens sowie der ungestörten Wahrheits- und Rechtsfindung in BVerfGE 103, 44 (68 f.).

2. Gerichtsöffentlichkeit als Mittel zur Realisierung rechtsstaatlicher Verfahrensgestaltung

Als Argument für die Öffentlichkeit der Rechtsprechung eignen sich diese Prinzipien und Ziele rechtsstaatlicher Verfahrensgestaltung nur in beschränktem Umfang.

Immerhin ist vorstellbar, daß Öffentlichkeit zur Wahrheitsfindung beiträgt, indem sie „das Licht der Öffentlichkeit scheuende Umstände" fernhält, so daß diese keinen Einfluß auf das Gericht gewinnen können.[334] Vereinzelt wird die Öffentlichkeit in ihrer Funktion, das Prozeßgeschehen sichtbar zu machen, auch als Beitrag zur Sicherstellung eines fairen Verfahrens angesehen.[335] Jedoch betrifft der Grundsatz des fairen Verfahrens in erster Linie das Verhältnis zwischen den Prozeßbeteiligten und dem Gericht, so daß die Öffentlichkeit gegenüber Dritten zumindest nicht im Vordergrund steht.

3. Gerichtliche Öffentlichkeit als Bedrohung rechtsstaatlicher Verfahrensgestaltung

Auf der anderen Seite kann gerichtliche Öffentlichkeit die rechtsstaatliche Verfahrensgestaltung erheblich beeinträchtigen.

Schon die Präsenz von Zuschauern kann sich negativ auf die gerichtliche Wahrheitsfindung auswirken. Oftmals sind Äußerungen vor Gericht mit dem Eingeständnis eigener oder fremder Fehler bzw. Schwächen verbunden. Die Bereitschaft zu derartigen Offenbarungen wird durch Zuschauer potentiell beeinträchtigt.[336] Noch schwerer wiegt die gezielte Beeinflussung von Zeugen oder Verfahrensbeteiligten, die mit einer derartigen Situation regelmäßig weniger gut werden umgehen können als ein Richter, der kraft Profession gewohnt ist (oder zumindest gewohnt sein sollte), öffentlichem Druck standzuhalten. Bei Verfahrensbeteiligten besteht sogar die Gefahr, daß sie eine Beeinträchtigung ihres rechtlichen Gehörs hinzunehmen haben, wenn sie ihr Anliegen nicht in vollem Umfang vertreten[337] und beispielsweise gerade wegen der Öffentlichkeit darauf verzichten, bestimmte Verteidigungsmittel vorzubringen.[338] Damit stellt sich zugleich die Frage, ob das Gericht unter derartigen Umständen noch ein faires Verfahren zu gewährleisten vermag.[339]

---

[334] BGHSt 9, 280 (281).

[335] So *Peukert*, in: Frowein/Peukert, EMRK, 2. Aufl. 1996, Art. 6 Rdnr. 117.

[336] BGHSt 9, 280 (283); *Kissel/Mayer*, GVG, 4. Aufl. 2005, § 169 Rdnr. 16.

[337] *Kissel/Mayer*, GVG, 4. Aufl. 2005, § 169 Rdnr. 15. Dieselbe Gefahr besteht bereits ohne gezielte Einflußnahme, wenn sich ein Beteiligter vor Zuschauern nicht in vollem Umfang äußern möchte. Dazu *Kissel/Mayer*, GVG, 4. Aufl. 2005, § 169 Rdnr. 13; *Schilken*, Gerichtsverfassungsrecht, 3. Aufl. 2003, Rdnr. 165.

[338] *Dahs*, Referat 54. DJT, 1982, K 10 f.

[339] *Kissel/Mayer*, GVG, 4. Aufl. 2005, § 169 Rdnr. 15.

Außerdem ist das Prinzip der Waffengleichheit angesprochen. Zwar obliegt die Entscheidung über den Gebrauch seiner prozessualen „Waffen“ dem Bürger. Jedoch muß der Staat Bedingungen schaffen, die dem Bürger insofern eine freie Entscheidung ermöglichen.[340] Dem kann die Befürchtung entgegenstehen, durch die Inanspruchnahme staatlicher Gerichte als persönlich empfundene Angelegenheiten vor der Öffentlichkeit ausbreiten zu müssen.

Eine deutliche Zuspitzung erfahren auch diese schon durch die Anwesenheit von Zuschauern hervorgerufenen Konfliktlagen durch die mediale Erweiterung der Öffentlichkeit. Namentlich die Fairneß des Verfahrens kann von der Berichterstattung der Medien bedroht werden. Besonders deutlich tritt die Problematik am Beispiel der vielfach diskutierten Gefahren hervor, die von öffentlichen Vorverurteilungen in den Medien für die Fairneß gerade des Strafverfahrens ausgehen.[341] Für die Presse[342] fordern daher die Publizistischen Grundsätze des Presserats (Pressekodex) u. a. den Verzicht auf präjudizierende Stellungnahmen.[343] Spezielle gesetzliche Regelungen zur Abwehr solcher Gefahren existieren hingegen kaum;[344] insofern kann auf die Überlegungen zur richterlichen Unabhängigkeit verwiesen werden.[345] Im übrigen ist freilich auch hier der Hinweis veranlaßt, daß die denkbaren Beeinträchtigungen rechtsstaatlicher Verfahrensbelange regelmäßig nicht schon durch die Informationsaufnahme der Medien drohen, sondern erst bzw. allenfalls durch bestimmte Formen der Berichterstattung.

---

[340] *Schilken*, Gerichtsverfassungsrecht, 3. Aufl. 2003, Rdnr. 121.

[341] S. dazu nur *Stürner*, JZ 1980, 1 ff.; Bericht der Bundesregierung, BT-Drucks. 10/4608; weiter *Hassemer*, NJW 1985, 1921 ff.; *Kohl*, AfP 1985, 102 ff.; rechtsvergleichend *Bornkamm*, Pressefreiheit und Fairneß des Strafverfahrens, 1980. Zu Gefährdungen der Verfahrensfairneß durch die mediale Vermarktung von Straftaten *Tillmanns*, in: FS für Robert Schweitzer, 1999, S. 257 ff.; zur Beurteilung des Problems am Maßstab von Art. 6 Abs. 1 EMRK jüngst EGMR NJW 2004, 3691 (3694 f.).

[342] Für eine Erweiterung des Pressekodex zu einem auch die anderen Medien umfassenden Medienkodex *Tillmanns*, ZRP 2004, 278; *Roxin*, in: FS 30 Jahre Münchener Juristische Gesellschaft, 1996, S. 109.

[343] Ziffer 13 des Pressekodex. S. dazu auch die Richtlinie 13.1 für die Publizistische Arbeit nach den Empfehlungen des Deutschen Presserats.

[344] Kritisch dazu *Stürner*, JZ 1980, 4. Anders *G. Widmaier*, NJW 2004, 402: Im wesentlichen besteht Einigkeit, daß das Problem nicht durch Gesetze zu lösen ist. S. jedoch *Dörr/Eckl*, NJW 1999, 1932, zu einer Entscheidung des *Europäischen Gerichtshofs für Menschenrechte*, die die Verurteilung eines Journalisten wegen verbotener Beeinflussung eines Strafverfahrens in Österreich mit Art. 10 EMRK für vereinbar hält.

[345] Oben Teil 3 C.III.3.c), S. 210 f.

V. Gerichtsöffentlichkeit und die Persönlichkeitsrechte der Beteiligten

1. Der rechtsstaatsinterne „Binnenkonflikt"

Die Multivalenz, wenn nicht gar die Disparität eines so höchst voraussetzungsvollen Begriffs,[346] wie ihn der Rechtsstaatsgrundsatz darstellt, tritt beispielhaft zutage, wenn die Persönlichkeitsrechte der Verhandlungsbeteiligten – nicht nur, aber vor allem des Angeklagten im Strafprozeß –[347] ins Kalkül gezogen werden. Wenn die Gerichtsöffentlichkeit Emanation des rechtsstaatlichen Publizitätsgebots staatlichen Handelns ist, kommt die rechtsstaatliche Provenienz in mindestens demselben Maße den Grundrechten zu. Die Freiheitsrechte des Grundgesetzes sind schließlich anerkanntermaßen Ausdruck eines materiell verstandenen Rechtsstaatsprinzips. Das gilt in besonderem Maße für das allgemeine Persönlichkeitsrecht, das vom *Bundesverfassungsgericht* als unbenanntes Freiheitsrecht[348] dem Doppelgrundrecht des Art. 2 Abs. 1 i.V.m. Art. 1 Abs. 1 GG entnommen wird. Im Konflikt zwischen rechtsstaatlich fundierter Gerichtsöffentlichkeit einerseits und rechtsstaatlich konstituiertem Persönlichkeitsrecht andererseits offenbart sich eine der Gegenläufigkeiten einzelner Prinzipien, die in dieser verfassungsgestaltenden Grundentscheidung zwangsläufig angelegt sind.

2. Der Konflikt zwischen Medien und Persönlichkeitsrecht

Die Medienpräsenz in der Verhandlung potenziert die Verletzungsanfälligkeit des Persönlichkeitsrechts. Schon allgemein liegt eine der Hauptkonstellationen für mögliche Verletzungen dieses Grundrechts in seinem Spannungsverhältnis zu den Kommunikationsgrundrechten, also auch zu den Medienfreiheiten.[349] Bezeichnenderweise enthält bereits die Schrankentrias des Art. 5 Abs. 2 GG einen Hinweis auf die Spannungslage zwischen Medienfreiheiten und Persönlichkeitsrecht. Es werden zwei Gegenrechte angeführt, die zumindest auch grundrechtliche, also im Verhältnis zu den Kommunikationsfreiheiten normenhierarchisch gleichrangige Elemente enthalten: Ehrenschutz[350] und Jugendschutz[351] sind

---

[346] Vgl. *Lepsius*, in: Gusy (Hrsg.), Weimars lange Schatten – „Weimar" als Argument nach 1945, 2003, S. 388.

[347] Zum Spannungsverhältnis zwischen dem Persönlichkeitsrecht der Beteiligten und der Öffentlichkeit in der verwaltungsgerichtlichen mündlichen Verhandlung *Endemann*, in: FS für Wolfgang Zeidler, Bd. 1, 1987, S. 409 ff.

[348] BVerfGE 79, 256 (268); 95, 220 (241); *Burkhardt*, in: Wenzel, Das Recht der Wort- und Bildberichterstattung, 5. Aufl. 2003, 5. Kapitel Rdnr. 8.

[349] Vgl. *Hoffmann-Riem*, AöR Bd. 128 (2003), S. 202 ff.

[350] Nach *P. Kirchhof*, HStR IX, 1997, § 221 Rdnr. 129, gehört die Ehre zu den vier klassischen Grundfreiheiten.

[351] OVG Berlin NJW 2003, 841.

Partikel, wenn nicht gar Emanationen des allgemeinen Persönlichkeitsrechts des Art. 2 Abs. 1 GG i. V. m. Art. 1 Abs. 1 GG.[352] Eine andere, davon unbeeinflußte Sache ist es, daß beide Verfassungsrechtspositionen auf gesetzliche Konkretisierung angewiesen sind.[353] Ebenso steht es auf einem anderen Blatt, daß bislang der Gesetzgeber keine Anstalten getroffen hat, die Konfliktsfälle im Spannungsfeld von Medien und Persönlichkeitsrecht zu regeln.[354]

3. Erste Schlußfolgerungen

a) Die Beeinträchtigung von Persönlichkeitsrechten durch gerichtliche Öffentlichkeit

Je nach Lage des Falles kann schon die mündliche Verhandlung vor Publikum zu einer erheblichen Bloßstellung einzelner führen. Das gilt nicht nur für den Strafprozeß, in dem dieser Aspekt freilich – namentlich im Hinblick auf den Angeklagten – besonders deutlich zu Tage tritt. Ungeachtet aller Errungenschaften des modernen Strafverfahrens kann die öffentliche Verhandlung Prangerwirkung entfalten und zu einer massiven Ansehenseinbuße führen. Diese wiegt um so schwerer, als für den Angeklagten vor einer rechtskräftigen Verurteilung die Unschuldsvermutung gilt. Auch kann die öffentliche Verhandlung die Resozialisierung des verurteilten Angeklagten gefährden. Sogar dem letztlich freigesprochenen Angeklagten droht eine fortdauernde Beeinträchtigung unter dem Gesichtspunkt des „semper aliquid haeret“.

Die gelegentlich vertretene Auffassung, daß die Nachteile der Öffentlichkeit ihre Vorteile im Strafverfahren überwögen,[355] teilt der Gesetzgeber dennoch nicht. Er hält am Grundsatz der Verhandlungsöffentlichkeit fest. Immerhin hat er jedoch gerade mit Blick auf den Persönlichkeitsschutz im Strafverfahren die Möglichkeiten für den Ausschluß der Öffentlichkeit wesentlich erweitert.[356]

b) Die Rolle der Medien

Die Berichterstattung der Medien verstärkt die beschriebenen Gefahren erheblich, wenn sie sie nicht sogar erst bewirkt. Im Vergleich mit den negativen Effekten der Saalöffentlichkeit ist die Darstellung persönlichkeitsbeeinträchtigender

[352] *Bethge*, DÖV 2002, 681; s. auch *Jarass*, in: Jarass/Pieroth, GG, 7. Aufl. 2004, Art. 5 Rdnr. 62.

[353] *Isensee*, in: FS für Walter Leisner, 1999, S. 388.

[354] Kritisch *Lerche*, in: Isensee (Hrsg.), Gewaltenteilung heute, 2000, S. 94 f. Zu früheren, letztlich nicht realisierten Regelungsansätzen *Stürner*, Gutachten 58. DJT, A 61 ff. Speziell zur fehlenden gesetzlichen Beschränkung der Berichterstattung aus mündlichen Verhandlungen unten Teil 4 A.I.2.b)bb)bbb), S. 230 f.

[355] *Dahs*, Referat 54. DJT, 1982, K 7 ff.

[356] Oben Teil 2 A.IV.3.f), S. 81 f.

Details in den Massenmedien von einer vollständig anderen Qualität. Insofern stehen die Persönlichkeitsrechte der Beteiligten nicht nur der Saal-, sondern insbesondere der Medienöffentlichkeit tendenziell entgegen. Besonderes Gewicht kommt diesem Gesichtspunkt im Hinblick auf die Möglichkeit von Bild- und Tonaufnahmen im Gerichtssaal zu. Darauf wird zurückzukommen sein.[357]

c) Persönlichkeitsschutz durch Beschränkungen der Informationsaufnahme?

Schon an dieser Stelle ist freilich einmal mehr der Hinweis veranlaßt, daß die spezifischen Gefahren für die Persönlichkeitsrechte keine zwingende Konsequenz schon der Informationsaufnahme der Medien sind. Beeinträchtigt werden Persönlichkeitsrechte erst durch die folgende Berichterstattung – oder genauer: *allenfalls* durch die folgende Berichterstattung. Ob es tatsächlich zu einer Beeinträchtigung kommt, hängt maßgeblich von der Art und Weise ab, in der die Medien die erlangten Informationen weitergeben. Der detaillierte Pressebericht über eine strafrechtliche Hauptverhandlung, der weder ein Bild des Angeklagten zeigt noch seinen Namen nennt, muß sein Persönlichkeitsrecht nicht stärker beeinträchtigen, als es die Saalöffentlichkeit ohnehin tut.

VI. Fazit

Unter rechtsstaatlichen Gesichtspunkten fällt die Beurteilung gerichtlicher Öffentlichkeit, insbesondere gerichtlicher Medienöffentlichkeit, hochgradig ambivalent aus. Daraus darf freilich nicht der Schluß gezogen werden, die für und gegen die Öffentlichkeit sprechenden Gesichtspunkte würden sich gegenseitig ganz oder teilweise neutralisieren, so daß von einer Verankerung der Gerichtsöffentlichkeit im Rechtsstaatsprinzip nicht mehr bzw. nur eingeschränkt gesprochen werden könnte. Vielmehr stehen neben den rechtsstaatlich fundierten Chancen auch die Gefahren der Öffentlichkeit für sich; sie behalten ungeachtet der jeweils entgegenstehenden Positionen ihren eigenen Stellenwert. Rechtsstaatlich gefordert ist weder die vollständige Öffnung der Rechtsprechung noch deren strikte Abschottung.

Treffend zum Ausdruck bringt dies die gerade auf den potentiellen Konflikt der Öffentlichkeit mit der Wahrheitsfindung zugeschnittene Formel, daß die rechtsstaatliche Ableitung des Öffentlichkeitsgrundsatzes dem Verfahrenszweck der Wahrheitsfindung nicht widerspreche. Vielmehr sei der Verfahrenszweck die Wahrheitsfindung im rechtsstaatlich geordneten Verfahrensgeschehen, das durch Öffentlichkeit transparent gemacht werde.[358]

---

[357] Unten Teil 5 E.III.2.b), S. 415 ff., Teil 5 E.IV.2.b), S. 448 ff.
[358] *Degenhart*, in: HStR III, 2. Aufl. 1996, § 76 Rdnr. 52.

Allgemein gesprochen fordert das Rechtsstaatsprinzip, bei der Realisierung gerichtlicher Öffentlichkeit die kollidierenden Rechte und Interessen zu einem beide Seiten weitestmöglich berücksichtigenden schonenden Ausgleich zu bringen. Rechtsstaatliche Rechtsprechung zeichnet sich durch angemessene Öffentlichkeit aus, die ein Mindestmaß wahrt und die ein Übermaß vermeidet.

D. Gerichtsöffentlichkeit als Verfassungsgrundsatz

I. Die Saalöffentlichkeit der mündlichen Verhandlung als Verfassungsgrundsatz

Angesichts der vielfältigen verfassungsrechtlichen Anknüpfungspunkte schon der Saalöffentlichkeit ist allgemein anerkannt, daß die prinzipielle Entscheidung über das „Ob" ihrer Realisierung bereits mit den grundgesetzlichen Staatsstrukturprinzipien der Demokratie und des Rechtsstaats gefallen ist. Dem einfachen Gesetzgeber obliegt allein die inhaltliche Ausgestaltung einschließlich der notwendigen Einschränkungen. Er ist jedoch nicht berechtigt, die Öffentlichkeit vollständig abzuschaffen oder sie so weitgehend zu beschränken, daß keine effektive Kontrolle des Verhandlungsgeschehens mehr stattfinden kann. Darin läge ein Verstoß gegen das Rechtsstaats- bzw. gegen das Demokratieprinzip; ein entsprechendes Gesetz wäre verfassungswidrig.[359]

Daß der Verfassungsrang der Saalöffentlichkeit gleichwohl überwiegend verneint wird,[360] beruht auf der Vorstellung, im Falle ihrer Gewährleistung als Verfassungs(grund)satz könne die Öffentlichkeit überhaupt nicht eingeschränkt werden.[361] Diese Befürchtung verkennt jedoch das Verhältnis zwischen verfassungsrechtlich geforderten Instituten und deren Konkretisierung durch den einfachen Gesetzgeber. Auch verfassungsrangige Rechtsinstitute sind durchaus gesetzlicher Ausgestaltung zugänglich.[362] Mehr noch: Die Saalöffentlichkeit ist

---

[359] *Schreiber*, in: Wieczorek/Schütze, ZPO und Nebengesetze, 5. Bd., 3. Aufl. 1995, § 169 GVG Rdnr. 6; *M. Wolf*, in: Münchener Kommentar zur ZPO, Bd. 3, 2. Aufl. 2001, § 169 GVG Rdnr. 4; *M. Wolf*, Gerichtsverfassungsrecht aller Verfahrenszweige, 6. Aufl. 1987, § 25 I 2, S. 244; *Schroeder*, in: Eser/Kaiser (Hrsg.), Viertes deutsch-sowjetisches Kolloquium über Strafrecht und Kriminologie, 1989, S. 142. Zur Verfassungswidrigkeit eines gänzlichen Ausschlusses der Öffentlichkeit s. auch *Meyer-Goßner*, ZRP 1982, 238.

[360] Oben Teil 3 A.III., S. 164 ff.

[361] So ausdrücklich *Kissel/Mayer*, GVG, 4. Aufl. 2005, § 169 Rdnr. 2; *F. Burbulla*, Die Fernsehöffentlichkeit als Bestandteil des Öffentlichkeitsgrundsatzes, 1998, S. 36 f. Deutlich wird diese Sichtweise aber auch, wenn u. a. *Walther*, JZ 1998, 1147, sowie *Hirte*, NJW 1988, 1702, als Beleg dafür, daß das *Bundesverfassungsgericht* der Gerichtsöffentlichkeit keinen Verfassungsrang zuerkannt habe, nicht nur auf BVerfGE 15, 303 (307) verweisen (Öffentlichkeit kein Verfassungsgrundsatz, sondern Prozeßmaxime), sondern zusätzlich auf BVerfGE 4, 79 (94). Dort führt das Gericht lediglich aus, daß der Öffentlichkeitsgrundsatz nicht ausnahmslos gilt.

[362] *Degenhart*, in: HStR III, 2. Aufl. 1996, § 76 Rdnr. 50 Fn. 285; *Britz*, Fernsehaufnahmen im Gerichtssaal, 1999, S. 210.

auf nähere Regelungen des einfachen Gesetzgebers sogar angewiesen. Dieser und nicht das jeweilige Gericht ist Erstadressat der grundgesetzlichen Forderung nach prinzipieller Öffentlichkeit der Verhandlung. Das schließt das Recht des Parlaments zu Restriktionen ein. Immerhin erfüllt die Öffentlichkeit nicht nur positive Funktionen. Sie führt zugleich zu erheblichen Belastungen der Beteiligten. Zur näheren Regelung derartiger Konfliktlagen ist der formelle, demokratisch legitimierte Gesetzgeber berufen. Die Öffentlichkeit einer gerichtlichen Verhandlung ergibt sich daher im Einzelfall nicht unmittelbar aus dem Grundgesetz, sondern als Ergebnis einer vom Gesetzgeber zumindest vorzustrukturierenden Abwägung der betroffenen Rechtspositionen.

Wenn und weil der gesetzgeberische Entscheidungsspielraum jedoch nicht die Option umfaßt, die Verhandlungsöffentlichkeit vollständig abzuschaffen, besitzt die Öffentlichkeit normenhierarchisch sehr wohl Verfassungsrang.[363] Die inzwischen auch vom *Bundesverfassungsgericht* verwendete Bezeichnung als Verfassungs*grundsatz*[364] trägt der gleichwohl bestehenden Ausgestaltungs- und Einschränkungsbefugnis des Gesetzgebers sprachlich ausreichend Rechnung. Sie bringt zugleich zum Ausdruck, daß Öffentlichkeit und Nichtöffentlichkeit in einem Regel-Ausnahme-Verhältnis zueinander stehen. Die Öffentlichkeit der Verhandlung ist verfassungsrechtlich der Normalfall; die Nichtöffentlichkeit bedarf gesonderter Begründung.[365]

II. Die Medienöffentlichkeit der Rechtsprechung als Verfassungsgrundsatz

Damit läßt sich auch die Frage klären, ob es eine normativ fundierte Medienöffentlichkeit der Rechtsprechung gibt, die über die Saalöffentlichkeit der mündlichen Verhandlung hinausreicht. Die Antwort ergibt sich bei einer Zusammenschau der vorstehenden Überlegungen im Wege einer fast schon mathematischen Logik.

Erstens: Die Saalöffentlichkeit der mündlichen Verhandlung ist dem Grunde nach verfassungsrechtlich gefordert, weil sie Funktionen erfüllt, die sich unmit-

---

[363] So auch *Pieroth*, in: Jarass/Pieroth, GG, 7. Aufl. 2004, Art. 20 Rdnr. 14; *Pieroth*, in: Erichsen/Kollhosser/Welp (Hrsg.), Recht der Persönlichkeit, 1996, S. 254 f.; *Britz*, Fernsehaufnahmen im Gerichtssaal, 1999, S. 210. – Verneint man dagegen den Verfassungsrang, wäre es an sich konsequent, sogar die vollständige Abschaffung der Verhandlungsöffentlichkeit jedenfalls unter der Voraussetzung für zulässig zu erachten, daß ein gleichwertiges Ersatzinstitut geschaffen würde. So *Schilken*, Gerichtsverfassungsrecht, 3. Aufl. 2003, Rdnr. 159, der jedoch einräumt, daß ein solcher Ersatz kaum vorstellbar sei. Das ist eher noch zu schwach formuliert: Wie oben gezeigt, ist die Zugänglichkeit der mündlichen Verhandlung jedenfalls unter dem Gesichtspunkt der Vertrauensschaffung nicht zu ersetzen.

[364] BVerfGE 103, 44 (63) (Hervorhebung nur hier); anders noch BVerfGE 15, 303 (307).

[365] *Stürner*, Gutachten 58. DJT, A 42 f.

telbar den verfassungsgestaltenden Grundentscheidungen der Demokratie und des Rechtsstaats zuordnen lassen. Zweitens: Diese Funktionen werden heute im wesentlichen durch die Medien wahrgenommen. Drittens: Anknüpfungspunkt der Medienberichterstattung ist die gesamte Staatsfunktion Rechtsprechung, nicht allein die mündliche Verhandlung. Daher ist auch die Medienöffentlichkeit der Rechtsprechung eine Forderung des Demokratieprinzips sowie des Rechtsstaatsprinzips des Grundgesetzes. Gerichtsöffentlichkeit auch und gerade in Form von Medienöffentlichkeit ist Verfassungsgebot.[366] Die Ausgestaltung dieser Öffentlichkeit obliegt in erster Linie dem einfachen Gesetzgeber.

---

[366] *Bethge*, in: Maunz/Schmidt-Bleibtreu/Klein/Bethge, BVerfGG, § 17a Rdnr. 2; *Degenhart*, in: HStR III, 2. Aufl. 1996, § 76 Rdnr. 50; *Stürner*, JZ 2001, 700.

Teil 4

Die Anwesenheit von Medienvertretern in der mündlichen Verhandlung

Hinsichtlich der Anwesenheit von Medienvertretern in der mündlichen Verhandlung ist zwischen öffentlichen und nichtöffentlichen Verhandlungen zu unterscheiden.

A. Die Anwesenheit von Medienvertretern in öffentlichen Verhandlungen

Während bei nichtöffentlichen Verhandlungen schon der Zutrittswunsch von Medienvertretern zwangsläufig die Frage nach einer Sonderstellung der Medien aufwirft, haben Journalisten zu öffentlichen Verhandlungen bereits im Rahmen der Saalöffentlichkeit Zutritt (im folgenden sub I.). Medienspezifische Fragestellungen treten erst im Hinblick auf den einschlägigen Grundrechtsschutz auf (dazu sub II.). Von diesem hängt es letztlich ab, ob Journalisten gegenüber anderen Zuschauern bevorzugt werden dürfen oder gar müssen (sub III.).

I. Die Anwesenheit von Medienvertretern nach den Bestimmungen des einfachen Rechts als Teil der Saalöffentlichkeit

An öffentlichen Verhandlungen dürfen Journalisten *jedenfalls* wie jeder beliebige andere Zuschauer teilnehmen. Insofern ist die von § 169 S. 1 GVG angeordnete Öffentlichkeit Saal- und Medienöffentlichkeit zugleich.[1] Journalisten profitieren insoweit von der allgemeinen Saalöffentlichkeit und haben im Rahmen der Saalkapazität nach den für jedermann geltenden Konditionen Zutritt. Bei der Verteilung der zur Verfügung stehenden Plätze sind sie strikt nach dem Prioritätsprinzip zu behandeln. Die Teilnahme darf auch einem Journalisten nur auf Grund der §§ 175 Abs. 1, 176f. GVG versagt werden.

1. Kein Ausschluß von Journalisten zur Vermeidung einer reinen Medienöffentlichkeit

Im Rahmen dieser Vorschriften spielt es prinzipiell keine Rolle, aus welchem Grund ein Zuschauer an einer Verhandlung teilnehmen will oder welchen gesellschaftlichen Gruppen er angehört. § 169 S. 1 GVG läßt es daher nicht zu, Journalisten wegen ihres beruflichen Hintergrundes die Teilnahme zu verwehren. Die Öffentlichkeit wird verletzt, wenn Journalisten trotz freier Plätze aus dem Saal verwiesen werden oder wenn andere Zuschauer bevorzugt eingelassen

[1] Sondervotum *Kühling/Hohmann-Dennhardt/Hoffmann-Riem*, BVerfGE 103, 44 (73).

werden, bis die Saalkapazität – zu Lasten der Medienvertreter – erschöpft ist. Insbesondere darf das Gericht Journalisten den Zugang nicht mit der Begründung versagen, es sei bereits eine „ausreichende Anzahl" von Medienvertretern anwesend. Selbst wenn sämtliche Plätze von Journalisten eingenommen werden, bevor andere Zuschauer erscheinen, muß das Gericht diese „reine Medienöffentlichkeit" hinnehmen. Auf eine möglichst repräsentative Zusammensetzung des Publikums darf es ja gerade nicht hinwirken.[2]

Das gilt sogar dann, wenn ohnehin ein gewisses Platzkontingent für die Medien reserviert ist. Zwar darf das Gericht nicht sämtliche Plätze gezielt an Journalisten vergeben.[3] Eine gewisse Anzahl muß der Allgemeinheit zur Verfügung stehen. Diese Plätze aber sind wiederum allein nach dem Prioritätsprinzip zu vergeben, selbst wenn dies zu einer „reinen Medienöffentlichkeit" führen sollte.[4]

2. Kein Ausschluß von Journalisten zur Verhinderung oder Beeinflussung späterer Berichterstattung

Auch dürfen Medienvertreter nicht ausgeschlossen werden, um die Berichterstattung über die Verhandlung zu verhindern oder zu beeinflussen. Die Berichterstattung der Medien wird von § 169 S. 1 GVG mit bezweckt,[5] jedenfalls aber als Reflex der Saalöffentlichkeit garantiert.[6] Die Öffentlichkeit der Verhandlung und die Möglichkeit der Berichterstattung stehen von jeher in einem Komplementärverhältnis;[7] dem Gesetzgeber war das Phänomen der Gerichtsreportage zum Zeitpunkt des Erlasses von § 169 S. 1 GVG seit langem bekannt.[8] Zusätzliche Belastungen und Erschwernisse durch die Veröffentlichung müssen von den Beteiligten ertragen werden.[9]

---

[2] Oben Teil 2 C.II.4.c), S. 117 ff.

[3] Dazu sowie zu der Frage, ob die Reservierung eines Platzkontingents überhaupt zulässig ist, unten Teil 4 A.III.2.a), S. 263 ff.

[4] Jedenfalls sprachlich zu weit daher *Meissner*, in: Schoch/Schmidt-Aßmann/Pietzner, VwGO, § 55 Rdnr. 19: Es sei in jedem Fall darauf zu achten, daß ein angemessener Teil der verfügbaren Plätze allgemein interessierten Zuhörern vorbehalten bleibe, um auszuschließen, daß die Öffentlichkeit zur reinen Medienöffentlichkeit verkomme.

[5] *Eb. Schmidt*, Lehrkommentar zur StPO und zum GVG, Teil I, 2. Aufl. 1964, Rdnr. 407.

[6] *Meyer-Goßner*, StPO, 47. Aufl. 2004, § 169 GVG Rdnr. 3; *Eb. Schmidt*, Lehrkommentar zur StPO und zum GVG, Teil III, 1960, Vorb. §§ 169 bis 175 GVG, Rdnr. 3; *Eb. Schmidt*, NJW 1968, 804. Explizit gegen eine bloße Reflexwirkung *Windsheimer*, Die „Information" als Interpretationsgrundlage für die subjektiven öffentlichen Rechte des Art. 5 Abs. 1 GG, 1968, S. 61.

[7] *Kißler*, Die Öffentlichkeitsfunktion des Deutschen Bundestages, 1976, S. 303.

[8] Vgl. die Schilderungen früher Gerichtsberichterstattung bei *Höbermann*, Der Gerichtsbericht in der Lokalzeitung: Theorie und Alltag, 1989, S. 14 ff. (Anfänge 1590, seit der Verbürgung von Gerichtsöffentlichkeit in der Preußischen Landesverfassung im Jahre 1848 Berichte der Tagespresse); *Heidelberg*, Justizreportage, 1932, S. 12 ff. (ab 1743 Kriminalliteratur, die auf Prozeßaufzeichnungen von Juristen beruht, als Vorläufer); vgl. auch oben Teil 2 A.IV.3.d), S. 75 ff.

[9] *Eb. Schmidt*, in: FS für Walter Schmidt, 1959, S. 338 f.

a) Die Berichterstattung als adäquate Folge der Saalöffentlichkeit

Daher dürfen Journalisten noch nicht einmal ausgeschlossen werden, um zu verhindern, daß später zu vernehmende Zeugen durch die Berichterstattung von bisherigen Aussagen erfahren können.[10] Das steht nur scheinbar im Widerspruch zu der Möglichkeit, (nichtjournalistische) Prozeßbeobachter auszuschließen, deren Anwesenheit allein dazu dient, später zu vernehmende Zeugen über den Prozeßverlauf zu informieren.[11] Da jeder Zuschauer über das Prozeßgeschehen berichten darf, besteht ohnehin die Gefahr, daß Zeugen vom Gang der Verhandlung erfahren. Diese Gefahr an sich berechtigt nicht zum Ausschluß der Öffentlichkeit. Vielmehr wird sie mit der gesetzgeberischen Entscheidung für die Saalöffentlichkeit hingenommen[12] und ist sie deren adäquate Folge. Gleiches gilt für den Fall, daß künftige Zeugen durch die Medien von den Vorgängen in der Verhandlung erfahren könnten;[13] einen vorsorglichen Ausschluß gerade der Medien rechtfertigt dies ebenfalls nicht.

Anders ist die gezielte Beobachtung zum Zweck der Zeugeninformation zu beurteilen. Sie ist keine adäquate Begleiterscheinung der Öffentlichkeit, sondern eine mißbräuchliche Inanspruchnahme dieses Instituts, mit der das Gebot der Zeugenvernehmung in Abwesenheit späterer Zeugen umgangen wird.

b) Keine Beeinflussung der Berichterstattung mittels der Sitzungspolizei

Auch die Art und Weise sowie den Inhalt der Berichterstattung darf der Vorsitzende nicht durch den Ausschluß von Medienvertretern beeinflussen. Unzulässig ist der Ausschluß vor allem, wenn damit unliebsame Kritik am Gericht unterbunden werden soll.

---

[10] *Kissel/Mayer*, GVG, 4. Aufl. 2005, § 176 Rdnr. 47; *Wickern*, in: Löwe-Rosenberg, StPO und GVG, 7. Bd., 25. Aufl. 2003, § 176 GVG Rdnr. 37.

[11] Oben Teil 2 C.III.2.c), S. 126 f.

[12] BGH AfP 1973, 392, mit dem zusätzlichen Hinweis, daß es sich bei den Prozessen, die sich über mehrere Termine hinziehen und bei denen folglich die Gefahr vorzeitiger Zeugeninformation besonders groß ist, häufig gerade um spektakuläre Verfahren handeln wird, an denen ein besonderes Interesse der Öffentlichkeit besteht. Ein Ausschluß der Öffentlichkeit würde also die Möglichkeit der Prozeßbeobachtung besonders empfindlich einschränken.

[13] BGH AfP 1973, 392. Dort hatte der Vorsitzende Journalistinnen ausgeschlossen, die eine Erklärung verweigert hatten, nicht über die Details der Zeugenvernehmung zu berichten. S. dazu auch BVerfGE 36, 89 ff.: Nichtannahme der Verfassungsbeschwerde einer betroffenen Journalistin. Die Frage nach einer Verletzung der Pressefreiheit durch den Ausschluß sei wegen der Entscheidung des *Bundesgerichtshofs* nicht mehr klärungsbedürftig. In der Sache bejaht *Gehrhardt*, AfP 1973, 535, zu Recht eine Verletzung der Pressefreiheit. Näher zum Grundrechtsschutz der Journalisten in der Verhandlung sogleich Teil 4 A.II., S. 232 ff.

aa) Kein Ausschluß von Medienvertretern zur Verhinderung von Kritik

Wie jedes andere staatliche Organ müssen auch Gerichte öffentliche Kritik hinnehmen.[14] Die Sitzungspolizei dient nicht dazu, in die öffentliche kritische Auseinandersetzung mit der Justiz einzugreifen; sie kann sich nur auf ein Verhalten der Medienvertreter in der Verhandlung selbst beziehen.[15] Vorangegangene Berichterstattung darf nicht zum Anknüpfungspunkt sitzungspolizeilicher Maßnahmen gemacht werden. Andernfalls hätte der Vorsitzende die Möglichkeit, kritische Berichterstattung über die Arbeit des Gerichts durch Zutrittsverweigerung bei späteren Terminen bzw. in späteren Prozessen zu sanktionieren.[16]

Daher darf ein Journalist nicht einmal dann ausgeschlossen werden, wenn er über die bisherige Verhandlung grob unsachlich und entstellend berichtet hat.[17] Die Ordnung *in der Sitzung*, deren Wahrung § 176 GVG als die einzige in Betracht kommende Rechtsgrundlage[18] dient, wird durch die Anwesenheit desselben Journalisten in späteren Verhandlungen nicht berührt.[19]

---

[14] *Stober*, DRiZ 1980, 7.

[15] *M. Wolf*, in: Münchener Kommentar zur ZPO, Bd. 3, 2. Aufl. 2001, § 169 GVG Rdnr. 37.

[16] BVerfGE 50, 234 (243). Nach *Kissel/Mayer*, GVG, 4. Aufl. 2005, § 176 Rdnr. 47, wäre eine derartige Bewertung durch den Vorsitzenden im Ergebnis eine nach Art. 5 Abs. 1 S. 3 GG unzulässige Zensur. Um Zensur im eigentlichen Sinne freilich handelt es sich nicht: Es steht kein präventives Verfahren in Rede, vor dessen Abschluß ein Werk nicht veröffentlicht werden darf (so der Zensurbegriff in BVerfGE 87, 209 [230]), weder final noch von der faktischen Konsequenz her (zur Einbeziehung faktischer Maßnahmen und Konsequenzen in den Zensurbegriff *Bethge*, in: Sachs, GG, 3. Aufl. 2003, Art. 5 Rdnr. 135 b). Mit Blick auf die vorangegangene Berichterstattung wäre ein Ausschluß eine *nachträgliche* Sanktion, die nicht unter Art. 5 Abs. 1 S. 3 GG fällt; mit Blick auf zukünftige Berichte geht es nicht um die Vorabkontrolle eines fertigen Beitrags, sondern um das Versperren des Informationszugangs.

[17] BVerfGE 50, 234 (242 f.); OLG Celle AfP 1978, 217 (218); *Gummer*, in: Zöller, ZPO, 25. Aufl. 2005, § 169 GVG Rdnr. 5; *Kissel/Mayer*, GVG, 4. Aufl. 2005, § 169 Rdnrn. 31, 85, § 176 Rdnr. 47; *Löffler/Ricker*, Handbuch des Presserechts, 4. Aufl. 2000, 16. Kapitel Rdnr. 5; *Stober*, DRiZ 1980, 5 ff. Anders noch BGH NJW 1964, 1485; OLG Hamm NJW 1967, 1289 (1290); *Brüggemann*, AfP 1971, 156; unter Hinweis auf mögliche Beeinträchtigungen der Verteidigung des Angeklagten.

[18] Dazu umfassend *Stober*, DRiZ 1980, 5 ff.: § 175 Abs. 1 GVG scheidet aus, da die Art und Weise der Berichterstattung nicht das äußere Erscheinungsbild berührt: Selbst eine ggf. würdelose Berichterstattung betrifft nicht die äußere, für die Würde des Gerichts relevante Erscheinung. Auch das Hausrecht läßt sich nicht heranziehen, da es hinter die Sitzungspolizei zurücktritt (BGHSt 24, 329 [330]; OLG Celle AfP 1978, 217 [219]; näher Teil 5 B.I.2., S. 330 ff.).

[19] BVerfGE 50, 234 (242 f.); *Schreiber*, in: Wieczorek/Schütze, ZPO und Nebengesetze, 5. Bd., 3. Aufl. 1995, § 176 GVG Rdnr. 12. – Zu beachten ist freilich, daß die Entscheidung des *Bundesverfassungsgerichts* einen Fall betrifft, in dem die unsachliche Berichterstattung nicht von dem ausgeschlossenen Journalisten stammte, sondern lediglich in der von ihm repräsentierten Zeitung veröffentlicht worden war. Die Entscheidungsgründe lassen sich jedoch auf den Fall übertragen, daß der „unsachliche Berichterstatter" selbst anwesend ist. *Stober*, DRiZ 1980, 6, weist darauf hin, daß dem Ausschluß eines Journalisten wegen der Berichterstattung eines anderen Journalisten schon der allgemeine polizeirechtliche Grundsatz entgegensteht, nur den Störer in Anspruch zu nehmen.

Die Gegenauffassung ließe sich allenfalls auf den Gesichtspunkt stützen, daß das Gericht und die Beteiligten erneute unsachliche Berichterstattung befürchten und deshalb ihr Verhalten ändern könnten.[20] Einen Ausschluß rechtfertigt jedoch auch dieser Gedanke nicht.[21] Die Gefahr einer Verhaltensänderung besteht auch bei *sachlicher* Kritik durch die Medien, wenn nicht sogar bei jeder – auch unkritischen – Form von Berichterstattung. Sie stellt sich insgesamt als ebenfalls adäquate Folge der Saalöffentlichkeit dar. Davon läßt sich unsachliche Kritik nicht ausnehmen. Auch § 169 S. 2 GVG, der nur Rundfunkaufnahmen einschränkt, läßt die gesetzgeberische Wertung erkennen, daß schriftliche Aufzeichnungen und spätere Berichterstattung keine gerichtsverfassungsrechtlich relevante Gefahr darstellen.[22]

bb) Kein Ausschluß von Medienvertretern zur Verhinderung unzulässiger Berichterstattung

Derselbe Grundgedanke verbietet es, Medienvertreter auszuschließen, um unzulässige Veröffentlichungen zu verhindern.

aaa) Die Grenzen der Berichterstattung

Das Recht der Medien zur Berichterstattung über mündliche Verhandlungen ist nicht unbegrenzt. Auch aus § 169 S. 1 GVG folgt nichts anderes.[23] Schranken werden der Berichterstattung der Medien namentlich durch das allgemeine Persönlichkeitsrecht der Beteiligten sowie Dritter gezogen. Ob bzw. in welchem Umfang insbesondere identifizierende Berichte zulässig sind, also die Namensnennung oder die Abbildung Betroffener, läßt sich nur im Einzelfall auf der Grundlage einer Abwägung zwischen den Medienfreiheiten einerseits und dem allgemeinen Persönlichkeitsrecht andererseits beurteilen.

Besondere Bedeutung kommt insofern dem Persönlichkeitsrecht des Angeklagten im Strafverfahren zu, das eine zusätzliche Verstärkung durch die Unschuldsvermutung erfährt.[24] Deren Gewicht hängt u.a. vom Stadium des Strafverfahrens ab.[25] Das wirkt sich bereits im Vorfeld mündlicher Verhandlungen aus. Besonders hoch sind die Anforderungen an die identifizierende

---

[20] OLG Celle AfP 1978, 217 (218); zustimmend *Stober*, DRiZ 1980, 6f.

[21] *M. Wolf*, in: Münchener Kommentar zur ZPO, Bd. 3, 2. Aufl. 2001, § 176 GVG Rdnr. 9. Dazu auch *Rüping*, in: FS für Hanns Dünnebier, 1982, S. 400.

[22] *Stober*, DRiZ 1980, 5.

[23] *Lampe*, NJW 1973, 218. Näher zum folgenden oben Teil 3 C.V., S. 216ff., sowie unten Teil 5 E.III.2.b), S. 415ff.

[24] Dazu *Lampe*, NJW 1973, 217.

[25] Dazu *Rüping*, in: FS für Hanns Dünnebier, 1982, S. 403; *Lampe*, NJW 1973, 217ff. S. auch Ziffer 13 des Pressekodex sowie die Richtlinie 13.1 für die Publizistische Arbeit nach den Empfehlungen des Deutschen Presserats.

„Verdachtsberichterstattung“[26] während des Ermittlungsverfahrens. Die Anklageerhebung sowie die erstinstanzliche Verurteilung markieren Einschnitte, die das Gewicht der Unschuldsvermutung im Rahmen der Abwägung mit den Medienfreiheiten reduzieren. Nach dem rechtskräftigen Urteil schließlich kommt der Unschuldsvermutung keine Bedeutung mehr zu. Das bedeutet jedoch nicht, daß die identifizierende Berichterstattung von diesem Moment an unbegrenzt zulässig wäre. Nach wie vor kann das allgemeine Persönlichkeitsrecht der Berichterstattung entgegenstehen. Insbesondere gewinnt mit zunehmendem Abstand von der Verurteilung das Recht auf Resozialisierung an Bedeutung.[27]

bbb) Das Fehlen spezieller gesetzlicher Regelungen

Spezielle gesetzliche Regelungen zur Begrenzung der Berichterstattung aus öffentlichen Verhandlungen gibt es nicht. Die Vorschriften in §§ 174 Abs. 2, 3 GVG, 353 d Nrn. 1, 2 StGB betreffen *nichtöffentliche* Verhandlungen. § 353 d Nr. 3 StGB untersagt die öffentliche Mitteilung u. a. von Anklageschriften *vor* ihrer Erörterung in der mündlichen Verhandlung.[28] Zum Teil haben sich die Medien eigene Beschränkungen wie den Pressekodex auferlegt, um Verletzungen des Persönlichkeitsrechts zu verhindern.[29]

Ob diese rudimentäre Regelung ausreicht,[30] muß an dieser Stelle dahinstehen. Im Gesamtkomplex des Verhältnisses zwischen der Justiz und den Medien sind die Grenzen der zulässigen Justiz*berichterstattung* ein Thema für sich.[31] Die hier behandelte Zugänglichkeit der Rechtsprechung für die Medien wird von der Problematik nur mittelbar berührt, wenn und soweit Journalisten bereits der Informationszugang versagt wird, um Berichte zu verhindern. Das betrifft allein die separat zu erörternden Fragen der Teilnahme an nichtöffentlichen Verhand-

---

[26] Näher *Prinz/Peters*, Medienrecht, 1999, Rdnrn. 265 ff.; *Soehring/Seelmann-Eggebert*, NJW 2000, 2470; BGHZ 143, 199 (202 ff.).

[27] BVerfGE 35, 202 (235 ff.).

[28] Zur Verfassungsmäßigkeit der Norm BVerfGE 71, 206 ff.; zuvor *Schuppert*, AfP 1984, 67 ff. Kritisch zur Entscheidung des *Bundesverfassungsgerichts Bottke*, NStZ 1987, 313 ff.; *Kübler*, KritV 2000, Sonderheft Winfried Hassemer zum 60. Geburtstag, 87 ff.; *Kübler*, in: Liber Amicorum Spiros Simitis, 2000, S. 224 f.

[29] Insbes. Ziffer 8 des Pressekodex sowie die Richtlinie 8.1 für die Publizistische Arbeit nach den Empfehlungen des Deutschen Presserats. Zum Schutz gerade von Prozeßbeteiligten durch den Pressekodex s. *Odersky*, in: FS für Gerd Pfeiffer, 1988, S. 332 f.; *Hillermeier*, DRiZ 1982, 285. Allgemein zum Schutz von Persönlichkeitsrechten durch den Pressekodex *Schwetzler*, Persönlichkeitsschutz durch Presseselbstkontrolle, 2005; *Münch*, AfP 2002, 18 ff. – Zum Einfluß der Rechtsprechung des *Bundesverfassungsgerichts* auf den Pressekodex *Dörr*, VerwArch. Bd. 92 (2001), S. 175.

[30] Ablehnend etwa *Rüping*, in: FS für Hanns Dünnebier, 1982, S. 403; *Weiler*, ZRP 1995, 132 f.

[31] *Zipf*, Gutachten 54. DJT, 1982, C 25. S. dazu auch unten Fn. 860 (S. 450).

lungen[32] sowie der Zulässigkeit von Bild- und Tonaufnahmen in öffentlichen Verhandlungen.[33]

ccc) Die Beschränkung der Sitzungspolizei auf die Sitzung

Ausnahmslos unzulässig – und im übrigen mangels sicherer Identifizierbarkeit von Journalisten auch nicht praktikabel – wäre es jedenfalls, Medienvertretern aus diesen Gründen bereits die *Teilnahme* an einer öffentlichen Verhandlung zu versagen.[34] Die Sitzungspolizei dient der Regelung des Verhaltens in der Verhandlung, nicht der mittelbaren Verhinderung zukünftiger Berichterstattung. Das Gerichtsverfassungsgesetz selbst schränkt die Berichterstattung über eine öffentliche Verhandlung nicht ein.[35] § 174 Abs. 2, 3 GVG, wonach (nur) die Berichterstattung aus nichtöffentlichen Verhandlungen beschränkt bzw. beschränkbar ist, läßt den e-contrario-Schluß zu, daß es keine weiteren *gerichtsverfassungsrechtlichen* Beschränkungen der Berichterstattung gibt.[36]

c) Der vollständige Ausschluß der Öffentlichkeit

Freilich ist es durchaus möglich, daß im Einzelfall Erfordernisse des Verfahrens oder die Persönlichkeitsrechte der Beteiligten der Anwesenheit von Journalisten entgegenstehen.[37] Bewältigen läßt sich eine solche Situation durch einen Ausschluß der Öffentlichkeit, namentlich nach §§ 171 b, 172 GVG. Dabei handelt es sich aber zwingend um einen Ausschluß der *gesamten* Öffentlichkeit. Den Ausschluß bestimmter Personengruppen oder gar einzelner Personen ermöglichen diese Vorschriften nicht.[38] Dafür spricht nicht nur die andernfalls unnötige Ermächtigung, nach § 175 Abs. 2 S. 1 GVG ausnahmsweise einzelnen Personen den Zutritt zu nichtöffentlichen Verhandlungen zu gestatten. § 172 GVG ermöglicht explizit den Ausschluß der Öffentlichkeit für die Verhandlung oder einen Teil davon, nicht jedoch den Ausschluß eines Teils der Öffentlichkeit.[39]

---

[32] Unten Teil 4 B., S. 276 ff.

[33] Unten Teil 5, S. 299 ff.

[34] Ebenso *Kissel/Mayer*, GVG, 4. Aufl. 2005, § 169 Rdnr. 31: Keine Teilnahmeversagung mit dem Ziel einer Verhinderung der Berichterstattung. Ebenso *Kaehne*, Die Anfechtung sitzungspolizeilicher Maßnahmen, 2000, S. 159: Sitzungspolizeiliche Maßnahmen, die an den Inhalt von nach der Sitzung erscheinenden Presseerzeugnissen anknüpfen, sind in der Regel rechtswidrig.

[35] *Meyer-Goßner*, ZRP 1982, 239.

[36] Ähnlich BGH AfP 1973, 392. Für die Einführung gerade gerichtsverfassungsrechtlicher Restriktionen der Berichterstattung *Katholnigg*, Diskussionsbeitrag 54. DJT, 1982, K 95 f.

[37] Vgl. dazu *Degenhart*, in: Bonner Kommentar, Art. 5 Abs. 1 u. 2 Rdnr. 585.

[38] *Stober*, DRiZ 1980, 6, zu § 172 GVG.

[39] Bedenklich daher die Auffassung, wenn Gefahren für Leben, Leib oder Freiheit von Zeugen oder anderen Personen (vgl. § 172 Nr. 1 a GVG) von einem beschränkten Kreis von Personen ausgingen, so genüge deren Ausschließung. So aber *Kissel/Mayer*, GVG, 4. Aufl. 2005,

Der Sache nach das Gleiche gilt für § 171 b GVG. Einen partiellen Ausschluß der Öffentlichkeit gibt es daher nur in zeitlicher, nicht jedoch in personeller Hinsicht.

3. Fazit

Die Teilnahme von Medienvertretern an öffentlichen Verhandlungen läßt sich weder wegen ihres beruflichen Hintergrundes an sich noch wegen ihrer bisherigen oder zukünftigen Berichterstattung verhindern.

II. Der grundrechtliche Schutz der Medienvertreter

Was die subjektiv-rechtliche Position der Medienvertreter anbelangt, bleibt es – vorbehaltlich der insofern geäußerten Zweifel –[40] mit Blick auf das einfache Recht bei dem für sämtliche Zuschauer geltenden Befund. Ein subjektives Recht auf Teilnahme enthält § 169 S. 1 GVG nach allgemeiner Auffassung auch für Medienvertreter nicht. Ihre Zutrittsmöglichkeit beruht ebenso wie die der Zuschauer auf einem bloßen Rechtsreflex. Fachgerichtliche Rechtsbehelfe, mit denen sie eine Verletzung der Öffentlichkeit durch eine rechtswidrige Versagung der Teilnahme geltend machen könnten, stehen ihnen nicht zur Verfügung. Immerhin verbleibt die Verfassungsbeschwerde. Mit diesem außerordentlichen, auf die Rüge von Grundrechtsverletzungen bezogenen Rechtsbehelf aber wird die Frage nach dem einschlägigen, ggf. besonderen Grundrechtsschutz aufgeworfen, den die Anwesenheit der Medienvertreter in der öffentlichen mündlichen Verhandlung genießt.

Zu kurz greift der bloße Hinweis auf den Schutz der Zuschauer durch die Informationsfreiheit gem. Art. 5 Abs. 1 S. 1 GG.[41] Selbst soweit Medienvertreter (nur) im Rahmen der allgemeinen Saalöffentlichkeit an einer Gerichtsverhandlung teilnehmen, muß ihr Grundrechtsschutz nicht mit dem der sonstigen Zuschauer übereinstimmen. Vielmehr liegt der Gedanke eines zusätzlichen, wenn nicht sogar eines ausschließlichen und vor allem eines weiterreichenden Schutzes durch die von Art. 5 Abs. 1 S. 2 GG gewährleisteten Medienfreiheiten – genauer also: Presse-, Rundfunk- und Filmfreiheit – nahe.[42]

---

§ 172 Rdnr. 37; *Meyer-Goßner*, StPO, 47. Aufl. 2004, § 172 GVG Rdnr. 6; unter Berufung auf BGH, Urteil v. 20. November 1979, 1 StR 622/79, zitiert bei *Holtz*, MDR 1980, 273.

[40] Oben Teil 2 D.III.3., S. 136 f., sowie Teil 2 E.VI., S. 157 ff.

[41] Dazu oben Teil 2 E., S. 138 ff.

[42] Auch hier soll mit der Redeweise von „den Medienfreiheiten" keiner Zusammenfassung der einzelnen medienrelevanten Freiheitsverbürgungen zu einer allgemeinen Medien- oder gar Kommunikationsfreiheit das Wort geredet werden (dazu bereits oben Teil 1 B.II., S. 16 f.). Die nach wie vor veranlaßte Differenzierung zwischen den einzelnen Medien ist hier jedoch

1. Die tatbestandliche Einschlägigkeit der Medienfreiheiten

Grundrechtlich ist für die Anwesenheit von Journalisten in mündlichen Verhandlungen in erster Linie der Schutzbereich der Medienfreiheiten des Art. 5 Abs. 1 S. 2 GG eröffnet. Angesprochen sind vor allem die Presse- und die Rundfunkfreiheit. Die Filmfreiheit ist von eher theoretischer Bedeutung.[43]

a) Die Informationsbeschaffung im Schutzbereich der Medienfreiheiten

Zwar schützt das Grundgesetz nach dem Wortlaut des Art. 5 Abs. 1 S. 2 GG umfassend nur die Pressefreiheit, während für Rundfunk (und Film) lediglich die Freiheit der *Berichterstattung* genannt wird. Doch reicht die elektronische bzw. audiovisuelle Medienfreiheit genausoweit wie die Pressefreiheit, der darum seit langem die „Rundfunkfreiheit"[44] gleichrangig gegenüber bzw. zur Seite gestellt wird. So ist denn auch für sämtliche Medienfreiheiten unterschiedslos anerkannt, daß sie bereits die Informationsbeschaffung als Voraussetzung der Publikation erfassen.[45] In der Diktion des *Bundesverfassungsgerichts* schützen die Medienfreiheiten die Berichterstattung von der Beschaffung der Information bis zur Verbreitung der Nachricht.[46] Daß dazu ausdrücklich auch die Teilnahme eines Pressevertreters an einer Gerichtsverhandlung zählt, hat das Gericht vor längerem ausgesprochen[47] sowie unlängst unter Erstreckung auch auf die Rundfunkfreiheit deutlich unterstrichen:

> „Dabei ist der publizistischen Vorbereitungstätigkeit, zu der namentlich die Beschaffung von Informationen gehört, stets besonderes Gewicht beigelegt worden (vgl. BVerfGE 50, 234 [240] m. w. N.). Erst der prinzipiell ungehinderte Zugang zur Information versetzt die Presse in den Stand, die ihr in der freiheitlichen Demokratie zukommende Funktion wirksam wahrzunehmen (vgl. BVerfG, a. a. O.). Das gilt auch für gerichtliche Verfahren. Die Pressefreiheit umschließt das Recht der im Pressewesen tätigen Personen, sich über

---

verzichtbar. Die zwischen den Medien bestehenden Unterschiede kommen nicht zum Tragen, soweit es allein um die körperliche Anwesenheit von Journalisten im Gerichtssaal geht.

[43] Filmaufnahmen im Gerichtssaal spielen praktisch ausschließlich im Zusammenhang mit geplanten Rundfunkaufnahmen eine Rolle. Generell tritt die Filmfreiheit hinsichtlich ihrer praktischen Bedeutung häufig hinter die Rundfunk- oder die Kunstfreiheit (Art. 5 Abs. 3 GG) zurück. Dazu *Schulze-Fielitz*, in: Dreier, GG, Bd. I, 2. Aufl. 2004, Art. 5 I, II Rdnr. 39.

[44] Vgl. BVerfGE 35, 202 (221). Kritisch zur Vernachlässigung des Verfassungstextes *Schoch*, VVDStRL Heft 57 (1998), S. 194 Fn. 170.

[45] *Starck*, in: v. Mangoldt/Klein/Starck, Das Bonner Grundgesetz, Bd. 1, 4. Aufl. 1999, Art. 5 Rdnrn. 62, 103; *Bethge*, in: Sachs, GG, 3. Aufl. 2003, Art. 5 Rdnrn. 84, 108; *Bethge*, AfP 1999, 314; *Wendt*, in: v. Münch/Kunig, GG, Bd. 1, 5. Aufl. 2000, Art. 5 Rdnrn. 33, 45; *Pieroth/Schlink*, Grundrechte – Staatsrecht II, 20. Aufl. 2004, Rdnrn. 568, 574; *Schulze-Fielitz*, in: Dreier, GG, Bd. I, 2. Aufl. 2004, Art. 5 I, II Rdnrn. 95, 105; *Bullinger*, in: HStR VI, 2. Aufl. 2001, § 142 Rdnr. 6.

[46] BVerfGE 10, 118 (121); 12, 205 (260); 20, 162 (176); 50, 234 (240); 62, 230 (243); 66, 116 (133); 77, 65 (74); 77, 346 (354); 91, 125 (134); 103, 44 (59).

[47] BVerfGE 50, 234 (240).

Vorgänge in einer öffentlichen Gerichtsverhandlung zu informieren und hierüber zu berichten. ... Für die Rundfunkfreiheit gilt grundsätzlich nichts anderes."[48]

b) Zur neueren Rechtsprechung des Bundesverfassungsgerichts

Mittlerweile erscheint jedoch fraglich, ob das *Bundesverfassungsgericht* den Schutzbereich der Medienfreiheiten im Hinblick auf die Anwesenheit von Journalisten nach wie vor für eröffnet hält. Jedenfalls *im Ergebnis* nämlich erachtet das Gericht inzwischen nur noch die allgemeine Informationsfreiheit für einschlägig: Soweit die Medien an der Zugänglichkeit einer für jedermann geöffneten Informationsquelle teilhätten, werde ihr Zugang nicht anders geschützt als für die Bürger allgemein.[49]

In Ermangelung einer (näheren) Begründung oder auch nur einer Erwähnung der vorherigen entgegengesetzten Rechtsprechung läßt sich kaum ausmachen, ob mit den jüngsten Entscheidungen bereits die *tatbestandliche* Einschlägigkeit der Medienfreiheiten verneint werden soll. Dafür spricht die Aussage, die Berufung auf die Medienfreiheiten sei „schon im Ansatz verfehlt".[50] Andererseits hat das Gericht die Einbeziehung der Informationsbeschaffung in den Schutzbereich der Medienfreiheiten nicht etwa (stillschweigend) aufgegeben, sondern im Gegenteil bei der Änderung seiner Rechtsprechung sowie in späteren Entscheidungen ausdrücklich bekräftigt,[51] was eher für eine Lösung auf der – sogleich zu behandelnden – Konkurrenzebene spricht.

Sollte dem *Bundesverfassungsgericht* ein tatbestandlicher Ausschluß der Medienfreiheiten vorschweben, ist seiner Rechtsprechung jedenfalls eine Absage zu erteilen. Die Anwesenheit von Journalisten in mündlichen Verhandlungen dient gerade der Beschaffung von Informationen für die Berichterstattung der Medien. Wenn und weil die journalistische Informationsbeschaffung – zu Recht – in den Schutzbereich der Medienfreiheiten einbezogen wird, sind die Grundrechte des Art. 5 Abs. 1 S. 2 GG daher zumindest tatbestandlich einschlägig.

c) Der Vergleich mit der Abgrenzung zwischen Meinungsfreiheit und Pressefreiheit

Auch aus den Grundsätzen, die das *Bundesverfassungsgericht* für die Abgrenzung der Meinungs- von der Pressefreiheit vertritt, folgt nichts anderes.

---

[48] BVerfGE 91, 125 (134); bestätigt durch BVerfG (1. Kammer des Ersten Senats) NJW 2001, 503 (504).

[49] BVerfGE 103, 44 (59); bestätigt durch BVerfG (1. Kammer des Ersten Senats) NJW 2003, 500.

[50] BVerfG (1. Kammer des Ersten Senats) NJW 2003, 500.

[51] BVerfGE 103, 44 (59); 107, 299 (329f.).

Nach Auffassung des Gerichts werden gedruckte Meinungsäußerungen auch im Fall ihrer Verbreitung in der Presse allein durch die Meinungsfreiheit aus Art. 5 Abs. 1 S. 1 HS 1 GG geschützt. Die Pressefreiheit nach Art. 5 Abs. 1 S. 2 GG sei erst für die über die einzelne Meinungsäußerung hinausgehende Bedeutung der Presse für die individuelle und öffentliche Meinungsbildung einschlägig, namentlich also für die Voraussetzungen, auf die die Presse zur Erfüllung ihrer Aufgabe im Kommunikationsprozeß angewiesen ist.[52] Überträgt man diesen Gedanken auf die hier interessierenden Sachverhalte, so ließe sich argumentieren, der Informationszugang der Medien sei nur soweit Gegenstand der Medienfreiheiten, wie es sich nicht um den Zugang zu allgemein zugänglichen Quellen handelt. Im Ergebnis greift dieser Gedanke jedoch nicht durch.

aa) Die unklare systematische Verortung der bundesverfassungsgerichtlichen Abgrenzung

Zunächst kann man durchaus bezweifeln, ob das *Bundesverfassungsgericht* zwischen Meinungs- und Pressefreiheit überhaupt eine Abgrenzung bereits auf der Tatbestandsebene vornimmt, wie gemeinhin angenommen wird.[53] Immerhin hat das Gericht in der ersten diesbezüglichen Entscheidung die parallele Einschlägigkeit der Pressefreiheit noch ausdrücklich offengelassen[54] – die Verfassungsbeschwerde hatte schon wegen einer Verletzung der Meinungsfreiheit Erfolg. In der zweiten Entscheidung „tritt die Pressefreiheit ... zurück",[55] was sich auch als Indiz für eine Konkurrenzlösung deuten läßt. Im übrigen ist die Lösung des Gerichts inhaltlich zumindest nicht zwingend, wie etliche Stimmen belegen, die eher von einem Vorrang der Pressefreiheit ausgehen.[56]

bb) Jedenfalls kein Tatbestandsausschluß der Pressefreiheit bei der Wahrnehmung pressespezifischer Funktionen

Letztlich können diese Einwände dahinstehen. Selbst wenn man die Konzeption des *Bundesverfassungsgerichts* auf der Tatbestandsebene ansiedelt und ihr

[52] BVerfGE 85, 1 (11 f.); 86, 122 (128); 95, 28 (34); 97, 391 (400); zustimmend *Degenhart*, in: Bonner Kommentar, Art. 5 Abs. 1 u. 2 Rdnrn. 30 ff.; *Pieroth/Schlink*, Grundrechte – Staatsrecht II, 20. Aufl. 2004, Rdnr. 571. BVerfG (1. Kammer des Ersten Senats) NJW 2003, 3262, läßt die Abgrenzung offen.

[53] Für eine Einordnung als Tatbestandsabgrenzung *Sachs*, Verfassungsrecht II – Grundrechte, 2. Aufl. 2003, A 11 Rdnr. 2; *Stern*, Staatsrecht III/2, 1994, § 92 IV 3 b, S. 1399; *Schulze-Fielitz*, in: Dreier, GG, Bd. I, 2. Aufl. 2004, Art. 5 I, II Rdnr. 97; *Degenhart*, in: Bonner Kommentar, Art. 5 Abs. 1 u. 2 Rdnrn. 30 ff.

[54] BVerfGE 85, 1 (13).

[55] BVerfGE 86, 122 (128).

[56] *Bethge*, in: Sachs, GG, 3. Aufl. 2003, Art. 5 Rdnr. 47; *Hoffmann-Riem*, in: AK-GG, Art. 5 Abs. 1, 2 Rdnr. 34; *Heselhaus*, NVwZ 1992, 741; *Herzog*, in: Maunz/Dürig, GG, Art. 5 I, II Rdnrn. 153 f. Für eine parallele Geltung beider Grundrechte *Sachs*, Verfassungsrecht II – Grundrechte, 2. Aufl. 2003, B 5 Rdnr. 31.

inhaltlich folgt, führt dies nicht dazu, daß die Anwesenheit von Journalisten im Gerichtssaal schon tatbestandlich nicht von den Medienfreiheiten, sondern allein von der allgemeinen Informationsfreiheit geschützt würde. Das Gericht hat erklärt, wenn es – anders als in den entschiedenen Fällen, in denen Pressefremde ihre Meinung mittels der Presse verbreitet hatten – um die im Pressewesen tätigen Personen in Ausübung ihrer Funktion gehe, sei der Schutzbereich der Pressefreiheit berührt.[57] Eben ihre spezifische Funktion aber üben Journalisten aus, wenn sie zum Zweck der Informationsbeschaffung für eine potentielle spätere Berichterstattung an Gerichtsverhandlungen teilnehmen.[58] Ein anderes Ergebnis ist allenfalls dort denkbar, wo die Medienzugehörigkeit zu verneinen ist, wenn also beispielsweise ein beliebiger Zuschauer ohne medialen Hintergrund seinen Teilnahmewunsch damit begründet, später einen Zeitungsartikel über den Prozeß zu verfassen. Insofern verlagert sich das Problem weg von der sachlichen Schutzbereichseröffnung hin zur Frage der persönlichen Grundrechtsträgerschaft. Auch das *Bundesverfassungsgericht* nimmt (inzwischen) bezeichnenderweise an, daß die Pressefreiheit Facetten einschließt, für die andere Grundrechtsträger (nur) den Schutz der Meinungsfreiheit genießen.[59] In Fällen geklärter Medienzugehörigkeit bleibt es folglich auch unter Einbeziehung der *bundesverfassungsgerichtlichen* Rechtsprechung dabei, daß die Medienfreiheiten tatbestandlich einschlägig sind.

2. Die tatbestandliche Einschlägigkeit der allgemeinen Informationsfreiheit

Zusätzlich erfüllt die Anwesenheit von Journalisten in der mündlichen Verhandlung in sachlicher und persönlicher[60] Hinsicht die tatbestandlichen Voraussetzungen der allgemeinen Informationsfreiheit nach Art. 5 Abs. 1 S. 2 HS 2 GG. Dagegen läßt – bzw. ließ –[61] sich nicht anführen, daß das *Bundesverfassungsgericht* den Ausschluß eines Pressevertreters aus einer Gerichtsverhandlung

---

[57] BVerfGE 85, 1 (12 f.); 86, 122 (128). Allerdings mißt BVerfG (1. Kammer des Ersten Senats) NJW 2003, 1855 f., die Verurteilung des Verlegers sowie der Chefredakteure einer Zeitung, die zu Unterlassung und Widerruf einer Aussage in einem Leitartikel verurteilt wurden, allein am Maßstab der Meinungsfreiheit.

[58] S. dazu auch *Degenhart*, in: Bonner Kommentar, Art. 5 Abs. 1 u. 2 Rdnr. 33, der die Auffassung des Gerichts unterstützt (Rdnrn. 31 f.), jedoch darauf hinweist, daß Meinungs- und Pressefreiheit einschlägig seien, wenn zu der Frage nach der Zulässigkeit einer über die Presse verbreiteten Meinungsäußerung pressespezifische Gesichtspunkte hinzutreten.

[59] BVerfGE 102, 347 (359): Verletzung eines Presseunternehmens in seinem Grundrecht auf Pressefreiheit, weil ihm die Veröffentlichung von Werbeanzeigen untersagt wurde, für die der Werbende den Schutz der Meinungsfreiheit genießt.

[60] Vgl. *Degenhart*, in: Bonner Kommentar, Art. 5 Abs. 1 u. 2 Rdnr. 420: Auch Presseangehörige können sich auf die Informationsfreiheit berufen.

[61] Zur mittlerweile geänderten Rechtsprechung des *Bundesverfassungsgerichts* soeben Teil 4 A.II.1.b), S. 234.

zunächst ausschließlich am Maßstab der Pressefreiheit gemessen hat, ohne die Informationsfreiheit auch nur zu erwähnen.[62] Zum einen hat das Gericht die Erörterung weiterer Gesichtspunkte angesichts der ohnehin erfolgreichen Verfassungsbeschwerde ausdrücklich dahinstehen lassen.[63] Zum anderen spricht einiges dafür, daß die Pressefreiheit schlicht als vorrangig anwendbares Grundrecht angesehen wurde. Die tatbestandliche Einschlägigkeit der Informationsfreiheit bleibt davon unberührt.

3. Das Verhältnis zwischen den Medienfreiheiten und der allgemeinen Informationsfreiheit

Damit stellt sich die Frage nach dem Verhältnis der beiden Grundrechte zueinander, soweit es um die Anwesenheit von Medienvertretern in der mündlichen Verhandlung geht.

a) Der Meinungsstand im Überblick

Die Literatur zieht überwiegend die Medienfreiheiten heran. Unterschiedlich beurteilt wird lediglich, ob *zusätzlich* auf die Informationsfreiheit abzustellen ist.[64] Demgegenüber hält das *Bundesverfassungsgericht* unter Abkehr von seiner früheren Rechtsprechung[65] auch für die Verhandlungsteilnahme von Medienvertretern *allein* die Informationsfreiheit für einschlägig.[66] Im Ergebnis werden damit drei verschiedene Antworten auf die Frage nach dem maßgeblichen Grundrechtsschutz gegeben: Nur die Medienfreiheiten, nur die Informationsfreiheit und schließlich beide Freiheitsrechte zusammen.

b) Die Grundrechtskonkurrenzen als systematischer Standort des Problems

Systematisch handelt es sich bei dieser Kontroverse um ein Problem der Grundrechtskonkurrenz.

---

[62] BVerfGE 50, 234 (239 ff.). Ebenso BVerfGE 91, 125 (133 ff.), im Hinblick auf die Rundfunkfreiheit.

[63] BVerfGE 50, 234 (243).

[64] Für einen Vorrang der Medienfreiheiten *Bethge*, in: Sachs, GG, 3. Aufl. 2003, Art. 5 Rdnr. 63; *Wendt*, in: v. Münch/Kunig, GG, Bd. 1, 5. Aufl. 2000, Art. 5 Rdnr. 45; *Schulze-Fielitz*, in: Dreier, GG, Bd. I, 2. Aufl. 2004, Art. 5 I, II Rdnr. 313; für die parallele Anwendung auch der Informationsfreiheit *Degenhart*, in: Bonner Kommentar, Art. 5 Abs. 1 u. 2 Rdnrn. 421, 933; *Meyer-Goßner*, ZRP 1982, 239. *Löffler/Ricker*, Handbuch des Presserechts, 4. Aufl. 2000, 16. Kapitel Rdnr. 3, nennen allein die Medienfreiheiten, konkret die Pressefreiheit.

[65] BVerfGE 50, 234 (239 ff.); bestätigt in BVerfGE 91, 125 (134); BVerfG (1. Kammer des Ersten Senats) NJW 2001, 503 (504).

[66] BVerfGE 103, 44 (59); BVerfG (1. Kammer des Ersten Senats) NJW 2003, 500. Zustimmend *Hoffmann-Riem*, in: AK-GG, Art. 5 Abs. 1, 2 Rdnr. 143; ebenso bereits *Fuhr*, in: FS für Hubert Armbruster, 1976, S. 119 ff.; *Stober*, DRiZ 1980, 4 ff.

Der Begriff bezeichnet Konstellationen, in denen ein bestimmter Lebenssachverhalt – also *ein* Verhalten *eines* Grundrechtsträgers –[67] tatsächlich in den Schutzbereich von (mindestens)[68] zwei Grundrechten fällt.[69] Abzugrenzen sind diese Konstellationen von bloßen Scheinkonkurrenzen,[70] bei denen in Wahrheit von vornherein nur ein Grundrecht einschlägig ist, weil das andere Grundrecht den Lebenssachverhalt tatbestandlich nicht erfaßt.

Ob eine bloße Scheinkonkurrenz vorliegt, ob also ein Grundrecht bereits tatbestandlich ausscheidet, ist durch präzise Bestimmung der Schutzbereiche (sog. Tatbestandsabgrenzung)[71] oder durch die Aufteilung des Lebenssachverhalts in einzelne, separat zu beurteilende Bestandteile (sog. Sachverhaltszerlegung) zu ermitteln.[72]

Wie zuvor dargestellt, wird die Anwesenheit von Medienvertretern in mündlichen Verhandlungen sowohl vom Schutzbereich der Informationsfreiheit als auch vom Schutzbereich der Medienfreiheiten erfaßt. Eine Aufteilung des Sachverhalts kommt ebenfalls nicht in Betracht.[73] Die schlichte Anwesenheit eines Journalisten läßt sich nicht – zumindest nicht in praktikabler Art und Weise – in Bestandteile zerlegen, die einerseits der Vorbereitung medialer Berichterstattung dienen und die andererseits keinen weitergehenden Zweck verfolgen. Damit handelt es sich um einen Fall von Grundrechtskonkurrenz.

---

[67] *Berg*, Konkurrenzen schrankendivergenter Freiheitsgrundrechte im Grundrechtsabschnitt des Grundgesetzes, 1968, S. 7 f., 134; *Jarass*, in: Jarass/Pieroth, GG, 7. Aufl. 2004, Vorb. vor Art. 1 Rdnr. 17; *v. Münch*, in: v. Münch/Kunig, GG, Bd. 1, 5. Aufl. 2000, Vorb. Art. 1–19 Rdnr. 42.

[68] Um der Übersichtlichkeit der Darstellung willen und weil im hier interessierenden Fall nur zwei Grundrechte in Rede stehen, bleibt die Konkurrenz von *mehr* als zwei Grundrechten im folgenden außer Betracht. Inhaltlich gelten für derartige Konstellationen die gleichen Überlegungen. Zu dieser Vorgehensweise s. auch *Schwabe*, Probleme der Grundrechtsdogmatik, 1977, S. 331.

[69] *Sachs*, Verfassungsrecht II – Grundrechte, 2. Aufl. 2003, A 11 Rdnr. 1; *Stern*, Staatsrecht III/2, 1994, § 92 IV 1 b, S. 1396; *Lepa*, DVBl. 1972, 161; *Bleckmann/Wiethoff*, DÖV 1991, 722. Im einzelnen ist gerade im Bereich der Konkurrenz von Normen schon terminologisch vieles umstritten. Dazu *Larenz*, Methodenlehre der Rechtswissenschaft, 6. Aufl. 1991, S. 267 Fn. 25.

[70] Zum Begriff *Berg*, Konkurrenzen schrankendivergenter Freiheitsgrundrechte im Grundrechtsabschnitt des Grundgesetzes, 1968, S. 158.

[71] Dazu *Sachs*, Verfassungsrecht II – Grundrechte, 2. Aufl. 2003, A 11 Rdnr. 3, mit dem zutreffenden Hinweis, daß die Tatbestandsabgrenzung auf Grund von Kriterien erfolgt, die für die Anwendbarkeit des jeweiligen Grundrechts in jedem Fall von Bedeutung sind, also unabhängig von der (scheinbaren) Konkurrenzsituation. Grundlegend zur Tatbestandsabgrenzung bereits *Bachof*, in: Bettermann/Nipperdey/Scheuner, Die Grundrechte, Bd. 3, 1. Halbband, 1958, S. 169 f. S. auch *Berg*, Konkurrenzen schrankendivergenter Freiheitsgrundrechte im Grundrechtsabschnitt des Grundgesetzes, 1968, S. 49 ff., mit einer Aufzählung diverser Ansätze zur Konkurrenzvermeidung durch Tatbestandsabgrenzung.

[72] *Stern*, Staatsrecht III/2, 1994, § 92 II, S. 1378 ff.; *Heß*, Grundrechtskonkurrenzen, 2000, S. 51 ff.; *Schwabe*, Probleme der Grundrechtsdogmatik, 1977, S. 324 f.

[73] Beispiel für eine Sachverhaltszerlegung ist die Beschlagnahme, die auch dann nicht an Art. 13 GG zu messen ist, sondern separat am Maßstab von Art. 14 GG beurteilt werden kann,

c) Die Lösung der Konkurrenzfrage

aa) Grundsätzliches

Innerhalb der Grundrechtskonkurrenzen lassen sich zwei Konstellationen unterscheiden. Um „unechte Konkurrenz" (Gesetzeskonkurrenz)[74] handelt es sich, wenn ein Grundrecht das andere verdrängt. Stehen die Grundrechte hingegen im Verhältnis „echter Konkurrenz" (Idealkonkurrenz),[75] so sind sie nebeneinander anwendbar.

Letzteres ist schon nach allgemeinen Regeln der Normalfall. Zwei tatbestandlich einschlägige Normen sind grundsätzlich kumulativ anwendbar. Für zwei an sich anwendbare Freiheitsgrundrechte gilt nichts anderes. Die Verdrängung eines der Grundrechte stellt daher einen gesondert begründungsbedürftigen Ausnahmefall dar.[76] Das betrifft einen grundrechtlichen Schutz allein durch die Informationsfreiheit, wie ihn das *Bundesverfassungsgericht* propagiert, ebenso wie das umgekehrte Ergebnis, d. h. einen Schutz allein durch die Medienfreiheiten. Läßt sich die Verdrängung des jeweils anderen Grundrechts nicht begründen, bleibt es beim idealkonkurrierenden Schutz durch beide Grundrechte.

Die Kriterien für eine Normverdrängung sind gerade im Grundrechtsbereich im einzelnen umstritten. Die Bedeutung der Kontroverse sowie der einzelnen zu ihrer Lösung vorgetragenen Argumente erschließt sich erst vor dem Hintergrund der Konsequenzen, die die Annahme von Gesetzes- oder Idealkonkurrenz zwischen zwei Grundrechten zeitigt. Darauf ist im folgenden zunächst einzugehen, bevor im Anschluß daran das konkrete Konkurrenzverhältnis zwischen Informationsfreiheit und Medienfreiheiten betrachtet wird.

bb) Die Bedeutung der Entscheidung zwischen Gesetzes- und Idealkonkurrenz

Welchen grundrechtlichen Schutz ein Verhalten im Ergebnis genießt, gewinnt regelmäßig erst im Zusammenhang mit staatlichen Einschränkungen oder Verbo-

---

wenn sie während einer Wohnungsdurchsuchung stattfindet. Vgl. *Schwabe*, Probleme der Grundrechtsdogmatik, 1977, S. 324; skeptisch dazu *Stern*, Staatsrecht III/2, 1994, § 92 II 2 a, S. 1382.

[74] Zur Terminologie *Stern*, Staatsrecht III/2, 1994, § 92 III 4 b, S. 1392; *Jarass*, in: Jarass/Pieroth, GG, 7. Aufl. 2004, Vorb. vor Art. 1 Rdnr. 18.

[75] Vgl. *Stern*, Staatsrecht III/2, 1994, § 92 I 3 c, S. 1374. Die Verwendung des Begriffs Idealkonkurrenz geht lt. *Berg*, Konkurrenzen schrankendivergenter Freiheitsgrundrechte im Grundrechtsabschnitt des Grundgesetzes, 1968, S. 7, zurück auf *Füßlein*, in: Neumann/Nipperdey/Scheuner, Die Grundrechte, Bd. 2, 1954, S. 434.

[76] *Stern*, Staatsrecht III/2, 1994, § 92 IV 3 a, S. 1398; s. auch *Schulze-Fielitz*, in: Dreier, GG, Bd. I, 2. Aufl. 2004, Art. 5 I, II Rdnr. 312. Grundsätzlich gegen die Möglichkeit von Gesetzeskonkurrenz zwischen Freiheitsgrundrechten *Berg*, Konkurrenzen schrankendivergenter Freiheitsgrundrechte im Grundrechtsabschnitt des Grundgesetzes, 1968, S. 162 ff.; *Kunert*, Pressekonzentration und Verfassungsrecht, 1971, S. 99 f. (Ausnahme: Art. 2 Abs. 1 GG).

ten praktische Bedeutung.[77] Inhaltlich ist die Entscheidung zwischen Ideal- oder Gesetzeskonkurrenz insofern eher eine Schranken- denn eine Schutzbereichsfrage.

aaa) Die Relevanz für Konkurrenzsituationen zwischen schrankendivergenten Grundrechten

Unproblematisch sind üblicherweise Konstellationen, in denen beide Grundrechte dem Staat das gleiche Maß an Eingriffen gestatten, also „schrankenkongruent“[78] bzw. „schrankenidentisch“ sind. Für den Bürger spielt es keine Rolle, ob man sein Verhalten dem Schutz beider Grundrechte oder dem Schutz nur eines der beiden Grundrechte unterstellt.[79] Die Grenze zwischen gerechtfertigten Eingriffen und Grundrechtsverletzungen bleibt in jedem Fall gleich.[80]

Anders verhält es sich, wenn die Grundrechte „schrankendivergent“ sind,[81] wenn also eines der Grundrechte den konkreten Lebenssachverhalt in stärkerem Maße vor staatlichen Eingriffen schützt als das andere. Nur in diesen Fällen kommt es im praktischen Ergebnis auf die Auflösung des Konkurrenzverhältnisses an.[82] Gewissermaßen um den Prototyp schrankendivergenter Grundrechte handelt es sich, wenn ein Grundrecht vorbehaltlos gewährleistet ist, das andere dagegen unter Gesetzesvorbehalt steht.[83] Für den Berufskünstler etwa entsteht eine Konkurrenzsituation zwischen der vorbehaltlos gewährleisteten Kunstfreiheit aus Art. 5 Abs. 3 GG, die Eingriffe nur auf Grund kollidierenden Verfassungsrechts zuläßt, und der Berufsfreiheit aus Art. 12 Abs. 1 GG, deren

---

[77] *v. Münch*, in: v. Münch/Kunig, GG, Bd. 1, 5. Aufl. 2000, Vorb. Art. 1–19 Rdnr. 42; *Dreier*, in: Dreier, GG, Bd. I, 2. Aufl. 2004, Vorb. Rdnr. 155.

[78] *Erbel*, Inhalt und Auswirkungen der verfassungsrechtlichen Kunstfreiheitsgarantie, 1966, S. 122; *Stern*, Staatsrecht III/2, 1994, § 92 IV 2, S. 1397; *Berg*, Konkurrenzen schrankendivergenter Freiheitsgrundrechte im Grundrechtsabschnitt des Grundgesetzes, 1968, S. 5.

[79] *Stern*, Staatsrecht III/2, 1994, § 92 IV 2, S. 1397, § 92 IV 4 a, S. 1404 f.

[80] Das gilt jedenfalls unter der Annahme, daß der Schutz, den ein bestimmter Lebenssachverhalt durch ein Grundrecht genießt, durch das Hinzutreten eines weiteren Grundrechts, das bei isolierter Betrachtung dasselbe Maß an Schutz garantiert, nicht verstärkt wird. Für eine Schutzverstärkung durch Grundrechtskumulation allerdings *Bleckmann/Wiethoff*, DÖV 1991, 729; dagegen *Stern*, Staatsrecht III/2, 1994, § 92 III 4 c, S. 1394; *Würkner*, DÖV 1992, 151 f.; *Dreier*, in: Dreier, GG, Bd. I, 2. Aufl. 2004, Vorb. Rdnr. 159.

[81] Zum Begriff (im Anschluß an *Berg*) *Schwabe*, Probleme der Grundrechtsdogmatik, 1977, S. 394 ff.

[82] *Sachs*, Verfassungsrecht II – Grundrechte, 2. Aufl. 2003, A 11 Rdnr. 8; *v. Münch*, in: v. Münch/Kunig, GG, Bd. 1, 5. Aufl. 2000, Vorb. Art. 1–19 Rdnr. 43; *Hain/Unruh*, DÖV 2003, 149; *Lepa*, DVBl. 1972, 161; *Berg*, Konkurrenzen schrankendivergenter Freiheitsgrundrechte im Grundrechtsabschnitt des Grundgesetzes, 1968, S. 5. Einschränkend *Stern*, Staatsrecht III/2, 1994, § 92 III 1, S. 1384: Nur ein – wenn auch ein besonders gewichtiger – Teil der Problematik. Zu beachten ist freilich, daß der *Begriff* der Grundrechtskonkurrenz auch die vorgenannten unproblematischen Fälle des Zusammentreffens schrankenkongruenter Grundrechte erfaßt. So zu Recht *Heß*, Grundrechtskonkurrenzen, 2000, S. 51.

[83] *Stern*, Staatsrecht III/2, 1994, § 92 I 1, S. 1367.

Regelungsvorbehalt (Art. 12 Abs. 1 S. 2 GG) Eingriffe auch aus anderen Gründen ermöglicht. Grundsätzlich[84] gewährt die Kunstfreiheit daher den stärkeren Schutz.

bbb) Die Anwendbarkeit des stärker schützenden Grundrechts als zentrale Frage

In diesem zweiten Fall sind staatliche Eingriffe vorstellbar, die zwar den Rechtfertigungskriterien des schwächer schützenden Grundrechts genügen, nicht jedoch denen des stärker schützenden Grundrechts. Die entscheidende Frage für den Grundrechtsschutz des Bürgers ist daher, ob das stärker schützende Grundrecht im Ergebnis zur Anwendung kommt. Ist das der Fall, so bildet es den letztlich entscheidenden Maßstab für die Verfassungsmäßigkeit einer staatlichen Einschränkung, und zwar nicht nur, wenn es alleine gilt, sondern auch dann, wenn beide Grundrechte parallel anwendbar sind.[85] Ob das schwächere Grundrecht herangezogen oder verdrängt wird, ist also nur von theoretischer Bedeutung.[86] Genügt beispielsweise das staatliche Verbot der berufsmäßig vorgenommenen Kunstausstellung den Rechtfertigungskriterien der Kunstfreiheit, so sind zugleich die Anforderungen der Berufsfreiheit beachtet. Hält das Verbot den Maßstäben der Kunstfreiheit hingegen nicht stand, so ist es auch dann verfassungswidrig, wenn es nach den Kriterien der Berufsfreiheit nicht zu beanstanden sein sollte.

Zuzugeben ist freilich, daß derartige Unterschiede im Schutzniveau letztlich oft weniger deutlich ausfallen werden, als die voneinander abweichenden Schrankenregelungen suggerieren. Die in jedem Fall zu beachtende Eingriffskautele des Verhältnismäßigkeitsprinzips bzw. des Übermaßverbots führt zu einer gewissen Nivellierung der Rechtfertigungsanforderungen, so daß sich vermeintlich schrankendivergente Grundrechte im konkreten Fall doch als schrankenkongruent erweisen können.[87] Es ginge jedoch zu weit, daraus zu folgern, auf Grund der ohnehin erforderlichen Abwägung komme es auf den im konkreten Fall anzuwendenden Maßstab nicht an.[88] Vielmehr verbleiben Fälle echter Schrankendivergenz, in denen ein Grundrecht mehr Schutz gewährt als ein anderes.

---

[84] Zum Erfordernis, das Schutzniveau nicht abstrakt, sondern einzelfallabhängig zu bestimmen, unten ccc), S. 242 ff.

[85] *Hain/Unruh*, DÖV 2003, 150; *Dreier*, in: Dreier, GG, Bd. I, 2. Aufl. 2004, Vorb. Rdnr. 155; *Morlok*, in: Dreier, GG, Bd. I, 2. Aufl. 2004, Art. 4 Rdnr. 188; *Heß*, Grundrechtskonkurrenzen, 2000, S. 71 f.

[86] *Sachs*, Verfassungsrecht II – Grundrechte, 2. Aufl. 2003, A 11 Rdnr. 7.

[87] Vgl. *Dreier*, in: Dreier, GG, Bd. I, 2. Aufl. 2004, Vorb. Rdnr. 155.

[88] So zu Recht *Herzog*, in: Maunz/Dürig, GG, Art. 5 I, II Rdnr. 38 Fn. 11, gegen *Schwabe*, Probleme der Grundrechtsdogmatik, 1977, S. 361 ff., 367, 369, 376 usw., der bei der Prüfung jedes betroffenen Grundrechts auch die Schutzgüter der sonstigen betroffenen Grundrechte berücksichtigen will.

ccc) Die Frage nach einem unterschiedlich starken Schutz durch die Informationsfreiheit bzw. durch die Medienfreiheiten

Ob ein solcher Fall gerade zwischen der Informationsfreiheit und den Medienfreiheiten vorliegt, ob ihr Konkurrenzverhältnis also überhaupt näherer Klärung bedarf, erscheint allerdings fraglich. Mit Art. 5 Abs. 2 GG unterliegen beide Grundrechte der gleichen Schrankenregelung, was auf eine Schrankenidentität bzw. Schrankenkongruenz im oben dargelegten Sinne hindeuten könnte.[89]

Diese Sichtweise würde jedoch – was freilich gelegentlich geschieht –[90] fälschlich allein auf die abstrakte Normsituation abstellen. Richtigerweise läßt sich das Schutzniveau eines Grundrechts jedoch nur im konkreten Einzelfall bestimmen.[91] Das Höchstmaß eines konkreten staatlichen Eingriffs hängt nicht allein vom (Wortlaut des) Schrankenvorbehalt(s) ab, den das Grundgesetz für das betreffende Grundrecht vorsieht, sondern maßgeblich von den Umständen des jeweiligen Falles, die namentlich in der soeben angesprochenen einzelfallbezogenen Abwägung zwischen dem Zweck des Eingriffs einerseits und der Freiheitsbeeinträchtigung durch den Eingriff andererseits zur Geltung kommen. Ob es insofern überhaupt Fälle von vollständiger Schrankenkongruenz geben kann, erscheint sogar bei wortgleichen Schrankenvorbehalten zumindest zweifelhaft.[92] Nach der „Wechselwirkungslehre“ sind die auf Art. 5 Abs. 2 GG gestützten Gesetze unter Berücksichtigung der durch sie eingeschränkten Grundrechte auszulegen und so selbst wieder einzuschränken, damit die wertsetzende Bedeutung des Grundrechts auch auf der Rechtsanwendungsebene zur Geltung kommt.[93] Ungeachtet einer auch der Informationsfreiheit attestierten schlecht-

---

[89] In diese Richtung *Stern*, Staatsrecht III/2, 1994, § 92 IV 4, S. 1404 f.: Schrankenkongruenz bei zwei Grundrechten, die beide unter schlichtem Gesetzesvorbehalt stehen. Auch die umstrittene Abgrenzung zwischen der Meinungsfreiheit und der Pressefreiheit (oben Teil 4 A.II.1.c), S. 234 ff.) wird angesichts der identischen Schrankenregelung für praktisch kaum bedeutsam gehalten. So *Schulze-Fielitz*, in: Dreier, GG, Bd. I, 2. Aufl. 2004, Art. 5 I, II Rdnr. 97; *Sachs*, Verfassungsrecht II – Grundrechte, 2. Aufl. 2003, B 5 Rdnr. 31; *Herzog*, in: Maunz/Dürig, GG, Art. 5 Abs. I, II Rdnr. 154 a.

[90] Zu einer derartigen Heranziehung der „abstrakten Grundrechtsstärke“ *Stern*, Staatsrecht III/2, 1994, § 92 III 4 a, S. 1390; *Heß*, Grundrechtskonkurrenzen, 2000, S. 71. *Berg*, Konkurrenzen schrankendivergenter Freiheitsgrundrechte im Grundrechtsabschnitt des Grundgesetzes, 1968, S. 5, sieht sogar die Eigentums-, die Berufs- und die Meinungsfreiheit auf Grund ihrer jeweiligen Schrankenvorbehalte als schrankenkongruent an. Von einem identischen Schutz speziell für die hier interessierende Konstellation geht *Stober*, DRiZ 1980, 4, aus: Die Pressefreiheit wäre nur anwendbar, wenn sie ein besonderes Teilnahmerecht einräumen würde. Das aber sei nicht der Fall.

[91] *Heß*, Grundrechtskonkurrenzen, 2000, S. 70; *Fohmann*, EuGRZ 1985, 59; *Starck*, in: v. Mangoldt/Klein/Starck, Das Bonner Grundgesetz, Bd. 1, 4. Aufl. 1999, Art. 1 Rdnr. 254.

[92] Vgl. etwa *Lerche*, in: HStR V, 2. Aufl. 2000, § 122 Rdnr. 47: Keine vollständig identische Einschränkbarkeit wegen der unterschiedlichen sachlichen Aussagegehalte der Grundrechte. Ähnlich *Bleckmann/Wiethoff*, DÖV 1991, 724.

[93] St. Rspr. seit BVerfGE 7, 198 (208 f.). Kritisch *Scholz/Konrad*, AöR Bd. 123 (1998), S. 94 ff.; *Ossenbühl*, JZ 1995, 640.

hin konstituierenden Bedeutung[94] kann es Sachverhalte geben, in denen eine bestimmte staatliche Beschränkung dem Abwägungsprozeß standhält, wenn „nur" die Informationsfreiheit pro libertate streitet, nicht jedoch, wenn sich die Beschränkung den Medienfreiheiten gegenübersieht.[95] Diese vermögen – grob vereinfacht formuliert – zusätzliches Gewicht in die Waagschale zu legen, weil sie nicht nur der Information einzelner dienen, sondern letztlich der Information der Allgemeinheit.[96]

Diese Erwägungen können im hier betrachteten Zusammenhang bei der Abwehr staatlicher Beschränkungen zu Lasten der Medienvertreter relevant werden. Auch wenn die gern zitierte „klappernde Schreibmaschine", auf der ein Journalist während der Verhandlung schreibt,[97] heute sicherlich ausgedient hat und durch tragbare Computer ersetzt worden ist, ergibt sich in der Sache nach wie vor das Grundproblem, ob bei Journalisten großzügigere Maßstäbe hinsichtlich einer sitzungspolizeilich relevanten Störung der Ordnung anzulegen sind als bei anderen Zuschauern.

Ob die Präsenz von Journalisten (auch) durch die Medienfreiheiten geschützt wird, ist darüber hinaus für die bereits erörterte Frage relevant, ob es zulässig oder sogar geboten ist, für Journalisten Plätze vorzuhalten, die damit der Allgemeinheit nicht mehr zur Verfügung stehen. Letztlich geht es dabei um Grundrechtskollisionen: Führt der (prioritätswidrige) Einlaß eines Journalisten dazu, daß einem anderen Zuschauer die Teilnahme versagt wird, so liegt darin ein Eingriff in dessen allgemeine Informationsfreiheit.[98] Diesen Eingriff mit der kollidierenden allgemeinen Informationsfreiheit des Journalisten zu rechtfertigen, erscheint schon auf den ersten Blick deutlich weniger plausibel als eine Rechtfertigung mit den Medienfreiheiten des Journalisten. Immerhin steht diese Grundrechtsposition dem „normalen" Zuschauer gerade nicht zur Verfügung.[99]

---

[94] BVerfGE 27, 88 (98); *Bethge*, in: Sachs, GG, 3. Aufl. 2003, Art. 5 Rdnr. 51.

[95] Wie hier für ein unterschiedliches Schutzniveau, das sich trotz gleichlautender Schrankenvorbehalte auf Grund des Übermaßverbots ergibt, *Heß*, Grundrechtskonkurrenzen, 2000, S. 81.

[96] So auch *Degenhart*, in: Bonner Kommentar, Art. 5 Abs. 1 u. 2 Rdnr. 421: Die Pressefreiheit verstärkt die – nach seiner Konzeption ebenfalls anwendbare – Informationsfreiheit. Deutlich auch *Bethge*, in: Maunz/Schmidt-Bleibtreu/Klein/Bethge, BVerfGG, § 17a Rdnr. 2: Die Pressefreiheit, die das Recht der Journalisten einschließt, sich über öffentliche Gerichtsverhandlungen zu unterrichten, ist von stärkerem Gewicht als die Informationsfreiheit des Bürgers. A.A. *Schwabe*, Probleme der Grundrechtsdogmatik, 1977, S. 434f.

[97] *Rüping*, ZZP Bd. 88 (1975), S. 218f.; *Kissel/Mayer*, GVG, 4. Aufl. 2005, § 176 Rdnr. 25.

[98] Oben Teil 2 E.IV.1.b), S. 145ff.

[99] Ähnlich *Degenhart*, in: Bonner Kommentar, Art. 5 Abs. 1 u. 2 Rdnr. 33, für die Bedeutung des Schutzes einer gedruckten Meinungsäußerung auch durch die Pressefreiheit statt nur durch die Meinungsfreiheit: Spezifische Gesichtspunkte der Pressetätigkeit könnten namentlich dort zur Geltung gebracht werden, wo eine Abwägung zwischen der Äußerungsfreiheit und entgegenstehenden Rechten Dritter erfolgt. Die Pressefreiheit könne hier die Meinungsfreiheit verstärken.

Generell wird die Frage nach einem besonderen Schutz der Medienvertreter also stets relevant, sobald diese anders behandelt werden sollen als die übrigen Zuschauer.[100] Darauf wird zurückzukommen sein.[101] Für den Moment genügt die Feststellung, daß die Lösung des Konkurrenzverhältnisses trotz nominaler Schrankenkongruenz nicht dahinstehen kann.

ddd) Ergebnis

Damit erweist sich als entscheidender Aspekt die Frage, ob die Medienfreiheiten der Sache nach anwendbar sind oder ob sie durch die Informationsfreiheit verdrängt werden. Die im folgenden zusätzlich berücksichtigte Frage, ob die Medienfreiheiten im Falle ihrer Anwendbarkeit die Informationsfreiheit verdrängen, ist für das praktische Ergebnis von nachrangiger Bedeutung.

cc) Keine Gesetzeskonkurrenz auf Grund von logischer Spezialität

Verdrängende Gesetzeskonkurrenz kommt zunächst unter dem Gesichtspunkt der allgemeinen lex-specialis-Regel[102] in Betracht, die auch auf das Verhältnis zwischen verschiedenen Freiheitsgrundrechten anwendbar ist.[103]

aaa) Die Schutzbereichsüberdeckung als Voraussetzung logischer Spezialität

„Echte" bzw. „logische Spezialität" setzt voraus, daß der Anwendungsbereich einer (der spezielleren) Norm vollständig in dem einer anderen (der allgemeineren) Norm aufgeht, so daß mit der Erfüllung der spezielleren Vorschrift zugleich zwingend der Tatbestand der allgemeineren Vorschrift verwirklicht ist. Das ist der Fall, wenn die spezielle Norm neben sämtlichen Tatbestandsmerkmalen der allgemeinen Norm zusätzlich noch (mindestens) ein weiteres Tatbestandsmerkmal enthält.[104] Im Grundrechtsbereich müssen sich die Schutzbereiche wie unterschiedlich große konzentrische Kreise verhalten,[105] wobei das speziellere

---

[100] So auch *Ranft*, Jura 1995, 579, der freilich im übrigen auf die allgemeine Handlungsfreiheit (Art. 2 Abs. 1 GG) zurückgreift. Diese ist jedoch angesichts der zumindest einschlägigen Informationsfreiheit thematisch verbraucht, BVerfGE 6, 32 ff.

[101] Unten Teil 4 A.III., S. 260 ff.

[102] lex specialis derogat legi generali.

[103] *Dreier*, in: Dreier, GG, Bd. I, 2. Aufl. 2004, Vorb. Rdnr. 155; *Pieroth/Schlink*, Grundrechte – Staatsrecht II, 20. Aufl. 2004, Rdnr. 339.

[104] Allgemein *Larenz*, Methodenlehre der Rechtswissenschaft, 6. Aufl. 1991, S. 267; speziell zu Grundrechten *Pieroth/Schlink*, Grundrechte – Staatsrecht II, 20. Aufl. 2004, Rdnr. 339; *Nolte/Tams*, JuS 2004, 201; *Stern*, Staatsrecht III/2, 1994, § 92 IV 3 c, S. 1400; sachlich ebenso, jedoch ohne Verwendung des Begriffs „logische" Spezialität *Sachs*, Verfassungsrecht II – Grundrechte, 2. Aufl. 2003, A 11 Rdnr. 5; *Berg*, Konkurrenzen schrankendivergenter Freiheitsgrundrechte im Grundrechtsabschnitt des Grundgesetzes, 1968, S. 127; *Heß*, Grundrechtskonkurrenzen, 2000, S. 34 f.

[105] *Herzog*, in: Maunz/Dürig, GG, Art. 5 Abs. I, II Rdnr. 32; *Schwabe*, Probleme der Grund-

Grundrecht den kleineren Durchmesser besitzt. Innerhalb dieses „kleineren Kreises" verdrängt es das allgemeinere Grundrecht.[106]

In einem derartigen Verhältnis stehen die speziellen grundrechtlichen Freiheitsverbürgungen zur allgemeinen Handlungsfreiheit des Art. 2 Abs. 1 GG.[107] Daß sich im Bereich der Freiheitsgrundrechte[108] kaum weitere Fälle zwingender logischer Spezialität ausmachen lassen, liegt in der Struktur dieser Grundrechte begründet. Ihr Anknüpfungspunkt sind jeweils spezifische Ausschnitte aus der Lebenswirklichkeit, die sich schon auf Grund der weiten Ausdehnung, die den meisten Grundrechten im Wege der Auslegung zuteil wird, allenfalls partiell überschneiden.[109]

bbb) Die lediglich partielle Schutzbereichsüberschneidung von Informationsfreiheit und Medienfreiheiten

Um eine solche lediglich partielle Überschneidung handelt es sich auch im Verhältnis zwischen der Informationsfreiheit und den Medienfreiheiten. Die Information aus einer allgemein zugänglichen Quelle fällt keinesfalls zwingend zugleich in den Schutzbereich der Medienfreiheiten. Der nicht den Medien zugehörige Zeitungsleser oder Radiohörer, aber auch der nur privat interessierte Zuschauer im Gerichtssaal, macht jeweils ausschließlich von seiner Informationsfreiheit Gebrauch. Umgekehrt gehen die Medienfreiheiten ihrerseits über die Informationsfreiheit hinaus, indem sie etwa die Informationsbeschaffung auch aus nicht allgemein zugänglichen Quellen sowie die mediale Berichterstattung schützen. Die Schutzbereiche stehen im Verhältnis nicht konzentrischer, sondern sich schneidender Kreise,[110] in dem für logische Spezialität kein Raum bleibt.[111]

---

rechtsdogmatik, 1977, S. 327. *Fohmann*, EuGRZ 1985, 57, verlangt zusätzlich ein „Negativanwendungsfeld" eines der beiden Grundrechte.

[106] Differenzierend *Heß*, Grundrechtskonkurrenzen, 2000, S. 36 ff.; s. auch BVerfGE 99, 1 (10 f.).

[107] *Pieroth/Schlink*, Grundrechte – Staatsrecht II, 20. Aufl. 2004, Rdnr. 340; *Sachs*, Verfassungsrecht II – Grundrechte, 2. Aufl. 2003, A 11 Rdnr. 4; *Heß*, Grundrechtskonkurrenzen, 2000, S. 60. Zu Nachweisen aus der Rechtsprechung des *Bundesverfassungsgerichts Stern*, Staatsrecht III/2, 1994, § 92 I 2 b, S. 1370 Fn. 16; zu Nachweisen aus der sonstigen Rechtsprechung *Stern*, a. a. O., § 92 III 3 a, S. 1388.

[108] Bei den Gleichheitsgrundrechten sind die besonderen Gleichheitssätze speziell gegenüber dem allgemeinen Gleichheitssatz des Art. 3 Abs. 1 GG, vgl. *Stern*, Staatsrecht III/2, 1994, § 92 IV 3 c α, S. 1402.

[109] *Sachs*, Verfassungsrecht II – Grundrechte, 2. Aufl. 2003, A 11 Rdnr. 6; *Berg*, Konkurrenzen schrankendivergenter Freiheitsgrundrechte im Grundrechtsabschnitt des Grundgesetzes, 1968, S. 146. *Bleckmann/Wiethoff*, DÖV 1991, 723 ff., unterscheiden zwischen abstrakten und konkreten Konkurrenzsituationen. Um partielle Schutzbereichsüberschneidungen handelt es sich in beiden Fällen.

[110] Zu diesem Bild *Herzog*, in: Maunz/Dürig, GG, Art. 5 Abs. I, II Rdnr. 35; *Schwabe*, Probleme der Grundrechtsdogmatik, 1977, S. 327.

[111] Unzutreffend ist es daher, wenn *Stern*, Staatsrecht III/2, 1994, § 92 IV 3 c, S. 1400 ff., der den Begriff der Spezialität in dem hier als „logische Spezialität" bezeichneten Sinn verwendet

Dieses Resultat sucht allerdings eine Konstruktion zu umgehen, die nicht auf den gesamten Schutzbereich der Medienfreiheiten abstellt, sondern diesen in einzelne, separat zu beurteilende Schutzgegenstände aufteilt („mehrteiliger Schutzgegenstand").[112] Einer dieser Schutzgegenstände sei die bereits von der Informationsfreiheit geschützte Informationsbeschaffung aus allgemein zugänglichen Quellen. Trete als weiteres Merkmal hinzu, daß die Informationsbeschaffung gerade im Rahmen einer Medientätigkeit erfolge, sei der Schutzbereich der Medienfreiheiten eröffnet. Daher seien die Medienfreiheiten *in diesem Bereich* normlogisch speziell.[113] Gegen diese Konstruktion spricht jedoch, daß nicht recht ersichtlich ist, warum der abgrenzbare Schutzgegenstand innerhalb der Medienfreiheiten gerade die Informationsbeschaffung *aus allgemein zugänglichen Quellen* sein soll und nicht die Informationsbeschaffung insgesamt.[114] Diese Informationsbeschaffung aber reicht hinsichtlich der nicht allgemein zugänglichen Quellen über die Informationsfreiheit hinaus, so daß doch wieder sich schneidende Kreise entstehen.

Einer generellen Aussage darüber, ob einzelne, abgrenzbare Ausschnitte des Schutzbereichs zu einem anderen Grundrecht im Verhältnis logischer Spezialität stehen können, bedarf es insofern nicht. Jedenfalls in den hier interessierenden Fällen läßt sich auf diesem Weg kein logischer Vorrang der Medienfreiheiten gegenüber der Informationsfreiheit begründen. Mit Blick auf die verfassungsgerichtliche Rechtsprechung ist hinzuzufügen, daß der Ansatz erst recht nicht dazu taugt, eine logische Spezialität der Informationsfreiheit zu begründen.

Insofern scheidet logische Spezialität als Argument für die Auflösung des hier in Rede stehenden Konkurrenzverhältnisses aus.

dd) Die Frage nach anderen Formen von Gesetzeskonkurrenz

Ob – bzw. unter welchen Voraussetzungen – verdrängende Gesetzeskonkurrenz bei nur partieller Schutzbereichsüberschneidung existiert, ist das zentrale, nach

(S. 1400), das Beispiel benennt, daß Art. 4 GG im Hinblick auf religiöse Meinungsäußerungen speziell gegenüber Art. 5 Abs. 1 GG sein soll (S. 1403). Zwischen der Religions- und der Meinungsfreiheit liegt keine vollständige Schutzbereichsüberdeckung vor: Um eine Meinungsäußerung handelt es sich weder bei jeder glaubensgeleiteten Handlung noch beim religiösen „forum internum". Insofern zutreffend *Bleckmann/Wiethoff*, DÖV 1991, 723; *Heß*, Grundrechtskonkurrenzen, 2000, S. 61 f.; wie *Stern* aber *Herzog*, in: Maunz/Dürig, GG, Art. 5 I, II Rdnr. 33.

Pieroth/Schlink, Grundrechte – Staatsrecht II, 20. Aufl. 2004, Rdnr. 340, lehnen zu Recht logische Spezialität für das Verhältnis von Art. 9 Abs. 3 GG zu Art. 9 Abs. 1 GG im Hinblick auf Koalitionen mit der Begründung ab, daß Art. 9 Abs. 3 GG zwar sachlich enger, personell aber weiter sei als Art. 9 Abs. 1 GG. Ausführlich zum (hier nicht relevanten) Sonderproblem, das Deutschengrundrechte bei Konkurrenzfragen mit sich bringen, *Heß*, Grundrechtskonkurrenzen, 2000, S. 106 ff.

[112] *Heß*, Grundrechtskonkurrenzen, 2000, S. 174, 145 f.

[113] *Heß*, Grundrechtskonkurrenzen, 2000, S. 182 (Hervorhebung nur hier).

[114] Auch *Heß* selber benennt noch auf S. 174 als Einzelschutzgegenstand die journalistische Recherchetätigkeit, ohne sie auf allgemein zugängliche Quellen zu beschränken.

wie vor nicht befriedigend gelöste Problem der Grundrechtskonkurrenzen. Die Frage ist Gegenstand einer kontroversen, von einer gewissen dogmatischen Unsicherheit geprägten Diskussion. Ihre Schwierigkeit liegt darin, daß sie neben der allgemeinen Konkurrenzlehre die Besonderheiten der Grundrechtsdogmatik zu berücksichtigen hat.[115] Die Beurteilung des Verhältnisses zwischen der Informationsfreiheit und den Medienfreiheiten setzt daher einige generelle Überlegungen zu den Bedingungen verdrängender Grundrechtskonkurrenz jenseits von logischer Spezialität voraus.

aaa) Generelle Erwägungen

Die Konkurrenzfrage stellt sich sowohl auf der Schutzbereichs- als auch auf der Schrankenebene.

(1) Kein abschließender Regelungscharakter auf der Schutzbereichsebene

(a) Keine verdrängende Spezialität kraft größerer Sachnähe. Auf der Schutzbereichsebene wird verdrängende Gesetzeskonkurrenz zumeist unter dem Gesichtspunkt der Spezialität angenommen.[116] Logische Spezialität im oben dargestellten Sinne ist damit schon mangels vollständiger Schutzbereichsüberdeckung nicht gemeint. In Rede steht vielmehr eine im Wege der Auslegung zu ermittelnde, nicht immer explizit als solche bezeichnete „normative Spezialität".[117] Sie soll – sofern das überhaupt erörtert wird –[118] lediglich einen stärkeren Sachbezug eines der Grundrechte zum Fall voraussetzen.[119] Wenn vereinzelt gefordert wird, das spezielle Grundrecht müsse eine Sonderregelung abschließender Art für den zu beurteilenden Lebenssachverhalt bilden,[120] muß darin kein

---

[115] *Stern*, Staatsrecht III/2, 1994, § 92 IV 1, S. 1394.

[116] *Heß*, Grundrechtskonkurrenzen, 2000, S. 35.

[117] *Heß*, Grundrechtskonkurrenzen, 2000, S. 62; *Pieroth/Schlink*, Grundrechte – Staatsrecht II, 20. Aufl. 2004, Rdnr. 339. Anders in der Terminologie *Schwabe*, Probleme der Grundrechtsdogmatik, 1977, S. 332: Statt zwischen logischer und normativer Spezialität unterscheidet er zwischen Spezialität im engeren Sinn, die auf den Tatbestand bezogen sei, und Spezialität im weiteren Sinn, die jeden Fall des Vorrangs einer Norm für die Rechtsfolgenbestimmung umfasse. *Berg*, Konkurrenzen schrankendivergenter Freiheitsgrundrechte im Grundrechtsabschnitt des Grundgesetzes, 1968, S. 162, versteht Spezialität ebenfalls ausschließlich in dem Sinn, der hier mit logischer Spezialität bezeichnet ist. Gesetzeskonkurrenz aus wertenden Gründen sei nur unter den Gesichtspunkten der Subsidiarität oder der Konsumtion möglich.

[118] Zur häufig fehlenden Begründung der Annahme normativer Spezialität *Heß*, Grundrechtskonkurrenzen, 2000, S. 63.

[119] *Pieroth/Schlink*, Grundrechte – Staatsrecht II, 20. Aufl. 2004, Rdnr. 339; *Dreier*, in: *Dreier*, GG, Bd. I, 2. Aufl. 2004, Vorb. Rdnr. 155; *Hain/Unruh*, DÖV 2003, 150 („schwerpunktmäßig betroffenes Grundrecht").

[120] *Heß*, Grundrechtskonkurrenzen, 2000, S. 62, 149. Zur zentralen Bedeutung des abschließenden Charakters bei nur teilweiser Schutzbereichsüberschneidung *Bleckmann/Wiethoff*, DÖV 1991, 723.

sachlicher Widerspruch liegen.[121] Anders als mit dem abschließenden Charakter einer Regelung läßt sich die Verdrängung einer anderen, an sich ebenfalls anwendbaren Vorschrift letztlich ohnehin nicht erklären. Entscheidend kommt es vielmehr darauf an, ob der stärkere Sachbezug bereits ein hinreichendes Kriterium für den abschließenden Charakter eines Grundrechts bildet.

Die Frage ist prinzipiell zu verneinen.[122] Jedenfalls im Ausgangspunkt schützt ein Grundrecht die von seinem Schutzbereich erfaßten Lebenssachverhalte ungeachtet eines eventuell sachnäheren Schutzes durch ein anderes Grundrecht. Insofern wird man für einen abschließenden Charakter mehr fordern müssen als bloß größere Sachnähe.[123]

(b) Die Rechtsprechung des Bundesverfassungsgerichts. Die Rechtsprechung des *Bundesverfassungsgerichts* zu Grundrechtskonkurrenzen ist nicht allzu ergiebig.[124] In ihr fehlt es bisher – sicherlich auch wegen eines bestimmten fall- und verfahrensbedingten Anlasses – an einer konsistenten und dogmatisch fundierten Lösung der Problematik. Das Gericht bevorzugt pragmatische Lösungen im Einzelfall,[125] wobei meistens die beteiligten Grundrechte ohne Erörterung der Konkurrenzfrage kumulativ herangezogen werden.[126] Daneben finden sich Entscheidungen, in denen das Gericht eines der potentiell einschlägigen Grundrechte ausdrücklich für speziell erklärt und als alleinigen Prüfungsmaßstab heranzieht; in anderen Fällen beschränkt es sich ebenfalls auf die Prüfung am Maßstab eines Grundrechts, ohne jedoch ein Spezialitätsverhältnis oder das unter Umständen konkurrierende Recht auch nur zu erwähnen.[127] Prinzipielle Aussagen zur Konkurrenzfrage lassen sich dem kaum entnehmen. Immerhin: Wenn das Gericht zunächst einem speziellen Freiheitsgrundrecht attestiert, es stehe „im Vordergrund“, es sei „vorrangig“ Maßstab der Prüfung bzw. gegen das Grundrecht richte sich „der Schwerpunkt des Eingriffs“, sieht es darin keinen

---

[121] *Pieroth/Schlink*, Grundrechte – Staatsrecht II, 20. Aufl. 2004, Rdnr. 339, verweisen gerade auf *Heß*.

[122] S. dazu auch *Heß*, Grundrechtskonkurrenzen, 2000, S. 63 f.

[123] Als weiteres Argument läßt sich anführen, daß sich aus dem Schutz eines bestimmten Verhaltens durch eine Vorschrift des Grundgesetzes generell nicht ableiten läßt, daß es nicht auch durch andere Vorschriften des Grundgesetzes geschützt würde. Dazu *Bleckmann/Wiethoff*, DÖV 1991, 724.

[124] Anderes gilt für das Verhältnis der speziellen Freiheitsrechte zur allgemeinen Handlungsfreiheit. Dabei handelt es sich jedoch um vollständige Schutzbereichsüberdeckung, mithin um logische Spezialität.

[125] *Heß*, Grundrechtskonkurrenzen, 2000, S. 51; *Starck*, in: v. Mangoldt/Klein/Starck, Das Bonner Grundgesetz, Bd. 1, 4. Aufl. 1999, Art. 1 Rdnr. 253 Fn. 413; *Stern*, Staatsrecht III/2, 1994, § 92 III 2, S. 1385.

[126] *Dreier*, in: Dreier, GG, Bd. I, 2. Aufl. 2004, Vorb. Rdnr. 155.

[127] Zu dieser Systematisierung s. *Stern*, Staatsrecht III/2, 1994, § 92 III 2, S. 1385 ff., mit umfangreichen Rechtsprechungsnachweisen zu den einzelnen Konstellationen.

zwingenden Grund, auf die Prüfung weiterer Freiheitsrechte zu verzichten.[128] Das läßt sich zumindest als Indiz deuten, daß die Verdrängung eines Grundrechts nicht allein mit der größeren Sachnähe eines anderen Grundrechts begründet werden kann.[129]

(c) Die Unverzichtbarkeit des abschließenden Charakters. Davon gehen auch die Stimmen in der Literatur aus, die in zumindest sprachlicher Abweichung von der „normativen Spezialität“[130] die mögliche Verdrängung eines Grundrechts durch ein anderes unter dem Gesichtspunkt der Konsumtion diskutieren.[131] Konsumtion setzt voraus, daß mit den Tatbestandsmerkmalen der konsumierenden Norm typischerweise, wenngleich nicht zwingend, auch die Merkmale der konsumierten Vorschrift erfüllt sind. Zudem muß sich die konsumierende Vorschrift ihrem Sinn und Wesen nach als abschließende Vorschrift erweisen, in der die Anwendung der konsumierten Vorschrift aufgeht.[132] Größere Sachnähe spielt dabei keine Rolle.

Damit erweist es sich unabhängig vom methodischen Ansatz als unerläßlich für die Annahme von Gesetzeskonkurrenz, daß das verdrängende Grundrecht abschließenden Charakter besitzt, der sich freilich allein aus größerer Sachnähe regelmäßig nicht herleiten läßt.

(d) Der regelmäßig fehlende abschließende Charakter. Andere Anknüpfungspunkte für einen Exklusivitätsanspruch aber sind im Verhältnis zweier Schutzbereiche zueinander allenfalls in Ausnahmefällen festzustellen.[133] Im allgemeinen ergibt sich der abschließende Charakter einer Vorschrift gerade daraus, daß ihr Regelungsziel durch die zusätzliche Anwendung einer weiteren Vorschrift

---

[128] Beispielhaft BVerfGE 39, 334 (360, 367, 369) (Meinungsfreiheit stehe „im Vordergrund“, daneben Prüfung am Maßstab der Art. 8 Abs. 1, 9 Abs. 1 und 12 Abs. 1 GG); 77, 308 (332, 339) (Prüfungsmaßstab „vorrangig“ die Berufsfreiheit, daneben Prüfung am Maßstab des Art. 14 Abs. 1 GG). Weitere Nachweise bei *Stern*, Staatsrecht III/2, 1994, § 92 III 2 a, S. 1385 f.

[129] Eine vergleichbare Terminologie wird allerdings auch in Fällen verdrängender Spezialität benutzt. S. dazu BVerfGE 77, 308 (332, 339): Das Gericht erklärt die Berufsfreiheit gem. Art. 12 Abs. 1 GG zum vorrangigen Prüfungsmaßstab, prüft die angegriffenen Maßnahmen allerdings zusätzlich am Maßstab der Eigentumsfreiheit aus Art. 14 Abs. 1 GG. Zugleich wird jedoch die Maßstäblichkeit der wirtschaftlichen Handlungsfreiheit aus Art. 2 Abs. 1 GG gerade damit verneint, daß die speziellere Berufsfreiheit „im Vordergrund“ stehe.

[130] Nach *Heß*, Grundrechtskonkurrenzen, 2000, S. 62 Fn. 67, ist „Konsumtion“ bei den nachfolgend zitierten Autoren nur eine andere Bezeichnung für „normative Spezialität“. Das ist angesichts der (abweichenden) Voraussetzungen, an die eine Konsumtion nach allgemeinen Regeln geknüpft ist, terminologisch zwar bedenklich. Allerdings werden sich in der Tat die Ergebnisse im Einzelfall kaum unterscheiden.

[131] *Sachs*, Verfassungsrecht II – Grundrechte, 2. Aufl. 2003, A 11 Rdnr. 7; *Stern*, Staatsrecht III/2, 1994, § 92 IV 3 b, 1398 ff. Im Ergebnis halten beide eine Konsumtion jedoch allenfalls in Ausnahmefällen für möglich.

[132] Für das Strafrecht *Tröndle/Fischer*, StGB, 52. Aufl. 2004, Vor § 52 Rdnr. 20.

[133] *Sachs*, Verfassungsrecht II – Grundrechte, 2. Aufl. 2003, A 11 Rdnr. 7.

beeinträchtigt würde. Die von einem Freiheitsrecht primär bezweckte Abwehr staatlicher Eingriffe jedoch wird durch das Hinzutreten eines weiteren gleichgerichteten Abwehrrechts nicht tangiert.[134] Für andere Grundrechtsfunktionen gilt nämliches. Versuche, einem Grundrecht bereits auf der Schutzbereichsebene verdrängende Wirkung zuzuschreiben, überzeugen daher regelmäßig nicht.

Beispielhaft zeigt sich das, wenn ein Verhalten dergestalt den Tatbestand zweier Grundrechte erfüllt, daß es von einem Schutzbereich gerade wegen des verfolgten Zwecks, von dem anderen Schutzbereich wegen des eingesetzten Mittels erfaßt wird. Für diese Kombination von „Inhalts- und Ausübungsrecht" nimmt *Heß* normative Spezialität des „Inhaltsrechts" an. Seine Begründung läuft freilich in der Sache doch wieder auf einen abschließenden Charakter gerade kraft größerer Sachnähe hinaus.[135] Vorbehaltlich sonstiger Anhaltspunkte für Gesetzeskonkurrenz im Einzelfall erscheint daher (auch) im Verhältnis zwischen Inhalts- und Ausübungsrechten mit Blick auf die Schutzbereiche die Annahme von Idealkonkurrenz plausibler.[136]

Nach alledem läßt sich ein verdrängender Vorrang eines Freiheitsgrundrechts gegenüber einem anderen Freiheitsgrundrecht auf der Schutzbereichsebene regelmäßig nicht begründen.

(2) Kein abschließender Regelungscharakter des schwächer schützenden Grundrechts auf der Schrankenebene

Auf der Schrankenebene hingegen scheinen Ansatzpunkte für den abschließenden Charakter eines Grundrechts möglich.[137]

Stellt man gerade auf die staatlichen Eingriffsmöglichkeiten ab, so ließe sich im Fall von Schrankendivergenz ein abschließender Charakter des schwächer schützenden Grundrechts damit begründen, das Grundgesetz wolle dem Staat gegenüber den Verhaltensweisen, die in den Schutzbereich eines einzelnen Grundrechts fallen, mindestens die in dem jeweiligen Grundrecht vorgesehenen Beschränkungsmöglichkeiten garantieren. Dieses Ziel würde durch das Hinzutreten eines anderen, nur geringere Eingriffe gestattenden Grundrechts beeinträchtigt. So wäre dem Staat im obigen Beispiel durch Art. 12 Abs. 1 S. 2 GG garantiert, jede Form von beruflicher Tätigkeit durch Gesetz oder auf Grund Gesetzes regeln zu dürfen, auch wenn sie gerade Kunst zum Gegenstand hat.

---

[134] *Stern*, Staatsrecht III/2, 1994, § 92 IV 3 b, 1398 ff.

[135] *Heß*, Grundrechtskonkurrenzen, 2000, S. 152 ff.

[136] *Scholz*, in: Maunz/Dürig, GG, Art. 9 Rdnr. 111, nimmt für die Konkurrenz zwischen der zweckoffenen Vereinigungsfreiheit und anderen zweckorientierten Schutzbereichen denn auch Idealkonkurrenz an.

[137] Vgl. dazu *Bleckmann/Wiethoff*, DÖV 1991, 726; *Dreier*, in: Dreier, GG, Bd. I, 2. Aufl. 2004, Vorb. Rdnr. 155.

Im Ergebnis wäre danach letztlich stets das schwächer schützende Grundrecht maßgeblich.[138]

Diese erste von drei denkbaren Lösungen wird heute aus gutem Grund nicht (mehr) vertreten.[139] Daß sich im Ergebnis gerade die weitergehenden Einschränkungsmöglichkeiten durchsetzen sollen, würde den primär auf Eingriffsabwehr ausgerichteten Zweck eines Grundrechts in sein Gegenteil verkehren.[140] In ihrer Abwehrfunktion limitieren Grundrechte das Maß staatlicher Freiheitsbeschränkungen und garantieren dem Bürger so ein Mindestmaß an Freiheit, nicht umgekehrt. Das gilt auch bei schrankendivergenten Grundrechten: Die (weiteren) Beschränkungsmöglichkeiten des schwächeren Grundrechts begrenzen lediglich das zulässige Maß staatlicher Eingriffe, garantieren dem Staat hingegen kein stets verfügbares Eingriffsarsenal.

Ein Vorrang gerade des weniger Schutz gewährenden Grundrechts hätte ferner die kaum überzeugende Konsequenz, daß von zwei Verhaltensweisen, die beide tatbestandlich durch das stärker schützende Grundrecht erfaßt werden, ausgerechnet diejenige leichter eingeschränkt werden könnte, die ergänzend in den Schutzbereich noch eines zusätzlichen Grundrechts fällt.[141] Im obigen Beispiel etwa wären Beschränkungen des berufsmäßigen Künstlers eher möglich als solche des Hobbykünstlers.

Diese Argumente sprechen nicht nur gegen einen automatischen Vorrang des schwächer schützenden Grundrechts. Sie lassen sich auch gegen die zweite denkbare Lösung anführen, einen abschließenden Charakter des schwächeren Grundrechts immerhin fallweise annehmen zu können. Zwar sind Konstellationen vorstellbar, in denen der Vorrang des schwächeren Grundrechts auf Anhieb plausibler erscheint als im vorgenannten Beispiel. So ist „aussagefreie" Kunst kaum vorstellbar. Der Künstler äußert in seinen Werken regelmäßig auch seine Meinung.[142] Muß in diesem sozial relevanten[143] und daher konfliktträchtigen Fall nicht zum Schutz entgegenstehender Interessen die Schranke des Art. 5

---

[138] So noch *Rüfner*, Der Staat Bd. 7 (1968), S. 54; *Friedrich Klein*, in: v. Mangoldt/Klein, Das Bonner Grundgesetz, Bd. 1, 2. Aufl. 1966, Vorbem. B XV 2 b. Zu letzterem *Stern*, Staatsrecht III/2, 1994, § 92 III 4 a α, S. 1390 f.; *Berg*, Konkurrenzen schrankendivergenter Freiheitsgrundrechte im Grundrechtsabschnitt des Grundgesetzes, 1968, S. 55.

[139] *Hain/Unruh*, DÖV 2003, 150 Fn. 20.

[140] Der Sache nach wie hier *Sachs*, Verfassungsrecht II – Grundrechte, 2. Aufl. 2003, A 11 Rdnr. 9: Vorrang des schwächeren Grundrechts würde die Einschränkungsmöglichkeiten höher gewichten als die Grundrechtsgewährleistungen.

[141] *Berg*, Konkurrenzen schrankendivergenter Freiheitsgrundrechte im Grundrechtsabschnitt des Grundgesetzes, 1968, S. 80; *Sachs*, Verfassungsrecht II – Grundrechte, 2. Aufl. 2003, A 11 Rdnr. 10. S. auch *Lerche*, in: HStR V, 2. Aufl. 2000, § 122 Rdnr. 48: Die gleichzeitige Beanspruchung mehrerer Grundrechte soll für den Grundrechtsträger nicht nachteilig sein.

[142] Dazu BVerfGE 81, 278 (291).

[143] Zur ansteigenden Beschränkbarkeit von Grundrechten mit zunehmendem Sozialbezug *Berg*, Konkurrenzen schrankendivergenter Freiheitsgrundrechte im Grundrechtsabschnitt des Grundgesetzes, 1968, S. 105 ff.

Abs. 2 GG eingreifen?[144] Besonders deutlich tritt das Problem auch bei der sog. „Baukunst" hervor, die regelmäßig zusätzlich von der Eigentumsfreiheit des Art. 14 GG geschützt wird. Führt die Annahme, eine nach Art. 14 Abs. 1 S. 2 GG gerechtfertigte Beschränkung könne im Hinblick auf die vorbehaltlose Kunstfreiheit unzulässig sein, nicht zu einer Untergewichtung gegenläufiger Gemeinwohlinteressen?[145] Ob diese Erwägungen freilich ausreichen, das stärker schützende Grundrecht auch nur fallweise zu verdrängen, erscheint angesichts der zuvor gegen eine solche Verdrängung angeführten Argumente zumindest zweifelhaft. Wer diese Zweifel als durchgreifend erachtet, kommt zu dem dritten möglichen Ergebnis,[146] daß das stärker schützende Grundrecht in keinem Fall verdrängt wird, weil das schwächere Grundrecht nicht abschließend sein kann.[147]

(3) Der quasi-abschließende Charakter des stärker schützenden Grundrechts auf der Schrankenebene

Sofern man nach alledem das stärkere Grundrecht für anwendbar hält – nach der dritten Lösung ist das Ergebnis zwingend, nach der zweiten Lösung abhängig vom konkreten Fall –, stellt sich die für das tatsächliche Schutzniveau nicht mehr entscheidende Frage, ob umgekehrt das stärker schützende Grundrecht eine abschließende Regelung ist oder ob daneben das schwächere Grundrecht zur Anwendung kommt.

(a) Die an sich unproblematische Geltung auch des schwächer schützenden Grundrechts. Nimmt man die Voraussetzung ernst, daß das Regelungsziel einer abschließenden Vorschrift durch das Hinzutreten einer weiteren Vorschrift

---

[144] Zu derartigen Bedenken auch *Heß*, Grundrechtskonkurrenzen, 2000, S. 72; *Bleckmann/Wiethoff*, DÖV 1991, 724.

[145] Dazu *Stern*, Staatsrecht III/2, 1994, § 92 IV 4c β, S. 1406. S. auch *Herzog*, in: Maunz/Dürig, GG, Art. 5 I, II Rdnr. 38: Die Bestimmung der maßgeblichen Schranken muß sich danach richten, welche Gefahren für Dritte oder die Allgemeinheit abzuwehren sind.

Bei *Würkner*, DÖV 1992, 152, sowie bei *Wendt*, in: v. Münch/Kunig, GG, Bd. 1, 5. Aufl. 2000, Art. 5 Rdnr. 115, stößt die Annahme, die künstlerische Betätigung unterliege wegen der gleichzeitigen Inanspruchnahme der Eigentumsfreiheit zwingend den nach Art. 14 Abs. 1 S. 2 GG möglichen Beschränkungen (so BVerwG BRS 35 Nr. 133, offengelassen in BVerwG NVwZ 1991, 983 [984]), auf Kritik. S. hierzu auch *Stern*, Staatsrecht III/2, 1994, § 92 III 3 c, S. 1389 f. Zur Bedeutung der Baukunst für Grundrechtskonkurrenzen bereits *Berg*, Konkurrenzen schrankendivergenter Freiheitsgrundrechte im Grundrechtsabschnitt des Grundgesetzes, 1968, S. 3.

[146] Zu den drei denkbaren Lösungen – stets Vorrang des schwächeren Grundrechts, fallweise Entscheidung oder stets Vorrang des stärkeren Grundrechts – *Sachs*, Verfassungsrecht II – Grundrechte, 2. Aufl. 2003, Rdnrn. 8 ff.; *v. Münch*, in: v. Münch/Kunig, GG, Bd. 1, 5. Aufl. 2000, Vorb. Art. 1–19 Rdnr. 43.

[147] So im Ergebnis *Berg*, Konkurrenzen schrankendivergenter Freiheitsgrundrechte im Grundrechtsabschnitt des Grundgesetzes, 1968, S. 82 ff.; *Rüfner*, in: FG 25 Jahre BVerfG II, 1976, S. 477; *Lepa*, DVBl. 1972, 164 f.

gefährdet werden muß, so ist dem stärker schützenden Grundrecht der abschließende Charakter abzusprechen. Sein Mindestmaß an Schutz wird durch eine weitere, ihrerseits weniger Schutz gewährende Norm nicht berührt. Allenfalls ließe sich damit argumentieren, die Anwendbarkeit auch des schwächeren Grundrechts könnte fälschlich zu der Annahme verleiten, seine weitergehenden Schranken legalisierten entsprechende Eingriffe – zur Begründung einer Normverdrängung wäre das kein allzu schlagkräftiges Argument.

(b) Die Verdrängung des schwächer schützenden Grundrechts kraft grundrechtsspezifischer Spezialität. Strenggenommen wäre es daher mit einem Fragezeichen zu versehen, wenn das Konkurrenzverhältnis bei partieller Schutzbereichsüberschneidung schrankendivergenter Grundrechte häufig im Sinne einer Spezialität des stärker schützenden Grundrechts gelöst wird.[148] Nur beispielhaft seien religiöse Versammlungen genannt, für die nach allgemeiner Auffassung die (vorbehaltlose) Religionsfreiheit des Art. 4 GG speziell gegenüber der Versammlungsfreiheit aus Art. 8 GG ist.[149] Allerdings soll die Annahme von Spezialität dabei wohl primär auf die Maßgeblichkeit des stärkeren Schutzniveaus hinweisen, weniger auf eine echte Verdrängung des schwächeren Grundrechts im Sinne seiner Unanwendbarkeit. Das zeigt sich nicht nur, wenn die Spezialität eines Grundrechts gerade mit seinem stärkeren Schutz begründet wird.[150] Noch deutlicher ist die Aussage, auf das schwächere Grundrecht dürfe argumentativ sogar dann zurückgegriffen werden, wenn es durch Gesetzeskonkurrenz verdrängt sei. Sofern eine staatliche Maßnahme schon gegen das schwächere Grundrecht verstoße, komme es auf das stärkere Grundrecht nicht mehr an, da dieses dann ohnehin verletzt sei.[151]

Terminologisch läge es daher an sich nahe, der sachlichen Anwendbarkeit auch des schwächeren Grundrechts durch die Annahme von Idealkonkurrenz Rechnung zu tragen, wobei sich der letztlich maßgebliche Schutz aus dem

---

[148] Terminologisch vorzugswürdig *Berg*, Konkurrenzen schrankendivergenter Freiheitsgrundrechte im Grundrechtsabschnitt des Grundgesetzes, 1968, S. 147: Vorrang der unbeschränkten Freiheitsrechte läßt sich nicht aus Spezialitätserwägungen herleiten, sondern um der Verwirklichung der von ihnen garantierten Freiheiten willen.

[149] *Kokott*, in: Sachs, GG, 3. Aufl. 2003, Art. 4 Rdnr. 136; *Mager*, in: v. Münch/Kunig, GG, Bd. 1, 5. Aufl. 2000, Art. 4 Rdnr. 87; *v. Campenhausen*, in: HStR VI, 2. Aufl. 2001, § 136 Rdnr. 89; *Morlok*, in: Dreier, GG, Bd. I, 2. Aufl. 2004, Art. 4 Rdnr. 76; *Starck*, in: v. Mangoldt/Klein/Starck, Das Bonner Grundgesetz, Bd. 1, 4. Aufl. 1999, Art. 4 Rdnr. 134.

[150] *Morlok*, in: Dreier, GG, Bd. I, 2. Aufl. 2004, Art. 4 Rdnr. 188, für die Spezialität von Art. 4 GG gegenüber Art. 8 GG bei religiösen Versammlungen. Auf den weiteren Schutzbereich stellt *Starck*, in: v. Mangoldt/Klein/Starck, Das Bonner Grundgesetz, Bd. 1, 4. Aufl. 1999, Art. 4 Rdnr. 134, ab: Art. 4 Abs. 1 GG sei speziell gegenüber Art. 8 GG, weil Art. 8 GG nur Deutschengrundrecht ist, so daß seine Heranziehung den Grundrechtsschutz personell einschränken würde.

[151] *Herzog*, in: Maunz/Dürig, GG, Art. 5 Abs. I, II Rdnr. 34 a, allerdings für die Fälle normlogischer Spezialität.

stärkeren der beiden anwendbaren Grundrechte ergibt.[152] Andererseits ist zu bedenken, daß die Konkurrenz strukturell nebeneinanderstehender, jeweils an einzelne Ausschnitte aus der Lebenswirklichkeit anknüpfender Freiheitsverbürgungen nicht nach denselben strikten Kriterien beurteilt werden kann, die bei eher kodifikatorisch angelegten Normkomplexen wie dem Strafgesetzbuch zur Anwendung kommen. Insofern ist gegen die Annahme von Spezialität letztlich nichts zu erinnern, sofern man darunter eine grundrechtsspezifische, primär auf Verdeutlichung des tatsächlichen Schutzniveaus angelegte Spezialität versteht.

(c) Keine unzulässige Verstärkung des Grundrechtsschutzes durch lediglich peripher einschlägige Grundrechte. Gegen die hier favorisierte Lösung – kein Vorrang eines „sachnäheren" Schutzbereichs, faktische Maßgeblichkeit allein des von seinen Schranken her stärker schützenden Grundrechts –[153] läßt sich übrigens nicht einwenden, daß sie entgegenstehende Rechtspositionen untergewichtet, indem sie den weitergehenden Schutz des stärkeren Grundrechts bereits gewährt, wenn dieses nur „ganz am Rande" einschlägig ist. Sofern eine staatliche Beschränkung in ein Grundrecht nur peripher eingreift, während ein anderes Grundrecht zentral (also „sachnah") betroffen ist, wird bei einer konkreten, fallbezogenen Betrachtungsweise das nur peripher berührte Grundrecht in der Regel gerade nicht den stärkeren Schutz gewähren: Der lediglich periphere Eingriff wiegt spätestens im Rahmen des vom Übermaßverbot geforderten Abwägungsprozesses nicht allzu schwer; er ist daher vergleichsweise einfach zu rechtfertigen. Wenn ein Grundrecht umgekehrt im konkreten Fall den stärkeren Schutz gewährt, wird es in aller Regel so „sachnah" sein, daß seine Verdrängung durch ein anderes Grundrecht kraft größerer Sachnähe ohnehin nicht in Betracht kommt.[154] Die Lösung, anwendbar sei das sachnähere Grundrecht und wo ein solches fehle, richte sich das Höchstmaß staatlicher Eingriffe nach dem stärker schützenden Grundrecht,[155] unterscheidet sich von der hier vertretenen Konzeption daher im wesentlichen in der dogmatischen Herleitung, nicht jedoch im praktischen Ergebnis.

---

[152] Auch in der Literatur finden sich etliche Stimmen, die im Zweifel eher für die Annahme von Idealkonkurrenz als von Spezialität plädieren. So beispielsweise *Stern/Bethge*, Öffentlich-rechtlicher und privatrechtlicher Rundfunk, 1971, S. 97; *Lerche*, Rundfunkmonopol, 1970, S. 76. S. weiter die bei *Schwabe*, Probleme der Grundrechtsdogmatik, 1977, S. 358 f., Zitierten.

[153] Ebenso *Lerche*, in: HStR V, 2. Aufl. 2000, § 122 Rdnr. 48.

[154] Anders ist das allerdings zu beurteilen, sofern sich die größere Stärke eines Grundrechts aus einem qualifizierten Gesetzesvorbehalt ergibt, der einen bestimmten Eingriffszweck verlangt, dem der konkrete Eingriff nicht genügt.

[155] *Hain/Unruh*, DÖV 2003, 150; *Dreier*, in: Dreier, GG, Bd. I, 2. Aufl. 2004, Vorb. Rdnr. 155.

(4) Zum systematischen Standort der Verdrängungswirkung

Schließlich erscheint noch eine Anmerkung zum systematischen Standort der vorstehenden Erwägungen veranlaßt. Die Frage, ob sich im Ergebnis das schwächer oder das stärker schützende Grundrecht durchsetzt, wird hier unter dem Aspekt der *Anwendbarkeit* bzw. *Verdrängung* der konkurrierenden Grundrechte diskutiert. Das steht im Gegensatz zu der häufig geübten Vorgehensweise,[156] die Anwendbarkeit beider Grundrechte vorbehaltlich einer Verdrängung auf der Schutzbereichsebene zu bejahen, jedoch gesondert zu entscheiden, welchem der anwendbaren Grundrechte die maßgeblichen Schranken zu entnehmen seien.[157]

Beide Wege führen letztlich zu denselben Ergebnissen. Wer etwa trotz der oben diskutierten Einwände als entscheidenden Maßstab für die Verfassungsmäßigkeit einer staatlichen Beschränkung zumindest im konkreten Fall nur das schwächer schützende Grundrecht heranziehen will, wird nach der hier gewählten systematischen Zuordnung das stärker schützende Grundrecht insgesamt als verdrängt ansehen. Nach der „Schrankenverdrängungslösung" hingegen gelten beide Grundrechte, jedoch mit den Einschränkungsmöglichkeiten des schwächer schützenden Grundrechts.

Diese letztgenannte Lösung läuft allerdings der Sache nach auf eine Schrankenübertragung hinaus, die im allgemeinen zu Recht abgelehnt wird[158] und auch hier nicht zu überzeugen vermag.[159] Sie vernachlässigt, daß der Schutzbereich und die Schranken eines Grundrechts eine Einheit bilden und erst in ihrer Gesamtheit das Grundrecht ausmachen.[160] Wenn ein Grundrecht auf einen Lebenssachverhalt Anwendung findet, müssen sich staatliche Beschränkungen

[156] Im einzelnen fallen unter diesen Ansatz, der hier nur pauschal zusammengefaßt ist, etliche unterschiedliche Lösungswege. Dazu im einzelnen *Heß*, Grundrechtskonkurrenzen, 2000, S. 58 ff., der zwischen normverdrängenden, normkumulierenden und – hier nicht relevanten – normkombinierenden Lösungen unterscheidet.

[157] So explizit *Herzog*, in: Maunz/Dürig, GG, Art. 5 I, II Rdnrn. 36 ff., der jenseits von normlogischer Spezialität stets Idealkonkurrenz annehmen will. Die Schranken allerdings seien weder immer dem grundrechtsfreundlichsten noch stets dem eingriffsfreundlichsten Grundrecht zu entnehmen. Vielmehr richte sich ihre Bestimmung nach den Gefahren, die von dem betreffenden Lebenssachverhalt für Dritte oder für die Allgemeinheit ausgingen. Im Ergebnis kommt er so zu einer fallweisen Lösung. Tendenziell für die Lösung auf der Schrankenebene auch *Stern*, Staatsrecht III/2, 1994, § 92 III 4 b, S. 1392, IV 4, S. 1404. S. auch *Schwabe*, Probleme der Grundrechtsdogmatik, 1977, S. 396: Im Schrifttum herrsche „die Überzeugung vor, daß beide Grundrechte gelten und nur die Maßgeblichkeit der divergenten Schranken problematisch ist".

[158] S. nur *Würkner*, DÖV 1992, 152: Elementarer Verfassungssatz, daß ein vorbehaltlos verbürgtes Grundrecht nicht den Schranken eines anderen Grundrechts unterworfen werden darf. Grundlegend BVerfGE 30, 173 (191 f.).

[159] *Heß*, Grundrechtskonkurrenzen, 2000, S. 78 ff.

[160] Ähnlich *Heß*, Grundrechtskonkurrenzen, 2000, S. 79. Gegen das „Ineinanderprüfen" von Grundrechten auch *Hain/Unruh*, DÖV 2003, 150 f.

des betreffenden Verhaltens auch an den Kriterien eben dieses Grundrechts messen lassen. Die Schrankenübertragung vermeidet zwar die Verdrängung eines Grundrechts als ganzes und erhält dem Bürger so einen „doppelten Grundrechtsschutz". Sie zahlt dafür jedoch den zu hohen Preis, daß sich der normative Gehalt des aufrechterhaltenen Grundrechts verändert.[161] Ungeachtet der Tatsache, daß es sich inhaltlich primär um ein Schrankenproblem handelt, erscheint es daher vorzugswürdig, von der Lösung der Konkurrenzproblematik die Anwendbarkeit des Grundrechts insgesamt abhängig zu machen.[162]

Die Wahl des Lösungswegs verliert an Bedeutung, sofern man sich mit der überwiegenden Meinung in der Sache für den Vorrang des stärker schützenden Grundrechts entscheidet. In diesem Fall ist das stärkere Grundrecht nach beiden Lösungswegen ohnehin einschließlich seiner eigenen Schranken anwendbar. Daß es prinzipiell unproblematisch ist, wenn daneben auch das schwächer schützende Grundrecht samt seiner weiteren Einschränkungsmöglichkeiten idealkonkurrierend gilt, wurde bereits dargelegt.[163] Aus denselben Gründen bedarf es über den anderen Lösungsweg auch keiner Verdrängung seiner Schranken durch die geringeren Einschränkungsmöglichkeiten des stärker schützenden Grundrechts.[164]

---

[161] *Heß*, Grundrechtskonkurrenzen, 2000, S. 80.

[162] *Heß*, Grundrechtskonkurrenzen, 2000, S. 91 f., 163. A.A. *Sachs*, Verfassungsrecht II – Grundrechte, 2. Aufl. 2003, A 11 Rdnr. 8: Die Lösung sollte auf der Schrankenebene gesucht werden und nicht in freilich bequemeren Verdrängungspostulaten. Dezidiert gegen die hier vertretene Auffassung auch *Berg*, Konkurrenzen schrankendivergenter Freiheitsgrundrechte im Grundrechtsabschnitt des Grundgesetzes, 1968, S. 83. Ebenfalls in diese Richtung *Stern*, Staatsrecht III/2, 1994, § 92 IV 4, 1404 ff.

[163] Oben Teil 4 A.II.3.c)bb)bbb), S. 241. Der Staat ist lediglich durch das stärker schützende Grundrecht daran gehindert, diese Einschränkungsmöglichkeiten in verfassungskonformer Weise auszuschöpfen.

[164] Insofern zutreffend auf der Basis der „Schrankenverdrängungslösung" *Sachs*, Verfassungsrecht II – Grundrechte, 2. Aufl. 2003, A 11 Rdnr. 12, der es allerdings in Ausnahmefällen für möglich hält, daß weiter in das stärker schützende Grundrecht eingegriffen wird, als seine Schranken es an sich zulassen.

Anders *Berg*, Konkurrenzen schrankendivergenter Freiheitsgrundrechte im Grundrechtsabschnitt des Grundgesetzes, 1968, S. 163: Zwar sollen beide Grundrechte zur Anwendung gelangen. Jedoch würden die weitergehenden Eingriffsmöglichkeiten des schwächer schützenden Grundrechts durch die geringeren Eingriffsmöglichkeiten des stärker schützenden Grundrechts verdrängt. Das überzeugt nicht. Die Schrankenverdrängung hätte zur Folge, daß ein an sich nur gegen das stärker schützende Grundrecht verstoßender Eingriff nun beide Grundrechte verletzen würde. Dafür besteht jedoch kein Anlaß: Es stellt kein Problem dar, wenn der Eingriff mit dem schwächer schützenden Grundrecht vereinbar bleibt. Die Frage nach der Verfassungsmäßigkeit einer staatlichen Maßnahme ist von der Frage nach der Vereinbarkeit der Maßnahme mit einem einzelnen (hier: dem schwächer schützenden) Grundrecht zu unterscheiden. Terminologisch wird das vernebelt, wenn die Annahme paralleler Geltung beider Grundrechte mit der Folge der Durchsetzung des stärker schützenden Grundrechts als „rechtsfolgenverdrängende Idealkonkurrenz" bezeichnet wird. So aber *Heß*, Grundrechtskonkurrenzen, 2000, S. 68.

bbb) Jedenfalls keine Verdrängung der Medienfreiheiten

Verdrängende Gesetzeskonkurrenz bei nur teilweiser Schutzbereichsüberschneidung sieht sich nach alledem erheblichen Zweifeln ausgesetzt, insbesondere wenn eine Verdrängung gerade des stärker schützenden Grundrechts in Rede steht. Erachtet man diese Zweifel für durchgreifend, so ist einer Verdrängung der Medienfreiheiten als des potentiell stärker schützenden Grundrechts von vornherein der Boden entzogen. Im Ergebnis kommt es darauf freilich nicht an. Unabhängig davon, wie man die diversen prinzipiellen Fragen im Zusammenhang mit der Auflösung von Grundrechtskonkurrenzen beantwortet, läßt sich für die hier betrachteten Sachverhalte eine Verdrängung der Medienfreiheiten unter keinem Gesichtspunkt begründen.

(1) Keine größere Sachnähe der Informationsfreiheit

Das gilt sogar dann, wenn man die Spezialität eines Grundrechts allein auf Grund größerer Sachnähe für möglich hält. Daß die Informationsfreiheit sachnäher wäre als die Medienfreiheiten, läßt sich nicht feststellen.

Als einzig denkbarer Ansatz für eine größere Sachnähe der allgemeinen Informationsfreiheit käme in Betracht, daß Art. 5 Abs. 1 S. 1 HS 2 GG mit der Informationsbeschaffung aus allgemein zugänglichen Quellen gerade die spezifische Tätigkeit schützt, die die Medienvertreter im Gerichtssaal äußerlich wahrnehmbar ausüben, während Art. 5 Abs. 1 S. 2 GG diese Tätigkeit – gemeinsam mit anderen Verhaltensweisen – nur (?) wegen der zugrundeliegenden Motivation erfaßt. Um daraus einen Vorrang der allgemeinen Informationsfreiheit abzuleiten, müßte es eine abstrakte Regel des Inhalts geben, daß ein verhaltensbezogenes Grundrecht vorrangig gegenüber einem Grundrecht ist, dessen Schutzbereich unterschiedliche Verhaltensweisen auf Grund eines inneren Bezugs zusammenfaßt. In der obigen Terminologie müßte das Ausübungsrecht also gegenüber dem Inhaltsrecht speziell sein.

Eine solche Regel jedoch existiert nicht. Für Inhalts- und Ausübungsrechte wird vielmehr gerade das umgekehrte Spezialitätsverhältnis diskutiert.[165] Daß bei religiösen Versammlungen allgemein ein Vorrang der Religionsfreiheit vor der Versammlungsfreiheit, also ein Vorrang des motivationsbezogenen vor dem verhaltensbezogenen Grundrecht angenommen wird, wurde bereits erwähnt.[166] Darüber hinaus ist zu bedenken, daß es generell kein Rangverhältnis zwischen den Freiheitsverbürgungen gibt.[167] Das gilt auch insoweit, als die einzelnen Grundrechte an unterschiedliche Aspekte der Lebenswirklichkeit anknüpfen. Grundrechte, deren zentrales Schutzbereichsmerkmal die Beziehung zu anderen

[165] Oben Teil 4 A.II.3.c)dd)aaa)(1)(d), S. 249 f.
[166] Oben Teil 4 A.II.3.c)dd)aaa)(3)(b), S. 253 f.
[167] *Bethge*, in: FS für Albert Scharf, 2000, S. 22.

Menschen (Ehe, Art. 6 GG) oder eine innere Überzeugung (Glaube, Art. 4 GG) ist, stehen gleichberechtigt neben solchen Grundrechten, die gerade ein spezifisches Handeln schützen. Daß auch das *Bundesverfassungsgericht* keinen verdrängenden Vorrang des „Ausübungsrechts" annimmt, hat es erst jüngst wieder deutlich gemacht. Als Maßstab für ein Auskunftsverlangen über die Verbindungsdaten von Journalistentelefonen zieht es zwar zunächst das Fernmeldegeheimnis nach Art. 10 GG heran, daneben aber die Medienfreiheiten – übrigens unter ausdrücklichem Hinweis auf ihren potentiell über das Fernmeldegeheimnis hinausgehenden Schutz.[168]

Eine Spezialität der allgemeinen Informationsfreiheit gegenüber den Medienfreiheiten allein auf Grund größerer Sachnähe kommt daher nicht in Betracht.

(2) Kein typisches Zusammentreffen der Medienfreiheiten mit der Informationsfreiheit

Gegen eine Konsumtion der Medienfreiheiten durch die Informationsfreiheit spricht bereits, daß die Information aus allgemein zugänglichen Quellen zwar gelegentlich mit der Inanspruchnahme der Medienfreiheiten zusammentreffen kann, daß es sich dabei jedoch um kein typisches Phänomen handelt. Die Informationsaufnahme aus allgemein zugänglichen Quellen dient vielmehr unterschiedlichen Zwecken. Das zeigt sich schon im hier behandelten Zusammenhang: Trotz der häufig konstatierten Bedeutungsverlagerung weg von der Publikumsöffentlichkeit hin zur Medienöffentlichkeit[169] läßt sich nicht feststellen, daß die in Verhandlungen als Zuschauer anwesenden Personen praktisch ausnahmslos Medienvertreter wären. Weiter zeigt die Vielzahl der Medienkonsumenten, die mangels eigener Berichterstattungsambitionen nur die Informationsfreiheit in Anspruch nehmen, daß von einem typischen Zusammenfallen keine Rede sein kann.

(3) Kein abschließender Charakter der Informationsfreiheit aus sonstigen Gründen

Schließlich lassen sich auch keine sonstigen Gesichtspunkte für einen abschließenden Regelungscharakter des Schutzbereichs der Informationsfreiheit ausmachen. Gleiches gilt mit Blick auf die Schranken. Sofern man einen fallweise verdrängenden Vorrang des schwächer schützenden Grundrechts trotz der oben geschilderten Einwände für möglich hält, handelt es sich dabei doch zumindest um einen begründungsbedürftigen Ausnahmefall. Eine Begründung aber ist hier

---

[168] BVerfGE 107, 299 (330 ff.). Vgl. zu diesen Überlegungen auch BVerfGE 20, 162 (186 f.): Die Durchsuchung der Redaktionsräume eines Presseunternehmens ist nicht etwa nur an Art. 13 GG zu messen, sondern auch – bzw. in erster Linie – an der Pressefreiheit.

[169] *Kissel/Mayer*, GVG, 4. Aufl. 2005, § 169 Rdnr. 1. Näher oben Teil 1 B.III.3.a)bb), S. 27 ff.

schlicht nicht ersichtlich. Auch das *Bundesverfassungsgericht* und die wenigen Literaturstimmen, die einen Schutz nur durch die Informationsfreiheit annehmen,[170] begründen ihre Auffassung nicht.[171] Wenn das Gericht feststellt, der Informationszugang der Medienvertreter werde nicht anders geschützt als für die Bürger allgemein,[172] so handelt es sich um das *Ergebnis* einer Verdrängung der Medienfreiheiten, nicht um ihre Herleitung.

ccc) Spezialität der Medienfreiheiten oder Idealkonkurrenz als verbleibende Lösungen

Nach alledem bleibt es dabei, daß die Teilnahme von Medienvertretern an öffentlichen Gerichtsverhandlungen durch die Medienfreiheiten geschützt wird. Ob man die Medienfreiheiten für speziell gegenüber der Informationsfreiheit hält[173] oder ob man von einer Idealkonkurrenz beider Grundrechte ausgeht,[174] ist im wesentlichen eine terminologische Frage. In der Sache bilden jedenfalls die Medienfreiheiten den letztlich maßgeblichen Schutzmaßstab.

4. Ergebnis

Teilnahmebeschränkende und -versagende Maßnahmen gegenüber Journalisten müssen sich daher (auch und) gerade an den Medienfreiheiten messen lassen. Der Ausschluß eines Medienvertreters stellt einen Eingriff in die Medienfreiheiten dar; der nicht gerechtfertigte, namentlich der nicht von den §§ 175 ff. GVG gedeckte Ausschluß verletzt nicht nur die Öffentlichkeit, sondern verstößt je nach Lage des Falles zugleich gegen die Presse- oder die Rundfunkfreiheit.[175]

---

[170] *Fuhr*, in: FS für Hubert Armbruster, 1976, S. 119 ff.

[171] *Hoffmann-Riem*, in: AK-GG, Art. 5 Abs. 1, 2 Rdnr. 143, beschränkt sich auf die Bezugnahme auf das *Bundesverfassungsgericht*.

[172] BVerfGE 103, 44 (59).

[173] So *Bethge*, in: Sachs, GG, 3. Aufl. 2003, Art. 5 Rdnr. 63; *Wendt*, in: v. Münch/Kunig, GG, Bd. 1, 5. Aufl. 2000, Art. 5 Rdnr. 45; *Schulze-Fielitz*, in: Dreier, GG, Bd. I, 2. Aufl. 2004, Art. 5 I, II Rdnr. 313. In diese Richtung auch *Hain*, DÖV 2001, 590.

[174] *Degenhart*, in: Bonner Kommentar, Art. 5 Abs. 1 u. 2 Rdnrn. 421, 933.

[175] *Weidemann*, DRiZ 1970, 115 („gravierender Eingriff in die Freiheit der Berichterstattung"); *Kopp/Schenke*, VwGO, 13. Aufl. 2003, § 55 Rdnr. 5. Ebenso noch BVerfGE 50, 234 (241 f.).

Eine nur scheinbare Einschränkung liegt in der Aussage, der Ausschluß eines Pressevertreters verstoße „jedenfalls dann gegen Art. 5 Abs. 1 Satz 2 GG, wenn die Maßnahme durch die gerichtsverfassungsrechtlichen Vorschriften über die Öffentlichkeit und Sitzungspolizei *offensichtlich* nicht gedeckt ist oder wenn das Gericht den angewendeten Bestimmungen einen der Bedeutung und Tragweite der Pressefreiheit widerstreitenden Sinn beigelegt hat" (BVerfG a. a. O., Hervorhebung im Original). Auch ein „schlicht" rechtswidriger Ausschluß verletzt das Grundrecht. Auf die Offensichtlichkeit des Rechtsverstoßes kommt es materiell-rechtlich nicht an. Bedeutung gewinnt der Aspekt erst prozessual: Die Offensichtlichkeit (oder die Verkennung der Reichweite von Grundrechten) führt zur Verletzung „spezifischen Verfassungsrechts" und eröffnet so die Kognitionskompetenz des *Bundesverfassungsgerichts*.

III. Die Sonderbehandlung von Medienvertretern

Anders als bei den übrigen Zuschauern, die primär zu ihrer eigenen Information an Gerichtsverhandlungen teilnehmen, steht bei Journalisten gerade die Absicht der Berichterstattung und damit die Information der Allgemeinheit im Vordergrund.[176] Der Journalist hat nicht allein als *quivis ex populo* Zutritt,[177] sondern auch und gerade in seiner spezifischen Rolle als Medienvertreter. Dieser Einschätzung trägt der spezielle Grundrechtsschutz durch die Medienfreiheiten Rechnung. Praktisch relevant wird er, wenn und soweit Medienvertreter anders behandelt werden wollen bzw. sollen als die übrigen Zuschauer.

1. Medienvertreter und Sitzungspolizei

a) Keine Freistellung der Medienvertreter von der Sitzungspolizei

Außer Frage steht zunächst, daß Journalisten der Sitzungspolizei des Vorsitzenden – wie im übrigen auch dem Hausrecht des Gerichtspräsidenten – unterliegen. Verfassungsrechtliche Bedenken bestehen insoweit nicht. Die §§ 175 ff. GVG sind allgemeine Gesetze i. S. v. Art. 5 Abs. 2 GG. Sie enthalten kein Sonderrecht gegen die Medien, sondern betreffen Journalisten wie jeden anderen Zuschauer. Zudem schützen sie mit den Persönlichkeitsrechten der Prozeßbeteiligten sowie mit einem geordneten Verhandlungsablauf Belange, hinter die das Informationsinteresse der Medien insoweit zurücktreten muß.[178]

Wenn das *Bundesverfassungsgericht* aus diesen Feststellungen folgert, die Presse genieße, „was die Teilnahme an öffentlichen Gerichtsverhandlungen angeht, grundsätzlich keinen weiter gehenden Schutz als jeder Bürger,“[179] so darf diese Aussage nicht überinterpretiert werden. Sie verneint – zu mehr gab der Fall keinen Anlaß – allein eine vollständige Freistellung von der Sitzungspolizei.[180] Daß Medienvertretern im Vergleich mit den übrigen Zuschauern regelmäßig eine gewisse Sonderstellung eingeräumt wird, steht dazu nicht im Widerspruch.[181] Je

---

[176] *Schilken*, Gerichtsverfassungsrecht, 3. Aufl. 2003, Rdnr. 178.

[177] So aber *Foth*, DRiZ 1980, 103.

[178] BVerfGE 50, 234 (241); *Degenhart*, in: Bonner Kommentar, Art. 5 Abs. 1 u. 2 Rdnr. 585.

[179] BVerfGE 50, 234 (241).

[180] So auch *Wickern*, in: Löwe-Rosenberg, StPO und GVG, 7. Bd., 25. Aufl. 2003, § 169 GVG Rdnr. 13. Konkret ging es um die Frage, ob ein Medienvertreter, der die Ordnung stört, ausgeschlossen werden darf. Obwohl diese prinzipielle Frage zu Recht bejaht wurde, hatte die Verfassungsbeschwerde Erfolg, weil eine Verletzung der Ordnung im Ausgangsfall gerade nicht vorlag.

[181] In diese Richtung aber *Kissel/Mayer*, GVG, 4. Aufl. 2005, § 169 Rdnr. 86. Zutreffend jedoch *Schilken*, Gerichtsverfassungsrecht, 3. Aufl. 2003, Rdnr. 178: Zwar kein weitergehender Schutz. Dennoch kann der Zweck der Berichterstattung für die Allgemeinheit nicht außer Betracht bleiben.

nach Lage des Falles können die sitzungspolizeilichen Befugnisse gegenüber Journalisten hinter denen gegenüber sonstigen Zuschauern zurückbleiben.[182]

b) Die erhöhten Anforderungen an sitzungspolizeiliche Maßnahmen gegenüber Medienvertretern

Sitzungspolizeiliche Maßnahmen des Vorsitzenden, die sich gegen Medienvertreter richten und die ihnen die Informationsaufnahme und Vorbereitung späterer Berichterstattung unmöglich machen oder wesentlich erschweren,[183] greifen in den Schutzbereich der Medienfreiheiten des Art. 5 Abs. 1 S. 2 GG ein. Nach dem bei Art. 5 Abs. 2 GG als sog. Wechselwirkungslehre[184] begrifflich verselbständigten Gebot, das einschränkende Gesetz seinerseits verfassungskonform, d.h. im Lichte des eingeschränkten Grundrechts auszulegen,[185] vermag zwar die Sitzungspolizei der Informationsbeschaffung Schranken zu setzen. Bei der Beurteilung, ob die Ordnung in der Sitzung durch ein bestimmtes Verhalten beeinträchtigt ist, ist jedoch der wertsetzenden Bedeutung der journalistischen Informationsbeschaffung als Voraussetzung späterer Berichterstattung Rechnung zu tragen. Darüber hinaus muß der Vorsitzende bei der Entscheidung sitzungspolizeilicher Anordnungen, die in seinem pflichtgemäßen Ermessen stehen,[186] den Grundsatz der Verhältnismäßigkeit beachten.[187]

Auch wenn es sich bei diesen Abwägungen zwangsläufig um Einzelfallentscheidungen handelt, läßt sich doch generell sagen, daß sich ein- und dieselbe Verhaltensweise bei einem Journalisten, der seine Berichterstattung vorbereitet, weniger leicht unterbinden läßt als bei einem sonstigen Zuschauer. Ist zum Beispiel das Interesse eines Zuschauers an Aufzeichnungen über den Prozeßverlauf mit dem Interesse an einer ungestörten Durchführung der Verhandlung abzuwägen, so kommt dem Aufzeichnungsinteresse eines Journalisten, der sich auf die Medienfreiheiten berufen kann, größeres Gewicht zu als dem Aufzeichnungsinteresse eines sonstigen Zuschauers, für den nur die allgemeine Informationsfreiheit spricht. Aufzeichnungen, die nicht per se stören, für die also nicht etwa die bereits erwähnte „klappernde Schreibmaschine" benutzt wird, können Zuhörern ohnehin nicht untersagt werden.[188] Bei Medienvertretern kommt bei-

---

[182] Zu weit daher auch die Aussage von *Kissel/Mayer*, GVG, 4. Aufl. 2005, § 176 Rdnr. 47, Journalisten unterlägen uneingeschränkt der Sitzungspolizei des Vorsitzenden.

[183] Zu dieser Definition des Grundrechtseingriffs allgemein *Bethge*, VVDStRL Heft 57 (1998), S. 40.

[184] BVerfGE 7, 198 (208 f.); st. Rspr.

[185] *Pieroth/Schlink*, Grundrechte – Staatsrecht II, 20. Aufl. 2004, Rdnr. 595.

[186] *Schilken*, Gerichtsverfassungsrecht, 3. Aufl. 2003, Rdnr. 215; *Kissel/Mayer*, GVG, 4. Aufl. 2005, § 176 Rdnr. 36; *M. Wolf*, Gerichtsverfassungsrecht aller Verfahrenszweige, 6. Aufl. 1987, § 26 II 3, S. 260.

[187] Dazu bereits oben S. 125 Fn. 465.

[188] *Kissel/Mayer*, GVG, 4. Aufl. 2005, § 176 Rdnr. 25. S. bereits Teil 2 C.III.2.c), S. 126 f.

spielsweise in Betracht, unvermeidbare Betriebsgeräusche durch die Benutzung tragbarer Computer hinzunehmen,[189] die womöglich bei anderen Zuschauern bereits als Störung gewertet würden. Auch der Ausschluß eines Medienvertreters wiegt im Rahmen der Abwägung schwerer als der eines anderen Zuschauers. Mit dem Journalisten werden zugleich – je nach Medium – mittelbar auch seine Leser, Hörer und Zuschauer von den Informationen über das Prozeßgeschehen abgeschnitten und so das öffentliche Informationsinteresse beeinträchtigt, zu dessen Befriedigung die Tätigkeit der Medien ihren speziellen grundrechtlichen Schutz genießt. Dagegen betrifft der Ausschluß des nur privat interessierten Zuschauers ihn allein.

Daß die Medien prinzipiell belastenden staatlichen Maßnahmen unterworfen sind, im Vergleich mit anderen Grundrechtsträgern aber stärkeren Schutz als diese genießen, weil den Medienfreiheiten im Rahmen der grundrechtlich gebotenen Abwägung besonderes Gewicht zukommt, ist im übrigen grundrechtsdogmatisch keine Besonderheit der hier betrachteten Konstellation. Bereits im „Spiegel-Urteil" hat das *Bundesverfassungsgericht* darauf hingewiesen, die Presse genieße (in diesem Fall: als Betroffene staatlicher Ermittlungsmaßnahmen) im Strafverfahren keine Privilegien, sondern sie müsse sich wie jeder Bürger Ermittlungen gefallen lassen. Soweit strafprozessuale Zwangsmaßnahmen jedoch gegen ein Presseorgan ergriffen würden, zwinge der unvermeidlich entstehende Konflikt mit dem Grundrecht der Pressefreiheit zu *besonderer* Zurückhaltung und zu sorgfältiger Abwägung der für und gegen die Zulässigkeit der Maßnahme sprechenden Gesichtspunkte.[190]

2. Die Privilegierung der Medien bei der Platzvergabe

Von wesentlich größerer praktischer Bedeutung als die Abwehr sitzungspolizeilicher Maßnahmen ist die Frage, ob das Gericht den Medienvertretern spezielle Plätze bereitstellen darf, ob es sie sogar bereitstellen muß bzw. wie ggf. mit derartigen Plätzen zu verfahren ist.[191] Soweit im folgenden von „Presseplätzen" die Rede ist, entspricht dies dem üblichen, wenn auch nicht ganz präzisen

---

[189] Vgl. dazu *Kirchberg*, BRAK-Mitt. 2002, 255: Notizen „mit einem mehr oder minder klappernden Laptop".

[190] BVerfGE 20, 162 (212 f.) (Hervorhebung nur hier).

[191] Welche Bedeutung der Bereithaltung bzw. der Vergabe von Presseplätzen zugemessen wird, haben jüngst die Vorgänge um den sog. „Mannesmann-Prozeß" vor dem *LG Düsseldorf* deutlich gemacht. Die Zeitung „Financial Times" hatte vergessen, rechtzeitig einen Korrespondenten zu melden, und daher (zunächst) keine Akkreditierung erhalten. Dies wurde von der britischen Presse als „besorgniserregende Einschränkung" der Pressefreiheit gewertet. Dazu *Peitsmeier*, Frankfurter Allgemeine Sonntagszeitung v. 18. Januar 2004, Nr. 3, S. 38. Zur Bedeutung der Reservierung von Presseplätzen s. weiter *Windsheimer*, Die „Information" als Interpretationsgrundlage für die subjektiven öffentlichen Rechte des Art. 5 Abs. 1 GG, 1968, S. 62.

Sprachgebrauch, der „Presse" in diesem Zusammenhang als Oberbegriff für sämtliche Medien verwendet. Rundfunkjournalisten, die einer Verhandlung beiwohnen möchten, sind in gleicher Weise auf Plätze im Gerichtssaal angewiesen wie die Vertreter der schreibenden Presse.

a) Die Zulässigkeit von Platzreservierungen zugunsten der Medien

Wegen der Bedeutung der Gerichtsberichterstattung durch die Medien ist es jedenfalls zulässig, einen gewissen Teil der Zuschauerplätze für Medienvertreter als Multiplikatoren der Öffentlichkeit[192] zu reservieren.[193]

aa) Keine Herstellung einer reinen Medienöffentlichkeit

Unzulässig wäre es allerdings, alle Plätze Journalisten vorzubehalten, also eine „reine Medienöffentlichkeit" zu schaffen.[194] Neben den Plätzen für Presse und Rundfunk muß der Allgemeinheit eine so große Zahl von Plätzen zur Verfügung stehen, daß die sonstigen Zuhörer als Repräsentanten einer Öffentlichkeit angesehen werden können, die keiner besonderen Auswahl unterliegt.[195] Präziser läßt sich eine Obergrenze für den Anteil der Medienplätze allgemeingültig nicht bestimmen. Ansätze wie der, ein beachtlicher Teil der Plätze, mindestens ein Viertel des Zuhörerraums, müsse den übrigen Zuschauern zur Verfügung stehen,[196] mögen als grobe Orientierung taugen. Als fixe Grenze, bei deren Nichtbeachtung die Öffentlichkeit verletzt wäre, lassen sie sich schon mangels eines Anknüpfungspunktes im Gesetzestext nicht heranziehen. Jedenfalls in Gerichtssälen mit einer großen Zahl von Zuschauerplätzen kann trotz einer Reservierung von mehr als drei Vierteln der Plätze für die Medien die Öffentlichkeit noch gewahrt sein.

Freilich ist schon die Zulässigkeit auch nur einiger weniger reservierter Presseplätze nicht völlig selbstverständlich, wenn man bedenkt, daß für Gruppen

---

[192] *H. Jung*, in: GS für Hilde Kaufmann, 1986, S. 908.

[193] *Meyer-Goßner*, StPO, 47. Aufl. 2004, § 169 GVG Rdnr. 4; *Wickern*, in: Löwe-Rosenberg, StPO und GVG, 7. Bd., 25. Aufl. 2003, Vor § 169 GVG Rdnr. 8; *Foth*, DRiZ 1980, 103; a.A. *Stober*, DRiZ 1980, 5.

[194] *H. Jung*, in: GS für Hilde Kaufmann, 1986, S. 908.

[195] Vgl. *Brüggemann*, AfP 1971, 156. Zu den räumlichen Anforderungen an die Öffentlichkeit bereits oben Teil 2 C.II.1., S. 101 ff. Die Möglichkeit, eine für die Allgemeinheit öffentliche Verhandlung trotz Platzreservierungen für Vertreter der Medien durchzuführen, übersieht *Stober*, DRiZ 1980, 5, soweit er die Unzulässigkeit von Reservierungen damit begründet, daß dem Prinzip der Öffentlichkeit nicht schon durch die Zulassung von Medienvertretern genügt werde.

[196] *Schreiber*, in: Wieczorek/Schütze, ZPO und Nebengesetze, 5. Bd., 3. Aufl. 1995, § 169 GVG Rdnr. 25; ebenso *Kissel/Mayer*, GVG, 4. Aufl. 2005, § 169 Rdnr. 33, wenn auch „mit allem Vorbehalt der konkreten Situation". Enger *Foth*, DRiZ 1980, 103: Nahezu zwei Drittel der Plätze (100 von 160) für die Medien scheint an der Grenze des noch Vertretbaren zu liegen.

wie Schulklassen etc. nach richtiger Auffassung keine Plätze reserviert werden dürfen.[197] Von derartigen Gruppen jedoch unterscheiden sich „die“ Journalisten nicht nur insofern, als es sich bei ihnen nicht um eine in sich zusammengehörige, abgeschlossene Gruppe handelt.[198] Das allein würde noch zu keiner abweichenden rechtlichen Beurteilung nötigen. Der relevante Unterschied liegt vielmehr auf der grundrechtlichen Ebene.[199]

bb) Der grundrechtliche Hintergrund

aaa) Die freiheitsrechtliche Perspektive

(1) Der Schutz durch die Medienfreiheiten als Rechtfertigung eines Eingriffs in die Informationsfreiheit anderer Zuschauer

Praktisch relevant wird das Problem der Platzreservierung ohnehin nur, wenn nicht ausreichend Plätze für alle teilnahmewilligen Zuschauer zur Verfügung stehen. Die Teilnahmemöglichkeit gerät in diesem Fall zum knappen Gut, dessen Verteilung auf die einzelnen „Bewerber“ koordiniert werden muß.[200] Nachdem die Anwesenheit jedes einzelnen Zuschauers grundrechtlichen Schutz genießt, handelt es sich systematisch um den Fall einer Grundrechtskollision.[201] Platzreservierungen zugunsten einer bestimmten Gruppe haben zwangsläufig zur Folge, daß andere Zuschauer nicht teilnehmen können.[202] Darin liegt nach der hier vertretenen Konzeption ein rechtfertigungsbedürftiger Eingriff in deren Grundrecht auf Informationsfreiheit aus Art. 5 Abs. 1 S. 1 GG.[203]

Zugleich aber fördert und ermöglicht eine Reservierung zugunsten von Journalisten, daß diese ihre Medienfreiheiten aus Art. 5 Abs. 1 S. 2 GG wahrnehmen können. Somit steht letztlich dem Interesse des einzelnen Zuschauers, der Verhandlung persönlich beizuwohnen, das Informationsinteresse der Allgemeinheit gegenüber. Bei der gebotenen Abwägung ist zu berücksichtigen, daß den

---

[197] Oben Teil 2 C.II.4.c)cc), S. 118 ff.

[198] Zumindest ungenau daher *Schilken*, Gerichtsverfassungsrecht, 3. Aufl. 2003, Rdnr. 172, der Pressevertreter zu den Gruppen wie Schulklassen etc. zählt.

[199] Vgl. *Meissner*, in: Schoch/Schmidt-Aßmann/Pietzner, VwGO, § 55 Rdnr. 19 mit Fn. 62, mit dem Hinweis, daß sich eine Sonderbehandlung von Medienvertretern – der *Meissner* skeptisch gegenübersteht – jedenfalls nicht auf §§ 169 ff. GVG, sondern allenfalls auf Art. 5 Abs. 1 GG stützen lasse.

[200] Vgl. BVerfG (1. Kammer des Ersten Senats) NJW 2003, 500: Verteilung knapper Sitzplätze an Journalisten.

[201] Zur Koordinierungsbedürftigkeit grundgesetzlich gewährleisteter Freiheitsbetätigungen als Merkmal von Grundrechtskollisionen *Dreier*, in: Dreier, GG, Bd. I, 2. Aufl. 2004, Vorb. Rdnr. 157.

[202] Das gilt jedenfalls dann, wenn beim Eintreffen weiterer Zuschauer noch Plätze für Journalisten freigehalten werden. Sofern die Journalisten vor den übrigen Zuschauern eingetroffen sind und ihre Plätze bereits eingenommen haben, wirkt sich die Reservierung hingegen nicht aus.

[203] Ausführlich oben Teil 2 E.IV.1.b), S. 145 ff.

Medienfreiheiten gerade bei der Kollision mit Grundrechten Dritter besonderes Gewicht zukommt, wenn und soweit die Massenmedien – wie hier – ihre „öffentliche Aufgabe" als Medium und Faktor der öffentlichen Meinungsbildung wahrnehmen.[204] Im Ergebnis überwiegt daher das Allgemeininteresse. Dem einzelnen Zuschauer ist es zuzumuten, zugunsten der Medien auf die Teilnahme zu verzichten.[205]

(2) Die Schwierigkeiten der bundesverfassungsgerichtlichen Lösung

Anders fällt die Beurteilung aus, wenn man mit der neuen Rechtsprechung des *Bundesverfassungsgerichts* die Anwesenheit von Journalisten allein dem Schutz durch die Informationsfreiheit gem. Art. 5 Abs. 1 S. 1 GG unterstellt.[206] Das Informationsinteresse der Allgemeinheit läßt sich bei dieser Sichtweise nicht in die Abwägung einstellen. Es findet seinen grundrechtlichen Anknüpfungspunkt gerade in den Medienfreiheiten. Indem der Journalist explizit auf den Grundrechtsschutz eines beliebigen Zuschauers verwiesen wird, wird der besondere Zweck seiner Anwesenheit ausgeblendet. Dann darf dieser das eigene Informationsinteresse übersteigende Zweck konsequenterweise auch im Rahmen der grundrechtlichen Abwägung keine Rolle spielen. Journalisten und sonstige Zuschauer stehen sich grundrechtlich auf gleicher Augenhöhe gegenüber. Eine Vorzugsbehandlung von Journalisten zu Lasten anderer Zuschauer läßt sich bei dieser Sichtweise nicht rechtfertigen.[207]

Ein anderes Ergebnis würde voraussetzen, daß die konkurrenzweise erfolgende Verdrängung eines Grundrechts (hier: der Medienfreiheiten durch die Informationsfreiheit) dessen objektiv-rechtlichen Gehalt nicht betrifft.[208] Diese Abkoppelung objektiv-rechtlicher Wirkungen vom subjektiven Schutz überzeugt jedoch nicht: Wenn ein bestimmtes Verhalten, konkret: die Anwesenheit von Journalisten, keinen subjektiven Schutz durch die Medienfreiheiten genießt, so erscheint es inkonsequent, die staatliche Förderung eben dieses Verhaltens dennoch mittels der Medienfreiheiten zu begründen. Das muß zumindest dann gelten, wenn die Förderung zwangsläufig zu grundrechtlichen Einbußen bei

---

[204] *Degenhart*, in: Bonner Kommentar, Art. 5 Abs. 1 u. 2 Rdnr. 58.

[205] Die Bedeutung der Saalöffentlichkeit als Institution hingegen spielt im Rahmen dieser Abwägung keine Rolle. Sie bleibt mittels der nicht reservierten Plätze gewährleistet. Da sie quantitativen Aspekten unzugänglich ist, wird sie durch die Verringerung der allgemein zugänglichen Plätze nicht beeinträchtigt.

[206] Oben Teil 4 A.II.1.b), S. 234; Teil 4 A.II.3.a), S. 237.

[207] Konsequent daher *Stober*, DRiZ 1980, 4 f., der die Anwesenheit von Pressevertretern allein durch die Informationsfreiheit geschützt sieht. Art. 5 Abs. 1 S. 1 GG verbiete wegen seines Charakters als „Jedermann"-Recht eine Differenzierung zwischen Presse und Bürger (S. 4); eine Platzreservierung für Pressevertreter sei unzulässig (S. 5).

[208] So *Heß*, Grundrechtskonkurrenzen, 2000, S. 161 f., der mit Blick auf den objektiv-rechtlichen Gehalt von einer „Restwirkung" des verdrängten Grundrechts spricht.

Dritten führt, da sich die Bedeutung des Grundrechts entgegen seiner primären Abwehrfunktion andernfalls auf die Rechtfertigung von Eingriffen konzentrieren würde. In der Konsequenz der *bundesverfassungsgerichtlichen* Konzeption liegt es daher, Platzreservierungen für Medienvertreter für unzulässig zu halten.

bbb) Die gleichheitsrechtliche Perspektive

Zu entsprechenden Ergebnissen führt die Beurteilung der Reservierung von Plätzen am Maßstab des allgemeinen Gleichheitssatzes (Art. 3 Abs. 1 GG).

(1) Die beabsichtigte Berichterstattung als Rechtfertigung einer bevorzugten Behandlung

Journalisten und sonstigen Interessierten ist als gemeinsamer Oberbegriff der Wunsch zu eigen, an der Verhandlung teilzunehmen. In der bevorzugten Behandlung der Journalisten liegt daher eine verfassungsrechtlich relevante Ungleichbehandlung. Der Vorsitzende verfolgt jedoch einen legitimen Zweck, wenn er den Medien ermöglichen will, über die Verhandlung zu berichten. Die Platzreservierung ist zur Erreichung dieses Zwecks geeignet und erforderlich; die für die abgewiesenen Zuschauer entstehende Belastung erscheint bei wertender Betrachtung nicht als unangemessen. Daher ist die Ungleichbehandlung durch den besonderen Teilnahmegrund der Journalisten sogar im Falle einer strengen Verhältnismäßigkeitsprüfung zwischen der Ungleichbehandlung und dem mit ihr verfolgten Zweck gerechtfertigt. Erst recht hält die Ungleichbehandlung einer bloßen Willkürkontrolle stand. Unabhängig von den Anforderungen an die Rechtfertigung verstößt die Reservierung von Plätzen daher nicht gegen den Gleichheitssatz.[209]

(2) Die Schwierigkeiten der bundesverfassungsgerichtlichen Lösung

Weniger deutlich fällt auch hier die Beurteilung aus, wenn man mit dem *Bundesverfassungsgericht* anwesende Journalisten mit sonstigen Zuschauern gleichstellt. In diesem Fall muß es zumindest als fraglich erscheinen, den speziellen Teilnahmezweck der Journalisten, der bei der Bestimmung ihrer eigenen freiheitsrechtlichen Position nicht zum Tragen kommt, als Rechtfertigungskriterium für die Besserstellung gegenüber anderen heranzuziehen. Vielmehr erscheint es

[209] Zu diesen unterschiedlich strengen Voraussetzungen, die das *Bundesverfassungsgericht* für die Rechtfertigung einer Ungleichbehandlung verlangt, *Pieroth/Schlink*, Grundrechte – Staatsrecht II, 20. Aufl. 2004, Rdnrn. 438 ff. Mit steigender Intensität der Ungleichbehandlung verschieben sich die Rechtfertigungsanforderungen von der Willkürkontrolle hin zur Verhältnismäßigkeitsprüfung. Die Ungleichbehandlung soll um so intensiver sein, je mehr sie den Gebrauch grundrechtlich geschützter Freiheiten erschwert. Daß die bevorzugte Behandlung der Journalisten andere Zuschauer an der Teilnahme hindert, spricht in der hier betrachteten Konstellation gegen eine bloße Willkürprüfung.

zumindest konsequenter, unter diesen Umständen in der Platzreservierung einen Gleichheitsverstoß zu sehen.

(3) Die Übertragbarkeit der Resultate auf andere Formen der bevorzugten Behandlung

Die vorstehenden Erwägungen gelten entsprechend, wenn die Bereitstellung spezieller Plätze für die Medien zwar nicht zum Ausschluß anderer Zuschauer führt, weil die vorhandenen Plätze ausreichen, wenn die Journalisten jedoch durch besonders ausgestattete Plätze (Schreibgelegenheit, Beleuchtung) bevorzugt werden. Darin liegt kein Eingriff in die Informationsfreiheit der anderen Besucher, wohl aber eine Ungleichbehandlung, die der Rechtfertigung bedarf.

cc) Die Sitzungspolizei als hinreichendes Regelungsinstrument

Auch wenn die hier vertretene Konzeption, die Präsenz der Medienvertreter dem Gewährleistungsbereich des Art. 5 Abs. 1 S. 2 GG zuzuordnen, die Schwierigkeiten der *bundesverfassungsgerichtlichen* Lösung vermeidet, reichen dennoch die Medienfreiheiten als alleinige Rechtfertigung für den Eingriff in die Informationsfreiheit der Zuschauer, die auf Grund der Reservierung nicht mehr eingelassen werden, nicht aus. Zwar muß ein erheblicher Teil des Abwägungsvorgangs, dessen es beim Ausgleich kollidierender Grundrechte bedarf, dem Rechtsanwender im Einzelfall vorbehalten bleiben. Schon wegen des Parlamentsvorbehalts darf ihm die Abwägung jedoch nicht bindungs- und maßstabslos, gewissermaßen also „freihändig", überantwortet werden.[210] Vielmehr ist eine einfach-gesetzliche Rechtsgrundlage, die dem Rechtsanwender (hier: dem Vorsitzenden) die Abwägungsmaßstäbe vorgibt und den Abwägungsvorgang handhabbar macht, unverzichtbar.[211] Angesichts des Eingriffs in die Informationsfreiheit anderer Zuschauer macht auch die Annahme einer grundrechtlichen Schutzpflicht zugunsten der Medien[212] eine Ermächtigungsgrundlage, die mindestens dem rechtsstaatlichen Eingriffsvorbehalt entspricht, nicht entbehrlich.[213]

Als Rechtsgrundlage für die Abweisung von Nichtjournalisten mit der Begründung, die noch freien Plätze seien für Journalisten reserviert, kommt allein § 176 GVG in Betracht. Ob die Vorschrift zuläßt, den vorstehenden verfassungsrechtlichen Erwägungen Rechnung zu tragen, erscheint jedoch fraglich. Bei einem engen Verständnis, das die Befugnis zur „Aufrechterhaltung der Ordnung in der Sitzung" auf die Abwehr von Störungen der sachlichen Verhandlungsatmosphäre sowie der Wahrheitsfindung beschränkt, wäre das zu verneinen. Das Fehlen von Journalisten im Publikum beeinträchtigt den störungsfreien Ablauf

---

[210] Zum rundfunkspezifischen Parlamentsvorbehalt BVerfGE 57, 295 (319ff.).
[211] Dazu allgemein *Bethge*, VVDStRL Heft 57 (1998), S. 46f.
[212] Dazu sogleich näher.
[213] Allgemein *Bethge*, VVDStRL Heft 57 (1998), S. 50.

der Verhandlung nicht. Bis zur Erschöpfung aller Plätze einschließlich der vermeintlichen Medienplätze führt auch der Einlaß zusätzlicher Zuschauer nicht dazu, daß jemand stehen muß und so die Verhandlung stört. Ebensowenig wird die Wahrheitsfindung beeinträchtigt.

Diese enge Auslegung des § 176 GVG erscheint freilich nicht zwingend. Die Sitzungspolizei bzw. Ordnungsgewalt läßt sich vielmehr auch als übergreifendes Regelungsinstrument verstehen, das neben der Störungsabwehr dem Ausgleich sämtlicher Rechtspositionen dient, die durch die mündliche Verhandlung betroffen werden.[214] Wenn der Vorsitzende nach diesem Verständnis nähere Regeln für den Zugang zum Gerichtssaal erlassen und dabei auch die Verteilung knapper Sitzplätze an Journalisten regeln darf,[215] darf er auch der im Vergleich zu anderen Zuschauern besonderen grundrechtlichen Stellung der Medienvertreter Rechnung tragen.[216]

dd) Die Alleinentscheidungskompetenz des Vorsitzenden

Als Maßnahme der Sitzungspolizei obliegt die Reservierung von Presseplätzen dem Vorsitzenden. Besondere Beachtung verdient diese Zuständigkeitsregel dort, wo spezielle Presseplätze permanent als solche gekennzeichnet oder gar baulich (Pressetribüne etc.) abgegrenzt sind. Ob die Plätze im Einzelfall den Medien vorbehalten bleiben, hat allein der Vorsitzende zu entscheiden, der nicht an die der Gerichtsverwaltung zuzurechnende Beschilderung etc. gebunden ist.[217]

ee) Fazit

Nach alledem darf der Vorsitzende ein bestimmtes Platzkontingent für Vertreter der Medien freihalten. Sofern die verbleibenden Plätze einer ausreichend großen Zahl von Zuschauern den Zutritt ermöglichen, läßt sich die Platzreservierung auf § 176 GVG stützen und ist sie mit den Grundrechten der übrigen Zuschauer vereinbar.

b) Die Gebotenheit spezieller Plätze

Einen Schritt weiter geht die Frage, ob die Reservierung von Plätzen für Journalisten unter Umständen sogar geboten sein kann. Verdichtet sich die verfassungsrechtlich fundierte *Möglichkeit*, die Medien bevorzugt zu behandeln, zu einer

---

[214] Vgl. BVerfG (1. Kammer des Ersten Senats) NJW 2003, 500: „… die Beachtung der für das Verfahren maßgebenden gesetzlichen Regelungen zu sichern".

[215] BVerfG (1. Kammer des Ersten Senats) NJW 2003, 500. Näher dazu sogleich Teil 4 A.III.2.c)aa), S. 273 ff.

[216] Zur Parallelproblematik, ob sitzungspolizeiliche Anordnungen zum Schutz von Persönlichkeitsrechten ergehen dürfen, unten Teil 5 E.IV.2.b)bb)aaa), S. 451 ff.

[217] Vgl. die insofern berechtigte Kritik von *Foth*, DRiZ 1980, 103, an der Reservierung von Presseplätzen durch die Gerichtsverwaltung.

entsprechenden *Pflicht* des Vorsitzenden? Normativer Anknüpfungspunkt dieser Überlegung ist einmal mehr die grundrechtliche Stellung, die der Anwesenheit von Journalisten in der Verhandlung als Grundlage späterer Berichterstattung zukommt.

aa) Die grundrechtliche Schutzpflicht

Angesprochen sind die Medienfreiheiten insofern nicht als Abwehrrechte, sondern in ihrem objektiv-rechtlichen Gehalt.

aaa) Schutzpflichten als zusätzliche Bedeutungsschicht der Grundrechte

Ungeachtet aller Schwierigkeiten, die dieser Grundrechtsdimension nicht nur terminologisch, sondern auch hinsichtlich ihrer inhaltlichen Konkretisierung bis heute eignen, besteht doch zumindest weitgehend[218] Einigkeit über die Existenz einer Bedeutungsschicht der Grundrechte, die über ihren subjektiv-rechtlichen Gehalt hinausreicht.[219] Dazu zählen zunächst die bereits in vorgrundgesetzlicher Zeit anerkannten Einrichtungsgarantien, namentlich die Institutsgarantien.[220] Diese befinden sich systematisch noch nahe an den subjektiv-rechtlichen Gehalten der Grundrechte.[221] Den entscheidenden Impuls als eigenständige Kategorie erhielten die objektiv-rechtlichen Gehalte durch das *Bundesverfassungsgericht*,[222] das den Grundrechten bereits sehr früh eine objektive Wertordnung entnahm, die auf die gesamte Rechtsordnung einwirkt und allen Staatsgewalten „Richtlinien und Impulse" gibt.[223] Die Konsequenzen und Weiterentwicklungen dieser Konzeption werden unter den Chiffren der Ausstrahlung der Grundrechte auf die Auslegung des einfachen Rechts einschließlich ihrer mittelbaren Drittwirkung zwischen Privaten, der grundrechtlichen Anforderungen an „Organisation und Verfahren" sowie der grundrechtlichen Schutzpflichten diskutiert.[224] Sie beruhen auf dem gemeinsamen Grundgedanken, daß der Staat im Interesse der Grundrechte bzw. der grundrechtlich geschützten Rechtsgüter aktiv tätig

---

[218] Grundsätzlich ablehnend zum objektiven Grundrechtsgehalt *Cremer*, in: GS für Bernd Jeand'Heur, 1999, S. 59 ff.

[219] *Stern*, in: HStR V, 2000, § 109 Rdnr. 59; *Dreier*, Jura 1994, 509; *Jarass*, in: FS 50 Jahre BVerfG, Bd. 2, 2001, S. 35. Zur Kritik an der Terminologie explizit *Sachs*, Verfassungsrecht II – Grundrechte, 2. Aufl. 2003, A 4 Rdnrn. 46 ff. Umfassend *Stern*, Staatsrecht III/1, 1988, § 69 II 4, S. 918 ff.

[220] *Stern*, in: HStR V, 2. Aufl. 2000, § 109 Rdnr. 51. Zu Institutsgarantien und institutionellen Garantien s. *C. Schmitt*, Verfassungsrechtliche Aufsätze, 2. Aufl. 1973, S. 140 ff.

[221] *Stern*, in: HStR V, 2. Aufl. 2000, § 109 Rdnrn. 51 f. S. auch *Pieroth/Schlink*, Grundrechte – Staatsrecht II, 20. Aufl. 2004, Rdnrn. 70 ff.: Einrichtungsgarantien als Teil der „klassischen Grundrechtsfunktionen", die neben den objektiv-rechtlichen Gehalten stehen.

[222] *Dreier*, Jura 1994, 509.

[223] Grundlegend BVerfGE 7, 198 (204 ff.).

[224] *Pieroth/Schlink*, Grundrechte – Staatsrecht II, 20. Aufl. 2004, Rdnr. 76; *Dreier*, Jura 1994, 509 ff.; *Stern*, in: HStR V, 2. Aufl. 2000, § 109 Rdnr. 57.

werden muß. Indem die Schutzpflichten dem Staat den Schutz, die Erhaltung und die Sicherung, aber auch die Förderung grundrechtlicher Güter auftragen,[225] wird bei ihnen der strukturelle Unterschied zur klassischen Abwehrfunktion besonders deutlich. Nicht zuletzt aus diesem Grund stehen die Schutzpflichten seit einiger Zeit im Mittelpunkt der Überlegungen zu den objektiv-rechtlichen Grundrechtsgehalten.[226]

bbb) Die grundrechtliche Schutzpflicht zugunsten der Medien

Art. 5 Abs. 1 S. 2 GG enthält eine solche Schutzpflicht des Staates zugunsten der Medien. Sie beschränkt sich nicht auf Spezialausprägungen wie die in der Pressefreiheit wurzelnde Pflicht zum Schutz[227] des „Instituts ‚Freie Presse'"[228] oder die der Rundfunkfreiheit entspringende Pflicht zur Schaffung einer positiven Ordnung.[229] Aus Art. 5 Abs. 1 GG läßt sich eine prinzipielle Pflicht des Staates entnehmen, die Inanspruchnahme der Kommunikationsfreiheiten zu ermöglichen und durch geeignete Vorkehrungen zu fördern.[230] Besondere Bedeutung kommt dieser Pflicht dort zu, wo der Staat Einfluß auf die tatsächlichen Voraussetzungen des Grundrechtsgebrauchs nimmt, weil dieser vom Zugang zu öffentlichen Einrichtungen oder von der Inanspruchnahme öffentlicher Sachen abhängt.[231]

Um eine zumindest vergleichbare Situation handelt es sich hier. Im Hinblick auf Gerichtsverhandlungen hängen der Informationszugang als existentieller Teil der Medienfreiheiten und damit letztlich die Berichterstattung von der Zutrittsgewährung an Medienvertreter ab, die im Rahmen der Steuerungsmöglichkeiten durch den Vorsitzenden staatlichem Einfluß unterliegt. Sichergestellt ist die Zutrittsmöglichkeit für Journalisten nur, wenn ihnen ein Teil der Plätze reserviert wird.

bb) Der Umfang der Schutzpflicht

Adressat grundrechtlicher Schutzpflichten ist freilich in erster Linie der Gesetzgeber,[232] der in §§ 169, 176 GVG den Zutritt von Medienvertretern nicht

---

[225] *Stern*, Staatsrecht III/1, 1988, § 69 IV 1, S. 931 f.; *Stern*, in: HStR V, 2. Aufl. 2000, § 109 Rdnr. 59.

[226] Vgl. *Dreier*, Jura 1994, 512: Gravitationszentrum der aktuellen Diskussion; s. auch *Jarass*, in: FS 50 Jahre BVerfG, Bd. 2, 2001, S. 50. – Maßgeblicher Ausgangspunkt der Lehre von den Schutzpflichten ist die sog. Abtreibungs-Entscheidung (BVerfGE 39, 1 ff.).

[227] BVerfGE 66, 116 (136); 80, 124 (133).

[228] BVerfGE 20, 162 (175); s. auch BVerfGE 66, 116 (133); *Bethge*, in: Sachs, GG, 3. Aufl. 2003, Art. 5 Rdnr. 72. Zu den Schwierigkeiten der institutionellen Komponenten der Pressefreiheit *Stern*, Staatsrecht III/1, 1988, § 68 V 2, S. 834 ff.

[229] BVerfGE 57, 295 (320); 83, 238 (296); 95, 220 (236).

[230] *Schulze-Fielitz*, in: Dreier, GG, Bd. I, 2. Aufl. 2004, Art. 5 I, II Rdnr. 218.

[231] *Schulze-Fielitz*, in: Dreier, GG, Bd. I, 2. Aufl. 2004, Art. 5 I, II Rdnr. 220.

[232] *Bethge*, in: Sachs, GG, 3. Aufl. 2003, Art. 5 Rdnr. 73; *Isensee*, in: Symposion aus Anlass des 60. Geburtstages von Professor Dr. Paul Kirchhof, 2003, S. 31.

separat geregelt hat. Medienöffentlichkeit in Form der Zugangsmöglichkeit von Journalisten ergibt sich einfachrechtlich nur als Folge oder – ohne daß dieser Begriff negativ konnotiert wäre – als bloßer *Reflex* der Saalöffentlichkeit.

aaa) Der Vorsitzende als Adressat der grundrechtlichen Schutzpflicht

Das hindert jedoch nicht daran, bereits de lege lata eine Pflicht zum Vorhalten von Presseplätzen anzunehmen. Grundrechtliche Schutzpflichten richten sich nicht nur an den Gesetzgeber, sondern auch an den einzelnen Rechtsanwender – hier: den Vorsitzenden –, der einfach-gesetzliche Regelungen im Lichte der Grundrechte auszulegen sowie ihm eingeräumtes Ermessen (medien)grundrechtsfreundlich auszuüben hat.[233] Wegen dieser Einwirkung des Verfassungsrechts auf die Interpretation des Gerichtsverfassungsrechts[234] läßt sich eine Pflicht zur Bevorzugung von Medienvertretern nicht mit dem Argument verneinen, der Vorsitzende könne nicht gegen § 169 S. 1 GVG verstoßen, wenn er Journalisten zusammen mit anderen Zuschauern strikt nach dem Prioritätsprinzip einläßt.[235] Er ist vielmehr grundrechtlich gehalten, von der Möglichkeit der Platzreservierung für Medienvertreter Gebrauch zu machen.

bbb) Die prinzipiell gebotene Reservierung von Presseplätzen

Auf einem andern Blatt steht, daß eine entsprechende Ergänzung des Gerichtsverfassungsgesetzes wünschenswert wäre. Sie würde nicht nur zur Rechtsklarheit und damit zur Berechenbarkeit der Rechtsanwendung beitragen, sondern die Pflicht des Vorsitzenden, Presseplätze zur Verfügung zu stellen, auch inhaltlich intensivieren. Mit den übrigen objektiven Grundrechtsgehalten ist den Schutzpflichten nämlich gemein, daß sie – insofern in der Nachfolge des früheren Verständnisses der Grundrechte als bloßer Programmsätze stehend – keinen strikten, sondern nur einen grundsätzlichen Geltungsanspruch erheben.[236] De lege lata muß die Vergabe sämtlicher Plätze allein nach dem Prioritätsprinzip daher nicht zwingend einen Verfassungsverstoß darstellen.

Aus diesem Grund läßt sich den Medienfreiheiten keine strikte Pflicht des Vorsitzenden entnehmen, Plätze für Journalisten freizuhalten.[237] Das gleichwohl prinzipiell bestehende Gebot, die Tätigkeit der Medien durch die Bereitstellung spezieller Plätze zu fördern, wird treffend mit der Formel zum Ausdruck

---

[233] So für die Pressefreiheit *Clemens*, in: Umbach/Clemens, GG, Bd. I, Art. 5 Rdnr. 82; zu sämtlichen Grundrechten aus Art. 5 Abs. 1 GG *Schulze-Fielitz*, in: Dreier, GG, Bd. I, 2. Aufl. 2004, Art. 5 I, II Rdnrn. 218 f.

[234] *Weidemann*, DRiZ 1970, 115 Fn. 27.

[235] So aber *Foth*, DRiZ 1980, 103.

[236] *Sachs*, Verfassungsrecht II – Grundrechte, 2. Aufl. 2003, A 4 Rdnrn. 48, 56.

[237] Für eine solche Pflicht aber *Löffler/Ricker*, Handbuch des Presserechts, 4. Aufl. 2000, 16. Kapitel Rdnr. 4; *F. Burbulla*, Die Fernsehöffentlichkeit als Bestandteil des Öffentlichkeitsgrundsatzes, 1998, S. 62; *H. Jung*, in: GS für Hilde Kaufmann, 1986, S. 908.

gebracht, daß Journalisten bei der Platzvergabe bevorzugt werden sollen bzw. sollten.[238] Daß auch insofern zur Wahrung der Verhandlungsöffentlichkeit eine ausreichende Zahl von Plätzen für die Allgemeinheit verbleiben muß, versteht sich von selbst.

ccc) Kein subjektiver Anspruch einzelner Journalisten

Einen subjektiven Anspruch des einzelnen Journalisten auf die Reservierung von Presseplätzen, dessen Nichterfüllung womöglich mit der Verfassungsbeschwerde geltend gemacht werden könnte, wird man hingegen nicht einmal in diesem eingeschränkten Umfang anerkennen können.[239] Abgesehen von den prinzipiellen Bedenken gegen die Heranziehung objektiver Grundrechtsgehalte zur Ableitung subjektiver Berechtigungen[240] spricht gegen einen derartigen Anspruch entscheidend, daß durch die Bereitstellung von Presseplätzen nur die Teilnahmemöglichkeit von beliebigen Journalisten, nicht aber die des einzelnen Journalisten gesichert wäre.[241] Ein individuelles Zutrittsrecht aber hat der einzelne Journalist ebensowenig wie jeder andere Zuschauer.

ddd) Die Übertragbarkeit der Resultate auf andere Formen der bevorzugten Behandlung

Ähnliche Fragen stellen sich schließlich hinsichtlich der Förderung der Medienarbeit durch die Bereitstellung spezieller Arbeitsplätze im Gerichtssaal, die beispielsweise mit Tischen oder mit Beleuchtung ausgestattet sind. Anders als der Zutritt zur Verhandlung sind privilegierte Arbeitsmöglichkeiten freilich keine Voraussetzung, sondern eine bloße Erleichterung der Informationsbeschaffung und damit der Berichterstattung über die Verhandlung. Angesichts dieser vergleichsweise geringeren Bedeutung wird man den Medienfreiheiten keine Pflicht zur *Schaffung* entsprechender Bedingungen entnehmen können. Allerdings sollte der Vorsitzende prinzipiell die Medientätigkeit unterstützen, indem er den Jour-

---

[238] *Burkhardt*, in: Wenzel, Das Recht der Wort- und Bildberichterstattung, 5. Aufl. 2003, 10. Kapitel Rdnr. 181; *Lorz*, in: Haratsch/Kugelmann/Repkewitz (Hrsg.), Herausforderungen an das Recht der Informationsgesellschaft, 1996, S. 65; *Kissel/Mayer*, GVG, 4. Aufl. 2005, § 169 Rdnr. 33; s. auch Nr. 125 Abs. 3 RiStBV. Der Sache nach ebenso *Wickern*, in: Löwe-Rosenberg, StPO und GVG, 7. Bd., 25. Aufl. 2003, Vor § 169 GVG Rdnr. 8: Bei großem Öffentlichkeitsinteresse Platzreservierung für die Medien angesichts ihrer Berichterstattungsaufgabe angemessen. Anders *Rüping*, in: FS für Hanns Dünnebier, 1982, S. 400.

[239] So allgemein zur Schutzpflicht zugunsten der Presse BVerfGE 80, 124 (133).

[240] Nachweise zu der im einzelnen strittigen Problematik bei *Stern*, in: HStR V, 2. Aufl. 2000, § 109 Rdnr. 63 Fn. 236 ff.

[241] Dieses Argument entfällt allenfalls in Ausnahmesituationen, wenn beispielsweise nur ein Journalist erschienen ist. Regelmäßig wird mit einem derart geringen Medieninteresse aber auch ein entsprechend geringes Publikumsinteresse einhergehen, so daß der Journalist teilnehmen kann, ohne auf eine Privilegierung als Medienvertreter angewiesen zu sein.

nalisten beispielsweise die Möglichkeit gibt, *vorhandene* Tische zu nutzen.[242] Verpflichtet im Sinne einer strikten Bindung ist er dazu (erst recht) nicht.[243]

c) Die Vergabe der reservierten Plätze

Berichterstatter, die in ihrer spezifischen Funktion Sonderrechte in Anspruch nehmen wollen, müssen sich legitimieren, typischerweise durch Vorlage des Presseausweises.[244] Das gilt auch für die Inanspruchnahme reservierter Plätze im Gerichtssaal. Damit ist die Vergabe der Presseplätze jedoch nicht vollständig geklärt. Zunächst ist zu überlegen, nach welchen Kriterien die Presseplätze zu vergeben sind, sofern die Zahl der teilnahmewilligen Journalisten die der Plätze übersteigt. Im umgekehrten Fall, wenn also die Journalisten nicht alle Presseplätze in Anspruch nehmen, stellt sich die Frage, ob die überzähligen Plätze der Allgemeinheit zur Verfügung gestellt werden müssen.

aa) Die Verteilung knapper Presseplätze an Journalisten

aaa) Die Möglichkeit der Einflußnahme auf die Platzvergabe

Anders als bei der Platzvergabe an die Allgemeinheit muß der Vorsitzende Presseplätze nicht nach der Reihenfolge des Erscheinens verteilen. Ihm ist vielmehr das gestattet, was er im Hinblick auf das Allgemeinpublikum nicht darf, nämlich die Zusammensetzung des Medienpublikums – also der anwesenden Medienvertreter – zu beeinflussen.

So ist es beispielsweise zulässig, die Plätze nur an speziell bei dem betreffenden Gericht akkreditierte Journalisten zu vergeben.[245] Vor allem aber darf der Vorsitzende Rücksicht auf eine möglichst breite und ausgeglichene Vertretung unterschiedlicher Medien nehmen, indem er separate Platzkontingente für die Presse und für den Rundfunk bzw. für regionale und überregionale Medien reserviert. Im Interesse einer möglichst weiten Verbreitung des Verhandlungsgeschehens können Journalisten bevorzugt werden, die eine größere Anzahl von Medien repräsentieren, weil sie für eine Verlagsgruppe oder für organisa-

---

[242] *Brüggemann*, AfP 1971, 156 (Hervorhebung nur hier).

[243] *Starck*, in: v. Mangoldt/Klein/Starck, Das Bonner Grundgesetz, Bd. 1, 4. Aufl. 1999, Art. 5 Rdnr. 65. Für eine Förderungspflicht durch Gewährleistung ausreichender Arbeitsmöglichkeiten aber *Weidemann*, DRiZ 1970, 115; *A. Arndt*, NJW 1960, 424; *Kissel/Mayer*, GVG, 4. Aufl. 2005, § 169 Rdnr. 33. Auch *Löffler/Ricker*, Handbuch des Presserechts, 4. Aufl. 2000, 16. Kapitel Rdnr. 5, nehmen eine Pflicht des Gerichts an, Journalisten Sitzgelegenheit und Beleuchtung zu verschaffen. Allerdings tragen die als Beleg in Bezug genommenen Entscheidungen (BGHSt 5, 75 ff.; BayObLG NJW 1982, 395) diese medienspezifische Aussage nicht. Vielmehr besagen sie, daß die Öffentlichkeit verletzt ist, wenn keine Zuschauer Platz haben. Zu dieser Frage bereits oben Teil 2 C.II.1.a), S. 101 f.

[244] *Löffler/Ricker*, Handbuch des Presserechts, 4. Aufl. 2000, 16. Kapitel Rdnr. 4.

[245] Vgl. dazu BVerfG (1. Kammer des Ersten Senats) NJW 2003, 500.

torisch verbundene Rundfunkanstalten auftreten. Vertreter der so „mitversorgten" Medien müssen es hinnehmen, wenn ihnen der Zutritt zugunsten solcher Journalisten versagt wird, die sich andernfalls nicht über das Prozeßgeschehen unterrichten können.[246]

Insofern erscheint es sogar vorstellbar, die Grundidee der bisher nur im Zusammenhang mit Bildaufnahmen praktizierten „Pool-Lösungen", bei der die Aufnahmen einzelner Journalisten den anderen Medien zur Verfügung gestellt werden, auf die Anwesenheit von Journalisten zu übertragen. Danach darf der Vorsitzende solche Journalisten bevorzugt zulassen, die zur Weitergabe ihrer Berichte an Medien bereit sind, mit denen sie in keiner Beziehung stehen. Vollständig vergleichbar sind die beiden Konstellationen freilich nicht. Während der Informationswert fremder Bildaufnahmen dem eigener Aufnahmen nicht nachstehen muß, läßt sich die eigene Anwesenheit durch den Bericht eines Dritten nur schwer ersetzen.

Unter grundrechtlichen Gesichtspunkten ist die Zutrittsversagung für die nicht berücksichtigten Journalisten ein Eingriff in ihr jeweiliges Grundrecht aus Art. 5 Abs. 1 S. 2 GG, der letztlich durch die Medienfreiheit der zugelassenen Journalisten gerechtfertigt wird. Ihr darf im Hinblick auf eine möglichst weite Verbreitung des Verhandlungsgeschehens der Vorrang eingeräumt werden. Bei der Festlegung der Vergabekriterien besitzt der Vorsitzende in Ermangelung gesetzlicher Vorgaben – einfachrechtliche Grundlage der Vergabe ist einmal mehr allein § 176 GVG – einen vergleichsweise großen Spielraum, der erst durch das Willkürverbot begrenzt wird.[247] Die Festlegung der Vergabekriterien und ihre Anwendung müssen auf sachlichen Gründen beruhen, sie dürfen nicht dem gezielten Ausschluß bestimmter Journalisten dienen.

bbb) Die Zulässigkeit der Platzvergabe allein nach zeitlicher Priorität

Allerdings ist der Vorsitzende nicht verpflichtet, Verteilungskriterien aufzustellen. Das „Prinzip der Schlange", wonach den Medienvertretern die Presseplätze in der Reihenfolge des Erscheinens zugeteilt – und bei zwischenzeitlichem Verlassen des Saals nicht freigehalten – werden, ist verfassungsrechtlich unbe-

---

[246] Dazu BVerfGE 87, 331 (333): Ablehnung des Antrags auf einstweilige Anordnung, mit der ein Hörfunkjournalist seine aus Kapazitätsgründen versagte Zulassung zum *Honecker*-Verfahren vor dem *Landgericht Berlin* erreichen wollte. Die Zulassung hätte ihm nur durch Ausschluß eines anderen Journalisten eingeräumt werden können. Bei diesem wäre nicht automatisch sichergestellt gewesen, daß er sich über den Prozeßverlauf unterrichten konnte. Dagegen konnten sich die Rundfunkveranstalter, für die der Antragsteller tätig war, als Mitglieder der ARD über deren Sammelangebot versorgen, da der Korrespondent einer anderen ARD-Anstalt zugelassen war.

[247] Zur Relevanz des Willkürverbots in diesem Zusammenhang s. auch BVerfGE 87, 331 (334).

denklich.[248] Die größere publizistische Reichweite eines Journalisten rechtfertigt seine Besserstellung, erzwingt sie jedoch nicht. Sofern der Vorsitzende die Plätze allein nach zeitlicher Priorität vergibt, ist beispielsweise nichts dagegen zu erinnern, wenn der Korrespondent eines bundesweit sendenden Rundfunkveranstalters keinen Zutritt erhält, weil sämtliche Presseplätze bereits von Reportern der Lokalzeitung belegt sind.

bb) Die Vergabe freibleibender Presseplätze an die Allgemeinheit

Schließlich stellt sich die Frage, wie mit Presseplätzen zu verfahren ist, die bis zum Beginn der Verhandlung nicht von Journalisten in Anspruch genommen wurden. Ob sie anderen Zuschauern zur Verfügung gestellt werden müssen, wird kontrovers beurteilt.[249]

Angesichts des zuvor dargestellten verfassungsrechtlichen Hintergrunds wird man die Frage in der Regel verneinen müssen. Wie jeder andere Zuschauer auch müssen Journalisten an der Verhandlung nicht von Anfang an teilnehmen. § 169 S. 1 GVG verlangt eine permanente Zutrittsmöglichkeit. Wenn der Vorsitzende berechtigt, ja sogar prinzipiell verpflichtet ist, Plätze für Medienvertreter freizuhalten, so muß dies auch während der Verhandlung fortdauern.

Einschränkungen kann dieses Recht des Vorsitzenden allenfalls in Ausnahmesituationen erfahren. Wenn sich zu Beginn der Verhandlung herausstellt, daß das Medieninteresse weit hinter den Erwartungen zurückgeblieben ist, so daß eine große Zahl von Presseplätzen ungenutzt bleibt, während die der Allgemeinheit zur Verfügung stehenden Plätze bei weitem nicht ausreichen, wird der Vorsitzende grundsätzlich einen Teil der noch unbesetzten Presseplätze freigeben müssen. Umgekehrt ist freilich zu bedenken, daß die Zahl der vorhandenen Sitzplätze lediglich ein Anhaltspunkt für die vom Vorsitzenden festzulegende Saalkapazität ist. Namentlich in Verfahren, bei denen die Gefahr von Störungen besonders groß ist, muß der Vorsitzende die Möglichkeit haben, bestimmte Platzkontingente allein Medienvertretern zur Verfügung zu stellen oder aber unbesetzt zu lassen, falls sie von diesen nicht genutzt werden. Das betrifft auch und gerade baulich abgegrenzte Plätze wie z. B. spezielle Pressetribünen, sofern diese während der Verhandlung weniger gut zu überblicken sind als der übrige Zuschauerbereich. Das Risiko, auf Störungen nicht adäquat reagieren zu können, wäre andernfalls zu groß.

---

[248] BVerfG (1. Kammer des Ersten Senats) NJW 2003, 500.

[249] Dafür *Wickern*, in: Löwe-Rosenberg, StPO und GVG, 7. Bd., 25. Aufl. 2003, § 169 GVG Rdnr. 13; dagegen *Kissel/Mayer*, GVG, 4. Aufl. 2005, § 169 Rdnrn. 25, 33.

B. Die Anwesenheit von Medienvertretern in nichtöffentlichen Verhandlungen

I. Grundsätzliches

Eine vollständig andere Situation ergibt sich bei nichtöffentlichen Verhandlungen.

Angesichts des Zwecks der Nichtöffentlichkeit bzw. des Ausschlusses der Öffentlichkeit,[250] bestimmte Vorgänge in der Verhandlung nicht über den Kreis der Verfahrensbeteiligten hinaus bekannt werden zu lassen, mag es zunächst paradox erscheinen, ausgerechnet Medienvertretern die Teilnahme zu ermöglichen.[251] In ihrer spezifischen Funktion nehmen Journalisten an Gerichtsverhandlungen gerade mit dem Ziel der späteren Berichterstattung teil. Durch die massenhafte Verbreitung aber werden die Rechtsgüter, deren Schutz der Ausschluß der Öffentlichkeit bezweckt, wesentlich stärker gefährdet als durch eine vergleichsweise geringe Zahl anwesender Zuhörer. Nach dieser Sichtweise dürfte gerade Journalisten die Anwesenheit in nichtöffentlichen Verhandlungen auf keinen Fall gestattet werden.[252]

Auch mit dem Gedanken, daß die Funktion der Öffentlichkeit heute in erster Linie durch die Medien erfüllt wird, scheint sich eine Sonderbehandlung der Medien nur bei öffentlichen Verhandlungen begründen zu lassen. Welche Funktion sollte der Öffentlichkeit bei einer nichtöffentlichen Verhandlung zukommen?

Andererseits betreffen die Gründe, aus denen heraus Verhandlungen grundsätzlich öffentlich stattfinden, nichtöffentliche Verhandlungen in gleicher Weise. Auch sie bedürfen der Kontrolle. Auch ihre Unzugänglichkeit kann Mißtrauen schüren. Auch die in ihnen ergehenden Entscheidungen tragen zur Transparenz

---

[250] In terminologischer Hinsicht ist anzumerken, daß „Nichtöffentlichkeit“ und „Ausschluß der Öffentlichkeit“ hier und im folgenden synonym verwendet werden, wie es auch dem allgemeinen Sprachgebrauch entspricht. Die Gesetzessprache allerdings bezeichnet als „nichtöffentlich“ (bzw. „nicht öffentlich“) Verhandlungen, in denen Zuschauer kraft Gesetzes keinen Zutritt haben (namentlich §§ 170 S. 1 GVG, 48 Abs. 1 JGG). Hingegen beruht der Ausschluß der Öffentlichkeit auf einer Entscheidung des Gerichts.

[251] So für nichtöffentliche Sitzungen des Bundestages *H. H. Klein*, in: Maunz/Dürig, GG, Art. 42 Rdnr. 53; *Linck*, ZParl 23 (1992), S. 695: Zutritt für Medienvertreter wäre widersinnig. S. dazu auch sogleich Fn. 253.

[252] So im Ergebnis *Ranft*, Jura 1995, 577.

der Rechtsordnung bei. Vor allem aber: Auch auf sie erstreckt sich das Informationsinteresse der Öffentlichkeit. Der Ausschluß der Öffentlichkeit beruht nicht auf einer geringeren Relevanz dieser Gründe, sondern auf der ausnahmsweise stärkeren Gewichtung gegenläufiger Interessen und Rechtsgüter durch den Gesetzgeber. Eine limitierte Form von Öffentlichkeit durch die Zulassung von Journalisten muß danach nicht zwingend ausgeschlossen sein, sofern sie die Schutzgüter der Nichtöffentlichkeit nicht oder zumindest weniger stark beeinträchtigt, als es die allgemeine Zugänglichkeit der Verhandlung täte.

Voraussetzung dafür ist, daß die anwesenden Journalisten nur in beschränktem Umfang aus der Verhandlung berichten (dürfen). Die vollständige Verbreitung des Verhandlungsgeschehens würde den Schutz durch den Ausschluß der Öffentlichkeit leerlaufen lassen.[253] Zeitlich und systematisch wird der Schutz der geheimhaltungsbedürftigen Informationen also nach hinten verlagert. Die Zulassung von Journalisten kommt nur in Betracht, wenn und soweit den durch die Nichtöffentlichkeit geschützten Rechtsgütern nicht nur durch eine Beschränkung der Informations*aufnahme*, sondern auch durch eine bloße Beschränkung der Informations*weitergabe* in ausreichendem Maße Rechnung getragen werden kann.

Verdeutlichen lassen sich diese Überlegungen am Beispiel des Strafverfahrens gegen Jugendliche. Daß es nach § 48 Abs. 1 JGG unter Ausschluß der Öffentlichkeit stattfindet, beruht im wesentlichen auf entwicklungspsychologischen und jugendpädagogischen Gründen. Die Nichtöffentlichkeit soll Hemmungen des Jugendlichen abbauen und stigmatisierende Bloßstellungen vermeiden.[254] Sensationsheischende Berichte würden hier erkennbar kontraproduktiv wirken. Dagegen kann eine sachbezogene Berichterstattung, die die Anonymität des Täters wahrt[255] und auf reißerische Darstellungen verzichtet, zum Verständnis für spezifische Probleme der Jugendkriminalität beitragen, ggf. kann sie auch präventiv wirken.[256] Auch vermag die Allgemeinheit erst auf der Grundlage

---

[253] Ebenso mit Blick auf die Möglichkeit der Zulassung von Journalisten zu nichtöffentlichen Sitzungen des Bundestages *Ritzel/Bücker/Schreiner*, Handbuch für die Parlamentarische Praxis, Kommentar zur Geschäftsordnung des Deutschen Bundestages, § 19 Anm. 2 i. – Ob der Bundestag diese Möglichkeit hat, ist str. Dagegen neben den in Fn. 251 genannten *Versteyl*, in: v. Münch/Kunig, GG, Bd. 2, 5. Aufl. 2001, Art. 42 Rdnr. 14; *Magiera*, in: Sachs, GG, 3. Aufl. 2002, Art. 42 Rdnr. 7; *Morlok*, in: Dreier, GG, Bd. II, 1998, Art. 42 Rdnr. 30; dafür *Achterberg/Schulte*, in: v. Mangoldt/Klein/Starck, Das Bonner Grundgesetz, Bd. 2, 4. Aufl. 2000, Art. 42 Abs. 1 Rdnr. 21; *Ritzel/Bücker/Schreiner*, a. a. O., § 19 Anm. 2 c; wohl auch *Pieroth*, in: Jarass/Pieroth, GG, 7. Aufl. 2004, Art. 42 Rdnr. 2 (teilweiser Ausschluß der Öffentlichkeit möglich). Jedenfalls genießen Berichte aus nichtöffentlichen Sitzungen nicht den Schutz des Art. 42 Abs. 3 GG (*Kißler*, Die Öffentlichkeitsfunktion des Deutschen Bundestages, 1976, S. 318).

[254] *Eisenberg*, JGG, 10. Aufl. 2004, § 48 Rdnr. 8.

[255] S. jedoch *Brunner*, ZfJ 1973, 340 f., mit dem Hinweis, daß im Gegensatz zu Städten in kleineren Orten eine vollständige Anonymität praktisch nicht zu erreichen ist.

[256] *Ostendorf*, JGG, 6. Aufl. 2003, § 48 Rdnr. 16.

von Informationen über die Täterpersönlichkeit zu beurteilen, ob das tatsächlich verhängte Strafmaß angemessen erscheint.

In derartigen Fällen lassen sich durch exklusiv anwesende Journalisten wesentliche Vorteile der unmittelbaren Öffentlichkeit erreichen, ihre Nachteile jedoch vermeiden. Dennoch ist dem Gedanken, unmittelbare generell durch mittelbare Öffentlichkeit zu ersetzen,[257] von vornherein eine Absage zu erteilen. Allein schon auf Grund ihrer Funktion, Mißtrauen zu vermeiden, kommt der unmittelbaren Zugänglichkeit ein durch die Medien nicht vollständig zu ersetzender Stellenwert zu.

Immerhin zeigen die vorstehenden Überlegungen jedoch, daß die geläufige These, mittelbare Öffentlichkeit setze unmittelbare Öffentlichkeit voraus,[258] nur dann uneingeschränkt richtig ist, wenn man entgegen der hier präferierten Auffassung als mittelbare Öffentlichkeit allein Rundfunkaufnahmen versteht, die aus nichtöffentlichen Verhandlungen in der Tat kaum in Betracht kommen werden. Zählt man hingegen auch die „bloße" Berichterstattung zur mittelbaren Öffentlichkeit,[259] so führen die Zulassung von Journalisten und ihre spätere (limitierte) Berichterstattung zu einer Medienöffentlichkeit ohne Saalöffentlichkeit bzw. zu mittelbarer Öffentlichkeit ohne unmittelbare Öffentlichkeit.[260]

II. Die Möglichkeit der Zulassung von Medienvertretern als Ermessensentscheidung des Gerichts

Prinzipiell betrifft der Ausschluß der Öffentlichkeit die Journalisten wie alle anderen Zuschauer auch.[261] Einen Ausschluß nur des allgemeinen Publikums läßt das Gerichtsverfassungsrecht im Gegensatz zu Art. 6 Abs. 1 S. 2 EMRK[262] nicht zu.[263]

---

[257] In diese Richtung für den Zivilprozeß *Köbl*, in: FS für Ludwig Schnorr von Carolsfeld, 1972, S. 241 ff.

[258] *Kissel/Mayer*, GVG, 4. Aufl. 2005, § 169 Rdnr. 3; *Schilken*, Gerichtsverfassungsrecht, 3. Aufl. 2003, Rdnr. 178; der Sache nach auch *Schreiber*, in: Wieczorek/Schütze, ZPO und Nebengesetze, 5. Bd., 3. Aufl. 1995, § 169 GVG Rdnr. 4 (Berichterstattung ohne Öffentlichkeitsprinzip nicht denkbar).

[259] Zu diesen terminologischen Fragen oben Teil 1 B.III.3.c), S. 30 ff.

[260] Konsequent von den zuvor (Fn. 258) Genannten daher *Kissel/Mayer* und *Schreiber*, die reine Berichterstattung nicht zur mittelbaren Öffentlichkeit zählen (*Kissel/Mayer*, GVG, 4. Aufl. 2005, § 169 Rdnr. 3; *Schreiber*, in: Wieczorek/Schütze, ZPO und Nebengesetze, 5. Bd., 3. Aufl. 1995, § 169 GVG Rdnr. 1). Inkonsequent hingegen *Schilken*, der den weiteren Begriff vertritt (*Schilken*, Gerichtsverfassungsrecht, 3. Aufl. 2003, Rdnr. 178).

[261] *Brüggemann*, AfP 1971, 156.

[262] SchweizBGer. EuGRZ 1992, 202 (203). Zwar gehöre die Presse an sich zur Öffentlichkeit. Jedoch lasse Art. 6 Abs. 1 S. 2 EMRK, wonach „die Presse und die Öffentlichkeit" unter bestimmten Voraussetzungen ausgeschlossen werden können, im Einzelfall auch einen Ausschluß nur des allgemeinen Publikums zu.

[263] Zur Rechtslage in der Schweiz *Wyss*, EuGRZ 1996, 6 f.

Ein zumindest ähnliches Ergebnis läßt sich jedoch auf der Grundlage von § 175 Abs. 2 S. 1 GVG erzielen, wonach das Gericht einzelnen Personen den Zutritt zu nichtöffentlichen Verhandlungen (einschließlich einer nach § 173 Abs. 2 GVG nichtöffentlichen Verkündung der Urteilsgründe)[264] gestatten kann. Ob die Nichtöffentlichkeit gesetzlich zwingend vorgeschrieben ist oder auf einer gerichtlichen Entscheidung beruht, spielt keine Rolle.[265]

Daß § 175 Abs. 2 S. 1 GVG auch die Zulassung von Journalisten ermöglicht, ist allgemein anerkannt.[266] Die Gerichte machen von dieser Möglichkeit häufig Gebrauch;[267] Medienberichte über nichtöffentliche Verhandlungen sind daher keine Seltenheit. Allerdings ist der Begriff „einzelne Personen" eng auszulegen, um den Zweck des Ausschlusses der Öffentlichkeit nicht zu unterlaufen oder auch nur den Eindruck zu erwecken, dies zu tun.[268] Die pauschale Zulassung von Personengruppen wie etwa die Zulassung „der Medien" ist daher bereits tatbestandlich ausgeschlossen.[269] Unschädlich ist jedoch die Bezeichnung einer Gruppe, wenn diese klar umgrenzt und nach ihrer Größe und Zusammensetzung bekannt ist.[270] Beispielsweise kann das Gericht beim Ausschluß der Öffentlichkeit den als solche bekannten anwesenden Pressevertretern gestatten, im Saal zu bleiben. Der Sache nach liegen dann mehrere Einzelanordnungen vor, die lediglich sprachlich zusammengefaßt werden.[271]

Zuständig für die Entscheidung ist nicht der Vorsitzende allein, sondern das Gericht, also der Spruchkörper in der Besetzung, in der die jeweilige Verhandlung durchgeführt bzw. die entsprechende Entscheidung gefällt wird.[272] Einer Anhörung der Beteiligten bedarf es nicht (§ 175 Abs. 2 S. 3 GVG). Sie ist aber ggf. sinnvoll, um die für die Ermessensentscheidung maßgeblichen Gesichtspunkte angemessen berücksichtigen zu können. Überwiegend wird sogar

---

[264] *M. Wolf*, in: Münchener Kommentar zur ZPO, Bd. 3, 2. Aufl. 2001, § 175 GVG Rdnr. 6. Zur stets öffentlichen Verkündung des Tenors s. § 173 Abs. 1 GVG.

[265] *Kissel/Mayer*, GVG, 4. Aufl. 2005, § 175 Rdnr. 12.

[266] *Kissel/Mayer*, GVG, 4. Aufl. 2005, § 175 Rdnr. 13; *F. Burbulla*, Die Fernsehöffentlichkeit als Bestandteil des Öffentlichkeitsgrundsatzes, 1998, S. 74; *Katholnigg*, Strafgerichtsverfassungsrecht, 3. Aufl. 1999, § 175 GVG Rdnr. 2; *Wickern*, in: Löwe-Rosenberg, StPO und GVG, 7. Bd., 25. Aufl. 2003, § 175 GVG Rdnr. 10; *Windsheimer*, Die „Information" als Interpretationsgrundlage für die subjektiven öffentlichen Rechte des Art. 5 Abs. 1 GG, 1968, S. 62 f. Anders noch *Heidelberg*, Justizreportage, 1932, S. 94 f.: Da Journalisten nicht allein zur eigenen Information, sondern gerade mit dem Ziel der Berichterstattung teilnähmen, handele es sich bei ihnen nicht um „einzelne Personen".

[267] *Redeker/v. Oertzen*, VwGO, 14. Aufl. 2004, § 55 Rdnr. 4; *Meyer-Goßner*, StPO, 47. Aufl. 2004, § 175 GVG Rdnr. 4; *Meyer-Goßner*, ZRP 1982, 239.

[268] *Kissel/Mayer*, GVG, 4. Aufl. 2005, § 175 Rdnr. 13.

[269] Anders offenbar *Dahs*, Referat 54. DJT, 1982, K 28.

[270] *Katholnigg*, Strafgerichtsverfassungsrecht, 3. Aufl. 1999, § 175 GVG Rdnr. 2.

[271] *Eb. Schmidt*, Lehrkommentar zur StPO und zum GVG, Teil III, 1960, § 175 GVG Rdnr. 10.

[272] *Kissel/Mayer*, GVG, 4. Aufl. 2005, § 175 Rdnr. 15; *Schreiber*, in: Wieczorek/Schütze, ZPO und Nebengesetze, 5. Bd., 3. Aufl. 1995, § 175 GVG Rdnr. 4.

angenommen, daß die Zulassung nicht ausdrücklich ausgesprochen werden muß, sondern auch stillschweigend möglich ist,[273] etwa indem die Anwesenheit von Journalisten geduldet wird. Zumindest auf den Einwand eines Beteiligten hin bedarf es jedoch eines formellen Gerichtsbeschlusses.[274]

Für das Strafverfahren gegen Jugendliche enthält § 48 Abs. 2 S. 3 JGG eine Sonderregelung. Danach kann der Vorsitzende – also nicht das Gericht –[275] „andere Personen"[276] aus besonderen Gründen, namentlich zu Ausbildungszwecken, zulassen.[277] Dazu zählen auch Vertreter der Medien.[278] Zwar indiziert schon der Wortlaut des § 48 Abs. 2 S. 3 JGG, der im Gegensatz zu § 175 Abs. 2 S. 1 GVG „besondere Gründe" für die Zulassung fordert, daß die Anwesenheit Dritter im Jugendstrafverfahren potentiell besonders problematisch ist. Anlaß zur Herausnahme von Journalisten aus dem Tatbestandsmerkmal der „andere(n) Personen" ist das jedoch nicht. Systematisch ist diesem Aspekt vielmehr im Rahmen der Zulassungsentscheidung, also bei der Ausübung des Ermessens, Rechnung zu tragen. Mittelbar bestätigt dies auch die – das Gericht freilich nicht bindende –[279] Richtlinie der Landesjustizverwaltungen zu § 48 JGG, nach der sich die Zulassung der Presse zwar nicht empfiehlt, die aber gleichwohl Vorkehrungen für den Fall der Zulassung von Pressevertretern nahelegt.[280] In der Praxis wird von der Zulassungsmöglichkeit gerade zugunsten von Journalisten Gebrauch gemacht.[281]

Einen Anspruch auf Zulassung zu nichtöffentlichen Verhandlungen haben Journalisten – darüber mag es angesichts einer großzügigen Zulassungspraxis[282]

---

273 *Diemer*, in: Karlsruher Kommentar zur StPO, 5. Aufl. 2003, § 175 GVG Rdnr. 4; *Albers*, in: Baumbach/Lauterbach/Albers/Hartmann, ZPO, 63. Aufl. 2005, § 175 GVG Rdnr. 3; a.A. *Eb. Schmidt*, Lehrkommentar zur StPO und zum GVG, Teil III, 1960, § 175 GVG Rdnr. 9; skeptisch auch *M. Wolf*, in: Münchener Kommentar zur ZPO, Bd. 3, 2. Aufl. 2001, § 175 GVG Rdnr. 8. Einschränkend *Kissel/Mayer*, GVG, 4. Aufl. 2005, § 175 Rdnr. 16: Stillschweigende Zulassung ausnahmsweise möglich.

274 *Katholnigg*, Strafgerichtsverfassungsrecht, 3. Aufl. 1999, § 175 GVG Rdnr. 2; *Pfeiffer*, StPO und GVG, 4. Aufl. 2002, § 175 GVG Rdnr. 3.

275 *Meyer-Goßner*, StPO, 47. Aufl. 2004, § 175 GVG Rdnr. 7.

276 Verletzte, Bewährungshelfer, Betreuungshelfer, Erziehungshelfer und Heimleiter sind bereits nach § 48 Abs. 2 S. 2 JGG teilnahmeberechtigt.

277 Einer Anhörung bedarf es entsprechend § 175 Abs. 2 S. 3 GVG nicht (*Eisenberg*, JGG, 10. Aufl. 2004, § 48 Rdnr. 18, der die Vorschrift freilich noch als S. 2 zitiert).

278 *Brüggemann*, AfP 1971, 156 f.

279 *Brunner/Dölling*, JGG, 11. Aufl. 2002, § 2 Rdnr. 8 a.

280 S. 3, 4 der Richtlinie der Landesjustizverwaltungen zu § 48 JGG, abgedruckt bei *Brunner/Dölling*, JGG, 11. Aufl. 2002, § 48 vor Rdnr. 1. Näher zu den Richtlinien zum Jugendgerichtsgesetz *Brunner/Dölling*, a. a. O., Einf II Rdnr. 46 a.

281 *Alwart*, JZ 1990, 890.

282 Vgl. *Meyer-Goßner*, StPO, 47. Aufl. 2004, § 175 GVG Rdnr. 4 (Zutritt wird regelmäßig gestattet); *H. Jung*, in: GS für Hilde Kaufmann, 1986, S. 908 (Zutritt wird nur bei schwerwiegenden Gründen verwehrt); *Diemer*, in: Karlsruher Kommentar zur StPO, 5. Aufl. 2003, § 175 GVG Rdnr. 4 (Zutritt sollte nur bei schwerwiegenden Gründen verwehrt werden). Auch *Kissel/Mayer*, GVG, 4. Aufl. 2005, § 169 Rdnr. 86, sprechen von der Tendenz, die Anwesenheit

zum Teil falsche Vorstellungen geben –[283] nicht.[284] Die Entscheidung über die Zulassung steht vielmehr im pflichtgemäßen Ermessen des Gerichts.[285]

III. Die Kriterien für die Ausübung des Ermessens

Spezielle Voraussetzungen für die Zulassung nennt das Gesetz nicht. Im Rahmen der Ermessensausübung sind daher einerseits die Gründe zu berücksichtigen, derentwegen die Öffentlichkeit an sich ausgeschlossen ist. Andererseits sind die Interessen und Rechtspositionen der teilnahmewilligen Zuhörer zu veranschlagen,[286] hier also der Journalisten und der durch sie repräsentierten Medien.

1. Die Wahrung des Schutzzwecks der Nichtöffentlichkeit

Die Zulassung von Journalisten muß dem Schutzzweck der Vorschrift genügen, die den Ausschluß der Öffentlichkeit anordnet bzw. ermöglicht.[287] Soweit schon die Anwesenheit einzelner Zuhörer unabhängig von einer eventuellen Weiterverbreitung mit dem Schutzzweck der Nichtöffentlichkeit unvereinbar ist, ist die Zulassung daher zu versagen.[288] Im übrigen hat das Gericht zu beurteilen, wie schwer das Risiko wiegt, daß die Berichterstattung der zugelassenen Journalisten den Ausschluß der Öffentlichkeit konterkariert, namentlich durch die Veröffentlichung geheimhaltungsbedürftiger Informationen. Dabei muß es neben unterschiedlichen gesetzlichen Beschränkungen der Berichterstattung die Möglichkeit freiwilliger Zurückhaltung der Journalisten in Rechnung stellen.

---

von Medienvertretern über die von § 169 S. 1 GVG gewährleistete Öffentlichkeit hinaus zu ermöglichen. Unklar ist allerdings, warum sie dabei von einer bloß entsprechenden Anwendung von § 175 Abs. 2 GVG ausgehen.

[283] Dazu *Meyer-Goßner*, ZRP 1982, 239: Pressevertreter erachten die Teilnahme vielfach schon als selbstverständlich.

[284] *Meyer-Goßner*, StPO, 47. Aufl. 2004, § 175 GVG Rdnr. 4; *Meyer-Goßner*, ZRP 1982, 239; *Weidemann*, DRiZ 1970, 115; *Diemer*, in: Karlsruher Kommentar zur StPO, 5. Aufl. 2003, § 175 GVG Rdnr. 4.

[285] *Diemer*, in: Karlsruher Kommentar zur StPO, 5. Aufl. 2003, § 175 GVG Rdnr. 4. *M. Wolf*, in: Münchener Kommentar zur ZPO, Bd. 3, 2. Aufl. 2001, § 175 GVG Rdnr. 7, spricht von einem freien, aber sachlich begründeten Ermessen.

[286] *Brunner*, ZfJ 1973, 33; *Windsheimer*, Die „Information" als Interpretationsgrundlage für die subjektiven öffentlichen Rechte des Art. 5 Abs. 1 GG, 1968, S. 63.

[287] Zu diesem Erfordernis *Brüggemann*, AfP 1971, 156; *Schreiber*, in: Wieczorek/Schütze, ZPO und Nebengesetze, 5. Bd., 3. Aufl. 1995, § 175 GVG Rdnr. 4.

[288] Das nimmt *M. Wolf*, in: Münchener Kommentar zur ZPO, Bd. 3, 2. Aufl. 2001, § 175 GVG Rdnr. 6, an, falls die Voraussetzungen des § 171 b Abs. 2 GVG vorliegen und der Betroffene einen umfassend zu verstehenden Ausschließungsantrag gestellt hat.

a) Die Beschränkungen des Gerichtsverfassungsrechts

aa) Das gesetzliche Veröffentlichungsverbot nach §§ 174 Abs. 2 GVG, 353d Nr. 1 StGB

§ 174 Abs. 2 GVG verbietet die Veröffentlichung von Berichten über die Verhandlung und den Inhalt eines die Sache betreffenden amtlichen Schriftstücks in Presse, Rundfunk und Fernsehen, soweit die Öffentlichkeit (nach § 172 Nr. 1 1. Var. GVG)[289] wegen Gefährdung der Staatssicherheit ausgeschlossen wird. Das Verbot gilt kraft Gesetzes, ohne daß es eines zusätzlichen Schweigegebots durch das Gericht bedürfte.[290] Bewehrt wird das Verbot durch § 353d Nr. 1 StGB. Danach sind entgegen einem gesetzlichen Verbot gemachte öffentliche Mitteilungen über eine Gerichtsverhandlung, bei der die Öffentlichkeit ausgeschlossen war, oder über den Inhalt eines die Sache betreffenden amtlichen Schriftstücks strafbar. In Ermangelung anderer gesetzlicher Veröffentlichungsverbote stellt die Vorschrift derzeit nur den Verstoß gegen § 174 Abs. 2 GVG unter Strafe.[291]

aaa) Die Voraussetzungen des Verbots

Das Verbot setzt allein voraus, daß das Gericht – der Vorsitzende genügt nicht – die Öffentlichkeit ausgeschlossen und dies in einem verkündeten Beschluß ausdrücklich auf eine Gefährdung der Staatssicherheit gestützt hat. Ob den übrigen Anforderungen aus § 174 Abs. 1 S. 1, 2 GVG genügt wurde, ist hingegen ebenso unerheblich wie die Frage, ob tatsächlich eine Gefährdung der Staatssicherheit zu besorgen war.[292]

---

289 Das Verbot betrifft derzeit nur den Ausschlußgrund des § 172 Nr. 1 1. Var. GVG. Dazu *Meyer-Goßner*, StPO, 47. Aufl. 2004, § 174 GVG Rdnr. 11; *Albers*, in: Baumbach/Lauterbach/Albers/Hartmann, ZPO, 63. Aufl. 2005, § 174 GVG Rdnr. 3.

290 Zu den Gründen für die Einführung des absoluten Verbots durch Art. 22 Nr. 14 EGStGB *Kissel/Mayer*, GVG, 4. Aufl. 2005, § 174 Rdnr. 21, unter Bezugnahme auf die Begründung des Gesetzentwurfs in BT-Drucks. 7/550, S. 321: Eine Einzelabwägung sei hier besonders problematisch. Es werde regelmäßig ein großes journalistisches Interesse bestehen; andererseits könne man von den Medien Einsicht in die Bedeutung und die Folgen verlangen. – Zur früheren Regelung, nach der das Gericht ein spezielles Schweigegebot erlassen mußte, vgl. *Eb. Schmidt*, Lehrkommentar zur StPO und zum GVG, Teil III, 1960, § 174 GVG Rdnrn. 16ff.

291 *Stapper*, ZUM 1995, 591; *Tröndle/Fischer*, StGB, 52. Aufl. 2004, § 353d Rdnr. 2; *Lenckner/Perron*, in: Schönke/Schröder, StGB, 26. Aufl. 2001, § 353d Rdnr. 2.

292 *Träger*, in: Leipziger Kommentar zum StGB, 11. Aufl., 47. Lfg. 2004, § 353d Rdnr. 6, der Ausnahmen lediglich für den Fall eines *evident unvertretbaren* Ausschlusses der Öffentlichkeit zulassen will. Anders *Lenckner/Perron*, in: Schönke/Schröder, StGB, 26. Aufl. 2001, § 353d Rdnr. 4: Das Abstellen auf den Ausschluß erkläre sich aus einer generellen Vermutung, die Gerichte würden die Vorschriften über die Nichtöffentlichkeit sachgerecht handhaben. Daher entfalle die Strafbarkeit, wenn diese Vermutung im Einzelfall widerlegt werde. So im Ergebnis auch *Stapper*, ZUM 1995, 591.

bbb) Die Gegenstände des Verbots

Das Verbot umfaßt die gesamte Verhandlung, soweit sie unter Ausschluß der Öffentlichkeit stattgefunden hat, nicht nur die geheimhaltungsbedürftigen Tatsachen, derentwegen die Öffentlichkeit ausgeschlossen wurde.[293] Die zumindest mit Blick auf die Strafbewehrung vertretene Gegenauffassung[294] überzeugt u. a. deshalb nicht, weil oft unklar sein wird, auf welche Tatsachen sich das Gericht im einzelnen gestützt hat.[295] Veröffentlicht werden dürfen jedoch die Tatsache, daß verhandelt wurde,[296] sowie verfahrensfremde Ereignisse in der Verhandlung wie z. B. ein Schwächeanfall eines Richters.[297] Gegenstandslos wird das Veröffentlichungsverbot in Bezug auf Tatsachen, die im Rahmen der öffentlichen Urteilsverkündung bekanntwerden.[298] Im übrigen gilt das Verbot zeitlich unbeschränkt.[299] Jedoch kann es vom Gericht auch nach Beendigung des Verfahrens durch Beschluß mit Wirkung für die Zukunft aufgehoben werden.[300]

ccc) Die Grenzen des Verbots

Daß die Zulassung einzelner Personen nach § 175 Abs. 2 GVG das Veröffentlichungsverbot unberührt läßt,[301] liegt auf der Hand. Allerdings soll § 174 Abs. 2 GVG nicht gelten, wenn das Gericht entgegen § 175 Abs. 2 GVG eine große Zahl von Personen zuläßt oder die Anwesenheit beliebiger Personen duldet. Faktisch handelt es sich dann um eine öffentliche Verhandlung, so daß auch das Veröffentlichungsverbot keine Grundlage mehr hat.[302] Auch wenn diese Sichtweise nicht zwingend erscheint – die Verbreitung in den Medien gefährdet die Sicherheit des Staates stärker als die bloße Kenntnisnahme vergleichsweise weniger Zuhörer im Gerichtssaal –[303] muß das Gericht doch berücksichtigen,

---

[293] *Diemer*, in: Karlsruher Kommentar zur StPO, 5. Aufl. 2003, § 174 GVG Rdnr. 5; *Pfeiffer*, StPO und GVG, 4. Aufl. 2002, § 174 GVG Rdnr. 4; *Kissel/Mayer*, GVG, 4. Aufl. 2005, § 174 Rdnr. 22.

[294] *Lenckner/Perron*, in: Schönke/Schröder, StGB, 26. Aufl. 2001, § 353 d Rdnr. 10.

[295] *Träger*, in: Leipziger Kommentar zum StGB, 11. Aufl., 47. Lfg. 2004, § 353 d Rdnr. 13.

[296] *M. Wolf*, in: Münchener Kommentar zur ZPO, Bd. 3, 2. Aufl. 2001, § 174 GVG Rdnr. 13; *Schreiber*, in: Wieczorek/Schütze, ZPO und Nebengesetze, 5. Bd., 3. Aufl. 1995, § 174 GVG Rdnr. 8.

[297] *Träger*, in: Leipziger Kommentar zum StGB, 11. Aufl., 47. Lfg. 2004, § 353 d Rdnr. 14.

[298] *Kissel/Mayer*, GVG, 4. Aufl. 2005, § 174 Rdnr. 28, auch mit dem Hinweis, daß die schriftlichen Urteilsgründe nicht ausreichen.

[299] *Träger*, in: Leipziger Kommentar zum StGB, 11. Aufl., 47. Lfg. 2004, § 353 d Rdnr. 8; *Wickern*, in: Löwe-Rosenberg, StPO und GVG, 7. Bd., 25. Aufl. 2003, § 174 GVG Rdnr. 25.

[300] *Träger*, in: Leipziger Kommentar zum StGB, 11. Aufl., 47. Lfg. 2004, § 353 d Rdnr. 8.

[301] *Kissel/Mayer*, GVG, 4. Aufl. 2005, § 174 Rdnr. 21.

[302] *Lenckner/Perron*, in: Schönke/Schröder, StGB, 26. Aufl. 2001, § 353 d Rdnr. 6.

[303] *Träger*, in: Leipziger Kommentar zum StGB, 11. Aufl., 47. Lfg. 2004, § 353 d Rdnr. 6, der das Veröffentlichungsverbot daher trotz eines Verstoßes gegen § 175 Abs. 2 GVG für anwendbar hält.

daß eine zu großzügige Zulassungspraxis den gesetzlichen Schutz vor Veröffentlichungen nicht nur konterkariert, sondern womöglich vollständig entfallen läßt.

ddd) Das verbotene Verhalten

Verboten und unter Strafe gestellt ist allein die Veröffentlichung[304] in den Massenmedien. Andere Formen der Kundbarmachung, etwa in Vorträgen, unterliegen lediglich den allgemeinen Vorschriften über den Verrat von Staatsgeheimnissen.[305] Bedenklich stimmen freilich Ansätze, wissenschaftliche Veröffentlichungen für erlaubt zu halten[306] oder den Begriff der Presse auf periodisch erscheinende Druckwerke zu beschränken.[307] Zugrundezulegen ist richtigerweise der weitgefaßte presserechtliche Pressebegriff.[308]

eee) Die Adressaten des Verbots

Adressat des Veröffentlichungsverbots ist nur, wer bei den Medien mitwirkt.[309] Ob er in der Verhandlung anwesend war, spielt keine Rolle.[310] Es reicht aus, daß der Bericht auf Kenntnissen beruht, die – egal von wem – in der Verhandlung[311] gewonnen wurden.[312] Weiter wird vorausgesetzt, daß der Täter die Veröffentlichung in der seinem eigenen Medium entsprechenden Form abgibt. Der Zeitungsreporter, der im Fernsehen ein Interview über den Verhandlungsinhalt gibt, verwirklicht den Tatbestand daher nicht.[313]

bb) Das gerichtliche Schweigegebot nach §§ 174 Abs. 3 GVG, 353d Nr. 2 StGB

Anders ist das Schweigegebot nach §§ 174 Abs. 3 GVG, 353d Nr. 2 StGB strukturiert.

Nach § 174 Abs. 3 GVG kann das Gericht den anwesenden Personen die Geheimhaltung von Tatsachen, die durch die Verhandlung oder durch ein die Sache betreffendes amtliches Schriftstück zu ihrer Kenntnis gelangen, zur Pflicht

[304] Eine gegen § 174 Abs. 2 GVG verstoßende Veröffentlichung ist zugleich eine öffentliche Mitteilung i. S. v. § 353d Nr. 1 StGB (*Lenckner/Perron*, in: Schönke/Schröder, StGB, 26. Aufl. 2001, § 353d Rdnr. 17).

[305] *Diemer*, in: Karlsruher Kommentar zur StPO, 5. Aufl. 2003, § 174 GVG Rdnr. 5.

[306] *Diemer*, in: Karlsruher Kommentar zur StPO, 5. Aufl. 2003, § 174 GVG Rdnr. 5.

[307] *Tröndle/Fischer*, StGB, 52. Aufl. 2004, § 353d Rdnr. 2.

[308] *Träger*, in: Leipziger Kommentar zum StGB, 11. Aufl., 47. Lfg. 2004, § 353d Rdnr. 10; *Lenckner/Perron*, in: Schönke/Schröder, StGB, 26. Aufl. 2001, § 353d Rdnr. 8.

[309] *Stapper*, ZUM 1995, 592; *Lenckner/Perron*, in: Schönke/Schröder, StGB, 26. Aufl. 2001, § 353d Rdnr. 7.

[310] *Träger*, in: Leipziger Kommentar zum StGB, 11. Aufl., 47. Lfg. 2004, § 353d Rdnr. 9.

[311] Bzw. aus dem die Sache betreffenden amtlichen Schriftstück.

[312] *Lenckner/Perron*, in: Schönke/Schröder, StGB, 26. Aufl. 2001, § 353d Rdnr. 9.

[313] *Lenckner/Perron*, in: Schönke/Schröder, StGB, 26. Aufl. 2001, § 353d Rdnr. 17.

machen, sofern die Öffentlichkeit wegen Gefährdung der Staatssicherheit oder aus den in § 171 b GVG (Schutz der Privatsphäre) und 172 Nrn. 2, 3 GVG (berufliche und private Geheimnisse) bezeichneten Gründen ausgeschlossen wird. Dieses Verbot bildet den (derzeit) einzigen Anwendungsfall des § 353 d Nr. 2 StGB.[314] Danach macht sich strafbar, wer entgegen einer vom Gericht auf Grund eines Gesetzes angeordneten Schweigepflicht Tatsachen unbefugt offenbart, die durch eine nichtöffentliche Gerichtsverhandlung oder durch ein die Sache betreffendes amtliches Schriftstück zu seiner Kenntnis gelangt sind.

Das Schweigegebot ergibt sich also nicht kraft Gesetzes. Vielmehr muß es vom Gericht – zusätzlich zum Ausschluß der Öffentlichkeit gerade aus einem der genannten Gründe – angeordnet werden. Die Anordnung kann auch rückwirkend ergehen,[315] allerdings nur bis zum Verhandlungsende.[316] Sie hat die geheimzuhaltenden Tatsachen genau zu bezeichnen,[317] wobei freilich eine komplexartige Beschreibung ausreicht.[318] Nicht erfaßt sind auch hier Tatsachen, die durch ein öffentlich verkündetes Urteil bekannt werden.[319] Das Gebot gilt vorbehaltlich einer späteren Aufhebung durch das Gericht unbefristet.[320] Bei der Anordnung der Geheimhaltung wird sinnvollerweise auf die Strafbewehrung hingewiesen.[321] Rechtlich erforderlich ist das jedoch ebensowenig wie die von § 174 Abs. 3 S. 2 GVG vorgesehene Protokollierung, die allein Beweiszwecken dient.[322]

Im Vergleich mit dem gesetzlichen Veröffentlichungsverbot nach §§ 174 Abs. 2 GVG, 353 d Nr. 1 StGB reicht das gerichtliche Schweigegebot insofern weiter, als es nicht erst die Verbreitung in den Medien, sondern jede unbefugte[323]

---

[314] *Stapper*, ZUM 1995, 592; *Lenckner/Perron*, in: Schönke/Schröder, StGB, 26. Aufl. 2001, § 353 d Rdnr. 22.

[315] *Schreiber*, in: Wieczorek/Schütze, ZPO und Nebengesetze, 5. Bd., 3. Aufl. 1995, § 174 GVG Rdnr. 9; a.A. *Meyer-Goßner*, StPO, 47. Aufl. 2004, § 174 GVG Rdnr. 16.

[316] *Katholnigg*, Strafgerichtsverfassungsrecht, 3. Aufl. 1999, § 174 GVG Rdnr. 6.

[317] *Diemer*, in: Karlsruher Kommentar zur StPO, 5. Aufl. 2003, § 174 GVG Rdnr. 6.

[318] *Meyer-Goßner*, StPO, 47. Aufl. 2004, § 174 GVG Rdnr. 14; *Wickern*, in: Löwe-Rosenberg, StPO und GVG, 7. Bd., 25. Aufl. 2003, § 174 GVG Rdnr. 28.

[319] *Diemer*, in: Karlsruher Kommentar zur StPO, 5. Aufl. 2003, § 174 GVG Rdnr. 6; *Katholnigg*, Strafgerichtsverfassungsrecht, 3. Aufl. 1999, § 174 GVG Rdnr. 6; *Pfeiffer*, StPO und GVG, 4. Aufl. 2002, § 174 GVG Rdnr. 5.

[320] *Kissel/Mayer*, GVG, 4. Aufl. 2005, § 174 Rdnr. 28. Auf Grund der Möglichkeit, das Schweigegebot nachträglich aufzuheben, kann dem Anliegen von *Volk*, Referat 54. DJT, 1982, K 33, der die Normierung eines zeitlich befristeten Schweigegebots vorschlägt, schon jetzt Rechnung getragen werden.

[321] Nr. 131 Abs. 2 S. 1 RiStBV; *Meyer-Goßner*, StPO, 47. Aufl. 2004, § 174 GVG Rdnr. 14.

[322] *Schreiber*, in: Wieczorek/Schütze, ZPO und Nebengesetze, 5. Bd., 3. Aufl. 1995, § 174 GVG Rdnr. 9; *Pfeiffer*, StPO und GVG, 4. Aufl. 2002, § 174 GVG Rdnr. 5; *Kissel/Mayer*, GVG, 4. Aufl. 2005, § 174 Rdnr. 29; *Wickern*, in: Löwe-Rosenberg, StPO und GVG, 7. Bd., 25. Aufl. 2003, § 174 GVG Rdnr. 30; a.A. *Albers*, in: Baumbach/Lauterbach/Albers/Hartmann, ZPO, 63. Aufl. 2005, § 174 GVG Rdnr. 4.

[323] Unbefugt ist die nicht gerechtfertigte Offenbarung. Näher *Lenckner/Perron*, in: Schönke/Schröder, StGB, 26. Aufl. 2001, § 353 d Rdnr. 36.

inhaltliche Weitergabe an einen Dritten untersagt.[324] Personell erstreckt sich das Schweigegebot im Gegensatz zum Veröffentlichungsverbot auf sämtliche in der Verhandlung anwesende Personen[325] einschließlich der nach § 175 Abs. 2 GVG zugelassenen,[326] aber auch nur auf diese:[327] Dritte werden nicht erfaßt. Journalisten, die nicht persönlich zugegen waren, können den Tatbestand des § 353 d Nr. 2 StGB daher nicht erfüllen.

cc) Die Gewichtung von § 174 Abs. 2, 3 GVG im Rahmen der Ermessensentscheidung

Soweit der Schutz aus § 174 Abs. 2, 3 GVG reicht, hat das Gericht bei seiner Entscheidung über die Zulassung von Medienvertretern folglich zu berücksichtigen, ob das Veröffentlichungsverbot bzw. das Schweigegebot das gesteigerte Risiko der Verbreitung ausschalten.[328]

Dabei ist zunächst in Rechnung zu stellen, daß ein strafbewehrtes Berichterstattungsverbot die stärkste Beschränkung ist, mittels derer der Staat zur Verhandlung zugelassene Journalisten dazu bewegen kann, über bestimmte Aspekte nicht zu berichten. Zumindest im Regelfall wird das Gericht davon ausgehen dürfen, daß die Journalisten die so gezogenen Grenzen einhalten werden. Im Hinblick auf § 174 Abs. 3 GVG gilt dies freilich nur, sofern das Gericht den Schutz durch Anordnung eines Schweigegebots auch tatsächlich aktiviert.[329]

Andererseits kann ein Schweigegebot mit der Beschwerde anfechtbar sein,[330] so daß sich sein dauerhafter Fortbestand nicht sicher voraussagen läßt. Vor allem aber vermag selbst die Androhung einer strafrechtlichen Sanktion nicht mit absoluter Sicherheit zu garantieren, daß die Grenzen der zulässigen Berichterstattung beachtet werden. Es mag zwar unwahrscheinlich sein, daß ein Journalist für einen „lohnenden" Bericht, der Aussicht auf hohe Einschaltquoten bzw. Auflagen bietet, das Risiko einer Bestrafung auf sich nimmt. Ausgeschlossen ist es indessen nicht. Kaum in Betracht kommen wird daher namentlich die Zulas-

[324] *Kissel/Mayer*, GVG, 4. Aufl. 2005, § 174 Rdnr. 26.

[325] Mit dem Vorschlag, unter Umständen „auch" die Medienberichterstatter zur Geheimhaltung zu verpflichten, scheint Nr. 131 Abs. 2 S. 2 RiStBV von der Möglichkeit eines selektiven Schweigegebots auszugehen. § 174 Abs. 3 GVG spricht jedoch allein davon, „den anwesenden Personen" Geheimhaltung aufzuerlegen.

[326] *Schreiber*, in: Wieczorek/Schütze, ZPO und Nebengesetze, 5. Bd., 3. Aufl. 1995, § 174 GVG Rdnr. 9; *M. Wolf*, in: Münchener Kommentar zur ZPO, Bd. 3, 2. Aufl. 2001, § 174 GVG Rdnr. 14; *Meyer-Goßner*, StPO, 47. Aufl. 2004, § 174 GVG Rdnr. 13.

[327] *Lenckner/Perron*, in: Schönke/Schröder, StGB, 26. Aufl. 2001, § 353 d Rdnr. 26.

[328] S. nur *M. Wolf*, in: Münchener Kommentar zur ZPO, Bd. 3, 2. Aufl. 2001, § 175 GVG Rdnr. 6 (zu § 174 Abs. 3 GVG).

[329] *Lachmann*, NJW 1987, 2207, beklagt, daß von § 174 Abs. 3 GVG kaum Gebrauch gemacht werde.

[330] Beispielsweise Schweigegebote durch die (erstinstanzlichen) Verwaltungsgerichte. Dazu *Meissner*, in: Schoch/Schmidt-Aßmann/Pietzner, VwGO, § 55 Rdnr. 36.

sung eines Journalisten, der bereits nach einer früheren Verhandlung gegen das Veröffentlichungsverbot oder gegen das Schweigegebot verstoßen hat.[331] Sofern eine (erneute) verbotswidrige Berichterstattung als sicher erscheint, wird man sogar eine Ermessensreduktion auf Null annehmen müssen. Die Zulassung des Journalisten kann in diesem Fall nicht mehr rechtmäßig sein, da sie den Effekt der Nichtöffentlichkeit zunichte machen würde.

Umgekehrt wird man keinesfalls eine Reduktion des gerichtlichen Ermessens annehmen können, die so weit geht, daß der einzelne Journalist einen Zulassungsanspruch erhält. Unabhängig von der Zuverlässigkeit und Vertrauenswürdigkeit des jeweiligen Journalisten erhöht seine Zulassung in jedem Fall das Risiko einer zu umfangreichen Berichterstattung.

Ungeachtet dessen stellt der Gesetzgeber mit § 174 Abs. 2, 3 GVG zwei vergleichsweise effektive Sicherungsinstrumente zur Verfügung.

dd) Schutzlücken des Veröffentlichungsverbots sowie des Schweigegebots

Effektiven Schutz vermitteln die Verbote aus § 174 Abs. 2, 3 GVG jedoch nur innerhalb ihres begrenzten Anwendungsbereichs. Die ihnen eigene Regelungstechnik, das Veröffentlichungsverbot sowie das Schweigegebot davon abhängig zu machen, daß die Öffentlichkeit aus einzeln benannten Gründen ausgeschlossen wurde, hat erhebliche Schutzlücken zur Folge.

aaa) Der Ausschluß der Öffentlichkeit nach § 172 Nr. 1 a GVG

Kaum verständlich ist schon, daß kein Schweigegebot angeordnet werden kann, wenn die Öffentlichkeit wegen der Gefährdung des Lebens, des Leibes oder der Freiheit eines Zeugen oder einer anderen Person nach § 172 Nr. 1 a GVG ausgeschlossen wird.[332]

bbb) Die Nichtöffentlichkeit kraft Gesetzes

Vor allem aber knüpfen die Verbote jedenfalls nach dem Gesetzestext allein an einen Ausschluß der Öffentlichkeit durch einen Beschluß des Gerichts im Einzelfall an. Dagegen wird die von vornherein durch das Gesetz vorgesehene Nichtöffentlichkeit einer Verhandlung nicht erfaßt. Das betrifft insbesondere Strafverfahren gegen Jugendliche (§ 48 Abs. 1 JGG) sowie Familiensachen (§ 170 S. 1 GVG). Daraus folgert die überwiegende Auffassung, daß das Gericht im Hinblick auf Verhandlungen, die kraft Gesetzes nichtöffentlich stattfinden,

---

[331] Vgl. *Wickern*, in: Löwe-Rosenberg, StPO und GVG, 7. Bd., 25. Aufl. 2003, § 175 GVG Rdnr. 10 (zu § 174 Abs. 3 GVG).

[332] *Schreiber*, in: Wieczorek/Schütze, ZPO und Nebengesetze, 5. Bd., 3. Aufl. 1995, § 174 GVG Rdnr. 10; *Albers*, in: Baumbach/Lauterbach/Albers/Hartmann, ZPO, 63. Aufl. 2005, § 174 GVG Rdnr. 4.

kein Schweigegebot nach § 174 Abs. 3 GVG anordnen kann.[333] Für das ohnehin nicht separat angeordnete Veröffentlichungsverbot nach § 174 Abs. 2 GVG muß das erst recht gelten.

Gegen diese Auffassung ist rechtlich nichts einzuwenden. Auch wenn der defizitäre Schutz in der Sache kaum zu überzeugen vermag,[334] läßt sich die Lücke de lege lata nicht schließen. Zwar würde der Vorschlag, § 174 Abs. 2, 3 GVG in diesen Fällen entsprechend anzuwenden,[335] zu praktikablen Ergebnissen führen. Jedoch knüpft der Gesetzgeber gezielt an einzeln benannte Gründe für den Ausschluß der Öffentlichkeit an. Daß im übrigen eine *unbewußte*, also eine ausfüllungsfähige, Regelungslücke vorliegt, ist kaum anzunehmen.

Sehr fraglich erscheint auch die Lösung, das Gericht könne in einer von vornherein nichtöffentlichen Verhandlung die Öffentlichkeit zusätzlich per Beschluß ausschließen, um so den Schutz der §§ 174 Abs. 2, 3 GVG, 353 d Nrn. 1, 2 StGB herbeizuführen.[336] Nach dem Wortlaut des § 174 Abs. 2, 3 GVG setzen die Beschränkungen der Berichterstattung voraus, daß die Öffentlichkeit *wegen* Gefährdung der Staatssicherheit oder *aus* bestimmten anderen Gründen *ausgeschlossen ist* bzw. *wird*. Das ist jedoch bei einer kraft Gesetzes nichtöffentlichen Verhandlung nicht der Fall. Sie ist auch dann *nicht öffentlich* – so der Wortlaut in §§ 170 GVG, 48 Abs. 1 JGG –, wenn sie die Staatssicherheit oder die übrigen in § 174 Abs. 3 GVG genannten Ausschlußgründe nicht betrifft.

b) Das Fehlen sonstiger gerichtsverfassungsrechtlicher Restriktionen

Weitere Instrumente, mit denen das Gericht die Berichterstattung durch zugelassene Journalisten unterbinden könnte, kennt das Gerichtsverfassungsrecht nicht. Auf § 176 GVG lassen sich richterliche Geheimhaltungsgebote schon deshalb nicht stützen, weil der zeitliche Anwendungsbereich der Sitzungspolizei mit der Sitzung endet. Vor allem aber ergibt der Gegenschluß aus den exzeptionellen Verboten nach § 174 Abs. 2, 3 GVG, daß das Gericht jenseits dieser Einschränkungen keine Möglichkeit hat, Berichte bzw. Veröffentlichungen über nichtöffentliche Verhandlungen verbindlich zu beschränken.[337] Das Gericht kann

---

333 *Meyer-Goßner*, StPO, 47. Aufl. 2004, § 174 GVG Rdnr. 17; *Lenckner/Perron*, in: Schönke/Schröder, StGB, 26. Aufl. 2001, § 353 d Rdnr. 24; *Kissel/Mayer*, GVG, 4. Aufl. 2005, § 174 Rdnr. 32; *Wickern*, in: Löwe-Rosenberg, StPO und GVG, 7. Bd., 25. Aufl. 2003, § 174 GVG Rdnr. 36.

334 *Tröndle/Fischer*, StGB, 52. Aufl. 2004, § 353 d Rdnr. 5; *Meyer-Goßner*, StPO, 47. Aufl. 2004, § 174 GVG Rdnr. 17; *Lenckner/Perron*, in: Schönke/Schröder, StGB, 26. Aufl. 2001, § 353 d Rdnr. 24.

335 *Katholnigg*, Strafgerichtsverfassungsrecht, 3. Aufl. 1999, § 174 GVG Rdnr. 7.

336 *Träger*, in: Leipziger Kommentar zum StGB, 11. Aufl., 47. Lfg. 2004, § 353 d Rdnrn. 7, 23.

337 Für öffentliche Verhandlungen gilt das erst recht. Dazu *Schreiber*, in: Wieczorek/Schütze, ZPO und Nebengesetze, 5. Bd., 3. Aufl. 1995, § 174 GVG Rdnr. 10; *Meyer-Goßner*, ZRP 1982, 239.

die Journalisten lediglich zu zurückhaltender Berichterstattung auffordern.[338] Erachtet das Gericht dies als nicht ausreichend, ist dem Schutzzweck der Nichtöffentlichkeit durch eine restriktive Handhabung der Zulassungsmöglichkeit nach § 175 Abs. 2 GVG Rechnung zu tragen.[339]

Aus Sicht der Medien ist das mißlich. Die bloße Beschränkung der Berichterstattung belastet die Medien sogar dann weniger stark als die Versagung der Zulassung, wenn sie mit Mitteln des Strafrechts erfolgt. De lege ferenda ist daher zu erwägen, dem Gericht in Erweiterung von § 174 Abs. 3 GVG bei jeder nichtöffentlichen Verhandlung die Anordnung eines Schweigegebots zu ermöglichen, um Journalisten in einer größeren Zahl von Fällen zulassen zu können.

Weiter ließe sich der Schutz des Schweigegebots noch verstärken, indem in Anlehnung an § 174 Abs. 2 GVG auch nicht anwesenden Dritten die mediale Publikation verbotswidriger Berichte untersagt würde, um so Umgehungen des Schweigegebots zu verhindern. Derzeit dürfte ein Journalist, der von einem der zugelassenen Kollegen informiert wurde, über die Verhandlung berichten, ohne mit §§ 174 Abs. 3 GVG, 353 d Nr. 2 StGB in Konflikt zu geraten. Strafbar würde sich allein der zugelassene Journalist machen. Falls sich nicht feststellen läßt, wer der Informant war, läuft der strafrechtliche Schutz faktisch leer.

c) Gesetzliche Beschränkungen jenseits des Gerichtsverfassungsrechts

aa) Die fortbestehenden presse- und medienrechtlichen Grenzen der Gerichtsberichterstattung

Außerhalb des Anwendungsbereichs von § 174 Abs. 2, 3 GVG hat das Gericht keinen unmittelbaren Einfluß auf den Umfang der Berichterstattung durch zugelassene Journalisten. Das bedeutet jedoch nicht, daß eine beliebig umfangreiche Berichterstattung rechtlich zulässig wäre. Der oben angesprochene e-contrario-Schluß – keine Beschränkungen außer dem Veröffentlichungsverbot bzw. dem Schweigegebot – schließt allein sonstige *gerichtsverfassungsrechtliche* Maßnahmen aus. Die presse- und medienrechtlichen Grenzen der Gerichtsberichterstattung bleiben hingegen unberührt. Wenn es beispielsweise je nach Lage des Falles zum Schutz des allgemeinen Persönlichkeitsrechts sogar unzulässig sein kann, den Namen eines Angeklagten in den Medien zu nennen, gegen den *öffentlich* verhandelt worden ist,[340] so gilt das erst recht für *nichtöffentliche* Verhandlun-

---

[338] *Meyer-Goßner*, StPO, 47. Aufl. 2004, § 174 GVG Rdnr. 17; s. dazu auch Nr. 131 Abs. 2 S. 2 RiStBV.

[339] *Kissel/Mayer*, GVG, 4. Aufl. 2005, § 174 Rdnr. 32.

[340] Eingehend *Burkhardt*, in: Wenzel, Das Recht der Wort- und Bildberichterstattung, 5. Aufl. 2003, 10. Kapitel Rdnrn. 190 ff.; *Stapper*, Namensnennung in der Presse im Zusammenhang mit dem Verdacht strafbaren Verhaltens, 1995, passim. S. auch unten Teil 5 E.IV.2.b)aa) mit Fn. 854 – 856 (S. 449 f.).

gen. Namentlich im Jugendstrafverfahren verbietet das Persönlichkeitsrecht des Angeklagten, seinen Namen zu nennen oder ihn in anderer Weise identifizierbar zu beschreiben.[341]

Der Bericht durch einen zugelassenen Journalisten kann daher unabhängig von einer Verletzung von § 174 Abs. 2, 3 GVG unzulässig sein und rechtliche Sanktionen, vor allem in Form von Schadensersatz, nach sich ziehen. Insofern erweist sich die gelegentlich verwendete Formulierung als irreführend, das Gericht könne die Medien jenseits der gerichtsverfassungsrechtlichen Einschränkungen nur zu einer freiwilligen Geheimhaltung veranlassen.[342] Die gleiche Skepsis gilt gegenüber der Aussage, nach § 175 Abs. 2 S. 1 GVG zugelassene Pressevertreter dürften vorbehaltlich eines Schweigegebots i. S. v. § 174 Abs. 3 S. 1 GVG über die Verhandlung berichten.[343]

bb) Die eingeschränkte Abschreckungswirkung der presse- und medienrechtlichen Grenzen

Im Rahmen der Abwägung nach § 175 Abs. 2 GVG (bzw. nach § 48 Abs. 2 S. 3 JGG) ist jedoch zu berücksichtigen, daß den übrigen rechtlichen Grenzen der Berichterstattung nur eine eingeschränkte Abschreckungswirkung zukommt. Während sich eine Verletzung von § 174 Abs. 2, 3 GVG in der Regel unproblematisch feststellen läßt, ergibt sich ein Verstoß gegen sonstige Schranken meist erst aus einem einzelfallorientierten Abwägungsprozeß, dessen Ergebnis kaum vorauszusagen ist.

Zudem wird eine Verletzung von § 353 d Nrn. 1, 2 StGB von Amts wegen verfolgt. Im Unterschied dazu setzt die Sanktionierung presse- und medienrechtlicher Verstöße eine Klage des Verletzten voraus.

cc) Die Konsequenzen für die Zulassungsentscheidung

Daher sollte das Gericht bereits im Zusammenhang mit der Zulassung auf die Journalisten einwirken, die rechtlichen Grenzen der Berichterstattung zu beachten.[344] Die Abschreckungswirkung auch der nicht im Gerichtsverfassungsrecht vorgesehenen Sanktionen läßt sich namentlich durch den Hinweis auf mög-

---

[341] *Ostendorf*, JGG, 6. Aufl. 2003, § 48 Rdnr. 16. S. auch S. 3 der Richtlinie der Landesjustizverwaltungen zu § 48 JGG (oben Fn. 280), sowie den Hinweis von *Brüggemann*, AfP 1971, 156 f., auf entsprechende Empfehlungen des Presserats.

[342] So *Meyer-Goßner*, StPO, 47. Aufl. 2004, § 174 GVG Rdnr. 17; Nr. 131 Abs. 2 S. 2 RiStBV.

[343] So aber *Volk*, Referat 54. DJT, 1982, K 33.

[344] So explizit S. 3 der Richtlinie der Landesjustizverwaltungen zu § 48 JGG (oben Fn. 280). Weitergehend *Eisenberg*, JGG, 10. Aufl. 2004, § 48 Rdnr. 20, der zu einer entsprechenden Pflicht tendiert: Es sei fraglich, ob dem Gesetzeswillen ausreichend Rechnung getragen werde, indem der Richter auf die Vermeidung einer Identifizierung des Angeklagten hinwirken „sollte".

liche Schadensersatzansprüche oder Unterlassungsklagen betroffener Dritter verstärken.[345]

Weiß das Gericht, daß ein Journalist seine Verpflichtung zur Verschwiegenheit nicht einhalten wird, so muß es ihm die Zulassung verweigern.[346] Speziell die zu weitgehende und daher rechtswidrige Berichterstattung aus früheren Verhandlungen rechtfertigt die Versagung der Zulassung bzw. den Widerruf einer bereits erteilten Zulassung.[347]

d) Freiwillige Beschränkungen der Berichterstattung auf Veranlassung des Gerichts

Schließlich sind Konstellationen denkbar, in denen die Berichterstattung aus einer nichtöffentlichen Verhandlung dem Schutzzweck der Nichtöffentlichkeit zuwiderlaufen würde, ohne zugleich gegen Rechtsvorschriften zu verstoßen. Das ist beispielsweise der Fall, wenn die Öffentlichkeit nach § 172 Nr. 1 2. Var. GVG zum Schutz der öffentlichen Ordnung ausgeschlossen wird, um zu verhindern, daß später zu vernehmende Zeugen über vorangegangene Aussagen informiert werden.[348] Berichtet ein zugelassener Journalist über diese Aussagen, vereitelt er den Zweck der Nichtöffentlichkeit, ohne daß darin eine Verletzung etwa von Persönlichkeitsrechten liegen muß. Ein Verstoß gegen § 174 Abs. 2, 3 GVG scheidet ohnehin aus, da weder das Schweigegebot noch das Veröffentlichungsverbot den Fall der Nichtöffentlichkeit nach § 172 Nr. 1 2. Var. GVG erfassen.

In diesem Fall kommt der Bereitschaft der Journalisten zu freiwilligen Beschränkungen der Berichterstattung entscheidende Bedeutung zu. Damit ist, wie das Beispiel zeigt, nicht zwingend und ausschließlich inhaltliche Zurückhaltung gemeint. Vielmehr kann zur Wahrung des Zwecks der Nichtöffentlichkeit schon eine zeitlich verzögerte Berichterstattung genügen, die erst nach Abschluß der Instanz stattfindet.[349]

Unmittelbaren Einfluß auf die Einhaltung derartiger Einschränkungen hat das Gericht freilich nicht. Es kann an die Journalisten appellieren oder die Zulassung auf solche Journalisten beschränken, die eine entsprechende Zusicherung

---

[345] Vgl. *Ostendorf*, JGG, 6. Aufl. 2003, § 48 Rdnr. 16.

[346] *Ostendorf*, JGG, 6. Aufl. 2003, § 48 Rdnr. 16. Vgl. auch BGH NJW 1964, 1485.

[347] *Eisenberg*, JGG, 10. Aufl. 2004, § 48 Rdnr. 20. S. auch den Verweis auf Nr. 131 Abs. 2 S. 3 RiStBV in S. 4 der Richtlinie der Landesjustizverwaltungen zu § 48 JGG (oben Fn. 280).

[348] Die ungestörte Wahrheitsfindung ist Bestandteil der öffentlichen Ordnung i. S. v. § 172 Nr. 1 GVG. Ein derartiger Ausschluß der gesamten Öffentlichkeit kommt freilich nur in Betracht, sofern der sitzungspolizeiliche Ausschluß einzelner Zuschauer nicht ausreicht. Näher *Kissel/Mayer*, GVG, 4. Aufl. 2005, § 172 Rdnr. 25.

[349] Vgl. dazu den – freilich auf Gesetzesänderungen zielenden – Vorschlag von *Dahs*, Referat 54. DJT, 1982, K 24, 28: Zwar sollten strafgerichtliche Hauptverhandlungen in weitem Umfang unter Ausschluß der Öffentlichkeit stattfinden. Journalisten sollten jedoch uneingeschränkt Zutritt haben, aber erst nach Abschluß der Instanz berichten dürfen.

abgeben.[350] Jedoch muß das Gericht im Rahmen der Abwägung berücksichtigen, daß eine appell- bzw. zusicherungswidrige Berichterstattung keine rechtlichen Konsequenzen hat.[351] Insofern sind auch die Erfahrungen aus früheren Verfahren von Bedeutung. Ist ein Journalist der Bitte um eine nur beschränkte Berichterstattung nicht nachgekommen oder hat er gar eine entsprechende Zusage gebrochen, ist das zumindest ein gewichtiges Argument dafür, die Zulassung zu versagen.[352] Es erscheint empfehlenswert, diese Verfahrensweise von vornherein anzudrohen. Ein zusätzlicher Abschreckungseffekt läßt sich erzielen, wenn das Gericht ankündigt, im Fall einer appell- bzw. abredewidrigen Berichterstattung auch andere Vertreter derselben Zeitung bzw. desselben Rundfunkveranstalters nicht mehr zuzulassen. Insoweit kommt allerdings dem Übermaßverbot erhöhte Bedeutung zu.

2. Die Wahrung der Medienfreiheiten

Auf der anderen Seite hat das Gericht das durch die Medien verkörperte, grundrechtlich abgesicherte Informationsinteresse der Öffentlichkeit zu berücksichtigen. Das grundrechtsgeschützte Anliegen erstreckt sich auch auf die Anwesenheit in nichtöffentlichen Verhandlungen. Welche Überlegungen insofern relevant werden, hängt maßgeblich von der Position ab, die man zum Grundrechtsschutz der Journalisten in *öffentlichen* Verhandlungen einnimmt.

a) Der einschlägige Grundrechtsschutz

Zunächst stellt sich die Frage nach dem einschlägigen Grundrecht.

aa) Die Konsequenzen der bundesverfassungsgerichtlichen Konzeption

Nimmt man mit dem *Bundesverfassungsgericht* an, die Anwesenheit von Journalisten in *öffentlichen* Verhandlungen werde nicht durch die Medienfreiheiten des Art. 5 Abs. 1 S. 2 GG geschützt, sondern allein durch die allgemeine Informationsfreiheit nach Art. 5 Abs. 1 S. 1 HS 2 GG, so ist damit über die grundrechtliche Beurteilung *nichtöffentlicher* Verhandlungen noch nichts gesagt. Vielmehr

---

[350] Nach *Stober*, DRiZ 1980, 6, kommt eine Zulassung von Journalisten nur in Betracht, wenn sie sich zur Geheimhaltung bestimmter Tatsachen verpflichten. Im Anwendungsbereich der Ver- bzw. Gebote nach § 174 Abs. 2, 3 GVG, auf die *Stober* verweist, ist eine zusätzliche Verpflichtung freilich nur dann sinnvoll, wenn man davon ausgeht, daß sich ein Journalist womöglich nicht durch die Strafdrohung in § 353 d Nrn. 1, 2 StGB, wohl aber durch sein Versprechen gegenüber dem Gericht zur Geheimhaltung bewegen läßt.

[351] Die fehlende Möglichkeit, Zuhörer rechtsverbindlich zur Verschwiegenheit zu verpflichten, ist für *Linck*, ZParl 23 (1992), S. 695, ein Argument gegen die Zulassung von Journalisten zu nichtöffentlichen Parlamentssitzungen.

[352] Dazu Nr. 131 Abs. 2 S. 3 RiStBV.

ergeben sich mehrere Anschlußfragen, die hier lediglich kurz skizziert werden sollen. Eine ausführliche Auseinandersetzung ist entbehrlich, weil bereits der Ausgangspunkt des *Bundesverfassungsgerichts* – wie oben gezeigt –[353] nicht überzeugt.

aaa) Die allgemeine Informationsfreiheit des Art. 5 Abs. 1 S. 1 GG

Zunächst kommt in Betracht, auch die Teilnahme eines Journalisten an einer nichtöffentlichen Verhandlung (nur) der allgemeinen Informationsfreiheit zu unterstellen. Voraussetzung dafür ist (bzw. wäre) freilich, daß man eine nichtöffentliche Verhandlung gleichwohl als allgemein zugängliche Informationsquelle i. S. v. Art. 5 Abs. 1 S. 1 GG ansieht.[354]

bbb) Die Medienfreiheiten des Art. 5 Abs. 1 S. 2 GG

Verneint man diesen Charakter der nichtöffentlichen Verhandlung, ist die allgemeine Informationsfreiheit tatbestandlich nicht einschlägig. In diesem Fall stellt sich die Frage, ob für die Anwesenheit von Journalisten auf die Medienfreiheiten des Art. 5 Abs. 1 S. 2 GG zurückgegriffen werden kann. Die Antwort hängt davon ab, aus welchem Grund man – immer noch nach der Konzeption des *Bundesverfassungsgerichts* – für die Anwesenheit von Journalisten in öffentlichen Verhandlungen allein die allgemeine Informationsfreiheit heranziehen will.

Sollte die vermeintliche Ausschließlichkeit der Informationsfreiheit bei *öffentlichen* Verhandlungen darauf beruhen, daß die Medienfreiheiten im Wege der Grundrechtskonkurrenz verdrängt werden, kann für nichtöffentliche Verhandlungen gleichwohl auf die Medienfreiheiten zurückgegriffen werden: Wo die Informationsfreiheit nicht einschlägig ist, kann sie die Medienfreiheiten auch nicht verdrängen.

Sollte die Konzeption des *Bundesverfassungsgerichts* für öffentliche Verhandlungen hingegen auf der Vorstellung beruhen, die Medienfreiheiten seien bereits tatbestandlich nicht einschlägig, so kommt ein Schutz der Journalisten durch Art. 5 Abs. 1 S. 2 GG in nichtöffentlichen Verhandlungen erst recht nicht in Betracht.

In diesem Fall verbleibt allenfalls der Schutz durch das subsidiäre Auffanggrundrecht der allgemeinen Handlungsfreiheit nach Art. 2 Abs. 1 GG.

bb) Die Anwesenheit von Journalisten in nichtöffentlichen Verhandlungen als Gegenstand der Medienfreiheiten

Wesentlich weniger kompliziert gestaltet sich die Lösung, wenn man mit der hier vertretenen Auffassung die Anwesenheit von Journalisten in *öffentlichen*

---

353 Dazu oben Teil 4 A.II., S. 232 ff.
354 Oben Teil 2 E.IV.2., S. 150 ff.

Verhandlungen als Gegenstand der Medienfreiheiten des Art. 5 Abs. 1 S. 2 GG ansieht, weil die Medienpräsenz integraler Bestandteil der Berichterstattungsfreiheit ist. Auch die Anwesenheit in *nichtöffentlichen* Verhandlungen dient der Vorbereitung späterer Berichte, sie fügt sich daher unproblematisch in den bei „der Beschaffung der Information" beginnenden Schutzbereich der Medienfreiheiten ein.

Allerdings sieht sich auch dieser Ansatz durch die jüngere Rechtsprechung des *Bundesverfassungsgerichts* in Frage gestellt, nach der gesetzliche Begrenzungen des Zugangs zu staatlichen Informationsquellen nicht nur den Tatbestand der allgemeinen Informationsfreiheit, sondern zugleich die tatbestandliche Reichweite der Medienfreiheiten limitieren sollen, weil die Medienfreiheiten – so das Gericht – nicht weiter reichen als die allgemeine Informationsfreiheit.[355] Diese Sichtweise hätte zur Konsequenz, daß auch der Schutzbereich der Medienfreiheiten nur eröffnet wäre, falls eine Gerichtsverhandlung trotz ihrer Nichtöffentlichkeit eine allgemein zugängliche Quelle i. S. v. Art. 5 Abs. 1 S. 1 GG darstellen sollte, da nur unter dieser Voraussetzung der vermeintlich gleich weit reichende Schutzbereich der allgemeinen Informationsfreiheit eröffnet ist.

Diese Überlegung bedarf hier noch keiner Vertiefung. Daß die *bundesverfassungsgerichtliche* Auffassung im Ergebnis nicht überzeugt, wird im Zusammenhang mit Fernsehaufnahmen in der mündlichen Verhandlung, auf die diese Rechtsprechung gerade zugeschnitten ist, näher darzulegen sein.[356] Jedenfalls bleibt es dabei, daß die Teilnahme auch an einer nichtöffentlichen Verhandlung in den Schutzbereich der Medienfreiheiten fällt.

b) Die Konsequenzen des Grundrechtsschutzes für die Zulassungsentscheidung

Richtiger Auffassung nach muß das Gericht bzw. der Vorsitzende bei seiner Entscheidung über die Zulassung von Journalisten also die Medienfreiheiten berücksichtigen.

aa) Die Nichtzulassung als Grundrechtseingriff

Dabei sind nicht nur die objektiven Grundrechtsfunktionen in Rechnung zu stellen, also die öffentliche Aufgabe und die für die freiheitlich-demokratische Grundordnung schlechthin konstituierende Bedeutung der Kommunikationsmittel wie überhaupt die meinungsbildende Funktion.[357] Von primärer Bedeutung ist auch hier die subjektive abwehrrechtliche Dimension der Grundrechte.[358] Nach

---

[355] BVerfGE 103, 44 (59 f.).

[356] Unten Teil 5 E.I.2., S. 393 ff.

[357] BVerfGE 101, 361 (388 f.).

[358] *Bethge*, VVDStRL Heft 57 (1998), S. 14; *H. H. Klein*, in: HGR I, 2004, § 6 Rdnr. 245; vgl. auch BVerfGE 50, 290 (337).

dem rechtsstaatlichen Verteilungsprinzip[359] stellt die Versagung der Teilnahme einen Grundrechtseingriff dar, der die grundrechtliche Rechtfertigungspflicht des Staates auslöst.

Das ist unproblematisch, soweit es um die formell-gesetzliche Eingriffsgrundlage geht. Die Vorschriften über die Nichtöffentlichkeit bzw. über den Ausschluß der Öffentlichkeit sowie über die ausnahmsweise Zulassung sind allgemeine Gesetze im Sinne von Art. 5 Abs. 2 GG, da sie nicht speziell gegen die Medien gerichtet sind.

Inhaltlich verlangen die Medienfreiheiten, daß das Gericht die Gründe für die nichtöffentliche Durchführung der Verhandlung einerseits und die Medienfreiheiten andererseits gegeneinander abwägt.[360] Der Gedanke der grundrechtsfreundlichen Auslegung des § 175 Abs. 2 S. 1 GVG bzw. des § 48 Abs. 2 S. 3 JGG spricht für eine großzügige Zulassungspraxis. Journalisten sollte der Zutritt nur bei Gründen von einigem Gewicht versagt werden.[361] Jedenfalls ist eine Abwägung im Einzelfall unverzichtbar.[362]

bb) Die Frage nach einem Zulassungsanspruch

Der grundrechtliche Hintergrund führt zu der Frage, ob sich die oben getroffene Aussage aufrechterhalten läßt, daß bei einer Konstellation der hier beschriebenen Art – nichtöffentliche Verhandlung – ein Journalist keinen Zulassungsanspruch hat, daß es vielmehr im pflichtgemäßen Ermessen des Gerichts liegt, über die Zulassung zu entscheiden.

aaa) Zum Begriff des Zulassungsanspruchs

Das veranlaßt zunächst zu einer begrifflichen Klarstellung. Der Begriff des Anspruchs ist im grundrechtlichen Kontext mehrdeutig.

Ein vom Schutzbereich eines Grundrechts erfaßtes Verhalten darf durch den Staat nur unter bestimmten Voraussetzungen beschränkt werden. Bereits dieses grundsätzliche Abwehrrecht läßt sich als Abwehranspruch des Grundrechtsträgers bezeichnen. Über die Erlaubtheit des Verhaltens bzw. über die Rechtmäßigkeit staatlicher Beschränkungen ist damit freilich noch nichts gesagt.

Einen strikten Abwehranspruch im Sinne einer durchsetzbaren Rechtsposition hat der Grundrechtsträger erst gegenüber konkreten staatlichen Beschränkungen,

[359] *C. Schmitt*, Verfassungslehre, 9. Aufl. 2003, S. 126.

[360] *Brunner*, ZfJ 1973, 340, für die Berücksichtigung der Pressefreiheit bei der Entscheidung nach § 48 Abs. 2 S. 3 JGG.

[361] *H. Jung*, in: GS für Hilde Kaufmann, 1986, S. 908, m. w. N. Vorsichtig in diese Richtung auch *Kissel/Mayer*, GVG, 4. Aufl. 2005, § 169 Rdnr. 86: Hinweis auf die Überlegung, ob eine an Art. 5 GG orientierte Auslegung nicht erweiterte Zugangsmöglichkeiten fordert.

[362] Vgl. *Brunner*, ZfJ 1973, 340, zu § 48 Abs. 2 S. 3 JGG: Die Pressefreiheit verbietet es, Pressevertretern grundsätzlich die Zulassung zu versagen.

die die grundrechtlichen Eingriffskautelen nicht beachten. In dieser Konstellation wird auch der Zusammenhang zwischen der Abwehr staatlicher Beschränkungen und der Einforderung staatlicher Leistungen einmal mehr deutlich. Wenn der Staat ein grundrechtlich geschütztes Verhalten prinzipiell verbietet, jedoch die Möglichkeit vorsieht, Befreiungen von diesem Verbot zu erteilen, so hat der Grundrechtsträger als Folge des Abwehrrechts einen grundrechtlich fundierten Anspruch auf Erteilung der Befreiung in den Fällen, in denen das Verbot nicht gerechtfertigt ist.[363]

Ein solches strikt durchsetzbares Recht ist gemeint, wenn hier nach einem Zulassungsanspruch von Journalisten gefragt wird. Ein derartiger Anspruch besteht bei Abwägungsentscheidungen des Gerichts, bei denen gegenläufige Rechtspositionen auszutarieren sind, prinzipiell nicht. Davon zu unterscheiden ist der immerhin auch grundrechtlich abgesicherte Anspruch auf fehlerfreien Ermessensgebrauch.

bbb) Kein durchsetzbarer Teilnahmeanspruch einzelner Journalisten

Konsequenterweise stellt sich jedoch die Frage, ob es Situationen geben kann, in denen die Versagung der Zulassung eine unverhältnismäßige Beschränkung der Medienfreiheiten wäre, so daß sich das gerichtliche Zulassungsermessen auf Null reduziert. Zu erwägen sind die Auswirkungen des Übermaßverbots.

(1) Kein Verstoß einer Zulassungsversagung gegen das Übermaßverbot

Die Versagung der Zulassung ist in jedem Fall geeignet, die Gefahr einer unerwünschten bzw. rechtswidrigen Verbreitung des Prozeßgeschehens abzuwehren.

Die Nichtzulassung von Journalisten ist zu diesem Zweck auch erforderlich. Andere Mittel wehren die Gefahr der Verbreitung weniger effektiv ab. Unabhängig von der Zuverlässigkeit der betreffenden Journalisten sowie von gesetzlichen Sicherungsinstrumenten oder von Vertraulichkeitszusagen birgt die Anwesenheit von Journalisten stets ein höheres Verbreitungsrisiko als ihre Nichtzulassung.

Vorstellbar ist allenfalls, daß die Versagung der Zulassung für einen Journalisten unzumutbar ist, weil selbst die vollständige Verbreitung des Verhandlungsgeschehens keine oder nur eine geringe Bedrohung für rechtlich geschützte Interessen darstellt, während gleichzeitig ein starkes Informationsinteresse der Öffentlichkeit besteht. Geht es dabei um eine Verhandlung, deren Öffentlichkeit durch das Gericht ausgeschlossen wurde, liegt freilich der Gedanke nahe, daß die für die Öffentlichkeit streitenden Interessen bereits bei der Ermessensentscheidung über den Ausschluß der Öffentlichkeit nicht bzw. nicht ausreichend berücksichtigt wurden.

---

[363] *Pieroth/Schlink*, Grundrechte – Staatsrecht II, 20. Aufl. 2004, Rdnr. 62.

(2) Kein Zulassungsanspruch wegen der Zulassung anderer Journalisten

An einem Zulassungsanspruch fehlt es nicht nur im Hinblick auf Verhandlungen, in denen überhaupt keine Medienvertreter anwesend sind. Auch die Zulassung einzelner Journalisten hat keinen Zulassungsanspruch anderer Journalisten zur Folge. Je größer die Zahl der anwesenden Medienvertreter wird, desto mehr erhöht sich die Gefahr, daß geheimhaltungsbedürftige Verhandlungsinhalte verbreitet werden. Daher verstößt die Versagung der Teilnahme gegenüber einem Journalisten trotz der Zulassung anderer Journalisten nicht gegen das Übermaßverbot.[364]

(3) Kein Zulassungsanspruch über den Gleichheitssatz

Auch einer Überprüfung am Maßstab des allgemeinen Gleichheitssatzes (Art. 3 Abs. 1 GG) hält die Zulassung nur einzelner Journalisten stand. Zwar vermag das Grundrecht derivative Leistungsansprüche zu vermitteln, also das Recht auf gleiche Teilhabe an staatlichen Leistungen.[365] Begrenzt wird dieses Recht jedoch durch die staatlichen Kapazitäten.[366] Im hier relevanten Kontext ist für die Kapazität der Zulassungsmöglichkeit nicht allein die Zahl der Plätze im Gerichtssaal ausschlaggebend, sondern zugleich der Zweck der Nichtöffentlichkeit, der durch die Zulassung einer zu großen Zahl von Journalisten konterkariert würde. Das berücksichtigen im übrigen auch die einfachrechtlichen Rechtsgrundlagen, die eine pauschale Zulassung von Personengruppen ohnehin nicht gestatten.[367]

Schon aus diesem Grund wird die Frage nach dem Modus der Vergabe „der" Presseplätze an die teilnahmewilligen Medienvertreter bei nichtöffentlichen Verhandlungen kaum relevant werden. Jedenfalls wäre dabei nach denselben Kriterien zu verfahren, die für die Vergabe spezieller Presseplätze in öffentlichen Verhandlungen gelten.[368] In die Verteilung einbezogen werden dürfen allein solche Journalisten, bei denen die erforderliche Geheimhaltung gewährleistet ist.

---

[364] Etwas anderes gilt nur, wenn Journalisten gezielt wegen zulässiger, dem Gericht jedoch nicht genehmer kritischer Berichterstattung aus früheren (öffentlichen oder nichtöffentlichen) Verhandlungen die Zulassung versagt wird.

[365] *Heun*, in: Dreier, GG, Bd. I, 2. Aufl. 2004, Art. 3 Rdnr. 81; *Starck*, in: v. Mangoldt/Klein/Starck, Das Bonner Grundgesetz, Bd. 1, 4. Aufl. 1999, Art. 3 Rdnr. 138.

[366] Dazu *Starck*, in: v. Mangoldt/Klein/Starck, Das Bonner Grundgesetz, Bd. 1, 4. Aufl. 1999, Art. 3 Rdnr. 138.

[367] Oben Teil 4 B.II., S. 278 ff.

[368] Oben Teil 4 A.III.2.c)aa), S. 273 ff.

Teil 5

Bild- und Tonaufnahmen

Mit der bloßen Anwesenheit in der mündlichen Verhandlung ist das Informationsbeschaffungsinteresse der Medien regelmäßig noch nicht befriedigt. Für den Rundfunk, namentlich für das „Leitmedium"[1] Fernsehen, sowie für den (praktisch freilich kaum bedeutsamen) Film steht die Zulässigkeit von Bild- und Tonaufnahmen im Vordergrund. Aber auch die Presse ist zur Ergänzung ihrer Wortberichte potentiell an Fotos interessiert.

Die Zulässigkeit dieser Aufnahmen ist Gegenstand unterschiedlicher Regelungsinstrumente. Für Rundfunk- und Filmaufnahmen *in der mündlichen Verhandlung* gilt heute das gesetzliche Verbot des § 169 S. 2 GVG. Im übrigen – also über die Zulässigkeit von Rundfunk- und Filmaufnahmen *im Umfeld* der Verhandlung sowie über die Zulässigkeit von Fotos – entscheiden der Vorsitzende im Rahmen seiner Sitzungspolizei bzw. der Gerichtspräsident auf Grund seines Hausrechts. Besonderheiten gelten vor dem *Bundesverfassungsgericht* sowie vor den Landesverfassungsgerichten.

---

[1] BVerfGE 97, 228 (257). Vgl. auch die Daten zur Mediennutzung in MediaPerspektiven, Basisdaten, Daten zur Mediensituation in Deutschland 2003, S. 64 ff.

A. Rundfunk-, Ton- und Filmaufnahmen in der Verhandlung: Das Verbot des § 169 S. 2 GVG

I. Die Anfänge des Rundfunks im Gerichtssaal

Das damals neue Medium Fernsehen entdeckte in den 50er-Jahren des 20. Jahrhunderts die Gerichtssäle als Objekt der Berichterstattung. Der NWDR Berlin, später der SFB, strahlte wöchentlich die Sendung „Menschen und Paragraphen – Originalaufnahmen aus Berliner Gerichtssälen" aus.[2] Diese Form von Öffentlichkeit war als Massenphänomen neu. Zuvor hatte es lediglich einzelne Rundfunkübertragungen aus Gerichtsverhandlungen gegeben. Bereits in den 30er-Jahren des 20. Jahrhunderts waren in der Sowjetunion einige Schauprozesse im Hörfunk übertragen worden, im nationalsozialistischen Deutschland als erstes Gerichtsverfahren 1933 der Prozeß um den Reichstagsbrand.[3] Daß die Rundfunkübertragung aus dem Gerichtssaal ausgerechnet in totalitären Staaten erstmals eingesetzt wurde, taugt freilich unter den vollständig anderen Bedingungen des freiheitlichen Rechtsstaats nicht als Ansatzpunkt für Kritik.[4] Genausowenig läßt sich die Bedeutung der Medien für die Demokratie mit dem Argument in Abrede stellen, daß es seinerzeit eine gezielte Beeinflussung der Bevölkerung durch den Einsatz von Massenmedien gab. Schon die Gegenstände der jeweiligen Berichterstattung sind nicht miteinander vergleichbar. Die massenhafte Verbreitung eines inszenierten Schauspiels mit weitgehend festgelegtem Ergebnis ist die eine Sache; die Übertragung eines ergebnisoffenen Prozesses mit dem Ziel der Wahrheitsermittlung eine andere.

---

[2] *Sarstedt*, JR 1956, 121; *Gersdorf*, in: Kuhlo/Gersdorf, Gerichts-TV, 2001, S. 24; *Hipp*, Der Spiegel v. 13. November 2000, Heft 46, S. 110; *Y. Braun*, Medienberichterstattung über Strafverfahren im deutschen und englischen Recht, 1998, S. 264; *Ranft*, Jura 1995, 578; *Hamm*, NJW 1995, 760; *Gehring*, ZRP 2000, 197; *Lilie*, in: Alternativ-Entwurf Strafjustiz und Medien (AE-StuM), 2004, S. 117.

[3] *Schuckert*, Der Grundsatz der Volksöffentlichkeit im deutschen Zivil- und Strafprozeßrecht, 1936, S. 24 Fn. 52. Zu den Übertragungen in der Sowjetunion auch *Kirschbaum*, Ueber die Zulässigkeit von Rundfunkübertragungen aus dem Strafgerichtssaal, Diss. Bonn 1934, S. 1.

[4] S. aber *Sarstedt*, JR 1956, 124. Ähnlich auch *Hamm*, NJW 1995, 760.

Mit den zunehmenden Aufnahmen in den Gerichtssälen[5] setzte eine lebhafte Diskussion um das zulässige und wünschenswerte Maß an Medienpräsenz ein. In voller Schärfe entbrannte die Debatte etwa ab 1956;[6] in der Sache dauert sie bis heute an. Allerdings haben sich ihre Koordinaten auf Grund geänderter gesetzlicher Rahmenbedingungen mehrfach verschoben. Vor dem 1964 eingeführten Verbot des § 169 S. 2 GVG konzentrierte sich die Auseinandersetzung auf die Zulässigkeit von Aufnahmen *de lege lata* bzw. auf das Maß der *de lege ferenda* wünschenswerten Einschränkungen. Auf den Erlaß von § 169 S. 2 GVG, der sämtliche Gerichtsbarkeiten erfaßte, folgte eine knapp 30jährige Phase relativer Ruhe. Seit 1993 ist die Diskussion erneut in vollem Gange. Im Vordergrund der nicht mehr auf den Strafprozeß beschränkten Debatte[7] stehen nun Forderungen nach einer Lockerung des Aufnahmeverbots, also nach de lege ferenda zu schaffenden Übertragungsmöglichkeiten, die im Jahre 1998 mit § 17a BVerfGG einen ersten Erfolg verbuchen konnten. Aber auch jenseits des von § 169 S. 2 GVG erfaßten Bereichs drängen die audiovisuellen Medien verstärkt in die Gerichte.

II. Die Diskussion seit den 1950er-Jahren

Trotz der grundlegend anderen normativen Situation in der Anfangszeit des Gerichtsfernsehens wurde die Zulässigkeit von Aufnahmen weitgehend mit den bis heute verwendeten Argumenten beurteilt.[8] Insofern ist es entbehrlich, die historische Diskussion in ihren Details[9] nachzuzeichnen. Die folgende Darstellung beschränkt sich auf zentrale Aspekte, die schon als Teil der Entstehungsgeschichte des § 169 S. 2 GVG nach wie vor von Interesse sind.

---

[5] *Linke*, VR 2002, 379, benennt eine Reihe von bekannten Prozessen, aus denen im Fernsehen Originalaufnahmen zu sehen waren.

[6] Zuvor gab es lediglich vereinzelte Äußerungen zum Thema. Vgl. etwa *Schorn*, LZ 1932, Sp. 1408ff.; *I. Jung*, Presse, Rundfunk und Film im Gerichtssaal, 1951, passim; *Gerland*, ZStW Bd. 55 (1935), S. 704f.; *Schuckert*, Der Grundsatz der Volksöffentlichkeit im deutschen Zivil- und Strafprozeßrecht, 1936, S. 24ff.; *Heidelberg*, Justizreportage, 1932, S. 52ff.; *Kirschbaum*, Ueber die Zulässigkeit von Rundfunkübertragungen aus dem Strafgerichtssaal, Diss. Bonn 1934, passim.

[7] Zu dieser thematischen Einschränkung der Diskussion vor Erlaß von § 169 S. 2 GVG *Töpper*, DRiZ 1995, 242.

[8] Dazu *G. Wolf*, ZRP 1994, 188. Zugleich weist die vor 50 Jahren geführte Diskussion bemerkenswerte Parallelen zu der historischen Debatte um die Einführung der Saalöffentlichkeit auf.

[9] Zum Facettenreichtum der Diskussion *Britz*, Fernsehaufnahmen im Gerichtssaal, 1999, S. 100. S. auch die Zusammenfassungen der in mehreren Ländern geführten Debatten bei *Liebscher*, ZfRV 1969, 108ff.

1. Das Verhältnis von § 169 S. 1 GVG zu Bild- und Tonaufnahmen

Normativer Ausgangspunkt der Debatte war die Frage, ob Aufnahmen zur gesetzlich vorgeschriebenen Öffentlichkeit nach § 169 (S. 1) GVG gehörten.[10] Garantierte die Vorschrift neben der unmittelbaren auch die mittelbare Öffentlichkeit[11] – oder untersagte sie diese gerade? Sowohl die Befürworter als auch die Gegner von Aufnahmen stützten ihre jeweilige Position auf den Öffentlichkeitsbegriff des § 169 (S. 1) GVG.[12]

a) Aufnahmen als Bestandteil der Öffentlichkeit nach § 169 S. 1 GVG

Jedenfalls mit Blick auf Tonaufnahmen wurde vereinzelt angenommen, sie würden von der Vorschrift erfaßt.[13] Die Saalöffentlichkeit ermögliche auch Aufzeichnungen; Tonaufnahmen seien eine besondere Form der Aufzeichnung. Zwischen der Übertragung der Originalstimme einerseits und einer zunächst wörtlich mitgeschriebenen, später dann im Rundfunk vorgelesenen Aussage sollte kein wesentlicher Unterschied bestehen.[14] § 169 (S. 1) GVG wolle der Öffentlichkeit die Gelegenheit geben, den Inhalt von Gerichtsverhandlungen kennenzulernen, ohne dies auf die Möglichkeit des eigenen Zutritts zu beschränken.[15] Daher sollten Tonaufnahmen, sofern sie nicht z. B. durch Geräusche der Aufnahmegeräte störten, sogar gegen den Willen der Betroffenen zulässig sein.[16]

Diese Auffassung vertrat als erstes Obergericht im Ergebnis auch das *Bayerische Oberste Landesgericht*. Zwar ging es im Ansatz davon aus, über die Zulässigkeit von Rundfunkaufnahmen müsse von Fall zu Fall auf Grund einer Abwägung zwischen dem Informationsinteresse der Öffentlichkeit und dem Interesse an der ungehinderten gerichtlichen Wahrheitserforschung entschieden werden. Dabei sollte der Wahrheitsermittlung der Vorrang zukommen. Jedoch hätten solche Belastungen der Wahrheitsfindung außer Betracht zu bleiben, die

---

[10] *Britz*, Fernsehaufnahmen im Gerichtssaal, 1999, S. 99.

[11] Wobei es nur um die Frage ging, ob § 169 GVG in seiner damaligen Form Aufnahmen *gestattete*. *Geboten* waren Aufnahmen selbstverständlich nicht. Andernfalls hätte jede Verhandlung, bei der die Öffentlichkeit nicht ausgeschlossen war, gesendet werden müssen. So der richtige Hinweis von *Bockelmann*, NJW 1960, 219 mit Fn. 25.

[12] *Alwart*, JZ 1990, 890.

[13] *I. Jung*, Presse, Rundfunk und Film im Gerichtssaal, 1951, S. 26 ff.; *Kohlhaas*, DRiZ 1956, 2 ff.; *Gerland*, ZStW Bd. 55 (1935), S. 704 f. Weitere Nachweise bei *R. Gerhardt*, Zur Frage der Verfassungsmäßigkeit des Verbots von Rundfunk- und Fernsehaufnahmen im Gerichtssaal (§ 169 Satz 2 GVG), Diss. Frankfurt a. M. 1968, S. 23 Fn. 1.

[14] *Kohlhaas*, DRiZ 1956, 2 f. Dagegen *F. Bertram*, DRiZ 1956, 127: Diese Möglichkeit sei reine Theorie.

[15] *Gerland*, ZStW Bd. 55 (1935), S. 704 f., der daraus ableitet, bei einem Verbot von Übertragungen müßte auch die Berichterstattung verboten sein.

[16] *Kohlhaas*, DRiZ 1956, 4; *Gerland*, ZStW Bd. 55 (1935), S. 704 f.

schon von der Öffentlichkeit als solche hervorgerufen würden. Dazu zählte das Gericht auch die Belastung durch Tonaufnahmen.[17]

Sogar Bildaufnahmen wurden im Ansatz zur Öffentlichkeit gerechnet. Jedoch sollten sie wegen des Rechts am eigenen Bild nicht gegen den Willen des Betroffenen zulässig sein.[18]

b) § 169 S. 1 GVG als Verbürgung alleine der Saalöffentlichkeit

Diese Auffassung, die letztlich leugnet, daß sich die audio(visuelle) Verbreitung des Geschehens in relevanter Weise von der eigenen Anwesenheit bzw. von der „bloßen" Berichterstattung unterscheidet, stieß auf massiven Widerspruch in der Literatur. Diese ging – und geht bis heute – überwiegend davon aus, daß § 169 (S. 1) GVG nur die unmittelbare, nicht hingegen die mittelbare Öffentlichkeit anordnet.[19] Begrifflich noch prägnanter fiel die Unterscheidung zwischen der gesetzlich vorgesehenen *Öffentlichkeit* und der durch Aufnahmen entstehenden, gesetzlich nicht vorgesehenen *Publizität* aus.[20] Öffentlichkeit beschreibt nach dieser Sichtweise einen Zustand, den das Gericht zum Schutz vor Mißtrauen herzustellen hat, der jedoch keinen quantitativen Abstufungen im Sinne größerer oder kleinerer Öffentlichkeit zugänglich ist. Publizität hingegen kann je nach dem Maß der tatsächlichen Berichterstattung, auf das das Gericht allenfalls beschränkten Einfluß hat, mehr oder weniger groß sein, ohne daß mehr Publizität zu mehr Vertrauen führen muß. Allerdings habe der Gesetzgeber bei der Entscheidung für § 169 (S. 1) GVG nur die Saalöffentlichkeit im Auge gehabt und ihre Vor- und Nachteile durch eine Grundsatznorm mit diversen Ausschlußtatbeständen sorgsam abgewogen.[21] Eine eventuelle Befangenheit, vor Zuschauern zu sprechen, werde hingenommen, nicht jedoch die Gefahr

---

[17] BayObLG NJW 1956, 390f.

[18] *Kohlhaas*, DRiZ 1956, 2ff.

[19] *Eb. Schmidt*, JZ 1956, 210; *Kissel/Mayer*, GVG, 4. Aufl. 2005, § 169 Rdnr. 3; *Eb. Schmidt*, Die Sache der Justiz, 1961, S. 26. Zuvor bereits *Kirschbaum*, Ueber die Zulässigkeit von Rundfunkübertragungen aus dem Strafgerichtssaal, Diss. Bonn 1934, S. 3ff. S. auch *Sarstedt*, JR 1956, 121: Öffentlichkeit der Verhandlung ist kein Grund für die Zulassung von Rundfunkaufnahmen, sondern eher ein Gegengrund. Wenig überzeugend erscheint das Argument von *Erdsiek*, NJW 1960, 1048, es könne nur die unmittelbare Öffentlichkeit gemeint sein, da die Entscheidung über den Ausschluß der Öffentlichkeit nach § 172 GVG eine *anwesende* Öffentlichkeit voraussetze. Wäre die Übertragung vom Öffentlichkeitsbegriff erfaßt gewesen, so hätten eben auch die (potentiellen) Radiohörer etc. bei der Entscheidung über den Ausschluß der Öffentlichkeit mitberücksichtigt werden müssen. Dann freilich wäre ein Ausschluß der Öffentlichkeit in einer größeren Zahl von Fällen erforderlich geworden als vom Gesetzgeber vorgesehen. So zu Recht *Sarstedt*, JR 1956, 123.

[20] *Sarstedt*, JR 1956, 121; *Eb. Schmidt*, in: FS für Walter Schmidt, 1959, S. 338 (der allerdings nicht von Publizität, sondern von „Publicity" spricht); *Bockelmann*, NJW 1960, 219; *Schmidt-Leichner*, AnwBl. 1961, 35f.; *Bussmann*, AnwBl. 1957, 91.

[21] *Sarstedt*, in: Tonbandaufnahmen, Zulässigkeit und Grenzen ihrer Verwendung im Rechtsstaat, 1957, S. 58.

einer gesteigerten Befangenheit[22] wegen Aufnahmen des Rundfunks.[23] *Daß* mit Tonaufnahmen eine Änderung des Aussageverhaltens einhergeht, wurde dabei ebenso selbstverständlich, wenn nicht schon axiomatisch vorausgesetzt,[24] wie es von der Gegenauffassung bestritten wurde.[25]

Diesem Verständnis des § 169 (S. 1) GVG schloß sich der *Bundesgerichtshof* in einer von den Aufnahmegegnern hochgelobten[26] Entscheidung an. Die mittelbare Öffentlichkeit sei eine sicherlich mitgewollte[27] Reflexwirkung, die jedoch vom Öffentlichkeitsbegriff der Vorschrift nicht umfaßt werde.[28]

Für die Richtigkeit dieser Auffassung jedenfalls aus der historischen Perspektive spricht bereits die Entstehungsgeschichte der Norm, die im Jahre 1877 gerade in Abwendung von den Geheimverfahren hinter geschlossenen Türen erlassen wurde.[29] Vor allem aber ist der damalige Stand der technischen Entwicklung zu berücksichtigen. Nachdem an Rundfunkübertragungen nicht einmal zu denken war – Hörfunk kam in Deutschland nach dem Ersten Weltkrieg auf –, ist ihre Berücksichtigung ausgeschlossen.

Gleiches gilt für die Fotografie. Sie existierte beim Inkrafttreten des Gesetzes nur in Anfängen. Populär wurde sie erst später. Jedenfalls Fotos in Zeitungen gab es 1877 noch nicht.[30] Insofern darf man aus dem Schweigen der Gesetzesmaterialien zu Fotos[31] schließen, daß diese ebenfalls nicht berücksichtigt

---

[22] Zur Gefahr gesteigerter Befangenheit s. auch *Eb. Schmidt*, in: FS für Walter Schmidt, 1959, S. 341.

[23] Eingehend *Sarstedt*, JR 1956, 121 ff.

[24] S. nur *Erdsiek*, NJW 1960, 1049; besonders deutlich *F. Bertram*, DRiZ 1956, 128: Daß der erforderliche menschliche Kontakt des Richters mit einem Zeugen durch Rundfunkaufnahmen zerstört würde, „bedarf keiner Begründung". Nach *Eb. Schmidt*, JZ 1956, 210, ist es „nun einmal eine psychologische Tatsache, daß vielen Menschen vor Mikrofonen sehr unbehaglich zumute wird ...". Hingegen sollten Aufnahmen von Äußerungen des Richters, des Staatsanwalts, der Anwälte sowie von der Urteilsbegründung nach *F. Bertram*, a.a.O., ggf. zulässig sein. Vorsichtig BGHSt 16, 111 (114): Beeinflussung des Aussageverhaltens des Angeklagten nicht mit Sicherheit auszuschließen.

[25] S. z.B. *Kohlhaas*, DRiZ 1956, 3. *H.J. Schneider*, JuS 1963, 346, sowie *Y. Braun*, Medienberichterstattung über Strafverfahren im deutschen und englischen Recht, 1998, S. 269, weisen auf die fehlende empirische Basis für die Annahme einer Verhaltensänderung hin.

[26] *Eb. Schmidt*, in: FS für Walter Schmidt, 1959, S. 340; besonders deutlich *Eb. Schmidt*, Die Sache der Justiz, 1961, S. 27: Nicht genug zu preisen.

[27] S. freilich die Einschätzung von *Britz*, Fernsehaufnahmen im Gerichtssaal, 1999, S. 101, selbst die Presseberichterstattung sei als Reflex der Saalöffentlichkeit ursprünglich „zähneknirschend" für zulässig erachtet worden.

[28] BGHSt 10, 202 (205 f.), unter ausdrücklichem Anschluß u.a. an *Eb. Schmidt*, JZ 1956, 210; *Sarstedt*, JR 1956, 121 ff. Bestätigt in BGHSt 16, 111 (112 f.). Dazu skeptisch *H.J. Schneider*, JuS 1963, 346: Unterscheidung zwischen unmittelbarer und mittelbarer Öffentlichkeit findet im Wortlaut und in der Entstehungsgeschichte keinerlei zwingende Anhaltspunkte.

[29] Oben Teil 2 A.IV., S. 60 ff.

[30] Sie ließen sich erst seit der Erfindung der Autotypie im Jahre 1881 realisieren, die den Druck von Halbtonvorlagen ermöglichte.

[31] Vgl. dazu die Diskussionsbeiträge zum späteren § 170 GVG bei *Hahn*, Materialien zu den Reichs-Justizgesetzen, 1. Bd.: Materialien zum GVG, 1. Abtheilung, 1879, S. 173 f., 329, 834 f.

wurden. Die „Wahrnehmung“ von Vorgängen aus der Verhandlung außerhalb des Gerichtssaals hatte der historische Gesetzgeber allein in Form von Berichten vor Augen.[32]

2. Die Konsequenzen für die Zulässigkeit von Aufnahmen

Damit war jedoch nur gesagt, daß Aufnahmen nicht schon als Bestandteil der Öffentlichkeit *erlaubt* waren. Der Gegenschluß – ein generelles Aufnahmeverbot – ließ sich daraus nicht ohne weiteres ziehen. *Sarstedt* stellte zutreffend fest: „Das Gericht oder sein Vorsitzender könnten ja immerhin auch Dinge gestatten, zu deren Freigabe sie nicht gesetzlich gezwungen wären, insbesondere nicht gerade durch die Öffentlichkeit der Verhandlung.“[33]

a) Kein Aufnahmeverbot aus § 169 S. 1 GVG

Gegen die Zulässigkeit von Übertragungen spricht nicht, daß § 169 (S. 1) GVG die unmittelbare Wahrnehmung des Geschehens gewährleistet, die über den Rundfunk nicht möglich ist.[34] Saalöffentlichkeit wird durch die Rundfunkübertragung nicht ersetzt – darin läge in der Tat eine Verletzung der Öffentlichkeit –, sondern bleibt uneingeschränkt erhalten.[35] Im übrigen zeigt schon die unbestrittene Zulässigkeit von Zeitungsberichten, daß die Garantie der Saalöffentlichkeit nicht verbietet, das Verhandlungsgeschehen über den Kreis der Anwesenden hinaus bekanntzumachen.[36]

Auch Bildaufnahmen sind nicht schon wegen § 169 (S. 1) GVG unzulässig. Zwar berechtigt die Saalöffentlichkeit nicht dazu, sich an einer beliebigen Stelle des Sitzungssaals aufzuhalten.[37] Der einzelne Zuschauer hat ggf. – je nach Anordnung der Plätze – keine Möglichkeit, das Gesicht etwa des Angeklagten zu beobachten. Daraus folgt jedoch kein generelles Verbot, das Gesicht der mittelbaren Öffentlichkeit zugänglich zu machen.[38] Immerhin sind Aufnahmen auch von den Zuschauerplätzen aus möglich.

---

[32] *Sarstedt*, JR 1956, 122.
[33] *Sarstedt*, JR 1956, 124, der im Ergebnis freilich zu den Aufnahmegegnern zählt.
[34] So aber *Schorn*, LZ 1932, Sp. 1411 f., für den Hörfunk. Für das Fernsehen wäre die Argumentation, sofern ihr gefolgt werden könnte, ebenfalls anwendbar.
[35] So zu Recht *Sarstedt*, JR 1956, 121, gegen *Schorn*, LZ 1932, Sp. 1411 f.; s. auch *Bockelmann*, NJW 1960, 219.
[36] *Bockelmann*, NJW 1960, 219.
[37] Oben Teil 2 C.II.5.a), S. 121.
[38] So aber *Eb. Schmidt*, in: FS für Walter Schmidt, 1959, S. 351.

b) Die weitreichende Skepsis gegenüber der Zulässigkeit von Aufnahmen

Obwohl § 169 (S. 1) GVG Aufnahmen also nicht verbietet, wurde ihre Zulässigkeit dennoch überwiegend skeptisch bis ablehnend beurteilt. Publizität durch Übertragungen sollte nicht nur ein aliud zur Saalöffentlichkeit sein. Publizität wurde auf Grund ihrer – tatsächlichen oder vermuteten – Wirkungen als insgesamt unzulässig angesehen.[39] Der vermeintlich naheliegende Schluß, daß, wenn die Weiterverbreitung erlaubt sei, auch Rundfunkaufnahmen zulässig sein müßten,[40] sah sich dem Hinweis auf den vorgeblich völlig anderen Charakter medialer Publizität[41] gegenüber. Auch in der Justiz stieß namentlich das neue Medium des Fernsehens auf deutliche Vorbehalte.[42]

aa) Rundfunkaufnahmen

Gegen den Willen des Aufgenommenen sollten schon Tonaufnahmen – Fernsehaufnahmen damit erst recht –[43] nach der Auffassung u. a. des *Bundesgerichtshofs* wegen des allgemeinen Persönlichkeitsrechts in jedem Fall unzulässig sein, ohne daß es einer – zu dieser Zeit auch von den Richtlinien für das Strafverfahren noch vorgesehenen – Interessenabwägung bedürfe.[44] Die Informationsfreiheit des Art. 5 Abs. 1 GG gebiete nichts anderes.[45]

---

[39] Zu Nuancen in den einzelnen literarischen Stellungnahmen s. *A. Arndt*, NJW 1960, 424 mit Fn. 3: Teils sei nur eine Pflicht des Gerichts verneint worden, Aufnahmen zuzulassen, teils sei dem Gericht sogar das Recht dazu abgesprochen worden. Allerdings laufen auch die vermeintlich nur eine Zulassungspflicht verneinenden Stellungnahmen (*Sarstedt*, JR 1956, 121 ff.; *Bockelmann*, NJW 1960, 217 ff.) letztlich auf die vollständige Unzulässigkeit von Aufnahmen hinaus.

[40] *Bockelmann*, NJW 1960, 219.

[41] Prägnant *Sarstedt*, JR 1956, 124, mit der Frage, warum eigentlich der Rundfunk so großen Wert auf Tonaufnahmen lege, wenn der Unterschied zu schriftlichen Aufzeichnungen vermeintlich so gering sei.

[42] *R. Gerhardt*, ZRP 1993, 378.

[43] *Eb. Schmidt*, Die Sache der Justiz, 1961, S. 27.

[44] Nr. 110 Abs. 3 RiStV v. 1. August 1953 lautete:

„Nur den Presse- und Rundfunkberichterstattern soll gestattet werden, im Gerichtssaal zu zeichnen, zu fotographieren oder eine Übertragung der Verhandlung für den Rundfunk aufzunehmen. Die Entscheidung trifft der Vorsitzende (§ 176 GVG). Ihm wird empfohlen, folgende Gesichtspunkte gegeneinander abzuwägen:

Presse und Rundfunk dienen der Strafrechtspflege durch eine wahrheitsgetreue Berichterstattung, da sie die Tätigkeit von Richter und Staatsanwalt der Öffentlichkeit näherbringen. Sie dürfen in ihrer Berichterstattung nicht mehr beschränkt werden, als es der Zweck der Hauptverhandlung gebietet. Die Aufgabe des Gerichts, die Wahrheit zu erforschen, darf aber nicht vereitelt oder erschwert, das Recht des Angeklagten, sich ungehindert zu verteidigen, nicht beeinträchtigt werden. Bild- und Tonaufnahmen können zur Folge haben, daß Angeklagte und Zeugen von der Hauptverhandlung abgelenkt und in ihrer Unbefangenheit beeinträchtigt werden. Daher empfiehlt es sich nicht, Bild- und Tonaufnahmen während der Vernehmung des Angeklagten und während der Beweisaufnahme zuzulassen. Auch im übrigen wird der Vorsitzende berechtigte Wünsche der Beteiligten berücksichtigen.

Bei Bildaufnahmen sind außerdem die §§ 22, 23 des Gesetzes betreffend das Urheberrecht an

Neben ihrer Prangerwirkung[46] wurde gegen Originalaufnahmen vor allem eingewandt, ihre zwangsläufig verkürzte, zudem auf Sensation und Unterhaltung konzentrierte Darstellung im Rundfunk gebe das gerichtliche Geschehen verfälscht wieder.[47] Während die Aufnahmebefürworter auf die aus ihrer Sicht mindestens ebensogroße Gefahr subjektiver Verfälschung bei bloßen Berichten hinwiesen,[48] wog aus Sicht der Aufnahmegegner die „verfälschte" Wiedergabe in einer Übertragung wegen des Scheins der Objektivität schwerer als ein falscher Bericht, da dieser stets als subjektiv erkennbar sei.[49] Die Verfälschung auf Grund der – nach heutiger Terminologie: – Suggestivkraft des Mediums Rundfunk sollte sogar einem Grundrechtsschutz aus Art. 5 Abs. 1 GG entgegenstehen. Geschützt sei nur die wahrheitsgemäße Berichterstattung, um die es sich bei Rundfunkübertragungen aus Gerichtsverhandlungen gerade nicht handele.[50]

Werken der bildenden Künste und der Photographie vom 2.1.1907 (RGBl. 7) i. d. F. des Gesetzes vom 22.5.1910 (RGBl. 793) zu berücksichtigen." – Vgl. dazu auch *Britz*, Fernsehaufnahmen im Gerichtssaal, 1999, S. 102; *R. Gerhardt*, Zur Frage der Verfassungsmäßigkeit des Verbots von Rundfunk- und Fernsehaufnahmen im Gerichtssaal (§ 169 Satz 2 GVG), Diss. Frankfurt a. M. 1968, S. 26 f. Fn. 6.

Im Anschluß an die Entscheidung BGHSt 10, 202 ff. (v. 8. Februar 1957) wurde Nr. 110 Abs. 3 RiStV mit Wirkung v. 1. Januar 1958 dahingehend geändert, daß das gesprochene Wort eines Prozeßbeteiligten zum Zweck der Verbreitung im Rundfunk nur mit Zustimmung des Beteiligten aufgenommen werden durfte (*R. Gerhardt*, a. a. O.). Das ist insofern enger als die Entscheidung des *Bundesgerichtshofs*, als nach dieser Aufnahmen mangels Widerspruchs, also auch ohne den Willen des Betroffenen, nicht schlechthin unzulässig sein sollten. Dazu zutreffend *Britz*, a. a. O., S. 105.

[45] BGHSt 10, 202 (205 f.), im ausdrücklichen Anschluß (u. a.) an *Eb. Schmidt*, in: GS für Walter Jellinek, 1955, S. 643; *Eb. Schmidt*, JZ 1956, 209 ff.; *Sarstedt*, JR 1956, 121 ff. – Eine detaillierte Darstellung zu den Möglichkeiten sämtlicher Beteiligter, das Aufnahmeverbot durchzusetzen, findet sich bei *Sarstedt*, a. a. O., 126 f. S. dazu auch *Eb. Schmidt*, in: FS für Walter Schmidt, 1959, S. 342, mit dem Hinweis, das Gericht verstoße gegen seine Aufklärungspflicht aus § 244 Abs. 2 StPO, wenn es trotz der berechtigten Verweigerung eines Beteiligten, in ein Aufnahmegerät zu sprechen, die Aufnahme nicht untersage.

[46] Dazu *Sarstedt*, JR 1956, 124.

[47] *Dahs*, NJW 1961, 1756 (zum Fernsehen). Ebenso die Glosse „Problematische Öffentlichkeit", NJW 1956, 93, für Rundfunkübertragungen von Parlamentsdebatten: Es entstehe ein falsches Bild vom Parlament, weil über die im Vergleich mit Plenardebatten sachlichere Ausschußarbeit nicht berichtet werde. *F. Bertram*, DRiZ 1956, 127 f., sieht die besondere Gefahr von Rundfunkaufnahmen hingegen gerade in der *vollständigen* Widergabe des Verhandlungsgeschehens. Gegen die Gefahr einer reißerischen Berichterstattung *H. J. Schneider*, JuS 1963, 348: Im Gegensatz zur Presse sei der (damals noch rein öffentlich-rechtliche [!]) Rundfunk von wirtschaftlichen Interessen relativ unabhängig.

[48] BayObLG NJW 1956, 390 f. Ebenso Abg. *Jahn*, BT-Plenarprotokoll 4/69 (Sitzung vom 27. März 1962), S. 3146 A-B. Weitergehend *Gerland*, ZStW Bd. 55 (1935), S. 705: Rundfunkübertragung wird immer ein objektiveres Bild abgeben als eine zwangsläufig subjektiv geprägte Berichterstattung.

[49] *Sarstedt*, JR 1956, 124 f.; *Sarstedt*, in: Tonbandaufnahmen, Zulässigkeit und Grenzen ihrer Verwendung im Rechtsstaat, 1957, S. 61 f.; Abg. *Benda*, BT-Plenarprotokoll 4/69 (Sitzung vom 27. März 1962), S. 3149 A.

[50] *Erdsiek*, NJW 1960, 1049 f.

Dieses aus heutiger Sicht zumindest erstaunliche Verständnis des Art. 5 Abs. 1 S. 2 GG[51] ist symptomatisch für den vergleichsweise geringen Stellenwert, den die Mediengrundrechte vor 50 Jahren einnahmen. Mittlerweile wird ihnen wesentlich mehr Aufmerksamkeit zuteil. Am Verlauf der Diskussion um Bild- und Tonaufnahmen aus dem Gerichtssaal, die zeitlich fast die gesamte bisherige Geltungsdauer des Grundgesetzes umfaßt, läßt sich insofern nicht nur die allmählich gewachsene Bedeutung der Medien für die Entstehung der „Informationsgesellschaft" ablesen. Die Diskussion belegt zugleich die zunehmende grundrechtliche Durchdringung („Konstitutionalisierung") der gesamten Rechtsordnung.

bb) Fotos und Zeichnungen

Neben Rundfunkaufnahmen sollten auch *Fotos* von Prozeßbeteiligten in der Verhandlung jedenfalls dann unzulässig sein, wenn sie gegen bzw. ohne ihren Willen aufgenommen wurden.[52] Prozeßbeteiligte seien nicht automatisch Personen der Zeitgeschichte, die einen solchen Eingriff in ihr Recht am eigenen Bild gem. § 23 Abs. 1 Nr. 1 KUG hinzunehmen hätten.[53] Zumindest würden durch die Aufnahmen regelmäßig berechtigte Interessen nach § 23 Abs. 2 KUG verletzt.[54]

Damit nicht genug. Der *Strafrechtsausschuß der Bundesrechtsanwaltskammer* forderte sogar, neben Funk- und Fernsehaufnahmen sowie Fotos auch *Zeichnungen* in Gerichtsgebäuden zu verbieten.[55] Spätestens an dieser Stelle stößt freilich das Argument an seine Grenzen, der historische Gesetzgeber habe die betreffende Aufzeichnungsart mangels Kenntnis nicht berücksichtigen können. Die Forderung belegt jedoch den seit 1956 insgesamt auszumachenden

---

[51] S. allerdings BVerfGE 103, 44 (67), wo die Gefahr der verfälschenden Berichterstattung durch das Fernsehen ebenfalls betont wird. Dazu näher unten Teil 5 E.III.2.a)ee), S. 413 ff.

[52] *Eb. Schmidt*, in: FS für Walter Schmidt, 1959, S. 343 f., sowie besonders deutlich S. 339: Wenn vor 50 Jahren ein Fotograf den Vorsitzenden um Erlaubnis gefragt hätte, den Angeklagten im Gerichtssaal aufzunehmen, wäre die Antwort „zweifellos so ausgefallen, daß der bildlüsterne Pressemann einen zweiten Versuch dieser Art nicht riskiert haben würde".

[53] *Erdsiek*, NJW 1960, 1049; *Eb. Schmidt*, Die Sache der Justiz, 1961, S. 27; *Eb. Schmidt*, in: FS für Walter Schmidt, 1959, S. 347 ff.; a.A. *A. Arndt*, NJW 1960, 424.

[54] *Erdsiek*, NJW 1960, 1049; *Eb. Schmidt*, in: FS für Walter Schmidt, 1959, S. 350 ff. Auch *Bockelmann*, NJW 1960, 220 Fn. 27, hält es für unbeachtlich, ob ein Prozeßbeteiligter Person der Zeitgeschichte ist. – *Erdsiek*, a. a. O., und *Eb. Schmidt*, a. a. O., S. 345 f., argumentieren zusätzlich mit § 81 b StPO, der Aufnahmen des Beschuldigten nur in begrenztem Umfang zuläßt. Im Gegenschluß seien andere Aufnahmen vom Angeklagten und erst recht Aufnahmen von sonstigen Beteiligten unzulässig. Dagegen ist freilich einzuwenden, daß sich § 81 b StPO mit staatlich veranlaßten Aufnahmen befaßt, nicht mit solchen privater Dritter. Zutreffend insofern *H.J. Schneider*, JuS 1963, 348, mit dem Hinweis, daß die Vorschrift nur eine von mehreren Duldungspflichten regelt, ohne weitere auszuschließen.

[55] Hersfelder Beschluß v. 2. Oktober 1959. Dazu *Britz*, Fernsehaufnahmen im Gerichtssaal, 1999, S. 107; *Prütting*, in: FS für Rolf A. Schütze, 1999, S. 686. S. weiter *A. Arndt*, NJW 1960, 424; *Schwarz*, AfP 1995, 354, letztere auch zur Ablehnung dieser Forderung durch den Bundesminister der Justiz mit Schreiben v. 4. Dezember 1959.

Trend, alle Berichte aus dem Gerichtssaal zu verbieten, die über Wortberichte hinausgehen.[56] Jedenfalls im Einsatz von Aufnahmegeräten wurde eine nicht hinzunehmende Störung der Gerichtstätigkeit gesehen.[57]

cc) Das Verbot von Fernsehaufnahmen durch den Bundesgerichtshof

Mit Blick auf Fernsehaufnahmen ging der *Bundesgerichtshof* schließlich soweit, Übertragungen sogar dann für unzulässig zu halten, wenn sie *mit der Einwilligung aller Beteiligten* erfolgten. Vorgänge in der Hauptverhandlung, auf die sich die Überzeugungsbildung des Gerichts stützen kann,[58] dürften nicht durch das Fernsehen übertragen werden.[59] Maßgebliches Hindernis[60] sind in dieser Konstellation nicht die – in der Entscheidung konsequenterweise auch nicht erörterten – Persönlichkeitsrechte der Betroffenen.[61] Jedoch führten Fernsehaufnahmen, so der *Bundesgerichtshof*, zu Änderungen des Aussageverhaltens, die der Gesetzgeber nicht vorgesehen habe. Insofern beschränke das Gericht in unzulässiger Weise die Verteidigung des Angeklagten und verletze seine

---

[56] Zu diesem Trend *A. Arndt*, NJW 1960, 424.

[57] S. etwa *Eb. Schmidt*, Die Sache der Justiz, 1961, S. 28: Die Atmosphäre justizieller Sachlichkeit werde zerstört, die um der Sache der Justiz willen im Gerichtssaal herrschen müsse. Dagegen (schon 1963!) *H. J. Schneider*, JuS 1963, 348: Die Rundfunktechnik sei in der Lage, Störungen nahezu vollständig zu vermeiden.

[58] Ob auch die Übertragung allein der Urteilsverkündung schlechthin unzulässig gewesen wäre, wie es im Vorfeld der Entscheidung vertreten wurde (*Erdsiek*, NJW 1960, 1049 Fn. 4), entschied der *Bundesgerichtshof* nicht (*Dahs*, NJW 1961, 1756; Abg. *Hirsch*, BT-Plenarprotokoll 4/69 [Sitzung vom 27. März 1962], S. 3150 C). In der Vorinstanz hatte der Vorsitzende des Schwurgerichts die Aufnahme der Urteilsverkündung durch das Fernsehen zugelassen, wobei die Kamera auch auf den Angeklagten gerichtet war. Das Gericht trat dann aber – bei laufender Kamera – überraschend noch einmal in die mündliche Verhandlung ein, um auf eine Veränderung des rechtlichen Gesichtspunkts hinzuweisen. Dadurch wurden u. a. die Anträge und das letzte Wort aufgenommen.

Dahs, NJW 1961, 1756, weist zu Recht darauf hin, daß sich die Entscheidung ebenfalls nicht auf Fotos bezieht oder auf Aufnahmen im Gerichtsflur, vor und nach der mündlichen Verhandlung sowie in Verhandlungspausen.

[59] BGHSt 16, 111 (112 ff.); zustimmend *Dahs*, NJW 1961, 1755 f. Für die Zulässigkeit bei Einwilligung aller Beteiligten noch *Sarstedt*, JR 1956, 126; *Eb. Schmidt*, Lehrkommentar zur StPO und zum GVG, Teil III, 1960, Vorb. §§ 169 bis 175 GVG, Rdnr. 4; ebenso zu Fotos *Eb. Schmidt*, a. a. O. Rdnr. 8; *Eb. Schmidt*, in: FS für Walter Schmidt, 1959, S. 345. Gegen die Zulässigkeit von Rundfunkübertragungen auch bei allgemeinem Einverständnis *Erdsiek*, NJW 1960, 1049, dessen Auffassung der *Bundesgerichtshof* also folgte und insofern noch über *Eb. Schmidt* hinausging. Dazu *Dahs*, NJW 1961, 1756.

[60] Zu weiteren, in BGHSt 16, 111 ff. nicht behandelten Einwänden gegen die Zulassung von Rundfunkaufnahmen (Druck der öffentlichen Meinung, Prangerwirkung, kriminogene Wirkung, einzelne Verfahrensvorschriften, Würde des Gerichts) s. die Überlegungen von *H. J. Schneider*, JuS 1963, 347 ff.

[61] Auf die Nichtbehandlung dieses Aspekts, auf den das Verbot von – freilich gerade *gegen* den Willen des Betroffenen gefertigten – Tonbandaufnahmen in BGHSt 10, 202 (205) noch gestützt worden war, weist bereits *Dahs*, NJW 1961, 1756, hin. S. dazu auch *Britz*, Fernsehaufnahmen im Gerichtssaal, 1999, S. 106.

Pflicht zur Erforschung der Wahrheit, die als Belang der Rechtspflege privater Disposition entzogen ist.[62]

c) Vereinzelte Stimmen für die Zulässigkeit von Aufnahmen

Daß Bild- und Tonaufnahmen die Situation *verändern*, die der gesetzgeberischen Abwägung beim Erlaß von § 169 (S. 1) GVG zugrunde lag, ist unbestreitbar. Ob das vom Gesetzgeber angestrebte Gleichgewicht zwischen positiven und negativen Aspekten der Öffentlichkeit jedoch *zerstört* wird,[63] ist eine andere Frage. Zwar verträgt ein Gleichgewicht keine Gewichtszunahme auf nur einer Seite. Hingegen bleibt es auch dann intakt, wenn – um im Bild zu bleiben – die abwägungsrelevanten Gesichtspunkte auf beiden Seiten zusätzliches Gewicht erhalten, wenn größeren Nachteilen also auch zusätzlicher Ertrag gegenübersteht. Den Blick auf diese Betrachtungsmöglichkeit haben sich die Gegner von Bild- und Tonaufnahmen jedoch von vornherein verstellt, indem sie nahezu ausschließlich die negativen Konsequenzen solcher Aufnahmen hervorgehoben haben, während positive Wirkungen kaum beachtet oder sogar bestritten wurden. Völlig zu Recht merkte *Adolf Arndt* bereits 1960 an: „Man sollte den Blick nicht einseitig auf die Gefahren und die Möglichkeiten des Mißbrauchs richten, sondern zugleich die Gegenfrage stellen, ob nicht auch die freiheitliche Demokratie für ihre Öffentlichkeit lernen könnte, sich der Technik zu bedienen."[64]

Ein solcher demokratischer „Mehrwert" medialer Übertragungen kam aus Sicht der überwiegenden Meinung, die Gerichtsöffentlichkeit für etwas völlig anderes hielt als die auf Massenmedien angewiesene Publizität, von vornherein nicht in Betracht. Publizität sei nur in solchen Bereichen gefordert, die auf staatliche Integration angelegt sind; zu diesen sollte die Rechtsprechung – vermeintlich – nicht zählen.[65]

Eben davon wichen die Befürworter von Übertragungen aus dem Gerichtssaal ab. Ihrer Auffassung nach bezog sich das demokratische Gebot, Machtausübung transparent zu machen und so Mitverantwortung der Bürger zu schaffen – mit anderen Worten: integrierend für das Staatsganze zu wirken –, auch auf die

---

[62] BGHSt 16, 111 (113 ff.); ebenso bereits *Erdsiek*, NJW 1960, 1049; *Bockelmann*, NJW 1960, 219 f., mit dem Hinweis, durch die Zulassung von Rundfunkaufnahmen werde „das Tribunal zur Szene"; der Bürger sei nur zum Erscheinen vor Gericht, nicht aber zum Erscheinen „for show" verpflichtet. Vgl. auch die Glosse „Problematische Öffentlichkeit", NJW 1956, 93: Öffentlichkeit sei nicht beliebig erweiterbar; sie ende dort, wo die Aufgabe der Institution denaturiert werde. Für die Zulässigkeit von Hörfunkübertragungen mit Einwilligung aller Beteiligten noch *Eb. Schmidt*, JZ 1956, 211. – Die Formulierung, das „Tribunal" werde „zur Szene", wird auch heute noch gelegentlich gebraucht, um die negativen Wirkungen zu großer Öffentlichkeit zu beschreiben. Vgl. dazu etwa *Bethge*, in: Jahres- und Tagungsbericht der Görres-Gesellschaft 2000, S. 67.

[63] So *Sarstedt*, JR 1956, 122.

[64] *A. Arndt*, NJW 1960, 424; zustimmend *H. J. Schneider*, JuS 1963, 350.

[65] *Bockelmann*, NJW 1960, 218; *Erdsiek*, NJW 1960, 1049. Ausführlich oben Teil 3 B.II.3.c)aa), S. 189 ff.

Rechtsprechung. Von diesem Standpunkt aus war es konsequent, die „Allegorie der offenen Tür“ für unzureichend zu halten und statt dessen eine zeitgerechte Vermittlung des gerichtlichen Geschehens zu fordern. Das Streben nach Anonymität sei ebenso gefährlich wie ein Übermaß an Publizität.[66] Auch auf den grundrechtlichen Schutz einer Berichterstattung in medientypischer Form[67] – im Fernsehen also durch Originalbilder und -töne – machte die Mindermeinung aufmerksam.[68]

III. Der Erlaß von § 169 S. 2 GVG

Durchzusetzen vermochte sich diese weitsichtige Auffassung nicht. Die überwiegende Ablehnung von Aufnahmen führte zum Ruf nach dem Gesetzgeber.[69] Als unmittelbarer Auslöser für sein Tätigwerden gilt der Prozeß u. a. gegen den ehemaligen EWG-Kommissionspräsidenten *Walter Hallstein* vor dem *LG Bonn* im Jahre 1959.[70] Der Vorsitzende Richter, Landgerichtsdirektor *Helmut Quirini*, der offenbar das Publikum genoß,[71] hatte neben Fotos der Hauptbeteiligten während der Entscheidungsverkündung[72] auch die Fernsehübertragung des – freisprechenden – Urteils gestattet,[73] was ihm den Vorwurf eintrug, sich als eitler Selbstdarsteller („Bütt im Tribunal“[74]) geriert und der Justiz schweren Schaden zugefügt zu haben.[75]

---

[66] *A. Arndt*, NJW 1960, 424; insofern zustimmend *Erdsiek*, NJW 1960, 1049, der jedoch Anonymität schon durch die Saalöffentlichkeit für ausgeschlossen hält; wie *A. Arndt* jedoch *H. J. Schneider*, JuS 1963, 350.

[67] *H. J. Schneider*, JuS 1963, 351.

[68] *A. Arndt*, NJW 1960, 424.

[69] Etwa durch den *Strafrechtsausschuß der Bundesrechtsanwaltskammer* (oben Fn. 55), diesem folgend der *Strafrechtsausschuß des Deutschen Richterbundes*. Dazu *Britz*, Fernsehaufnahmen im Gerichtssaal, 1999, S. 107, sowie *Erdsiek*, NJW 1960, 1048, der freilich selbst gesetzgeberische Maßnahmen für überflüssig hält: Die Wahrheitsfindung steht an oberster Stelle und ist durch die Sitzungspolizei zu schützen. Maßnahmen, die dem zuwiderlaufen, wie es bei Aufnahmen der Fall ist, dürfen bereits de lege lata nicht zugelassen werden (S. 1050).

[70] Vgl. *Zuck*, DRiZ 1997, 29: § 169 S. 2 GVG als „zweite Hallstein-Doktrin“. Offenbar zweifelnd *Beck*, in: FG für Karin Graßhof, 1998, S. 132 f.: Ob dieser Prozeß maßgeblichen Einfluß auf die Entwicklung hatte, kann dahinstehen. – Während *Walter Hallstein* freigesprochen wurde, wurde der mitangeklagte deutsche Botschafter in Frankreich (*Herbert Blankenhorn*) wegen falscher Anschuldigungen und übler Nachrede gegen den Ministerialrat im Bundeswirtschaftsministerium *Hans Strack* verurteilt.

[71] Dazu *Hipp*, Der Spiegel v. 13. November 2000, Heft 46, S. 110: Fernsehschaffende wurden mit „Kölscher Herzlichkeit“ begrüßt: „Treten Sie doch näher, bitte ganz nahe ran zu mir. Willkommen bei uns!“ – S. auch *R. Gerhardt*, ZRP 1993, 378; *Isensee*, Cicero 2005, 81.

[72] *Eb. Schmidt*, Die Sache der Justiz, 1961, S. 27.

[73] *Töpper*, DRiZ 1995, 242.

[74] *Hipp*, Der Spiegel v. 13. November 2000, Heft 46, S. 110. S. auch *Gehring*, ZRP 2000, 197.

[75] Dazu *Töpper*, DRiZ 1995, 242, der allerdings darauf hinweist, daß es gute Gründe für die

1. Die Gesetzentwürfe

Daß die Problematik spezieller gesetzlicher Regelung bedurfte, wurde im Gesetzgebungsverfahren nur noch vereinzelt in Abrede gestellt.[76] Gerungen wurde im wesentlichen um die Frage, ob das zu erlassende Aufnahmeverbot Ausnahmen zulassen sollte oder nicht.

Bereits 1960 – also noch vor der Entscheidung des *Bundesgerichtshofs*, die Fernsehaufnahmen insgesamt für unzulässig erklärte –[77] unternahm die Bundesregierung einen ersten konkreten Anlauf. Ihr Gesetzentwurf[78] sah vor, § 169 GVG um zwei Absätze zu ergänzen:

„(2) Während des Ganges der Hauptverhandlung sind Rundfunk- und Fernsehaufnahmen unzulässig. Für die Verkündung des Urteils kann der Vorsitzende aus wichtigen Gründen Ausnahmen zulassen. Die Entscheidung ist nicht anfechtbar.

(3) Für Filmaufnahmen gilt Absatz 2 entsprechend, wenn es sich nicht um Aufnahmen durch das Gericht handelt.“[79]

Der Vorschlag wurde wegen des Endes der Legislaturperiode nicht mehr realisiert.[80] Er wurde im Dezember 1961 zu Beginn der folgenden Legislaturperiode durch einen wortgleichen Gesetzentwurf der CDU/CSU-, SPD- und FDP-Fraktion wiederholt[81] sowie im Februar 1962 inhaltsgleich[82] noch einmal von der

Übertragung gegeben habe. Bedenklich sei es hingegen gewesen, den Angeklagten während der Urteilsverkündung zu zeigen.

[76] Dazu sogleich 6. (S. 319) mit Fn. 121.

[77] BGHSt 16, 111 ff. Dazu soeben oben Teil 5 A.II.2.b)cc), S. 310 f.

[78] Art. 11 des Entwurfs eines Gesetzes zur Änderung der Strafprozeßordnung und des Gerichtsverfassungsgesetzes (StPÄG), BT-Drucks. 3/2037, S. 12. Dieser Entwurf wird heute meist übersehen. Vgl. dazu nur *F. Burbulla*, Die Fernsehöffentlichkeit als Bestandteil des Öffentlichkeitsgrundsatzes, 1998, S. 64, der wie viele andere erst den späteren Entwurf vom Februar 1962 erwähnt.

[79] BT-Drucks. 3/2037, S. 12.

[80] Dazu *Britz*, Fernsehaufnahmen im Gerichtssaal, 1999, S. 108; *Flehinghaus*, BR-Plenarprotokoll 240 (Sitzung vom 2. Februar 1962), S. 12 B-C. Die Bundesregierung hatte ausweislich der Entwurfsbegründung (BT-Drucks. 3/2037, S. 14) auf größere Reformen des Strafverfahrensrechts in den hier nicht interessierenden Teilen des Entwurfs verzichtet, um eine Beschlußfassung noch vor dem Ende der Legislaturperiode zu ermöglichen. S. auch den Hinweis des Abg. *Kanka*, BT-Plenarprotokoll 3/128 (Sitzung vom 21. Oktober 1960), S. 7410 B. Der Abg. *Jahn*, BT-Plenarprotokoll 3/128 (Sitzung vom 21. Oktober 1960), S. 7414 B-C, wies darauf hin, daß die Problematik der Übertragung aus dem Gerichtssaal zu komplex sei, um sie unter Zeitdruck am Ende einer Legislaturperiode behandeln zu können.

[81] Art. 11 des Entwurfs eines Gesetzes zur Änderung der Strafprozeßordnung und des Gerichtsverfassungsgesetzes (StPÄG), BT-Drucks. 4/63, S. 12.

[82] Geändert hatte sich nur die Bezeichnung der grundsätzlich verbotenen Aufnahmen im vorgesehenen § 169 Abs. 2 GVG. Statt von „Rundfunk- und Fernsehaufnahmen“ war nun von „Ton- und Fernseh-Rundfunkaufnahmen“ die Rede. Zur inhaltlichen Übereinstimmung *R. Gerhardt*, Zur Frage der Verfassungsmäßigkeit des Verbots von Rundfunk- und Fernsehaufnahmen im Gerichtssaal (§ 169 Satz 2 GVG), Diss. Frankfurt a.M. 1968, S. 24; *H.J. Schneider*, JuS 1963, 349. Wenn *R. Gerhardt*, a.a.O. Fn. 2, darauf hinweist, der Gesetzentwurf aus BT-Drucks.

Bundesregierung eingebracht.[83] Mit den neuen Vorschriften sollte den dargestellten massiven Bedenken gegen Aufnahmen aus Strafverfahren Rechnung getragen werden.[84] Von der später als Gesetz beschlossenen Fassung unterscheiden sich die Entwürfe in zwei wesentlichen Punkten. Zum einen beziehen sie sich ausweislich ihres Wortlauts („Hauptverhandlung") sowie der Begründung nur auf das Strafverfahren, da für ein entsprechendes Verbot auch für Zivilverfahren sowie für die anderen Rechtswege kein Bedürfnis gesehen wurde.[85] Gegen diese Begrenzung regte sich kein erkennbarer Widerspruch. Zum anderen ließen die Entwürfe jedoch während der Urteilsverkündung Ausnahmen vom Aufnahmeverbot zu. Daran entzündete sich massive Kritik.

2. Die Möglichkeit von Ausnahmen während der Urteilsverkündung

Zwar hatten sich die Entwürfe – schon mit Blick auf die zunehmend restriktive fachgerichtliche Rechtsprechung zu Rundfunkübertragungen für die dem Urteil vorausgehenden Verhandlungsteile – bewußt für ein gesetzliches Aufnahmeverbot und damit gegen eine Einzelfallentscheidung ausgesprochen.[86] Im Hinblick auf die Verkündung des Urteilstenors und der Entscheidungsgründe jedoch hielt

---

4/178, S. 12, sei vom Kabinett am 15. Juni 1960 beschlossen worden, so ist das insofern präzisierungsbedürftig, als auf diesem Beschluß zunächst der Entwurf in BT-Drucks. 3/2037, S. 12, beruhte, der später erneut eingebracht wurde.

[83] Art. 11 des Entwurfs eines Gesetzes zur Änderung der Strafprozeßordnung und des Gerichtsverfassungsgesetzes (StPÄG), BT-Drucks. 4/178, S. 12.

[84] Zentrale Argumente aus der Begründung der Regierungsentwürfe sind die starke Erweiterung der Öffentlichkeit nach § 169 GVG, die Beeinträchtigung von Wahrheitsfindung und Verteidigung sowie die mögliche Scheu von Verteidigern und Angeklagtem, dem Verteidigungsinteresse dienende Erklärungen abzugeben. Weiter könnten spätere Zeugen erfahren, was frühere Zeugen gesagt hätten. Zeugen und Sachverständige würden gehemmt; der nicht verurteilte Angeklagte werde in das „Scheinwerferlicht einer weiten Öffentlichkeit" gezerrt.

Dieselben Gefahren bestünden durch Filmaufnahmen, etwa bei der Verwendung in Wochenschauen.

S. näher BT-Drucks. 3/2037, S. 43 f.; BT-Drucks. 4/178, S. 45; Bundesjustizminister *Schäffer*, BT-Plenarprotokoll 3/128 (Sitzung vom 21. Oktober 1960), S. 7407 D – 7408 A.

[85] So die Begründungen der Regierungsentwürfe: BT-Drucks. 3/2037, S. 44; BT-Drucks. 4/178, S. 45 f. Dazu *Hofmann*, ZRP 1996, 401; *Gersdorf*, in: Kuhlo/Gersdorf, Gerichts-TV, 2001, S. 24.

[86] Besonders deutlich die Begründung des ersten Regierungsentwurfs (BT-Drucks. 3/2037, S. 44), die sich auf BGHSt 10, 202 ff. bezieht, wonach kein Beteiligter gegen seinen Willen in Aufnahmegeräte sprechen muß. Der Vorsitzende und die Beteiligten würden überfordert, wenn die Zulässigkeit von Aufnahmen jeweils im Einzelfall von der Zustimmung oder Nichtzustimmung der Beteiligten abhinge. Ebenso Bundesjustizminister *Schäffer*, BT-Plenarprotokoll 3/128 (Sitzung vom 21. Oktober 1960), S. 7408 A.

Die Begründung des zweiten Regierungsentwurfs verweist neben BGHSt 10, 202 ff. auf BGH NJW 1961, 1781 (= BGHSt 16, 111 ff.), wonach die Fernsehübertragung von Vorgängen, auf die sich die Überzeugungsbildung in der Hauptverhandlung stützt, unabhängig vom Einverständnis der Betroffenen unzulässig ist.

die Regierung trotz aller Kritik bis zuletzt[87] an der Möglichkeit von Ausnahmen fest. Im Einzelfall könne es im Interesse der Allgemeinheit und des Staates liegen, daß die Öffentlichkeit über Urteile von allgemeiner politischer Bedeutung unterrichtet werde. Die Wahrheitsfindung könne zu diesem Zeitpunkt grundsätzlich nicht mehr beeinträchtigt werden.[88] Der Bundesrat hingegen schlug vor, § 169 Abs. 2 S. 2, 3 GVG in der Entwurfsfassung zu streichen, da Rundfunk- und Fernsehaufnahmen im Interesse der Wahrheitsfindung, des Persönlichkeitsschutzes und der Würde des Gerichts auch während der Urteilsverkündung ausnahmslos verboten sein sollten.[89] Dieser Anregung hielt die Regierung entgegen, die Entwurfsregelung beruhe auf der Erwartung, daß der Vorsitzende im Falle einer Zulassung die Art, das Maß und die Dauer der Aufnahmen mit Rücksicht auf die Würde des Gerichts und die Persönlichkeitsrechte festlege.[90]

Die Literatur hingegen lehnte es scharf ab, dem Vorsitzenden „ausgerechnet für die Urteilsverkündung, also den Augenblick höchster seelischer Erregung, ja vielleicht eines völligen Zusammenbruchs“ die Entscheidung über Aufnahmen zu überlassen und ihm so die Verantwortung im Einzelfall aufzubürden. „Schlimmer kann die Sache der Justiz nicht preisgegeben werden.“[91] Der Richter solle Tat- und Rechtsfragen entscheiden, nicht Justizpolitik betreiben. Zudem drohe das Urteil zur „Hinrichtung“ des Angeklagten vor den Augen der Öffentlichkeit zu werden.[92] Diese Kritik blieb nicht ohne Folgen; sie wird als ursächlich für die spätere Streichung der Ausnahmevorschrift angesehen.[93]

Auch der Rechtsausschuß des Bundestages vermochte sich den Entwürfen nicht anzuschließen. Er schlug dem Bundestag vor, § 169 GVG um einen Satz 2 in seiner bis heute gültigen Fassung zu ergänzen.[94] Das Gesetz selbst

---

[87] *F. Burbulla*, Die Fernsehöffentlichkeit als Bestandteil des Öffentlichkeitsgrundsatzes, 1998, S. 65; *Gersdorf*, in: Kuhlo/Gersdorf, Gerichts-TV, 2001, S. 24.

[88] BT-Drucks. 3/2037, 44; BT-Drucks. 4/178, S. 46; s. auch Bundesjustizminister *Schäffer*, BT-Plenarprotokoll 3/128 (Sitzung vom 21. Oktober 1960), S. 7408 B. – Eine Anfechtung der Entscheidung über die ausnahmsweise Zulassung müsse ausgeschlossen werden, damit nicht auf diesem Wege die Urteilsverkündung verzögert werde. So BT-Drucks. 3/2037, S. 44; BT-Drucks. 4/178, S. 46.

[89] Stellungnahme des Bundesrates, BT-Drucks. 3/2037, S. 49, bzw. BT-Drucks. 4/178, S. 49 (letztere unter Hinweis auf die Entschließung zu III, 3 b des 8. Internationalen Strafrechtskongresses vom September 1961 in Lissabon). Der ersten Stellungnahme zustimmend Abg. *Kanka*, BT-Plenarprotokoll 3/128 (Sitzung vom 21. Oktober 1960), S. 7411 C.

[90] Auffassung der Bundesregierung zu der Stellungnahme des Bundesrates, BT-Drucks. 3/2037, S. 52, bzw. BT-Drucks. 4/178, S. 52; Bundesjustizminister *Schäffer*, BT-Plenarprotokoll 3/128 (Sitzung vom 21. Oktober 1960), S. 7408 B.

[91] *Eb. Schmidt*, Die Sache der Justiz, 1961, S. 28; zustimmend *Dahs*, NJW 1961, 1756 f. Zu diesem erst-recht-Schluß – wenn schon Aufnahmen während der Verhandlung nicht erlaubt sind, dürfen sie um so weniger bei der Urteilsverkündung erlaubt sein – s. bereits die Abg. *Diemer-Nicolaus*, BT-Plenarprotokoll 3/128 (Sitzung vom 21. Oktober 1960), S. 7416 C-D.

[92] *Schmidt-Leichner*, AnwBl. 1961, 36.

[93] Vgl. *R. Gerhardt*, ZRP 1993, 378.

[94] BT-Drucks. 4/1020, S. 34. Gem. dem Antrag des Ausschusses (BT-Drucks. 4/1020, S. 1) sollte mit der Annahme des Gesetzentwurfs der Bundesregierung (BT-Drucks. 4/178) in der

müsse über die Zulassung einer durch Hörfunk, Fernsehen und Film erweiterten Öffentlichkeit entscheiden – und zwar im Sinne einer Ablehnung. Die Zulassung einer derartigen Öffentlichkeit könne in unguter Weise manipuliert werden; die Menschenwürde und die Wahrheitsfindung könnten verletzt werden.[95]

3. Die Ausweitung über das Strafverfahren hinaus

Als weiterer wesentlicher Unterschied zu den vorausgegangenen Entwürfen verzichtet die später Gesetz gewordene Formulierung des Rechtsausschusses auf den Begriff der „Hauptverhandlung". Damit löst sich zumindest der Wortlaut vom Strafverfahren, ohne daß eine Erstreckung des Aufnahmeverbots auf andere Verfahren zuvor so vernehmbar gefordert bzw. eingehend diskutiert worden wäre wie der Verzicht auf die Möglichkeit von Ausnahmen während der Urteilsverkündung.[96]

Dennoch erscheint ausgesprochen fraglich, ob es sich um eine unbewußte Ausweitung des Verbots handelte, die womöglich Ansatzpunkt für eine einschränkende, allein das Strafverfahren erfassende Auslegung sein könnte. Sicherlich lag der Schwerpunkt der Überlegungen auf dem Strafprozeß.[97] Insgesamt übersehen wurde die Konsequenz des geänderten Wortlauts dennoch nicht,[98] wie schon das Verfahren im Bundestags-Rechtsausschuß zeigt. Die schließlich vorgeschlagene und später Gesetz gewordene Fassung geht auf eine Formulierungshilfe des Bundesjustizministeriums zurück,[99] dessen Vertreter in der Ausschußberatung nicht nur explizit darauf hingewiesen hatten, es handele sich nicht allein um eine strafrechtliche Frage.[100] Das Ministerium hatte darüber hinaus vorgeschlagen, entsprechende Aufnahmeverbote für die Arbeits- und

---

geänderten Form der Fraktionsentwurf (BT-Drucks. 4/63) für erledigt erklärt werden. Der Vorschlag des Ausschusses beruhte auf einer ausführlichen Diskussion in zwei Lesungen. Dazu sowie zu den Fundstellen der einschlägigen Stenographischen Protokolle *Hund*, in: Umbach/Clemens, BVerfGG, 1992, § 17 Rdnr. 20a mit Fn. 34.

[95] Bericht des Abg. *Kanka*, zu BT-Drucks. 4/1020, S. 7. Zustimmend hinsichtlich der Streichung von Ausnahmemöglichkeiten während der Urteilsverkündung Abg. *Benda*, BT-Plenarprotokoll 4/69 (Sitzung vom 27. März 1962), S. 3149 C-D.

[96] Vgl. *Gersdorf*, in: Kuhlo/Gersdorf, Gerichts-TV, 2001, S. 25.

[97] *R. Gerhardt*, ZRP 1993, 378.

[98] S. aber den Hinweis des Abg. *Jahn*, BT-Plenarprotokoll 4/69 (Sitzung vom 27. März 1962), S. 3147 A, der noch davon ausging, das (von ihm abgelehnte) Verbot werde allein für den Strafprozeß gelten. Gegenstand der Debatte war zu diesem Zeitpunkt freilich neben dem Gesetzentwurf der Bundesregierung (BT-Drucks. 4/178) bereits der Vorschlag des BT-Rechtsausschusses (zu BT-Drucks. 4/1020), vgl. BT-Plenarprotokoll 4/69 (Sitzung vom 27. März 1962), S. 3102 B.

[99] Anlage 7 zu BT-Rechtsausschuß-Protokoll 4/41 (Sitzung v. 14. Februar 1963). Diese Formulierungshilfe lag der Ausschußberatung zugrunde, s. BT-Rechtsausschuß-Protokoll 4/41 (Sitzung v. 14. Februar 1963), S. 26.

[100] MinRat *Kleinknecht*, BT-Rechtsausschuß-Protokoll 4/41 (Sitzung v. 14. Februar 1963), S. 27. Dazu auch *Hofmann*, ZRP 1996, 401 mit Fn. 30.

Finanzgerichtsbarkeit zu statuieren,[101] die im Gegensatz zur gesamten ordentlichen Gerichtsbarkeit, der Verwaltungs- und der Sozialgerichtsbarkeit (wegen seinerzeit fehlender Verweisungen) von der Änderung des § 169 GVG nicht betroffen würden.[102] Zudem wurde im Parlamentsplenum – wenn auch nur von einer Abgeordneten –[103] darauf hingewiesen, daß die neue Fassung eben nicht nur für das Strafverfahren, sondern für sämtliche Verfahren gelte.[104]

Umgekehrt ist freilich zuzugeben, daß sich in den Gesetzesmaterialien keine weitere positive Begründung für die Ausweitung findet.[105] Daher ist die These, die Ausdehnung auf sämtliche anderen Verfahren sei bewußt vorgenommen worden, da viele Argumente gegen die Zulassung des Rundfunks auch in anderen Rechtswegen gültig seien,[106] letztlich bloße Spekulation. Gleiches gilt für die Annahme, der Rechtsausschuß habe die Geltung des Verbots auch für die Verfahren vor dem *Bundesverfassungsgericht* in seine Überlegungen miteinbezogen.[107]

Ausweislich der Entstehungsgeschichte erfolgte die Erstreckung des Aufnahmeverbots über den Strafprozeß hinaus also nicht unbeabsichtigt. Andererseits war sie auch nicht das Ergebnis gründlicher Überlegungen.

4. Kein Verbot von Fotos

Fotos verbietet § 169 S. 2 GVG nicht. Ein solches Verbot war auch im Gesetzgebungsverfahren zu keiner Zeit vorgesehen. Die Literatur stand diesem vermeintlichen Versäumnis skeptisch gegenüber.[108] Mit der Bildreportage bleibe das – aus damaliger Sicht – praktisch wichtigste Problem ungelöst;[109] auch gewinne das Verbot so den Charakter einer Ausnahme zuungunsten des Fern-

---

[101] Anlage 7 zu BT-Rechtsausschuß-Protokoll 4/41 (Sitzung v. 14. Februar 1963).

[102] MinRat *Marquordt*, BT-Rechtsausschuß-Protokoll 4/41 (Sitzung v. 14. Februar 1963), S. 27. Die Änderungen des Arbeitsgerichtsgesetzes und der Reichsabgabenordnung wurden jedoch zunächst zurückgestellt. Vgl. dazu ORR *Wlotzke* vom Bundesministerium für Arbeit sowie Abg. *Weber*, BT-Rechtsausschuß-Protokoll 4/41 (Sitzung v. 14. Februar 1963), S. 28.

[103] Dazu auch *R. Gerhardt*, ZRP 1993, 378; *Kortz*, AfP 1997, 444.

[104] Abg. *Diemer-Nicolaus*, BT-Plenarprotokoll 4/69 (Sitzung vom 27. März 1963), S. 3151 B, unter ausdrücklichem Widerspruch gegen den Abg. *Jahn* (soeben Fn. 98). Dazu auch *F. Burbulla*, Die Fernsehöffentlichkeit als Bestandteil des Öffentlichkeitsgrundsatzes, 1998, S. 65.

[105] *Gersdorf*, in: Kuhlo/Gersdorf, Gerichts-TV, 2001, S. 25.

[106] *H.J. Schneider*, JuS 1963, 349.

[107] So aber *Hofmann*, ZRP 1996, 401, unter Hinweis darauf, daß § 17 BVerfGG beim Erlaß von § 169 S. 2 GVG bereits existierte.

[108] Zusammenfassend *Kleinknecht*, Beilage zum BAnz Nr. 139 v. 22. Juli 1960, S. 8, unter Hinweis auf die restriktivere Regelung in Art. 308 der französischen Strafprozeßordnung: „Mit Eröffnung der Sitzung ist der Gebrauch aller Geräte zur Aufnahme oder Sendung von Tönen, von Fernseh- oder Filmkameras oder von fotografischen Apparaten verboten; Zuwiderhandlung zieht Geldstrafe von 30 000 bis zu neun Millionen Franken nach sich".

[109] *Eb. Schmidt*, Die Sache der Justiz, 1961, S. 28; ihm folgend *Dahs*, NJW 1961, 1756f.

sehens.[110] Jedenfalls in dieser Hinsicht aber steht fest, daß der Verzicht auf ein gesetzliches Fotografierverbot einer bewußten gesetzgeberischen Entscheidung entspricht.[111] Die Entwurfsbegründungen weisen explizit darauf hin, daß Fotos (ebenso wie Wortberichterstattung, Zeichnen, Tonaufnahmen für das Gericht oder die Verteidigung) nicht vom Verbot erfaßt würden, sondern auch weiterhin nur nach allgemeinen Regeln[112] einschränkbar sein sollten.[113]

5. Der geringe Stellenwert der Grundrechte

Hervorhebung verdient einmal mehr der aus heutiger Sicht erstaunlich gering anmutende Stellenwert, den die Grundrechte in der Diskussion um die Einführung des § 169 S. 2 GVG seinerzeit einnahmen. Zwar wurde das Aufnahmeverbot mit dem allgemeinen Persönlichkeitsrecht sowie der Menschenwürde begründet.[114] Jedoch geschah dies recht pauschal und gerade mit Blick auf das Strafverfahren. Überlegungen, ob Rundfunk- und Filmaufnahmen auch in den von der Ausweitung betroffenen anderen Verfahren stets zu einer Verletzung der Menschenwürde führen, sind zumindest in den vorhandenen Materialien nicht nachweisbar – was freilich schon an der allenfalls minimalen Berücksichtigung dieser Verfahren liegt.[115]

Vor allem aber fällt die nach aktuellen Maßstäben höchst defizitäre Berücksichtigung der Mediengrundrechte auf. Immerhin wurden sie mittelbar in Gestalt des Informationsinteresses der Öffentlichkeit angesprochen.[116] Als eigenständige Rechtspositionen, die tendenziell gegen ein Aufnahmeverbot streiten und mit denen die das Verbot tragenden Gesichtspunkte daher abzuwägen sind, fanden sie nur vereinzelt Beachtung.[117] Der Einwand, die Berichterstattung durch Film, Fernsehen und (Hör-)Rundfunk werde durch das Aufnahmeverbot „in keiner

---

[110] *H. J. Schneider*, JuS 1963, 350. So auch Abg. *Jahn*, BT-Plenarprotokoll 4/69 (Sitzung vom 27. März 1962), S. 3146 A, D, unter Verweis auf die Gefahr verfälschender Presseberichte; dagegen Abg. *Benda*, BT-Plenarprotokoll 4/69 (Sitzung vom 27. März 1962), S. 3149 A-B. Er weist auf den erkennbar subjektiven Charakter von Presseberichten hin, gesteht jedoch zu, daß Fotos eher objektiv wirken. Allerdings sei die Wirkung des Fernsehens noch stärker.

[111] Unrichtig daher *Schmidt-Leichner*, AnwBl. 1961, 35: Das Verbot sei vergessen worden.

[112] Sitzungspolizei, Hausrecht, allgemeines Persönlichkeitsrecht, Recht am eigenen Bild.

[113] BT-Drucks. 3/2037, S. 44; BT-Drucks. 4/178, S. 45.

[114] BT-Drucks. 3/2037, S. 44; BT-Drucks. 4/178, S. 45 (nur allgemeines Persönlichkeitsrecht).

[115] Insofern nimmt *Schwarz*, AfP 1995, 354, wohl zu Recht an, derartige Überlegungen hätten nicht stattgefunden.

[116] S. etwa Bundesminister *Schäffer*, BT-Plenarprotokoll 3/128 (Sitzung vom 21. Oktober 1960), S. 7407 D – 7408 B.

[117] Vgl. den Hinweis des Abg. *Jahn* auf die Notwendigkeit, das „Grundrecht der Meinungs- und Informationsfreiheit“ gegen das „Grundrecht der Wahrung der Würde der Persönlichkeit“ abzuwägen, BT-Plenarprotokoll 3/128 (Sitzung vom 21. Oktober 1960), S. 7414 B. – Zur fehlenden Abwägung mit der Rundfunkfreiheit auch *Schwarz*, AfP 1995, 354.

Weise beeinträchtigt", da die Berichterstattung selber weiter möglich bleibe,[118] zeugt von der weitgehenden Verkennung der spezifischen Befindlichkeiten dieser Medien. Die Erkenntnis, daß Art. 5 Abs. 1 S. 2 GG dem Rundfunk die Berichterstattung gerade in Form von Originalbildern und -tönen gestattet, war zwar nicht unbekannt,[119] hatte sich aber jedenfalls noch nicht durchzusetzen vermocht. Auch der Frage, ob das Verbot nicht womöglich nach Art. 5 Abs. 2 GG problematisches Sonderrecht gegen den Rundfunk darstellt, wurde kaum nachgegangen.[120]

6. Der Abschluß des Gesetzgebungsverfahrens

Nicht durchzusetzen vermochte sich schließlich ein letzter Versuch, von einer Änderung des § 169 GVG insgesamt Abstand zu nehmen.[121] Statt dessen wurde der Vorschlag des Rechtsausschusses angenommen und § 169 GVG um seinen heutigen Satz 2 ergänzt.[122] Die Vorschrift wurde überwiegend begrüßt. Mit ihr seien „die Scheinwerfer als Instrumente zur Beleidigung der Menschenwürde des Angeklagten, als Gefährdung der Wahrheitserforschung und als Medium sensationeller Publicity im Gerichtssaal endgültig ausgelöscht." Bedauert wurde allerdings, daß Fotos und Zeichnungen vom Verbot nicht erfaßt werden.[123]

IV. Die Reichweite des Verbots

1. Die verbotenen Aufnahmen

Daß § 169 S. 2 GVG „Ton- und Fernseh-Rundfunkaufnahmen" verbietet, ist sprachlich unnötig kompliziert gefaßt. Mit Rundfunk als Oberbegriff für Hörfunk und Fernsehen würde man inzwischen eher von „Ton- und *Film*-Rundfunkaufnahmen" oder besser nur von Rundfunkaufnahmen sprechen.[124] Verboten ist

---

[118] Abg. *Hirsch*, BT-Plenarprotokoll 4/69 (Sitzung vom 27. März 1962), S. 3150 D.

[119] *Lang*, Ton- und Bildträger, 1960, S. 62; *H. J. Schneider*, JuS 1963, 351.

[120] *H. J. Schneider*, JuS 1963, 350 (soeben mit Fn. 110), reißt die Frage zwar an, ohne jedoch den grundrechtlichen Bezug herzustellen. Auf die grundrechtliche Problematik weist der Abg. *Jahn*, BT-Plenarprotokoll 4/69 (Sitzung vom 27. März 1962), S. 3146 D, hin.

[121] Abg. *Jahn*, BT-Plenarprotokoll 4/69 (Sitzung vom 27. März 1962), S. 3146 B-C, hielt die bestehende Rechtslage namentlich unter Hinweis auf die Richtlinien für das Strafverfahren für ausreichend. Ein gesetzliches Verbot ersticke jede weitere Rechtsentwicklung (*Jahn*, a. a. O., S. 3145 B, 3147 C-D; ebenso *H. J. Schneider*, JuS 1963, 350). Zur Ablehnung des Antrags, die Änderung von § 169 GVG zu streichen, s. BT-Plenarprotokoll 4/69 (Sitzung vom 27. März 1962), S. 3151 C.

[122] Art. 11 Nr. 5 des Gesetzes zur Änderung der Strafprozeßordnung und des Gerichtsverfassungsgesetzes vom 19. Dezember 1964, BGBl. I S. 1067 (1080).

[123] *Dahs*, NJW 1965, 86.

[124] So zu Recht *Lehr*, NStZ 2001, 64 Fn. 13. *Kleinknecht*, Beilage zum BAnz Nr. 139 v. 22. Juli 1960, S. 8, weist darauf hin, daß die an sich überflüssige Nennung von Fernsehaufnahmen

sowohl die sofortige Übertragung als auch die Aufzeichnung mit der Absicht (potentieller) späterer Ausstrahlung.[125]

Sonstige Ton- und Filmaufnahmen sind nicht schlechthin unzulässig. § 169 S. 2 GVG untersagt sie nur, sofern sie zum Zwecke der öffentlichen Vorführung oder der Veröffentlichung ihres Inhalts erfolgen. Nicht erfaßt sind daher Aufnahmen auf Veranlassung des Gerichts für verfahrensinterne Zwecke, etwa zur Protokollierung von Zeugenaussagen,[126] oder Aufnahmen, die sich Prozeßbeteiligte als Gedächtnisstütze anfertigen. Über die Zulässigkeit derartiger Aufnahmen ist damit freilich noch nichts gesagt: Sie kann von speziellen Verfahrensvorschriften, aber auch von der Zustimmung der Betroffenen abhängen. § 169 S. 2 GVG jedenfalls verbietet diese Art von Aufnahmen nicht.

Gleiches gilt für Aufnahmen durch Zuschauer zu anderen als zu den in § 169 S. 2 GVG genannten Zwecken. Dazu zählen auch einschlägige Aktivitäten von Journalisten, die die Verhandlung aufnehmen, um später *in eigenen Worten* über den Prozeß zu berichten. Die ebenfalls auf den Formulierungsvorschlag des Justizministeriums zurückgehende Ergänzung, nicht nur Ton- und Filmaufnahmen zum Zwecke der öffentlichen Vorführung, sondern auch solche zum Zwecke der „Veröffentlichung ihres Inhalts" zu untersagen, soll gerade verhindern, daß der zunächst aufgenommene *Wortlaut* veröffentlicht wird.[127] Solchen Aufnahmen, die das nicht bezwecken, steht § 169 S. 2 GVG nicht entgegen. Daß sie u. a. wegen der Gefahr des (zu befürchtenden) Mißbrauchs aus sitzungspolizeilichen Gründen heraus kaum[128] zulässig sein werden, steht auf einem anderen Blatt.

Wie bereits gezeigt, werden Fotos und Zeichnungen in der Verhandlung schon ausweislich des klaren Gesetzeswortlauts nicht erfaßt.[129] Der Überlegung,

---

neben Rundfunkaufnahmen bereits im ersten Gesetzentwurf der Bundesregierung dazu diente, Zweifel für die Praxis auszuschließen.

[125] *Gummer*, in: Zöller, ZPO, 25. Aufl. 2005, § 169 GVG Rdnr. 16.

[126] *Praml*, MDR 1977, 14; *Wickern*, in: Löwe-Rosenberg, StPO und GVG, 7. Bd., 25. Aufl. 2003, § 169 GVG Rdnr. 45. Nach Auffassung von *Wickern*, a.a.O., nach ist sogar die beabsichtigte Wiedergabe in einem späteren Verhandlungstermin keine „öffentliche Vorführung" im Sinne des Verbots, da Aufnahmen für Zwecke des Verfahrens nach der ratio legis nicht erfaßt werden sollten. Zur ursprünglich von der Bundesregierung vorgesehenen Ausnahme für Aufnahmen auf Veranlassung des Gerichts s. o. Teil 5 A.III.1., S. 313 f. Für die Zulässigkeit gerichtsinterner Aufzeichnungen bereits BGHSt 19, 193 ff. (für die Zeit vor § 169 S. 2 GVG).

[127] MinRat *Kleinknecht*, BT-Rechtsausschuß-Protokoll 4/41 (Sitzung v. 14. Februar 1963), S. 27 (Hervorhebung nur hier). Zu weit daher *Schreiber*, in: Wieczorek/Schütze, ZPO und Nebengesetze, 5. Bd., 3. Aufl. 1995, § 169 GVG Rdnr. 39, mit der Annahme, Aufnahmen zum Zweck der späteren zusammengefaßten Wiedergabe seien von § 169 S. 2 GVG untersagt.

[128] Die Zulassung derartiger Aufnahmen wird voraussetzen, daß sie *glaubhaft* als bloße Aufzeichnung (im Sinne einer Gedächtnisstütze) gedacht sind. Ebenso *Sarstedt*, JR 1956, 126, der Aufnahmen zum Zweck der Ausstrahlung gegen den Willen des Betroffenen bereits vor dem Erlaß von § 169 S. 2 GVG für unzulässig hielt. Vgl. dazu auch BGHSt 19, 193 (194): Ggf. sollte das Gericht den Zweck der Aufnahmen erläutern, um die Gefahr gesteigerter Befangenheit zu vermeiden.

[129] *Lehr*, NStZ 2001, 64.

Fotos unter den Begriff der Filmaufnahmen zu subsumieren, steht jedenfalls die Entstehungsgeschichte entgegen, nach der unter Filmaufnahmen nur der kinematographische Film zu verstehen ist.[130] Vorbehaltlich eines Verbots durch den Vorsitzenden sind Fotos und Zeichnungen daher zulässig.[131]

Unzulässig soll hingegen auf Grund entsprechender Anwendung des § 169 S. 2 GVG die Ton- und Bildübertragung der Verhandlung in einen anderen Raum sein.[132] Gleiches wird für die Auswahl extrem großer Räume wie etwa Stadthallen angenommen. Zwar ist die Zahl der Zuschauer dort weniger groß als bei einer Fernsehübertragung. Durch die unmittelbare Wirkung der großen Menschenmenge würden die Beteiligten jedoch ebenso stark beeinflußt wie durch Kameras.[133]

2. Der zeitliche Anwendungsbereich

Hinsichtlich seiner zeitlichen Geltung knüpft das Aufnahmeverbot des § 169 S. 2 GVG ersichtlich an § 169 S. 1 GVG an.[134] Es gilt im gleichen Umfang wie der Öffentlichkeitsgrundsatz *im Sinne von § 169 S. 1 GVG*. Das Verbot besteht während der gesamten Verhandlung,[135] nicht jedoch in der gesamten Sitzung. Aufnahmen vor und nach der Verhandlung, in Verhandlungspausen sowie außerhalb des Sitzungssaals, also beispielsweise auf den Gerichtsfluren,

---

[130] Explizit MinRat *Kleinknecht*, BT-Rechtsausschuß-Protokoll 4/41 (Sitzung v. 14. Februar 1963), S. 27: Mit „Filmaufnahmen" sei natürlich der kinematographische Film und nicht der Rollfilm gemeint. S. auch *Maul*, MDR 1970, 286, m. w. N.

[131] Näher dazu sogleich Teil 5 B.II., S. 333 f. Zur Möglichkeit, auch Zeichnungen zu verbieten, sofern durch sie die Verhandlung gestört wird, *Brüggemann*, AfP 1971, 156.

[132] So mit leichten Nuancen in der Begründung *Kissel/Mayer*, GVG, 4. Aufl. 2005, § 169 Rdnr. 27; *Roxin*, Strafverfahrensrecht, 25. Aufl. 1998, § 45 Rdnr. 2 (Rechtsgedanke des § 169 S. 2 GVG); *Meyer-Goßner*, StPO, 47. Aufl. 2004, § 169 GVG Rdnr. 5 (Sinn der Vorschrift); im Ergebnis auch *Diemer*, in: Karlsruher Kommentar zur StPO, 5. Aufl. 2003, § 169 GVG Rdnr. 8 (bedenklich wegen Menschenwürde der Beteiligten). Vorsichtig für eine Analogie auch *Leipold*, in: Stein/Jonas, ZPO, Bd. 2, 21. Aufl. 1994, vor § 128 Rdnr. 126. – S. auch BVerfGE 87, 331 (333): Art. 5 Abs. 1 S. 2 GG gibt Journalisten, die aus Kapazitätsgründen nicht teilnehmen können, keinen Anspruch auf Lautsprecherübertragung in einen anderen Raum.

[133] *Roxin*, in: FS für Karl Peters, 1974, S. 401, der so in der Sache die wertende Vergleichbarkeit der Fälle als Voraussetzung einer Analogie bejaht. S. dazu *H. Jung*, in: GS für Hilde Kaufmann, 1986, S. 903, mit dem Hinweis, das *LG Saarbrücken* habe sich im Lebach-Prozeß, als es in eine Kongreßhalle auswich, sicher schon der Grenze des Zulässigen genähert.

[134] *Wickern*, in: Löwe-Rosenberg, StPO und GVG, 7. Bd., 25. Aufl. 2003, § 169 GVG Rdnr. 42.

[135] Verfehlt daher die Aussage von *M. Wolf*, in: Münchener Kommentar zur ZPO, Bd. 3, 2. Aufl. 2001, § 169 GVG Rdnr. 47, im Zivilprozeß könnten zwischen dem Aufruf der Sache und dem eigentlichen Beginn der Verhandlung Aufnahmen unter bestimmten Bedingungen ausnahmsweise zulässig sein. Auch im Zivilprozeß beginnt die Verhandlung i. S. v. § 169 GVG bereits mit dem Aufruf der Sache. Dazu oben Teil 2 B.I.2.c) mit Fn. 266 (S. 86 f.). In der von *M. Wolf*, a. a. O., als Beleg genannten Entscheidung (BGH NJW 1970, 63 f. [= BGHSt 23, 123 ff.]) geht es denn auch explizit um Aufnahmen in Verhandlungspausen.

steht § 169 S. 2 GVG daher nicht entgegen.[136] Dieses Ergebnis wird durch die Entstehungsgeschichte bestätigt.[137]

3. Das ausnahmslose Verbot

Das Aufnahmeverbot des § 169 S. 2 GVG gilt ausnahmslos und unabdingbar. Die Vorschrift untersagt – was teils sogar von Richtern verkannt wird –[138] auch solche Aufnahmen, mit denen alle Beteiligten einverstanden sind oder die ihrem ausdrücklichen Wunsch entsprechen.[139] Bei sog. „Gerichtsshows" im Fernsehen, in denen Verhandlungen vor deutschen Gerichten gezeigt werden, handelt es sich entweder um Schiedsgerichtsverfahren gem. §§ 1025 ff. ZPO, für die das gerichtsverfassungsgesetzliche Verbot nicht gilt, oder – bei Strafprozessen ist das zwingend – um fiktive, von Schauspielern dargestellte Verhandlungen.[140]

Auf Grund der eindeutigen Unzulässigkeit von Ausnahmen ist § 169 S. 2 GVG keiner wie auch immer gearteten verfassungskonformen Auslegung zugänglich.[141] Sollte das Verbot ganz oder teilweise mit dem Grundgesetz unvereinbar sein, hätte dies die zumindest partielle Verfassungswidrigkeit der Norm zur Folge.[142]

Durchzusetzen hat das Verbot der Vorsitzende im Rahmen seiner sitzungspolizeilichen Befugnisse.[143]

---

[136] BVerfGE 91, 125 (136); 103, 44 (62); BGHSt 23, 123 (124 f.); *Lehr*, NStZ 2001, 64; *Brüggemann*, AfP 1971, 156; anders *Eb. Schmidt*, Justiz und Publizistik, 1968, S. 38 f. – Zur Abgrenzung zwischen der Verhandlung und dem umfassenderen Begriff der Sitzung s. oben Teil 2 B.I.2.b), c), S. 85 ff.

[137] BGHSt 23, 123 (124 f.); zur Entstehungsgeschichte oben Teil 5 A.III., S. 312 ff.

[138] Vgl. die Beispiele bei *R. Gerhardt*, ZRP 1993, 378.

[139] BGHSt 22, 83 (85); *Kissel/Mayer*, GVG, 4. Aufl. 2005, § 169 Rdnr. 69; *Maul*, MDR 1970, 286; *Petersen*, Medienrecht, 2. Aufl. 2005, § 20 Rdnr. 2.

[140] *Kloepfer*, Informationsrecht, 2002, § 10 Rdnr. 64. – Zur Realität von „Gerichtsshows" *Wilken*, Der Spiegel v. 17. September 2001, Heft 38, S. 128 ff. Kritisch wegen der verfälschenden Darstellung des Geschehens vor Gericht *Huff*, DRiZ 2002, 361; *Huff*, ZRP 2003, 68, jeweils unter Hinweis auf ältere, realistischer informierende Sendeformate. Im Ergebnis nicht allzu weit entfernt *R. Gerhardt*, ZRP 2003, 68: Zwar betont er die Chancen, die „Gerichtsshows" für die Vermittlung der Tätigkeit der Justiz bieten. Freilich soll dies nur im Fall einer möglichst originalgetreuen Darstellung gelten. Anders *M. Steiner*, ZRP 2003, 246 f.: Die realitätsgetreue Darstellung mündlicher Verhandlungen könne dem Bild der Justiz in der Öffentlichkeit womöglich stärker schaden als erfundene Fälle und ein allenfalls an den Grundlinien der Prozeßordnung orientierter Ablauf der Verhandlungen.

[141] *I. M. Pernice*, Öffentlichkeit und Medienöffentlichkeit, 2000, S. 144; *Ernst*, ZUM 1996, 188. A.A. *Kuß*, Öffentlichkeitsmaxime der Judikative und das Verbot von Fernsehaufnahmen im Gerichtssaal, 1999, S. 237 ff.: Der zeitlich-räumliche Anwendungsbereich von § 169 S. 2 GVG könne im Wege der verfassungskonformen Auslegung enger bemessen werden als derjenige des § 169 S. 1 GVG.

[142] *Ernst*, ZUM 1996, 188. Zur Frage der Verfassungsmäßigkeit von § 169 S. 2 GVG unten Teil 5 E.I., II., III., S. 392 ff.

[143] *Diemer*, in: Karlsruher Kommentar zur StPO, 5. Aufl. 2003, § 169 GVG Rdnr. 13; *Schreiber*, in: Wieczorek/Schütze, ZPO und Nebengesetze, 5. Bd., 3. Aufl. 1995, § 169 GVG Rdnr. 43;

4. Die Geltung in den unterschiedlichen Fachgerichtsbarkeiten

Ebenso wie das Öffentlichkeitsgebot des § 169 S. 1 GVG gilt das Aufnahmeverbot des § 169 S. 2 GVG unmittelbar nur für die ordentliche Gerichtsbarkeit (§ 2 EGGVG). Vor den übrigen Fachgerichten wird es durch Verweisungsvorschriften für entsprechend bzw. für sinngemäß anwendbar erklärt.[144]

Gleiches gilt – vorbehaltlich einzelner Ausnahmen –[145] vor den Verfassungsgerichten des Bundes und der Länder. Darauf wird zurückzukommen sein.[146]

a) *Statische oder dynamische Verweisungen*

Regelmäßig verweisen die Verfahrensordnungen nicht explizit auf Satz 2 des § 169 GVG, sondern auf § 169 GVG insgesamt, wenn nicht sogar auf „die Vorschriften über die Öffentlichkeit" bzw. „Titel 14" des Gerichtsverfassungsgesetzes.[147] Davon wird das Aufnahmeverbot jedenfalls dann erfaßt, wenn die Verweisungsvorschrift jüngeren Datums ist als § 169 S. 2 GVG[148] bzw. dann, wenn der Gesetzgeber die Verweisung nach 1964 modifiziert hat, ohne dabei etwas an der Inbezugnahme des gesamten § 169 GVG zu ändern.[149] Ob es sich um dynamische Verweisungen handelt, die § 169 GVG in seiner jeweils geltenden Fassung für anwendbar erklären, oder um statische Verweisungen, nach denen § 169 GVG in der Fassung gilt, die er beim Erlaß (bzw. der Änderung) der Verweisung hatte, spielt in diesen Fällen – vorbehaltlich zukünftiger Änderungen des § 169 GVG – keine Rolle.[150]

Relevant wird diese Unterscheidung hingegen bei Verweisungen, die älter sind als § 169 S. 2 GVG und keine spätere Änderung erfahren haben. Das ist

---

Meissner, in: Schoch/Schmidt-Aßmann/Pietzner, VwGO, § 55 Rdnr. 41; *Kissel/Mayer*, GVG, 4. Aufl. 2005, § 169 Rdnr. 70 (unter zusätzlichem Verweis auf die Sachleitung).

[144] Zu den Verweisungsvorschriften oben Fn. 253 (S. 83). Auch im arbeitsgerichtlichen Verfahren, für das § 52 S. 1 ArbGG eine eigene Regelung für die Öffentlichkeit enthält, gilt § 169 S. 2 GVG kraft ausdrücklicher Verweisung in § 52 S. 4 ArbGG.

[145] §§ 17a BVerfGG, 22a BbgVerfGG, 11a SaarlVerfGHG, 16a HambVerfGG.

[146] Unten Teil 5 F., S. 460ff., bzw. Teil 5 G., S. 475ff.

[147] Zum direkten Verweis in § 52 S. 4 ArbGG soeben Fn. 144. Vor den Arbeitsgerichten steht die Geltung des Aufnahmeverbots daher außer Frage.

[148] So beispielsweise § 52 Abs. 1 FGO. Die Finanzgerichtsordnung datiert v. 6. Oktober 1965 (BGBl. I S. 1477). Zur Geltung der Reichsabgabenordnung noch während des Gesetzgebungsverfahrens zu § 169 S. 2 GVG s. oben Fn. 102.

[149] Das ist bei § 61 Abs. 1 SGG der Fall. Die Vorschrift verweist auf § 169 GVG. Letztmalig geändert wurde sie durch das Erste Gesetz zur Verbesserung der Stellung des Verletzten im Strafverfahren v. 18. Dezember 1986 (BGBl. I S. 2496), das die Verweisung „§§ 169, 172 bis 191" durch die Verweisung „§§ 169, 171b bis 191" ersetzte. Daß der Verweis auf § 169 GVG nicht durch einen Verweis allein auf § 169 S. 1 GVG ersetzt wurde, läßt erkennen, daß der Verweis auch auf Satz 2 dem Willen des Gesetzgebers entspricht.

[150] Grundlegend zur Terminologie *Ossenbühl*, DVBl. 1967, 401. S. auch *Clemens*, AöR Bd. 111 (1986), S. 80f.

neben § 17 BVerfGG, auf den sogleich zurückzukommen sein wird, namentlich bei § 55 VwGO der Fall. Die Vorschrift gilt nach wie vor in ihrer ersten Fassung aus dem Jahre 1960.[151] Als statische Verweisung würde sie daher allein § 169 S. 1 GVG für anwendbar erklären, als dynamische Verweisung zugleich § 169 S. 2 GVG.

Der Gesetzeswortlaut ist insofern neutral; er läßt beide Interpretationen zu.[152] Welche Art von Verweisung vorliegt, ist daher im Wege der Auslegung zu entscheiden, die sich vor allem am Sinnzusammenhang, der Entstehungsgeschichte und den Regelungszielen zu orientieren hat.[153] Als Indiz für eine dynamische Verweisung gilt, daß die Verweisung dem Zweck der Rechtsangleichung dienen soll.[154] Das ist bei § 55 VwGO der Fall. Die Vorschrift beruht erkennbar auf dem Willen des Gesetzgebers, die Gestaltung des Verfahrens möglichst eng an die ordentliche Gerichtsbarkeit anzulehnen, um keine allzu großen Unterschiede zwischen den einzelnen Gerichtsbarkeiten entstehen zu lassen.[155] Folglich handelt es sich um eine dynamische Verweisung.

Prinzipiell ist gegen die Regelungstechnik der Verweisung nichts zu erinnern.[156] Bei statischen Verweisungen verzichtet der Gesetzgeber lediglich darauf, den ihm bekannten und daher von seinem Willen umfaßten Wortlaut des Verweisungsobjekts zu wiederholen.[157] Aber auch dynamische Verweisungen sind jedenfalls dann zulässig, wenn der verweisende Gesetzgeber auf eine eigene Regelung Bezug nimmt, wie es im hier interessierenden Zusammenhang beim Verweis der durchweg bundesrechtlich geregelten fachgerichtlichen Verfahrensordnungen der Fall ist.[158]

b) Die Irrelevanz der „entsprechenden" Anwendbarkeit

Daß das Aufnahmeverbot von den fachgerichtlichen Verfahrensordnungen jenseits der ordentlichen Gerichtsbarkeit *entsprechend* zur Anwendung kommt, ändert an seiner uneingeschränkten Geltung nichts. Die „nur" entsprechende

---

[151] *Meissner*, in: Schoch/Schmidt-Aßmann/Pietzner, VwGO, § 55 Rdnr. 1.

[152] *Meissner*, in: Schoch/Schmidt-Aßmann/Pietzner, VwGO, § 55 Rdnr. 5.

[153] BVerfGE 60, 135 (155f.); zustimmend *Hund*, in: Umbach/Clemens, BVerfGG, 1992, § 17 Rdnr. 8.

[154] *Clemens*, AöR Bd. 111 (1986), S. 81.

[155] *Meissner*, in: Schoch/Schmidt-Aßmann/Pietzner, VwGO, § 55 Rdnrn. 1, 5, im Anschluß an die Argumentation von *Hund*, in: Umbach/Clemens, BVerfGG, 1992, § 17 Rdnr. 9, zu § 17 BVerfGG. Für eine dynamische Verweisung auch *Redeker/v. Oertzen*, VwGO, 14. Aufl. 2004, § 55 vor Rdnr. 1; *J. Schmidt*, in: Eyermann, VwGO, 11. Aufl. 2000, § 55 Rdnr. 1.

[156] BVerfGE 60, 135 (155).

[157] BVerfGE 47, 285 (311 f.); *Ossenbühl*, DVBl. 1967, 402; *Clemens*, AöR Bd. 111 (1986), S. 100f.

[158] Beispielhaft zur Unbedenklichkeit der dynamischen Verweisung in § 17 BVerfGG *Lechner/Zuck*, BVerfGG, 4. Aufl. 1996, § 17 Rdnr. 1.

Anwendung ist kein Ansatzpunkt für verfahrensspezifische Einschränkungen des § 169 S. 2 GVG.[159]

Die gegenteilige Auffassung wurde bezüglich der Fachgerichtsbarkeit nur selten vertreten. In letzter Zeit freilich nehmen die einschlägigen Äußerungen zu.[160] Relevant ist die Frage insbesondere im Hinblick auf Verfahren vor dem *Bundesverfassungsgericht*, das regelmäßig Aufnahmen zugelassen hat, die an sich unter das Aufnahmeverbot gefallen wären. Sie soll daher im Zusammenhang mit den übrigen speziellen Fragen, die das *bundesverfassungsgerichtliche* Verfahren ohnehin aufwirft, näher erörtert werden.[161]

V. Die Rechtsfolgen einer verbotswidrigen Aufnahme

Verstöße gegen das Verbot des § 169 S. 2 GVG, die immer wieder vorgekommen sind,[162] haben vergleichsweise geringe Konsequenzen. Offenbar hat der Gesetzgeber weitergehende Sanktionen zur Durchsetzung und Einhaltung des Verbots nicht für erforderlich gehalten.

1. Die beschränkten Sanktionsmöglichkeiten

In der Verhandlung kann der Vorsitzende Aufnahmen unter Wiederholung des gesetzlichen Verbots im Rahmen seiner Sitzungspolizei gem. § 176 GVG un-

[159] Für die uneingeschränkte Geltung in allen Fachgerichtsbarkeiten s. nur *Ernst*, in: FS für Günter Herrmann, 2002, S. 73.

[160] Für die Möglichkeit von Ausnahmen auf Grund der nur entsprechenden Anwendung von § 169 S. 2 GVG *Hain*, DÖV 2001, 593f.; *Gündisch/Dany*, NJW 1999, 257; *Plate*, NStZ 1999, 391. S. auch die Stellungnahme des *Deutschen AnwaltVereins*, BVerfGE 103, 44 (55f.). Skeptisch gegenüber dem Verständnis als umfassendes Verbot auch *Dieckmann*, NJW 2001, 2452: Das Verbot sei auch für die Verfahrensordnungen, in denen es nur entsprechend anwendbar sei, „gleichsam ungeprüft" im umfassenden Sinne verstanden worden, obwohl das nicht zwingend sei. Im Ergebnis ebenso *J. Schmidt*, in: Eyermann, VwGO, 11. Aufl. 2000, § 55 Rdnr. 1, der Aufnahmen beim Eintreten der Richter, bei der Eröffnung der Verhandlung sowie während der Verkündung von Entscheidungen für zulässig hält. Allerdings argumentiert er mit dem Ziel des Aufnahmeverbots, die Beeinflussung des Gerichts und der Beteiligten zu vermeiden, nicht mit der „entsprechenden" Anwendung.

[161] Unten Teil 5 C.II.3., S. 349ff.

[162] Vgl. dazu bereits die Schilderung von *Eb. Schmidt*, Justiz und Publizistik, 1968, S. 38 mit Fn. 70. Wohl prominentestes Beispiel aus jüngerer Vergangenheit ist der Prozeß gegen *Monika Weimar*, die beschuldigt wurde, ihre Kinder getötet zu haben. Während der Inaugenscheinnahme mehrerer Örtlichkeiten wurden Fernsehaufnahmen gemacht, ohne daß das Gericht dies verhindert hätte. Dazu BGHSt 36, 119ff.; *Ranft*, Jura 1995, 578f.; *Töpper*, DRiZ 1989, 389; *Stürner*, Gutachten 58. DJT, A 24; *Hamm*, Große Strafprozesse und die Macht der Medien, 1997, S. 55ff. – *F. Burbulla*, Die Fernsehöffentlichkeit als Bestandteil des Öffentlichkeitsgrundsatzes, 1998, S. 67f., berichtet von der Fernsehübertragung der Urteilsverkündung im Prozeß der Tennisspielerin *Monica Seles* gegen den Deutschen Tennisbund im Jahre 1996.

Zur großzügigen Zulassung von Fernsehaufnahmen durch das *Bundesverfassungsgericht* schon vor Erlaß des § 17a BVerfGG unten Teil 5 C.I., S. 337ff.

tersagen. Eine Mißachtung dieser Anordnung eröffnet die sitzungspolizeilichen Sanktionsmöglichkeiten bis hin zum Ausschluß aus der Verhandlung. Die Kamera darf der Vorsitzende bis zum Ende der Verhandlung einbehalten.[163] Danach muß er sie – samt Film bzw. Datenträger – wieder herausgeben. Weder hat er die Möglichkeit, die Aufnahmen vernichten zu lassen,[164] noch kann er die Veröffentlichung der Aufnahmen anderweitig verhindern.[165] Als effektiver Schutz der Persönlichkeitsrechte derjenigen, deren Bild bzw. Stimme verbotswidrig aufgenommen wurde, läßt sich das nicht gerade bezeichnen.[166] Hinzu kommt, daß die zunehmende Miniaturisierung der Aufnahmetechnik vom Gericht unbemerkte Aufnahmen stark erleichtert,[167] so daß selbst der sitzungspolizeiliche Minimalschutz leerzulaufen droht. Dennoch hat die Anregung, § 169 S. 2 GVG mit Strafe zu bewehren[168] – weder § 201 StGB noch § 353 d StGB sind derzeit einschlägig –,[169] bisher keine gesetzgeberische Resonanz gefunden.[170]

Sogar die gerichtliche Zulassung von Aufnahmen unter bewußtem Verstoß gegen das gesetzliche Verbot droht innerprozessual folgenlos zu bleiben, wenn man mit der strafgerichtlichen Rechtsprechung nur die gesetzwidrige Beschränkung, nicht jedoch die gesetzwidrige Erweiterung der Öffentlichkeit für einen absoluten Revisionsgrund gem. § 338 Nr. 6 StPO hält.[171] Nach dieser Sichtweise ist es konsequent, auch den Verstoß gegen § 169 S. 2 GVG nur als relativen Revisionsgrund i. S. v. § 337 StPO anzusehen.[172] Zwar soll die Entscheidung regelmäßig auf den verbotswidrigen Aufnahmen beruhen.[173] Zwingend ist dies freilich nicht.[174]

---

[163] BGHSt 44, 23 (24); *Kissel/Mayer*, GVG, 4. Aufl. 2005, § 176 Rdnr. 31; *Schreiber*, in: Wieczorek/Schütze, ZPO und Nebengesetze, 5. Bd., 3. Aufl. 1995, § 169 GVG Rdnr. 43; *Diemer*, in: Karlsruher Kommentar zur StPO, 5. Aufl. 2003, § 169 GVG Rdnr. 13; *Maul*, MDR 1970, 288.

[164] *Brüggemann*, AfP 1971, 156.

[165] *Kortz*, AfP 1997, 444.

[166] *Knothe/Wanckel*, ZRP 1996, 107.

[167] Dazu *Töpper*, DRiZ 1989, 389.

[168] Kritisch zur fehlenden Strafbewehrung bereits *Stürner*, Gutachten 58. DJT, A 24 f. Für eine entsprechende Ergänzung von § 353 d StGB *Knothe/Wanckel*, ZRP 1996, 107 f., die darüber hinaus vorschlagen (S. 109 f.), das Aufnahmeverbot durch korrespondierende Sendeverbote rundfunkrechtlicher Natur abzusichern.

[169] *Kortz*, AfP 1997, 444; *Kissel/Mayer*, GVG, 4. Aufl. 2005, § 169 Rdnr. 70.

[170] Auch die neue Vorschrift des § 201 a StGB stellt die hier interessierenden Aufnahmen nicht unter Strafe, da der Gerichtssaal weder eine Wohnung noch einen gegen Einblick besonders geschützten Raum darstellt.

[171] BGHSt 10, 202 (206 f.); 23, 82 (85); 23, 176 (178); ebenso für den Verwaltungsprozeß *Kopp/Schenke*, VwGO, 13. Aufl. 2003, § 138 Rdnr. 24; für den Zivilprozeß *Gummer*, in: Zöller, ZPO, 25. Aufl. 2005, § 169 GVG Rdnr. 16.

[172] BGHSt 36, 119 (120 ff.), unter Hinweis darauf, daß das Verbot des § 169 S. 2 GVG weniger bedeutsam sei als der Öffentlichkeitsgrundsatz des § 169 S. 1 GVG; zustimmend *Fezer*, StrV 1989, 291; ablehnend *Roxin*, NStZ 1989, 377; offengelassen in BGHSt 22, 83.

[173] BGHSt 22, 83 ff.

[174] S. dazu BGHSt 36, 119 (123): Kein Beruhen auf den verbotswidrigen Aufnahmen wegen späterer Wiederholung der verbotswidrig aufgenommenen Verhandlungsabschnitte.

2. Kritische Würdigung

Daß die besseren Argumente für die Gegenauffassung sprechen, nach der auch gesetzwidrige Erweiterungen der Öffentlichkeit zu einem absoluten Revisionsgrund führen, wurde bereits an anderer Stelle erörtert.[175] Daher stellt nach zutreffender Auffassung auch die Duldung gesetzwidriger Aufnahmen durch das Gericht einen absoluten Revisionsgrund dar,[176] was dem Verbot des § 169 S. 2 GVG zumindest innerprozessual eine gesteigerte Bedeutung verleiht.

Schutz vor heimlichen, vom Gericht nicht bemerkbaren Aufnahmen hingegen bewirkt auch diese Sichtweise nicht. Nachdem schon Einschränkungen der Öffentlichkeit die Revision nur begründen, wenn sie dem Gericht zuzurechnen sind,[177] d. h. wenn das Gericht den Gesetzesverstoß also kannte oder zumindest hätte bemerken können,[178] muß gleiches auch für gesetzwidrige Aufnahmen gelten. Erwägenswert erscheint darüber hinaus, solche Aufnahmen nicht als absoluten Revisionsgrund zu werten, die das Gericht zwar bemerkt hat, die es jedoch nicht verhindern konnte. Andernfalls hätten es Dritte in der Hand, eine Wiederholung des Verfahrens zu bewirken.[179] Allerdings dürfte es sich dabei um einen allenfalls bei Verhandlungen außerhalb des Gerichtsgebäudes relevanten, also nur ausnahmsweise eintretenden Fall handeln.[180]

---

[175] Oben Teil 2 D.II.2., S. 130 f.

[176] *Eb. Schmidt*, Justiz und Publizistik, 1968, S. 40 ff., 46; *Maul*, MDR 1970, 286; *Ranft*, Jura 1995, 579; *Schreiber*, in: Wieczorek/Schütze, ZPO und Nebengesetze, 5. Bd., 3. Aufl. 1995, § 169 GVG Rdnr. 43; *Meurer*, JR 1990, 391; *Alwart*, JZ 1990, 895.

[177] *Katholnigg*, Strafgerichtsverfassungsrecht, 3. Aufl. 1999, § 169 GVG Rdnr. 9.

[178] BGHSt 21, 72 (73 f.); BVerwG NVwZ 1982, 43; *Diemer*, in: Karlsruher Kommentar zur StPO, 5. Aufl. 2003, § 169 GVG Rdnr. 12; *Schreiber*, in: Wieczorek/Schütze, ZPO und Nebengesetze, 5. Bd., 3. Aufl. 1995, § 169 GVG Rdnr. 30; *Kissel/Mayer*, GVG, 4. Aufl. 2005, § 169 Rdnrn. 55 ff.; *Wickern*, in: Löwe-Rosenberg, StPO und GVG, 7. Bd., 25. Aufl. 2003, § 169 GVG Rdnrn. 58 ff.; trotz leichter Zweifel auch *Schilken*, Gerichtsverfassungsrecht, 3. Aufl. 2003, Rdnr. 199; a.A. *Roxin*, Strafverfahrensrecht, 25. Aufl. 1998, § 45 Rdnr. 19; *Eb. Schmidt*, Lehrkommentar zur StPO und zum GVG, Teil III, 1960, § 169 GVG Rdnr. 13.

[179] *Töpper*, DRiZ 1989, 389.

[180] *Töpper*, DRiZ 1989, 389, bezieht sich gerade auf den Ortstermin im Fall *Weimar* (oben Fn. 162), in dem nach seiner Schilderung auch Aufnahmen von einem gegenüberliegenden Berghang aus möglich gewesen wären.

B. Bild- und Tonaufnahmen im übrigen

Andere Aufnahmen als diejenigen, die § 169 S. 2 GVG verbietet, sind nicht schon kraft Gesetzes unzulässig. Über ihre Zulässigkeit ist im Einzelfall auf Grund der Sitzungspolizei (§ 176 GVG) bzw. des Hausrechts zu entscheiden.[181] Praktisch relevant wird dies für Rundfunkaufnahmen außerhalb der Verhandlung, also vor bzw. nach der Verhandlung, in Verhandlungspausen und außerhalb des Sitzungssaals,[182] sowie für Fotos und Zeichnungen.[183]

I. Die Regelung durch Hausrecht und Sitzungspolizei

1. Die Rechtsgrundlagen

Das Hausrecht in Gerichtsgebäuden ist gesetzlich nicht geregelt. Seine Herleitung und seine rechtliche Einordnung stoßen auf dieselben Schwierigkeiten wie das normativ ebenfalls ungeregelte Hausrecht in Verwaltungsgebäuden.[184]

Zum Teil wird angenommen, daß die Träger öffentlicher Gewalt ihr Hausrecht auf die zivilrechtlichen Befugnisse des Eigentümers stützen können. Daneben soll ihnen ein spezifisch öffentlich-rechtliches Hausrecht zur Verfügung stehen, um die Erfüllung der öffentlichen Aufgaben sicherzustellen, denen das Gebäude dient.[185] Damit ist die Frage aufgeworfen, nach welchen Kriterien die Abgrenzung zwischen diesen Grundlagen vorzunehmen ist. Diskutiert wird sie in erster

---

[181] *Maul*, MDR 1970, 286; *G. Wolf*, ZRP 1994, 191.

[182] Entgegen *Ranft*, Jura 1995, 581, sind Rundfunkaufnahmen außerhalb der Verhandlung nicht generell unzulässig. Zwar ist es richtig, daß § 169 S. 1 GVG Öffentlichkeit nur für die Verhandlung selbst anordnet. Daraus läßt sich jedoch nicht im Gegenschluß entnehmen, im übrigen sei das Verfahren nichtöffentlich, so daß auch Aufnahmen verboten seien. Gegen diese Schlußfolgerung spricht schon der deutliche Wille des Gesetzgebers, neben § 169 S. 2 GVG an den sonstigen Beschränkungen der Fernsehberichterstattung durch die sitzungspolizeilichen Vorschriften festzuhalten. So zu Recht *F. Burbulla*, Die Fernsehöffentlichkeit als Bestandteil des Öffentlichkeitsgrundsatzes, 1998, S. 79, unter Hinweis auf BT-Drucks. 4/178, S. 45.

[183] Anschaulich zu letzteren die Sammlung von Gerichtszeichnungen von *Dittmann*, „Nieder mit den schwarzen Paragrafenhengsten!“, 2002. Dazu *Theis*, NJW 2003, 648, unter Hinweis auf die spezifischen Anforderungen an Gerichtszeichner.

[184] *Brüning*, DÖV 2003, 389 f.; *Ehlers*, DÖV 1977, 738 Fn. 5.

[185] *Zilkens*, JuS 2003, 166.

Linie im Zusammenhang mit der Bestimmung des einschlägigen Rechtswegs für Klagen gegen Hausverbote.

Eine Auffassung orientiert sich am Zweck, den der Besucher im Gebäude verfolgt. Will er öffentlich-rechtliche Angelegenheiten im Rahmen des Widmungszwecks wahrnehmen, so sollen auch Maßnahmen des Hausrechts öffentlich-rechtlicher Natur sein. Dagegen sollen private, namentlich wirtschaftliche Zwecke des Besuchs – wie sie beispielsweise der Fotograf im Standesamt verfolgt – dazu führen, daß auch hausrechtliche Maßnahmen privatrechtlich zu beurteilen sind.[186] Sie sollen die Qualifikation des Hauptaktes teilen.[187] Gegen diese Vorgehensweise spricht jedoch, daß zwischen hausrechtlichen Maßnahmen und dem Besuchszweck gerade kein innerer Zusammenhang bestehen muß.[188] Zudem können erhebliche Abgrenzungsschwierigkeiten entstehen, wenn der Besucher mehrere Zwecke verfolgt.[189]

Die Gegenauffassung stellt daher zu Recht auf den Zweck der hausrechtlichen Maßnahme ab. Wenn und weil diese dazu dient, die Erfüllung öffentlicher Aufgaben zu sichern, ist sie öffentlich-rechtlich zu qualifizieren.[190] Auf Eigentum und Besitz am Gebäude kommt es daher nicht an.[191] Auch das Hausrecht in Gerichtsgebäuden folgt aus der Verwaltungshoheit, die der Träger der Gerichtsverwaltung über das Gerichtsgebäude innehat. Ausgeübt wird das Hausrecht vom Gerichtspräsidenten bzw. -direktor als Behördenleiter;[192] seinem Charakter nach ist es Verwaltungstätigkeit,[193] mittels derer sicherzustellen ist, daß das Gebäude seinem Bestimmungszweck entsprechend genutzt werden kann.[194]

Im Unterschied dazu steht die Sitzungspolizei gem. § 176 GVG dem Vorsitzenden zu. Sie dient der Unterstützung der Rechtspflege; es handelt sich um richterliche Tätigkeit, die in richterlicher Unabhängigkeit vorgenommen wird.[195] Schon wegen ihrer unterschiedlichen Träger bedarf es der Abgrenzung zwischen beiden Instituten.[196]

---

[186] BGHZ 33, 230ff.; BVerwGE 35, 103 (106); BayVGH BayVBl. 1986, 271 (272).

[187] *Bettermann*, DVBl. 1971, 112.

[188] *Bethge*, Die Verwaltung Bd. 10 (1977), S. 316f.

[189] *Brüning*, DÖV 2003, 390f.

[190] BayVGH DVBl. 1981, 1010; *Zeiler*, DVBl. 1981, 1001; *Knemeyer*, VBlBW 1982, 250; *Bethge*, Die Verwaltung Bd. 10 (1977), S. 321ff.; *Knoke*, AöR Bd. 94 (1969), S. 393ff.

[191] *Knemeyer*, VBlBW 1982, 250; *Knemeyer*, BayVBl. 1981, 152; s. auch *Berg*, JuS 1982, 260. Anders *Brüning*, DÖV 2003, 393ff.

[192] *Kissel/Mayer*, GVG, 4. Aufl. 2005, § 12 Rdnr. 93; *M. Wolf*, in: Münchener Kommentar zur ZPO, Bd. 3, 2. Aufl. 2001, § 176 GVG Rdnr. 13.

[193] *Czybulka*, in: Sodan/Ziekow, VwGO, § 55 Rdnr. 39; *M. Wolf*, Gerichtsverfassungsrecht aller Verfahrenszweige, 6. Aufl. 1987, § 6 I 1 a, S. 54, § 26 I 2, S. 257; *Meissner*, in: Schoch/Schmidt-Aßmann/Pietzner, VwGO, § 55 Rdnr. 40. Zum zivilrechtlichen Verständnis des Hausrechts in Gerichtsgebäuden *Knoke*, AöR Bd. 94 (1969), S. 390f.

[194] *Schilken*, Gerichtsverfassungsrecht, 3. Aufl. 2003, Rdnr. 206.

[195] Oben Teil 2 D.III.2. mit Fn. 516 (S. 134f.).

[196] *M. Wolf*, in: Münchener Kommentar zur ZPO, Bd. 3, 2. Aufl. 2001, § 176 GVG Rdnr. 13.

2. Die Abgrenzung zwischen Hausrecht und Sitzungspolizei

Das Hausrecht erstreckt sich ohne zeitliche Begrenzung auf das gesamte Gerichtsgebäude einschließlich aller Sitzungssäle. Eingeschränkt wird es durch den Widmungszweck des Gebäudes;[197] zudem tritt es hinter die Öffentlichkeit der Verhandlung zurück.[198] Vor allem aber geht die Sitzungspolizei in ihrem Anwendungsbereich dem Hausrecht vor,[199] das im hier interessierenden Zusammenhang eher unterstützende Funktion hat.[200] Maßgebendes Abgrenzungskriterium ist daher der Umfang der Sitzungspolizei. Sie umfaßt die gesamte Sitzung, die in räumlicher wie in zeitlicher Hinsicht über die Verhandlung hinausreicht.[201]

In zeitlicher Hinsicht muß sich die Bestimmung des zur Sitzung zählenden Zeitraums am Zweck der Sitzungspolizei orientieren,[202] den störungsfreien äußeren Ablauf des Verfahrens sicherzustellen und die Verhandlung entsprechend der rechtsprechenden Aufgabe des Gerichts ruhig und sachlich zu gestalten.[203]

Danach läßt sich der exakte Zeitraum der Sitzung nicht abstrakt bestimmen. Die Sitzung beginnt frühestens mit Öffnung des Sitzungssaals, während sich das Gericht noch im Beratungsraum aufhält, spätestens mit Betreten des Saales durch das Gericht.[204] Auch nach Ende der Verhandlung endet die Sitzung nicht

---

[197] *Lehr*, NStZ 2001, 66.

[198] *Kissel/Mayer*, GVG, 4. Aufl. 2005, § 12 Rdnr. 96.

[199] BGHSt 24, 329 (330); 30, 350 (353); *Meissner*, in: Schoch/Schmidt-Aßmann/Pietzner, VwGO, § 55 Rdnr. 40; *Wickern*, in: Löwe-Rosenberg, StPO und GVG, 7. Bd., 25. Aufl. 2003, § 176 GVG Rdnr. 3; *Katholnigg*, Strafgerichtsverfassungsrecht, 3. Aufl. 1999, § 176 GVG Rdnr. 5; *M. Wolf*, in: Münchener Kommentar zur ZPO, Bd. 3, 2. Aufl. 2001, § 176 GVG Rdnr. 13; *Lehr*, NStZ 2001, 64; *Czybulka*, in: Sodan/Ziekow, VwGO, § 55 Rdnr. 39; *Pfeiffer*, StPO und GVG, 4. Aufl. 2002, § 176 GVG Rdnr. 4.

[200] *Lehr*, NStZ 2001, 66.

[201] Ungenau insofern *Stürner*, Gutachten 58. DJT, A 41, nach dem Aufnahmen außerhalb der *Verhandlung* dem Hausrecht unterfallen (Hervorhebung nur hier).

[202] *Czybulka*, in: Sodan/Ziekow, VwGO, § 55 Rdnr. 37; *Schilken*, Gerichtsverfassungsrecht, 3. Aufl. 2003, Rdnr. 221.

[203] *Leipold*, in: Stein/Jonas, ZPO, Bd. 2, 21. Aufl. 1994, vor § 128 Rdnr. 132; *Kissel/Mayer*, GVG, 4. Aufl. 2005, § 176 Rdnr. 1; *Meissner*, in: Schoch/Schmidt-Aßmann/Pietzner, VwGO, § 55 Rdnr. 38.

[204] So zutreffend *Katholnigg*, Strafgerichtsverfassungsrecht, 3. Aufl. 1999, § 176 GVG Rdnr. 2. Für einen Beginn der Sitzung ab Einlaß in den Saal und dem Eintreffen der ersten Teilnehmer *Kissel/Mayer*, GVG, 4. Aufl. 2005, § 176 Rdnr. 9; *Wickern*, in: Löwe-Rosenberg, StPO und GVG, 7. Bd., 25. Aufl. 2003, § 176 GVG Rdnr. 8; für einen Beginn ab Saalöffnung *Schilken*, Gerichtsverfassungsrecht, 3. Aufl. 2003, Rdnr. 221; *Rasehorn*, DRiZ 1961, 256; *Diemer*, in: Karlsruher Kommentar zur StPO, 5. Aufl. 2003, § 176 GVG Rdnr. 2.

Ein engeres Verständnis vom Umfang der Sitzung vertritt *Meissner*, in: Schoch/Schmidt-Aßmann/Pietzner, VwGO, § 55 Rdnr. 39 Fn. 122: Beginn regelmäßig mit der ausdrücklichen Eröffnung durch den Vorsitzenden. Ähnlich *M. Wolf*, in: Münchener Kommentar zur ZPO, Bd. 3, 2. Aufl. 2001, § 176 GVG Rdnr. 6: Sitzungsbeginn frühestens mit Anwesenheit des Gerichts im Sitzungsraum, regelmäßig erst mit Aufruf der Sache nach § 220 Abs. 1 ZPO. Ebenso *Schreiber*, in: Wieczorek/Schütze, ZPO und Nebengesetze, 5. Bd., 3. Aufl. 1995, § 176 GVG Rdnr. 4, der aber offenbar Saalöffnung und Erscheinen des Gerichts für zeitgleich möglich erachtet. Kritisch dazu *Katholnigg*, Strafgerichtsverfassungsrecht, 3. Aufl. 1999, § 176 GVG Rdnr. 2 Fn. 8. Auf

bereits durch ihre ausdrückliche Schließung durch den Vorsitzenden,[205] sondern frühestens nach Ablauf der Zeit, die das Gericht benötigt, um in angemessener Weise und in Ruhe seine Tätigkeit im Sitzungssaal zu beenden und den Sitzungssaal zu verlassen,[206] spätestens mit dem Hinausgehen der letzten Zuschauer.[207] Innerhalb dieser Margen kann der exakte Zeitpunkt des Beginns der Sitzung bzw. ihres Endes nur an Hand der Umstände des Einzelfalls bestimmt werden.[208]

Räumlich erstreckt sich die Sitzungspolizei neben dem Sitzungssaal und dem Beratungszimmer auch auf die unmittelbar angrenzenden Vorräume, Flure etc.,[209] von denen Störungen der Sitzung ausgehen können.[210] Zwar ist zuzugeben, daß die Einbeziehung der unmittelbar angrenzenden Korridore zu Abgrenzungsschwierigkeiten gegenüber dem Hausrecht führt, das die Grundlage für Anordnungen in den übrigen Gängen, auf den Treppen, in der Eingangshalle etc. bildet.[211] Dennoch überzeugt es nicht, die angrenzenden Korridore aus dem Anwendungsbereich der Sitzungspolizei herauszunehmen, um diese Schwierig-

---

die Anwesenheit des Gerichts im Sitzungssaal stellt auch *Leipold*, in: Stein/Jonas, ZPO, Bd. 2, 21. Aufl. 1994, vor § 128 Rdnr. 133, ab.

Gegen die Anwesenheit des Gerichts als maßgebliches Kriterium spricht jedoch, daß die äußere Ordnung des Verfahrens beispielsweise durch Beleidigungen gegenüber dem Staatsanwalt, die kurz vor Eintreten des Gerichts ausgesprochen werden, bereits beeinträchtigt wird. Daher gebietet der Zweck des § 176 GVG eine Erstreckung schon auf diesen Zeitraum. Vgl. dazu *Maul*, MDR 1970, 286.

[205] So aber *Meissner*, in: Schoch/Schmidt-Aßmann/Pietzner, VwGO, § 55 Rdnr. 39 Fn. 122; *M. Wolf*, in: Münchener Kommentar zur ZPO, Bd. 3, 2. Aufl. 2001, § 176 GVG Rdnr. 6; für diesen Zeitpunkt als frühestmögliches Ende der Verhandlung auch *Schreiber*, in: Wieczorek/Schütze, ZPO und Nebengesetze, 5. Bd., 3. Aufl. 1995, § 176 GVG Rdnr. 4. Explizit dagegen *Eb. Schmidt*, Lehrkommentar zur StPO und zum GVG, Teil III, 1960, § 176 GVG Rdnr. 2; *Wickern*, in: Löwe-Rosenberg, StPO und GVG, 7. Bd., 25. Aufl. 2003, § 176 GVG Rdnr. 8.

[206] Für diesen Zeitpunkt OLG Hamm NJW 1956, 1452 (1453); OLG Düsseldorf MDR 1986, 428; *Hofmann*, Sitzungspolizei im Strafprozeß, Diss. Frankfurt a.M. 1971, S. 50; *Kissel/Mayer*, GVG, 4. Aufl. 2005, § 176 Rdnr. 9; *Rasehorn*, DRiZ 1961, 256; *Diemer*, in: Karlsruher Kommentar zur StPO, 5. Aufl. 2003, § 176 GVG Rdnr. 2; *Maul*, MDR 1970, 286.

[207] *Pfeiffer*, StPO und GVG, 4. Aufl. 2002, § 176 GVG Rdnr. 2. Nach *M. Wolf*, in: Münchener Kommentar zur ZPO, Bd. 3, 2. Aufl. 2001, § 176 GVG Rdnr. 6, und *Schreiber*, in: Wieczorek/Schütze, ZPO und Nebengesetze, 5. Bd., 3. Aufl. 1995, § 176 GVG Rdnr. 4, endet die Sitzung spätestens mit dem Verlassen des Saales durch das Gericht und die Beteiligten. Noch anwesende Zuschauer wären danach unerheblich.

[208] *Katholnigg*, Strafgerichtsverfassungsrecht, 3. Aufl. 1999, § 176 GVG Rdnr. 2.

[209] *M. Wolf*, in: Münchener Kommentar zur ZPO, Bd. 3, 2. Aufl. 2001, § 176 GVG Rdnr. 5; *Maul*, MDR 1970, 286; *Wickern*, in: Löwe-Rosenberg, StPO und GVG, 7. Bd., 25. Aufl. 2003, § 176 GVG Rdnr. 6; *Katholnigg*, Strafgerichtsverfassungsrecht, 3. Aufl. 1999, § 176 GVG Rdnr. 3. Zu weit daher Nr. 129 Abs. 4 RiStBV, wonach über die Zulässigkeit von Aufnahmen außerhalb des Sitzungssaals der Inhaber des Hausrechts entscheidet.

[210] *Diemer*, in: Karlsruher Kommentar zur StPO, 5. Aufl. 2003, § 176 GVG Rdnr. 2. Nach BVerfG (3. Kammer des Ersten Senats) NJW 1996, 310, ist diese Auslegung verfassungsrechtlich nicht zu beanstanden.

[211] *Maul*, MDR 1970, 286; *Wickern*, in: Löwe-Rosenberg, StPO und GVG, 7. Bd., 25. Aufl. 2003, § 176 GVG Rdnr. 6.

keiten zu vermeiden.[212] Immerhin warten dort typischerweise die noch zu vernehmenden Zeugen. Insofern erscheint der Bereich so eng mit dem Geschehen im Gerichtssaal verknüpft, daß die Aufrechterhaltung der Ordnung sinnvoll nur durch den Vorsitzenden vorgenommen werden kann.[213] Abgrenzungsschwierigkeiten zwischen Sitzungspolizei und Hausrecht lassen sich vermeiden, indem der Gerichtspräsident bzw. -direktor dem Vorsitzenden die Ausübung des Hausrechts überträgt. Das ist nicht nur unproblematisch zulässig[214] und kann sogar stillschweigend geschehen,[215] sondern ist auch generell empfehlenswert,[216] da die Übertragung Unsicherheiten hinsichtlich der Zuständigkeit und divergierende Anordnungen vermeidet.[217] Sie hat zur Folge, daß Zuwiderhandlungen gegen entsprechende Anordnungen des Vorsitzenden als Hausfriedensbruch strafbar sind.[218] Am hausrechtlichen Charakter der auf Grund der Übertragung vom Vorsitzenden getroffenen Maßnahmen ändert sich freilich nichts; eine gewillkürte Erweiterung des Anwendungsbereichs der Sitzungspolizei findet nicht statt.[219]

Sofern man mit dem *Bundesgerichtshof* die unmittelbar an den Sitzungssaal angrenzenden Räume der Sitzungsgewalt des Vorsitzenden unterstellt, bleibt die Bedeutung hausrechtlicher Maßnahmen für die hier interessierende Problematik weit hinter der Bedeutung sitzungspolizeilicher Anordnungen zurück. In der Regel sind die Medien an Bildern aus dem Sitzungssaal bzw. aus dessen unmittelbarer Umgebung interessiert.[220]

---

[212] So aber *Kissel/Mayer*, GVG, 4. Aufl. 2005, § 176 Rdnr. 10; *Schilken*, Gerichtsverfassungsrecht, 3. Aufl. 2003, Rdnr. 222 (der darauf hinweist, Maßnahmen in Vorräumen beträfen nicht die Ordnung „in" der Sitzung); *Schreiber*, in: Wieczorek/Schütze, ZPO und Nebengesetze, 5. Bd., 3. Aufl. 1995, § 176 GVG Rdnr. 5.

[213] BGHSt 44, 23 (24 f.). Dazu *Lehr*, NStZ 2001, 64: Bestätigt die räumliche Annexfunktion des Zugangs zum Sitzungssaal zur Sitzungsgewalt des Vorsitzenden.

[214] *M. Wolf*, Gerichtsverfassungsrecht aller Verfahrenszweige, 6. Aufl. 1987, § 26 I 2, S. 257; *M. Wolf*, in: Münchener Kommentar zur ZPO, Bd. 3, 2. Aufl. 2001, § 169 GVG Rdnr. 38; *Schilken*, Gerichtsverfassungsrecht, 3. Aufl. 2003, Rdnr. 206; *Stürner*, JZ 1972, 666; *Meyer-Goßner*, StPO, 47. Aufl. 2004, § 176 GVG Rdnr. 3; *Kissel/Mayer*, GVG, 4. Aufl. 2005, § 176 Rdnr. 10.

[215] *Katholnigg*, Strafgerichtsverfassungsrecht, 3. Aufl. 1999, § 176 GVG Rdnr. 5; *Pfeiffer*, StPO und GVG, 4. Aufl. 2002, § 176 GVG Rdnr. 4.

[216] *Schreiber*, in: Wieczorek/Schütze, ZPO und Nebengesetze, 5. Bd., 3. Aufl. 1995, § 176 GVG Rdnr. 5.

[217] *Diemer*, in: Karlsruher Kommentar zur StPO, 5. Aufl. 2003, § 176 GVG Rdnr. 5. U.a. auf den Aspekt der Einheitlichkeit eventueller Anordnungen stützt BGHSt 44, 23 (24 f.) die Einbeziehung der an den Sitzungssaal angrenzenden Korridore in die Sitzungspolizei.

[218] BGHSt 30, 350 (354); *Katholnigg*, Strafgerichtsverfassungsrecht, 3. Aufl. 1999, § 176 GVG Rdnr. 5; *Beyer*, DRiZ 1972, 285.

[219] *Kissel/Mayer*, GVG, 4. Aufl. 2005, § 176 Rdnr. 10.

[220] Dazu *Lehr*, NStZ 2001, 66: Nr. 129 Abs. 4 RiStBV, der auf die hausrechtliche Regelungskompetenz außerhalb des Sitzungssaales (dazu oben Fn. 209) hinweist, wird in der Praxis oft überbewertet.

II. Die Zulässigkeit von Aufnahmen vorbehaltlich ihres Verbots im Einzelfall

Aufnahmen, die nicht von § 169 S. 2 GVG erfaßt werden, sind vorbehaltlich eines im Einzelfall ergehenden Verbots – jedenfalls im Verhältnis zwischen den Journalisten und dem Gericht – zulässig. Insofern ist es zumindest ungenau, wenn davon gesprochen wird, der Vorsitzende (bzw. der Behördenleiter) könne die betreffenden Aufnahmen *gestatten*[221] bzw. eine entsprechende *Erlaubnis erteilen*.[222] Selbst die Formulierung, der Vorsitzende *entscheide* über die Zulassung von Aufnahmen,[223] ist angesichts der normativen Situation noch zu weit gefaßt. Die Aufnahmen *sind erlaubt*, sie können jedoch auf Grund der Sitzungspolizei bzw. des Hausrechts *verboten werden*.[224]

Das gilt auch für Fotos während der Verhandlung. Solange der Vorsitzende Fotos nicht verbietet, darf – von den Zuschauerplätzen aus (!) – fotografiert werden, ohne daß der Journalist zuvor um Erlaubnis fragen müßte und ohne daß die Aufnahmen als vermeintliche Ungebühr Anlaß zu sitzungspolizeilichen Sanktionen geben würden. Daß die Praxis insofern anders verfährt – es ist üblich, den Vorsitzenden zunächst um Erlaubnis zu fragen –[225] ist eine Usance, die nicht zuletzt den Regeln der Höflichkeit entspricht. An der bestehenden Rechtslage vermag sie nichts zu ändern. Unzulässig sind Fotos nur im Fall eines ausdrücklichen Fotografierverbots.[226] Daher erscheinen auch Zweifel an der Auffassung angebracht, der Schutzzweck des § 169 S. 2 GVG lege eine grundsätzlich ablehnende Haltung gegenüber Fotos nahe.[227] Mindestens ebenso plausibel ist ein auf das Verbot gestützter e-contrario-Schluß.

Zuzugeben ist freilich, daß dies unter praktischen Gesichtspunkten als unbefriedigend empfunden werden mag. Nachträgliche Verbote können die Störungen nicht mehr beseitigen, die durch Fotos bereits eingetreten sind. Denkbar ist beispielsweise, daß der Aufgenommene lautstark protestiert.[228] Insofern scheint die Überlegung nahezuliegen, ein stillschweigendes Fotografierverbot als ausreichend anzusehen. Dieses könnte man zudem angesichts der völligen

---

[221] So aber *Meyer-Goßner*, StPO, 47. Aufl. 2004, § 169 GVG Rdnr. 14; *Zuck*, NJW 1995, 2082; *Rasehorn*, DRiZ 1961, 256 (Hervorhebung nur hier).

[222] Nr. 129 Abs. 5 S. 2 RiStBV (Hervorhebung nur hier).

[223] *Diemer*, in: Karlsruher Kommentar zur StPO, 5. Aufl. 2003, § 169 GVG Rdnr. 13 (Hervorhebung nur hier). S. auch Nr. 129 Abs. 3, 4 RiStBV.

[224] So zu Recht *Pfeiffer*, StPO und GVG, 4. Aufl. 2002, § 169 GVG Rdnr. 6 (Hervorhebung nur hier).

[225] So ausdrücklich LG Berlin AfP 1994, 332.

[226] *Lehr*, NStZ 2001, 65; ebenso *Brüggemann*, AfP 1971, 156: Vorbehaltlich eines Verbots gilt die Vermutung freier Berichterstattung.

[227] So aber *Leipold*, in: Stein/Jonas, ZPO, Bd. 2, 21. Aufl. 1994, vor § 128 Rdnr. 129.

[228] Vgl. *Lehr*, NStZ 2001, 65, unter Hinweis auf die fehlende Möglichkeit, einen Film auf Grund der Sitzungspolizei dauerhaft zu beschlagnahmen.

Unüblichkeit von Fotos während der Verhandlung[229] solange annehmen, wie der Vorsitzende nichts Gegenteiliges äußert.[230] Gegen diese Erwägung spricht jedoch, daß sie Fotos – in verwaltungsrechtlichen Kategorien gesprochen – der Sache nach einem „Verbot mit Erlaubnisvorbehalt“ unterstellt, während sich der Gesetzgeber für eine „Erlaubnis mit Verbotsvorbehalt“ entschieden hat.[231] Zudem stellt es für den Vorsitzenden keine übermäßige Belastung dar, anwesenden Zuschauern das Fotografieren zu untersagen.

Als ausreichende Regelung ist es jedoch anzusehen, wenn der Vorsitzende Fotos von bestimmten Plätzen und/oder Fotos für einen bestimmten Teil der Sitzung (bzw. der Verhandlung) ausdrücklich zuläßt.[232] Darin liegt im Gegenschluß regelmäßig das konkludente Verbot anderer Fotos, ohne daß es eines entsprechenden ausdrücklichen Zusatzes bedarf. Gleiches gilt, wenn der Vorsitzende (im Vorfeld) bekanntgibt, Fotos von einem speziellen Erlaubnisverfahren abhängig zu machen.

III. Die partiell rechtswidrige praktische Handhabung

In der Praxis konzentriert sich die Problematik von Bild- und Tonaufnahmen jenseits des von § 169 S. 2 GVG erfaßten Bereichs auf die *Bildberichterstattung außerhalb der Verhandlung.*

Fotos in der Verhandlung spielen als Mittel der Berichterstattung praktisch keine Rolle. Offenbar wird allgemein davon ausgegangen, daß Fotos im Fall eines entsprechenden Aufnahmeversuchs sofort durch den Vorsitzenden untersagt würden, sofern sie nicht von vornherein verboten worden sind.

Hörfunkaufnahmen außerhalb der Verhandlung werfen vergleichsweise geringe Probleme auf. Kein Beteiligter ist gezwungen, sich vor den Mikrofonen der Journalisten zu äußern. Tut er es dennoch, hat er in der Regel gegen die Aufnahme seiner Worte nichts einzuwenden.

---

[229] Selbst während des nicht zur Verhandlung gehörenden Teils der Sitzung sind Fotos lange unüblich gewesen. Laut *Winters*, Frankfurter Allgemeine Zeitung v. 18. März 2003, Nr. 65, S. 10, wurden Fotos in den Verhandlungspausen im Strafprozeß erstmalig 1973 im Kammergericht anläßlich des Verfahrens gegen *Horst Mahler* zugelassen.

[230] In diese Richtung *Wickern*, in: Löwe-Rosenberg, StPO und GVG, 7. Bd., 25. Aufl. 2003, § 169 GVG Rdnr. 53: Das Verbot von Fotografien und Tonbandaufzeichnungen für private Zwecke beruhe auf einer allgemein akzeptierten, aber nur ganz selten expressis verbis erlassenen Anordnung des Vorsitzenden.

[231] Zur Terminologie *H. Maurer*, Allgemeines Verwaltungsrecht, 15. Aufl. 2004, § 9 Rdnrn. 51, 54.

[232] So etwa in den Nrn. I 1–4 der einstweiligen Rahmenbedingungen für Pressevertreter sowie Rundfunk- und Fernsehanstalten, erlassen vom Präsidialrat des Zweiten Senats des Bundesverfassungsgerichts im Mai 1993 (abgedruckt als Anlage A, S. 531), sowie in § 24a Abs. 2 GeschOBVerfG gemäß Plenumsbeschluß v. 17. Juli 1995 (abgedruckt als Anlage B, S. 531 f.). Näher zu diesen Regelungen sogleich.

Die damit in erster Linie relevante Bildberichterstattung außerhalb der Verhandlung wird je nach Gericht höchst unterschiedlich gehandhabt. Das Spektrum reicht von Gerichten ohne generelle Aufnahmebeschränkungen bis hin zu Gerichten, in denen derartige Aufnahmen prinzipiell untersagt sind und in denen Kameras bereits beim Betreten des Gebäudes abzugeben sind, sofern nicht eine Ausnahmegenehmigung des Präsidenten (bzw. des Direktors) vorliegt. Dazwischen liegen etliche Abstufungen, die sich nur empirisch erfassen lassen.[233] Schon aus formellen Gründen rechtswidrig sind diese Regelungen jedenfalls dann, wenn Aufnahmen *in der Sitzung* von einer Genehmigung des Präsidenten abhängig gemacht werden, obwohl dort dem Vorsitzenden die alleinige Regelungs- (bzw. genauer: Verbots-) Kompetenz zukommt.[234] Andere Funktionsträger innerhalb des Gerichts darf der Vorsitzende allenfalls zur Weiterleitung der von ihm herrührenden Anordnungen einschalten.[235]

Von größerer Bedeutung ist die Frage nach den materiellen Bindungen, denen die Ausübung von Sitzungspolizei und Hausrecht unterliegt. Beide Regelungsinstrumente dienen dem Ausgleich widerstreitender Interessen und Rechtspositionen. Auf Seiten der Medien steht das von den Mediengrundrechten des Art. 5 Abs. 1 S. 2 GG repräsentierte Informationsinteresse der Öffentlichkeit im Vordergrund. Seiner Präzisierung und Bekräftigung hat sich das *Bundesverfassungsgericht* bereits mehrfach annehmen müssen. Daß dessen Aussagen zur Bedeutung der Medienfreiheiten von den Fachgerichten nicht immer beachtet

---

[233] Detailliert *Lehr*, NStZ 2001, 63, der u.a. folgende weitere Verfahrensweisen beschreibt:
- Aufnahmen außerhalb des Sitzungssaales werden generell geduldet, im Saal bedarf es hingegen der vorherigen Rücksprache mit dem Vorsitzenden, ggf. sogar seiner schriftlichen Genehmigung.
- Prinzipiell einschränkungslose Aufnahmemöglichkeit, jedoch generelles Verbot bei Jugendstrafverfahren.
- Entscheidung über Aufnahmen bleibt dem Vorsitzenden überlassen.
- Aufnahmen nur mit Genehmigung des Gerichtspräsidenten. In den letztgenannten Fällen tritt der Vorsitzende nicht in Erscheinung. Teils werden für den Antrag auf Genehmigung des Präsidenten Antragsformulare benutzt, die bestimmte Verhaltensregeln aufstellen und für den Fall ihrer Nichtbeachtung Konsequenzen androhen. S. dazu den von *Lehr*, a.a.O., Fn. 3, zitierten Auszug aus dem an die Präsidentin des *LG Hamburg* zu richtenden „Antrag auf Erteilung der Genehmigung für Fotoaufnahmen im Strafverfahren“: „Ein Verstoß gegen die Genehmigung kann zur Sperre für die Erteilung zukünftiger Genehmigungen führen, und zwar nicht nur für den Antragsteller selbst, sondern auch für die von ihm vertretene Redaktion/Agentur.“

Stürner, Gutachten 58. DJT, A 41, konstatiert, außerhalb der Verhandlung scheine die Praxis von einem Überwiegen des Informationsinteresses auszugehen und eine Beschränkung der Medienarbeit zu scheuen.

[234] Dazu *Lehr*, NStZ 2001, 65, unter Hinweis auf Nr. 129 Abs. 3 RiStBV.

[235] Beispielsweise also, indem die Justizpressestelle die Anordnungen des Vorsitzenden bekanntgibt. Vgl. dazu die Sachverhaltsschilderung in BVerfGE 87, 334 (335); 91, 125 (127).

wurden, hat mittlerweile zu einer ganzen Phalanx einschlägiger Entscheidungen geführt.[236] Auf diese wird zurückzukommen sein.[237]

Zuvor ist ein weiterer Aspekt zu erörtern, der in erster Linie § 169 S. 2 GVG betrifft, daneben aber auch für sonstige Aufnahmen relevant ist.

---

[236] *Huff*, NJW 2001, 1623; *Huff*, Frankfurter Allgemeine Zeitung v. 8. August 2000, Nr. 182, S. 50.

[237] Unten Teil 5 D., S. 376 ff.

C. Bild- und Tonaufnahmen vor dem Bundesverfassungsgericht bis 1998

Die dargestellte Regelungssituation war auf der formell-gesetzlichen Ebene zunächst auch für Bild- und Tonaufnahmen in Verfahren vor dem *Bundesverfassungsgericht* relevant. §§ 169 S. 2, 176 GVG gelten dort gem. § 17 BVerfGG entsprechend. Zwar steht diese Verweisung unter dem Vorbehalt anderer Bestimmungen im Bundesverfassungsgerichtsgesetz. Solche abweichenden Vorschriften gab es jedoch für die hier interessierenden Fragen zunächst nicht. Erst 1998 erließ der Gesetzgeber § 17a BVerfGG als bereichsspezifische und partielle Ausnahme vom Aufnahmeverbot des § 169 S. 2 GVG. Er reagierte damit auf eine über Jahre hinweg geübte Praxis des *Bundesverfassungsgerichts*, das namentlich im Hinblick auf Fernsehaufnahmen in der mündlichen Verhandlung trotz der mit den Fachgerichten identischen Gesetzeslage einen Sonderweg beschritten hatte. Dieser hat der Diskussion um die Präsenz elektronischer Medien im Gerichtssaal nicht unerhebliche Impulse verliehen. Gleichzeitig wirft er freilich eine Reihe von Fragen inhaltlicher wie prozeduraler Art auf.

I. Die unterschiedlichen Regelungsansätze

Vor Erlaß von § 17 a BVerfGG hatte die besondere Medienöffentlichkeit des *bundesverfassungsgerichtlichen* Verfahrens zunächst keine explizite normative Basis, sondern beruhte allein auf der Praxis des *Bundesverfassungsgerichts*. Später unternahm das Gericht den Versuch, Rechtsgrundlagen durch „Einstweilige Rahmenbedingungen" bzw. durch eine Änderung der Geschäftsordnung zu schaffen.

1. Die Praxis des Bundesverfassungsgerichts bis 1993

Bis 1993 ist das *Bundesverfassungsgericht* länger als ein Jahrzehnt[238] bei der Zulassung von Fernsehaufnahmen relativ großzügig verfahren. Fernsehbilder jedenfalls aus den ersten Minuten[239] der mündlichen Verhandlung sowie von der

---

[238] *G. Wolf*, NJW 1994, 681. Enger *Hipp*, Der Spiegel v. 13. November 2000, Heft 46, S. 110: Erstmalige Zulassung von Aufnahmen Anfang der 1990er-Jahre.

[239] *Benda*, NJW 1999, 1524f.

Urteilsverkündung wurden regelmäßig gestattet.[240] Trotz des potentiellen Verstoßes gegen §§ 17 BVerfGG, 169 S. 2 GVG erregte diese Praxis im Schrifttum keine größere Aufmerksamkeit.[241]

Das änderte sich nach der Entscheidung vom 8. April 1993 über den Erlaß einer einstweiligen Anordnung zur Beteiligung deutscher Soldaten an Luftüberwachungseinsätzen, die in sog. AWACS-Flugzeugen[242] über dem Gebiet des ehemaligen Jugoslawien stattfinden sollten. Die verfassungsrechtliche Zulässigkeit dieses ersten Auslandseinsatzes von Soldaten der Bundeswehr außerhalb des NATO-Gebiets („out of area") war heftig umstritten,[243] so daß bereits die Eilentscheidung mit großem Interesse erwartet wurde. Das *Bundesverfassungsgericht* hatte Fernsehaufnahmen im Gerichtssaal während der Verkündung des Tenors, nicht jedoch während der Verlesung der Urteilsgründe gestattet. Trotz dieses Verbots übertrug der private Sender „n-tv" auch die Begründung direkt, indem er durch die den Sitzungssaal begrenzende Glasscheibe filmte.[244] Dieses Verhalten führte zu massiver Kritik bis hin zu einem Brief des Vizepräsidenten *Mahrenholz*.[245] n-tv rechtfertigte den „Verstoß gegen den ‚Comment von Karlsruhe' "[246] mit Ton- und Filmaufnahmen anderer Sender während der Verhandlung, aus denen man erkennen möge, „daß die Praxis jedenfalls anders ist als es das Gesetz vorgibt."[247]

---

[240] *Eberle*, in: ZDF-Jahrbuch 1992, S. 159; *Hund*, in: Umbach/Clemens, BVerfGG, 1992, § 17 Rdnr. 18.

[241] *G. Wolf*, NJW 1994, 681. Kritisch zur damaligen Praxis *F. Klein*, in: Maunz/Schmidt-Bleibtreu/Klein/Bethge, BVerfGG, § 17 Rdnr. 6 Fn. 3. Vgl. auch das bei *G. Wolf*, NJW 1994, 683, zitierte Begleitschreiben des *Bundesverfassungsgerichts* vom 14. Juli 1993, mit dem die „Einstweiligen Rahmenbedingungen" (dazu sogleich) etlichen Fernsehsendern zugeleitet wurden: „Im Hinblick auf Gegenstand und Ablauf der Verfahren vor dem *BVerfG* (vgl. §§ 13, 36–96 BVerfGG) läßt das *BVerfG* die Medien-Öffentlichkeit durch eine großzügige Zulassung von Rundfunk- und Fernsehaufnahmen bei Verhandlungen und Urteilsverkündungen an den jeweiligen Gerichtsverfahren teilhaben …".

[242] AWACS = Airborne Warning and Controlling System.

[243] Für die Zulässigkeit von out of area-Einsätzen etwa *Pechstein*, Jura 1991, 467; *Stein*, in: FS für Karl Doehring, 1989, S. 940 ff.; *Randelzhofer*, in: Maunz/Dürig, GG, Art. 24 Abs. II Rdnrn. 63 ff.; mit Einschränkungen auch *Wieland*, DVBl. 1991, 1182; *Fibich*, ZRP 1993, 8. Dagegen *Bachmann*, MDR 1993, 397 ff.; *C. Arndt*, DÖV 1992, 620 ff. Zur Entscheidung in der Hauptsache s. BVerfGE 90, 286 ff.

[244] *Zuck*, DRiZ 1997, 29; *R. Gerhardt*, ZRP 1993, 377; *Lorz*, in: Haratsch/Kugelmann/Repkewitz (Hrsg.), Herausforderungen an das Recht der Informationsgesellschaft, 1996, S. 66. Ebenso *Kissel/Mayer*, GVG, 4. Aufl. 2005, § 169 Rdnr. 64, freilich unter Hinweis auf die Hauptsacheentscheidung (BVerfGE 90, 286 ff.).

[245] *R. Gerhardt*, ZRP 1993, 377.

[246] *R. Gerhardt*, ZRP 1993, 379.

[247] Schreiben von n-tv vom 22. April 1993 an das *Bundesverfassungsgericht*, zitiert nach *G. Wolf*, NJW 1994, 682.

2. Die Einstweiligen Rahmenbedingungen

An diesem letzten Befund war kaum zu rütteln. Namentlich wegen der Geschehnisse bei der „AWACS"-Entscheidung erließ der Präsidialrat[248] des Zweiten Senats im Mai 1993 „Einstweilige Rahmenbedingungen für Pressevertreter sowie Rundfunk- und Fernsehanstalten", die dreizehn Fernsehanstalten von Amts wegen zugeleitet wurden.[249] Die Rahmenbedingungen sahen die Zulässigkeit von Foto-, Film- und Tonaufnahmen bei mündlichen Verhandlungen bis zum Abschluß der Feststellung der Anwesenheit der Beteiligten vor. Im Anschluß daran hatten Kameraleute und Fotografen den Sitzungssaal zu verlassen, offenbar um heimliche Aufnahmen während der mündlichen Verhandlung zu verhindern. Bei der Verlesung des Urteilstenors waren Bild- und Tonaufnahmen zulässig. Während der Verlesung der Urteilsgründe durften nur geräuschlose Fotoaufnahmen ohne Blitzlicht sowie Hörfunkaufnahmen gemacht werden, die jedoch erst nach Abschluß der gesamten Verkündung gesendet werden durften.[250]

Gestützt auf die Rahmenbedingungen wurde am 29. Mai 1993 vor ca. 500.000 Zuschauern[251] die Verkündung des Tenors im Verfahren über den Erlaß einer einstweiligen Anordnung zur Neuregelung des Abtreibungsrechts im Fernsehen übertragen.[252]

Am 24. November 1993[253] folgten „Vorläufige Rahmenbedingungen des Ersten Senats für Vertreter der Presse sowie der öffentlichen und privaten Hörfunk- und Fernsehanstalten".[254]

Abgesehen von der unklaren Rechtsnatur der Rahmenbedingungen[255] werfen sie inhaltliche Fragen auf. Bedenklich erscheint beispielsweise die Pflicht der Fotografen, nach der Präsenzfeststellung den Saal zu verlassen. Eine generelle

---

248 Vgl. § 12 GeschOBVerfG.

249 *G. Wolf*, NJW 1994, 682; *Hofmann*, ZRP 1996, 399. Entgegen *Lechner/Zuck*, BVerfGG, Nachtrag 1999 zur 4. Aufl. 1996, Rdnr. 18, konnte die Übertragung der AWACS-Entscheidung nicht gegen die Rahmenbedingungen verstoßen, da diese zum Zeitpunkt der Entscheidung noch nicht existierten.

250 Vollständiger Wortlaut abgedruckt als Anlage A, S. 531. Auf die detaillierte Differenzierung zwischen Foto-, Film- und Tonbandaufnahmen weist *F. Burbulla*, Die Fernsehöffentlichkeit als Bestandteil des Öffentlichkeitsgrundsatzes, 1998, S. 90, hin. Nach *G. Wolf*, JR 1997, 447, regelten die Rahmenbedingungen die Medienöffentlichkeit restriktiver, als es der zuvor geübten Praxis entsprochen hatte.

251 *Töpper*, DRiZ 1995, 242.

252 *G. Wolf*, NJW 1994, 682, mit näheren Details zur Darstellung; *Kortz*, AfP 1997, 443.

253 *Hofmann*, ZRP 1996, 399.

254 *G. Wolf*, JR 1997, 441.

255 Nach *Hofmann*, ZRP 1996, 399 Fn. 3, kommen sie Verwaltungsvorschriften nahe. Erwägenswert erscheint auch die Qualifizierung als „Geschäftsordnung im weiteren Sinne". Dazu zählen *Achterberg/Schulte*, in: v. Mangoldt/Klein/Starck, Das Bonner Grundgesetz, Bd. 2, 4. Aufl. 2000, Art. 40 Rdnr. 33, mit Blick auf den Bundestag alle Parlamentsbeschlüsse genereller Art, während die „Geschäftsordnung im engeren Sinne" nur das als solche beschlossene Regelwerk umfassen soll.

Hinausweisung auch solcher Fotografen, die auf Zuschauerplätzen Platz gefunden hatten, hätte gegen § 17 BVerfGG i. V. m. § 169 S. 1 GVG verstoßen.[256] Zumindest war insofern eine gesetzeskonforme Auslegung angezeigt: Hinausgewiesen werden durften nur Fotografen und Kamerateams, die keinen Sitzplatz mehr gefunden hatten, sondern z. B. im Mittelgang standen.[257] Warum Urteilsverkündungen zwar vom Hörfunk, nicht jedoch vom Fernsehen aufgenommen werden durften, leuchtet ebenfalls nicht unmittelbar ein.[258]

Im Hinblick auf Fotos überzeugen die Rahmenbedingungen schon in formeller Hinsicht nicht. Die nach § 17 BVerfGG i. V. m. § 176 GVG erforderliche Einzelfallregelung durch den Vorsitzenden läßt sich nicht durch die generelle Regelung des Präsidialrats ersetzen.

Gegenstand von Kritik in Teilen der Literatur war der Erlaß der Rahmenbedingungen aber vor allem deshalb, weil sie Hörfunk- und Fernsehaufnahmen entgegen § 17 BVerfGG i. V. m. § 169 S. 2 GVG in Teilen der Verhandlung zuließen. Darauf wird zurückzukommen sein.[259]

3. Die Regelung in der Geschäftsordnung

Am 17. Juli 1995 schließlich beschloß das Plenum des *Bundesverfassungsgerichts* (§ 1 Abs. 3 BVerfGG) neben einigen weiteren Änderungen[260] eine Ergänzung der Geschäftsordnung um § 24 a GeschOBVerfG.[261] Aufmerksamkeit verdient die Vorschrift nicht nur wegen der inhaltlichen Veränderungen der Medienöffentlichkeit, die sie im Vergleich mit den Rahmenbedingungen vorsah, sondern auch wegen der ungewöhnlichen Vorgehensweise bei ihrem Erlaß.

---

[256] *G. Wolf*, NJW 1994, 685, bejaht einen derartigen Verstoß durch die Richtlinien. Unzutreffend ist allerdings seine Kritik daran, daß Nr. II.1. der Rahmenbedingungen für Urteilsverkündungen auch auf Nr. I.1. verwiesen hat, wonach Aufnahmen bis einschließlich zur Anwesenheitsfeststellung zulässig waren. Vor dem *Bundesverfassungsgericht* wird auch bei Urteilsverkündungen üblicherweise zunächst die Anwesenheit der Verfahrensbeteiligten festgestellt.

[257] Aufnahmen aus dem Mittelgang oder von der Seite sahen die Rahmenbedingungen unter Nr. I.2. ausdrücklich vor. Daß Aufnahmen von den Zuschauerplätzen damit nicht ausgeschlossen werden sollten, folgt im Umkehrschluß aus der Regelung in Nr. I.3., die Aufnahmen hinter der Richterbank ausdrücklich untersagte.

[258] *G. Wolf*, NJW 1994, 684: Keine Grundlage für die Aufspaltung.

[259] Unten Teil 5 C.II., S. 346 ff.

[260] Dazu sogleich Teil 5 C.I.3.b), insbesondere Fn. 273 (S. 343).

[261] Vollständiger Wortlaut des § 24 a GeschOBVerfG abgedruckt als Anlage B, S. 531 f. Zu dieser Änderung der Geschäftsordnung *Wyss*, EuGRZ 1996, 3 mit Fn. 16; *Hofmann*, ZRP 1996, 401; *Hamm*, Große Strafprozesse und die Macht der Medien, 1997, S. 60; *Lorz*, in: Haratsch/Kugelmann/Repkewitz (Hrsg.), Herausforderungen an das Recht der Informationsgesellschaft, 1996, S. 66.

a) Zum Inhalt des § 24a GeschOBVerfG

Nach § 24a Abs. 1 GeschOBVerfG sollten Bild- und Tonaufnahmen in mündlichen Verhandlungen und bei Urteilsverkündungen „gemäß § 17 BVerfGG i. V. m. § 169 Abs. 2 GVG“[262] zulässig sein, sofern sich die Hörfunk- und Fernsehveranstalter nach Maßgabe der weiteren Vorschriften auf den Einsatz von höchstens drei Kameras einigten. § 24a Abs. 2 GeschOBVerfG traf nähere Bestimmungen für einzelne Medien bzw. Verfahrensabschnitte. § 24a Abs. 3 GeschOBVerfG sah die Möglichkeit weitergehender Beschränkungen oder eines vollständigen Aufnahmeverbots zum Schutz wichtiger Belange von Verfahrensbeteiligten oder Dritten vor,[263] § 24a Abs. 4 GeschOBVerfG die Option näherer Regelungen durch den jeweiligen Senat.

aa) Fernseh-, Hörfunk- und Filmaufnahmen

Die Grundaussage des ersten Absatzes formte § 24a Abs. 2 GeschOBVerfG für Fernseh- und Hörfunkaufnahmen näher aus. Nach Satz 1 sollten „Aufnahmen und Übertragungen“ in mündlichen Verhandlungen bis einschließlich zur Feststellung der Präsenz der Verfahrensbeteiligten zulässig sein. Satz 2 bestimmte, daß Urteilsverkündungen in vollem Umfang „übertragen“ werden durften. Verglichen mit den „einstweiligen Rahmenbedingungen“ erweiterten diese Regelungen die Rundfunköffentlichkeit bei der Verlesung der Urteilsgründe: Weder sollten Fernsehkameras außen vor bleiben, noch wurde der Hörfunk auf eine zeitversetzte Übertragung verwiesen. Besonders augenfällig tritt der potentielle Konflikt mit der damaligen formell-gesetzlichen Regelungsebene insofern hervor, als diese Aufnahmen nach § 24a Abs. 1 GeschOBVerfG „gemäß § 17 BVerfGG i. V. m. § 169 Abs. 2 GVG“ (gemeint: § 169 *S. 2* GVG)[264] zulässig sein sollten – obwohl § 169 S. 2 GVG sie gerade untersagte.

Regelungstechnisch war § 24a GeschOBVerfG nicht mit höchster Präzision verfaßt. Rätsel gibt bereits auf, warum sich nach Absatz 1 nicht nur die Fernseh-, sondern auch die Hörfunkveranstalter über die einzusetzenden *Kameras* einigen sollten. Insgesamt unklar bleibt die Zulässigkeit von Aufnahmen für das Medium Film: Auch beim Film handelt es sich um „Aufnahmen“, nicht jedoch um „Übertragungen“. § 24a Abs. 2 GeschOBVerfG aber ließ für die Präsenzfeststellung „Aufnahmen und Übertragungen“ zu, für die Urteilsverkündung jedoch allein Übertragungen. Offenbar wurde also das Medium Film schon mangels praktischer Relevanz schlicht nicht berücksichtigt.

---

262 Ausweislich des Protokolls der Plenarsitzung, dem *Verf.* übersandt mit Schreiben des *Bundesverfassungsgerichts* vom 3. April 2002, Az. 1270 E – 286/02, nannte der Beschluß tatsächlich § 169 *Abs. 2* GVG. Gemeint war offensichtlich § 169 *S. 2* GVG.

263 Kritisch zum ungenauen Begriff der „wichtigen Belange“ *Hofmann*, ZRP 1996, 401 f. Fn. 36.

264 Vgl. oben Fn. 262.

bb) Fotos

Auch die Regelung der Zulässigkeit von Fotos wirft Fragen auf. Nach § 24a Abs. 2 S. 3 Halbsatz 1 i. V. m. Abs. 2 S. 1 GeschOBVerfG waren Fotos bei Verhandlungsbeginn bis einschließlich zur Präsenzfeststellung zulässig, bei der Urteilsverkündung nach § 24a Abs. 2 S. 3 Halbsatz 2 GeschOBVerfG jedoch nur während der Verlesung der Entscheidungsformel – obwohl Fernsehaufnahmen während der Verlesung von Tenor und Gründen zulässig sein sollten. Daß die „Einstweiligen Rahmenbedingungen" für die Urteilsgründe gerade die umgekehrte Lösung vorgesehen hatten (Zulässigkeit von Fotos, nicht jedoch von Fernsehaufnahmen), indiziert eine gewisse konzeptionelle Unausgegorenheit.

Weiter kollidiert auch hier die Regelung der Zulässigkeit von Fotos im Wege der Geschäftsordnung mit der von § 17 BVerfGG i. V. m. § 176 GVG vorgesehenen Einzelfallentscheidung des Vorsitzenden.

b) Aufhebung und fehlende Veröffentlichung

Eine Überraschung erlebt, wer sich im Bundesgesetzblatt, in dem die Geschäftsordnung gem. § 69 GeschOBVerfG zu veröffentlichen ist, auf die Suche nach Spuren dieser Änderung begibt. Als letzte Änderungen werden derzeit Plenumsbeschlüsse vom 11. Juli 1989,[265] vom 18. Dezember 1995[266] sowie vom 7. Januar 2002[267] verzeichnet. Der Beschluß vom 17. Juli 1995 ist als solcher entgegen einer Ankündigung des *Bundesverfassungsgerichts* über die Presse[268] nie im Bundesgesetzblatt veröffentlicht worden.[269] Darin liegt möglicherweise der Grund für die den Geschehensablauf jedenfalls verkürzende Aussage, 1995 sei (lediglich) „erwogen" worden, die Zulässigkeit von Rundfunkaufnahmen in der Geschäftsordnung zu regeln.[270] Des Rätsels – wenig befriedigende – Lösung soll darin liegen, daß das Bundesministerium der Justiz als Veröffentlichungsinstanz nach dem Beschluß vom 17. Juli 1995 Bedenken angemeldet hatte. Sie betrafen zum einen die Frage, ob eine geduldete und provisorische Sonderregel in Abweichung vom ausdrücklichen Gesetzeswortlaut in die Geschäftsordnung aufgenommen werden dürfe, zum anderen die Grundrechtsrelevanz des § 24a GeschOBVerfG. Zudem soll Uneinigkeit darüber bestanden haben, ob die Wirk-

[265] BGBl. I S. 1571.

[266] BGBl. I 1996 S. 474.

[267] BGBl. I S. 1171.

[268] *G. Wolf*, JR 1997, 441, mit Nachweisen aus der Tagespresse.

[269] *Huff*, NJW 1996, 572.

[270] So *Benda*, in: Benda/Klein, Verfassungsprozeßrecht, 2. Aufl. 2001, Rdnr. 117. Ähnlich *Lechner/Zuck*, BVerfGG, Nachtrag 1999 zur 4. Aufl. 1996, Rdnr. 18: Die Aufnahme in die Geschäftsordnung sei an datenschutzrechtlichen Bedenken des Bundesministeriums der Justiz gescheitert, zumal diese Bedenken im Gericht geteilt worden seien. Dezidiert kritisch zur „gezielten Desinformation" durch das *Bundesverfassungsgericht G. Wolf*, JR 1997, 444 f.

samkeit einer Änderung der Geschäftsordnung von der Veröffentlichung der Änderung abhängt.[271] Das Plenum des *Bundesverfassungsgerichts* hat daraufhin am 18. Dezember 1995 den Beschluß vom 17. Juli 1995 soweit rückgängig gemacht, wie er § 24a GeschOBVerfG betraf.[272] Die übrigen am 17. Juli 1995 beschlossenen Änderungen blieben unberührt und wurden im Bundesgesetzblatt veröffentlicht – freilich als Beschluß vom 18. Dezember 1995.[273] Weder die Aufnahme noch die Herausnahme von § 24a GeschOBVerfG fanden je den Weg ins Bundesgesetzblatt.

c) Beurteilung des Verfahrens

Diese Vorgehensweise stößt zu Recht auf dezidierte Kritik. Sie betrifft nicht nur die Veröffentlichung der weiteren Änderungen vom 17. Juli 1995 unter falschem Datum.[274] Vielmehr hätte jedenfalls der erste Beschluß (Erlaß von § 24a GeschOBVerfG) veröffentlicht werden müssen. Eher trifft dies sogar auf beide Beschlüsse (Erlaß und Aufhebung der Vorschrift) zu.[275]

---

[271] *Hofmann*, ZRP 1996, 402 Fn. 39.

[272] *G. Wolf*, JR 1997, 442.

[273] Zur detaillierten Darstellung der Vorgänge einschließlich der zögerlichen Informationspolitik des *Bundesverfassungsgerichts* sogar bei expliziten Nachfragen s. *G. Wolf*, JR 1997, 442f. Zum Beschluß „vom 18. Dezember 1995" s. BGBl. I 1996 S. 474. Geändert wurden danach §§ 22, 24, 30, 31, 35, 35 a, 37, 40, 41, 60 GeschOBVerfG. Welche der Vorschriften schon am 17. Juli 1995 geändert worden sind und welche tatsächlich erst am 18. Dezember 1995, bleibt unklar. Jedenfalls ein Teil der Änderungen stammt offenbar bereits vom 17. Juli 1995: In einem bei *G. Wolf*, JR 1997, 443, zitierten Bescheid der Präsidentin des *Bundesverfassungsgerichts* vom 5. Februar 1997 heißt es, bei dem Beschluß vom 18. Dezember 1995 seien bis auf die Streichung des § 24a GeschOBVerfG „die übrigen Vorschriften zur Änderung bzw. Ergänzung der Geschäftsordnung ... – nach Maßgabe des Plenarbeschlusses vom 17. Juli 1995 – unverändert geblieben." Danach kann der Beschluß vom 17. Juli 1995 nicht allein § 24a GeschOBVerfG betroffen haben. S. dazu auch *Hofmann*, ZRP 1996, 401 f., mit einer Aufzählung von Änderungen, die das Plenum „zugleich" mit § 24a GeschOBVerfG beschlossen habe. Einige Änderungen scheinen aber tatsächlich erst am 18. Dezember 1995 beschlossen worden zu sein: Nach *G. Wolf*, JR 1997, 443 Fn. 24, sind „die am 18. Dezember 1995 im übrigen beschlossenen Änderungen" im Bundesgesetzblatt veröffentlicht worden.

[274] Vgl. dazu *G. Wolf*, JR 1997, 443: Es stelle sich die Frage nach einer Strafbarkeit wegen Falschbeurkundung gem. §§ 271, 348 StGB.

[275] *G. Wolf*, JR 1997, 442ff. – Nicht zutreffend ist seine Kritik allerdings insofern, als er rügt, daß das Plenum bei den Beschlüssen zur Änderung der Geschäftsordnung nicht öffentlich getagt hat. Eine Pflicht zur Öffentlichkeit läßt sich entgegen *G. Wolf*, a.a.O., 444, nicht mit einem e-contrario-Schluß aus § 54 GeschOBVerfG begründen, der eine grundsätzlich nichtöffentliche Verhandlung des Plenums vorsieht. §§ 50 bis 55 GeschOBVerfG sind Spezialregelungen für Verfahren nach § 105 BVerfGG (Versetzung in den Ruhestand und Entlassung von Richtern), in denen eine gerichtsförmige mündliche Verhandlung durchgeführt wird. Das ist bei einer Änderung der Geschäftsordnung nicht der Fall. Vielmehr ist das hier in Rede stehende Verfahren eher vergleichbar mit dem Divergenzverfahren nach § 16 BVerfGG, in dem ebenfalls ohne mündliche Verhandlung entschieden wird (*Ulsamer*, in: Maunz/Schmidt-Bleibtreu/Klein/Bethge, BVerfGG, § 16 Rdnr. 12). Für (Publikums-)Öffentlichkeit ist daher kein Platz, ohne daß es einer expliziten Anordnung bedarf.

aa) Die Pflicht zur Veröffentlichung des Erlasses von § 24 a GeschOBVerfG

Das gilt unabhängig von seiner späteren Aufhebung zunächst für den Beschluß vom 17. Juli 1995, die Geschäftsordnung um § 24 a GeschOBVerfG zu ergänzen. Zwar ist umstritten, ob die Geschäftsordnungen oberster Bundesorgane zu ihrer Wirksamkeit in jedem Fall der Publikation bedürfen.[276] Jedenfalls aber hat das *Bundesverfassungsgericht* in § 69 GeschOBVerfG selbst die Veröffentlichung seiner Geschäftsordnung im Bundesgesetzblatt vorgeschrieben. Das gilt nicht nur für ihren erstmaligen Erlaß, sondern selbstverständlich[277] auch für Änderungen: Erlaß und Änderung vollziehen sich nach demselben – autonom bestimmten –[278] Verfahren.[279]

Auch auf das prinzipiell bestehende Recht der obersten Bundesorgane, in Einzelfällen bewußt von ihrer Geschäftsordnung abzuweichen,[280] kann die Nichtveröffentlichung hier nicht gestützt werden. Eine bewußte Abweichung hätte einmal bereits am 17. Juli 1995 vom Plenum beschlossen werden müssen. Zudem weckt § 69 GeschOBVerfG, der selber im Bundesgesetzblatt veröffentlicht wurde,[281] die berechtigte Erwartung, daß sämtliche Änderungen ebenfalls veröffentlicht werden. Ausnahmsweise Abweichungen wären daher schon in rechtsstaatlicher Hinsicht bedenklich.

Schließlich bildet auch das durch seine Veröffentlichung aufschiebend bedingte Inkrafttreten des § 24 a GeschOBVerfG[282] keine Rechtfertigung für die Nichtveröffentlichung: Die Veröffentlichungspflicht aus § 69 GeschOBVerfG setzt lediglich einen Änderungsbeschluß des Plenums voraus, nicht das vorherige Inkrafttreten der Änderung. Die gegenteilige Sichtweise würde nicht nur dazu führen, daß Änderungen wie die vorliegende nie in Kraft treten könnten (vor

---

[276] Für die Veröffentlichungspflicht als Gültigkeitsvoraussetzung parlamentarischer Geschäftsordnungen *Schwerin*, Der Deutsche Bundestag als Geschäftsordnungsgeber, 1998, S. 240 f., mit Nachweisen auch zur Gegenauffassung. *Schwerin* begründet die Publikationspflicht damit, die Geschäftsordnung könne auch gegenüber parlamentsfremden Personen Rechtswirkungen entfalten. Auf Grund der Öffentlichkeitsfunktion des Bundestages sei neben der Öffentlichkeit der Verhandlungen selbst auch die Veröffentlichung der für sie maßgebenden Regeln erforderlich, um parlamentarische Vorgänge beurteilen zu können. Namentlich der letzte Gesichtspunkt läßt sich auf das *Bundesverfassungsgericht* übertragen.

[277] *G. Wolf*, JR 1997, 443.

[278] Für den Bundestag *Achterberg/Schulte*, in: v. Mangoldt/Klein/Starck, Das Bonner Grundgesetz, Bd. 2, 4. Aufl. 2000, Art. 40 Abs. 1 Rdnr. 54.

[279] Für den Bundestag *H. H. Klein*, in: Maunz/Dürig, GG, Art. 40 Rdnr. 40; *Achterberg/Schulte*, in: v. Mangoldt/Klein/Starck, Das Bonner Grundgesetz, Bd. 2, 4. Aufl. 2000, Art. 40 Abs. 1 Rdnr. 56.

[280] Dieses Recht besteht auch ohne eine § 126 GeschOBT entsprechende Regelung. Näher *Achterberg/Schulte*, in: v. Mangoldt/Klein/Starck, Das Bonner Grundgesetz, Bd. 2, 4. Aufl. 2000, Art. 40 Abs. 1 Rdnr. 56.

[281] GeschOBVerfG v. 15. Dezember 1986, BGBl. I S. 2529.

[282] S. *G. Wolf*, JR 1997, 443 Fn. 27: § 24 a GeschOBVerfG sollte am Tag nach seiner Veröffentlichung im Bundesgesetzblatt in Kraft treten.

Inkrafttreten keine Veröffentlichung, vor Veröffentlichung kein Inkrafttreten). Sie würde vor allem verkennen, daß die Veröffentlichung nach der Beschlußfassung im Plenum ein rein technischer Vorgang ist. Das Bundesministerium der Justiz nimmt lediglich die Rolle der Schriftleitung des Bundesgesetzblatts wahr. Seine Rolle ist nicht mit derjenigen vergleichbar, die beispielsweise der Bundespräsident bei der Ausfertigung von Gesetzen hat (Art. 82 Abs. 1 GG).[283] Dem Ministerium kommt schon wegen der fehlenden Aufsicht über das *Bundesverfassungsgericht* – in sachlicher Hinsicht genießt dieses richterliche Unabhängigkeit, es ist keinem Ministerium zugeordnet und unterliegt keiner Dienstaufsicht –[284] nicht einmal ein beschränktes Prüfungsrecht zu. Inhaltliche Bedenken können die Nichtveröffentlichung daher nicht rechtfertigen. Allenfalls darf das Bundesministerium prüfen, ob Änderungen der Geschäftsordnung des *Bundesverfassungsgerichts* zu den im Bundesgesetzblatt zu veröffentlichenden Gegenständen zählen. Diese Frage hat das Ministerium offensichtlich bei der zeitlich unmittelbar vorangehenden Änderung ebenso bejaht wie bei der unmittelbar nachfolgenden, wobei es – wie gezeigt – bei der Veröffentlichung der folgenden Änderungen sogar Teile des Beschlusses vom 17. Juli 1995 ins Bundesgesetzblatt aufgenommen hat. Damit ist der einzige potentiell tragfähige Grund für eine Nichtveröffentlichung entfallen.[285]

Die Rechtswidrigkeit der Nichtveröffentlichung des Beschlusses vom 17. Juli 1995 endet auch nicht etwa mit dem Aufhebungsbeschluß vom 18. Dezember 1995. Zunächst ist unklar, ob bei der Aufhebung die von der Geschäftsordnung vorgesehenen Formalia (insbes. schriftlicher Antrag auf Änderung der Geschäftsordnung, formulierte Textänderung und Begründung gem. § 68 GeschOBVerfG) eingehalten worden sind. Aus den wegen der restriktiven Informationspolitik des *Bundesverfassungsgerichts* spärlichen zugänglichen Informationen wird gefolgert, dies sei nicht geschehen. Vielmehr habe das Plenum den früheren Beschluß „formlos eliminiert".[286] Eine denkbare Konsequenz ist die rechtliche Wirkungslosigkeit des vermeintlichen Aufhebungsbeschlusses. Das macht allenfalls *seine* Veröffentlichung entbehrlich. Die Pflicht zur Veröffentlichung des – nach dieser Sichtweise nicht aufgehobenen – Beschlusses vom 17. Juli 1995 dagegen besteht fort.

---

[283] Dazu statt vieler *Degenhart*, Staatsrecht I – Staatsorganisationsrecht, 20. Aufl. 2004, Rdnrn. 562 ff.

[284] *Schlaich/Korioth*, Das Bundesverfassungsgericht, 6. Aufl. 2004, Rdnr. 29.

[285] *G. Wolf*, JR 1997, 443 f., mit einer skeptischen Beurteilung der Frage, ob die Änderungen der Geschäftsordnung des *Bundesverfassungsgerichts* überhaupt im Bundesgesetzblatt zu veröffentlichen sind, in Fn. 37.

[286] *G. Wolf*, JR 1997, 444. Den Begriff „eliminiert" übernimmt *G. Wolf* aus einem Bescheid der Präsidentin des *Bundesverfassungsgerichts* vom 5. Februar 1997 (JR 1997, 442 Fn. 11).

bb) Die Pflicht zur Veröffentlichung der Aufhebung von § 24a GeschOBVerfG

Daran ändert sich auch nichts, wenn man annimmt, am 18. Dezember 1995 sei ein wirksamer Beschluß zur Streichung des § 24a GeschOBVerfG gefaßt worden. Voraussetzung dafür wäre, daß entweder die Formalia eingehalten wurden oder daß man dem Plenum des *Bundesverfassungsgerichts* in diesem internen Bereich des Änderungsverfahrens die Möglichkeit zugesteht, von den Bestimmungen der Geschäftsordnung abzuweichen. In diesem Fall aber müssen sogar beide Beschlüsse veröffentlicht werden.

Die Vorstellung ginge fehl, daß sich die Schaffung des § 24a GeschOBVerfG sowie der gegenläufige Beschluß gewissermaßen neutralisieren, so daß nach der Aufhebung einer noch nicht in Kraft getretenen Vorschrift, deren Schaffung zudem im Verborgenen gehalten wurde, keiner der Beschlüsse publiziert werden muß. Es ist vielmehr ein genereller Grundsatz der Rechtsordnung, daß ein Rechtsakt, der eine Rechtsnorm ändert, seiner Rechtsqualität nach eine Norm derselben Rangordnung ist. Das gilt auch für die Geschäftsordnung des *Bundesverfassungsgerichts*, die ungeachtet allen Streits um den Rechtscharakter von Geschäftsordnungen der obersten Bundesorgane[287] jedenfalls Rechtssatzqualität besitzt.[288] Damit kommt beiden Beschlüssen ebenfalls Rechtssatzqualität zu; sie sind schon wegen § 69 GeschOBVerfG veröffentlichungspflichtig. Ihr gegenläufiger Charakter wirkt sich nicht auf den Inhalt des jeweils anderen Beschlusses aus, sondern erst auf eine konsolidierte Fassung der Geschäftsordnung, die jedoch nicht unmittelbar Gegenstand eines Beschlusses des *Bundesverfassungsgerichts* war.

Die Pflicht zur Veröffentlichung mindestens des ersten, ggf. auch beider Beschlüsse, besteht nach alledem fort. Daß ihr noch entsprochen werden wird, steht allerdings angesichts einer restriktiven Auskunftserteilung seitens des Gerichts selbst auf gezielte Nachfragen[289] kaum zu erwarten.

II. Die Beurteilung des bundesverfassungsgerichtlichen Sonderwegs im Hinblick auf Rundfunkaufnahmen in der Verhandlung

Abgesehen von prozeduralen Fragen sieht sich die Rechtmäßigkeit der *bundesverfassungsgerichtlichen* Vorgehensweise, die im Gesetzeswortlaut nicht vorgesehen war,[290] auch inhaltlich massiven Zweifeln ausgesetzt.

---

[287] Vgl. die Übersicht bei *Achterberg/Schulte*, in: v. Mangoldt/Klein/Starck, Das Bonner Grundgesetz, Bd. 2, 4. Aufl. 2000, Art. 40 Abs. 1 Rdnr. 34: Rechts- und Verwaltungsverordnung, Verfassungssatzung, Organsatzung, autonome Satzung, öffentlich-rechtliche Vereinbarung, interne Rechtsvorschrift ohne Rechtssatzcharakter, Norm sui generis. S. auch *Morlok*, in: Dreier, GG, Bd. II, 1998, Art. 40 Rdnr. 18.

[288] *Bethge*, in: Maunz/Schmidt-Bleibtreu/Klein/Bethge, BVerfGG, § 1 Rdnr. 65.

[289] Detailliert *G. Wolf*, JR 1997, 442 ff., einschließlich massiver Kritik.

[290] *Hofmann*, ZRP 1996, 400.

1. Die Frage nach der Vereinbarkeit von Aufnahmen mit § 17 BVerfGG i.V.m. § 169 S. 2 GVG

Sie betreffen zum einen die bereits angesprochene Regelung von Fotos auf abstrakt-genereller Basis. Zum anderen – und vor allem – richtet sich die Kritik jedoch gegen die faktische Zulassung von Rundfunkaufnahmen bzw. gegen die Versuche, diesen durch Rahmenbedingungen oder durch die Geschäftsordnung eine Rechtsgrundlage zu verschaffen. § 17 BVerfGG i.V.m. § 169 S. 2 GVG statuierten ein jedenfalls auf den ersten Blick eindeutiges und nicht disponibles Verbot von Fernsehaufnahmen in der Verhandlung,[291] das auch die Feststellung der Beteiligten sowie die Verkündung der Entscheidung[292] erfaßte und dessen teilweise Nichtbeachtung zumindest bedenklich stimmt.[293]

Das Problem hat sich durch den Erlaß von § 17 a BVerfGG keineswegs erledigt. Zwar darf *der Gesetzgeber* – unter Beachtung der konfligierenden Rechtspositionen, namentlich der Persönlichkeitsrechte der Prozeßbeteiligten – Ausnahmen vom Aufnahmeverbot statuieren. Insofern steht die Rechtmäßigkeit der aktuellen Aufnahmepraxis vor dem *Bundesverfassungsgericht*, soweit sie § 17 a BVerfGG entspricht, außer Frage. Wie aber wäre es zu beurteilen, wenn andere Gerichte dem früheren Beispiel des *Bundesverfassungsgerichts* folgten und ebenfalls Fernsehaufnahmen von Teilen der Verhandlung zuließen? Bis auf die ordentliche Gerichtsbarkeit sehen sich die Fachgerichte (sowie die meisten Landesverfassungsgerichte) nach wie vor derselben Regelungssituation gegenüber wie zunächst das *Bundesverfassungsgericht*. Sollte dieses bereits vor § 17 a BVerfGG zur Zulassung erweiterter medialer Öffentlichkeit berechtigt gewesen sein, stellt sich die Frage, in welchem Umfang das auch heute noch für andere Gerichte gilt.

Verfassungsrechtlicher Hintergrund dieser Erwägungen ist die in der Literatur immer stärker vertretene Auffassung, daß das strikte und ausnahmslose Aufnahmeverbot des § 169 S. 2 GVG jedenfalls außerhalb der ordentlichen Gerichtsbarkeit u.a. wegen eines übermäßigen Eingriffs in die Rundfunkfreiheit mit dem Grundgesetz nicht vereinbar (gewesen) sei.[294] Zunächst ist zu klären,

---

[291] Zweifelnd *Benda*, NJW 1999, 1524.

[292] Unschlüssig daher die Kritik von *Knothe/Wanckel*, ZRP 1996, 106, bei der Verkündung der Entscheidung im Verfahren zur einstweiligen Anordnung zum AWACS-Einsatz habe n-tv durch die Aufnahme *über den Tenor hinaus* gegen § 17 BVerfGG i.V.m. § 169 S. 2 GVG verstoßen (Hervorhebung nur hier): Das Verbot erstreckt sich auch auf den Tenor. Zu den tatsächlichen Geschehnissen oben Teil 5 C.I.1., S. 337 f.

[293] *F. Klein*, in: Maunz/Schmidt-Bleibtreu/Klein/Bethge, BVerfGG, § 17 Rdnr. 6 Fn. 3; *Wyss*, EuGRZ 1996, 14 (rechtlich instabile Grundlage); *Hofmann*, ZRP 1996, 400 (mit einem Überblick über Stellungnahmen in der z.T. älteren Literatur). Als rechtswidrig eingestuft wird die Aufnahmepraxis u.a. von *G. Wolf*, NJW 1994, 682 ff.; *Bethge*, in: Maunz/Schmidt-Bleibtreu/Klein/Bethge, BVerfGG, § 17a Rdnrn. 4 f.

[294] Dazu unten Teil 5 E.III., S. 403 ff.

ob das einfache Recht, also § 17 BVerfGG i. V. m. § 169 S. 2 GVG, allein im Sinne eines strikten und ausnahmslosen Aufnahmeverbots ausgelegt werden kann, oder ob auch eine Interpretation möglich ist, die Aufnahmen zuläßt – bzw. schon vor Erlaß von § 17a BVerfGG zugelassen hätte –, die von § 169 S. 2 GVG an sich verboten werden. Von der Antwort auf diese Frage hängt es ab, welche Bedeutung der – vermeintlichen – Verfassungswidrigkeit eines absoluten Verbots zukommt.

2. § 169 S. 2 GVG als Bezugsobjekt des § 17 BVerfGG

Ein erster denkbarer Ansatz zur Rechtfertigung der *bundesverfassungsgerichtlichen* Aufnahmepraxis läge darin, § 17 BVerfGG als statische Verweisung aufzufassen. Da die Vorschrift ohne nachträgliche Änderungen in ihrer Ursprungsfassung aus dem Jahre 1951 gilt,[295] würde sie nach dieser Sichtweise nur auf § 169 S. 1 GVG Bezug nehmen, nicht auf den später eingefügten § 169 S. 2 GVG. Das Aufnahmeverbot hätte in diesem Fall vor dem *Bundesverfassungsgericht* nie gegolten.[296]

Diese Auffassung wird jedoch zu Recht nicht vertreten. Der – verfassungsrechtlich unbedenkliche –[297] dynamische Charakter des § 17 BVerfGG ist allgemein anerkannt.[298] Für ihn sprechen dieselben Gründe wie vor der Fachgerichtsbarkeit.[299] Namentlich der telos des § 17 BVerfGG ist ein Argument für die Kategorisierung als dynamische Verweisung, die sich auf § 169 GVG in seiner jeweils geltenden Fassung einschließlich seines Satzes 2 bezieht.

Bestätigt wird diese Sichtweise mittlerweile durch § 17 a BVerfGG, der bestimmte Aufnahmen „abweichend von § 169 Satz 2“ GVG für zulässig erklärt.[300] Wäre das Verbot des § 169 S. 2 GVG von § 17 BVerfGG gar nicht erst erfaßt, müßte § 17 a BVerfGG regeln, welche Aufnahmen *unzulässig* sind.

Auch die verfassungsrechtlichen Bedenken gegen die Geltung eines (vollständigen) Aufnahmeverbots vor dem *Bundesverfassungsgericht* – deren Berechtigung hier zunächst unterstellt – nötigen zu keinem anderen Ergebnis. Zwar besteht prinzipiell die Möglichkeit, eine Vorschrift als statische statt als dynamische Verweisung aufzufassen, sofern ihrem dynamischen Charakter ver-

---

[295] Gesetz über das Bundesverfassungsgericht v. 16. April 1951 (BGBl. I S. 243). Zum Fehlen nachträglicher Änderungen *Hund*, in: Umbach/Clemens, BVerfGG, 1992, § 17 Rdnr. 4.

[296] Zu dieser Konsequenz eines nur statischen Charakters von § 17 BVerfGG *Hund*, in: Umbach/Clemens, BVerfGG, 1992, § 17 Rdnr. 19, der selber freilich ebenfalls eine dynamische Verweisung annimmt.

[297] *Lechner/Zuck*, BVerfGG, 4. Aufl. 1996, § 17 Rdnr. 1.

[298] *Hund*, in: Umbach/Clemens, BVerfGG, 1992, § 17 Rdnr. 9; ebenso *Ernst*, ZUM 1996, 187; *F. Burbulla*, Die Fernsehöffentlichkeit als Bestandteil des Öffentlichkeitsgrundsatzes, 1998, S. 93; *Lechner/Zuck*, BVerfGG, 4. Aufl. 1996, § 17 Rdnr. 1.

[299] Oben Teil 5 A.IV.4.a), S. 323 f.

[300] Näher unten Teil 5 F.I., S. 460 ff.

fassungsrechtliche Hindernisse entgegenstehen.[301] Voraussetzung dieser Form der verfassungskonformen Auslegung ist jedoch, daß sich die Verfassungswidrigkeit gerade aus dem dynamischen Charakter der Vorschrift ergibt. Das ist hier nicht der Fall. Sofern das vollständige Aufnahmeverbot in Verhandlungen des *Bundesverfassungsgerichts* inhaltlich gegen das Grundgesetz verstoßen haben sollte, wäre auch eine statische Verweisung auf § 169 S. 2 GVG verfassungswidrig gewesen.

3. Die „entsprechende" Anwendbarkeit des § 169 S. 2 GVG

Daß § 169 S. 2 GVG auch vor dem *Bundesverfassungsgericht* zumindest dem Grunde nach gilt, ist daher unbestritten. Kontrovers wird hingegen beurteilt, ob das Verbot im gleichen Umfang gilt wie vor der ordentlichen Gerichtsbarkeit. Normativer Anknüpfungspunkt der Diskussion ist der Wortlaut des § 17 BVerfGG, nach dem § 169 S. 2 GVG *entsprechend* anzuwenden ist.

Nach einer (offenbar auch vom *Bundesverfassungsgericht* selbst vertretenen)[302] Auffassung stellt das Adverb ein einschränkendes Element dar. Das Aufnahmeverbot sei gerade nicht direkt, sondern eben *nur* entsprechend anwendbar und damit Modifikationen zugänglich.[303] Durch die Entscheidung für eine bloße „Verweisungsanalogie"[304] habe der Gesetzgeber dem Gericht Spielraum lassen wollen, das Verbot den Besonderheiten des verfassungsgerichtlichen Verfahrens anzupassen. Anzuwenden sei § 169 GVG daher nur, soweit dies keine unsachgemäße Gleichsetzung des verfassungsgerichtlichen Verfahrens mit dem fachgerichtlichen Verfahren zur Folge habe.[305]

Im Ergebnis überzeugt diese Argumentation nicht.

a) Die Bedeutung der entsprechenden Anwendung

Zwar bedeutet die gesetzlich angeordnete entsprechende Anwendung einer Vorschrift, „daß die einzelnen Elemente des durch die Verweisung geregelten

[301] Unten Teil 5 G.II.2., S. 478 ff.

[302] Dazu *Benda* bzw. *E. Klein*, in: Benda/Klein, Verfassungsprozeßrecht, 2. Aufl. 2001, Rdnrn. 116, 249; *Huff*, NJW 2001, 1622; *Pieroth*, in: Erichsen/Kollhosser/Welp (Hrsg.), Recht der Persönlichkeit, 1996, S. 251.

[303] *Zuck*, DRiZ 1997, 29; *Gündisch/Dany*, NJW 1999, 257; *Kortz*, AfP 1997, 449 f.; *Huff*, Justiz und Öffentlichkeit, 1996, S. 32. S. auch *Hofmann*, ZRP 1996, 400 Fn. 4; a.A. *Müller-Gindullis*, NJW 1973, 1218; eher skeptisch auch *Pestalozza*, JZ 1998, 1040.

[304] Zum Begriff *Karpen*, Die Verweisung als Mittel der Gesetzgebungstechnik, 1970, S. 78; *Clemens*, AöR Bd. 111 (1986), S. 78 f.

[305] *Eberle*, NJW 1994, 1638; *Hund*, in: Umbach/Clemens, BVerfGG, 1992, § 17 Rdnrn. 10 ff. Im Ergebnis ebenso die Begründung der Landesregierung zum Entwurf von § 11 a SaarlVerfGHG, LT-Drucks. 12/134, S. 4: Die zuvor praktizierten Abweichungen vom Aufnahmeverbot (dazu unten Teil 5 G.I., S. 475 ff.) hätten mit der nur entsprechenden Anwendung des § 169 S. 2 GVG gerechtfertigt werden können.

und desjenigen Tatbestandes, auf dessen Rechtsfolgen verwiesen wird, ... miteinander so in Beziehung zu setzen sind, daß den jeweils nach ihrer Funktion, ihrer Stellung im Sinnzusammenhang des Tatbestandes gleich zu erachtenden Elementen die gleiche Rechtsfolge zugeordnet wird," wobei unsachgemäße Gleichsetzungen zu vermeiden und von den zu regelnden Lebensverhältnissen her gebotene Differenzierungen vorzunehmen sind.[306] Als Beleg für ein vermeintlich nur eingeschränkt geltendes Aufnahmeverbot läßt sich diese Aussage von *Karl Larenz* jedoch nicht heranziehen.[307] Daß der Inhalt des Bezugsobjekts zu modifizieren ist,[308] bedeutet nicht, daß es dem Rechtsanwender überlassen bleibt, aus dem Gesamtinhalt der Norm die vermeintlich angemessenste Lösung für den anderen Regelungszusammenhang zusammenzustückeln, indem er einzelne Elemente übernimmt, andere hingegen nicht. Unanwendbar sind lediglich diejenigen Elemente, die im Regelungszusammenhang der Verweisungsnorm keine Entsprechung finden.[309] Die übrigen Bestandteile des Bezugsobjekts, hier also das Aufnahmeverbot während der gesamten Verhandlung, werden kraft gesetzgeberischer Entscheidung auch dann von der Verweisung erfaßt, wenn sie sich im neuen Kontext nicht als optimale Lösung erweisen sollten. Will der Gesetzgeber diese Konsequenz vermeiden, muß er anderweitig Vorsorge treffen – was er im vorliegenden Fall getan hat, indem § 17 BVerfGG die Geltung der in Bezug genommenen Vorschriften des Gerichtsverfassungsgesetzes nur subsidiär anordnet, nämlich vorbehaltlich anderer Regelungen im Bundesverfassungsgerichtsgesetz. Dieses Vorbehalts hätte es nicht bedurft, wenn die Verweisung dem *Bundesverfassungsgericht* ermöglichen würde, eine rechtswegspezifische Lösung zu erarbeiten.

Die gegenteilige Auffassung überdehnt den Unterschied zwischen einer „echten" Verweisung und einer Verweisungsanalogie. Daß dieser Unterschied in Wahrheit nicht so groß ist, wie von den Befürwortern der *bundesverfassungsgerichtlichen* Praxis angenommen wird, belegt nicht zuletzt *Karl Larenz* selber, wenn er ausführt, daß die Anwendung einer Vorschrift per Verweisung immer nur eine entsprechende sein könne, auch wenn dies im Normtext nicht ausdrücklich vermerkt sei.[310] Daraus ergibt sich im Umkehrschluß, daß die Erwähnung der vermeintlich „nur" entsprechenden Anwendung genaugenommen eine bloße Selbstverständlichkeit ausdrückt, so daß dem Merkmal ein einschränkender Charakter kaum zugemessen werden kann.

---

[306] *Larenz*, Methodenlehre der Rechtswissenschaft, 6. Aufl. 1991, S. 261.

[307] So aber *Hund*, in: Umbach/Clemens, BVerfGG, 1992, § 17 Rdnr. 11.

[308] *Clemens*, AöR Bd. 111 (1986), S. 78 f.

[309] Vgl. *Larenz*, Methodenlehre der Rechtswissenschaft, 6. Aufl. 1991, S. 261: Wenn für den Tausch (jetzt: § 480 BGB) die entsprechende Anwendung der Vorschriften über den Kauf angeordnet wird, so sind davon nicht die Regelungen über den Kaufpreis erfaßt.

[310] *Larenz*, Methodenlehre der Rechtswissenschaft, 6. Aufl. 1991, S. 261.

Zuzugeben ist freilich, daß diese Sichtweise die Existenz von Unterschieden zwischen „echten Verweisungen“ und „bloßen Verweisungsanalogien“ letztlich negiert. Aber sogar derjenige, dem dies zu weit geht, könnte die hier interessierende Praxis des *Bundesverfassungsgerichts* nur rechtfertigen, sofern er bereit wäre, unter „entsprechender Anwendung“ sogar die (partielle) Nichtanwendung des Verbots,[311] ja sogar sein Gegenteil zu verstehen.[312] Das ist nicht nur mit der Wortbedeutung kaum vereinbar. Aus den vorstehenden Überlegungen wird man folgern müssen, daß es jedenfalls nur eine begrenzte Bedeutung hat, ob eine Vorschrift schlicht für anwendbar oder für entsprechend anwendbar erklärt wird: Selbst wenn man „entsprechend“ als konstitutive Einschränkung versteht, gehen die *bundesverfassungsgerichtlichen* Konsequenzen jedenfalls zu weit. Dies gilt um so mehr, als § 169 S. 2 GVG keinen Anhaltspunkt dafür bietet, zwischen verschiedenen Phasen der Verhandlung zu differenzieren. Im Gegenteil: Sogar die Verkündung der Entscheidung wird durch die Anlehnung an § 169 S. 1 GVG explizit in den Geltungsbereich des Verbots einbezogen.

b) Die Entstehungsgeschichte

Aus der Entstehungsgeschichte des § 17 BVerfGG sowie des § 169 S. 2 GVG folgt ebenfalls nichts anderes.

§ 17 BVerfGG beruht auf einem Gesetzentwurf der Bundesregierung.[313] Sein Konzept einer Verweisung auf einzelne Titel des Gerichtsverfassungsgesetzes setzte sich nach kontroverser Debatte gegen den Vorschlag der SPD-Fraktion durch, dem *Bundesverfassungsgericht* eine im wesentlichen autonome Gestaltung seines Verfahrens zu ermöglichen.[314] Als einzige Änderung der von der Regierung vorgeschlagenen Fassung der Norm wurde während des Gesetzgebungsverfahrens das Wort „entsprechend“ eingefügt. Diese Ergänzung beruht auf einer Empfehlung des Bundesrates, die nicht begründet wurde[315] und der die Bundesregierung ebenfalls kommentarlos zustimmte.[316] In den Ausschußberatungen des Bundestages wurde die Frage nur am Rande behandelt. Erfolglos blieb dort der Vorschlag, statt „entsprechend“ den Begriff „sinngemäß“ zu

---

[311] *Ranft*, Jura 1995, 577.

[312] *G. Wolf*, JR 1997, 445.

[313] § 14 des Entwurfs eines Gesetzes über das Bundesverfassungsgericht, BT-Druck. 1/788, S. 2ff.

[314] §§ 14ff. des Entwurfs eines Gesetzes über das Bundesverfassungsgericht, BT-Drucks. 1/328, S. 1 ff..

[315] S. die Änderungsvorschläge des Bundesrates, BT-Drucks. 1/788, S. 40. Letztlich geht der Vorschlag auf den Bundesrats-Rechtsausschuß zurück. Dazu *Hund*, in: Umbach/Clemens, BVerfGG, 1992, § 17 Rdnr. 2 mit Fn. 2.

[316] Stellungnahme der Bundesregierung zu den Änderungsvorschlägen des Bundesrates, BT-Drucks. 1/788, S. 48.

verwenden.[317] Über die Gründe schweigen sich die verfügbaren Materialien ebenfalls aus.[318] Letztlich entstand so die noch heute gültige Fassung.[319]

Dieser Verfahrensgang wird als Beleg dafür herangezogen, daß der Zusatz „entsprechend“ nicht zufällig in den Gesetzestext aufgenommen wurde, daß mit der Entscheidung für „entsprechend“ statt für „sinngemäß“ kein sachlicher Unterschied gemeint war und daß der Gesetzgeber keine strikte Anwendung der in Bezug genommenen Normen gewollt habe.[320]

Wirklich zu überzeugen vermag diese Sichtweise nicht. Zum einen basieren die Aussagen angesichts der dürftigen Begründungslage in den Materialien zumindest teilweise auf bloßer Spekulation.[321] Ebenso erscheint die These fragwürdig, der Gesetzgeber habe der Rechtsanwendung durch die („bloße“) Verweisungsanalogie Spielraum lassen wollen.[322] Eher das Gegenteil ist der Fall. In der Entscheidung für den Regierungsentwurf lag gerade eine Absage an die autonome Verfahrensgestaltung des Gerichts. Zwar sahen auch die Befürworter des Regierungsentwurfs die Notwendigkeit einer flexiblen Verfahrensgestaltung. Aus diesem Grund verweist § 17 BVerfGG nicht auf eine vollständige Verfahrensordnung, sondern nur auf bestimmte, rechtswegübergreifende Verfahrensprinzipien.[323] Im Umkehrschluß bedeutet das aber, daß der Gesetzgeber hinsichtlich derjenigen Verfahrensprinzipien, auf die § 17 BVerfGG verweist, tendenziell eine strikte Bindung beabsichtigt hat.[324]

Auch auf die Entstehungsgeschichte von § 169 S. 2 GVG läßt sich eine einschränkende Bedeutung des Begriffs „entsprechend“ und damit die Praxis des *Bundesverfassungsgerichts* nicht stützen.[325] Zwar stand beim Erlaß des gesetzlichen Aufnahmeverbots unbestreitbar der Strafprozeß im Mittelpunkt der Aufmerksamkeit. Daß die Erstreckung auf weitere Verfahrensarten dennoch nicht unbemerkt geschah, wurde bereits dargelegt.[326]

Das leitet über zu einem weiteren Gesichtspunkt.

---

[317] *Hund*, in: Umbach/Clemens, BVerfGG, 1992, § 17 Rdnrn. 1 ff.

[318] *Hund*, in: Umbach/Clemens, BVerfGG, 1992, § 17 Rdnr. 10.

[319] Zu Einzelheiten des Gesetzgebungsverfahrens *Hund*, in: Umbach/Clemens, BVerfGG, 1992, Vor §§ 17 ff. Rdnrn. 3 ff., § 17 Rdnrn. 1 ff.; *Hofmann*, ZRP 1996, 400 f.

[320] *Hund*, in: Umbach/Clemens, BVerfGG, 1992, § 17 Rdnr. 10.

[321] Besonders deutlich wird das, wenn *Hund*, in: Umbach/Clemens, BVerfGG, 1992, § 17 Rdnr. 10, zunächst konzediert, daß sich nicht belegen läßt, warum der BT-Rechtsausschuß sich schließlich doch nicht für „sinngemäß“ entschieden hat, im Anschluß daran aber statuiert, wegen der gleichen Wortbedeutung spreche viel dafür, daß darin lediglich ein sprachliches Anliegen ohne inhaltliche Unterschiede zum Ausdruck gebracht werden sollte.

[322] So jedoch *Hund*, in: Umbach/Clemens, BVerfGG, 1992, § 17 Rdnr. 12.

[323] *Hofmann*, ZRP 1996, 401, mit detaillierten Nachweisen aus dem Gesetzgebungsverfahren.

[324] In diese Richtung auch *Hofmann*, ZRP 1996, 401: „Entsprechend“ kann allenfalls im Sinne eines erweiterten Auslegungsspielraums des *Bundesverfassungsgerichts* verstanden werden.

[325] So aber *Hund*, in: Umbach/Clemens, BVerfGG, 1992, § 17 Rdnr. 20 a.

[326] Oben Teil 5 A.III.3., S. 316 f.

c) Die entsprechende Anwendung in etlichen anderen Gerichtszweigen

Die Frage, ob das gesetzliche Aufnahmeverbot wegen seiner lediglich entsprechenden Anwendbarkeit nur eingeschränkt gilt, beschränkt sich entgegen einer verbreiteten Auffassung nicht auf das *bundesverfassungsgerichtliche* Verfahren. § 169 GVG wird nicht allein von § 17 BVerfGG für entsprechend anwendbar erklärt, sondern auch von den korrespondierenden Verweisungsvorschriften sämtlicher Fachgerichtsbarkeiten mit Ausnahme der ordentlichen Gerichtsbarkeit.[327] Folglich müßte eine nur eingeschränkte Geltung vor dem *Bundesverfassungsgericht* mit einer ebenfalls nur eingeschränkten Geltung vor den betreffenden Fachgerichten einhergehen[328] – oder umgekehrt eine strikte Geltung vor den Fachgerichten mit einer strikten Geltung vor dem *Bundesverfassungsgericht*, sofern es keine Besonderheiten des *bundesverfassungsgerichtlichen* Verfahrens gibt, die einer derartigen Parallelbeurteilung entgegenstehen.

aa) Das uneingeschränkte Aufnahmeverbot in Verhandlungen vor den Fachgerichten

Die „nur" entsprechende Anwendbarkeit des gesetzlichen Aufnahmeverbots vor den Fachgerichten wird lediglich vereinzelt erwähnt;[329] teils wird sie schlicht nicht beachtet. So wird etwa den Kritikern des *bundesverfassungsgerichtlichen* Sonderwegs vorgehalten, sie übersähen, daß § 169 S. 2 GVG vor dem *Bundesverfassungsgericht* nur entsprechend gelte, und würden daher unzulässigerweise die Handhabung der Verfassungsrichter auf andere Gerichte übertragen.[330] Auch die Bundesregierung scheint diesem Irrtum aufgesessen zu sein. In ihrer Begründung zum Entwurf für § 17 a BVerfGG führt sie zu § 169 S. 2 GVG aus:

„Für die Fachgerichtsbarkeit ist anerkannt, daß es sich bei dieser Vorschrift um ein zwingendes gesetzliches Verbot handelt, von dem weder der Vorsitzende noch das Gericht

[327] Im Unterschied zu §§ 55 VwGO, 61 Abs. 1 SGG, 52 Abs. 1 FGO, 52 S. 4 ArbGG erklärt § 17 BVerfGG allerdings nicht einzeln benannte Vorschriften des Gerichtsverfassungsgesetzes für entsprechend anwendbar, sondern ganze Titel. *Meissner*, in: Schoch/Schmidt-Aßmann/Pietzner, VwGO, § 55 Rdnr. 2, sieht darin jedoch zu Recht nur einen geringen Unterschied. Die Abweichung besteht im wesentlichen darin, daß bei den fachgerichtlichen Verweisungsvorschriften diejenigen gerichtsverfassungsgesetzlichen Vorschriften, die mangels Entsprechung im jeweiligen Verfahren von vornherein nicht passen, schon aus dem Wortlaut ersichtlich sind. Im hier interessierenden Zusammenhang wirkt sich die unterschiedliche Formulierung daher nicht aus.

[328] So – konsequent – *Gündisch/Dany*, NJW 1999, 257, die freilich zugestehen, daß Ausnahmen vom Aufnahmeverbot vor Fachgerichten bisher nicht üblich sind.

[329] *Gündisch/Dany*, NJW 1999, 257.

[330] So *Huff*, NJW 1996, 572. Ähnlich *Beck*, in: FG für Karin Graßhof, 1998, S. 130, der die Geltung des Verbots vor den diversen Fachgerichten anspricht, um dann darauf hinzuweisen, daß das Verbot vor dem *Bundesverfassungsgericht* entsprechend gelte. S. auch *Lorz*, in: Haratsch/Kugelmann/Repkewitz (Hrsg.), Herausforderungen an das Recht der Informationsgesellschaft, 1996, S. 66: Das *Bundesverfassungsgericht* sei wegen der nur entsprechenden Geltung das einzige Gericht, das dem absoluten Verbot nicht eindeutig unterworfen sei.

eine Ausnahme zulassen können, auch nicht für die Urteilsverkündung (vgl. BGHSt 22, S. 83). Für das Verfahren vor dem Bundesverfassungsgericht werden jedoch aufgrund der nach § 17 gebotenen ‚entsprechenden' Anwendung Ausnahmen von § 169 Satz 2 GVG in Betracht gezogen."[331]

Allenfalls bei großem Wohlwollen läßt sich die Aussage dahingehend interpretieren, daß für die Fachgerichtsbarkeit von einem zwingenden Verbot ausgegangen wird, *obwohl* das Verbot dort, abgesehen von der ordentlichen Gerichtsbarkeit, ebenfalls nur entsprechend gilt. Der Wortlaut legt eher den Schluß nahe, daß die Bundesregierung den Unterschied zwischen dem Strafverfahren, auf das sich die zitierte Entscheidung des *Bundesgerichtshofs* allein bezieht und in dem § 169 S. 2 GVG unmittelbar gilt, und der Fachgerichtsbarkeit außerhalb der ordentlichen Gerichtsbarkeit übersehen hat. Insofern lassen sich im hier interessierenden Zusammenhang auch keine weitergehenden Schlüsse daraus ziehen, daß sich die Bundesregierung die Auffassung, nach der das Aufnahmeverbot in der Fachgerichtsbarkeit uneingeschränkt gilt, ausdrücklich zu eigen macht.[332]

Ungeachtet dessen trifft es im Ergebnis zu, daß der Gesetzgeber für die Fachgerichtsbarkeit auch jenseits der ordentlichen Gerichtsbarkeit ein klares und ausnahmsloses Aufnahmeverbot statuiert hat, und zwar *trotz* der lediglich entsprechenden Anwendbarkeit des § 169 S. 2 GVG.[333] Das Merkmal „entsprechend" ist eine gesetzestechnische Formulierung, keine Einschränkung des Verbots.[334]

bb) Die Konsequenzen für Verhandlungen vor dem Bundesverfassungsgericht

Besonderheiten des verfassungsgerichtlichen Verfahrens, mit denen sich eine von den Fachgerichtsbarkeiten abweichende Auslegung des entsprechend anwendbaren Aufnahmeverbots begründen ließe, gibt es nicht. Zwar ist es richtig, daß das Aufnahmeverbot in erster Linie die Menschenwürde der Verfahrensbeteiligten schützen und Schauprozesse sowie verfahrensfremde Einflüsse verhindern soll. Daraus jedoch zu folgern, bis auf Ausnahmefälle (Verfassungsbeschwerden gegen Strafurteile) sei das Verbot seinem Schutzzweck nach im

---

[331] BT-Drucks. 13/7673, S. 6.

[332] S. dazu die Begründung der Bundesregierung zu § 17a BVerfGG, BT-Drucks. 13/7673, S. 6: Bei der Vorschrift handele es sich „um eine den Besonderheiten des bundesverfassungsgerichtlichen Verfahrens Rechnung tragende Ausnahmevorschrift, die die im übrigen uneingeschränkt fortgeltende Bestimmung des § 169 Satz 2 GVG unberührt läßt".

[333] So ausdrücklich *Meissner*, in: Schoch/Schmidt-Aßmann/Pietzner, VwGO, § 55 Rdnr. 21. Das ist um so bemerkenswerter, als *Meissner*, a. a. O., Rdnr. 6, davon ausgeht, „entsprechend" bedeute, daß die in Bezug genommenen Vorschriften mit denjenigen (freilich geringen) Differenzierungen und Einschränkungen anzuwenden sind, die sich aus den Besonderheiten des verwaltungsgerichtlichen Verfahrens ergeben.

[334] *Ernst*, ZUM 1996, 188. A.A. *Sorth*, Rundfunkberichterstattung aus Gerichtsverfahren, 1999, S. 172, für Verfahren vor dem *Bundesverfassungsgericht* sowie vor den Verwaltungsgerichten.

verfassungsgerichtlichen Verfahren, namentlich in den organschaftlich geprägten klassischen Verfassungsstreitigkeiten, nicht anwendbar,[335] überzeugt nicht, sofern man für die Fachgerichtsbarkeit von einer strikten Geltung des Verbots ausgeht. Insbesondere verwaltungsgerichtliche Normenkontrollen dienen jedenfalls dann nicht dem individuellen Rechtsschutz, wenn sie auf Antrag einer Behörde durchgeführt werden (§ 47 Abs. 2 S. 1 VwGO). Aber auch bei sonstigen fachgerichtlichen Verfahren ist es zumindest vorstellbar, daß der Schutz von Persönlichkeitsrechten kaum noch eine Rolle spielt. Das betrifft nicht nur die Verwaltungsgerichtsbarkeit als die Fachgerichtsbarkeit, die dem verfassungsgerichtlichen Verfahren strukturell am nächsten steht[336] – hier kommen namentlich Massenverfahren (vgl. § 56a VwGO) in Betracht –, sondern beispielsweise auch Revisionsverfahren in sämtlichen anderen Gerichtsbarkeiten. Konsequenterweise wird für derartige Fälle *de lege ferenda* eine Lockerung des Aufnahmeverbots gefordert.[337] Ansätze, Aufnahmen entgegen § 169 S. 2 GVG bereits de lege lata für möglich zu halten,[338] haben sich zu Recht nicht durchzusetzen vermocht. Den Verweisungsvorschriften der fachgerichtlichen Verfahrensordnungen wird ja vielmehr – richtigerweise – attestiert, auf ein möglichst einheitliches Verfahrensrecht hinwirken zu wollen.[339]

Dann aber kann für das *Bundesverfassungsgericht* hinsichtlich der vor Erlaß des § 17a BVerfGG durchgeführten Verfahren nichts anderes gelten.[340] Das

---

[335] So aber *Hund*, in: Umbach/Clemens, BVerfGG, 1992, § 17 Rdnr. 20 a.

[336] Dazu *Bethge*, in: Maunz/Schmidt-Bleibtreu/Klein/Bethge, BVerfGG, Vorb § 17 Rdnr. 18, unter Hinweis auf die Kommentierung von *F. Klein* in der Vorauflage. – Das Sondervotum *Kühling/Hohmann-Dennhardt/Hoffmann-Riem*, BVerfGE 103, 44 (80 f.), läßt die Frage, ob die nur entsprechende Geltung für den Verwaltungsprozeß Spielräume für Ausnahmen eröffnet, unter Hinweis auf die jedenfalls unmittelbare Geltung des Aufnahmeverbots in der ordentlichen Gerichtsbarkeit ausdrücklich dahinstehen. Die von der Beschwerdeführerin mit der Einbeziehung des „Kruzifix"-Verfahrens beabsichtigte Möglichkeit zur Differenzierung (dazu unten Teil 5 D.IV.2., S. 384) wird damit vertan.

[337] Dazu unten Teil 5 E.III.2., S. 407 ff.

[338] *Gündisch/Dany*, NJW 1999, 257.

[339] *Meissner*, in: Schoch/Schmidt-Aßmann/Pietzner, VwGO, § 55 Rdnr. 3, zu § 55 VwGO.

[340] Inkonsequent daher *Schwarz*, AfP 1995, 356, der für das *bundesverfassungsgerichtliche* Verfahren Abweichungen vom Aufnahmeverbot ggf. für vertretbar hält, nicht jedoch für das verwaltungsgerichtliche Verfahren. Die Lösung ist um so weniger überzeugend, als *Schwarz* die Geltung des Aufnahmeverbots vor der Verwaltungsgerichtsbarkeit fälschlich auf § 173 VwGO statt auf § 55 VwGO stützt. § 173 VwGO aber sieht die – ebenfalls nur entsprechende – Anwendung der Vorschriften des Gerichtsverfassungsgesetzes nur vor, wenn die grundsätzlichen Unterschiede zwischen Zivil- und Verwaltungsprozeß dies nicht ausschließen. Die Existenz eines solchen Unterschiedes, der der Anwendung des § 169 S. 2 GVG im Verwaltungsprozeß entgegenstünde, verneint *Schwarz*. Dann aber wäre es konsequent, das Aufnahmeverbot auch im Verfassungsprozeß für anwendbar zu halten, da § 17 BVerfGG die Geltung der gerichtsverfassungsrechtlichen Vorschriften gerade nicht vom Fehlen grundsätzlicher Unterschiede zwischen Zivil- und Verfassungsprozeß abhängig macht.

Aufnahmeverbot gilt in allen Verfahren, in denen es direkt oder entsprechend zur Anwendung kommt, in vollem Umfang.[341]

Auch insofern[342] kann mittlerweile § 17a BVerfGG als Bestätigung herangezogen werden. Zwar enthält die Entwurfsbegründung allenfalls Indizien für eine nicht nur deklaratorische, sondern konstitutive Bedeutung der Vorschrift.[343] Für eine konstitutive Regelung spricht jedoch, daß § 17a Abs. 1 BVerfGG Aufnahmen „abweichend von § 169 Satz 2 des Gerichtsverfassungsgesetzes" zuläßt, ohne auf die nur entsprechende Anwendbarkeit des Verbots gem. § 17 BVerfGG einzugehen. Wäre die Vorschrift allein deklaratorisch gemeint, so wäre der Hinweis auf die Abweichung von § 169 S. 2 GVG verzichtbar. Es hätte in diesem Fall ausgereicht, die zulässigen Aufnahmen zu benennen.[344]

d) Fazit

Obwohl § 169 S. 2 GVG nach § 17 BVerfGG nur „entsprechend" anwendbar ist, gilt und galt das Aufnahmeverbot – vorbehaltlich § 17a BVerfGG – im *bundesverfassungsgerichtlichen* Verfahren in vollem Umfang. Insofern erscheint die Kritik, daß sich das Gericht nicht in ausreichendem Maße um die gesetzlichen Vorgaben für seine Tätigkeit kümmert,[345] berechtigt.

4. Die Verfahrensautonomie

Das formell-gesetzliche Verbot steht auch einer Rechtfertigung der umstrittenen Aufnahmepraxis durch die – vermeintliche – Verfahrensautonomie des *Bundesverfassungsgerichts* entgegen.

---

[341] Zutreffend *Meissner*, in: Schoch/Schmidt-Aßmann/Pietzner, VwGO, § 55 Rdnr. 21.

[342] Zur entsprechenden Argumentation im Hinblick auf die Frage, ob die Verweisung des § 17 BVerfGG statischer oder dynamischer Natur ist, s. o. Teil 5 C.II.2., S. 348 f.

[343] Die Bundesregierung weist auf die kontroverse Beurteilung der Frage hin, ob das Aufnahmeverbot aus § 17 BVerfGG i. V. m. § 169 S. 2 GVG für das Verfahren vor dem *Bundesverfassungsgericht* strikt gelte (BT-Drucks. 13/7673, S. 6). Daraus läßt sich noch nichts über einen konstitutiven oder deklaratorischen Charakter der neuen Vorschrift entnehmen. Eher für eine konstitutive Ausnahme spricht jedoch die Aussage, im übrigen bleibe § 169 S. 2 GVG unberührt (BT-Drucks. 13/7673, S. 6), sowie der Befund, es werde „von dem im übrigen uneingeschränkt fortgeltenden Verbot des § 169 Satz 2 GVG für das bundesverfassungsgerichtliche Verfahren – teilweise – abgewichen" (BT-Drucks. 13/7673, S. 9). Noch deutlicher ist der Hinweis, außerhalb des Anwendungsbereichs des § 17a „bleibt es bei dem Verbot des § 169 S. 2 GVG auch im verfassungsgerichtlichen Verfahren"(BT-Drucks. 13/7673, S. 9).

[344] § 17a Abs. 1 BVerfGG hätte dann wie folgt lauten müssen:
„Ton- und Fernseh-Rundfunkaufnahmen sowie Ton- und Filmaufnahmen … sind zulässig 1. … 2. …".

[345] *G. Wolf*, NJW 1994, 687.

a) Die Frage nach der Verfahrensautonomie des Bundesverfassungsgerichts

Die Frage nach der Existenz[346] bzw. nach den Grenzen einer Verfahrensautonomie des Gerichts stellt sich, weil das *bundesverfassungsgerichtliche* Verfahren formell-gesetzlich bewußt unvollständig geregelt ist.[347] Das Bundesverfassungsgerichtsgesetz ist als lex imperfecta konzipiert. Weder enthält es selbst eine vollständige Verfahrensordnung,[348] noch nimmt es im Wege einer globalen Verweisung auf eine solche Bezug.[349] Es beschränkt sich auf einzelne Vorschriften eher elementaren Regelungsgehalts wie etwa § 17 BVerfGG. Dennoch ist das Gericht im übrigen – entgegen einer selbst gewählten,[350] jedoch mißlungenen[351] – Bezeichnung nicht „Herr des Verfahrens". Raum für echte schöpferische Verfahrensgestaltung bleibt nur in wenigen Ausnahmefällen.[352] Prinzipiell hat das Gericht seine Verfahrensordnung durch die analoge, die Besonderheiten des verfassungsgerichtlichen Verfahrens berücksichtigende[353] Heranziehung angemessener Regelungen aus anderen Verfahrensordnungen zu vervollständigen.[354] Damit aber wird seine Verfahrensgestaltung eng an allgemeine Verfahrensgrundsätze angebunden;[355] als „autonom" läßt sie sich kaum bezeichnen.[356]

b) Das formelle Gesetzesrecht als Grenze bundesverfassungsgerichtlicher Verfahrensgestaltung

Im vorliegenden Zusammenhang kommt es darauf letztlich nicht an. Begrenzt wird die Verfahrensautonomie – wenn man den Begriff denn verwenden will – jedenfalls durch vorhandene gesetzliche Vorgaben für das *bundesverfassungsgerichtliche* Verfahren.[357] Soweit sie reichen, fehlt es bereits an der Lückenhaftigkeit der Verfahrensordnung und damit am unentbehrlichen Anknüpfungspunkt

---

346 Gegen die Annahme einer Verfahrensautonomie *Schlaich/Korioth*, Das Bundesverfassungsgericht, 6. Aufl. 2004, Rdnrn. 54 ff.; *Pieroth*, in: Jarass/Pieroth, GG, 7. Aufl. 2004, Art. 93 Rdnr. 2.

347 *Schlaich/Korioth*, Das Bundesverfassungsgericht, 6. Aufl. 2004, Rdnr. 54.

348 *Bethge*, in: Maunz/Schmidt-Bleibtreu/Klein/Bethge, BVerfGG, § 1 Rdnr. 74.

349 *Roellecke*, in: HStR II, 2. Aufl. 1998, § 53 Rdnr. 5; *E. Klein*, in: Benda/Klein, Verfassungsprozeßrecht, 2. Aufl. 2001, Rdnr. 167.

350 BVerfGE 13, 54 (94).

351 *Schlaich/Korioth*, Das Bundesverfassungsgericht, 6. Aufl. 2004, Rdnr. 56.

352 *Schlaich/Korioth*, Das Bundesverfassungsgericht, 6. Aufl. 2004, Rdnr. 55, nennen den Entscheidungsausspruch und die Sicherung der Entscheidungsgeltung.

353 BVerfGE 33, 247 (261); 88, 382 (383).

354 BVerfGE 1, 109 (110 f.); 33, 247 (261); 50, 381 (384); s. auch BVerfGE 2, 79 (84).

355 *E. Klein*, in: Benda/Klein, Verfassungsprozeßrecht, 2. Aufl. 2001, Rdnr. 170.

356 So schon *Bethge*, in: Maunz/Schmidt-Bleibtreu/Klein/Bethge, BVerfGG, § 1 Rdnr. 75: mißverständlicher Begriff. Kritisch auch *Hund*, in: Umbach/Clemens, BVerfGG, 1992, Vor §§ 17 ff. Rdnr. 2.

357 *E. Klein*, in: Benda/Klein, Verfassungsprozeßrecht, 2. Aufl. 2001, Rdnr. 169.

autonomer Verfahrensgestaltung. Das gilt auch für das Aufnahmeverbot des § 17 BVerfGG i.V.m. § 169 S. 2 GVG.

5. Die Geschäftsordnungsautonomie

Weiter lassen sich diejenigen Aufnahmen aus der Verhandlung, für die das Gericht in der Geschäftsordnung eine Rechtsgrundlage zu schaffen versucht hatte, nicht unter Hinweis auf seine Geschäftsordnungsautonomie rechtfertigen.[358]

a) Das Bestehen der Geschäftsordnungsautonomie

Unabhängig von der Frage nach seiner „Verfahrensautonomie"[359] ist das *Bundesverfassungsgericht* bereits kraft seines Status als oberstes Verfassungsorgan befugt, sich eine Geschäftsordnung zu geben. § 1 Abs. 3 BVerfGG, der erst 1986 und somit lange nach dem erstmaligen Erlaß einer Geschäftsordnung im Jahre 1975 in das Gesetz aufgenommen wurde, kommt insofern rein deklaratorische Funktion zu.[360]

b) Die Geschäftsordnungsautonomie als unzureichende Grundlage für § 24a GeschOBVerfG

Die Geschäftsordnungsautonomie ermächtigt das *Bundesverfassungsgericht* zur Regelung organisatorischer und geschäftsverteilender Angelegenheiten.[361] Schwieriger ist die Zulässigkeit verfahrensergänzender Vorschriften zu beurteilen. Zwar scheint sich die Geschäftsordnung anzubieten, um die Lücken des Bundesverfassungsgerichtsgesetzes normativ zu schließen.[362] In Wahrheit liegt darin jedoch keine gleichwertige Alternative gegenüber dem Rückgriff auf andere Verfahrensordnungen.

Bei der analogen Heranziehung formell-gesetzlicher Verfahrensregelungen handelt es sich um Rechts*anwendung* und Rechts*auslegung*, mithin um spezifisch gerichtliche Tätigkeit. Die analog herangezogenen Vorschriften werden – wenn auch ursprünglich für einen anderen Regelungskontext – vom formellen Gesetzgeber verantwortet, so daß keine Legitimationsdefizite entstehen.[363]

---

[358] Zu diesem Ansatz *Hofmann*, ZRP 1996, 400 Fn. 4.

[359] Zur Unabhängigkeit der Geschäftsordnungsautonomie von der Frage nach einer Verfahrensautonomie *Hund*, in: Umbach/Clemens, BVerfGG, 1992, Vor §§ 17ff. Rdnr. 10.

[360] *Bethge*, in: Maunz/Schmidt-Bleibtreu/Klein/Bethge, BVerfGG, Vorb. Rdnr. 210, § 1 Rdnrn. 60ff.; *Hofmann*, ZRP 1996, 400; s. auch *Lechner/Zuck*, BVerfGG, 4. Aufl. 1996, § 1 Rdnr. 14.

[361] *Hofmann*, ZRP 1996, 400.

[362] *Bethge*, in: Maunz/Schmidt-Bleibtreu/Klein/Bethge, BVerfGG, § 1 Rdnr. 74.

[363] *Bethge*, in: Maunz/Schmidt-Bleibtreu/Klein/Bethge, BVerfGG, § 1 Rdnr. 76.

Im Unterschied dazu handelt es sich um Rechts*setzung*, wenn das Gericht Verfahrensfragen per Geschäftsordnung entscheidet. Den so entstehenden Rechtssätzen fehlt jedoch die Legitimation durch den formellen Gesetzgeber. Daher sind derartige Verfahrensregelungen nur eingeschränkt zulässig. Dem Vorbehalt des Gesetzes genügen sie nicht, so daß sie jedenfalls als Grundlage für belastende Maßnahmen im Außenrechtskreis nicht in Betracht kommen.[364]

Welchen Schranken die Zulässigkeit verfahrensergänzender Geschäftsordnungsvorschriften im übrigen unterliegt und ob § 24a GeschOBVerfG schon ihretwegen unzulässig gewesen wäre,[365] muß hier nicht im einzelnen bestimmt werden. Die spezifische Problematik verfahrensergänzender Regelungen in der Geschäftsordnung liegt in der Frage, ob eine in der Sache von der „Verfahrensautonomie" gedeckte Art der Verfahrensgestaltung durch die Aufnahme in die Geschäftsordnung *normiert* werden darf. Hingegen erweitert die Geschäftsordnungsautonomie nicht die inhaltlichen Befugnisse des Gerichts, das Verfahren zu gestalten. Auch die Befugnis, Regelungen in der Geschäftsordnung zu treffen, wird daher jedenfalls durch die Vorschriften des Bundesverfassungsgerichtsgesetzes begrenzt.[366] Das Gericht darf sich mit denjenigen Fragen, die bereits der Gesetzgeber geregelt hat, in der Geschäftsordnung auch aus rechtspolitischen Erwägungen heraus[367] nicht befassen – schon gar nicht im gegenläufigen Sinne.[368] Im Anwendungsbereich des gesetzlichen Aufnahmeverbots nach § 17 BVerfGG i.V.m. § 169 S. 2 GVG vermochte auch die Geschäftsordnungsautonomie die Zulassung von Aufnahmen daher nicht zu rechtfertigen.[369] Auf die fehlende Veröffentlichung des § 24a GeschOBVerfG[370] kommt es insofern nicht einmal an.

c) Die Geschäftsordnungsautonomie als unzureichende Grundlage für die Rahmenbedingungen der Präsidialräte

Damit aber war eine Regelung durch „Rahmenbedingungen" der Präsidialräte erst recht ausgeschlossen.[371] Insofern fehlte dem Gericht bereits die prinzipielle

[364] *W. Geiger*, Abweichende Meinungen, 1989, S. 8; *Bethge*, in: Maunz/Schmidt-Bleibtreu/Klein/Bethge, BVerfGG, § 1 Rdnr. 79. S. auch *G. Wolf*, JR 1997, 442, der die Zulässigkeit einer Zulassung von Aufnahmen in der Geschäftsordnung mit der Begründung verneint, die Geschäftsordnung reiche als Grundlage für einen Grundrechtseingriff nicht aus.

[365] So *G. Wolf*, JR 1997, 442: Keine Frage der Art und Weise der Geschäftserledigung, sondern ein – in der Prozeßordnung zu regelnder – Aspekt des Verfahrensgangs.

[366] *Bethge*, in: Maunz/Schmidt-Bleibtreu/Klein/Bethge, BVerfGG, § 1 Rdnrn. 68f.; zur entsprechenden Situation vor den Landesverfassungsgerichten *Starck*, in: Starck/Stern, Landesverfassungsgerichtsbarkeit I, 1983, S. 179.

[367] *Bethge*, in: Maunz/Schmidt-Bleibtreu/Klein/Bethge, BVerfGG, § 1 Rdnr. 80.

[368] *G. Wolf*, JR 1997, 442.

[369] Vorsichtiger *Benda*, NJW 1999, 1524: Die Frage sei klärungsbedürftig.

[370] Oben Teil 5 C.I.3.b), S. 342f.

[371] *G. Wolf*, JR 1997, 445. Fehl geht allerdings die Kritik von *G. Wolf*, NJW 1994, 683, den Präsidialrat eines Senats gebe es nicht, da gem. § 49 Nr. 2 DRiG Präsidialräte nicht bei

Normsetzungsbefugnis, auf die es sich für eine Ergänzung der Geschäftsordnung immerhin noch hätte berufen können. Das Verdikt des institutionalisierten Rechtsbruchs bleibt dem *Bundesverfassungsgericht* daher zumindest hinsichtlich der Rahmenbedingungen nicht erspart.[372]

Dies gilt jedenfalls, sofern – wovon bisher ausgegangen wurde – das von § 17 BVerfGG i. V. m. § 169 S. 2 GVG angeordnete strikte Aufnahmeverbot wirksam, insbesondere mit den verfassungsrechtlichen Anforderungen des Art. 5 Abs. 1 S. 2 GG sowie des Demokratieprinzips und des Rechtsstaatsprinzips vereinbar war.

6. Die Bedeutung der Verfassungsmäßigkeit des Aufnahmeverbots

Gerade an der Verfassungsmäßigkeit des Verbots aber wird mit beachtlichen Argumenten gezweifelt. Insofern stellt sich die Frage, ob sich eine eventuelle Verfassungswidrigkeit des Aufnahmeverbots auf die Beurteilung der umstrittenen Aufnahmepraxis auswirken würde. Anders formuliert: Hätte das *Bundesverfassungsgericht* die von ihm geduldeten Übertragungen entgegen den zuvor gefundenen Ergebnissen doch zulassen dürfen, sofern – wovon im folgenden zunächst[373] ausgegangen werden soll – die Erstreckung des ausnahmslosen Verbots auf das *bundesverfassungsgerichtliche* Verfahren gegen das Grundgesetz verstoßen haben sollte?

---

einzelnen Senaten, sondern bei Gerichten des Bundes errichtet würden; ihre Aufgabe sei auf die Beteiligung an der – beim *Bundesverfassungsgericht* anders geregelten – Ernennung von Richtern beschränkt. Eben aus diesem Grund gibt es beim *Bundesverfassungsgericht* keinen Präsidialrat gem. § 49 DRiG. Jedoch wird dem Senat nach § 12 Abs. 1 GeschOBVerfG ein – terminologisch wohl nicht allzu glücklich – ebenfalls als Präsidialrat bezeichneter Beamter zugeteilt, der bestimmte unterstützende Aufgaben wahrnimmt (§§ 12 Abs. 2 u. 3, 61, 62 GeschOBVerfG).

Gleichfalls nicht vollständig zu überzeugen vermag der Einwand von *G. Wolf*, NJW 1994, 686, die Rahmenbedingungen seien unter Gewaltenteilungsgesichtspunkten problematisch, weil das Gericht eine Regelung erlassen habe, die in ähnlicher Form als Gesetz gescheitert sei (zu § 169 Abs. 2, 3 GVG in der Fassung des Regierungsentwurfs oben Teil 5 A.III.1., S. 313 f.). Soweit die Rahmenbedingungen mit geltendem Recht (§ 17 BVerfGG i. V. m. § 169 S. 2 GVG) unvereinbar waren, kommt es auf diesen Aspekt ohnehin nicht an. Andernfalls – sofern also eine besondere Aufnahmepraxis vor dem *Bundesverfassungsgericht* entgegen den bis hierher gefundenen Ergebnissen gesetzeskonform gewesen sein sollte – hätte die frühere Ablehnung entsprechender Regelungen als Gesetz nicht geschadet, da der Gesetzgeber bei dieser Ablehnung nicht speziell das verfassungsgerichtliche Verfahren im Blick hatte.

[372] S. auch *G. Wolf*, ZRP 1994, 187 (geltendes Recht wird ignoriert); *Bethge*, in: Maunz/Schmidt-Bleibtreu/Klein/Bethge, BVerfGG, § 17 a Rdnr. 5 (pure Rechtsanmaßung).

[373] Zur verfassungsrechtlichen Beurteilung des Aufnahmeverbots unten Teil 5 E., S. 392 ff., insbes. Teil 5 E.III., S. 403 ff.

a) Keine Möglichkeit einer verfassungskonformen Einschränkung des Aufnahmeverbots

Zum Teil wird die Auffassung vertreten, die Vorgehensweise des *Bundesverfassungsgerichts* sei unter dem Gesichtspunkt der verfassungskonformen Auslegung von § 17 BVerfGG i.V.m. § 169 S. 2 GVG gerechtfertigt.[374] Ihr kann jedoch nicht gefolgt werden. Die verfassungskonforme Auslegung, mit der die (partielle) Nichtigkeit einer Vorschrift vermieden wird, setzt voraus, daß eine Norm mehrere Auslegungen zuläßt, die zum Teil verfassungsmäßig, zum Teil verfassungswidrig sind.[375] Sofern die Bedeutung einer Vorschrift hingegen eindeutig ist, so daß vom einfachen Recht her nur eine Auslegung möglich ist, kommt eine verfassungskonforme Auslegung nicht in Betracht. Die Vorschrift ist in diesem Fall entweder verfassungsgemäß oder eben nicht, letzteres mit der Folge ihrer Nichtigkeit bzw. – nach der Tenorierungspraxis des *Bundesverfassungsgerichts* – zumindest ihrer Unvereinbarkeit mit dem Grundgesetz.[376]

Um eine derartige eindeutige Vorschrift handelt es sich bei § 169 S. 2 GVG. Das Verbot läßt – anders als § 176 GVG – für unterschiedliche Auslegungen keinen Raum.[377] Daran ändert sich nach dem hier vertretenen Verständnis von § 17 BVerfGG[378] auch durch die nur entsprechende Geltung des Verbots selbst dann nichts, wenn gerade die strikte Geltung des Verbots im *bundesverfassungsgerichtlichen* Verfahren zumindest teilweise gegen die Verfassung verstoßen haben sollte.[379] Die Aussage des Gesetzgebers bleibt eindeutig. Daß eine Vorschrift für *entsprechend* anwendbar erklärt wird, stellt keine salvatorische Passepartoutvorschrift zur Vermeidung von Verfassungsverstößen dar, mittels derer der Gesetzgeber das Risiko eines zu weit gehenden Verbots auf den Rechtsanwender abwälzen könnte.

b) Die Inzidentverwerfung verfassungswidriger Verfahrensnormen

Das *Bundesverfassungsgericht* könnte jedoch berechtigt (gewesen) sein, Vorschriften seiner Verfahrensordnung soweit außer Betracht zu lassen, wie sie verfassungswidrig sind. In diesem Fall ließe sich die Vorgehensweise des Gerichts unter Umständen doch rechtfertigen, auch wenn kein Anhaltspunkt dafür ersichtlich ist, daß derartige Prämissen für das Gericht eine Rolle gespielt haben könnten.

---

[374] *Zuck*, NJW 1995, 2082. *Stürner*, JZ 1995, 299 Fn. 8, weist auf die vermeintliche Möglichkeit einer teleologischen Reduktion hin.

[375] BVerfGE 64, 229 (242); 69, 1 (55); 88, 203 (331); *Schlaich/Korioth*, Das Bundesverfassungsgericht, 6. Aufl. 2004, Rdnr. 442.

[376] Umfassend *Bethge*, in: Maunz/Schmidt-Bleibtreu/Klein/Bethge, BVerfGG, § 31 Rdnrn. 206 ff.; *Schlaich/Korioth*, Das Bundesverfassungsgericht, 6. Aufl. 2004, Rdnrn. 394 ff.

[377] *Ernst*, ZUM 1996, 188.

[378] Oben Teil 5 C.II.3., S. 349 ff.

[379] A.A. *Eberle*, NJW 1994, 1638 f.

aa) Die Ausgangslage

Jedes Gericht ist nach Art. 20 Abs. 3 GG sowie aus dem Wesen der Rechtsprechung heraus[380] befugt, die von ihm anzuwendenden Vorschriften auf ihre Vereinbarkeit mit höherrangigem Recht einschließlich des Grundgesetzes zu prüfen (Prüfungskompetenz); im Falle eines negativen Ergebnisses darf es eine Vorschrift grundsätzlich durch Nichtanwendung inzident verwerfen (Verwerfungskompetenz). Art. 100 Abs. 1 GG erkennt diese Kompetenzen verfassungskräftig an.[381] Für formelle, d. h. parlamentsverantwortete Gesetze allerdings hebt die Vorschrift die Verwerfungskompetenz – und nur diese – auf, indem es eine Pflicht des (Fach-)Gerichts zur Vorlage an das zuständige Verfassungsgericht anordnet.

Folglich darf jedes Gericht ein als grundgesetzwidrig erkanntes Aufnahmeverbot außer Betracht lassen, sofern Art. 100 Abs. 1 GG nichts anderes vorsieht. Zumindest für das Aufnahmeverbot vor dem *Bundesverfassungsgericht* scheint damit ein Verwerfungsrecht nahezuliegen: An wen hätte das Gericht vorlegen sollen? Da es um einen Verstoß gegen das Grundgesetz geht, wäre die Vorlage an das *Bundesverfassungsgericht* zu richten; iudex a quo und iudex ad quem wären folglich identisch.

Dieses Spezialproblem wird jedoch überhaupt nur unter der Voraussetzung relevant, daß das gesetzliche Aufnahmeverbot prinzipiell vorlagefähig ist. Das ist insbesondere dann nicht der Fall, wenn ihm die von Art. 100 Abs. 1 GG vorausgesetzte Entscheidungserheblichkeit fehlt. Dieser Aspekt hat durch § 17 a BVerfGG nichts an Aktualität verloren: Jedes Fachgericht, das das Aufnahmeverbot in seinem eigenen Verfahren für verfassungswidrig hält, muß die Frage beantworten, ob es das gesetzliche Verbot schlicht außer acht lassen darf oder ob es dieses zunächst dem *Bundesverfassungsgericht* vorlegen muß. Als weiteres Problem kommt mittlerweile der Aspekt hinzu, ob ein Fachgericht überhaupt noch von der Verfassungswidrigkeit des Verbots ausgehen darf, nachdem das *Bundesverfassungsgericht* eine gegenteilige Entscheidung getroffen hat.[382]

Sollte sich herausstellen, daß schon jedes Fachgericht die Verwerfungskompetenz hinsichtlich des Aufnahmeverbots besitzt, so muß das erst recht für das *Bundesverfassungsgericht* gelten. Sofern hingegen ein Fachgericht zur Vorlage verpflichtet ist, stellt sich die Frage, ob das *Bundesverfassungsgericht* ein exzeptionelles Verwerfungsrecht besitzt.

---

[380] *Stern*, AöR Bd. 91 (1966), S. 225 f.

[381] BVerfGE 2, 124 (129, 131); 34, 320 (322 f.); *E. Klein*, in: Benda/Klein, Verfassungsprozeßrecht, 2. Aufl. 2001, Rdnr. 767; *Sieckmann*, in: v. Mangoldt/Klein/Starck, Das Bonner Grundgesetz, Bd. 3, 4. Aufl. 2001, Art. 100 Rdnr. 2.

[382] BVerfGE 103, 44 ff.

bb) Die Vorlagefähigkeit des gesetzlichen Aufnahmeverbots durch die Fachgerichte

aaa) Die Rechtsprechungsqualität der Entscheidung über die Zulassung von Aufnahmen

Vorlageberechtigt im Verfahren der konkreten Normenkontrolle sind Gerichte, soweit sie als unabhängige Rechtsprechungsorgane tätig werden.[383] Das ist beim hier in Rede stehenden Erlaß sitzungspolizeilicher Anordnungen, also der Durchsetzung des Aufnahmeverbots bzw. der Gestattung von Aufnahmen, der Fall. Es handelt sich nicht um Justizverwaltungsakte,[384] die ebenso wie Maßnahmen der Gerichtsverwaltung[385] durch weisungsabhängige Organe ergehen und daher keine Vorlagepflicht auslösen können.[386]

bbb) § 169 S. 2 GVG als tauglicher Vorlagegegenstand

Das Verfahren der konkreten Normenkontrolle dient dazu, die Autorität des formellen, unter dem Grundgesetz tätigen Gesetzgebers zu schützen[387] und zu verhindern, daß sich jedes Gericht über den gesetzgeberischen Willen hinwegsetzen kann, indem es Gesetze nicht anwendet.[388] „Gesetz" i. S. v. Art. 100 Abs. 1 GG und damit tauglicher Vorlagegegenstand sind daher allein formelle, nachkonstitutionelle Gesetze.[389] Für Gesetze im nur materiellen Sinne sowie für vorkonstitutionelle Gesetze verbleibt es bei der Verwerfungskompetenz jedes Gerichts.[390] Das Verbot des § 169 S. 2 GVG (ggf. in Verbindung mit den darauf verweisenden Vorschriften) ist als formelles, nachkonstitutionelles Gesetz unproblematisch tauglicher Vorlagegegenstand.

---

[383] *Sieckmann*, in: v. Mangoldt/Klein/Starck, Das Bonner Grundgesetz, Bd. 3, 4. Aufl. 2001, Art. 100 Rdnr. 18; *Stern*, in: Bonner Kommentar, Art. 100 Rdnr. 54.

[384] *Schreiber*, in: Wieczorek/Schütze, ZPO und Nebengesetze, 5. Bd., 3. Aufl. 1995, § 176 GVG Rdnr. 14. Zur Rechtsprechungsqualität sitzungspolizeilicher Maßnahmen s. bereits oben Teil 2 D.III.2., S. 134 ff. Daß OLG Karlsruhe NJW 1977, 309, von „administrativen Maßnahmen" des Gerichts spricht, die materiell nicht zur Rechtsprechung im engeren Sinne zählten, steht dem nicht entgegen, da zugleich der prozessuale Charakter der betroffenen Beschlüsse ausdrücklich betont wird.

[385] *E. Klein*, in: Benda/Klein, Verfassungsprozeßrecht, 2. Aufl. 2001, Rdnr. 778.

[386] *Sieckmann*, in: v. Mangoldt/Klein/Starck, Das Bonner Grundgesetz, Bd. 3, 4. Aufl. 2001, Art. 100 Abs. 1 Rdnr. 18; *Ulsamer*, in: Maunz/Schmidt-Bleibtreu/Klein/Bethge, BVerfGG, § 80 Rdnr. 190. *Maunz*, in: Maunz/Dürig, GG, Art. 100 Rdnr. 29, zählt auch Präsidialentscheidungen über die Geschäftsverteilung auf Grund ihres engen Zusammenhangs mit Rechtsprechungsfunktionen zur Rechtsprechung. Ein dafür maßgebendes Gesetz könne ggf. vorgelegt werden.

[387] BVerfGE 2, 124 (129); 97, 117 (122).

[388] BVerfGE 1, 184 (197 f.); 22, 373 (378); 63, 131 (141); 68, 337 (344 f.); 78, 20 (24).

[389] *Schlaich/Korioth*, Das Bundesverfassungsgericht, 6. Aufl. 2004, Rdnr. 141; *Sieckmann*, in: v. Mangoldt/Klein/Starck, Das Bonner Grundgesetz, Bd. 3, 4. Aufl. 2001, Art. 100 Rdnrn. 23 f., 26.

[390] *E. Klein*, in: Benda/Klein, Verfassungsprozeßrecht, 2. Aufl. 2001, Rdnr. 770, mit Nachweisen zur Gegenauffassung.

ccc) Die Entscheidungserheblichkeit von § 169 S. 2 GVG

Fraglich ist jedoch, ob es auf die Gültigkeit des Verbots „bei der Entscheidung ankommt". Entscheidungserheblich in diesem Sinne ist ein Gesetz, wenn das Gericht im Ausgangsverfahren bei Ungültigkeit der Norm anders entscheiden müßte als bei deren Gültigkeit.[391] Wenn – wovon hier ausgegangen wird – das Gericht Aufnahmen zulassen will, die es nach § 169 S. 2 GVG unterbinden müßte, ist die Gültigkeit des gesetzlichen Verbots *erheblich*. *Entscheidungs*erheblich ist die Frage jedoch nur, falls es sich dabei um eine Entscheidung i. S. v. Art. 100 Abs. 1 GG handelt.

(1) Der Begriff der Entscheidung i. S. v. Art. 100 Abs. 1 GG

Grundsätzlich ist darunter jede Entscheidung zu verstehen, die ein Gericht über sein Tätigwerden zu treffen hat und für die es auf die Verfassungsmäßigkeit eines Gesetzes ankommt.[392] Um Streitentscheidungen muß es sich nicht handeln.[393] Dieses Begriffsverständnis erfaßt auch die Frage, ob ein Gericht Teile der Verhandlung vor laufenden Kameras durchführt oder nicht.

(2) Die Subsidiarität der Verfassungsgerichtsbarkeit als Einschränkung der Vorlagepflicht

Ob die Voraussetzungen für eine Vorlage gegeben sind, läßt sich dennoch anzweifeln. Die weite Definition der Entscheidung gem. Art. 100 Abs. 1 GG erfährt erhebliche Einschränkungen unter dem Gesichtspunkt der Subsidiarität der Verfassungsgerichtsbarkeit,[394] der mit der an sich anwendbaren Vorlagepflicht abzuwägen ist.[395] Das *Bundesverfassungsgericht* soll nur in Anspruch genommen werden, soweit dies unerläßlich ist.[396] Im übrigen soll die mit der Vorlage verbundene Verzögerung des Rechtsstreits vermieden werden.[397]

(a) Die grundsätzlich erforderliche Erheblichkeit für Endentscheidungen. Daher ist es grundsätzlich erforderlich, daß von der Gültigkeit der vorgelegten Vorschrift die *End*entscheidung,[398] also die abschließende Sachentscheidung,

---

[391] BVerfGE 22, 175 (176 f.); 84, 233 (236 f.).
[392] BVerfGE 7, 183 (186); 31, 43 (45); *Sieckmann*, in: v. Mangoldt/Klein/Starck, Das Bonner Grundgesetz, Bd. 3, 4. Aufl. 2001, Art. 100 Rdnr. 38.
[393] BVerfGE 7, 183 (186); 31, 43 (45).
[394] BVerfGE 47, 146 (154); 63, 1 (22).
[395] *Sieckmann*, in: v. Mangoldt/Klein/Starck, Das Bonner Grundgesetz, Bd. 3, 4. Aufl. 2001, Art. 100 Rdnr. 40.
[396] BVerfGE 11, 330 (335); 47, 146 (154); 50, 108 (113); 63, 1 (21).
[397] BVerfGE 86, 71 (76 f.).
[398] BVerfGE 50, 108 (113); 76, 100 (104); 79, 240 (243); 85, 337 (343).

abhängt.[399] Bloße *Zwischen*entscheidungen reichen regelmäßig nicht aus.[400] Bei ihnen kann das Fachgericht zunächst von der Verfassungsmäßigkeit der betreffenden Vorschrift ausgehen und zugleich Vorkehrungen für den Fall ihrer Verfassungswidrigkeit treffen.[401] Anders sind Situationen zu beurteilen, in denen die für ungültig gehaltene Vorschrift die Zwischenentscheidung erst ermöglicht[402] oder in denen die Vorlage schon bei der Zwischenentscheidung unerläßlich ist, weil dieser für die weitere Verfahrensgestaltung wesentliche Bedeutung zukommt und eine Klärung der Verfassungsmäßigkeit der Vorschrift schon wegen der Interessen der Verfahrensbeteiligten dringend geboten erscheint.[403] Ein Zurückstellen der Vorlage kommt namentlich dann nicht in Betracht, wenn damit eine endgültige Beeinträchtigung der Beteiligten in ihren Rechten einhergeht.[404]

(b) Die Entscheidung über die Zulassung von Aufnahmen als Endentscheidung. Beurteilt man die Entscheidung über die Zulassung von Aufnahmen an Hand dieser Kriterien, so zeigt sich, daß der Gedanke der Subsidiarität einer Vorlage nicht entgegensteht.

Zwar betrifft die Entscheidung nicht den Streitgegenstand, sondern legt lediglich Modalitäten der mündlichen Verhandlung fest. Insofern scheint es sich auf den ersten Blick eher um eine Zwischen- denn um eine Endentscheidung zu handeln. Als Anhaltspunkt für die Beurteilung der Vorlagefähigkeit taugt diese Terminologie jedoch nur, soweit es um Entscheidungen geht, die das Rechtsverhältnis zwischen dem Gericht und den Verfahrensbeteiligten betreffen. Nur in diesem Verhältnis lassen sich verfahrensgestaltende Entscheidungen als bloße Vorbereitung einer späteren Endentscheidung verstehen, so daß die Vorlage einer sie determinierenden Norm zunächst entbehrlich erscheinen kann. Von der hier interessierenden Entscheidung jedoch werden die Prozeßparteien lediglich mitbetroffen. Unmittelbarer Adressat sind die aufnahmewilligen Journalisten, also

---

[399] *Harald Klein*, in: Umbach/Clemens, BVerfGG, 1992, § 80 Rdnr. 39; *Sieckmann*, in: v. Mangoldt/Klein/Starck, Das Bonner Grundgesetz, Bd. 3, 4. Aufl. 2001, Art. 100 Rdnr. 38.

[400] BVerfGE 63, 1 (21 f.). Keine Entscheidungen im Sinne des Art. 100 Abs. 1 GG sind vorbereitende Maßnahmen, prozeßleitende Verfügungen und Beweisbeschlüsse. Dazu BVerfGE 11, 330 (336); 21, 148 (149); *Harald Klein*, in: Umbach/Clemens, BVerfGG, 1992, § 80 Rdnr. 40; *Sieckmann*, in: v. Mangoldt/Klein/Starck, Das Bonner Grundgesetz, Bd. 3, 4. Aufl. 2001, Art. 100 Rdnr. 39.

[401] BVerfGE 63, 1 (22). Etwas anders die Formulierung des Regel-Ausnahme-Verhältnisses im Hinblick auf Zwischenentscheidungen bei *Sturm*, in: Sachs, GG, 3. Aufl. 2003, Art. 100 Rdnr. 8: Erheblichkeit für Zwischenentscheidungen reicht grundsätzlich aus. Etwas anderes soll gelten, falls die Möglichkeit besteht, daß es im weiteren Verfahren auf die Norm nicht mehr ankommt.

[402] *E. Klein*, in: Benda/Klein, Verfassungsprozeßrecht, 2. Aufl. 2001, Rdnr. 829 Fn. 196; *Sieckmann*, in: v. Mangoldt/Klein/Starck, Das Bonner Grundgesetz, Bd. 3, 4. Aufl. 2001, Art. 100 Rdnr. 39.

[403] BVerfGE 63, 1 (22).

[404] *Sieckmann*, in: v. Mangoldt/Klein/Starck, Das Bonner Grundgesetz, Bd. 3, 4. Aufl. 2001, Art. 100 Rdnr. 40.

nicht am Verfahren beteiligte Dritte. Diesen gegenüber ist die Entscheidung nicht nur ein erster Schritt, dem weitere folgen. Über die Möglichkeit, die mündliche Verhandlung ganz oder teilweise aufzunehmen, wird vielmehr abschließend entschieden. Insofern kommt der Entscheidung eine Funktion zu, die einer Endentscheidung zwischen den Verfahrensbeteiligten zumindest vergleichbar ist.

(c) Die jedenfalls zu bejahende Vorlagefähigkeit von § 169 S. 2 GVG. Im übrigen erfüllt die Entscheidung über die Zulassung von Aufnahmen auch die Kriterien, nach denen sogar eine Zwischenentscheidung zu einer Vorlage führen kann. Die Aufnahmemöglichkeit geht unwiederbringlich verloren, sofern das Gericht zunächst von der Gültigkeit des Aufnahmeverbots ausgeht. Insofern ist die Entscheidung nicht nur von wesentlicher Bedeutung für die weitere Verfahrensgestaltung. Auch im Hinblick auf die Interessen und Rechtspositionen der Journalisten, auf die hier anstelle der bzw. neben den Prozeßbeteiligten abzustellen ist, bedarf die Frage bereits vor der Durchführung der mündlichen Verhandlung der Klärung.

Für die Vorlagefähigkeit des Verbots spricht weiter, daß das *Bundesverfassungsgericht* bei Vorlagen von allgemeiner und grundsätzlicher Bedeutung sogar Ausnahmen vom Erfordernis der Entscheidungserheblichkeit analog § 90 Abs. 2 S. 2 BVerfGG zuläßt.[405] Eine derartige Bedeutung läßt sich der Frage nach der Gültigkeit des strikten Aufnahmeverbots in allen Fachgerichtsbarkeiten ohne weiteres zubilligen.

ddd) Ergänzende Gesichtspunkte

Damit sind – die Überzeugung des Vorsitzenden[406] von der Verfassungswidrigkeit des gesetzlichen Aufnahmeverbots unterstellt – alle Voraussetzungen für eine Vorlage der Regelung an das *Bundesverfassungsgericht* erfüllt. Absichern läßt sich dieses Ergebnis durch zwei zusätzliche Erwägungen.

(1) Der telos des Art. 100 Abs. 1 GG

Für die Vorlagefähigkeit des Aufnahmeverbots spricht der Sinn und Zweck des Art. 100 Abs. 1 GG. Ein Gericht, das sich über eine zwingende Vorschrift seiner Verfahrensordnung hinwegsetzt, stellt die Autorität des formellen Gesetzgebers nicht weniger in Frage, als wenn es Vorschriften außer Anwendung läßt, die die Beurteilung des eigentlichen Prozeßstoffes betreffen.

---

[405] BVerfGE 47, 146 (157 ff.); *Sieckmann*, in: v. Mangoldt/Klein/Starck, Das Bonner Grundgesetz, Bd. 3, 4. Aufl. 2001, Art. 100 Rdnr. 39. Skeptisch dazu *E. Klein*, in: Benda/Klein, Verfassungsprozeßrecht, 2. Aufl. 2001, Rdnr. 833.

[406] Zur Vorlageberechtigung allein des Vorsitzenden sogleich fff).

(2) Die Aussetzungspflicht

Ein denkbarer Einwand wäre allerdings, daß Art. 100 Abs. 1 GG anordnet, im Fall einer Vorlage das „Verfahren auszusetzen". Die Entscheidung über die Zulassung von Aufnahmen vor dem Fachgericht aber ist nicht Gegenstand eines eigenen Verfahrens, das nach den Regeln des Prozeßrechts ausgesetzt werden könnte. Sie ergeht vielmehr im Rahmen eines anderen Verfahrens. Jedoch fordert Art. 100 Abs. 1 GG kein Verfahren im Sinne eines Prozesses. Ausreichend ist, daß ein Gericht in seiner spezifischen Funktion eine Entscheidung zu treffen hat. Mit der Aussetzung des Verfahrens ist nur gemeint, daß das Gericht diejenige Entscheidung, für deren Ausgang die Gültigkeit der vorgelegten Norm relevant ist, zunächst nicht treffen darf.[407] Diesem Normbefehl vermag das Gericht in der hier interessierenden Konstellation zu genügen. Die Frage der Aussetzung stellt sich allerdings in Bezug auf das Verfahren, in dem mündlich verhandelt werden soll.

eee) Fazit

Ein Fachgericht besitzt nach alledem keine Kompetenz, sich über das gesetzliche Aufnahmeverbot unter Hinweis auf dessen vermeintliche Verfassungswidrigkeit hinwegzusetzen und so die Vorschrift inzident zu verwerfen. Verwerfungskompetent ist nach Art. 100 Abs. 1 GG allein das *Bundesverfassungsgericht*, dem die Frage nach der Gültigkeit des Verbots gegebenenfalls vorzulegen ist.

fff) Die Vorlageberechtigung des Vorsitzenden

Zur Vorlage ist der Spruchkörper stets in der Besetzung befugt (bzw. verpflichtet), in der er nach der jeweils einschlägigen Prozeßordnung die anstehende Entscheidung zu treffen hat.[408] Hier geht es um den Erlaß sitzungspolizeilicher Anordnungen nach § 176 GVG – Bekräftigung bzw. Durchsetzung des Aufnahmeverbots oder die Gestattung von Aufnahmen –, für die auch bei Kollegialgerichten nur der Vorsitzende zuständig ist.[409] Daher trifft ihn die Prüfungs- und ggf. die Vorlagepflicht hinsichtlich des Aufnahmeverbots ebenfalls allein. Das ist so außergewöhnlich nicht: Ein Einzelrichter, ein beauftragter Richter oder ein ersuchter Richter können im Rahmen ihrer Zuständigkeiten sehr wohl „Gericht" im Sinne des Art. 100 Abs. 1 GG sein. Gleiches gilt für den Vorsitzenden, wenn ihm einzelrichterliche Funktionen zugewiesen werden.[410] Äußerst selten sind

---

[407] *Ulsamer*, in: Maunz/Schmidt-Bleibtreu/Klein/Bethge, BVerfGG, § 80 Rdnr. 195.

[408] BVerfGE 54, 159 (163 f.); *E. Klein*, in: Benda/Klein, Verfassungsprozeßrecht, 2. Aufl. 2001, Rdnr. 780; *Ulsamer*, in: Maunz/Schmidt-Bleibtreu/Klein/Bethge, BVerfGG, § 80 Rdnr. 207.

[409] *Kissel/Mayer*, GVG, 4. Aufl. 2005, § 176 GVG Rdnr. 6. Vgl. auch die sitzungspolizeilichen Anordnungen der jeweiligen Vorsitzenden in BVerfGE 103, 44 (46 ff.).

[410] *Ulsamer*, in: Maunz/Schmidt-Bleibtreu/Klein/Bethge, BVerfGG, § 80 Rdnrn. 210 ff.

freilich Vorlagesituationen, die sich aus der prozeßleitenden Rolle des Vorsitzenden ergeben. Prozeßleitende Maßnahmen sind in der Regel in sein Ermessen gestellt, so daß die Gültigkeit der entsprechenden Vorschrift nicht entscheidungserheblich ist. Eine Vorlage kommt nur in Betracht, wenn das Gesetz dem Vorsitzenden bestimmte Maßnahmen vorschreibt. Das mag eine im wesentlichen theoretische Situation sein.[411] Im Hinblick auf die Duldung bzw. die Gestattung von Aufnahmen tritt sie wegen des strikten gesetzlichen Verbots jedoch ein.

Die Gegenprobe ergibt, daß sich eine Zuständigkeit des gesamten Spruchkörpers nicht begründen läßt. Allenfalls wäre an eine Gesamtanalogie zu den §§ 170 ff. GVG zu denken, wonach für den fallweisen Ausschluß der Öffentlichkeit stets das Gericht zuständig ist, nicht der Vorsitzende.[412] Daraus läßt sich jedoch keine Zuständigkeit des Gerichts für alle Fragen herleiten, die die Öffentlichkeit (einschließlich der Medienöffentlichkeit) der Verhandlung betreffen und deren Bedeutung über Einzelpersonen hinausreicht. Es erscheint bereits fraglich, ob insofern eine unbewußte Regelungslücke besteht. Vor allem aber fehlt es an der wertenden Vergleichbarkeit der Tatbestände. Das Gesetz sieht die Entscheidung des Gerichts für Fälle vor, in denen der Vorsitzende keinesfalls allein entscheiden darf. Das ist in den hier interessierenden Fällen anders. Die Annahme einer Entscheidungsbefugnis des Gerichts würde vielmehr zu unauflösbaren Widersprüchen führen:

Wenn der Vorsitzende das Aufnahmeverbot für verfassungskonform hält, darf er – das steht außer Frage – ohne vorherige Entscheidung des Gerichts sitzungspolizeiliche Anordnungen zu seiner Durchsetzung erlassen. Damit aber würde eine vermeintliche Befugnis des Gerichts unterlaufen, über die Verfassungsmäßigkeit des Verbots und seine Vorlage nach Art. 100 Abs. 1 GG zu entscheiden. Zu einer Entscheidung des Gerichts käme es nur, falls zunächst der Vorsitzende das Verbot für verfassungswidrig erachtete und dann – gewissermaßen als Vor-Vorlage – den gesamten Spruchkörper zu einer Entscheidung aufforderte. Hinzu kommt, daß im Fall einer Entscheidung vor Beginn der mündlichen Verhandlung unklar wäre, ob nur die Berufsrichter oder auch eventuelle Schöffen zur Entscheidung berufen wären.

Nach alledem bleibt es bei der Vorlagebefugnis gerade des Vorsitzenden.

---

[411] *Ulsamer*, in: Maunz/Schmidt-Bleibtreu/Klein/Bethge, BVerfGG, § 80 Rdnr. 211, der derartige Vorlagen des Vorsitzenden daher für praktisch ausgeschlossen hält.

[412] Das ergibt sich in §§ 172, 173 Abs. 2 GVG bereits aus dem Wortlaut des Gesetzes („das Gericht"), gilt aber auch in §§ 171 a, 171 b GVG. Dazu *Kissel/Mayer*, GVG, 4. Aufl. 2005, § 174 Rdnr. 8.

cc) Die Zulässigkeit einer Vorlage trotz zwischenzeitlicher Normbestätigung durch das Bundesverfassungsgericht

Die Zulässigkeit einer derartigen Vorlage sieht sich jedoch noch aus einem weiteren Grund Zweifeln ausgesetzt.

aaa) Die bundesverfassungsgerichtliche Bestätigung des Aufnahmeverbots vor den Fachgerichten

Das *Bundesverfassungsgericht* hat im Jahre 2001 die Verfassungsbeschwerden zweier Fernsehveranstalter gegen sitzungspolizeiliche Anordnungen des Vorsitzenden, mit denen den Beschwerdeführern Aufnahmen in der Verhandlung unter Wiederholung des gesetzlichen Verbots untersagt worden waren, zurückgewiesen.[413] Im Rahmen der Entscheidungsgründe hat es dabei die (Vor-)Frage nach der Verfassungsmäßigkeit des gesetzlichen Aufnahmeverbots im fachgerichtlichen Verfahren explizit bejaht.[414] Wegen der faktischen Prägewirkung dieser Entscheidung erscheint es zwar unwahrscheinlich, daß ein Fachgericht in absehbarer Zeit zur gegenteiligen Auffassung gelangt.[415] Ausgeschlossen ist das angesichts der teilweise deutlichen und – wie noch zu zeigen sein wird – berechtigten Kritik, die das Urteil erfahren hat, freilich nicht. Damit stellt sich die Frage, ob eine Richtervorlage zulässig wäre oder ob ihr die bereits vorliegende *bundesverfassungsgerichtliche* Entscheidung entgegensteht.

bbb) Die grundsätzliche Unzulässigkeit erneuter Vorlagen nach einer bundesverfassungsgerichtlichen Normbestätigung

Das *Bundesverfassungsgericht* hält (erneute) Vorlagen für grundsätzlich unzulässig, wenn es eine Norm bereits für verfassungsmäßig erklärt hat.[416] Damit sind freilich durchweg Konstellationen gemeint, in denen die Verfassungsmäßigkeit der Vorschrift in der Entscheidungsformel ausgesprochen worden war. Auf eine Normbestätigung allein in den Entscheidungsgründen läßt sich das nur übertragen, sofern das Zulässigkeitshindernis für eine erneute Vorlage auf einer Entscheidungswirkung beruht, die nicht gerade von der Aufnahme der Normbestätigung in den Tenor abhängt.

Auf welcher der unterschiedlichen Entscheidungswirkungen der (tenorierten) Normbestätigung die Unzulässigkeit einer weiteren Vorlage beruht, ist noch nicht vollständig geklärt. Die Rechtsprechung des *Bundesverfassungsgerichts*

---

[413] BVerfGE 103, 44 ff. Dazu näher unten Teil 5 D.IV., S. 383 ff.

[414] BVerfGE 103, 44 (62).

[415] S. freilich den Hinweis von *Dörr/Zorn*, NJW 2001, 2852, wegen des knappen Votums im *Bundesverfassungsgericht* (drei dissentierende Richter) bleibe die weitere Entwicklung mit Spannung abzuwarten.

[416] BVerfGE 26, 44 (56); 33, 199 (203 f.); 65, 179 (181); 87, 341 (346); dazu *E. Klein*, in: Benda/Klein, Verfassungsprozeßrecht, 2. Aufl. 2001, Rdnr. 1333.

gibt darüber keinen Aufschluß.[417] Genannt werden die Bindungswirkung gem. § 31 Abs. 1 BVerfGG,[418] die Gesetzeskraft gem. § 31 Abs. 2 BVerfGG[419] sowie eine Kombination dieser Entscheidungswirkungen,[420] ggf. unter Einbeziehung der Rechtskraft.[421]

ccc) Die Bindungswirkung als Grund für die Unzulässigkeit erneuter Vorlagen

Käme es gerade auf die Gesetzeskraft an, so könnte eine Normbestätigung, die wie hier nur in den Gründen erfolgt, keine „Sperrwirkung" entfalten. Die Reichweite der Gesetzeskraft ist durch die Entscheidungsformel begrenzt.[422] Aussagen in den Gründen reichen nicht aus.[423]

Richtiger Auffassung nach beruht die einschränkende Wirkung einer bereits ergangenen *bundesverfassungsgerichtlichen* Entscheidung jedoch weder auf der Gesetzeskraft noch auf der Rechtskraft, sondern auf der Bindungswirkung des § 31 Abs. 1 BVerfGG.[424] Die nur inter partes wirkende Rechtskraft[425] erreicht das am vorangegangenen Verfahren unbeteiligte Fachgericht, bei dem sich die Vorlagefrage stellt, nicht. Auf die Gesetzeskraft kommt es nicht an, da ihre wesentliche Funktion darin besteht, die Bindungswirkung des § 31 Abs. 1 GG

---

[417] Vgl. *E. Klein*, in: Benda/Klein, Verfassungsprozeßrecht, 2. Aufl. 2001, Rdnr. 1333: Offenkundige Unsicherheit.

[418] BVerfGE 39, 169 (181); 78, 38 (48); 82, 198 (205).

[419] BVerfGE 26, 44 (56).

[420] BVerfGE 65, 179 (181).

[421] BVerfGE 33, 199 (203); 70, 242 (249).

[422] *E. Klein*, in: Benda/Klein, Verfassungsprozeßrecht, 2. Aufl. 2001, Rdnr. 1323. Das hat zur Folge, daß es zu gesetzeskräftigen Norm*bestätigungen* nur im Rahmen von abstrakten und konkreten Normenkontrollen sowie bei der Völkerrechtsverifikation und der Normenqualifizierung kommen kann, für deren Entscheidungen § 32 Abs. 2 S. 1 BVerfGG die Gesetzeskraft zwingend vorsieht.

Anders ist die Situation im Verfahren der Verfassungsbeschwerde. Zwar haben nach § 32 Abs. 2 S. 2 BVerfGG Entscheidungen Gesetzeskraft, mit denen das *Bundesverfassungsgericht* auf eine Verfassungsbeschwerde hin ein Gesetz – zu ergänzen ist: in der Entscheidungsformel (BVerfGE 85, 117 [121]; *E. Klein*, in: Benda/Klein, Verfassungsprozeßrecht, 2. Aufl. 2001, Rdnr. 1310) – als mit dem Grundgesetz vereinbar oder unvereinbar oder für nichtig erklärt. Das tut das Gericht jedoch nur bei Norm*verwerfungen*, deren Aufnahme in die Entscheidungsformel § 95 Abs. 3 S. 2 BVerfGG zwingend vorschreibt. Von der Möglichkeit, auch Norm*bestätigungen* zu tenorieren, macht das *Bundesverfassungsgericht* hingegen keinen Gebrauch (*E. Klein*, in: Benda/Klein, Verfassungsprozeßrecht, 2. Aufl. 2001, Rdnr. 1310 mit Fn. 53, der allerdings nur auf inzidente Normenkontrollen abstellt. Gleiches gilt jedoch auch bei prinzipalen Normenkontrollen im Wege der Verfassungsbeschwerde. S. dazu BVerfGE 103, 197 [198]). Vielmehr beschränkt sich das Gericht darauf, die Verfassungsbeschwerde zu verwerfen bzw. – wie in der hier interessierenden Entscheidung – zurückzuweisen (*Ulsamer*, in: Maunz/Schmidt-Bleibtreu/Klein/Bethge, BVerfGG, § 80 Rdnr. 68 b Fn. 8). Offenbar soll die Gesetzeskraft der Entscheidung so gerade vermieden werden (*Schlaich/Korioth*, Das Bundesverfassungsgericht, 6. Aufl. 2004, Rdnr. 372).

[423] BVerfGE 85, 117 (121).

[424] *E. Klein*, in: Benda/Klein, Verfassungsprozeßrecht, 2. Aufl. 2001, Rdnr. 1334.

[425] *Bethge*, in: Maunz/Schmidt-Bleibtreu/Klein/Bethge, BVerfGG, Rdnrn. 52, 75.

über die staatlichen Funktionsträger hinaus auf alle Bürger zu erstrecken.[426] Staatliche Gerichte werden jedoch bereits von der Bindungswirkung des § 31 Abs. 1 BVerfGG in Pflicht genommen.

ddd) Die Reichweite der Bindungswirkung: Tenor und tragende Gründe

Im Gegensatz zur Gesetzeskraft ist die Bindungswirkung nach der Auffassung des *Bundesverfassungsgerichts* nicht auf den Tenor beschränkt, sondern erstreckt sich auch auf die tragenden Entscheidungsgründe.[427] Zwar ist diese Konzeption äußerst umstritten.[428] Für sie spricht jedoch neben gesetzessystematischen Gesichtspunkten vor allem die funktionale Erwägung, daß die Direktionskraft der Verfassungsauslegung, die mit der Bindungswirkung beabsichtigt ist, bei einer Beschränkung auf den Tenor unvollständig wäre, da sich erst aus den Gründen die maßgeblichen, über den Einzelfall hinausreichenden Aussagen des Grundgesetzes ergeben.[429] Demgegenüber greifen die zentralen Gegenargumente – zum einen die Schwierigkeit, „tragende" Gründe von sonstigen Gründen zu unterscheiden, zum anderen die Gefahr einer „Kanonisierung" der Entscheidungsgründe –[430] nicht durch. Jedenfalls im Einzelfall läßt sich die ratio decidendi wertend ermitteln.[431] Auch eine Verfestigung der Verfassungsinterpretation, die die Rechtsentwicklung übermäßig hemmt, droht nicht, wenn die Reichweite der Bindungswirkung – wie vom *Bundesverfassungsgericht* praktiziert –[432] durch die clausula rebus sic stantibus begrenzt wird.[433]

eee) Die Frage nach der exzeptionellen Herausnahme der tragenden Gründe aus der Bindungswirkung

Zu erwägen steht allerdings, ob die Einbeziehung der tragenden Gründe in die Bindungswirkung auch dann geboten ist, wenn das *Bundesverfassungsgericht* die betreffende Feststellung ausnahmsweise in die Entscheidungsformel hätte aufnehmen können, dies jedoch bewußt nicht getan hat. § 31 Abs. 2 S. 2 BVerfGG hätte dem Gericht nämlich ermöglicht,[434] die Vereinbarkeit des Auf-

---

[426] Dazu *Schlaich/Korioth*, Das Bundesverfassungsgericht, 6. Aufl. 2004, Rdnr. 496.

[427] BVerfGE 1, 14 (37); 20, 56 (87); 40, 88 (93); zustimmend *Bethge*, in: Maunz/Schmidt-Bleibtreu/Klein/Bethge, BVerfGG, § 31 Rdnr. 96; *E. Klein*, in: Benda/Klein, Verfassungsprozeßrecht, 2. Aufl. 2001, Rdnrn. 1325 ff.

[428] Ablehnend *Schlaich/Korioth*, Das Bundesverfassungsgericht, 6. Aufl. 2004, Rdnrn. 485 ff., mit zahlreichen Nachweisen zum Meinungsstand.

[429] Ausführlich *Bethge*, in: Maunz/Schmidt-Bleibtreu/Klein/Bethge, BVerfGG, § 31 Rdnrn. 97 ff.

[430] *Schlaich/Korioth*, Das Bundesverfassungsgericht, 6. Aufl. 2004, Rdnrn. 488 ff.

[431] *E. Klein*, in: Benda/Klein, Verfassungsprozeßrecht, 2. Aufl. 2001, Rdnr. 1325.

[432] BVerfGE 33, 199 (203 f.); 78, 38 (48); 82, 198 (205 f.).

[433] Dazu *Bethge*, in: Maunz/Schmidt-Bleibtreu/Klein/Bethge, BVerfGG, § 31 Rdnr. 100.

[434] Entgegen *Schmidt-Bleibtreu*, in: Maunz/Schmidt-Bleibtreu/Klein/Bethge, BVerfGG,

nahmeverbots mit der Verfassung zu tenorieren. Davon hat es auf Grund seiner üblichen Praxis, den Tenor erfolgloser Verfassungsbeschwerden von Aussagen über die Verfassungsmäßigkeit von Gesetzen freizuhalten,[435] keinen Gebrauch gemacht. Es ginge jedoch zu weit, die Normbestätigung aus diesem Grund aus der Bindungswirkung herauszunehmen. Wenn sogar nicht tenorierungsfähige Gründe an der Bindungswirkung teilhaben, muß das erst recht für tenorierungsfähige Gründe gelten.

fff) Die Verfassungsmäßigkeit von § 169 S. 2 GVG als tragender Grund

Daß die Verfassungsmäßigkeit des gesetzlichen Aufnahmeverbots ein tragender Grund, wenn nicht sogar der tragende Grund der angesprochenen Entscheidung ist, wird bereits durch die Aufnahme der Normbestätigung in die Leitsätze indiziert.[436] Letztlich ausschlaggebend sind die Leitsätze freilich nicht. Das *Bundesverfassungsgericht* ist schon aus kompetentiellen Gründen daran gehindert, beliebige Bestandteile seiner Judikate zu tragenden Gründen zu erklären.[437] Jedoch ist die Bestätigung des gesetzlichen Verbots ein Bestandteil der Entscheidung, der nicht hinweggedacht werden kann, ohne daß das konkrete Entscheidungsergebnis – der fehlende Grundrechtsverstoß durch die verbotswiederholenden Anordnungen des Vorsitzenden – nach dem in der Entscheidung zum Ausdruck gekommenen Gedankengang entfiele.[438] Unter der Prämisse, daß sich die Bindungswirkung auf die tragenden Entscheidungsgründe erstreckt, kommt daher der inzidenten Bestätigung des Aufnahmeverbots Bindungswirkung gem. § 31 Abs. 1 BVerfGG zu.[439]

ggg) Die Konsequenzen für die Zulässigkeit einer zukünftigen Vorlage von § 169 S. 2 GVG

Konsequenz der Bindungswirkung ist, daß die Fachgerichte eigene Bedenken grundsätzlich zurückstellen und von der Verfassungsmäßigkeit des Aufnahmeverbots ausgehen müssen.[440] Allerdings ist eine Richtervorlage damit nicht ab-

---

§ 95 Rdnr. 14, läßt sich § 31 Abs. 2 S. 2 BVerfGG jedoch keine Pflicht entnehmen, Normbestätigungen zu tenorieren.

[435] Oben Fn. 422.

[436] Zur (allenfalls) indizierenden Wirkung der Leitsätze für tragende Entscheidungsgründe *Bethge*, in: Maunz/Schmidt-Bleibtreu/Klein/Bethge, BVerfGG, § 31 Rdnr. 92; *E. Klein*, in: Benda/Klein, Verfassungsprozeßrecht, 2. Aufl. 2001, Rdnr. 1325.

[437] *E. Klein*, in: Benda/Klein, Verfassungsprozeßrecht, 2. Aufl. 2001, Rdnr. 1327.

[438] Zu dieser Definition BVerfGE 96, 375 (404), allerdings im Zusammenhang mit einer Vorlage an das Plenum gem. § 16 BVerfGG.

[439] Lehnt man hingegen mit der Gegenauffassung die Einbeziehung der tragenden Gründe in die Bindungswirkung ab, so steht die inzidente Bestätigung des Aufnahmeverbots einer Richtervorlage von vornherein nicht entgegen.

[440] *Ulsamer*, in: Maunz/Schmidt-Bleibtreu/Klein/Bethge, BVerfGG, § 80 Rdnr. 68 b.

solut oder gar dauerhaft ausgeschlossen. Vielmehr wird zu Recht angenommen, daß die Bindungswirkung denselben Grenzen unterliegt wie die Rechtskraft,[441] auf der sie jedenfalls weitgehend aufbaut und deren Wirkungen sie erweitert.[442] Daher ist eine Vorlage bei einer Änderung der tatsächlichen Verhältnisse,[443] der Verfassungswirklichkeit oder der allgemeinen Rechtsauffassung[444] ohne Verstoß gegen die Bindungswirkung zulässig. Unter diesem Gesichtspunkt führt die Bindungswirkung der vorangegangenen Entscheidung primär zu einem qualifizierten Begründungserfordernis. Um hinreichend begründet zu sein (§ 80 Abs. 2 S. 1 BVerfGG), muß der Vorlagebeschluß von der bereits ergangenen *bundesverfassungsgerichtlichen* Entscheidung ausgehen und die seither erfolgten Veränderungen darlegen.[445]

dd) Die Relevanz eines verfassungswidrigen Aufnahmeverbots im bundesverfassungsgerichtlichen Verfahren

Für die Beurteilung der umstrittenen *bundesverfassungsgerichtlichen* Aufnahmepraxis spielen diese Erwägungen unmittelbar keine Rolle. Das Gericht hat die Verfassungsmäßigkeit des Aufnahmeverbots erst bestätigt, nachdem für sein eigenes Verfahren die Sonderregelung des § 17a BVerfGG geschaffen worden war. Dennoch läßt die Entscheidung zumindest vermuten, daß die Abweichungen vom Aufnahmeverbot nicht auf der Überzeugung beruht haben, die Geltung des Verbots auch im *bundesverfassungsgerichtlichen* Verfahren sei verfassungswidrig gewesen.

Eben darin aber hätte eine denkbare Rechtfertigung der partiellen Nichtbeachtung des Verbots gelegen. Das *Bundesverfassungsgericht* besitzt das exzeptionelle Recht, eine von ihm an sich anzuwendende Norm, die es für grundgesetzwidrig hält, auch dann außer Anwendung zu lassen, wenn es sich um eine nachkonstitutionelle Vorschrift des formellen Gesetzesrechts handelt.[446]

Zur Begründung läßt sich freilich nicht schon die Verwerfungskompetenz des *Bundesverfassungsgerichts* im Rahmen von Normenkontrollverfahren heranziehen.[447] Sie läßt keinen erst-recht-Schluß auf eine Nichtanwendungskompetenz

---

441 *E. Klein*, in: Benda/Klein, Verfassungsprozeßrecht, 2. Aufl. 2001, Rdnr. 1334.

442 Im einzelnen umstritten. Detailliert *Bethge*, in: Maunz/Schmidt-Bleibtreu/Klein/Bethge, BVerfGG, § 31 Rdnrn. 75 ff.

443 *Bethge*, in: Maunz/Schmidt-Bleibtreu/Klein/Bethge, BVerfGG, § 31 Rdnrn. 296 f.

444 *Ulsamer*, in: Maunz/Schmidt-Bleibtreu/Klein/Bethge, BVerfGG, § 80 Rdnr. 68 b.

445 BVerfGE 33, 199 (204); 39, 169 (181 f.); 65, 179 (181); *Ulsamer*, in: Maunz/Schmidt-Bleibtreu/Klein/Bethge, BVerfGG, § 80 Rdnr. 68 b.

446 Dieses Recht betrifft nicht nur die hier interessierende – vermeintliche – Verfassungswidrigkeit einer Vorschrift des Verfahrensrechts. Es würde ebenfalls relevant, wenn sich eine Vorschrift des inhaltlich anzuwendenden Prüfungsmaßstabs als verfassungswidrig erweisen sollte. Angesichts des regelmäßig auf das Grundgesetz beschränkten Prüfungsmaßstabs sind damit primär Fälle des „verfassungswidrigen Verfassungsrechts“ angesprochen.

447 So aber *Eberle*, NJW 1994, 1639.

zu.[448] Mit der gesetzlich vorgesehenen Befugnis zur allgemeinverbindlichen Verwerfung des Prüfungsgegenstandes auf Antrag eines Dritten geht nicht notwendig die Befugnis zur inzidenten Verwerfung des eigenen Prüfungs- bzw. Verfahrensmaßstabs einher.

Auszugehen ist vielmehr vom prinzipiellen Prüfungs- und Verwerfungsrecht *jedes* Gerichts einschließlich des *Bundesverfassungsgerichts* hinsichtlich der von ihm anzuwendenden Rechtsnormen.[449] Art. 100 Abs. 1 GG schränkt das Verwerfungsrecht der Fachgerichte[450] für den hier interessierenden Fall eines Verstoßes gegen das Grundgesetz durch die Pflicht zur Vorlage an das *Bundesverfassungsgericht* ein. Für das *Bundesverfassungsgericht* gilt diese Einschränkung nicht, da es nicht an sich selber vorlegen kann.[451] Dafür spricht bereits, daß das *Bundesverfassungsgericht* generell nur auf Antrag – und zwar eines Dritten – tätig wird.[452] Zudem bezweckt Art. 100 Abs. 1 GG, die Verwerfung bestimmter Normen beim *Bundesverfassungsgericht* zu monopolisieren. Findet das Ausgangsverfahren vor eben diesem Gericht statt, so ist dieses Ziel bereits erreicht. Daher scheidet auch eine Vorlage an den jeweils anderen Senat aus.[453] Wegen des Charakters als „Zwillingsgericht“[454] ist jeder Senat für sich „das Bundesverfassungsgericht“.[455]

Das Plenum kann ebenfalls nicht angerufen werden. Es wird allein im Rahmen seiner gesetzlich geregelten Zuständigkeiten tätig, von denen hier keine eröffnet ist. Eine weitere Instanz über den Senaten ist das Plenum nicht.[456]

Somit wird das als Regelfall vorausgesetzte Verwerfungsrecht im Falle des *Bundesverfassungsgerichts* nicht durch die Pflicht zur Vorlage an einen anderen Spruchkörper beschränkt.[457] Das Gericht darf über die als Vorfrage relevante Verfassungsmäßigkeit selbst entscheiden[458] und sich über die für verfassungswidrig erachtete Vorschrift im Umfang ihrer Verfassungswidrigkeit[459] hinweg-

---

[448] *Bethge*, in: Maunz/Schmidt-Bleibtreu/Klein/Bethge, BVerfGG, § 17a Rdnr. 4.

[449] Oben Teil 5 C.II.6.b)aa), S. 362.

[450] Gleiches gilt für die Landesverfassungsgerichte.

[451] *Ulsamer*, in: Maunz/Schmidt-Bleibtreu/Klein/Bethge, BVerfGG, § 80 Rdnr. 171, der Art. 100 Abs. 1 GG allerdings als Einschränkung auch des Norm*prüfungs*rechts bezeichnet (Hervorhebung nur hier).

[452] *Bethge*, in: Maunz/Schmidt-Bleibtreu/Klein/Bethge, BVerfGG, Vorb. Rdnr. 18.

[453] *Ulsamer*, in: Maunz/Schmidt-Bleibtreu/Klein/Bethge, BVerfGG, § 80 Rdnr. 171; *Stern*, AöR Bd. 91 (1966), S. 236.

[454] Zum Begriff *Maunz*, in: Maunz/Schmidt-Bleibtreu/Klein/Bethge, BVerfGG, § 2 Rdnr. 1.

[455] BVerfGE 1, 14 (29); 7, 17 (18); 19, 88 (90).

[456] BVerfGE 1, 89 (91); s. auch *Stern*, AöR Bd. 91 (1966), S. 236.

[457] Als vorlageberechtigtes bzw. -verpflichtetes Gericht kommt das *Bundesverfassungsgericht* allein hinsichtlich einer von Art. 100 Abs. 1 GG angeordneten Vorlage an ein Landesverfassungsgericht in Betracht, die hier freilich nicht in Rede steht. Dazu *Stern*, in: Bonner Kommentar, Art. 100 Rdnr. 51.

[458] *E. Klein*, in: Benda/Klein, Verfassungsprozeßrecht, 2. Aufl. 2001, Rdnr. 778.

[459] *Eberle*, NJW 1994, 1639.

setzen.[460] Andernfalls würde man ausgerechnet dem *Bundesverfassungsgericht* als einzigem staatlichen Gericht die Anwendung derartiger Vorschriften zumuten.[461]

Träger der Kompetenz zur inzidenten Verwerfung ist das *Bundesverfassungsgericht* als solches. Konsequenterweise partizipiert daran auch der jeweilige Senatsvorsitzende, wenn er – wie hier – eine (sitzungspolizeiliche) Entscheidung allein zu treffen hat. Für ihn kann nichts anderes gelten als für die Senate, das Plenum oder die Kammern, für die anerkannt ist, daß sie im Rahmen ihrer Kompetenzen „das Bundesverfassungsgericht" sind.[462]

Nach alledem war die Zulassung von Aufnahmen durch das *Bundesverfassungsgericht* nicht zu beanstanden, soweit die Geltung des Aufnahmeverbots verfassungswidrig gewesen sein sollte.[463] Ob diese Überlegung der Praxis des Gerichts zugrunde lag, muß freilich angesichts seiner Rechtsprechung zu Aufnahmen in Verhandlungen der Fachgerichte bezweifelt werden.

---

[460] *Ulsamer*, in: Maunz/Schmidt-Bleibtreu/Klein/Bethge, BVerfGG, § 80 Rdnr. 171; *Stern*, in: Bonner Kommentar, Art. 100 Rdnr. 51.

[461] *G. Wolf*, NJW 1994, 686, vertritt die Ansicht, wenn das *Bundesverfassungsgericht* nicht an ein verfassungswidriges Gesetz gebunden wäre, müsse dies auch für alle anderen Gerichte gelten. Dem kann nicht gefolgt werden: Das *exzeptionelle* Verwerfungsrecht des *Bundesverfassungsgerichts* resultiert gerade daraus, daß es im Gegensatz zu den übrigen Gerichten der Vorlagepflicht des Art. 100 Abs. 1 GG nicht unterliegt.

[462] Zum Plenum *Maunz*, in: Maunz/Schmidt-Bleibtreu/Klein/Bethge, BVerfGG, § 2 Rdnr. 1; zu den Kammern *Ulsamer*, in: Maunz/Schmidt-Bleibtreu/Klein/Bethge, BVerfGG, § 15a Rdnr. 4.

[463] Dazu unten Teil 5 E., S. 392ff.

D. Die bundesverfassungsgerichtliche Beurteilung von Bild- und Tonaufnahmen vor den Fachgerichten

Nach dem Erlaß von § 169 S. 2 GVG war die Debatte um Bild- und Tonaufnahmen zu einem (vorläufigen) Ende gekommen.[464] Einerseits ist es zwar verständlich, daß die Befürworter eines vollständigen Aufnahmeverbots während der Verhandlung nun keinen Anlaß mehr sahen, sich zu Wort zu melden. Gleichwohl erscheint die Widerspruchslosigkeit, mit der die betroffenen Medien ihren Ausschluß offenbar hinnahmen,[465] aus heutiger Sicht erstaunlich. Nachdem sich der *54. Deutsche Juristentag* 1982 mit der Öffentlichkeit im Strafverfahren befaßt hatte,[466] wurden 1990 auf dem *58. Deutschen Juristentag* Reformüberlegungen dahingehend laut, das gesetzliche Aufnahmeverbot einerseits durch Ausnahmemöglichkeiten zu lockern, andererseits durch die Einbeziehung von Fotos zu erweitern.[467] Sie fanden allerdings keine übermäßige Beachtung.[468] Den Auslöser, der das Thema wieder zum Gegenstand einer breiten und intensiven Diskussion machte, bildete erst das Strafverfahren u. a. gegen den ehemaligen

---

[464] *Huff*, NJW 1996, 572; *Gündisch/Dany*, NJW 1999, 258; *Prütting*, in: FS für Rolf A. Schütze, 1999, S. 687; *Windsheimer*, Die „Information“ als Interpretationsgrundlage für die subjektiven öffentlichen Rechte des Art. 5 Abs. 1 GG, 1968, S. 60.

[465] Vgl. *R. Gerhardt*, ZRP 1993, 377; *Wefing*, Frankfurter Allgemeine Zeitung v. 23. Januar 2001, Nr. 19, S. 52.

[466] Dazu *Dahs*, Referat 54. DJT, 1982, K 7 ff.; *Volk*, Referat 54. DJT, 1982, K 29 ff.; *Zipf*, Gutachten 54. DJT, 1982, C 9 ff. S. weiter die Beschlüsse des *54. Deutschen Juristentages*, NJW 1982, 2545 ff.; *Engels*, AnwBl. 1983, 100 ff. Angenommen wurde u. a. die These, ein Anspruch auf mehr Öffentlichkeit bestehe nicht; das gelte auch für die Medien.

[467] Beschlüsse des *58. Deutschen Juristentages*, NJW 1990, 2991 (2992). Angenommen wurde zum einen die Forderung, das Aufnahmeverbot aus § 169 S. 2 GVG auf Fotografien von prozeßbeteiligten Laien im Gerichtssaal ohne deren Einwilligung zu erweitern, zum anderen die Forderung, dem Gericht für den Fall einer Zustimmung der Verfahrensbeteiligten Ausnahmen vom Verbot des § 169 S. 2 GVG zu ermöglichen. Keine Mehrheit fand dagegen der (bereits von *Dahs*, Referat 54. DJT, 1982, K 22, gemachte) Vorschlag, das Verbot auf das gesamte Gerichtsgebäude zu erstrecken. Gegen eine derartige Ausweitung bereits *Hillermeier*, DRiZ 1982, 285. – Zu denkbaren Änderungen des gesetzlichen Verbots eingehend *Stürner*, Gutachten 58. DJT, A 24, A 41 f.

[468] *Huff*, NJW 1996, 572; ähnlich *Zuck*, DRiZ 1997, 29; *Beck*, in: FG für Karin Graßhof, 1998, S. 133. Anders die Einschätzung von *Kirchberg*, BRAK-Mitt. 2002, 252: Auslöser intensiver Diskussion.

Staatsratsvorsitzenden der DDR, *Erich Honecker*, das 1992 vor dem *LG Berlin* stattfand.[469]

Seither ist das Pochen der elektronischen Medien an die Gerichtstüren deutlich lauter geworden. Das *Bundesverfassungsgericht* nimmt an der Debatte nicht nur mit seiner eigenen Aufnahmepraxis teil, durch die es den Wunsch der Medien nach erweiterten Aufnahmemöglichkeiten sowie die Diskussion um die Verfassungsmäßigkeit des generellen Aufnahmeverbots während der Verhandlung angeregt und befördert hat.[470] Daneben hat es sich in einer ganzen Reihe von Entscheidungen mit der Zulässigkeit von Bild- und Tonaufnahmen in Verfahren der Fachgerichte beschäftigt. Dabei ging es zum einen um allein auf § 176 GVG gestützte Aufnahmebeschränkungen durch den Vorsitzenden, zum anderen um das vom Vorsitzenden lediglich noch durchgesetzte gesetzliche Aufnahmeverbot des § 169 S. 2 GVG.

Angesichts ihrer Bedeutung für die wissenschaftliche Diskussion, vor allem aber für die gerichtliche Praxis, sollen diese Entscheidungen hier zunächst im Zusammenhang wiedergegeben werden.

I. Fernsehaufnahmen außerhalb der Verhandlung (Honecker)

Das namentlich gegen *Erich Honecker* geführte Verfahren stieß auf Grund seiner exzeptionellen historischen und politischen Bedeutung auf ein massives Interesse der Medien,[471] dem das *Landgericht Berlin* vermeintlich nicht gerecht wurde.

1. Die Situation vor dem Fachgericht

Trotz der Einigung sämtlicher öffentlich-rechtlicher und zweier privater Fernsehveranstalter auf eine sog. „Pool"-Lösung, nach der nur jeweils ein dreiköpfiges Kamerateam hätte filmen sollen,[472] hatte der Vorsitzende im *Honecker*-Verfahren Filmaufnahmen im Gerichtssaal (ebenso wie Fotografien, Tonbandaufzeichnungen und Interviews mit den Angeklagten) zunächst vollständig untersagt.

---

[469] *Knothe/Wanckel*, ZRP 1996, 106; *Gündisch/Dany*, NJW 1999, 258; *Beck*, in: FG für Karin Graßhof, 1998, S. 133.

[470] *Kortz*, AfP 1997, 443.

[471] Vgl. BVerfGE 87, 331: Mehr als 200 Bewerbungen für die 70 Plätze der Medienvertreter. S. auch *F. Burbulla*, Die Fernsehöffentlichkeit als Bestandteil des Öffentlichkeitsgrundsatzes, 1998, S. 107 f.

[472] Eine derartige Lösung, bei der das filmende Kamerateam anderen Interessenten die Bilder überläßt, war bereits im Prozeß gegen die Ex-Terroristin *Susanne Albrecht* in Stuttgart praktiziert worden. S. dazu *R. Gerhardt*, ZRP 1993, 377.

Sie sollten nur im sog. Sicherheitsbereich außerhalb des Saals gestattet sein.[473] Bilder der Angeklagten, die den Sitzungssaal durch einen separaten Zugang betraten, wären so nicht möglich gewesen, obwohl insbesondere die Frage nach der Verhandlungsfähigkeit des erkrankten *Erich Honecker* von gesteigertem öffentlichen Interesse war.[474] Später gestattete der Vorsitzende für den ersten Verhandlungstag Aufnahmen im Sitzungssaal von „ca. fünf Minuten" vor der Verhandlung durch ein dreiköpfiges Kamerateam ohne Mikrofon (sowie zwei Fotografen) unter Beibehaltung des Aufnahmeverbots im übrigen.[475]

2. Die Entscheidung des Bundesverfassungsgerichts

Das *Bundesverfassungsgericht* verpflichtete den Vorsitzenden zunächst im Wege der einstweiligen Anordnung, einem Kamerateam im Rahmen einer Pool-Lösung Aufnahmen im Gerichtssaal an jedem Verhandlungstag vor und nach der Verhandlung in angemessenem zeitlichem Umfang zu gestatten. Die Aufnahmen vor Verhandlungsbeginn sollten ausdrücklich auch in Anwesenheit der Angeklagten stattfinden können.[476]

Auch in der Hauptsache hatten die Verfassungsbeschwerden der betroffenen Fernsehveranstalter Erfolg. Das *Bundesverfassungsgericht* erstreckte seine früheren Aussagen zum Schutzumfang der Pressefreiheit[477] erstmalig[478] auf die Rundfunkfreiheit. Es führte aus:

„Was zur Rundfunkberichterstattung im einzelnen gehört, hat das Bundesverfassungsgericht noch nicht festgestellt. Für die ebenfalls in Art. 5 Abs. 1 Satz 2 GG gewährleistete

---

[473] *G. Wolf*, ZRP 1994, 191, zweifelt, ob Aufnahmen in der Sicherheitszone wirklich der Sitzungspolizei oder doch eher dem Hausrecht unterfallen. Zur Abgrenzung näher oben Teil 5 B.I.2., S. 330ff.

[474] Vgl. den Vortrag der Beschwerdeführer in BVerfGE 91, 125 (129). – Letztlich führte die Erkrankung *Honeckers* zum Ende des Verfahrens: Gegen die Ablehnung der Verfahrenseinstellung und der Aufhebung des Haftbefehls durch das *Landgericht* sowie gegen die Verwerfung seiner Haftbeschwerde durch das *Kammergericht* (KG NJW 1993, 947) erhob *Honecker* Verfassungsbeschwerde zum *Berliner Verfassungsgerichtshof*. Dieser hob die angegriffenen Beschlüsse wegen eines Verstoßes gegen die Menschenwürde auf, die als ungeschriebenes Grundrecht in der damaligen Berliner Verfassung enthalten sei, BerlVerfGH LVerfGE 1, 56ff. Daraufhin stellte das *Landgericht* das Verfahren ein und hob den Haftbefehl auf, *Honecker* reiste aus der Bundesrepublik aus.

[475] BVerfGE 91, 125 (126ff.).

[476] BVerfGE 87, 334ff. Zurückgewiesen wurden die Anträge auf einstweilige Anordnung, soweit sie auf die Ermöglichung von Aufnahmen auch in den Verhandlungspausen gerichtet waren. *Hofmann*, ZRP 1996, 402, weist auf die Abweichung bereits dieser Eilentscheidung von BGHSt 23, 123 (125f.) hin. An dieser Stelle läßt der *Bundesgerichtshof* erkennen, daß er ein generelles Aufnahmeverbot außerhalb der Verhandlung ggf. für empfehlenswert hält.

Zu der Entscheidung vom gleichen Tag, mit der der Erlaß einer einstweiligen Anordnung auf Zulassung eines Hörfunk-Berichterstatters zur Verhandlung im *Honecker*-Verfahren abgelehnt wurde (BVerfGE 87, 331ff.), s. bereits oben Fn. 246 (S. 274).

[477] BVerfGE 50, 234 (240). Dazu näher oben Teil 4 A.II.1.a), S. 233f.

[478] Dazu *Scholz*, NStZ 1995, 42.

Pressefreiheit geht es aber davon aus, daß deren Schutz von der Beschaffung der Information bis zur Verbreitung der Nachricht und der Meinung reicht (vgl. BVerfGE 10, 118 [121]; st. Rspr.). Dabei ist der publizistischen Vorbereitungstätigkeit, zu der namentlich die Beschaffung von Informationen gehört, stets besonderes Gewicht beigelegt worden (vgl. BVerfGE 50, 234 [240] m. w. N.). Erst der prinzipiell ungehinderte Zugang zur Information versetzt die Presse in den Stand, die ihr in der freiheitlichen Demokratie zukommende Funktion wirksam wahrzunehmen (vgl. BVerfG, a. a. O.). Das gilt auch für gerichtliche Verfahren. Die Pressefreiheit umschließt das Recht der im Pressewesen tätigen Personen, sich über Vorgänge in einer öffentlichen Gerichtsverhandlung zu informieren und hierüber zu berichten. Der Ausschluß eines Pressevertreters von einer Gerichtsverhandlung durch den Richter und seine Verweisung aus dem Gerichtssaal ist daher als Eingriff in das Grundrecht der Pressefreiheit gewertet worden (vgl. BVerfG, a. a. O., S. 238).

Für die Rundfunkfreiheit gilt grundsätzlich nichts anderes. Rundfunk und Presse unterscheiden sich in ihrer Funktion nicht. Unter den Bedingungen der modernen Massenkommunikation sind beide für die freie individuelle und öffentliche Meinungsbildung, für Kritik und Kontrolle der öffentlichen Gewalt und für die Wahlentscheidung als demokratischen Grundakt des Volkes unerläßlich (vgl. BVerfGE 12, 205 [260]; 35, 202 [222 f.]; 63, 131 [142 f.]). Unterschiede bestehen allerdings im Mittel der Funktionserfüllung. Während die Presse bei der Berichterstattung darauf beschränkt ist, ihren Lesern ein Ereignis in Wort und Bild zu schildern, hat der Rundfunk außerdem die Möglichkeit, das Ereignis seinen Zuhörern und Zuschauern akustisch und optisch in voller Länge oder in Ausschnitten, zeitgleich oder zeitversetzt zu übertragen. Dazu ist er aber, wenn er seine medienspezifischen Möglichkeiten nutzen will, auf den Einsatz von Aufnahme- und Übertragungsgeräten angewiesen.

Mit diesen technischen Vorkehrungen und dem durch sie bedingten Raum- und Zeitbedarf können allerdings Störungen einhergehen, die die dargestellten Ereignisse erheblich in Mitleidenschaft ziehen. Überdies führt die Berichterstattung durch Hörfunk und Fernsehen häufig zur Beeinträchtigung von Rechten Dritter, insbesondere des Rechts am eigenen Bild und am gesprochenen Wort. Diese Beeinträchtigungen können durch den von der Wort- und Bildberichterstattung hervorgerufenen Eindruck gesteigerter Authentizität, die Breite des Empfängerkreises und die beliebige Wiederholbarkeit der Sendungen noch verstärkt werden. Bei Gerichtsverhandlungen mit ihrer Funktion unbeeinflußter Wahrheits- und Rechtsfindung und der exponierten Stellung namentlich von Angeklagten können sich Störungen durch Rundfunkberichterstattung besonders empfindlich auswirken.

Aus diesen Unterschieden läßt sich aber nicht schließen, daß schon der Schutzbereich der Rundfunkfreiheit, soweit der Zugang zu Informationen und deren publizistische Verwertung in Rede stehen, enger gezogen ist als der der Pressefreiheit. Auch er reicht von der Beschaffung der Information bis zur Verbreitung der Nachricht und Meinung. Überdies erstreckt er sich auf die dem Medium eigentümlichen Formen der Berichterstattung und die Verwendung der dazu erforderlichen technischen Vorkehrungen. Die geschilderten Gefahren können vielmehr nur weitergehende Beschränkungen des Grundrechts, nicht aber eine Verengung seines Schutzumfangs rechtfertigen (vgl. BVerfGE 85, 386 [397]).

Ein Ausschluß von Fernsehaufnahmen, wie ihn der Vorsitzende der Strafkammer im vorliegenden Fall angeordnet hat, greift daher in das Grundrecht der Rundfunkfreiheit ein."[479]

---

[479] BVerfGE 91, 125 (134 f.).

Dieser Eingriff verletzte nach Meinung des *Bundesverfassungsgerichts* das Übermaßverbot, weil das vom Vorsitzenden angeordnete Aufnahmeverbot seinem Umfang nach zum Schutz des Persönlichkeitsrechts der Angeklagten nicht erforderlich gewesen sei. (Die unbeeinflußte richterliche Entscheidungsfindung wäre durch Aufnahmen außerhalb der Verhandlung ohnehin nicht tangiert worden.) Die Angeklagten als Personen der Zeitgeschichte hätten nicht vor Aufnahmen schlechthin, sondern nur vor unwürdigen äußeren Umständen wie drängelnden Kamerateams geschützt werden müssen. Diesen Schutz hätte als milderes Mittel (im Hinblick auf die Rundfunkfreiheit) auch die vorgeschlagene Pool-Lösung bewirkt. Angesichts des großen Interesses der Öffentlichkeit an einer auch optischen Berichterstattung über das Verfahren sei das weitgehende Aufnahmeverbot jedenfalls unangemessen gewesen. Soweit dem Sitzungsverlauf oder Persönlichkeitsrechten auch von einem einzelnen Kamerateam Beeinträchtigungen drohten, hätte dem durch Einzelanordnungen und nachträgliche Sanktionen im Übertretensfall begegnet werden können.[480]

3. Die Bewertung der Entscheidung

Die dogmatisch schlüssige[481] Entscheidung betraf allein die grundrechtskonforme Anwendung des § 176 GVG, nicht die Verfassungsmäßigkeit des § 169 S. 2 GVG.[482] Dennoch wurde sie als „wichtiger Teilerfolg" der Fernsehveranstalter im Kampf gegen das gesetzliche Aufnahmeverbot in der Verhandlung gewertet, das durch die Einbeziehung von Aufnahmen im Gerichtssaal in den Schutzbereich der Rundfunkfreiheit geschwächt schien.[483] Immerhin ergeben sich im Hinblick auf Aufnahmen in der Verhandlung ähnliche Probleme.[484]

Jedenfalls schien klar, daß auch Aufnahmen in der Verhandlung vom Schutzbereich der Rundfunkfreiheit erfaßt würden.[485] Diesen Schluß legte die Entschei-

---

480 BVerfGE 91, 125 (137 ff.).

481 Zu hinterfragen wäre allenfalls, ob die Möglichkeit von Einzelanordnungen wirklich ein Aspekt der Angemessenheit (Verhältnismäßigkeit im engeren Sinne) ist oder ob sie eher zur Erforderlichkeit gehört.

Scholz, NStZ 1995, 42 f., weist auf die konsequent durchgehaltene Verhältnismäßigkeitsprüfung hin, mit der eine schwer zu kalkulierende allgemeine Güterabwägung vermieden wird.

482 *Gündisch/Dany*, NJW 1999, 258.

483 *Walther*, JZ 1998, 1146; ähnlich *R. Gerhardt*, ZRP 1993, 383, schon zur Entscheidung über den Antrag auf einstweilige Anordnung. A.A. *Dörr*, NJW 1995, 2269: Die Entscheidung bietet keinen Anlaß, das generelle Verbot des Filmens während der Verhandlung in Frage zu stellen. Ebenso *Scholz*, NStZ 1995, 42: Die Entscheidung zeigt mittelbar, daß § 169 S. 2 GVG nicht in Frage gestellt wird: Im Hinblick auf die Verhandlung würde die Abwägung stets gegen Aufnahmen ausgehen. Skeptisch bereits im Hinblick auf die vom *Bundesverfassungsgericht* zugelassenen Aufnahmen außerhalb der Verhandlung *Stürner*, JZ 1995, 298 f.

484 *Hofmann*, ZRP 1996, 402; *Tillmanns*, in: FS für Robert Schweitzer, 1999, S. 256.

485 S. dazu etwa *Kortz*, AfP 1997, 444; *Beck*, in: FG für Karin Graßhof, 1998, S. 134; *Sorth*, Rundfunkberichterstattung aus Gerichtsverfahren, 1999, S. 118. Ebenso noch *Degenhart*, in: Bonner Kommentar, Art. 5 Abs. 1 u. 2 Rdnrn. 734 f. mit Fn. 508, in der 90. Lfg. (Stand April

dung aus mehreren Gründen nahe. Zum einen begründete das *Bundesverfassungsgericht* seine Aussagen zur Einbeziehung der Informationsbeschaffung in den Schutzbereich der Rundfunkfreiheit gerade mit der Funktion des Rundfunks, zur öffentlichen Meinungsbildung beizutragen. Diese Funktion erfüllen nicht nur Aufnahmen aus dem Umfeld der Verhandlung, sondern erst recht Aufnahmen aus der Verhandlung selbst. Zum anderen sprach das Gericht explizit von „Gerichts*verhandlungen*". Weiter nahm es im Rahmen der Bestimmung des Schutzbereichs ausdrücklich auf seine frühere Entscheidung[486] Bezug, nach der der Ausschluß eines Journalisten *aus der mündlichen Verhandlung* in die Pressefreiheit eingreift. Und schließlich benannte das *Bundesverfassungsgericht* als potentiell entgegenstehende Position den Schutz der Rechts- und Wahrheitsfindung, der – wie im konkret entschiedenen Fall – vor der Verhandlung noch keine Rolle spielt, sondern erst bei Aufnahmen in der Verhandlung relevant wird.

II. Fotografieren außerhalb der Verhandlung (Kurdische Konsulatsbesetzer)

Bereits zwei Monate vor der *Honecker*-Entscheidung hatte das *Bundesverfassungsgericht* in einem wenig beachteten Nichtannahmebeschluß Aussagen getroffen, die ebenfalls den Schluß zuließen, auch Aufnahmen während der Verhandlung seien vom Schutzbereich der Medienfreiheiten umfaßt.[487]

Die zugrundeliegende Verfassungsbeschwerde richtete sich gegen ein sitzungspolizeiliches Fotografierverbot, das sich auf den Sitzungssaal und die angrenzenden Räume bezog. Dazu hob das *Bundesverfassungsgericht* hervor, daß die Pressefreiheit die freie Wahl des Mediums verbürge und somit auch die Bildberichterstattung umfasse. Daraus folgerte es – ebenfalls unter Bezugnahme auf die Entscheidung, nach der die Anwesenheit eines Journalisten während der Verhandlung von der Pressefreiheit geschützt ist –[488], daß zu dieser Freiheit auch die Bildberichterstattung über Vorgänge in einer öffentlichen Gerichts*verhandlung* gehöre.[489] Allerdings hielt das *Bundesverfassungsgericht* das vollständige Fotografierverbot angesichts der Besonderheiten des zugrundeliegenden äußerst komplexen[490] Verfahrens, in dem die Beteiligten durch die Veröffentlichung von Fotos Gefahren für Leib und Leben ausgesetzt worden wären, für verfassungsmäßig.

1999); mittlerweile (113. Lfg., Stand September 2004) in Rdnr. 735 einschränkend unter Hinweis auf BVerfGE 103, 44 ff. (dazu sogleich).

[486] BVerfGE 50, 234 ff. Dazu oben Teil 4 A.II.1.a), S. 233 f.

[487] BVerfG (3. Kammer des Ersten Senats) NJW 1996, 310 f.

[488] BVerfGE 50, 234 (240).

[489] BVerfG (3. Kammer des Ersten Senats) NJW 1996, 310 (Hervorhebung nur hier).

[490] Involviert waren 101 Prozeßbeteiligte und 93 Zeugen.

Dogmatisch stimmte dieser Beschluß weitgehend mit der späteren *Honecker*-Entscheidung überein. Ein Unterschied lag lediglich darin, daß das *Bundesverfassungsgericht* in der *Honecker*-Entscheidung nachträgliche Sanktionen – die es freilich nicht näher spezifizierte – als ausreichenden Schutz vor Verletzungen des Persönlichkeitsrechts ansah.[491] Dagegen billigte es in der früheren Entscheidung das pauschale Aufnahmeverbot trotz einer Zusicherung der Journalisten, keine Fotos von gefährdeten Personen zu veröffentlichen. Zur Begründung wies es auf die fehlenden Möglichkeiten hin, die Veröffentlichung abredewidrig aufgenommener Fotos zu verhindern.

III. Fernsehaufnahmen außerhalb der Verhandlung (Untreue bei der Sparkasse Mannheim)

In einer weiteren Entscheidung gab das *Bundesverfassungsgericht* einem Strafkammervorsitzenden auf, einem Fernsehteam im Rahmen einer Pool-Lösung am Tag der Urteilsverkündung Aufnahmen von den Richtern und Schöffen im Sitzungssaal zu gestatten.[492] Dogmatisch lag dem einmal mehr die Konzeption zugrunde, daß die Untersagung von Fernsehaufnahmen außerhalb der Verhandlung einen rechtfertigungsbedürftigen Eingriff in die Rundfunkfreiheit darstellt.

Das Gericht bejahte ein Interesse der Öffentlichkeit an einer möglichst authentischen Berichterstattung unter Einschluß der Bildberichterstattung. Anders als in der *Honecker*-Entscheidung, in der noch auf die politische und historische, selbst spektakuläre Strafprozesse weit überragende Dimension des Verfahrens hingewiesen worden war,[493] reichte dem Gericht nunmehr auf Seiten der Medien bereits eine „erhebliche öffentliche Aufmerksamkeit". Die Gefahr, daß der Prozeßablauf gestört werden könnte, sah es nicht, zumal da es nur um den Tag der Urteilsverkündung gehe, an dem die Entscheidungsfindung regelmäßig bereits abgeschlossen sei.[494] Den Eingriff in ihre Persönlichkeitsrechte hätten die Berufs- und Laienrichter – vorbehaltlich zu befürchtender künftiger erheblicher Beeinträchtigungen, die jedoch nicht in Rede standen – hinzunehmen. Zur Begründung führte das Gericht aus:

> „Denn die Richter und Schöffen stehen Kraft des ihnen übertragenen Amts anlässlich ihrer Teilnahme an öffentlichen Sitzungen der Strafkammer im Blickfeld der Öffentlichkeit unter Einschluss der Medienöffentlichkeit. Ein Interesse der Richter und Schöffen, in ihrer Person nur durch die in der Sitzung Anwesenden wahrgenommen zu werden, ist

[491] BVerfGE 91, 125 (139).
[492] BVerfG (1. Kammer des Ersten Senats), NJW 2000, 2890 f.
[493] BVerfGE 91, 125 (138).
[494] BVerfG (1. Kammer des Ersten Senats), NJW 2000, 2890 (2891).

angesichts der Bedeutung des Grundsatzes der Öffentlichkeit für ein rechtsstaatliches Gerichtsverfahren regelmäßig nicht anzunehmen.“[495]

Das ist nicht nur insofern bemerkenswert, als Fernsehaufnahmen im Umfeld der Verhandlung seither praktisch nicht mehr vollständig verboten werden können.[496] Folgt man der Begründung, stehen Persönlichkeitsrechte des Justizpersonals auch Aufnahmen aus der Verhandlung prinzipiell nicht entgegen.[497]

IV. Fernsehaufnahmen in der Verhandlung (Politbüro/Kruzifix)

1. Der „Politbüro“-Prozeß vor dem LG Berlin

Zum direkten Angriff auf § 169 S. 2 GVG setzte der private Nachrichtensender n-tv anläßlich des Strafverfahrens gegen mehrere Mitglieder des Politbüros der DDR wegen der Todesschüsse an der innerdeutschen Grenze an. Unter Hinweis auf das gesetzliche Verbot hatte der Vorsitzende den Antrag des Senders abgelehnt, Fernsehaufnahmen während der Verhandlung zuzulassen, hilfsweise während bestimmter „beeinträchtigungsresistenter“ Teile der Verhandlung.[498] Dagegen erhob der Sender Verfassungsbeschwerde, die sich auf eine vermeintliche Verletzung seines Grundrechts auf Rundfunkfreiheit stützte. Der eigentliche Verfahrensgegenstand, die Verfassungsmäßigkeit des gesetzlichen Aufnahmeverbots, geriet so in prozessualen Kategorien zur bloßen Vorfrage.

Den zugleich gestellten Antrag auf Erlaß einer einstweiligen Anordnung lehnte das *Bundesverfassungsgericht* ab. Für große Aufmerksamkeit[499] sorgte dabei allerdings die Feststellung, daß angesichts der kontroversen Diskussion um die Verfassungsmäßigkeit des gesetzlichen Aufnahmeverbots die Verfassungsbeschwerde nicht offensichtlich unbegründet sei.[500] Zumal vor dem Hintergrund der zuvor ergangenen Entscheidungen gab diese Aussage Anlaß zu der Vermutung oder – je nach Standpunkt – zu der Befürchtung, § 169 S. 2 GVG könnte in der Hauptsache für verfassungswidrig erklärt werden.[501]

---

[495] BVerfG (1. Kammer des Ersten Senats), NJW 2000, 2890 (2891).

[496] *Huff*, Frankfurter Allgemeine Zeitung v. 8. August 2000, Nr. 182, S. 50. Einschränkend allerdings *Bamberger*, ZUM 2001, 373: Die Entscheidung dürfe nicht im Sinne vermeintlicher Bindungswirkungen überbewertet werden.

[497] Ablehnend daher *Ernst*, NJW 2001, 1626 (Spruchkörper wird bildnismäßig schutzlos); *Ernst*, in: FS für Günter Herrmann, 2002, S. 78 ff.

[498] Verlesung der Anklageschrift, Plädoyers der Staatsanwaltschaft und der Verteidiger sowie die Urteilsverkündung, wiederum hilfsweise einzelne dieser Abschnitte.

[499] *Huff*, NJW 1996, 571.

[500] BVerfG (3. Kammer des Ersten Senats) NJW 1996, 581 ff. Kritisch *Huff*, NJW 1996, 572: Es genüge, nur laut genug zu rufen, um ein Thema in die verfassungsrechtliche Diskussion einzubringen.

[501] *F. Burbulla*, Die Fernsehöffentlichkeit als Bestandteil des Öffentlichkeitsgrundsatzes, 1998, S. 123; *Huff*, NJW 1996, 573: Noch kein Aufweichen des Verbots, aber gefährliche Ansätze.

2. Das „Kruzifix"-Verfahren vor dem Bundesverwaltungsgericht

Vorstellbar erschien insbesondere, daß das pauschale, Differenzierungen zwischen unterschiedlichen Gerichtsbarkeiten und Verhandlungsabschnitten ausschließende Verbot dem Übermaßverbot nicht würde standhalten können. Gerade mit dem Ziel, dem *Bundesverfassungsgericht* die Möglichkeit einer differenzierten Entscheidung zu geben,[502] erhob n-tv daher eine weitere Verfassungsbeschwerde, die sich gegen das Verbot von Aufnahmen in der *bundesverwaltungsgerichtlichen* Revisionsverhandlung im sog. „Kruzifix"-Streit[503] richtete. Auch in diesem Verfahren blieb der Antrag auf Erlaß einer einstweiligen Anordnung „nur" auf Grund der üblichen Folgenabwägung erfolglos, nicht hingegen wegen offensichtlicher Unbegründetheit der Verfassungsbeschwerde.[504]

3. Die Konzeption des Bundesverfassungsgerichts

Allen gegenteiligen Mutmaßungen im Vorfeld zum Trotz[505] hat das *Bundesverfassungsgericht* die Verfassungsbeschwerden zurückgewiesen.[506] Es hält das gesetzliche Aufnahmeverbot und damit auch die bestätigenden Anordnungen der jeweiligen Vorsitzenden in vollem Umfang für verfassungsgemäß.

a) Kein Grundrechtseingriff durch das gesetzliche Aufnahmeverbot

Unmittelbarer Prüfungsmaßstab ist die Rundfunkfreiheit, zu deren Schutzbereich das Gericht im Einklang mit seiner früheren Rechtsprechung auch den Einsatz von Aufnahme- und Übertragungsgeräten als Mittel der Informationsbeschaffung zählt. Den an sich naheliegenden und allgemein erwarteten[507] Schluß, daß das

---

[502] *Kuhlo*, in: Kuhlo/Gersdorf, Gerichts-TV, 2001, S. 17.

[503] Ausgangspunkt der Kruzifix-Problematik war die äußerst umstrittene Entscheidung BVerfGE 93, 1 ff., die die staatlich angeordnete Anbringung eines Kreuzes oder Kruzifixes in einer staatlichen Pflichtschule, die keine Bekenntnisschule ist, als Verstoß gegen Art. 4 Abs. 1 GG wertete und § 13 Abs. 1 S. 3 der Bayerischen Volksschulordnung für nichtig erklärte. Darauf reagierte der Freistaat Bayern mit Art. 7 Abs. 3 BayEUG, der die Kreuze bzw. Kruzifixe weiterhin anordnet, jedoch eine Widerspruchsregelung vorsieht. Zur Vereinbarkeit dieser Regelung mit der Bayerischen Verfassung BayVerfGHE 50, 156 ff. S. weiter BVerfG (1. Kammer des Ersten Senats) NJW 1999, 1020 f.: Kein Verstoß gegen das Gebot des gesetzlichen Richters durch Nichtvorlage des *Bayerischen Verfassungsgerichtshofs* an das *Bundesverfassungsgericht*.

Gegenstand des abschließend in BVerwGE 109, 40 ff. – um Aufnahmen in der zugrundeliegenden Verhandlung geht es hier – entschiedenen Verfahrens war die letztlich auf Art. 7 Abs. 3 BayEUG gestützte Ablehnung, ein Schulkreuz abzunehmen.

[504] BVerfG (1. Kammer des Ersten Senats) NJW 1999, 1951 f.

[505] *Hipp*, Der Spiegel v. 13. November 2000, Heft 46, S. 110; *Wefing*, Frankfurter Allgemeine Zeitung v. 23. Januar 2001, Nr. 19, S. 52. Anders *Plate*, NStZ 1999, 391: Schwer prognostizierbar.

[506] BVerfGE 103, 44 ff.

[507] Statt vieler *Plate*, NStZ 1999, 392: Unzweifelhaft, daß es auf eine Abwägung zwischen

gesetzliche Aufnahmeverbot – ebenso wie ein entsprechendes Verbot außerhalb der Verhandlung durch den Vorsitzenden – einen rechtfertigungsbedürftigen Grundrechtseingriff darstellt, zieht das *Bundesverfassungsgericht* jedoch nicht. Vielmehr nimmt es an, der Schutzbereich der Rundfunkfreiheit sei im Hinblick auf die Informationsbeschaffung ebenso wie die allgemeine Informationsfreiheit (Art. 5 Abs. 1 S. 1 HS 2 GG) durch die allgemeine Zugänglichkeit der Informationsquelle beschränkt. An der allgemeinen Zugänglichkeit einer gerichtlichen Verhandlung aber soll es im Hinblick auf Rundfunkaufnahmen wegen des gesetzlichen Aufnahmeverbots fehlen.

Dogmatischer Ausgangspunkt ist die Annahme, im Hinblick auf allgemein zugängliche Informationsquellen werde auch der Informationszugang der Medien allein durch die Informationsfreiheit (Art. 5 Abs. 1 S. 1 GG) geschützt. Die Rundfunkfreiheit soll als lex specialis lediglich die Zugangsmodalität „Einsatz von Aufnahme- und Übertragungsgeräten" erfassen. Ein Recht auf Eröffnung einer Informationsquelle beinhalte jedoch keiner der beiden Schutzbereiche. Daraus folgert das Gericht, die Rundfunkfreiheit reiche nicht weiter als die Informationsfreiheit, die als Abwehrrecht nur den Zugang zu allgemein zugänglichen Informationen gegen staatliche Beschränkungen sichere.[508]

Ein Grundrechtseingriff liegt nach dieser Konzeption erst dann vor, wenn ein Hoheitsträger den Informationszugang trotz allgemeiner Zugänglichkeit der Quelle verweigert. Über die allgemeine Zugänglichkeit und damit über den Umfang des Schutzbereichs entscheidet der nach der Rechtsordnung Bestimmungsberechtigte – hier: der Gesetzgeber –, der insofern auch das Recht haben soll, Zugangsmodalitäten wie etwa das Verbot von Rundfunkaufnahmen festzulegen.[509]

b) *Rechtsstaat und Demokratie als alleiniger Prüfungsmaßstab*

Ob die Regelung des Zugangs einschließlich des gesetzlichen Aufnahmeverbots verfassungsmäßig ist, muß sich danach ebensowenig wie die Durchsetzung des Verbots durch den Vorsitzenden an Art. 5 Abs. 2 GG messen lassen. Vielmehr soll es allein darauf ankommen, ob sich die Regelung im Rahmen sonstiger verfassungsrechtlicher Vorgaben hält. Sollten diese ein größeres Maß an Öffentlichkeit fordern, als es der Gesetzgeber einräumt, sollen die Träger der Rundfunkfreiheit dies mittels der Verfassungsbeschwerde geltend machen können.[510]

---

der Rundfunkfreiheit einerseits und den entgegenstehenden Rechtsgütern andererseits ankommt.

[508] BVerfGE 103, 44 (59 f.).

[509] BVerfGE 103, 44 (60 f.).

[510] Kritisch zu dieser weiteren, von einer individuellen Grundrechtsverletzung unabhängigen Prüfung *Kirchberg*, BRAK-Mitt. 2002, 253.

Als Determinanten der Medienöffentlichkeit benennt das *Bundesverfassungsgericht* die Verfassungsprinzipien des Rechtsstaats und der Demokratie. In diesen Staatsstrukturprinzipien sieht es die Grundlagen der mit der Öffentlichkeit verfolgten Anliegen, vor unkontrollierter Geheimjustiz zu schützen und jedermann die Kontrolle der Rechtsprechung zu ermöglichen. Mit der prägnanten Formel, Prozesse fänden „in der, aber nicht für die Öffentlichkeit statt", bringt das Gericht jedoch zugleich zum Ausdruck, daß die Öffentlichkeit kein Selbstzweck ist. Einer zu großen Öffentlichkeit stünden namentlich das Persönlichkeitsrecht der Verfahrensbeteiligten (Art. 1 Abs. 1 GG i. V. m. Art. 2 Abs. 1 GG), der Anspruch auf ein faires Verfahren (Art. 2 Abs. 1 GG i. V. m. Art. 20 Abs. 3 GG) sowie die Funktionstüchtigkeit der Rechtspflege entgegen.[511]

c) Die Gewichtung der Gesichtspunkte pro et contra Rundfunkaufnahmen

Im Ergebnis ist das *Bundesverfassungsgericht* der Auffassung, der Gesetzgeber sei zum Aufnahmeverbot des § 169 S. 2 GVG zwar nicht verpflichtet, wohl aber berechtigt gewesen. Zur Begründung gewichtet es die für und gegen Fernsehaufnahmen sprechenden Gesichtspunkte,[512] wobei es sich der Sache nach einer Reihe von Argumenten bedient, die bereits vor Erlaß von § 169 S. 2 GVG gegen die Zulässigkeit von Aufnahmen angeführt worden waren:[513]

- Die Zielsetzungen der Öffentlichkeit sieht das Gericht bereits mit der Teilnahme- und Berichtsmöglichkeit für Zuschauer und Journalisten erreicht. Der Rundfunk habe regelmäßig ohnehin nur ein begrenztes Interesse an der Übertragung längerer Verhandlungsabschnitte.
- Die vom Rundfunk hinzunehmenden Einschränkungen hält das Gericht für nicht allzu gravierend, weil nur bewegte Originalbilder und -töne aus der Verhandlung untersagt werden, während Fotos, Zeichnungen, Korrespondentenberichte und Rundfunkaufnahmen im Umfeld der Verhandlung möglich bleiben. Zwar werde dem Rundfunk gerade die Form der Berichterstattung aus der Verhandlung beschnitten, auf die sich seine vermeintliche hohe Glaubwürdigkeit gründe. Fernsehberichterstattung biete wegen der häufigen Betonung des Sensationellen jedoch ohnehin keine Gewähr für realitätsnahe Berichte, sondern berge stets die Gefahr der Verfälschung.
- Der im Gerichtsverfahren sowieso unvermeidliche Eingriff in Persönlichkeitsrechte werde durch Aufnahmen noch verstärkt. Die Wahrheitsfindung sei durch Medienöffentlichkeit, die als aliud gegenüber der Saalöffentlichkeit zu einem veränderten Aussageverhalten führen soll, ebenso wie der äußere Verfahrensablauf Störungen ausgesetzt, die sich durch organisatorische Maßnahmen allenfalls einschränken, nicht jedoch ausschließen ließen.

---

[511] BVerfGE 103, 44 (61 ff.).
[512] BVerfGE 103, 44 (65 ff.).
[513] Dazu oben Teil 5 A.II.2.b), S. 307 ff.

d) Die defizitäre Berücksichtigung des Einzelfalls

Letztlich bezieht das Gericht also gerade diejenigen Gesichtspunkte in seine Bewertung ein, die in eine grundrechtlich gebotene Abwägung einzustellen wären. Dennoch ist die Verortung des Problems im objektiven Verfassungsrecht statt in der Rundfunkfreiheit keine Frage allein der Terminologie. Die Bewertungsmaßstäbe unterscheiden sich auch inhaltlich. Auffällig ist zunächst das aus grundrechtlicher Perspektive bedenklich geringe Gewicht,[514] das das *Bundesverfassungsgericht* den gesetzlich verbotenen Aufnahmen zumißt. Vor allem aber bergen Rechtsstaat und Demokratie als alleinige Prüfungsmaßstäbe die Gefahr, in weiterem Umfang pauschalierende Lösungen zuzulassen als es Grundrechte tun würden. Bei diesen kommt der Einzelfallgerechtigkeit ein höherer Stellenwert zu als bei den Staatsstrukturprinzipien. Ein rein objektivrechtlich hergeleiteter „Grundsatz der Zugänglichkeit von Informationen zur öffentlichen Meinungsbildung" ist deutlich weniger abwägungsresistent als die Rundfunkfreiheit.[515]

Deutlich wird das zum einen, wenn das Gericht eine Pflicht des Gesetzgebers verneint, einzelne Verfahrensarten oder -abschnitte vom Aufnahmeverbot auszunehmen. Zwar räumt es ein, daß die Beeinträchtigungen von Persönlichkeitsrechten und von Belangen der Rechtsprechung je nach Verfahrenssituation stark unterschiedlich ausgeprägt sein können. Daß Rundfunkaufnahmen jedoch nie vollständig frei von derartigen Gefahren seien, soll für ihr pauschales Verbot bereits genügen. Die Spezialregelung des § 17a BVerfGG beruhe auf Besonderheiten des *bundesverfassungsgerichtlichen* Verfahrens; sie zwinge zu keiner vergleichbaren Regelung für das fachgerichtliche Verfahren.[516]

Zum anderen sieht das *Bundesverfassungsgericht* auch im Fehlen von Ausnahmemöglichkeiten für den Einzelfall keinen Grund für eine verfassungsrechtliche Beanstandung. Der Vorsitzende würde andernfalls mit zusätzlichen Fragen der Verfahrensdurchführung belastet. Selbst wenn alle Beteiligten in Aufnahmen einwilligten, überwögen typischerweise die Belange des Verfahrens. Für ein ausnahmsloses Verbot soll neben der Klarheit der Regelung zudem sprechen, daß Einwilligungen häufig nicht freiwillig erteilt würden.[517]

e) Das Sondervotum

Daß die Überprüfung am Maßstab nur des objektiven Verfassungsrechts jedoch nicht zwingend zu dem Ergebnis führt, das Verbot sei trotz seiner Pauschalität verfassungskonform, belegen drei dissentierende Richter. Trotz eines identi-

---

[514] Näher unten Teil 5 E.III.2.a), S. 407ff.
[515] *Kirchberg*, BRAK-Mitt. 2002, 255.
[516] BVerfGE 103, 44 (70).
[517] BVerfGE 103, 44 (70f.).

schen dogmatischen Ansatzes – das Aufnahmeverbot sei kein Eingriff in die Rundfunkfreiheit – halten sie den Gesetzgeber zur Lockerung des Verbots für verpflichtet.[518]

Dabei gewichten sie die Rolle der Medien von vornherein höher, als es die Senatsmehrheit tut. Die Minderheit weist auf die Rolle der Justizöffentlichkeit zur Bildung der öffentlichen Meinung hin, weiter auf die geänderte gesellschaftliche Bedeutung der Öffentlichkeit und schließlich auf den im Zusammenhang mit der Entwicklung der „Informationsgesellschaft" zu beobachtenden neuerlichen Bedeutungsschub namentlich des Rundfunks. Zudem stützen sich die abweichenden Richter auf die stark unterschiedliche Bedeutung, die den gegen eine Übertragung sprechenden Belangen in einzelnen Verfahren bzw. Verfahrensabschnitten zukommt. Das Sondervotum ist deutlich stärker als die Mehrheitsauffassung von dem Bemühen geprägt, sowohl die Medienrealität als auch die Justizrealität zur Kenntnis zu nehmen. Damit kommt es einer grundrechtlichen Lösung wenn schon nicht im dogmatischen Ansatz, so doch zumindest im sachlichen Ergebnis nahe.[519]

V. Fernsehaufnahmen außerhalb der Verhandlung (El-Kaida)

Mit der vorstehend geschilderten Entscheidung ist keine Rechtsprechungsänderung im Hinblick auf Aufnahmen *außerhalb* der Verhandlung verbunden. Daß deren Verbot durch den Vorsitzenden einen Eingriff in die Rundfunkfreiheit darstellt, steht außer Streit. Welches Gewicht diesem Grundrechtsschutz in der Abwägung mittlerweile zukommt, zeigt eine Entscheidung zum sog. *El-Kaida*-Verfahren.

Der Vorsitzende im Strafverfahren vor dem *OLG Frankfurt/Main* gegen Angehörige einer international tätigen Terrororganisation hatte Fernsehaufnahmen auf Grund von Gefahren für Leib und Leben der Verfahrensbeteiligten weitgehend verboten.[520] Trotz des ungewöhnlich großen Gefahrenpotentials, das dem Verfahren innewohnte,[521] gab das *Bundesverfassungsgericht* dem Vorsitzenden

---

[518] Sondervotum *Kühling/Hohmann-Dennhardt/Hoffmann-Riem*, BVerfGE 103, 44 (72 ff.). S. dazu *Berkemann*, JR 2002, 144, mit dem Hinweis, daß sich von den vier Richtern, die zuvor als Bundesrichter tätig waren, nur einer für eine gewisse Öffnung ausgesprochen habe. Diesem professionellen Veto werde der Gesetzgeber kaum entgegentreten können.

[519] Kritisch insofern *Kirchberg*, BRAK-Mitt. 2002, 254: Das Sondervotum lasse es zu, das Aufnahmeverbot als Grundrechtsverletzung zu rügen, ohne jedoch das einschlägige Grundrecht zu nennen.

[520] Dieses Verbot – erlaubt worden war nur das Filmen des leeren Gerichtssaals eineinhalb Stunden vor Sitzungsbeginn (s. *G. Bertram*, JR 2002, 410) – brachte Deutschland eine Erwähnung im Jahresbericht 2003 der „Reporter ohne Grenzen" ein. S. http://www.rsf.org/article.php3?id_article=6517 (Stand: 19. Februar 2005).

[521] Die Richterräte der betroffenen Frankfurter Gerichte hatten beim *Bundesgerichtshof*

wegen der „erheblichen Aufmerksamkeit in der Öffentlichkeit“[522] im Wege der einstweiligen Anordnung die Zulassung von Aufnahmen in Anwesenheit der Angeklagten im Rahmen einer Pool-Lösung auf. Allerdings seien die Aufnahmen vor der Veröffentlichung bzw. Weitergabe mit einem technischen Verfahren zu anonymisieren.[523]

Diese Einschränkung hatte freilich zur Folge, daß die Fernsehbilder praktisch nutzlos waren.[524] Darauf berichtigte das erneut angerufene *Bundesverfassungsgericht* seine einstweilige Anordnung dahingehend, daß die Anonymisierung nur vorbehaltlich des Einverständnisses der Betroffenen erforderlich sei.[525] Brisanz gewinnt dieser an sich plausibel erscheinende Vorbehalt durch das Übersendungsschreiben des Berichterstatters beim *Bundesverfassungsgericht*, in dem die Voraussetzungen für ein anzunehmendes Einverständnis näher erläutert werden. Danach geht die Kammer davon aus,

> „... dass die Einwilligung – wie auch sonst in der Rechtsordnung – ausdrücklich oder konkludent gegeben werden kann. Dies gilt auch für die Zuschauer. Ist ihnen bekannt, dass Fernsehaufnahmen durchgeführt werden und bleiben sie im Raum, obwohl sie die Möglichkeit hätten, ihn zu verlassen, dann liegt darin eine konkludente Einwilligung nicht nur in die Aufnahme der Bilder, sondern auch in deren Veröffentlichung.“[526]

Abgesehen davon, daß ein bloßes Begleitschreiben lediglich eine unverbindliche, von einem Richter in dieser Form gleichwohl tunlichst zu unterlassende Meinungsäußerung darstellt und keine wie auch immer geartete Bindungswirkung entfalten kann, stimmt auch die materielle Sichtweise bedenklich. Ein mit seiner Aufnahme nicht einverstandener Zuschauer wäre gezwungen, den Saal zu verlassen, was in öffentlich stark beachteten Prozessen – in anderen wird das Fernsehen regelmäßig ohnehin nicht erscheinen – höchstwahrscheinlich den Verlust seines Platzes an einen anderen Zuschauer zur Folge hätte.[527] Im übrigen trifft die Einverständnisfiktion unnötigerweise Festlegungen für das Verhältnis der Aufgenommenen zu den Medien, das nach allgemein akzeptierten Regeln

---

beantragt, das Verfahren gem. § 15 StPO an ein Oberlandesgericht mit einem besonders gesicherten Gebäude zu übertragen. Dazu BGH NJW 2002, 1589 f.

[522] Insofern also ohne sachliche Änderung zum Untreueverfahren um die Sparkasse Mannheim. Zu diesem Detail näher *G. Bertram*, JR 2002, 411.

[523] BVerfG (1. Kammer des Ersten Senats) NJW 2002, 2021 f. Der dort mit abgedruckte Vorbehalt, daß die Anonymisierung im Falle eines Einverständnisses der Betroffenen entfallen könne, wurde erst nachträglich eingefügt. Dazu im folgenden.

[524] Näher *G. Bertram*, JR 2002, 410: Aus Sicht der elektronischen Medien eine Katastrophe.

[525] Gestützt wurde diese Berichtigung auf eine entsprechende Anwendung von § 319 Abs. 1 ZPO. Vgl. dazu den ersten Beschluß (BVerfG, 1 BvR 680/02 v. 15. April 2002, http://www.bverfg.de), den Berichtigungsbeschluß (BVerfG, 1 BvR 680/02 v. 17. April 2002, http://www.bverfg.de) sowie die Schilderung bei *G. Bertram*, JR 2002, 410 f.

[526] Zitiert nach *G. Bertram*, JR 2002, 410.

[527] *G. Bertram*, JR 2002, 411.

von der Entscheidung des Vorsitzenden über die Zulassung von Aufnahmen unberührt bleibt.[528]

Vergleicht man den Beschluß mit der Senatsentscheidung zum Aufnahmeverbot während der Verhandlung, so fällt auf, daß das *Bundesverfassungsgericht* die ausnahmslose Geltung des § 169 S. 2 GVG damit begründet, der Vorsitzende solle nicht mit zusätzlichen Fragen der Verfahrensdurchführung belastet werden. Im Umfeld der Verhandlung aber soll er sich um Regelungen zu Pool-Lösungen sowie zur technischen Weiterverarbeitung der Aufnahmen kümmern.

Zugleich belegt der Vergleich speziell mit dem „Kruzifix"-Verfahren einmal mehr, wie sehr pauschalierende Verbote erleichtert werden, wenn statt der Medienfreiheiten nur objektives Verfassungsrecht herangezogen wird. Am Maßstab von Demokratie und Rechtsstaat ist das Aufnahmeverbot in einem weder die Menschenwürde noch Leib und Leben der Beteiligten bedrohenden Verwaltungsrechtsstreit nach Auffassung des *Bundesverfassungsgerichts* nicht zu beanstanden. Den Rechtfertigungskriterien der Rundfunkfreiheit hingegen vermag ein vollständiges Aufnahmeverbot nicht einmal in einem Strafverfahren standzuhalten, in dem ein ungewöhnlich hohes Gefahrenpotential für etliche Prozeßbeteiligte besteht.

In der Konsequenz der *El-Kaida*-Entscheidung liegt es jedenfalls, daß ein vollständiges Aufnahmeverbot außerhalb der Verhandlung regelmäßig unzulässig ist,[529] sofern dem Berichterstattungsinteresse im Rahmen der Abwägung hinreichendes Gewicht zukommt.

VI. Fernsehaufnahmen außerhalb der Verhandlung (Mord an Jakob von Metzler)

In einer weiteren Entscheidung stellt das *Bundesverfassungsgericht* allerdings klar, daß eine Anonymisierung der Bilder nicht angeordnet werden darf, wenn und soweit das Berichterstattungsinteresse auch die Abbildung der betreffenden Person umfaßt und gegenüber den entgegenstehenden Interessen vorrangig ist.[530]

---

[528] Dazu näher unten Teil 5 E.IV.2.b), S. 448 ff.

[529] Kritisch *G. Bertram*, JR 2002, 411: Jeder Vorsitzende müsse damit rechnen, daß ihm das *Bundesverfassungsgericht* in seine Sitzungspolizei hineinregiert. *Plate*, NStZ 1999, 394, geht schon mit Blick auf BVerfGE 91, 125 ff. (oben Teil 5 D.I.2., S. 378 ff.) von der Unzulässigkeit eines vollständigen Aufnahmeverbots vor Verhandlungsbeginn aus.

[530] BVerfG (1. Kammer des Ersten Senats) NJW 2003, 2523 f. Daß der Erlaß einer einstweiligen Anordnung gegen die Anonymisierungsverfügung im konkreten Fall dennoch abgelehnt wurde, hatte allein prozessuale Gründe. Es stand ausreichend Bildmaterial vom Angeklagten zur Verfügung, so daß die Anonymisierung lediglich zur Folge hatte, daß keine Aufnahmen von ihm im Gerichtssaal gezeigt werden konnten. Dabei handelt es sich nach Auffassung des *Bundesverfassungsgerichts* nicht um einen schweren Nachteil i. S. v. § 32 Abs. 1 BVerfGG.

Hervorhebenswert ist vor allem die nunmehr geänderte Sprachregelung zum Umfang der Rundfunkfreiheit. Im Gegensatz zur Entscheidung im *Honecker*-Verfahren[531] ist nicht mehr die Rede von Aufnahmen *aus Gerichtsverhandlungen*. Statt dessen formuliert das Gericht, das Berichterstattungsinteresse umfasse „die bildliche Dokumentation der Geschehnisse im Sitzungssaal *am Rande der Verhandlung*".[532] Mittelbar bestätigt es so die Auffassung, daß die frühere Diktion für einen Grundrechtsschutz auch während der Verhandlung sprach.

VII. Bildaufnahmen außerhalb der Verhandlung über den ersten Verhandlungstag hinaus

Die derzeit letzte einschlägige Entscheidung betrifft ein Strafverfahren, in dem der Vorsitzende nur am ersten Verhandlungstag vor Verhandlungsbeginn Bild- und Tonaufnahmen im Sitzungssaal gestattet hatte, wobei freilich der Angeklagte nicht anwesend war. Der gegen das Aufnahmeverbot an den weiteren Tagen gerichtete Antrag eines Journalisten auf Erlaß einer einstweiligen Anordnung blieb erfolglos. Das *Bundesverfassungsgericht* hält – im Rahmen der Abwägung nach § 32 BVerfGG – das Interesse der Öffentlichkeit an einer authentischen Bildberichterstattung durch die Aufnahmemöglichkeit am ersten Tag für ausreichend berücksichtigt. Spezielle Gründe für die Notwendigkeit weiterer Aufnahmen seien nicht vorgetragen. Zudem weist das Gericht auf die im Gerichtsverfahren gesteigerte Bedeutung des Persönlichkeitsschutzes hin.[533]

---

531 Oben Teil 5 D.I.2., S. 378 ff.
532 BVerfG (1. Kammer des Ersten Senats) NJW 2003, 2523 (Hervorhebung nur hier).
533 BVerfG (1. Kammer des Ersten Senats) NJW 2003, 2671 f.

E. Die verfassungsrechtliche Beurteilung von Aufnahmeverboten

I. Bild- und Tonaufnahmen im Schutzbereich der Medienfreiheiten

Ungeachtet aller Details der jeweils zugrundeliegenden Einzelfälle läßt die *bundesverfassungsgerichtliche* Rechtsprechung jedenfalls die zentrale Weichenstellung für die verfassungsrechtliche Beurteilung von Aufnahmeverboten deutlich hervortreten. Es handelt sich um die Frage, ob bzw. in welchem Umfang Bild- und Tonaufnahmen durch die Medienfreiheiten des Art. 5 Abs. 1 S. 2 GG geschützt werden.

1. Der Schutz der medienspezifischen Informationsbeschaffung durch die Medienfreiheiten

Sämtliche Medienfreiheiten schützen die Berichterstattung „von der Beschaffung der Information bis zur Verbreitung der Nachricht." Das *Bundesverfassungsgericht* hat seine zunächst auf die Pressefreiheit bezogene Rechtsprechung mittlerweile zu Recht auf die Rundfunkfreiheit ausgedehnt.[534] Schutzobjekt der Medienfreiheiten ist nicht nur die Berichterstattung als solche, sondern gerade die Berichterstattung in ihrer jeweils medienspezifischen Form.[535]

Daher umfaßt die Rundfunkfreiheit unter dem Aspekt der Informationsbeschaffung alle Tätigkeiten und Verhaltensweisen, die zur Gewinnung und zur *rundfunkspezifischen* Verbreitung von Nachrichten und Meinungen gehören.[536] Dazu zählt insbesondere die Möglichkeit, ein Ereignis ganz oder teilweise zeitgleich oder zeitversetzt zu übertragen.[537] Berichterstattung durch das Fernsehen ist „wo immer möglich Berichterstattung in bewegten Bildern"[538] – und zwar in Bildern von dem Ereignis selbst. Zwar ist die Berichterstattung durch den Rundfunk als solche nicht zwingend auf Originalbilder und -töne angewiesen. Sie ist

---

534 BVerfGE 91, 125 (134); 103, 44 (59). Zur Pressefreiheit BVerfGE 10, 118 (121).

535 So schon *Lang*, Ton- und Bildträger, 1960, S. 62.

536 *Starck*, in: v. Mangoldt/Klein/Starck, Das Bonner Grundgesetz, Bd. 1, 4. Aufl. 1999, Art. 5 Rdnr. 103 (Hervorhebung nur hier).

537 BVerfGE 91, 125 (134); 103, 44 (59).

538 BVerfGE 97, 228 (258).

auch mittelbar möglich, indem ein Journalist das betreffende Ereignis schildert. Das aber ist nicht mehr die rundfunkspezifische Form der Berichterstattung.[539] Fernsehen ist mehr als gefilmtes Radio; Hörfunk beschränkt sich nicht auf vorgelesene Zeitungsberichte. Daß Berichterstattung auch ohne Originalaufnahmen möglich ist, läßt deren Einbeziehung in den Schutzbereich unberührt.

Dementsprechend ist auch der Einsatz von Aufnahme- und Übertragungsgeräten als Mittel der Informationsbeschaffung vom Schutzbereich des Art. 5 Abs. 1 S. 2 GG umfaßt.[540] Das Fernsehen muß ein Ereignis zunächst audiovisuell rezipieren, um in der ihm gemäßen Form informieren zu können.[541] Entsprechendes gilt für den Hörfunk. Eventuelle Beeinträchtigungen anderer Rechtspositionen, die durch den Einsatz von Aufnahme- und Übertragungsgeräten oder durch die Breitenwirkung und Suggestivkraft des Rundfunks entstehen können, sind in der Systematik der Rundfunkfreiheit auf der Schrankenebene zu bewältigen.[542]

Gleiches gilt für Fotos, die je nach Verwendungszweck von der Rundfunk-, meist aber von der Pressefreiheit erfaßt werden. Presseberichterstattung ist Berichterstattung in Wort *und Bild*. Ein Verbot von Fotos engt daher nicht den Schutzbereich der Pressefreiheit ein, sondern bedarf als Eingriff in den Schutzbereich der Rechtfertigung nach Art. 5 Abs. 2 GG.

Ob Aufnahmen während einer Gerichtsverhandlung oder lediglich in ihrem Umfeld gemacht werden sollen, spielt für ihre Einbeziehung in den Schutzbereich der jeweiligen Medienfreiheit ebensowenig eine Rolle wie die Frage, ob es sich um Rundfunkaufnahmen oder um Fotos handelt. Tatbestandlich greift der Schutz der Medienfreiheiten in jedem Fall ein.

2. Die Kritik an der abweichenden Konzeption des Bundesverfassungsgerichts für Rundfunkaufnahmen in der Verhandlung

Die abweichende Lösung, mit der das *Bundesverfassungsgericht* in der „Politbüro/Kruzifix"-Entscheidung Rundfunkaufnahmen während der Verhandlung wegen des gesetzlichen Aufnahmeverbots in § 169 S. 2 GVG aus dem Schutzbereich der Rundfunkfreiheit herausnimmt,[543] überzeugt aus mehreren Gründen nicht.

a) Die Informationsfreiheit als unzutreffender Ausgangspunkt

Fehlsam ist bereits der *bundesverfassungsgerichtliche* Ausgangspunkt, der Zugang der Medien zu jedermann offenstehenden Informationsquellen werde

---

[539] *H.J. Schneider*, JuS 1963, 351.
[540] BVerfGE 91, 125 (134); 103, 44 (59).
[541] *Fuhr*, in: FS für Hubert Armbruster, 1976, S. 117.
[542] Ausführlich *Degenhart*, in: Bonner Kommentar, Art. 5 Abs. 1 u. 2 Rdnrn. 734f.
[543] Näher oben Teil 5 D.IV.3., S. 384ff.

allein durch die allgemeine Informationsfreiheit (Art. 5 Abs. 1 S. 1 HS 2 GG) geschützt. Wie bereits gezeigt wurde,[544] ist die Teilnahme von Journalisten an öffentlichen Gerichtsverhandlungen als Teil der medialen Informationsbeschaffung grundrechtlich in erster Linie Gegenstand der Medienfreiheiten (Art. 5 Abs. 1 S. 2 GG).[545]

Im hier interessierenden Zusammenhang kommt es auf diese Frage nicht unmittelbar an. Daß die Nutzung rundfunkspezifischer Aufnahme- und Übertragungsgeräte der „insofern spezielleren" Rundfunkfreiheit unterfällt, räumt auch das *Bundesverfassungsgericht* ein.[546] Der Grund für die bis zu dieser Stelle scheinbar ohne Not erfolgende Heranziehung der allgemeinen Informationsfreiheit wird im Anschluß deutlich, wenn das Gericht zur Rundfunkfreiheit ausführt, zu ihrem

> „Schutzbereich gehört aber ebenso wenig wie zu dem der Informationsfreiheit ein Recht auf Eröffnung einer Informationsquelle. Insoweit reicht die Rundfunkfreiheit nicht weiter als die Informationsfreiheit des Art. 5 Abs. 1 Satz 1 GG, die als Abwehrrecht nur den Zugang zu allgemein zugänglichen Informationsquellen gegen staatliche Beschränkungen sichert."[547]

Die Indienstnahme der Informationsfreiheit erweist sich damit als Kunstgriff, um das Tatbestandsmerkmal der allgemeinen Zugänglichkeit – an der es Gerichtsverhandlungen im Hinblick auf Rundfunkaufnahmen wegen § 169 S. 2 GVG vermeintlich fehlen soll –[548] auf die Medienfreiheiten zu erstrecken.

b) Die Irrelevanz von Aufnahmebeschränkungen für die Allgemeinzugänglichkeit einer Informationsquelle

Auch dieser Teil der Argumentation geht jedoch fehl. Das gesetzliche Aufnahmeverbot wäre selbst dann ein Eingriff in die Rundfunkfreiheit, wenn deren tatbestandliche Reichweite durch das Merkmal der allgemeinen Zugänglichkeit begrenzt würde.[549] Der Ausschluß bestimmter Rezeptionsformen und -modalitäten nämlich betrifft – nach den Kriterien der Informationsfreiheit – nicht die allgemeine Zugänglichkeit einer Informationsquelle,[550] sondern ist ein Eingriff in den Schutzbereich des Grundrechts. Art. 5 Abs. 1 S. 1 HS 2 GG schützt die Freiheit, sich aus allgemein zugänglichen Quellen zu unterrichten. Die Entscheidung für eine bestimmte Art und Weise der Informationsaufnahme gehört systematisch zum Merkmal „sich … zu unterrichten", nicht zur allgemeinen

---

[544] Oben Teil 4 A.II., S. 232 ff.
[545] So auch *Hain*, DÖV 2001, 590.
[546] BVerfGE 103, 44 (59).
[547] BVerfGE 103, 44 (59 f.).
[548] BVerfGE 103, 44 (60 f.).
[549] A.A. *Enders*, NJW 1996, 2713.
[550] *Kirchberg*, BRAK-Mitt. 2002, 255; *Stürner*, JZ 2001, 701.

Zugänglichkeit. Daher läßt beispielsweise ein Fotografierverbot durch die Polizei die allgemeine Zugänglichkeit einer Quelle unberührt.

c) Der Schutz des Zugangs auch zu nicht allgemein zugänglichen Informationsquellen durch die Medienfreiheiten

Vor allem aber spricht gegen die vermeintliche Parallelität der allgemeinen Informationsfreiheit einerseits und der Medienfreiheiten andererseits, daß der Schutz des Informationszugangs durch die Medienfreiheiten gerade nicht von der allgemeinen Zugänglichkeit der Informationsquelle abhängt.[551] Bereits der Wortlaut des Art. 5 Abs. 1 S. 2 GG setzt im Gegensatz zu Art. 5 Abs. 1 S. 1 2. HS GG die allgemeine Zugänglichkeit nicht voraus.[552] Zudem ließe sich nach der gegenteiligen Auffassung der Grundrechtsschutz des Vertrauensverhältnisses zwischen Journalist und Informant[553] nicht erklären.

Folglich greift die staatliche Beschränkung des medialen Zugangs zu Informationsquellen unabhängig von deren allgemeiner Zugänglichkeit in den Schutzbereich der Medienfreiheiten ein und löst die grundrechtliche Rechtfertigungspflicht des Staates aus.[554] Das gilt nicht nur für privat vorgehaltene Informationen, sondern auch für die hier relevanten Informationsquellen im Einflußbereich des Staates. Auf Grund der Systematik des Art. 5 Abs. 1 GG kann die grundrechtsdogmatische Beurteilung einer die Medien treffenden Zugangsbeschränkung nicht von der allgemeinen Zugänglichkeit der Quelle abhängen. Selbst wenn der Staat durch die Beschränkung des Zugangs zu eigenen Informationen in der Lage sein sollte, den Schutzbereich der *allgemeinen* Informationsfreiheit aus Art. 5 Abs. 1 S. 1 HS 2 GG zu verengen, ist eine derartige Beschränkung sub specie der speziellen Informationsfreiheit der Medien aus Art. 5 Abs. 1 S. 2 GG dennoch als Eingriff zu werten.

d) Grundrechtsschutz zwischen Leistungsrecht und Abwehrrecht

Im Zusammenhang damit steht ein weiterer Gesichtspunkt der *bundesverfassungsgerichtlichen* Entscheidung, den das Gericht freilich nicht präzise genug von der Frage nach der allgemeinen Zugänglichkeit abhebt. Wenn es die Einschlägigkeit des Grundrechtsschutzes gerade unter Hinweis auf dessen *abwehr-*

---

[551] So zu Recht noch *Jarass*, in: Jarass/Pieroth, GG, 6. Aufl. 2002, Art. 5 Rdnr. 27 (nicht fortgeführt von *Jarass*, in: Jarass/Pieroth, GG, 7. Aufl. 2004, Art. 5 Rdnr. 27). A.A. *Huff*, NJW 2001, 1622.

[552] *Hain*, DÖV 2001, 591; *Gersdorf*, in: Kuhlo/Gersdorf, Gerichts-TV, 2001, S. 28; *Gersdorf*, AfP 2001, 30.

[553] BVerfGE 20, 162 (176); 36, 193 (204); 64, 108 (114); 77, 65 (74 f.); 107, 299 (330).

[554] Kritisch zur Vermengung von Schutzbereich und Eingriff durch das Bundesverfassungsgericht auch *Kreile/Westphal*, AfP 2001, 462.

rechtlichen Charakter verneint, so liegt dem offenbar die Vorstellung zugrunde, der Aufnahmewunsch sei nicht als Abwehr einer staatlichen Beschränkung, sondern als Forderung nach einer staatlichen Leistung einzustufen, die sich nicht auf die Informationsfreiheit und damit auch nicht auf die vermeintlich parallele Rundfunkfreiheit stützen lassen soll.

Insofern verbirgt sich hinter dem Aufnahmebegehren nicht allein die Problematik, ob sich die Medien überhaupt auf Grundrechte berufen können, wenn und soweit sie auf Informationsquellen im staatlichen Verantwortungsbereich zugreifen wollen. Hinzu kommt das grundrechtsdogmatische Problem, ob die Medienfreiheiten – auf die Informationsfreiheit kommt es, wie zuvor gezeigt, hier nicht an – in ihrer Abwehr- oder in ihrer Leistungsdimension angesprochen sind.[555]

aa) Die abwehrrechtliche Prägung des Aufnahmebegehrens

Das Aufnahmebegehren betrifft vorrangig die abwehrrechtliche Komponente der Medienfreiheiten.[556]

Schon auf Grund der konkreten Situation im Gerichtssaal will nicht recht einleuchten, worin die vermeintlich begehrte staatliche Leistung liegen soll. Ein ohnehin als Zuschauer anwesender Rundfunkjournalist bedarf zur Benutzung seiner Aufnahmegeräte keiner staatlichen Unterstützung. Zwar müßte zunächst das Verbot des § 169 S. 2 GVG aufgehoben werden. Das Verlangen nach Aufhebung eines staatlichen Verbots aber ist geradezu der Prototyp der klassischen grundrechtlichen Abwehrfunktion.

Für diese Sichtweise spricht auch der Blick auf vergleichbare Konstellationen. Obwohl sich z. B. der Wunsch, auf öffentlichen Flächen zu reiten, auf die Inanspruchnahme staatlich kontrollierter Ressourcen richtet, zieht das *Bundesverfassungsgericht* die allgemeine Handlungsfreiheit (Art. 2 Abs. 1 GG) allein in ihrer Funktion als Abwehrrecht heran, um das Verbot des „Reitens im Walde" zu beurteilen.[557] Entsprechendes gilt für Versammlungen oder für das Verteilen von Gratiszeitungen auf öffentlichen Straßen.[558]

bb) Der Schutz sogar eines als Leistungsbegehren einzuordnenden Informationszugangs durch die Medienfreiheiten

Hinzu kommt, daß selbst die Beurteilung des Aufnahmewunsches als Leistungsbegehren nicht dagegen sprechen würde, Rundfunkaufnahmen in den Schutzbereich der Rundfunkfreiheit einzubeziehen.

---

[555] *Gersdorf*, in: Kuhlo/Gersdorf, Gerichts-TV, 2001, S. 25; *Gersdorf*, AfP 2001, 29 f.
[556] S. auch *Hain*, DÖV 2001, 591.
[557] *Gersdorf*, AfP 2001, 29 f., unter Hinweis auf BVerfGE 80, 137 (152 ff.).
[558] *Gersdorf*, in: Kuhlo/Gersdorf, Gerichts-TV, 2001, S. 28 f.; *Gersdorf*, AfP 2001, 31.

aaa) Die Frage nach einem verfassungsunmittelbaren Informationsanspruch der Medien

Ob sich aus den Medienfreiheiten Leistungsansprüche gegen den Staat ergeben können, wird vorrangig im Zusammenhang mit der Frage nach einem verfassungsunmittelbaren Informationsanspruch der Medien, insbesondere der Presse, gegen staatliche Behörden diskutiert. Die überwiegende Auffassung lehnt einen derartigen Anspruch ab, da die Regelung von Auskunftsansprüchen dem Gesetzgeber überlassen sei.[559] Die Gegenauffassung stützt sich insbesondere auf das Argument, daß die Presse ohne einen derartigen Anspruch ihrer „öffentlichen Aufgabe" nicht nachkommen könne.[560] Angesichts der in den Landespressegesetzen, den Landesmediengesetzen sowie im Mediendienste-Staatsvertrag einfach-gesetzlich normierten Informationsansprüche[561] ist die praktische Bedeutung der Frage begrenzt.[562]

Jedoch scheinen die Medienfreiheiten nach der Mehrheitsauffassung generell keine tragfähige Grundlage für Leistungsansprüche gleich welcher Art gegen den Staat zu sein. Sollte das Aufnahmebegehren der Medien als Einforderung der staatlichen Leistung „Gewährung von Informationszugang" zu qualifizieren sein, müßte sich das gesetzliche Aufnahmeverbot folglich nicht an den Medienfreiheiten messen lassen.

bbb) Das Verhältnis zwischen Schutzbereich und durchsetzbarem Anspruch bei grundrechtlichen Leistungsrechten

Diese Schlußfolgerung vermengt jedoch zwei Aspekte des Grundrechtsschutzes miteinander. Auch wenn ein Grundrecht im Ergebnis keinen strikten und durchsetzbaren Anspruch auf eine bestimmte staatliche Leistung verbürgt, kann der Tatbestand des Grundrechts sehr wohl ein prinzipielles Recht auf die Leistung beinhalten. Die Versagung der Leistung gerät in diesem Fall zum rechtfertigungsbedürftigen – und auf Grund von gegenläufigen Positionen auch rechtfertigungsfähigen – Grundrechtseingriff.[563] Immerhin aber muß sie sich am Maßstab des Grundrechts messen lassen.

---

[559] BVerwGE 70, 310 (311 ff.) (mit zahlreichen Nachweisen pro et contra); 85, 283 (284 f.); VGH Mannheim NVwZ 1998, 987 (990); OVG Bremen NJW 1989, 926 f.; *Martens*, Öffentlich als Rechtsbegriff, 1969, S. 67; *Starck*, AfP 1978, 173 ff.

[560] *Groß*, DÖV 1997, 134 ff.; *Löffler*, NJW 1964, 2278; *Soehring*, Presserecht, 3. Aufl. 2000, Rdnrn. 1.10, 4.3; *Tettinger*, ZUM 1986, 502; *Jerschke*, Öffentlichkeitspflicht der Exekutive und Informationsrecht der Presse, 1971, S. 223 ff.

[561] Näher zu den einzelnen Rechtsgrundlagen *Burkhardt*, in: Wenzel, Das Recht der Wort- und Bildberichterstattung, 5. Aufl. 2003, 10. Kapitel Rdnr. 2.

[562] Relevant wird die Frage, soweit sich der Auskunftsanspruch des einfachen Rechts als lückenhaft erweist. S. dazu unten Teil 6 B.I.1., S. 501 f.

[563] So gerade für den Informationsanspruch der Medien *Gersdorf*, AfP 2001, 30 f. – Die Interdependenz von Eingriff und Leistung ist auch im übrigen ein dem deutschen Verfas-

Diese Konzeption verfolgt auch das *Bundesverwaltungsgericht*. Zwar verneint es unter Hinweis auf das Fehlen eines verfassungsunmittelbaren Auskunftsanspruchs einen auf die Pressefreiheit gestützten „Anspruch auf Informationsbeschaffung" durch die Tonbandaufzeichnung einer Gemeinderatssitzung. Die gesetzliche Befugnis des Ratsvorsitzenden, Aufnahmen zu unterbinden, ordnet es jedoch ausdrücklich den allgemeinen Gesetzen i. S. v. Art. 5 Abs. 2 GG und damit nicht schon dem Tatbestand, sondern erst den Schranken der Pressefreiheit zu.[564]

Die Plausibilität dieser Konzeption hängt freilich von der generellen grundrechtsdogmatischen Fragestellung ab, ob grundrechtliche Leistungsrechte einschränkbar sind, ob sie also strukturell dem Eingriffs-Schranken-Modell der Abwehrrechte entsprechen. Verneint wird dies von den Vertretern des sog. „Präformationsmodells",[565] nach dem der Schutzbereich grundrechtlicher Leistungsrechte mit ihrem effektiv durchsetzbaren Schutz identisch ist. Für die Einschränkbarkeit auch grundrechtlicher Leistungsrechte spricht jedoch entscheidend, daß Grundrechte – gerade in ihrer leistungsrechtlichen Dimension – keine strikten Regeln, sondern bloße Prinzipien sind, die sich nur im Wege der Abwägung mit entgegenstehenden Rechtsgütern anwenden lassen. Daher reicht ihr Schutzbereich über den tatsächlich durchsetzbaren Schutz hinaus.[566]

ccc) Die Funktion des formellen Gesetzgebers

Freilich scheint diese Sichtweise zur Folge zu haben, daß Ansprüche auf staatliche Leistungen nicht erst nach Maßgabe des einfachen Gesetzes entstehen, sondern daß es im Gegenteil eines Gesetzes bedarf, um sie auszuschließen oder einzuschränken. Ein durchgreifendes Argument gegen die hier vertretene Konzeption ergibt sich daraus nicht. Zum einen ist die Schlußfolgerung nicht zwingend. Es sprechen gewichtige Argumente dafür, Eingriffe in den Schutzbereich von Leistungsgrundrechten nicht im gleichen Umfang von einer formell-gesetzlichen Legitimation abhängig zu machen wie Eingriffe in den Schutzbereich von Abwehrrechten.[567] Zum anderen ist speziell für den hier interessierenden Zugang der Medien zu staatlich vorgehaltenen Informationen zu berücksichtigen, daß diese Form der Leistung – sofern man die Zugangsgewährung denn als Leistung auffaßt – regelmäßig keine finanziellen Aufwendungen bedingt. Daher kann sie erbracht werden, ohne andere Präferenzentscheidungen des Gesetzgebers zu beeinträchtigen.

---

sungsrecht bekanntes Phänomen. S. etwa BVerfGE 33, 303 (329 ff.); *Imboden*, Das Gesetz als Garantie rechtsstaatlicher Verwaltung, 2. Aufl. 1962, S. 42.

564 BVerwGE 85, 283 (284 ff.).

565 Zum Begriff *Lübbe-Wolf*, Grundrechte als Eingriffsabwehrrechte, 1988, S. 17 f., 27 f.

566 *Borowski*, JöR n.F. Bd. 50 (2002), S. 312 ff.

567 Näher *Borowski*, JöR n.F. Bd. 50 (2002), S. 328 f.

ddd) Die Überschneidungen von Abwehr- und Leistungsrechten

Ein weiterer spezifischer Gesichtspunkt der hier betrachteten Fälle kommt hinzu. Vermeintliche Leistungsbegehren der Medien, die auf den Zugang zu staatlichen Informationen zielen, lassen sich sprachlich regelmäßig auch als Abwehrbegehren formulieren, ohne daß damit eine inhaltliche Änderung verbunden wäre. Das gilt nicht nur für Rundfunkaufnahmen in der Verhandlung. Der Wunsch von Medienvertretern, an einer nichtöffentlichen Verhandlung teilzunehmen, kann gleichermaßen als „Gewährung von Zugang" wie als „Unterlassung einer Zugangsversagung" beschrieben werden.[568] Das vermeintliche Leistungsbegehren erscheint in diesem Fall als Abwehr einer staatlichen Beschränkung, die sich ohne weiteres auf den grundrechtlichen status negativus stützen läßt.[569]

Von der Entscheidung für die eine oder für die andere Formulierung aber kann die tatbestandliche Einschlägigkeit der Medienfreiheiten nicht abhängen. Grundrechtsschutz besteht nicht nach Maßgabe terminologischer Nuancen. Angesichts der Interdependenzen zwischen der abwehrrechtlichen und der leistungsrechtlichen Dimension des Art. 5 Abs. 1 S. 2 GG taugt der vermeintliche Leistungscharakter eines Begehrens nach Informationszugang nicht dazu, die tatbestandliche Einschlägigkeit der Medienfreiheiten zu verneinen.

e) Grundrechtsschutz trotz des Zugriffs auf fremde Ressourcen

Auch ein weiterer denkbarer Einwand gegen die hier vertretene Konzeption greift nicht durch. Er betrifft das umstrittene Problem, auf welcher systematischen Stufe der Grundrechtsprüfung der Konflikt zu lösen ist, der entsteht, wenn eine an sich grundrechtlich geschützte Tätigkeit in (ebenfalls) grundrechtlich geschützte Rechtsgüter Dritter eingreift. Die Frage ist, ob es einen generellen Rechtssatz des Inhalts gibt, daß sich Grundrechte bereits *tatbestandlich* nicht auf die eigenmächtige Inanspruchnahme fremder Ressourcen erstrecken. In diesem Fall wäre der Zugang zu staatlichen Informationen, bei denen es sich aus Sicht der Medien um fremde Ressourcen handelt, nicht von den Medienfreiheiten geschützt.

Ein derartiger Rechtssatz jedoch existiert nicht. Er läßt sich insbesondere der Rechtsprechung des *Bundesverfassungsgerichts* nicht entnehmen.

Zwar soll sich z.B. die Kunstfreiheit des Wandsprayers von vornherein nicht auf die eigenmächtige Inanspruchnahme oder Beeinträchtigung fremden Eigentums erstrecken.[570] Das Gericht neigt insofern der „engen Tatbestandstheorie"

---

[568] Vgl. dazu bereits oben Teil 4 B.III.2.b)bb)aaa), S. 295 f.

[569] In der speziellen Konstellation des Zugangs zu staatlichen Informationen läßt sich die Abwehrdimension von der Leistungsdimension weder nach formellen Kriterien noch nach materiellen Kriterien (dazu eingehend *Borowski*, JöR n.F. Bd. 50 [2002], S. 303 ff.) eindeutig beantworten.

[570] BVerfG (Vorprüfungsausschuß) NJW 1984, 1293 (1294); ebenso *Bethge*, in: Sachs, GG,

zu.[571] Diese entzieht dem Störer, der eine evidente Verletzung von Grundrechtsgütern Dritter bewirkt, den grundrechtlichen Schutz als Konsequenz des „neminem laedere"-Gedankens bereits auf der Tatbestandsebene. Einer Abwägung bedarf es folglich nicht mehr.

Diese Auffassung ist jedoch nicht unbestritten. Ihr steht die „weite Tatbestandstheorie" gegenüber, die auch Störungshandlungen der beschriebenen Qualität in den Schutzbereich einbezieht und das Problem im Wege der Güterabwägung löst. Selbst die angesprochene Entscheidung des *Bundesverfassungsgerichts* enthält als „rückversichernde Zweitbegründung"[572] eine Abwägung.[573]

In diesem Zusammenhang bedarf der Streit keiner Entscheidung. Auch die enge Theorie würde den hier interessierenden Aufnahmen den tatbestandlichen Schutz der Rundfunkfreiheit nicht entziehen. Nicht jede Inanspruchnahme fremder Ressourcen kommt der evidenten Beeinträchtigung von Grundrechtsgütern gleich, auf die die enge Tatbestandstheorie zugeschnitten ist. Jedenfalls der Zugriff auf *staatliche* Ressourcen ist von vornherein anders gelagert. Im Gegensatz zu Grundrechten eines Dritten stehen staatliche (Geheimhaltungs-)Interessen nicht parallel und prinzipiell gleichwertig neben den Grundrechten des Störers, sondern laufen diesen strukturell zuwider. Insofern trifft die auf den Tatbestand des Art. 5 Abs. 1 S. 2 GG gemünzte Aussage, das Beschaffen von Informationen gegen den Willen des Informationsinhabers werde nicht von den Medienfreiheiten erfaßt,[574] auf Informationen in der Hand des Staates nicht zu.

Diskutabel wäre eine tatbestandliche Einschränkung der Rundfunkfreiheit allenfalls unter dem Gesichtspunkt einer möglichen Verletzung des Persönlichkeitsrechts der Aufgenommen.[575] Allerdings verletzt nicht jede gegen den Willen der Betroffenen erfolgende Aufnahme deren Persönlichkeitsrecht. Zumindest erreichen nicht alle aufnahmebedingten Verletzungen des Persönlichkeitsrechts die Evidenzgrenze, was jedoch nach der engen Tatbestandstheorie Voraussetzung für die Zurücknahme des Schutzbereichs der Grundrechte des Störers ist.

Eine generelle Herausnahme von Rundfunkaufnahmen aus dem Schutzbereich kommt daher auch unter diesem Gesichtspunkt nicht in Betracht.

---

3. Aufl. 2003, Art. 5 Rdnr. 198 c. Dem *Bundesverfassungsgericht* zustimmend auch *Böckenförde*, Der Staat Bd. 42 (2003), S. 175 f., vor dem Hintergrund seiner generellen Unterscheidung zwischen dem Sachbereich und dem Gewährleistungsbereich eines Grundrechts.

[571] Zum Begriff und zum folgenden *Isensee*, in: HStR V, 2. Aufl. 2000, § 111 Rdnrn. 171 ff.

[572] *Isensee*, in: HStR V, 2. Aufl. 2000, § 111 Rdnr. 177 Fn. 444.

[573] BVerfG (Vorprüfungsausschuß) NJW 1984, 1293 (1294). BVerwG NJW 1995, 2648 f., zitiert die Entscheidung als Beleg dafür, daß die Kunstfreiheit ihre Schranken in den Grundrechten Dritter findet. – Unklar ist die dogmatische Einordnung kollidierender Rechte Dritter auch in BVerfGE 104, 92 (111). S. dazu *Sachs*, JuS 2002, 708.

[574] *Jarass*, in: Jarass/Pieroth, GG, 7. Aufl. 2004, Art. 5 Rdnr. 27.

[575] Zur Einschränkung grundrechtlicher Schutzbereiche nach der engen Tatbestandstheorie wegen evidenter Verletzungen des Persönlichkeitsrechts *Isensee*, in: HStR V, 2. Aufl. 2000, § 111 Rdnr. 177, unter Hinweis auf BVerfGE 54, 208 (218 ff.); 61, 1 (7 f.).

f) Die Folge der bundesverfassungsgerichtlichen Konzeption: Grundrechtsschutz nach Maßgabe des Gesetzes

Weiter spricht gegen die Konzeption des *Bundesverfassungsgerichts*, daß sie im Hinblick auf die Informationsbeschaffung der Medien zu einer Geltung der Rundfunkfreiheit nach Maßgabe des Gesetzes führt.[576] Besonders augenfällig wird das im Moment des Verhandlungsbeginns. Bis zu diesem Zeitpunkt werden Rundfunkaufnahmen sowie Fotos von der jeweils einschlägigen Medienfreiheit erfaßt; Aufnahmeverbote bedürfen als Eingriffe der Rechtfertigung. Im Moment des Verhandlungsbeginns aber soll der Grundrechtsschutz für Rundfunkaufnahmen gerade wegen ihres gesetzlichen Verbots enden. Daraus folgt im Umkehrschluß, daß Fotos während der Verhandlung auf Grund der insofern unveränderten normativen Situation (Einschränkbarkeit nur gem. § 176 GVG) nach wie vor vom Schutzbereich der Presse-, ggf. auch der Rundfunkfreiheit erfaßt werden. Der Staat, konkret der Gesetzgeber, könnte nach dieser Konzeption den Umfang der Medienberichterstattung über staatliche Vorgänge – vorbehaltlich objektiv-rechtlicher Anforderungen – frei festlegen.[577] Damit geriete die Kontrolle der Staatstätigkeit durch die Medien, die wesentlich auf den Zugang zu staatlichen Informationen angewiesen ist, in eine weitgehende Abhängigkeit von staatlichen Dispositionen.

g) Der Vergleich mit der Grundbucheinsicht der Medien

Schließlich steht das Urteil des *Bundesverfassungsgerichts* in deutlichem Widerspruch zu einer – freilich einige Monate zuvor ergangenen – Entscheidung[578] zur Grundbucheinsicht von Pressevertretern.[579]

In dieser Entscheidung bezieht das Gericht den Zugang der Presse zu Datensammlungen oder Registern als Teil der journalistischen Informationsbeschaffung unter ausdrücklichem Verweis auf den gleich gelagerten Zugang zu öffentlichen Gerichtsverhandlungen[580] in den Schutzbereich der Pressefreiheit ein. Die Einschlägigkeit der allgemeinen Informationsfreiheit könne daher dahinstehen (!). Daraus zieht das Gericht den ebenfalls zutreffenden Schluß, die Frage der allgemeinen Zugänglichkeit des Grundbuchs offenlassen zu können. § 12 GBO, der die Einsichtnahme von einem berechtigten Interesse abhängig macht,

---

[576] S. dazu *Gersdorf*, in: Kuhlo/Gersdorf, Gerichts-TV, 2001, S. 26; *Gersdorf*, AfP 2001, 30.

[577] *Gersdorf*, in: Kuhlo/Gersdorf, Gerichts-TV, 2001, S. 26.

[578] BVerfG (1. Kammer des Ersten Senats) NJW 2001, 503 ff. Zur Umsetzung der in dieser Entscheidung entwickelten Maßstäbe vgl. KG NJW 2002, 223 ff., mit Anmerkung von *K. Schmidt*, JuS 2002, 296 f.

[579] So auch *Gersdorf*, in: Kuhlo/Gersdorf, Gerichts-TV, 2001, S. 29.

[580] Insofern verweist das Gericht auf seine frühere Entscheidung BVerfGE 50, 234 ff. Dazu oben Teil 4 A.II.1.a), S. 233 f.

wird explizit als „allgemeines Gesetz nach Art. 5 Abs. 2 GG" bezeichnet.[581] Von Einschränkungen bereits auf der Tatbestandsebene ist trotz der gesetzgeberischen Beschränkung des Einsichtsrechts nicht die Rede; auch die Abwehrdimension der Grundrechte wird nicht erwähnt – obgleich sich die Gewährung von Einsicht in das Grundbuch jedenfalls vom äußeren Geschehensablauf her noch eher als staatliche Leistung auffassen ließe als die Gestattung von Rundfunkaufnahmen in einer Gerichtsverhandlung. Wenn § 12 GBO ein Grundrechtseingriff ist, weil er den Zugang zu Informationen beschränkt, an deren Kenntnis die Presse grundsätzlich ein schutzwürdiges Interesse hat,[582] kann für § 169 S. 2 GVG nichts anderes gelten.

Trotz ihrer diametral entgegengesetzten Konzeption wird diese Entscheidung im Urteil zu § 169 S. 2 GVG nicht einmal erwähnt. Das mag an ihrem Erlaß „nur" durch eine Kammer liegen. Angesichts der zeitlichen Nähe und der thematischen Ähnlichkeit, wenn nicht gar Übereinstimmung[583] beider Konstellationen im Hinblick auf die grundrechtssystematische Position der Medien ist die fehlende Auseinandersetzung mit der Vorentscheidung gleichwohl bemerkenswert.

3. Demokratie und Rechtsstaat als objektiv-rechtlicher Hintergrund des Schutzes durch die Medienfreiheiten

Der Schutz aller hier relevanten Aufnahmen durch die Medienfreiheiten bringt es mit sich, daß den Prinzipien der Demokratie und des Rechtsstaats als Maßstab für die verfassungsrechtliche Beurteilung von Aufnahmeverboten keine eigenständige Bedeutung zukommt. Die Grundrechte des Art. 5 Abs. 1 S. 2 GG verleihen der Informationsbeschaffung der Medien eine stärkere Rechtsstellung als die Grundsätze des objektiven Verfassungsrechts.[584]

II. Aufnahmebeschränkungen und -verbote als rechtfertigungsbedürftige Eingriffe in die Medienfreiheiten

Nach alledem greifen Aufnahmeverbote in den Schutzbereich der Rundfunk- bzw. der Pressefreiheit ein und lösen damit die grundrechtliche Rechtfertigungspflicht des Staates aus. Das gilt sowohl für das gesetzliche Verbot des § 169 S. 2 GVG als auch für Verbote, die auf § 176 GVG bzw. auf dem Hausrecht beruhen. Um gerechtfertigt zu sein, müssen sich die Verbote auf die Schrankentrias des Art. 5

[581] BVerfG (1. Kammer des Ersten Senats) NJW 2001, 503 (504 f.).

[582] Vgl. die Entscheidungszusammenfassung von *Dörr*, JuS 2001, 698.

[583] Zutreffend insofern *Gersdorf*, in: Kuhlo/Gersdorf, Gerichts-TV, 2001, S. 29 f.: Es gibt keinen Unterschied zwischen der Einsicht der Presse in das Grundbuch und dem Zugang des Fernsehens zu Gerichtssälen.

[584] *Pieroth*, in: Erichsen/Kollhosser/Welp (Hrsg.), Recht der Persönlichkeit, 1996, S. 257.

Abs. 2 GG stützen lassen. Dieser Befund ist wichtig. Es handelt sich nicht (mehr) um eine Frage der Normprägung bzw. der Organisationsgesetzgebung des ausgestaltenden Gesetzgebers. Zwar ist für die Rundfunkfreiheit des Art. 5 Abs. 1 S. 2 GG seit langem anerkannt, daß sie ein normgeprägtes Grundrecht ist, das der Ausgestaltung durch den (Landes-)Gesetzgeber bedarf.[585] Entsprechend geläufig ist die Konzeption, daß die so getroffene Regulierung eine Normenschicht betrifft, die in Art. 5 Abs. 1 S. 2 GG selbst angelegt und die der Schrankenziehung des Art. 5 Abs. 2 GG vorgelagert ist.[586] Die danach erfolgende Ausgestaltung bzw. Normprägung ist mithin kein Grundrechtseingriff, der sich an Art. 5 Abs. 2 GG zu orientieren hätte.[587] Sie nimmt vielmehr den Gesetzgeber über den Parlamentsvorbehalt in die Pflicht, weil es sich um eine eingriffsindifferente wesentliche grundrechtsrelevante Frage handelt. Doch bewegen sich Aufnahmeverbote der staatlichen Justiz und die diese Verbote anordnenden bzw. zu ihnen ermächtigenden Gesetze nicht mehr im Bereich der bloßen Grundrechtsausgestaltung. Sie sind Sache des grundrechtseingreifenden Staates, der sich an Art. 5 Abs. 2 GG messen lassen muß.[588] Nur diese Konzeption hält auch dem Vergleich mit der potentiell ebenfalls von Aufnahmeverboten bedrohten Pressefreiheit stand, bei der es sich nach überwiegender Auffassung nicht um eine normgeprägte Freiheit handelt und die keinen Ausgestaltungsvorbehalt besitzt bzw. kennt. Es würde dem Grundsatz der Mediengleichheit zuwiderlaufen, wenn sich Maßnahmen der Dritten Gewalt, die den Informationszugang der Medien beschränken, je nach Medium an unterschiedlichen Legitimationsgrundlagen messen lassen müßten.

III. Die verfassungsrechtliche Rechtfertigung des gesetzlichen Aufnahmeverbots nach § 169 S. 2 GVG

1. Die Schranke der allgemeinen Gesetze

Nach Art. 5 Abs. 2 GG finden die Medienfreiheiten ihre Schranken in den Vorschriften der allgemeinen Gesetze, in den gesetzlichen Bestimmungen zum Schutz der Jugend und in dem Recht der persönlichen Ehre. Da § 169 S. 2 GVG keinen spezifischen Jugend- oder Ehrenschutzcharakter aufweist, hängt die verfassungsrechtliche Rechtfertigung des Verbots von der Qualität der Vorschrift als allgemeines Gesetz i. S. v. Art. 5 Abs. 2 GG ab.

---

[585] BVerfGE 57, 295 (319 ff.).

[586] *Bethge*, DVBl. 1986, 860.

[587] BVerfGE 73, 118 (166).

[588] Zutreffend *Sorth*, Rundfunkberichterstattung aus Gerichtsverfahren, 1999, S. 118. S. aber *Stürner*, JZ 2001, 701, der Aufnahmeverbote der speziellen Begrenzungsschicht der „medienspezifischen gesetzlichen Ausübungsregeln" zuordnet, die er von den allgemeinen Gesetzen nach Art. 5 Abs. 2 GG unterscheidet.

a) Der Begriff der allgemeinen Gesetze

Die Schranke der allgemeine Gesetze ist die dominierende Begrenzungsschicht der Kommunikationsfreiheiten des Art. 5 Abs. 1 GG.[589] An den Schwierigkeiten, die mit der Handhabung des schon von Art. 118 Abs. 1 S. 1 WRV benutzten Begriffs stets verbunden waren, hat sich bis heute nichts geändert. Die allgemeinen Gesetze sind die „jahrzehntealte crux des deutschen Staatsrechts".[590]

Einigkeit besteht darüber, daß ein Gesetz bestimmten inhaltlichen Anforderungen genügen muß, um allgemein i. S. v. Art. 5 Abs. 2 GG zu sein. Eine abstrakt-generelle Formulierung allein reicht nicht aus, da andernfalls die weiteren Schranken des Art. 5 Abs. 2 GG überflüssig wären.[591] Dieselbe Überlegung spricht gegen eine vollständige Übereinstimmung der allgemeinen Gesetze mit der verfassungsmäßigen Ordnung i. S. v. Art. 2 Abs. 1 GG.[592] Andererseits ist eine trennscharfe Abgrenzung zwischen den einzelnen Elementen des Art. 5 Abs. 2 GG ohnehin nicht möglich. Etliche Gesetze zum Schutz der Jugend bzw. der persönlichen Ehre sind zugleich allgemeine Gesetze.

Einen ersten Ansatz zur Klärung des Begriffs liefert die schon zu Art. 118 Abs. 1 S. 1 WRV vertretene Sonderrechtslehre.[593] Nach ihr dürfen allgemeine Gesetze eine Meinung nicht als solche, also gerade wegen ihrer geistigen Wirkung verbieten. Bezogen auf sämtliche Grundrechte des Art. 5 Abs. 1 GG muß ein allgemeines Gesetz nach diesem Ansatz kommunikationsneutral sein.[594] Speziell mit Blick auf die Medienfreiheiten darf es sich nicht um Sonderrecht gegen die Presse oder gegen den Rundfunk handeln.[595]

Dennoch sind Regelungen wie das Gegendarstellungsrecht, die nach den eher formalen Kriterien der Sonderrechtslehre keinen Bestand haben könnten,[596] nicht automatisch mit der Verfassung unvereinbar.[597] Nach einem weiteren Ansatz läßt sich die Allgemeinheit eines Gesetzes, das den Kommunikationsprozeß beschränkt, auch materiell bestimmen. Allgemein sind danach solche Gesetze,

---

[589] *Bethge*, in: Sachs, GG, 3. Aufl. 2003, Art. 5 Rdnr. 142; s. auch *Degenhart*, in: Bonner Kommentar, Art. 5 Abs. 1 u. 2 Rdnr. 66; *Clemens*, in: Umbach/Clemens, GG, Bd. I, Art. 5 Rdnr. 119; *Schulze-Fielitz*, in: Dreier, GG, Bd. I, 2. Aufl. 2004, Art. 5 I, II Rdnr. 136. Kritisch zur Einebnung der Unterschiede zwischen den einzelnen Schrankenvorbehalten des Art. 5 Abs. 2 GG durch die materielle Aufladung der „allgemeinen Gesetze" *Ladeur*, AfP 1993, 531.

[590] *Bethge*, AfP 1980, 16; zustimmend *Wendt*, in: v. Münch/Kunig, GG, Bd. 1, 5. Aufl. 2000, Art. 5 Rdnr. 69.

[591] *Pieroth/Schlink*, Grundrechte – Staatsrecht II, 20. Aufl. 2004, Rdnr. 587.

[592] *Bethge*, in: Sachs, GG, 3. Aufl. 2003, Art. 5 Rdnr. 142.

[593] *Anschütz*, VVDStRL Heft 4 (1928), S. 74 f.; s. auch *Häntzschel*, in: Anschütz/Thoma, HdbDStR II, 1932, S. 659 f.

[594] *Degenhart*, in: Bonner Kommentar, Art. 5 Abs. 1 u. 2 Rdnr. 66. Kritisch zur regelmäßig allein verlangten *Meinungs*neutralität *Jarass*, Die Freiheit der Massenmedien, 1978, S. 160.

[595] *Degenhart*, in: Bonner Kommentar, Art. 5 Abs. 1 u. 2 Rdnrn. 559, 873.

[596] Vgl. *Bethge*, in: Sachs, GG, 3. Aufl. 2003, Art. 5 Rdnr. 144: Medienspezifisches Sonderrecht par excellence.

[597] BVerfGE 74, 297 (343).

die den Vorrang vor Art. 5 Abs. 1 GG haben, weil das von ihnen geschützte Rechtsgut der Freiheit des Kommunikationsprozesses vorgeht.[598] Ob ein Gesetz allgemein ist, muß im Wege der Abwägung bestimmt werden.[599]

Das *Bundesverfassungsgericht* faßt beide Ansätze zusammen.[600] Nach seiner Rechtsprechung sind allgemein i. S. v. Art. 5 Abs. 2 GG solche Gesetze, die sich weder gegen bestimmte Meinungen als solche richten noch Sonderrecht gegen den Prozeß der Meinungsbildung darstellen.[601] Vielmehr zeichnen sich allgemeine Gesetze dadurch aus, daß sie dem Schutz eines schlechthin, ohne Rücksicht auf eine bestimmte Meinung schützenswerten Rechtsguts dienen, dem Schutz eines Gemeinschaftswerts, der gegenüber der Betätigung der Meinungsfreiheit den Vorrang hat.[602]

Diese Konzeption hat Konsequenzen. In den geläufigen Kategorien der Grundrechtssystematik ist die Allgemeinheit eines Gesetzes (eher) eine Frage der Grundrechtsschranken. Ob das beschränkende Gesetz den Kriterien des Übermaßverbots gerecht wird, ist hingegen an sich unter dem Aspekt der Schranken-Schranken (Eingriffskautelen) zu prüfen. Die Einbeziehung von Abwägungselementen bereits in den Begriff der allgemeinen Gesetze führt dazu, daß sich beide Stufen der Grundrechtsprüfung wenigstens partiell überlagern.

Das betrifft auch und gerade den systematischen Standort der sog. Wechselwirkungslehre. Sie besagt, daß Gesetze, die die Grundrechte des Art. 5 Abs. 1 GG beschränken, ihrerseits im Lichte dieser Grundrechte auszulegen sind, um so der wertsetzenden Bedeutung der Grundrechte Rechnung zu tragen.[603] Letztlich handelt es sich bei der Wechselwirkungslehre der Sache nach um die Anwendung des Übermaßverbots,[604] die im Bereich des Art. 5 GG lediglich eine begriffliche Verselbständigung erfährt.[605] Sofern ein Gesetz bereits nach der Sonderrechtslehre allgemein i. S. v. Art. 5 Abs. 2 GG ist, läßt sich dieser Gesichtspunkt auf der Ebene der Schranken-Schranken behandeln. In dem Maße, in dem Abwägungsgesichtspunkte bereits herangezogen werden müssen, um die Allgemeinheit eines Gesetzes zu begründen, erweist sich eine Trennung als undurchführbar.[606]

Für die verfassungsrechtliche Rechtfertigung eines Eingriffs in die Medienfreiheiten spielt diese systematische Zuordnung keine Rolle.[607] Von zentra-

---

[598] *Smend*, VVDStRL Heft 4 (1928), S. 51 f., zu Art. 118 Abs. 1 S. 1 WRV.

[599] *Bethge*, in: Sachs, GG, 3. Aufl. 2003, Art. 5 Rdnr. 144.

[600] *Pieroth/Schlink*, Grundrechte – Staatsrecht II, 20. Aufl. 2004, Rdnr. 592.

[601] BVerfGE 95, 220 (235 f.).

[602] St. Rspr. seit BVerfGE 7, 198 (209 f.); s. etwa BVerfGE 97, 125 (146).

[603] Grundlegend BVerfGE 7, 198 (208 f.).

[604] *Bethge*, in: Sachs, GG, 3. Aufl. 2003, Art. 5 Rdnr. 144.

[605] *Pieroth/Schlink*, Grundrechte – Staatsrecht II, 20. Aufl. 2004, Rdnr. 595.

[606] Aus diesem Grund kritisch gegenüber der *bundesverfassungsgerichtlichen* Kombinationsformel *Nolte/Tams*, JuS 2004, 200 f.

[607] Zur wechselnden systematischen Einordnung in der Rechtsprechung des Bundesverfassungsgerichts vgl. *Degenhart*, in: Bonner Kommentar, Art. 5 Abs. 1 u. 2 Rdnr. 72.

ler Bedeutung ist in jedem Fall die Verhältnismäßigkeit des einschränkenden Gesetzes. Unabhängig davon, ob sich die Allgemeinheit schon auf Grund der Sonderrechtslehre bejahen läßt, muß die einschränkende Vorschrift sowie ggf. ihre Anwendung zum Schutz anderer Rechtsgüter geeignet und erforderlich sein; der Schutz dieser Rechtsgüter und der Eingriff in die Medienfreiheiten müssen in einem angemessenen Verhältnis zueinander stehen.

b) Die Allgemeinheit von § 169 S. 2 GVG

Ob § 169 S. 2 GVG ein allgemeines Gesetz i. S. v. Art. 5 Abs. 2 GG darstellt, erscheint zweifelhaft.[608]

Mit der Sonderrechtslehre läßt sich die Allgemeinheit der Vorschrift kaum begründen. Trotz der allgemeinen Gesetzesformulierung, die auch Filmaufnahmen Privater zum Zweck der öffentlichen Vorführung oder der Veröffentlichung ihres Inhalts verbietet, beschränkt § 169 S. 2 GVG faktisch und bei wertender Betrachtung so gut wie ausschließlich Aufnahmen durch den Rundfunk.[609] Daß das gesetzliche Verbot Fotos nicht betrifft, verstärkt den Charakter einer gegen den Rundfunk gerichteten Sondernorm.[610] Jedenfalls geht das Argument fehl, § 169 S. 2 GVG sei ein allgemeines Gesetz, weil insofern dasselbe gelten müsse wie für § 176 GVG.[611]

Aber auch eine Bewertung als Sonderrecht gegen den Rundfunk schließt nicht aus, § 169 S. 2 GVG als allgemeines Gesetz i. S. v. Art. 5 Abs. 2 GG einzustufen.[612] Wie zuvor gezeigt, richtet sich die Allgemeinheit eines Gesetzes auch im Hinblick auf die Rundfunkfreiheit nicht allein nach der Sonderrechtslehre. Vielmehr bedarf es insofern einer Ergänzung durch materielle Abwägungskriterien. Letztlich hängt die Allgemeinheit von § 169 S. 2 GVG daher von seiner Verhältnismäßigkeit im weiteren Sinne ab. Sie ergibt sich aus der Abwägung des Aufnahmeverbots mit den Rechtsgütern, deren Schutz das Verbot bezweckt. Angesprochen sind in erster Linie die Persönlichkeitsrechte der Aufgenommenen,

---

608 Dafür *Scholz*, NStZ 1995, 42; *DRB*, DRiZ 1996, 247; *Gersdorf*, in: Kuhlo/Gersdorf, Gerichts-TV, 2001, S. 30; *Gersdorf*, AfP 2001, 31; *Tillmanns*, in: FS für Robert Schweitzer, 1999, S. 254; *Sorth*, Rundfunkberichterstattung aus Gerichtsverfahren, 1999, S. 123. Ebenfalls noch dafür *Degenhart*, in: Bonner Kommentar, Art. 5 Abs. 1 u. 2 Rdnr. 887, in der 90. Lfg. (Stand April 1999), der die Frage in der 113. Lfg. (Stand September 2004) a. a. O. nicht mehr beantwortet.

609 *Schwarz*, AfP 1995, 355, mit dem zutreffenden Hinweis, daß andere Aufnahmen zu keinem Zeitpunkt Gegenstand der gesetzgeberischen Überlegungen bzw. der diesen vorausgegangenen Gerichtsentscheidungen waren.

610 *H. J. Schneider*, JuS 1963, 350.

611 So aber der *Verfassungsrechtsausschuß des Deutschen AnwaltVereins*, AnwBl. 1997, 27.

612 *Ernst*, ZUM 1996, 188 Fn. 13, unter Verweis auf BVerfGE 74, 297 (343). S. auch *Kortz*, AfP 1997, 445 (allgemeines Gesetz, weil nicht die Informationsbeschaffung an sich, sondern nur eine bestimmte Form der Verbreitung verboten wird).

weiter das Recht der Beteiligten auf ein faires Verfahren sowie das Erfordernis einer funktionstüchtigen Rechtspflege, die insbesondere die ungestörte Wahrheits- und Rechtsfindung umfaßt.[613]

2. Die Abwägung des Informationsinteresses der Allgemeinheit mit den Schutzgütern des Aufnahmeverbots

a) Das Informationsinteresse der Allgemeinheit an Rundfunkaufnahmen aus der Verhandlung

Welches Gewicht dem Eingriff in Art. 5 Abs. 1 S. 2 GG zukommt, richtet sich entscheidend nach dem durch die Rundfunkfreiheit geschützten Informationsinteresse der Allgemeinheit.[614]

aa) Der Stellenwert von Rundfunkaufnahmen

Welche Bedeutung Rundfunkaufnahmen aus mündlichen Gerichtsverhandlungen haben, wie schwer also ihr Verbot wiegt, hängt letztlich von der Funktion ab, die man der Saalöffentlichkeit der mündlichen Verhandlung zuzumessen bereit ist. Wer den Zweck der Saalöffentlichkeit auf die abstrakte Kontrollmöglichkeit und die Mißtrauensvermeidung reduziert, kann Rundfunkaufnahmen keinen positiven „Mehrwert" gegenüber der bloßen Zutrittsmöglichkeit beimessen. Nach richtiger Auffassung dient die Öffentlichkeit der mündlichen Verhandlung im demokratischen Staat grundgesetzlichen Zuschnitts jedoch nicht allein den klassischen Zwecken, zu deren Verfolgung sie einst erstritten wurde. Vielmehr ist als weitere, mittlerweile sogar als vorrangige Funktion der Verhandlungsöffentlichkeit die Befriedigung des berechtigten Informationsinteresses der Allgemeinheit hinzugekommen.[615] Die Öffentlichkeit der mündlichen Verhandlung soll die Funktionsweise der Rechtsordnung exemplarisch verdeutlichen und so zur Bildung einer fundierten öffentlichen Meinung beitragen.[616]

Dieser Funktionswandel wirkt sich auch auf das adäquate Mittel der Funktionserfüllung aus. Als Grundlage für die Bildung der öffentlichen Meinung spielt unmittelbares eigenes Miterleben praktisch keine Rolle mehr. Das Informationsinteresse der Allgemeinheit wird nahezu ausschließlich durch die Massenmedien befriedigt, deren massiv gestiegene Bedeutung für das Leben der Bürger in der üblichen Redeweise von der „Informationsgesellschaft" zum Ausdruck kommt.[617] Im Vordergrund steht dabei der Rundfunk. Er ist speziell

---

[613] BVerfGE 103, 44 (64).
[614] *Kreile/Westphal*, AfP 2001, 463, m. w. N.
[615] Oben Teil 3 B.II.3.d), S. 196 f.
[616] Sondervotum *Kühling/Hohmann-Dennhardt/Hoffmann-Riem*, BVerfGE 103, 44 (72 f.).
[617] Sondervotum *Kühling/Hohmann-Dennhardt/Hoffmann-Riem*, BVerfGE 103, 44 (73 f.). Vgl. auch *Schoch*, VVDStRL Heft 57 (1998), S. 160 ff.

in Form des Fernsehens auf Grund seiner (scheinbaren) Authentizität, seiner Breitenwirkung, seiner leichten Verfügbarkeit und seiner Aktualität zur primären Informationsquelle der Bevölkerung geworden.[618] Ihm kommt daher eine besondere Bedeutung für die Meinungsbildung zu,[619] zumal dem Fernsehen wegen des authentischen Eindrucks eigenen Miterlebens eine hohe Glaubwürdigkeit zugeschrieben wird.[620]

Rundfunkaufnahmen auch in der mündlichen Verhandlung würden nicht nur dieser gesellschaftlichen Entwicklung Rechnung tragen,[621] sondern zugleich eine prinzipielle Forderung des Art. 5 Abs. 1 S. 2 GG erfüllen. Die Vorschrift verlangt, daß die informationellen Voraussetzungen der Meinungsbildung im Leitmedium des Fernsehens gewährleistet werden.[622] Daher muß eine Verhandlung, deren Öffentlichkeit gerade der Befriedigung des Informationsinteresses der Allgemeinheit als Grundlage öffentlicher Meinungsbildung dient, prinzipiell auch fernsehöffentlich stattfinden, und zwar durch die Zulässigkeit fernsehspezifischer Aufnahmen. Letztlich geht es darum, eine Verhandlungsöffentlichkeit zu realisieren, die den heutigen Vorstellungen und den Realitäten einer im wesentlichen auf das Fernsehen gestützten öffentlichen Meinungsbildung entspricht.[623]

bb) Der Wert der eigenen Beobachtung des Verhandlungsgeschehens

Der konkrete Nutzen von Rundfunkübertragungen aus mündlichen Verhandlungen wird freilich kontrovers beurteilt. Ihre Befürworter sehen in den Übertragungen eine Möglichkeit, die Akzeptanz der Rechtsprechung zu erhöhen,[624] das Recht transparent zu machen und das Rechtsverständnis zu fördern.[625] Aufnahmen ließen die Beteiligten selbst zu Wort kommen und ermöglichten dem Zuschauer, sich ein eigenes Bild zu machen.[626]

---

[618] BVerfGE 97, 228 (256); *Dieckmann*, NJW 2001, 2452; *Bamberger*, ZUM 2001, 374.

[619] BVerfGE 90, 60 (87); Sondervotum *Kühling/Hohmann-Dennhardt/Hoffmann-Riem*, BVerfGE 103, 44 (74). Zur betonten Einbeziehung der Medienrealität durch das Sondervotum *Gostomzyk*, JuS 2002, 229.

[620] BVerfGE 103, 44 (67); *Jäckel*, Medienwirkungen, 2. Aufl. 2002, S. 168 ff.; *Berg/Ridder*, Massenkommunikation VI, 2002, S. 89 ff., 94 ff. Skeptisch *Sorth*, Rundfunkberichterstattung aus Gerichtsverfahren, 1999, S. 182.

[621] *Kirchberg*, BRAK-Mitt. 2002, 256. Skeptisch zum Informationswert von Aufnahmen aus dem Gerichtssaal jedoch *Stürner*, JZ 1995, 298.

[622] BVerfGE 97, 228 (257).

[623] Plastisch *Zuck*, NJW 1995, 2083: Wenn es richtig sei, daß Recht öffentlich stattfinde, dann müsse es auch wirklich öffentlich sein. Das sei nur durch Medienöffentlichkeit gewährleistet. Angesichts der unterschiedlich intensiven Fernsehberichterstattung sei dem Durchschnittsbürger das Rechtswesen fremd, nicht aber der Stand der Volksmusik. Zur Bedeutung des Fernsehens für die Vermittlung von Rechtskenntnissen s. auch *Töpper*, DRiZ 2002, 443.

[624] *R. Gerhardt*, ZRP 1993, 382.

[625] *Töpper*, DRiZ 1995, 242.

[626] *Zuck*, NJW 1995, 2083.

Dem steht die Einschätzung gegenüber, das Verhandlungsgeschehen sei wegen der Komplexität gerichtlicher Vorgänge sowie wegen der juristischen Fachsprache für Laien kaum verständlich. Aufnahmen könnten allenfalls die äußeren Umstände, nicht jedoch die Inhalte der Verhandlung vermitteln.[627] Ohne eine mediengerechte Aufbereitung der Entscheidung[628] bzw. ohne Erläuterungen durch Journalisten ließen sich keine Rechtskenntnisse vermitteln und kein inhaltliches Verständnis wecken.[629]

Dem ist zuzugeben, daß die unkommentierte Übertragung einer vollständigen Verhandlung den juristisch nicht vorgebildeten Zuschauer in etlichen Fällen ratlos zurücklassen würde. Andererseits ließe sich mit diesem Argument auch die Sinnhaftigkeit der Saalöffentlichkeit in Frage stellen[630] – was ja auch durchaus geschehen ist.[631] Vor allem aber weckt das sinnlich wahrnehmbare und zugleich erläuterte Geschehen jedenfalls eher Verständnis als der Bericht eines Reporters, der die fernsehspezifischen Darstellungsmöglichkeiten allein dadurch ausschöpft, daß er die Gerichtsfassade als Hintergrundkulisse für seinen Bericht verwendet.

Diese Einschätzung belegen neuere Studien. Sie zeigen, daß die vollständige Übertragung von mündlichen Verhandlungen bei den Zuschauern zum Erwerb von Rechtskenntnissen sowie zum Abbau vorhandener Skepsis gegenüber der Justiz beiträgt.[632] Ein prägnantes aktuelles Beispiel für den Wert von Übertragungen bilden die Verhandlungen über die unklare Stimmauszählung nach den Präsidentschaftswahlen in den USA im Jahre 2000. Die Übertragung der Verhandlungen im Fernsehen machte die juristische Behandlung der Problematik in einem Maße zum Gegenstand der öffentlichen Meinungsbildung, das sich allein durch die Presse sicherlich nicht hätte erreichen lassen.[633]

Im übrigen sind auch vermeintlich „äußere Umstände" von Interesse für das Verständnis des Rechtswesens und der Rechtsprechung. Daß beispielsweise ein vollständig normal wirkender Mensch schuldunfähig sein kann, läßt sich durch eigene Anschauung wesentlich besser verdeutlichen als durch beschreibende

---

627 *Wyss*, EuGRZ 1996, 14. Vgl. auch die von ihm in Fn. 141 zitierten Autoren, die auf amerikanische Studien hinweisen, nach denen Fernsehserien über Anwälte dem Publikum mehr Verständnis über Rechtspflege vermitteln als Fernsehberichte über tatsächliche Gerichtsverfahren. Skeptisch auch *Pestalozza*, JZ 1998, 1040 mit Fn. 15: Aufnahmen dienten allenfalls dem Interesse der Aufgenommenen an Präsenz in den Medien.

628 *G. Wolf*, ZRP 1994, 189.

629 *Ernst*, ZUM 1996, 193: Erforderlichkeit eines übersetzenden Journalismus.

630 Vgl. auch *Y. Braun*, Medienberichterstattung über Strafverfahren im deutschen und englischen Recht, 1998, S. 280: Auch das Saalpublikum wird „mit den Geschehnissen allein gelassen".

631 Oben Teil 2 A.IV.3.c), S. 70 ff.; Teil 3 B.II.3.b)aa)aaa) u. bbb), S. 183 f.

632 Näher *Y. Braun*, Medienberichterstattung über Strafverfahren im deutschen und englischen Recht, 1998, S. 279 f., mit Nachweisen aus dem amerikanischen Schrifttum. Skeptisch freilich *Boehme-Neßler*, ZRP 2003, 126.

633 *Kirchberg*, BRAK-Mitt. 2002, 256.

Erzählungen.[634] Im Prozeß u.a. gegen *Erich Honecker* bezog sich das aus historischen Gründen außerordentliche Informationsinteresse der Öffentlichkeit gerade auf seinen Gesundheitszustand sowie auf seinen Umgang mit den anderen Angeklagten. Der Beitrag der Fernsehaufnahmen – die angesichts der momentanen Gesetzeslage freilich auf Zeiträume außerhalb der Verhandlung beschränkt bleiben mußten – zur entsprechenden öffentlichen Meinungsbildung wäre durch kein anderes Medium zu ersetzen gewesen.[635] Ob ein Angeklagter vor dem Kriegsverbrecher-Tribunal in Den Haag während der Urteilsverkündung bleich und nervös war oder ob er nur lächelte, mag in Zeitungsberichten unterschiedlich dargestellt werden. Der Fernsehzuschauer kann sich selber ein Bild machen.[636]

Weiter müssen auch gerichtliche Entscheidungen ohne mediengerechte Aufbereitung keineswegs immer unverständlich bleiben. Sicherlich gibt es Fälle, in denen sich ein Rechtsstreit auf Grund der betroffenen Materie nicht allgemeinverständlich entscheiden läßt. In etlichen Verfahren jedoch gilt dies nicht. Wenn die Erwartung, eine Entscheidung vor laufenden Kameras verkünden zu müssen, das Gericht zu einer möglichst gut verständlichen Formulierung veranlaßt,[637] hat das mit einer kritikwürdigen Anpassung an die Bedürfnisse der Medien nichts zu tun. Gleiches gilt für den Verzicht auf unnötig (!) lange Ausführungen.[638] Zugleich würde – ggf. sogar durch die nur auszugsweise Wiedergabe der Urteilsbegründung –[639] auch die häufig erhobene Beschwerde gegenstandslos, ein Urteil sei in den Medien falsch dargestellt worden.[640]

cc) Fernsehaufnahmen zwischen Informations- und Sensationsinteresse

Einen weiteren Einwand gegen den hohen Stellenwert von Fernsehaufnahmen stellt das Argument dar, sie trügen in Wahrheit nicht zur Befriedigung öffentlicher *Informations*interessen bei, sondern dienten bloßen *Sensations*interessen. Der Informationswert von Aufnahmen in der Verhandlung sei allenfalls gering.[641] Anders als am Inhalt einzelner Aussagen bestehe am Gesichtsausdruck der Beteiligten kein berechtigtes Informationsinteresse.[642] Die vermeintlich primär am

---

634 *Meyer-Goßner*, ZRP 1982, 239 (allerdings mit Blick auf körperlich anwesende Zuschauer).

635 *Eberle*, in: ZDF-Jahrbuch 1992, S. 161.

636 Dazu *F. Burbulla*, Die Fernsehöffentlichkeit als Bestandteil des Öffentlichkeitsgrundsatzes, 1998, S. 123. Näher zu den vor dem Tribunal geltenden Regelungen über die Zulässigkeit von Aufnahmen *Gounalakis*, in: Freundesgabe für Friedrich Kübler, 1997, S. 188 ff.

637 *Gündisch/Dany*, NJW 1999, 260; *R. Gerhardt*, ZRP 1993, 381 f.

638 Dazu *Töpper*, DRiZ 1995, 242.

639 *Wyss*, EuGRZ 1996, 14.

640 *F. Burbulla*, Die Fernsehöffentlichkeit als Bestandteil des Öffentlichkeitsgrundsatzes, 1998, S. 136; *Töpper*, DRiZ 1995, 242.

641 *Huff*, NJW 2001, 1623; *Plate*, NStZ 1999, 393 f.; *Stürner*, JZ 2001, 703.

642 *Eb. Schmidt*, in: FS für Walter Schmidt, 1959, S. 351.

kommerziellen Erfolg orientierten Medien[643] seien nicht an der Vermittlung von Rechtskenntnissen, sondern allein an als sensationell empfundenen Strafprozessen interessiert.[644] Der Hinweis auf das Informationsinteresse der Allgemeinheit solle lediglich das Interesse an möglichst quotenträchtigen Sendungen überdekken.[645] Gegenteilige Versicherungen, die von einem Berichterstattungsinteresse auch an wenig quotenträchtigen Verfahren ausgehen,[646] stoßen auf Skepsis.[647]

Diese Bedenken veranlassen zunächst zu einem systematischen Hinweis. Der Sensationseinwand zielt darauf ab, das Gewicht der Rundfunkfreiheit im Rahmen der Abwägung zu schmälern. Wenn es an Fernsehbildern aus der Verhandlung jedoch tatsächlich keinerlei Informationsinteresse gäbe, so würde dies in letzter Konsequenz den Schutz der Aufnahmen durch die Rundfunkfreiheit bereits *tatbestandlich* in Frage stellen. Der besondere Schutz, der den Medien durch Art. 5 Abs. 1 S. 2 GG zuteil wird, beruht gerade auf ihrer Bedeutung für die Befriedigung der Informationsinteressen der Allgemeinheit.[648]

Jedenfalls auf der Tatbestandsebene wirkt sich ein vermeintliches Sensationsinteresse jedoch nicht aus. Für die Presse hat das *Bundesverfassungsgericht* zu Recht klargestellt, daß ihr Grundrechtsschutz nicht von der Eigenart oder dem Niveau der Berichterstattung abhängt. Die Bedeutung der Presse für den öffentlichen Kommunikationsprozeß läßt es nicht zu, ihr bestimmte Objekte oder Formen der Berichterstattung von vornherein zu verschließen. Vielmehr muß die Presse nach publizistischen Kriterien entscheiden dürfen, woran ein öffentliches Interesse besteht. Das schließt auch unterhaltende Beiträge sowie personalisierte Berichterstattung mit ein, die oft den Wunsch nach Sachinformation erst begründen. Ob die Berichterstattung sachbezogen und ernsthaft erfolgt oder ob sie allein der Befriedigung von Neugier dient, ist erst im Rahmen der Abwägung mit kollidierenden Persönlichkeitsrechten von Bedeutung.[649] Für die Rundfunkfreiheit gilt nichts anderes. Auch der Rundfunk hat selbst darüber zu befinden, worüber er berichtet und in welcher Form er dies tut.

Führt man diese Überlegungen konsequent fort, so deuten sie sogar darauf hin, daß sich der Sensationseinwand nur begrenzt dazu eignet, den Stellenwert von Aufnahmen während der Verhandlung geringer zu gewichten. Das Fernsehen ist – wie die anderen Medien auch – als Voraussetzung für seine meinungsbildende

---

[643] *Huff*, NJW 1996, 572; *Wyss*, EuGRZ 1996, 1.

[644] *Lohrmann*, DRiZ 1995, 247; *DRB*, DRiZ 1996, 249.

[645] *G. Wolf*, ZRP 1994, 190; s. auch *G. Wolf*, JR 1997, 446. Ähnlich *Rinsche*, ZRP 1987, 385: Die Auswahl nach dem öffentlichen Interesse umschreibt meistens nur Sensationsgier und Häme.

[646] *Töpper*, DRiZ 2002, 443; *Dieckmann*, NJW 2001, 2452.

[647] Vgl. *Janisch*, AnwBl. 2001, 22.

[648] *Ernst*, in: FS für Günter Herrmann, 2002, S. 79.

[649] BVerfGE 101, 361 (389 ff.); BVerfG (1. Kammer des Ersten Senats) NJW 2001, 1921 (1923). Zu Art. 10 EMRK tendenziell anders jedoch EGMR NJW 2004, 2647 (2649 ff.). Zur Bedeutung dieser Entscheidung sogleich Fn. 691.

Wirkung darauf angewiesen, durch möglichst attraktive und damit auch spektakuläre Berichte Aufmerksamkeit zu erregen. Einer Berichterstattung, die diesem Erfordernis Rechnung trägt, kommt nicht automatisch weniger Gewicht zu. Entscheidend ist vielmehr, ob die Sachinformation völlig in den Hintergrund tritt.

Aber selbst wenn Einschränkungen einer allein auf Sensationen ausgerichteten Berichterstattung weniger schwer wiegen, mindert dies die Eingriffsintensität des § 169 S. 2 GVG kaum. Die Vorschrift untersagt nicht bestimmte Formen der *Berichterstattung*, sondern verbietet bereits rundfunkspezifische *Aufnahmen* zur Gänze. Damit aber wird auch eine „seriöse" Berichterstattung in Ton und Bild unmöglich. Es bleibt unberücksichtigt, daß nicht jede Übertragung das Verhandlungsgeschehen auf Sensationen reduzieren muß[650] und daß seriöse Sender auf die Ausstrahlung heikler Szenen ohnehin verzichten würden.[651]

dd) Das Informationsinteresse auch an vermeintlich uninteressanten Gerichtsverhandlungen

Aus denselben Gründen läßt sich auch das vermeintlich fehlende Interesse des Publikums und damit der Medien am Verlauf mündlicher Gerichtsverhandlungen nicht als Argument für eine geringe Eingriffsintensität des vollständigen Aufnahmeverbots heranziehen. Es ist im Gegenteil höchst bedenklich, wenn sich das *Bundesverfassungsgericht* anschickt, das Interesse der Fernsehveranstalter an Aufnahmen während der Verhandlung unter Hinweis auf das angeblich regelmäßig fehlende Publikumsinteresse wenn nicht in Abrede zu stellen, so doch zumindest in Zweifel zu ziehen.[652] Wenn es zum Kern der Medienfreiheiten gehört, nach publizistischen Kriterien zu entscheiden, was öffentliches Interesse beansprucht,[653] dann müssen auch die Rundfunkveranstalter beurteilen dürfen, ob die Übertragung einer Verhandlung im öffentlichen Interesse liegt.[654] Das gilt unabhängig vom Gegenstand der Verhandlung und von den Verhandlungsbeteiligten[655] und somit auch für vermeintlich wenig massenattraktive Fälle.

Zugespitzt läßt sich sagen, daß eine Verhandlung schon dadurch öffentliches Interesse beansprucht, daß ein Rundfunkveranstalter an der Übertragung interessiert ist. Dafür spricht auch, daß die in der Demokratie und im Rechtsstaat wurzelnden Funktionen gerichtlicher Öffentlichkeit nicht nur durch die Verbreitung

---

650 Dazu schon *A. Arndt*, NJW 1960, 424.

651 S. dazu den Hinweis von *Kuhlo*, in: Kuhlo/Gersdorf, Gerichts-TV, 2001, S. 14, daß der Sender n-tv keine Bilder des sog. „Rosenkrieges" des bekannten früheren Tennisspielers *Boris Becker* mit seiner (damaligen) Frau vor US-amerikanischen Gerichten gezeigt habe, obwohl Aufnahmen zur Verfügung standen.

652 BVerfGE 103, 44 (66).

653 BVerfGE 101, 361 (392).

654 *Krausnick*, ZUM 2001, 232.

655 Anders *v. Strobl-Albeg*, in: Wenzel, Das Recht der Wort- und Bildberichterstattung, 5. Aufl. 2003, 8. Kapitel Rdnr. 19.

von herausragenden Fällen erfüllt werden. Wie eine mündliche Verhandlung üblicherweise abläuft und ob die Rechtsordnung angemessene Instrumentarien zur Bewältigung der Konflikte des täglichen Lebens bereitstellt, läßt sich an Hand von alltäglichen Fällen mindestens ebensogut überprüfen.

Das Risiko geringer Einschaltquoten trägt der Rundfunk allein. Als Argument für Aufnahmerestriktionen darf es vom Staat nicht herangezogen werden.[656] Im übrigen läßt sich die These vom vermeintlich fehlenden Publikumsinteresse an unspektakulären Übertragungen aus gerichtlichen Verhandlungen durchaus erschüttern.[657] In den USA erzielen Übertragungen, die – nach den Maßstäben sonst üblicher Fernsehsendungen – ausgesprochen unattraktiv sein müßten, beachtliche Einschaltquoten.[658]

ee) Die vermeintlich zwangsläufige Verfälschung

Schließlich wird gegen die Bedeutung von Fernsehaufnahmen deren vermeintlich zwangsläufig verfälschende Wirkung vorgebracht. Die fernsehtypische Berichterstattung mit kurzen, möglichst spektakulären Ausschnitten, Wiederholungen, Großaufnahmen einzelner Beteiligter etc. könne kein vollständiges Bild des Verhandlungsstoffs vermitteln, sondern drohe das Geschehen falsch wiederzugeben.[659]

Systematisch gehört auch dieser Einwand auf die Abwägungsebene. Die frühere Auffassung, Art. 5 Abs. 1 S. 2 GG schütze allein die wahrheitsgemäße Berichterstattung, die das Fernsehen auf Grund der beschriebenen Verfälschungseffekte nicht leisten könne, so daß die Rundfunkfreiheit bereits tatbestandlich ausscheide,[660] wird zu Recht nicht mehr vertreten.

Aber auch als Argument gegen den Stellenwert von Rundfunkaufnahmen greift die Sorge vor verfälschender Darstellung nur zum Teil durch. Zwar ist es richtig, daß die gezielte irreführende Berichterstattung etwa durch Bilder, die in einen falschen Zusammenhang gerückt werden, im Rahmen der Abwägung

---

[656] Gegen das *Bundesverfassungsgericht* daher zu Recht *Zuck*, NJW 2001, 1624: Es sei geradezu rührend, wenn sich die Senatsmehrheit um die Quotenträchtigkeit des Gerichtsfernsehens sorgt, so als ob sie Anteilsrechte an den Fernsehanstalten hätte.

[657] Vgl. für die Presseberichterstattung *Huff*, DRiZ 1997, 215: Großes Interesse an alltäglichen Fällen u. a. aus dem Zivilrecht.

[658] *Wyss*, EuGRZ 1996, 14 Fn. 140.

[659] BVerfGE 103, 44 (67); *Wyss*, EuGRZ 1996, 14; *G. Wolf*, ZRP 1994, 188; *Ernst*, ZUM 1996, 193; *Ernst*, in: FS für Günter Herrmann, 2002, S. 76. Dieses Argument sieht auch *Zuck*, NJW 1995, 2083, als relevant an, der gleichwohl für die Zulassung von Fernsehaufnahmen plädiert. S. auch *Ladeur*, NJW 2004, 395: Daß das *Bundesverfassungsgericht* dem Fernsehen eine mehr auf Personalisierung denn auf Information zielende Tendenz zuschreibe, zeige, daß das Gericht nicht mehr von idealisierten Annahmen über die von den Medien erzeugte Öffentlichkeit ausgehe.

[660] *Dahs*, NJW 1961, 1756; *Erdsiek*, NJW 1960, 1049 f. Dazu oben Teil 5 A.II.2.b)aa), S. 307 ff.

mit dem Persönlichkeitsrecht nicht schutzwürdig ist.[661] Davon zu unterscheiden sind jedoch die notwendigen Elemente der Auswahl und Verkürzung, die Kernbestandteil der Medienfreiheiten[662] und Merkmal jeder Form von Berichterstattung sind.[663] Information ohne Selektion gibt es nicht.[664] Auch Presseberichte sind subjektiv geprägt und tragen – selbst bei sinnwahrenden Kürzungen –[665] schon insofern die Gefahr einer „verfälschenden" Wiedergabe in sich.[666] Die Darstellung eines Geschehens in den Medien kann niemals mehr leisten als die Wiedergabe eines Ausschnitts der Wirklichkeit – und als mehr wird sie auch nicht verstanden.[667]

Dennoch ist nicht von der Hand zu weisen, daß die Ausstrahlung von Originalaufnahmen gerade im Fernsehen auf Grund der scheinbaren Authentizität und Unbestechlichkeit der Bilder die Gefahr einer verfälschenden Wiedergabe im Vergleich mit Presseberichten erhöht.[668] Allerdings verliert diese Unterscheidung zwischen den Medien durch die allgemeine Gewöhnung an Fernsehbilder an Bedeutung. Zwar erscheint zweifelhaft, ob der Unterschied zur Presseberichterstattung in Wort und Bild wirklich nur noch gradueller Natur ist.[669] Jedenfalls aber hat die Medienkompetenz des Publikums zugenommen. Die Bürger haben neue Fähigkeiten im Umgang mit den Medien entwickelt.[670] Dazu zählt auch das Wissen um die Manipulierbarkeit von Fernsehbildern.[671]

Ein weiterer Punkt kommt hinzu: Die Gefahr, durch die Übertragung von Ausschnitten aus echten Verhandlungen einen falschen Eindruck vom Geschehen im Gerichtssaal zu vermitteln, ist jedenfalls weniger groß als die Gefahr, eben dies durch fiktive „Gerichtsshows" zu bewirken,[672] die ohne Zweifel zulässig sind[673] und auf die das Fernsehen wegen des Verbots in § 169 S. 2 GVG derzeit

---

661 BVerfG (1. Kammer des Ersten Senats) NJW 2001, 1921 (1924).

662 *Kloepfer*, AfP 2000, 511.

663 *Zuck*, NJW 1995, 2083.

664 *W. Schmitt Glaeser*, JöR n.F. Bd. 50 (2002), S. 172.

665 Auf die Möglichkeit sinnwahrender Kürzungen weist *R. Gerhardt*, ZRP 1993, 381, hin.

666 *Kuhlo*, in: Kuhlo/Gersdorf, Gerichts-TV, 2001, S. 13 f.; *Hain*, DÖV 2001, 593 Fn. 42; *Wyss*, EuGRZ 1996, 14 Fn. 143.

667 *v. Zezschwitz*, in: FS für Erwin Stein, 1983, S. 404.

668 *Huff*, NJW 2001, 1622; *Hillgruber*, Frankfurter Allgemeine Zeitung v. 12. Februar 2003, Nr. 36, S. 7. A.A. *Bräcklein*, ZRP 2001, 351, im Hinblick auf die Berichterstattung über parlamentarische Untersuchungsausschüsse.

669 So aber *Schwarz*, AfP 1995, 356; *Wyss*, EuGRZ 1996, 12. In diese Richtung auch *R. Gerhardt*, Zur Frage der Verfassungsmäßigkeit des Verbots von Rundfunk- und Fernsehaufnahmen im Gerichtssaal (§ 169 Satz 2 GVG), Diss. Frankfurt a. M. 1968, S. 98 f.: Der kritische Hörer wisse, daß subjektive Elemente einflössen, der unkritische glaube auch das unbesehen, was in der Zeitung stehe.

670 Sondervotum *Kühling/Hohmann-Dennhardt/Hoffmann-Riem*, BVerfGE 103, 44 (74).

671 *Wyss*, EuGRZ 1996, 12; *Sorth*, Rundfunkberichterstattung aus Gerichtsverfahren, 1999, S. 182.

672 Dazu oben Teil 5 A.IV.3., S. 322, mit Fn. 140.

673 Bei allen Bedenken, die man gegen „Gerichtsshows" haben kann, ist doch kein Anhaltspunkt für ihre Unzulässigkeit im Rechtssinne ersichtlich. Insbesondere kommt eine (analoge)

verwiesen ist, wenn es in der ihm eigenen Form über gerichtliche Verhandlungen berichten will.[674]

Insgesamt läßt sich der Wert von Rundfunkaufnahmen aus der Verhandlung also auch mit dem Verfälschungsargument kaum in Abrede stellen. Daran ändern neuartige Manipulationsmöglichkeiten durch die digitale Bearbeitung des aufgenommenen Materials[675] nichts. Mißbrauchsmöglichkeiten tangieren die Bedeutung unverfälschter Aufnahmen nicht, die durch § 169 S. 2 GVG ebenfalls unmöglich gemacht werden.

Im übrigen würde sich der Einwand der vermeintlich zwangsläufigen Verfälschung nicht auf die Gerichtsberichterstattung beschränken, sondern den Wert jedenfalls des Fernsehens als Informationsmedium insgesamt in Frage stellen. Da dies nicht geschieht,[676] kann umgekehrt die Fernsehberichterstattung aus Gerichtsverhandlungen nicht von der hohen Wertschätzung ausgenommen werden, die dem Fernsehen trotz der ihm anhaftenden verzerrenden Elemente zuteil wird.

b) Das allgemeine Persönlichkeitsrecht

Die wichtigste[677] den Medienfreiheiten entgegenstehende Rechtsposition ist das auf Art. 2 Abs. 1 i. V. m. Art. 1 Abs. 1 GG gestützte allgemeine Persönlichkeitsrecht der aufgenommenen Personen.

aa) Der generelle Schutz des allgemeinen Persönlichkeitsrechts

aaa) Das allgemeine Persönlichkeitsrecht als unbenanntes Freiheitsrecht

Das allgemeine Persönlichkeitsrecht schützt als unbenanntes Freiheitsrecht[678] solche Aspekte der Persönlichkeit, die nicht von speziellen Freiheitsrechten

---

Anwendung von § 169 S. 2 GVG nicht in Betracht. Eine andere Frage ist, ob die Justiz die Produktion derartiger Sendungen unterstützen sollte, etwa durch die Beurlaubung mitwirkender Richter. Dazu kritisch *Huff*, DRiZ 2002, 361; *Huff*, ZRP 2003, 68.

674 Zu dieser Konsequenz des Aufnahmeverbots *R. Gerhardt*, ZRP 2003, 68. Ebenso *R. Gerhardt*, ZRP 1993, 379, der zu mehreren bereits praktizierten (legalen) „Umwegen" um das Verbot des § 169 S. 2 GVG den „Spiegel" zitiert: „Weil das Fernsehen nicht in den Gerichtssaal darf, holt es den Gerichtssaal ins Studio." S. auch *Lauterbach*, Anwalt 2001, 6 ff. Ein aktuelles Beispiel stellt das Strafverfahren gegen den wegen des Vorwurfs des sexuellen Mißbrauchs von Kindern angeklagten Musiker *Michael Jackson* in den USA dar: Weil das Gericht keine Aufnahmen aus der Verhandlung zuläßt, stellen mehrere Sender das Verhandlungsgeschehen mit Schauspielern nach, um den Prozeß für ihre Zuschauer zu veranschaulichen. Dazu *Gelinsky*, Frankfurter Allgemeine Zeitung v. 31. Januar 2005, Nr. 25, S. 7.

675 Dazu *Wyss*, EuGRZ 1996, 14; *F. Burbulla*, Die Fernsehöffentlichkeit als Bestandteil des Öffentlichkeitsgrundsatzes, 1998, S. 148; *Zuck*, NJW 1995, 2083.

676 Anders *St. Geiger*, DRiZ 2001, 91: Die n-tv-Entscheidung sei ein Wendepunkt in der Haltung des *Bundesverfassungsgerichts* zur Rolle der Medien.

677 Vgl. *Zipf*, Gutachten 54. DJT, 1982, C 14.

678 BVerfGE 79, 256 (268); 95, 220 (241); *Burkhardt*, in: Wenzel, Das Recht der Wort- und Bildberichterstattung, 5. Aufl. 2003, 5. Kapitel Rdnr. 8.

erfaßt werden, diesen in ihrer konstituierenden Bedeutung für die Persönlichkeit jedoch nicht nachstehen.[679] Neben der Selbstbestimmung und der Selbstbewahrung schützt das Grundrecht auch die Selbstdarstellung des einzelnen.[680] Die Zuordnung konkreter Rechtsschutzbegehren zu den einzelnen Aspekten des Persönlichkeitsrechts muß sich angesichts der gerade durch den technischen Fortschritt bedingten neuartigen Gefährdungslagen nach der Art der Persönlichkeitsgefährdung im Einzelfall richten.[681] Als Bestandteil der Selbstdarstellung des einzelnen[682] schützt das Grundrecht das Recht am eigenen Bild[683] sowie das Recht am gesprochenen[684] bzw. am eigenen[685] Wort.

bbb) Insbesondere: Der Schutz des Rechts am eigenen Bild

Besondere Bedeutung besitzt der Schutz des Rechts am eigenen Bild. Er beruht im wesentlichen darauf, daß Bildaufnahmen, zumal solche mittels moderner Aufnahmetechniken, das Erscheinungsbild eines Menschen von ihm ablösen und vor anderen Zuschauern reproduzierbar machen. Das den Aufgenommenen umgebende Publikum, das er überschauen und wahrnehmen kann und das ihn selbst zu beobachten vermag, wird durch ein anonymes, beliebig großes Publikum ersetzt. Durch Veränderungen und Manipulationen des Kontextes kann der Aufgenommene in verfälschender Weise in der Öffentlichkeit dargestellt werden. Aus diesem Grund erstreckt sich der Schutz des allgemeinen Persönlichkeitsrechts auf Abbildungen einer Person durch Dritte.[686] Dabei kollidiert das Grundrecht mit den Medienfreiheiten, deren Schutzbereich die bebilderte Berichterstattung umfaßt und der sich auch auf die Abbildung von Personen erstreckt.[687]

Insofern hängt die Zulässigkeit von Bildaufnahmen letztlich von einer Abwägung des von den Medienfreiheiten verkörperten Informationsinteresses der Öffentlichkeit mit dem allgemeinen Persönlichkeitsrecht der Aufgenommenen ab. Dem Ausgleich dieser beiden Positionen dient im allgemeinen das abgestufte Schutzkonzept der §§ 22 f., 33 KUG.[688]

Obwohl die Vorschriften unmittelbar nur das Recht am eigenen Bild betreffen, werden sie auch für die übrigen Schutzgegenstände des allgemeinen Persönlichkeitsrechts (analog) herangezogen. Sie sind auf jede Darstellung einer Person

---

679 BVerfGE 54, 148 (153); 99, 185 (193); 101, 361 (380).
680 *Pieroth/Schlink*, Grundrechte – Staatsrecht II, 20. Aufl. 2004, Rdnrn. 373 ff.
681 BVerfGE 101, 361 (380).
682 *Pieroth/Schlink*, Grundrechte – Staatsrecht II, 20. Aufl. 2004, Rdnr. 373.
683 BVerfGE 34, 238 (246); 35, 202 (220); 87, 334 (340); 97, 228 (268); 101, 361 (380).
684 BVerfGE 34, 238 (246); 35, 202 (220).
685 BVerfGE 54, 208 (217).
686 BVerfGE 101, 361 (380 ff.).
687 BVerfGE 101, 361 (389).
688 BVerfGE 101, 361 (387).

anwendbar, die mit individualisierenden Hinweisen versehen ist, so daß die Person erkennbar wird.[689]

Für die verfassungsrechtliche Beurteilung von § 169 S. 2 GVG spielen die §§ 22 f. KUG an sich keine Rolle. Unmittelbare Bedeutung kommt ihnen erst im Zusammenhang mit Aufnahmeverboten durch den Vorsitzenden bzw. durch den Gerichtspräsidenten zu.[690] In der Sache jedoch ist das Regelungskonzept der Vorschriften, dessen Verfassungsmäßigkeit das *Bundesverfassungsgericht* wiederholt bestätigt hat,[691] schon hier von Interesse. Der Gesetzgeber, der über die Zulässigkeit von Rundfunkaufnahmen in der Verhandlung entscheidet, muß ebenso zwischen dem allgemeinen Persönlichkeitsrecht und den Medienfreiheiten abwägen wie der im Einzelfall entscheidende Vorsitzende bzw. Gerichtspräsident.[692] Insofern lenken die §§ 22 f. KUG den Blick auf Gesichtspunkte, die auch für die gesetzgeberische Entscheidung von Bedeutung sind.

ccc) Das Schutzkonzept der §§ 22, 23 KUG

Nach § 22 S. 1 KUG dürfen Bildnisse nur mit Einwilligung des Abgebildeten verbreitet oder öffentlich zur Schau gestellt werden. Entbehrlich ist die Einwilligung nach § 23 KUG u. a. bei Bildnissen aus dem Bereich der Zeitgeschichte (§ 23 Abs. 1 Nr. 1 KUG) sowie bei Bildern von Versammlungen, an denen die dargestellten Personen teilgenommen haben (§ 23 Abs. 1 Nr. 3 KUG). Von dieser Verbreitungsbefugnis nimmt § 23 Abs. 2 KUG Fälle aus, in denen ein berechtigtes Interesse des Abgebildeten verletzt würde. § 33 KUG stellt die nach diesen Regelungen unzulässige Verbreitung unter Strafe.

---

[689] BVerfGE 35, 202 (224); *Stapper*, Namensnennung in der Presse im Zusammenhang mit dem Verdacht strafbaren Verhaltens, 1995, S. 113 ff.; *v. Becker*, Straftäter und Verdächtige in den Massenmedien: Die Frage der Rechtmäßigkeit identifizierender Kriminalberichte, 1979, S. 142, 147 ff.; *Marxen*, GA 1980, 370; *Scherer*, Gerichtsöffentlichkeit als Medienöffentlichkeit, 1979, S. 194; *Lampe*, NJW 1973, 217. – Für die Erkennbarkeit als Voraussetzung eines Eingriffs in das Persönlichkeitsrecht reicht ggf. bereits die Identifizierbarkeit durch Personen aus dem eigenen Umfeld. So jüngst BVerfG (1. Kammer des Ersten Senats) NJW 2004, 3619 (3620).

[690] Dazu unten Teil 5 E.IV., S. 442 ff.

[691] BVerfGE 35, 202 (224 f.); 101, 361 (387). – Im Ergebnis wird das den folgenden Überlegungen zugrundeliegende Konzept des *Bundesverfassungsgerichts* jedenfalls für die hier interessierenden Konstellationen auch durch die Entscheidung EGMR NJW 2004, 2647 ff., nicht in Frage gestellt, die dem Persönlichkeitsschutz ein größeres Gewicht einräumt. Der Schutz des Privatlebens spielt in öffentlichen Gerichtsverhandlungen jedenfalls eine geringere Rolle als in den Fällen, auf die sich die Entscheidung des *Europäischen Gerichtshofs für Menschenrechte* bezieht. Vor allem aber stellt der Ausgleich zwischen den Medienfreiheiten und dem Schutz der Persönlichkeit in Deutschland ein durch eine differenzierte Kasuistik geformtes Teilrechtssystem dar, auf das sich abweichende Wertungen der Menschenrechtskonvention nicht in jedem Fall unverändert übertragen lassen. So zu Recht BVerfG NJW 2004, 3407 ff. Näher zum Problem *Heldrich*, NJW 2004, 2634 ff.; *R. Mann*, NJW 2004, 3220 ff.; *Soehring/Seelmann-Eggebert*, NJW 2005, 576 f.

[692] S. dazu auch *Ernst*, in: FS für Günter Herrmann, 2002, S. 76.

(1) Die Einwilligung nach § 22 S. 1 KUG

Die Einwilligung nach § 22 S. 1 KUG ist nach überwiegender Auffassung eine rechtsgeschäftliche Willenserklärung, jedenfalls aber eine rechtsgeschäftsähnliche Handlung, die den Regeln der §§ 116ff. BGB folgt.[693] Grundrechtlich handelt es sich um einen Fall des Grundrechtsverzichts, dessen Zulässigkeit ihre Grenze jedenfalls im Menschenwürdegehalt des allgemeinen Persönlichkeitsrechts findet.[694] Die Einwilligung schließt den Grundrechtseingriff aus.[695]

(2) Bildnisse aus dem Bereich der Zeitgeschichte (§ 23 Abs. 1 Nr. 1 KUG)

Bildnisse aus dem Bereich der Zeitgeschichte zeichnen sich in erster Linie durch die Abbildung von „Personen der Zeitgeschichte" aus.[696] Das sind solche Menschen, die ein berechtigtes Informationsinteresse der Öffentlichkeit erregen.[697] Innerhalb dieses Begriffs wird nach einem weitgehend akzeptierten[698] Vorschlag von *Neuman-Duesberg*[699] zwischen absoluten und relativen Personen der Zeitgeschichte unterschieden.[700] Absolute Personen der Zeitgeschichte stehen unabhängig von Einzelereignissen im öffentlichen Leben,[701] so daß die öffentliche Meinung Bildwerke über sie als bedeutsam und um der dargestellten Person willen der Beachtung wert findet. Der Allgemeinheit muß ein Interesse an einer bildlichen Darstellung zuzubilligen sein, das durch ein echtes Informationsbedürfnis gerechtfertigt wird.[702] Relative Personen der Zeitgeschichte werden hingegen nur im Zusammenhang mit einem bestimmten Ereignis Gegenstand des öffentlichen Interesses.[703]

Die Bedeutung dieser Begriffe darf jedoch nicht überbewertet werden. Es handelt sich nicht um klar abgrenzbare Tatbestände.[704] Schon daran mag es liegen, daß die Einstufung einzelner Menschen als absolute oder relative Person

---

693 *v. Strobl-Albeg*, in: Wenzel, Das Recht der Wort- und Bildberichterstattung, 5. Aufl. 2003, 7. Kapitel Rdnrn. 59ff.

694 Zur Unverzichtbarkeit des Menschenwürdegehalts der Grundrechte *Pieroth/Schlink*, Grundrechte – Staatsrecht II, 20. Aufl. 2004, Rdnr. 137.

695 BVerfGE 85, 386 (398); *Sachs*, JuS 1995, 307; *Isensee*, HStR V, 2. Aufl. 2000, § 111 Rdnr. 60; *Bethge*, VVDStRL Heft 57 (1998), S. 44.

696 *v. Strobl-Albeg*, in: Wenzel, Das Recht der Wort- und Bildberichterstattung, 5. Aufl. 2003, 8. Kapitel Rdnr. 8.

697 *Maul*, MDR 1970, 287.

698 *Marxen*, GA 1980, 371.

699 *Neumann-Duesberg*, JZ 1960, 114.

700 Zur Notwendigkeit, gleichwohl den Gesetzestext zu beachten, s. *Ernst*, in: FS für Günter Herrmann, 2002, S. 81.

701 *Löffler/Ricker*, Handbuch des Presserechts, 4. Aufl. 2000, 43. Kapitel Rdnr. 13.

702 BGH NJW 1996, 1128 (1129).

703 *v. Strobl-Albeg*, in: Wenzel, Das Recht der Wort- und Bildberichterstattung, 5. Aufl. 2003, 8. Kapitel Rdnr. 13.

704 BVerfG (1. Kammer des Ersten Senats) NJW 2001, 1921 (1923).

der Zeitgeschichte in der Judikatur zum Teil uneinheitlich und schwer nachvollziehbar ist.[705] Jedenfalls kann die Verwendung der vom Gesetzestext nicht zwingend vorgegebenen Begriffe die einzelfallbezogene Abwägung zwischen dem Informationsinteresse der Öffentlichkeit und dem Persönlichkeitsrecht des Abgebildeten nicht ersetzen.

Ob ein Bildnis aus dem Bereich der Zeitgeschichte nach § 23 Abs. 1 Nr. 1 KUG vorliegt, hängt nach einer begrüßenswerten Klarstellung des *Bundesverfassungsgerichts* maßgeblich vom Informationsinteresse der Öffentlichkeit und damit zugleich von den grundrechtlich geschützten Interessen der Medien ab. Diese dürfen nach publizistischen Kriterien entscheiden, an welchen Gegenständen ein öffentliches Interesse besteht. Auf die Belange der dargestellten Personen hingegen kommt es an diesem Punkt der Prüfung noch nicht entscheidend an. Anders als das öffentliche Informationsinteresse lassen sich diese entgegenstehenden Belange noch im Rahmen der „berechtigten Interessen" nach § 23 Abs. 2 KUG ausreichend berücksichtigen.[706] Freilich umfaßt das Recht der Presse, nach publizistischen Kriterien darüber zu entscheiden, was öffentliches Interesse beansprucht, nicht die Entscheidung, welches Gewicht dem Informationsinteresse im Rahmen der Abwägung mit anderen Rechtsgütern einzuräumen ist und wie der Ausgleich zwischen den kollidierenden Rechtsgütern herzustellen ist.[707]

Diese Zuordnung der kollidierenden grundrechtlichen Gesichtspunkte zu den einzelnen Merkmalen des § 23 KUG nimmt der Rechtsfigur der „Person der Zeitgeschichte" einen erheblichen Teil ihrer Bedeutung.[708] Wenn sich die Zugehörigkeit eines Ereignisses zur Zeitgeschichte nach dem öffentlichen Interesse bemißt, über das wiederum die Medien zu entscheiden haben, dann gehören solche Ereignisse, über die die Medien berichten wollen, zur Zeitgeschichte. Das betrifft auch Gerichtsverhandlungen. An ihnen besteht unabhängig von ihrem Gegenstand oder den Verfahrensbeteiligten ein Informationsinteresse der Allgemeinheit, falls die Medien über den Verlauf der Verhandlung berichten wollen. Schon aus diesem Grund gehören Gerichtsverhandlungen zur Zeitgeschichte i. S. v. § 23 Abs. 1 Nr. 1 KUG. Das betrifft auch Verhandlungen, in denen es nicht um herausragende Ereignisse geht oder an denen keine bedeutenden Personen beteiligt sind.

---

[705] Kritisch zu den Begriffen daher *Soehring*, Presserecht, 3. Aufl. 2000, Rdnr. 21.2 b. – Zu möglichen Zwischenstufen in der begrifflichen Zweiteilung s. SchweizBG JR 2003, 38 ff., mit Anmerkung von *v. Gerlach*, JR 2003, 41 ff.

[706] BVerfGE 101, 361 (391 f.); BVerfG (1. Kammer des Ersten Senats) NJW 2001, 1921 (1922 f.). Zum legitimen Informationsinteresse der Öffentlichkeit als Schutzzweck des § 23 Abs. 1 Nr. 1 KUG s. auch *Fuhr*, in: FS für Hubert Armbruster, 1976, S. 134.

[707] BVerfG (1. Kammer des Ersten Senats) NJW 2001, 1921 (1922).

[708] So auch *Soehring/Seelmann-Eggebert*, NJW 2000, 2473: BVerfGE 101, 361 ff. dürfte eine längst fällige Abkehr von der Kunstfigur der Person der Zeitgeschichte andeuten. Kritisch zur „absoluten Person der Zeitgeschichte" jüngst auch EGMR NJW 2004, 2647 (2650 f.).

(3) Bilder von Versammlungen (§ 23 Abs. 1 Nr. 3 KUG)

§ 23 Abs. 1 Nr. 3 KUG gestattet die Verwendung von Bildnissen von Versammlungen, Aufzügen und ähnlichen Vorgängen, an denen die dargestellten Personen teilgenommen haben. Dabei muß es sich um Vorgänge handeln, die sich in der Öffentlichkeit abspielen und an denen die abgebildeten Menschen gewollt teilnehmen.[709] Ob eine Gerichtsverhandlung eine Versammlung in diesem Sinne darstellt, ist umstritten.[710] Jedenfalls Bildnisse der Zuschauer aber dürfen nach dieser Vorschrift verbreitet werden.[711] Bedenken bestehen allein gegen Großaufnahmen von einzelnen Zuschauern.[712]

(4) Entgegenstehende berechtigte Interessen (§ 23 Abs. 2 KUG)

Gem. § 23 Abs. 2 KUG gilt die aus § 23 Abs. 1 KUG resultierende Befugnis zur Verwendung von Bildnissen nicht, wenn durch die Verbreitung oder Zurschaustellung ein berechtigtes Interesse des Abgebildeten verletzt wird. Danach dürfen auch „Personen der Zeitgeschichte“ nicht unbeschränkt abgebildet werden. Prinzipiell unzulässig ist die Veröffentlichung von Bildnissen aus ihrer Intimsphäre. Auch der Schutz der Privatsphäre kann die Verwendung von Bildern unzulässig machen; gleiches gilt u. a. für den Schutz der Wahrheit, den Schutz von Ehre und Ruf, den Schutz vor öffentlicher Anprangerung und den Schutz vor Personen- und Gesundheitsgefährdungen.[713] Ausschlaggebend ist jeweils die Abwägung zwischen dem Informationsinteresse der Allgemeinheit und dem Persönlichkeitsrecht des Betroffenen.

ddd) Die Unterscheidung zwischen der Anfertigung von Aufnahmen und ihrer Verbreitung

Für die Beurteilung der Zulässigkeit von *Aufnahmen* sind §§ 22 f. KUG nicht unmittelbar anwendbar. Sie beschränken allein die Verwendung, nicht jedoch

---

[709] *v. Strobl-Albeg*, in: Wenzel, Das Recht der Wort- und Bildberichterstattung, 5. Aufl. 2003, 8. Kapitel Rdnrn. 49 f.

[710] Ablehnend *Kohlhaas*, DRiZ 1956, 3 f.; *G. Wolf*, NJW 1994, 684. Im Ergebnis anders *Schorn*, LZ 1932, Sp. 1409: Gerichtsverhandlungen seien keine Aufzüge oder Versammlungen, wohl aber versammlungsähnliche Vorgänge.

[711] *Kohlhaas*, DRiZ 1956, 3 f.; *G. Wolf*, NJW 1994, 684; *Ernst*, in: FS für Günter Herrmann, 2002, S. 83.

[712] Ablehnend *G. Wolf*, NJW 1994, 684; *Schorn*, LZ 1932, Sp. 1409 f.; *Ernst*, ZUM 1996, 191 mit Fn. 43. S. aber *v. Strobl-Albeg*, in: Wenzel, Das Recht der Wort- und Bildberichterstattung, 5. Aufl. 2003, 8. Kapitel Rdnr. 51, mit dem beachtlichen Hinweis, daß Einzelbildnisse den Charakter einer Versammlung exemplarisch ggf. besser verdeutlichen können als eine zulässige Totalaufnahme, zumal die Abbildung der vollständigen Versammlung häufig nicht möglich sein wird.

[713] Eingehend *v. Strobl-Albeg*, in: Wenzel, Das Recht der Wort- und Bildberichterstattung, 5. Aufl. 2003, 8. Kapitel Rdnrn. 55 ff.

die *Herstellung* bzw. die *Anfertigung* von Bildnissen.[714] Daher scheint sich der Umkehrschluß anzubieten, daß die Herstellung von Bildnissen stets zulässig ist.[715] Immerhin wird die Darstellung des Aufgenommenen durch die Aufnahme selber regelmäßig noch nicht betroffen.

Aus grundrechtlicher Sicht steht diesem Gedanken jedoch die Überlegung entgegen, daß schon die Aufnahme selbst einen Eingriff in das allgemeine Persönlichkeitsrecht darstellen kann, weil sie einen Einzelmoment absolut setzt und weil sie in Formen weiterverwendet werden kann, die im voraus nicht absehbar sind. Insofern reicht der Schutz durch das einfache Recht nicht aus.[716]

Das daraus entstehende Dilemma tritt bei Aufnahmen durch Journalisten – allemal von Rundfunkjournalisten – besonders deutlich hervor. Unabhängig von der Person des Aufnehmenden darf man grundsätzlich nicht von einer rechtswidrigen Verwendung der Aufnahmen ausgehen.[717] Andererseits liegt ein Eingriff in das Persönlichkeitsrecht bereits im Moment der Aufnahme nahe, wenn mit einer Veröffentlichung gerechnet werden muß – was gerade bei Journalisten der Fall ist.[718] Wiederum andererseits muß auch die Rechtstreue von Journalisten schon angesichts der drohenden Sanktionen angenommen werden. Vor allem aber muß es Journalisten im Rahmen ihrer Recherche möglich sein, Material zu beschaffen, das sie nicht für ihre Berichterstattung verwenden dürfen: Recherche benötigt größeren Freiraum als Berichterstattung.[719] Dem ist bei der Abwägung zwischen dem Persönlichkeitsrecht und den Medienfreiheiten Rechnung zu tragen.

Die Praxis löst die Problematik häufig, indem sie schon die Anfertigung von Aufnahmen nach den Kriterien der §§ 22 f. KUG beurteilt. Das überzeugt jedenfalls insofern, als die Anfertigung eines Bildnisses zulässig ist, wenn es ohnehin nach §§ 22 f. KUG verbreitet werden darf.[720] Umgekehrt wird man jedoch nicht so weit gehen können, daß Bildnisse nur noch in dem Umfang angefertigt werden dürfen, in dem auch ihre Verbreitung zulässig ist.[721] Zwar

---

[714] BVerwGE 109, 203 (210 f.); OLG Frankfurt/Main NJW 1995, 878 (880); *v. Becker*, Straftäter und Tatverdächtige in den Massenmedien: Die Frage der Rechtmäßigkeit identifizierender Kriminalberichte, 1979, S. 139; *v. Strobl-Albeg*, in: Wenzel, Das Recht der Wort- und Bildberichterstattung, 5. Aufl. 2003, 7. Kapitel Rdnr. 22; *Soehring*, Presserecht, 3. Aufl. 2000, Rdnr. 9.3; *Britz*, Fernsehaufnahmen im Gerichtssaal, 1999, S. 238; *Steffen*, in: Löffler, Presserecht, 4. Aufl. 1997, § 6 LPG Rdnr. 119; *v. Zezschwitz*, in: FS für Erwin Stein, 1983, S. 395.

[715] *Soehring*, Presserecht, 3. Aufl. 2000, Rdnr. 9.4.

[716] *v. Strobl-Albeg*, in: Wenzel, Das Recht der Wort- und Bildberichterstattung, 5. Aufl. 2003, 7. Kapitel Rdnr. 22.

[717] BVerwGE 109, 203 (211).

[718] OLG Hamburg NJW-RR 1990, 1000; OLG Frankfurt/Main NJW 1995, 878 (880).

[719] *Steffen*, AfP 1988, 118.

[720] *v. Strobl-Albeg*, in: Wenzel, Das Recht der Wort- und Bildberichterstattung, 5. Aufl. 2003, 7. Kapitel Rdnr. 25.

[721] So aber die Tendenz in der Rechtsprechung. Dazu kritisch *Soehring*, Presserecht, 3. Aufl. 2000, Rdnr. 9.4, unter Verweis auf BGH NJW 1957, 1315 f.; BGH NJW 1966, 2353 ff.; BGH

muß diese Sichtweise nicht zwangsläufig in Kollision mit dem strafrechtlichen Analogieverbot geraten.[722] Die Anfertigung von Aufnahmen kann als unzulässig bewertet werden, ohne zugleich die Strafvorschrift des § 33 KUG anzuwenden. Jedoch berücksichtigt eine derartige Vorwirkung der §§ 22 f. KUG die von den Medienfreiheiten geforderte Freiheit der Recherche nur unzureichend.

Entschärft wird die praktische Bedeutung dieser Frage freilich insofern, als die Vorschriften der §§ 22 f. KUG ohnehin in weitem Maße auslegungsfähig sind.

bb) Die Beeinträchtigung des allgemeinen Persönlichkeitsrechts durch Rundfunkaufnahmen während der Verhandlung

Diesen generellen Schutz des allgemeinen Persönlichkeitsrechts verstärkt § 169 S. 2 GVG während mündlicher Gerichtsverhandlungen erheblich. Aufnahmen für den Rundfunk werden vollständig und ausnahmslos untersagt. Begründet wird dies mit der Gefahr intensiver Beeinträchtigungen, die dem vor Gericht ohnehin besonders schutzbedürftigen Persönlichkeitsrecht durch Rundfunkübertragungen drohen sollen.[723] Die exemplarische Betrachtung einzelner Gruppen von Betroffenen macht jedoch deutlich, daß das Persönlichkeitsrecht das Informationsinteresse der Öffentlichkeit nicht in allen Fällen überwiegen muß.

aaa) Angeklagte im Strafverfahren

Für den Angeklagten im Strafverfahren bedeuten Fernsehaufnahmen aus der Verhandlung so gut wie immer eine erhebliche Beeinträchtigung seines allgemeinen Persönlichkeitsrechts.

(1) Der typischerweise erhebliche Eingriff in das Persönlichkeitsrecht

Die Situation, als Angeklagter vor Gericht zu stehen, stellt ohnehin schon eine starke Belastung dar, die durch anwesende Zuschauer noch verstärkt wird. Sie führt unter einer ganzen Reihe von Gesichtspunkten zu einem intensiven Eingriff in das allgemeine Persönlichkeitsrecht. Diesen Eingriff potenzieren Übertragungen in Bild und Ton, die das Geschehen vor einer unbegrenzt großen Zahl von Zuschauern ausbreiten.

Selbst wenn man die Gefahren einer gezielt bloßstellenden Berichterstattung oder häufiger Wiederholungen[724] außer Betracht läßt, droht schon durch die Fernsehberichterstattung als solche eine massive Anprangerung des Angeklag-

---

AfP 1995, 597 ff.; OLG Schleswig NJW 1980, 352 f.; OLG Düsseldorf NJW 1994, 1971 f.; LG Berlin AfP 1994, 332.

[722] In diese Richtung jedoch BVerwGE 109, 203 (210 f.); *Soehring*, Presserecht, 3. Aufl. 2000, Rdnrn. 9.3 f.

[723] BVerfGE 103, 44 (68).

[724] Dazu *Edinger*, DRiZ 2001, A 25.

ten[725] und damit ein Eingriff in sein Recht auf Selbstdarstellung, der wesentlich weiter geht als der Eingriff durch die Berichterstattung in der Presse[726] und der sogar den Menschenwürdegehalt des Persönlichkeitsrechts berühren kann.[727] Der optische Eindruck des vor seinem Richter stehenden Angeklagten birgt die Gefahr einer öffentlichen Vorverurteilung,[728] die angesichts der während der Verhandlung noch geltenden Unschuldsvermutung um so schwerer wiegt.[729] Selbst ein späterer Freispruch vermag den vermeintlichen Makel nicht mehr vollständig zu beseitigen.[730] Im Fall einer Verurteilung kann die Übertragung die Resozialisierung des Täters beeinträchtigen.[731]

Diese Beeinträchtigungen des Persönlichkeitsrechts übersteigen selbst bei außergewöhnlich spektakulären Strafverfahren regelmäßig das Informationsinteresse der Öffentlichkeit. Die Übertragung der Verhandlung unter Einschluß von Aufnahmen des Angeklagten hätte eine Verletzung seines Persönlichkeitsrechts zur Folge, während umgekehrt das Verbot entsprechender Übertragungen die Rundfunkfreiheit nicht unangemessen beeinträchtigt. Angesichts der Ausnahmesituation des Strafverfahrens wird man dies nicht nur für den Moment der Urteilsverkündung, ggf. also des Schuldspruchs, sondern für die gesamte Verhandlung annehmen müssen.

Nach den Kriterien der §§ 22 f. KUG wäre die Übertragung eines Strafprozesses unter Abbildung des Angeklagten daher in aller Regel unzulässig. Dennoch ist die Aussage, der Tatverdächtige bzw. der Angeklagte würde wegen der Unschuldsvermutung nicht zur relativen Person der Zeitgeschichte,[732] in diesem Zusammenhang zumindest mißverständlich. Richtigerweise wird man sagen müssen, daß ein Strafverfahren, das der Rundfunk übertragen will, zwar ein Ereignis aus dem Bereich der Zeitgeschichte i. S. v. § 23 Abs. 1 Nr. 1 KUG darstellt. Jedoch würde die Übertragung das Persönlichkeitsrecht des Angeklagten und damit ein berechtigtes Interesse nach § 23 Abs. 2 KUG verletzen.

---

[725] *Kortz*, AfP 1997, 446; *Roxin*, in: FS 30 Jahre Münchener Juristische Gesellschaft, 1996, S. 105.

[726] *Kortz*, AfP 1997, 446. A.A. *Schwarz*, AfP 1995, 356: Nur gradueller Unterschied.

[727] Dazu *DRB*, DRiZ 1996, 247.

[728] *Hamm*, NJW 1995, 760 f.; *Kortz*, AfP 1997, 446. Anders *H. J. Schneider*, JuS 1963, 347: Das Bild an sich sei wertfrei und rufe nicht den Eindruck einer Verurteilung hervor.

[729] *DRB*, DRiZ 1996, 248.

[730] Dazu *Hipp*, Der Spiegel v. 13. November 2000, Heft 46, S. 110.

[731] *Kortz*, AfP 1997, 447; *DRB*, DRiZ 1996, 248. Ebenso bereits *Schorn*, LZ 1932, Sp. 1414, zu Hörfunkübertragungen. Zum Recht auf Resozialisierung als Bestandteil des allgemeinen Persönlichkeitsrechts BVerfGE 35, 203 (235 ff.).

[732] *Marxen*, GA 1980, 371 f.; *Ernst*, in: FS für Günter Herrmann, 2002, S. 83; a.A. *v. Becker*, Straftäter und Tatverdächtige in den Massenmedien: Die Frage der Rechtmäßigkeit identifizierender Kriminalberichte, 1979, S. 213.

(2) Kein Eingriff in das Persönlichkeitsrecht im Falle einer Einwilligung des Angeklagten

Nicht übersehen werden dürfen freilich Fälle, in denen der Angeklagte die Öffentlichkeit nicht scheut, sondern im Gegenteil gerade sucht, um beispielsweise seine Unschuld öffentlich nachweisen zu können. Zwar mag es sich dabei um Ausnahmen handeln. Häufiger dürfte die Situation auftreten, daß ein Beschuldigter auf den Nachweis seiner Unschuld gänzlich verzichtet und eine Einstellung gegen Geldauflage oder einen Strafbefehl akzeptiert, um so der Öffentlichkeit einer mündlichen Verhandlung zu entgehen.[733] Gleichwohl ist ein Interesse des Angeklagten an einer möglichst großen Öffentlichkeit nicht generell ausgeschlossen. Das belegt nicht zuletzt § 171 b Abs. 1 S. 2 GVG. Danach entfällt die an sich bestehende Möglichkeit, die Öffentlichkeit zum Schutz der Privatsphäre u. a. des Angeklagten[734] auszuschließen, wenn dieser dem Ausschluß widerspricht. Damit trägt der Gesetzgeber – im Hinblick auf die Saalöffentlichkeit – der Tatsache Rechnung, daß die Öffentlichkeit das Persönlichkeitsrecht eines Angeklagten dann nicht beeinträchtigt, wenn er sich bewußt für sie entscheidet. Entsprechend läßt sich auch das Aufnahmeverbot nicht mit dem Persönlichkeitsrecht eines Angeklagten rechtfertigen, der mit der Aufnahme einverstanden ist.

(3) Das möglicherweise überwiegende Informationsinteresse in historisch herausragenden Verfahren

Aber selbst wenn der Angeklagte nicht einverstanden ist, muß die These vom *stets* überwiegenden Persönlichkeitsrecht mit einem Fragezeichen versehen werden. Zwar mag sie für die meisten Strafverfahren zutreffen. In bestimmten Sonderfällen erscheint sie hingegen zweifelhaft. In Rede stehen Verhandlungen, die Unrecht historischen Ausmaßes betreffen, das der Angeklagte in einer Funktion begangen haben soll, in der er ohnehin Gegenstand intensiver Medienberichterstattung war. Lediglich beispielhaft sei auf die Nürnberger Prozesse, auf das Verfahren gegen *Erich Honecker* oder auf den zu erwartenden Prozeß gegen *Saddam Hussein* verwiesen.[735] Zwar steht außer Frage, daß auch die Übertragung derartiger Prozesse einen massiven Eingriff in das Persönlichkeitsrecht der Angeklagten darstellt. Dem steht jedoch ein außergewöhnlich großes und

[733] Dazu *Rinsche*, ZRP 1987, 385.

[734] Auch der Angeklagte ist Prozeßbeteiligter nach § 171 b Abs. 1 GVG. Dazu *Kissel/Mayer*, GVG, 4. Aufl. 2005, § 171 b Rdnr. 2.

[735] Weitere Beispiele für historisch bedeutsame Prozesse, die in anderen Ländern übertragen werden durften, bei *Gounalakis*, in: Freundesgabe für Friedrich Kübler, 1997, S. 183. Von der – auf Grund der Regelungen der „loi Badinter" um Jahre zeitversetzten – Ausstrahlung der Aufnahmen aus historisch bedeutsamen Kriegsverbrecherprozessen in Frankreich berichtet die Frankfurter Allgemeine Zeitung v. 21. Oktober 2004, Nr. 246, S. 38. Näher zur „loi Badinter" *Gounalakis*, a. a. O., S. 181 ff.

berechtigtes Interesse der Allgemeinheit am Verlauf der Verhandlung gegenüber, das nicht zwingend hinter dem Persönlichkeitsrecht zurückstehen muß.

Spezifikum der Abwägung ist es gerade, daß sogar intensive Grundrechtseingriffe durch einen entsprechend gewichtigen Grund gerechtfertigt werden können. Ihre Grenze findet diese Möglichkeit erst im abwägungsresistenten Menschenwürdegehalt des Persönlichkeitsrechts, der von Fernsehbildern der beschriebenen Art regelmäßig nicht berührt sein dürfte.

bbb) Tatopfer im Strafprozeß

Auch für Tatopfer im Strafprozeß kann die öffentliche Verhandlung eine besonders intensive Beeinträchtigung ihres Persönlichkeitsrechts darstellen. Dem trägt § 171 b GVG durch die Möglichkeit Rechnung, die Öffentlichkeit zum Schutz der Privatsphäre auch des Opfers auszuschließen. Rundfunkübertragungen würden die Belastung noch einmal erheblich verstärken.

Allerdings ist auch hier der Hinweis veranlaßt, daß die gegenteilige Konstellation zumindest vorstellbar ist, daß also das Opfer eine möglichst breite Berichterstattung wünscht. Dieser Gedanke liegt beispielsweise § 200 StGB zugrunde, der auf Antrag des durch eine Beleidigung Verletzten die öffentliche Bekanntmachung der Verurteilung vorsieht.

Generell – das gilt auch für sämtliche im folgenden erörterten Personengruppen – scheidet eine Verletzung von Persönlichkeitsrechten aus, wenn sich alle Anwesenden mit den Aufnahmen einverstanden erklären.[736] Diese Überlegung, auf der auch § 22 S. 1 KUG beruht, gilt sogar dann, wenn die Einwilligung von einem an der Ausstrahlung interessierten Rundfunkveranstalter erkauft worden sein sollte.[737] Die Wirkung der Einwilligung hängt nicht von der zugrundeliegenden Motivation ab.[738]

ccc) Prozeßparteien in anderen Verfahrensarten

In anderen Verfahren als dem Strafprozeß läßt sich die These von einer besonders starken Beeinträchtigung des Persönlichkeitsrechts der Beteiligten durch die Öffentlichkeit jedenfalls in ihrer Pauschalität endgültig nicht mehr aufrechterhalten.

---

[736] *F. Burbulla*, Die Fernsehöffentlichkeit als Bestandteil des Öffentlichkeitsgrundsatzes, 1998, S. 127. – Anders wohl die 49. Konferenz der Datenschutzbeauftragten des Bundes und der Länder am 9./10. März 1995, zitiert bei *Knothe/Wanckel*, ZRP 1996, 107 f., die sich wegen einer befürchteten gravierenden Beeinträchtigung des Persönlichkeitsrechts auch für den Fall einer Einwilligung gegen die Zulassung von Fernsehaufnahmen ausgesprochen hat.

[737] Zur Vermarktung von Verbrechen in den Medien näher *Tillmanns*, in: FS für Robert Schweitzer, 1999, S. 227 ff.

[738] *F. Burbulla*, Die Fernsehöffentlichkeit als Bestandteil des Öffentlichkeitsgrundsatzes, 1998, S. 142. S. aber *Roxin*, in: FS 30 Jahre Münchener Juristische Gesellschaft, 1996, S. 106, der u. a. wegen der Gefahr eines Abkaufens der Zustimmung am ausnahmslosen Aufnahmeverbot festhalten will.

Daß ein Angeklagter an einer möglichst breiten Öffentlichkeit interessiert ist, mag eine seltene Ausnahme sein, die im Rahmen der gesetzgeberischen Befugnis zu typisierenden Regelungen nicht zwingend berücksichtigt werden muß. In etlichen anderen Verfahren – man denke nur an verwaltungsgerichtliche Streitigkeiten um politisch umstrittene Großprojekte – dürfte der Wunsch nach möglichst vielen Zuschauern auf Seiten der Beteiligten wesentlich weniger ungewöhnlich sein.

Vor allem aber beruht die besonders intensive Grundrechtsbetroffenheit gerade des Angeklagten neben der herausragenden Bedeutung, die der Erforschung seiner Persönlichkeit im modernen Strafverfahren regelmäßig zukommt, auf der exzeptionellen Situation desjenigen, der sich dem staatlichen Vorwurf persönlicher Schuld und der Drohung einer Kriminalstrafe gegenübersieht. Dieser Ausnahmesituation des Strafverfahrens steht eine erhebliche Anzahl von Prozessen speziell vor der Zivil- und der Verwaltungsgerichtsbarkeit gegenüber, in denen Persönlichkeitsaspekte nur eine untergeordnete oder sogar keine Rolle spielen. Wenn aber die Verhandlungssituation selber keinen gesteigerten Persönlichkeitsbezug aufweist, dann greift auch die Rundfunkberichterstattung aus der Verhandlung nicht stärker in das Persönlichkeitsrecht ein, als es eine die Beteiligten individualisierende Berichterstattung über den zugrundeliegenden Rechtsstreit ohnehin täte. Anders formuliert: Sofern in derartigen Fällen die Abwägung zwischen Rundfunkfreiheit und Persönlichkeitsrecht im Rahmen der Anwendung der §§ 22 f. KUG ergibt, daß Übertragungen und damit auch Aufnahmen außerhalb der Verhandlung zulässig sind, läßt sich die Unzulässigkeit von Aufnahmen in der Verhandlung nicht mit dem allgemeinen Persönlichkeitsrecht begründen.

Endgültig kein Argument mehr ist der Hinweis auf das Persönlichkeitsrecht der Beteiligten in Verfahren, in denen keiner der Prozeßbeteiligten Träger dieses Grundrechts ist. Dazu zählen namentlich die staatsorganisationsrechtlich geprägten Verfahren vor den Verfassungsgerichten des Bundes und der Länder.

ddd) Zeugen

Für Zeugen gelten ähnliche Erwägungen wie für Prozeßbeteiligte. Ohne Zweifel kann auch ihr Persönlichkeitsrecht schon durch die Öffentlichkeit der Verhandlung und somit erst recht durch eine Übertragung ihrer Aussagen massiv beeinträchtigt werden. Das gilt vor allem dort, wo die Aussage menschliche Fehler aufdeckt und charakterliche Schwächen offenbart. Zwingend ist das freilich nicht. Befürchtungen wie diejenige, der Zuschauer erinnere sich nur an die Verbindung des Zeugen zum Verfahren, womöglich werde der Zeuge gar für den Angeklagten gehalten,[739] erscheinen insgesamt eher fragwürdig. Jedenfalls

[739] *R. Gerhardt*, Zur Frage der Verfassungsmäßigkeit des Verbots von Rundfunk- und Fernsehaufnahmen im Gerichtssaal (§ 169 Satz 2 GVG), Diss. Frankfurt a. M. 1968, S. 110.

greifen sie jenseits des Strafverfahrens nicht durch. Abgesehen davon, daß auch Zeugen mit der Übertragung einverstanden sein können, muß ihr Interesse, nicht im Fernsehen gezeigt zu werden, innerhalb der Verhandlung nicht größer sein als außerhalb.

eee) Gerichtspersonen

Schließlich sind noch die Persönlichkeitsrechte der Gerichtspersonen zu berücksichtigen, insbesondere also der Berufsrichter und Schöffen, der Staatsanwälte und Protokollführer.

(1) Die Einschlägigkeit des allgemeinen Persönlichkeitsrechts

Insofern ist schon dem Grunde nach fraglich, ob das allgemeine Persönlichkeitsrecht Aufnahmen entgegenstehen kann. Bild- und Tonaufnahmen im Gerichtssaal betreffen die Gerichtspersonen in ihrer spezifischen Funktion als Amtswalter. In dieser Funktion ist ihre Rechtsstellung durch das ausgeübte Amt geprägt, nicht durch die handelnde Person. Das Handeln der Amtsinhaber ist rechtlich Handeln der jeweiligen Körperschaft. Dieser Grundsatz durchzieht das gesamte öffentliche Recht.[740] Daher kann sich auch der jeweilige Amtsinhaber als solcher regelmäßig nicht auf Rechtspositionen berufen, die ihm als natürlicher Person zustehen. Das Rederecht des Bundestagsabgeordneten beispielsweise wurzelt in seiner organschaftlichen Stellung aus Art. 38 Abs. 1 GG, nicht im Grundrecht der Meinungsfreiheit aus Art. 5 Abs. 1 S. 1 HS 1 GG;[741] entsprechende Beschränkungen sind im Wege des Organstreits, nicht der Verfassungsbeschwerde geltend zu machen.[742] Auf derselben Linie liegt die Auffassung des *Bundesverwaltungsgerichts*, die Einschränkung der Pressefreiheit durch das Verbot von Tonbandaufnahmen in einer Gemeinderatssitzung könne nicht durch das Persönlichkeitsrecht der Ratsmitglieder, sondern allein durch das öffentliche Interesse an der ordnungsgemäßen Aufgabenerfüllung gerechtfertigt werden.[743] Nach dieser Betrachtungsweise käme es in den hier interessierenden Fällen auf das Persönlichkeitsrecht der Gerichtspersonen nicht an.[744]

Jedoch lassen sich nicht sämtliche Schutzaspekte des Persönlichkeitsrechts in gleicher Weise ausschließlich dem amtlichen Bereich zuordnen wie die Vornahme bestimmter Tätigkeiten. Das wird man allenfalls im Hinblick auf mündliche Äußerungen in der Verhandlung annehmen können. Bei Bildauf-

[740] *C. Arndt*, NJW 2001, 2949.

[741] BVerfGE 60, 374 (379 f.).

[742] Bedenklich daher BVerfGE 108, 251 (266 ff.). Zu Recht kritisch *Sachs*, JuS 2004, 72.

[743] BVerwGE 85, 283 (286); s. auch *Degenhart*, in: Bonner Kommentar, Art. 5 Abs. 1 u. 2 Rdnr. 350.

[744] So offenbar *Gündisch/Dany*, NJW 1999, 259, mit der Annahme, das Persönlichkeitsrecht des Richters könne nicht beeinträchtigt werden, weil er ein öffentliches Amt wahrnehme.

nahmen hingegen überzeugt eine Zuordnung allein zum Amt nicht. Anders als die Tätigkeit eines Amtswalters läßt sich sein Aussehen nicht einem anderen Rechtsträger zurechnen. Macht der Richter – um ein Zuordnungskriterium aus dem Amtshaftungsrecht zu bemühen – einen bestimmten Gesichtsausdruck in Ausübung oder nur bei Gelegenheit seines Amtes? Die Unmöglichkeit einer trennscharfen Abgrenzung spricht dafür, den Gerichtspersonen auch während der Wahrnehmung ihrer amtlichen Aufgaben grundrechtlichen Schutz nicht vollständig abzusprechen.[745] Zumindest auf das Recht am eigenen Bild können sie sich berufen.[746]

(2) Das eingeschränkte Gewicht des Persönlichkeitsrechts in der Abwägung

Jedoch wirkt sich die Tatsache, daß die Aufnahmen in erster Linie die Amtswalter als solche betreffen, im Rahmen der Abwägung aus. Dem Persönlichkeitsrecht kommt insofern regelmäßig nur begrenztes Gewicht zu.

Nicht zu überzeugen vermag jedenfalls die Auffassung, Richter und andere Gerichtspersonen müßten Aufnahmen gegen ihren Willen in keinem Fall dulden. Sie wird zum Teil damit begründet, Aufnahmen im Gerichtssaal gegen den Willen der Betroffenen seien stets unzulässig.[747] Andere Stimmen stellen darauf ab, Richter etc. seien – in den Kategorien der §§ 22 f. KUG – keine „Personen der Zeitgeschichte",[748] jedenfalls aber gehe die Abwägung stets zu ihren Gunsten aus.[749] Schließlich findet sich sogar die schon in der Prämisse unrichtige Ansicht, das Persönlichkeitsrecht sei keinerlei Abwägungen zugänglich.[750]

Richtiger Auffassung nach sind Verhandlungen sogar in unspektakulären Verfahren Ereignisse aus dem Bereich der Zeitgeschichte, wenn man den Begriff in der grundrechtlich gebotenen Weise vom öffentlichen Informationsinteresse

---

[745] Ebenso BVerwGE 116, 104 (112), zum Persönlichkeitsschutz der Inhaber höchster Staatsämter, die vermeintlich nur in ihrer Eigenschaft als Amtsträger ausspioniert wurden. Wenn das Gericht die Unterscheidung zwischen der amtlichen und der persönlichen Rechtsstellung allerdings als Sondersituation namentlich des Staatshaftungsrechts bezeichnet, so verkennt es die übergreifende Geltung dieses Gedankens. Zu Recht kritisch insofern *Kirste*, JuS 2003, 339. – Auch BVerwGE 85, 283 (286 f.) weist auf das während der Ratssitzung fortbestehende Persönlichkeitsrecht der Ratsmitglieder hin, das beispielsweise durch beleidigende Zwischenrufe beeinträchtigt werden kann.

[746] Im Ergebnis ebenso *v. Strobl-Albeg*, in: Wenzel, Das Recht der Wort- und Bildberichterstattung, 5. Aufl. 2003, 7. Kapitel Rdnr. 8, unter Hinweis auf die zentrale Stellung der Menschenwürde in der grundrechtlichen Wertordnung.

[747] *Eb. Schmidt*, in: FS für Walter Schmidt, 1959, S. 342.

[748] S. aber *Gerstenberg/Götting*, in: Schricker, Urheberrecht, 2. Aufl. 1999, § 60/§ 23 KUG Rdnr. 13: Vorsitzender Richter bei nicht alltäglichen Prozessen als Person der Zeitgeschichte.

[749] *Ernst*, in: FS für Günter Herrmann, 2002, S. 81; *Ernst*, ZUM 1996, 191; *Maul*, MDR 1970, 287.

[750] So in der Sache *G. Wolf*, ZRP 1994, 191, für Aufnahmen im Umfeld der Verhandlung: „Werden die Persönlichkeitsrechte … in der Nähe eines Gerichtssaals irgendwelchen ‚Interessenabwägungen' unterworfen, werden sie insoweit in der Sache verneint".

her bestimmt. Zudem müssen Justizpersonen in ihrer spezifischen Funktion als Inhaber öffentlicher Ämter eine Relativierung ihrer im Persönlichkeitsrecht wurzelnden Abwehransprüche hinnehmen. Sie sind der Öffentlichkeit Rechenschaft schuldig und müssen es dulden, von den Medien bei ihrer Arbeit beobachtet zu werden.[751] Daher genießen sie im Ergebnis nur einen eingeschränkten Bildnisschutz.[752] Im Rahmen der Abwägung erweist sich die mediale Fremdkontrolle als funktionsadäquate und damit grundsätzlich hinzunehmende Begleiterscheinung.[753] Regelmäßig haben die Justizpersonen im Ergebnis kein schutzwürdiges Interesse daran, nur durch die persönlich Anwesenden wahrgenommen zu werden.[754] Aufnahmeverbote sind im Hinblick auf das Gerichtspersonal grundsätzlich nur dann gerechtfertigt, wenn sie dem Schutz der Funktionserfüllung dienen. Persönlichkeitsrechte spielen insofern prinzipiell keine Rolle.[755]

Etwas anderes gilt allerdings im Falle persönlicher Gefährdungen.[756] Anders als die öffentliche Wahrnehmbarkeit sind Gefahren, die dem Amtswalter im privaten Bereich drohen, funktionsinadäquat und führen zum Überwiegen des Persönlichkeitsrechts.[757]

cc) Persönlichkeitsschutz ohne vollständiges Aufnahmeverbot

Selbst wenn das allgemeine Persönlichkeitsrecht der vorstehend diskutierten Personengruppen im Einzelfall überwiegt, erfordert sein Schutz vor Verletzungen doch nicht in allen Verfahren ein vollständiges Aufnahmeverbot. Eine Alternative stellt beispielsweise die gegenständlich beschränkte Zulassung von Aufnahmen dar, die je nach den Umständen der einzelnen Verhandlung das Persönlichkeitsrecht ebenso effektiv schützt, dabei jedoch weniger intensiv in die Rundfunkfreiheit eingreift. Denkbar ist etwa die Auflage, daß bestimmte Personen – der Angeklagte im Strafprozeß, ggf. auch die Zeugen – nicht aufgenommen werden dürfen. Durch fest installierte Kameras läßt sich die Einhaltung dieser Beschränkungen sicherstellen.[758]

---

[751] *Wyss*, EuGRZ 1996, 16; zum lediglich eingeschränkten Persönlichkeitsschutz von Gerichtspersonen s. auch *Kohlhaas*, DRiZ 1956, 2 f.; *R. Gerhardt*, Zur Frage der Verfassungsmäßigkeit des Verbots von Rundfunk- und Fernsehaufnahmen im Gerichtssaal (§ 169 Satz 2 GVG), Diss. Frankfurt a. M. 1968, S. 110 f. Ebenso im Hinblick auf Amts- und Mandatsträger in parlamentarischen Untersuchungsausschüssen *Bräcklein*, ZRP 2003, 352.

[752] *Schwarz*, AfP 1995, 356.

[753] Zur (mit)entscheidenden Rolle der Adäquanz der Fremdkontrolle *Steffen*, AfP 1988, 118.

[754] *Pfeiffer*, StPO und GVG, 4. Aufl. 2002, § 169 GVG Rdnr. 1.

[755] *v. Zezschwitz*, in: FS für Erwin Stein, 1983, S. 401.

[756] *v. Zezschwitz*, in: FS für Erwin Stein, 1983, S. 402; *Huff*, NJW 2001, 1623.

[757] So auch BVerfG (1. Kammer des Ersten Senats), NJW 2000, 2890 f. Dazu oben Teil 5 D.III., S. 382 f.

[758] *Gündisch/Dany*, NJW 1999, 260.

Auch Beschränkungen, die erst bei der Ausstrahlung ansetzen, können die Beeinträchtigung von Persönlichkeitsrechten verhindern. So kann es etwa ausreichen, das Gesicht derjenigen Personen, die mit den Aufnahmen nicht einverstanden sind, technisch zu anonymisieren. Damit entfällt die Individualisierung, ohne die kein Eingriff in das Persönlichkeitsrecht vorliegt.[759] Ggf. kann zusätzlich die Originalstimme nachgesprochen werden. Durch technische Sicherungsmaßnahmen läßt sich auch die Anonymität von Personen wahren, die in der Verhandlung namentlich angesprochen bzw. genannt werden. Schon eine zeitliche Verzögerung der Ausstrahlung von wenigen Sekunden reicht aus, um derartige individualisierende Hinweise akustisch unkenntlich zu machen. Insofern ist das *Bundesverfassungsgericht* von einem richtigen Grundgedanken ausgegangen, als es im *El-Kaida*-Prozeß dem Fachgericht aufgegeben hat, Fernsehaufnahmen – allerdings nur im Umfeld der Verhandlung – zuzulassen, sofern die Gesichter derjenigen, die nicht in die Aufnahmen eingewilligt hatten, anonymisiert wurden. Es handelt sich um den geradezu lehrbuchartigen Fall eines milderen Eingriffs in die Rundfunkfreiheit, der das Persönlichkeitsrecht ebenso effektiv schützt wie ein vollständiges Aufnahmeverbot.[760]

Der Hinweis auf Aufnahmen im Umfeld von Verhandlungen führt zu einer Anschlußüberlegung. Sofern an einem Verfahren Personen der Zeitgeschichte beteiligt sind, gehören identifizierende Aufnahmen vor und nach der Verhandlung sogar dann zum üblichen Standard der Fernsehberichterstattung, wenn es sich um Angeklagte im Strafverfahren handelt. Würden kurze Aufnahmen während der Verhandlung, die allein einen optischen Eindruck der Beteiligten vermitteln, tatsächlich intensiver in das Persönlichkeitsrecht des Aufgenommenen eingreifen, als es Aufnahmen im Umfeld der Verhandlung tun? Die Frage dürfte in etlichen Fällen zu verneinen sein. Freilich ist zuzugeben, daß das Informationsinteresse an derartigen Eindrücken durch Aufnahmen aus dem Umfeld der Verhandlung ebensogut befriedigt werden kann.

c) Die Belange des Verfahrens

Neben den Persönlichkeitsrechten der Aufgenommenen soll das Verbot des § 169 S. 2 GVG das Recht auf ein faires Verfahren (Art. 2 Abs. 1 GG i.V.m.

---

[759] *Marxen*, GA 1980, 369. S. auch *dens.*, a.a.O., 369f. Fn. 19, zur Kritik am Begriff „identifizierende Berichterstattung". Freilich müßte die Anonymisierung ggf. sogar die Erkennbarkeit durch das berufliche und persönliche Umfeld ausschließen, da bereits eine Identifizierbarkeit durch diesen Kreis für einen Eingriff in das allgemeine Persönlichkeitsrecht ausreichen kann. So zuletzt BVerfG (1. Kammer des Ersten Senats) NJW 2004, 3619 (3620).

[760] Auf einem anderen Blatt steht freilich die verfahrensrechtlich fragwürdige Vorgehensweise sowie die bedenkliche Annahme, das Verbleiben im Gerichtssaal trotz laufender Kameras stelle eine konkludente Einwilligung in die Aufnahme dar. Dazu näher oben Teil 5 D.V., S. 388ff.

Art. 20 Abs. 3 GG) sowie die Funktionstüchtigkeit der Rechtspflege schützen, zu der namentlich die ungestörte Rechts- und Wahrheitsfindung zählt.[761]

aa) Die Irrelevanz der Empfängersituation

Kein tragfähiges Argument gegen die Zulassung von Rundfunk-, speziell von Fernsehaufnahmen ist die Situation, in der sich die Fernsehzuschauer befinden. Daß sie möglicherweise durch störende Einflüsse abgelenkt werden und daher dem Geschehen – so es denn vollständig übertragen wird – allenfalls auszugsweise folgen, so daß sie nicht den Gegenstand der Verhandlung wahrnehmen, sondern allein einen optischen Eindruck im Sinne einer Momentaufnahme bekommen,[762] scheidet als Einwand gegen die Zulässigkeit von Aufnahmen von vornherein aus.

Auch Zuschauer im Gerichtssaal dürfen die Verhandlung jederzeit verlassen; sie müssen nicht bis zum Ende der Verhandlung warten.[763] Das mußte bereits als Argument gegen die Einführung der Saalöffentlichkeit herhalten.[764] Ebenso steht es dem Bürger frei, ob er der Berichterstattung konzentriert folgen möchte oder nicht. Der Grund jeder staatlichen Öffentlichkeit liegt nicht in der Zwangsinformation der Bürger, sondern allein darin, ihnen Informationen zugänglich zu machen. Trotz offensichtlicher Verfassungserwartungen, daß die Bürger von dieser Zugänglichkeit Gebrauch machen, ist die Entscheidung darüber in erster Linie Gegenstand ihrer autonomen, in grundrechtlicher Freiheit ergehenden Entscheidung.

Ebenfalls verfehlt ist der Hinweis auf die in der häuslichen Situation des Zuschauers vermeintlich beeinträchtigte Würde des Gerichts oder die dort angeblich fehlende Ehrfurcht. Sofern man die Begriffe überhaupt verwenden will, beschreiben sie allenfalls diejenigen Mindestanforderungen an das Verhalten im Saal, die zur ordnungsgemäßen Durchführung der Sitzung erforderlich sind. Weitergehende Achtungsansprüche oder Ehrbezeugungen darf ein Gericht nicht verlangen. Durch Zuschauer, die sich außerhalb des Verhandlungsortes befinden, kann die Ordnung nicht gestört und damit auch die Würde des Gerichts nicht be-

---

[761] BVerfGE 103, 44 (64); *Gersdorf*, in: Kuhlo/Gersdorf, Gerichts-TV, 2001, S. 30.

[762] So *Knothe/Wanckel*, ZRP 1996, 108: Abgelenkt „durch Werbung, Telefon, Kinder und Kartoffelchips".

[763] Nur ausnahmsweise kann für bestimmte wichtige und zeitlich eng begrenzte Abschnitte das Betreten oder Verlassen des Saals untersagt werden. Das ist eine zulässige Maßnahme der Sitzungspolizei, keine Verletzung des Öffentlichkeitsgrundsatzes. Vgl. BGHSt 24, 72 (73 f.); *Wickern*, in: Löwe-Rosenberg, StPO und GVG, 7. Bd., 25. Aufl. 2003, § 176 GVG Rdnr. 23.

[764] Dazu *Alber*, Die Geschichte der Öffentlichkeit im deutschen Strafverfahren, 1974, S. 80.

einträchtigt werden.[765] Betragen oder Bekleidung vor dem Fernseher gehen den Staat auch dann nichts an, wenn sie im Gerichtssaal nicht akzeptabel wären.[766]

bb) Die Gefahr von Störungen durch die äußeren Umstände der Aufnahmetätigkeit

Auch die äußeren Umstände von Rundfunkaufnahmen führen nicht zwangsläufig zu massiven Störungen der Sitzung.[767]

Zwar liegt auf der Hand, daß die Rechts- und Wahrheitsfindung beeinträchtigt würde, wenn die Verhandlungsteilnehmer während der Verhandlung von Kameras umlagert und durch Scheinwerfer geblendet würden oder wenn Aufnahmeteams während der Verhandlung im Saal umherliefen. Derartige Störungen lassen sich jedoch weitgehend ausschließen, indem Aufnahmen mit einzelnen (Pool-Lösung!) fest installierten, unauffälligen Kameras gefertigt werden, die ohne zusätzliches Licht auskommen,[768] wie es zum Teil im Ausland bereits der Fall ist.[769] Gleiches gilt für Aufnahmen durch einzelne Kameraleute von den Zuschauerplätzen aus.

Die spezifische Aufnahmetätigkeit als solche bietet daher regelmäßig keinen Anlaß, Aufnahmen insgesamt zu untersagen.[770] Störungen drohen regelmäßig nicht durch Aufnahmen an sich, sondern allenfalls durch ihre Modalitäten im Einzelfall. Sie lassen sich dementsprechend auch auf der Ebene der Aufnahmemodalitäten verhindern. Namentlich Pool-Lösungen oder Regelungen mit vergleichbarer Wirkung wehren äußere Störungen ebenso effektiv ab, wie es Aufnahmeverbote tun. Gleichzeitig greifen sie jedoch weniger intensiv in die Medienfreiheiten ein. Daher ist ein vollständiges, für alle Journalisten geltendes

---

[765] *R. Gerhardt*, Zur Frage der Verfassungsmäßigkeit des Verbots von Rundfunk- und Fernsehaufnahmen im Gerichtssaal (§ 169 Satz 2 GVG), Diss. Frankfurt a. M. 1968, S. 95 ff. Plastisch bereits *Gerland*, ZStW Bd. 55 (1935), S. 705: Würde des Gerichts nicht beeinträchtigt, wenn jemand zu Hause im Badeanzug der Verhandlung folgt.

[766] Auch bedarf es keiner geeigneten Einleitung, um die vermeintlich fehlende Ehrfurcht auszugleichen, die durch „Hemdsärmel und Filzpantoffeln" zum Ausdruck kommen soll. So aber *H. J. Schneider*, JuS 1963, 349, unter Hinweis auf die Übertragung z. B. kirchlicher Handlungen.

[767] So aber *G. Wolf*, ZRP 1994, 188.

[768] *Gounalakis*, in: Freundesgabe für Friedrich Kübler, 1997, S. 193; *F. Burbulla*, Die Fernsehöffentlichkeit als Bestandteil des Öffentlichkeitsgrundsatzes, 1998, S. 131; *Wyss*, EuGRZ 1996, 12. Ebenso bereits – trotz einer mit den heutigen Möglichkeiten kaum vergleichbaren Technik – *H. J. Schneider*, JuS 1963, 348. S. auch BVerfGE 103, 44 (45): Der beschwerdeführende Rundfunkveranstalter hatte angeboten, Aufnahmen ohne zusätzliche Lichtquellen sowie geräuschlos anzufertigen. In dieselbe Richtung mit Blick auf die – mit einer Gerichtsverhandlung freilich nicht vollständig vergleichbaren – Sitzungen des Bundestages *Binder*, DVBl. 1985, 1117.

[769] *Zuck*, DRiZ 1997, 31; *Sorth*, Rundfunkberichterstattung aus Gerichtsverfahren, 1999, S. 99.

[770] Ebenso *Wyss*, EuGRZ 1996, 12: Der Ausschluß kann jedenfalls nicht mehr allein mit technikspezifischen Begleiterscheinungen gerechtfertigt werden.

Aufnahmeverbot unter dem Gesichtspunkt der Abwehr äußerer Störungen regelmäßig nicht erforderlich.[771] Jedenfalls das pauschale gesetzliche Aufnahmeverbot des § 169 S. 2 GVG läßt sich nicht unter dem Gesichtspunkt der Abwehr äußerer Störungen rechtfertigen. Wenn die sitzungspolizeiliche Befugnis ausreicht, um denkbaren äußeren Störungen der Verhandlung durch Fotografen wirksam zu begegnen, kann für Rundfunkaufnahmen nichts anderes gelten.[772]

cc) Die Gefahr der vorzeitigen Information von Zeugen

Gegen Aufnahmen wird weiter vorgebracht, daß sie die Wahrheitsfindung gefährdeten, indem sie Zeugen Kenntnis vom bisherigen Verlauf der Verhandlung einschließlich des Inhalts vorangegangener Vernehmungen verschafften.[773] Ein durchgreifendes Argument für ein Aufnahmeverbot ergibt sich daraus freilich aus zwei Gründen nicht.

Zum einen bergen auch Berichte von Gerichtsreportern diese Gefahr. Dennoch dürfen Journalisten nicht ausgeschlossen werden, um die vorzeitige Information von Zeugen zu verhindern.[774] Zum anderen ließe sich dieser Gefahr nicht nur durch ein Aufnahmeverbot, sondern ebenso effektiv durch Beschränkungen der Übertragung begegnen, indem die Aufnahmen nur zeitversetzt gesendet werden dürfen.

Im übrigen besteht die Gefahr der vorzeitigen Information von Zeugen nicht in Verhandlungen, in denen keine Zeugen vernommen werden. Namentlich in den auf Rechtsfragen beschränkten Revisionsinstanzen wird das – ebenso wie in Verhandlungen vor den Verfassungsgerichten – regelmäßig der Fall sein.

dd) Die Beeinträchtigung der Kommunikation zwischen Anwalt und Mandant

Ebenfalls kein durchgreifendes Argument gegen Aufnahmen ist die Gefahr, daß durch Richtmikrofone oder ähnliche Vorrichtungen der ungestörte Kontakt der Beteiligten zu ihren Anwälten während der Verhandlung beeinträchtigt werden könnte.[775] Diese Gefahr besteht nicht durch Aufnahmen an sich, sondern erst durch ihren – im übrigen nach § 201 Abs. 1 Nr. 1 StGB strafbaren –[776] Mißbrauch.

---

[771] So auch BVerfGE 91, 125 (138), freilich für Aufnahmen im Umfeld der Verhandlung.

[772] *H.J. Schneider*, JuS 1963, 348.

[773] *Schorn*, LZ 1932, Sp. 1412; *Erdsiek*, NJW 1960, 1048 Fn. 2.

[774] Oben Teil 4 A.I.2.a), S. 227.

[775] So aber *Zuck*, DRiZ 1997, 24.

[776] Das Gespräch zwischen einem Beteiligten und seinem Anwalt ist nicht an die Allgemeinheit gerichtet, so daß es sich um ein nichtöffentlich gesprochenes Wort handelt.

ee) Der Einfluß von Aufnahmen auf das Verhalten der Verfahrensbeteiligten

Die Relevanz prozessualer Belange hängt somit entscheidend davon ab, welche Auswirkungen Rundfunk-, speziell Fernsehaufnahmen auf die Interaktionen der Prozeßbeteiligten haben. Diese Effekte werden kontrovers beurteilt.

aaa) Die Gefahr von Verhaltensänderungen in der Verhandlung

Gegen die Zulassung von Aufnahmen wird vorgebracht, daß sie die Aufgenommenen vermeintlich veranlassen, ihr (Aussage-)Verhalten zu ändern.[777] Viele Menschen paßten ihr Verhalten – ggf. auch unbewußt –[778] der Anwesenheit von Kameras an.[779] Das Fernsehen zwinge zu fernsehtauglichen Äußerungen.[780] Formulierungen würden im Hinblick auf die – vermeintlich fernsehtypische – 90-Sekunden-Sentenz hin formuliert.[781] Kameras verleiteten zu Herostratentum[782] und theatralischen Auftritten;[783] selbst professionelle Verhandlungsteilnehmer (Richter, Anwälte etc.) könnten zu eitler Selbstdarstellung veranlaßt werden.[784]

bbb) Die Zweifel an der verhaltensändernden Wirkung

Allerdings sind derartige Verhaltensänderungen eine empirisch nicht belegbare, jedenfalls aber eine bisher nicht belegte Hypothese.[785] Sozialpsychologische Studien lassen zumindest fraglich erscheinen, ob sich Fernsehaufnahmen auf das Verhalten in der Verhandlung auswirken bzw. wie sie das ggf. tun.[786]

Anerkannt ist u. a. der sog. „Zuschauereffekt“. Danach neigen Menschen vor Publikum dazu, ein ohnehin regelmäßig gezeigtes Verhalten noch öfter zu zeigen. Daher würden die professionell Beteiligten ihr typisches Verhandlungsverhalten an den Tag legen, Angeklagte und Zeugen mangels Erfahrung mit der prozessualen Situation hingegen gerade ihr typisches Alltagsverhalten. Dieser Effekt wird

---

777 *Kortz*, AfP 1997, 447; *Huff*, NJW 2001, 1623; *Jescheck*, ZStW Bd. 71 (1959), S. 5; vorsichtiger *Hain*, DÖV 2001, 593: Aussageverhalten mit einiger Wahrscheinlichkeit anders.

778 *G. Wolf*, ZRP 1994, 188.

779 BVerfGE 103, 44 (68); *F. Burbulla*, Die Fernsehöffentlichkeit als Bestandteil des Öffentlichkeitsgrundsatzes, 1998, S. 129.

780 *Wefing*, Frankfurter Allgemeine Zeitung v. 23. Januar 2001, Nr. 19, S. 52.

781 *Huff*, NJW 1996, 573. Allgemein dazu *Depenheuer*, in: FS für Hartmut Schiedermaier, 2001, S. 303 f.: Äußerungen, die in der öffentlichen Diskussion wirken sollen, müssen kurz und prägnant formuliert sein.

782 *Ernst*, in: FS für Günter Herrmann, 2002, S. 75.

783 *Kortz*, AfP 1997, 447.

784 *Lohrmann*, DRiZ 1995, 247; *Ernst*, in: FS für Günter Herrmann, 2002, S. 74 f.; *Verfassungsrechtsausschuß des Deutschen AnwaltVereins*, AnwBl. 1997, 28; s. auch *Ernst*, ZUM 1996, 192.

785 *Walther*, JZ 1998, 1149; *Gehring*, ZRP 1998, 9. S. dazu schon *H. J. Schneider*, JuS 1963, 346.

786 *Gehring*, ZRP 1998, 9 f.; *Gehring*, ZRP 2000, 198 f.; jeweils mit Nachweisen aus dem sozialpsychologischen Schrifttum.

jedoch nicht erst durch Kameras ausgelöst, sondern – zumindest dem Grunde nach – schon durch die ohnehin anwesenden Zuschauer und Prozeßbeteiligten. Folglich wäre vor Kameras gerade derjenige besonders gehemmt, der dies auch ohne Kameras und außerhalb gerichtlicher Verhandlungen ist.[787]

Eine mögliche Ursache für die in Deutschland verbreitete Skepsis gegenüber Fernsehaufnahmen mag gerade darin liegen, daß Kameras während gerichtlicher Verhandlungen bisher nicht üblich sind, während sie aus vielen anderen Bereichen des öffentlichen Lebens nicht mehr wegzudenken sind. In diesem Fall würde eine Gewöhnung an Fernsehaufnahmen eventuelle negative Folgen zumindest verringern.[788] Einschränkend muß man freilich sagen, daß sich dieser Effekt primär auf die beteiligten Juristen auswirken würde. Für prozeßbeteiligte Laien besitzt ein gerichtliches Verfahren regelmäßig Ausnahmecharakter.[789]

Erfahrungen aus den USA bestätigen die Befürchtungen, die gegen Aufnahmen gerichtet sind, jedenfalls nicht vollständig. Dort sind Fernsehaufnahmen aus Gerichtsverhandlungen mittlerweile relativ weit verbreitet.[790] Das beruht maßgeblich auf der Entscheidung im Fall *Chandler v. Florida* aus dem Jahre 1981, in der der *U.S. Supreme Court* die Auffassung vertrat, vermeintliche Beeinträchtigungen des Verfahrens durch Fernsehaufnahmen seien nicht belegt worden.[791] Daraus folgerte das Gericht zwar kein Recht der Fernsehveranstalter auf Aufnahmen. Jedoch besagt die Entscheidung, daß ihre Gestattung – durch den zuständigen Gesetzgeber bzw. durch das Gericht – zumindest nicht von vornherein unzulässig ist.[792] Als Reaktion auf diese Entscheidung sind Kameras während des Verfahrens heute in den Gerichten der meisten Einzelstaaten der USA nach Maßgabe richterlicher Entscheidungen zulässig,[793] während Verhand-

---

787 *Gehring*, ZRP 1998, 9.

788 *Kirchberg*, BRAK-Mitt. 2002, 256. *R. Gerhardt*, Zur Frage der Verfassungsmäßigkeit des Verbots von Rundfunk- und Fernsehaufnahmen im Gerichtssaal (§ 169 Satz 2 GVG), Diss. Frankfurt a. M. 1968, S. 87 f., berichtet von einer in der Praxis beobachteten Gewöhnung an Tonaufnahmen.

789 So der Einwand von *Erdsiek*, NJW 1960, 1049, gegen die Annahme eines Gewöhnungseffektes.

790 Teilweise werden sogar bei der Beratung der Geschworenen Kameras geduldet. Dazu sowie zur jüngst versagten Zulassung derartiger Aufnahmen in einem Prozeß, in dem die Verhängung der Todesstrafe möglich war, s. *Wefing*, Frankfurter Allgemeine Zeitung v. 29. November 2002, Nr. 278, S. 48; Frankfurter Allgemeine Zeitung v. 21. Februar 2003, Nr. 44, S. 41.

791 *Chandler v. Florida*, 101 Supreme Court Reporter 802 ff. Die Entscheidung steht – zumindest zum Teil – in deutlichem Kontrast zur Entscheidung *Estes v. Texas*, 85 Supreme Court Reporter 1628, 1634 ff. Näher zum Verhältnis der beiden Entscheidungen zueinander *Barber*, News Cameras in the Courtroom: A Free Press-Fair Trial Debate, 1987, S. 46 ff.

792 Näher *Barber*, News Cameras in the Courtroom: A Free Press-Fair Trial Debate, 1987, S. 51 ff.; *Lorz*, in: Haratsch/Kugelmann/Repkewitz (Hrsg.), Herausforderungen an das Recht der Informationsgesellschaft, 1996, S. 75 f.; *Gounalakis*, in: Freundesgabe für Friedrich Kübler, 1997, S. 186; *H. Jung*, in: Alternativ-Entwurf Strafjustiz und Medien (AE-StuM), 2004, S. 106.

793 *Y. Braun*, Medienberichterstattung über Strafverfahren im deutschen und englischen Recht, 1998, S. 243; näher *Hübner-Raddatz*, Fernsehöffentlichkeit im Gerichtssaal, 2002, S. 56 f.

lungen vor den *Federal Courts* überwiegend noch unter Ausschluß von Kameras stattfinden.[794]

Mit den Wirkungen dieser Aufnahmen auf die Verhandlung beschäftigt sich eine Vielzahl von Studien. Sie beruhen vornehmlich auf der Befragung unterschiedlicher Personengruppen, die die Effekte der Aufnahmen beurteilen sollten.[795] Ungeachtet aller Details der Einzelergebnisse und ihrer Bewertung deuten diese Untersuchungen jedenfalls darauf hin, daß sich die These von einer zwangsläufigen Verhaltensänderung aller Beteiligten, von einer unvermeidlichen Veränderung des Verfahrensverlaufs und von einer zwingenden Verfälschung des Verfahrensergebnisses zumindest nicht in vollem Umfang aufrechterhalten läßt.[796] Selbst wenn man – was auch vertreten wird – die Studien nicht als Beleg für die vermeintlich fehlende negative Wirkung von Fernsehaufnahmen heranziehen möchte,[797] scheinen zumindest einzelne Gruppen von Beteiligten wie namentlich die Berufsrichter kaum negativ beeinflußt zu werden.[798]

Beachtung verdient darüber hinaus der Befund, daß die Wirkung von Aufnahmen auf das Verfahren in älteren Untersuchungen deutlich skeptischer beurteilt wird als in aktuellen Studien. Das weist nicht nur auf verbesserte technische Möglichkeiten zur Vermeidung von Störungen, sondern zugleich auf den bereits angesprochenen Gewöhnungseffekt hin.[799] Für ihn spricht weiter, daß Fernsehaufnahmen aus Gerichtssälen in aktuellen Umfragen hierzulande eher negative Wirkungen attestiert werden als in den USA.[800]

Soweit die Befragten eine verhaltensändernde Wirkung von Aufnahmen annehmen, wird das Gewicht dieser Einschätzung zudem insofern relativiert, als sich bei der Analyse der Ergebnisse ein deutlicher „Third-Person-Effect" beobachten läßt, wie ihn die Sozialpsychologie auch für den Einfluß der Medienberichterstattung auf das Verhalten der Rezipienten annimmt. Danach neigen zwar viele Menschen dazu, Dritte als durch die Medien beeinflußt anzusehen. Bei sich selbst hingegen sehen sie diese Gefahr nicht.[801]

Insgesamt besteht also durchaus Anlaß, an der verhaltensändernden Wirkung von Fernsehkameras zu zweifeln. Andererseits ist nicht zu verkennen, daß sich

---

[794] *Hübner-Raddatz*, Fernsehöffentlichkeit im Gerichtssaal, 2002, S. 57 f.

[795] Eingehend *Hübner-Raddatz*, Fernsehöffentlichkeit im Gerichtssaal, 2002, S. 101 ff., die die Ergebnisse von 33 Studien darstellt.

[796] S. die auf die einzelnen Verfahrensbeteiligten bezogenen zusammenfassenden Schlußfolgerungen aus den amerikanischen Untersuchungen von *Hübner-Raddatz*, Fernsehöffentlichkeit im Gerichtssaal, 2002, S. 117, 123 f., 126 f., 130 f. Ebenso die Zusammenfassung bei *Vietmeyer*, Vor- und Nachteile von Fernsehöffentlichkeit, Diss. Göttingen 2002, S. 226.

[797] So aber *Gehring*, ZRP 1998, 10, unter Verweis auf die Metaanalyse von *Barber*, News Cameras in the Courtroom: A Free Press-Fair Trial Debate, 1987.

[798] *Hübner-Raddatz*, Fernsehöffentlichkeit im Gerichtssaal, 2002, S. 123 ff.

[799] Zutreffend *Hübner-Raddatz*, Fernsehöffentlichkeit im Gerichtssaal, 2002, S. 134.

[800] *Gehring*, ZRP 2000, 197 ff., der die Ergebnisse von Umfragen unter deutschen und amerikanischen Juristen gegenüberstellt.

[801] *Gehring*, ZRP 2000, 198 f.; s. auch *Gehring*, ZRP 1998, 10.

derartige Effekte nicht vollständig ausschließen lassen. Jedoch stehen sich diese beiden denkbaren konträren Beurteilungen nicht gleichgewichtig gegenüber. Aus der Perspektive der Rundfunkfreiheit liegt die Rechtfertigungslast auf Seiten derer, die entsprechende Wirkungen annehmen.

ccc) Der ambivalente Charakter von Verhaltensänderungen für die Rechts- und Wahrheitsfindung

Hinzu kommt, daß aufnahmebedingte Verhaltensänderungen unter prozessualen Gesichtspunkten nicht zwangsläufig und ausschließlich negativ zu bewerten sein müssen.[802] Zwar wird die Wahrheitsfindung beeinträchtigt, wenn ein Zeuge aus Scheu vor der unüberschaubar großen Rundfunköffentlichkeit unvollständig oder sogar wahrheitswidrig aussagt oder wenn eine Partei darauf verzichtet, bestimmte Angriffs- oder Verteidigungsmittel vorzubringen. Andererseits ist es beispielsweise ebenso möglich, daß sich der Richter gerade auf Grund von Aufnahmen in besonderem Maße um eine sachliche Leitung des Prozesses bemüht.[803] Die Aussagebereitschaft von Zeugen muß durch Fernsehaufnahmen nicht gehemmt, sondern kann auch befördert werden.[804]

ddd) Der Schutz der Verfahrensbelange ohne ein vollständiges Aufnahmeverbot

Jedenfalls aber lassen sich die befürchteten Gefahren für die Belange des Verfahrens auch ohne ein vollständiges Aufnahmeverbot wenn nicht eliminieren, so doch zumindest erheblich reduzieren.

Wie groß das Risiko von Verhaltensänderungen ist, die die Rechts- und Wahrheitsfindung negativ beeinflussen, hängt wesentlich vom jeweiligen Verfahrens- bzw. Verhandlungsabschnitt ab. Zeugen können beispielsweise nur in einer Tatsacheninstanz beeinflußt werden. Unabhängig von der Instanz wiegt die Gefahr einer Beeinflussung während der Verkündung des Urteils gering. Der Vorsitzende, der es ohnehin gewohnt ist, vor Publikum zu sprechen – und der es nach einer entsprechenden Gesetzesänderung gewohnt wäre, vor Kameras zu sprechen –, gibt bei der Urteilsverkündung lediglich eine vorbereitete Entscheidung wieder.[805] Auf das Verhalten der Beteiligten während der übrigen

---

[802] *Sorth*, Rundfunkberichterstattung aus Gerichtsverfahren, 1999, S. 96 f.

[803] Von derartigen Erfahrungen bei Tonaufnahmen berichtet *R. Gerhardt*, Zur Frage der Verfassungsmäßigkeit des Verbots von Rundfunk- und Fernsehaufnahmen im Gerichtssaal (§ 169 Satz 2 GVG), Diss. Frankfurt a. M. 1968, S. 87 f., unter Hinweis auf Tonbandaufnahmen beim *AG Berlin-Tiergarten*. S. dazu *Melzer*, DRiZ 1957, 62. Zu entsprechenden Ergebnissen amerikanischer Studien *Hübner-Raddatz*, Fernsehöffentlichkeit im Gerichtssaal, 2002, S. 124 ff.

[804] *F. Burbulla*, Die Fernsehöffentlichkeit als Bestandteil des Öffentlichkeitsgrundsatzes, 1998, S. 128 f.

[805] *Eberle*, in: ZDF-Jahrbuch 1992, S. 159; *Eberle*, NJW 1994, 1638.

Teile der Verhandlung wirken sich Aufnahmen während der Urteilsverkündung nicht aus.[806]

Freilich ist es immerhin möglich, daß Beteiligte Beweisanträge gerade wegen der abzusehenden Aufnahmen erst während der Urteilsverkündung stellen[807] oder umgekehrt Beweisanträge, die sie während der Urteilsverkündung hätten stellen wollen, wegen der Aufnahmen unterlassen. Dabei handelt es sich jedoch um ein spezifisches Problem der strafprozessualen Hauptverhandlung. In ihr können Beweisanträge jedenfalls bis zum Beginn der Urteilsverkündung, ggf. auch noch während der Verkündung gestellt werden (§ 246 Abs. 1 StPO),[808] die in anderen Verfahren präkludiert wären.[809] Insofern belegt dieser Einwand nur die besondere Problematik von Aufnahmen gerade im Strafprozeß.

Allgemein läßt sich sagen, daß die Gefahr von Verhaltensänderungen jedenfalls dann kein gewichtiges Argument gegen die Zulassung von Aufnahmen darstellt, wenn professionelle Verfahrensbeteiligte Routinetätigkeiten vornehmen oder wenn sie vorbereitete Beiträge abgeben. Das betrifft neben der Urteilsverkündung beispielsweise die Eröffnung der Verhandlung, die Verlesung von Urkunden oder die Verlesung der Anklageschrift.

eee) Belastungen der Rechts- und Wahrheitsfindung als Abwägungsgesichtspunkt

Schließlich ist zu berücksichtigen, daß sogar negative Einflüsse auf die Rechts- und Wahrheitsfindung durch aufnahmebedingte Verhaltensänderungen noch kein zwingender Grund für den Ausschluß von Rundfunkaufnahmen sind. Sie stellen lediglich einen Gesichtspunkt der grundrechtlich gebotenen Abwägung dar, in deren Rahmen ihnen die positiven Effekte einer erweiterten Öffentlichkeit gegenüberstehen.[810]

Dabei handelt es sich keineswegs um eine Besonderheit der Rundfunköffentlichkeit. Generell ist die Rechts- und Wahrheitsfindung gegen Gefährdungen durch die Öffentlichkeit nicht vollständig immunisiert. Das belegt bereits die Einführung bzw. die Beibehaltung der Saalöffentlichkeit.[811] Auch persönlich anwesende Zuschauer können zu Hemmungen oder Übersteigerungen im Aussageverhalten von Zeugen und Prozeßbeteiligten führen. Als Grund für den

---

[806] A.A. *Plate*, NStZ 1999, 393, der Vorwirkungen z.B. auf die Beweisaufnahme befürchtet.

[807] *Plate*, NStZ 1999, 392 f.

[808] Die Entgegennahme von Anträgen, die während der Begründung gestellt werden, liegt im Ermessen des Vorsitzenden. S. dazu *Meyer-Goßner*, StPO, 47. Aufl. 2004, § 244 Rdnr. 33.

[809] S. etwa § 296 a S. 1 ZPO.

[810] Auch darauf weisen die vorerwähnten amerikanischen Studien hin. So haben die Prozeßbeteiligten etwa hervorgehoben, die Akzeptanz des Rechtssystems werde durch Fernsehaufnahmen gefördert. Dazu *Gehring*, ZRP 2000, 198.

[811] *Sorth*, Rundfunkberichterstattung aus Gerichtsverfahren, 1999, S. 98.

Ausschluß der Zuschauer – in Betracht käme eine Störung der öffentlichen Ordnung nach § 172 Nr. 1 GVG, die auch die uneingeschränkte Möglichkeit der Wahrheitserforschung umfaßt – sind derartige Beeinträchtigungen grundsätzlich nicht anerkannt.[812]

Selbst wenn man also annimmt, daß Rundfunkaufnahmen in jedem Fall zu größeren Veränderungen des Aussageverhaltens führen als anwesende Zuschauer – zwingend ist diese Sichtweise übrigens nicht, wenn man bedenkt, daß die Befangenheit durch Anwesende aus dem persönlichen Umfeld unter Umständen wesentlich größer sein kann als diejenige durch Fernsehaufnahmen –[813] und daß damit die Rechts- und Wahrheitsfindung stärker beeinträchtigt wird als durch die Saalöffentlichkeit, reicht dies zur Rechtfertigung eines Aufnahmeverbots noch nicht aus. Zusätzlich müssen diese negativen Effekte die positiven Wirkungen einer Übertragung überwiegen. Gerade in Verhandlungen, die von besonderem öffentlichen Interesse sind, an denen aber ausschließlich „professionelle" und damit medienerfahrene Akteure mitwirken, wie es beispielsweise in Organstreitverfahren vor dem *Bundesverfassungsgericht* der Fall sein kann, dürfte dieser Nachweis kaum zu führen sein.

d) § 169 S. 2 GVG als unverhältnismäßiger Eingriff in die Rundfunkfreiheit

Nach alledem erweist sich das Aufnahmeverbot des § 169 S. 2 GVG als unverhältnismäßiger Eingriff in die Rundfunkfreiheit. Die Vorschrift setzt die spezifischen Probleme des typischen Strafverfahrens absolut,[814] speziell den dort erforderlichen Persönlichkeitsschutz des Angeklagten. Der zum Teil völlig anders gelagerten Situation in sonstigen Verfahren trägt sie auf Grund ihrer Pauschalität und der fehlenden Möglichkeit von Ausnahmen nur unzureichend Rechnung.

Sowohl das durch die Medien repräsentierte Informationsinteresse der Allgemeinheit als auch die gegen Aufnahmen sprechenden Gesichtspunkte können je nach dem in Rede stehenden Verfahren bzw. nach seinem konkreten Stadium ein sehr unterschiedliches Gewicht haben. Daher läßt sich auch die gebotene Abwägung allenfalls für einzelne mündliche Verhandlungen, eher sogar nur für einzelne Phasen einer konkreten Verhandlung vornehmen. Die Skala denkbarer Konstellationen beginnt bei der Vernehmung des nie aus der Masse der Bevölkerung hervorgetretenen und mit Aufnahmen nicht einverstandenen Angeklagten in einem Standardstrafverfahren. In dieser Situation ist gegen ein Aufnahmeverbot regelmäßig nichts zu erinnern. Jedenfalls außerhalb des Strafprozesses[815] erscheint es

[812] *Kissel/Mayer*, GVG, 4. Aufl. 2005, § 172 Rdnr. 26.

[813] So zu Recht Abg. *Jahn*, BT-Plenarprotokoll 4/69 (Sitzung vom 27. März 1962), S. 3145 D.

[814] *R. Gerhardt*, ZRP 1993, 382.

[815] *Sorth*, Rundfunkberichterstattung aus Gerichtsverfahren, 1999, S. 183, verneint ein

jedoch fraglich, ob der Rundfunkfreiheit gleichgewichtige Gesichtspunkte gegenüberstehen, sofern alle Beteiligten mit Aufnahmen einverstanden sind.[816] Definitiv zu verneinen ist diese Frage beispielsweise im Hinblick auf die Urteilsverkündung in *bundesverwaltungsgerichtlichen* Revisionsverfahren, deren Beteiligte allein Hoheitsträger sind, die sich nicht auf Grundrechte berufen können.

Gleiches gilt – bzw. galt (§ 17a BVerfGG!) – im Hinblick auf die Urteilsverkündung in staatsorganisationsrechtlich geprägten Verfahren vor dem *Bundesverfassungsgericht*, deren Ausgang von einer breiten Öffentlichkeit mit Spannung erwartet wird.

Die Zuordnung dieser Gesichtspunkte zu den einzelnen Kriterien des Übermaßverbots führt zu folgenden Ergebnissen:

aa) Die Geeignetheit

Das Verbot des § 169 S. 2 GVG ist geeignet, diejenigen Gefahren abzuwehren, die dem Persönlichkeitsrecht der Beteiligten sowie den Belangen des Verfahrens durch Aufnahmen drohen.

bb) Die Erforderlichkeit

Erforderlich ist die Regelung des § 169 S. 2 GVG nur, sofern sie im Vergleich mit anderen Mitteln, die das Persönlichkeitsrecht und die Verfahrensbelange ebenso effektiv schützen, den mildesten Eingriff in die Rundfunkfreiheit darstellt. Ob das pauschale und ausnahmslose Verbot diesem Kriterium gerecht wird, erscheint zumindest fraglich.[817]

Es hat sich gezeigt, daß sich praktisch alle Rechtsgüter, deren Schutz das Aufnahmeverbot dient, ebensogut durch Maßnahmen schützen lassen, die weniger intensiv in die Rundfunkfreiheit eingreifen. Sofern alle Beteiligten in Aufnahmen einwilligen, ist keine Verletzung von Persönlichkeitsrechten zu besorgen. Die Anordnung von Pool-Lösungen und die Regelung der Aufnahmemodalitäten schließen äußere Störungen des Verhandlungsablaufs aus. Abgesehen von Beschränkungen der Verbreitung (Stichwort: Anonymisierung) läge folglich eine denkbare Alternative zur geltenden Normsituation darin, dem Gericht bzw. dem Vorsitzenden für den Fall eines ausdrücklichen Einverständnisses aller Beteiligten die Möglichkeit von Ausnahmen einzuräumen. Eine solche Regelung wäre selbst dann ein milderer Eingriff in die Rundfunkfreiheit, wenn sie sich auf einzelne Abschnitte der Verhandlung vor bestimmten Gerichten beschränkte, beispielsweise auf die Urteilsverkündung vor dem *Bundesverwaltungsgericht*.

---

generelles Überwiegen der Schutzgüter des § 169 S. 2 GVG gegenüber der Rundfunkfreiheit sogar für den Strafprozeß.

[816] Verneinend *R. Gerhardt*, ZRP 1993, 381.

[817] Verneinend *Lorz*, in: Haratsch/Kugelmann/Repkewitz (Hrsg.), Herausforderungen an das Recht der Informationsgesellschaft, 1996, S. 79.

Ob eine solche Regelung gleich effektiv wäre, hängt davon ab, ob man selbst in derartigen Fällen von einer zumindest potentiellen Gefahr für Verfahrensbelange ausgeht. Erforderlich ist das strikte Verbot des § 169 S. 2 GVG in seiner geltenden Fassung nur, sofern sogar eine derart begrenzte Ausnahmemöglichkeit Gefahren für die Rechts- und Wahrheitsfindung beinhalten sollte.

cc) Die Angemessenheit (Verhältnismäßigkeit i. e. S.)

Selbst eventuell verbleibende Risiken für die Schutzgüter des Aufnahmeverbots aber wiegen in etlichen Situationen den Eingriff in die Rundfunkfreiheit nicht auf. In einer Vielzahl von Fällen schützt die erhebliche Einschränkung der Informationsbeschaffung des Rundfunks durch § 169 S. 2 GVG andere Rechtsgüter vor allenfalls geringfügigen Beeinträchtigungen. In diesen Fällen schränkt das Aufnahmeverbot die Rundfunkfreiheit unangemessen ein; auf Grund seiner Ausnahmslosigkeit und Pauschalität ist es unverhältnismäßig im engeren Sinne. Die Rundfunkfreiheit verlangt eine Regelung, die nach Gerichtsbarkeiten und Verfahrensstadien differenziert[818] bzw. die eine solche Differenzierung zumindest im Einzelfall ermöglicht.[819]

Die prinzipielle Befugnis des Gesetzgebers zum Erlaß generalisierender Vorschriften steht diesem Ergebnis nicht entgegen.

Zwar darf der Gesetzgeber bei der Ordnung von Massenerscheinungen typisierende und pauschalierende Regelungen treffen, ohne allein schon wegen der damit unvermeidlich verbundenen Härten gegen den allgemeinen Gleichheitssatz zu verstoßen.[820] Ob sich diese auf Art. 3 Abs. 1 GG zugeschnittene Überlegung in vollem Umfang auf Freiheitsgrundrechte übertragen läßt, erscheint jedoch fraglich. Die Verhältnismäßigkeitsprüfung als zentrale Schranken-Schranke (Eingriffskautele) der Freiheitsrechte dient gerade der Sicherung materieller Gerechtigkeit im Einzelfall. Der Gesetzgeber muß dem Rechtsanwender grundsätzlich durch Ausnahmevorschriften, Härteklauseln oder ihnen entsprechende Regelungen ermöglichen, die Besonderheiten des jeweiligen Falles angemessen zu berücksichtigen.

Im hier interessierenden Fall kommt es auf die Frage, ob bzw. wieweit sich Gleichheits- und Freiheitsrechte insofern unterscheiden, nicht an. Auch der Gleichheitssatz läßt Typisierungen nicht unbegrenzt zu. Vielmehr dürfen die mit ihnen einhergehenden Härten und Ungerechtigkeiten nur eine verhältnismäßig kleine Zahl von Personen betreffen, zudem darf der Verstoß gegen den Gleichheitssatz nicht sehr intensiv sein.[821] Wesentlich ist ferner, ob die Härten nur unter

---

818 *Eberle*, NJW 1994, 1638 f.; *Bamberger*, ZUM 2001, 378.

819 Zu derartigen Regelungen im Ausland *Gounalakis*, in: Freundesgabe für Friedrich Kübler, 1997, S. 180 ff.

820 St. Rspr., zuletzt etwa BVerfGE 87, 234 (255); 100, 59 (90); 103, 392 (397).

821 BVerfGE 84, 348 (360); 87, 234 (255); 100, 59 (90).

Schwierigkeiten vermeidbar wären; hierfür sind auch praktische Erfordernisse der Verwaltung von Gewicht.[822]

An diesen Voraussetzungen fehlt es im Hinblick auf Rundfunkaufnahmen in der Verhandlung. Bei den Situationen, in denen das Aufnahmeverbot unangemessen in die Rundfunkfreiheit eingreift, handelt es sich jedenfalls nicht durchgehend etwa um singuläre und exzeptionelle Fälle, die im Rahmen einer generell-abstrakten Regelung nicht ausreichend eingegrenzt werden könnten. Vielmehr dürfte das Überwiegen der Rundfunkfreiheit in etlichen der bereits mehrfach beispielhaft erwähnten Situationen sogar den Regelfall darstellen. Zudem ist der Eingriff in die Rundfunkfreiheit nicht nur marginal.

Zu Schwierigkeiten in der praktischen Umsetzung würde eine differenzierte Lösung allenfalls insoweit führen, als die Entscheidung über die Zulassung von Aufnahmen dem Vorsitzenden bzw. dem Gericht im Einzelfall überlassen bliebe. Um einen durchgreifenden Einwand handelt es sich dabei freilich nicht. Wenn es dem Vorsitzenden nach der aktuellen Normsituation zuzumuten ist, Aufnahmen im Umfeld der Verhandlung sowie Fotos während der Verhandlung mittels sitzungspolizeilicher Anordnungen zu regeln, kann für Rundfunkaufnahmen während der Verhandlung nichts anderes gelten.

IV. Die verfassungsrechtliche Rechtfertigung von Aufnahmebeschränkungen auf der Grundlage der Sitzungspolizei und des Hausrechts

1. Die Rechtsgrundlagen des Hausrechts und der Sitzungspolizei als allgemeine Gesetze

a) § 176 GVG

§ 176 GVG ist bereits nach den Kriterien der Sonderrechtslehre ein allgemeines Gesetz i. S. v. Art. 5 Abs. 2 GG.[823] Die Vorschrift ermöglicht Anordnungen gegen jedermann; medienspezifischen Bezug weist sie nicht auf. Journalisten gehören wie jeder andere zum Adressatenkreis sitzungspolizeilicher Anordnungen. Wenn das *Bundesverfassungsgericht* die Qualität als allgemeines Gesetz zusätzlich damit begründet, daß § 176 GVG dem Schutz einer geordneten Rechtspflege diene, die den Prozeß der Rechts- und Wahrheitsfindung sowie das allgemeine Persönlichkeitsrecht der Beteiligten umfasse,[824] so ist das ein Tribut an die üb-

---

[822] BVerfGE 84, 348 (360); 87, 234 (255 f.).

[823] BVerfGE 91, 125 (136 f.); BVerfG (3. Kammer des Ersten Senats) NJW 1996, 310 f.; *Scholz*, NStZ 1995, 42. S. auch BVerfGE 50, 234 (241).

[824] BVerfGE 91, 125 (136 f.).

liche Einbeziehung von Abwägungselementen in die Begriffsdefinition, dessen es hier an sich nicht bedarf.

b) Das Hausrecht

Auch das Hausrecht läßt sich in personeller wie in sachlicher Hinsicht bereits nach den Kriterien der Sonderrechtslehre als allgemein i. S. v. Art. 5 Abs. 2 GG qualifizieren. Insofern gilt das zu § 176 GVG Gesagte. Problematisch erscheint die Verfassungsmäßigkeit entsprechender Aufnahmebeschränkungen jedoch unter einem anderen Gesichtspunkt.

Das öffentlich-rechtliche[825] Hausrecht ist – von Ausnahmen wie Art. 40 Abs. 2 S. 1 GG abgesehen – gesetzlich nicht explizit geregelt. Daher stellt sich die Frage, ob das Hausrecht überhaupt eine tragfähige Grundlage für grundrechtseingreifende Maßnahmen darstellt. Das Problem ist prinzipieller Natur; es beschränkt sich nicht auf die Medienfreiheiten.

aa) Das Erfordernis einer Rechtsgrundlage

Der rechtsstaatliche Vorbehalt des Gesetzes verlangt für eingreifendes Handeln des Staates eine gesetzliche Grundlage. Daher wird speziell mit Blick auf Hausverbote schon lange darüber diskutiert, ob sie ohne explizite Rechtsgrundlage ergehen dürfen.[826]

Zum Teil wird der Versuch unternommen, das Erfordernis einer gesetzlichen Grundlage dadurch zu umgehen, daß hausrechtliche Maßnahmen nicht als Eingriffe qualifiziert, sondern der Leistungsverwaltung zugeordnet werden.[827] Dieser Ansatz überzeugt schon mit Blick auf Hausverbote in Verwaltungs- bzw. Gerichtsgebäuden nicht. Das Hinausweisen eines Bürgers ist ein Grundrechtseingriff.[828] Für die hier interessierenden Verbote von Bild- und Tonaufnahmen gilt das gleiche. Ebenso wie Rundfunkaufnahmen in der mündlichen Verhandlung stellen auch Aufnahmen außerhalb der Sitzung keine Inanspruchnahme staatlicher Leistungen dar, sondern erfolgen in Wahrnehmung grundrechtlicher (Medien-)Freiheit, in die durch staatlich verantwortete Aufnahmeverbote eingegriffen wird. Dabei bleibt es auch, wenn man – entgegen der hier vertretenen Auffassung – dem *Bundesverfassungsgericht* folgt und das gesetzliche Aufnah-

---

[825] Zur öffentlich-rechtlichen Verortung des hier relevanten Hausrechts oben Teil 5 B.I.1., S. 328 f.

[826] *Berg*, JuS 1982, 260 f.; *Knoke*, AöR Bd. 94 (1969), S. 398 ff. S. auch *Brüning*, DÖV 2003, 392, zur häufigen Vermengung dieser Frage mit dem Aspekt, ob ein Hausverbot ein Verwaltungsakt i. S. v. § 35 VwVfG ist. Zum speziellen Fall eines unmittelbar auf Art. 40 Abs. 2 S. 1 GG gestützten Hausverbots im Bundestag s. VG Berlin NJW 2002, 1063 ff.; dazu eingehend *Kreile/Westphal*, AfP 2001, 458 ff.

[827] *M. Gerhardt*, BayVBl. 1980, 725.

[828] *Berg*, JuS 1982, 262.

meverbot des § 169 S. 2 GVG nicht als Grundrechtseingriff ansieht. Andere Aufnahmen sind ja gerade nicht *gesetzlich* verboten. Für Aufnahmeverbote auf Grund des Hausrechts kann daher nichts anderes gelten als für Verbote auf Grund der Sitzungspolizei, die auch das *Bundesverfassungsgericht* für rechtfertigungsbedürftige Grundrechtseingriffe hält.[829]

Auch die – ebenfalls im Zusammenhang mit Hausverboten diskutierte – Aufspaltung in einen bloßen Hausverweis einerseits, der den Bürger lediglich darauf hinweist, nicht länger geduldet zu werden, und der keiner gesetzlichen Grundlage bedürfen soll, und in ein vollziehbares Hausverbot andererseits[830] überzeugt nicht. Selbst wenn die anordnende Stelle keine Möglichkeit des Vollzugs besitzt, beschränkt schon die bloße Untersagung eines bestimmten Verhaltens die Rechte des Bürgers,[831] hier der Medien.

Nach alledem läßt sich der Eingriffscharakter hausrechtlicher Aufnahmeverbote nicht leugnen.

bb) Gewohnheitsrecht als einzig in Betracht kommende Rechtsgrundlage

Die somit unumgängliche Frage nach einer gesetzlichen Grundlage ist nicht leicht zu beantworten. Die Annahme einer Annexkompetenz zu den gesetzlich zugewiesenen Aufgaben der Rechtsprechung[832] überzeugt nicht, weil darin ein nach allgemeinen Regeln unzulässiger Schluß von der Aufgabe auf die Befugnis liegt.[833] Allenfalls läßt sich das Hausrecht als gewohnheitsrechtlich verfestigtes Rechtsinstitut auffassen.[834] Zwar ist Gewohnheitsrecht als Eingriffsgrundlage nicht unproblematisch.[835] Sofern man jedoch bereit ist, Richterrecht als ausreichende Grundlage für einen Eingriff in die Grundrechte aus Art. 5 Abs. 1 GG zu akzeptieren,[836] genügt auch Gewohnheitsrecht den Anforderungen des Art. 5 Abs. 2 GG.

Allerdings ist die gewohnheitsrechtliche Verfestigung des Hausrechts nicht frei von Zweifeln. Gewohnheitsrecht setzt voraus, daß sich eine allgemeine Rechtsüberzeugung in einer konstanten Übung manifestiert.[837] Die Existenz die-

---

[829] Oben Teil 5 D.I.2., S. 378ff.

[830] So *Knemeyer*, BayVBl. 1981, 152.

[831] *Berg*, JuS 1982, 262.

[832] BayVGH BayVBl. 1981, 657; *Zilkens*, JuS 2003, 167; *Knemeyer*, VBlBW 1982, 252 (allerdings nur für den Haus*verweis*).

[833] BayVGH BayVBl. 1980, 723 (724); *Berg*, JuS 1982, 262; *Brüning*, DÖV 2003, 392f.

[834] Dafür *Berg*, JuS 1982, 262; *M. Gerhardt*, BayVBl. 1980, 725; *Knoke*, AöR Bd. 94 (1969), S. 401ff.

[835] Vgl. *Zeiler*, DVBl. 1981, 1003: Als Ermächtigungsgrundlage sehr prekär. – Vgl. dazu auch die Zweifel von *Kreile/Westphal*, AfP 2001, 459ff., ob bzw. inwiefern sich ein Hausverbot auf eine Verletzung der Hausordnung des Bundestages stützen läßt.

[836] BVerfGE 34, 269 (292); *Schulze-Fielitz*, in: Dreier, GG, Bd. I, 2. Aufl. 2004, Art. 5 I, II Rdnr. 136.

[837] *Larenz*, Methodenlehre der Rechtswissenschaft, 6. Aufl. 1991, S. 433.

ser erforderlichen übereinstimmenden Rechtsüberzeugung der Rechtsgenossen wird im Hinblick auf das Hausrecht zum Teil bestritten.[838] Anlaß zu Zweifeln soll insbesondere die umstrittene Zuordnung des Hausrechts zum öffentlichen bzw. zum privaten Recht geben.[839]

Zwingend erscheinen diese Zweifel nicht. Vielmehr spricht einiges für die Auffassung, daß es kaum ein Rechtsinstitut geben dürfte, dessen Existenz trotz fehlender schriftlicher Rechtsgrundlage und ungeachtet aller Zuordnungsfragen im gleichen Maße allgemein anerkannt ist wie das Hausrecht.[840] Das gilt auch für die inhaltliche Befugnis, zum Schutz des Widmungszwecks Hausverbote zu erlassen.[841] Ob die Zulässigkeit anderer Maßnahmen – Rauchverbot, Sprechverbot – ebenso einheitlich beurteilt wird,[842] so daß eine gewohnheitsrechtliche Befugnis womöglich ausscheidet, kann hier dahinstehen. Jedenfalls die Befugnis des Gerichtspräsidenten, Aufnahmen zu regeln, wird – soweit ersichtlich – nicht in Abrede gestellt. Insofern erscheint die Annahme einer gewohnheitsrechtlichen Befugnis zum Erlaß von Aufnahmeverboten zumindest vertretbar. Andernfalls würde es hausrechtlichen Aufnahmeverboten bereits an der erforderlichen Rechtsgrundlage fehlen.[843]

2. Zur Abwägung des Informationsinteresses der Allgemeinheit mit den Schutzgütern der Sitzungspolizei und des Hausrechts

Die Sitzungspolizei und das Hausrecht stellen als solche keine unverhältnismäßigen Eingriffe in die Medienfreiheiten dar. Die inhaltliche Verfassungsmäßigkeit ihrer Rechtsgrundlagen steht außer Frage. Jedoch verlangt die Wechselwirkungslehre als terminologisch spezielle Ausprägung des Übermaßverbots im Bereich der Medienfreiheiten, daß das Hausrecht und die Sitzungspolizei im Lichte der Medienfreiheiten auszulegen sind, damit der wertsetzenden Bedeutung des Art. 5 Abs. 1 S. 2 GG auch auf der Rechtsanwendungsebene Rechnung getragen wird. Ob eine Anordnung des Vorsitzenden bzw. des Gerichtspräsidenten diesen Anforderungen genügt, läßt sich nur im konkreten Einzelfall entscheiden. Im

---

[838] BayVGH BayVBl. 1980, 723 (724); gegen Gewohnheitsrecht auch *Knemeyer*, VBlBW 1982, 252.

[839] *Ehlers*, DÖV 1977, 741. – Einen aktuellen Vorstoß, das Hausrecht dem Zivilrecht zuzuordnen, unternimmt *Brüning*, DÖV 2003, 393 ff.

[840] *M. Gerhardt*, BayVBl. 1980, 725.

[841] Zur ausreichenden inhaltlichen Bestimmtheit im Hinblick auf Hausverbote s. auch *Zilkens*, JuS 2003, 167.

[842] *M. Gerhardt*, BayVBl. 1980, 725, nimmt an, der gesamte Inhalt des Hausrechts sei allgemein anerkannt. *Ehlers*, DÖV 1977, 738, bezeichnet die Frage im Hinblick auf Rauch- u. Sprechverbote als umstritten. Zu diesen Maßnahmen auch *Knoke*, AöR Bd. 94 (1969), S. 389. S. weiter VG Berlin NJW 2002, 1063 (1065 f.): Auf eine Rechtsgrundlage, die ein Hausverbot zuläßt, können erst recht Minus-Maßnahmen gestützt werden.

[843] Ebenso zu Hausverboten *Berg*, JuS 1982, 262 f.

folgenden geht es allein darum, prinzipiell relevante Abwägungsgesichtspunkte einander gegenüberzustellen.

a) Das Informationsinteresse der Allgemeinheit

Auch die nicht von § 169 S. 2 GVG verbotenen Aufnahmen dienen der Befriedigung des Informationsinteresse der Allgemeinheit. Im Hinblick auf die Gewichtung dieses Interesses ist zwischen den einzelnen Arten von Aufnahmen zu unterscheiden.

aa) Aufnahmen im Umfeld der Verhandlung

aaa) Rundfunkaufnahmen außerhalb der Verhandlung

Für die Gewichtung des Informationsinteresses an Rundunkaufnahmen aus dem Umfeld der Verhandlung sind mehrere gegenläufige Gesichtspunkte zu berücksichtigen.

Im Hinblick auf die demokratisch und rechtsstaatlich fundierten Funktionen gerichtlicher Medienöffentlichkeit kommt Aufnahmen vor und nach der Verhandlung sowie in den Verhandlungspausen ein geringeres Gewicht zu als den – derzeit nicht gestatteten – Aufnahmen aus der Verhandlung selbst. Außerhalb der Verhandlung läßt sich die eigentliche Tätigkeit der Rechtsprechung nicht beobachten oder kontrollieren. Hörfunkaufnahmen im Umfeld der Verhandlung besitzen prinzipiell keinen höheren Informationsgehalt als Hörfunkaufnahmen außerhalb des Gerichtsgebäudes; Fernsehaufnahmen vermitteln lediglich einen optischen Eindruck von der Situation im Gerichtssaal bzw. -gebäude sowie von den Beteiligten.

Andererseits kann sich das berechtigte Informationsinteresse der Allgemeinheit gerade auf diesen optischen Eindruck beziehen. Bereits angesprochen wurde die Frage nach dem Gesundheitszustand und damit nach der Verhandlungsfähigkeit *Erich Honeckers*.[844]

Weiter ist zu berücksichtigen, daß Aufnahmen aus dem Gerichtsgebäude bzw. aus dem Gerichtssaal speziell dem Fernsehen gestatten, die derzeit allein in Form von Wortberichten möglichen Sachinformationen über den Verhandlungsverlauf und über das Verhandlungsergebnis in eine fernsehtypische und damit (potentiell) massenattraktive Form zu bringen. Angesichts der Medienrealität, in der die Aufmerksamkeit der Zuschauer immer schwieriger zu erlangen ist, sind Originalaufnahmen aus dem Gericht für das Fernsehen keine eher nebensächliche optische und akustische Untermalung, sondern ein notwendiges Transportmittel für die Verbreitung der Sachinformation, für das es kaum gleichwertigen Ersatz

[844] Oben Teil 5 D.I.1., S. 377f.; Teil 5 E.III.2.a)bb), S. 408ff.; Teil 5 E.III.2.b)bb)aaa)(3), S. 424f.

gibt.[845] Namentlich der vor dem Gerichtsgebäude in die Kamera gesprochene Bericht ist nicht in gleicher Weise geeignet, die Berichterstattung aktuell und authentisch wirken zu lassen.

Zudem ermöglichen Aufnahmen im Umfeld der Verhandlung die Abbildung der Beteiligten und damit die fernsehgerechte Personalisierung der Berichterstattung. Da Personalisierung ein wichtiges Mittel zur Erregung von Aufmerksamkeit ist,[846] erstreckt sich das Berichterstattungsinteresse der Medien schon aus diesem Grund zumindest mittelbar auch auf Bilder der Verhandlungsteilnehmer einschließlich der Richter.[847]

Vor allem aber kann sich das berechtigte Informationsinteresse der Allgemeinheit unmittelbar auf die an einer Verhandlung beteiligten Personen beziehen. Nicht nur im Strafverfahren ist das Interesse der Öffentlichkeit an Informationen über die Person des Täters desto größer, je mehr sich ein Verbrechen von der Alltagskriminalität abhebt.[848] Auch in sonstigen Prozessen können die Besonderheiten des Verfahrens die Beteiligten zum Gegenstand öffentlichen Interesses machen. Potentielle Bedeutung kommt beispielsweise dem beruflichen Werdegang einzelner Richter zu; gleiches gilt für die Frage, ob der gegen einen Hauptversammlungsbeschluß klagende Aktionär für mißbräuchliche bzw. erpresserische Anfechtungsklagen bekannt ist.

bbb) Fotos außerhalb der Verhandlung

Entsprechendes gilt für Fotos im Umfeld der Verhandlung. Welch großes öffentliches Interesse an derartigen Bildern bestehen kann, belegt als markantes Beispiel aus jüngster Vergangenheit das von den Medien mit großer Aufmerksamkeit bedachte „Victory"-Zeichen des wegen Untreue angeklagten Vorstandssprechers der Deutschen Bank, *Josef Ackermann*, das dieser vor dem Beginn der Verhandlung im *LG Düsseldorf* zeigte.

Allerdings ist bei der Gewichtung des Informationsinteresses an Fotos im allgemeinen zu berücksichtigen, daß die Bildberichterstattung für die Presse nicht den gleichen herausragenden Stellenwert hat, den Bild- und Tonaufnahmen für den Rundfunk besitzen. Die Beurteilung der Frage, ob die reine Wortberichterstattung zur Befriedigung des Informationsinteresses der Öffentlichkeit ausgereicht hätte, wird im Hinblick auf Zeitungen häufig anders ausfallen als hinsichtlich des Fernsehens.[849]

---

[845] *Bamberger*, ZUM 2001, 377 f.

[846] BVerfGE 101, 361 (390); *Boehme-Neßler*, ZRP 2003, 126.

[847] Zutreffend *Wyss*, EuGRZ 1996, 16; a.A. *Ernst*, in: FS für Günter Herrmann, 2002, S. 79, mit der Annahme, Aufnahmen vom Auftreten des Gerichts im „Sparkasse Mannheim"-Fall (oben Teil 5 D.III., S. 382 f.) dienten allein der Illustration, nicht der Information.

[848] BVerfGE 35, 202 (230 f.).

[849] *Lampe*, NJW 1973, 220.

bb) Fotos in der Verhandlung

Fotos in der Verhandlung können im Gegensatz zu – de lege lata nicht gestatteten – Rundfunkübertragungen den Verhandlungsverlauf weder vollständig noch passagenweise wiedergeben. Insofern partizipieren sie nur zum Teil an dem hohen Stellenwert, der insbesondere der Fernsehübertragung von Verhandlungen zukommt bzw. zukäme. Immerhin aber reicht der Informationsgehalt von Fotos partiell über denjenigen von Wortberichten hinaus, da sie einen optischen Eindruck – wenn auch nur von Einzelmomenten – des Verhandlungsgeschehens vermitteln.

Freilich übersteigt der Informationswert von Fotos, die während der Verhandlung aufgenommen werden, denjenigen von Fotos vor bzw. nach der Verhandlung nicht, sofern es allein um die Abbildung der Beteiligten an sich geht. Daher wiegt ein Fotografierverbot während der Verhandlung regelmäßig nicht allzu schwer, sofern das Aufnahmeinteresse der Bildberichterstatter im Umfeld der Verhandlung befriedigt werden kann. Eine Ausnahme bilden Fälle, in denen die Beteiligten gezielt in bestimmten Verfahrenssituationen gezeigt werden sollen, beispielsweise bei der Verlesung der Anklage, bei einer überraschenden Zeugenaussage oder bei der Urteilsverkündung.

Im übrigen gilt auch im Hinblick auf Fotos in der Verhandlung, daß die Bildberichterstattung für die Presse weniger bedeutsam ist als für das Fernsehen.

b) Das allgemeine Persönlichkeitsrecht

Dem Informationsinteresse der Allgemeinheit steht in erster Linie das allgemeine Persönlichkeitsrecht der Aufgenommenen (Art. 2 Abs. 1 i.V.m. Art. 1 Abs. 1 GG) gegenüber. Ob und inwiefern der Schutz dieses Grundrechts aufnahmebeschränkende Anordnungen rechtfertigt, hängt – was gelegentlich nicht ausreichend deutlich wird – von der Wertung der §§ 22 f. KUG allenfalls mittelbar ab. Unmittelbar regeln die Vorschriften nur die *Verwendung* von Aufnahmen, nicht ihre *Anfertigung*. Außerdem betreffen sie allein das Verhältnis zwischen dem Aufgenommenen und den Medien, nicht hingegen die Beziehung des Inhabers der Sitzungspolizei bzw. des Hausrechts zu den Medien.

aa) Die Regelungen der §§ 22f. KUG

Im Verhältnis zwischen den Aufgenommenen und den Medien richtet sich die Zulässigkeit der Verbreitung und der öffentlichen Zurschaustellung von Bildnissen nach den bereits dargestellten Regelungen der §§ 22 f. KUG.[850]

Publiziert werden dürfen Bildnisse, in deren Verwendung die Abgebildeten eingewilligt haben (§ 22 S. 1 KUG). Gleiches gilt grundsätzlich für Abbil-

---

[850] Oben Teil 5 E.III.2.b)aa)ccc), S. 417 ff.

dungen der Zuschauer (§ 23 Abs. 1 Nr. 3 KUG). Ihre berechtigten Interessen (§ 23 Abs. 2 KUG) können durch die Publikation nur ausnahmsweise verletzt werden, etwa bei persönlichen Gefährdungen auf Grund der Teilnahme an der mündlichen Verhandlung.

Abbildungen der Verhandlungsbeteiligten einschließlich der Richter dürfen ohne deren Einwilligung verwendet werden, sofern es sich um Bildnisse aus dem Bereich der Zeitgeschichte handelt (§ 23 Abs. 1 Nr. 1 KUG), deren Publikation keine berechtigten Interessen verletzt (§ 23 Abs. 2 KUG). Im Rahmen der somit gebotenen Abwägung mit den Medienfreiheiten kommt dem Persönlichkeitsrecht je nach Lage des Falles ein höchst unterschiedliches Gewicht zu. Tendenziell reicht es von der besonders schwerwiegenden Beeinträchtigung des Angeklagten über die geringere Belastung der Beteiligten in sonstigen Verfahren bis hin zum Richter, dessen Persönlichkeitsrecht durch Abbildungen regelmäßig nicht verletzt wird. Insofern kann auf die obigen Überlegungen zur Beurteilung von § 169 S. 2 GVG verwiesen werden.[851]

Freilich greifen die Rundfunkberichterstattung aus dem Umfeld der Verhandlung sowie fotografische Abbildungen der Verfahrensbeteiligten tendenziell weniger stark in die Persönlichkeitsrechte ein, als es die Fernsehübertragung der Verhandlung täte. Außerhalb der Verhandlung muß sich niemand vor Kameras bzw. Mikrofonen äußern; Fotos beschränken sich zwangsläufig auf die Wiedergabe eines optischen Eindrucks. Daher kann die Bildberichterstattung selbst über solche Verfahren zulässig sein, in denen das Verbot des § 169 S. 2 GVG nicht zu beanstanden ist.

Generell muß derjenige, der unabhängig vom Verfahren Gegenstand öffentlichen Interesses ist, die Veröffentlichung von Bildern seines Auftritts vor Gericht – sogar als Angeklagter im Strafverfahren – jedenfalls dann hinnehmen, wenn zwischen dem Anlaß der Verhandlung und dem Grund des ohnehin bestehenden Interesses ein sachlicher Zusammenhang besteht.[852] Bei Personen, die an sich nicht im Blickpunkt der Öffentlichkeit stehen, kommt dem Persönlichkeitsschutz prinzipiell eine größere Bedeutung zu; das Abwägungsergebnis hängt daher stärker von der Bedeutung der zugrundeliegenden Tat[853] bzw. – außerhalb des Strafprozesses – von der Bedeutung des zugrundeliegenden Verfahrens ab.

Danach können die Medien in besonderen Fällen[854] und unter Beachtung der Anforderungen an die sog. Verdachtsberichterstattung[855] sogar berechtigt sein,

[851] Oben Teil 5 E.III.2.b)bb), S. 422 ff.

[852] *Wyss*, EuGRZ 1996, 16; *Ernst*, in: FS für Günter Herrmann, 2002, S. 82.

[853] *Wyss*, EuGRZ 1996, 16.

[854] Im konkreten Fall (BGHZ 143, 199 ff.) bestand ein besonderes öffentliches Interesse an der Tat; zudem kam es wegen der Verbindung von staatlichem Handeln mit strafbarem Verhalten von Amtsträgern in besonderer Weise auf die Informationsfunktion der Medien an.

[855] Bestehen eines berechtigten öffentlichen Interesses, hinreichende Anhaltspunkte für die Richtigkeit des Verdachts, Beachtung einer erhöhten Prüfungspflicht, Äußerungsmöglichkeit

bei der Berichterstattung über Strafverfahren den Namen des Beschuldigten zu nennen, obwohl es nicht um Schwerkriminalität, sondern nur um mittelschwere Delikte geht.[856] Diese Überlegung läßt sich zumindest dem Grunde nach auf die Veröffentlichung von Bildern übertragen.[857]

Ebenfalls zu Ungunsten des Betroffenen geht die Abwägung aus, wenn dieser einzelnen Presseorganen oder Rundfunkveranstaltern Aufnahmen gestattet hat. Die – regelmäßig entgeltliche – Gestattung von (exklusiven) Berichten läßt sogar den Schutz der Privatsphäre entfallen. Das verfassungsrechtliche (!)[858] allgemeine Persönlichkeitsrecht dient nicht dem Schutz kommerzieller Interessen.[859] Mehr noch gilt dies für Vorgänge, die – wie eine Gerichtsverhandlung – von vornherein in der Öffentlichkeit stattfinden. Das allgemeine Persönlichkeitsrecht schützt das Recht der Selbstdarstellung, nicht das Recht der Selbstvermarktung.

Diese Überlegungen gelten nicht allein für die Gerichtsberichterstattung. Jeder individualisierende Medienbericht steht in einem Spannungsverhältnis zwischen den Medienfreiheiten und dem Persönlichkeitsschutz, das freilich bei der Gerichtsberichterstattung – namentlich soweit sie Strafverfahren betrifft – besonders deutlich hervortritt. Die Frage, wie dieser Grundrechtskonflikt bei der *Berichterstattung* aufzulösen ist, ist ein Thema für sich,[860] dem im Rahmen dieser Untersuchung nicht umfassend nachgegangen werden kann. Hier geht es vielmehr um die Frage, ob eine Aufnahme zulässigerweise *angefertigt* werden darf. Insofern gilt generell – wie bereits oben festgestellt –,[861] daß eine Aufnahme, deren Publikation zulässig wäre, auch hergestellt werden darf. Der

---

für den Betroffenen, Hinweis auf den bloßen Verdachtscharakter. Näher BGHZ 143, 199 (203 f.); *Soehring*, Presserecht, 3. Aufl. 2000, Rdnrn. 16.23 ff.

[856] BGHZ 143, 199 (207).

[857] Für eine Übertragbarkeit dieser Überlegung *Lehr*, NStZ 2002, 65 f. Freilich ist zu berücksichtigen, daß die Bildveröffentlichung tendenziell einen stärkeren Eingriff in das Persönlichkeitsrecht darstellt als die Namensnennung. Der Grundgedanke aber, daß eine den Beschuldigten identifizierende Berichterstattung nicht nur im Bereich der Schwerkriminalität in Betracht kommt, gilt auch für Abbildungen.

[858] Insofern unterscheidet sich das aus Art. 2 Abs. 1 i.V.m. Art. 1 Abs. 1 GG abgeleitete allgemeine Persönlichkeitsrecht vom zivilrechtlichen allgemeinen Persönlichkeitsrecht, das auch vermögenswerte Interessen schützt. Dazu *v. Strobl-Albeg*, in: Wenzel, Das Recht der Wort- und Bildberichterstattung, 5. Aufl. 2003, 7. Kapitel Rdnr. 4.

[859] BVerfGE 101, 361 (385).

[860] Dazu allgemein *Ahrens*, Persönlichkeitsrecht und Freiheit der Medienberichterstattung, 2002; *Rüthers*, in: Bitburger Gespräche 1999/I, 2000, S. 3 ff.; *Berka*, Medienfreiheit und Persönlichkeitsschutz, 1982; *v. Gerlach*, AfP 2001, 1 ff. S. auch die älteren Beiträge von *Bussmann*, JR 1955, 202 ff.; *Hubmann*, JZ 1957, 521 ff.; *Siegert*, NJW 1963, 1953 ff. Speziell mit Blick auf Strafverfahren *v. Becker*, Straftäter und Tatverdächtige in den Massenmedien: Die Frage der Rechtmäßigkeit identifizierender Kriminalberichte, 1979; *Stapper*, Namensnennung in der Presse im Zusammenhang mit dem Verdacht strafbaren Verhaltens, 1995. Zur Wirkung auf die Betroffenen s. die empirische Studie von *Kerscher*, Gerichtsberichterstattung und Persönlichkeitsschutz, Diss. Hamburg 1982.

[861] Teil 5 E.III.2.b)aa)ddd), S. 420 ff.

Umkehrschluß hingegen ist nicht möglich. Recherche braucht allemal mehr Freiheit als Publikation.

Folglich darf keinesfalls angenommen werden, das Persönlichkeitsrecht der Verhandlungsbeteiligten stehe Aufnahmen grundsätzlich entgegen. Wenn sogar die den Beschuldigten identifizierende *Berichterstattung* über Strafverfahren zulässig sein kann, obwohl damit eine besonders starke Beeinträchtigung des Persönlichkeitsrechts einhergeht, läßt sich gegen die *Anfertigung* von Aufnahmen in einer Vielzahl von Verfahren nichts einwenden.

bb) Persönlichkeitsrechte als Schutzgut der Sitzungspolizei bzw. des Hausrechts

Diese Überlegungen haben Konsequenzen. Aufnahmeverbote des Vorsitzenden bzw. des Gerichtspräsidenten können nur dann durch den Schutz von Persönlichkeitsrechten gerechtfertigt sein, wenn im Verhältnis zwischen der abzubildenden Person und dem Journalisten bereits die Aufnahme selbst unzulässig ist. Sofern der Aufgenommene dulden muß, gefilmt oder fotografiert zu werden, würde ein gleichwohl ergehendes Aufnahmeverbot die Medienfreiheiten verletzen. Unzulässig sind daher insbesondere sitzungspolizeiliche Anordnungen zum Schutz von Exklusivverträgen mit einzelnen Medien.[862]

Aber selbst in den Fällen, in denen bereits die Aufnahme unzulässig ist, erscheint fraglich, ob sich ein Verbot mit dem Schutz des allgemeinen Persönlichkeitsrechts rechtfertigen läßt. Voraussetzung dafür ist, daß die Sitzungspolizei bzw. das Hausrecht überhaupt dem Schutz dieses Grundrechts dienen. Das ist nicht so selbstverständlich, wie gemeinhin angenommen wird.

aaa) Persönlichkeitsrechte als Schutzgut der Sitzungspolizei

Die Sitzungspolizei nach § 176 GVG, also die „Aufrechterhaltung der Ordnung in der Sitzung“, dient dem Schutz einer geordneten Rechtspflege. Diese umfaßt – letztlich im Interesse der Wahrheitsfindung –[863] jedenfalls den störungsfreien äußeren Ablauf der Sitzung und die ungehinderte Entscheidungsfindung samt aller dazu erforderlichen Interaktionen der Prozeßbeteiligten. Hinzu kommt nach Auffassung des *Bundesverfassungsgerichts*[864] und der weit überwiegenden Meinung im Schrifttum[865] der Schutz des allgemeinen Persönlichkeitsrechts der Prozeßbeteiligten.

---

[862] Zutreffend *Lehr*, NStZ 2001, 66, unter Hinweis auf BVerfGE 101, 361 (385). Vgl. auch *Maul*, MDR 1970, 287 f.; *Brüggemann*, AfP 1971, 156.

[863] BGHSt 44, 23 (24).

[864] BVerfGE 91, 125 (136 f.).

[865] BGHSt 44, 23 (24); *Ernst*, in: FS für Günter Herrmann, 2002, S. 77; *Ernst*, ZUM 1996, 188; *v. Strobl-Albeg*, in: Wenzel, Das Recht der Wort- und Bildberichterstattung, 5. Aufl. 2003, 7. Kapitel Rdnr. 33; *Kissel/Mayer*, GVG, 4. Aufl. 2005, § 176 Rdnr. 1; *Lilie*, in: Alternativ-Ent-

(1) Der umfassende Charakter der Sitzungspolizei als denkbare Begründung

Völlig zu überzeugen vermag die Einbeziehung des allgemeinen Persönlichkeitsrechts schon in Anbetracht des Gesetzestextes nicht, der mit der „Ordnung in der Sitzung“ eher auf die Abwehr äußerer Störungen hindeutet. Jedoch haben Prozeßbeteiligte, die zur Wahrnehmung ihrer Rechte an der Verhandlung teilnehmen möchten – oder sogar müssen –, keine Möglichkeit, den vor dem bzw. im Gerichtssaal wartenden Journalisten auszuweichen. Insofern wird ihr Persönlichkeitsrecht durch eine jedenfalls zum Teil vom Staat geschaffene und kontrollierte Situation beeinträchtigt. Der Wortlaut des § 176 GVG steht der Einbeziehung des Persönlichkeitsrechts zumindest nicht entgegen. Für diese weite Auslegung, für die sich auch der neuere Ansatz von den einfachrechtlich umzusetzenden grundrechtlichen Schutzpflichten des Staates[866] aktivieren ließe, spricht auch hier der Gedanke, die Sitzungspolizei als umfassendes Regelungsinstrument zu verstehen, das nicht allein die Abwehr äußerer Störungen bezweckt, sondern das dem Ausgleich sämtlicher in der Sitzung kollidierender Interessen dient.[867] Daß eine gesetzgeberische Präzisierung[868] schon unter rechtsstaatlichen Gesichtspunkten wünschenswert wäre – immerhin geht es hier um Eingriffe in die Medienfreiheiten –, steht auf einem anderen Blatt.

(2) Die Einwände gegen die Berücksichtigung von Persönlichkeitsrechten

Frei von Zweifeln ist diese Konzeption im Hinblick auf Bild- und Tonaufnahmen freilich nicht.

(a) Die Begründung zu § 169 S. 2 GVG. Das *Bundesverfassungsgericht* belegt seine Auffassung, auch das allgemeine Persönlichkeitsrecht sei ein Schutzgut der Sitzungspolizei, durch einen Verweis auf die Gesetzesbegründung zu § 169 S. 2 GVG.[869] An der maßgeblichen Stelle führt die Bundesregierung jedoch aus, für die nicht vom gesetzlichen Verbot erfaßten Aufnahmen

„gelten weiterhin die Beschränkungen, die sich aus der Sitzungspolizei (§ 176 GVG), den in Gesetz und Rechtsprechung anerkannten Grundsätzen über das allgemeine Persönlichkeitsrecht, insbesondere das Recht am eigenen Bilde, aus den Pressegesetzen und dem Hausrecht der Justizverwaltung ergeben.“[870]

---

wurf Strafjustiz und Medien (AE-StuM), 2004, S. 118; *Kortz*, AfP 1997, 444. S. auch Nr. 129 Abs. 5 S. 1 i. V. m. Abs. 3 RiStBV.

866 Dazu vor allem *Isensee*, HStR V, 2. Aufl. 2000, § 111.

867 Dazu bereits oben Teil 4 A.III.2.a)cc), S. 267 f.

868 S. etwa den Vorschlag von *Lilie*, in: Alternativ-Entwurf Strafjustiz und Medien (AE-StuM), 2004, S. 130 f.

869 BVerfGE 91, 125 (136 f.), verweist auf BT-Drucks. 4/178, S. 45.

870 BT-Drucks. 4/178, S. 45.

Danach wird das Persönlichkeitsrecht nicht als Bestandteil der Sitzungspolizei, sondern – ebenso wie die Pressegesetze und das Hausrecht – als eigenständige Begrenzung neben der Sitzungspolizei aufgefaßt.[871] Im Ergebnis müßten sich die Beteiligten danach um den Schutz ihres Persönlichkeitsrechts im Rahmen der §§ 22f. KUG ebenso wie außerhalb des Gerichts selbst bemühen. Sitzungspolizeiliche Anordnungen dürften das Persönlichkeitsrecht nur mittelbar berücksichtigen. Der Vorsitzende dürfte lediglich Verhaltensweisen verbieten, die neben einer Grundrechtsbeeinträchtigung zugleich zu einer Störung der äußeren Ordnung führen, wie es bei beleidigenden Zwischenrufen der Fall ist oder bei Aufnahmen, die zu Wortgefechten und einer starken Erregung der Beteiligten führen.[872]

(b) Kein Schutz von Persönlichkeitsrechten durch die Ordnungsgewalt des Gemeinderatsvorsitzenden. Eben diese Position vertritt das *Bundesverwaltungsgericht* für die Ordnungsgewalt des Vorsitzenden im Gemeinderat. Sie bezweckt nach Auffassung des Gerichts nicht den Schutz der Persönlichkeitsrechte der Ratsmitglieder als solchen. Vielmehr soll sie allein die für einen ordnungsgemäßen Sitzungsbetrieb erforderlichen äußeren Bedingungen sicherstellen.[873] Freilich unterscheidet sich die Situation von der hier zu beurteilenden insofern, als die Ratsmitglieder in ihrer spezifischen Eigenschaft ohnehin keinen Grundrechtsschutz genießen.[874]

(c) Der Vergleich mit § 17a Abs. 2 BVerfGG. Ein weiteres mögliches Argument gegen die Berücksichtigung von Persönlichkeitsrechten im Rahmen von § 176 GVG ergibt sich aus § 17 a Abs. 2 BVerfGG. Die Vorschrift ermöglicht Aufnahmebeschränkungen nicht nur zur Wahrung eines ordnungsgemäßen Ablaufs des Verfahrens, sondern auch zur Wahrung schutzwürdiger Interessen der Beteiligten oder Dritter. Insofern erscheint der e-contrario-Schluß denkbar, daß § 176 GVG derartige Interessen nicht schützt. Andererseits läßt sich die präzisere Gesetzesfassung des erst 1998 erlassenen § 17a BVerfGG ebensogut als bloße Klarstellung auffassen.

(d) Die Beschränkung der Sitzungspolizei auf die Sitzung. Von größerer Bedeutung ist eine andere Überlegung. Die Sitzungspolizei beschränkt sich nicht

[871] Ebenso *Schreiber*, in: Wieczorek/Schütze, ZPO und Nebengesetze, 5. Bd., 3. Aufl. 1995, § 169 GVG Rdnr. 40: Die nicht von § 169 S. 2 GVG verbotenen Aufnahmen unterliegen der Sitzungspolizei und den Beschränkungen durch das Persönlichkeitsrecht.

[872] Vgl. dazu *Rubbert*, Saal- und Medienöffentlichkeit mündlicher Verhandlungen zwischen Verwaltung und Bürgern, 1985, S. 335f., die die Zulässigkeit von Ordnungsmaßnahmen zum Schutz von Persönlichkeitsrechten freilich im Ergebnis mit der h.M. bejaht.

[873] BVerwGE 85, 283 (286f.).

[874] BVerwGE 85, 283 (286). Dazu bereits oben Teil 5 E.III.2.b)bb)eee)(1), S. 427f.

nur zeitlich und räumlich, sondern auch sachlich auf die Sitzung. Sie dient insbesondere nicht dazu, Einfluß auf die Berichterstattung zu nehmen. Daher darf Journalisten – wie dargelegt –[875] die Teilnahme an öffentlichen Verhandlungen weder zur Verhinderung von Kritik am Gericht noch zum Schutz des Persönlichkeitsrechts von Beteiligten versagt werden. Dazu stehen persönlichkeitsschützende Aufnahmeverbote in einem gewissen Widerspruch. Sie bezwecken in erster Linie, die spätere Verbreitung der Aufnahmen zu verhindern. Somit nehmen sie Einfluß auf die Berichterstattung. Konsequenter wäre es, den Vorsitzenden entweder für befugt zu halten, beide Formen der journalistischen Informationsbeschaffung zum Schutz von Persönlichkeitsrechten zu beschränken, oder ihm sowohl die Anordnung von Teilnahmeverboten als auch die Anordnung von Aufnahmeverboten zu versagen.

Die Befugnis allein zu Aufnahmeverboten läßt sich nur begründen, wenn man die Informationsaufnahme durch bloßes Zuhören sogar dann als persönlichkeitsrechtsneutral ansieht, wenn unzulässige Veröffentlichungen absehbar sind, während man bei Bild- und Tonaufnahmen bereits die in der Sitzung angefertigten Aufnahmen – und nicht erst ihre Verbreitung – als mögliche Verletzung des Grundrechts qualifiziert. Dafür spricht die Verselbständigung, die ein Bildnis bzw. die Stimme schon durch die Aufnahme erfahren. Andererseits schränkt diese Sichtweise die journalistischen Recherchemöglichkeiten stark ein.[876]

Insgesamt sehen sich sitzungspolizeiliche Beschränkungen der journalistischen Informationsbeschaffung denselben Fragen ausgesetzt wie Einschränkungen auf der Grundlage des allgemeinen Polizeirechts. Auch polizeiliche Maßnahmen, mit denen auf den Inhalt von Veröffentlichungen eingewirkt werden soll, sind bedenklich.[877] Die Pressefreiheit ist polizeifest; sie läßt keine Eingriffe auf der Grundlage der polizeilichen Generalklausel zu.[878] Speziell im Hinblick auf Bildaufnahmen kommt hinzu, daß ihre Anfertigung nicht nach § 33 KUG strafbar ist. Auf keinen Fall darf man ohne weiteres annehmen, daß Aufnahmen unter Verstoß gegen die Vorschriften der §§ 22 f. KUG verbreitet werden.[879] Legales Verhalten darf nicht allein deshalb unterbunden werden, weil es womöglich Grundlage für späteres illegales Verhalten werden könnte.[880] Wenn aber der Polizist vor dem Gerichtsgebäude Aufnahmen regelmäßig nicht zum Schutz von Persönlichkeitsrechten untersagen darf,[881] spricht einiges dafür, daß auch der Vorsitzende in der Sitzung kein derartiges Verbot anordnen darf.

---

875 Oben Teil 4 A.I.2.b), S. 227 ff.

876 Näher oben Teil 5 E.III.2.b)aa)ddd), S. 420 ff.

877 *Degenhart*, in: Bonner Kommentar, Art. 5 Abs. 1 u. 2 Rdnr. 575.

878 *Bethge*, in: Sachs, GG, 3. Aufl. 2003, Art. 5 Rdnr. 143.

879 BVerwGE 109, 203 (211); *Degenhart*, in: Bonner Kommentar, Art. 5 Abs. 1 u. 2 Rdnr. 575.

880 *v. Zezschwitz*, in: FS für Erwin Stein, 1983, S. 398 f.

881 S. jedoch VGH Mannheim NVwZ 2001, 1292 (1293 ff.): Rechtmäßigkeit der polizeilichen Beschlagnahme eines Films wegen der durch die zu befürchtende Veröffentlichung

(e) Insbesondere: Das Persönlichkeitsrecht des Vorsitzenden. Ein spezielles Problem ergibt sich, wenn der Vorsitzende Aufnahmen zum Schutz seines eigenen Persönlichkeitsrechts untersagen will. Hoheitliche Befugnisse sind den jeweiligen Amtswaltern prinzipiell nicht zur Wahrnehmung eigener Rechte und Interessen eingeräumt.[882] Davon wird man freilich in solchen Gefahrenlagen, in denen Aufnahmeverbote zum Schutz des Persönlichkeitsrechts der Richter ohnehin nur in Betracht kommen, also bei Gefahren für die Person des Amtswalters,[883] eine Ausnahme machen müssen.

(f) Fazit. Insgesamt bleibt festzuhalten, daß sitzungspolizeiliche Aufnahmeverbote zum Schutz von Persönlichkeitsrechten eine pragmatische Lösung sein mögen, die jedoch nicht frei von dogmatischen Zweifeln ist. Damit soll keineswegs in Abrede gestellt werden, daß der Staat prinzipiell grundrechtlich gehalten ist, das Persönlichkeitsrecht der Beteiligten an öffentlichen Verfahren vor Eingriffen Dritter zu schützen.[884] Jedoch führt dieser Schutz in der Person des Dritten ebenfalls zu Grundrechtseingriffen. Daher richtet sich der Schutzauftrag nicht unmittelbar an den Rechtsanwender, sondern in erster Linie an den Gesetzgeber. Von diesem ist er bisher – abgesehen von partiellen Präzisierungen namentlich in § 17a Abs. 2 BVerfGG – nur unzureichend umgesetzt worden.

bbb) Persönlichkeitsrechte als Schutzgut des Hausrechts

Noch größeren Bedenken sieht sich die Zulässigkeit *hausrechtlicher* Anordnungen zum Schutz des Persönlichkeitsrechts gegenüber. Als Rechtsgrundlage eines Grundrechtseingriffs ist das ungeschriebene Rechtsinstitut „Hausrecht" ohnehin problematisch. Begründen läßt es sich allein mit der Notwendigkeit, die ungestörte Wahrnehmung staatlicher Funktionen zu schützen. In dieser Zielsetzung

---

drohenden Verletzung des allgemeinen Persönlichkeitsrechts. Rechtsgrundlage war freilich § 33 Abs. 1 Nr. 1 BaWüPolG, der Beschlagnahmen explizit auch zum Schutz des einzelnen zuläßt. – In Bayern haben Justizbedienstete gem. Art. 1 Abs. 1 Nr. 2 BayJSOG (Bayerisches Gesetz über die sicherheits- und ordnungsrechtlichen Befugnisse der Justizbediensteten) zur Erfüllung ihrer Aufgaben bei der Aufrechterhaltung der Sicherheit und Ordnung in Amtsgebäuden gegen andere Personen als Gefangene die Befugnisse der Polizeibeamten nach dem Bayerischen Polizeiaufgabengesetz. Das würde eine auf den Schutz von Persönlichkeitsrechten gestützte Befugnis der Justizbediensteten zur Untersagung von Aufnahmen beinhalten, sofern man (1.) den Schutz dieser Rechte unter die Aufrechterhaltung der Ordnung in Amtsgebäuden faßt und (2.) – entgegen der hier favorisierten Lösung – der Polizei die Befugnis für derartige Verbote zugesteht.

[882] *v. Zezschwitz*, in: FS für Erwin Stein, 1983, S. 400. Auch insofern ist es nicht unproblematisch, wenn VGH Mannheim NVwZ 2001, 1292 (1293 ff.), die u.a. mit dem Schutz des Persönlichkeitsrechts der handelnden Polizisten begründete polizeiliche Beschlagnahme eines Films für rechtmäßig hält.

[883] Oben Teil 5 E.III.2.b)bb)eee), S. 427 ff.

[884] *Starck*, in: v. Mangoldt/Klein/Starck, Das Bonner Grundgesetz, Bd. 1, 4. Aufl. 1999, Art. 2 Rdnr. 92.

aber liegt zugleich die Grenze hausrechtlicher Maßnahmen. Durch den Schutz anderer Rechtsgüter einschließlich des Persönlichkeitsrechts lassen sie sich nicht legitimieren. Folglich ist der Inhaber des Hausrechts nicht berechtigt, Aufnahmebeschränkungen zum Schutz von Persönlichkeitsrechten zu erlassen.[885]

cc) Die Frage nach einer Pflicht zu persönlichkeitsschützenden Aufnahmeverboten

aaa) Die Sitzungspolizei

Sofern man den Vorsitzenden trotz der geschilderten Zweifel für befugt hält, auf Grund der Sitzungspolizei zum Schutz von Persönlichkeitsrechten einzuschreiten, stellt sich die Anschlußfrage, ob es mit der bloßen Befugnis sein Bewenden hat. Eine Auffassung nämlich hält den Vorsitzenden nicht nur für berechtigt, sondern sogar für verpflichtet, entsprechende Aufnahmeverbote zu erlassen.[886]

Jedenfalls mit dem Argument, die Genehmigung von Aufnahmen – genauer eigentlich: der Verzicht auf ein Aufnahmeverbot – stelle eine Beihilfe zu § 33 KUG dar,[887] läßt sich eine derartige Verpflichtung jedoch nicht begründen. Da die Aufnahme selbst gerade nicht nach § 33 KUG strafbar ist, kommt eine Beihilfe schon aus diesem Grund nicht in Betracht. Dabei bliebe es sogar dann, wenn man – was kaum vertretbar sein dürfte – die Aufnahme bereits als Versuch einer späteren Verbreitung ansähe: Der Versuch eines Vergehens nach § 33 KUG ist nicht strafbar (§§ 23 Abs. 1, 12 Abs. 1, 2 StGB).[888]

Je nach Lage des Einzelfalles ist jedoch eine Pflicht zum Einschreiten unter dem Gesichtspunkt grundrechtlicher Schutzpflichten denkbar, wenn eine besonders gravierende Verletzung des Persönlichkeitsrechts droht, so daß der Verzicht auf ein Aufnahmeverbot das Untermaßverbot verletzen würde. Eine generelle Pflicht des Vorsitzenden wird man daraus freilich nicht ableiten können. Davon geht offenbar auch Nr. 129 Abs. 5 S. 2 RiStBV bei der Empfehlung aus, darauf hinzuweisen, daß die Rechte der Betroffenen durch eine Aufnahmeerlaubnis unberührt bleiben.

---

[885] Anders Nr. 129 Abs. 5 S. 1 i. V. m. Abs. 4 RiStBV, wonach die Persönlichkeitsrechte der Beteiligten nicht nur bei der Entscheidung des Vorsitzenden, sondern auch bei der Entscheidung des Hausrechtsinhabers über die Zulassung von Aufnahmen zu berücksichtigen sind.

[886] *G. Wolf*, ZRP 1994, 191 f.; *DRB*, DRiZ 1996, 249 f.; *Maul*, MDR 1970, 287; *F. Burbulla*, Die Fernsehöffentlichkeit als Bestandteil des Öffentlichkeitsgrundsatzes, 1998, S. 83. Im Ergebnis ebenso *Eb. Schmidt*, in: FS für Walter Schmidt, 1959, S. 345; *Leipold*, in: Stein/Jonas, ZPO, Bd. 2, 21. Aufl. 1994, vor § 128 Rdnr. 129, die die Gestattung von Aufnahmen nur im Falle der Zustimmung aller Beteiligten für zulässig halten. Nach *Kissel/Mayer*, GVG, 4. Aufl. 2005, § 176 Rdnr. 13, ist der Vorsitzende „gehalten", übermäßige Aufnahmen zu verhindern.

[887] So aber *G. Wolf*, ZRP 1994, 191 f.; *DRB*, DRiZ 1996, 249 f., die zudem auf den weggefallenen § 198 GVG verweisen, wonach der Vorsitzende gegen Straftaten einschreiten mußte.

[888] S. auch *v. Zezschwitz*, in: FS für Erwin Stein, 1983, S. 398 f.

bbb) Das Hausrecht

Für den Inhaber des Hausrechts stellt sich die Frage nach einer Pflicht zum Schutz des Persönlichkeitsrechts nicht, wenn man ihm mit der hier vertretenen Auffassung bereits das Recht abspricht, derartige Anordnungen zu erlassen.[889]

dd) Der Schutz des Persönlichkeitsrechts auch ohne Aufnahmeverbote

Jedenfalls haben sitzungspolizeiliche Anordnungen zum Schutz von Persönlichkeitsrechten den Verhältnismäßigkeitsgrundsatz zu beachten. Daher sind vollständige Aufnahmeverbote unzulässig, sofern sich das Persönlichkeitsrecht durch einen weniger intensiven Eingriff in die Medienfreiheiten ebenso effektiv schützen läßt. Insofern kommt insbesondere die Auflage in Betracht, Bildnisse nur in anonymisierter Form zu verwenden.

Diese auch vom *Bundesverfassungsgericht* vertretene Konzeption[890] setzt jedoch voraus, daß derartige Auflagen von den sitzungspolizeilichen Befugnissen gedeckt sind. Dagegen spricht, daß die Art und Weise, in der die Aufnahmen verwendet werden, die Ordnung in der Sitzung an sich nicht betreffen. Vielmehr greift eine solche Anordnung vollständig in den Bereich der Berichterstattung über. Andererseits läßt sich eine bloße Beschränkung der Aufnahmeverwendung als Minus-Maßnahme zu einem vollständigen Aufnahmeverbot qualifizieren. Sofern die Sitzungspolizei zu persönlichkeitsschützenden Aufnahmeverboten ermächtigt, würde sie nach dieser Sichtweise erst recht Anonymisierungsauflagen ermöglichen.

c) Belange des Verfahrens

aa) Aufnahmen im Umfeld der Verhandlung

Aufnahmen im Umfeld der Verhandlung berühren die ungestörte Rechts- und Wahrheitsfindung regelmäßig nicht, da sie sich nicht auf den Gang der Verhandlung auswirken.[891] Das gilt für Rundfunkaufnahmen sowie für Fotos in gleicher Weise. Der einzige verfahrensbezogene Aspekt, der in dieser Phase Aufnahmebeschränkungen zu rechtfertigen vermag, ist das Erfordernis, daß alle Beteiligten sowie die Zuschauer problemlos den Gerichtssaal betreten und

---

[889] Gegen eine entsprechende Pflicht des Hausrechtsinhabers auch *G. Wolf*, ZRP 1994, 191 f.; *DRB*, DRiZ 1996, 249 f. A.A. *Maul*, MDR 1970, 287 f., der neben dem Vorsitzenden auch den Gerichtspräsidenten zum Schutz des allgemeinen Persönlichkeitsrechts verpflichten will.

[890] Oben Teil 5 D.V., VI., S. 388 ff.

[891] Zu pauschal daher die Auffassung von *G. Wolf*, ZRP 1994, 191, gegen Aufnahmen im Umfeld der Verhandlung ließen sich fast alle Gründe anführen, die gegen Aufnahmen während der Verhandlung sprächen. – Ausnahmsweise können sich Aufnahmen vor Verhandlungsbeginn freilich auf die Verhandlung auswirken, wenn beispielsweise die Erregung eines gegen seinen Willen aufgenommenen Prozeßbeteiligten in der Verhandlung noch andauert.

ihre Plätze einnehmen können, ohne sich erst einen Weg durch die Journalisten bahnen zu müssen. Entsprechendes gilt in den Verhandlungspausen sowie nach dem Ende der Verhandlung. Hinzu kommt, daß der übrige Dienstbetrieb im Gericht nicht über Gebühr beeinträchtigt werden darf.

Vollständige Aufnahmeverbote lassen sich unter diesen Aspekten daher regelmäßig nicht rechtfertigen. Bereits eine zahlenmäßige Beschränkung der Journalisten vermeidet die beschriebenen Störungen hinreichend wirksam.

bb) Fotos in der Verhandlung

Die äußeren Umstände von Fotos müssen die Verhandlung nicht stören. Insofern kann auf die Überlegungen zu Rundfunkaufnahmen verwiesen werden.[892] Angesichts des geringeren technischen Aufwands gilt bei Fotos erst recht, daß die Störungen nicht schon durch die Aufnahmetätigkeit an sich, sondern allenfalls durch ihre Modalitäten drohen. Ein Foto, das ein Journalist mit einer geräuschlos arbeitenden Kamera ohne Blitzlicht von einem Zuschauerplatz aus anfertigt, stört rein äußerlich den Verhandlungsverlauf nicht.[893] Entsprechende Auflagen und die Anordnung von Pool-Lösungen reichen daher zur Vermeidung von Störungen aus.

Allerdings können auch Fotografen die Beteiligten irritieren und so die ungestörte Rechts- und Wahrheitsfindung beeinträchtigen. Dieses Störungspotential ist jedoch niedriger zu veranschlagen als dasjenige durch Rundfunkaufnahmen. Fotoapparate rufen jedenfalls nicht dieselben Hemmungen und sonstigen Änderungen im Aussageverhalten hervor, die Fernsehkameras attestiert werden. Daher läßt sich ein generelles Fotografierverbot angesichts der Medienfreiheiten an sich nicht mit der Gefahr der Verunsicherung von Beteiligten begründen.[894]

Dennoch muß ein die gesamte Verhandlung umfassendes Fotografierverbot, das Irritationen der Beteiligten vermeiden soll, nicht gegen Art. 5 Abs. 1 S. 2 GG verstoßen. Im Rahmen der Abwägung ist zu berücksichtigen, daß sich das Informationsinteresse der Allgemeinheit durch Fotos im Umfeld der Verhandlung unter Umständen ebensogut befriedigen läßt wie durch Fotos während der Verhandlung.[895]

3. Die Notwendigkeit der Abwägung im Einzelfall

Die konträren verfassungskräftigen Gesichtspunkte pro et contra Aufnahmen machen eine einzelfallbezogene, die Besonderheiten der konkreten Situation

---

[892] Oben Teil 5 E.III.2.c)bb), S. 432 f.

[893] *Schwarz*, AfP 1995, 357.

[894] So auch in anderem Zusammenhang *v. Zezschwitz*, in: FS für Erwin Stein, 1983, S. 403.

[895] S. bereits oben Teil 5 E.IV.2.a)bb), S. 448.

berücksichtigende Abwägung unentbehrlich. Generelle Regelungen hätten einen Abwägungsausfall zur Folge;[896] der Verzicht auf die nur durch Abwägung zu erzielende Einzelfallgerechtigkeit verbietet sich schon aus verfassungsrechtlichen Gründen.[897] Ob ein Aufnahmeverbot bzw. eine Aufnahmebeschränkung auf das Hausrecht oder auf die Sitzungspolizei gestützt wird, spielt insofern keine Rolle.[898]

Generelle Regelungen kommen allenfalls im Hinblick auf Umstände in Betracht, die – anders als das Gewicht des Persönlichkeitsrechts – nicht vom jeweiligen Verfahren abhängen. Beispielsweise ist es vorstellbar, daß der Gerichtspräsident bzw. der Vorsitzende die Anzahl der Kamerateams bzw. der Fotografen für bestimmte Bereiche des Gerichtsgebäudes beschränkt, weil der Platz für eine größere Zahl von Journalisten unabhängig vom Verfahren und damit vom Informationsinteresse der Allgemeinheit nicht ausreicht.

4. Rechtsschutzfragen

Gegen hausrechtliche Aufnahmebeschränkungen können die betroffenen Journalisten nach § 40 Abs. 1 S. 1 VwGO vor den allgemeinen Verwaltungsgerichten vorgehen, sofern man das Hausrecht als öffentlich-rechtlich qualifiziert. Im Gegensatz dazu können sitzungspolizeiliche Anordnungen nach überwiegender Auffassung allein im Wege der Verfassungsbeschwerde angegriffen werden; fachgerichtliche Reaktionsmöglichkeiten besitzen die Medien nicht.[899] Dieses Rechtsschutzdefizit ist unter dem Gesichtspunkt des Art. 19 Abs. 4 GG denselben Bedenken ausgesetzt wie das Fehlen fachgerichtlicher Rechtsbehelfe gegen teilnahmebeschränkende Maßnahmen.[900]

---

[896] *Lehr*, NStZ 2001, 65.

[897] *Bethge*, in: HGR III, 2005, § 72 Rdnrn. 88 f.

[898] Anders *Ernst*, in: FS für Günter Herrmann, 2002, S. 76 Fn. 5; *Ernst*, NJW 2001, 1625 Fn. 5, mit der Annahme, hausrechtliche Verbote dürften – anders als solche auf Grund der Sitzungspolizei – auch genereller Natur sein. Zu Recht skeptisch gegenüber pauschalen hausrechtlichen Aufnahmeverboten hingegen *Maul*, MDR 1970, 288: Sehr weitgehende Beschränkung des Informationsrechts der Presse.

[899] *Bamberger*, ZUM 2001, 376 m. w. N.

[900] Dazu oben Teil 2 D.III.3., S. 136 f., sowie insbes. Teil 2 E.VI., S. 157 ff.

F. Die aktuelle Normsituation vor dem Bundesverfassungsgericht

Für Rundfunkaufnahmen in Verhandlungen des *Bundesverfassungsgerichts* hat der formelle Gesetzgeber 1998 die spezielle Regelung des § 17a BVerfGG geschaffen.[901]

Die Vorschrift gestattet Hörfunk-, Fernseh- und Filmaufnahmen[902] zum Zweck der öffentlichen Vorführung oder der Veröffentlichung ihres Inhalts. Die Aufnahmen dürfen in der mündlichen Verhandlung bis einschließlich zur Feststellung der Anwesenheit der Beteiligten sowie – ohne Unterscheidung zwischen Tenor und Gründen – bei der öffentlichen Verkündung von Entscheidungen gefertigt werden (§ 17a Abs. 1 BVerfGG). Zur Wahrung schutzwürdiger Interessen Beteiligter oder Dritter kann das *Bundesverfassungsgericht* die Aufnahmen oder deren Übertragung ganz oder teilweise ausschließen oder von der Einhaltung von Auflagen abhängig machen (§ 17a Abs. 2 BVerfGG).[903]

I. § 17 a Abs. 1 BVerfGG als Ausnahme zugunsten von Fernsehen, Hörfunk und Film

§ 17a Abs. 1 BVerfGG schafft für Fernseh-, Rundfunk- und Filmaufnahmen eine bereichsspezifische Ausnahme vom Verbot des § 169 S. 2 GVG. Der Ausnahme-

---

[901] Gesetz zur Änderung des Bundesverfassungsgerichtsgesetzes und des Gesetzes über das Amtsgehalt der Mitglieder des Bundesverfassungsgerichts v. 22. Juli 1998, BGBl. I S. 1823. Während der vorangegangenen Geschehnisse im Zusammenhang mit der Änderung der Geschäftsordnung des *Bundesverfassungsgerichts* (dazu oben Teil 5 C.I.3.b), c), S. 342 ff.) soll zwischen dem Gericht und dem Bundesministerium der Justiz Einvernehmen erzielt worden sein, den Komplex statt in der Geschäftsordnung im Bundesverfassungsgerichtsgesetz zu regeln. So die Präsidentin des *Bundesverfassungsgerichts* am 5. Februar 1997, zitiert bei *G. Wolf*, JR 1997, 442.

[902] Die umständliche Terminologie „Ton- und Fernseh-Rundfunkaufnahmen sowie Ton- und Filmaufnahmen" greift den Wortlaut des § 169 S. 2 GVG auf. Die Begründung des Gesetzentwurfs durch die Bundesregierung hebt hervor, es seien Rundfunk-, Fernseh- und Filmaufnahmen gemeint (BT-Drucks. 13/7673, S. 9). Das ist insofern begrifflich unscharf, als „Rundfunk" den Oberbegriff zu Hörfunk und Fernsehen bildet. Wie hier zur Terminologie *Bethge*, in: Maunz/Schmidt-Bleibtreu/Klein/Bethge, BVerfGG, § 17a Rdnr. 11.

[903] U.a. wegen der Beschränkungsmöglichkeiten hat der Rechtsausschuß des Bundestages dem Gesetzentwurf trotz vorhandener Bedenken zugestimmt. S. dazu BT-Drucks. 13/10363, S. 4.

charakter wird bereits von der Entwurfsbegründung erwähnt[904] und durch den Gesetzeswortlaut betont, der die Aufnahmen ausdrücklich „abweichend von", also nicht wie bei § 24a GeschOBVerfG „gemäß" § 169 S. 2 GVG gestattet. Diese Funktion des § 17a Abs. 1 BVerfGG hat Konsequenzen für die Bestimmung seines Inhalts.

1. Keine Aufnahmen im Kernbereich der mündlichen Verhandlung

In zeitlicher Hinsicht enthält § 17a Abs. 1 BVerfGG neben einer gestattenden auch eine limitierende Komponente. Einerseits gestattet die Norm prinzipiell Fernseh-, Hörfunk- und Filmaufnahmen bis zur Präsenzfeststellung sowie während der Urteilsverkündung. Umgekehrt dürfen Aufnahmen während der übrigen mündlichen Verhandlung keinesfalls (mehr) zugelassen werden. Insofern hat es mit dem über § 17 BVerfGG geltenden Verbot des § 169 S. 2 GVG auch im *bundesverfassungsgerichtlichen* Verfahren sein Bewenden.[905] Jedenfalls seit dem Erlaß von § 17a BVerfGG wäre eine Ausdehnung in den Kernbereich der mündlichen Verhandlung hinein ein klarer Gesetzesbruch.

2. Keine Aussage über Aufnahmen zu anderen Zwecken

Aus dem Ausnahmecharakter des § 17a Abs. 1 GVG folgt weiter, daß sich den Worten „zum Zwecke der öffentlichen Vorführung oder der Veröffentlichung ihres Inhalts" keine Aussage über die Zulässigkeit von Aufnahmen zu anderen Zwecken entnehmen läßt. Die Vorschrift greift lediglich den Wortlaut des § 169 S. 2 GVG auf. Aufnahmen mit anderer Zielsetzung, beispielsweise solche durch das Gericht,[906] durch andere Verfahrensbeteiligte zur Vorbereitung weiterer Verfahrensabschnitte[907] oder durch Medienvertreter als Grundlage späterer Berichterstattung in eigenen Worten werden dagegen schon vom Verbot des § 169 S. 2 GVG nicht erfaßt.[908] Ihre fehlende Erwähnung in § 17a Abs. 1 BVerfGG läßt daher nicht den Schluß zu, sie seien generell untersagt.[909] Vielmehr ist ihre Zulassung vor dem *Bundesverfassungsgericht* ebenso wie vor der Fachgerichtsbarkeit Gegenstand der Sitzungspolizei.

[904] BT-Drucks. 13/7673, S. 6.

[905] So explizit die Entwurfsbegründung, BT-Drucks. 13/7673, S. 9.

[906] S. dazu § 25a S. 2 BVerfGG sowie § 24 Abs. 3 bis 7 GeschOBVerfG.

[907] Vgl. dazu bereits die Begründung der Bundesregierung zur Aufnahme des Verbots in § 169 GVG, seinerzeit noch als Absätze 2 und 3, BT-Drucks. 4/178, S. 45.

[908] Dazu schon oben Teil 5 A.IV.1., S. 319ff.

[909] So aber *Bethge*, in: Maunz/Schmidt-Bleibtreu/Klein/Bethge, BVerfGG, § 17a Rdnr. 12: Aufnahmen zu anderen Zwecken als zu den in § 17a BVerfGG genannten sind unzulässig.

3. Die betroffenen Entscheidungen

Im Vergleich mit seinen „Vorgängerregelungen“ in den Rahmenbedingungen bzw. in der Geschäftsordnung[910] gewährt § 17 a BVerfGG den elektronischen Medien – hinsichtlich der Geschäftsordnung freilich nur auf den ersten Blick – mehr Raum bei der Verkündung von Entscheidungen. Nach den „Einstweiligen Rahmenbedingungen“ durfte lediglich die Verlesung des Urteilstenors übertragen werden, nach § 24 a GeschOBVerfG bereits die gesamte Urteilsverkündung. § 17 a BVerfGG scheint nunmehr die Zahl der übertragbaren Entscheidungen noch zu vergrößern, indem die Vorschrift die elektronische Medienöffentlichkeit „bei der öffentlichen Verkündung von Entscheidungen“ zuläßt. Dieser Wortlaut erfaßt neben Urteilen auch Beschlüsse.

Eine substantielle Änderung liegt in dieser sprachlichen Modifikation jedoch nicht. Öffentlich verkündete Beschlüsse des *Bundesverfassungsgerichts* besitzen Ausnahmecharakter. Die öffentliche Verkündung ist von § 30 Abs. 1 S. 3 BVerfGG nur für Entscheidungen vorgesehen, die auf eine mündliche Verhandlung hin ergehen. Dabei handelt es sich gem. § 25 Abs. 2 BVerfGG in der Regel ohnehin um Urteile. Nur bei Zwischenentscheidungen über Verfahrensfragen gilt § 25 Abs. 2 BVerfGG nicht, so daß über sie auch im Falle mündlicher Verhandlung durch Beschluß zu entscheiden ist.[911] Für derartige Beschlüsse schreibt § 30 Abs. 1 S. 3 BVerfGG trotz des eigentlich passenden Wortlauts jedoch gerade keine öffentliche Verkündung vor. Die Vorschrift erfaßt ebenso wie § 30 Abs. 1 S. 2 BVerfGG,[912] auf den sie Bezug nimmt („Sie ist sodann ...“) nur die das Verfahren abschließende Entscheidung,[913] letztlich also nur Urteile.[914] Zwar ist es dem *Bundesverfassungsgericht* unbenommen, einen Beschluß in der mündlichen Verhandlung zu verkünden.[915] Es ist dazu jedoch nicht verpflichtet. Daher geht die Sorge fehl, Verhandlungen vor dem *Bundesverfassungsgericht* würden zu einer „pausenlosen Sequenz“ von Übertragungen, da durch entsprechende Anträge fortwährend öffentlich verkündete Entscheidungen herbeigeführt werden könnten.[916] Praktische Relevanz besitzt § 17 a Abs. 1 BVerfGG trotz seines weiten Wortlauts nur für Urteile.[917]

---

[910] Oben Teil 5 C.I.2., 3., S. 339 ff.

[911] BVerfGE 1, 115 (116); dem *Bundesverfassungsgericht* folgend *Zöbeley*, in: Umbach/Clemens, BVerfGG, 1992, § 25 Rdnr. 16; *Lechner/Zuck*, BVerfGG, 4. Aufl. 1996, § 25 Rdnr. 14.

[912] Dazu *F. Klein/Bethge*, in: Maunz/Schmidt-Bleibtreu/Klein/Bethge, BVerfGG, § 30 Rdnr. 13.

[913] *F. Klein/Bethge*, in: Maunz/Schmidt-Bleibtreu/Klein/Bethge, BVerfGG, § 30 Rdnr. 23.

[914] S. auch *E. Klein*, in: Benda/Klein, Verfassungsprozeßrecht, 2. Aufl. 2001, Rdnr. 326: „Urteile sind öffentlich zu verkünden (§ 30 Abs. 1 S. 3 BVerfGG)“; sowie *Zöbeley*, in: Umbach/Clemens, BVerfGG, 1992, § 25 Rdnr. 12.

[915] Zur Verkündung eines Beschlusses in der mündlichen Verhandlung s. z. B. BVerfGE 1, 115 mit Fn. 1.

[916] So aber *G. Wolf*, JR 1997, 447.

[917] So auch die Begründung des Gesetzentwurfs, BT-Drucks. 13/7673, S. 9, in der es heißt,

II. Die Möglichkeit von Ausschlüssen und Auflagen nach § 17a Abs. 2 BVerfGG

Nach § 17a Abs. 2 BVerfGG kann das *Bundesverfassungsgericht* zur Wahrung schutzwürdiger Interessen der Beteiligten oder Dritter sowie eines ordnungsgemäßen Ablaufs des Verfahrens Aufnahmen oder deren Übertragung ganz oder teilweise ausschließen oder von der Einhaltung von Auflagen abhängig machen.

1. Der Tatbestand

a) Die Wahrung schutzwürdiger Interessen Beteiligter oder Dritter

aa) Schutzwürdige Interessen

„Schutzwürdige Interessen" sind ein unbestimmter Rechtsbegriff,[918] der näherer Konkretisierung im Wege der Auslegung bedarf. Unbestimmte Rechtsbegriffe stehen dem Gesetzgeber trotz des verfassungsrechtlichen Bestimmtheitsgebots zur Verfügung, um komplexe und dynamische Sachverhalte zur regeln, deren exakte Erscheinungsformen sich nicht detailliert prognostizieren lassen.[919] Ihre Anwendung im Einzelfall geschieht im Wege einer wertenden (Prognose-)Entscheidung, die sämtliche relevanten Faktoren einbeziehen und gewichten muß.[920] Bei der Auslegung sind die Entstehungsgeschichte, die Gesetzessystematik und der Normzweck zu berücksichtigen.[921] Auf die im allgemeinen korrespondierende Frage, ob bzw. in welchem Umfang unbestimmte Rechtsbegriffe dem Rechtsanwender Beurteilungsspielräume zur Verfügung stellen,[922] die einer gerichtlichen Überprüfung entzogen sind, kommt es angesichts der fehlenden Justitiabilität *bundesverfassungsgerichtlicher* Entscheidungen bei § 17a BVerfGG nicht an.

---

in der Praxis betreffe § 17a BVerfGG Urteilsverkündungen. Auch die „ergänzenden Regelungen für Vertreter der Presse sowie der Hörfunk- und Fernsehanstalten" (Anlagen C und D, S. 532ff.) enthalten außer allgemeinen Regelungen einen Abschnitt für mündliche Verhandlungen sowie einen Abschnitt für Urteilsverkündungen, ohne auf andere Entscheidungen einzugehen.

[918] Allgemein zu unbestimmten Rechtsbegriffen *H. Maurer*, Allgemeines Verwaltungsrecht, 15. Aufl. 2004, § 7 Rdnrn. 26ff. Teile der Literatur halten „unbestimmte Gesetzesbegriffe" für terminologisch vorzugswürdig, s. z. B. *Wolff/Bachof/Stober*, Verwaltungsrecht, Bd. 1, 11. Aufl. 1999, § 31 Rdnr. 8.

[919] BVerfGE 56, 1 (12); 59, 104 (114); vgl. auch BVerfGE 31, 255 (264); s. ferner *Sommermann*, in: v. Mangoldt/Klein/Starck, Das Bonner Grundgesetz, Bd. 2, 4. Aufl. 2000, Art. 20 Abs. 3 Rdnr. 279.

[920] Vgl. *H. Maurer*, Allgemeines Verwaltungsrecht, 15. Aufl. 2004, § 7 Rdnr. 29.

[921] *R. Burbulla*, Jura 2002, 184, zur Auslegung des „berechtigten Interesses" in § 12 GBO.

[922] Dazu *Wolff/Bachof/Stober*, Verwaltungsrecht, Bd. 1, 11. Aufl. 1999, § 31 Rdnrn. 14ff.; *Ule/Laubinger*, Verwaltungsverfahrensrecht, 4. Aufl. 1995, § 55 Rdnrn. 4, 8; *Beaucamp*, JA 2002, 314ff.

aaa) Gesetzeswortlaut und Entstehungsgeschichte

Zu den schutzwürdigen Interessen in § 17a Abs. 2 BVerfGG zählen jedenfalls Grundrechte. Ihren Schutz hatte der Gesetzgeber ausweislich der Entwurfsbegründung in erster Linie im Auge,[923] namentlich den Schutz des allgemeinen Persönlichkeitsrechts privater Verfahrensbeteiligter.[924] Jedoch beschränkt sich der Begriff nicht auf Grundrechte.[925] Zudem legt die Wortbedeutung nahe, daß der Kreis schutz*würdiger* Interessen größer ist als der Bereich geschützter oder berechtigter Interessen. Ein begrenzendes Element liegt lediglich darin, daß der Rechtsanwender über das Vorliegen von Schutzwürdigkeit nach objektiven Maßstäben zu befinden hat, die sich nicht mit den Vorstellungen des Betroffenen decken müssen.[926]

Aus der Entstehungsgeschichte des § 17a Abs. 2 BVerfGG läßt sich über den beabsichtigten Grundrechtsschutz hinaus nichts entnehmen. Allenfalls prima facie trägt der Vergleich der „schutzwürdigen Interessen" mit den „wichtigen Belangen" aus der prozedural verunglückten „Vorgängernorm" des § 24a GeschOBVerfG[927] etwas bei. Die Gesetzesmaterialien enthalten keinen Anhaltspunkt für eine bewußte Abkehr von dieser Terminologie. Ohnehin wäre der Vergleich zwischen einer – noch dazu nur ansatzweise realisierten – Geschäftsordnungsbestimmung einerseits und einem formellen Gesetz andererseits wenig aussagekräftig. Im übrigen würde das Problem der Inhaltsermittlung so lediglich auf den ebenfalls präzisierungsbedürftigen Begriff der „wichtigen Belange" verlagert.[928]

bbb) Der Vergleich mit dem Gerichtsverfassungsrecht

Ertragreicher ist der Vergleich mit §§ 171b Abs. 1 S. 1, 172 Nr. 2 GVG. Die Vorschriften gelten über § 17 BVerfGG vor dem *Bundesverfassungsgericht* entsprechend; somit gehören sie systematisch zum weiteren Regelungszusammenhang des § 17a BVerfGG.

In beiden Vorschriften wird die Möglichkeit eines Ausschlusses der Öffentlichkeit von einer Verletzung schutzwürdiger Interessen durch die öffentliche Erörterung bestimmter Themen abhängig gemacht: In § 171b Abs. 1 S. 1 GVG geht es um Umstände aus dem persönlichen Lebensbereich, in § 172 Nr. 2 GVG um Geheimnisse mit wirtschaftlicher Bedeutung (Geschäfts-, Betriebs-,

---

923 *Bethge*, in: Maunz/Schmidt-Bleibtreu/Klein/Bethge, BVerfGG, § 17a Rdnr. 15.

924 BT-Drucks. 13/7673, S. 9.

925 *Bethge*, in: Maunz/Schmidt-Bleibtreu/Klein/Bethge, BVerfGG, § 17a Rdnr. 16.

926 So zutreffend zu § 171b Abs. 1 S. 1 GVG *Meyer-Goßner*, StPO, 47. Aufl. 2004, § 171b GVG Rdnr. 4; *Odersky*, in: FS für Gerd Pfeiffer, 1988, S. 332; *Kissel/Mayer*, GVG, 4. Aufl. 2005, § 171b Rdnr. 5.

927 Näher oben Teil 5 C.I.3., S. 340ff.

928 Kritisch zu diesem vagen Begriff *Hofmann*, ZRP 1996, 401f. Fn. 36.

Erfindungs- oder Steuergeheimnisse). Daher wird es sich bei den „schutzwürdigen Interessen" in § 171 b Abs. 1 S. 1 GVG meist um Persönlichkeitsrechte handeln,[929] in § 172 Nr. 2 GVG meist um wirtschaftliche Interessen. In beiden Fällen aber deutet schon die Entscheidung für einen unbestimmten Rechtsbegriff darauf hin, daß der jeweilige Bedeutungsschwerpunkt nicht abschließend ist. Eine thematische Einschränkung des „schutzwürdigen Interesses" in den jeweiligen Vorschriften wird nur durch den Vorrang speziellerer Normen zum Ausschluß der Öffentlichkeit begründet.[930] Im übrigen läßt der Begriff Raum für die Berücksichtigung sämtlicher Besonderheiten des Einzelfalles.[931]

ccc) Fazit

Was schutzwürdige Interessen sind, läßt sich daher auch bei § 17a Abs. 2 BVerfGG nur im konkreten Einzelfall entscheiden. Da die Vorschrift eine Rückausnahme[932] zu § 17a Abs. 1 BVerfGG darstellt, die es ermöglicht, die bereichsweise erweiterte elektronische Medienöffentlichkeit wieder bis zum Maß des § 169 S. 2 GVG einzuschränken, sind insbesondere solche Interessen schutzwürdig, deren Schutz § 169 S. 2 GVG bezweckt. Abschließend ist diese Einschätzung freilich nicht.

bb) Die erforderliche Gefährdungsintensität

Während §§ 171 Abs. 1 S. 1, 172 Nr. 2 GVG für den Ausschluß der (Saal-)Öffentlichkeit zumindest[933] eine „Verletzung" der schutzwürdigen Interessen durch

[929] S. z. B. *Kissel/Mayer*, GVG, 4. Aufl. 2005, § 171 b Rdnrn. 6ff. Auch in den Gesetzesberatungen wurde ausschließlich auf den Schutz von Persönlichkeitsrechten abgestellt. Vgl. dazu die Begründung zu einer früheren Entwurfsfassung in BT-Drucks. 10/5305, S. 22f., sowie den Bericht des Rechtsausschusses zu der schließlich mit Gesetz v. 18. Dezember 1986, BGBl. I S. 2496, als § 171 b GVG ins Gerichtsverfassungsgesetz aufgenommenen Fassung in BT-Drucks. 10/6124, S. 12f., 16f. Nach alter Rechtslage war der Ausschluß der Öffentlichkeit nur bei überwiegenden schutzwürdigen Interessen an der nichtöffentlichen Erörterung möglich. Ein zentrales Motiv für die Neuregelung war, den Ausschluß auch in den nicht seltenen Fällen zu ermöglichen, in denen weder ein Überwiegen des Interesses an einer öffentlichen Erörterung noch der schutzwürdigen Interessen an einer nichtöffentlichen Erörterung festgestellt werden kann, BT-Drucks. 10/5305, S. 23.

[930] Vgl. *Gummer*, in: Zöller, ZPO, 25. Aufl. 2005, § 172 GVG Rdnr. 6: Schutz überwiegender Individualinteressen durch § 172 Nr. 2 GVG, soweit sie nicht schon unter § 171 b GVG fallen.

[931] Den Befund, daß das Merkmal der schutzwürdigen Interessen je nach Regelungszusammenhang zwar einen Bedeutungsschwerpunkt hat, dem jedoch kein abschließender Charakter zukommt, bestätigt beispielsweise die Kommentierung von *Meyer-Goßner*, StPO, 47. Aufl. 2004, § 171 b GVG Rdnr. 4. Zunächst wird der weite Anwendungsbereich des Begriffs skizziert: Schutzwürdige Interessen seien verletzt, wenn sich die öffentliche Erörterung in irgendeiner Hinsicht nachteilig auswirken könne. Im folgenden wendet sich die Erläuterung dann Aspekten des Persönlichkeitsrechts zu, ohne diesen jedoch Ausschließlichkeit beizumessen.

[932] Also eine Ausnahme von der Ausnahme.

[933] Die Gewichtung ist nicht einheitlich: Gem. § 171 b Abs. 1 S. 1 GVG genügt für den Ausschluß der Öffentlichkeit die Verletzung schutzwürdiger Interessen. Gegenüber einem

die Öffentlichkeit verlangen, läßt § 17a Abs. 2 BVerfGG Einschränkungen der Medienöffentlichkeit bereits zur „Wahrung" schutzwürdiger Interessen zu. Demnach sind Maßnahmen auf der Grundlage von § 17a Abs. 2 BVerfGG bereits ab einem relativ niedrigen Gefahrenpotential für Individualinteressen zulässig. Dafür spricht auch, daß die Vorschrift neben dem Ausschluß der Medienöffentlichkeit auch deren Einschränkung durch Auflagen ermöglicht, so daß dem Verhältnismäßigkeitsprinzip noch bei der Auswahl der Rechtsfolge Rechnung getragen werden kann,[934] während §§ 171b Abs. 1 S. 1, 172 Nr. 2 GVG nur den (vollständigen oder zeitlich begrenzten) Ausschluß der Öffentlichkeit ermöglichen.

cc) Der geschützte Personenkreis

§ 17a Abs. 2 BVerfGG ermöglicht Beschränkungen zur Wahrung der schutzwürdigen Interessen von Beteiligten oder Dritten.

Als Beteiligter kommt nicht nur der Beschwerdeführer einer Verfassungsbeschwerde in Betracht. Zwar liegt bei ihm die mögliche Verletzung von Persönlichkeitsrechten besonders nahe, insbesondere bei Verfassungsbeschwerden, die sich gegen strafgerichtliche Verurteilungen richten. Aber auch in anderen Verfahrensarten können Persönlichkeitsrechte betroffen sein, beispielsweise bei der (strafähnlichen) Grundrechtsverwirkung gem. Art. 18 GG.[935]

Soweit der Staat oder seine Funktionsträger Beteiligtenstatus besitzen, scheiden Grundrechte als schutzwürdige Beteiligteninteressen bereits mangels Grundrechtssubjektivität aus.[936] Dennoch können die Belange dieser Verfahrensbeteiligten zu den schutzwürdigen Interessen im Sinne des § 17a Abs. 2 BVerfGG zählen.[937] Jedenfalls wenn man den Begriff nicht auf Grundrechte beschränkt, sondern als offenen Schutzbegriff ansieht, können auch staatliche

---

überwiegenden Interesse an der öffentlichen Erörterung treten diese jedoch zurück. Dagegen verlangt § 172 Nr. 2 GVG als Voraussetzung für den Ausschluß die Verletzung *überwiegender* schutzwürdiger Interessen. Im Ergebnis räumt § 171b Abs. 1 S. 1 GVG den Individualinteressen daher einen prinzipiellen Vorrang ein, § 172 Nr. 2 GVG dagegen nicht. So zutreffend *Gummer*, in: Zöller, ZPO, 25. Aufl. 2005, § 171b GVG Rdnr. 4. – Der Wortlaut des § 171b Abs. 1 S. 1 GVG ist insofern nicht vollständig geglückt, als er genaugenommen zwei Abwägungen verlangt: Die erste zur Feststellung (der Verletzung) schutzwürdiger Individualinteressen, die zweite zur Gegenüberstellung der Individualinteressen mit den Gründen für eine öffentliche Erörterung. Zu Recht weist *Odersky*, in: FS für Gerd Pfeiffer, 1988, S. 332, darauf hin, daß diese Abwägungen in der Regel ineinander übergehen werden.

934 *Bethge*, in: Maunz/Schmidt-Bleibtreu/Klein/Bethge, BVerfGG, § 17a Rdnr. 19.

935 Die bisherige praktische Funktionslosigkeit des Verfahrens nach Art. 18 GG mindert die theoretische Vergleichsfähigkeit nicht.

936 Soweit sich der einzelne Amtswalter nach den oben für Richter dargestellten Grundsätzen auf sein Persönlichkeitsrecht berufen kann, etwa wegen persönlicher Gefährdung, handelte es sich in der Systematik des § 17a BVerfGG um Rechte Dritter.

937 Anders aber *Bethge*, in: Maunz/Schmidt-Bleibtreu/Klein/Bethge, BVerfGG, § 17a Rdnr. 16.

Belange relevant werden. Zu denken ist etwa an Geheimhaltungsinteressen in Parteiverbotsverfahren gem. Art. 21 Abs. 2 GG, die sogar bis zu einem Ausschluß der gesamten Öffentlichkeit nach §§ 17 BVerfGG, 172 Nr. 1 GVG führen können. Es ist jedenfalls nicht a priori auszuschließen, daß insofern ein Bedürfnis nach Einschränkungen nur der elektronischen Medienöffentlichkeit entsteht, das im Rahmen von § 17a Abs. 2 BVerfGG berücksichtigt werden kann.

b) Die Wahrung eines ordnungsgemäßen Ablaufs des Verfahrens

Weiter ermöglicht § 17a Abs. 2 BVerfGG Einschränkungen der elektronischen Medienöffentlichkeit zur Wahrung eines ordnungsgemäßen Ablaufs des Verfahrens. Auf dieser Grundlage können insbesondere spezifische Beeinträchtigungen durch die äußeren Umstände von Aufnahmen abgewehrt werden. Eine exakte Abgrenzung zur Wahrung schutzwürdiger Interessen ist vielfach nicht möglich.[938]

2. Die Rechtsfolgen

Auf der Rechtsfolgenseite sieht § 17a Abs. 2 BVerfGG zum einen die Möglichkeit vor, die *Aufnahmen* ganz oder teilweise auszuschließen oder von der Einhaltung von Auflagen abhängig zu machen. Daneben besteht die Möglichkeit, nicht die Aufnahmen zu beschränken, sondern nur ihre *Übertragung*.

Die Entscheidung liegt im (Entschließungs- und Auswahl-)Ermessen des Gerichts, das einerseits die Mediengrundrechte, andererseits die schutzwürdigen Interessen der betroffenen Personen sowie die Belange des Verfahrens zu berücksichtigen hat.

a) Beschränkungen der Aufnahmen

Der Ausschluß von Aufnahmen ist von den Beschränkungsmöglichkeiten des § 17a Abs. 2 BVerfGG der intensivste Eingriff in die Medienfreiheiten. Er kommt unter dem Gesichtspunkt der Erforderlichkeit nur in Betracht, wenn und soweit bloße Auflagen keinen ausreichenden Schutz der betroffenen Rechtsgüter gewährleisten. Die Entwurfsbegründung weist zutreffend auf die Möglichkeit hin, nur einzelne Sendeanstalten oder Medienvertreter auszuschließen, von denen wegen der Nichtbefolgung von Auflagen eine Gefahr für die Schutzgüter ausgeht.[939]

---

[938] Vgl. *Bethge*, in: Maunz/Schmidt-Bleibtreu/Klein/Bethge, BVerfGG, § 17a Rdnr. 18: Etliche Querverbindungen.

[939] BT-Drucks. 13/7673, S. 9f.

Als Auflagen für die Aufnahmen kommen namentlich Anweisungen über den Kamerastandort sowie die Bedingung einer Poolbildung in Betracht.[940] Nähere Regelungen für die einzelne Verhandlung bzw. Urteilsverkündung treffen beide Senate regelmäßig in ergänzenden Regelungen gem. § 24 Abs. 1 S. 2 GeschO-BVerfG.[941]

b) Beschränkungen der Übertragung der Aufnahmen

Zu begrüßen ist die ausdrückliche gesetzliche Regelung der Möglichkeit, nicht die Aufnahmen selber, sondern nur ihre Übertragung auszuschließen oder von Auflagen abhängig zu machen.

Das Gericht bekommt durch diese Variante, zu der sich die Entwurfsbegründung ausschweigt,[942] beispielsweise die Möglichkeit, Aufnahmen im gesetzlich gestatteten Rahmen zu dulden, ihre zeitgleiche Rundfunkausstrahlung jedoch zu untersagen. Mehr noch: Auch zeitversetzte Übertragungen können untersagt oder von Auflagen abhängig gemacht werden. Das basiert auf der zutreffenden Annahme, daß eine Gefährdung der Rechte Verfahrensbeteiligter oder Dritter – um den ordnungsgemäßen Ablauf des Verfahrens geht es weniger –[943] durch eine Übertragung im Rundfunk unter Umständen nicht von vornherein feststeht, sondern sich beispielsweise erst während der Urteilsverkündung herausstellen kann.[944] In einem derartigen Fall vermag das *Bundesverfassungsgericht* durch Beschränkungen gerade der zeitversetzten Übertragung zu verhindern, daß der durch das Verbot der Live-Berichterstattung erreichte Schutz nachträglich zunichte gemacht wird.[945]

Wenn Aufnahmen gefertigt worden sind, deren Übertragung nach § 17a Abs. 2 BVerfGG verboten bleibt, gibt es jedoch keine gerichtsverfassungsrechtliche Handhabe, andere Formen der Veröffentlichung – beispielsweise den Verkauf als Videocassette – zu untersagen. Insofern weist § 17a Abs. 2 BVerfGG eine Lücke auf, die sich de lege lata kaum schließen läßt.[946] Mit Auflagen bereits für

---

[940] BT-Drucks. 13/7673, S. 10.

[941] Dazu sogleich Teil 5 F.III., S. 469 ff.

[942] Vgl. BT-Drucks. 13/7673, S. 6 f., 9 f.

[943] Die Gefahren für den ordnungsgemäßen Ablauf des Verfahrens rühren in erster Linie aus dem Raum- und Zeitbedarf, den der notwendige Einsatz technischer Geräte bei Aufnahmen im Gerichtssaal mit sich bringt (*Bethge*, in: Maunz/Schmidt-Bleibtreu/Klein/Bethge, BVerfGG, § 17a Rdnr. 18). Sie entstehen bereits durch die Aufnahmen, nicht erst durch deren Übertragung.

[944] *F. Burbulla*, Die Fernsehöffentlichkeit als Bestandteil des Öffentlichkeitsgrundsatzes, 1998, S. 97, nennt als Beispiel die Aufzeichnung einer nicht vorhersehbaren Ungeschicklichkeit.

[945] Skeptisch zu derartigen Möglichkeiten – wenn auch ohne Bezugnahme gerade auf § 17a BVerfGG – *Stürner*, JZ 2001, 702: Nahe an richterlicher Vorzensur.

[946] Eine de lege ferenda denkbare Lösung ergibt sich aus der neuen Norm des § 22a Abs. 3 BbgVerfGG. Die Vorschrift vermeidet die in § 17a Abs. 2 BVerfGG bestehende Lücke, indem

die Aufnahmen – etwa durch den Vorbehalt, daß spätere Veröffentlichungen der Genehmigung bedürfen – läßt sich das Problem nicht lösen. Abgesehen von der Frage, ob derartige Auflagen mit dem Zensurverbot des Art. 5 Abs. 1 S. 3 GG vereinbar wären, steht ihnen die Gesetzessystematik des § 17a Abs. 2 BVerfGG entgegen, die zwischen Beschränkungen der Aufnahmen und Beschränkungen der Publikation von Aufnahmen unterscheidet.

Die Beschränkbarkeit der Publikation ist also separat – und nur im Hinblick auf Übertragungen – geregelt. Daher können sich aufnahmebezogene Auflagen nicht auf andere Publikationsformen beziehen. Auch eine analoge Heranziehung der Beschränkungsmöglichkeiten für Übertragungen ist nicht möglich, da insofern jedenfalls keine *unbewußte* Regelungslücke vorliegt. Auf Grund der geringeren Gefährdung der geschützten Rechte durch andere Publikationsformen erscheint zudem die weitere Analogievoraussetzung einer Ähnlichkeit der geregelten mit der nichtgeregelten Konstellation zweifelhaft.

Aus der fehlenden Ähnlichkeit anderer Veröffentlichungsformen mit der Übertragung folgt zugleich, daß die bestehende Schutzlücke derzeit nicht zwingend geschlossen werden muß. Immerhin betrifft § 17a BVerfGG lediglich das *bundesverfassungsgerichtliche* Verfahren. Jedoch verdeutlichen die vorstehenden Erwägungen, daß vor einer eventuellen Ausdehnung der elektronischen Medienöffentlichkeit auf (einzelne) fachgerichtliche Verfahren eine präzise und sorgfältig(er) ausgearbeitete Formulierung des Gesetzestextes dringend geboten erscheint.

III. Die ergänzenden Regelungen des Bundesverfassungsgerichts

Von der Möglichkeit des § 24 Abs. 1 S. 2 GeschOBVerfG, ergänzende Regelungen für die mündliche Verhandlung und die Urteilsverkündung zu erlassen, machen beide Senate des *Bundesverfassungsgerichts* regelmäßig Gebrauch. In mittlerweile gängiger Praxis werden vor mündlichen Verhandlungen bzw. vor Urteilsverkündungen im Wege einer Pressemitteilung „Organisatorische Hinweise für Medienvertreter" herausgegeben, die „ergänzende Regelungen für Vertreter der Presse sowie der Hörfunk- und Fernsehanstalten" enthalten und die den Journalisten detaillierte Vorgaben für ihre Tätigkeit, namentlich für Fernsehaufnahmen und für Fotos machen.[947]

---

sie ermöglicht, auch die *Verwendung* von Aufnahmen und Übertragungen zu beschränken. S. dazu unten Teil 5 G.I., S. 475 ff., mit Fn. 976.

[947] Vgl. beispielhaft *für mündliche Verhandlungen* die Pressemitteilung Nr. 9/2002 vom 25. Januar 2002, abgedruckt als Anlage C, S. 532 ff., *für Urteilsverkündungen* die Pressemitteilung Nr. 14/2002 vom 13. Februar 2002, abgedruckt als Anlage D, S. 534 ff., auf die sich die folgenden Fußnoten beziehen.

1. Die Regelungen im einzelnen

Für das Fernsehen[948] sehen die ergänzenden Regelungen bzw. die organisatorischen Hinweise neben Einzelvorgaben, die bis zur Bestimmung des Kamerastandorts reichen,[949] im wesentlichen eine Pool-Lösung mit je einem Fernsehteam der öffentlich-rechtlichen bzw. privaten Fernsehsender vor.[950] Die Pflicht der Kameraleute, bei mündlichen Verhandlungen nach der Präsenzfeststellung die Ebene des Sitzungssaals zu verlassen,[951] verhindert heimliches Filmen wie bei der „AWACS"-Entscheidung. In der Mittagspause sowie nach dem Ende der mündlichen Verhandlung bzw. Urteilsverkündung sind Interviews und Aufnahmen im Sitzungssaal lediglich für eine begrenzte Zeit zulässig.[952]

Fotos im Verhandlungssaal sind im gleichen zeitlichen Rahmen wie Fernsehaufnahmen erlaubt, während der Urteilsverkündung freilich nur mit geräuschlosen Apparaten und ohne Blitzlicht.[953] Auch von den Fotografen wird die Einigung auf eine zunächst drei, mittlerweile vier Agenturfotografen sowie zwei freie Fotografen umfassende Pool-Lösung verlangt.[954]

2. Systematische Fragen

Diese Praxis veranlaßt zu mehreren Anschlußüberlegungen.

a) Die Regelung unterschiedlicher Aufnahmeformen

Fernsehaufnahmen außerhalb der Verhandlung sowie Fotos und Interviews während der gesamten Sitzung unterliegen allein der Sitzungspolizei des Vorsitzenden, wenn nicht sogar dem Hausrecht des Präsidenten.[955] Das Verbot

---

[948] Auf sonstige, nicht für das Fernsehen bestimmte Filmaufnahmen gehen die organisatorischen Hinweise bzw. die ergänzenden Regelungen nicht näher ein. Soweit „Filmaufnahmen" erwähnt werden, ist ersichtlich das Fernsehen gemeint. Besonders deutlich wird dies beim Punkt „Allgemeines, 2. a)" der ergänzenden Regelungen, wonach für Filmaufnahmen zwei Fernsehteams zugelassen werden.

[949] Ergänzende Regelungen, Allgemeines, 1., 2. b).

[950] Ergänzende Regelungen, Allgemeines, 2. a), c), d). S. außerdem die organisatorischen Hinweise zur mündlichen Verhandlung (2. Foto- und Fernsehaufnahmen) bzw. zur Urteilsverkündung (1. Akkreditierungen).

[951] Ergänzende Regelungen, Mündliche Verhandlungen, 1. Insofern hat es wohl nur klarstellenden Charakter, wenn die organisatorischen Hinweise zur mündlichen Verhandlung (2. Foto- und Fernsehaufnahmen) Fernsehaufnahmen durch die Verglasung ausdrücklich verbieten.

[952] Organisatorische Hinweise zur mündlichen Verhandlung, 3. Allgemeines; organisatorische Hinweise zur Urteilsverkündung, 2. Allgemeines.

[953] Ergänzende Regelungen, Urteilsverkündungen, 1. und 2.

[954] Organisatorische Hinweise zur mündlichen Verhandlung, 2. Foto- und Fernsehaufnahmen; organisatorische Hinweise zur Urteilsverkündung, 1. Akkreditierungen; ergänzende Regelungen, Allgemeines, 2. Zur angehobenen Zahl der zugelassenen Agenturfotografen unten Anlagen C und D, S. 532 ff., mit Fn. 3 u. 4.

[955] Näher oben Teil 5 B.I., S. 328 ff.

des (§ 17 BVerfGG i.V.m.) § 169 S. 2 GVG erfaßt derartige Tätigkeiten jedenfalls nicht. Daher sind sie vor dem *Bundesverfassungsgericht* auch nicht Gegenstand der (Ausnahme-)Vorschrift des § 17a BVerfGG.[956] Dieser andere normative Hintergrund wird durch die gemeinsame Behandlung mit den von § 17a BVerfGG ausnahmsweise erlaubten Rundfunkaufnahmen in den (explizit zu § 17a BVerfGG erlassenen) ergänzenden Regelungen verdeckt.

b) Die Geltung der ergänzenden Regelungen allein kraft Anordnung im Einzelfall

Der formelle Gesetzgeber hat sitzungspolizeiliche Anordnungen als Ermessensentscheidungen ausgestaltet. Gleiches gilt für Aufnahmebeschränkungen nach § 17a Abs. 2 BVerfGG, wobei in diesem Fall zum Ermessen auf der Rechtsfolgenseite ein unbestimmter Rechtsbegriff auf der Tatbestandsseite hinzukommt (sog. Koppelungsvorschrift).[957] Der Vorsitzende bzw. das Gericht soll eine Entscheidung treffen, die alle Besonderheiten des Einzelfalles berücksichtigt. Abstrakt-generelle Festlegungen auf eine bestimmte Aufnahmepraxis durch untergesetzliche Normen sind daher nicht zulässig.

Den „ergänzenden Regelungen", deren Wortlaut auf eine allgemeingültige, keinen Raum für Ermessenserwägungen bietende Regelung hinzudeuten scheint, darf daher kein wie auch immer gearteter normativer Charakter zugemessen werden. Sie gelten nur im jeweiligen Einzelfall, und zwar nicht aus sich heraus, sondern kraft spezieller Anordnung durch das *Bundesverfassungsgericht.*

Wenn den Regelungen auf Grund ihrer inzwischen üblichen Verwendung faktisch die Qualität einer Musterregelung für Standardfälle zukommt, so entspricht die Situation strukturell allenfalls dem Erlaß von sog. ermessenslenkenden[958] Verwaltungsvorschriften durch die Exekutive. Diese legen den Gebrauch des Verwaltungsermessens näher fest, um eine einheitliche und gleichmäßige Ermessensausübung zu gewährleisten.[959] Freilich dürfen lediglich die das Ge-

---

[956] Das übersieht *F. Burbulla*, Die Fernsehöffentlichkeit als Bestandteil des Öffentlichkeitsgrundsatzes, 1998, S. 99, nach dem es berechtigt wäre, in § 17a BVerfGG selbst zwischen Foto-, Film- und Hörfunkaufnahmen zu differenzieren. Aus seiner Sicht spricht gegen die Aufnahme der Differenzierung in die Vorschrift lediglich, daß damit das Normverständnis erschwert würde.

[957] Zum Begriff der Koppelungsvorschrift *H. Maurer*, Allgemeines Verwaltungsrecht, 15. Aufl. 2004, § 7 Rdnrn. 48ff.; *Ule/Laubinger*, Verwaltungsverfahrensrecht, 4. Aufl. 1995, § 55 Rdnr. 3.

[958] In Betracht kommt auch ein Vergleich mit norminterpretierenden Verwaltungsvorschriften, die namentlich der Konkretisierung unbestimmter Rechtsbegriffe dienen. Die ergänzenden Regelungen enthalten jedoch keine Interpretation des unbestimmten Rechtsbegriffs „schutzwürdige Interessen", sondern betreffen eher die Ausübung des gesetzlich eingeräumten Ermessens.

[959] *H. Maurer*, Allgemeines Verwaltungsrecht, 15. Aufl. 2004, § 24 Rdnr. 10.

setz ergänzenden Maßstäbe näher konkretisiert werden. Dagegen darf die der Verwaltung bewußt eingeräumte Befugnis zu einer wertenden Entscheidung, in die die Besonderheiten des jeweiligen Einzelfalles einfließen, nicht durch eine Reduzierung auf einen bloßen Subsumtionsvorgang aufgehoben werden.[960]

c) Die Anordnungsbefugnis

Erlassen werden die „ergänzenden Regelungen" gem. § 24 Abs. 1 S. 2 GeschOBVerfG sowie ausweislich ihrer Einleitung vom jeweils zuständigen Senat. Das ist insofern nicht unproblematisch, als der Senat nur für den Erlaß von Beschränkungen nach § 17a Abs. 2 BVerfGG zuständig ist. Dagegen fallen die ebenfalls enthaltenen sitzungspolizeilichen Anordnungen nach § 176 GVG an sich in die Kompetenz des Vorsitzenden.[961]

Zur Rechtswidrigkeit der sitzungspolizeilichen Anordnungen führt dies gleichwohl nicht.[962] § 176 GVG weist dem Vorsitzenden keine ausschließliche funktionale Zuständigkeit zu. Nach der Systematik der §§ 176 ff. GVG sind der Vorsitzende *und* das Gericht Träger der Gerichtspolizei, wobei schwerwiegendere sitzungspolizeiliche Maßnahmen (namentlich die Sanktionen der §§ 177 f. GVG) dem Gericht vorbehalten sind.[963] Dann aber darf das Gericht auch (bzw. erst recht) Anordnungen von geringerer Intensität treffen. Sitzungspolizeiliche Anordnungen nach § 176 GVG durch den Senat sind ebenfalls gültig.[964]

Daher führt die *bundesverfassungsgerichtliche* Verquickung von Anordnungen und Auflagen, die auf unterschiedlichen Rechtsgrundlagen beruhen, derzeit nicht zur Rechtswidrigkeit einzelner Regelungen. Immerhin wird jedoch deutlich, daß der nicht unkomplizierten formell-gesetzlichen Situation auch auf der Rechtsanwendungsebene gebührende Aufmerksamkeit zu widmen ist.

---

[960] *Ossenbühl*, in: HStR III, 2. Aufl. 1996, § 65 Rdnr. 19.

[961] Gegen die Annahme einer „gespaltenen Autorenschaft" (Beschränkungen nach § 17a Abs. 2 BVerfGG durch den Senat, Anordnungen nach § 176 GVG durch den Vorsitzenden) spricht, daß derzeit sowohl die organisatorischen Hinweise als auch die ergänzenden Regelungen eine Pool-Lösung für Fernsehteams und für Fotografen in jeweils ein und demselben Satz anordnen.

[962] A.A. OLG Koblenz MDR 1978, 693, zu § 178 Abs. 2 GVG. Danach soll der Erlaß sitzungspolizeilicher Anordnungen durch den gesamten Spruchkörper die Garantie des gesetzlichen Richters verletzen. Im Ergebnis ebenso *Sälzer*, JZ 1970, 572.

[963] OLG Karlsruhe NJW 1977, 309 (311); *Meissner*, in: Schoch/Schmidt-Aßmann/Pietzner, VwGO, § 55 Rdnr. 44 Fn. 150.

[964] So allgemein *Kissel/Mayer*, GVG, 4. Aufl. 2005, § 176 Rdnr. 6; *Schreiber*, in: Wieczorek/Schütze, ZPO und Nebengesetze, 5. Bd., 3. Aufl. 1995, § 176 GVG Rdnr. 2; *Wolf*, in: Münchener Kommentar zur ZPO, Bd. 3, 2. Aufl. 2001, § 176 GVG Rdnr. 2.

IV. Die Beurteilung von § 17a BVerfGG

Ungeachtet der Detailkritik an seiner untergesetzlichen Umsetzung ist § 17a BVerfGG ein begrüßenswerter erster gesetzgeberischer Schritt hin zu einer verfassungskonformen Öffnung der Gerichtssäle für die elektronischen Medien. Entsprechende Lockerungen des § 169 S. 2 GVG sind auch für einen Teil der fachgerichtlichen Verfahren verfassungsrechtlich geboten.

Eine andere Frage ist, ob § 17a BVerfGG weit genug geht. Zweifel an seiner Verfassungsmäßigkeit sind insofern veranlaßt, als die Vorschrift das ausnahmslose Aufnahmeverbot des § 169 S. 2 GVG im Kernbereich der mündlichen Verhandlung vor dem *Bundesverfassungsgericht* unberührt läßt. Zumindest in staatsorganisationsrechtlich geprägten Verfahren können die für eine Übertragung sprechenden Gesichtspunkte auch in diesem Verfahrensabschnitt überwiegen.

Die Fernsehveranstalter haben von den Möglichkeiten des § 17a BVerfGG zunächst sehr zögerlich Gebrauch gemacht.[965] Auch das Zuschauerinteresse an der ersten vollständig übertragenen Entscheidung, dem Urteil zum bayerischen „Schwangerenhilfeergänzungsgesetz" im Oktober 1998,[966] hielt sich in engen Grenzen.[967] Immerhin soll etwa der Sender „Phönix" mehr Zuschauer gehabt haben, als er bei der Übertragung von Bundestagsdebatten im Durchschnitt erreicht.[968] Mittlerweile ist die Ausstrahlung wichtiger und aufmerksamkeitsträchtiger *bundesverfassungsgerichtlicher* Entscheidungen keine Seltenheit mehr.

Vorbildcharakter für zukünftige Regelungen besitzt insbesondere § 17a Abs. 2 BVerfGG. Zum einen ermöglicht sein ausreichend differenziertes Instrumentarium an Beschränkungen dem Gericht, den von Rundfunkaufnahmen ausgehenden Gefahren wirksam zu begegnen. Zum anderen kann das Gericht jedoch den Medienfreiheiten angemessen Rechnung tragen. Beachtung verdient namentlich die Möglichkeit, allein die Übertragung von Aufnahmen zu beschränken, so daß die mediale Informationsbeschaffung unangetastet bleibt. An dieser Lösung sollte sich der Gesetzgeber bei weiteren Lockerungen des Aufnahmeverbots orientieren.

Im Vergleich mit § 176 GVG liegt ein Vorzug von § 17a Abs. 2 BVerfGG in der genaueren Benennung der Tatbestandsvoraussetzungen für Aufnahmebeschränkungen. Auf Grund dieser präziseren Gesetzesfassung steht außer Frage, daß § 17a Abs. 2 BVerfGG Beschränkungen zum Schutz von Persönlichkeitsrechten ermöglicht. Die Vorschrift belegt damit zugleich, daß gesetzliche Ein-

---

[965] *Huff*, NJW 2001, 1622 mit Fn. 9; s. auch *Janisch*, AnwBl. 2001, 22.

[966] BVerfGE 98, 265 ff.

[967] *Hipp*, Der Spiegel v. 13. November 2000, Heft 46, S. 110, zitiert Repräsentanten von n-tv mit der Bemerkung: „Einmal und nie wieder. Das versteht der Zuschauer nicht."

[968] *Benda*, NJW 1999, 1524.

griffsgrundlagen für hochkomplexe Sachverhalte dem Rechtsanwender den im Einzelfall erforderlichen Spielraum belassen können, ohne sich – wie § 176 GVG – dem Verdacht fehlender rechtsstaatlicher Bestimmtheit auszusetzen. Insofern reicht die Vorbildfunktion des § 17a Abs. 2 BVerfGG über den bisher von § 169 S. 2 GVG geregelten Bereich hinaus. Auch eine de lege ferenda wünschenswerte Präzisierung der Vorschriften über die Sitzungspolizei kann sich an der Regelung orientieren.

G. Rundfunkaufnahmen in Verhandlungen der Landesverfassungsgerichte

I. Die Ausgangslage

Ein wenig beachtetes Sonderproblem stellen die Regelungen über die Zulässigkeit von Rundfunkaufnahmen in den Verhandlungen der Landesverfassungsgerichte dar. Die zunehmende Bedeutung der Landesverfassungsgerichtsbarkeit, ihre ggf. abschließende Entscheidungskompetenz in Fragen von großem öffentlichen Interesse sowie das Beispiel des § 17 a BVerfGG lassen erwarten, daß der Ruf nach der Zulassung von Aufnahmen auch hier lauter werden wird.

Erste Präzedenzfälle gibt es bereits.[969] Das *Hamburgische Verfassungsgericht* soll Aufnahmen während der Verkündung eines Urteils zugelassen haben.[970] Beim *Saarländischen Verfassungsgerichtshof* hat es eine offenbar länger geübte Praxis gegeben, in Organstreitverfahren und abstrakten Normenkontrollverfahren Ton- und Filmaufnahmen zu Beginn der mündlichen Verhandlung bis zum Ende des Vortrags des Präsidenten bzw. des Berichterstatters sowie bei der Urteilsverkündung zu gestatten.[971] Daß in Berlin Fernsehaufnahmen in einem gewissen Rahmen zugelassen werden, indizieren die „Rahmenbedingungen des Verfassungsgerichtshofs des Landes Berlin für Vertreter der Presse sowie der Hörfunk- und Fernsehanstalten".[972]

In Hamburg und im Saarland entspricht die Rechtslage vor dem jeweiligen Landesverfassungsgericht mittlerweile – anders als zur Zeit der angesprochenen Aufnahmen – derjenigen vor dem *Bundesverfassungsgericht*. § 11 a Saarl-

---

[969] *Windsheimer*, Die „Information" als Interpretationsgrundlage für die subjektiven öffentlichen Rechte des Art. 5 Abs. 1 GG, 1968, S. 61, schildert einen Fall, in dem der *Bayerische Verfassungsgerichtshof* im Jahre 1965, also kurz nach Erlaß des § 169 S. 2 GVG, Aufnahmen zugelassen haben soll.

[970] *Gündisch/Dany*, NJW 1999, 260 Fn. 29.

[971] Begründung der Saarländischen Landesregierung zum Gesetzentwurf zu § 11 a Saarl-VerfGHG, LT-Drucks. 12/134, S. 4.

[972] http://www.berlin.de/SenJust/Gerichte/LVerfGH/rahmenbedingungen.html (Stand 26. Februar 2005). Die Rahmenbedingungen wurden vom Plenum des Gerichtshofs am 29. August 2001 einstimmig beschlossen. Sie gestatten Foto-, Film- und Tonaufnahmen bis zum Abschluß der Präsenzfeststellung bzw. der Verkündung des Urteilstenors, während der Verkündung der Urteilsgründe nur vorbehaltlich einer Zulassung in der Terminsmitteilung.

VerfGHG statuiert in bewußter Anlehnung an § 17a BVerfGG[973] eine Ausnahme zu § 169 S. 2 GVG.[974] Eine entsprechende Regelung trifft der – mit § 17a BVerfGG ebenfalls im wesentlichen identische – § 16a HambVerfGG.[975]

Einen ähnlichen Weg geht inzwischen auch das Land Brandenburg. Die mündliche Verhandlung und die Verkündung der Entscheidung vor dem *Brandenburgischen Verfassungsgericht* sind gem. § 22a Abs. 1 BbgVerfGG öffentlich. Nach § 22a Abs. 2 BbgVerfGG sind „Ton- und Bildaufnahmen sowie Ton- und Bildübertragungen" in der mündlichen Verhandlung bis zur Präsenzfeststellung sowie während der Verkündung der Entscheidungsformel zulässig. § 22a Abs. 3 BbgVerfGG sieht Beschränkungsmöglichkeiten vor, die über § 17a Abs. 2 BVerfGG (bzw. §§ 11a Abs. 2 SaarlVerfGHG, 16a Abs. 2 HambVerfGG) hinausreichen.[976]

Im übrigen verweisen sämtliche Landesverfassungsgerichtsgesetze auf § 169 GVG. Nach dem Willen der Landesgesetzgeber handelt es sich dabei durchweg um dynamische Verweisungen, so daß in jedem Fall auch das Aufnahmeverbot des § 169 S. 2 GVG erfaßt wird. Das ergibt sich bereits aus dem dynamischen Charakter des unmittelbaren Bezugsobjekts, soweit das jeweilige Landesverfassungsgerichtsgesetz auf § 17 BVerfGG[977] oder auf § 55 VwGO[978] verweist. § 12 RhPfVerfGHG erklärt die Vorschriften des Gerichtsverfassungsgesetzes über die Öffentlichkeit „in ihrer jeweiligen Fassung" für anwendbar. Im übrigen, also bei einem direkten Verweis auf das Gerichtsverfassungsgesetz ohne einen derartigen Zusatz,[979] spricht der Grundgedanke einer möglichst engen Anbindung der

---

[973] Abg. *Toscani*, LT-Plenarprotokoll 12/17 (Sitzung v. 8. November 2000), S. 795.

[974] Mit der Vorschrift sollte die Aufnahmepraxis des *Saarländischen Verfassungsgerichtshofs* legitimiert werden. S. dazu die Begründung der Saarländischen Landesregierung zum Gesetzentwurf zu § 11a SaarlVerfGHG, LT-Drucks. 12/134, S. 4.

[975] Eingefügt durch Gesetz v. 12. Februar 2002, HambGVBl. S. 15.

[976] § 22a Abs. 3 BbgVerfGG ermöglicht nicht nur, zur „Wahrung schutzwürdiger Interessen der Beteiligten oder Dritter oder im Interesse eines ordnungsgemäßen Ablaufs des Verfahrens" Aufnahmen und Übertragungen ganz oder teilweise zu untersagen oder von der Einhaltung von Auflagen abhängig zu machen. Die Vorschrift sieht diese Beschränkungsmöglichkeiten ausdrücklich auch für die „Verwendung" von Aufnahmen und Übertragungen vor. Damit vermeidet sie die Gesetzeslücke, die in § 17a Abs. 2 BVerfGG insofern besteht, als die Vorschrift Restriktionen nur hinsichtlich der Übertragung von Aufnahmen, nicht aber hinsichtlich sonstiger Formen der Publikation einmal angefertigter Aufnahmen vorsieht. S. dazu oben Teil 5 F.II.2.b), S. 468f.

[977] § 12 Abs. 1 BremStGHG; § 12 Abs. 1 NdsStGHG; § 10 Abs. 1 SächsVerfGHG.

[978] § 13 Abs. 1 NRWVerfGHG. – Ebenso zunächst § 13 Abs. 1 BbgVerfGG. Mittlerweile gilt dieser Verweis jedoch nicht mehr. Die Norm ordnet die Geltung der verwaltungsprozessualen Verfahrensvorschriften nur für den Fall an, daß das Brandenburgische Verfassungsgerichtsgesetz keine Bestimmungen über das Verfahren enthält. Der neue § 22a BbgVerfGG aber stellt eine derartige Bestimmung dar. Dafür spricht, daß die Norm eine eigene Regelung über die Öffentlichkeit enthält; zudem läßt sie Aufnahmen – anders als §§ 17a BVerfGG, 11a Abs. 2 SaarlVerfGHG, 16a Abs. 2 HambVerfGG – nicht „abweichend von § 169 S. 2 GVG" zu.

[979] § 10 BaWüStGHG; Art. 24 Abs. 5 BayVerfGHG; § 15 BerlVerfGHG; § 16 Abs. 1 S. 1 HessStGHG; § 13 MecklLVerfGG; § 33 Abs. 1 SachsAnhLVerfGG; § 12 S. 2 ThürVerfGHG. Ebenso § 16 Abs. 2 HambVerfGG; § 11 SaarlVerfGHG.

äußerlichen Verfahrensgestaltung an die anderen Verfahrensordnungen[980] für die Annahme einer dynamischen Verweisung.

Das somit in Bezug genommene pauschale Aufnahmeverbot würde freilich aus denselben Gründen gegen Art. 5 Abs. 1 S. 2 GG verstoßen, aus denen heraus es vor dem *Bundesverfassungsgericht* vor Erlaß des § 17a BVerfGG die Rundfunkfreiheit verletzt hatte. Darauf kommt es jedoch nur an, sofern das Aufnahmeverbot nicht schon aus anderen Gründen unwirksam ist (sub II.) und sofern die jeweilige Verweisung nicht zugleich § 17a BVerfGG erfaßt (sub III.).

II. Die problematische Verweisung auf § 169 S. 2 GVG

1. Die verfassungsrechtlichen Bedenken gegen die Annahme dynamischer Verweisungen

Dynamische Verweisungen auf Vorschriften eines anderen Normgebers („Fremdverweisungen"),[981] um die es sich auch bei den Verweisungen der Landesverfassungsgerichtsgesetze auf Vorschriften des Bundesrechts handelt, sind unter rechtsstaatlichen, demokratischen und bundesstaatlichen Gesichtspunkten zumindest nicht uneingeschränkt zulässig.[982]

Teile der Literatur halten dynamische Verweisungen auf Regelungen eines fremden Normgebers u. a. deshalb stets für unzulässig, weil der letztlich geltende Regelungsinhalt nicht vom Willen des zur Normsetzung befugten Gesetzgebers getragen wird. Zudem soll die Verweisung eine unzulässige Kompetenzübertragung vom Land auf den Bund darstellen.[983]

So weit geht die Gegenauffassung unter Einschluß des *Bundesverfassungsgerichts* nicht. Sie läßt dynamische Verweisungen auf Normen eines anderen Gesetzgebers zu, soweit das Verweisungsobjekt seinem Inhalt nach im wesentlichen feststeht und hinreichend bestimmt ist.[984] Allerdings sollen *grundrechtsrelevante Regelungen*, namentlich *Grundrechtseingriffe*, mittels dynamischer Verweisungen auf fremde Vorschriften unzulässig sein. Nach dieser Auffassung muß der zuständige Gesetzgeber jedenfalls über den Anlaß und die Intensität eines Grundrechtseingriffs bestimmen; er darf sich dieser Verantwortung nicht durch

---

[980] Oben Teil 5 A.IV.4.a), S. 323 f.

[981] *Clemens*, AöR Bd. 111 (1986), S. 101.

[982] BVerfGE 78, 32 (36); *Hund*, in: Umbach/Clemens, BVerfGG, 1992, § 17 Rdnr. 7; *Clemens*, AöR Bd. 111 (1986), S. 100 ff.; *Ehricke/Blask*, JZ 2003, 725 ff.

[983] *Ossenbühl*, DVBl. 1967, 402 ff.; *Karpen*, Die Verweisung als Mittel der Gesetzgebungstechnik, 1970, S. 182 f., 198 f.; *Dreier*, in: Dreier, GG, Bd. II, 1998, Art. 20 (Demokratie) Rdnr. 111.

[984] BVerfGE 26, 338 (366 f.); *Sommermann*, in: v. Mangoldt/Klein/Starck, Das Bonner Grundgesetz, Bd. 2, 4. Aufl. 2000, Art. 20 Rdnr. 280. Zu den Anforderungen an dynamische Verweise auf außerstaatliche Regelungen BVerfGE 67, 208 (214 ff.).

die faktische Delegation der Normsetzungsbefugnis auf einen anderen Normgeber entledigen.[985] Dynamische Verweisungen, die zu Grundrechtseingriffen führen, sind danach allenfalls dort zulässig, wo sie nach Gegenstand, Inhalt, Zweck und Ausmaß eng begrenzt sind, so daß sie für das Objekt der Verweisung nur noch einen geringen Regelungsspielraum lassen.[986]

2. Die Konsequenzen für die Geltung des Aufnahmeverbots

Teilt man diese Bedenken,[987] so darf das Verbot des § 169 S. 2 GVG vor den Landesverfassungsgerichten nicht kraft einer dynamischen Verweisung des Landesrechts gelten. Das Verbot der audiovisuellen Berichterstattung aus der Gerichtsverhandlung stellt, wie oben gezeigt, einen Eingriff in die Medienfreiheiten des Art. 5 Abs. 1 S. 2 GG dar.[988] Auch haben die in Bezug genommenen gerichtsverfassungsgesetzlichen Vorschriften über die Öffentlichkeit durch § 169 S. 2 GVG keineswegs nur eine kleinere Korrektur erfahren.[989] Vielmehr sind sie um eine zuvor nicht vorhandene (grundrechtsbeschränkende) Komponente eigener Art ergänzt worden.[990]

Diese Bedenken gegen dynamische Verweisungen haben freilich nicht die Unanwendbarkeit des § 169 S. 2 GVG in den Verhandlungen sämtlicher Landesverfassungsgerichte zur Folge. Es ist verfassungsrechtlich nicht nur zulässig, sondern unter dem Gesichtspunkt der verfassungskonformen Auslegung sogar geboten, eine Vorschrift, die als dynamische Verweisung verfassungswidrig wäre, als statische Verweisung auszulegen.[991] Je nach dem zeitlichen Verhältnis

---

985 BVerfGE 47, 285 (313, 315 ff.); *Sommermann*, in: v. Mangoldt/Klein/Starck, Das Bonner Grundgesetz, Bd. 2, 4. Aufl. 2000, Art. 20 Rdnr. 280.

986 *Clemens*, AöR Bd. 111 (1986), S. 103.

987 Dagegen *Menzel*, Landesverfassungsrecht, 2002, S. 181, unter Hinweis auf die jederzeit bestehende Möglichkeit, das Landesrecht wieder vom Bundesrecht abzukoppeln.

988 Oben Teil 5 E.I., II., S. 392 ff. Wegen des Eingriffs in Art. 5 Abs. 1 S. 2 GG kommt es hier nicht auf die von *Clemens*, AöR Bd. 111 (1986), S. 102 ff., vorgenommene Differenzierung an, nach der für Eingriffe in die allgemeine Handlungsfreiheit (Art. 2 Abs. 1 GG) großzügigere Maßstäbe für die Zulässigkeit dynamischer Verweisungen gelten sollen als für Eingriffe in Spezialgrundrechte.

989 Bei Änderungen in den Vorschriften über den Ausschluß der Saalöffentlichkeit ließe sich unter Umständen damit argumentieren, daß die Möglichkeit eines solchen Ausschlusses beim Erlaß der Verweisung bekannt gewesen sei und daß sie durch spätere Gesetzesänderungen nur geringfügige Modifikationen erfahre.

990 Nach *Clemens*, AöR Bd. 111 (1986), S. 110 ff., sind an sich unzulässige dynamische Verweisungen im Bereich des Verfahrensrechts nicht automatisch verfassungswidrig, weil das Verfahrensrecht verfassungsrechtlich besonderen Sicherungen unterliegt, die eine engere Eingrenzung der Verweisung entbehrlich machen sollen. Jedoch schützen die von ihm genannten Sicherungsinstrumente (u.a. Art. 19 Abs. 4, 101 Abs. 1 S. 2, 103 Abs. 1 GG) allein die Rechtsstellung der Verfahrensbeteiligten, nicht jedoch die Rechtsstellung Dritter einschließlich der Medien. Folglich spricht die Sichtweise von *Clemens* nicht gegen die Verfassungswidrigkeit der hier in Rede stehenden Verweisungen.

991 BVerfGE 47, 285 (312 ff.). Ebenso *Clemens*, AöR Bd. 111 (1986), S. 81: Auch wenn der

zwischen dem Erlaß der Verweisung und dem Erlaß von § 169 S. 2 GVG führt das zu unterschiedlichen Ergebnissen.

Verweisungen, die – wie z.B. § 15 BerlVerfGHG –[992] erst nach § 169 S. 2 GVG erlassen worden sind, beziehen sich auch als verfassungsrechtlich unbedenkliche statische Verweisungen auf den gesamten § 169 GVG einschließlich seines Satzes 2.[993] Konsequenzen hätte die Interpretation als nur statische Verweisung erst bei einer weiteren Änderung des § 169 GVG, beispielsweise also bei einer zukünftigen Lockerung des generellen Aufnahmeverbots. Zuzugeben ist freilich, daß die Auslegung als statische Verweisung kaum dem gesetzgeberischen Willen entsprechen dürfte.

Sind die Verweisungen hingegen älter als § 169 S. 2 GVG, läßt sich die Geltung des Aufnahmeverbots – sofern man die Kritik an dynamischen Verweisungen teilt – kaum grundgesetzkonform begründen. Allenfalls wäre zu überlegen, ob der jeweilige Landesgesetzgeber angesichts der Zeit, die seit Erlaß des § 169 S. 2 GVG verstrichen ist, die Verweisung auch auf das Aufnahmeverbot mittlerweile „in seinen Willen aufgenommen“ hat. Dieser Ansatz ist aus dem Verfahren der konkreten Normenkontrolle nach Art. 100 Abs. 1 GG bekannt. Eine an sich vorkonstitutionelle Norm kann durch die Aufnahme in den Willen des Gesetzgebers zur nachkonstitutionellen Vorschrift und damit zum tauglichen Vorlagegegenstand werden.[994]

Für eine Aufnahme in den gesetzgeberischen Willen bedarf es jedoch konkreter Anhaltspunkte. Zwar sinken die Anforderungen an eine Aufnahme in den Willen des Gesetzgebers mit zunehmender Geltungsdauer einer Vorschrift.[995] Die bloße Untätigkeit des Gesetzgebers aber reicht jedenfalls nicht aus.[996] Vielmehr muß sich ein Bestätigungswille aus dem Gesetz selbst oder aus dem engen sachlichen Zusammenhang zwischen dem Gesetz und einem später geänderten Gesetz ergeben.[997] Anders als die Neuverkündung führt nicht einmal die bloße

---

Regelungszweck für eine dynamische Verweisung spricht, „ist das letzte Wort noch nicht gesprochen“. Vielmehr könne es aus verfassungsrechtlichen Gründen geboten sein, eine statische Verweisung anzunehmen. – Bei § 12 RhPfVerfGHG kommt diese Möglichkeit freilich nicht in Betracht: Der Verweis auf die Vorschriften des Gerichtsverfassungsgesetzes „in ihrer jeweiligen Fassung“ läßt eine Interpretation als statische Verweisung nicht zu.

992 Das Berliner Gesetz über den Verfassungsgerichtshof datiert vom 8. November 1990, BerlGVBl. S. 2246.

993 Daher sprechen gegen die erwähnte Zulassung von Fernsehaufnahmen mittels Rahmenbedingungen (oben Teil 5 G.I., S. 475 ff.) dieselben Gründe, die sich gegen die entsprechende Vorgehensweise des *Bundesverfassungsgerichts* anführen ließen (oben Teil 5 C.II., S. 347 ff.). Rechtfertigen läßt sich die Nichtbeachtung des gesetzlichen Aufnahmeverbots allenfalls unter dem Gesichtspunkt der inzidenten Verwerfung einer als landesverfassungswidrig erkannten Verfahrensnorm. Dazu näher sogleich Teil 5 G.IV., S. 482.

994 BVerfGE 70, 126 (129 f.); 97, 117 (122 f.).

995 BVerfGE 66, 248 (255).

996 BVerfG (1. Kammer des Ersten Senats) NJW 1998, 3557 f.

997 BVerfGE 66, 248 (254); *Sieckmann*, in: v. Mangoldt/Klein/Starck, Das Bonner Grundgesetz, Bd. 3, 4. Aufl. 2001, Art. 100 Rdnr. 28.

Neubekanntmachung zur Aufnahme eines Gesetzes in den gesetzgeberischen Willen.[998]

Die Frage nach der Aufnahme der Verweisungsvorschrift in den Willen des Landesgesetzgebers stellte sich auf Grund von Landesverfassungsgerichtsgesetzen, die jedenfalls in ihrer Ursprungsfassung älter waren als § 169 S. 2 GVG, zunächst u.a. im Saarland und in Hamburg.[999] Mittlerweile kann die Frage dort jedoch dahinstehen. Spätestens in der ausdrücklichen Schaffung von Ausnahmen zu § 169 S. 2 GVG durch §§ 11a SaarlVerfGHG, 16a HambVerfGG liegt eine bewußte gesetzgeberische Entscheidung für die Geltung des Aufnahmeverbots im übrigen.

Nach wie vor relevant bleibt das Problem hingegen in Baden-Württemberg[1000] und in Rheinland-Pfalz.[1001] Sollte sich dort kein Hinweis dafür finden lassen, daß der Landesgesetzgeber das Verbot in seinen Willen aufgenommen hat, gilt § 169

---

[998] BVerfGE 11, 126 (131 f.); 14, 245 (250); 64, 217 (221).

[999] Saarland: Gesetz über den Verfassungsgerichtshof v. 17. Juli 1958, SaarlAbl. S. 735; Hamburg: Gesetz über das Hamburgische Verfassungsgericht v. 2. Oktober 1953, SaBerHamb-LR 1103-a.

Sowohl § 11a SaarlVerfGHG als auch § 16a HambVerfGG zeigen, daß offenbar von der Geltung des Aufnahmeverbots ausgegangen wurde. S. zur Situation im Saarland auch die Entwurfsbegründung der Landesregierung zu § 11a SaarlVerfGHG (LT-Drucks. 12/134, S. 4), sowie Abg. *Toscani*, LT-Plenarprotokoll 12/17 (Sitzung v. 8. November 2000), S. 795, 797; Abg. *Hoffmann-Bethscheider*, ebd., S. 796.

Die Entstehungsgeschichte des § 11a SaarlVerfGHG belegt zugleich exemplarisch, wie problematisch die Geltung des Aufnahmeverbots auf Grund einer dynamischen Verweisung ggf. ist:

Die Individualverfassungsbeschwerde spielte im Saarland auf Grund der Subsidiaritätsklausel des § 55 Abs. 3 (zuvor: 49 Abs. 2) SaarlVerfGHG, nach der die Landesverfassungsbeschwerde unzulässig war, wenn wegen der gleichen Verletzung Verfassungsbeschwerde zum *Bundesverfassungsgericht* erhoben werden konnte, zunächst kaum eine praktische Rolle. Relevanz besaß sie allein für den Fall, daß sich ein Bürger in einem weitergehenden Landesgrundrecht verletzt sah, also in einem Grundrecht der Landesverfassung, das ihm stärkeren Schutz gewährte als das Grundgesetz (Näher *v. Coelln*, Anwendung von Bundesrecht nach Maßgabe der Landesgrundrechte?, 2001, S. 111. Dazu auch die Begründung der Landesregierung zur Aufhebung von § 55 Abs. 3 SaarlVerfGHG, die zugleich mit der Einführung von § 11a SaarlVerfGHG erfolgte [Gesetz Nr. 1453 zur Änderung des Gesetzes über den Verfassungsgerichtshof v. 8. November 2000, SaarlAbl. 2001 S. 94]: In zehn Jahren 23 Verfassungsbeschwerden gegen Entscheidungen saarländischer Gerichte. S. weiter Abg. *Toscani*, LT-Plenarprotokoll 12/17 [Sitzung v. 8. November 2000], S. 797: Zuvor sei die Tür zu den Grundrechten der Landesverfassung sozusagen verschlossen gewesen.).

Daher lag der faktische Schwerpunkt des Verbots aus §§ 11 SaarlVerfGHG, 169 S. 2 GVG auf Verfahrensarten aus dem staatsorganisationsrechtlichen Bereich. Gerade für diese Verfahren aber wurde bei der Begründung zu § 11a SaarlVerfGHG ein vollständiges Aufnahmeverbot für nicht geboten erachtet (Begründung der Landesregierung zum Entwurf von § 11a SaarlVerfGHG, LT-Drucks. 12/134, S. 4). Insofern wäre es problematisch, falls ein derartiges Verbot vor dem Erlaß von § 11a SaarlVerfGHG ohne eine bewußte Entscheidung des Landesgesetzgebers gegolten haben sollte.

[1000] Gesetz über den Staatsgerichtshof v. 13. Dezember 1954, BaWüGBl. S. 171.

[1001] Landesgesetz über den Verfassungsgerichtshof v. 23. Juli 1949, RhPfGVBl. S. 285.

S. 2 GVG vor den jeweiligen Landesverfassungsgerichten nicht, sofern man von der Unzulässigkeit einer dynamischen Verweisung ausgeht.

Umgekehrt erledigt sich das prinzipielle Problem selbst dann nicht, falls in diesen beiden Ländern eine nachträgliche Aufnahme des Verbots in den Willen des Gesetzgebers nachweisbar sein sollte. Jedenfalls bei einer erneuten Änderung der bundesrechtlichen Vorschriften lebt das Problem wieder auf. Aktuelles Beispiel dafür ist die Frage, ob § 17a BVerfGG kraft dynamischer Verweisungen auch vor den Landesverfassungsgerichten gilt.

III. Die Geltung von § 17a BVerfGG

Der Sache nach gilt § 17a BVerfGG in Hamburg und im Saarland auf Grund der erwähnten Parallelnormen im Landesrecht. Entsprechendes gilt für die sehr ähnliche Regelung in Brandenburg.

Darüber hinaus scheint § 17a BVerfGG auch in den Ländern zu gelten, deren Landesverfassungsgerichtsgesetze nicht unmittelbar auf das Gerichtsverfassungsgesetz, sondern auf die allgemeinen Verfahrensvorschriften des Bundesverfassungsgerichtsgesetzes verweisen, zu denen neben § 17 BVerfGG auch § 17a BVerfGG zählt. Das ist derzeit in Bremen und in Sachsen der Fall. Jedoch sind die beiden einschlägigen Verweisungsvorschriften[1002] älteren Datums als § 17a BVerfGG. Daher beziehen sie sich nur dann auf § 17a BVerfGG, wenn sie als *dynamische* Verweisungen zu verstehen sind – womit sie zumindest ähnlichen verfassungsrechtlichen Bedenken ausgesetzt sind wie dynamische Verweise auf § 169 S. 2 GVG.

Zwar erscheint es prinzipiell vorstellbar, eine dynamische Verweisung auf § 17a BVerfGG – anders als eine Verweisung auf § 169 S. 2 GVG – mit der Begründung für zulässig zu halten, daß die *Zulassung* von Aufnahmen keinen Eingriff in die Medienfreiheiten darstellt. Jedoch ist zu berücksichtigen, daß auch über die mit der Zulassung von Aufnahmen womöglich einhergehenden Eingriffe in das Persönlichkeitsrecht der Prozeßbeteiligten allein der zuständige Gesetzgeber zu befinden hat.

Einen Sonderfall stellt schließlich die derzeitige Gesetzeslage in Niedersachsen dar. Auch § 12 Abs. 1 NdsStGHG verweist auf das Bundesverfassungsgerichtsgesetz. Die Norm nimmt indes nicht pauschal die allgemeinen Verfahrensvorschriften in Bezug, sondern einzeln benannte Regelungen, zu denen u. a. § 17 BVerfGG und § 18 BVerfGG zählen, nicht jedoch § 17a BVerfGG. Damit käme eine Geltung der Ausnahmevorschrift derzeit allenfalls im Wege der Analogie in Betracht, wobei freilich die Annahme einer *unbewußten* Regelungslücke sehr zweifelhaft erscheint.

[1002] §§ 12 Abs. 1 BremStGHG, 10 Abs. 1 SächsVerfGHG.

IV. Die Folgen eines verfassungswidrigen Aufnahmeverbots

Schließlich bleibt noch zu erörtern, wie ein Landesverfassungsgericht zu verfahren hat, welches das von seiner Verfahrensordnung angeordnete Aufnahmeverbot wegen des dynamischen Charakters der Verweisung oder wegen eines Verstoßes gegen die Medienfreiheiten für verfassungswidrig hält. Die Antwort hängt davon ab, gegen welche Verfassung das Verbot nach Auffassung des Gerichts verstößt.

Sofern das Gericht die vermeintliche Verfassungswidrigkeit gerade in einem Verstoß gegen das Grundgesetz erblickt, ist es gem. Art. 100 Abs. 1 GG zur Vorlage an das *Bundesverfassungsgericht* verpflichtet.[1003] Hält es das landesrechtliche (!) Aufnahmeverbot hingegen allein für landesverfassungswidrig, so besitzt das Landesverfassungsgericht aus den oben[1004] für das *Bundesverfassungsgericht* dargelegten Gründen die Befugnis zur inzidenten Normverwerfung.[1005]

Diese Befugnis hat das Landesverfassungsgericht auch dann, wenn das Verbot aus seiner Sicht sowohl gegen das Grundgesetz als auch gegen die Landesverfassung verstößt. Ein *Fach*gericht hätte in einem derartigen Fall eines vermeintlich „doppelt verfassungswidrigen" Landesgesetzes die Wahl, das Gesetz zunächst nur dem *Bundesverfassungsgericht*, nur dem Landesverfassungsgericht oder sofort beiden Verfassungsgerichten vorzulegen. Erklärte eines der Verfassungsgerichte die Vorschrift für nichtig, so würde die andere Vorlage unzulässig. Erklärte dagegen ein Verfassungsgericht die Vorschrift für verfassungskonform, so bliebe die Vorlage an das andere Verfassungsgericht zulässig; sie könnte nach wie vor zur Nichtigerklärung des Gesetzes führen.[1006] Daraus folgt für das Landesverfassungsgericht, daß es zur inzidenten Verwerfung einer Norm, die sein Verfahren regelt, auch nach einer erfolglosen Vorlage an das *Bundesverfassungsgericht* befugt wäre. Daher ist es im Falle eines vermeintlichen doppelten Verfassungsverstoßes des landesrechtlichen Aufnahmeverbots allenfalls berechtigt, keinesfalls aber verpflichtet, zunächst das *Bundesverfassungsgericht* anzurufen.

[1003] Zur Vorlagepflicht auch der Landesverfassungsgerichte *Ulsamer*, in: Maunz/Schmidt-Bleibtreu/Klein/Bethge, § 80 Rdnr. 173.

[1004] Teil 5 C.II.6.b), S. 361 ff.

[1005] S. dazu *Uerpmann*, JZ 2002, 942, der – in anderem Zusammenhang – ohne nähere Diskussion offenbar selbstverständlich davon ausgeht, daß der *Hessische Staatsgerichtshof* Vorschriften seines Verfahrensrechts im Falle ihrer Landesverfassungswidrigkeit außer Anwendung lassen darf.

[1006] *Ulsamer*, in: Maunz/Schmidt-Bleibtreu/Klein/Bethge, § 80 Rdnr. 25; *Sturm*, in: Sachs, GG, 3. Aufl. 2003, Art. 100 Rdnr. 23; vgl. auch BVerfGE 36, 342 (368 f.).

Teil 6

Die Medienöffentlichkeit der Rechtsprechung jenseits der mündlichen Verhandlung

Zur Medienöffentlichkeit der Dritten Gewalt gehören schließlich die Veröffentlichung von Gerichtsentscheidungen, Auskunfts- und Akteneinsichtsrechte der Medien sowie die Teilnahme der Rechtsprechung am öffentlichen Kommunikationsprozeß durch aktive Öffentlichkeitsarbeit. Diese Phänomene weisen deutliche Überschneidungen auf; eine trennscharfe Abgrenzung ist nicht möglich. Beispielsweise kann der Inhalt einer gerichtlichen Bekanntmachung auch Gegenstand eines Auskunftsverlangens sein;[1] ein Akteneinsichtsbegehren kann auf die Kenntnis vom Inhalt einer Entscheidung zielen. Daher liegt es in der Natur der Sache, daß die im folgenden behandelten Aspekte des medialen Zugangs zu den Gerichten trotz unterschiedlicher Rechtsgrundlagen zum Teil ähnliche Fragestellungen aufwerfen.

---

[1] *Wenzel*, in: Löffler, Presserecht, 4. Aufl. 1997, § 4 LPG Rdnr. 3.

A. Die Veröffentlichung von Gerichtsentscheidungen

I. Entscheidungsöffentlichkeit als Teil der verfassungsrechtlich geforderten Gerichtsöffentlichkeit

Die Zugänglichkeit gerichtlicher Entscheidungen für die Medien ist ein integraler Bestandteil der verfassungsrechtlich geforderten Rechtsprechungsöffentlichkeit. Insofern kann auf die Überlegungen zur demokratischen und rechtsstaatlichen Begründung gerichtlicher Öffentlichkeit verwiesen werden. Die Kontrolle der Rechtsprechung, ihre Legitimation und Integration durch die öffentliche Meinung sowie die Verbreitung von Rechtskenntnissen werden auch, wenn nicht sogar vorrangig, durch die Publizität gerichtlicher Entscheidungen bewirkt.[2]

II. Entscheidungsöffentlichkeit und Verhandlungsöffentlichkeit

Die Öffentlichkeit der mündlichen Verhandlung trägt zur Zugänglichkeit gerichtlicher Entscheidungen nur in begrenztem Maße bei. Entscheidungsöffentlichkeit verlangt in erster Linie die schriftliche Veröffentlichung des Entscheidungswortlauts.

1. Die Zugänglichkeit von Entscheidungen als Teil der Verhandlungsöffentlichkeit

Zwar gehört zur Öffentlichkeit nach § 169 S. 1 GVG, der insofern durch § 173 GVG verstärkt wird, auch die Verkündung der Urteile und Beschlüsse. Sie ist regelmäßig für Entscheidungen vorgeschrieben, die auf mündliche Verhandlun-

---

[2] Oben Teil 3, S. 161 ff. S. auch *Rheinstein*, JuS 1974, 412. – Wenn gleichwohl gelegentlich explizit zwischen Gerichtsöffentlichkeit einerseits und der Veröffentlichung von Entscheidungen andererseits differenziert wird (so etwa *Wickern*, in: Löwe-Rosenberg, StPO und GVG, 7. Bd., 25. Aufl. 2003, Vor § 169 GVG Rdnr. 38: Letztlich keine Frage der Öffentlichkeit, sondern des Presserechts; ähnlich *Katholnigg*, Strafgerichtsverfassungsrecht, 3. Aufl. 1999, § 169 GVG Rdnr. 1: Verpflichtung der Gerichte zur angemessenen Veröffentlichung ihrer Entscheidungen geht über den Öffentlichkeitsgrundsatz hinaus), beruht dies auf der üblichen Gleichsetzung „der" Gerichtsöffentlichkeit mit der Saalöffentlichkeit i. S. v. § 169 S. 1 GVG.

gen hin ergehen.[3] Mit der Verkündung wird der Entscheidungsinhalt (auch) für die Medien zugänglich.[4]

2. Die Defizite der Verhandlungsöffentlichkeit im Hinblick auf die Zugänglichkeit von Entscheidungen

Jedoch genügt das Maß an Öffentlichkeit, das gerichtliche Entscheidungen im Wege der Verkündung erfahren, den verfassungsrechtlichen Anforderungen aus mehreren Gründen nicht.

a) Nicht bzw. nichtöffentlich verkündete Entscheidungen

Etliche Entscheidungen werden – meist mangels vorangegangener mündlicher Verhandlung – nicht verkündet.[5] Dazu zählen beispielsweise die Zulassung bzw. die Nichtzulassung der Anklage im Strafverfahren,[6] aber auch der weit überwiegende Teil der Entscheidungen des *Bundesverfassungsgerichts* über Verfassungsbeschwerden.[7] Ausnahmsweise ist es auch möglich, daß eine Entscheidung zwar verkündet wird, jedoch unter Ausschluß der Öffentlichkeit.[8]

---

[3] S. beispielsweise §§ 310 Abs. 1, 329 Abs. 1 ZPO, 104 Abs. 1 S. 1, Abs. 3 FGO, 132 Abs. 1, 142 Abs. 1 SGG, 30 Abs. 1 S. 3 BVerfGG. Im Zivilprozeß sind auch Urteile in einem nach § 310 ZPO anberaumten Termin zu verkünden, die mit Zustimmung der Parteien gem. § 128 Abs. 2 ZPO im schriftlichen Verfahren getroffen worden sind (*Reichold*, in: Thomas/Putzo, ZPO, 26. Aufl. 2004, § 128 Rdnr. 35). § 104 Abs. 2 FGO läßt statt der Verkündung die Zustellung zu.

[4] Vgl. dazu *Zöbeley*, in: Umbach/Clemens, BVerfGG, 1992, § 30 Rdnr. 15: Presse kann unmittelbar Kenntnis bei der Verkündung nehmen.

[5] In der Regel wird in diesem Fall die Verkündung durch die Zustellung ersetzt. S. dazu etwa §§ 310 Abs. 3 ZPO, 116 Abs. 3 VwGO, 133 SGG. § 104 Abs. 2 FGO ermöglicht die Ersetzung der Verkündung durch die Zustellung des Urteils sogar nach vorangegangener mündlicher Verhandlung. Dagegen muß bei Entscheidungen im schriftlichen Verfahren gem. § 128 Abs. 2 ZPO eine Verkündung erfolgen. S. dazu oben Fn. 3.

[6] Vgl. als Beispiel für die Veröffentlichung der Entscheidung über die Nichtzulassung einer Anklage LG Wiesbaden NJW 2002, 1510ff.

[7] Entgegen § 25 Abs. 1 BVerfGG ist bei Verfassungsbeschwerden die Entscheidung im schriftlichen Verfahren die Regel (*F. Klein*, in: Maunz/Schmidt-Bleibtreu/Klein/Bethge, BVerfGG, § 25 Rdnr. 1). Dafür zeichnet maßgeblich § 93d Abs. 1 S. 1 BVerfGG verantwortlich, wonach die Entscheidungen gem. §§ 93b, 93c BVerfGG ohne mündliche Verhandlung ergehen, so daß der für Verfassungsbeschwerden durch § 94 Abs. 5 S. 2 BVerfGG ohnehin eingeschränkte Mündlichkeitsgrundsatz nicht gilt. Vgl. dazu *Graßhof*, in: Maunz/Schmidt-Bleibtreu/Klein/Bethge, BVerfGG, § 93d Rdnr. 2.

[8] Allerdings ist diese Konstellation lediglich in generell nichtöffentlichen Verfahren wie namentlich dem Jugendstrafverfahren anzutreffen (§ 48 Abs. 1 JGG). Gleiches gilt z.B. für die von § 35 Abs. 1 S. 1 StPO verlangte Verkündung von Entscheidungen in (nichtöffentlichen) kommissarischen Vernehmungen nach § 223 StPO. Vgl. zum letzteren *Meyer-Goßner*, StPO, 47. Aufl. 2004, § 35 Rdnr. 5. Auch der gem. § 109 Abs. 1 S. 4 JGG mögliche Ausschluß der Öffentlichkeit im Strafverfahren gegen Heranwachsende erstreckt sich – vorbehaltlich einer anderen Anordnung des Gerichts – auf die Verkündung des Urteils. So BGH NJW 1997, 471 (= NStZ 1998, 53); *Kissel/Mayer*, GVG, 4. Aufl. 2005, § 173 Rdnr. 1; a.A. *Eisenberg*, NStZ 1998,

b) Die spezifische Bedeutung der schriftlichen Entscheidungsfassung

Selbst im Fall einer öffentlichen Verkündung der Entscheidung kommt ihrer vollständigen und schriftlichen Publikation eine eigenständige Bedeutung zu. Die inhaltliche Auseinandersetzung mit der Rechtsprechung setzt die (exakte) Kenntnis des vollständigen Wortlauts namentlich der Entscheidungsgründe[9] voraus,[10] der durch die Verkündung regelmäßig nicht vermittelt wird. Aus diesem Grund beginnt nicht nur für die Prozeßbeteiligten die Frist für die Einlegung[11] bzw. für die Begründung eines Rechtsbehelfs[12] häufig[13] erst mit der Zustellung der vollständig abgefaßten Entscheidung. Die Veröffentlichung der schriftlichen Fassung besitzt auch für die Öffentlichkeit (gegenüber Dritten) ihren eigenen Stellenwert.

Das liegt zunächst an der praktischen Unmöglichkeit, die mündlichen Ausführungen des Vorsitzenden im Detail mitzuverfolgen und später mit der für eine juristische Beurteilung erforderlichen Präzision wiederzugeben. Ohne technische Aufzeichnungen vermag ein Zuhörer selbst von vollständig verkündeten

---

53 ff. Im Gegensatz dazu erfolgt die Verkündung des Urteils (bzw. gleichstehender Beschlüsse, vgl. *Gummer*, in: Zöller, ZPO, 25. Aufl. 2005, § 173 GVG Rdnr. 1) im Bereich eines nur fallbezogenen Ausschlusses der Öffentlichkeit gem. §§ 170 ff. GVG nach § 173 Abs. 1 GVG stets öffentlich. Nach § 173 Abs. 2 GVG kann die Öffentlichkeit unter bestimmten Voraussetzungen durch besonderen Beschluß (*Kissel/Mayer*, GVG, 4. Aufl. 2005, § 173 Rdnr. 5) (nur) für die Verkündung der Gründe oder eines Teils davon ausgeschlossen werden, nicht jedoch für die Verkündung des Tenors. – Nach *F. Klein*, in: Maunz/Schmidt-Bleibtreu/Klein/Bethge, BVerfGG, § 17 Rdnr. 12, ist § 30 Abs. 1 S. 3 BVerfGG (öffentliche Verkündung unter Mitteilung der wesentlichen Entscheidungsgründe) lex specialis gegenüber § 173 GVG, so daß § 173 Abs. 2 GVG im Verfahren vor dem *Bundesverfassungsgericht* nicht anwendbar ist. Dagegen *E. Klein*, in: Benda/Klein, Verfassungsprozeßrecht, 2. Aufl. 2001, Rdnr. 326 Fn. 75.

[9] Zur grundsätzlichen Pflicht (u. a.) der Gerichte, ihre Entscheidungen zu begründen, umfassend *Lücke*, Begründungszwang und Verfassung, 1987; *Kischel*, Die Begründung, 2003. Speziell zum *Bundesverfassungsgericht H. H. Klein*, in: FS für Helmut Steinberger, 2002, S. 512 ff. Kritisch zu § 93 d Abs. 1 S. 3 BVerfGG (Ablehnung der Annahme der Verfassungsbeschwerde bedarf keiner Begründung) *Zuck*, NJW 1997, 29 f.; anders *Graßhof*, in: Maunz/Schmidt-Bleibtreu/Klein/Bethge, BVerfGG, § 93 d Rdnr. 8.

[10] Vgl. *E. Klein*, in: Benda/Klein, Verfassungsprozeßrecht, 2. Aufl. 2001, Rdnr. 330: Amtliche Entscheidungssammlung des *Bundesverfassungsgerichts* als wichtigste Informationsquelle, die die Entscheidungen gerade auch der wissenschaftlichen Kritik zugänglich macht.

[11] Beispielsweise in §§ 517, 544 Abs. 1 S. 2, 548, 569 Abs. 1 S. 1, 2, 575 Abs. 1 S. 1 ZPO, 124 a Abs. 2 S. 1, Abs. 4 S. 1, 133 Abs. 2 S. 1, 139 Abs. 1 S. 1 VwGO, 66 Abs. 1 S. 1, 2, 72 a Abs. 2 S. 1, 74 Abs. 1 S. 1, 2 ArbGG, 145 Abs. 1 S. 2, 151 Abs. 1, 160 a Abs. 1 S. 2, 161 Abs. 1 S. 2, 164 Abs. 1 S. 1 SGG, 116 Abs. 2 S. 1, 120 Abs. 1 S. 1 FGO. Allerdings beginnt die Einlegungsfrist z. T. spätestens nach Ablauf einer bestimmten Zeit ab Verkündung der angefochtenen Entscheidung.

[12] S. etwa §§ 520 Abs. 2 S. 1, 544 Abs. 2 S. 1, 551 Abs. 2 S. 2, 575 Abs. 2 ZPO, 124 a Abs. 3 S. 1, Abs. 4 S. 4, 133 Abs. 3 S. 1, 139 Abs. 3 S. 1 VwGO, 66 Abs. 1 S. 1, 2, 72 a Abs. 2 S. 1, 74 Abs. 1 S. 1, 2 ArbGG, 317, 345 Abs. 1 StPO, 160 a Abs. 2 S. 1, 164 Abs. 2 S. 1 SGG, 116 Abs. 3 S. 1, 120 Abs. 2 S. 1 FGO.

[13] Zu Ausnahmen vgl. §§ 147 Abs. 1 VwGO, 311 Abs. 2, 314 Abs. 1, 341 Abs. 1 StPO, 173 S. 1 SGG, 129 Abs. 1 FGO.

Entscheidungen später allenfalls den Tenor exakt wiederzugeben, nicht jedoch die Gründe.

Abgesehen davon werden die Gründe regelmäßig nicht in vollem Umfang verkündet. Die Prozeßordnungen verlangen lediglich die Verlesung bzw. die Inbezugnahme des Tenors.[14] Daher muß der Tenor bei der Verkündung schriftlich vorliegen, da andernfalls eine „Verlesung" bzw. Inbezugnahme nicht möglich wäre.[15] Im Unterschied dazu müssen die Gründe entweder überhaupt nicht oder nur durch mündliche Mitteilung ihres wesentlichen Inhalts verkündet werden.[16] Ihre vollständige Verlesung wird in keinem Fall verlangt. Die Gründe sind zum Zeitpunkt der Verkündung häufig auch noch nicht vollständig abgefaßt. Im Falle eines unmittelbar im Anschluß an die mündliche Verhandlung verkündeten sog. „Stuhlurteils" ist eine vorherige Abfassung praktisch kaum möglich;[17] sie wird von den Prozeßordnungen auch nicht gefordert.[18] Selbst für den Fall eines se-

---

[14] §§ 311 Abs. 2 ZPO, 268 Abs. 2 S. 1 StPO, 132 Abs. 2 S. 1 SGG, 104 Abs. 1 S. 2 FGO. Vor den allgemeinen Verwaltungsgerichten gilt (über § 173 VwGO) die Regelung des § 311 Abs. 2 S. 1 ZPO (*Clausing*, in: Schoch/Schmidt-Aßmann/Pietzner, VwGO, § 116 Rdnr. 6), ebenso (über § 46 Abs. 2 ArbGG) im Urteilsverfahren vor den Arbeitsgerichten (§ 60 Abs. 2 ArbGG fordert für die Verkündung nur die Mitteilung des wesentlichen Inhalts der Gründe. Der Tenor wird nicht erwähnt. Insofern ist der Rückgriff auf die ZPO geboten.).

[15] So *Vollkommer*, in: Zöller, ZPO, 25. Aufl. 2005, § 310 Rdnr. 2. Allerdings reicht die stenographische Niederlegung aus, BGH NJW 1999, 794.

[16] Im Zivilprozeß räumt § 311 Abs. 3 ZPO dem Vorsitzenden insofern Ermessen ein (dazu *Reichold*, in: Thomas/Putzo, ZPO, 26. Aufl. 2004, § 311 Rdnr. 4). Sofern er die Verkündung der Gründe „für angemessen erachtet", hat der Vorsitzende die Wahl zwischen ihrer Verlesung und der mündlichen Mitteilung ihres wesentlichen Inhalts. Die Verkündung der Entscheidungsgründe wird daher als stets entbehrlich angesehen. Ihre Verlautbarung sei allenfalls angemessen, wenn die Parteien persönlich anwesend seien und Rechtsmittelverzicht in Betracht komme (*Vollkommer*, in: Zöller, ZPO, 25. Aufl. 2005, § 311 Rdnr. 5). Gleiches gilt (über § 173 VwGO) im Verwaltungsprozeß, dazu *Kilian*, in: Sodan/Ziekow, VwGO, § 116 Rdnr. 23; *Clausing*, in: Schoch/Schmidt-Aßmann/Pietzner, VwGO, § 116 Rdnr. 6.

Im Strafprozeß verlangt § 268 Abs. 2 S. 2 StPO die Eröffnung der Urteilsgründe durch Verlesung oder mündliche Mitteilung ihres wesentlichen Inhalts. Selbst wenn die Gründe schon schriftlich niedergelegt sind, ist ihre Verlesung nicht erforderlich; die mündliche Mitteilung ihres wesentlichen Inhalts reicht auch in diesem Fall aus (*Meyer-Goßner*, StPO, 47. Aufl. 2004, § 268 Rdnr. 17).

Im Urteilsverfahren vor den Arbeitsgerichten sieht § 60 Abs. 2 ArbGG die Verkündung der Gründe durch Mitteilung ihres wesentlichen Inhalts vor, sofern nicht beide Parteien abwesend sind. Nach § 132 Abs. 2 S. 2 SGG „soll" vor den Sozialgerichten der wesentliche Inhalt der Entscheidungsgründe mitgeteilt werden, wenn Beteiligte anwesend sind. § 104 Abs. 1 S. 2 FGO sieht für die Verkündung lediglich die Verlesung des Tenors vor.

Nach § 30 Abs. 1 S. 3 BVerfGG gehört zur Verkündung die Mitteilung der wesentlichen Entscheidungsgründe.

[17] So etwa *Helml*, in: Hauck/Helml, ArbGG, 2. Aufl. 2003, § 60 Rdnr. 13: Urteil liegt „naturgemäß" noch nicht vor.

[18] S. §§ 315 Abs. 2 ZPO, 275 Abs. 1 StPO, 60 Abs. 4 S. 3, 4 ArbGG, 117 Abs. 4 VwGO, 134 Abs. 2 SGG, 105 Abs. 4 FGO. *Vollkommer*, in: Zöller, ZPO, 25. Aufl. 2005, § 315 Rdnr. 6, rät allerdings unter Hinweis auf die Fristen zur Vorlage des Urteils in der Geschäftsstelle dazu, auch Stuhlurteile vor der Verkündung handschriftlich vollständig abzufassen.

parat anberaumten Verkündungstermins schreiben nur einige Prozeßordnungen die vorherige schriftliche Abfassung vor.[19] Insgesamt stellt die Verlesung der vollständigen Urteilsgründe daher jedenfalls eine Ausnahme dar.

Darüber hinaus kommt den schriftlichen Entscheidungsgründen auch insofern eine eigene Bedeutung zu, als im Falle von Divergenzen zwischen der mündlichen und der schriftlichen Begründung nur die schriftliche Version maßgeblich ist.[20]

c) Sondervoten

Um ein spezielles Entscheidungselement, das unter Umständen erst durch die schriftliche Fassung überhaupt öffentlich wird, handelt es sich bei Sondervoten, mit denen Richter ihre abweichende Auffassung zur Entscheidung oder zu deren Begründung kundtun können. Anders als bei der Fachgerichtsbarkeit[21] sind Sondervoten bei Entscheidungen des *Bundesverfassungsgerichts*[22] sowie

---

[19] Vorgesehen wird die Abfassung vor dem Verkündungstermin etwa von §§ 310 Abs. 2 ZPO, 60 Abs. 4 S. 2 ArbGG. Nach BGH NJW 1988, 2046, ist § 310 Abs. 2 ZPO allerdings eine reine Ordnungsvorschrift, deren Verletzung die Wirksamkeit der Verkündung nicht berührt. Jedoch kann die Nichtabsetzung bis zum Beginn der Rechtsmittelbegründungsfrist ein Rechtsmittel begründen. Dazu *Reichold*, in: Thomas/Putzo, ZPO, 26. Aufl. 2004, § 310 Rdnr. 2. Bei § 60 Abs. 4 S. 2 ArbGG handelt es sich nach *Helml*, in: Hauck/Helml, ArbGG, 2. Aufl. 2003, § 60 Rdnr. 15, um eine zwingende Vorschrift.

Nach § 268 Abs. 4 StPO sind die Urteilsgründe im Fall eines separaten Verkündungstermins „tunlichst" vorher schriftlich festzustellen. Dazu *Meyer-Goßner*, StPO, 47. Aufl. 2004, § 268 Rdnr. 17: Die Gründe sollen vorher schriftlich niedergelegt werden, sofern das möglich ist.

Entscheidungen des *Bundesverfassungsgerichts* sind gem. § 30 Abs. 1 S. 2, 3 BVerfGG zunächst schriftlich abzufassen und *sodann* öffentlich zu verkünden. Vor der Verkündung muß die Entscheidung also stets schriftlich vorliegen, *F. Klein/Bethge*, in: Maunz/Schmidt-Bleibtreu/Klein/Bethge, BVerfGG, § 30 Rdnr. 13.

Für die Verwaltungsgerichtsbarkeit sieht § 117 Abs. 4 VwGO vor, daß Urteile, die bei der Verkündung noch nicht vollständig abgefaßt waren, binnen zwei Wochen abgefaßt der Geschäftsstelle übergeben werden müssen, wobei freilich Ausnahmen vorgesehen sind. Die Frist läuft stets ab der Verkündung, unabhängig davon, ob diese im Anschluß an die mündliche Verhandlung oder in einem separaten Termin erfolgt. So zu § 117 Abs. 4 VwGO *Clausing*, in: Schoch/Schmidt-Aßmann/Pietzner, VwGO, § 117 Rdnr. 25. Nach GmS-OGB BVerwGE 92, 367 (372), handelt es sich dabei um keine bloße Ordnungsvorschrift. Für die Finanzgerichtsbarkeit gilt die mit § 117 Abs. 4 VwGO übereinstimmende Regelung des § 105 Abs. 4 FGO; für die Sozialgerichtsbarkeit sieht § 134 Abs. 2 SGG eine als Soll-Vorschrift formulierte Monatsfrist ab der Verkündung vor.

[20] *Kilian*, in: Sodan/Ziekow, VwGO, § 116 Rdnr. 23; *Meyer-Goßner*, StPO, 47. Aufl. 2004, § 268 Rdnr. 18. Aus diesem Grund rät *Vollkommer*, in: Zöller, ZPO, 25. Aufl. 2005, § 311 Rdnr. 5, für den Zivilprozeß von der im Ermessen des Vorsitzenden liegenden mündlichen Verkündung der Urteilsgründe ab.

[21] Skeptisch gegenüber der Forderung nach Zulassung von Sondervoten bei den Fachgerichten *Pfeiffer*, DRiZ 1979, 232; s. auch *Isensee*, Cicero 2005, 80.

[22] § 30 Abs. 2 BVerfGG. – Bereits vor dieser gesetzlichen Zulassung von Sondervoten und der Bekanntgabe des Stimmenverhältnisses hat das *Bundesverfassungsgericht* in seinen Entscheidungen häufig die Abstimmungsergebnisse und gelegentlich die Meinungen einzelner

etlicher Landesverfassungsgerichte[23] gestattet. Von der Verkündung der Entscheidung werden sie jedoch nicht zwingend erfaßt. Vor dem *Bundesverfassungsgericht* etwa sieht § 56 Abs. 3 S. 1 GeschOBVerfG zwar vor, daß der Vorsitzende bei der Verkündung bekanntgibt, daß ein Sondervotum abgegeben wurde. Der dissentierende Richter *kann* den wesentlichen Inhalt gem. § 56 Abs. 3 S. 2 GeschOBVerfG im Anschluß mitteilen.[24] Dazu verpflichtet ist er nicht. Demzufolge wird das Sondervotum durch die Verkündung allenfalls – wie die Entscheidungsgründe – seinem wesentlichen Inhalt nach öffentlich. Sofern der betreffende Richter von der ihm eingeräumten Mitteilungsmöglichkeit keinen Gebrauch macht, bleibt die Kenntnisnahme vom Inhalt des Sondervotums vollständig der Entscheidungspublikation vorbehalten.

3. Die Veröffentlichung des Entscheidungswortlauts

Unmittelbar bewirkt wird die Veröffentlichung gerichtlicher Entscheidungen in erster Linie, indem der Entscheidungswortlaut den Medien – angesprochen ist neben den Massenmedien speziell die (herkömmliche und elektronische) Fachpresse – zur Verfügung gestellt wird. Das geschieht mangels allgemeinverbindlicher Vorgaben nach uneinheitlichen Kriterien und Verfahren, die sich allenfalls empirisch ermitteln lassen.[25]

Eine spezielle Form der Veröffentlichung sind eigene Publikationsorgane der Gerichte, insbesondere die „amtlichen“ Entscheidungssammlungen[26] der

---

Richter offenbart. Dazu kritisch *Roellecke*, NJW 2001, 2928, unter Hinweis auf das Beratungsgeheimnis.

[23] Art. 25 Abs. 5 BayVerfGHG (Besonderheit: keine Angabe des Verfassers), §§ 29 Abs. 2 S. 1 BerlVerfGHG, 27 Abs. 2 BbgVerfGG, 17 Abs. 3 S. 2 BremStGHG, 22 Abs. 4 HambVerfGG, 26 Abs. 5 MecklLVerfGG, 12 Abs. 1 NdsStGHG i.V.m. 30 Abs. 2 BVerfGG, 28 Abs. 2 SachsAnhLVerfGG, 24 Abs. 2 ThürVerfGHG. Keine Regelungen enthalten die Landesverfassungs- bzw. Staatsgerichtshofgesetze von Baden-Württemberg, Hessen, Nordrhein-Westfalen, Rheinland-Pfalz und dem Saarland. Ausdrücklich ausgeschlossen sind Sondervoten gem. § 13 SächsVerfGHG.

[24] Kritisch dazu *Ritterspach*, in: FS für Wolfgang Zeidler, Bd. 2, 1987, S. 1388 f.: Das Bild des mit steinernem Gesicht der „Urteilsschelte“ zuhörenden Senats, der nichts mehr erwidern könne, sei wenig erfreulich und sei der Autorität des Gerichts nicht förderlich. Der Kritik zustimmend *E. Klein*, in: Benda/Klein, Verfassungsprozeßrecht, 2. Aufl. 2001, Rdnr. 327 Fn. 76.

[25] Detailliert *Walker*, Die Publikation von Gerichtsentscheidungen, Diss. Saarbrücken 1998, S. 76 ff. S. weiter die über Deutschland hinausreichende Bestandsaufnahme von *G. Leistner*, Über die Veröffentlichungspraxis oberster und höherer Gerichte in Westeuropa, 1975. – Zur unterschiedlichen Mitteilungspraxis der Gerichte vgl. nur die folgenden in Fachzeitschriften als Einsender genannten Institutionen bzw. Personen: Gerichte als solche (BerlVerfGH JR 2002, 276 ff.); spezielle Veröffentlichungsstellen einzelner Gerichte (OVG Münster NJW 2002, 3346 ff.; OVG Weimar NJW 2002, 3647 ff.); einzelne Spruchkörper (OLG Frankfurt a.M. NJW 2003, 77 f.; OLG Celle NJW 2002, 3720 f.); einzelne Richter (OVG Koblenz NVwZ-RR 2002, 856 ff.; VG Göttingen NVwZ-RR 2002, 862 f.). Kritisch zur Bezeichnung einzelner Richter im Einsendervermerk *Blümel*, DVBl. 1966, 63.

[26] Zu Unterschieden im „amtlichen“ Charakter der einzelnen Entscheidungssammlungen

obersten Bundesgerichte,[27] des *Bundesverfassungsgerichts*,[28] etlicher Landesverfassungsgerichte[29] sowie weiterer Obergerichte.[30] Ungeachtet der Tatsache, daß sämtliche dort veröffentlichten Entscheidungen bereits zuvor in privat verantworteten Publikationen nachzulesen sind, wird den amtlichen Sammlungen ein unverändert hoher Stellenwert zugemessen.[31]

Als Entwicklung der jüngeren Vergangenheit ist die zunehmende Publikation ausgewählter gerichtlicher Entscheidungen in eigenen Internet-Angeboten der Gerichte zu verzeichnen. Von dieser Möglichkeit machen nicht nur Obergerichte Gebrauch, deren Entscheidungen auch bisher schon in „amtlichen Sammlungen" publiziert wurden.[32] Vielmehr beginnen selbst Gerichte der Eingangsinstanzen, ihre Rechtsprechung über das Internet zugänglich zu machen,[33] was den unmittelbaren Zugriff auf Entscheidungen in Zukunft erheblich erleichtern wird. Die Rolle der Massenmedien und der Fachpresse bleibt von dieser Entwicklung freilich schon auf Grund der erforderlichen Selektion der relevanten Entscheidungen unberührt.

III. Die Pflicht der Gerichte zur Veröffentlichung ihrer Entscheidungen

Die Veröffentlichung gerichtlicher Entscheidungen ist keine freiwillige und damit potentiell verzichtbare Leistung der Gerichte. Trotz des weitgehenden

---

je nach ihrer rechtlichen Grundlage *Kirchner*, in: FS Hans Joachim Faller, 1984, S. 504 f. Kritisch zur Publikation „amtlicher" Sammlungen durch Richtervereine oder Gerichtspräsidenten *Grundmann*, DVBl. 1966, 59.

[27] BGHZ, BGHSt, BAGE, BVerwGE, BSGE, BFHE.

[28] BVerfGE.

[29] LVerfGE, BayVerfGHE.

[30] S. z. B. OLGZ, OLGSt, OVGE, BayVGHE.

[31] S. nur *E. Klein*, in: Benda/Klein, Verfassungsprozeßrecht, 2. Aufl. 2001, Rdnr. 330, zur Entscheidungssammlung des *Bundesverfassungsgerichts*.

[32] Nur beispielhaft die Angebote des *Bundesverfassungsgerichts* sowie der obersten Bundesgerichte unter http://www.bundesverfassungsgericht.de, http://www.bundesgerichtshof.de, http://www.bundesverwaltungsgericht.de, http://www.bundesarbeitsgericht.de, http://www.bundessozialgericht.de, http://www.bundesfinanzhof.de.

[33] Lediglich beispielhaft: LG Neuruppin (http://www.lgneuruppin.brandenburg.de/, Stand: 7. März 2005); LG Augsburg (http://www.justiz-augsburg.de/lg/, Stand: 7. März 2005); Niedersächsische Verwaltungsgerichtsbarkeit (http://www.dbovg.niedersachsen.de/index.asp, Stand: 7. März 2005). Nicht nur gerichts-, sondern sogar rechtswegübergreifend angelegt ist die seit 2002 aufgebaute „Rechtsprechungsdatenbank Nordrhein-Westfalen (NRWE)" (http://www.justiz.nrw.de/RB/nrwe/index.html, Stand: 7. März 2005), die Urteile nordrhein-westfälischer Gerichte aller Rechtswege in sich aufnimmt.

Nicht in diesen Zusammenhang gehört es, wenn Gerichte auf ihren Internet-Seiten den anonymisierten Tenor aktueller Entscheidungen für kurze Zeit veröffentlichen, um Parteien und Anwälte in unverbindlicher Form vom Ausgang der sie betreffenden Verfahren in Kenntnis zu setzen. Dabei handelt es um eine mediale Erweiterung der Parteiöffentlichkeit, nicht um Gerichtsöffentlichkeit im hier verstandenen Sinne. Vgl. dazu oben Teil 1 B.III.3.b), S. 29 f.

Fehlens expliziter Rechtsgrundlagen sind staatliche Gerichte zumindest dem Grunde nach zur Publikation ihrer Entscheidungen verpflichtet.

1. Die Rechtsgrundlage der Veröffentlichungspflicht

a) Exzeptionelle ausdrückliche Rechtsgrundlagen

Explizite Publikationspflichten enthält das geltende Recht nur in Ausnahmefällen. Nach Art. 8 BayAGVwGO muß der *Bayerische Verwaltungsgerichtshof* seine Entscheidungen veröffentlichen, soweit sie grundsätzliche Bedeutung haben. Die Auswahl trifft das Präsidium. Eine entsprechende Regelung enthält § 5 RhPfAGVwGO. Im weiteren Sinne gehören auch die Vorschriften über die Publikation normenkassierender Entscheidungen (§§ 31 Abs. 2 S. 3, 4 BVerfGG, 47 Abs. 5 S. 2 VwGO) in diesen Zusammenhang.[34] Jedoch verpflichten sie allein zur Veröffentlichung des Entscheidungstenors, nicht hingegen zur Veröffentlichung der hier in erster Linie interessierenden Gründe. Schließlich sehen die Geschäftsordnungen einzelner Bundesgerichte die Veröffentlichung bestimmter Entscheidungen in den jeweiligen „amtlichen Sammlungen" vor.[35]

b) Die verfassungsunmittelbare Veröffentlichungspflicht

Zu Recht hat jedoch das *Bundesverwaltungsgericht* entschieden, daß staatliche Gerichte ungeachtet sporadischer normativer Grundlagen bzw. unabhängig von diesen unmittelbar aus dem Demokratie- und dem Rechtsstaatsprinzip des Grundgesetzes heraus zur Veröffentlichung ihrer Judikate verpflichtet sind.[36] Die verfassungskräftig geforderte Zugänglichkeit gerichtlicher Entscheidungen verlangt schon angesichts der insofern bestehenden Defizite der Verhandlungsöffentlichkeit die Publikation des Entscheidungswortlauts.

Von einer ausdrücklichen einfach-gesetzlichen Grundlage hängt die Veröffentlichungspflicht also nicht ab. Auf einem anderen Blatt steht die Frage, ob eine solche Regelung wünschenswert wäre. Es muß zumindest bezweifelt werden, daß sie nur klarstellende Bedeutung hätte.[37] Reichweite und Grenzen

---

[34] S. weiter § 5 Abs. 1 UrhG: Nach BVerwGE 104, 105 (109 f.), setzt die Vorschrift eine Publikationspflicht voraus, ohne sie jedoch selbst zu statuieren.

[35] S. etwa § 31 GeschOBVerfG, § 18 Abs. 4 GeschOBGH. Zu weiteren Beispielen *Kirchner*, in: FS Hans Joachim Faller, 1984, S. 503.

[36] BVerwGE 104, 105 (108 ff.), unter zusätzlichem Hinweis auf den Grundsatz der Gewaltenteilung. Ebenso – mit Nuancen in der Begründung – OLG Celle NJW 1990, 2570 f.; *G. Leistner*, Über die Veröffentlichungspraxis oberster und höherer Gerichte in Westeuropa, 1975, S. 8; *Grundmann*, DVBl. 1966, 61; speziell für richterliche Rechtsfortbildung auch *Kramer*, ZRP 1976, 85 f. Zur Rechtsstaatswidrigkeit der gezielten Nichtveröffentlichung höchstrichterlicher Entscheidungen *Lange*, NJW 2002, 3660.

[37] So aber BVerwGE 104, 105 (109). *Walker*, Die Publikation von Gerichtsentscheidungen, Diss. Saarbrücken 1998, S. 167 ff., bejaht die Gebotenheit einer gesetzlichen Regelung.

der Veröffentlichungspflicht lassen sich – was beim Rückgriff auf Staatsstrukturprinzipien in der Natur der Sache liegt – der Verfassung nicht mit letzter Präzision entnehmen.

2. Umfang und Grenzen der Veröffentlichungspflicht

a) Die betroffenen Entscheidungen

Veröffentlichungspflichtig sind jedenfalls Grundsatzentscheidungen der obersten Bundesgerichte sowie der Obergerichte im Instanzenzug. Darüber hinaus ist prinzipiell jedes staatliche Gericht verpflichtet, seine Entscheidungen der Öffentlichkeit zugänglich zu machen.[38]

aa) Keine Beschränkung auf höchstrichterliche Entscheidungen

Besondere Bedeutung kommt der Veröffentlichung von Entscheidungen der obersten Bundesgerichte zu, die das Recht durch die prinzipielle Klärung strittiger Rechtsfragen oder durch die Statuierung eigener (richterrechtlicher) Rechtssätze fortentwickeln. Man mag Zweifel daran haben, ob sich die Dritte Gewalt dabei funktional in der Nähe der Gesetzgebung bewegt, so daß sie ähnlich wie diese einer gesteigerten Legitimation und Integration durch Öffentlichkeit bedarf und sich einer besonders intensiven Kontrolle durch die Öffentlichkeit zu stellen hat.[39] Zumindest formen derartige Entscheidungen die Rechtsordnung näher aus, so daß ihrer Veröffentlichung eine ähnliche Bedeutung zukommt wie der Verkündung von Rechtsnormen.[40]

Diese besondere Nähe zur Legislative fehlt jedenfalls den meisten gerichtlichen Entscheidungen. Gleichwohl werden sie dem Grunde nach ebenfalls von der im Demokratie- sowie im Rechtsstaatsprinzip wurzelnden Forderung nach gerichtlicher Öffentlichkeit erfaßt. Das gilt nicht nur für die Obergerichte, sondern sogar für die Eingangsinstanzen in dreigliedrigen Rechtszügen.[41] Die Rechtsprechung ist in ihrer Gesamtheit legitimations-, integrations- und kontrollbedürftig; jede veröffentlichte Entscheidung ist zur Vermittlung von Rechtskenntnissen geeignet. Das Recht der Reisemängel ist nur ein prägnantes Beispiel für ein Rechtsgebiet, das – im konkreten Fall meistens auf Grund niedriger

---

[38] *Schoch*, in: Liber Amicorum Hans-Uwe Erichsen, 2004, S. 248.

[39] In diese Richtung *Kramer*, ZRP 1976, 85f. – Näher zur Legitimation, Kontrolle und Integration durch Öffentlichkeit oben Teil 3 B.II.3., S. 177ff.

[40] BVerwGE 104, 105 (109); OVG Bremen NJW 1989, 926 (927). S. auch BFHE 67, 354 (362): Veröffentlichung in der amtlichen Entscheidungssammlung soll der Rechtssicherheit dienen.

[41] BVerwGE 104, 105 (110), begründet die gesteigerte Pflicht zur Veröffentlichung finanzgerichtlicher Entscheidungen damit, daß die Finanzgerichte auf Grund des nur zweistufigen Gerichtszweigs Obergerichten entsprächen.

Streitwerte – in weitem Umfang durch die Rechtsprechung der Amtsgerichte konkretisiert wird.[42] Nicht nur in derartigen Fällen kann für den rechtssuchenden Bürger die Beurteilung seiner prozessualen Erfolgsaussichten, der die Publikation von Entscheidungen u. a. dienen soll,[43] wesentlich von Besonderheiten in der Rechtsprechung eines bestimmten Gerichts abhängen. Problematisch sind insofern gerichtsinterne Entscheidungssammlungen mit präjudiziellem Charakter, die die Rechtsanwendung in eine für den Bürger nicht erkennbare Richtung lenken können.[44]

bb) Zur „Veröffentlichungswürdigkeit" gerichtlicher Entscheidungen

Daher muß es auch mit einem Fragezeichen versehen werden, wenn die Publikationspflicht zum Teil auf „bedeutsame"[45] oder „veröffentlichungswürdige"[46] Judikate beschränkt wird.[47] Auch ein vermeintlich unkompliziertes Urteil, das sich in einem strikten Subsumtionsvorgang erschöpft, kann den Inhalt der Rechtsordnung veranschaulichen und die Kontrolle der Rechtsprechungstätigkeit bzw. mittelbar die Kontrolle des Gesetzgebers ermöglichen. Freilich entschärft sich das Problem insofern, als das *Bundesverwaltungsgericht* annimmt, die „Veröffentlichungswürdigkeit" einer Entscheidung richte sich maßgeblich nach dem tatsächlichen oder mutmaßlichen Interesse der Öffentlichkeit und nach dem Interesse derjenigen, die in entsprechenden Angelegenheiten um Rechtsschutz nachsuchen wollten.[48] Angesichts der Bedeutung, die auch alltäglichen Entscheidungen gerade im Hinblick auf das Interesse der Öffentlichkeit und die Information einzelner zukommt, verliert der Begriff letztlich seinen begrenzenden Charakter. Beispielsweise ist es ohne weiteres vorstellbar, daß eine Lokalzeitung an sämtlichen Entscheidungen der örtlichen Gerichte interessiert ist, um die Auswahl, über welche Urteile sie berichten will, selbst treffen zu können. Eine solche Selektion nehmen im übrigen sämtliche Medien funktionsbedingt vor.[49]

---

[42] Dazu auch *Kuß*, Öffentlichkeitsmaxime der Judikative und das Verbot von Fernsehaufnahmen im Gerichtssaal, 1999, S. 265.

[43] OVG Bremen NJW 1989, 926 (927); *Kirchner*, in: FS Hans Joachim Faller, 1984, S. 505.

[44] *Voßkuhle/Sydow*, JZ 2002, 680 Fn. 86. Unbedenklich ist hingegen die beim *Bundesverfassungsgericht* geführte, von § 33 GeschOBVerfG explizit für allgemein zugänglich erklärte Entscheidungssammlung.

[45] OVG Bremen NJW 1989, 926 (927).

[46] BVerwGE 104, 105 (108).

[47] Skeptisch insofern auch *Kuß*, Öffentlichkeitsmaxime der Judikative und das Verbot von Fernsehaufnahmen im Gerichtssaal, 1999, S. 264. S. auch *Berkemann*, VerwArch. Bd. 87 (1996), S. 377 mit Fn. 32, zur Änderung der Auswahl „dokumentationswürdiger" Entscheidungen der obersten Gerichtshöfe des Bundes für die Aufnahme in die Juris-Datenbank im Jahre 1988: Übergang von der zuvor erforderlichen positiven Begründung der Aufnahme hin zur sog. Negativauswahl.

[48] BVerwGE 104, 105 (110f.).

[49] Vgl. *Berkemann*, VerwArch. Bd. 87 (1996), S. 366.

Daher geht auch die Befürchtung fehl, die gerichtliche Publikation der vielen Entscheidungen, die nichts zur Konkretisierung oder zur Fortbildung des Rechts beitrügen, führe eher zur Verdunkelung denn zur Transparenz.[50] Die Auswahl der Fälle, die einer Berichterstattung wert sind, ist bei den Medien jedenfalls besser aufgehoben als beim Staat.

b) Der Inhalt der Publikationspflicht

Schwierigkeiten bereitet die Bestimmung des konkreten Inhalts der Publikationspflicht.

aa) Die Bereitstellung der Entscheidungen für die Medien

Eine Pflicht der Gerichte, für die Veröffentlichung ihrer Entscheidungen in den Massenmedien etwa durch „gerichtliche Bekanntmachungen" nach Art der „amtlichen Bekanntmachungen" über Handelsregistereintragungen oder gar in eigenen Publikationsorganen zu sorgen, kann der Verfassung nicht entnommen werden.[51] Schon angesichts des organisatorischen und finanziellen Aufwands müßte eine derartige Pflicht vom Gesetzgeber statuiert werden. Das gilt sogar dann, wenn man die verfassungsrechtliche Publikationspflicht auf ausgewählte Entscheidungen oberer und höchster Gerichte beschränkt.

In Betracht kommt daher nur die Verpflichtung, diejenigen Presseorgane und Rundfunkveranstalter mit Entscheidungen zu beliefern, die ihr prinzipielles Interesse signalisiert haben. Dabei sind sämtliche Medien gleich zu behandeln. Die Belieferung darf allein von der Übernahme der Kosten abhängig gemacht werden;[52] eine Differenzierung nach dem publizistischen Niveau des jeweiligen Mediums ist unzulässig.[53] Insofern schließt die Publikationspflicht die Herstellung einer herausgabefähigen Entscheidungsfassung ein, bei deren Abfassung potentiell entgegenstehende Rechtspositionen beispielsweise durch die Anonymisierung der Beteiligten und durch die Neutralisierung des zugrundeliegenden Sachverhalts angemessen zu berücksichtigen sind.

Zumindest über erkennbar bedeutsame Entscheidungen sollten die Gerichte zudem eine Pressemitteilung herausgeben. Ob man diese unterstützende Maßnahme noch als Bestandteil der erforderlichen Entscheidungspublizität auffaßt[54] oder ob man sie der sonstigen aktiven Öffentlichkeitsarbeit der Dritten Gewalt[55]

---

[50] So aber *Tiedemann*, NVwZ 1987, 1188.

[51] Anders *Grundmann*, DVBl. 1966, 59, für die obersten Bundesgerichte.

[52] Zu den Kosten für wissenschaftlichen Zwecken dienende Abschriften *Haertlein*, ZZP Bd. 114 (2001), S. 465 ff.; *Keller*, NJW 2004, 414.

[53] BVerwGE 104, 105 (112 ff.).

[54] *Huff*, NJW 2004, 406.

[55] Dazu unten Teil 6 C., S. 512 ff.

zuordnet, ist eine nachrangige Frage. Die beiden Komponenten gerichtlicher Öffentlichkeit überschneiden sich und folgen den gleichen Grundregeln.

bb) Der fehlende gerichtliche Einfluß auf die tatsächliche Verbreitung

Auf die tatsächliche Publikation im Sinne einer Verbreitung durch die Medien haben die Gerichte keinen Einfluß. Ob die Massenmedien sowie die Fachpresse die ihnen zur Verfügung gestellten Entscheidungen veröffentlichen, ist in ihr eigenes, von grundrechtlicher Freiheit geschütztes Belieben gestellt. Die Medien sind keine in Pflicht genommenen Publizitätsgehilfen der Dritten Gewalt. Problematisch ist das namentlich bei den rechtsfortbildenden Judikaten speziell der obersten Bundesgerichte. Wenn ihrer Publikation eine ähnliche Bedeutung wie der Bekanntmachung von Rechtsnormen zugeschrieben wird, stellt sich die Frage, ob die Entscheidung über diese Publikation Dritten überlassen werden darf. Bei Rechtsnormen jedenfalls wäre das nicht möglich.

Dagegen läßt sich zwar einwenden, daß die Veröffentlichung grundlegender Entscheidungen durch die Fachpresse sowie durch die Massenmedien als sicher angenommen werden darf. Die formelle Publizität in einem vorgeschriebenen Veröffentlichungsorgan vermag dies jedoch nicht zu ersetzen. Auch die „amtlichen" Entscheidungssammlungen beseitigen die insofern bestehenden Publizitätsdefizite allenfalls zum Teil. Abgesehen davon, daß es sich bei ihnen trotz ihrer Bezeichnung gerade nicht um offizielle Publikationsorgane der Gerichte als solche handeln muß, beinhalten sie nur ausgewählte Entscheidungen, so daß sie den demokratischen und rechtsstaatlichen Anforderungen nicht genügen müssen.[56] Nur beispielhaft sei auf die immer wichtiger werdende Rechtsprechung der Kammern des *Bundesverfassungsgerichts* hingewiesen. Diese Spruchkörper entscheiden heute in etlichen Fällen, die früher ein Senat entschieden hätte. In die „amtliche" Entscheidungssammlung (BVerfGE) werden ihre Entscheidungen jedoch regelmäßig nicht aufgenommen.[57] Daß die vom „Verein der Richter des Bundesverfassungsgerichts e.V." herausgegebene Sammlung von Kammerentscheidungen (BVerfGK) seit 2004 partielle Abhilfe schafft, ändert an der prinzipiellen Problematik nichts.

cc) Entscheidungssammlungen im Internet als denkbares Publikationsmittel

Eine denkbare Lösung dieses Problems liegt in der Bereitstellung gerichtlicher Entscheidungen durch eigene Internet-Angebote der Gerichte.[58] Das vergleichs-

---

[56] So auch *Berkemann*, VerwArch. Bd. 87 (1996), S. 375.

[57] Kritisch dazu *Benda*, NJW 2001, 2948. – Gem. § 31 Abs. 1, 2 GeschOBVerfG werden grundsätzlich Plenar- und Senatsentscheidungen aufgenommen, Kammerbeschlüsse nur ausnahmsweise (§ 31 Abs. 3 GeschOBVerfG).

[58] *Kuß*, Öffentlichkeitsmaxime der Judikative und das Verbot von Fernsehaufnahmen im Gerichtssaal, 1999, S. 264f.; s. auch *Greger*, in: Zöller, ZPO, 25. Aufl. 2005, § 299 Rdnr. 7.

weise neue Medium ermöglicht es der Rechtsprechung nicht nur, ihre Entscheidungen den Medien zeitnah und einheitlich zugänglich zu machen. Jedenfalls unter der Voraussetzung einer entsprechenden Aufbereitung der Judikate[59] stellte es zugleich eine sichere und authentische Informationsquelle für jedermann dar, mit der sich die gesamte Rechtsprechung eines Gerichts erfassen läßt.

Angesichts der erforderlichen finanziellen und organisatorischen Ressourcen wird man der Verfassung freilich keine unmittelbare Pflicht der Gerichte entnehmen können, ein derartiges Angebot zu etablieren.[60] Gefordert ist vielmehr der Gesetzgeber, der die Statuierung einer umfassenden Publikationspflicht im Internet zumindest in Betracht ziehen sollte. Ein unangemessener Kostenaufwand jedenfalls stünde heute nicht mehr zu befürchten.[61] Soweit die Kapazitäten einzelner Gerichte für die Bereitstellung und die Pflege derartiger Angebote nicht ausreichen, kommen auch zentrale Lösungen in Betracht.[62]

c) Entgegenstehende Gesichtspunkte

Inhaltlich begrenzt wird die verfassungsrechtliche Veröffentlichungspflicht durch Rechtspositionen, die einer Publikation der jeweiligen Entscheidung entgegenstehen. Dafür kommen beispielsweise staatliche Geheimhaltungsinteressen in Betracht, weiter Betriebs- und Geschäftsgeheimnisse sowie vor allem die Persönlichkeitsrechte Prozeßbeteiligter und Dritter.[63] Ob diesen Gesichtspunkten bei der Erstellung der herausgabefähigen Fassung einer Entscheidung Rechnung getragen werden kann oder ob sie einer Veröffentlichung insgesamt entgegenstehen, läßt sich nur im Einzelfall entscheiden.

Regelmäßig wird man jedenfalls annehmen können, daß eine (zu Recht) öffentlich verkündete Entscheidung schriftlich publiziert werden darf, wenn auch ggf. in anonymisierter und neutralisierter Form. Der Umkehrschluß ist nicht möglich. Das nichtöffentlich verkündete Strafurteil gegen einen Jugendlichen

---

[59] Vgl. *Huff*, NJW 2004, 405 f.

[60] So aber *Tiedemann*, NVwZ 1997, 1188.

[61] Ebenso *Voßkuhle/Sydow*, JZ 2002, 680. Generell stellen die vergleichsweise geringen Kosten der Kommunikation über das Internet einen zentralen Grund dafür dar, daß dieses eine wesentliche technische Grundlage der Herstellung von Öffentlichkeit (geworden) ist. Dazu in anderem Zusammenhang *Greszick*, in: Depenheuer (Hrsg.), Öffentlichkeit und Vertraulichkeit: Theorie und Praxis der politischen Kommunikation, 2001, S. 44. Ob die Kostenvorteile dauerhaft bestehen bleiben, erscheint angesichts bereits zu beobachtender Kommerzialisierungstendenzen jedoch nicht frei von Zweifeln. Dazu *Hoffmann-Riem*, Der Staat Bd. 42 (2003), S. 207.

[62] Näher *Bergmann*, DRiZ 2001, 288. Zu früheren Überlegungen, ob sich eine einheitliche Entscheidungssammlung herausgeben lasse, *Grundmann*, DVBl. 1966, 57. Zu Rechtsfragen der Aufgaben- und Organisationsprivatisierung in diesem Zusammenhang *Berkemann*, VerwArch. Bd. 87 (1996), S. 378 ff.

[63] Urheberrechtlichen Schutz genießen gerichtliche Entscheidungen nach § 5 Abs. 1 UrhG hingegen nicht. S. dazu auch BVerwGE 104, 105 (109 f.). Zur Verfassungsmäßigkeit von § 5 Abs. 1 UrhG *Arnold*, ZUM 1999, 283 ff.

beispielsweise wird in etlichen Fällen anonym publiziert werden können, ohne den Zweck der nichtöffentlichen Verkündung zu konterkarieren.

Im übrigen muß die Anonymisierung der zu publizierenden Entscheidungen[64] keinesfalls stets rechtlich geboten sein.[65] Je nach Lage des Falles kann gerade die Kenntnis von konkreten Beteiligten eines Verfahrens zur rechtlichen Orientierung der Bürger beitragen. So liegen die Dinge namentlich dann, wenn eine Entscheidung ohne die namentliche Nennung der Beteiligten unverständlich ist. Zudem sind Fälle denkbar, in denen keinerlei Geheimhaltungsbedürfnis besteht.[66] Außerdem ist es ebenso wie im Hinblick auf Rundfunkaufnahmen in der Verhandlung auch im Hinblick auf die namentliche Kennzeichnung der Beteiligten in der Entscheidung vorstellbar, daß den Rechten der Prozeßbeteiligten ein überwiegendes Informationsinteresse der Allgemeinheit gegenübersteht.[67]

IV. Die Frage nach einem korrespondierenden subjektiven Anspruch

Angesichts der insgesamt eher unscharfen Konturen der unmittelbar aus dem Grundgesetz hergeleiteten gerichtlichen Publikationspflicht erscheint ein korrespondierender subjektiver Anspruch einzelner Medien, mit Entscheidungen beliefert zu werden, erst recht zweifelhaft.

Jedenfalls vermag es nicht zu überzeugen, wenn ein entsprechender Anspruch unmittelbar aus der vom *Bundesverwaltungsgericht* statuierten Pflicht zur Veröffentlichung abgeleitet wird.[68] Schon die Begründung der Publikationspflicht mit objektiven Staatsstrukturprinzipien spricht für eine bloß objektive Rechtspflicht, der kein subjektives Recht gegenübersteht.[69]

Allerdings kann sich aus dem Gleichheitssatz ein mittelbarer Anspruch der Medien ergeben. Wenn und soweit ein Gericht einzelne Medien mit Entscheidungsabschriften versorgt, haben die übrigen Medien ein Recht auf Gleichbe-

---

64 Nach *Hirte*, NJW 1988, 1702, ist die Anonymisierung erst seit der Volkszählungsentscheidung (BVerfGE 65, 1 ff.) üblich. S. jedoch *Jauernig*, in: FS für Eduard Bötticher, 1969, S. 219 f., wonach diese Praxis auch früher allgemein geübt wurde.

65 Zutreffend *Rosenberg/Schwab/Gottwald*, Zivilprozessrecht, 16. Aufl. 2004, § 21 Rdnr. 23; *Endemann*, in: FS für Wolfgang Zeidler, Bd. 1, 1987, S. 426 f.

66 Näher *Jauernig*, in: FS für Eduard Bötticher, 1969, S. 220 ff.

67 *Hirte*, NJW 1988, 1702 f. S. auch die Lösung von *Jauernig*, in: FS für Eduard Bötticher, 1969, S. 231 ff., die sich am Schutz der widerstreitenden Interessen durch die Vorschriften über den Ausschluß der Öffentlichkeit aus der Verhandlung orientiert.

68 So aber *Tiedemann*, NVwZ 1997, 1187, nach dem jedermann – also nicht nur die Medien – einen voraussetzungslosen Anspruch auf Überlassung einer Urteilsabschrift haben soll. Ebenso *Rengier*, in: Alternativ-Entwurf Strafjustiz und Medien (AE-StuM), 2004, S. 140 (Zusendung dürfe nur von der Tragung der Kosten abhängig gemacht werden).

69 Zu den Bedenken gegen die Aufladung von Staatsstrukturprinzipien mit subjektiven Rechten s. bereits oben Teil 2 D.III.1.b), S. 132 f.

handlung. Konsequenterweise spricht denn auch das *Bundesverwaltungsgericht* gerade nicht von einem Anspruch der Medien auf Belieferung mit Entscheidungen, sondern von einem auf Art. 3 Abs. 1 GG i. V. m. Art. 5 Abs. 1 S. 2 GG gestützten Anspruch auf *gleichzeitige* Belieferung.[70] Ein Recht auf die Überlassung einer Entscheidung, von deren Herausgabe ein Gericht vollständig abgesehen hat, ergibt sich daraus nicht.

Anders fällt die Beurteilung aus, wenn man annimmt, auf eine ermessensfehlerfreie Entscheidung des Gerichts über die Herausgabe einer Abschrift habe aus allgemeinen rechtsstaatlichen Erwägungen heraus jedermann einen Anspruch, der sich im Einzelfall zumindest im Hinblick auf anonymisierte Abschriften durch eine Ermessensreduktion auf Null zu einem subjektiven Recht auf Erteilung einer Abschrift verdichten könne.[71] Diese Überlegung läßt sich dem Grunde nach auch für die Medien nutzbar machen. Freilich bedarf es insofern des unmittelbaren Rückgriffs auf übergreifende Verfassungsprinzipien meist nicht. Vielmehr können die Medien ihr Begehren nach Urteilsabschriften regelmäßig auf einfach-gesetzliche Vorschriften stützen.

[70] BVerwGE 104, 105 (112) (Hervorhebung nur hier); ebenso OLG Celle NJW 1990, 2570 (2571); OVG Bremen NJW 1989, 926 (927).

[71] So OLG Celle NJW 1990, 2570 (2571); zustimmend *Wenzel*, in: Löffler, Presserecht, 4. Aufl. 1997, § 4 LPG Rdnr. 163.

B. Auskunftsansprüche und Akteneinsichtsrechte der Medien

Damit sind Auskunftsrechte der Medien gegenüber der Rechtsprechung sowie die Möglichkeit der Einsicht in Gerichtsakten angesprochen. Im Gesamtkontext des medialen Zugangs zur Rechtsprechung haben sie eine im wesentlichen ergänzende und flankierende Funktion. Zum einen können die Medien ihren Informationsbedarf durch die Teilnahme an mündlichen Verhandlungen, durch die Veröffentlichung einer großen Zahl von gerichtlichen Entscheidungen sowie durch eine seit einigen Jahren verstärkte aktive Informationstätigkeit der Dritten Gewalt[72] in weitem Umfang aus anderen Quellen decken. Zum anderen setzen gezielte Informationsbegehren regelmäßig die Kenntnis voraus, daß ein bestimmtes Verfahren stattfindet oder stattgefunden hat.

Rechte auf Auskunft und Möglichkeiten der Akteneinsicht sehen neben medienspezifischen Regelungen solche Vorschriften vor, auf die sich jedermann berufen kann. Daß sich der Anwendungsbereich der einzelnen Rechtsgrundlagen partiell überschneidet, führt zu Abgrenzungsfragen.

I. Der medienspezifische Auskunftsanspruch

Um ihrer grundrechtlich geschützten Berichterstattungsaufgabe nachkommen zu können, sind die Medien auf die Beschaffung von Informationen angewiesen. Dabei dürfen sie nicht allein auf allgemein zugängliche Informationsquellen i. S. v. Art. 5 Abs. 1 HS 2 GG verwiesen werden. Die jedermann zustehende allgemeine Informationsfreiheit trägt dem spezifischen Informationsbedürfnis der Medien nur unzureichend Rechnung. Die Medien sollen sich nicht darauf beschränken müssen, allgemein zugängliche Quellen auszuschöpfen. Ihre Funktion ist es gerade, derartige Quellen selber zu schaffen.[73]

Aus diesem Grund erstreckt sich bereits der grundgesetzliche Schutz der Medienfreiheiten auf die Informationsbeschaffung aus nicht allgemein zugänglichen Quellen. Zudem statuiert das einfach-gesetzliche Medienrecht sämtlicher

---

[72] Dazu unten Teil 6 C., S. 512 ff.

[73] *Burkhardt*, in: Wenzel, Das Recht der Wort- und Bildberichterstattung, 5. Aufl. 2003, 10. Kapitel Rdnr. 1.

Länder jedenfalls zugunsten der Presse einen gerade im Hinblick auf derartige Quellen relevanten[74] Auskunftsanspruch gegenüber Behörden.

Vorab ist der Hinweis veranlaßt, daß sich der Umfang des Auskunftsanspruchs sowie seine Grenzen in den Mediengesetzen der einzelnen Länder in einer Vielzahl von Punkten unterscheiden.[75] Diese Details im einzelnen nachzuzeichnen, muß der einschlägigen Kommentarliteratur vorbehalten bleiben. Die folgenden Überlegungen konzentrieren sich auf zentrale Aspekte, die ungeachtet der Besonderheiten des jeweiligen Landesrechts von Bedeutung sind.

Nach den mit dieser Maßgabe sachlich im wesentlichen übereinstimmenden Pressegesetzen der Länder sind die Behörden – meist nach § 4 Abs. 1 LPG – dazu verpflichtet, den Vertretern der Presse die der Erfüllung ihrer öffentlichen Aufgabe dienenden Auskünfte zu erteilen.

1. Die Inhaber des Anspruchs

Inhaber dieses Anspruchs ist die gesamte Presse[76] unabhängig von der Qualität oder gar der Seriosität des jeweiligen Produkts.[77] In den meisten Ländern steht der Anspruch darüber hinaus auf Grund spezieller Vorschriften in den Landespressegesetzen bzw. auf Grund entsprechender Anspruchsgrundlagen der Landesmediengesetze auch dem Rundfunk zu.[78] Wo derartige Regelungen fehlen – das ist etwa in Bayern und im Saarland der Fall –, hat der Rundfunk keinen einfach-gesetzlichen Auskunftsanspruch.[79] Das wirkt sich angesichts einer umfangreichen staatlichen Informationstätigkeit meist nicht aus.[80] Gleichwohl besteht insoweit eine Regelungslücke, die sich de lege lata nur durch die Annahme eines verfassungsunmittelbaren Auskunftsanspruchs aus Art. 5 Abs. 1 S. 2 GG schließen läßt.[81]

Ob ein derartiger Anspruch besteht, wird kontrovers beurteilt. Für seine Existenz läßt sich anführen, daß der Rundfunk andernfalls seiner „öffentlichen

---

[74] *Löffler/Ricker*, Handbuch des Presserechts, 4. Aufl. 2000, 18. Kapitel Rdnr. 4. – Zur aktuellen Bedeutung des Anspruchs vgl. *Hutschenreuther-von Emden*, NVwZ-Beilage II/2001, 37: Gegenstand etlicher presserechtlicher Streitigkeiten.

[75] Näher zu den einzelnen Regelungen *Wenzel*, in: Löffler, Presserecht, 4. Aufl. 1997, § 4 LPG Rdnrn. 1 ff.

[76] Zu der im einzelnen schwierigen Bestimmung, wer den Anspruch geltend machen kann, s. *Soehring*, Presserecht, 3. Aufl. 2000, Rdnrn. 4.9 ff.; *Löffler/Ricker*, Handbuch des Presserechts, 4. Aufl. 2000, 19. Kapitel Rdnr. 4.

[77] *Groß*, DÖV 1997, 136; *Wenzel*, in: Löffler, Presserecht, 4. Aufl. 1997, § 4 LPG Rdnr. 39; *Löffler/Ricker*, Handbuch des Presserechts, 4. Aufl. 2000, 19. Kapitel Rdnrn. 7 f.

[78] Ebenso § 15 MDStV. Näher zu den Rechtsgrundlagen *Burkhardt*, in: Wenzel, Das Recht der Wort- und Bildberichterstattung, 5. Aufl. 2003, 10. Kapitel Rdnr. 2.

[79] *Wenzel*, in: Löffler, Presserecht, 4. Aufl. 1997, § 4 LPG Rdnr. 13.

[80] *Wenzel*, in: Löffler, Presserecht, 4. Aufl. 1997, § 4 LPG Rdnr. 15.

[81] *Soehring*, Presserecht, 3. Aufl. 2000, Rdnr. 4.8.

Aufgabe" nicht nachkommen könnte.[82] Gleichwohl lehnt die überwiegende Auffassung einen derartigen Anspruch zu Recht ab. Die Regelung von Auskunftsansprüchen muß aus Gründen der Rechtssicherheit und der Gewaltenteilung dem einfachen Gesetzgeber überlassen bleiben.[83]

Dahinstehen kann hier, ob die Medienfreiheiten – konkret: die Rundfunkfreiheit – für den Fall der Untätigkeit des Gesetzgebers zumindest einen Anspruch auf einen „Minimalstandard" an Information unmittelbar garantieren.[84] Speziell mit Blick auf die Rechtsprechung ermöglicht bereits die prinzipielle Öffentlichkeit mündlicher Verhandlungen das insofern allenfalls zu fordernde Quantum an Zugangsmöglichkeiten.

2. Inhalt und Grenzen des Anspruchs

§ 4 Abs. 1 LPG verpflichtet die Behörde nicht dazu, die Medien aus eigener Initiative zu informieren. Die Auskunftspflicht wird erst durch eine gezielte Anfrage ausgelöst,[85] die keiner Begründung bedarf[86] und für die keine feste Form vorgegeben ist; sie kann auch telefonisch erfolgen.[87] Die Anfrage muß lediglich hinreichend konkret sein.[88] Der Auskunftsanspruch ist – vorbehaltlich seiner sogleich zu erörternden Grenzen – umfassend.[89] Freilich bezieht er sich nur auf Tatsachen. Die Äußerung von Wertungen kann nicht verlangt werden.[90]

Die Auskunft muß inhaltlich sachgerecht, vollständig und wahr sein.[91] Über ihre Form darf die Behörde grundsätzlich frei entscheiden.[92] Jedoch ist sie

---

[82] So für die Presse *Groß*, DÖV 1997, 134 ff.; *Löffler*, NJW 1964, 2278; *Soehring*, Presserecht, 3. Aufl. 2000, Rdnrn. 1.10, 4.3; *Tettinger*, ZUM 1986, 502; *Jerschke*, Öffentlichkeitspflicht der Exekutive und Informationsrecht der Presse, 1971, S. 223 ff. Auf Grund der Auskunftsansprüche in den Landespressegesetzen geht es hinsichtlich der Presse im wesentlichen um die Frage, ob die Regelungen des einfachen Rechts konstitutiver Natur sind oder ob sie einen schon aus der Verfassung ableitbaren Anspruch nur konkretisieren.

[83] BVerwGE 70, 310 (311 ff.) (mit zahlreichen Nachweisen pro et contra); 85, 283 (284 f.); VGH Mannheim NVwZ 1998, 987 (990); OVG Bremen NJW 1989, 926 f.; *Martens*, Öffentlich als Rechtsbegriff, 1969, S. 67; *Starck*, AfP 1978, 173 ff.

[84] *Hoffmann-Riem*, in: AK-GG, Art. 5 Rdnr. 113; *Jarass*, DÖV 1986, 722; offengelassen von BVerwGE 70, 310 (313). Für einen derartigen Anspruch gerade im Hinblick auf den teilweise fehlenden einfachrechtlichen Informationsanspruch des Rundfunks *Wenzel*, in: Löffler, Presserecht, 4. Aufl. 1997, § 4 LPG Rdnr. 20, der unter Hinweis auf Art. 3 Abs. 1 GG sogar annimmt, dem Rundfunk komme im Ergebnis der gleiche Anspruch wie der Presse zu.

[85] *Jarass*, DÖV 1986, 722; *Wenzel*, in: Löffler, Presserecht, 4. Aufl. 1997, § 4 LPG Rdnr. 73; *Fechner*, Medienrecht, 5. Aufl. 2004, Rdnr. 727.

[86] *Weberling*, AfP 2003, 304.

[87] Näher *Wenzel*, in: Löffler, Presserecht, 4. Aufl. 1997, § 4 LPG Rdnr. 75.

[88] *Weberling*, AfP 2003, 305.

[89] *Wenzel*, in: Löffler, Presserecht, 4. Aufl. 1997, § 4 LPG Rdnr. 12.

[90] OVG Münster NJW 1995, 2741 (2742); *Soehring*, Presserecht, 3. Aufl. 2000, Rdnr. 4.40.

[91] *Wenzel*, in: Löffler, Presserecht, 4. Aufl. 1997, § 4 LPG Rdnr. 82.

[92] *Weberling*, AfP 2003, 305.

zu einer auch formal sachgerechten Antwort verpflichtet,[93] so daß sich der Auskunftsanspruch in komplizierten Fällen zu einem Recht auf Akteneinsicht verdichten kann.[94]

Der Auskunftsanspruch besteht nicht unbegrenzt. Soweit durch die Erteilung der Auskunft die sachgemäße Durchführung eines schwebenden Verfahrens vereitelt, erschwert, verzögert oder gefährdet werden könnte, soweit Vorschriften über die Geheimhaltung entgegenstehen oder soweit ein überwiegendes öffentliches oder schutzwürdiges privates Interesse verletzt würde, kann die Behörde – meist nach § 4 Abs. 2 LPG – die Auskunft verweigern. Die Entscheidung, von dem Weigerungsrecht Gebrauch zu machen, steht im Ermessen der Behörde, bei dessen Ausübung sie die für und wider die Auskunftserteilung sprechenden Gesichtspunkte sachgerecht gegeneinander abzuwägen hat.[95]

3. Gerichte als Adressaten des Auskunftsanspruchs

Daß sich der einfachrechtliche Anspruch gerade gegen Behörden richtet, steht seiner Anwendung im hier interessierenden Zusammenhang nicht entgegen. Behörde im Sinne des Auskunftsrechts ist jede in den Organismus der Staatsverwaltung eingeordnete organisatorische Einheit von Personen und sachlichen Mitteln, die mit einer gewissen Selbständigkeit ausgestattet dazu berufen ist, unter öffentlicher Autorität für die Erreichung der Zwecke des Staates oder von ihm geförderter Zwecke tätig zu sein.[96] Unter diesen Begriff, der auch für das Auskunftsrecht gilt,[97] fällt jedenfalls die Gerichtsverwaltung, was etwa bei Anfragen zur Tätigkeitsstatistik des Gerichts von Bedeutung ist. Aber auch in ihrer rechtsprechenden Funktion sind Gerichte nach allgemeiner Auffassung Adressaten des Auskunftsanspruchs.[98]

Verweigert ein Gericht die begehrte Information, so kann der Auskunftsanspruch auf dem Rechtsweg durchgesetzt werden. Zuständig sind grundsätzlich die Verwaltungsgerichte nach § 40 Abs. 1 VwGO. Sofern es sich bei dem nicht auskunftsbereiten Gericht jedoch um ein Zivil- oder um ein Strafgericht handelt,

---

[93] *Wenzel*, in: Löffler, Presserecht, 4. Aufl. 1997, § 4 LPG Rdnr. 80.

[94] VG Hannover AfP 1984, 60 (61 f.); VG Cottbus AfP 2002, 360 (361); *Löffler/Ricker*, Handbuch des Presserechts, 4. Aufl. 2000, 19. Kapitel Rdnr. 2; *Weberling*, AfP 2003, 305.

[95] *Wenzel*, in: Löffler, Presserecht, 4. Aufl. 1997, § 4 LPG Rdnr. 90.

[96] BVerfGE 10, 20 (48).

[97] *Löffler/Ricker*, Handbuch des Presserechts, 4. Aufl. 2000, 19. Kapitel Rdnr. 10; *Herrmann/Lausen*, Rundfunkrecht, 2. Aufl. 2004, Rdnr. 45.

[98] *Groß*, DÖV 1997, 142; *Wenzel*, in: Löffler, Presserecht, 4. Aufl. 1997, § 4 LPG Rdnr. 56; *Soehring*, Presserecht, 3. Aufl. 2000, Rdnr. 4.18; *Jarass*, DÖV 1986, 722; *Knoblich*, in: Symposion zum Ausscheiden von Dieter Grimm aus dem Bundesverfassungsgericht, 2000, S. 11; *Prinz*, in: FS für Manfred Engelschall, 1996, S. 246; a.A. *Stober*, DRiZ 1980, 11 f.

wird die Entscheidung über das Auskunftsbegehren nach § 23 Abs. 1 EGGVG von den ordentlichen Gerichten getroffen.[99]

4. Die Reichweite des Auskunftsanspruchs der Medien gegenüber Gerichten

a) Denkbare Gegenstände von Auskunftsbegehren

Dieses Auskunftsrecht läßt sich von den Medien auf vielfältige, im folgenden nur beispielhaft skizzierte Weise nutzbar machen. Gegenstand eines Auskunftsbegehrens können die Zeit bzw. der Ort einer anstehenden mündlichen Verhandlung in einem bestimmten Verfahren sein.[100] Medienvertreter haben auf diese Weise die Möglichkeit, die unzureichenden Anforderungen an die Ankündigung mündlicher Verhandlungen[101] zumindest zum Teil zu kompensieren. Auch Details zum Gegenstand einzelner Verfahren, die speziell im Zivilprozeß allein aus der mündlichen Verhandlung vielfach kaum erkennbar sind, lassen sich erfragen. Besondere Bedeutung kommt der – aus Gründen der Aktualität häufig telefonischen – Abfrage des Ausgangs bestimmter Verfahren zu.[102] Vor allem aber kann auf die Vorschriften über den Auskunftsanspruch – unabhängig von der Möglichkeit, sich in der mündlichen Verhandlung zu informieren –[103] die Anforderung einer Urteilsabschrift gestützt werden.[104] Die fachliche Bewertung einer Entscheidung durch die Medien setzt prinzipiell die Kenntnis des exakten und vollständigen Wortlauts voraus. Daher ist die *sachgerechte* Beantwortung eines Auskunftsbegehrens über den Inhalt einer gerichtlichen Entscheidung regelmäßig nur durch die Überlassung einer Abschrift möglich.[105]

b) Auskunftsverweigerungsrechte der Gerichte

Auch Konstellationen, in denen die begehrte Auskunft verweigert werden darf, lassen sich hier nur exemplarisch benennen. Der Versagungsgrund der Beeinträchtigung eines laufenden Verfahrens ist zwar restriktiv auszulegen, um

---

[99] OLG Stuttgart AfP 1992, 291 (292); *Wenzel*, in: Löffler, Presserecht, 4. Aufl. 1997, § 4 LPG Rdnr. 168; eher für den Verwaltungsrechtsweg aber *Groß*, DÖV 1997, 143. Für den Verwaltungsrechtsweg auch VG Berlin NJW 2001, 3799 f., für einen gegen die Berliner Senatsverwaltung für Justiz gerichteten Anspruch auf Auskunft in einem Strafverfahren.

[100] *Wenzel*, in: Löffler, Presserecht, 4. Aufl. 1997, § 4 LPG Rdnr. 56.

[101] Oben Teil 2 C.II.2., S. 106 ff.

[102] *Knoblich*, in: Symposion zum Ausscheiden von Dieter Grimm aus dem Bundesverfassungsgericht, 2000, S. 12 f.

[103] *Soehring*, Presserecht, 3. Aufl. 2000, Rdnr. 4.60.

[104] *Huff*, NJW 1997, 2652 mit Fn. 14; *Huff*, NJW 2004, 406; *Soehring*, Presserecht, 3. Aufl. 2000, Rdnr. 4.60; a.A. *Wenzel*, in: Löffler, Presserecht, 4. Aufl. 1997, § 4 LPG Rdnr. 163.

[105] Ebenso VG Cottbus AfP 2002, 360 (361), zu einem Auskunftsanspruch über den Inhalt eines Gutachtens.

Auskünfte vor Verfahrensabschluß nicht generell auszuschließen.[106] Freilich ist zumindest im Strafverfahren darauf zu achten, daß Auskünfte nicht dem Ergebnis der Hauptverhandlung vorgreifen oder den Anspruch auf ein faires Verfahren gefährden.[107] Eine der Auskunftserteilung entgegenstehende Geheimhaltungsvorschrift speziell für die Rechtsprechung ist das Beratungs- u. Abstimmungsgeheimnis nach § 43 DRiG.[108]

Von besonderer Bedeutung ist die Möglichkeit eines Gerichts, die Auskunft zu verweigern, soweit ein überwiegendes öffentliches oder ein schutzwürdiges privates Interesse verletzt würde. Für die insofern erforderliche Abwägung des Informationsinteresses der Allgemeinheit mit den der Auskunftserteilung entgegenstehenden Interessen[109] lassen sich ungeachtet der Bedeutung des Einzelfalls einige generelle Orientierungspunkte ausmachen.

So werden Auskünfte über ohnehin öffentlich zugängliche Fakten regelmäßig[110] keine entgegenstehenden Belange verletzen. Daher muß beispielsweise ein öffentlich verkündeter Urteilsspruch an die Medien weitergegeben werden.[111] Anders kann die Situation namentlich dann zu beurteilen sein, wenn sich die Anfrage auf ein Verfahren bezieht, in dem noch keine (öffentliche) Verhandlung stattgefunden hat.[112] In jedem Fall ist freilich zu beachten, daß der unmittelbar maßgebliche Bezugspunkt für die Verletzung entgegenstehender Interessen die *Erteilung* der Auskunft ist, nicht ihre spätere *Verwendung*. Aus der Rechtswidrigkeit einer vollständigen Weiterverbreitung der erteilten Auskünfte durch die Medien – etwa wegen einer Verletzung von Persönlichkeitsrechten – darf jedenfalls nicht ohne weiteres auf ein Recht oder gar auf eine Pflicht des Gerichts zur Verweigerung der Auskunft geschlossen werden.[113] Zwar kann schon die

---

[106] *Jarass*, DÖV 1986, 722.

[107] Vgl. Nr. 23 Abs. 1 RiStBV; ähnlich *Roxin*, in: FS 30 Jahre Münchener Juristische Gesellschaft, 1996, S. 107 ff.; *B.-D. Meier*, in: FS für Hans-Ludwig Schreiber, 2003, S. 341 (zu § 477 Abs. 2 S. 1 StPO). Anders *Knoblich*, in: Symposion zum Ausscheiden von Dieter Grimm aus dem Bundesverfassungsgericht, 2000, S. 11: Der Grund wird im Zusammenhang mit Gerichtsverfahren regelmäßig nicht eingreifen.

[108] *Soehring*, Presserecht, 3. Aufl. 2000, Rdnr. 4.47; *Wenzel*, in: Löffler, Presserecht, 4. Aufl. 1997, § 4 LPG Rdnr. 100. *Groß*, DÖV 1997, 138, versteht § 43 DRiG sogar als absolutes Schweigegebot, in dessen Anwendungsbereich ein Auskunftsanspruch von vornherein nicht besteht.

[109] *Weberling*, AfP 2003, 305.

[110] Zur ausnahmsweise vorstellbaren Geheimhaltungsbedürftigkeit trotz öffentlicher Verhandlung s. *Endemann*, in: FS für Wolfgang Zeidler, Bd. 1, 1987, S. 425.

[111] Freilich können in der schriftlichen Urteilsfassung Details enthalten sein, die nicht öffentlich verkündet wurden. S. dazu OLG Stuttgart AfP 1992, 291 (292).

[112] *Knoblich*, in: Symposion zum Ausscheiden von Dieter Grimm aus dem Bundesverfassungsgericht, 2000, S. 12 f. – Gegen die Annahme einer geringeren Schutzbedürftigkeit von Tatsachen, die in einer öffentlichen Verhandlung erörtert wurden, *Mallmann*, DRiZ 1987, 378.

[113] So aber *Wenzel*, in: Löffler, Presserecht, 4. Aufl. 1997, § 4 LPG Rdnr. 112. Wie hier dagegen VG Berlin NJW 2001, 3799 (3801 f.): Nicht Aufgabe der auskunftsverpflichteten Behörde, zu prüfen, ob eine Auskunft durch die Presse unverändert veröffentlicht werden darf.

Informationsweitergabe an die Medien eine eigenständige Rechtsverletzung darstellen. Zwingend ist dies nicht. Die Erteilung der Auskunft entbindet die Medien nicht von der Verantwortung, auf die Rechtmäßigkeit ihrer Veröffentlichungen selbst zu achten.[114] Insofern muß hier dasselbe gelten wie für das Verbot von Bildaufnahmen auf Grund der Sitzungspolizei bzw. des Hausrechts:[115] Zwingend ist allein der Schluß, daß die Medien nicht an der Informationsaufnahme gehindert werden dürfen, soweit die Weiterverbreitung der Information rechtmäßig wäre. Dagegen kann die Rechtswidrigkeit der Weiterverbreitung Restriktionen der Informationsaufnahme rechtfertigen; sie muß dies jedoch nicht in jedem Fall tun.

Im übrigen werden private Interessen regelmäßig durch die Anonymisierung von Informationen hinreichend geschützt.[116] Da das Recht zur Auskunftsverweigerung nur im Umfang der zu befürchtenden Verletzungen besteht („soweit"), darf die Zusendung einer anonymisierten Entscheidung allenfalls in extremen Ausnahmefällen abgelehnt werden.[117] Angesichts der ohnehin bestehenden objektiven Publikationspflicht der Gerichte stellt insbesondere der für die Erstellung einer derartigen Fassung erforderliche gerichtsinterne Aufwand keinen Verweigerungsgrund dar.

II. Akteneinsicht und Auskunft auf Grund der Prozeßordnungen

Eine weitere Facette gerichtlicher Öffentlichkeit stellen die in den meisten Prozeßordnungen vorgesehenen Möglichkeiten der Akteneinsicht durch Dritte und der Auskunft an Dritte dar. Es handelt sich um allgemeine, jedermann betreffende Regelungen. Im hier untersuchten Zusammenhang steht die Frage im Vordergrund, ob bzw. in welchem Umfang auch die Medien von diesen nicht speziell auf sie zugeschnittenen Möglichkeiten profitieren können.

Dieser Frage gehen die folgenden Überlegungen zunächst am Beispiel von § 299 Abs. 2 ZPO nach. Die Vorschrift gilt nicht allein für die Zivilgerichtsbarkeit, sondern jedenfalls auch für die Arbeitsgerichtsbarkeit[118] sowie – nach freilich umstrittener Auffassung – auch für die Verwaltungsgerichte.[119] Sonderfragen

---

[114] *Weberling*, AfP 2003, 305; *Knoblich*, in: Symposion zum Ausscheiden von Dieter Grimm aus dem Bundesverfassungsgericht, 2000, S. 16.

[115] Oben Teil 5 E.IV.2.b)aa), S. 448 ff.

[116] *Endemann*, in: FS für Wolfgang Zeidler, Bd. 1, 1987, S. 425, weist zu Recht darauf hin, daß in der Praxis Informationen gelegentlich in weiterem Umfang anonymisiert werden, als es verfassungsrechtlich geboten wäre.

[117] So auch *Huff*, in: FS 200 Jahre Badisches Oberhofgericht, 2003, S. 246; *Huff*, NJW 2004, 406: Nur bei überragenden Geheimhaltungsinteressen.

[118] *Haertlein*, ZZP Bd. 114 (2001), S. 447.

[119] Für die Geltung von § 299 Abs. 2 ZPO über § 173 VwGO *Kopp/Schenke*, VwGO, 13. Aufl. 2003, § 100 Rdnr. 2; *H. Geiger*, in: Eyermann, VwGO, 11. Aufl. 2000, § 100 Rdnr. 3; *Endemann*, in: FS für Wolfgang Zeidler, Bd. 1, 1987, S. 423. Die Gegenauffassung (*Redeker/v. Oertzen*, VwGO, 14. Aufl. 2004, § 100 Rdnr. 2; *Hartmann*, in: Baumbach/Lauterbach/Albers/

werfen die danach behandelten umfassenden Regelungen der §§ 475 ff. StPO auf. Die so gewonnenen Erkenntnisse sind exemplarischer Natur; sie lassen sich mutatis mutandis auf vergleichbare Regelungen in anderen Prozeßordnungen[120] – hingewiesen sei etwa auf §§ 35 a ff. BVerfGG –[121] übertragen.

1. Akteneinsicht nach § 299 Abs. 2 ZPO

a) Der Regelungsgehalt

Nach § 299 Abs. 2 ZPO kann Dritten, die ein rechtliches Interesse glaubhaft machen, ohne Einwilligung der Parteien Einsicht in die Akten gestattet werden.

Bloße Neugierde reicht für ein rechtliches Interesse nicht aus.[122] Prinzipiell geht der Begriff auch über ein „berechtigtes Interesse" hinaus. Er wird jedoch im hier relevanten Zusammenhang allgemein weit ausgelegt.[123] Als hinreichend gilt insbesondere ein wissenschaftliches Interesse.[124] Da einem derartigen Interesse *rechtliche* Relevanz allein durch Art. 5 Abs. 3 GG zukommt,[125] kann für die Medien im Hinblick auf Art. 5 Abs. 1 S. 2 GG nichts anderes gelten. Auch ihr Wunsch nach Informationsbeschaffung muß prinzipiell als rechtliches Interesse anerkannt werden.[126]

Unzureichend ist freilich der bloße Hinweis, die Einsicht werde für journalistische Recherchetätigkeiten benötigt. Eine gewisse Orientierung, welche Anforderungen an ein rechtliches Interesse zu stellen sind, bietet die Rechtsprechung des *Bundesverfassungsgerichts* zu den Voraussetzungen einer Einsichtnahme

---

Hartmann, ZPO, 63. Aufl. 2005, § 299 Rdnr. 31) sieht § 100 VwGO als erschöpfende Regelung an. – Jedenfalls greift § 23 Abs. 1 EGGVG, wonach ein Rechtsstreit im Fall der Versagung der Einsicht in Zivilprozeßakten vor den ordentlichen Gerichten auszutragen ist (KG NJW 1988, 1738; OLG Hamm NJW-RR 1997, 1489), beim Streit um die Gewährung von Einsicht in Akten der Verwaltungsgerichtsbarkeit nicht ein.

[120] Detailliert zu den einzelnen Regelungen *Haertlein*, ZZP Bd. 114 (2001), S. 443 ff.

[121] Vor Erlaß der §§ 35 a ff. BVerfGG wurden Anträge Dritter auf Auskunft bzw. Akteneinsicht (zu Beteiligten s. § 20 BVerfGG) nach §§ 24 Abs. 2, 5, 35 Abs. 1, 2, 35 a GeschOBVerfG behandelt. Personenbezogene Daten wurden unter den Voraussetzungen des Bundesdatenschutzgesetzes übermittelt. Dazu *Winkler*, NVwZ 1998, 1267; *E. Klein*, in: Benda/Klein, Verfassungsprozeßrecht, 2. Aufl. 2001, Rdnr. 251.

[122] *M. Huber*, in: Musielak, ZPO, 4. Aufl. 2005, § 299 Rdnr. 3; *Hartmann*, in: Baumbach/Lauterbach/Albers/Hartmann, ZPO, 63. Aufl. 2005, § 299 Rdnr. 26.

[123] *Hirte*, NJW 1988, 1699; *Reichold*, in: Thomas/Putzo, ZPO, 26. Aufl. 2004, § 299 Rdnr. 3; *M. Huber*, in: Musielak, ZPO, 4. Aufl. 2005, § 299 Rdnr. 3; *Hartmann*, in: Baumbach/Lauterbach/Albers/Hartmann, ZPO, 63. Aufl. 2005, § 299 Rdnr. 25.

[124] *Greger*, in: Zöller, ZPO, 25. Aufl. 2005, § 299 Rdnr. 6 a; *Haertlein*, ZZP Bd. 114 (2001), S. 445 f.

[125] Davon zu trennen ist die Frage, ob Art. 5 Abs. 3 GG einen verfassungsunmittelbaren Anspruch auf Akteneinsicht enthält. Gegen einen solchen Anspruch BVerwG NJW 1985, 1277 (1278); BVerfG (2. Kammer des Ersten Senats) NJW 1986, 1243.

[126] *Kopp/Schenke*, VwGO, 13. Aufl. 2003, § 100 Rdnr. 2; *Hartmann*, in: Baumbach/Lauterbach/Albers/Hartmann, ZPO, 63. Aufl. 2005, § 299 Rdnr. 4.

der Medien in das Grundbuch. Wenn das Gericht für ein „berechtigtes Interesse" nach § 12 Abs. 1 GBO verlangt, daß die Medien einen konkreten Bezug ihres Informationsinteresses zu dem betreffenden Grundstück darlegen,[127] können für das rechtliche Interesse i. S. v. § 299 Abs. 2 ZPO jedenfalls keine geringeren Anforderungen gelten. Die Medien müssen daher ein spezifisches Rechercheinteresse an der jeweiligen Akte glaubhaft machen.

Über die Gewährung der Akteneinsicht hat der Gerichtsvorstand eine Ermessensentscheidung zu treffen, bei der er die für und gegen die Einsichtnahme sprechenden Gesichtspunkte miteinander abwägen muß. Dem Recherche- bzw. Berichterstattungsinteresse der Medien können u. a. öffentliche Geheimhaltungsinteressen, das Erfordernis rationeller Aktenführung, vor allem aber persönliche Geheimhaltungsinteressen der Prozeßparteien – etwa das allgemeine Persönlichkeitsrecht, speziell das Recht auf informationelle Selbstbestimmung – gegenüberstehen. Auch Art und Umfang der begehrten Einsicht spielen eine Rolle.[128] Insofern ist namentlich zu berücksichtigen, daß § 299 Abs. 2 ZPO nicht allein die Bereitstellung der Akten zur Einsichtnahme zuläßt.[129] Die Norm gestattet auch die Übersendung von Abschriften und Fotokopien.[130] Insbesondere ermöglicht sie, dem einsichtswilligen Dritten Urteilsabschriften zuzusenden.[131] Im Fall eines entsprechend eingeschränkten Antrags der Medien wird die Ermessensentscheidung daher (ggf. auf Grund einer Ermessensreduktion auf Null) regelmäßig zu ihren Gunsten ausgehen (müssen): Für die Überlassung einer Abschrift spricht die generelle Bedeutung der Publikation gerichtlicher Entscheidungen. Umgekehrt lassen sich Geheimhaltungsinteressen regelmäßig durch Anonymisierung ausreichend schützen; im Umfang ihres Bekanntwerdens in einer vorangegangenen öffentlichen Verhandlung genießen geheimhaltungsbedürftige Tatsachen ohnehin allenfalls eingeschränkten Schutz.[132] Aussagen über weitergehende, auf vollständige Akteneinsicht zielende Begehren lassen sich nur im Einzelfall treffen.

b) Das Verhältnis zum Auskunftsanspruch der Medien

Diese Überlegungen entschärfen zugleich die Bedeutung der Frage, in welchem Verhältnis die prozeßrechtliche Möglichkeit der Akteneinsicht zum medien-

---

[127] BVerfG AfP 2000, 566 (567).

[128] *Haertlein*, ZZP Bd. 114 (2001), S. 444 f.

[129] So aber *Greger*, in: Zöller, ZPO, 25. Aufl. 2005, § 299 Rdnr. 6.

[130] OLG Celle NJW 2004, 863 f.; ebenso – wenn auch zurückhaltend – *Prütting*, in: Münchener Kommentar zur ZPO, Bd. 1, 2. Aufl. 2001, § 299 Rdnr. 25.

[131] *Keller*, NJW 2004, 413; *Hirte*, NJW 1988, 1699.

[132] Vgl. *Hirte*, NJW 1988, 1700; *Endemann*, in: FS für Wolfgang Zeidler, Bd. 1, 1987, S. 423. – Nach *Haertlein*, ZZP Bd. 114 (2001), S. 445, ist der zusätzliche Aufwand für eine erforderliche Anonymisierung ein Aspekt gegen die Gestattung von Akteneinsicht. Angesichts der Bedeutung der Entscheidungspublikation wird dies freilich nicht für die Entscheidung selber gelten können, sondern allein für den übrigen Akteninhalt.

rechtlichen Auskunftsanspruch steht. Konkret geht es darum, ob die Auffassung richtig ist, daß der Informationsanspruch der Medien aus § 4 LPG durch die Vorschriften über die Akteneinsicht begrenzt wird, so daß Auskunftsverlangen abzulehnen sind, soweit sie in der Sache auf Akteneinsicht hinauslaufen und das Prozeßrecht Dritten Akteneinsicht versagt.[133] Wenn § 299 Abs. 2 ZPO die Überlassung anonymisierter Urteilsabschriften an die Medien regelmäßig nicht verbietet,[134] erfährt der medienrechtliche Auskunftsanspruch jedenfalls für diese Variante der journalistischen Informationsbeschaffung im Ergebnis ohnehin keine zusätzliche Einschränkung.

Im übrigen begegnet es prinzipiellen dogmatischen Bedenken, die aus dem Prozeßrecht resultierenden Grenzen der Einsichtnahme ohne weiteres auf den Anspruch aus § 4 LPG zu übertragen. Es handelt sich um getrennte Regelungen, die schon deshalb nicht miteinander vermischt werden dürfen, weil sie auf unterschiedlichen Kompetenztiteln beruhen: Der Auskunftsanspruch der Medien gehört zum Kernbereich des Medienrechts, das – vorbehaltlich des hier nicht einschlägigen Art. 75 Abs. 1 S. 1 Nr. 2 GG – nach Art. 30, 70 GG in die alleinige Gesetzgebungskompetenz der Länder fällt.[135] Dagegen beruht § 299 Abs. 2 ZPO auf der Kompetenz des Bundes zur Regelung des gerichtlichen Verfahrens nach Art. 74 Abs. 1 Nr. 1, 72 Abs. 2 GG. Da sich die beiden Kompetenztitel gegenseitig ausschließen,[136] kann ein und dasselbe Informationsbegehren nicht auf § 4 Abs. 1 LPG gestützt, zugleich aber durch eine von § 4 Abs. 2 LPG nicht vorgesehene bundesrechtliche Regelung begrenzt werden.

Ein möglicher Weg zur Vermeidung des Konflikts ist bzw. wäre es, die Regelungskompetenz für Formen der Informationsbeschaffung, die sich nach den zuvor dargestellten Kriterien sowohl auf den Auskunftsanspruch als auch auf die Möglichkeit der Akteneinsicht stützen lassen, anhand der Kriterien „journalistische Informationsbeschaffung“ bzw. „Akteneinsicht bei Gericht“ allein einem der beiden Kompetenztitel zuzuordnen. Die auf den nicht einschlägigen Kompetenztitel gestützte Rechtsgrundlage wäre dann einschränkend auszulegen. Konkret heißt das: Wenn man jede Informationsbeschaffung durch Dritte, die

---

[133] So *Stober*, DRiZ 1980, 11; *Soehring*, Presserecht, 3. Aufl. 2000, Rdnr. 4.62. S. auch *Huff*, NJW 2004, 406: § 299 ZPO sei beim Anspruch aus § 4 LPG nur ergänzend, aber nicht anspruchsbegründend heranzuziehen.

[134] Für die Verwaltungsgerichte gilt nichts anderes. Ungeachtet der umstrittenen Frage, ob § 299 Abs. 2 ZPO über § 173 VwGO anwendbar ist (oben Fn. 119), besteht Einigkeit, daß § 100 VwGO der Herausgabe anonymisierter Urteilsabschriften nach pflichtgemäßem Ermessen (*Endemann*, in: FS für Wolfgang Zeidler, Bd. 1, 1987, S. 423) nicht entgegensteht (*Rudisile*, in: Schoch/Schmidt-Aßmann/Pietzner, VwGO, § 100 Rdnr. 11).

[135] S. dazu *Wenzel*, in: Löffler, Presserecht, 4. Aufl. 1997, § 4 LPG Rdnr. 54, mit dem Hinweis, daß sich der Auskunftsanspruch aus diesem Grund nicht allein an Behörden bzw. Gerichte der Länder richtet, sondern auch an solche des Bundes. Anders ist die Situation in Bremen auf Grund der ausdrücklichen Beschränkung des Auskunftsanspruchs auf Landesbehörden. Dazu *Wenzel*, a. a. O., Rdnr. 55.

[136] Grundlegend BVerfGE 36, 193 (201 ff.); 36, 314 (319 ff.).

sich als Einsicht in Gerichtsakten auffassen läßt, allein der Regelungskompetenz des Bundes zuordnet, ist der medienrechtliche Auskunftsanspruch insofern restriktiv zu interpretieren, als er sich gegenüber Gerichten nicht zu einem Recht auf Akteneinsicht verdichten kann.[137] Versteht man umgekehrt Regelungen über die Informationsbeschaffung bei Gerichten soweit, wie sie gerade Journalisten betreffen, stets als Gegenstand des Medienrechts, ist § 299 Abs. 2 ZPO auf Journalisten nicht anwendbar.[138]

Aber auch wenn man diese Konsequenzen nicht ziehen will, läßt sich im Verhältnis von § 4 LPG zu § 299 Abs. 2 ZPO auf dogmatisch einwandfreie Art erreichen, daß die Grenzen des Akteneinsichtsrechts nicht durch den medienrechtlichen Auskunftsanspruch überspielt werden. Wenn und soweit Akteneinsicht unzulässig wäre, wird auch ein Auskunftsverweigerungsgrund nach § 4 Abs. 2 LPG vorliegen. Er kann sich namentlich unter dem Gesichtspunkt schutzwürdiger privater Interessen ergeben. Zu erwägen steht weiter, die Unzulässigkeit der Akteneinsicht als Geheimhaltungsvorschrift i. S. v. § 4 Abs. 2 LPG anzusehen – womit unproblematisch auch Normen des Bundesrechts gemeint sein können. Für diese Konstruktion spricht namentlich, daß der Vorbehalt der Geheimhaltungsvorschriften gerade bezweckt, den Einklang mit anderweitig geregelten Enthaltungspflichten herzustellen.[139] Eine derartige Beschränkung des Auskunftsanspruchs ist dogmatisch etwas anderes als eine Beschränkung des Auskunftsanspruchs „über den Katalog der Ausnahmetatbestände, die sich in den Landespressegesetzen selbst finden, hinaus".[140]

2. Auskunft nach §§ 475 ff. StPO

Noch deutlicher tritt die kompetentielle Problematik bei der Abgrenzung des medienrechtlichen Auskunftsanspruchs von den Regelungen der §§ 475 ff. StPO hervor.

Diese sehen in ihrem hier relevanten Kerngehalt vor, daß Privatpersonen und sonstigen Stellen, die ein berechtigtes Interesse darlegen, Auskünfte aus den Akten der Strafgerichte erteilt werden können, soweit der davon Betroffene kein schutzwürdiges Interesse an der Versagung hat (§ 475 Abs. 1, 4 StPO).

---

[137] In diese Richtung wohl BVerfG AfP 2000, 566 (567), zur Einsicht der Presse in das Grundbuch: Durch die landesrechtliche Vorschrift über den presserechtlichen Auskunftsanspruch könnten die Voraussetzungen der bundesrechtlichen Bestimmung des § 12 GBO nicht ersetzt werden.

[138] So im Ergebnis – wenn auch ohne expliziten Hinweis auf die Kompetenzproblematik – *H. Geiger*, in: Eyermann, VwGO, 11. Aufl. 2000, § 100 Rdnr. 4: Anforderung anonymisierter Entscheidungen durch die Presse fällt nicht unter §§ 173 VwGO, 299 Abs. 2 ZPO. Vielmehr gelten die Vorschriften des Presserechts. In der Sache ebenso *Groß*, DÖV 1997, 138: Das Presserecht kann eine von § 299 Abs. 2 ZPO abweichende Regelung treffen.

[139] *Wenzel*, in: Löffler, Presserecht, 4. Aufl. 1997, § 4 LPG Rdnr. 100.

[140] So aber *Soehring*, Presserecht, 3. Aufl. 2000, Rdnr. 4.62.

Die Erteilung von Auskünften ist gem. § 477 Abs. 1 StPO auch in Form der Überlassung von Abschriften aus den Akten möglich. Anders als die zivilprozessuale Regelung zur Akteneinsicht überschneiden sich diese Vorschriften mit dem medienrechtlichen Auskunftsanspruch also nicht nur punktuell. Vielmehr werden Auskunftsbegehren der Medien gegenüber Strafgerichten vom Wortlaut des § 475 StPO in weitem Umfang erfaßt. Für diese Sichtweise spricht auch die den §§ 474 ff. StPO offenbar zugrundeliegende gesetzgeberische Intention, eine umfassende und abschließende Regelung für die Informationsübermittlung aus Strafverfahren zu schaffen.[141]

Soweit sich die Rechtsprechung schon mit den noch recht neuen Vorschriften[142] befaßt hat, sind keine prinzipiellen Bedenken gegen eine Geltung auch für die Medien ersichtlich, wenn beispielsweise ein medialer Auskunftsanspruch allein auf § 475 StPO gestützt wird[143] oder wenn beide Rechtsgrundlagen durch die Formulierung kombiniert werden, das für § 475 StPO erforderliche berechtigte Interesse der Presse bestehe darin, ihr in § 4 Abs. 1 LPG normiertes Informationsrecht auszuüben.[144]

Der Kompetenzproblematik wird dabei offenbar – wie übrigens auch in der Begründung des Gesetzentwurfs –[145] keine Beachtung geschenkt. Damit aber wird die zentrale Frage übersehen: Ist der Bundesgesetzgeber überhaupt befugt, die Erteilung von Auskünften der Strafgerichte an die Medien zu regeln? Es spricht zumindest einiges dafür, diese Frage zu verneinen. In diesem Fall gilt § 475 StPO nicht für Auskünfte an die Medien. Vielmehr ist insofern allein der medienrechtliche Unterrichtungsanspruch aus § 4 Abs. 1 LPG einschlägig.[146]

---

[141] Dazu *Temming*, in: Heidelberger Kommentar zur StPO, 3. Aufl. 2001, § 475 Rdnr. 1.

[142] Die §§ 474 ff. StPO wurden in die Strafprozeßordnung eingefügt durch das Strafverfahrensänderungsgesetz 1999 v. 2. August 2000, BGBl. I S. 1253.

[143] LG Berlin NJW 2002, 838 f.

[144] OVG Münster NJW 2001, 3803.

[145] Vgl. BT-Drucks. 14/1484, S. 18 f.

[146] So *Hilger*, in: Löwe-Rosenberg, StPO und GVG, 6. Bd., 25. Aufl. 2001, § 475 StPO Rdnr. 2, wenn auch ohne Hinweis auf die Frage nach der Gesetzgebungskompetenz. Für eine Geltung des § 475 StPO auch für die Medien dagegen *Rengier*, in: Alternativ-Entwurf Strafjustiz und Medien (AE-StuM), 2004, S. 142 f. Ebenso *B.-D. Meier*, in: FS für Hans-Ludwig Schreiber, 2003, S. 334 ff.

C. Die Teilhabe der Rechtsprechung am öffentlichen Kommunikationsprozeß

Schon die Überlegungen zur Publikation von Gerichtsentscheidungen haben darauf hingewiesen, daß sich die Thematik der Medienöffentlichkeit der Dritten Gewalt nicht in der Perspektive einer statisch anmutenden staatlichen Gerichtsbarkeit erschöpft, der gegenüber die aktiven grundrechtsgeschützten staatsfreien Massenkommunikationsmittel auf Öffnung dringen. Zwar charakterisiert diese Beschreibung das Verhältnis zwischen der Rechtsprechung und den Medien nicht nur dann, wenn Journalisten körperlichen oder technischen Zugang zu mündlichen Verhandlungen begehren. Um zumindest ähnliche Konstellationen handelt es sich bei den vorstehend behandelten Fragen nach bereichsspezifischen Auskunftsansprüchen sowie nach Akteneinsichtsrechten der Medien gegenüber der Rechtsprechung. Abschließend erfassen läßt sich das Phänomen „Medienöffentlichkeit der Dritten Gewalt" anhand dieser Rollenverteilung gleichwohl nicht. Strukturell anders gelagert ist die aktive und von der Rechtsprechung selbst initiierte Teilnahme am öffentlichen Kommunikationsprozeß. Sie zählt nicht nur terminologisch zur verfassungsrechtlich geforderten oder wünschenswert erscheinenden Medienöffentlichkeit der Dritten Gewalt.

Im informalen Staat des Grundgesetzes nimmt auch die Rechtsprechung – mit durchaus spezifisch medialen Konsequenzen – aktiv am Prozeß der öffentlichen Kommunikation teil. Die Judikative wirkt notabene nicht nur durch ihr gerichtsförmiges Verfahren, mittels ihrer Entscheidungen und deren Folgen in der Öffentlichkeit. Über diesen zwangsläufigen und eher mittelbaren Publizitätseffekt hinaus sucht die Gerichtsbarkeit – namentlich, aber längst nicht mehr nur die Verfassungsgerichtsbarkeit – bewußt die Öffentlichkeit: Sie betreibt Öffentlichkeitsarbeit.[147] Damit wirkt und wirbt sie für die Funktion der demokratisch legitimierten, rechtsstaatlich strukturierten und mit besonderen Garantien ausstaffierten Rechtsprechung im Verfassungsstaat.

Aktivitäten dieser Art lassen sich nicht als irrelevante fiskalische Hilfsgeschäfte der Gerichtsverwaltung abtun. Ebensowenig handelt es sich um private Nebenbeschäftigungen oder um grundrechtlich vermittelte Handlungen richterlicher Funktionsträger. In Rede steht vielmehr letztlich auch hier die informelle Tätigkeit der Staatsgewalt, zu der selbstredend auch die Rechtsprechung zählt.

---

[147] *Kunig*, VVDStRL Heft 61 (2002), S. 52 f., im Anschluß an *Huff*, NJW 2001, 2951 ff.

I. Der informale Verfassungsstaat

Der informale Staat ist Realität. Die Staatsaufgabe Information ist anerkannt.[148] Der Verfassungsstaat[149] ist zum informalen Verfassungsstaat avanciert. Wie jede andere staatliche Tätigkeit bedarf auch informales Staatshandeln einer verfassungsrechtlichen Legitimation.[150] Um die notwendige normative Grundlage dreht sich die eigentliche juristische Diskussion, wobei das Dilemma – pointiert formuliert – in der Unnormierbarkeit von wesentlichen, zumal grundrechtsrelevanten Teilen der Materie liegt.

II. Der informale Verwaltungsstaat nur als Ausgangspunkt des informalen Staatshandelns

Informales Staatshandeln wurde bislang vorwiegend bzw. schwerpunktmäßig am Beispiel des informalen Verwaltungshandelns unter Einschluß der Informationstätigkeit der Regierung behandelt. Augenscheinlich gibt es eine Aktionsprärogative der Exekutive auch beim informierenden und kommunizierenden Staatshandeln.[151] Informales Handeln der Exekutive stellt sich sowohl in der vom Demokratieprinzip determinierten amtlichen Öffentlichkeitsarbeit der Regierung[152] als auch – zunehmend – in sozialstaatlich inspirierter Informationsfürsorge der Verwaltung zugunsten des Bürgers[153] dar. Signifikant für das informale Handeln der Verwaltung ist, daß es häufig nicht in striktem rechtsförmlichem Normvollzug und in der Setzung kompetenzförmiger Organakte erfolgt. Doch ist informales Staatshandeln trotz der ihr attestierten Aktionsprärogative nicht auf die Exekutive beschränkt. Öffentlichkeitsarbeit ist eine legitime Aufgabe (auch) des Parlaments.[154] Der Gesetzgeber ist ebenfalls in den Sog des informalen Staa-

---

[148] *Schulte*, Schlichtes Verwaltungshandeln, 1995; *Schulze-Fielitz*, VVDStRL Heft 55 (1996), S. 266f.; *Di Fabio*, JuS 1997, 1ff.; *Di Fabio*, JZ 1993, 689ff.; *Schoch*, DVBl. 1991, 667ff.; *Bethge*, VVDStRL Heft 57 (1998), S. 50; *Bethge*, Jura 2003, 327ff.; *P. M. Huber*, JZ 2003, 290ff. m.w.N.; *Kloepfer*, DÖV 2003, 221; *Dreier*, Die Verwaltung Bd. 36 (2003), S. 129ff. m.w.N.

[149] Zum Begriff *H. H. Klein*, in: FS für Franz Klein, 1994, S. 514; *Hesse*, JöR n.F. Bd. 46 (1998), S. 2.

[150] *Pietzcker*, HStR IV, 2. Aufl. 1999, § 99 Rdnrn. 16f.; *Isensee*, ebda, § 98 Rdnr. 192.

[151] *Pitschas*, in: Hoffmann-Riem/Schmidt-Aßmann/Schuppert (Hrsg.), Reform des Allgemeinen Verwaltungsrechts, 1993, S. 249; *Rossen-Stadtfeld*, in: Schmidt-Aßmann/Hoffmann-Riem (Hrsg.), Verwaltungskontrolle, 2001, S. 180 Fn. 238.

[152] BVerfGE 44, 125 (138ff.); *Schürmann*, Öffentlichkeitsarbeit der Bundesregierung, 1992, S. 125ff. Zu den rechtlichen Grenzen regierungsamtlicher Öffentlichkeit speziell im Internet *Mandelartz/Grotelüschen*, NVwZ 2004, 647ff.

[153] BVerfGE 105, 252ff.; 105, 279ff.; siehe auch BVerfGE 104, 249ff.; BVerwG NJW 1991, 1771.

[154] RhPfVerfGH NVwZ 2003, 77. Näher *Marschall*, ZParl 30 (1999), S. 699ff.

tes geraten. Das muß nicht immer zur Stärkung des Parlamentarismus beitragen. Die Gefahren einer Depossedierung der Volksvertretung durch Konsensabkommen zwischen Verbänden und Regierung werden gesehen. Die Frage nach der „Informalisierung und Entparlamentarisierung politischer Entscheidungen als Gefährdung der Verfassung?" wird gestellt.[155]

III. Informales Handeln der rechtsprechenden Gewalt

Auf die Rechtsprechung scheinen die Befindlichkeiten und Möglichkeiten informalen, also auch faktischen, nichtrechtsförmlichen und gesetzesfreien Agierens nicht zu passen. Denn für die Rechtsprechung typisch ist gerade, daß sie nicht im rechtsfreien Raum judiziert; ihre Tätigkeit ist im Gegenteil strikt verfassungsfixiert und gesetzesdeterminiert (vgl. Art. 20 Abs. 3 GG). Den Richter zeichnen Neutralität und Passivität[156] aus. Er wird nicht ex officio tätig; er hat kein eigenständiges Initiativrecht.[157] Doch ist mit diesen Qualifikationen allein die eigentliche Rechtsprechungsfunktion charakterisiert. Von der Kernaufgabe der Rechtsprechung, die in der Tat durch stringente Gesetzesbindung gekennzeichnet ist, sind solche Tätigkeiten zu unterscheiden, die sich als begleitende, bloß akzessorische, eben informale Aktivitäten darstellen, ohne darum von vornherein unzulässig zu sein. Insoweit müssen Abgrenzungen gefunden und Legitimationsgrundlagen dargetan werden. Das schließt Zwischenlagen nicht aus. Verfahrensordnungen, die – wie das Bundesverfassungsgerichtsgesetz – dem Gericht einen weiten Handlungsspielraum auch im Prozeduralen eröffnen, beziehen die faktische informale Kontaktaufnahme mit den Faktoren der Öffentlichkeit gleichsam in die formalen Verfahrensstrukturen mit ein. Auf der anderen Seite wäre es völlig unangebracht, ja falsch, jedwedes öffentlichkeitsbezogene Handeln der Rechtsprechung einem bloß informalen Handeln der Dritten Gewalt zuzuschlagen. Die gesetzlich vorgeschriebene Urteilsverkündung ist ebenso genuine Rechtsprechungsfunktion wie die gesetzlich vorgesehene Verkündung einer prinzipalen Normenkontrollentscheidung des (Bundes-)Verfassungsgerichts im Gesetz- und Verordnungsblatt.[158]

---

[155] Vgl. die Beiträge von *Herdegen* und *Morlok*, VVDStRL Heft 62 (2003), S. 7 ff., 37 ff.

[156] Zur Passivität des Richters als Folge seiner Neutralität vgl. *Bettermann*, in: HStR III, 2. Aufl. 1996, § 73 Rdnr. 35; *Bethge*, in: Maunz/Schmidt-Bleibtreu/Klein/Bethge, BVerfGG, § 1 Rdnr. 7; *Isensee*, in: Piazolo (Hrsg.), Das Bundesverfassungsgericht. Ein Gericht im Schnittpunkt von Recht und Politik, 1995, S. 54.

[157] BVerfGE 1, 184 (196); *Scholz*, in: FS für Klaus Stern, 1997, S. 1208. Darum ist auch die Auffassung falsch, das *Bundesverfassungsgericht* könne ohne Vorliegen eines seinerseits antragsabhängigen Hauptsacheverfahrens von Amts wegen einstweilige Anordnungen erlassen; vgl. dazu *Pestalozza*, Verfassungsprozeßrecht, 3. Aufl. 1991, S. 48 Rdnr. 34; *Bethge*, in: Maunz/Schmidt-Bleibtreu/Klein/Bethge, BVerfGG, § 13 Rdnr. 8.

[158] Daher ist es auch falsch, die Verkündung der Normenkontrollentscheidung des *Bundes-*

1. Aktive Öffentlichkeitsarbeit als Aufgabe der Rechtsprechung

Die Forderung nach aktiver Öffentlichkeitsarbeit der Justiz wird seit langem erhoben.[159] Während sie anfänglich noch vielfach auf Kritik stieß, hat sich mittlerweile weitgehend die Erkenntnis durchgesetzt, daß gerichtliche Öffentlichkeitsarbeit eine „Bringschuld gegenüber den Medien"[160] ist und zu den Aufgaben der Justiz gehört.[161] Praktisch jedes Gericht verfügt heute zumindest über einen Pressesprecher.[162] Jedenfalls bei größeren Gerichten ist auch die Forderung nach einer eigenen Presse-[163] bzw. Medienstelle[164] erfüllt.[165]

Das Maß und die Form, in denen Öffentlichkeitsarbeit betrieben wird, variieren von Gericht zu Gericht sehr stark. Die prinzipielle Verfügbarkeit eines Pressesprechers ist Normalität. Diverse Gerichte publizieren ihre Judikate, wie gezeigt, über die gesetzlich vorgesehenen Prozeduren hinaus, indem sie ihre Entscheidungen – zum Teil in quasiamtlicher Form – bekanntmachen. Der größte Teil der deutschen Gerichte hält allgemeine Informationen in eigenen Internetauftritten bereit. Eine Vielzahl von Gerichten wendet sich im Wege von Pressemitteilungen an die Öffentlichkeit, namentlich an die Medien. Das *Bundesverfassungsgericht* veranstaltet Bürgerfeste und Tage der offenen Tür.[166] An Schulen entsandte Richter informieren durch eine Art Rechtskundeunterricht über die Arbeitsweise der Justiz.[167] Namentlich oberste Bundesgerichte stellen auf „Jahrespressekonferenzen" Statistiken über ihre Tätigkeit während des vorangegangenen Jahres vor und informieren über Fälle, die sie in den folgenden Monaten zu entscheiden beabsichtigen.

Diese Bandbreite beruht nicht zuletzt darauf, daß es an verbindlichen Leitlinien, wie gerichtliche Öffentlichkeitsarbeit zu gestalten ist, weitgehend fehlt. Spezielle Vorschriften zur Zusammenarbeit mit den Medien bzw. zur Unterstützung der Medien existieren nur vereinzelt,[168] wenn auch ihre Zahl in letzter Zeit erkennbar

---

verfassungsgerichts im Bundesgesetzblatt zum Anlaß zu nehmen, die richterliche Normverwerfung als negative Gesetzgebung zu qualifizieren.

159 *J.-W. Berlit*, DRiZ 1963, 327 f.; *Bührke*, DRiZ 1966, 5 ff.; *Zipf*, Gutachten 54. DJT, 1982, C 25 f.; *Huff*, DRiZ 1993, 207; *Zülch*, DRiZ 1994, 36.

160 *Mackenroth*, ZRP 2002, 181.

161 *Huff*, in: FS 200 Jahre Badisches Oberhofgericht, 2003, S. 239; *Huff*, NJW 2004, 403. Zu nach wie vor bestehenden Defiziten gerichtlicher Öffentlichkeitsarbeit s. aber *Prinz*, in: FS für Manfred Engelschall, 1996, S. 245, 250 ff.; *Edinger*, DRiZ 2003, A 37.

162 *Mackenroth*, ZRP 2002, 181.

163 *Wassermann*, in: Wassermann (Hrsg.), Justiz und Medien, 1980, S. 145 ff.; *Bührke*, in: Reynold (Hrsg.), Justiz und Öffentlichkeit, 1966, S. 30 ff.

164 *Huff*, in: FS 200 Jahre Badisches Oberhofgericht, 2003, S. 241.

165 Zur wünschenswerten Ausstattung und Arbeitsweise von Presse- bzw. Medienstellen ausführlich *Huff*, in: FS 200 Jahre Badisches Oberhofgericht, 2003, S. 240 ff.

166 *Lamprecht*, NJW 1997, 2942.

167 *Mackenroth*, ZRP 2002, 180 f.

168 *Knoblich*, in: Symposion zum Ausscheiden von Dieter Grimm aus dem Bundesverfassungsgericht, 2000, S. 19 f. Nach *B.-D. Meier*, in: FS für Hans-Ludwig Schreiber, 2003, S. 342, ist eine gesetzliche Regelung rechtspolitisch geboten.

zunimmt.[169] Darin liegt kein Regelungsdefizit. Informales Staatshandeln entzieht sich nicht nur begrifflich detaillierten normativen Vorgaben. Von unmittelbarer Relevanz sind freilich einige verfassungsrechtliche Grundpositionen zur Legitimation, aber auch zu den Grenzen gerichtlicher Öffentlichkeitsarbeit.

2. Die Legitimierung gerichtlicher Öffentlichkeitsarbeit durch die Primärfunktion Rechtsprechung

Informales Handeln der Dritten Gewalt ist als Annex der ihr vom Grundgesetz zugewiesenen und einfachrechtlich determinierten Primärfunktion Rechtsprechung verfassungsrechtlich legitimiert. Diese Legitimation berechtigt zu einer flankierenden, der Unterstützung der Rechtsprechungsaufgaben dienenden Öffentlichkeitsarbeit.

Aktive Informationstätigkeit der Gerichte leistet – nicht nur bei Urteilen, die aus sich heraus schwer verständlich sind –[170] einen Beitrag zur Akzeptanz und Transparenz gerichtlicher Entscheidungen.[171] Sie verdeutlicht den Inhalt der Rechtsordnung und ermöglicht öffentliche Kontrolle.[172] Sie wirkt sachlich falschen Darstellungen in den Medien und damit einem verzerrten Bild von der Justiz entgegen. Sie dient der Schaffung und Erhaltung von Vertrauen in die Tätigkeit der Rechtsprechung und trägt zur staatlichen Integration bei. Damit gerät aktive Öffentlichkeitsarbeit (gerade gegenüber den Medien) zum Anliegen des Rechtsstaats sowie der Demokratie.[173] *Huff* weist zu Recht darauf hin, daß sich die *bundesverwaltungsgerichtliche* Begründung einer Pflicht zur Entscheidungspublikation[174] auf die Informationstätigkeit der Rechtsprechung übertragen läßt.[175] Aktive Information der Öffentlichkeit ist Bestandteil der verfassungskräftig geforderten Medienöffentlichkeit der Rechtsprechung.[176]

---

[169] Presserichtlinie des Sächsischen Justizministeriums, NJW 1995, 2699 f.; Verordnung über Richtlinien für die Zusammenarbeit der bayerischen Justiz mit der Presse v. 17. November 2000, BayJMBl. S. 178; Presserichtlinien der Senatsverwaltung für Justiz in Berlin, NJW 1998, 1376 f. Für Österreich: Medienerlass des Österreichischen Bundesministeriums für Justiz, NJW 2004, 430 ff. S. zudem den Hinweis von *B.-D. Meier*, in: FS für Hans-Ludwig Schreiber, 2003, S. 336, auf (großenteils unveröffentlichte und für Gerichte nicht verbindliche) Verwaltungsvorschriften über die Öffentlichkeitsarbeit der Staatsanwaltschaften.

[170] Dazu *Huff*, NJW 2001, 2952.

[171] *Knoblich*, in: Symposion zum Ausscheiden von Dieter Grimm aus dem Bundesverfassungsgericht, 2000, S. 19.

[172] *Redeker*, NVwZ 2003, 642, weist auf die intensive Öffentlichkeitsarbeit des *Bundesverwaltungsgerichts* hin, zu deren Folgen auch gehöre, daß sich das Gericht vermehrt öffentlicher Kritik stellen müsse.

[173] Vgl. dazu bereits *Zipf*, Gutachten 54. DJT, 1982, C 25 f. mit Fn. 48.

[174] Oben Teil 6 A.III.1.b), S. 492 f.

[175] *Huff*, NJW 2001, 2951; *Huff*, in: FS 200 Jahre Badisches Oberhofgericht, 2003, S. 239 f.

[176] Oben Teil 3 D.II., S. 221 f.

Daher steht die Entscheidung, ob sie von ihrer Kompetenz zur aktiven Öffentlichkeitsarbeit Gebrauch machen will, nicht im Belieben der Dritten Gewalt. Es handelt sich vielmehr um pflichtige Kompetenzausübung. Öffentlichkeitsarbeit ist Verfassungsgebot.

Inhaltlich fordert dieses Gebot, daß die Rechtsprechung ihre gesamte aktuelle, ggf. aber auch ihre vergangene und zukünftige Tätigkeit verständlich präsentiert und daß sie für sich in einer ihrer Rolle im Staatsgefüge angemessenen (!) Art und Weise „wirbt". Wie das im einzelnen zu geschehen hat, muß sich – abgesehen von den spezifischen Bedingtheiten wirksamer Medienarbeit –[177] im Einzelfall danach richten, mit welchen Mitteln sich die rechtsstaatlichen und demokratischen Zielsetzungen gerichtlicher Informationstätigkeit adäquat erreichen lassen. Zumindest Hinweise auf anstehende Verhandlungen bzw. Entscheidungen, deren Bedeutung über den Einzelfall hinausreicht, sowie Erläuterungen zu Judikaten, die aus sich heraus nur schwer verständlich sind, wird man im Regelfall als geboten erachten müssen. Der Einwand fehlender Kapazität[178] richtet sich in Wahrheit nicht gegen die Gebotenheit dieser Tätigkeiten, sondern belegt allenfalls eine für die Erfüllung des Verfassungsauftrags unzureichende Ausstattung mit Personal- bzw. Sachmitteln.

Adressaten der verfassungsrechtlichen Forderung nach aktiv betriebener Öffentlichkeitsarbeit sind alle staatlichen Gerichte. Zwar kommt auch insofern den obersten Bundesgerichten eine herausgehobene Stellung zu. Das gilt namentlich für das *Bundesverfassungsgericht*. Seine Tätigkeit weist schon auf Grund seiner Stellung als Verfassungsorgan (§ 1 Abs. 1 BVerfGG), das trotz seiner Gerichtsqualität auch Faktor des politischen Lebens ist,[179] das (begrenzten) Anteil an der obersten Staatsleitung hat[180] und das staatliche Repräsentationsaufgaben wahrnimmt,[181] einen besonderen Öffentlichkeitsbezug auf; seine Öffentlichkeit ist unmittelbar von der Öffentlichkeit der Verfassung geboten.[182] Dem trägt nicht nur die Verfahrensordnung durch die Zulassung von Sondervoten Rechnung.[183] Das *Bundesverfassungsgericht* selbst hat die Bedeutung allgemeinverständlicher Urteilsfassungen,[184] die neben dem Fach- auch das Allgemeinpublikum

---

[177] Vgl. dazu die Ratschläge von *Huff*, NJW 2004, 432 f.; *Huff*, in: FS 200 Jahre Badisches Oberhofgericht, 2003, S. 249 ff.; *Huff*, Justiz und Öffentlichkeit, 1996, S. 20 ff.

[178] *H. Geiger*, DRiZ 1993, 379 f.

[179] *Benda*, in: Benda/Klein, Verfassungsprozeßrecht, 2. Aufl. 2001, Rdnr. 9; s. auch *Fromme*, in: FS Hans Joachim Faller, 1984, S. 417.

[180] *Hesse*, Grundzüge des Verfassungsrechts der Bundesrepublik Deutschland, 20. Aufl. 1995, Rdnr. 566.

[181] *Schulze-Fielitz*, in: FS 50 Jahre BVerfG, Bd. 1, 2001, S. 409.

[182] *Häberle*, Kommentierte Verfassungsrechtsprechung, 1979, S. 18.

[183] *Schulze-Fielitz*, in: Schuppert/Bumke (Hrsg.), Bundesverfassungsgericht und gesellschaftlicher Grundkonsens, 2000, S. 122.

[184] *Ritterspach*, in: FS für Erwin Stein, 1983, S. 298.

ansprechen,[185] vor allem aber die Relevanz der medialen Verbreitung seiner Entscheidungen früh erkannt.[186] Daß das Gericht gleichwohl erst seit 1996 einen Pressesprecher hat,[187] ist ein augenfälliger Beleg dafür, daß sich ein Bewußtsein für die Notwendigkeit einer aktiven, institutionell abgesicherten Öffentlichkeitsarbeit auch der Dritten Gewalt erst in jüngerer Vergangenheit herausgebildet hat.

Mit der inzwischen als selbstverständlich empfundenen und auf hohem Niveau betriebenen Medienarbeit des *Bundesverfassungsgerichts*, aber auch der übrigen obersten Bundesgerichte, wird das grundgesetzliche Postulat nach aktiver Informationstätigkeit der Rechtsprechung freilich nicht vollständig erfüllt. Jedenfalls dem Grunde nach richtet sich das Publizitätsgebot an sämtliche staatlichen Gerichte, nicht nur an Obergerichte und oberste Bundesgerichte. Abstufungen betreffen lediglich die Intensität der jeweils geforderten Informationstätigkeit. Prinzipiell ist die Unterrichtung der Öffentlichkeit auch durch Untergerichte ein Anliegen des Rechtsstaats und der Demokratie. Insofern kann auf die Überlegungen zur Publikation von Entscheidungen verwiesen werden.[188]

3. Die Limitierung gerichtlicher Öffentlichkeitsarbeit durch die Primärfunktion Rechtsprechung

Unbeschränkt zulässig ist gerichtliche Öffentlichkeitsarbeit nicht. Neben den generellen, aus der Verbands- und Organkompetenz, aber auch aus den Grundrechten resultierenden Grenzen, denen jede Form von staatlicher Öffentlichkeitsarbeit unterliegt, hat die Dritte Gewalt rechtsprechungsspezifische Grenzen ihrer Öffentlichkeitsarbeit zu beachten.

a) Die generellen Grenzen staatlicher Öffentlichkeitsarbeit

Limitiert wird die zulässige Öffentlichkeitsarbeit der Rechtsprechung wie jede staatliche Öffentlichkeitsarbeit u. a. durch Vorschriften des Datenschutzes,[189] durch den Anspruch der Medien auf Gleichbehandlung,[190] vor allem aber durch die Grundrechte der unmittelbar oder mittelbar von den staatlichen Verlautbarungen Betroffenen.[191]

---

[185] Dazu *Schulze-Fielitz*, in: FS 50 Jahre BVerfG, Bd. 1, 2001, S. 409: Spezifische Ambivalenz.

[186] *Lamprecht*, NJW 2001, 2943 f.

[187] *Huff*, NJW 2001, 2951.

[188] Oben Teil 6 A.III.2.a)aa), S. 493 f.

[189] S. beispielhaft *Demmel*, LKV 2002, 309 ff., zu den rechtlichen Rahmenbedingungen für Internetauftritte von Behörden.

[190] Eine speziell presserechtliche Ausformung der Pflicht zur Gleichbehandlung (VGH Mannheim AfP 1992, 95 f.) enthält in den meisten Ländern § 4 Abs. 4 LPG.

[191] Dazu jüngst etwa BVerfGE 105, 252 ff.; 105, 279 ff. – Bedeutsam ist dieser Gesichtspunkt

Dieser Befund läßt sich nicht überspielen, indem das Informationshandeln des Staates, speziell der Rechtsprechung, als Tätigwerden staatsabhängiger Medien eingeordnet und so zumindest verbal in die Nähe ihrerseits grundrechtlich geschützter Tätigkeit gerückt wird.[192] Als Medium läßt sich manche Artikulationsform, u.U. sogar der Staat selbst qualifizieren. Doch führt das nicht weiter. Mehr noch: Die naheliegende Assoziation mit den gerade staatsunabhängigen Medien des Art. 5 Abs. 1 Satz 2 GG läßt die Qualifikation „staatsabhängiges" Medium als negativ besetzt erscheinen. Das ist wohl der Grund, warum das *Bundesverfassungsgericht* schon terminologisch darauf verzichtet, die Informationstätigkeit des Staates mit grundrechtlichen Begriffsmustern zu verbinden, und statt dessen von „staatlicher Teilhabe an öffentlicher Kommunikation" spricht.[193] In der Tat kann die Legitimation des Staates zur Informationstätigkeit nur in staatlichen Kompetenzen, nicht in den individuellen Grundrechten der Bürger gefunden werden,[194] in denen sie im Gegenteil in Kollisionsfällen ihre Schranke findet.[195]

b) Rechtsprechungsspezifische Begrenzungen der Öffentlichkeitsarbeit

Über diese generellen Beschränkungen staatlicher Öffentlichkeitsarbeit hinaus sieht sich die Dritte Gewalt spezifischen Grenzen ihrer Informationstätigkeit gegenüber, die sich gerade aus ihrer primären Funktion ergeben.

Ausgangspunkt ist auch insofern die Überlegung, daß die aktive Öffentlichkeitsarbeit der Dritten Gewalt kein Selbstzweck ist, sondern Annex der Rechtsprechungsfunktion, zu deren Flankierung und Unterstützung sie dient. Daraus folgt nicht nur, daß sie keine Rechtfertigung für Verletzungen des Beratungsgeheimnisses durch „Indiskretionen" darstellen kann bzw. könnte.[196] Aktive Informationstätigkeit kann vor allem kein Surrogat für die mangelhafte Wahrnehmung der eigentlichen Rechtsprechungsaufgabe sein. Pressemitteilungen sind ein legitimes Mittel, um beispielsweise einen komplizierten und im rechtstechnisch korrekten Sinne nur mit etlichen Fachtermini zu beschreibenden

---

in letzter Zeit namentlich im Zusammenhang mit Pressemitteilungen der Staatsanwaltschaft geworden. Dazu VG Saarlouis NJW 2003, 3431 ff.; LG Düsseldorf NJW 2003, 2536 ff.; *Becker-Toussaint*, NJW 2004, 414 ff.; *Huff*, DRiZ 2003, 365; *Wasmuth*, NJW 1988, 1705 ff. Zu praktischen Fragen der Zusammenarbeit der Staatsanwaltschaften mit den Medien s. *Schroers*, NJW 1996, 969 ff., sowie die Richtlinien für die Zusammenarbeit der hessischen Staatsanwaltschaften mit den Medien (NJW 1996, 979 f.).

[192] S. dazu etwa die Überschrift von *Huff*, DRiZ 2003, 365: „Pressefreiheiten für die Staatsanwaltschaften".

[193] BVerfGE 105, 252 (268); 105, 279 (301).

[194] *P. M. Huber*, ZG Bd. 17 (2002), S. 250 f.; *Bethge*, Jura 2003, 329.

[195] BVerfGE 81, 310 (334); 105, 252 (264 ff.); 105, 279 (292 ff.); *Bethge*, in: FS für Walter Schmitt Glaeser, 2003, S. 474 f. m. w. N.

[196] Zu vermuteten Indiskretionen gerade in Verfahren des *Bundesverfassungsgerichts Fromme*, in: FS Hans Joachim Faller, 1984, S. 420 f.; *Lamprecht*, NJW 2003, 1426 f.

Fall allgemeinverständlich zu erläutern. Inhaltliche Mängel der Entscheidung vermögen Verlautbarungen außerhalb des Urteils hingegen nicht zu kompensieren. Der tradierte Satz, nach dem sich ein Richter nur durch seine Entscheidungen äußern soll, hat durch die anerkannte Informationsaufgabe der Rechtsprechung nur scheinbar an Bedeutung verloren. Für die Primärfunktion der Dritten Gewalt ist er unverändert gültig. Die Kritik an einem Richter, der sein eigenes Urteil positiv bespricht, der sich gar öffentlich zu einem laufenden Verfahren äußert, oder an einer Gerichtspressestelle, die während eines Verfahrens im Diskurs mit den Medien rechtliche Wertungen verlautbart,[197] ist nach wie vor berechtigt. Sie unter Hinweis auf die gebotene Öffentlichkeitsarbeit der Rechtsprechung überspielen zu wollen, hieße deren bloße Annexfunktion zu verkennen.

Diese Gesichtspunkte begrenzen auch die Teilnahme der Rechtsprechung am gesellschaftlichen Diskurs. Die Beteiligung an politischen Debatten steht dem einzelnen Amtswalter in Wahrnehmung grundrechtlicher Freiheit zu, nicht aber dem staatlichen Funktionsträger, hier: dem Richter[198] – was im übrigen bei der Verlautbarung richterlicher „Privatmeinungen" zu berücksichtigen ist, die häufig eben doch als amtliche Äußerungen wahrgenommen werden.[199] Zwar darf sich die Dritte Gewalt im Rahmen ihrer Informationstätigkeit auch zu kontrovers diskutierten Themen äußern, wenn und soweit dies der Unterstützung ihrer Rechtsprechungsaufgabe dient. Im übrigen aber hat gerichtliche Öffentlichkeitsarbeit die erforderliche Distanz zur Politik zu wahren.[200]

Insbesondere befähigt die Kompetenz zur Öffentlichkeitsarbeit die Dritte Gewalt nicht dazu, das für sie typische grundsätzliche Verbot eines Tätigwerdens ex officio zu überspielen. Zwar ist es Spezifikum aktiver Informationstätigkeit, daß sie aus eigener Initiative erfolgt, statt nur auf externe Ereignisse oder gar Anträge zu reagieren. Gegen allgemein gehaltene Erläuterungen sogar zu Entscheidungen des eigenen Gerichts muß daher prinzipiell nichts zu erinnern sein. Anders ist die Situation zu beurteilen, daß ein – womöglich gar im konkreten Fall zuständiger – Richter über die Medien potentielle Prozeßparteien mittelbar dazu auffordert, verfahrenseinleitende Anträge zu stellen. Es ist daher nur ein scheinbares Paradoxon, daß aktive Informationstätigkeit der Rechtsprechung nicht die Passivität ihrer Funktionsträger, die aus der Neutralität der Richterschaft folgt,[201] in Frage stellen darf.

---

[197] Dazu *A. Arndt*, NJW 1963, 2064 ff.

[198] Zum Verhältnis von Richteramt und Meinungsfreiheit *Barbey*, in: HStR III, 2. Aufl. 1996, § 74 Rdnrn. 86 f.

[199] Vgl. *Schulze-Fielitz*, in: Schuppert/Bumke (Hrsg.), Bundesverfassungsgericht und gesellschaftlicher Grundkonsens, 2000, S. 122; *Fromme*, in: FS Hans Joachim Faller, 1984, S. 418.

[200] *Isensee*, Cicero 2005, 80 f.

[201] Vgl. *Bettermann*, in: HStR III, 2. Aufl. 1996, § 73 Rdnr. 35; *Bethge*, in: Maunz/Schmidt-Bleibtreu/Klein/Bethge, BVerfGG, § 1 Rdnr. 7; *Isensee*, in: Piazolo (Hrsg.), Das Bundesverfassungsgericht. Ein Gericht im Schnittpunkt von Recht und Politik, 1995, S. 54.

Zusammenfassung der wesentlichen Ergebnisse

1. Das Thema „Medienöffentlichkeit der Dritten Gewalt“ bezeichnet die Zugänglichkeit der Rechtsprechung für die Medien. Die Klärung dieses Verhältnisses ist eine Frage des Rechts.

a) Weder die Medien noch die Rechtsprechung stellen apriorische oder rechtsexogene Phänomene dar. Zumal im Verfassungsstaat des Grundgesetzes sind sie entscheidend vom Recht determiniert. Das betrifft auch ihre gegenseitige Zuordnung.

b) Das normativ geprägte Verhältnis zwischen Medien und Rechtsprechung entzieht sich einer Klärung allein auf der Ebene des Verfassungsrechts. Maßgeblich sind zunächst die vom Gesetzgeber auf der Ebene des einfachen Rechts getroffenen Regelungen (Anwendungsvorrang des einfachen Rechts).

c) Der Geltungsvorrang des Verfassungsrechts, namentlich der Grundrechte, kommt vor allem dann zum Tragen, wenn sich das einfache Recht als defizitär erweist.

2. Medienöffentlichkeit ist eine spezielle Form von Rechtsprechungspublizität. Sie schließt die Problematik von Fernsehaufnahmen in Gerichtsverhandlungen ein, ohne sich darin zu erschöpfen.

a) Öffentlichkeit staatlichen Handelns läßt sich in unterschiedlicher Weise realisieren. Der Oberbegriff der Rechtsprechungs- oder Gerichtsöffentlichkeit umfaßt neben der Medienöffentlichkeit die komplementären Phänomene der Saal- bzw. Publikumsöffentlichkeit.

aa) Saalöffentlichkeit meint körperliche Zutrittsmöglichkeiten und setzt mündliche Verhandlungen voraus. Im Unterschied dazu steht der Begriff der Publikumsöffentlichkeit auch für allgemeine Einsichts- und Auskunftsrechte. Insofern wird er jedoch vorzugsweise mit Blick auf die Exekutive verwendet.

bb) Medienöffentlichkeit beschreibt zum einen die Berichterstattung der Medien über die Tätigkeit der Rechtsprechung, zum anderen die Zugänglichkeit der Rechtsprechung für die Informationsbeschaffung der Medien. Für die juristische Beurteilung des Verhältnisses zwischen der Rechtsprechung und den Medien kommt es entscheidend auf diesen zweiten Aspekt an.

b) Über Fernsehaufnahmen aus der mündlichen Verhandlung reicht die Medienöffentlichkeit der Rechtsprechung begrifflich in doppelter Hinsicht hinaus.

aa) Öffentlich können mündliche Verhandlungen für und durch sämtliche Medien sein. Ungeachtet der Leitfunktion des Mediums Fernsehen geht mit dem gesetzlichen Verbot von Rundfunkaufnahmen daher kein vollständiges Verbot von Medienöffentlichkeit oder mittelbarer Öffentlichkeit einher.

bb) Objekt medialer Rechtsprechungsöffentlichkeit sind nicht allein mündliche Verhandlungen. Informationsaufnahme und Berichterstattung können sich auf sämtliche Verfahrensabschnitte beziehen, insbesondere auf gerichtliche Entscheidungen.

3. Grundform gerichtlicher Öffentlichkeit ist die prinzipielle Zugänglichkeit der mündlichen Verhandlung. Daß die Zutrittsmöglichkeit für jedermann zugleich die Informationsbeschaffung der Medien ermöglicht, war stets mehr als ein bloßer Reflex.

a) Ideengeschichtlich ist die Zutrittsmöglichkeit für Unbeteiligte ein Produkt der Aufklärung, das sich bis zur zweiten Hälfte des 19. Jahrhunderts in Deutschland endgültig etablierte. Mit ihren germanischen Frühformen hat die heutige Öffentlichkeit der mündlichen Verhandlung nur die Bezeichnung gemeinsam.

b) Die vorausgegangene kontroverse Debatte wurde dem Grunde nach mit denselben Argumenten geführt, mit denen heute um die Erweiterung der Saal- zur Fernsehöffentlichkeit gerungen wird.

aa) Bereits der Anwesenheit von Zuschauern schrieben sowohl ihre Gegner als auch ihre Befürworter diejenigen Wirkungen zu, die heute Rundfunkübertragungen attestiert werden.

bb) Zudem wurde die Verbreitung des Verhandlungsgeschehens durch die Presse von vornherein als Konsequenz der Saalöffentlichkeit betrachtet und – je nach Standpunkt – als weitere negative Begleiterscheinung oder aber als eigentlicher Zweck der Saalöffentlichkeit bewertet. Insofern waren Saalöffentlichkeit und Medienöffentlichkeit vor der Etablierung des Rundfunks identisch.

4. Die Saalöffentlichkeit ist nur dem Grunde nach gesetzlich ausdrücklich geregelt. Ihre praktische Umsetzung durch die Rechtsprechung vermag nicht in vollem Umfang zu befriedigen. Auch der Rechtsschutz gegen Verletzungen der Vorschriften über die Öffentlichkeit fällt derzeit defizitär aus.

a) Ihre normative Grundlage findet die Saalöffentlichkeit in erster Linie in § 169 S. 1 GVG, daneben aber auch in einzelnen Landesverfassungen sowie in internationalen Übereinkommen. Im Hinblick auf ihren Anwendungsbereich und auf ihre Reichweite weisen die einzelnen Rechtsgrundlagen nur geringfügige Unterschiede auf.

b) Inhaltlich verlangt der Grundsatz der Saalöffentlichkeit, daß ein unbestimmter Personenkreis die Möglichkeit haben muß, an der Verhandlung teilzunehmen.

aa) Der Verhandlungsort muß frei zugänglich sein und so vielen Zuschauern Platz bieten, daß diese als Repräsentanten einer Allgemeinheit angesehen werden können, die keiner Auswahl unterliegt. Eine möglichst große Zahl von Plätzen wird nicht verlangt. Das Gericht muß großem Publikumsinteresse nicht durch die Benutzung größerer Räume Rechnung tragen. Allerdings darf es die Zahl der Zuschauerplätze auch nicht gezielt verkleinern.

bb) Über den Ort und die Zeit der Verhandlung muß sich jedermann rechtzeitig informieren können. Ein Aushang erst während der Verhandlung reicht nicht aus. Auch die Abweichung von angekündigten Verhandlungsterminen oder -orten kann den Grundsatz der Öffentlichkeit verletzen. Andernfalls könnte das Gericht die Anwesenheit unliebsamer Beobachter gezielt verhindern.

cc) Im Rahmen der Saalkapazität, deren exakten Umfang der Vorsitzende festzulegen hat, dürfen die Plätze allein nach dem Kriterium der zeitlichen Priorität vergeben werden. Jede Form der bevorzugten Platzvergabe ist unzulässig.

dd) Rechtsgrundlage für sämtliche teilnahmeregelnden Maßnahmen des Vorsitzenden sind die Vorschriften über die Sitzungspolizei.

c) Verfahrensbeteiligte können gegen Verletzungen der Vorschriften über die Öffentlichkeit mit Rechtsmitteln vorgehen. Neben der gesetzwidrigen Beschränkung der Öffentlichkeit stellt auch deren gesetzwidrige Erweiterung einen absoluten Revisionsgrund dar.

d) Zuschauer können sich gegen die rechtswidrige Versagung der Teilnahme zumindest im Wege der Verfassungsbeschwerde zur Wehr setzen. Daß sie im übrigen keine fachgerichtlichen Klagemöglichkeiten haben sollen, ist sowohl materiell-rechtlich als auch prozessual nicht frei von Zweifeln.

aa) Angesichts des Trends zur „Subjektivierung" ehedem rein objektiver Rechte erscheint es fraglich, ob die Vorschriften über die Öffentlichkeit allein dem objektiven Recht angehören, ohne daß sie dem einzelnen Zuschauer ein subjektives Recht gewähren.

bb) Jedenfalls fällt die Teilnahme an einer öffentlichen Verhandlung in den Schutzbereich der allgemeinen Informationsfreiheit (Art. 5 Abs. 1 S. 1 GG). Die Teilnahmeversagung begrenzt nicht bereits den Tatbestand des Grundrechtes. Vielmehr handelt es sich um einen rechtfertigungsbedürftigen Grundrechtseingriff. Das gilt sogar dann, wenn die Teilnahme auf Grund fehlender Saalkapazität versagt wird.

cc) Abgewiesenen Zuschauern steht zumindest die Verfassungsbeschwerde offen. Im Lichte der jüngsten Rechtsprechung des Bundesverfassungsgerichts erscheint zweifelhaft, ob das Fehlen fachgerichtlicher Abhilfemöglichkeiten mit der verfassungsrechtlichen Rechtsschutzgarantie vereinbar ist.

5. Das Demokratieprinzip sowie das Rechtsstaatsprinzip des Grundgesetzes fordern die grundsätzliche Öffentlichkeit der Rechtsprechung. Insofern führt die gewandelte Bedeutung der Medien zu einem verfassungsrechtlichen Paradigmenwechsel. Die Saalöffentlichkeit der mündlichen Verhandlung allein vermag

den Anforderungen der Verfassung nicht mehr zu genügen. Gefordert wird die grundsätzliche Medienöffentlichkeit der Dritten Gewalt.

a) Die prinzipielle Öffentlichkeit der Rechtsprechung gerade in Form von Medienöffentlichkeit ist ein Postulat des Demokratieprinzips.

aa) Die Öffentlichkeit staatlichen Handelns ist Funktionsvoraussetzung der Demokratie. Sie ist nicht nur unerläßlich für die freie Volkswillensbildung vor Wahlen und Abstimmungen, sondern zugleich für die permanente Bildung der öffentlichen Meinung.

bb) Das demokratische Gebot staatlicher Öffentlichkeit erfaßt auch die Rechtsprechung. Ihre Einbeziehung in die öffentliche Meinungsbildung bewirkt Legitimation sowie Kontrolle und trägt zur staatlichen Integration bei.

cc) Demokratisch geforderte Gerichtsöffentlichkeit ist in erster Linie Medienöffentlichkeit. Gerade die Medien nehmen heute die im Demokratieprinzip wurzelnden traditionellen Funktionen gerichtlicher Öffentlichkeit wahr. Zudem ist ihnen die mittlerweile im Vordergrund stehende Funktion der Befriedigung des Informationsinteresses der Allgemeinheit zugewiesen, die Voraussetzung für die kritisch-kontrollierende Begleitung der Rechtsprechung durch die Gesellschaft ist.

Medienöffentlichkeit verschafft der Rechtsprechung durch die Einbindung in den öffentlichen Kommunikationsprozeß zusätzliche Legitimation, die neben die Legitimation durch die Bindung an Gesetz und Recht tritt. Medienöffentlichkeit bewirkt eine tatsächliche und effektive gesellschaftliche Kontrolle der Rechtsprechung (und mittelbar des Gesetzgebers), während die Zutrittsmöglichkeit zu Verhandlungen primär für eine bloße Kontrollmöglichkeit sorgt. Schließlich schafft Medienöffentlichkeit Vertrauen in die Tätigkeit der Rechtsprechung und trägt so zur staatlichen Integration bei.

b) Die grundsätzliche Öffentlichkeit der Rechtsprechung gerade in Form von Medienöffentlichkeit verwirklicht einzelne Anliegen des Rechtsstaats. Zugleich läuft sie jedoch anderen rechtsstaatlichen Belangen zuwider. Die Einbeziehung der Medien verstärkt die ohnehin bestehende Ambivalenz des Verhältnisses zwischen dem Rechtsstaatsprinzip einerseits und gerichtlicher Öffentlichkeit andererseits.

aa) Die Medienöffentlichkeit der Rechtsprechung veranschaulicht den Inhalt der Rechtsordnung und trägt so zu deren rechtsstaatlich geforderter Publizität bei.

bb) Einem gewissen Beitrag der Medienöffentlichkeit zur Sicherung der richterlichen Unabhängigkeit steht deren potentielle Gefährdung durch gesellschaftliche Einflußnahme gegenüber. Das Spannungsverhältnis zwischen der richterlichen Unabhängigkeit und den Medienfreiheiten läßt Aussagen über die präzisen Grenzen zulässiger Druckausübung nur im Einzelfall zu.

Soweit mögliche Gefahren für die richterliche Unabhängigkeit als Argument gegen gerichtliche Medienöffentlichkeit herangezogen werden, ist zu bedenken, daß der Informationszugang der Medien an sich noch keine unmittelbare Gefahr für die richterliche Unabhängigkeit darstellt. Unzulässige Einflußnahme droht erst durch die Art der Berichterstattung, wobei weniger Informationszugang nicht zwangsläufig zu weniger Beeinflussung führt.

cc) Entsprechendes gilt für das Verhältnis zwischen der gerichtlichen Öffentlichkeit und den rechtsstaatlichen Erfordernissen der Wahrheitsfindung, der Waffengleichheit und der Verfahrensfairneß.

dd) Tendenziell gegen jede Form von Öffentlichkeit, insbesondere aber gegen eine über die Saalöffentlichkeit hinausreichende Medienöffentlichkeit, streiten die ebenfalls rechtsstaatlich, insbesondere grundrechtlich fundierten Persönlichkeitsrechte der Beteiligten.

c) Die Medienöffentlichkeit der Rechtsprechung ist ein Verfassungsgrundsatz. Sie ist prinzipiell von der Verfassung gefordert. Zu ihrer näheren Ausgestaltung ist der Gesetzgeber aufgerufen. Seine konkretisierenden Regelungen haben den für und wider die Medienöffentlichkeit streitenden Positionen angemessen Rechnung zu tragen.

6. Die Teilnahme von Journalisten an mündlichen Verhandlungen wird grundrechtlich von den Medienfreiheiten geschützt. Daran haben sich sämtliche teilnahmeregelnden Maßnahmen des Staates zu orientieren.

a) Auch Journalisten unterliegen in mündlichen Verhandlungen den Anordnungen der Sitzungspolizei des Vorsitzenden. Grundrechtlich können sie sich im Gegensatz zu den allein von der allgemeinen Informationsfreiheit geschützten übrigen Zuschauern auf den Schutz der Medienfreiheiten berufen.

aa) Journalisten dürfen an öffentlichen Verhandlungen im Rahmen der allgemeinen Zugänglichkeit teilnehmen. Die Absicht der späteren Berichterstattung rechtfertigt keine zutrittsbeschränkenden sitzungspolizeilichen Maßnahmen. Die Berichterstattung an sich ist eine adäquate Folge der Öffentlichkeit; die Einhaltung ihrer rechtlichen Grenzen fällt nicht in den Schutzzweck der Sitzungspolizei.

bb) Grundrechtlich genießt die Anwesenheit von Journalisten den Schutz der Medienfreiheiten.

Tatbestandlich unterfällt die Teilnahme von Medienvertretern sowohl der allgemeinen Informationsfreiheit als auch den Medienfreiheiten. Sofern man insofern nicht ohnehin Idealkonkurrenz annimmt, kommt allein eine Verdrängung der allgemeinen Informationsfreiheit als des schwächer schützenden Grundrechts in Betracht. Trotz scheinbarer Schrankenidentität fällt der Schutz durch die Medienfreiheiten im Ergebnis stärker aus.

cc) Einschränkende sitzungspolizeiliche Maßnahmen unterliegen als Grundrechtseingriffe gegenüber Journalisten höheren Rechtfertigungsanforderungen als gegenüber anderen Zuschauern.

dd) Die grundrechtliche Sonderstellung der Journalisten vermag die Reservierung spezieller Presseplätze, die potentiell zum Ausschluß sonstiger Zuschauer führt, verfassungsrechtlich zu legitimieren. Jedoch stellen die Vorschriften über die Sitzungspolizei nur dann eine ausreichende einfachrechtliche Rechtsgrundlage dar, falls sie nicht allein als Mittel zur Abwehr äußerer Störungen verstanden wird, sondern als Instrument zum Ausgleich aller in der Verhandlung relevanten Rechtspositionen einschließlich des spezifisch journalistischen Informationsinteresses.

ee) Unter dieser Voraussetzung ist der Vorsitzende nicht nur berechtigt, sondern aus einer grundrechtlichen Schutzpflicht für die Medien heraus prinzipiell sogar verpflichtet, Plätze für Journalisten zu reservieren.

ff) Anders als bei den übrigen Zuschauerplätzen ist die steuernde Vergabe von Journalistenplätzen zulässig, sofern die Vergabe auf sachlichen, mit den Medienfreiheiten vereinbaren Kriterien beruht.

b) Die exzeptionelle Zulassung von Journalisten zu nichtöffentlichen Verhandlungen steht im Ermessen des Gerichts. Bei seiner Ermessensausübung hat es den Schutzzweck der Nichtöffentlichkeit sowie die Medienfreiheiten zu berücksichtigen.

aa) Die Zulassung von Journalisten darf dem Schutzzweck der Nichtöffentlichkeit nicht zuwiderlaufen. Die spätere Berichterstattung darf keine Informationen enthalten, deren Bekanntwerden die Nichtöffentlichkeit verhindern soll.

Die bestehenden rechtlichen Grenzen der Berichterstattung aus nichtöffentlichen Verhandlungen stellen dies nur unvollständig sicher. Trotz ihrer Strafbewehrung (§ 353d StGB) erweisen sich die speziellen Regeln des Gerichtsverfassungsrechts als defizitär. Gleiches gilt für die generellen presse- und medienrechtlichen Grenzen der Berichterstattung. Entscheidende Bedeutung kommt der freiwilligen Bereitschaft der Journalisten zu, geheimhaltungsbedürftige Informationen nicht zu veröffentlichen.

Weiterreichende gesetzliche Beschränkungen bzw. effektivere Sanktionsmöglichkeiten würden die Zulassung von Journalisten zu nichtöffentlichen Verhandlungen in einer größeren Zahl von Fällen ermöglichen.

bb) Grundrechtlich fällt auch die Teilnahme von Journalisten an nichtöffentlichen Verhandlungen in den Schutzbereich der Medienfreiheiten. Die Nichtzulassung stellt einen rechtfertigungsbedürftigen Grundrechtseingriff dar. Der einzelne Journalist hat einen grundrechtlichen Anspruch auf eine ermessensfehlerfreie Entscheidung des Gerichts über seine Zulassung.

7. Bild- und Tonaufnahmen während mündlicher Verhandlungen sowie in deren Umfeld sind Gegenstand mehrerer Regelungsinstrumente. Rundfunkaufnahmen während der Verhandlung werden von § 169 S. 2 GVG untersagt. Im übrigen ist die Zulässigkeit von Aufnahmen Gegenstand des Hausrechts des Gerichtspräsidenten bzw. der Sitzungspolizei des Vorsitzenden.

a) Das gesetzliche Verbot von Rundfunkaufnahmen während der mündlichen Verhandlung erfaßt – abgesehen von wenigen jüngeren Ausnahmen für verfassungsgerichtliche Verfahren – alle Sparten der Gerichtsbarkeit. Zugeschnitten war das Aufnahmeverbot ursprünglich auf die speziellen Bedürfnisse des Strafverfahrens. Die Ausdehnung auf sämtliche Gerichtsbarkeiten wurde im Gesetzgebungsverfahren weder gänzlich übersehen noch gründlich erörtert. Den Medienfreiheiten kam nur geringe Beachtung zu.

b) Richtiger Auffassung nach stellt die gesetzwidrige Zulassung von Aufnahmen einen absoluten Revisionsgrund dar.

c) Rundfunkaufnahmen außerhalb der Verhandlung sowie Fotos, auch solche in der Verhandlung, fallen nicht unter das Verbot des § 169 S. 2 GVG. Sie sind vorbehaltlich eines auf das Hausrecht bzw. auf die Sitzungspolizei gestützten Verbots zulässig. Es handelt sich um eine Erlaubnis mit Verbotsvorbehalt, nicht um ein Verbot mit Erlaubnisvorbehalt.

8. Journalistische Bild- und Tonaufnahmen fallen in den Schutzbereich der Medienfreiheiten. Staatliche Aufnahmeverbote sind Grundrechtseingriffe; sie müssen sich an den grundrechtlichen Eingriffskautelen einschließlich des Verhältnismäßigkeitsprinzips messen lassen. Das gilt auch für das Verbot des § 169 S. 2 GVG.

Die gegenteilige Sichtweise, die das gesetzliche Verbot als tatbestandliche Begrenzung des Schutzbereichs der Rundfunkfreiheit auffaßt, basiert auf einer unzulässigen Vermengung der Rundfunkfreiheit mit der allgemeinen Informationsfreiheit; im Ergebnis führt sie zu einem Grundrechtsschutz nach Maßgabe des Gesetzes.

9. Umfangreiche Aufnahmeverbote können die Medienfreiheiten in unverhältnismäßiger Weise beeinträchtigen. Das absolute Verbot des § 169 S. 2 GVG ist ebenso verfassungswidrig wie pauschale Verbote im Rahmen des Hausrechts oder der Sitzungspolizei.

a) Das gesetzliche Verbot des § 169 S. 2 GVG beruht auf einer unzulässigen Verallgemeinerung der Situation des typischen Strafverfahrens. Seine pauschale und ausnahmslose Geltung in sämtlichen anderen fachgerichtlichen Verfahren greift unverhältnismäßig in die Rundfunkfreiheit ein. Das gleiche gilt für die frühere uneingeschränkte Geltung des Verbots in Verhandlungen der Verfassungsgerichtsbarkeit.

aa) Rundfunkaufnahmen aus Gerichtsverhandlungen befriedigen ein berechtigtes Informationsinteresse der Allgemeinheit.

bb) Diesem Informationsinteresse steht in erster Linie das allgemeine Persönlichkeitsrecht der Verfahrensbeteiligten gegenüber.

Dessen relatives Gewicht im Rahmen der Abwägung verringert sich generell bei zeitgeschichtlichen Ereignissen. Primärer Maßstab für den zeitgeschichtlichen Charakter eines Ereignisses ist das Berichterstattungsinteresse der Medien.

Zudem ist zu berücksichtigen, daß die Anfertigung von Aufnahmen das allgemeine Persönlichkeitsrecht weniger stark beeinträchtigt als die Verbreitung von Aufnahmen. Die Herstellung einer Aufnahme ist nicht schon deshalb rechtswidrig, weil ihre Verwendung rechtswidrig wäre.

cc) Wie stark Rundfunkaufnahmen während der Verhandlung das allgemeine Persönlichkeitsrecht beeinträchtigen würden, läßt sich nicht pauschal beantworten. Maßgeblich sind die Gegebenheiten des einzelnen Verfahrens.

Besonders empfindlich wird typischerweise der Angeklagte im Strafverfahren belastet. Sein Persönlichkeitsrecht überwiegt regelmäßig das Informationsinteresse der Öffentlichkeit. Zwingend ist dies jedoch nicht. Insbesondere in Prozessen von historischer Bedeutung kann das Informationsinteresse der Allgemeinheit vorrangig sein. Im übrigen kann im Einzelfall der Angeklagte selbst ein Interesse an Rundfunkaufnahmen haben.

Dem Persönlichkeitsrecht anderer Beteiligter kommt im Rahmen der Abwägung regelmäßig ein geringeres Gewicht zu als der Position des Angeklagten. Namentlich das Persönlichkeitsrecht der Richter und sonstiger Gerichtspersonen bleibt meist hinter dem öffentlichen Informationsinteresse zurück. Im übrigen rechtfertigt sogar ein überwiegendes Persönlichkeitsrecht kein vollständiges Aufnahmeverbot, soweit partielle Beschränkungen dem Persönlichkeitsschutz ausreichend Rechnung tragen.

dd) Belange des Verfahrens rechtfertigen das vollständige gesetzliche Aufnahmeverbot nicht. Aufnahmen müssen die Beteiligten nicht zwingend zu einem veränderten Verhalten veranlassen. Zumindest aber lassen sich die Belange des Verfahrens jedenfalls in einer gewissen Anzahl von Verfahren auch durch partielle Aufnahmebeschränkungen ausreichend schützen.

b) Auch ein Verbot der nicht von § 169 S. 2 GVG erfaßten Aufnahmen hat den Verhältnismäßigkeitsgrundsatz zu wahren. Ein vollständiges Aufnahmeverbot auf der Grundlage des Hausrechts oder der Sitzungspolizei ist regelmäßig verfassungswidrig.

aa) Rundfunkaufnahmen außerhalb der Verhandlung sowie Fotos dienen ebenfalls der Befriedigung des Informationsinteresses der Allgemeinheit. Dessen Gewicht im Rahmen der Abwägung hängt von der Art der Aufnahmen sowie von den Umständen des Einzelfalls ab.

bb) Abgesehen von Belangen des Verfahrens steht dem Informationsinteresse regelmäßig das Persönlichkeitsrecht der Aufgenommenen gegenüber. Voraussetzung für dessen Berücksichtigung im Rahmen der Sitzungspolizei bzw. des Hausrechts ist jedoch, daß das Persönlichkeitsrecht zu den Schutzgütern dieser Institute zählt. Das ist allenfalls bei der Sitzungspolizei der Fall, sofern man deren Umfang sehr weit auslegt. Hausrechtliche Aufnahmeverbote zum Zweck des Persönlichkeitsschutzes sind hingegen unzulässig.

cc) Sämtliche dem Informationsinteresse entgegenstehenden Rechtspositionen lassen sich durch qualitative oder quantitative Aufnahmebeschränkungen ausreichend schützen. Vollständige Aufnahmeverbote auf hausrechtlicher oder sitzungspolizeilicher Grundlage sind regelmäßig unzulässig.

10. Das strikte Verbot von Rundfunkaufnahmen während der Verhandlung erfährt seit einigen Jahren Ausnahmen vor der Verfassungsgerichtsbarkeit des Bundes und der Länder. Vorgezogenen faktischen Öffnungen der Gerichtssäle sind begrüßenswerte Gesetzesänderungen gefolgt.

a) Die faktische Vorreiterrolle des Bundesverfassungsgerichts hat den Gesetzgeber zu einer begrenzten Öffnung bundesverfassungsgerichtlicher Verhandlungen für Rundfunkaufnahmen veranlaßt. Die literarische Kritik an der zuvor geübten Zulassungspraxis ist nur zum Teil gerechtfertigt.

aa) Die Zulassung von Rundfunkaufnahmen während der Verhandlungen des Bundesverfassungsgerichts vor Erlaß von § 17a BVerfGG war prinzipiell gesetzwidrig. Jedoch ist das Bundesverfassungsgericht berechtigt, verfassungswidrige Vorschriften seiner eigenen Verfahrensordnung zu verwerfen bzw. zu ignorieren. Daher hat die Verfassungswidrigkeit des ursprünglich absoluten Aufnahmeverbots vor dem Bundesverfassungsgericht die Zulassung von Aufnahmen gerechtfertigt.

bb) § 17a BVerfGG stellt einen ersten Schritt auf dem Weg zu einer weiterreichenden Öffnung der Gerichtssäle dar, dem weitere folgen müssen.

b) Vor den Landesverfassungsgerichten kann die Frage nach der Zulässigkeit von Rundfunkaufnahmen spezielle Probleme aufwerfen. Die in den Prozeßordnungen der Landesverfassungsgerichte üblichen (teils dynamischen) Verweisungen auf bundesrechtliche Normen nötigen im Einzelfall zu einer genauen Prüfung, wie sich Änderungen des Bundesrechts auf die landesrechtliche Regelungssituation auswirken.

11. Als Konsequenz des über die mündliche Verhandlung hinausreichenden Postulats gerichtlicher Medienöffentlichkeit ist die Rechtsprechung dem Grunde nach zur Veröffentlichung ihrer Entscheidungen verpflichtet.

a) Die Forderung nach prinzipieller Öffentlichkeit der Rechtsprechung erstreckt sich auf gerichtliche Entscheidungen als die genuinen Handlungsinstrumente der Dritten Gewalt.

b) Auch ohne explizite gesetzliche Regelung sind sämtliche Gerichte prinzipiell zur Veröffentlichung ihrer Entscheidungen verpflichtet. Die Publikationspflicht beschränkt sich nicht auf Obergerichte oder auf „veröffentlichungswürdige“ Entscheidungen.

c) Inhaltlich ist die Bereitstellung der Entscheidungen für die Medien gefordert. Besondere Bedeutung kommt der Veröffentlichung im Internet zu.

12. Auskunftsrechte und Möglichkeiten der Akteneinsicht ergänzen den Zugang der Medien zur Rechtsprechung.

a) Der medienspezifische Auskunftsanspruch des einfachen Landesrechts richtet sich auch gegen die Dritte Gewalt. Er ermöglicht nicht nur die Abfrage einzelner Informationen, sondern kann sich zu einem Recht auf Akteneinsicht verdichten.

b) Ob die für jedermann geltenden Auskunfts- und Akteneinsichtsregelungen im Prozeßrecht des Bundes auf die Medien anwendbar sind, erscheint zumindest zweifelhaft. Zur Regelung der medialen Informationsbeschaffung auch bei Gerichten sind nach Art. 30, 70 Abs. 1 GG allein die Länder befugt.

13. Zur Medienöffentlichkeit der Dritten Gewalt gehört die aktive Teilnahme der Rechtsprechung am öffentlichen Kommunikationsprozeß.

a) Informales Staatshandeln erschöpft sich nicht in der Öffentlichkeitsarbeit von Regierung (Verwaltung) und Parlament. Auch die Rechtsprechung (Fachgerichtsbarkeit wie Verfassungsgerichtsbarkeit) hat Anteil am Prozeß öffentlicher Kommunikation.

b) Informales Handeln der Rechtsprechung ist Annex ihrer spezifischen, verfassungsrechtlich vorgezeichneten und einfachrechtlich determinierten Primärfunktion. Durch diese wird es gleichermaßen legitimiert wie limitiert.

aa) Informales Handeln namentlich der Verfassungsgerichtsbarkeit und der obersten Bundesgerichte stellt sich in erster Linie als Information und Aufklärung über getroffene Entscheidungen und über anfallende Tätigkeit(en) dar.

bb) Die Befugnis der Rechtsprechung zu aktiver Öffentlichkeitsarbeit ändert nichts daran, daß die Dritte Gewalt in ihrer Kernfunktion nicht ex officio tätig werden darf.

Anlagen

A. Einstweilige Rahmenbedingungen für Pressevertreter sowie Rundfunk- und Fernsehanstalten, erlassen vom Präsidialrat des Zweiten Senats des Bundesverfassungsgerichts im Mai 1993[1]

I. Mündliche Verhandlungen

1. Foto-, Film- und Tonaufnahmen sind bis zum Abschluß der Feststellung der Anwesenheit der Verfahrensbeteiligten zulässig.

2. Die Fotografen und Medienvertreter müssen dabei so im Mittelgang stehen oder so zur Seite treten, daß der gesamte Senat freies Blickfeld nach allen Seiten behält.

3. Foto- und Filmaufnahmen hinter der Richterbank sind nicht statthaft.

4. Nach Feststellung der Anwesenheit der Beteiligten haben die Fotografen und Kamerateams die Ebene des Sitzungssaals (2. OG) zu verlassen. Als Sitzungssaal gilt insoweit der eigentliche Saal, der äußere Flurraum und die Pressetribüne.

5. Den Fotografen und Medienvertretern steht zum Aufenthalt und zur Lagerung ihrer Ausrüstungsgegenstände der Empfangsraum im 1. OG (neben Presseraum) zur Verfügung.

II. Urteilsverkündungen

1. Nr. I 1 bis 3 gelten entsprechend.

2. Die Verlesung des Urteilstenors darf in Bild und Ton aufgenommen werden. Blitzlicht ist nicht gestattet.

3. Während der Verlesung der Urteilsgründe bleiben geräuschlose Fotoaufnahmen ohne Blitzlicht zulässig.

4. Der Hörfunk erhält das Recht, die Urteilsgründe insgesamt aufzunehmen und zeitversetzt (nach Abschluß der gesamten Verkündung) zu senden.

B. § 24a GeschOBVerfG gemäß Plenumsbeschluß v. 17. Juli 1995[2]

§ 24 a. (1) Bild- und Tonaufnahmen in mündlichen Verhandlungen und bei Urteilsverkündungen sind gemäß § 17 BVerfGG i. V. m. § 169 Abs. 2 GVG nach Maßgabe der nachfolgenden Bestimmungen unter der Voraussetzung zulässig, daß die öffentlich-rechtlichen

---

[1] Zitiert nach *G. Wolf*, NJW 1994, 682.

[2] Zitiert nach *Hofmann*, ZRP 1996, 401. Ausweislich des Protokolls der Plenarsitzung, dem *Verf.* übersandt mit Schreiben des *Bundesverfassungsgerichts* vom 3. April 2002, Az. 1270 E – 286/02, nannte der Beschluß in § 24a Abs. 1 GeschOBVerfG tatsächlich § 169 *Abs. 2* GVG. Gemeint war offensichtlich § 169 *S. 2* GVG.

und privaten Hörfunk- und Fernsehveranstalter sich in der Weise einigen, daß höchstens drei Kameras eingesetzt werden.

(2) In mündlichen Verhandlungen sind Aufnahmen und Übertragungen zulässig, bis die Präsenz der Verfahrensbeteiligten festgestellt worden ist. Die Urteilsverkündung kann in vollem Umfang übertragen werden. Für Fotoaufnahmen während der mündlichen Verhandlung gilt S. 1 entsprechend; bei Urteilsverkündungen sind Fotoaufnahmen darüber hinaus zulässig, bis die Entscheidungsformel verlesen ist.

(3) Zum Schutz wichtiger Belange von Verfahrensbeteiligten oder Dritten kann der Senat weitergehende Beschränkungen anordnen oder Aufnahmen gänzlich untersagen.

(4) Der Senat kann nähere Regelungen treffen.

C. Pressemitteilung des Bundesverfassungsgerichts Nr. 9/2002 vom 25. Januar 2002

Bundesverfassungsgericht – Pressestelle –

Pressemitteilung Nr. 9/2002 vom 25. Januar 2002

Organisatorische Hinweise für Medienvertreter hinsichtlich der Verhandlung in dem Verfahren Antrag auf Erlass einer einstweiligen Anordnung in der Sache „Airbusbeschaffung" am 29. Januar 2002, 10.00 Uhr

Im Hinblick auf die am 29. Januar 2002 anstehende mündliche Verhandlung des Zweiten Senats (s. Pressemitteilung Nr. 8/2002 vom 25. Januar 2002) wird folgendes mitgeteilt:

1. Akkreditierungen

Für Medienvertreter stehen auf der Presseempore insgesamt 44 Sitzplätze zur Verfügung. Davon sind 11 Plätze für die Mitglieder der hiesigen Justizpressekonferenz reserviert.

Alle Medienvertreter – einschließlich der Mitglieder der Justizpressekonferenz – werden gebeten, sich schriftlich bis zum Montag, 28. Januar 2002, 16.00 Uhr, zu akkreditieren (Fax-Nr.: 0721/9101-461 oder 9101-382). Die Akkreditierungen werden in der Reihenfolge des Eingangs vorgenommen. Akkreditierungsgesuche, die nach Ablauf der Frist eingehen, können nicht mehr berücksichtigt werden. Sofern mehr Akkreditierungsgesuche eingehen, als Plätze auf der Empore zur Verfügung stehen, müssen sich die betroffenen Medienvertreter nach Feststellung der Anwesenheit der Beteiligten in den ersten Stock (Presseraum) begeben. Der weitere Aufenthalt vor dem Verhandlungssaal ist nicht gestattet.

2. Foto- und Fernsehaufnahmen

Entsprechend den ergänzenden Regelungen des BVerfG zu § 17 a BVerfGG (s. Anlage), sind bei mündlichen Verhandlungen Foto-, Film- und Tonaufnahmen im Verhandlungssaal nur bis zum Abschluß der Feststellung der Anwesenheit der Verfahrensbeteiligten zulässig.

Für diese Aufnahmen im Sitzungssaal werden zwei Fernsehteams (ein öffentlichrechtlicher und ein privatrechtlicher Sender) mit jeweils drei Kameras sowie fünf Fotografen (drei Agenturfotografen, zwei freie Fotografen)[3] zugelassen. Die Bestimmung des Pools bleibt den Fernsehsendern bzw. den Agenturen/Fotografen überlassen.

Die „Pool-Mitglieder" verpflichten sich, die Aufnahmen Konkurrenzunternehmen unverzüglich zur Verfügung zu stellen. Ein Sender, der die entsprechenden technischen Voraussetzungen nicht erfüllt, kann nicht Pool-Mitglied werden.

Nach Feststellung der Anwesenheit der Beteiligten sind Fernseh- und Tonaufnahmen nicht mehr zulässig. Das gilt auch für Aufnahmen vor dem Verhandlungssaal durch die Verglasung. Die jeweiligen Kamerateams und Fotografen haben den Saal unaufgefordert zu verlassen, die auf Stativen stehenden Kameras sind unaufgefordert abzuschalten.

Der hiesigen Pressestelle sind die Pool-Mitglieder für die Fernsehanstalten und für die Fotoaufnahmen bis zum Montag, 28. Januar 2002, 16.00 Uhr, schriftlich mitzuteilen. Auch insoweit werden nur fristgemäße Anmeldungen in der Reihenfolge ihres Eingangs berücksichtigt. Bitte melden Sie sich für jede der drei Verhandlungen ausdrücklich an.

3. Allgemeines

„Handys" sind, sofern sie mit in den Verhandlungssaal genommen werden, wegen der störenden Geräusche auszuschalten. Laptops dürfen im Verhandlungssaal aus demselben Grund ebenfalls nicht benutzt werden.

In der Mittagspause bzw. nach Schluß der mündlichen Verhandlung sind Interviews, Fernseh- und Fotoaufnahmen mit Verfahrensbeteiligten oder sonstigen Personen im Verhandlungssaal lediglich für einen Zeitraum von 15 Minuten zugelassen. Für etwaige weitere Aufnahmen steht hierfür der Empfangsraum (1. OG) oder das Foyer (Erdgeschoß) zur Verfügung.

Karlsruhe, den 25. Januar 2002

Anlage zur Pressemitteilung Nr. 9/2002 vom 25. Januar 2002

Im Hinblick auf § 17a des Bundesverfassungsgerichtsgesetzes in der Fassung vom 16. Juli 1998

„(1) Abweichend von § 169 Satz 2 des Gerichtsverfassungsgesetzes sind Ton- und Fernseh-Rundfunkaufnahmen sowie Ton- und Filmaufnahmen zum Zwecke der öffentlichen Vorführung oder der Veröffentlichung ihres Inhalts zulässig

1. in der mündlichen Verhandlung, bis das Gericht die Anwesenheit der Beteiligten festgestellt hat,

2. bei der öffentlichen Verkündung von Entscheidungen.

(2) Zur Wahrung schutzwürdiger Interessen der Beteiligten oder Dritter sowie eines ordnungsgemäßen Ablaufs des Verfahrens kann das Bundesverfassungsgericht die Aufnahmen nach Absatz 1 oder deren Übertragung ganz oder teilweise ausschließen oder von der Einhaltung von Auflagen abhängig machen."

erlassen der Erste und Zweite Senat folgende ergänzende Regelungen für Vertreter der Presse sowie der Hörfunk- und Fernsehanstalten:

---

[3] Mittlerweile: „sechs Fotografen (vier Agenturfotografen und zwei freie Fotografen)". S. beispielsweise die Pressemitteilung Nr. 11/2005 vom 18. Januar 2005.

Allgemeines
(gültig für mündliche Verhandlungen und Urteilsverkündungen)

1. Bei Foto- und Filmaufnahmen im Sitzungssaal im Rahmen mündlicher Verhandlungen und bei Urteilsverkündungen der Senate des Bundesverfassungsgerichts darf durch Fotografen, Kameraleute und sonstige Medienvertreter das freie Blickfeld des Senats nach allen Seiten nicht verstellt werden.
Der Aufenthalt hinter der Richterbank ist nicht gestattet.
Entsprechenden Anweisungen der Sitzungsamtsmeister ist Folge zu leisten.

2. a) Für die Foto- und Filmaufnahmen werden zwei Fernsehteams (ein öffentlichrechtlicher und ein privatrechtlicher Sender mit jeweils maximal drei Kameras) sowie fünf Fotografen (drei Agenturfotografen und zwei freie Fotografen)[4] zugelassen.
b) Standorte für die Fernsehkameras (je zwei) sind der Mittelgang und (von der Richterbank aus gesehen) die rechte Seite im Sitzungssaal sowie die Pressetribüne.
c) Die Bestimmung der „Pool-Mitglieder“ bleibt den vorgenannten Fernsehsendern bzw. den Agenturen und Fotografen überlassen.
d) Die „Pool-Mitglieder“ verpflichten sich, auf entsprechende Anforderung die Aufnahmen anderen Rundfunkanstalten und Fotografen-Konkurrenzunternehmen zur Verfügung zu stellen.

Mündliche Verhandlungen

1. Nach Beendigung der Feststellung der Anwesenheit der Verfahrensbeteiligten durch den Vorsitzenden des Senats haben Fotografen und Kamerateams die Ebene des Sitzungssaals (2. OG) zu verlassen.
2. Zum Aufenthalt (einschließlich zur Lagerung der Ausrüstungsgegenstände) steht den Vertretern der Hörfunk- und Fernsehanstalten und den Fotografen der Empfangsraum im 1. OG zur Verfügung.
3. Als Sitzungssaal gelten auch der äußere Flurraum und die Pressetribüne (2. OG).

Urteilsverkündungen

1. Bei Fotoaufnahmen während Urteilsverkündungen dürfen nur geräuschlose Apparate Verwendung finden.
2. Blitzlicht ist nicht gestattet.

D. Pressemitteilung des Bundesverfassungsgerichts Nr. 14/2002 vom 13. Februar 2002

Bundesverfassungsgericht – Pressestelle –
Pressemitteilung Nr. 14/2002 vom 13. Februar 2002

Urteilsverkündung im Verfahren „Rentenbesteuerung“

---

[4] Mittlerweile insgesamt sechs Fotografen, s. soeben Fn. 3.

Der Zweite Senat des Bundesverfassungsgerichts wird in dem Verfahren über die ungleiche Besteuerung von Renten und Pensionen (siehe Pressemitteilung Nr. 89/2001 vom 12. September 2001) auf der Grundlage der mündlichen Verhandlung vom 9. Oktober 2001 am

Mittwoch, 6. März 2002
um 11.00 Uhr
im Sitzungssaal des BVerfG
Schloßbezirk 3, Karlsruhe

sein Urteil verkünden.

Az. 2 BvL 17/99

Für die Urteilsverkündung gelten folgende organisatorischen Hinweise für Medienvertreter:

Gemäß § 17a BVerfGG in der Fassung vom 16. Juli 1998 kann die Urteilsverkündung vollständig in Ton und Bild übertragen werden. Die beiden Senate des BVerfG haben auf dieser Grundlage die in der Anlage beigefügten ergänzenden Regelungen für Vertreter der Presse, der Hörfunk- und Fernsehanstalten erlassen.

Diese Regelung ist für die Urteilsverkündung am 6. März 2002 maßgeblich.

Für die Verkündung gilt ferner:

1. Akkreditierungen

Für Medienvertreter stehen auf der Presseempore insgesamt 44 Sitzplätze zur Verfügung. Davon sind 11 Plätze für die Mitglieder der hiesigen Justizpressekonferenz reserviert.

Alle Medienvertreter – einschließlich der Mitglieder der Justizpressekonferenz – werden gebeten, sich schriftlich für die Urteilsverkündung „Rentenbesteuerung“ bis zum Montag, den 4. März 2002, 15.00 Uhr zu akkreditieren (Fax-Nr.: 0721/9101–461). Die Akkreditierungen werden in der Reihenfolge des Eingangs vorgenommen. Nach Ablauf der Frist eingegangene Anmeldungen können nicht berücksichtigt werden.

Soweit Medienvertreter auf der Presseempore keinen Platz haben, müssen sie sich nach der Verkündung des Urteilstenors in den ersten Stock begeben. Der weitere Aufenthalt vor dem Verhandlungssaal ist nicht gestattet.

Die Pool-Mitglieder für die Fernseh- und Fotoaufnahmen (s. Anlage) sind der hiesigen Pressestelle bis zum Montag, den 4. März 2002, 15.00 Uhr schriftlich mitzuteilen. Auch insoweit werden nur fristgemäße Anmeldungen in der Reihenfolge ihres Eingangs berücksichtigt.

2. Allgemeines

„Handys“ sind, sofern sie mit in den Verhandlungssaal genommen werden, wegen der störenden Geräusche auszuschalten. Laptops dürfen im Verhandlungssaal wegen der störenden Geräusche ebenfalls nicht benutzt werden.

Interviews, Fernseh- und Fotoaufnahmen mit Verfahrensbeteiligten oder sonstigen Personen im Verhandlungssaal sind nach Schluss der Urteilsverkündung nur noch für einen Zeitraum von 20 Minuten gestattet.

Für weitere Aufnahmen stehen der Empfangsraum (1. Stock) oder das Foyer (Erdgeschoss) zur Verfügung.

Karlsruhe, den 13. Februar 2002

Anlage zur Pressemitteilung Nr. 14/2002 vom 13. Februar 2002

[Ergänzende Regelungen – wie oben in Anlage C]

Literaturverzeichnis

54. Deutscher Juristentag, Die Beschlüsse, NJW 1982, 2545 ff.
58. Deutscher Juristentag, Die Beschlüsse, NJW 1990, 2991 ff.

Ahrens, Claus, Persönlichkeitsrecht und Freiheit der Medienberichterstattung, 2002.
Alber, Peter-Paul, Die Geschichte der Öffentlichkeit im deutschen Strafverfahren, 1974.
Alexy, Robert, Verfassungsrecht und einfaches Recht – Verfassungsgerichtsbarkeit und Fachgerichtsbarkeit, VVDStRL Heft 61 (2002), S. 7 ff.
Alwart, Heiner, Personale Öffentlichkeit (§ 169 GVG), JZ 1990, 883 ff.
Angelov, Jean, Grundlagen und Grenzen eines staatsbürgerlichen Informationszugangsanspruchs, 2000.
Anschütz, Gerhard, Diskussionsbeitrag zu Rothenbücher, Karl, sowie Smend, Rudolf, Das Recht der freien Meinungsäußerung, VVDStRL Heft 4 (1928), S. 74 ff.
Arenhövel, Wolfgang, Unsachliche, herabsetzende Kritik an Urteilen, Richtern und Staatsanwälten nimmt zu, ZRP 2004, 61 f.
Arndt, Adolf, Umwelt und Recht: Das Öffentliche: 1. Gerichtsöffentlichkeit. – 2. Die Verbände im Bereich des Öffentlichen, NJW 1960, 423 ff.
Arndt, Adolf, Umwelt und Recht: 1. Der Richter als Publizist. – 2. Der Fall einer Justizpressestelle, NJW 1963, 2064 ff.
Arndt, Adolf, Die Rolle der Massenmedien in der Demokratie, in: Löffler, Martin (Hrsg.), Die Rolle der Massenmedien in der Demokratie, 1966, S. 1 ff.
Arndt, Claus, Bundeswehreinsatz für die UNO, DÖV 1992, 618 ff.
Arndt, Claus, Stasi-Unterlagen Prominenter, NJW 2001, 2948 ff.
Arnold, Claudius, Ist § 5 UrhG verfassungskonform?, ZUM 1999, 283 ff.

Bachmann, Ulrich, Die Verfassungsmäßigkeit von Bundeswehreinsätzen im Ausland, MDR 1993, 397 ff.
Badura, Peter, Die parlamentarische Demokratie, in: Isensee, Josef/Kirchhof, Paul (Hrsg.), Handbuch des Staatsrechts der Bundesrepublik Deutschland, Bd. I, 2. Aufl. 1995, § 23.
Badura, Peter, Diskussionsbeitrag zu von Simson, Werner, sowie Kriele, Martin, Das demokratische Prinzip im Grundgesetz, VVDStRL Heft 29 (1971), S. 97 ff.
Badura, Peter, Staatsrecht, 3. Aufl. 2003.
Baller, Oesten, Informationsgesellschaft – eine Mogelpackung? – Zur Notwendigkeit eines Grundrechts auf Information, in: Haratsch, Andreas/Kugelmann, Dieter/Repkewitz, Ulrich (Hrsg.), Herausforderungen an das Recht der Informationsgesellschaft, 1996, S. 33 ff.
Bamberger, Christian, Medienöffentlichkeit im Lichte der Rundfunkfreiheit, ZUM 2001, 373 ff.
Barber, Susanna, News Cameras in the Courtroom: A Free Press-Fair Trial Debate, 1987.

Barbey, Günther, Der Status des Richters, in: Isensee, Josef/Kirchhof, Paul (Hrsg.), Handbuch des Staatsrechts der Bundesrepublik Deutschland, Bd. III, 2. Aufl. 1996, § 74.
Bartlsperger, Richard, Die öffentlichrechtliche Eigentumsbeschränkung im situationsbedingten Gemeinschaftsinteresse, DVBl. 2003, 1473 ff.
Baumbach, Adolf/Lauterbach, Wolfgang/Albers, Jan/Hartmann, Peter, Zivilprozessordnung, 63. Aufl. 2005.
Bäumler, Helmut, Das subjektiv öffentliche Recht auf Teilnahme an Gerichtsverhandlungen, JR 1978, 317 ff.
Beaucamp, Guy, Fallgruppen des Beurteilungsspielraums, JA 2002, 314 ff.
Beccaria, Cesare, Über Verbrechen und Strafe, Nach der Ausgabe von 1766 übersetzt und herausgegeben von Wilhelm Alff, 1988.
Beck, Thomas, § 169 Satz 2 GVG – ein Fossil in der heutigen Mediengesellschaft oder wichtiger denn je?, in: Pfeiffer, Gerd/Burgermeister, Udo/Roth, Gerald (Hrsg.), Der verfaßte Rechtsstaat, Festgabe für Karin Graßhof, 1998, S. 129 ff.
von Becker, Peter, Straftäter und Tatverdächtige in den Massenmedien: Die Frage der Rechtmäßigkeit identifizierender Kriminalberichte, 1979.
Becker-Toussaint, Hildegard, Schmerzensgeldansprüche Beschuldigter bei Medieninformationen der Staatsanwaltschaften, NJW 2004, 414 ff.
Benda, Ernst, Demoskopie und Recht, JZ 1972, 497 ff.
Benda, Ernst, Tatort Schloßbezirk, NJW 1999, 1524 f.
Benda, Ernst, Kammermusik, schrill, NJW 2001, 2947 f.
Benda, Ernst/Klein, Eckart, Verfassungsprozeßrecht, 2. Aufl. 2001.
Benzenberg, Johann Friedrich, Aus einem Schreiben von Prof. Benzenberg in Brüggen, in: Niederrheinisches Archiv für Gesetzgebung, Rechtswissenschaft und Rechtspflege, Bd. 4 (1818/1819), S. 187 ff.
Berg, Klaus/Ridder, Christa-Maria, Massenkommunikation VI, 2002.
Berg, Wilfried, Konkurrenzen schrankendivergenter Freiheitsrechte im Grundrechtsabschnitt des Grundgesetzes, 1968.
Berg, Wilfried, Das Hausrecht des Landgerichtspräsidenten – VGH München, BayVBl 1980, 723, JuS 1982, 260 ff.
Berg, Wilfried, Kassation gerichtlicher Urteile, die in bundesrechtlich geordneten Verfahren ergangen sind, in: Starck, Christian/Stern, Klaus, Landesverfassungsgerichtsbarkeit, Teilband I, 1983, S. 529 ff.
Berg, Wilfried, System des verwaltungsgerichtlichen Rechtsschutzes, in: Erichsen, Hans-Uwe/Hoppe, Werner/von Mutius, Albert (Hrsg.), System des verwaltungsgerichtlichen Rechtsschutzes, Festschrift für Christian-Friedrich Menger zum 70. Geburtstag, 1985, S. 537 ff.
Bergmann, Margarethe, Justiz im Internet – Anforderungen an die Homepage von Gerichten, DRiZ 2001, 288 ff.
Berka, Walter, Medienfreiheit und Persönlichkeitsschutz, 1982.
Berkemann, Jörg, Juris als öffentlich-rechtlich „beliehener Unternehmer", VerwArch. Bd. 87 (1996), S. 362 ff.
Berkemann, Jörg, Aus der Rechtsprechung des Bundesverfassungsgerichts, JR 2002, 142 ff.
Berlit, Jan-Wolfgang, Justiz und Öffentlichkeit. Zum Deutschen Richtertag in Kassel, DRiZ 1963, 327 f.
Berlit, Uwe, Selbstverwaltung (in) der Justiz und grundgesetzliche Demokratie, DRiZ 2003, 292 ff.

Bertram, Friedrich, Bild- und Tonberichterstattung im Gerichtsverfahren, DRiZ 1956, 127 f.
Bertram, Günter, Noch einmal: Die „Auschwitzlüge" – Anmerkungen zum Urteil der 6. Großen Strafkammer des LG Mannheim vom 22.6.1994, NJW 1994, 2397 ff.
Bertram, Günter, Anmerkung zu BVerfG JR 2002, 409 f., JR 2002, 410 ff.
Beseler, Georg, Volksrecht und Juristenrecht, 1843.
Bethge, Herbert, Das Hausrecht der öffentlichen Hand im Dilemma zwischen öffentlichem Recht und Privatrecht, Die Verwaltung Bd. 10 (1977), S. 313 ff.
Bethge, Herbert, Innere Pressefreiheit, AfP 1980, 13 ff.
Bethge, Herbert, Die rechtliche Ordnung des Rundfunks und sein Verhältnis zu anderen Medien, DVBl. 1986, 859 ff.
Bethge, Herbert, Der Grundrechtsstatus privater Rundfunkveranstalter, NVwZ 1997, 1 ff.
Bethge, Herbert, Der Grundrechtseingriff, VVDStRL Heft 57 (1998), S. 7 ff.
Bethge, Herbert, Verfassungsstreitigkeiten als Rechtsbegriff, Jura 1998, 529 ff.
Bethge, Herbert, Rechtsberatung durch Rundfunkveranstalter, AfP 1999, 309 ff.
Bethge, Herbert, Recht und Politik im Zustand des Skandals, in: Jahres- und Tagungsbericht der Görres-Gesellschaft 2000, S. 59 ff.
Bethge, Herbert, Rundfunkveranstaltung als Kunst und Beruf, in: von Watzdorf, Gabriele (Hrsg.), Wir in Europa, Festschrift für Albert Scharf, 2000, S. 16 ff.
Bethge, Herbert, Die Freiheit des privaten Rundfunks, DÖV 2002, 673 ff.
Bethge, Herbert, Zur verfassungsrechtlichen Legitimation informalen Staatshandelns der Bundesregierung, Jura 2003, 327 ff.
Bethge, Herbert, Pluralismus als medienrechtliches Ordnungsprinzip?, in: Horn, Hans Detlef (Hrsg.), Festschrift für Walter Schmitt Glaeser, 2003, S. 465 ff.
Bethge, Herbert, Grundrechtskollisionen, in: Merten, Detlef/Papier, Hans-Jürgen (Hrsg.), Handbuch der Grundrechte in Deutschland und Europa, Bd. III, 2005, § 72.
von Bethmann-Hollweg, Moritz A., Der römische Civilprozeß, Zweiter Band, Formulae, Neudruck der Ausgabe Bonn 1865, 1959.
von Bethmann-Hollweg, Moritz A., Der römische Civilprozeß, Dritter Band, Cognitiones, Neudruck der Ausgabe Bonn 1866, 1959.
Bettermann, Karl August, Anmerkung zu BVerwG DVBl. 1971, 111 f., DVBl. 1971, 112 ff.
Bettermann, Karl August, Richterliche Normenkontrolle als negative Gesetzgebung?, in: Merten, Detlef/Papier, Hans-Jürgen/Schmidt, Karsten/Zeuner, Albrecht (Hrsg.), Staatsrecht – Verfahrensrecht – Zivilrecht, 1988, S. 394 ff.
Bettermann, Karl August, Die rechtsprechende Gewalt, in: Isensee, Josef/Kirchhof, Paul (Hrsg.), Handbuch des Staatsrechts der Bundesrepublik Deutschland, Bd. III, 2. Aufl. 1996, § 73.
Bettermann, Karl August/Nipperdey, Hans Carl/Scheuner, Ulrich (Hrsg.), Die Grundrechte, Dritter Band, 1. Halbband, 1958.
Beyer, Klaus, Die Entfernung von störenden Zuschauern aus dem Gerichtssaal, DRiZ 1972, 284 f.
Bickenbach, Christian, Das „in camera"-Verfahren, BayVBl. 2003, 295 ff.
Biener, Friedrich A., Abhandlungen aus dem Gebiete der Rechtsgeschichte, 2. Heft, 1848.
Binder, Reinhart, Die „Öffentlichkeit" nach Art. 42 Abs. 1 Satz 1, 44 Abs. 1 Satz 2 GG und das Recht der Massenmedien zur Berichterstattung, DVBl. 1985, 1112 ff.

Bischopink, Olaf, Das Gesetz über die Freiheit des Zugangs zu Informationen für das Land Nordrhein-Westfalen vom 27.11.2001 (IFG NRW), NWVBl. 2003, 245 ff.

Bleckmann, Albert / Wiethoff, Claudia, Zur Grundrechtskonkurrenz, DÖV 1991, 722 ff.

Blümel, Willi, Zur Praxis der Veröffentlichung von Gerichtsentscheidungen, DVBl. 1966, 63 ff.

Bock, Yves, Ein Sieg für die Transparenz?, DÖV 2002, 556 ff.

Bockelmann, Paul, Öffentlichkeit und Strafrechtspflege, NJW 1960, 217 ff.

Böckenförde, Ernst-Wolfgang, Staat, Gesellschaft, Freiheit, 1976.

Böckenförde, Ernst-Wolfgang, Demokratie als Verfassungsprinzip, in: Isensee, Josef / Kirchhof, Paul (Hrsg.), Handbuch des Staatsrechts der Bundesrepublik Deutschland, Bd. I, 2. Aufl. 1995, § 22.

Böckenförde, Ernst-Wolfgang, Demokratische Willensbildung und Repräsentation, in: Isensee, Josef / Kirchhof, Paul (Hrsg.), Handbuch des Staatsrechts der Bundesrepublik Deutschland, Bd. II, 2. Aufl. 1998, § 30.

Böckenförde, Ernst-Wolfgang, Schutzbereich, Eingriff, verfassungsimmanente Schranken, Der Staat Bd. 42 (2003), S. 165 ff.

Boehme-Neßler, Volker, Recht als Theater?, ZRP 2003, 125 ff.

Bommarius, Christian, Vom Beruf unserer Zeit zur Urteils- und Richterschelte durch die Medien, DRiZ 1996, 244 ff.

Bornkamm, Joachim, Pressefreiheit und Fairneß des Strafverfahrens, 1980.

Borowski, Martin, Grundrechtliche Leistungsrechte, JöR n.F. Bd. 50 (2002), S. 301 ff.

Bottke, Wilfried, Bemerkungen zum Beschluß des BVerfG zu § 353 d Nr. 3 StGB – (Beschluß vom 3.12.1985 – 1 BvL 15/84, NStZ 1987, 321), NStZ 1987, 314.

Bräcklein, Susann, Öffentlichkeit im parlamentarischen Untersuchungsverfahren, ZRP 2003, 348 ff.

Braun, Yvonne, Medienberichterstattung über Strafverfahren im deutschen und englischen Recht, 1998.

Britz, Guido, Fernsehaufnahmen im Gerichtssaal, 1999.

Brohm, Winfried, Das Grundgesetz als Referenzmodell für demokratische Verfassungsstaaten – Vorzüge und Probleme einer eigenständigen Verfassungsgerichtsbarkeit, in: Becker, Jürgen / Hilty, Reto M. / Stöckli, Jean-Fritz / Würtenberger, Thomas (Hrsg.), Recht im Wandel seines sozialen und technologischen Umfeldes, Festschrift für Manfred Rehbinder, 2002, S. 635 ff.

Brüggemann, Bernd, Zur Berichterstattung über Ermittlungs- und Gerichtsverfahren, AfP 1971, 155 ff.

Brüning, Christoph, Von öffentlichen Zwecken und privaten Rechten, DÖV 2003, 389 ff.

Brunner, Heinrich, Deutsche Rechtsgeschichte, Erster Band, 3. Aufl. 1961.

Brunner, Rudolf, Die Zulassung von Zuhörern, insbesondere von Schulklassen und Pressevertretern zu nichtöffentlichen Jugendgerichtsverhandlungen, ZfJ 1973, 337 ff.

Brunner, Rudolf / Dölling, Dieter, Jugendgerichtsgesetz, 11. Aufl. 2002.

Bührke, Horst, Plädoyer für die Öffentlichkeitsarbeit der Justiz, DRiZ 1966, 5 ff.

Bullinger, Martin, Freiheit von Presse, Rundfunk, Film, in: Isensee, Josef / Kirchhof, Paul (Hrsg.), Handbuch des Staatsrechts der Bundesrepublik Deutschland, Bd. VI, 2. Aufl. 2001, § 142.

Bullinger, Martin, Medien, Pressefreiheit, Rundfunkverfassung, in: Badura, Peter / Dreier, Horst (Hrsg.), Festschrift 50 Jahre Bundesverfassungsgericht, 2. Bd., 2001, S. 193 ff.

Burbulla, Frank, Die Fernsehöffentlichkeit als Bestandteil des Öffentlichkeitsgrundsatzes, 1998.

Burbulla, Rainer, Das Recht (der Presse) auf Grundbucheinsicht – Vorherige Anhörung des Grundstückseigentümers als zusätzliche Voraussetzung?, Jura 2002, 182 ff.

Bussmann, Kurt, Persönlichkeitsrecht und Berichterstattung in Presse, Film und Funk, JR 1955, 202 ff.

Bussmann, Kurt, Anwaltsplädoyer und Funksendung, AnwBl. 1957, 89 ff.

Freiherr von Campenhausen, Axel, Religionsfreiheit, in: Isensee, Josef/Kirchhof, Paul (Hrsg.), Handbuch des Staatsrechts der Bundesrepublik Deutschland, Bd. VI, 2. Aufl. 2001, § 136.

Carpzov, Benedict, Peinlicher sächsischer Inquisitions- und Achtsprozess, 1673.

Classen, Claus Dieter, Gesetzesvorbehalt und Dritte Gewalt, JZ 2003, 693 ff.

Clemens, Thomas, Die Verweisung von einer Rechtsnorm auf andere Vorschriften, AöR Bd. 111 (1986), S. 63 ff.

von Coelln, Christian, Anwendung von Bundesrecht nach Maßgabe der Landesgrundrechte?, 2001.

Cremer, Wolfram, Der sog. objektiv-rechtliche Gehalt der Grundrechte in der Rechtsprechung des Bundesverfassungsgerichts, in: Erbguth, Wilfried/Müller, Friedrich/Neumann, Volker, Rechtstheorie und Rechtsdogmatik im Austausch, Gedächtnisschrift für Bernd Jeand'Heur, 1999, S. 59 ff.

Dahs, Hans, Der Anwalt im Strafprozeß, AnwBl. 1959, 171 ff.

Dahs, Hans, Unzulässigkeit von Bild- und Rundfunk im Gerichtssaal, NJW 1961, 1755 ff.

Dahs, Hans, Die kleine Strafprozeßreform, NJW 1965, 81 ff.

Dahs, Hans, Empfiehlt es sich, die Vorschriften über die Öffentlichkeit des Strafverfahrens neu zu gestalten, insbesondere zur Verbesserung der Rechtsstellung des Beschuldigten weitere nicht-öffentliche Verfahrensgänge zu entwickeln?, Referat auf dem 54. Deutschen Juristentag, in: Ständige Deputation des Deutschen Juristentages (Hrsg.), Verhandlungen des vierundfünfzigsten Deutschen Juristentages, Nürnberg 1982, Band II (Sitzungsberichte), 1982, K 7 ff.

Dallinger, Wilhelm, Aus der Rechtsprechung des Bundesgerichtshofs in Strafsachen, MDR 1970, 559 ff.

Dannecker, Gerhard, Die strafprozessualen Grundsätze der Mündlichkeit, Unmittelbarkeit und Öffentlichkeit in den Rechtsordnungen der Europäischen Union, ZVglRWiss Bd. 97 (1998), S. 407 ff.

Degenhart, Christoph, Gerichtsorganisation, in: Isensee, Josef/Kirchhof, Paul (Hrsg.), Handbuch des Staatsrechts der Bundesrepublik Deutschland, Bd. III, 2. Aufl. 1996, § 75.

Degenhart, Christoph, Gerichtsverfahren, in: Isensee, Josef/Kirchhof, Paul (Hrsg.), Handbuch des Staatsrechts der Bundesrepublik Deutschland, Bd. III, 2. Aufl. 1996, § 76.

Degenhart, Christoph, Die Grundrechte der Sächsischen Verfassung, in: Degenhart, Christoph/Meissner, Claus (Hrsg.), Handbuch der Verfassung des Freistaates Sachsen, 1997, § 7.

Degenhart, Christoph, Medienrecht und Medienpolitik im 21. Jahrhundert, K&R 2000, 49 ff.

Degenhart, Christoph, Staatsrecht I, 20. Aufl. 2004.

Demmel, Annette, Rechtsrahmen behördlicher Betätigung im Internet, LKV 2002, 309 ff.

Denninger, Erhard/Hoffmann-Riem, Wolfgang/Schneider, Hans-Peter/Stein, Ekkehart (Hrsg.), Kommentar zum Grundgesetz für die Bundesrepublik Deutschland, Reihe Alternativkommentare, Loseblatt, Stand August 2002.

Depenheuer, Otto, Zur Logik der öffentlichen Diskussion, in: Dörr, Dieter/Fink, Udo/Hillgruber, Christian/Kempen, Bernhard/Murswiek, Dietrich (Hrsg.), Die Macht des Geistes, Festschrift für Hartmut Schiedermair, 2001, S. 287 ff.
Deutscher Richterbund, DRB strikt gegen „court-tv", DRiZ 1996, 246 ff.
Di Fabio, Udo, Grundrechte im präzeptoralen Staat am Beispiel hoheitlicher Informationstätigkeit, JZ 1993, 689 ff.
Di Fabio, Udo, Information als hoheitliches Gestaltungsmittel, JuS 1997, 1 ff.
Dick, Bettina, Die Entwicklung des Kameralprozesses nach den Ordnungen von 1495 bis 1555, 1981.
Dieckmann, Jochen, Zur Zulassung von Ton- und Fernseh-Rundfunkaufnahmen in Gerichtssälen: „Drum prüfe, wer sich ewig bindet!", NJW 2001, 2451 f.
Dieterich, Roland, Die Funktion der Öffentlichkeit der Parlamentsverhandlungen im Strukturwandel des Parlamentarismus, Diss. Tübingen 1970.
Dittmann, Erich, „Nieder mit den schwarzen Paragrafenhengsten!", 2002.
Döhring, Erich, Geschichte der deutschen Rechtspflege seit 1500, 1953.
Dolzer, Rudolf/Vogel, Klaus (Hrsg.), Bonner Kommentar zum Grundgesetz, Loseblatt, Stand Dezember 2004.
Dörr, Dieter, Die Entwicklung des Medienrechts, NJW 1995, 2263 ff.
Dörr, Dieter/Eckl, Judith, Die Entwicklung des Medienrechts, NJW 1999, 1925 ff.
Dörr, Dieter/Zorn, Nicole, Die Entwicklung des Medienrechts, NJW 2001, 2837 ff.
Dörr, Dieter, Anmerkung zu BVerfG (1. Kammer des Ersten Senats) NJW 2001, 503, JuS 2001, 697 ff.
Dörr, Dieter, Der Einfluß der Judikatur des Bundesverfassungsgerichts auf das Medienrecht, VerwArch. Bd. 92 (2001), S. 149 ff.
Dreier, Horst, Subjektiv-rechtliche und objektiv-rechtliche Grundrechtsgehalte, Jura 1994, 505 ff.
Dreier, Horst (Hrsg.), Grundgesetz, Bd. I, Artikel 1–19, 2. Aufl. 2004.
Dreier, Horst, Das Demokratieprinzip des Grundgesetzes, Jura 1997, 249 ff.
Dreier, Horst (Hrsg.), Grundgesetz, Bd. II, Artikel 20–82, 1998.
Dreier, Horst (Hrsg.), Grundgesetz, Bd. III, Artikel 83–146, 2000.
Dreier, Horst, Grundrechtsdurchgriff contra Gesetzesbindung? Exemplarische Betrachtungen zum Verhältnis von Verfassungs- und Verwaltungsrecht anhand der Rechtsprechung des Bundesverwaltungsgerichts, Die Verwaltung Bd. 36 (2003), 105 ff.
Droysen, Johann Gustav, Die Verhandlungen des Verfassungs-Ausschusses der deutschen Nationalversammlung, Erster Teil, 1849, Neudruck 1987.
Dürig, Günter, Der Grundrechtssatz von der Menschenwürde, AöR Bd. 81 (1956), S. 117 ff.

Eberle, Carl-Eugen, Justiz und Medienöffentlichkeit, in: ZDF-Jahrbuch 1992, S. 158 ff.
Eberle, Carl-Eugen, Gesetzwidrige Medienöffentlichkeit beim BVerfG?, NJW 1994, 1637 ff.
Edinger, Thomas, Editorial, DRiZ 2001, A 25.
Edinger, Thomas, Editorial, DRiZ 2003, A 37.
Ehlers, Dirk, Gesetzesvorbehalt und Hausrecht der Verwaltungsbehörden, DÖV 1977, 737 ff.
Ehricke, Ulrich/Blask, Holger, Dynamischer Verweis auf Gruppenfreistellungsverordnungen im neuen GWB?, JZ 2003, 722 ff.
van Eimeren, Birgit/Ridder, Christa-Maria, Trends in der Nutzung und Bewertung der Medien 1970 bis 2000, MP 2001, 538 ff.

Eisenberg, Ulrich, Anmerkung zu BGH NStZ 1998, 53, NStZ 1998, 53 ff.
Eisenberg, Ulrich, Jugendgerichtsgesetz, 10. Aufl. 2004.
Endemann, Wolfgang, Im Spannungsfeld – Persönlichkeitsrecht und Öffentlichkeit des verwaltungsgerichtlichen Verfahrens, in: Fürst, Walter / Herzog, Roman / Umbach, Dieter C. (Hrsg.), Festschrift für Wolfgang Zeidler, Bd. 1, 1987, S. 409 ff.
Enders, Christoph, Die Beschränkung der Gerichtsöffentlichkeit durch § 169 S. 2 GVG – verfassungswidrig?, NJW 1996, 2712 ff.
Engels, Dieter, Kein Abschied vom Grundsatz der Öffentlichkeit der Hauptverhandlung, AnwBl. 1983, 100 ff.
Erbel, Günter, Inhalt und Auswirkungen der verfassungsrechtlichen Kunstfreiheitsgarantie, 1966.
Erdsiek, Gerhard, Umwelt und Recht: Nochmals: Gerichtsöffentlichkeit. – Rundfunk- und Fernsehübertragungen aus dem Gerichtssaal, NJW 1960, 1048 ff.
Ernst, Stefan, Kameras im Gerichtssaal, ZUM 1996, 187 ff.
Ernst, Stefan, Informations- oder Illustrationsinteresse?, NJW 2001, 1624 ff.
Ernst, Stefan, Informations- oder bloßes Illustrationsinteresse? Zur Fernsehöffentlichkeit von Gerichtsverfahren, in: Rehbinder, Manfred (Hrsg.), Ethik als Schranke der Programmfreiheit im Medienrecht, Festschrift für Günter Herrmann zum 70. Geburtstag, 2002, S. 73 ff.
Esser, Josef, Vorverständnis und Methodenwahl in der Rechtsfindung, 1972.
Ewald, Uwe, Der O. J. Simpson-Prozeß – Farce oder Normalität?, NJ 1996, 72 f.
Eyermann, Erich, Verwaltungsgerichtsordnung, 11. Aufl. 2000.

Fechner, Frank, Medienrecht, 5. Aufl. 2004.
Fehmel, Carola, Regino-Preis für Justizreportagen verliehen, NJW Heft 22/2004, XVIII f.
von Feuerbach, Paul Johann Anselm, Betrachtungen über die Öffentlichkeit und Mündlichkeit der Gerechtigkeitspflege, Band 1, Von der Öffentlichkeit der Gerichte, Neudruck der Ausgabe Giessen 1821, 1969.
Fezer, Gerhard, Die Funktion der mündlichen Verhandlung im Zivilprozeß und im Strafprozeß, 1970.
Fezer, Gerhard, Anmerkung zu BGH StV 1989, 289 f., StV 1989, 290 ff.
Fibich, Holger, Auslandseinsätze der Bundeswehr, ZRP 1993, 5 ff.
Fichte, Johann Gottlieb, Grundlage des Naturrechts, 1796.
Fikentscher, Wolfgang, Methoden des Rechts in vergleichender Darstellung, Band IV, Dogmatischer Teil, 1977.
Fincke, Martin, Die Öffentlichkeit des Strafverfahrens, in: Eser, Albin / Kaiser, Günther (Hrsg.), Viertes deutsch-sowjetisches Kolloquium über Strafrecht und Kriminologie, 1989, S. 111 ff.
Fischer, Thomas, Rechtsmißbrauch und Überforderung der Strafjustiz, NStZ 1997, 212 ff.
Flade, Paul, Das römische Inquisitionsverfahren in Deutschland, Neudruck der Ausgabe Leipzig 1902, 1972.
Flehinghaus, Otto, Justiz und Öffentlichkeit, DRiZ 1959, 165 f.
Fluck, Jürgen / Wintterle, Markus, Zugang zu Umweltinformationen, VerwArch. Bd. 94 (2003), S. 437 ff.
Fögen, Marie Therese, Der Kampf um Gerichtsöffentlichkeit, 1974.
Fohmann, Lothar H., Konkurrenzen und Kollisionen im Grundrechtsbereich, EuGRZ 1985, 49 ff.

Fölix, Jean Jacques Gaspard, Ueber Mündlichkeit und Oeffentlichkeit des Gerichtsverfahrens, dann über das Geschwornengericht, 1843.
Foth, Eberhard, Der Kommentar, DRiZ 1980, 103.
Franke, Dietmar, Ordnungswidrigkeitenverfahren und Öffentlichkeitsprinzip, ZRP 1977, 143 ff.
Franke, Dietmar, Die Bildberichterstattung über den Angeklagten und der Öffentlichkeitsgrundsatz im Strafverfahren, 1978.
Franzki, Harald, Die Öffentlichkeit der Gerichtsverhandlung, DRiZ 1979, 82 ff.
Friske, Hans-Jürgen / Herr, Robert, Gefährdet die Presse die richterliche Unabhängigkeit?, DRiZ 1990, 331 ff.
Fromme, Friedrich Karl, Schweigsam an der Schlei, Frankfurter Allgemeine Zeitung v. 7. September 1979, Nr. 208, S. 10.
Fromme, Friedrich Karl, Bundesverfassungsgericht und Öffentlichkeit, in: Zeidler, Wolfgang / Maunz, Theodor / Roellecke, Gerd (Hrsg.), Festschrift Hans Joachim Faller, 1984, S. 415 ff.
Fromont, Michel, Europa und nationales Verfassungsrecht nach dem Maastricht-Urteil – Kritische Bemerkungen, JZ 1995, 800 ff.
Frowein, Jochen Abr. / Peukert, Wolfgang, Europäische Menschenrechtskonvention, 2. Aufl. 1996.
Frowein, Jochen Abr., Der europäische Grundrechtsschutz und die deutsche Rechtsprechung, NVwZ 2002, 29 ff.
Fuhr, Ernst W., Das Recht des Fernsehens auf freie Berichterstattung über öffentliche Veranstaltungen, in: Burkei, Franz / Polter, Dirk-Meints (Hrsg.), Rechtsfragen im Spektrum des Öffentlichen, Mainzer Festschrift für Hubert Armbruster, 1976, S. 117 ff.

Gehrhardt, Erwin, Anmerkung zu BVerfG AfP 1973, 535, AfP 1973, 535.
Gehring, Heiner, Sozialpsychologische Überlegungen zur Fernsehberichterstattung aus Gerichtsverhandlungen, ZRP 1998, 8 ff.
Gehring, Heiner, Fernsehaufnahmen aus Gerichtsverhandlungen, ZRP 2000, 197 ff.
Geib, Karl Gustav, Geschichte des römischen Kriminalprozesses bis zum Tode Justinians, Neudruck der Ausgabe Leipzig 1842, 1969.
Geiger, Harald, Teilweise unqualifiziert, DRiZ 1993, 378 f.
Geiger, Stefan, Justiz in der Krise, DRiZ 1996, 32.
Geiger, Stefan, Justiz und Medien, DRiZ 2001, 91.
Geiger, Willi, Von der Aufgabe und der Bedrängnis des Richters, DRiZ 1959, 336 ff.
Geiger, Willi, Die Unabhängigkeit des Richters, DRiZ 1979, 65 ff.
Geiger, Willi, Abweichende Meinungen, 1989.
Gelinsky, Katja, „Faszinierende Freak-Show", Frankfurter Allgemeine Zeitung v. 31. Januar 2005, Nr. 25, S. 7.
Gerhardt, Michael, Anmerkung zu BayVGH BayVBl. 1980, 723 f., BayVBl. 1980, 724 f.
Gerhardt, Rudolf, Zur Frage der Verfassungsmäßigkeit des Verbots von Rundfunk- und Fernsehaufnahmen im Gerichtssaal (§ 169 Satz 2 GVG), Diss. Frankfurt a. M. 1968.
Gerhardt, Rudolf, Störenfried oder demokratischer Wächter?, ZRP 1993, 377 ff.
Gerhardt, Rudolf, Gerichtsshows – Pro, ZRP 2003, 68.
von Gerlach, Jürgen, Persönlichkeitsschutz und öffentliches Informationsinteresse im internationalen Vergleich, AfP 2001, 1 ff.
von Gerlach, Jürgen, Anmerkung zu SchweizBG JR 2003, 38 ff., JR 2003, 41 ff.
Gerland, Heinrich, Strafprozeß und Gerichtsverfassung, ZStW Bd. 55 (1935), S. 677 ff.

Gersdorf, Hubertus, Kameras in Gerichtsverhandlungen: Karlsruhe auf verschlungenem verfassungsdogmatischen Pfade, AfP 2001, 29 ff.

Gersdorf, Hubertus, Gerichts-TV, in: Kuhlo, Karl-Ulrich / Gersdorf, Hubertus, Gerichts-TV, 2001, S. 23 ff.

Glaser, Fritz, Das Verhältnis der Presse zur Justiz, 1914.

Glauben, Paul J., Das öffentliche Ansehen der Justiz, DRiZ 1996, 217 ff.

von Globig, Hans Ernst / Huster, Johann Georg, Abhandlung von der Criminal-Gesetzgebung, 1783, unveränderter Neudruck 1969.

von Globig, Hans Ernst / Huster, Johann Georg, Vier Zugaben zu der im Jahre 1782 von der ökonomischen Gesellschaft zu Bern gekrönten Schrift: von der Criminalgesetzgebung, 1785.

Gostomzyk, Tobias, Informationelle Selbstbestimmung der öffentlichen Hand? – BVerfG, NJW 2001, 1633, JuS 2002, 228 ff.

Gounalakis, Georgios, Kameras im Gerichtssaal, in: Assmann, Heinz-Dieter / Brinkmann, Tomas / Gounalakis, Georgios / Kohl, Helmut / Walz, Rainer (Hrsg.), Wirtschafts- und Medienrecht in der offenen Demokratie, Freundesgabe für Friedrich Kübler zum 65. Geburtstag, 1997, S. 173 ff.

Grabenwarter, Christoph, Europäisches und nationales Verfassungsrecht, VVDStRL Heft 60 (2001), S. 290 ff.

Gräber, Fritz, Finanzgerichtsordnung, 5. Aufl. 2002.

Greszick, Bernd, Erfolg durch Offenheit, in: Depenheuer, Otto (Hrsg.), Öffentlichkeit und Vertraulichkeit: Theorie und Praxis der politischen Kommunikation, 2001, S. 21 ff.

Grimm, Dieter, Ex camera, Frankfurter Allgemeine Zeitung v. 22. Februar 2002, Nr. 45, S. 8.

Grimm, Jacob / Grimm, Wilhelm, Deutsches Wörterbuch, Siebenter Band, N. O. P. Q., 1889.

Gröschner, Rolf, Das Zuwanderungsgesetz im Bundesrat, JZ 2002, 621 ff.

Groß, Rolf, Zum presserechtlichen Informationsanspruch, DÖV 1997, 133 ff.

Grundmann, Werner, Verfassungs- und urheberrechtliche Grundfragen der Veröffentlichung von Gerichtsentscheidungen des Bundesverfassungsgerichts und der oberen Bundesgerichte, DVBl. 1966, 57 ff.

Güde, Max, Öffentlichkeit und Strafrechtspflege, NJW 1960, 519.

Gündisch, Jürgen / Dany, Peter, Rundfunkberichterstattung aus Gerichtsverhandlungen, NJW 1999, 256 ff.

Gündisch, Jürgen, Fernsehaufnahmen von Gerichtsverhandlungen, NVwZ 2001, 1004 f.

Gurlit, Elke, Konturen eines Informationsverwaltungsrechts, DVBl. 2003, 1121 ff.

Guttmann, Micha, Wenn der Staatsanwalt prüft – Die Medien und das Ermittlungsverfahren, DRiZ 2000, 9.

Guttmann, Micha, „Rechtsfreier" Raum: Das Dilemma um die Justizberichterstattung, DRiZ 2001, 54.

Haberland, Stephan, Problemfelder für die richterliche Unabhängigkeit, DRiZ 2002, 301 ff.

Häberle, Peter, Öffentliches Interesse als juristisches Problem, 1970.

Häberle, Peter, Kommentierte Verfassungsrechtsprechung, 1979.

Häberle, Peter, Klassikertexte im Verfassungsleben, 1981.

Häberle, Peter, Verfassung als öffentlicher Prozeß, 2. Aufl. 1996.

Habermas, Jürgen, Strukturwandel der Öffentlichkeit, 1962, Nachdruck 1990.

Haertlein, Lutz, Die Erteilung von Abschriften gerichtlicher Entscheidungen an wissenschaftlich Interessierte und die Erhebung von Kosten, ZZP Bd. 114 (2001), S. 441 ff.

Hahn, Carl, Die gesammten Materialien zu den Reichs-Justizgesetzen, Erster Band: Die gesammten Materialien zu dem Gerichtsverfassungsgesetz und dem Einführungsgesetz zu demselben vom 27. Januar 1877, Erste Abtheilung, 1879.

Hahn, Carl, Die gesammten Materialien zu den Reichs-Justizgesetzen, Erster Band: Die gesammten Materialien zu dem Gerichtsverfassungsgesetz und dem Einführungsgesetz zu demselben vom 27. Januar 1877, Zweite Abtheilung, 1879.

Hain, Karl-E., „Big Brother" im Gerichtssaal?, DÖV 2001, 589 ff.

Hain, Karl-E./Unruh, Peter, Neue Wege in der Grundrechtsdogmatik?, DÖV 2003, 147 ff.

Hamann, Andreas, Das Grundgesetz, 2. Aufl. 1961.

Hamm, Rainer, Hauptverhandlungen in Strafsachen vor Fernsehkameras – auch bei uns?, NJW 1995, 760 f.

Hamm, Rainer, Große Strafprozesse und die Macht der Medien, 1997.

Häntzschel, Kurt, Das Recht der freien Meinungsäußerung, in: Anschütz, Gerhard/Thoma, Richard (Hrsg.), Handbuch des Deutschen Staatsrechts, Zweiter Band, 1932, § 105, S. 651 ff.

Hassemer, Winfried, Vorverurteilung durch die Medien?, NJW 1985, 1921 ff.

Hauck, Friedrich/Helml, Ewald, Arbeitsgerichtsgesetz, 2. Aufl. 2003.

Heckmann, Dirk, Geltungskraft und Geltungsverlust von Rechtsnormen, 1997.

Hegel, Georg Wilhelm Friedrich, Grundlinien der Philosophie des Rechts, 4. Aufl. 1955.

Heidelberg, Franz C., Justizreportage, 1932.

Heldrich, Andreas, Persönlichkeitsschutz und Pressefreiheit nach der Europäischen Menschenrechtskonvention, NJW 2004, 2634 ff.

Herbst, Leonore, Öffentlichkeit der Hauptverhandlung, Arztgeheimnis und Schutz der Menschenwürde, NJW 1969, 546 ff.

Herdegen, Matthias, Informalisierung und Entparlamentarisierung politischer Entscheidungen als Gefährdungen der Verfassung?, VVDStRL Heft 62 (2003), S. 7 ff.

Hermes, Georg, Anmerkung zu BVerfG JZ 2001, 870 ff., JZ 2001, 873 ff.

Hermes, Georg, Verfassungsrecht und einfaches Recht – Verfassungsgerichtsbarkeit und Fachgerichtsbarkeit, VVDStRL Heft 61 (2002), S. 119 ff.

Herrmann, Günter/Lausen, Matthias, Rundfunkrecht, 2. Aufl. 2004.

Heselhaus, Sebastian, Neue Entwicklungen bei der Bestimmung des Schutzbereichs der Meinungsfreiheit, NVwZ 1992, 740 ff.

Heß, Reinhold, Grundrechtskonkurrenzen, 2000.

Hesse, Konrad, Grundzüge des Verfassungsrechts der Bundesrepublik Deutschland, 20. Aufl. 1995.

Hesse, Konrad, Stufen der Entwicklung der deutschen Verfassungsgerichtsbarkeit, JöR n.F. Bd. 46 (1998), S. 1 ff.

Hillermeier, Karl, Zum Öffentlichkeitsgrundsatz im Strafverfahren, DRiZ 1982, 281 ff.

Hillgruber, Christian, Scheinbares Wohlbefinden, Frankfurter Allgemeine Zeitung v. 12. Februar 2003, Nr. 36, S. 7.

Hipp, Dietmar, Moderner Pranger, Der Spiegel v. 13. November 2000, Heft 46, S. 110.

Hirsch, Günter, Die Bedeutung des Richterrechts hat zugenommen, ZRP 2004, 29 f.

Hirte, Heribert, Mitteilung und Publikation von Gerichtsentscheidungen, NJW 1988, 1698 ff.

Höbermann, Frauke, Der Gerichtsbericht in der Lokalzeitung: Theorie und Alltag, 1989.

Hoeren, Thomas, Was Däubler-Gmelin und Hunzinger gemeinsam haben – Die zehn Verfahrensgebote der Informationsgerechtigkeit, NJW 2002, 3303 f.

Hoffmann-Riem, Wolfgang, Sozialstaatliche Wende der Medienverantwortung?, JZ 1975, 469 ff.

Hoffmann-Riem, Wolfgang, Strukturen des Europäischen Verwaltungsrechts – Perspektiven der Systembildung, in: Schmidt-Aßmann/Hoffmann-Riem (Hrsg.), Strukturen des Europäischen Verwaltungsrechts, 1999, S. 317 ff.

Hoffmann-Riem, Wolfgang, Nachvollziehende Grundrechtskontrolle, AöR Bd. 128 (2003), S. 173 ff.

Hoffmann-Riem, Wolfgang, Mediendemokratie als rechtliche Herausforderung, Der Staat Bd. 42 (2003), S. 193 ff.

Hoffmeister, Frank, Die Europäische Menschenrechtskonvention als Grundrechtsverfassung und ihre Bedeutung in Deutschland, Der Staat Bd. 40 (2001), S. 349 ff.

Hofmann, Hans, Sitzungspolizei im Strafprozeß, Diss. Frankfurt a.M. 1971.

Hofmann, Hans, Der Sonderweg des Bundesverfassungsgerichts bei der Fernsehübertragung von Gerichtsverhandlungen, ZRP 1996, 399 ff.

Hohendahl, Peter Uwe, in: Hohendahl, Peter Uwe (Hrsg.), Öffentlichkeit. Geschichte eines kritischen Begriffs, 2000, Einleitung, S. 1 ff.

Holtz, Günter, Aus der Rechtsprechung des Bundesgerichtshofes in Strafsachen, MDR 1980, 271 ff.

Hoppe, Werner, Die Planungshoheit der Gemeinden und Gemeindeverbände und die Nordrhein-Westfälische Landesplanung in der Rechtsprechung des Verfassungsgerichtshofs, in: Der Präsident des Verfassungsgerichtshofs für das Land Nordrhein-Westfalen (Hrsg.), Verfassungsgerichtsbarkeit in Nordrhein-Westfalen, Festschrift zum 50-jährigen Bestehen des Verfassungsgerichtshofs für das Land Nordrhein-Westfalen, 2002, S. 377 ff.

Huber, Bertold, Anwendbarkeit des Art. 6 I MRK auf Asylstreitverfahren, NVwZ 1992, 856 f.

Huber, Ernst Rudolf (Hrsg.), Dokumente zur deutschen Verfassungsgeschichte, Band 1, Deutsche Verfassungsdokumente 1803–1850, 3. Aufl. 1978.

Huber, Peter Michael, Konsensvereinbarung und Gesetzgebung, ZG Bd. 17 (2002), S. 245 ff.

Huber, Peter Michael, Die Informationstätigkeit der öffentlichen Hand – ein grundrechtliches Sonderregime aus Karlsruhe?, JZ 2003, 290 ff.

Hubmann, Heinrich, Der zivilrechtliche Schutz der Persönlichkeit gegen Indiskretion, JZ 1957, 521 ff.

Hübner-Raddatz, Stefani, Fernsehöffentlichkeit im Gerichtssaal, 2002.

Hufen, Friedhelm, Verwaltungsprozessrecht, 5. Aufl. 2003.

Huff, Martin W., Information der Öffentlichkeit ist auch eine Aufgabe der Gerichte, DRiZ 1993, 207.

Huff, Martin W., Justiz und Öffentlichkeit, 1996.

Huff, Martin W., Fernsehöffentlichkeit auch im Gerichtsverfahren – Kippt das BVerfG § 169 S. 2 GVG?, NJW 1996, 571 ff.

Huff, Martin W., Die Veröffentlichungspflicht der Gerichte, NJW 1997, 2651 ff.

Huff, Martin W., Justiz und Öffentlichkeit – Eine Erwiderung, DRiZ 1997, 215 f.

Huff, Martin W., Sehen im Namen des Volkes, Frankfurter Allgemeine Zeitung v. 8. August 2000, Nr. 182, S. 50.

Huff, Martin W., Saalöffentlichkeit auch in Zukunft ausreichend – Keine Änderung des § 169 S. 2 GVG, NJW 2001, 1622 f.

Huff, Martin W., Information ist auch eine Aufgabe des BVerfG – Anmerkungen zur Öffentlichkeitsarbeit, NJW 2001, 2951 ff.
Huff, Martin W., Regino-Preis für Justizreportagen verliehen, NJW Heft 48/2001, XIV f.
Huff, Martin W., Der Rechtsstaat braucht eine moderne Justiz, DRiZ 2002, 7.
Huff, Martin W., Gerichtsshows: Warum sich die Justiz dagegen wehren sollte, DRiZ 2002, 361.
Huff, Martin W., Gerichtsshows – Contra, ZRP 2003, 68.
Huff, Martin W., Die Medienstelle eines Oberlandesgerichts, Notwendige Öffentlichkeitsarbeit der Justiz, in: Münchbach, Werner (Hrsg.), Festschrift 200 Jahre Badisches Oberhofgericht, Oberlandesgericht Karlsruhe, 2003, S. 239 ff.
Huff, Martin W., Pressefreiheiten für die Staatsanwaltschaften, DRiZ 2003, 365.
Huff, Martin W., Notwendige Öffentlichkeitsarbeit der Justiz, NJW 2004, 403 ff.
Huff, Martin W., Einige Regeln für eine gute Medieninformation eines Gerichts/einer Staatsanwaltschaft, NJW 2004, 432 f.
Hutschenreuther-von Emden, Axel, Die Rechtsprechung des VG Berlin zum Recht der Fernsehwerbung, NVwZ-Beilage II/2001, 36 ff.

Ibler, Martin, Zerstören die neuen Informationszugangsgesetze die Dogmatik des deutschen Verwaltungsrechts?, in: Eberle, Carl-Eugen/Ibler, Martin/Lorenz, Dieter (Hrsg.), Der Wandel des Staates vor den Herausforderungen der Gegenwart, Festschrift für Winfried Brohm zum 70. Geburtstag, 2002, S. 405 ff.
Ignor, Alexander, Geschichte des Strafprozesses in Deutschland 1532–1846, 2002.
Imboden, Max, Das Gesetz als Garantie rechtsstaatlicher Verwaltung, 2. Aufl. 1962.
Ipsen, Jörn, Richterrecht und Verfassung, 1975.
Isensee, Josef, Die Verfassungsgerichtsbarkeit zwischen Recht und Politik, in: Piazolo, Michael (Hrsg.), Das Bundesverfassungsgericht, 1995, S. 49 ff.
Isensee, Josef, Vom Ethos des Interpreten, in: Haller, Herbert/Kopetzki, Christian/Novak, Richard/Paulson, Stanley L./Raschauer, Bernhard/Ress, Georg/Wiederin, Ewald (Hrsg.), Staat und Recht, Festschrift für Günther Winkler, 1997, S. 367 ff.
Isensee, Josef, Rechtsstaat – Vorgabe und Aufgabe der Einung Deutschlands, in: Isensee, Josef/Kirchhof, Paul (Hrsg.), Handbuch des Staatsrechts der Bundesrepublik Deutschland, Bd. IX, 1997, § 202.
Isensee, Josef, Idee und Gestalt des Föderalismus im Grundgesetz, in: Isensee, Josef/Kirchhof, Paul (Hrsg.), Handbuch des Staatsrechts der Bundesrepublik Deutschland, Bd. IV, 2. Aufl. 1999, § 98.
Isensee, Josef, Vorbehalt der Verfassung, in: Isensee, Josef/Lecheler, Helmut, Freiheit und Eigentum, Festschrift für Walter Leisner zum 70. Geburtstag, 1999, S. 359 ff.
Isensee, Josef, Das Grundrecht als Abwehrrecht und als staatliche Schutzpflicht, in: Isensee, Josef/Kirchhof, Paul (Hrsg.), Handbuch des Staatsrechts der Bundesrepublik Deutschland, Bd. V, 2. Aufl. 2000, § 111.
Isensee, Josef, Grundrechtsvoraussetzungen und Verfassungserwartungen an die Grundrechtsausübung, in: Isensee, Josef/Kirchhof, Paul (Hrsg.), Handbuch des Staatsrechts der Bundesrepublik Deutschland, Bd. V, 2. Aufl. 2000, § 115.
Isensee, Josef, Der Verfassungsstaat als Friedensgarant, in: Mellinghoff, Rudolf/Morgenthaler, Gerd/Puhl, Thomas (Hrsg.), Die Erneuerung des Verfassungsstaates, Symposion aus Anlaß des 60. Geburtstages von Professor Dr. Paul Kirchhof, 2003, S. 7 ff.
Isensee, Josef, Richter in Gefahr, Cicero 2005, 80 f.
Isensee, Josef/Axer, Peter, Jugendschutz im Fernsehen, 1998.

Jäckel, Michael, Medienwirkungen, 2. Aufl. 2002.
Jahn, Matthias, Sitzungspolizei contra „Konfliktverteidigung"?, NStZ 1998, 389 ff.
Jähnke, Burkhard/Laufhütte, Heinrich Wilhelm/Odersky, Walter (Hrsg.), Leipziger Kommentar zum Strafgesetzbuch, 11. Aufl., 47. Lieferung: §§ 348–355; 357, 358, Juli 2004.
Janisch, Wolfgang, Artikel 5 Abs. 1 GG und die legitime Neugier des Medienpublikums, AfP 2000, 32 ff.
Janisch, Wolfgang, Die Justiz und die Macht der Medien, AnwBl. 2001, 22.
Jarass, Hans D., Die Freiheit der Massenmedien, 1978.
Jarass, Hans D., Nachrichtensperre und Grundgesetz, AfP 1979, 228 ff.
Jarass, Hans D., Rechtsfragen der Öffentlichkeitsarbeit, NJW 1981, 193 ff.
Jarass, Hans D., Öffentliche Verwaltung und Presse, DÖV 1986, 721 ff.
Jarass, Hans D., Die Grundrechte: Abwehrrechte und objektive Grundsatznormen, in: Badura, Peter/Dreier, Horst (Hrsg.), Festschrift 50 Jahre Bundesverfassungsgericht, 2. Bd., 2001, S. 35 ff.
Jarass, Hans D./Pieroth, Bodo, Grundgesetz, 6. Aufl. 2002.
Jarass, Hans D./Pieroth, Bodo, Grundgesetz, 7. Aufl. 2004.
Jauernig, Othmar, Dürfen Prozeßbeteiligte in veröffentlichten Zivilentscheidungen namentlich genannt werden?, in: Bettermann, Karl August/Zeuner, Albrecht, Festschrift für Eduard Bötticher, 1969, S. 219 ff.
Jerschke, Hans-Ulrich, Öffentlichkeitspflicht der Exekutive und Informationsrecht der Presse, 1971.
Jescheck, Hans-Heinrich, Die europäische Konvention zum Schutze der Menschenrechte und Grundfreiheiten, NJW 1954, 783 ff.
Jescheck, Hans-Heinrich, Die Bedeutung der Öffentlichkeit für die moderne Kriminalpolitik, ZStW Bd. 71 (1959), S. 1 ff.
Jestaedt, Matthias, Grundrechtsentfaltung im Gesetz, 1999.
Jestaedt, Matthias, Das Geheimnis im Staat der Öffentlichkeit, AöR Bd. 126 (2001), S. 204 ff.
Jestaedt, Matthias, Verfassungsrecht und einfaches Recht – Verfassungsgerichtsbarkeit und Fachgerichtsbarkeit, DVBl. 2001, 1309 ff.
Jung, Heike, Öffentlichkeit – Niedergang eines Verfahrensgrundsatzes?, in: Hirsch, Hans Joachim/Kaiser, Günther/Marquardt, Helmut (Hrsg.), Gedächtnisschrift für Hilde Kaufmann, 1986, S. 891 ff.
Jung, Heike, Fernsehberichterstattung aus der Hauptverhandlung, in: Alternativ-Entwurf Strafjustiz und Medien (AE-StuM), 2004, S. 102 ff.
Jung, Ignaz, Presse, Rundfunk und Film im Gerichtssaal, 1951.
Jutzi, Siegfrid, Landesverfassungsbeschwerde und Bundesrecht, 1982.
Jutzi, Siegfrid, Zum Verhältnis von Landesverfassungsrecht und Bundesrecht sowie zur Durchsetzungskraft landesverfassungsrechtlicher Grundrechte, ThürVBl. 1993, Sonderheft, B 15 ff.
Jutzi, Siegfried, Landesverfassungsrecht im Bundesstaat des Grundgesetzes und Staatenverbund der Europäischen Union, JA 1999, 901 ff.

Kaehne, Tobias, Die Anfechtung sitzungspolizeilicher Maßnahmen, 2000.
Kahl, Wolfgang, Die rechtliche Bedeutung der Unterscheidung von Staat und Gesellschaft, Jura 2002, 721 ff.
von Kamptz, Karl Albert, Ueber Geschwornen-Gerichte und einige andre Gegenstände des französischen Criminal-Verfahrens, in: von Kamptz, Karl Albert (Hrsg.), Jahrbücher

für die Preußische Gesetzgebung, Rechtswissenschaft und Rechtsverwaltung, Bd. 12 (1818, Nachdruck 1991), S. 91 ff.

Kant, Immanuel, Zum ewigen Frieden, 1795.

Karpen, Hans-Ulrich, Die Verweisung als Mittel der Gesetzgebungstechnik, 1970.

Kaser, Max/Hackl, Karl, Das römische Zivilprozeßrecht, 2. Aufl. 1996.

Katholnigg, Oskar, Diskussionsbeitrag zu Dahs, Hans, und Volk, Klaus, in: Ständige Deputation des Deutschen Juristentages (Hrsg.), Verhandlungen des vierundfünfzigsten Deutschen Juristentages, Nürnberg 1982, Band II (Sitzungsberichte), 1982, K 95 f.

Katholnigg, Oskar, Strafgerichtsverfassungsrecht, 3. Aufl. 1999.

Kaufmann, Ekkehard, Inquisitionsprozeß und Öffentlichkeitsprinzip, JuS 1961, 250 ff.

Keller, Daniel, Die Akteneinsicht Dritter zu Forschungszwecken, NJW 2004, 413 f.

Kelsen, Hans, Reine Rechtslehre, 2. Aufl. 1960.

Kern, Eduard, Geschichte des Gerichtsverfassungsrechts, 1954.

Kern, Eduard, Sind die Vorschriften über die Öffentlichkeit des Verfahrens verletzt, wenn ein einzelner Zuhörer ohne gesetzlichen Grund aus dem Sitzungssaal verwiesen wird?, JZ 1962, 564 f.

Kerscher, Helmut, Gerichtsberichterstattung und Persönlichkeitsschutz, Diss. Hamburg 1982.

Kirchberg, Christian, Fernsehberichterstattung aus dem Gerichtssaal, BRAK-Mitt. 2002, 252 ff.

Kirchhof, Paul, Mittel staatlichen Handelns, in: Isensee, Josef/Kirchhof, Paul (Hrsg.), Handbuch des Staatsrechts der Bundesrepublik Deutschland, Bd. III, 2. Aufl. 1996, § 59.

Kirchhof, Paul, Der demokratische Rechtsstaat – die Staatsform der Zugehörigen, in: Isensee, Josef/Kirchhof, Paul (Hrsg.), Handbuch des Staatsrechts der Bundesrepublik Deutschland, Bd. IX, 1997, § 221.

Kirchhof, Paul, Der Öffentlichkeitsauftrag des öffentlichen Rundfunks als Befähigung zur Freiheit, in: Abele, Hanns/Fünfgeld, Herrmann/Riva, Antonio (Hrsg.), Werte und Wert des öffentlich-rechtlichen Rundfunks in der digitalen Zukunft, FAR-Tagung 2000, 2001, S. 9 ff.

Kirchner, Hildebert, Stufen der Öffentlichkeit richterlicher Erkenntnisse. Zur Geschichte der Entscheidungssammlungen und der Bildung von Leitsätzen, in: Zeidler, Wolfgang/Maunz, Theodor/Roellecke, Gerd (Hrsg.), Festschrift Hans Joachim Faller, 1984, S. 503 ff.

Kirschbaum, Ernst, Ueber die Zulässigkeit von Rundfunkübertragungen aus dem Strafgerichtssaal, Diss. Bonn 1934.

Kirste, Stephan, Der Schutz des Amtsträgers vor der Öffentlichkeit – BVerwG, NJW 2002, 1815, JuS 2003, 336 ff.

Kischel, Uwe, Die Begründung, 2003.

Kissel, Otto Rudolf, 100 Jahre Gerichtsverfassungsgesetz, NJW 1979, 1953 ff.

Kissel, Otto Rudolf/Mayer, Herbert, Gerichtsverfassungsgesetz, 4. Aufl. 2005.

Kißler, Leo, Die Öffentlichkeitsfunktion des Deutschen Bundestages, 1976.

Klein, Ernst Ferdinand, Von der öffentlichen Verhandlung der Rechtshändel und dem Gebrauche der Beredsamkeit in den Gerichtshöfen, in: Vermischte Abhandlungen über Gegenstände der Gesetzgebung und Rechtsgelehrsamkeit, Erster Band, 1780, Erstes Stück, S. 67 ff.

Klein, Hans Hugo, Die grundrechtliche Schutzpflicht, DVBl. 1994, 489 ff.

Klein, Hans Hugo, Verfassungsgerichtsbarkeit und Verfassungsstruktur – Vom Rechtsstaat zum Verfassungsstaat, in: Kirchhof, Paul/Offerhaus, Klaus/Schöberle, Horst

(Hrsg.), Steuerrecht, Verfassungsrecht, Finanzpolitik, Festschrift für Franz Klein, 1994, S. 511 ff.

Klein, Hans Hugo, Aufgaben des Bundestages, in: Isensee, Josef/Kirchhof, Paul (Hrsg.), Handbuch des Staatsrechts der Bundesrepublik Deutschland, Bd. II, 2. Aufl. 1998, § 40.

Klein, Hans Hugo, Bundesverfassungsgericht und Begründungszwang, in: Cremer, Hans-Joachim/Giegerich, Thomas/Richter, Dagmar/Zimmermann, Andreas (Hrsg.), Tradition und Weltoffenheit des Rechts, Festschrift für Helmut Steinberger, 2002, S. 505 ff.

Klein, Hans Hugo, Grundrechte am Beginn des 21. Jahrhunderts, in: Merten, Detlef/Papier, Hans-Jürgen (Hrsg.), Handbuch der Grundrechte in Deutschland und Europa, Bd. I, 2004, § 6.

Kleinknecht, Theodor, Zu dem Regierungsentwurf eines Gesetzes zur Änderung der Strafprozeßordnung und des Gerichtsverfassungsgesetzes (StPÄG), Beilage zum BAnz Nr. 139 v. 22. Juli 1960.

Kleinknecht, Theodor, Schutz der Persönlichkeit des Angeklagten durch Ausschluß der Öffentlichkeit in der Hauptverhandlung, in: Hamm, Rainer/Matzke, Walter (Hrsg.), Festschrift für Erich Schmidt-Leichner, 1977, S. 111 ff.

Kloepfer, Michael, Gesetzgebung im Rechtsstaat, VVDStRL Heft 40 (1982), S. 63 ff.

Kloepfer, Michael, Öffentliche Meinung, Massenmedien, in: Isensee, Josef/Kirchhof, Paul (Hrsg.), Handbuch des Staatsrechts der Bundesrepublik Deutschland, Bd. II, 2. Aufl. 1998, § 35.

Kloepfer, Michael, Pressefreiheit statt Datenschutz? – Datenschutz statt Pressefreiheit?, AfP 2000, 511 ff.

Kloepfer, Michael, Informationsrecht, 2002.

Kloepfer, Michael, Informationszugangsfreiheit und Datenschutz: Zwei Säulen des Rechts der Informationsgesellschaft, DÖV 2003, 221 ff.

Klüber, Johann Ludwig, Wichtige Urkunden für den Rechtszustand der deutschen Nation, Neudruck der 2. Aufl. Mannheim 1845, 1977.

Kluge, Friedrich, Etymologisches Lexikon der deutschen Sprache, 21. Aufl. 1975.

Kluge, Friedrich, Etymologisches Lexikon der deutschen Sprache, 24. Aufl. 2002.

Knemeyer, Franz-Ludwig, Anmerkung zur Anmerkung von Michael Gerhardt zum Hausrechtsurteil des BayVGH in BayVBl. 1980, 724 ff., BayVBl. 1981, 152 f.

Knemeyer, Franz-Ludwig, Das Hausrecht der öffentlichen Verwaltung, VBlBW 1982, 249 ff.

Kniestedt, Klaus, Rechtliches Gehör und Sitzungspolizei, MDR 1960, 197 f.

Knoblich, Michael, Zum Informationsanspruch der Medien gegenüber den Gerichten, in: Albers, Marion/Heine, Manfred/Seyfarth, Georg (Hrsg.), Beobachten – Entscheiden – Gestalten, Symposion zum Ausscheiden von Dieter Grimm aus dem Bundesverfassungsgericht, 2000, S. 9 ff.

Knoke, Thomas, Betriebliche Ordnungsgewalt in Räumlichkeiten des Verwaltungsvermögens, AöR Bd. 94 (1969), S. 388 ff.

Knothe, Matthias/Wanckel, Endress, „Angeklagt vor laufender Kamera", ZRP 1996, 106 ff.

Köbl, Ursula, Die Öffentlichkeit des Zivilprozesses – eine unzeitgemäße Form?, in: Hubmann, Heinrich/Hübner, Heinz (Hrsg.), Festschrift für Ludwig Schnorr von Carolsfeld zum 70. Geburtstag, 1972, S. 235 ff.

Kohl, Helmut, Vorverurteilung durch die Medien?, AfP 1985, 102 ff.

Kohlhaas, Max, Bild- und Tonberichterstattung im Gerichtsverfahren, DRiZ 1956, 2 ff.

Kohlhaas, Max, Reformbedürftigkeit der Gerichtsberichterstattung?, NJW 1963, 477 ff.

Kohlmann, Günter, Die öffentliche Hauptverhandlung – überflüssig, zweckmäßig oder geboten?, JA 1981, 581 ff.

Konzelmann, Alexander, Normverkündung im Wandel, ZRP 2001, 573 ff.

Kopp, Ferdinand Otto/Schenke, Wolf-Rüdiger, VwGO, 13. Aufl. 2003.

Kopp, Ferdinand Otto/Ramsauer, Ulrich, VwVfG, 8. Aufl. 2003.

Kortz, Helge, Ausschluß der Fernsehöffentlichkeit im Gerichtsverfahren, AfP 1997, 443 ff.

Kramer, Helmut, Informationskrise des Rechts und Veröffentlichungspraxis, ZRP 1976, 84 ff.

Krausnick, Daniel, Anmerkung zum Urteil des Bundesverfassungsgerichts vom 24.1.2001 – 1 BvR 2623/95 und 622/99, ZUM 2001, 230 ff.

Kreile, Johannes/Westphal, Dietrich, Investigativer Journalismus im Reichstagsgebäude, AfP 2001, 458 ff.

Krekeler, Wilhelm, Durchsuchung des Verteidigers beim Betreten des Gerichtsgebäudes, NJW 1979, 185 ff.

Krüger, Herbert, Allgemeine Staatslehre, 2. Aufl. 1966.

Kübler, Friedrich, Kommunikation und Selbstbestimmung, in: Simon, Dieter/Weiss, Manfred (Hrsg.), Zur Autonomie des Individuums, Liber Amicorum Spiros Simitis, 2000, S. 209 ff.

Kübler, Friedrich, Strafverfolgung und Medienöffentlichkeit. Überlegungen zur Verfassungsmäßigkeit des § 353 d Nr. 3 StGB, KritV 2000, Sonderheft Winfried Hassemer zum sechzigsten Geburtstag, 87 ff.

Kugelmann, Dieter, Die informatorische Rechtsstellung des Bürgers, 2001.

Kuhlo, Karl-Ulrich, Kameras statt Gerichtszeichner, in: Kuhlo, Karl-Ulrich/Gersdorf, Hubertus, Gerichts-TV, 2001, S. 9 ff.

Kühne, Hans-Heiner, Ausschluß der Öffentlichkeit im Strafverfahren, NJW 1971, 224 ff.

Kunert, Wolfgang, Pressekonzentration und Verfassungsrecht, 1971.

Kunig, Philip, Das Rechtsstaatsprinzip, 1986.

Kunig, Philip, Der Rechtsstaat, in: Badura, Peter/Dreier, Horst (Hrsg.), Festschrift 50 Jahre Bundesverfassungsgericht, 2. Bd., 2001, S. 421 ff.

Kunig, Philip, Verfassungsrecht und einfaches Recht – Verfassungsgerichtsbarkeit und Fachgerichtsbarkeit, VVDStRL Heft 61 (2002), S. 34 ff.

Kunzmann, Bernd/Haas, Michael/Baumann-Hasske, Harald, Die Verfassung des Freistaates Sachsen, 2. Aufl. 1997.

Kuß, Matthias, Öffentlichkeitsmaxime der Judikative und das Verbot von Fernsehaufnahmen im Gerichtssaal, 1999.

Lachmann, Jens-Peter, Unternehmensgeheimnisse im Zivilrechtsstreit, dargestellt am Beispiel des EDV-Prozesses, NJW 1987, 2206 ff.

Ladeur, Karl-Heinz, Meinungsfreiheit, Ehrenschutz und die Veränderung der Öffentlichkeit in der Massendemokratie, AfP 1993, 531 ff.

Ladeur, Karl-Heinz, Die Anpassung des privaten Medienrechts an die „Unterhaltungsöffentlichkeit“, NJW 2004, 393 ff.

Lampe, Ernst-Joachim, Der Straftäter als „Person der Zeitgeschichte“, NJW 1973, 217 ff.

Lamprecht, Rolf, Bewusstseinswandel durch Rechtsprechung – Karlsruher Urteile als Lektionen in Staatsbürgerkunde, NJW 2001, 2942 ff.

Lamprecht, Rolf, Wo Rauch ist … Gibt es „undichte Stellen“ beim BVerfG?, NJW 2003, 1426 f.

Landsberg, Ernst, Die Gutachten der Rheinischen Immediat-Justiz-Kommission und der Kampf um die Rheinische Rechts- und Gerichtsverfassung 1814–1819, 1914, Nachdruck 2000.

Lang, Wilhelm, Ton- und Bildträger, 1960.

Lange, Hans-Friedrich, Die Nichtanwendung von Urteilen des BFH durch die Finanzverwaltung, NJW 2002, 3657 ff.

Langenfeld, Christine, Die Stellung der EMRK im Verfassungsrecht der Bundesrepublik Deutschland, in: Bröhmer, Jürgen (Hrsg.), Der Grundrechtsschutz in Europa, Wissenschaftliches Kolloquium aus Anlass des 65. Geburtstages von Georg Ress, 2002, S. 95 ff.

Larenz, Karl, Methodenlehre der Rechtswissenschaft, 6. Aufl. 1991.

Lauterbach, Anja, „Keine weiteren Fragen...“. Anwälte im deutschen Fernsehen, Anwalt 2001, 6 ff.

Lechner, Hans / Zuck, Rüdiger, Bundesverfassungsgerichtsgesetz, 4. Aufl. 1996.

Lehr, Gernot, Bildberichterstattung der Medien über Strafverfahren, NStZ 2001, 63 ff.

Leisner, Walter, Öffentlichkeitsarbeit der Regierung im Rechtsstaat, 1966.

Leistner, Georg, Über die Veröffentlichungspraxis oberster und höherer Gerichte in Westeuropa, 1975.

Lemhöfer, Bernt, Landesverfassungsgerichte als kleine Bundesverfassungsgerichte?, NJW 1996, 1717 ff.

Lemke, Michael / Julius, Karl-Peter / Krehl, Christoph / Kurth, Hans-Joachim / Rautenberg, Erardo Cristoforo / Temming, Dieter, Heidelberger Kommentar zur Strafprozeßordnung, 3. Aufl. 2001.

Lepa, Manfred, Grundrechtskonflikte, DVBl. 1972, 161 ff.

Lepsius, Oliver, Die Wiederentdeckung Weimars durch die bundesdeutsche Staatsrechtslehre, in: Gusy, Christoph (Hrsg.), Weimars lange Schatten – „Weimar“ als Argument nach 1945, 2003, S. 354 ff.

Lerche, Peter, Rundfunkmonopol, 1970.

Lerche, Peter, Grundrechtlicher Schutzbereich, Grundrechtsprägung und Grundrechtseingriff, in: Isensee, Josef / Kirchhof, Paul (Hrsg.), Handbuch des Staatsrechts der Bundesrepublik Deutschland, Bd. V, 2. Aufl. 2000, § 121.

Lerche, Peter, Grundrechtsschranken, in: Isensee, Josef / Kirchhof, Paul (Hrsg.), Handbuch des Staatsrechts der Bundesrepublik Deutschland, Bd. V, 2. Aufl. 2000, § 122.

Lerche, Peter, Gewaltenteilung – deutsche Sicht, in: Isensee, Josef (Hrsg.), Gewaltenteilung heute, Symposium aus Anlaß der Vollendung des 65. Lebensjahres von Fritz Ossenbühl, 2000, S. 75 ff.

Leue, Friedrich Gottfried, Der mündliche öffentliche Anklage-Prozeß und der geheime schriftliche Untersuchungsprozeß in Deutschland, 1840.

Liebscher, Viktor, Gerichtsöffentlichkeit und Massenmedien in rechtsvergleichender Sicht, ZfRV 1969, 108 ff.

Lilie, Hans, Fernsehen vor und nach der Hauptverhandlung und in deren Pausen, in: Alternativ-Entwurf Strafjustiz und Medien (AE-StuM), 2004, S. 116 ff.

Linck, Joachim, Die Parlamentsöffentlichkeit, ZParl 23 (1992), S. 673 ff.

Linke, Tobias, Der praktische Fall: „Court-TV“ vor dem Bundesverfassungsgericht, VR 2002, 378 ff.

Löffler, Martin, Der Informationsanspruch der Presse und des Rundfunks, NJW 1964, 2277 ff.

Löffler, Martin, Presserecht, 4. Aufl. 1997.

Löffler, Martin / Ricker, Reinhart, Handbuch des Presserechts, 4. Aufl. 2000.

Lohrmann, Hansjörg, Wollt Ihr das Court-TV? oder: Principiis obsta!, DRiZ 1995, 247.
Lorz, Ralph Alexander, Gerichtsberichterstattung und Informationsanspruch der Öffentlichkeit aus der Sicht deutscher und amerikanischer Verfassungsrechtsprechung, in: Haratsch, Andreas / Kugelmann, Dieter / Repkewitz, Ulrich (Hrsg.), Herausforderungen an das Recht der Informationsgesellschaft, 1996, S. 59 ff.
Lovens, Sebastian, Verfassungswidrige Richterwahl?, ZRP 2001, 465 ff.
Lübbe-Wolff, Gertrude, Grundrechte als Eingriffsabwehrrechte, 1988.
Lücke, Jörg, Begründungszwang und Verfassung, 1987.
Luhmann, Niklas, Legitimation durch Verfahren, 2. Aufl. 1975.
Lukas, Josef, Über die Gesetzes-Publikation in Österreich und dem Deutschen Reiche, 1903.
Lüke, Gerhard / Wax, Peter (Hrsg.), Münchener Kommentar zur Zivilprozeßordnung, Bd. 1, §§ 1–354, 2. Aufl. 2001.
Lüke, Gerhard / Wax, Peter (Hrsg.), Münchener Kommentar zur Zivilprozeßordnung, Bd. 3, §§ 803–1066, EGZPO, GVG, EGGVG, Internationales Zivilprozeßrecht, 2. Aufl. 2001.

Mackenroth, Geert W., „Da gehen bei den Richtern die gelben Lampen an", ZRP 2002, 179 ff.
Mager, Ute, Das neue Untersuchungsausschussgesetz des Bundes – Parlamentarische Organisation von Kontrolle durch Publizität, Der Staat Bd. 41 (2002), S. 597 ff.
Mallmann, Otto, Das Spannungsverhältnis zwischen Justiz und Datenschutz – Ist der Datenschutz Sand im Getriebe der Justiz?, DRiZ 1987, 377 ff.
Mallmann, Walter, Pressepflichten und öffentliche Aufgabe der Presse, JZ 1966, 625 ff.
Mandelartz, Herbert / Grotelüschen, Henning, Das Internet und die Rechtsprechung des BVerfG zur Öffentlichkeitsarbeit der Regierung, NVwZ 2004, 647 ff.
von Mangoldt, Hermann / Klein, Friedrich, Das Bonner Grundgesetz, Band I, 2. Aufl. 1966 (unveränderter Nachdruck der 2. Aufl. 1957).
von Mangoldt, Hermann / Klein, Friedrich / Starck, Christian, Das Bonner Grundgesetz, Band 1: Präambel, Art. 1–19, 4. Aufl. 1999.
von Mangoldt, Hermann / Klein, Friedrich / Starck, Christian, Das Bonner Grundgesetz, Band 2: Art. 20–78, 4. Aufl. 2000.
von Mangoldt, Hermann / Klein, Friedrich / Starck, Christian, Das Bonner Grundgesetz, Band 3: Artikel 79–146, 4. Aufl. 2001.
Mann, Roger, Auswirkungen der Caroline-Entscheidung des EGMR auf die forensische Praxis, NJW 2004, 3220 ff.
Marcic, René, Die Öffentlichkeit als Prinzip der Demokratie, in: Ehmke, Horst / Schmid, Carlo / Scharoun, Hans (Hrsg.), Festschrift für Adolf Arndt zum 65. Geburtstag, 1969, S. 267 ff.
Margedant, Jochen, Das „in camera"-Verfahren, NVwZ 2001, 759 ff.
de Marini Avonzo, Franca, La giustizia nelle province agli inizi del basso impero, in: Arangio-Ruiz, Vincenzo (Hrsg.), Synteleia, Bd. 2, 1964, S. 1037 ff.
Marschall, Stefan, Public Relations der Parlamente. Parlamentarisches Kommunikationsmanagement in der modernen Öffentlichkeit, ZParl 30 (1999), S. 699 ff.
Martens, Wolfgang, Öffentlich als Rechtsbegriff, 1969.
Marxen, Klaus, Medienfreiheit und Unschuldsvermutung, GA 1980, 365 ff.
März, Wolfgang, Bundesrecht bricht Landesrecht, 1989.
Maul, Heinrich, Bild- und Rundfunkberichterstattung im Strafverfahren, MDR 1970, 286 ff.

Maunz, Theodor / Dürig, Günter, Grundgesetz, Loseblatt, Stand Februar 2004.

Maunz, Theodor / Schmidt-Bleibtreu, Bruno / Klein, Franz / Bethge, Herbert, Bundesverfassungsgerichtsgesetz, Loseblatt, Stand Januar 2004.

Maunz, Theodor / Zippelius, Reinhold, Deutsches Staatsrecht, 30. Aufl. 1998.

Maurer, Georg Ludwig, Geschichte des altgermanischen und namentlich altbairischen oeffentlich-muendlichen Gerichtsverfahrens, Neudruck der Ausgabe 1824, 1965.

Maurer, Hartmut, Allgemeines Verwaltungsrecht, 15. Aufl. 2004.

Maurer, Hartmut, Rechtsstaatliches Prozeßrecht, in: Badura, Peter / Dreier, Horst (Hrsg.), Festschrift 50 Jahre Bundesverfassungsgericht, 2. Bd., 2001, S. 467 ff.

Mayen, Thomas, Verwertbarkeit von geheim gehaltenen Verwaltungsvorgängen im gerichtlichen Verfahren?, NVwZ 2003, 537 ff.

Meder, Theodor, Die Verfassung des Freistaates Bayern, 4. Aufl. 1992.

Meier, Bernd-Dieter, Zulässigkeit und Grenzen der Auskunftserteilung gegenüber den Medien, in: Amelung, Knut / Beulke, Werner / Lilie, Hans / Rosenau, Henning / Rüping, Hinrich / Wolfslast, Gabriele (Hrsg.), Strafrecht – Biorecht – Rechtsphilosophie, Festschrift für Hans-Ludwig Schreiber zum 70. Geburtstag am 10. Mai 2003, 2003, S. 331 ff.

Melzer, Walter, „Tonspiegel" für Richter, DRiZ 1957, 62.

Menzel, Jörg, Landesverfassungsrecht, 2002.

Meurer, Dieter, Anmerkung zu BGH JR 1990, 385 ff., JR 1990, 389 ff.

Meyer-Goßner, Lutz, Verbesserung der Rechtsstellung des Beschuldigten durch weitere nicht-öffentliche Verfahrensgänge, ZRP 1982, 237 ff.

Meyer-Goßner, Lutz, Strafprozessordnung, 47. Aufl. 2004.

Mittermaier, Carl Joseph Anton, Handbuch des Peinlichen Processes, Erster Band, 1810.

Mittermaier, Carl Joseph Anton, Die Mündlichkeit, das Anklageprinzip, die Oeffentlichkeit und das Geschwornengericht in ihrer Durchführung in den verschiedenen Gesetzgebungen dargestellt nach den Forderungen des Rechts und der Zweckmäßigkeit mit Rücksicht auf die Erfahrungen der verschiedenen Länder, 1845.

de Montesquieu, Charles, De l'Esprit des Lois, Edition illustrée, Garnier Frères, 1973.

Morlok, Martin, Demokratie und Wahlen, in: Badura, Peter / Dreier, Horst (Hrsg.), Festschrift 50 Jahre Bundesverfassungsgericht, 2. Bd., 2001, S. 559 ff.

Morlok, Martin, Informalisierung und Entparlamentarisierung politischer Entscheidungen als Gefährdungen der Verfassung?, VVDStRL Heft 62 (2003), S. 37 ff.

Möser, Justus, Beantwortung der Frage: Ist es billig, daß Gelehrte die Criminalurtheile sprechen?, 1770, in: Schierbaum, Heinrich (Hrsg.), Justus Mösers Patriotische Phantasien, Erster Band, 1915, S. 273 ff.

Müller-Gindullis, Dierk, Ausschluß der Öffentlichkeit zum Schutz der Privatsphäre, NJW 1973, 1218 f.

Münch, Henning, Der Schutz der Privatsphäre in der Spruchpraxis des Deutschen Presserats, AfP 2002, 18 ff.

von Münch, Ingo / Kunig, Philipp (Hrsg.), Grundgesetz-Kommentar, Band 1 (Präambel bis Art. 19), 5. Aufl. 2000.

von Münch, Ingo / Kunig, Philipp (Hrsg.), Grundgesetz-Kommentar, Band 2 (Art. 20 bis Art. 69), 4./5. Aufl. 2001.

von Münch, Ingo / Kunig, Philipp (Hrsg.), Grundgesetz-Kommentar, Band 3 (Art. 70 bis Art. 146), 4./5. Aufl. 2003.

Musielak, Hans-Joachim (Hrsg.), Zivilprozessordnung, 4. Aufl. 2005.

Nawiasky, Hans / Schweiger, Karl / Knöpfle, Franz, Die Verfassung des Freistaates Bayern, Loseblatt, Stand Juni 2003.

Neumann, Franz L./Nipperdey, Hans Carl/Scheuner, Ulrich (Hrsg.), Die Grundrechte, Zweiter Band, 1954.

Neumann-Duesberg, Horst, Bildberichterstattung über absolute und relative Personen der Zeitgeschichte, JZ 1960, 114 ff.

Noelle-Neumann, Elisabeth, Öffentlichkeit als Bedrohung, 1977.

Noelle-Neumann, Elisabeth, Die Schweigespirale, 1980.

Noelle-Neumann, Elisabeth, Welche Rolle spielt die Öffentliche Meinung für die Entscheidung der Richter?, in: Ziemske, Burkhardt/Langheid, Theo/Wilms, Heinrich/Haverkate, Görg, Staatsphilosophie und Rechtspolititik, Festschrift für Martin Kriele zum 65. Geburtstag, 1997, S. 507 ff.

Nolte, Martin/Tams, Christian J., Grundfälle zu Art. 5 I 1 GG, JuS 2004, 199 ff.

Odersky, Walter, Die Öffentlichkeit der Hauptverhandlung nach dem Opferschutzgesetz, in: Freiherr von Gamm, Otto Friedrich/Raisch, Peter/Tiedemann, Klaus (Hrsg.), Strafrecht, Unternehmensrecht, Anwaltsrecht, Festschrift für Gerd Pfeiffer, 1988, S. 325 ff.

Oncken, Hermann, Politik, Geschichtsschreibung und öffentliche Meinung, in: Oncken, Hermann, Historisch-politische Aufsätze und Reden, 1. Band, 1914, S. 203 ff.

Oppermann, Thomas, Europäische Gemeinschaften und Europarecht, JZ 1973, 41 ff.

Ossenbühl, Fritz, Die verfassungsrechtliche Zulässigkeit der Verweisung als Mittel der Gesetzgebungstechnik, DVBl. 1967, 401 ff.

Ossenbühl, Fritz, Medien zwischen Macht und Recht, JZ 1995, 633 ff.

Ossenbühl, Fritz, Autonome Rechtsetzung der Verwaltung, in: Isensee, Josef/Kirchhof, Paul (Hrsg.), Handbuch des Staatsrechts der Bundesrepublik Deutschland, Bd. III, 2. Aufl. 1996, § 65.

Ossenbühl, Fritz, Schlußwort, in: Isensee, Josef (Hrsg.), Gewaltenteilung heute, Symposium aus Anlaß der Vollendung des 65. Lebensjahres von Fritz Ossenbühl, 2000, S. 123 ff.

Ostendorf, Heribert, Jugendgerichtsgesetz, 6. Aufl. 2003.

Pache, Eckhard, Das europäische Grundrecht auf einen fairen Prozess, NVwZ 2001, 1342 ff.

Papier, Hans-Jürgen, Die richterliche Unabhängigkeit und ihre Schranken, NJW 2001, 1089 ff.

Partsch, Christoph, Die neue Transparenzverordnung (EG) Nr. 1049/2001, NJW 2001, 3154 ff.

Partsch, Christoph, Informationsfreiheitsgesetze – bessere Recherchemittel für die Presse, AfP 2002, 198 ff.

Partsch, Christoph/Schurig, Wiebke, Das Informationsfreiheitsgesetz von Nordrhein-Westfalen – ein weiterer Schritt aus dem Entwicklungsrückstand Deutschlands, DÖV 2003, 482 ff.

Pauly, Walter, Das Wahlrecht in der neueren Rechtsprechung des Bundesverfassungsgerichts, AöR Bd. 123 (1998), S. 232 ff.

Pechstein, Matthias, Der Golfkrieg, Jura 1991, 461 ff.

Peitsmeier, Henning, Es wird eng im Schwurgerichtssaal L 111, Frankfurter Allgemeine Sonntagszeitung v. 18. Januar 2004, Nr. 3, S. 38.

Pernice, Ina Maria, Öffentlichkeit und Medienöffentlichkeit, 2000.

Pestalozza, Christian, Verfassungsprozeßrecht, 3. Aufl. 1991.

Pestalozza, Christian, Das Bundesverfassungsgericht: Bonner Reform-Allerlei '98, JZ 1998, 1039 ff.

Petersen, Jens, Medienrecht, 2. Aufl. 2005.
Peukert, Wolfgang, Die Garantie des „fair trial" in der Straßburger Rechtsprechung, EuGRZ 1980, 247 ff.
Pfeiffer, Gerd, Richter in heutiger Zeit, DRiZ 1979, 229 ff.
Pfeiffer, Gerd (Hrsg.), Karlsruher Kommentar zur Strafprozessordnung, 5. Aufl. 2003.
Pfeiffer, Gerd, Strafprozeßordnung und Gerichtsverfassungsgesetz, 4. Aufl. 2002.
Pieroth, Bodo, Gerichtsöffentlichkeit und Persönlichkeitsschutz, in: Erichsen, Hans-Uwe / Kollhosser, Helmut / Welp, Jürgen (Hrsg.), Recht der Persönlichkeit, 1996, S. 249 ff.
Pieroth, Bodo / Schlink, Bernhard, Grundrechte – Staatsrecht II, 20. Aufl. 2004.
Pietzcker, Jost, Zuständigkeitsordnung und Kollisionsrecht im Bundesstaat, in: Isensee, Josef / Kirchhof, Paul (Hrsg.), Handbuch des Staatsrechts der Bundesrepublik Deutschland, Bd. IV, 2. Aufl. 1999, § 99.
Pitschas, Rainer, Allgemeines Verwaltungsrecht als Teil der öffentlichen Informationsordnung, in: Hoffman-Riem, Wolfgang / Schmidt-Aßmann, Eberhard / Schuppert, Gunnar Folke (Hrsg.), Reform des Allgemeinen Verwaltungsrechts, 1993, S. 219 ff.
Plate, Jürgen, Wird das „Tribunal" zur „Szene"?, NStZ 1999, 391 ff.
Plenge, Burkard, Die Zulässigkeit staatlicher Zeitungen und Zeitschriften, Diss. Kiel 1975.
Praml, Rolf, Zur Zulässigkeit von Tonbandaufnahmen in der Hauptverhandlung, MDR 1977, 14 ff.
Preuschen, Georg Ernst Ludwig, Abhandlung über die Oeffentlichkeit des gerichtlichen Verfahrens, 1774, Neudruck 1818.
Prinz, Matthias, Justiz und Medienöffentlichkeit, in: Prinz, Matthias / Peters, Butz (Hrsg.), Medienrecht im Wandel, Festschrift für Manfred Engelschall, 1996, S. 243 ff.
Prinz, Matthias / Peters, Butz, Medienrecht, 1999.
Prütting, Hanns, Das Fernsehen im Gerichtssaal – Ausweitung der Öffentlichkeit im Zivilprozeß?, in: Geimer, Reinhold (Hrsg.), Wege zur Globalisierung des Rechts, Festschrift für Rolf A. Schütze, 1999, S. 685 ff.

Raabe, Marius / Helle-Meyer, Niels, Informationsfreiheit und Verwaltungsverfahren – Zum Verhältnis neuer und klassischer Informationsrechte gegenüber der Verwaltung, NVwZ 2004, 641 ff.
Ranft, Otfried, Verfahrensöffentlichkeit und „Medienöffentlichkeit" im Strafprozeß, Jura 1995, 573 ff.
Rasehorn, Theo, Wer ist für die Erlaubnis von Funk- oder Bildaufnahmen im Gerichtssaal zuständig?, DRiZ 1961, 255 f.
Redeker, Konrad, 50 Jahre Bundesverwaltungsgericht, NVwZ 2003, 641 ff.
Redeker, Konrad, Verfahrensgrundrechte und Justizgewährungsanspruch, NJW 2003, 2956 ff.
Redeker, Konrad / von Oertzen, Hans-Joachim, Verwaltungsgerichtsordnung, 14. Aufl. 2004.
Rengier, Rudolf, Veröffentlichung und Überlassung abschließender strafgerichtlicher und staatsanwaltschaftlicher Entscheidungen, in: Alternativ-Entwurf Strafjustiz und Medien (AE-StuM), 2004, S. 134 ff.
Reynold, Heinrich (Hrsg.), Justiz und Öffentlichkeit, 1966.
Rheinstein, Max, Wer wacht über die Wächter?, JuS 1974, 409 ff.
Ricker, Reinhart, Das kommunale Amtsblatt in verfassungsrechtlicher Sicht, in: Studienkreis für Presserecht und Pressefreiheit (Hrsg.), Presserecht und Pressefreiheit, Festschrift für Martin Löffler zum 75. Geburtstag, 1980, S. 287 ff.

Rieß, Peter (Hrsg.), Löwe-Rosenberg, Die Strafprozeßordnung und das Gerichtsverfassungsgesetz, 5. Band, GVG, EGGVG, Anhang, 23. Aufl. 1979.
Rieß, Peter (Hrsg.), Löwe-Rosenberg, Die Strafprozeßordnung und das Gerichtsverfassungsgesetz, 6. Band 2. Teilband, Rechtspflegerecht des Einigungsvertrages; MRK, IPBPR; Register, 24. Aufl. 1996.
Rieß, Peter (Hrsg.), Löwe-Rosenberg, Die Strafprozeßordnung und das Gerichtsverfassungsgesetz, 6. Band, §§ 374–495 StPO; EGStPO, 25. Aufl. 2001.
Rieß, Peter (Hrsg.), Löwe-Rosenberg, Die Strafprozeßordnung und das Gerichtsverfassungsgesetz, 7. Band, §§ 1–198 GVG; EGGVG; GVGVO, 25. Aufl. 2003.
Rinken, Alfred, Öffentlichkeit, in: Görres-Gesellschaft (Hrsg.), Staatslexikon, 7. Aufl. 1988, IV. Band, Naturschutz und Landschaftspflege – Sozialhilfe, Sp. 138 ff.
Rinken, Alfred, Geschichte und heutige Valenz des Öffentlichen, in: Winter, Gerd (Hrsg.), Das Öffentliche heute, Kolloquium zu Ehren von Alfred Rinken, 2002, S. 7 ff.
Rinsche, Franz-Josef, Strafjustiz und öffentlicher Pranger, ZRP 1987, 384 ff.
Ritterspach, Theodor, Unvorgreifliche Gedanken zu Reformen im verfassungsgerichtlichen Verfahren, in: Avenarius, Hermann / Engelhardt, Hanns / Heussner, Hermann / von Zezschwitz, Friedrich (Hrsg.), Festschrift für Erwin Stein zum 80. Geburtstag, 1983, S. 285 ff.
Ritterspach, Theodor, Gedanken zum Sondervotum, in: Fürst, Walther / Herzog, Roman / Umbach, Dieter C. (Hrsg.), Festschrift für Wolfgang Zeidler, Band 2, 1987, S. 1379 ff.
Ritzel, Heinrich G. / Bücker, Josef / Schreiner, Hermann Josef, Handbuch für die Parlamentarische Praxis mit Kommentar zur Geschäftsordnung des Deutschen Bundestages, Loseblatt, Stand November 2002.
Robbers, Gerhard, Für ein neues Verhältnis zwischen Bundesverfassungsgericht und Fachgerichtsbarkeit – Möglichkeit und Inhalt von „Formeln" zur Bestimmung von verfassungsgerichtlicher Kompetenzweite, NJW 1998, 935 ff.
Roegele, Otto B., Öffentliche Meinung, in: Görres-Gesellschaft (Hrsg.), Staatslexikon, 7. Aufl. 1988, IV. Band, Naturschutz und Landschaftspflege – Sozialhilfe, Sp. 98 ff.
Roellecke, Gerd, Aufgaben und Stellung des Bundesverfassungsgerichts im Verfassungsgefüge, in: Isensee, Josef / Kirchhof, Paul (Hrsg.), Handbuch des Staatsrechts der Bundesrepublik Deutschland, Bd. II, 2. Aufl. 1998, § 53.
Roellecke, Gerd, Roma locuta – Zum 50-jährigen Bestehen des BVerfG, NJW 2001, 2924 ff.
Rohde, Fritz, Die Öffentlichkeit im Strafprozeß, Diss. Bochum 1972.
Röhl, Hellmut, Das rechtliche Gehör, NJW 1964, 273 ff.
Rosenberg, Leo / Schwab, Karl Heinz / Gottwald, Peter, Zivilprozessrecht, 16. Aufl. 2004.
Rossen-Stadtfeld, Helge, Kontrollfunktion der Öffentlichkeit – ihre Möglichkeiten und ihre (rechtlichen) Grenzen, in: Schmidt-Aßmann, Eberhard / Hoffmann-Riem, Wolfgang (Hrsg.), Verwaltungskontrolle, 2001, S. 117 ff.
Roth, Wolfgang, Die Überprüfung fachgerichtlicher Urteile durch das Bundesverfassungsgericht und die Entscheidung über die Annahme einer Verfassungsbeschwerde, AöR Bd. 121 (1996), S. 544 ff.
Roxin, Claus, Anmerkung zu BGH JZ 1968, 803, JZ 1968, 803 ff.
Roxin, Claus, Aktuelle Probleme der Öffentlichkeit im Strafverfahren, in: Baumann, Jürgen / Tiedemann, Klaus (Hrsg.), Einheit und Vielfalt des Strafrechts, Festschrift für Karl Peters zum 70. Geburtstag, 1974, S. 393 ff.
Roxin, Claus, Anmerkung zu OLG Karlsruhe JR 1976, 383 ff., JR 1976, 385 ff.
Roxin, Claus, Anmerkung zu BGH NStZ 1989, 375 f., NStZ 1989, 376 ff.

Roxin, Claus, Strafverfahrensrecht, 25. Aufl. 1989.
Roxin, Claus, Strafprozeß und Medien, in: Vorstand der Münchener Juristischen Gesellschaft (Hrsg.), Einheit und Vielfalt der Rechtsordnung, Festschrift zum 30jährigen Bestehen der Münchener Juristischen Gesellschaft, 1996, S. 97 ff.
Rozek, Jochen, Landesverfassungsgerichtsbarkeit, Landesgrundrechte und die Anwendung von Bundesrecht, AöR Bd. 119 (1994), S. 793 ff.
Rubbert, Susanne, Saal- und Medienöffentlichkeit mündlicher Verhandlungen zwischen Verwaltung und Bürgern, 1985.
Ruffert, Matthias, Die Europäisierung der Verwaltungsrechtslehre, Die Verwaltung Bd. 36 (2003), S. 293 ff.
Rüfner, Wolfgang, Überschneidungen und gegenseitige Ergänzungen der Grundrechte, Der Staat Bd. 7 (1968), S. 49 ff.
Rüfner, Wolfgang, Grundrechtskonflikte, in: Starck, Christian (Hrsg.), Bundesverfassungsgericht und Grundgesetz, Festgabe aus Anlaß des 25jährigen Bestehens des Bundesverfassungsgerichts, Zweiter Band, 1976, S. 453 ff.
Rüping, Hinrich, Der Schutz der Gerichtsverhandlung – „Ungebühr" oder „betriebliche Ordnungsgewalt"?, ZZP Bd. 88 (1975), S. 212 ff.
Rüping, Hinrich, Strafverfahren als Sensation, in: Hanack, Ernst-Walter / Rieß, Peter / Wendisch, Günter (Hrsg.), Festschrift für Hanns Dünnebier zum 75. Geburtstag, 1982, S. 391 ff.
Rupp, Hans Heinrich, Die Unterscheidung von Staat und Gesellschaft, in: Isensee, Josef / Kirchhof, Paul (Hrsg.), Handbuch des Staatsrechts der Bundesrepublik Deutschland, Bd. I, 2. Aufl. 1995, § 28.
Rupp, Hans Heinrich, „Dienende" Grundrechte, „Bürgergesellschaft", „Drittwirkung" und „soziale Interdependenz" der Grundrechte, JZ 2001, 271 ff.
Rüthers, Bernd, Medienrecht – Medienwirkung – Persönlichkeitsschutz – Versuch einer Einführung –, in: Bitburger Gespräche, Jahrbuch 1999 / I, 2000, S. 3 ff.

Sachs, Michael, Die relevanten Grundrechtsbeeinträchtigungen, JuS 1995, 303 ff.
Sachs, Michael, Anmerkung zu BVerfG NJW 2002, 1031, JuS 2002, 707 ff.
Sachs, Michael, Verfassungsrecht II – Grundrechte, 2. Aufl. 2003.
Sachs, Michael (Hrsg.), Grundgesetz, 3. Aufl. 2003.
Sachs, Michael, Anmerkung zu BVerfG NJW 2003, 3401, JuS 2004, 71 ff.
Sälzer, Gerd, Der „Hüter des Gewohnheitsrechts", JZ 1970, 572 ff.
Sarstedt, Werner, Rundfunkaufnahmen im Gerichtssaal, JR 1956, 121 ff.
Sarstedt, Werner, Rundfunkaufnahmen im Gerichtssaal, Referat auf der Arbeitstagung des Instituts zur Förderung öffentlicher Angelegenheiten E.V. am 16. und 17. November 1956 in Weinheim an der Bergstraße, in: Tonbandaufnahmen, Zulässigkeit und Grenzen ihrer Verwendung im Rechtsstaat, 1957, S. 57 ff.
Sarstedt, Werner, Anmerkung zu OLG Nürnberg JZ 1969, 150 f., JZ 1969, 152 ff.
Sarstedt, Werner, Steht der Richter unter dem Druck der öffentlichen Meinung?, AfP 1971, 146 ff.
Schenke, Wolf-Rüdiger, Verwaltungsprozessrecht, 9. Aufl. 2004.
Scherer, Joachim, Gerichtsöffentlichkeit als Medienöffentlichkeit, 1979.
Scherer, Joachim, Justiz und Massenmedien, ZaöRV Bd. 39 (1979), S. 38 ff.
Scherer, Joachim, Forum: Verfassungswidrigkeit des Contempt by Publication unter dem Grundgesetz, JuS 1979, 470 ff.
Scherzberg, Arno, Die Öffentlichkeit der Verwaltung, 2000.

Scheuner, Ulrich, Verantwortung und Kontrolle in der demokratischen Verfassungsordnung, in: Ritterspach, Theo/Geiger, Willi (Hrsg.), Festschrift für Gebhard Müller, 1970, S. 379ff.
Schild, Wolfgang, Verfolgung und Verurteilung der Missetäter, 1. Geschichte des Verfahrens, in: Hinckeldey, Ch. (Hrsg.), Justiz in alter Zeit, 2. Aufl. 1984, S. 129ff.
Schild, Wolfgang, Alte Gerichtsbarkeit, 2. Aufl. 1985.
Schildt, Bernd, Die Rezeption des römischen Rechts, Jura 2003, 450ff.
Schilken, Eberhard, Gerichtsverfassungsrecht, 3. Aufl. 2003.
Schiwy, Peter/Schütz, Walter J. (Hrsg.), Medienrecht, 3. Aufl. 1994.
Schlaich, Klaus/Korioth, Stefan, Das Bundesverfassungsgericht, 6. Aufl. 2004.
Schmidt, Eberhard, Die Verwendbarkeit von Tonaufnahmen im Strafprozeß, in: Bachof, Otto/Drath, Martin/Gönnenwein, Otto/Walz, Ernst (Hrsg.), Gedächtnisschrift für Walter Jellinek, 1955, S. 625ff.
Schmidt, Eberhard, Zulässigkeit und Verwendbarkeit von Tonbandaufnahmen im Strafverfahren, JZ 1956, 206ff.
Schmidt, Eberhard, Öffentlichkeit oder Publicity?, in: Samson, Benvenuto (Hrsg.), Aktuelle Probleme aus dem Gesellschaftsrecht und anderen Rechtsgebieten, Festschrift für Walter Schmidt, 1959, S. 338ff.
Schmidt, Eberhard, Lehrkommentar zur Strafprozeßordnung und zum Gerichtsverfassungsgesetz, Teil III: Erläuterungen zum Gerichtsverfassungsgesetz und zum Einführungsgesetz zum Gerichtsverfassungsgesetz, 1960.
Schmidt, Eberhard, Die Sache der Justiz, 1961.
Schmidt, Eberhard, Lehrkommentar zur Strafprozeßordnung und zum Gerichtsverfassungsgesetz, Teil I: Die rechtstheoretischen und die rechtspolitischen Grundlagen des Strafverfahrensrechts, 2. Aufl. 1964.
Schmidt, Eberhard, Einführung in die Geschichte der deutschen Strafrechtspflege, 3. Aufl. 1965.
Schmidt, Eberhard, Justiz und Publizistik, 1968.
Schmidt, Eberhard, Anmerkung zu BGH NJW 1968, 804f., NJW 1968, 804f.
Schmidt, Karsten, Anmerkung zu KG NJW 2002, 223, JuS 2002, 296f.
Schmidt, Thomas, Öffentlichkeitsgrundsatz versus Hausrecht – BGH, NJW 1994, 2773, JuS 1995, 110ff.
Schmidt-Aßmann, Eberhard, Der Rechtsstaat, in: Isensee, Josef/Kirchhof, Paul (Hrsg.), Handbuch des Staatsrechts der Bundesrepublik Deutschland, Bd. I, 2. Aufl. 1995, § 24.
Schmidt-Bleibtreu, Bruno/Klein, Franz, Kommentar zum Grundgesetz, 10. Aufl. 2004.
Schmidt-Jortzig, Edzart, Meinungs- und Informationsfreiheit, in: Isensee, Josef/Kirchhof, Paul (Hrsg.), Handbuch des Staatsrechts der Bundesrepublik Deutschland, Bd. VI, 2. Aufl. 2001, § 141.
Schmidt-Leichner, Erich, Die „kleine" Strafprozeßreform, AnwBl. 1961, 26ff.
Schmidt-Räntsch, Günther/Schmidt-Räntsch, Jürgen, Deutsches Richtergesetz, 5. Aufl. 1995.
Schmidthals, Herbert, Wert und Grenzen der Verfahrensöffentlichkeit im Strafprozeß, 1977.
Schmitt, Carl, Verfassungsrechtliche Aufsätze, 2. Aufl. 1973.
Schmitt, Carl, Verfassungslehre, 9. Aufl. 2003.
Schmitt Glaeser, Walter, Partizipation an Verwaltungsentscheidungen, VVDStRL Heft 31 (1973), S. 179ff.

Schmitt Glaeser, Walter, Die Macht der Medien in der Gewaltenteilung, JöR n.F. Bd. 50 (2002), S. 169 ff.
Schmitz, Manfred, Die Macht der Medien und die Demokratie, in: Göhler, Gerhard (Hrsg.), Macht der Öffentlichkeit – Öffentlichkeit der Macht, 1995, S. 133 ff.
Schneider, Hans Joachim, Fernsehübertragung von Vorgängen der Hauptverhandlung – BGHSt 16, 111, JuS 1963, 346 ff.
Schneider, Peter, Demokratie und Justiz, in: Bärmann, Johannes (Hrsg.), Festschrift zum 150jährigen Bestehen des Oberlandesgerichts Zweibrücken, 1969, S. 257 ff.
Schoch, Friedrich, Staatliche Informationspolitik und Berufsfreiheit, DVBl. 1991, 667 ff.
Schoch, Friedrich, Öffentlich-rechtliche Rahmenbedingungen einer Informationsordnung, VVDStRL Heft 57 (1998), S. 158 ff.
Schoch, Friedrich, Informationsfreiheitsgesetz für die Bundesrepublik Deutschland, Die Verwaltung Bd. 35 (2002), S. 149 ff.
Schoch, Friedrich, Konvergenz der Medien – Sollte das Recht der Medien harmonisiert werden?, JZ 2002, 798 ff.
Schoch, Friedrich/Kloepfer, Michael, Informationsfreiheitsgesetz (IFG-ProfE), 2002.
Schoch, Friedrich/Schmidt-Aßmann, Eberhard/Pietzner, Rainer, Verwaltungsgerichtsordnung, Loseblatt, Stand September 2004.
Schoch, Friedrich, Informationszugangsfreiheit im Verwaltungsrecht, in: Krebs, Walter (Hrsg.), Liber Amicorum Hans-Uwe Erichsen, 2004, S. 247 ff.
Scholz, Rupert, Anmerkung zu BVerfG NStZ 1995, 40 ff., NStZ 1995, 42 f.
Scholz, Rupert, Karlsruhe im Zwielicht, in: Burmeister, Joachim (Hrsg.), Verfassungsstaatlichkeit, Festschrift für Klaus Stern, 1997, S. 1201 ff.
Scholz, Rupert/Konrad, Karlheinz, Meinungsfreiheit und allgemeines Persönlichkeitsrecht, AöR Bd. 123 (1998), S. 60 ff.
Schönke, Adolf/Schröder, Horst (Hrsg.), Strafgesetzbuch, 26. Aufl. 2001.
Schorn, Bildberichterstattung und Rundfunkübertragung im Strafprozeß, LZ 1932, Sp. 1408 ff.
Schricker, Gerhard (Hrsg.), Urheberrecht, 2. Aufl. 1999.
Schroeder, Friedrich-Christian, Die Öffentlichkeit im deutschen Strafverfahren, in: Eser, Albin/Kaiser, Günther (Hrsg.), Viertes deutsch-sowjetisches Kolloquium über Strafrecht und Kriminologie, 1989, S. 141 ff.
Schroers, Jochen, Versteckte Probleme bei der Zusammenarbeit zwischen Staatsanwaltschaften und Medien, NJW 1996, 969 ff.
Schubert, Karin, Demokratie braucht Justiz, DRiZ 2001, 239 ff.
Schuckert, Rolf, Der Grundsatz der Volksöffentlichkeit im deutschen Zivil- und Strafprozeßrecht, Diss. Freiburg 1936.
Schulte, Martin, Schlichtes Verwaltungshandeln, 1995.
Schultz, Hans, Der Grundsatz der Öffentlichkeit im Strafprozeß, SJZ 1973, 129 ff.
Schultzky, Hendrik, Videokonferenzen im Zivilprozess, NJW 2003, 313 ff.
Schulze-Fielitz, Helmuth, Kontrolle der Verwaltung durch Rechnungshöfe, VVDStRL Heft 55 (1996), S. 231 ff.
Schulze-Fielitz, Helmuth, Das Bundesverfassungsgericht und die öffentliche Meinung, in: Schuppert, Gunnar Folke/Bumke, Christian (Hrsg.), Bundesverfassungsgericht und gesellschaftlicher Grundkonsens, 2000, S. 111 ff.
Schulze-Fielitz, Helmuth, Wirkung und Befolgung verfassungsgerichtlicher Entscheidungen, in: Badura, Peter/Dreier, Horst (Hrsg.), Festschrift 50 Jahre Bundesverfassungsgericht, 1. Bd., 2001, S. 385 ff.

Schuppert, Gunnar Folke, Zur Frage der Verfassungsmäßigkeit und verfassungskonformen Auslegung und Anwendung von § 353 d Ziffer 3 StGB, AfP 1984, 67 ff.
Schuppert, Gunnar Folke/Bumke, Christian, Die Konstitutionalisierung der Rechtsordnung, 2000.
Schürmann, Frank, Öffentlichkeitsarbeit der Bundesregierung, 1992.
Schwabe, Jürgen, Probleme der Grundrechtsdogmatik, 1977.
Schwarz, Mathias, Fernsehöffentlichkeit im Gerichtsverfahren, AfP 1995, 353 ff.
Schweling, Otto, Der Ausschluß der Öffentlichkeit wegen Gefährdung der Sittlichkeit, DRiZ 1970, 354 ff.
Schwerin, Thomas, Der Deutsche Bundestag als Geschäftsordnungsgeber, 1998.
Schwetzler, Angelika, Persönlichkeitsschutz durch Presseselbstkontrolle, 2005.
Schwichow, Adalbert, Die Problematik der Berichterstattung über laufende Prozesse, Publizistik 1962, 205 ff.
Schwind, Hans-Dieter, „Ungebührliches" Verhalten vor Gericht und Ordnungsstrafe, JR 1973, 133 ff.
Schwinge, Erich, Der Kampf um die Schwurgerichte bis zur Frankfurter Nationalversammlung, 1926.
Seibert, Claus, Richternot und Strafkammerflucht, NJW 1959, 514.
Seibert, Claus, Die Öffentlichkeit in großen Strafverfahren, NJW 1970, 1535 f.
Seif, Ulrike, Recht und Gerechtigkeit: Die Garantie des gesetzlichen Richters und die Gewaltenteilungskonzeptionen des 17. – 19. Jahrhunderts, Der Staat Bd. 42 (2003), S. 110 ff.
Seifarth, Gerhard, Der Untergang der Öffentlichkeit im deutschen Rechtsgang, Teildruck aus: Die Entwicklung der Öffentlichkeit im deutschen Rechtsgang, Diss. Jena 1932.
Sendler, Horst, Zur Unabhängigkeit des Verwaltungsrichters, NJW 1983, 1449 ff.
Sendler, Horst, Zur Krankheit verurteilt?, ZRP 1994, 377 ff.
Sendler, Horst, Blüten richterlicher Unabhängigkeit und Verfassungsgerichtsschelte, NJW 1996, 825 ff.
Siebenpfeiffer, Philipp Jacob, Über die Frage unserer Zeit in Beziehung auf Gerechtigkeitspflege, 1823.
Siegel, Heinrich, Geschichte des deutschen Gerichtsverfahrens, Erster Band, 1857, Nachdruck 1970.
Siegert, Karl, Fernsehrecht und Schutz der Einzelperson, NJW 1963, 1953 ff.
Smend, Rudolf, Das Recht der freien Meinungsäußerung, VVDStRL Heft 4 (1928), S. 44 ff.
Smend, Rudolf, Staatsrechtliche Abhandlungen und andere Aufsätze, 3. Aufl. 1994, S. 462 ff.
Sodan, Helge/Ziekow, Jan (Hrsg.), Nomos-Kommentar zur Verwaltungsgerichtsordnung, Loseblatt, Stand Januar 2003.
Soehring, Jörg, Presserecht, 3. Aufl. 2000.
Soehring, Jörg/Seelmann-Eggebert, Sebastian, Die Entwicklung des Presse- und Äußerungsrechts 1997 bis 1999, NJW 2000, 2466 ff.
Soehring, Jörg/Seelmann-Eggebert, Sebastian, Die Entwicklung des Presse- und Äußerungsrechts in den Jahren 2000 bis 2004, NJW 2005, 571 ff.
Sorth, Jan, Rundfunkberichterstattung aus Gerichtsverfahren, 1999.
Stapper, Florian, Von Journalisten, der Gerichtsberichterstattung und dem Strafrecht, ZUM 1995, 590 ff.
Stapper, Florian, Namensnennung in der Presse im Zusammenhang mit dem Verdacht strafbaren Verhaltens, 1995.

Starck, Christian, Informationsfreiheit und Nachrichtensperre, AfP 1978, 171 ff.

Starck, Christian, Der verfassungsrechtliche Status der Landesverfassungsgerichte, in: Starck, Christian / Stern, Klaus, Landesverfassungsgerichtsbarkeit, Teilband II, 1983, S. 155 ff.

Steffen, Erich, Schranken des Persönlichkeitsschutzes für den „investigativen“ Journalismus, AfP 1988, 117 ff.

Stein, Torsten, Landesverteidigung und Streitkräfte im 40. Jahr des Grundgesetzes, in: Hailbronner, Kay / Ress, Georg / Stein, Torsten (Hrsg.), Staat und Völkerrechtsordnung, Festschrift für Karl Doehring, 1989, S. 935 ff.

Stein, Friedrich / Jonas, Martin, Kommentar zur Zivilprozeßordnung, Bd. 2, §§ 91 – 252, 21. Aufl. 1994.

Stein, Friedrich / Jonas, Martin, Kommentar zur Zivilprozessordnung, Bd. 3, §§ 128 – 252, 22. Aufl. 2005.

Steiner, Michael, Das Bild der Justiz in Gerichtsshows, ZRP 2003, 245 ff.

Stern, Klaus, Das Bundesverfassungsgericht und die sog. konkrete Normenkontrolle nach Art. 100 Absatz 1 GG, AöR Bd. 91 (1966), S. 223 ff.

Stern, Klaus, Das Staatsrecht der Bundesrepublik Deutschland, Bd. I, 2. Aufl. 1984.

Stern, Klaus, Das Staatsrecht der Bundesrepublik Deutschland, Bd. II, 1980.

Stern, Klaus, Das Staatsrecht der Bundesrepublik Deutschland, Bd. III / 1, 1988.

Stern, Klaus, Das Staatsrecht der Bundesrepublik Deutschland, Bd. III / 2, 1994.

Stern, Klaus, Idee und Elemente eines Systems der Grundrechte, in: Isensee, Josef / Kirchhof, Paul (Hrsg.), Handbuch des Staatsrechts der Bundesrepublik Deutschland, Bd. V, 2. Aufl. 2000, § 109.

Stern, Klaus, Die Grundrechte und ihre Schranken, in: Badura, Peter / Dreier, Horst (Hrsg.), Festschrift 50 Jahre Bundesverfassungsgericht, 2. Bd., 2001, S. 1 ff.

Stern, Klaus / Bethge, Herbert, Öffentlich-rechtlicher und privatrechtlicher Rundfunk, 1971.

Stober, Rolf, Zum Informationsanspruch der Presse gegenüber Gerichten, DRiZ 1980, 3 ff.

Stollmann, Frank, Das Informationsfreiheitsgesetz NRW (IFG NRW), NWVBl. 2002, 216 ff.

Stollmann, Frank, Informationsfreiheitsgesetze in den Ländern, VR 2002, 309 ff.

Strauch, Hans-Joachim, Die Öffentlichkeit und Mündlichkeit des Verwaltungsstreitverfahrens – Funktion und verfassungsrechtliche Grundlagen –, in: Triffterer, Otto / von Zezschwitz, Friedrich (Hrsg.), Festschrift für Walter Mallmann, 1978, S. 345 ff.

Stürner, Rolf, Anmerkung zu BGH JZ 1972, 663 f., JZ 1972, 664 ff.

Stürner, Rolf, Schutz des Gerichtsverfahrens vor öffentlicher Einflußnahme?, JZ 1978, 161 ff.

Stürner, Rolf, „Fair Trial“ und öffentliche Meinung, JZ 1980, 1 ff.

Stürner, Rolf, Empfiehlt es sich, die Rechte und Pflichten der Medien präziser zu regeln und dabei den Rechtsschutz des einzelnen zu verbessern?, Gutachten A für den 58. Deutschen Juristentag, in: Ständige Deputation des Deutschen Juristentages (Hrsg.), Verhandlungen des achtundfünfzigsten Deutschen Juristentages, München 1990, Band I (Gutachten), 1990, A 9 ff.

Stürner, Rolf, Anmerkung zu BVerfG JZ 1995, 295 ff., JZ 1995, 297 ff.

Stürner, Rolf, Gerichtsöffentlichkeit und Medienöffentlichkeit in der Informationsgesellschaft, JZ 2001, 699 ff.

Stürner, Rolf, Europäische Justiz und Demokratie, in: Eberle, Carl-Eugen / Ibler, Martin / Lorenz, Dieter (Hrsg.), Der Wandel des Staates vor den Herausforderungen der Gegenwart, Festschrift für Winfried Brohm zum 70. Geburtstag, 2002, S. 153 ff.

Stutz, Henning, Zurückdrängung des Öffentlichkeitsprinzips zugunsten der Privatsphäre im Strafverfahren, 1992.

Tettinger, Peter, Das Recht des Rundfunks auf freie Berichterstattung bei Sportveranstaltungen, ZUM 1986, 497 ff.

Theis, Cony, Besprechung von Dittmann, Erich, „Nieder mit den schwarzen Paragrafenhengsten!“, 2002, NJW 2003, 648.

Thomas, Heinz/Putzo, Hans, Zivilprozessordnung, 26. Aufl. 2004.

Tiedemann, Paul, Der Öffentlichkeitsauftrag der Gerichte, NVwZ 1997, 1187 f.

Tillmanns, Lutz, Mediale Vermarktung von Verbrechen und Grundsätze eines fair trial, in: Heldrich, Andreas (Hrsg.), Medien zwischen Spruch und Informationsinteresse, Festschrift für Robert Schweizer zum 60. Geburtstag, 1999, S. 227 ff.

Tillmanns, Lutz, Der Pressekodex sollte für alle Medien gelten – Der Presserat hat auch die Funktion des Streitschlichters, ZRP 2004, 277 f.

Tomuschat, Christian, Die Europäische Union unter der Aufsicht des Bundesverfassungsgerichts, EuGRZ 1993, 489 ff.

Tönsfeldt, Volker, Vieles ist unkomplizierter, Anwalt 2001, 20 ff.

Töpper, Bernhard, Fernsehaufnahmen als Revisionsgrund, DRiZ 1989, 389.

Töpper, Bernhard, Fernsehen aus dem Gerichtssaal, DRiZ 1995, 242.

Töpper, Bernhard, Die Fernsehkamera im Gerichtssaal, DRiZ 2002, 443.

Tröndle, Herbert/Fischer, Thomas, Strafgesetzbuch, 52. Auflage 2004.

Uerpmann, Robert, Anmerkung zu HessStGH JZ 2002, 939 ff., JZ 2002, 942 ff.

Ule, Carl Hermann, Anselm Feuerbach heute, DVBl. 1979, 797 ff.

Ule, Carl Hermann, Verwaltungsprozeßrecht, 9. Aufl. 1987.

Ule, Carl Hermann/Laubinger, Hans-Werner, Verwaltungsverfahrensrecht, 4. Aufl. 1995.

Umbach, Dieter C./Clemens, Thomas, Bundesverfassungsgerichtsgesetz, 1992.

Umbach, Dieter C./Clemens, Thomas, Grundgesetz, Band I (Art. 1–37), 2002.

Verfassungsrechtsausschuß des Deutschen AnwaltVereins, Gerichtsberichterstattung, AnwBl. 1997, 26 ff.

Viefhues, Wolfram, 11. Deutscher EDV-Gerichtstag in Saarbrücken, K&R 2002, 591 f.

Vietmeyer, Katja, Vor- und Nachteile von Fernsehöffentlichkeit, Diss. Göttingen 2002.

Graf Vitzthum, Wolfgang, Die Bedeutung gliedstaatlichen Verfassungsrechts in der Gegenwart, VVDStRL Heft 46 (1988), S. 1 ff.

Volk, Klaus, Empfiehlt es sich, die Vorschriften über die Öffentlichkeit des Strafverfahrens neu zu gestalten, insbesondere zur Verbesserung der Rechtsstellung des Beschuldigten weitere nicht-öffentliche Verfahrensgänge zu entwickeln?, Referat auf dem 54. Deutschen Juristentag, in: Ständige Deputation des Deutschen Juristentages (Hrsg.), Verhandlungen des vierundfünfzigsten Deutschen Juristentages, Nürnberg 1982, Band II (Sitzungsberichte), 1982, K 29 ff.

Voßkuhle, Andreas, Rechtsschutz gegen den Richter, 1993.

Voßkuhle, Andreas, Regulierte Selbstregulierung – Zur Karriere eines Schlüsselbegriffs, Die Verwaltung 2001, Beiheft 4, S. 197 ff.

Voßkuhle, Andreas, Bruch mit einem Dogma: Die Verfassung garantiert Rechtsschutz gegen den Richter, NJW 2003, 2193 ff.

Voßkuhle, Andreas/Sydow, Gernot, Die demokratische Legitimation des Richters, JZ 2002, 673 ff.

Wagner, Joachim, Strafprozeßführung über Medien, 1987.

Wahl, Rainer, Konstitutionalisierung – Leitbegriff oder Allerweltsbegriff?, in: Eberle, Carl-Eugen/Ibler, Martin/Lorenz, Dieter (Hrsg.), Der Wandel des Staates vor den Herausforderungen der Gegenwart, Festschrift für Winfried Brohm zum 70. Geburtstag, 2002, S. 191 ff.

Walker, Reinhard, Die Publikation von Gerichtsentscheidungen, Diss. Saarbrücken 1998.

Wallraf, Georg, Medienrechtliche Aspekte des Nürnberger Juristentages, AfP 1982, 160 ff.

Walther, Susanne, Mehr Publizität oder mehr Diskretion?, JZ 1998, 1145 ff.

Wasmuth, Johannes, Bemerkungen zum Rechtsschutz bei Klagen gegen Pressemitteilungen von Ermittlungsbehörden, NJW 1988, 1705 ff.

Wassermann, Rudolf (Hrsg.), Justiz und Medien, 1980.

Weber-Grellet, Heinrich, Eigenständigkeit und Demokratisierung der Justiz, ZRP 2003, 145 ff.

Weberling, Johannes, Informations- und Auskunftspflichten der öffentlichen Hand gegenüber Medien in der Praxis, AfP 2003, 304 ff.

Wefing, Heinrich, Am elektronischen Pranger, Frankfurter Allgemeine Zeitung v. 23. Januar 2001, Nr. 19, S. 52.

Wefing, Heinrich, Jury-TV, Frankfurter Allgemeine Zeitung v. 29. November 2002, Nr. 278, S. 48.

Weidemann, Helmut, Öffentlichkeitsgrundsatz und „Justizkampagne", DRiZ 1970, 114 ff.

Weiler, Edgar, Medienwirkung auf das Strafverfahren, ZRP 1995, 130 ff.

Wenzel, Karl Egbert, Das Recht der Wort- und Bildberichterstattung, 5. Aufl. 2003.

Wermeckes, Bernd, Landesgrundrechte – Bestandssicherung durch Kollisionsvermeidung, DÖV 2002, 110 ff.

Wesel, Uwe, Geschichte des Rechts, 2. Aufl. 2001.

Wettstein, Edgar Jules, Der Öffentlichkeitsgrundsatz im Strafprozess, Diss. Zürich 1966.

Widmaier, Gunter, Gerechtigkeit – Aufgabe von Justiz und Medien?, NJW 2004, 399 ff.

Widmaier, Uli, Jury und Medien – Zu einem elementaren verfassungsrechtlichen Problem in den USA, NJW 2004, 407 ff.

Wieacker, Franz, Privatrechtsgeschichte der Neuzeit, 2. Aufl. 1967.

Wieczorek, Bernhard/Schütze, Rolf A., Zivilprozeßordnung und Nebengesetze, Fünfter Band, §§ 916–1048 ZPO; §§ 1–24 EGZPO; §§ 1–202 GVG; §§ 1–30 EGGVG, 3. Aufl. 1995.

Wieland, Joachim, Verfassungsrechtliche Grundlagen und Grenzen für einen Einsatz der Bundeswehr, DVBl. 1991, 1174 ff.

Wigard, Franz (Hrsg.), Stenographischer Bericht über die Verhandlungen der deutschen constituirenden Nationalversammlung zu Frankfurt am Main, Vierter Band, 1848.

Wilken, Katrin, Möchste aussagen?, Der Spiegel v. 17. September 2001, Heft 38, S. 128 ff.

Windsheimer, Hans, Die „Information" als Interpretationsgrundlage für die subjektiven öffentlichen Rechte des Art. 5 Abs. 1 GG, 1968.

Winkler, Markus, Neue Regelungen im Verfassungsprozeßrecht des Bundes, NVwZ 1998, 1266 f.

Winter, Gerd, Einführung, in: Winter, Gerd (Hrsg.), Das Öffentliche heute, Kolloquium zu Ehren von Alfred Rinken, 2002, S. 1 ff.

Winters, Peter Jochen, Der Kampf geht weiter, Frankfurter Allgemeine Zeitung v. 18. März 2003, Nr. 65, S. 10.

Witzler, Jochen, Die personale Öffentlichkeit im Strafverfahren, 1993.

Woesner, Horst, Rechtliches Gehör und Sitzungspolizei, NJW 1959, 866 ff.
Wolf, Erik, Große Rechtsdenker der deutschen Geistesgeschichte, 4. Aufl. 1963.
Wolf, Gerhard, Die Gesetzwidrigkeit von Fernsehübertragungen aus Gerichtsverhandlungen, NJW 1994, 681 ff.
Wolf, Gerhard, Gerichtsberichterstattung – künftig „live" im Fernsehen?, ZRP 1994, 187 ff.
Wolf, Gerhard, „Wir schalten um nach Karlsruhe…", JR 1997, 441 ff.
Wolf, Manfred, Gerichtsverfassungsrecht aller Verfahrenszweige, 6. Aufl. 1987.
Wolf-Hegerbekermeier, Thomas R./Pelizäus, Britta, Freie Information für alle – gut gemeint, aber auch gut gemacht?, DVBl. 2002, 955 ff.
Wolff, Hans J./Bachof, Otto/Stober, Rolf, Verwaltungsrecht, Band 1, 11. Aufl. 1999.
Würkner, Joachim, Effektivierung des Grundrechtsschutzes durch Grundrechtskumulation?, DÖV 1992, 150 ff.
Wyss, Martin Philipp, Öffentlichkeit von Gerichtsverfahren und Fernsehberichterstattung, EuGRZ 1996, 1 ff.

Zachariä, Heinrich Albert, Die Gebrechen und die Reform des deutschen Strafverfahrens, 1846.
Zeiler, Horst, Das Hausrecht an Verwaltungsgebäuden, DVBl. 1981, 1000 ff.
von Zezschwitz, Friedrich, Der fotografierte Staatsdiener, in: Avenarius, Hermann/Engelhardt, Hanns/Heussner, Hermann/von Zezschwitz, Friedrich (Hrsg.), Festschrift für Erwin Stein, 1983, S. 395 ff.
Zilkens, Martin, Der praktische Fall – Öffentliches Recht: Hausverbot im Planungsamt, JuS 2003, 165 ff.
Zimmerli, Walther C., Universitätspolitik und Öffentlichkeit, Neue Zürcher Zeitung v. 11. Dezember 1987, Nr. 288, S. 28.
Zipf, Heinz, Der Anspruch des Angeklagten auf Ausschluß der Öffentlichkeit zum Schutze des Privatbereichs – BGHSt 23, 82, JuS 1973, 350 ff.
Zipf, Heinz, Empfiehlt es sich, die Vorschriften über die Öffentlichkeit des Strafverfahrens neu zu gestalten, insbesondere zur Verbesserung der Rechtsstellung des Beschuldigten weitere nicht-öffentliche Verfahrensgänge zu entwickeln?, Gutachten C für den 54. Deutschen Juristentag, in: Ständige Deputation des Deutschen Juristentages (Hrsg.), Verhandlungen des vierundfünfzigsten Deutschen Juristentages, Nürnberg 1982, Band I (Gutachten), 1982, C 9 ff.
Zöller, Richard, Zivilprozessordnung, 25. Aufl. 2005.
Zuck, Rüdiger, Court TV: Das will ich sehen!, NJW 1995, 2082 f.
Zuck, Rüdiger, Vom Winde verweht: § 93 d BVerfGG und menschliche Schicksale, NJW 1997, 29 f.
Zuck, Rüdiger, Medien und Justiz, DRiZ 1997, 23 ff.
Zuck, Rüdiger, Glanz und Elend der deutschen Justizberichterstattung, NJW 2001, 40 ff.
Zuck, Rüdiger, Mainstream-Denken contra Medienöffentlichkeit – Zur Politik der n-tv-Entscheidung des BVerfG, NJW 2001, 1623 f.
Zuck, Rüdiger, Als Ausnahmen merk Dir genau: *Der* Milchmann, doch *die* Eierfrau – und vor allem: *das* Bundesgesetzblatt, NJW 2002, 3066 f.
Zülch, Christoph, Justiz und Öffentlichkeitsarbeit, DRiZ 1994, 36 f.
Zuleeg, Manfred, Hat das subjektive öffentliche Recht noch eine Daseinsberechtigung?, DVBl. 1976, 509 ff.

Sachverzeichnis

Personenverzeichnis

Jus Publicum

Beiträge zum Öffentlichen Recht – Alphabetische Übersicht

Appel, Ivo: Staatliche Zukunfts- und Entwicklungsvorsorge. 2005. *Band 125.*
Axer, Peter: Normsetzung der Exekutive in der Sozialversicherung. 2000. *Band 49.*
Bauer, Hartmut: Die Bundestreue. 1992. *Band 3.*
Beaucamp, Guy: Das Konzept der zukunftsfähigen Entwicklung im Recht. 2002. *Band 85.*
Becker, Florian: Kooperative und konsensuale Strukturen in der Normsetzung. 2005. *Band 129.*
Becker, Joachim: Transfergerechtigkeit und Verfassung. 2001. *Band 68.*
Biehler, Gernot: Auswärtige Gewalt. 2005. *Band 128.*
Blanke, Hermann-Josef: Vertrauensschutz im deutschen und europäischen Verwaltungsrecht. 2000. *Band 57.*
Böhm, Monika: Der Normmensch. 1996. *Band 16.*
Böse, Martin: Wirtschaftsaufsicht und Strafverfolgung. 2005. *Band 127.*
Bogdandy, Armin von: Gubernative Rechtsetzung. 2000. *Band 48.*
Brenner, Michael: Der Gestaltungsauftrag der Verwaltung in der Europäischen Union. 1996. *Band 14.*
Britz, Gabriele: Kulturelle Rechte und Verfassung. 2000. *Band 60.*
Bröhmer, Jürgen: Transparenz als Verfassungsprinzip. 2004. *Band 106.*
Brüning, Christoph: Einstweilige Verwaltungsführung. 2003. *Band 103.*
Burgi, Martin: Funktionale Privatisierung und Verwaltungshilfe. 1999. *Band 37.*
Bultmann, Peter Friedrich: Beihilfenrecht und Vergaberecht. 2004. *Band 109.*
Bumke, Christian: Relative Rechtswidrigkeit. 2004. *Band 117.*
Butzer, Hermann: Fremdlasten in der Sozialversicherung. 2001. *Band 72.*
Calliess, Christian: Rechtsstaat und Umweltstaat. 2001. *Band 71.*
Classen, Claus Dieter: Die Europäisierung der Verwaltungsgerichtsbarkeit. 1996. *Band 13.*
– Religionsfreiheit und Staatskirchenrecht in der Grundrechtsordnung. 2003. *Band 100.*
Coelln, Christian von: Zur Medienöffentlichkeit der Dritten Gewalt. 2005. *Band 138.*
Cornils, Matthias: Die Ausgestaltung der Grundrechte. 2005. *Band 126.*
Cremer, Wolfram: Freiheitsgrundrechte. 2003. *Band 104.*
Danwitz, Thomas von: Verwaltungsrechtliches System und Europäische Integration. 1996. *Band 17.*
Dederer, Hans-Georg: Korporative Staatsgewalt. 2004. *Band 107.*
Detterbeck, Steffen: Streitgegenstand und Entscheidungswirkungen im Öffentlichen Recht. 1995. *Band 11.*
Di Fabio, Udo: Risikoentscheidungen im Rechtsstaat. 1994. *Band 8.*
Dörr, Oliver: Der europäisierte Rechtsschutzauftrag deutscher Gerichte. 2003. *Band 96.*
Durner, Wolfgang: Konflikte räumlicher Planungen. 2005. *Band 119.*

Enders, Christoph: Die Menschenwürde in der Verfassungsordnung. 1997. *Band 27.*
Epping, Volker: Die Außenwirtschaftsfreiheit. 1998. *Band 32.*
Fehling, Michael: Verwaltung zwischen Unparteilichkeit und Gestaltungsaufgabe. 2001. *Band 79.*
Felix, Dagmar: Einheit der Rechtsordnung. 1998. *Band 34.*
Fisahn, Andreas: Demokratie und Öffentlichkeitsbeteiligung. 2002. *Band 84.*
Franz, Thorsten: Gewinnerzielung durch kommunale Daseinsvorsorge. 2005. *Band 123.*
Frenz, Walter: Selbstverpflichtungen der Wirtschaft. 2001. *Band 75.*
Gaitanides, Charlotte: Das Recht der Europäischen Zentralbank. 2005. *Band 132.*
Gellermann, Martin: Grundrechte im einfachgesetzlichen Gewande. 2000. *Band 61.*
Grigoleit, Klaus Joachim: Bundesverfassungsgericht und deutsche Frage. 2004. *Band 108.*
Gröpl, Christoph: Haushaltsrecht und Reform. *2001. Band 67.*
Gröschner, Rolf: Das Überwachungsrechtsverhältnis. 1992. *Band 4.*
Groß, Thomas: Das Kollegialprinzip in der Verwaltungsorganisation. 1999. *Band 45.*
Grzeszick, Bernd: Rechte und Ansprüche. 2002. *Band 92.*
Guckelberger, Annette: Die Verjährung im Öffentlichen Recht. 2004. *Band 111.*
Gurlit, Elke: Verwaltungsvertrag und Gesetz. 2000. *Band 63.*
Häde, Ulrich: Finanzausgleich. 1996. *Band 19.*
Hase, Friedhelm: Versicherungsprinzip und sozialer Ausgleich. 2000. *Band 64.*
Heckmann, Dirk: Geltungskraft und Geltungsverlust von Rechtsnormen. 1997. *Band 28.*
Heitsch, Christian: Die Ausführung der Bundesgesetze durch die Länder. 2001. *Band 77.*
Hellermann, Johannes: Örtliche Daseinsvorsorge und gemeindliche Selbstverwaltung. 2000. *Band 54.*
Hermes, Georg: Staatliche Infrastrukturverantwortung. 1998. *Band 29.*
Hösch, Ulrich: Eigentum und Freiheit. 2000. *Band 56.*
Hohmann, Harald: Angemessene Außenhandelsfreiheit im Vergleich. 2002. *Band 89.*
Holznagel, Bernd: Rundfunkrecht in Europa. 1996. *Band 18.*
Horn, Hans-Detlef: Die grundrechtsunmittelbare Verwaltung. 1999. *Band 42.*
Huber, Peter-Michael: Konkurrenzschutz im Verwaltungsrecht. 1991. *Band 1.*
Hufeld, Ulrich: Die Vertretung der Behörde. 2003. *Band 102.*
Huster, Stefan: Die ethische Neutralität des Staates. 2002. *Band 90.*
Ibler, Martin: Rechtspflegender Rechtsschutz im Verwaltungsrecht. 1999. *Band 43.*
Jestaedt, Matthias: Grundrechtsentfaltung im Gesetz. 1999. *Band 50.*
Jochum, Heike: Verwaltungsverfahrensrecht und Verwaltungsprozeßrecht. 2004. *Band 116.*
Kadelbach, Stefan: Allgemeines Verwaltungsrecht unter europäischem Einfluß. 1999. *Band 36.*
Kämmerer, Jörn Axel: Privatisierung. 2001. *Band 73.*
Kahl, Wolfgang: Die Staatsaufsicht. 2000. *Band 59.*
Kaufmann, Marcel: Untersuchungsgrundsatz und Verwaltungsgerichtsbarkeit. 2002. *Band 91.*
Kersten, Jens: Das Klonen von Menschen. 2004. *Band 115.*
Khan, Daniel-Erasmus: Die deutschen Staatsgrenzen. 2004. *Band 114.*

Kingreen, Thorsten: Das Sozialstaatsprinzip im europäischen Verfassungsbund. 2003. *Band 97.*
Kischel, Uwe: Die Begründung. 2002. *Band 94.*
Koch, Thorsten: Der Grundrechtsschutz des Drittbetroffenen. 2000. *Band 62.*
Korioth, Stefan: Der Finanzausgleich zwischen Bund und Ländern. 1997. *Band 23.*
Kluth, Winfried: Funktionale Selbstverwaltung. 1997. *Band 26.*
Kube, Hanno: Finanzgewalt in der Kompetenzordnung. 2004. *Band 110.*
Kugelmann, Dieter: Die informatorische Rechtsstellung des Bürgers. 2001. *Band 65.*
Langenfeld, Christine: Integration und kulturelle Identität zugewanderter Minderheiten. 2001. *Band 80.*
Lehner, Moris: Einkommensteuerrecht und Sozialhilferecht. 1993. *Band 5.*
Leisner, Anna: Kontinuität als Verfassungsprinzip. 2002. *Band 83.*
Lenze, Anne: Staatsbürgerversicherung und Verfassung. 2005. *Band 133.*
Lepsius, Oliver: Besitz und Sachherrschaft im öffentlichen Recht. 2002. *Band 81.*
Lindner, Josef Franz: Theorie der Grundrechtsdogmatik. 2005. *Band 120.*
Lorz, Ralph Alexander: Interorganrespekt im Verfassungsrecht. 2001. *Band 70.*
Lücke, Jörg: Vorläufige Staatsakte. 1991. *Band 2.*
Luthe, Ernst-Wilhelm: Optimierende Sozialgestaltung. 2001. *Band 69.*
Mager, Ute: Einrichtungsgarantien. 2003. *Band 99.*
Mann, Thomas: Die öffentlich-rechtliche Gesellschaft. 2002. *Band 93.*
Manssen, Gerrit: Privatrechtsgestaltung durch Hoheitsakt. 1994. *Band 9.*
Masing, Johannes: Parlamentarische Untersuchungen privater Sachverhalte. 1998. *Band 30.*
Möstl, Markus: Die staatliche Garantie für die öffentliche Sicherheit und Ordnung. 2002. *Band 87.*
Morgenthaler, Gerd: Freiheit durch Gesetz. 1999. *Band 40.*
Morlok, Martin: Selbstverständnis als Rechtskriterium. 1993. *Band 6.*
Müller-Franken, Sebastian: Maßvolles Verwalten. 2004. *Band 105.*
Musil, Andreas: Wettbewerb in der staatlichen Verwaltung. 2005. *Band 134.*
Niedobitek, Matthias: Das Recht der grenzüberschreitenden Verträge. 2001. *Band 66.*
Oeter, Stefan: Integration und Subsidiarität im deutschen Bundesstaatsrecht. 1998. *Band 33.*
Ohler, Christoph: Die Kollisionsordnung des Allgemeinen Verwaltungsrechts. 2005. *Band 131.*
Pache, Eckhard: Tatbestandliche Abwägung und Beurteilungsspielraum. 2001. *Band 76.*
Pauly, Walter: Der Methodenwandel im deutschen Spätkonstitutionalismus. 1993. *Band 7.*
Pielow, Johann-Christian: Grundstrukturen öffentlicher Versorgung. 2001. *Band 58.*
Poscher, Ralf: Grundrechte als Abwehrrechte. 2003. *Band 98.*
Puhl, Thomas: Budgetflucht und Haushaltsverfassung. 1996. *Band 15.*
Reinhardt, Michael: Konsistente Jurisdiktion. 1997. *Band 24.*
Remmert, Barbara: Private Dienstleistungen in staatlichen Verwaltungsverfahren. 2003. *Band 95.*
Rixen, Stephan: Sozialrecht als öffentliches Wirtschaftsrecht. 2005. *Band 130.*
Rodi, Michael: Die Subventionsrechtsordung. 2000. *Band 52.*

Rossen, Helge: Vollzug und Verhandlung. 1999. *Band 39.*
Rozek, Jochen: Die Unterscheidung von Eigentumsbindung und Enteignung. 1998. *Band 31.*
Ruffert, Matthias: Vorrang der Verfassung und Eigenständigkeit des Privatrechts. 2001. *Band 74.*
Sacksofsky, Ute: Umweltschutz durch nicht-steuerliche Abgaben. 2000. *Band 53.*
Šarčević, Edin: Das Bundesstaatsprinzip. 2000. *Band 55.*
Schlette, Volker: Die Verwaltung als Vertragspartner. 2000. *Band 51.*
Schliesky, Utz: Souveränität und Legitimtät von Herrschaftsgewalt. 2004. *Band 112.*
Schmehl, Arndt: Das Äquivalenzprinzip im Recht der Staatsfinanzierung. 2004. *Band 113.*
Schmidt, Thorsten I.: Kommunale Kooperation. 2005. *Band 137.*
Schmidt-De Caluwe, Reimund: Der Verwaltungsakt in der Lehre Otto Mayers. 1999. *Band 38.*
Schroeder, Werner: Das Gemeinschaftrechtssystem. 2002. *Band 86.*
Schulte, Martin: Schlichtes Verwaltungshandeln. 1995. *Band 12.*
Schwartmann, Rolf: Private im Wirtschaftsvölkerrecht. 2005. *Band 122.*
Sobota, Katharina: Das Prinzip Rechtsstaat. 1997. *Band 22.*
Sodan, Helge: Freie Berufe als Leistungserbringer im Recht der gesetzlichen Krankenversicherung. 1997. *Band 20.*
Sommermann, Karl-Peter: Staatsziele und Staatszielbestimmungen. 1997. *Band 25.*
Stoll, Peter-Tobias: Sicherheit als Aufgabe von Staat und Gesellschaft. 2003. *Band 101.*
Storr, Stefan: Der Staat als Unternehmer. 2001. *Band 78.*
Sydow, Gernot: Verwaltungskooperation in der Europäischen Union. 2004. *Band 118.*
Trute, Hans-Heinrich: Die Forschung zwischen grundrechtlicher Freiheit und staatlicher Institutionalisierung. 1994. *Band 10.*
Uerpmann, Robert: Das öffentliche Interesse. 1999. *Band 47.*
Uhle, Arnd: Freiheitlicher Verfassungsstaat und kulturelle Identität. 2004. *Band 121.*
Unruh, Peter: Der Verfassungsbegriff des Grundgesetzes. 2002. *Band 82.*
Wall, Heinrich de: Die Anwendbarkeit privatrechtlicher Vorschriften im Verwaltungsrecht. 1999. *Band 46.*
Wolff, Heinrich Amadeus: Ungeschriebenes Verfassungsrecht unter dem Grundgesetz. 2000. *Band 44.*
Volkmann, Uwe: Solidarität – Programm und Prinzip der Verfassung. 1998. *Band 35.*
Voßkuhle, Andreas: Das Kompensationsprinzip. 1999. *Band 41.*
Weiß, Wolfgang: Privatisierung und Staatsaufgaben. 2002. *Band 88.*
Wernsmann, Rainer: Verhaltenslenkung in einem rationalen Steuersystem. 2005. *Band 135.*
Ziekow, Jan: Über Freizügigkeit und Aufenthalt. 1997. *Band 21.*